U0855398

藏传佛教
高僧传略

拉科·益西多杰　编译

青海人民出版社

图书在版编目（CIP）数据

藏传佛教高僧传略 / 拉科·益西多杰编译. -- 西宁：青海人民出版社，2018.12 (2022.4 重印)
ISBN 978-7-225-05717-0

Ⅰ. ①藏… Ⅱ. ①拉… Ⅲ. ①喇嘛教—僧侣—列传—中国 Ⅳ. ① B949.92

中国版本图书馆 CIP 数据核字 (2018) 第 290108 号

责任编辑　梁建强　李兵兵

责任校对　田梅秀

责任印制　刘　倩　卡杰当周

书籍装帧　杨敬华

藏传佛教高僧传略

拉科·益西多杰　编译

出 版 人　樊原成
出版发行　青海人民出版社有限责任公司
西宁市五四西路 71 号　邮政编码：810023 电话：（0971）6143426（总编室）
发行热线　（0971）6143516 / 6137730
印　　刷　陕西龙山海天艺术印务有限公司
经　　销　新华书店
开　　本　787 mm × 1092 mm　1/16
印　　张　50.5
字　　数　1000 千
版　　次　2019 年 8 月第 1 版　2022 年 4 月第 2 次印刷
书　　号　ISBN 978-7-225-05717-0
定　　价　188.00 元

版权所有　侵权必究

藏傳佛教高僧傳略

趙樸初題

作者简介

拉科 · 益西多杰，亦名杨贵明，藏族，青海省湟中县西拉科村人。1974 年毕业于青海民族学院少语系藏文专业，译审。长期从事藏汉文翻译、少数民族古籍搜集整理和藏学研究工作。主要著作有《党的基础知识》（合译，汉译藏）、《青海藏文典籍目录》（内部铅印）、《历代藏族学者小传》（藏文）、《藏族婚礼祝词》（合编，藏文）、《藏传佛教高僧传略》（汉文，1992 年初版）、《塔尔寺维修志・明鉴》（合编）、《青海名胜》、《塔尔寺文化》、《塔尔寺史话》、《松岭之战》（藏译汉，内部铅印）、《高原古刹塔尔寺》、《塔尔寺旅游指南》、《塔尔寺》、《塔尔寺建筑艺术史》、《莲花圣地·塔尔寺》、《宗喀巴大师画传》等。搜集整理《噶当派佛教史》。整理审定藏文古籍《蒙古佛教源流》《松巴・益西班觉自传》。审校《医学四续》汉文译本。参编《青海省志 · 人物志》。

原序一

佛教，是世界三大宗教之一，西汉哀帝元寿元年（公元前 2 年）传入我国。在近两千年的历史中，佛教不断地域化、民族化，从而形成众多的流派和体系。公元 7 世纪，佛教从南北两路进入吐蕃之地。在吐蕃王朝存在的 200 多年和吐蕃王朝灭亡后的 100 多年中，佛教与吐蕃传统的本教进行了 3 个世纪的较量。斗争的结果，是佛本两教相互吸收，相互渗透，相互融合，在佛教教义的基础上，吸收了本教的某些形式，于公元 10 世纪后半期，形成了具有浓厚西藏地方民族特色，有藏文三藏经典和严密的寺院组织、学经制度等内容的新的佛教派别——藏传佛教。藏传佛教形成后，曾在我国的西藏、内蒙古、青海，甘肃南部、四川西部、云南西北部广为传播和弘扬。这些地区总面积占全国三分之一强。今天世居在这些地区的藏族、蒙古族、土族、裕固族、纳西族等仍有近千万之众，新中国成立前，他们是全民信仰藏传佛教的民族。

有了佛教，就会有各种传教活动，也就会造就出终生孜孜不倦弘扬佛法的名僧大德。在信仰藏传佛教的各民族的历史上，为发展佛教事业做出贡献的高僧，如璀璨的群星，数不胜数，比比皆是。他们的功德事迹在浩如烟海的藏文和一些蒙古文典籍中，多有详尽的记述。然而，由于这些典籍翻译成汉文的寥寥无几，今天，人们对他们也就所知甚少。因此，从这个方面说，《藏传佛教高僧传略》的问世是值得赞许的，因为它系统地介绍了藏传佛教各教派173位至尊上师。而且该书编排体例得当，颇有独到之处，使它作为“传略”，既具有资料性，又具有学术性。由此可看出编译者的劳作之苦和用心之诚了。

阅完全书，我想可以求得这样一点看法：藏族和其他那些基本上是全民信仰藏传佛教的兄弟民族，自古以来就是中华民族大家庭中的重要成员，他们热爱祖国，一代又一代维护了国家的统一，维护了各民族的团结；他们在创造本民族历史的同时，也同汉族及其他兄弟民族一起，共同创造了整个中华民族的光辉历史；他们勤劳智慧，诚实勇敢，纯朴憨厚；他们坚韧不拔，自强不息，乐于进取；他们锲而不舍，勇于探索，执着追求……所有这一切，都可以从本书介绍的一个个不同代表人物的事迹中体现出来。一滴水珠闪耀出太阳的光芒，一颗沙粒蕴含着沙漠的博大胸怀。在不同的历史时期，人民群众哺育和造就了这些藏传佛教的至尊大师们，而这些至尊大师们则是信仰藏传佛教各民族传统文化的集大成者，从他们身上一定程度地体现了这些兄弟民族的勤劳智慧及其开拓疆土缔造祖国的不朽业绩。

这里需要指出的是，任何事物都具有两重性，藏传佛教的高僧们也不例外，所以，我们要全面地、辩证地、系统地、历史地看待他们。既不能以偏概全，也不能以瑜掩瑕，要防止片面性和绝对化。在了解并尊重历史的基础上，了解一点藏传佛教的知识及其先哲圣贤们的建树和成就，对他们在历史上的作用和地位做出实事求是的评价，这对于发扬光大我们中华民族的优秀文化传统，并激励我们同心同德，奋发努力，艰苦创业，拼搏进取，振兴中华，实现“四化”，是不会没有裨益的。书不尽言，酌语一二，是为序。

中国佛教协会副会长

中国佛教协会青海省分会会长

夏茸尕布

1990年春

原序二

藏传佛教作为佛教的重要流派之一，有着广泛的信仰基础。它之所以能深深扎根于藏族、蒙古族、土族、裕固族、纳西族等少数民族和部分汉族地区，有着复杂的历史和文化根源，除了佛教本身所主张的“众生平等”“诸恶莫作，众善奉行”“慈悲为怀，普度众生”等这些基本教义受到信众的欢迎外，至少还有这样几条不可忽视的原因：其一，佛教的本土化。佛教于7世纪中叶传入我国藏族地区，首先在以吐蕃王室和部分贵族为代表的上层社会中传播，特别是在吐蕃三大法王的支持下，一度成为吐蕃主流文化，佛教僧人有过很高的地位，然而终因缺乏牢固的信众基础，在尖锐复杂的佛本斗争中，时胜时败，乃至反佛势力占据统治地位，开展大规模的禁佛运动，使吐蕃本土佛教一度濒临灭绝的境地。只是到了后弘期，作为舶来的佛教，在藏族地区注意与藏族传统的本土文化相结合，融合吸收部分本教文化，并扎根于民间，通过这种佛教的本土化过程才真正形成了藏传佛教。其二，佛教理论体系的完备性。佛教自创立以来，通过历代佛教大师的继承、弘扬和完善，有一个庞大、系统、丰富的理论体系，它对宇宙世界、事物本体、社会现象、人的生命、修持阶次方法等都有自己比较成熟的理性思维，其“四谛”“八正道”“十二因缘”等教理，依学三藏、全修三学，以断除烦恼等主张，无不表现出理论的完备性。早在吐蕃赞普赤松德赞时期的“顿渐之争”中，佛教就已充分显示出它的优势，而使藏区传统的本教不得不认输。此后，藏传佛教的大师们一如古印度的佛教先哲，阐释佛典，讲、辩、著，使佛教理论更日臻完善，佛教文化更加丰富多彩。其三，教理、教法的传承性。藏传佛教形成后，保持了古印度佛教注重师承关系的传统和特点。以宁玛派为例，该派虽始终未能成为占一定统治地位的宗教，但从前弘期的旧密起，一直按远者经典传承、近世伏藏传承、深奥净相传承方式代代相传其教法、教理以及修持法门。这期间一些高僧曾集该派教法之大成，特别在经典传承中多有创新和发展，但其传承脉络一直清晰，在许多法门的修持中，念诵、赞颂、皈依历代上师是不可少的程序。其四，传播中的多民族性。佛教始由汉地和尼泊尔两个渠道传入藏族地区，后因跨出民族和地域得以迅速发展壮大。藏传佛教高僧传法于历代王朝宫廷和其他民族地区的事例不绝于各种佛教史籍，格鲁派的创始人宗喀巴大师，其宗教改革的内容之一，是改变以往藏传佛教各派只和单一地方势力相结合的局限，冲破地域和民族界限，广泛地与各种世俗势力建立联系，争取整个社会对佛教的支持。明末，格鲁派最先从蒙古族中寻获其最高宗教领袖，继而在和硕特蒙古贵族的支持下取得了西藏的统治地位。目前，欧美各国藏传佛教的弘兴，亦是其多民族性的体现。

综观上面这些原因或特点，无一不与藏传佛教界众多高僧大德的学经、传法、布道和其他一系列活动有关。因此，藏传佛教研究中人物研究是一重要内容。重视高僧生平事迹的记述、评赞，这也许是整个佛教文化的一个传统，我国汉传佛教史上，佛教僧人的传记有三种类型:一是称为“别传”的个别高僧的单篇传记，如《高僧法显传》《大唐大慈恩寺三藏法师传》等；二是结集同类高僧传记的“类传”，如《比丘尼传》《大唐西域求法高僧传》等；三是属综合性高僧传的“总传”，如梁朝慧皎所撰《高僧传》14卷。此后，唐朝的道宣撰《续高僧传》30卷，宋代的赞宁等撰《宋高僧传》30卷，明朝的如惺撰《大明高僧传》8卷，明朝明河撰《补续高僧传》26卷，1923年喻谦编《新续高僧传四集》等，这些均属总传。这些传记“对佛教的盛衰，经典的翻译和注释，宗派的建立，学说的传播，以及典章制度、寺宇建筑、国际间佛教交往等都有所记述，为研究中国佛教发展史保存了丰富的资料”（苏晋仁语）。我国藏族是一个最有尊师传统的民族，甚至对上师的敬重胜于对三宝的皈依，认为上师是十方三世诸佛身、语、意、功、德、事业等一切体性的集中体现，是八万四千法蕴之生源、一切僧伽之主宰。因而上师最具恩德，尊师即尊佛、法、僧三宝。这样，弟子为师写传似乎是尊师、感恩的一种表示。于是，在藏传佛教典籍中有关高僧的传记可谓汗牛充栋。然而，就其类型，多属别传，且基本上是清一色的藏文，这在很大程度上影响了他们在藏传佛教信仰圈外的知名度。

近代以来，世人对藏传佛教文化的兴趣日益浓厚，一些最具影响的藏传佛教高僧，如莲花生大师、米拉日巴上师、阿底峡尊者、宗喀巴大师等的传记相继被译成汉文。同时，译介研究一些转世活佛系统，出现了达赖、班禅等类传性质的同类人物传记，如《达赖喇嘛传》《历辈达赖喇嘛与班禅额尔德尼年谱》等。一些学者极力从藏文中搜集资料，曾编写出数种总传性质的藏传佛教高僧传略，为研究藏传佛教提供了宝贵的学术资料。但总体上看，资料挖掘不够、覆盖面有限，对录入的人物，多客观叙述，缺乏研究分析。我省知名藏族学者拉科·益西多杰（又名杨贵明）先生精通藏汉两文，治学刻苦严谨，长期致力于藏传佛教文化和人物研究，成果颇丰。20世纪90年代，他汇集多年研究所得，辑成《藏传佛教高僧传略》一书，由青海人民出版社出版发行。该书收入170余位高僧的生平，凡28万字，出版后受到广大读者的欢迎。兹又应读者要求，在原著基础上再行扩展，新增80余僧，进一步充实内容，加大研究分量，并注意到地域和教派的平衡性，形成60余万言的藏传佛教人物总传，将由青海人民出版社再次付梓出版。应该说，此书是目前国内用汉文写成的容量最大的藏传佛教高僧传记。它的出版，将对世人了解藏传佛教、进一步研究藏传佛教和有关部门加强宗教管理，引导宗教与构建社会主义和谐社会相适应均具有理论价值和实际意义。值此出版之际，我特以上面文字谨致祝贺，是为序。

蒲文成

丁亥初春于西宁古城

目　录

噶当派 བཀའ་གདམས་པ།

噶举派 བཀའ་བརྒྱུད་པ།

萨迦派 ས་སྐྱ་པ།

息结派 ཞི་བྱེད་པ།

觉囊派 ཇོ་ནང་པ།

夏鲁派 ཞ་ལུ་པ།

果札派及珀东学派 ཀོ་བྲག་པ་དང་བོ་དོང་པ།

格鲁派 དགེ་ལུགས་པ།

目录

总　述

佛教的传入和藏传佛教的形成

藏族地区最早流行的宗教是本布教，简称本教。这个教派的发源地是后藏阿里地区的象雄地方，象雄是汉译名词，又写作象雄。原为吐蕃一小邦，在两唐书中所载之羊同，宾服吐蕃，象雄王利米嘉之女象雄萨（羊同女）嫁给松赞干布为妃，象雄后被吐蕃所灭。因本教始祖辛饶诞生在象雄地方，象雄遂成为本教的发源地。象雄即今之后藏阿里地区的札达县。据说辛饶与佛教创始人释迦牟尼、儒家创始人孔子是同时代人。佛教未传入吐蕃之前，本教自西流传至东南，遍及整个雪域。据载本有九个流派，一般说法有白本和黑本两个流派，亦有从克什米尔传来的流本。本教主要崇奉天地、山林、水泽的神鬼精灵和自然物，重视祭祀、跳神、占卜、禳解等，本教也有一些自己的经典。佛教未传入吐蕃前，藏族多信仰这个本土宗教。

佛教形成于公元前 6~5 世纪的古代印度，从现在的地理方位看当在尼泊尔。释迦牟尼为佛教的始祖，又译作“释迦文”，姓乔答摩，本名悉达多。释迦，种族名，意为“能”，牟尼，意为“仁”“寂”，合为“能仁”“能寂”，意即释迦族“圣人”，被尊为佛陀。“释迦牟尼”是佛教徒对他的尊称。其基本教义是四谛说、缘起说和十二因缘之理。分有中观、唯识、分别和经量等四大派别。其中除唯识派属于唯心主义外，其余三派全是清一色的唯物主义。

据一些藏族史和佛教史记载，吐蕃第二十七代赞普拉妥妥日年赞80岁时，传说有圣物从天降至山南雍布拉康殿顶，时间为公元335年。圣物有《百拜补证忏悔经》《宝箧经心要六字明咒》、金佛塔和如意珠宝印模等。另有一说，圣物为《诸佛菩萨名称经》《佛说大乘庄严宝王经心要六字真言》和一座金佛塔。当时拉妥妥日年赞不懂印度文字，不解其意，以为是神奇之物，取名为"年波桑瓦"，意为"神秘之物"，供奉于雍布拉康殿内。传说由于天降圣物于藏王，由此功德，藏王容颜变得年轻，享寿120岁，他曾在梦中得到神佛的授记：自你之后第五代王时，将会理解此圣物的意义，此语暗示三十三代赞普松赞干布时将诸经译成藏文，并虔崇佛法。一般认为这是佛教传入吐蕃的开始。所谓天降圣物，实际上是印度僧人洛森措和译师黎提斯将佛经和佛塔带来藏地，由于藏王不识印度文而不知其义，加之印藏语言不通，只有作为圣物供奉在宫内，印度僧人无奈只好返回印度。

公元7世纪松赞干布时期，佛教从内地和印度、尼泊尔两个方向正式传入吐蕃。松赞干布首先派以大臣图弥桑波扎为首的七人（又有十六人之说）赴印度留学，后来桑波札创制、规范了藏文文字，并撰写了几部藏文文法著作，自此，吐蕃有了正规的文字。首先将所传圣物经典由梵译藏，并将观音菩萨的二十一种显密经典也译成了藏文，其中包括"六字大明咒"。当时佛教的主要内容除所译上述经典外，再就是"十善"戒条，依此藏王制定了三十六条法和"在家规范十六条"法则，之后开始了上千年的翻译工作。先后翻译了许多经典，其中主要译有《宝云经》《四臂观音六字真言》《阎曼德伽法》《摩诃哥罗法》《吉祥天女经》等，同时将本教适用于藏族的部分经籍也译成藏文，如《济龙经》等。

松赞干布先后与尼泊尔和唐王室联姻，两位公主的进藏，不但请来了不动金刚8岁身量的释迦牟尼和12岁身量的释迦牟尼两尊佛像，还带来了许多佛教经典和工艺学、医药学、历算等方面的经典。随之尼泊尔公主修建了大昭寺，文成公主修建了小昭寺，将不动金刚释迦佛供于大昭寺，释迦牟尼佛像供于小昭寺。开始了与尼泊尔、印度、大小勃律（克什米尔）、唐王室等佛教国家和地区的联系和交往，但佛教在吐蕃尚未形成气候。赞普本人也十分敬信佛教，在各地修建了许多小寺院，大多为镇肢寺，寺院殿堂简陋，且不具备佛法僧三宝条件。另外当时王室内的实权掌握在亲信本教的大臣手中，他们对佛教持歧视态度。因本教在吐蕃根深蒂固，在这里弘传佛教并非易事。

所以松赞干布时期，佛教在吐蕃仅仅是初兴。

赤德祖赞（704~755年），执政时积极提倡佛教，同时又与唐王朝联婚，迎娶金城公主。公主也十分重视佛教，建议将本教反佛活动中被埋藏于芒域地方的佛像迎请回来，这次将原供于大昭寺的不动金刚佛奉安于小昭寺，将小昭寺供的释迦牟尼佛像供奉于大昭寺，两尊佛像正好调换了所供位置，至今未动。这期间译师们将《金光明经》《律差别论》和一些医学及天文历算经典由汉译藏。当时于阗、高昌的一些僧侣由于动乱，逃到吐蕃避难，金城公主建议收容，供养他们，并为他们建寺施供。公元750年，伊拉克屈底发动"东征"，中亚一些地区的佛教僧侣向东逃避，先到勃律，后同于阗僧侣会合一起抵达吐蕃，当时赤德祖赞还派人到内地迎请汉僧，组织他们从事佛经和有关天文历算、医药、工巧明等书籍的翻译工作。到此时，佛教在吐蕃较前一时期有了发展，但以吐蕃王室内的一些大臣和赞普妃为主的本教反佛势力气焰十分嚣张，于是发生了第一次禁佛运动。藏历木马年（754年，唐玄宗天宝十三年），赤德祖赞还派大臣（高僧）巴·桑希为首的四人到唐王室求取佛经，唐王赐给蓝纸金字的经典1000卷，巴·桑希一行又从长安到五台山学习佛经，和尚尼玛送给他们《十善法经》《能断金刚般若波罗蜜多经》《佛说稻秆经》，要他们将这些经典依次呈献给赞普。当巴·桑希一行带着经典返回吐蕃时，赤德祖赞已在嘉玛雅嫩扎坠马身亡，他们四人只好将这些经典秘密地藏于桑耶钦浦地方的石窟中，将请来的汉僧送回了内地。巴·桑希也被贬到芒域，当地方官去了。佛教在吐蕃又走向了低谷。

赤德祖赞身亡后，其子赤松德赞（742~797年）继任赞普位，他是赤德祖赞和金城公主之子，因当时他年纪尚幼，由本教权贵们辅政，其实权掌握在以玛尚仲巴结为首的反佛大臣手中，加之赞普妃蔡邦萨梅朵仲的参与，反佛势力仍十分强大。以白若杂那为主的一些译师，由于反佛势力的高压，从公开译经到地下秘密译经，此事由蔡邦萨揭穿，反佛势力一直呼吁将译师们处以极刑，赤松德赞无奈，只好将白若杂那流放到康区嘉绒地方（今之四川阿坝州）。这时赤松德赞清醒地意识到不剪除朝内的信本反佛头目玛尚仲巴结和达扎鲁贡等人，在吐蕃就难以弘扬佛法。于是和几位信佛大臣定下妙计，先除掉玛尚仲巴结，然后将达扎鲁贡流放到藏北，蔡邦萨因患麻风病，由白若杂那治愈，悔过自新，改信佛教。赞普宣布废除禁佛命令，在赞普的护持下佛教在吐蕃逐渐盛兴起来。同时派遣以巴·赛囊为首的代表去迎请寂护和莲花生大师。经二师勘察设计，从公元767年开始至779年，历时12年在山南泽当的扎囊地方建成了第一座佛、法、僧三宝俱全的寺院——桑耶寺。

全寺有译经、密宗、戒律、禅定、声明等部，形成吐蕃最早的一座兼修显密两系，并拥有独立财产的寺院。然后由寂护任剃度堪布，为挑选的七名弟子举行了剃度仪式，成为吐蕃最早出家的僧人，史称“预试七人”或“七觉士”。继而又有300余青年男女出家为僧尼。同时大量招聘各佛教国家和地区的著名僧人学者，组成了翻译团体，通过译经，造就了吐蕃上百名卓有成就的译师，所译经典均交校师、大校师进行严格审订。以此前所译《宝云经》《楞伽经》为范本，第一次规范了藏译佛经术语。著名的丹噶、钦浦、旁塘三大目录就是在这一时期译出的，为后来形成《甘珠尔》和《丹珠尔》大藏经奠定了基础。在梵藏翻译过程中逐步形成了《梵藏翻译名词术语词汇》，成为后世翻译者的参考书。当时在赤松德赞的倡导下，还举行了一次佛本教理辩论会，结果佛教一方获胜，本教势力受到了严重挫伤，此举意在排斥本教，确立佛教在吐蕃的地位。至此，佛教已完全渗入统治集团，定为国教。

赤热巴坚（约815~838年在位）在位时，极力推崇佛教，采取了一些扶植佛教的措施，诸如广修佛寺、翻译佛典、让僧人参与国政、优待和抬高僧人的社会地位。还允许在王宫内设置供奉“三宝”的道场，鼓励提倡王子、公主、王妃等王室成员出家为僧尼，规定每位僧人由三户百姓的税收供养，后增至七户，名曰“七户养僧”，总之为佛僧制定了许多优惠措施，以便提高僧人的社会地位，这些措施的实施，导致出家人数剧增。另一方面，这些措施的发布实施，给各地方政府和贵族的经济收入造成了极大的损失，给百姓增加了沉重的经济负担，如此实行的结果导致了赞普朗达玛杀弟篡位，灭佛杀僧，焚经毁像，造成了佛教史上的第二次禁佛运动。佛教在吐蕃又沉寂了近百余年，这段时期被称为“黑暗时期”。藏历土虎年（公元978年，宋太平兴国三年），佛教又分别从阿里和安多两个方向逐渐传入卫藏，将从阿里传入卫藏的称上路弘传，从安多传入卫藏的佛教称下路弘传。详见本书前弘期和后弘期介绍。

最后说明一点就是“藏传佛教”的称谓，藏传佛教又称藏语系佛教，僧人来源于藏族，他们以藏文经典弘传佛教，后来佛教传入蒙古地区、满族地区、土族地区、裕固族地区后，蒙古族、满族、裕固族和土族僧人也多以藏语藏文方式传播佛教，后有部分佛典译为蒙古文、满文后，有些僧人虽以蒙古文和满文讲经说法，但总体还是称藏传佛教。从清代直至20世纪50年代，人们多称此宗派为“喇嘛教”，到60年代后，西藏、康区和安多的佛学界知名人士及部分汉族藏学家一致认为“喇嘛教”称谓是不正确的，在一些刊物和报纸上发表文章，应纠正这种称谓，如青海的一位汉族藏学老专家说：“如果把藏语系佛教称为喇嘛教，那么汉语系佛教就称为和尚教，伊斯兰教可称阿訇教了。”经过一段时间的辩论，统一了认识，定名为“藏传佛教”，现已约定俗成。但在个别刊物和著作的名称亦有用“喇嘛教”的，应该用已公认了的称谓，不再造成混乱。藏传佛教基本有三大特色：一是用藏语藏文学习佛经，弘传佛法；二是藏传佛教从噶玛噶举派开始实行活佛转世制度，沿用至今；三是从萨迦派的法王萨班和八思巴开始，在藏传佛教中实行政教合一制度，这个制度延续了几百年，直到新中国成立后的宗教改革时被废除。

前弘期

藏传佛教前弘期，即藏传佛教发展的前一阶段。对此，不同史籍中略有不同的记载。大多数史料认为佛教的传入是从第二十七代吐蕃王拉托托日年赞时，有几件玄秘神物从天降落到雍布拉康殿顶，其实是两位印僧从印度传到吐蕃的几件圣物，内有《宝箧经》《六字真言经》《诸菩萨名称经》和一座舍利金宝塔。但当时既无寺庙，又无僧人，亦无规范的吐蕃文字，无人识得，因此名为玄秘神物，供奉于雍布拉康，后世以此为佛教传入吐蕃之始。佛教大规模地正式传入吐蕃，是从 7 世纪中叶第三十三代吐蕃赞普松赞干布时开始，至 9 世纪赤热巴坚末年，历时 200 余年。这期间分三个主要时期：松赞干布时为初兴时期，佛教从印度和内地两个方向传入吐蕃，随着尼泊尔公主和文成公主嫁到吐蕃，带来了释迦牟尼 8 岁等身像和 12 岁等身像，便开始建寺供佛；赤松德赞时为建树时期，这一时期创建了以桑耶寺为主的一批寺院，开始有吐蕃人出家受戒，僧伽制度开始建立，佛典得到翻译，佛教真正的传播此时才算完备；赤热巴坚时为发扬时期，此时佛教基本上取代了本教而占了优势地位。赤热巴坚限制本教活动，竭力支持佛教的发展，规定“七户养僧”,“僧人参与吐蕃国政”,对侮辱“三宝”者处以重刑，王室成员可以出家为僧，并继续译经，厘定翻译的经典，使其规范化，佛教势力达到高峰。后来朗达玛继赞普位，于公元 842 至 846 年，大肆进行灭佛活动，佛教遭到摧毁，其前弘期至此结束。

巴·桑希

——早期佛典翻译大师

巴·桑希，姓巴氏，是护送金城公主进藏后留居西藏的唐朝大臣巴德武的儿子，其生卒年不详，约8世纪时人。另据《后藏志》汉译本上记载：法王松赞干布时从汉地迎请释迦报身佛像的两位大力士名为拉嘎和鲁嘎。拉嘎之侄子孙相传，在赤松德赞时，叫作嘉桑希，艰苦译经，博得国王赏识，赐姓为巴，名为桑希，全称巴·桑希。由此说明了巴·桑希的家世，这可能是由于不同史书所记载的些微误差而已。赤德祖赞（704～755年）成年后，派遣大臣章伽·木列郭恰和涅·扎拉古玛拉到印度去求取佛经。他二人到达冈底斯雪山时，与在那里修行的印度班智达桑杰桑瓦和桑杰希瓦相遇。于是，他们从这两位上师学法，默记了显宗《阿笈摩经》《金光明经》和密宗事部、瑜伽部的经典，返回西藏后，写出来献给赞普。赞普为奉安这些经典修建了拉萨喀札、札玛真桑、扎玛格乌、钦浦那热、玛萨贡等佛殿。赤德祖赞王晚年时，本教与吐蕃王朝内部的反佛教活动仍很激烈，赞普为了扶植佛教并使佛教站稳脚跟，于藏历木马年（754年，唐天宝十三年）派遣以桑希为首的4人到唐玄宗那里求取佛教经典。唐王赐给蓝纸金字的佛经1000卷，桑希等人又前往五台山学习佛经，和尚尼玛送给他们《十善法经》《能断金刚般若波罗蜜多经》《佛说稻秆经》，并要他们将这些经典依次呈献给赞普。当桑希等人带上这些经典返藏时，赤德祖赞王在嘉玛雅嫩扎园坠马身亡。他们回到拉萨时，年幼的王子赤松德赞（742～797年）刚即位，对朝内的反佛势力还无能为力。当时以权臣玛尚仲巴结为首的反佛势力很猖狂，将藏王惨死和一些不祥之事，都说成是信奉佛教所得到的报应，并发布了禁佛命令，严禁在吐蕃王朝辖区内信奉佛法，驱逐汉僧和印僧，改大、小昭寺为屠宰场，把宰杀牲畜的肠子和内脏挂到佛像上，拆毁拉萨喀札、札玛真桑两座佛殿，将不动金刚佛像埋到沙堆里，把大、小昭寺的释迦牟尼佛像运到偏僻的芒域等地。这就是藏传佛教史上的第一次禁佛运动。在这种情况下，刚刚回到西藏的桑希等人，便把千卷佛经秘密藏到桑耶钦浦岩洞中，将请来的汉僧送回了内地。禁佛运动一时声势浩大，连信奉佛教的大臣巴·赛囊（七觉士之一）也被贬到芒域当地方官去了。

赤松德赞成年亲政后，才让桑希翻译他以前带来的经典，于是由汉族译师梅果和桑希以及藏族译师喀且阿兰达、印僧阿难陀等人，首先把和尚尼玛送的三部经典秘密地译成藏文。此时被玛尚仲巴结和达札鲁贡知晓后，极力阻挠破坏，译经工作遂告中断。桑希等人又把经典重新藏到岩洞中。此后，赤松德赞派桑希去芒域协助巴·赛囊工作，其实是让他暂时去避难。这时赤松德赞已意识到，不剪除朝内的信本反佛势力头目玛尚仲巴结和达札鲁贡等人，就难以弘扬佛法。于是和信佛大臣定下妙计，先除掉玛尚仲巴结，然后将达札鲁贡流放到藏北。从此佛教又逐渐恢复和兴盛起来，巴·赛囊和桑希很快也回到了拉萨。后来赤松德赞又派巴·赛囊和桑希等 30 人，携带大量贡品去长安，向唐肃宗问候致礼，并呈上求赐佛经的信件。唐王赐给了大量蓝纸金字佛经，还送给赞普一顶颇罗弥（一种金银合成）做的帽子和一万匹锦缎等珍贵礼物。他们返回后，将唐王的诏书和赐物、经典等献给了赤松德赞。

桑希从长安回到拉萨后，赞普赐予噶伦头衔，让他继续从事佛经翻译。他翻译了许多经典，于是声名大振，有"聪慧唐童"之称，一生协助赤松德赞弘扬佛法，厥功甚伟，成为藏族史上把汉文佛经译成藏文的著名译师之一。

有文载，桑耶寺建成后，桑希为西藏"预试七人"的首批受戒剃度出家者，为"七觉士"之一，但此说待考。

据说，巴·桑希之侄嘉·绛贝桑瓦曾师事莲花生大师，在所有密宗行者中出类拔萃，他在年堆（上年楚地区）创建了乃宁寺，这座寺院位于今日喀则市康玛县境内，在历史上曾有安邹理玛拉康、乌泽拉康等名称。后来尊者阿底峡大师到过此寺，由阿底峡改寺名为乃宁寺。

巴·赛囊

——前弘期"七觉士"之一

巴·赛囊，是 8 世纪吐蕃王朝赤松德赞时期的一位著名大臣，也是一位佛学家。巴·赛囊所处的时代，正是佛教与本教激烈斗争的时期。赤德祖赞赞普于公元 755 年逝世后，赤松德赞继位，因其年幼，便由老臣玛尚仲巴结掌握了全部大权。玛尚仲巴结信奉本教，极力反对佛教，下令拆毁寺刹，驱逐僧人，杀死信佛大臣。但信佛反本的巴·赛囊大臣幸免于难，巴·赛囊请求赞普让他去印度求学佛经，赞普未准许，遂假意将他贬到阿里地区的芒域当地方官。巴·赛囊到芒域后，创建了两座寺院，继续传布佛法，并借此机会，经尼泊尔到印度拜师学法，还朝拜了大菩提寺和那烂陀寺等一些佛教圣地，并敬献了供物，因而出现了仲冬之时降雨，菩提树溢出乳汁的奇异现象，他从佛法高深的印度班智达修学显密经论，班智达还教他如何做赞普的善知识者。之后他从印返回吐蕃，在回吐蕃途中，他在尼泊尔遇到了印度著名高僧寂护（又译作静命，梵名菩提萨埵，藏译名希瓦措），寂护大师说："西藏的赞普王与你还有我，早在迦叶佛教法时代，都是嘉智玛之子，那时就一同发誓愿，将来在吐蕃弘扬佛法。"巴·赛囊听后，便邀请他赴吐蕃传教，又将前不久禁佛时转移到芒域的释迦牟尼像运回拉萨。回到拉萨后，巴·赛囊在赤松德赞面前把寂护的话重复了一遍，并请求赞普迎请寂护，这时赤松德赞下决心清除反佛大臣玛尚仲巴结，便派人迎接寂护来吐蕃弘法。寂护受邀来到吐蕃的青浦（即桑耶附近的圣地）后，在巴·赛囊的精心安排下，赞普和寂护大师进行了会晤，由阿伦达做翻译，商谈关于教法事宜。寂护给赞普讲述了"十善道""十八界""十二因缘"等教法。据说，因此触怒了藏地的邪恶鬼神，遂发生了雷击红山、洪水冲走旁塘宫、瘟疫流行等事件。一些反佛人说："这是信奉佛法所得的恶报。"在这种形势下，寂护不得不离开吐蕃返回印度。寂护临行前说："这是吐蕃诸非人不喜之故，你们去乌仗那迎请一位密咒师白玛郡乃（即莲花生大师）来吐蕃吧，他可灭除此等魔障。"此后，巴·赛囊也受赞普派遣，与巴·桑希等 30 人去内地向唐肃宗求取佛经返藏。后来赤松德赞派人复去迎请寂护，又派人去乌仗那（今巴基斯坦斯瓦特河谷一带）邀请莲花生大师。莲花生大师是一位神通广大的密法师，他闻及此事提前动身，和来迎请他的人在芒域相会。莲花生大师在来吐蕃的路上，运用密咒法威力将吐蕃的十二丹玛女神慑服，使其立誓不再作恶。此后，莲花生和寂护大师被迎请到桑耶地方，莲花生择地修"土地仪轨法"并作加持，寂护精心设计，仿照印度欧丹达菩黎寺（也叫飞行寺、阿雅达洛洲寺）的造型，创建了吐蕃时代第一座著名佛教寺院——桑耶寺。该寺建成后，由寂护和莲花生大师主持开光典礼，并由寂护担任寺院的首任堪布。为观察吐蕃人能否守持出家戒律，藏王选拔了三老三少一壮共 7 人，由寂护作亲教师，印度 12 位说一切有部比丘参加，为他们剃度出家，受了戒律。这是藏传佛教史上第一批受戒出家的僧人，称"预试七人"①或"七觉士"。巴·赛囊即为"七觉士"之一，受比丘戒后赐法名益西旺波。

寂护大师在他的晚年曾授记说："将来蕃地有外道出现，佛教将会分为两派，且会发生争论，到那时，可去迎请我的弟子噶玛拉希拉（汉译为莲花戒）来辩论，将会息灭邪论，显扬正法。”之后，寂护大师被马踢伤而圆寂。他圆寂后，桑耶寺的法位由一位叫白央的人继任，巴·赛囊因故就遁到陀扎寺静修去了。

后来，果如寂护所言，内地以大乘和尚②为代表的禅宗派渗入吐蕃，宣扬顿门学说，接受该学说的吐蕃人也不少。以桑耶寺法台白央为首的一些人，仍尊奉寂护大师的佛教渐门学说，因此发生了两种不同见行的争论。赤松德赞为了解决佛教内部发生的斗争，曾三次下令让巴·赛囊从陀扎寺回来，要是不回来，则以违令论处。使者来到巴·赛囊修习的岩洞，请他出洞，巴·赛囊恳求道："请赞普不要再召我，赞普是否将论师寂护的遗嘱给忘了？"使者回去后给赞普回了话，他的话提醒了赞普，便立即派人去迎请莲花戒。莲花戒是当时印度杰出的佛教教理学家，声誉甚高。莲花戒到吐蕃后辩论获胜，巴·赛囊听说大乘和尚派遣四名刺客行刺莲花戒，以泄其恨，莲花戒因肾脏受伤，遂绝食而示寂。

巴·赛囊著有吐蕃历史杰作《巴协》一书，又名《桑耶寺详志》。

注：

①预试七人：赤松德赞时，为观察藏人能否守持出家戒律，命预试从静命论师依一切有部出家七人，即巴·赛囊、巴·赤协、白若杂那、杰瓦却阳、款·鲁益旺波、玛·仁钦却和藏勒智。

②大乘和尚：亦称"摩诃衍那"，唐代汉族名僧。唐德宗时入吐蕃讲经，力倡禅宗，蕃地从其出家者颇不乏人，如赞普妃没庐氏等贵族妇女30余人从其出家。后和被迎来吐蕃传教的莲花戒辩论教法，史称"顿渐之争"。据藏文史籍载，大乘和尚辩论失败，返回内地，此后蕃地遂禁禅宗顿门派。

巴果·白若杂那

——早期密宗大师

巴果·白若杂那，又写作毗卢遮那，幼名耿久塘达，于火兔年（727 年，唐开元十五年）出生在西藏年楚河和雅鲁藏布江汇合的年麦（年楚河流域江孜以下地区名）桑嘎尔甲波玉瓦冬村，系吐蕃赤松德赞执政时期耿甲巴果家族的后裔，故以巴果为号。其父亲为巴果·多杰加布，母亲为仲萨卓吉。相传，他是无量光佛在人间的化身，故与佛教因缘极深。在幼年时，就显露出与一般孩子不同的一些异行，诸如一次无意之间在故乡尚喀日山下方的一块巨石上留下了清晰的小足印，人们见到后都惊叹不已，在学佛法时，对 360 种翻译法无师自通。父亲巴果·多杰加布去世后，由叔叔巴果·赫多抚养。后来举家从年麦桑嘎尔迁往尼木定居，故有其出生在尼木之说法。

桑耶寺建成开光后，赤松德赞选拔了一批聪明伶俐的藏族青年，学习梵藏翻译，却因梵语不准确而未能如愿。藏王正发愁之际，莲花生大师预示道：在藏地的尼木地方，一户姓巴果的家族中，父名巴果·多杰加布，母名仲萨卓吉，生有一个 8 岁的孩子，长大后将会成为精通梵藏翻译的特殊人才。藏王闻此预言，即刻起身亲自前往迎接，将耿久塘达接到桑耶寺供养了 7 年。在此期间莲花生大师在藏王的请求下，设坛城为君臣二十五人传授密法灌顶，白若杂那也是接受灌顶者之一。当二十五人向坛城投金花时，他所投金花落到大黑天的坛城上，以此现示他的本尊神是大黑天护法神。莲师的清净有缘眷属——君臣八人中，白若杂那是大黑天法之大德。为了开启其智慧之门，寺院举行不忘陀罗尼法事，为使其精晓翻译语法，15岁时，拜莲花生大师和堪布寂护为师学习声明，一学即晓，掌握了梵藏语法和翻译技巧，并在桑耶寺赤康林中从堪钦·香曲散贝受戒出家为僧。耿久塘达（即白若杂那）亦是赤松德赞时最初奉命受戒出家的“预试七人”之一。在莲师和寂护的培育熏陶下，他十几岁时就写出了《十万上师颂》一书，在该书的跋中说：“小僧虽出生在吐蕃，却以正法而尊荣，没有不懂所知妙法的愚昧，通晓无边的深奥道理，智慧之水库深不可测，就连印度的班智达也很敬畏。这是因为我自儿生以来，由于大日如来加持的功德，有神境通、他心通、知生死等神通法力，三世诸佛在心中显示意密，我无遗漏地洗濯上师和学者们的思想库，殊胜悉地任运而成，即将证得佛果，有着所谓最后轮回者的最佳感觉。”

这时吐蕃的佛教日趋完备，赤松德赞命堪布在寺内建立僧团，制定僧规，翻译经论，讲学修行。赤松德赞认为，在寺内仅仅讲授传播显宗经典还不算完善，须学习传播大乘密法，遂选派白诺那杂和藏勒智二人去印度留学，学习密宗法。

白若杂那和藏勒智将行李及赠送给印度上师的黄金等物品驮在马上，赴印求师学习密乘法。到达印度后他们先后参拜了20位班智达学习密法，最后在大菩提寺密法造诣精深的室利僧哈尊前献上礼品，拜师求学。上师说：“你二人悉心刻苦学习佛教密法，回吐蕃后大力弘传，将会对吐蕃的大乘佛教和芸芸众生有益无穷。”上师先给他二人传授二十五种密续法，后又讲授“八部密宗教言”，让他二人抄写后，反复修习，融会贯通。上师高兴地说:“大圆满密法已全部授完，现在你们可以回吐蕃了。”又说：“印度人对密宗十分仇视，为了你二人安全返回，我教你们学会‘神行法’，可保无事。”藏勒智回吐蕃心切，不愿再学什么“神行法”，先独自一人回吐蕃去了，据说在关隘上遇害。白若杂那从师又学会了“神行法”，并将所学密法全部写在贝多罗树叶上，集成了贝叶经。他惜别上师，凭“神行法”通过了层层险关要道，安然回到了吐蕃。据说，他走后，印度的一些大班智达都做了一个奇梦，印度上空的太阳被吐蕃的一个僧人带走了，醒后即刻派人追赶，却未能追到而返。他成功地从印度班智达请得因乘妙法，从印度七位圣哲处请得果乘甚深七圆满法，尤其是从室利僧哈处获得了全部密法。

白若杂那回吐蕃后，将密宗经卷献给了藏王，藏王清楚地意识到，在佛教发祥地印度还有人反对传播大乘密宗法，在吐蕃一些信奉本教的大臣更会仇视弘传密宗。

于是他让白若杂那先将密宗经卷藏起来，在密室里翻译经典，等深夜后悄悄地给藏王传授《心部·十八子母经》之前五部分。不久，此事被王妃蔡邦萨梅朵仲发觉了，恰好这时一位从印度来的使者传言说："你们吐蕃僧人从印度带来的不是正宗密法，而是一些外道的异端邪说，它将会给吐蕃带来灾难，你们杀了他，焚毁邪经，方保平安无事。"这个传言像一股扼杀密宗法的毒火，顿时烧遍了吐蕃王宫内外。当时反对密宗的有两派势力：一派是桑耶寺里请来的印度僧人，因为他们主要学习传播的是显宗法，莲花生大师也是先学显宗，以后才兼学密宗的。当时任桑耶寺堪布的寂护（希哇措）是学小乘佛教的，小乘佛教中只有显宗，没有密宗。另一派是吐蕃原始宗教本教及其代表势力——本教信徒和吐蕃的几位权赫势重的大臣，其中包括王妃蔡邦萨，他们给白若杂那加上了种种罪名，一致要求藏王将他处以死刑。赤松德赞虽然竭力提倡佛教，但这时听到反对白若杂那的呼声如此强烈，迫于种种压力，不得不让他转入更秘密的地方进行译经活动。在尼木县向东一公里处的山坡上有一座白诺寺（毗卢寺），是后人为白若杂那大师而修建的，故取寺名白诺寺。据说当年白若杂那同赞普赤松德赞、莲花生大师一起到这里一边闭关修行，一边继续翻译密典。莲花生大师嫌修行洞过小，就又扩建了修行洞，他的修行洞在中间，白若杂那和赤松德赞的修行洞在左右两边。后来寺内塑供了马头明王、莲花生大师、赤松德赞和白若杂那几尊身像。另外在山南乃东境内也有一处白若杂那的修行洞，据说在此洞中住修了9年，留下了右手和左脚的印迹，这个修行洞与噶举派热琼巴的修行洞相距两公里左右。白若杂那翻译了《六十如理论简说》《无边光明佛号赞》《般若十万颂》《宝积经》,《大方广佛华严经》一百零八卷,《涅槃经》二百八十卷中的八十卷,《楞伽经》十五卷；在果乘密宗法类方面，翻译了《大丹陀》十八论中的十六论；在"子夜修习法"方面，翻译了大圆满、阿底瑜伽等密宗经典。后来秘密译经的消息又被朝中的实权派知道了，实权派逼赤松德赞杀死白若杂那。藏王无奈，只好采取了一个李代桃僵的办法，暗地里找了一个乞丐，让他穿上白若杂那的外衣，装入木箱抛于水中漂流而去。但这个做法又被王妃蔡邦萨揭穿了，那些反对他的贵族们知道后，更不答应。赤松德赞不愿伤害白若杂那，但由于他年纪尚幼，实权掌握在信本反佛大臣一派人的手中，他准备以流放的名义让白若杂那再次赴印，一面避难，一面继续学习翻译密宗经典。然而白若杂那提出了将他流放到嘉茂察绒（今四川省阿坝藏族羌族自治州、甘孜藏族自治州一带）地方，说那里是他有机缘的故乡。于是，赤松德赞将他流放到了嘉茂察绒地方。

据传，白若杂那去嘉茂察绒时带有一封藏王要嘉绒土王照顾他的书信，而反对他的蔡邦萨也有密谕寄到嘉绒土王手中。所以，他初到嘉绒地区时没有幸免嘉绒土王和本教势力对他精神上、肉体上的种种折磨和摧残。据说曾将他投入装满青蛙的地牢里，企图以青蛙释放出的一种毒素将其毒死，但他安然无恙。后又放进许多虱子和蚊虫去咬他，但由于他修法已深，洞中仍念经不止，说教不息，所以也奈何不了他。他过人的毅力和对佛的虔诚之心终于感化了嘉绒土王，于是放他出牢，并积极支持他在嘉绒一带建寺带徒，译经传法。据载：白若杂那曾在阿坝藏族羌族自治州境内的黑水县兴建了德切朗寺（宁玛派寺庙）、松潘县修建了安宏寺，倡建了理县境内麻多山上的麻多降巴宁寺等，这些寺庙至今犹存。白若杂那在嘉绒地区的建寺、传法活动范围很广，大小金川、马尔康、阿坝、诺尔盖、松潘、黑水、理县，甚至到甘孜一带，在这些地方都留下了他的遗迹。如阿坝县哇尔玛乡、马尔康卓克基乡、理县维关等地都有他的修行洞。人们用他的法号命名的地名、寺名、山名不少。卓克基乡的峰壁峡谷中有一处曲径通幽、雅致秀丽的山洞，名叫“白诺杂普”，意为“白诺岩洞”。洞内留有他修行时的面壁身影、掌迹，讲经说法时留下的脚印及靠头卧睡的痕迹。洞口建有古亭庙宇楼阁，至今香火不断。金川的墨尔多神山，据说有人工开凿和自然形成的岩洞108处，在许多洞里都留下了白若杂那学法修法的手印、脚印和身迹。他在这里讲经著述，据说还埋藏了一些经典。在《墨尔多神山志》中就有桑杰领巴活佛从这里掘出关于白若杂那赞颂神山的祈祷文的记载。在嘉绒地区处境十分艰难的情况下，他还坚持翻译了《大圆满阿若续》和《金刚桥续》等密典。

从上述记载不难看出，白若杂那被流放到嘉绒后，所到之处讲经传法，收徒建寺，著书立说。关于他的学识和功绩，在嘉绒地区至今广为传颂，民间信徒奉他为“点燃东方（康区）佛教明灯的圣人”。在一些宁玛派寺庙里除供有莲花生大师塑像外，也供奉他的身像。在桑耶寺有白若杂那的壁画和他的简史。在后藏日喀则东边吉德布山谷上部有他少年时潜心修习的洞窟。

白若杂那不仅精通密宗法，还通晓梵藏翻译、医学、历算、工巧明等学科。翻译著作有《佛本混合史》《历算医药杂记》等。医药方面的专著有《除暗明灯注释》、《医法月王论》（与大乘和尚同译）、《多种医疗法秘诀》等。辞书有《梵藏词典》。大译师洛丹喜饶在赞颂前弘期诸译师时说，白若杂那的意境和学识就如天空那样宽阔，噶瓦拜则和觉若·鲁坚赞好似太阳与月亮一样，仁钦桑波像黎明的灿星。

在《五部遗教》中的“王妃遗教”里另有记载，其大意为：

白若杂那大师从印度学法回到吐蕃后，欲去内地，赤松德赞不高兴地说：“可以让其他人到内地去，我吐蕃人才奇缺，你还是安心译经为好。”于是白若杂那在桑耶寺与其他译师共同译经。一次，王妃蔡邦萨密召白若杂那进宫，设法支开藏王及随从，在密室中，她想用美人计使他破戒，败坏其多年修行的功德。然而白若杂那对世俗毫不动心，蔡妃纠缠不休，并不顾廉耻地将他抱住不放。白若杂那突然灵机一动，对蔡妃说：“外面宫门未闭，恐下人看见不雅，我去闭了宫门，再来和你相会如何？”蔡妃信以为真，遂放他去，白若杂那乘机潜逃。这下惹恼了蔡妃，一计不成，又生一计，造谣说佛教密宗大师白若杂那在王宫调戏王妃，闹得满城风雨。不明真相的人在诅咒他，王宫卫士在追捕他。

白若杂那逃离王宫后，知道此处不是久留之地，便飞快收拾经卷遁往他方。对白若杂那调戏蔡妃一说，赤松德赞将信将疑，他知道白若杂那的为人，也知道王妃和一些大臣串通一气扶本反佛，就秘密派人去查访白若杂那的下落。不久蔡妃患了麻风病，日趋严重，到处延医诊治不见效。后来经过打卦问卜，又问请莲花生大师，都说此事只要蔡妃心生忏悔，改邪归正，将白若杂那请回来，当面承认她非礼的放荡行为，得到白若杂那的宽恕，方可消除病患，恢复健康。赤松德赞将占卜者和莲花生大师之言给蔡妃和盘托出，要她招认。蔡妃一来心虚，二来为病魔所苦，含羞地将经过如实讲了出来。赤松德赞一听，又愧又气，悔之莫及，就按莲花生大师所指点的方向，请回白若杂那，治好了蔡妃的病。蔡妃含羞认错，决心皈依佛门。从此虽有本教势力的反对，但在赤松德赞的庇护下，白若杂那专心致力于密经翻译。其卒年不祥，据说吐蕃王朝到了赛那勒（赤松德赞之子）继位时，白若杂那、无垢友等名僧都还健在。

拉隆·贝吉多杰

——佛教的卫道士

拉隆·贝吉多杰，约8世纪时期人，与莲花生同时代。

他为了维护佛教，为不使佛教在藏区根绝，不得不开杀戒解脱禁佛灭法的藏王朗达玛。因他的护法功绩，藏传佛教各教派都为他树碑立传，载入各教派的佛教史和教派史中，在《娘氏宗派源流》中就有他的详细记载。他是前后弘期之间的一个佛教界重要人物。拉隆·贝吉多杰是西藏如日扎堆贡茂齐地方人，俗名达尼桑。青年时为守卫印藏边界去当兵，学会了武术，善舞刀剑，善骑射，曾在战役中打过胜仗。后来回到拉萨，因厌恶世俗而同两个兄弟一起拜班钦·布玛拉米扎为师披剃出家，赐法号贝吉多杰（吉祥金刚）。莲花生大师应邀来吐蕃后，他从大师受比丘戒，学到了许多密宗方面的经典和秘诀真言，是莲花生大师二十五位高徒中的第二十三位，同时又是涅钦·益西元努译师的八大弟子之一，后从汉地米扎班智达和著名译师嘎巴贝邹攻读显密诸论，成为一代佛学大师。因他长期在叶尔巴岩洞和拉隆地方修习密宗法而被人们尊称为拉隆·贝吉多杰。后来人们在其修行洞的基础上修建了拉隆日绰山寺。

当他正专心致志地修法之时，听到了赞普朗达玛禁佛灭法的一些消息。据说一天深夜，大昭寺的护法神吉祥天母化作一妇人模样前来点化道："当今吐蕃学法的僧人甚多，但真正修有成就的只有你一人，朗达玛禁佛灭法，天怒人怨，解脱他的时机已到，你赶快动身，我将会暗中助你。"醒后他又对赞普产生了大悲恻隐之心，不忍心马上去解脱他，转而一想，他禁佛灭法的举动达到了惨绝人寰的地步。毁寺弃佛，逐僧焚经，是可忍，孰不可忍。于是他为维护佛教而萌发了解脱赞普的念头，想方设法，找来一匹白马用焦炭涂黑，准备了一件外黑里白的披风和一顶外黑里白的帽子，将脸涂黑，怀藏弓箭暗器，骑马前往拉萨。到拉萨后见一人便问：“你知道赞普王在哪儿吗？”那人向大昭寺方向指道：“赞普正在寺前观看唐蕃会盟碑文呢！”于是他来到赞普面前，佯装顶礼的样子，默祷自己的本尊神，从袖中抽出弓箭，行第一礼时搭箭在弦，行第二礼时开弓，行第三礼时箭射赞普额头（有说箭中胸部），然后乘骑逃走。赞普双手拔出额上之箭，顿时流血身亡。大臣们派遣骑兵四处追捕刺客，拉隆后面的卫兵紧紧追赶，危难之际，追兵看见四个骑黑马的黑衣黑帽士向四路逃去，卫兵遂分四路追杀。据说，其他三位黑衣士就是吉祥天母护法神的化身。拉隆·贝吉多杰乘混乱之际，将衣帽翻过来穿戴，渡拉萨河时染黑的马和脸被河水冲洗干净，又完全变成了白马白衣白帽士。他口称“我是白魔天神”而遁去，追兵未识破，只好空手回去交差。王朝内有人怀疑此事必是拉隆·贝吉多杰所为，派人到叶尔巴岩洞去查寻，此时拉隆·贝吉多杰在洞中假作入定之相，抓来一只鸽子使洞内尘土飞扬，又让虫蚁在尘土上爬行。众人看见这种迹印，认为不会是拉隆·贝吉多杰所为，于是返回。其中一个有心机的人悄悄来到洞中，把手放到他的胸口上，觉察到他的心还在剧烈地跳动，说：“本来坚密，此处不可越。”说完这句隐语就走了。拉隆大为恐慌，意识到此地不可久留。于是他骑马翻山越岭，历经艰辛来到安多地区。最初在青海尖扎的洛多杰扎（金刚岩洞）的岩洞中隐身修行，忏悔杀人之罪过。洞前草坪上置有刺杀赞普朗达玛的弓箭，后来僧人在弓箭上面堆石建成一座本康（意为万佛塔），煨桑顶礼，以示对他的敬仰和纪念，洛多杰扎岩洞也成了佛教圣迹，至今还有僧尼在那里建寺住修。

拉隆·贝吉多杰听说西藏三贤哲在距此不远的阿琼南宗修法，遂来南宗会晤，畅谈解脱朗达玛的经过，为了纪念这历史性的会晤，后人在他们会面的山峰上堆起六字明咒的嘛呢石，栽了三棵松树。会面不久，拉隆到南宗峰西约半公里的阿峰山顶的夏玛隆洞中潜身修行，暗中保护三贤哲。当西藏三贤哲给喇钦·贡巴饶赛授戒去请他时，他说：“我是杀了昏君的僧人，不可给人授戒，不过我可以找比丘僧替你授戒。”便从青海化隆东部的提巴庵请了两位汉族比丘僧，凑足五人之数给喇钦授了比丘戒。拉隆·贝吉多杰后来又到拉日玉措湖（今孟达天池）之东日山下的岩洞中静修至圆寂，以后人们称该洞为神仙洞，这里常有佛教徒来顶礼膜拜。据说，拉隆在这些地方培养了许多佛教弟子。

郭·法成

——藏族佛学翻译家

郭·法成，出身于后藏达那（今西藏自治区日喀则市谢通门）地方吐蕃贵族郭氏家族，出家后学法，擅长佛经翻译，吐蕃时期，沙州（今甘肃敦煌）藏汉佛教界由于受吐蕃王朝优礼佛教政策的影响，出现了撰写翻译佛经的高潮，特别是藏王赤松德赞时代，沙州寺院的从事写经译经的藏族僧人达数千人，郭·法成是其中之一。他们为了民族间文化交流，在这个丝绸之路的要冲上，几十年如一日，辛勤地写经译经，为文化交流做出了贡献，成为吐蕃王热巴坚时期一位著名的佛学翻译家。水牛年（833年，唐大和七年）到沙洲永康寺从事佛经翻译。水狗年（842年）返回沙洲开元寺弘传佛法，进行佛经翻译。郭·法成一生从事佛经翻译，他不仅通晓梵文、藏文，还精通汉文，所译藏汉典籍可考者有23种，其中汉译藏的有《大宝积经被甲庄严会》《楞伽阿跋多罗宝经》《贤愚经》《解深密经疏》等14种，藏译汉的有《般若波罗蜜多心经》《诸星母陀罗尼经》等5种。此外,由他抄录和讲述的典籍有《大乘四法经论及广释开决记》等4种。郭·法成大师还在翻译之余，到沙洲、甘州一带诸寺传教。他的一生对汉藏宗教文化交流起了不可忽视的作用。

郭·法成约于藏历木鼠年（865年，唐咸通六年）圆寂。

扎·却吉多杰

——证得虹幻之身的大禅师

据《安多政教史》载：在多麦柏城嘎波（郭隆寺）西北方雅尔仁有一座叫扎德阿却的小寺，当年住着一位名叫扎·却吉多杰的大禅师，据说吐蕃王朝后期，藏王派往安多的一支后裔（随驻守军而来的人）定居安多，其中卫藏的扎、珠、董三大氏族之一的扎氏部落也随迁至安多。扎原是藏族古姓氏之一，到安多宗喀地区时，扎氏就变成了这里的部落名。如互助北山的扎巴乡，就是以部落演变而来的。扎·却吉多杰就是出自扎德氏族的一位大禅师，也是扎德阿却寺的一位大喇嘛。这位大禅师约出生于藏传佛教前后弘期间。据说阿底峡尊者还没有到卫藏之前，这位禅师已出世了。扎·却吉多杰长大成人后，出家为僧，从师修学佛法，曾大多时间在青海湖一带学法修法，概他是在青海湖海心山最早修行的一位喇嘛。他在海心山苦修多年，终于证得神通和先觉。相传，有一次坐禅尚未完结，太阳已经偏西了，便以此为缘起，制止太阳西行，因此得“索捆太阳”的名气。当时海边有一个藏族部落的头人，名叫盖科加，每年要向凶狠野蛮的拉洛部落头目交纳男女儿童各10名作为差徭。有一次拉洛头目生了病，祈求扎禅师医治而愈。他向大禅师献礼时，扎禅师拒收，要以今后不再向盖科加头人征收人税为谢礼。拉洛头目只好答应了这一条件。为此，头人和民众十分高兴，感谢这位大禅师的恩德，给禅师献了布施，尊禅师为善行上师。随后这位大禅师的神通和善行功德传遍了安多各地。头人遂向远处的藏族部落各派一位僧人作为施供，如此，年复一年，这一带便出现了十三个扎德嘎尔哇。有一年，藏族部落头人患了致命之症，请求大禅师杜绝堕入恶趣的灌顶，大禅师为他作了灌顶仪式。次年头人去世时，在海边煨起了隆重的桑祭，有的人看见海面上出现了冰桥，有的人见到头人的双足不沉于水等各种奇异现象。由于向头人灌了顶和作了转迁，以此神通，头人得到了很好的往生之愿。后由居住在浩门河边一带的藏族部落请去供养，以佛法为农牧民广做有益善事，受到众生的拥戴。这时，住在这里的一个本教徒对他产生了嫉妒心理，要求跟禅师斗法，禅师想不战胜这个本教徒便显示不出佛教密乘的威力，遂让人挖一个象征天、地、水三者的三角形地坑，当人们依此完成时，那个本教徒被浩门河水冲走，后来河水分向两边，中间出现了三角形地方之处，浅搁着那个本教徒的尸体。据说当年所挖的那个三角形地坑的形状，现在仍保留着原来的样子。渡口被称为温拉渡，修行的禅堂遗地也还存在。浩门河以前藏语中称为“曲安”，意为青水河。据说曾有一条恶龙盘踞在青水河中，经常发水伤害河两岸的人畜，不知吞食了多少人畜，对此人们无可奈何，经常悲伤痛哭。大禅师为民除害，施法使恶龙上岸，用双手以大法力将恶龙捏碎，后来人们将此河用藏语命名为“居拉曲”，意为“恶龙被抓而捏碎”，至今在藏文古籍中仍称浩门河为居拉曲，现在被讹化变成“抓手河”了。

禅师曾去卫藏桑耶寺朝拜，从那里掘出喜布阿代（为非人部）的教诫，这在伏藏典籍中有记载。

禅师却吉多杰生卒年不详，据说圆寂时化作一道彩虹消失在空中，没有留下遗体。

后弘期

藏传佛教后弘期，即藏传佛教复兴发展的后一阶段。公元842至846年，朗达玛灭佛后，佛教在卫藏沉寂了100余年，西藏佛教史上将这段时期称作“黑暗时期”。后佛教又分别从安多（青海）和阿里两路传入卫藏，史称下路弘法和上路弘法。鲁梅等10人赴青海，从贡巴饶赛大师受戒学习佛法，返回卫藏后在各地分别建寺收徒，弘传律藏，是谓“下路弘法”；高僧阿底峡应邀从阿里进入卫藏，帮助复兴佛教，是谓“上路弘法”。再兴之佛教，更具有藏地特点，因而获得了更多信徒。因修行方式、传承系统各具特色，又逐步形成了许多流派。早期主要有宁玛派、噶当派、萨迦派、噶举派等，后来有夏鲁、息结、觉囊等教派产生。13世纪中叶，萨迦派的上层喇嘛开始掌握西藏地方政权，后各教派互争权势。15世纪初，被尊为世界第二佛陀的宗喀巴大师进行“宗教改革”，创立了格鲁派（俗称黄教）。17世纪中叶开始，格鲁派在清王朝的扶植下，一直执掌西藏政教大权。后弘期新译经论甚多，著作卷帙浩繁。14世纪后半叶，藏族学者编译成经、律、论藏文版大藏经，版本约有十余种。

西藏三贤哲

——在安多点燃佛教火炬的佛学家

吉切瓦·藏饶赛

博东瓦·尧格郡

堆隆巴·玛尔释迦牟尼

吉切瓦·藏饶赛，是三贤哲之一，于公元9世纪初出生在西藏结齐地方，早年就离家皈依佛门，从师先后受居士戒、沙弥戒和比丘戒，学习显密诸论，由于他尽心尽力，学习飞进，成为贤者。

博东瓦·尧格郡，是三贤哲之一，生年与藏·饶赛同时代，成年后皈依佛门，从师依次受居士、沙弥、比丘戒，并学遍了显密经论，成为大学者。在《汉藏史集》中说他是博东地方人，成名后在法名前加“博东瓦”三个字，作为他的尊号。

堆隆巴·玛尔释迦牟尼，9世纪初生于西藏也如干巴香塘地方，成年后皈依佛门，拜师学习显密经典成为学者。又有拉隆地方人之说，故成名后也有史籍在其法名前加“拉隆巴”三字以为尊号。

他们三人一起在西藏山南贡噶境内的居尼嘉布创建的古刹禅林——吉祥曲沃日寺修习佛法，参禅行静。相传，因该山上有泉108处而得名曲沃日，意为“百泉山”，唐东杰布在山下的雅鲁藏布江上造铁索桥后，山名改为吉桑曲沃日。南岸有寺，名吉桑贡巴。这里森林茂密，风景优美，山中有各种动物栖息。藏历水猪年（843年），赞普朗达玛继王位后，开始在全藏区禁佛，但三位贤哲一点也不知道。在一段时间中常看见一些僧人背着弓箭，带着猎犬入山狩猎，甚感惊奇，因僧人戒律要求严禁打猎、杀生害命。一天，博东瓦·尧格郡向一进山打猎的僧人问道：“你们是不是僧人？”答曰：“是僧人。”“那为什么不守戒律，杀害生灵？”僧人苦笑道：“你们大概待在深山老林，不知道拉萨发生的灭佛之事吧，赞普朗达玛即位不久，由于他不喜佛教，加上一些信奉本教的大臣的鼓动，开始禁佛，毁寺逐僧，并派宠臣杀害了一批恪守佛法的佛学家和佛经翻译大师，拉萨城笼罩在一片恐怖的气氛中，一些佛学家和僧侣闻风弃寺而逃。我们不进山打猎吃什么？恐怕你们也在劫难逃啊！”博东瓦·尧格郡一听大吃一惊，赶忙回禅室与其他两位贤哲商量后，备好了一匹骡子，驮上他们的上师觉若·鲁坚赞译的律藏经典和常用佛经，三人跋山涉水，不辞路途遥远，经西藏阿里、新疆等地区，辗转来到青海的阿琼南宗一带，见这里山清水秀，地势险要，人烟稀少，便在南宗峰的石窟中隐居修行。他们三人亦曾在尖扎的洛多杰扎崖洞、丹斗（今青海省化隆回族自治县丹斗寺）、玛尔藏（玛尔藏是从玛尔·释迦牟尼和藏·饶赛二人的名讳取“玛尔”和“藏”组成的岩寺名，即今青海省平安白马寺。相传，拉隆·贝吉多杰骑着自己的白马曾去玛尔藏，白马死在金刚岩下，故人们又称该寺为“白马寺”）等崖洞中修行，收徒弘法。三贤哲在青海培养了一批高足弟子，其中喇钦·贡巴饶赛和鲁梅等卫藏十大学者就是他们的得意门生。藏王朗达玛被弑后，喇钦·贡巴饶赛在安多一带建寺收徒讲经，弘传佛教戒律，鲁梅等 10 人受比丘戒后，携带律经返回西藏，分别在西藏各地建寺，弘传显密教法。这样，佛教之火又复燃起来。佛教从安多传入西藏，在佛教史上称为“下路弘传”。西藏三贤哲在阿琼南宗、丹斗央斗、洛多杰扎、玛尔藏等地不断修习佛法，闭关静修，到处留下了圣迹。尧·格郡在离玛尔藏不远的山沟中住修，因此这山沟得名“尧格隆洼”，意即“尧格郡沟”，所以这些地方又成了后弘期的发祥圣地。后来三贤者相继在玛尔藏和西宁圆寂，据说，尧·格郡就在今西宁市大佛寺的地方圆寂，其弟子和信士们为了纪念三贤哲的无量功德，将他们的灵骨葬于此地，西宁市大佛寺就是在此基础上兴建起来的，为一座藏传佛教后弘期各教派共同信奉的寺院，曾两次被毁坏，今已修复一新，主殿内塑有三贤哲金身。大佛寺是汉语称谓，藏族仍然称“克哇木松拉康”，意为“三贤哲佛殿”。在白马寺中也塑有西藏三贤哲和拉隆·贝吉多杰的身像，绘有拉隆的乘骑白马的壁画，挂在山门内的正面墙上，以示对他们的永久纪念。

喇钦·贡巴饶赛

——藏传佛教东律初祖

喇钦·贡巴饶赛，本名穆斯赛巴（952 ~ 1035 年），意为“意明”，汉文史籍中译作意明大师，这是人们对穆斯赛巴的尊称，为藏传佛教东律初祖。据土观·洛桑却吉尼玛著的《喇钦·贡巴饶赛传略》载，喇钦的前世叫莫卢·达纳赤松杰，曾担任吐蕃王朝信佛赞普王的大臣，因发誓要护持佛法，于藏历水鼠年（952 年，后周广顺二年）转生在安多宗喀（今青海省循化撒拉族自治县积石镇加如村）一信奉本教的家庭中，父母为他起名穆斯赛巴。他从小敬信佛教，长大后向一个名叫南嘉华的人学习藏文，背诵佛经，向康·仁钦多杰请教发菩提心。从吉·嘉白邹多为师学习中观和因明，跟南木·噶丹绛曲修习瑜伽法，此时西藏三贤哲已来到丹斗央贡地方弘法修学。穆斯赛巴在离丹斗不远的唐述山放牧时，听说丹斗的山洞里有三位僧人住修，于次日前去拜见三贤哲。一见面，他的心灵中就萌发出将解脱众生的佛法弘扬各地之志，便请求三贤哲剃度他出家。三贤哲给他律藏经籍，说：“先看看这部经典，倘若虔诚信仰，即可出家受戒。”穆斯赛巴看后十分敬信，流着热泪再三请求出家。三贤哲见他如此虔诚敬信，就由藏·饶赛任堪布，尧·格郡作轨范师，给他剃度出家，授予沙弥戒，以两位戒师上师的名号，给他取法名格哇饶赛。后因他聪慧过人，广学博识，人们开始称他为贡巴饶赛。之后他又请求三贤哲传授比丘戒。上师说：“比丘大戒不足五名之数是不可传授的。”此时，拉隆·贝吉多杰因刺杀了朗达玛后也逃到循化的拉莫玉措（今青海省循化撒拉族自治县境内孟达天池）东日山下的岩洞中修炼密法，贡巴饶赛闻此消息，便前去拜见，并提出受戒的请求。拉隆·贝吉多杰回答说：“我刺杀了昏君，破了戒，故不能充授予戒律比丘之数，不过我可以为你寻找比丘。”于是从青海化隆东部的提巴庵，请来了两位汉族比丘，名叫郭旺和济班。由原来的两位上师作堪布和轨范师，玛尔·释迦牟尼任密教师，再加两位汉族比丘,凑足了比丘之数,给21岁的贡巴饶赛授了比丘戒。不久北上去甘州(今甘肃张掖),从果绒·僧格扎巴修学律藏和四部大论及其注释，僧格扎巴对他说:“具足大戒的年轻人，你要按照教律，发扬光大如来之教法，我已年迈，将会不久于人世。”当时以鲁梅为首的卫藏10人来找三贤哲求受比丘戒，他们从三贤哲和贡巴饶赛受了比丘戒，受戒后鲁梅留下来向智木·益西坚赞学习戒律，其他人都返回卫藏。次年，鲁梅也动身回藏，临行时，请求贡巴饶赛赐给他一件供奉物品，贡巴饶赛赠给他一顶自己戴过的边沿镶有金线的僧帽，并说:“戴上此帽，你就会想起我。”鲁梅返藏后，贡巴饶赛也想去卫藏学法，便起身行至垄塘地方，听说西藏闹灾荒，未能成行而返回，又听说青海东部拉孜安底地方有位僧人欧却智华，于是前往欧却智华尊前学习《大乘毗昙》《般若十万颂注释》《菩萨地论》等经论。他前后修学20余年，已成为一名显密兼通的喇嘛钦波了，喇嘛钦波简称“喇钦”，意为上师，从此人们尊称他为喇钦·贡巴饶赛。他返回丹斗地方，在当地藏族头人的资助下，创建丹斗寺，以丹斗寺为根本道场，广泛弘传佛教经论和藏族文化，声名大振，远近信徒信民纷纷前来受戒求法，供奉的布施也日益增多。当时地方上层人士巴贡·益西雍仲和钟·耶希坚参都从喇钦·贡巴饶赛剃度出家，受居士戒，喇钦为他们讲说佛教戒律中的基本内容。以后的一段时间里，他和众多弟子，在丹斗这个适宜修行、幽静美丽的地方研习佛法，著述论说，闭关修行，受益甚大。他的上师卫藏三贤哲在玛尔藏修住时，在红崖上凿了一个洞，作为栖身之地。喇钦晚年时也来到玛尔藏集资建寺，这就是今湟水北岸的白马寺。喇钦·贡巴饶赛的传世之作有《经藏供养》及摄大乘要义的《回向广颂》等，已收入藏文大藏经《丹珠尔》部中。阿底峡尊者对喇钦的学识十分欣赏，他说:“喇钦的成就，非一般人能达到。”看了喇钦的著作后赞颂道:“这是大班智达所撰，一般人安知其中奥义!”喇钦于土羊年(1019年)委派弟子嘎木·云丹雍仲至前藏山南沃喀宗西地方建成宗西寺，并敬献一尊极有加持力的弥勒佛铜像作为此寺的主供圣像，称这座寺院为宗西弥勒寺。后来此寺颓败，36岁的宗喀巴大师及其弟子修葺了宗西寺。

喇钦·贡巴饶赛住在白马寺山崖上的一个修行洞里安度晚年，于藏历第一饶迥之木猪年(1035年，宋景祐二年)圆寂，享寿84岁。

鲁梅·慈臣喜饶

——复兴佛教的大师

鲁梅·慈臣喜饶，意为“戒慧”，前藏夏察（今之拉萨市达泽县德钦）地方人，北宋时西藏佛学家，后弘期的一位弘法大师。住在山南桑耶寺附近的吐蕃后裔永丹六世孙益西坚赞，在卫藏尚在灭佛时欲恢复佛教，便派以鲁梅为首的卫藏十人[1]，约于土虎年（978 年，北宋太平兴国三年）来到安多地区丹斗寺，请求藏·饶赛授给比丘戒，藏·饶赛说：“我已年迈，不能任亲教师，你们请喇钦任亲教师吧！”喇钦说：“我受比丘戒不过五年，没有资格作亲教师。”藏·饶赛说:“在特殊情况下是可以担任的。”遂由喇钦·贡巴饶赛作亲教师，藏·饶赛和尧·格郡分别担任轨范师和密教师，玛尔·释迦牟尼和内地两位和尚凑足五比丘之数，给鲁梅等十人授了比丘戒。授予戒律后，喇钦吩咐他们说：“洛敦·多杰旺秀法力广大，可守护佛法，鲁梅戒行严谨，可任亲教师（堪布），村尊·喜饶僧格聪明善良，可任教导师，章·益西云丹长于雕塑，可负责建寺。”之后，其他九人返回康区卫藏弘传戒律，唯留鲁梅一人继续学法，他拜智木·益西坚赞学习律藏。

次年，鲁梅·慈臣喜饶学通了戒律学，后辞别上师西去卫藏，当他来到拉萨时，几位师兄弟也来到了前藏。神圣的拉萨地方，当年是人们向往的朝拜圣地，也是高僧大德们的法座传承所在地。经朗达玛毁灭佛法，如今成了惩罪施刑的恐怖之地。鲁梅·慈臣喜饶考虑到在这里传播佛法还不是时候，只好转道去桑耶，修葺了桑耶寺，重新恢复桑耶寺的一切佛事活动和学经制度，并担任了嘎曲寺寺主，开始收徒讲经，主要讲授《毗奈耶》。这时，鲁梅的几位师兄弟也分别掌管了乌察、乌哲、格杰、桑康等寺院。有一次，鲁梅与师兄弟们商议如何在康藏地区建寺弘法，一致认为是时候修建自己的根本寺院了，于是分头寻找地点和施主创建寺院。水鸡年（1009 年）鲁梅创建了拉莫杰寺；热西·楚臣郡勒在珠摩地方修建了索南圹清寺，凡从此寺学经出来的人皆称“圹清派”；尚那囊·多杰旺秀修建了热察寺和杰拉康寺，凡从二寺出来的僧侣称“尚宗”；多·绛曲郡勒修建了耶巴拜让寺等；洛敦·多杰旺秀和商人结伴来到后藏，选择了后藏古尔摩地方，修建了一座小寺，名叫坚贡寺，从这一寺传出的弟子有 24 人，其中有名的叫嘉·释迦宣努，又在堆玛地方创建了拉塘寺。以后坚贡寺一带就成了一个集市，寺院也依赖这个集市存在下来。卫藏十人中，鲁梅·慈臣喜饶影响最大，门徒最多，他的门徒有四柱、八梁、三十三椽之说。其四柱弟子除尚那囊·多杰旺秀和洛敦·多杰旺秀外，还有一个名叫珠梅·次臣郡乃的弟子，在山南乃东昌珠寺以东修建了唐波且寺，该寺在11至13世纪期间，以出了很多讲经法师而著称。

由此，鲁梅等卫藏十人，在各地方势力的资助下，在卫藏和康区各地建了一批寺院，招收门徒，传授戒律，重新点燃了佛教之火，使佛教得以恢复，并在不太长的时间内，超过了朗达玛灭佛前的规模。鲁梅等十人传播佛教东律，积下了无量功德，被后人称颂不已，在各教派的教史中均有记载。

注：

①卫藏十人：即鲁梅·慈臣喜饶、章·益西云丹、热西·楚臣郡勒、巴·楚臣罗哲、松巴·益西罗哲等前藏五人；洛敦·多杰旺秀、村尊·喜饶僧格、珀东巴·乌巴德噶后藏三人；阿里俄杰兄弟二人，共十人。

仁钦桑波

——后弘期最负盛名的佛经翻译家

仁钦桑波，意为“宝贤”，是藏族历史上一位著名的佛经翻译家，藏历第一饶迥之前六十九年（958年，后周显德五年）生于阿里古格的恰宁汪热纳（今西藏阿里札达县），父元努旺秀，母觉若更桑喜饶冉旦。

史载，他2岁时就能念出字母密咒，13岁时从益西桑布剃度出家为僧，少年时学习十分用功。17岁，他被阿里古格王[①]连同其他20多名青年派往克什米尔、印度等地留学。五世达赖喇嘛著的《西藏王臣记》中，记述了仁钦桑波前去印度的一段动人因缘。起初仁钦桑波不懂梵文，令他很烦恼，于是就在树荫下打起盹来。忽然，梦见一位空行母对他说："犹如春蚕儿，以丝缚身。由恋故乡土，堕入魔网中。欲求解脱者，速即往北去克什米尔地。复往东西印，如流遍游学，返藏译正法，方能善其事。"后来他经历千辛万苦，来到印度。在印学习长达10年，从纳若达巴等诸大学者为师学习正法，前后出国三次，跟随75位大师领受教益，听受了难以数计的广大教法，学通许多显密教法，成为藏传佛教后弘期极有影响的一位大师。后返回西藏，他在阿里古格王意希沃的支持下，翻译了大量的佛经典籍。为便于译经和弘扬佛法，古格王还专门修建了托当色林寺，简称"托林寺"，仁钦桑波一直驻锡该寺，学法、修法、译经。据说他在古格王朝弘传佛法时，降伏了芒域的鲁噶嘉，原因是在修建寺院时得罪了这位地方神灵，这也是佛本斗争的一个反映。既然是降伏了鲁噶嘉地方的神灵，证明了本教对佛教的反对没有成功。仁钦桑波曾翻译、校订显宗经典17部、论33部、密教怛特罗（经咒）108部。尤以所译马鸣论师[②]所著《医学八支集要》及克什米尔学者所著《集要广注·词义月光》等医学著作为典型，不仅盛传于卫藏，而且在内地皇太后"伊吉"（音译）时，应雅隆医师奇曼之劝请，由益希华于宫中校订之后刻为汉文版广为流传，从此藏医学有了新的发展。他还翻译了不少文法、工艺方面的著作，对中印文化交流做出了重要贡献。

仁钦桑波曾到年楚河传法，居住在卫日拉妥静室修定12年，这期间在乃宁寺修建了大经堂，现有的所谓"金汁书写的佛经"就是那时候的经卷。

仁钦桑波毕生致力于翻译事业，后来的西藏诸学者将他的译著视为范本。藏族历史上把他之前翻译的密宗经典称为"旧密咒"，而将他及其以后翻译的密宗经典称为"新密咒"。由于仁钦桑波的巨大功绩，继任的阿里古格王拉德尊称他为"金刚阿阇黎"，意为"金刚上师"，还将普兰的协尔地区赐封给他作为"却豁"[③]，学者把这一封赐作为西藏封建农奴制的开端。

水马年（1042年），61岁的阿底峡大师来到古格托林寺时，仁钦桑波已85岁高龄了，但仍拜阿底峡为师，学习了"胜乐"等一些密宗的教法，用翻译"密经"的方法弘传佛法。他还在阿里地区倡建了几座寺院和佛殿。

仁钦桑波的译著多达200多部，其中显教方面的有《圣者尼乾子问无我义经》《圣者涅槃小经六十首》。密宗方面有：《正述文殊师利》十四章；《显说根本续》十万首；《胜乐小密续》五十一章，共七千一百首；《佛说一切金刚三业最胜秘密大教王经》十章，后续一章；《佛说瑜伽大教王经》十章；持金刚世系中，《大教王经》、《佛说一切如来密集根本续》后四续和外续九卷；《一切密咒大教王经》、《金刚手蓝应三世律续》第五章；《丹珠尔》中，有《殊胜颂广释》等。他的弟子遍布卫藏，其中医学方面的著名弟子有娘德森格扎、益西郡乃等30多位。

仁钦桑波于藏历第一饶迥之木羊年（1055年，北宋至和二年）圆寂，享年98岁。

注：

①阿里古格王：阿里，地区名，在今西藏自治区西部，地处喜马拉雅山和昆仑山之间，包括噶尔、日土、札达、普兰、革吉、改则、措勒等县。古格，又名象雄，在札达县。吐蕃王朗达玛四世孙德祖衮于北宋初年领有此地，后嗣因名古格王朝，明代犹存，其宫室城堡遗地今犹可见。古格王朝实行“政教合一”，这里说的古格王，是指柯热，法名意希沃。

②马鸣论师：系古印度四大士之一。佛灭后约600年，生于西印度。父狮子密是大名医，母宝成。幼学婆罗门四吠陀经、四吠陀节及六业等，后随父学医。信奉异教，精通有常之论，驳倒西印度佛教学者，使改信异教以毁佛法，之后往游南印与龙树弟子圣天辩论内外之宗，输而改信佛教，为龙树师徒弟子，精通内学及诸异教诗韵之学，更名三宝仆从。著《佛本生行传一百零八赞》，以忏破佛之业。马解其语，故号称“马鸣”。另著有《医学八支大论》《入八支论》《八支集要自注》等。

③却谿：即庄园，又称“谿卡”，有封赐给寺院作为僧人的经济来源，也有封给僧俗上层的。

卓弥·释迦益希

——西藏翻译家

卓弥·释迦益希，藏历第一饶迥前的水蛇年（993年，北宋淳化四年）在后藏芒喀地方一良家中伴随着奇异征兆而出生，是吐蕃王朗达玛的三世孙札西则巴在后藏拉堆（今西藏自治区日喀则昂仁县一带）称霸时期的一位名扬四方的上师。他少年时就脱离世俗习气，专习文修学，不久通晓了藏文，还向别人学习印度梵文，皆无难而会。在曲科仲巴江寺，由嘉·释迦宣努、色·益西宗哲二师分别作轨范师和亲教师而出家为僧，并依二师修学"戒律学"等显宗经论和文化课而成为学者。札西则巴为了弘扬佛法，派卓弥和达洛循努宗哲等人，携带许多黄金前往印度求学，他们为了去尼泊尔修学，还从师专门学习了一些毗哇尼语，到尼泊尔住了一年，拜辛底巴大师的弟子尼泊尔班智达辛哈班智为师精习梵文，并听受了一些密法。当时印度的毗札玛西那寺[①]中有六位大格西（学者），他们投于辛底巴师门下听法。首先听讲《戒律》，其次听受《般若波罗蜜多》，又多次听受密法。卓弥在辛底巴那里学习了8年，成为大学者。当卓弥和达洛循努宗哲将赴印度其他寺院时，上师吩咐说："《戒律》是佛教的根本，你们应听受；《般若波罗蜜多》是佛教心要，也应当闻习；密宗是佛教的精髓，你们更应研习。"于是他二人前往东印度，拜弥图达瓦上师的弟子一比丘僧为师。此僧为卓弥作灌顶，讲授密法，传授诸教授要诀，把无本续的"道果"也传给了他。其所传诸法，比辛底巴所传密法更能使他生起大抉择。他在那里住了4年，返回卫藏时，堪布、阿阇黎（轨范师）和僧众从远道来迎接他。

水羊年（1043年），卓弥在后藏建立了一座牛古垄寺，收徒传教，广作翻译事业。他住在牛古垄和拉哲山岩洞时，印度的嘎雅达热班智达来到贡塘，卓弥前去将该师迎至牛古垄寺，献上黄金500两，其师将所有大宝佛教诸道果教授皆传授予他。

卓弥·释迦益希翻译了《欢喜金刚第二品》等三种密续及其他一些密法，翻译了辛底巴所著《具足清净论》，从大师仁钦桑波翻译了《般若二万五千颂光明论》《般若八千颂广释》等许多经论法典，并作讲授，从而使甚为深奥的《般若波罗蜜多》得以弘扬。他建立了讲授父续[②]、母续[③]等一些经教之规，主要弘扬以母续为主的说修教法。

他培养的门徒甚众，著名的郭译师和玛尔巴译师都是他的弟子。玛尔巴曾说："在吉祥牛古垄寺的卓弥师前学习声明和诵语，恩惠非小当尽知。”还有萨迦派始祖贡却嘉波、宁玛派三索儿之一的释迦琼乃，均向他学习过“道果”教授。

卓弥译师一生的译著颇多，除上述外，载入《甘珠尔》大藏经的有：《喜金刚释难憍莫迦》《现观次第论》《六十四佐格释说》《喜金刚注释续》《金刚空行脉基注释》《吉祥金刚酥油灯顶教法》《独勇密修法》《宝光密修法》《无主瑜伽母密修法》《甘露密修法》《胜乐轮现观释难》等；载入《丹珠尔》大藏经的有：《注释续十疏》《吉祥密金刚续第四章》《吉祥轮戒律无量续王》《智慧密续王》《吉祥月鬘续王》《吉祥贪之续王》《大自在陀罗尼论》等。其次还有《金刚幕》《三礼札》等密典。

卓弥译师卒于藏历第一饶迥之木虎年（1075年，北宋熙宁八年），享年83岁。卓弥的生卒年代又一说为994~1078年，待考。

注：

①毗札玛西那寺：即超岩寺、超戒寺。古印度波罗王朝（约765～1200年）时期的著名古刹，建于8世纪末。10世纪时，该寺与那烂陀寺齐名，成为印度密教中心。一些来西藏传法的著名大师，如寂护、阿底峡等，都曾在这两座寺院任过住持。卫藏、多康地区的高僧，凡留学印度者，也多在这两座寺院拜高师学法。

②父续：金刚乘中，主要以论述幻身或现分方便生起次第的经典。

③母续：是以阐述智慧空分为主的佛教密乘经典。

昆普瓦·却吉杰波

——著名密宗大师

昆普瓦·却吉杰波，意为“法王”，于藏历第一饶迥之土鸡年（1069年，北宋熙宁二年）生。昆普瓦七八岁时在叔伯跟前学习经文和书写。从年玛巴受优婆塞戒（即居戒士）和愿菩提发心戒①，并听受许多行法方面的大小论典。姐姐玛吉拉珍对他说：“你应该学好翻译，到印度去迎请一位博学的班智达来翻译法典，你将会成为一位无与伦比的人。”昆普瓦14岁时，从绒索却桑精研《言锋论》（语言学之一种论著），精通多种语言的玛译师也对他传授教导。玛译师说："我虽没有广博的教法，但是我和你姐弟业缘相合，故我愿意传授所有教授。"因此他来到仙区给玛译师做仆役3年，闻习了所传的一切教法。玛译师临终时，将所有书籍等物交给他，还说道："你将成为一菩萨，但在这以前，还须到西藏诸位名师那里用心学法，然后到印度求学于一位主持麦哲巴传承的弟子。"玛译师谢世后，他为上师圆满地料理了后事。之后，他遵师言，在邬裕地方从格西香师精习圣龙树[2]所传诸法类；在江若地区从岗巴侠吾师闻习《摄真实性》《金刚顶》和《吉祥殊胜续》密典；在拉多江巴却嘎地方从玛巴桑支学习了《成就心要》和《胜乐释续》等。

他26岁时先去尼泊尔，从耶让瓦学习麦哲巴所传诸法；从盘同巴师闻习《时轮教授》和《四座》诸密续；向阿都那亚班智达学习《欢喜金刚续释大宝论》；又从昆杰曲哇听受《明灯论》，从丹巴桑杰学习息结派教授；在达那地区从达那达玛甘地师聆听《阎曼德迦续》及其修法、曼荼罗、仪轨等；从热译师学习《大威德金刚广大灌顶》；又在木雅译师所迎请的觉吾苏那雅西座前，学习金刚灌顶和中观因明诸大论。后与苏那雅西师宗一起前往印度，在金刚座[3]和上师索仁哇相见，从师闻习了《救度母名称诵修法和赞修》及灌顶语教等，又从吉祥嘎玛那西寺的喇嘛达钦波听受《大悲观音法门陀罗修法》等，最后在那烂陀寺[4]从婆罗门仁青多杰之侄萨那达哇处求得《金刚瑜伽母续修法》，30岁时回到西藏。

昆普瓦·却吉杰波31岁时在昆普正的红岩山精修。两年后，他同姐姐玛吉拉珍一起为学习"道果"而北上。后再次到昆普修行，等修到圆满证悟时，已44岁。在昆普时到过许多地方，后曾到过真尼南木、拉多南北各地，广转法轮[5]。此时修行和讲授二者的业缘已成熟，夏玛姐弟俩的美名远扬。由于他在昆普修行时间较长，人们普遍称他为昆普瓦。他一生中学法弘法，做广大利益众生之事，于藏历第二饶迥之木鼠年（1144年，南宋绍兴十四年）圆寂，享年76岁。

注：

①愿菩提发心戒：即发菩提心，是以希求他利为主因，以相应希求自证菩提为助伴，成为趣入大乘正道之门，住大乘种姓引大乘殊胜意识。

②圣龙树：即龙树，大乘佛教开派祖师名，赡洲六严之一。佛灭后400年，生于南印度一婆罗门家。幼通密宗四续、显宗三藏等一切经典及道术之学，在那烂陀寺依喜乐和大士出家，法名具德比丘。著《中观理聚六论》及《本续集论》等，阐明如来

教义之书甚多。在医学方面，有《寿世经颂》《草药龙须根炮治法》《珍宝药物次第》《水银炼治法·宝论》《疗毒四瘟疗法》等著述。其及门弟子圣天等多如日光之芒，遍建塔寺于五印度。

③金刚座：即释迦牟尼成道时的古印度菩提伽耶城。

④那烂陀寺：意为施无厌。那烂陀寺是古印度摩揭陀国王舍城的一座著名古刹，建于5世纪至6世纪初，印度许多古代佛学大师均出自该寺。

⑤转法轮：佛之教法为法轮，传授教法、法事、利益众生之事业均为转法轮。

班禅弥底嘉纳格尔德
——玉树藏娘大塔的创建者

班禅弥底嘉纳格尔德，藏译名为“詹巴益西扎巴”，是印度中部五百名竖伞高僧之首，于藏历火龙年（956年，后周显德三年）出生于印度中部的一个诸侯国，父亲名叫佐吉穆曲，是诸侯国的国王。班禅弥底自幼心善向佛，从未有继承父王之位的意念。后随缘出家为僧。他遍游印度圣地，拜访高僧大德，曾拜班禅代瓦吉日上师，虔心闻习声明与因明学、律经和论藏为主的大、小乘经论及续部密法等显密佛学经论。后又依贤德巴、德洛巴等高僧修学深广教法。由于他天资聪慧，勤奋好学，不久即掌握了显密佛学精髓，成为声名远扬的一代宗师，获得“玛哈班智达”的桂冠。

藏历木蛇年（1005年），卫藏正处于后弘期时代，阿里古格王拉喇嘛益西沃为了复兴雪域佛国，弘扬佛教正法，遂派大译师仁钦桑波和译师拉巴西饶到印度学习佛法。两位译师在印度跟随多位大师聆习显密经论，而益西沃对此收获并不太满意，遂又派译师前往印度聘请德学具佳的高僧。此时，50岁的班禅弥底已是一位学识渊博的大学者，在印度享有很高的声誉。他为了在雪域弘扬佛法，接受邀请后，约班智达查拉仁瓦为伴从印度起身，经尼泊尔、岗塘（今西藏吉隆县）来到卫藏。不料在快到达卫藏的途中，来迎请的译师玛日泽因食物中毒而死亡。两位班智达在无人带领和翻译的情况下来到人生地不熟的雪域，又因邀请他的阿里古格王入狱而死，由于语言不通，无法交流，无奈流落于藏区乞讨度日，受尽了磨难。

班禅弥底在吉隆一带流浪，被这里的一牧主所收留，他每天为牧主放羊，生活艰辛，受尽折磨。无人为他修容，只好蓄发盘在头上，无人布施袈裟，只好用白色褐子遮体挡寒。他在这里放羊时，久而久之，在民间传出了他三哭三笑的故事：一日，班禅弥底为主人家磨炒面时，磨盘手柄断裂而砸到他身上，他疼痛难忍，而女户主不问伤势，仅关心磨盘是否被摔坏，并对弥底破口大骂，这位博学多识的班智达委屈至极，无限悲伤，不禁伤心地哭了起来；阴天下雨，女户主挤牛奶时，将他当作凳子，坐在他身上挤奶，他想起自己博学多识，在故乡时受到人们的尊敬，由此而泪流满面；有一次他看见一位猎人追杀一只白鹤，他劝猎人说，鸟中最可怜的就是这只鸟了，猎人不听，他见状伤心地哭了起来，猎人一见他哭了，也就随即罢手。在悲惨的生活中，弥底尊者也体会到生活中的点滴乐趣而发三笑：“龙宫里的神仙为落魄的尊者每日送一碗牛奶，一日送奶者不小心，将奶碗打翻，尊者不禁莞尔一笑；又传说尊者晚上收牧后，对着牛羊讲经，有一次，一只兔子听经着了迷，须子被火燃着都毫无知觉，尊者见了，不禁哈哈大笑；弥底尊者为人放牧做工，害怕将以前所学的知识遗忘了，于是他利用时间重新温习，不料非但未忘，反而更加巩固了，他暗暗会心一笑，此为三笑。”

在觉摩宗，弥底尊者为了抒发自己怀才不遇的情绪，在牧主家的门楣上写了一首诗，诗的大意是：“皎洁的月亮倒映在水中，无知的人不知是天上的明月，只知水中的月影。”后来这首诗被这里的一位大译师嘉色索南嘉措发现后，他知道这是一位学识渊博的班智达，被埋没在藏区，由他人使役，故用黄金将弥底尊者赎出，迎请到买朗地方，在这里让他学习藏语藏文，因他聪明过人，未过多久，即学会了藏语藏文，开始在藏区讲经弘法。他讲经弘法的区域，从岗塘（吉隆）到布绒（吉隆县境内），再到达纳（今后藏谢通门县），依次抵达托加（今西藏南木林县境）、觉摩宗（堆隆德庆县）、康马（今之西藏康马、江孜、白朗县一带）、平域（今拉萨市西北彭域年曲流城）、昌都等地，几经辗转后进入康区嘎域藏娘（今之青海省玉树州）。在卫藏讲经传法时，阿底峡尊者、仲敦巴大师、赛尊等都先后在他尊前聆听过佛法，成为他的著名弟子。还有卫藏噶举派的早期弟子也曾从他学习过教法。

藏历金猪年（1011 年），年届 56 岁的班禅弥底在康多藏娘地方，集资兴建了一座举世闻名的大佛塔，以地名取塔名藏娘大塔。据说这座大塔与印度的金刚塔、尼泊尔的巴耶塔齐名，世称世界著名三大佛塔。藏娘佛塔高 30 余米，周长 300 余米。塔体恢宏壮观，气势磅礴。塔内装有珍贵的藏物：有七代佛祖舍利子、释迦牟尼佛驻世时的玻璃佛塔、班禅弥底从龙宫请来的金光闪闪的七色沙子塔、圣龙树的僧帽、班禅弥底的棍杖、一套袈裟、石佛像全套、弥底察察等圣物。这是他到康区玉树的一大功德。元代，八思巴和阿宁胆巴两位帝师都十分关注藏娘大塔，阿宁胆巴在玉树创建的尕藏寺距藏娘塔只有 30 公里。后在藏娘倡建了巴钦班觉寺。约于 1440 年，第二世嘎·然坚巴贡嘎益西修缮了藏娘大塔，并将此地的三座小寺并为一寺，建成桑周德钦岭寺，此寺就在藏娘大塔的近旁。到 1757 年，后藏俄尔寺的大堪布堪钦巴丹曲郡来朝礼藏娘大塔，修葺了藏娘塔，并编写了《藏娘塔志》，自此桑周德钦岭成了萨迦派寺院。班钦弥底离开藏娘地区时，曾预言道："五百年后，我的转世然江巴现身说法，并由他替我修缮藏娘佛塔塔顶，佛祖舍利子由僧官和俗官共同收藏。"

据多罗那他著的《后藏志》中记载，班禅弥底从印度出发，到洛赫达江时捡到一块黑底白字自显六字真言的神石和一块自然显现的猕猴石。其中将一座佛像迎请到嘎丁寺供奉，一座佛像请到雅鲁藏布江河畔色玛拉冈后又移至夏勒寺，另一座佛像迎请到托加寺。

班禅弥底还是一位精通十明的大学者，尤精于工巧明（工艺学），他向弟子们传授佛塔设计结构、唐卡、壁画、雕刻、塑造泥像艺术时，首先自己精心制作了许多模型和样板，再让弟子们依样制作，掌握制作原理和技巧。他竟在一块蚕豆大的黑石上，镶嵌白石雕成的微型立体佛像，这成为他的佳作。后来藏娘佛画艺术，就是继承了班禅弥底的画风而颇具艺术魅力，声名远扬。班禅弥底圆寂后，在藏娘地方先后涌现出了 500 多名民间艺人，他们以传播藏娘艺术为荣，以藏娘绘画为生。而黄南热贡佛画艺术据说是继承了与弥底尊者一同来藏的班智达查拉仁瓦的画风。两地佛画的设计、构图形式、表现手法、上料着色等画风非常相似，不是行家，很难分辨两地的作品。班禅弥底被甘孜地区的丹隆塘藏族隆重迎请供养，他为回报百姓之恩典，修建了詹塘寺，并在该寺长期宣讲《阿毗达磨俱舍论》，直到在该寺圆寂，圆寂时间为藏历土虎年（1038 年，北宋宝元元年），他入藏 27 年，享寿 83 岁，遗体保留于该寺。

班禅弥底在康区讲经弘法、创建佛塔佛寺的时间较长，这期间他利用时间，编撰了一些经典论著，其中有《金刚摧破陀罗尼注释》《如来一切瑜伽密集释》《密乘王密集释》《文殊坛城仪轨释》《第四支成就仪轨》《文殊坛城仪轨·功德源》《不动金刚成就仪轨》《文殊修法注释》等，大多为经典注释本。另著有《语门论》，是研究语言学的一部重要论著。

宁玛派

宁玛派，是藏传佛教各教派中历史最久远的一派，莲花生大师为其开派祖师。因其教法主要依莲花生应邀入藏所传密咒和所遗伏藏为主而传出，遂成一派。宁玛派最初学密法（旧密）、翻译密宗经典的僧人不少，但因大多系师徒单传，既无正规寺院，也无僧团，所以没有形成一个正式的派别。后弘期以来其他教派相继形成后，因其遵循前弘期旧密法，故被称之为“宁玛派”（“宁玛”意为“古旧”）。所谓“古”，8世纪始传，比后弘期11世纪后才开始创立的其他教派而言要早300年左右；所谓“旧”，在显宗方面没有新旧之分，而在密宗方面，西藏佛教史以大翻译家仁钦桑布作为一个界线，将他之前所译的密宗经典称为旧密，以后所译密典称为新密，故有新、旧密之分（亦有新、旧密派之说，但大部分人公认上述说法）。然在宁玛派佛教史上对旧密有三传之说：涅·扎那古玛拉（约8世纪上半叶人），为8世纪旧密的初传大师；努·桑杰益西（844~956年），为旧密中传大师；大索尔·释迦琼乃（1002~1062年），为旧密后传大师。

宁玛派的教法可分为实修教授和所依经典派两部分。所奉实修的根本教法有“十八部怛特罗”，但通常所实修的只有八种，称修部八教，约相当于新派无上瑜伽二次第中的生起次第。其中文殊身、莲花语、真实意、甘露功德、橛事业，名为出世五部；差遣非人、猛咒咒诅、世间供赞，名为世间三部。文殊法是静藏论师所传，莲花马头明王法是莲花生大师传给赤松德赞王，金刚橛是莲花生大师传王妃及阿阇黎萨蕾，由彼等次第弘传。真实法是吽迦惹论师所传，甘露法是无垢友传出而弘广的。差遣非人等世间部，是莲花生降伏西藏神鬼之后，为他们灌顶，令受三昧耶戒，将他们分为三部，成为世间有利的助伴，而宣说其供祀法的次第。其教法以大圆满为正法，默那罗乞多弘传的集经等无上瑜伽部密法是该派特有的密法。所依经典派，根据宁玛派僧人所敬奉的经典来源，又可分两派：一种叫噶玛，意即佛言或口传。主要是根据公元8至9世纪以来翻译的密宗经典，在民间由父子或师徒相传而沿袭下来。经典派中的核心代表人物是“三索尔”。大索尔·释迦琼乃是第一个把宁玛派典籍组织成系统的人，他将所学全部密法传授给小索尔·喜饶扎巴。喜饶扎巴的弟子很多，有“四柱八梁”之称，继承他的教法者，为其最著名弟子卓普巴（是喜饶扎巴的儿子）。另一系是绒松巴·却吉桑波所传，主张大圆满法。经典传承的另一派，藏语称“代玛”，意为“伏藏”，其代表人物是娘·尼玛沃色和古如·却吉旺秀（1212~1273年）。娘·尼玛沃色是江孜一带人，将他所掘出的伏藏称为“上部伏藏”；古如·却吉旺秀是四川康区德格地方人，将他从这一带掘出的伏藏称为“下部伏藏”。据《伏藏师根本传记》载，所掘伏藏的人就有110多位，所掘伏藏无计。到15世纪，这些伏藏由热特那林巴汇刻，称为“南藏”；16世纪，另一位掘藏师叫仁增果吉戴赤坚的僧人，也发掘和汇刻了一些伏藏，称“北藏”。这些伏藏又是宁玛派僧人所学经典中的重要组成部分。一部分可作史料和其他资料收藏，其中也有少许为伪造伏藏。隆钦饶绛巴（1308 ~ 1364年）是宁玛派的一代宗师，他著有《七宝藏论》，又俗称《隆钦七藏》，是许多宁玛派寺院僧人的必修读物。

宁玛派自8至9世纪以来，在藏区也修建了一些寺院，除桑耶寺外，一般规模都比较小，也未形成像萨迦、噶举等教派那样比较稳定的寺院集团势力。宁玛派一直是单线传承，分散发展着，没有僧团，组织涣散，到12世纪，在四川甘孜建成了一座规模较大的嘎陀寺，建有经院、僧团、寺规，初具规模。16、17世纪，在前藏一带才出现了几座宁玛派大寺，尤其17世纪在五世达赖喇嘛的大力支持下，多杰扎寺（金刚岩寺）和敏珠林寺才有了显著的扩展，之后在康区又兴建了佐钦寺、白玉寺、希钦寺等规模较大且有影响的寺院。在青海、甘肃、云南等地也相继修建了许多宁玛派寺院，皆受康区几大寺院的影响而出现。如青海果洛地区的白玉寺、查郎寺和黄南尖扎的阿琼南宗寺、南宗扎寺和南宗寺（系尼姑寺），以及在果洛班玛县境内由更桑贤培建的智钦寺，等等。由此宁玛派学风日盛，佐钦寺和敏珠林等寺成为康藏地区宁玛派的学府机构。这些寺院中高僧辈出，学者著述论说，著作丰富，为佛教文化和藏族文化做出了较大贡献。

宁玛派在民间尚有部分分散的僧人，叫“欧巴”，安多藏语称“欧华”。他们一般没有正规的学经制度，平时既学经修习，又参加农牧业生产劳动，法会期间去寺院诵经，但受了比丘戒的僧人一般常住寺院。宁玛派的教义较为纷杂，主要修习“三部九乘”和大圆满法。三部九乘：第一部声闻、缘觉、菩萨三乘，包括大小乘佛教的显宗各派内容；

第二部事、行、瑜伽三乘，称外密乘或外三乘，认为是宁玛派和其他教派共有的，也即是其他各派将密法分为四部（事部、行部、瑜伽部和无上瑜伽部）的前三部；第三部大瑜伽密、无比瑜伽密、无上瑜伽密三乘，称内密乘和内三乘，认为是宁玛派独有的密法。大圆满法，即旧密法要大圆满经咒，其内容分为三部分：心部、法界部和经咒部。大圆满又称大圆满胜会。旧密说心性自体性空为法身，自性光明为报身，大悲普照为化身。三身一切功德任运圆满，即是诸法真实理趣，故为大圆满。修习大圆满分两个阶段,即生起次第和圆满次第。宁玛派最重视的就是《大圆满法》的见地和实修。《土观宗派源流》一书中将大圆满解释为“现前离垢之智，明空赤露，为大圆满。”意思是说：现有世界，生死涅槃，所包含的一切诸法，悉在此灵明空寂之内，圆满无缺，故名圆满，再无比此更胜的解脱方便，故名为大。

莲花生大师

——宁玛派祖师

莲花生大师，8 世纪印度修密高僧，梵名“白玛桑巴瓦”，又称“白玛郡乃”或“措杰多吉”，译言“莲花生”或“海生金刚”，密号“多杰周巴则”。因他出生于古国邬仗那（今巴基斯坦斯瓦特河谷一带），故敬称为“邬坚大师”，或“古如（上师）”。莲师的一生有浓厚传奇色彩，他的神奇传说很多：普遍的一种说法是因他无意中打伤了一位大臣的公子，激怒了这位大臣，遂派手下兵丁追杀他，他逃出宫外，有一池莲湖，开满莲花，情急中他无处躲藏，遂跳入莲池，被一朵叶大花繁的莲花包在内，躲过了这一劫，后从被包的莲花走出来，人们称他为莲花生。另一说是萨霍尔（尼泊尔）国王执政时，智慧空行女王以人身降生于宫中，成为国王的公主。公主芳龄 13 岁时，已像成熟美貌的大姑娘，美名传遍各方，周围国家的使臣纷纷前来求婚。国王与大臣们商议，看公主的意愿，她喜欢谁就嫁给谁。国王将此事告诉公主。公主说：“居家是所有过患的根源，我想舍弃荣华富贵，决心离家遁入空门。”国王未答应她的这一要求。在一个深夜的晚上，公主悄然从一密门出走，削发为尼。一时间，君臣子民到处寻找，最后终于找到公主，她已在寂护大师尊前受戒。国王无奈，为了让公主修行无碍，便派 500 名侍女随入佛门。国王还为她修建了一座经堂，在此圣地的山顶大洞处造了大殿，让公主住修在里面。又在其周围每一岩石上砌造石窟，作为 500 名侍女的住处。尔时，莲花生大师于智慧法界观察塔纳古夏湖滨有何具缘所化时，观见公主主仆、萨霍尔国王、大臣、民众等都是所化徒众，便从三界降到这里。公主主仆于散心的林苑上空虹光之中，谒见了莲花生大师。大师为其宣示了许多法意，公主心中因信念而生起钦慕，便迎请大师到经堂并请求讲授佛法。公主以无量的供品作供养，莲师以三瑜伽作传授。此时，一位寻找失牛的牧人正好从经堂门前经过，看到一位沙弥为比丘尼众讲经说法，尼众顶礼膜拜。

牧人遂心生恶意，第二天，便在市井小民中传播议论，如此一传十，十传百，越传越神乎，渐次传到王宫中。国王知道此事后，首先派人寻找初传之人，最后那位牧人听到有重赏，就到宫中将他所见都告诉了国王。国王令大臣和后妃去察看，一行人来到经堂外，此时正好讲经，经堂门紧闭。来人听到里面说法的是一位男僧的声音，随即回宫报告了国王，国王即刻下令捉拿讲经的沙弥，另外一些人将公主带回，让她裸身囚禁在布满荆棘、不见天日的黑暗坑洞中直到 25 岁。大臣们将那位讲经说法的沙弥从法座上拉下来，剥去袈裟，用绳索赤身捆绑，并在脖子上系上粗麻绳，沙弥问大臣道："我何罪之有，你们如此对待我？"大臣嚷道："你贱毁我们的公主，令王族受污，该活活烧死你！"小沙弥有口难辩，被大臣等带到一岔路口处，只见这里已堆柴如山，并在柴火上浇上麻油等助燃物。公主心急如焚，再三向父王解释道："我和莲师是师生关系，我们之间是清白的，"可国王听不进去，反骂道："你跟素不相识的外地人鬼混，玷污了我们王室的荣誉，还说你是清白的。"说完怒气冲冲地来到沙弥面前，将其痛打一番，令人将沙弥架到柴火之上，让士兵从四面点火，欲将沙弥烧死以泄其恨。当熊熊大火燃起后，国王心想，现在你是在劫难逃了，遂和大臣们就回宫了。但随后天地震动，诸方天神忍不住失声恸哭，哭声传至欲界天，遂有四大天王等来救援，安住于密严刹土的如来化现佛身布于上空。众天神有的取水，有的浇水灭火，有的抽薪，有的降雨。弥漫的烟雾持续了七天七夜还不见消散。国王疑惑地想："按理三天三夜就可以烧化，为何到了第七天烟雾还不散，真是件怪事！"国王亲往察看，突然发现，堆柴之地已变成一大湖泊，湖泊周围被向外燃烧的烟雾笼罩。湖泊中央生出一朵从未见过的大莲花，莲花之上有位八岁男童，周身被虹光环绕，有百余位长得像公主一样的侍女作诗赞颂。国王心想是不是自己看花了眼，看错了？揉眼再三细看，都是一样。这时那位稳坐于莲花上的男童开口问道："那位将三世诸佛本体的上师活烧的恶毒国王来了吗？"国王听到后，懊悔地跌倒在地，双手捶胸、撞顶在地上翻滚。大臣和百姓都围过来看个究竟，大家齐声喊道："外地来的那个沙弥没有死，他还坐在莲花上呢。"这时国王方才知道自己做了不可饶恕的恶业，遂顶礼赎罪，并生起极大忏悔之心，愿意把王位呈献并请摄受。从此，莲花生之法名传遍世界。莲花生也未接受国王的呈献，只求把公主放出来。国王令大臣赶紧将公主带到宫里来，公主拒绝了，她要按父王的惩罚在土洞里度过 25 年方出洞，经过王后等再三哭劝，她才回到宫中。从此，莲花生大师在萨霍尔王国培养了一批弟子。在他的本生传记《白玛噶塘》里记载，他非父母生养，而是从海湖莲池中的莲花中托生出来的，故名莲花生或海生金刚。得邬坚国王因陀罗菩提抚养为太子，为其娶沃嫱玛为太子妃，让他开始执政。

有一次，太子到王宫里面的大厅跳舞，手中的舞器不小心失手，将恰在门旁观看的一大臣之子击倒在地，这一下激怒了手握实权的大臣，将他贬送到寒林这处十分可怖的地方。他从寒林辗转来到印度（今孟加拉），在巴尔巴哈蒂（又名释迦森格）论师尊前剃度出家，得法号释迦狮子，并从措协循努学习医学，从希年学习声明学，从布夏嘎玛学习工艺学及法相学。之后，从八大持明论师受修八部密集，从佛密论师受幻化讲述密乘，从室利僧哈学习以大圆满为主的众多显密经教，成为大学僧。曾云游孟加拉及邬仗那等地教化有缘皈依佛门。为了修炼密宗法，他到灵鹫山苦修密法而获得证悟，因此，他以密宗大师而著称于世。

公元 8 世纪，巴·赛囊受吐蕃反佛势力的排挤被贬到芒域当地方官，这期间他赴印度朝圣游学，朝拜了大菩提寺和那烂陀寺等一些佛教圣地后返回吐蕃，途经萨霍尔时遇到了印度名僧寂护，藏语称希瓦措，便邀请寂护到吐蕃弘法传教。他和寂护来到山南钦浦，由巴·赛囊精心策划安排，让赤松德赞和寂护在钦浦进行了一次会见。寂护向赞普讲授了一些佛教的道德规范和几部佛经的要义。据说，此时在拉萨发生了雷击红山、洪水冲走旁塘宫、闹瘟疫等不祥之事，不信奉佛教的人将这几件事都说成是由于吐蕃信奉印度佛教的报应，寂护在反佛势力的压力下不得不暂时离开吐蕃。寂护临走时对赤松德赞王说：“吐蕃的鬼神未被制服，致使不能崇信佛法，赞普寿短而亡，印度邬仗那地方有一名叫玛桑波哇（即莲花生）的大师有具足法力和降魔法术，为制伏神鬼魔怪，请迎请他来吐蕃可灭除此等魔障。”反佛气氛稍缓和之后，赤松德赞复派人去迎请寂护，又派仆役纳朗·多杰都琼、吉·增那僧德、钦·释迦札巴等五人前往邬仗那邀请莲花生大师。据传，莲花生是一位很有神通的人，他预先知道吐蕃派人来请他，便提前主动上路赴吐蕃。迎请他的人与莲花生在芒域贡塘地方相遇，一路上莲花生逢妖降妖，遇怪降怪。他利用密咒法威力将吐蕃的十二丹玛女神慑服，使其立誓不再作恶，并在山南的鲁杜穹钦浦（即降龙金翅鸟窟）里修金翅鸟法降伏恶龙等。其实他以密宗的咒法收伏许多本教的神祇，将这些神祇巧妙地转化为佛教的护法神，而不破坏其传统信仰，因而赢得了普遍的敬奉信仰，这里寓意着本教逐渐被佛教战胜。为了在吐蕃建立一个弘法讲经、传道受戒、翻译佛经的根本道场，莲花生和寂护大师被迎请到山南钦浦桑耶地方，莲花生大师择地修土地仪轨法，并作加持，寂护精心设计，赤松德赞亲自主持奠基，仿照印度丹达菩黎寺的造型，兴建了吐蕃时代第一座著名的佛教寺院——桑耶寺。桑耶寺第一层为汉式建筑，第二层为藏式建筑，第三层为印度尼泊尔式建筑，主殿三层代表须弥山，为汉、藏、印建筑风格融为一体的寺院。四方有四个殿，代表四大洲（南赡部洲、北俱卢洲、西牛贺洲和东胜神洲），还有代表小洲和日、月的小殿，坚固的墙体环围，四角建有青、白、红、黄四大佛塔。整个建筑是按照佛教对世界结构的想象来建造的。佛寺建成后，还有赞普的几个妃子也分别建殿，由莲花生和寂护主持举行了盛大的开光仪式。由寂护担任寺院堪布，选了七名虔诚信佛的藏族人，由寂护任堪布，莲花生任密教师，与其他十二位印度班智达一起给他们剃度出家授戒，这就是吐蕃第一批出家的僧人，佛教史中称“预试七人”或“七觉士”。吐蕃有了第一批僧人，莲花生、寂护等印度高僧大德给吐蕃弟子们传授佛教密宗法的同时，还给他们教授翻译技能，建立了译经院，组织以白若杂那为主的 108 名译师和从印度邀请来的无垢友等通人证士，在莲花生大师的主持下，翻译了许多佛教显、密经典著作，普及了佛教教义，佛学讲修事业得到了全面发展。莲花生大师还为赤松德赞及王妃益西措杰等有缘者单独传授无上密乘八法、金刚橛及诀窍正见等教法，创建了显乘经院及密宗道场，发展出家、在家两种僧团等，奠定了卫藏旧派密乘之基础。莲师在桑耶建寺传法时，赤松德赞王说：“大师，我身为贵族王者，世俗事物繁忙，极分心，请传给我能迅速成佛的母子佛法传承和其注释、事业和其实修、观想次第和其教诫、增补羯磨和其要求，以及整个密咒的关键和其纲要，自利他利无所不包的妙法。”于是授予以藏王为首的君臣八人请求传给的全部灌顶。首先，在息静坛城前传给全部共通总灌顶。其后，莲师进入忿怒坛城时，君臣八人分别向坛城抛撒金花各十两，藏王的金花落在正中最上的坛城上，努·南开宁波的金花落在真实意坛城上，恩兰·杰瓦乔央的金花落到马头明王大坛城上，益西措杰的金花落在金刚童子坛城上，卓·华吉益喜的金花落在位呬噜迦的坛城上，白若杂纳的金花落到强有力的大黑天之坛城上，朗·华吉僧格的金花落到普化鬼魅的坛城上。莲师随即如镜中影像一般示现一百二十至尊忿怒佛会的尊容，接着传授全部内外密灌顶和一般的正见，并加以解脱，使君臣八人的身语意转变为本尊神的身语意，令其成熟。

莲师给藏王单独传授密法——《八大法行·如来胜会》，由于修持八大法行，藏王延年益寿，获得不可思议的功德。莲师在桑珠则（今日喀则市）的后山形若大象躺卧，在大象腰间肾脏部位下方有两处岩洞，莲师和益西措杰分别在岩窟降伏敌对的凶恶鬼魅，并加持大地具有不坏金刚的性质，继而较长时间在这里住修。莲师在此建造八大法行坛城，它是诸乘之究竟，佛教一切部派的意欲终极，此金刚乘更精粹，甚深密咒修证的生处。在八大法行坛城前莲师给益西措杰作了所化灌顶，集中传授甚深秘诀精义。益西措杰将莲师所传诸法归纳为实修进行修证，作为修学佛道成正果者的显化行迹，地上冒出修道的圣水，举行八大法行灌顶的台子坛城等圣物至今尚存，并受膜拜。这两处岩窟世称八法行岩穴。据说，莲师曾多次在这里的岩窟中对一些具缘弟子完整而详细宣说甚深、圆满的八大法行等密法，使密法在年楚河流域渐次传播开来。

法王认为将所学之法全部铭记在心并不困难，但考虑到将来，莲师授记说：“未来佛法濒临毁灭时，贤侄和智慧空行母在南方镇肢寺大日如来佛像背后埋藏经函伏藏，当发掘伏藏的时间到来之际，王者本人前往取出。”莲花生大师为了在吐蕃广弘佛法，足迹遍履卫藏各地。他收徒众多，其中著名弟子有君臣二十五人。后藏有座汇聚妙欲之山，他曾带领二十五人登临此山的山顶，加持大地。其时，帝释天王带来盛满甘露的水晶瓶，献给莲师，请他品尝天神甘露之美味。大师加持甘露永用不尽，随即分发瓶中甘露给君臣二十五人，说：“善男子，品尝天神的甘露吧！”于是该地以曾品尝天神甘露之味而得名“年”。其后，天神的甘露增益，莲师和君臣二十五人携甘露瓶向宁金岗桑神山山顶浇洒甘露，使整座雪山都受到天神甘露的加持，于是世称发源于此雪山的大河为年楚河。又说，因其一直沐浴着天神的甘露，故名年色雄仁摩，即年楚河河谷的别称。还说，曾用天神的甘露遍浇此地雪山，莲师的亲炙弟子们大都得到过此甘露，它具有极大咒力，十分珍贵，成为求取的极品，因而莲师指定弟子托管。对凡是品尝过甘露的大师再传弟子之后嗣，人们尊为稀异族系年地年氏。这段神话色彩浓郁的记载说明了年楚河流域及居住在这里的年氏氏族的由来。

据说，莲花生离藏之前，将一些密宗法要和他的史传等多种典籍密藏在湖滨岩山之隐蔽处，以待后人发掘，发掘出来的经典称为“伏藏法门”，以后西藏出现了许多掘藏大师。莲花生大师在赤松德赞逝世之后，还帮助牟赤赞普治理朝政，制定法律，传授佛法。莲花生大师离开西藏后，前往遮末罗印度西方古国教化有缘者，被人们称为罗刹王、罗刹颅鬘大师等。

总之，莲花生大师在雪域做了著名的十一件大事，简而言之：1. 利六道众生；2. 做四十功德事；3. 调伏魔天；4. 修建寺院；5. 翻译显密经典；6. 创四大业绩；7. 作二邪行；8. 诅烧抛仪式；9. 知四时；10. 护秘籍；11. 调伏印藏为恩人。

由于莲花生在西藏建寺教徒，弘传佛法，在佛教前弘期，为佛教在西藏扎根奠定了基础。藏传佛教宁玛派形成后，广大宁玛派佛教徒尊奉莲花生大师为宁玛派的开派祖师。在每座宁玛派寺院里都供奉莲花生大师的金身，其他教派也以他在藏弘法的功德而在自己的寺庙里塑造身像，以示敬仰。

莲花生的著作有《金刚护铠》《大小甘露瓶》《甘露藏精鬘》《日月和合探研》《医学·甘露瓶》《修道次第·智慧藏》《问年书》等。

喀卓·益西措杰

——吐蕃修密女高僧

吐蕃赞普传到第38代赤松德赞时,吐蕃境内佛本之争比较激烈。赤松德赞年幼即位,其实权掌握在信奉本教的大臣手中,于是发生了吐蕃佛教史上第一次禁佛事件。赤松德赞自幼信奉佛教,但面对强大的反佛势力也显得无能为力,将公开译经转为秘密译经,后又将译经大师分散到各处去避难。他成年执政后,剪除了信奉本教的权臣,又开始翻译佛经,请许多印度高僧和班智达到吐蕃译经,弘扬佛法,据说,他也成了受戒后的一位藏王。藏族史上将松赞干布、赤松德赞、赤热巴坚三人称为“三大法王”,他和寂护、莲花生称为“师君三尊”。他一面执政,一面学习佛法。在他的影响下,他的几位王妃也信奉佛法,开始习经修密,随之在吐蕃出现了一些学习佛教的觉姆(尼姑)。喀卓·益西措杰就是其中修法精深的女高僧之一。

喀卓·益西措杰,又名喀钦萨措杰,8世纪时人,出生在雅鲁藏布江北部喀钦扎地方(今西藏山南扎囊境内),父亲南喀益西,母亲努毛格哇本,系喀钦姓氏。成年后入拉萨藏王宫中,成为赤松德赞的妃子。莲花生入藏后为赤松德赞传授灌顶,同时还为包括益西措杰在内的君臣二十五人设密宗坛城进行灌顶,君臣八人分别向坛城抛撒金花各十两,益西措杰的金花落到金刚童子坛城上,表示与金刚持佛有法缘。因赤松德赞王获得了莲师的密法传授和密法灌顶,为报答传法之恩,因而将与密宗法有奇缘的益西措杰送给莲花生作明妃。一些臣民对此不满,说:“今天他把王妃夺走了,说不定哪一天连王位都会夺走。”赤松德赞见此,只好请莲花生回印度。后来据说她和莲花生第一次单独见面时,手中的鲜花不知不觉地落到身旁金刚坛城的金刚橛上,亲眼见到金刚橛本尊的圣容。莲花生亲自给她传授了密宗法,在莲花生的众多弟子中,她是获得密法最全的一位。她自幼聪明好学,因慧根早发,学习经典时,略加指导便立解其意。

她口才流利，学识渊博。由于她通晓密法，与佛有缘，莲花生特意为她灌了顶。传她修习了起死回生法后，能将死人复生。相传，一位名叫夏达的反佛恶臣死后下了地狱，她用法力使他超脱地狱。

据说益西措杰执着求法修习，曾到尼泊尔学法修法，在那里颇有名气。她的足迹遍履 25 座雪山、126 处大小寺庙、静修道场（包括尸林）和深山老林，不畏艰险，苦心修炼，最后达到可以不穿衣、只喝水、不吃食物而仍能维持生命的境界。

益西措杰在西藏日喀则拉孜县境内的觉木地方修了一座小寺庙作为修密禅室，藏传佛教的女尼修寺参禅即始于此时。据说，她所培养的女尼有 1000 多人，修习有成就的达几百人，其中著名的有 100 多人，有成就者 5 人，有 7 人的佛法与她不相上下。她给弟子益西俄布、索雅塘加、贤秋多吉、强秋卓玛、达恰多吉巴吾、多吉措姆等传授了《女尼耳传秘诀百法》《双运修持法》《观修大手印》等密宗修持法。在卫藏有许多她和其弟子们修建的禅室，为佛教在吐蕃弘传做出了一定的贡献。据《郭扎佛教史》载，她在世 200 年来，为卫藏的众生做了许多有益的善事，最后连遗体也没留在人间，去了喀卓桑朵吉祥神界，所以人们尊她为空行母，名为喀卓·益西措杰，意为“空行慧海王”，在许多寺庙中供奉有她的塑像或画像。她为后人留下了许多著作，多系口授手抄的秘籍，因当时不宜宣示传播而埋藏于地下，后成为宁玛派的伏藏。宁玛派和噶举派的掘藏者自称通过她的指引，发掘了不少伏藏。据《墨尔多神山志》记载，在四川康区墨尔多神山的洞窟中有她和白若杂那指导发掘出对莲花生的祈祷文等伏藏。宁玛派形成后奉她为宁玛派最早女密宗大师和具足成就的女高僧，莲花生大师对她也作了很高的评价，据《母亲的知识·益西措杰之悟》中说：“了不起的女瑜伽修行者，密宗教义的实践者！人生是觉悟之本，并无男女之别，若要倾心于悟性，则女身更佳。现你已完美无缺。一个杰出的女性！一个女菩萨！”据传她是妙音天女的化身，是莲花生大师在藏地埋藏十八种伏藏法的钥匙。

喀卓·益西措杰漫长的一生，是传奇的一生，也是神秘的一生，她的传奇故事在西藏广为传颂。

涅·扎那古玛拉

——8世纪旧密的初传大师

涅·扎那古玛拉，又名加白洛哲或涅洛益西宣努，意为“涅译师慧童”，系西藏古代姓氏的涅氏，其父亲涅·达扎拉昂，母亲斯仲吉。约8世纪上半叶人，与赤松德赞同时代，生相轩昂，脖颈生有黑痣交杵金刚，十分奇特。该师为旧密乘三传者之初传者。幼时拜波德萨达为师出家为僧，后又从该师受具足大戒，学习密咒法，翻译了许多显密经论。印度班钦毕玛拉米扎到西藏后，对玛·仁钦却和涅·扎那古玛拉二人传授了幻化密咒，其后又传授了很多弟子，他又从毕玛拉米扎、白若杂那、玉扎宁波等印藏大师学习“佛语四汇流”，即“经典正文流及注释之总义”“耳传教授流”“加持灌顶流”“事业成就实践四种旧密法流”，尽得其传，并融会贯通。他和莲花生大师是同时代人，他虚心地向莲花生大师求教而获得了许多妙法，同时，莲师还为赤松德赞和涅·扎那古玛拉传授了四智者之教诫、灌顶教授等，在芒噶尔、拉雅洛绛、金沙江流域、彭波岗等地十分盛行。涅·扎那古玛拉给译师白若杂那和玉扎宁波二人传授了大圆满心要，从他们传下来的称为“心部”。其后白若杂那又给旺米盘贡布传授了空行母金刚乘教法，由此传下来的传承叫“空界部”。大师毕玛拉米扎对藏王赤松德赞和年当增桑布①二人传授大圆满心要，后由隆钦饶绛巴发展了此传承，称为“隆钦空界精义部”。

据《教派论·晶镜》和《郭扎佛教史》载“涅·扎那古玛拉是一位具有幻化神通之人”，他的一生充满着传奇色彩。他从毕玛拉米扎学习密宗幻化术，主要修习《金刚橛修法》而获得极大成就。据说在藏王赤松德赞时期，修学金刚乘的人不少，也出现了许多获得成就的大师，有的人能现示空中飞行、入岩无阻、入水不沉等特异功能，涅·扎那古玛拉即是其中获得成就的大师之一。他运用幻变术和金刚橛法在西藏除恶扬善、抑邪扶正的传奇故事不胜枚举。如他修习甘露功德坛城成熟法后，在雅隆协吉岩石处出现了修行功德水。又如，一次他骑着马向前藏方向奔驰而来，正好与一个赶着一头梅花鹿的人相遇，因马受惊而吓跑了梅花鹿，那个赶鹿人大怒，赶来要杀他，但刹那间眼前的人马突然消失，这可能是他运用了幻化隐身法或障眼法。

涅·扎那古玛拉从许多与佛陀无别的大班智达和成就大师学习声明论、法相学、内外密法，成为学识渊博的大德，又跟一些翻译大师学习梵藏翻译，译出了不少经典著作。如曾师事印度圣哲毕玛拉米扎，听受了上师宣讲的司智者之教诫、灌顶、教授等法后，翻译了《甘珠尔》和《丹珠尔》中的许多篇章，他曾师事印度圣哲毕玛拉米扎，获得生圆次第的甚深肯綮，翻译了毕玛拉米扎所讲授的全部甚深法门。由于受教幻化、金刚橛、宁提、阎摩敌等宁玛派全部教法的甚深精髓，所以他本人在各类妙法传承之列，后来成为精通经幻心三部（《经部·密意集合经》《续部·幻网经》《心部·十八母子经》）的密教之主。他弘传经幻心三部密法，培养了许多著名弟子，其中索波贝吉希、扎贝吉宁波、拉隆·贝吉多杰、俄占贝吉元努、年贝央、次那益西贝、欧巴德沙、唐藏·贝吉多杰、杰帕巴喜饶、呼苏古却等最有成就。

涅·扎那古玛拉大师长期学习密法、翻译密经，修习耳传金刚法、秘诀部而获得了悉地大成就后，身发光明而示现圆寂。后来宁玛派形成后，宁玛派高僧大德们奉他为旧密初传者。

注：

①年当增桑布：吐蕃王赤松德赞儿时侍童，后出家，修定七年，得神通，称“天眼年僧”。印度佛学家毕玛拉米扎，授予其全部心要教言，为赤松德赞和热巴坚两代藏王的大喇嘛。曾于乌如地方建夏寺，治理其地，并立碑志，朗达玛时遇害。

努·桑杰益西

——旧密法中传大师

努·桑杰益西，吐蕃赤松德赞和赤热巴坚在位时期的著名佛学家，也是一位密经翻译大师和密法高深的密宗大师。据《藏族史年鉴》载，他生于木鼠年（844年，唐会昌四年），卒于火龙年（956年，周显德三年），享寿113岁。

努·桑杰益西，是后藏仁布一带人，因为“努”是吐蕃一氏族名，当时主要聚集在仁布一带。他的父亲是努·萨贝旺徐，母亲青毛扎西措，幼时给他取名多吉赤祖。他7岁时跟沃占贝地方的循努上师学习文字拼读，不久掌握了藏文的书写和《三十颂》文法，能流利地朗读藏文经卷。他从堪布波哈达萨达出家受戒，赐法号桑杰益西，意为“佛智”。巴苏哈拉上师来桑耶时，他带了三两黄金作为谒见礼献上，从师听受了几种密法。巴苏哈拉回尼泊尔时对他说：“以后到尼泊尔来找我。”由此在他幼小的心灵中产生了去印度、尼泊尔求学的念头。之后从轨范师白玛学习八部密宗修法，白玛上师给他作了修法八部坛城密法大灌顶，经修习证得了悉地成就。他将变卖家产的50钱黄金带在身上去印度、尼泊尔拜师学经。首先在巴苏哈拉上师处学习密续法和密宗诀窍多种，并学会了印度梵文和兰札字，为以后的译经打下了基础。他先后在印度、尼泊尔、勃律[1]等国广参名师，学习佛教经典，尤其专修密宗法。在印度从轨范师却嘉君学习经藏教言，从密咒师若乌古雅哈学习密咒法类。在勃律从勃律大堪布迦赞杰学习了全部密集，成为通达者。回吐蕃后，在桑耶寺加入译经师的行列。当时反佛空气相当浓，当他想找一处修行圣地去修习密法之时，就连他同氏族的几个人也出来伤害佛教，他为了维护佛教，一怒之下用密咒夺取了两个反佛侄子的性命，过后他十分懊悔，在静修中忏悔自己的罪孽。后来从印度、尼泊尔等国迎请了12位大学者来吐蕃弘法译经，他又从几位上师学习密法和翻译。这些大师返回印度、尼泊尔时，他又随师去印度。朝礼金刚座寺时，他为金刚座寺作积资粮供，这时一枚九尖金刚杵自天空落到他前面一尺多的地方，他两次伸手都没有抓到，第三次用大拇指和无名指拿起一看，是一尊金刚手佛，便用佛金身作了灌顶，九尖金刚杵便成了作灌顶的圣物从此随身携带。据说，此圣物现在在嘉绒的一尊强巴佛像的心间供奉着。桑杰益西曾先后七次赴印度、尼泊尔、勃律等国，在那里从师闻习了正法教言和旧密佛法，号称是融旧密集经、幻化、心品三种教法传承于一身的权威。一次他在印藏边界的一个名叫多杰泽那的修行岩洞中拜会了莲花生大师，两人见面后谈论投机，且又都是密宗道友，便在这里跟莲花生大师闻习了许多密法教言和幻变法。然后他到寒林、海岛、雪山、密林、荒无人烟的地方修炼正法。相传，他亲眼见到了无数本尊神的圣容，曾和一些龙王、罗刹等对过话，他们还给他送了用婆罗门女人的头盖骨作为成就悉地的生起物和文殊阎罗的教法。当然在他的一生中夹杂了一些传奇色彩，作为一个神通广大的密宗大师也就不足为怪了。他又到吐蕃的周吉央宗、尼洋地区的多杰仲乌、后藏的旁沃日波且等圣地静修，获得了未卜先知和幻变无碍的大神通。有关他在尼摩协喀被匪兵围困，用金刚杵退敌、用神通法力摧山为灰等传奇故事甚多，不再一一赘述。

后来，他在周吉央宗圣地修密法时，听到朗达玛禁佛灭法之事后，又产生了用密咒将灭法赞普解脱之念，当听到拉隆·贝吉多杰已将赞普解脱的消息后，将一些密咒埋入地下。他有许多弟子，其中有证士弟子 1 人，名叫云丹嘉措；心传弟子 4 人，即索·益西旺秀、巴果大臣帕巴、安·云丹却巴、斯勒巴的仲玛。他生有 2 个儿子：长子益希嘉措，次子白马旺嘉。他的具体生卒年不详，史册中只记载他享年 113 岁。后来努氏家族逐渐繁衍到康区和安多一带，他的后裔努·拉西贝吉旺徐，就出生在多麦地方，后在青海化隆丹斗寺从喇钦·贡巴饶赛学习佛经，成为喇钦的十大弟子之一，为在多康弘扬下部律经做出了贡献。另据《热贡政教史》记载，青海尖扎古浪一带的藏族中大多系努氏后裔。

注：

①勃律：古西域国名，分大勃律和小勃律。大勃律在今克什米尔巴尔蒂斯坦，小勃律在今克什米尔吉尔吉特。唐开元中，先后册封大小勃律为王，开元初小勃律王入朝，唐以其地为绥远军。天宝六年（747 年）安西副都护高仙芝至小勃律，唐改其名为归仁，并置归仁军。大、小勃律亦有佛僧。

大索尔·释迦琼乃

——旧密法后传大师

大索尔·释迦琼乃，是宁玛派大师“三索尔”之首，也是旧译佛经第三代传人，于藏历第一饶迥前二十五年的水虎年（1002年，北宋咸平五年），出生在四川康区名叫雅宗或耶茂的地方。据说，其母怀孕时，他的父亲做了一个奇梦，梦见一千辐金法轮落到他的手中，观音大师化于他母亲的体内。父亲意识到他的孩子可能是一活佛的转世，于是孩子出生后取名释迦琼乃。年幼时，父亲给他教会了藏文拼读书写，又讲授了幻化和秘诀方面浅显的经法。后在喇钦·贡巴饶赛处受了具足戒，在家当比丘僧但未娶妻，因此无子嗣，俗称索波且，即大索尔，“索”是家族名。

释迦琼乃曾跟随许多上师学习旧密。从麦巴活佛仁钦嘉措学习唯识派的三相、光明幻网、密宗的秘诀道等。在《郭扎教法史》中说：“脉风当马骑，脐轮火当衣穿，教言为友作指导。”这是他修密的实践方法。之后他在信士的带领下经过多康，接近西藏的当雄时，因道路不熟而迷失了方向，传说有两位圣童从空中的云隙中给他们指引了去西藏的正道。到雅隆那毛隆修习事续法之时，感受到了大乘无上密法的滋味，渐入了取舍勤奋修法之道。他在卫藏从格贡寺的杰·释迦却学到修药甘露法；从却隆寺的娘·益西郡乃大师学习幻化、心宗法；从裕色寺的年纳旺札和杰·释迦坚赞二师求得密法灌顶、方便道；在桑耶寺钦浦静修地从绒·释迦琼乃闻习真实法类；从陀拉·南喀德学习经教、大圆满秘诀、方便道等；到娘多寺从哲·措穹瓦求得空性和任运成就的讲释；从徐端·索南闻习全部经教；又先后在冬察相曲、嘉端洛哲、嘎朵·益希宁布等上师处学习了经教、灌顶修法、密续注释等许多密宗经教。他善于分析本续和释续，综合本论和释论，贯通密宗教义于修法之中，综合修法和仪轨，向弟子们作系统地传授。他将旧密的教义和教法归纳综合为《根本续》《自释续》《他人注释》和《修行法》，这些分类典籍既是宁玛派的基本理论，也是僧人学习和修持的实用书，从此，宁玛派才有了较为系统的教授。于是，前来求学密续的僧人络绎不绝，他对来者必授，绝不推托，许多人拜他为师，所以弟子日众。大索尔为了获得伏藏，派人到处去问寻。他们来到桑耶附近询问时，一老者说 ：“此山上好像有，有时听到山中有铃和鼓的声音。”

桑果等人按牧童所指的方向去寻找，终于在一山洞中掘出 18 箱伏藏。绒·释迦琼乃说 ：“这真是有缘者才能掘取。”桑果等人获得了自他十二坛城法、金刚橛合修法等 62 种坛城灌顶的密典和教言，驮运回来作为珍品收藏。

后来大索尔·释迦琼乃到牛古垄寺向卓弥·释迦益希求学密法，卓弥像他的上师一样，收徒传法，都要收取黄金，因此对大索尔说:“我准备寄黄金供养我的班智达上师，你给我一些黄金，我才能将甚深教法传授予你。”大索尔同意卓师提出的要求，便组织侍徒们采挖黄金。他向侍徒们作交代说 ：“距离此处不远的一山洼里，有天然生成的黄金，采挖时未发现动物形状的金块之前，所得的黄金都可受用。”侍徒们按师父的吩咐去采金，当采了一袋黄金时，发现了一块蛙形金块，便即刻停止。于是，他向卓弥上师供献了 100 两黄金，卓弥译师给大索尔传授了不可思议的密法。他学到许多密法教授后，找了一处僻静之地去修持，他的弟子们陆续来到这里。他对弟子们说 ：“你们到这里除求学菩提外，并非为修持而来，这样对谁也无益。还是放弃世俗事务而专注于修习，才会利他利己，我也在潜心修法啊！”有一夜，梦中见空行母前来点化，要他去一处名叫乌巴隆的地方，将会对弘传佛法大有裨益。醒后按空行母所说的方向找去，来到达那隆哇（班塔马河谷内香曲河进入雅鲁藏布江的河谷口），在山崖上有乌巴（藏语，即鸱枭鸟）的巢穴，崖下有洞，他便住在洞中修行，由此人们将大索尔称乌巴隆喇嘛。天长日久，他看到这里生活来源匮乏，准备动身到别处去。相传，有土地神现身说:“请不要到别处去，你们的生活由这里的头人作供养。”他答应暂住。有一次，达那一富户的主人生了重病，到处延医无效，去打卦问卜，卦师说 ：“去请求乌巴隆喇嘛作加持，病会好转。”病人到乌巴隆喇嘛处加持治病，乌巴隆喇嘛设曼荼罗会供，进行诵经加持，当完成会供后，病人也就从病魔中解脱了出来。于是在富户的支持下，乌巴隆喇嘛在这里奠基，修建了一座寺庙，取寺名乌巴隆寺。在佛殿中塑供了许多佛像、神像、佛塔，添置了佛教经典，讲经和修习蔚然成风。大索尔·释迦琼乃创建了寺院为弘传宁玛派密法奠定了基础，他的养子小索尔·喜饶札巴弘学习之风，卓普·释迦僧格发展寺院，这就是乌巴隆寺的传承。

时隔不久，又在有一龙泉的香达白钦的河谷口处，以此为基地作了加持，修建了白钦寺，让龙王兄妹作该殿的护法，并在这里修建了讲经院和修行院。后来，又有尼日南麻的雍仲扎西夫妇二人，家庭殷实，但无子嗣，想办个法会，积善修福，即招集村民和附近人士，向大家问道："大师中哪一位最贤？"有的说密修士为贤，有的说持戒高僧为贤，有的说本教师为贤，众人意见不一致。女主人说："我有足够的资财，把三位都请来吧！"于是迎请了密修士释迦琼乃、本教师格哲、持戒高僧曲弥让摩瓦。三人都说："欲要弘法，首先要修讲学殿堂。"便同施主一起商议建殿之事。密修士说要在殿中塑金刚萨埵之像，持戒高僧说要塑释迦牟尼像，本教师说要塑辛饶祖师像。结果，只好各修各的殿堂和塑像。此时，卓端巴头人将卓普一块地方献给释迦琼乃，他便在这里修建了以三世佛殿为主的殿堂 8 座，其中有佛殿、讲经院和修供殿等。佛殿因建在卓普的地方上，因而取寺名为卓普寺。从此，他便在乌巴隆寺和卓普寺讲经传法、修持密法。他主要修习"幻化"法为主密法，所修功夫很深，据说在修行洞中留下了他的面壁身影，在修供殿近旁的磐石上留下了足印。他将学到的许多宁玛派教法广泛传授给门徒。他的弟子很多，相传有 108 人能够独立修习禅定，其中有四大高足弟子。这四位是：具有正见密意的小索尔·喜饶札巴，成为讲说"幻化"的唯一弟子宛南哲寺的木雅郡扎，具有善知识的弟子热萨寺的香国琼瓦，成为修行的弟子措尼寺的桑贡喜饶嘉波。最后他将寺院交给小索尔·喜饶札巴住持，三索尔传承自此开始。藏历第一饶迥之水虎年（1062 年，北宋嘉祐七年），释迦琼乃圆寂，享寿 61 岁。

小索尔·喜饶札巴

——宁玛派"三索尔"第二代大师

小索尔·喜饶札巴，是一位获得大圆满成就的大德，宁玛派三索法嗣第二代传人。

其父图巴贡钦，意为修道士，据说是一位行乞僧人。在《青史》中记为此人是他的祖父，而在《郭扎佛教史》中说就是他的生父，人们称他为“朵乌”，意为“乞丐”。母亲觉喜拉吉。他于藏历第一饶迥前十三年的木虎年（1014 年，北宋大中祥符七年）出生在也如地方。7 岁时学习藏文写读，9 岁学习静猛事业法。他自幼酷爱书籍，做梦也想得到喜欢的书，据说一次在梦中确实得到了一本书，他高兴极了，津津有味地读了起来，正读时，有一尼姑跑来说：“地里落满了鸦雀，你还躺着干什么？”他惊醒后，发现是一个空欢喜的梦。13 岁时被家人领着来到乌巴隆寺，拜见乌巴隆喇嘛，喇嘛问他：“你是哪一族姓？”小索尔的脑海里想，要是说出跟上师同姓，上师会忌讳而不高兴，便答道：“小索尔。”问：“你喜欢出家当僧人吗？”答道：“喜欢。”上师见他聪明伶俐，是一个与法有缘之人，就说：“那么我就收你为徒，好好学经吧！”后来因上师和他同一族姓，又因上师无子，故收小索尔为他的养子。起初小索尔因家中贫寒，衣食无着，常常捡食寺院供后扔掉的朵马（用糌粑和少许酥油捏成的一种供神佛的祭供品，供后被扔到房顶或寺外，常被狗或乌鸦吃去），其他僧人见他吃朵马，到师父那里说：“喜饶札巴沾酒食，我们僧人是不能饮酒的啊！”上师听后将信将疑。一天，他打发小索尔去砍柴，在小索尔的住处翻找所说的酒食之物，结果除一点朵马外，别无他物，上师见后心中也十分难受，他更喜欢小索尔了。上师对他说：“要学经，首先要有生活保障，不然，如何能坚持下去啊。我这里也不宽裕，有一户人家，只有母女二人，家中较富有，你去跟她们一起生活，一方面解除了她们无继承人的后顾之忧，另一方面，保证了你学习佛法的条件，你看如何？”小索尔一听，明明是师父让他到那一家去当女婿，他坚决不同意。师父又说：“我不是让你到那里去待一辈子。等你摆脱困境后，可以回寺继续当僧人，学习佛法，释迦佛祖在年轻时候也有妻室，后来才离家学法成佛的啊！”听了师父的教导，他才同意到那里去。他在母女的家里很勤快，一边干活，一边学经，博得了母女欢心，求得资财和经典。

后来上师召他入寺，正式从师学习佛法。他一边聆听讲经，一边在垫子上修持，进步很快。师父将所有密法皆传授予他，他智慧广增，一学即悟，修持有成，出现了几种不同的感悟。据说一次小索尔·喜饶札巴在上师门旁的一佛塔处，绕塔巡礼，上师发现他的双脚不触地面，离地面一尺左右高而行走，上师惊叹不已，认为他不是一般的活佛。从此，上师释迦琼乃特意培养他。他经过实修，其修炼的功力与上师的修悟意境一般无二。有一次，上师在静室中修法时，对四位也正修持佛法的高峰弟子说：“现在你们比试一下所修的功力吧！”四位弟子按师父之意，盘膝跏趺入定，其他三位意念生起如山不动般稳固，而小索尔则盘膝从坐垫上跃起一米高，离静室而去。上师命一女仆说："你去听一下他喉间咳声的大小如何？"女仆出静室侧耳细听，其声如同室内一样响亮，走过山那边再听其声，仍如前，丝毫没有减弱。女仆回禅室告诉师父后，上师说："你们三位兄弟的修力是相同的，但你们三位的功力只是小索尔功力的影子，你们都超不过他啊。"小索尔对显密经论及其教言的学习不仅仅是停留在字面上，念会背熟，而是深究其中奥义，融会贯通，然后按自己所理解的意思去讲说，言简意明，通俗易懂，深受师僧的欢迎。一次上师和他的四大高徒一起在香曲河边，看见河水上涨，水流湍急，上师将一件法器玩魔术似的抛到河对岸，对四位弟子说："谁能把法器取回，我就把寺院交给谁。"其他三位取了几次都未能成功，只见小索尔如同海面上的飞燕，不一会儿就将法器取回，上师很高兴地将寺院交给小索尔住持，小索尔便继承了乌巴隆寺的寺主职位。他精心管理教务，讲经传法，培养弟子。小索尔自主持寺院教务以来，讲经传法、进行佛事活动、修持，忙得不可开交，心中十分烦恼。一天抽空到寺外漫步，朦胧中只见五个佩戴骨制项饰的少女，手持小鼓作舞蹈状来到他的近处说："兄长，寺内杂事繁紊，你可到古堆去修行，那里幽雅宁静，将来对佛教众生都有利。"说着用手向扎甲沃的地方指去。他忽然想起扎甲沃地方有九眼泉水，九处草水交融的草坪，正好与大乘佛教的"九乘"相吻合。因此，他决意去那里修持密宗法，遂将寺院交给其他三位师兄弟管理，自己独自到扎甲沃地方静修。在那里他苦心修习了 13 年而证得了"大圆满"的悟境，对宁玛派的一切教义具足最上智慧和辩才。据说，他曾在梁若地方和四位学显宗的僧人辩论时，四位同时向他问难，他都对答如流，未被辩倒，于是那四位僧人敬服而拜他为师。他的弟子很多，有"四柱八梁""十六椽""三十二盖顶短木"之说法。

小索尔·喜饶札巴继承了养父大索尔·释迦琼乃的法统后，将佛寺治理得井井有条，学经修习风气浓郁，培养出了一批佛学人才，对弘传佛教，尤其宁玛派教法做出了很大贡献。于藏历第一饶迥之木虎年（1074 年，北宋熙宁七年）圆寂，享年 61 岁。他的儿子卓普巴成年后，又继承了他的佛教事业。

卓普巴·释迦僧格

——宁玛派"三索尔"第三代大师

卓普巴·释迦僧格，又称索·释迦僧格，意为释迦狮子，这也是释迦牟尼佛的别称之一。因为卓普巴出生前，有觉敦释迦益西预言说："这个孩子以后将会成为利益众生的教主。"又有索·喜饶札巴四大柱之一的弟子在梦中见到有一佛祖身像和金刚佛（又名金刚手佛）进入其母体内。于藏历第一饶迥之木虎年（1074年，北宋熙宁七年），卓普巴出生在卓普地方，卓普巴的尊号由此而来。父亲是小索尔·喜饶札巴，母亲是觉姆的女儿那摩邹多金。孩子出生后，父母按预言取名释迦僧格。他的母亲说："孩子的眼睛像霍尔人的眼睛，将是一个极聪慧的人。"又取名霍尔波，后来人们普遍称他为释迦僧格或达察霍尔波。他出生8个月时，父亲去世，由母亲和舅父抚养，一直住在卓普地方。释迦僧格帮助母亲管理家产，无暇去专门求学，便把他父亲的四位高徒中的一位请来家中进行教授，从藏文写读开始，循序渐进地进入显密诸论的学习。后他去曲乌从释迦桑波学习密宗《幻化经》，又到觉敦大师那里求学一年，将喇嘛克珠请到乌巴隆讲经，听受了许多经论及教授，尤其从四柱师学习了《幻化》《集经》《心识宗门》三部密法经典，圆满求得一切灌顶。在伦·释迦绛曲处闻习了大圆满法，从嘉杰·香巴那波学习了《大圆满传承最后法门教授》。舅父达斗给他传授了显宗经典，在学习本宗派论的喇嘛处求得《般若》广、中、略的经教，反复学习到达通晓。他虽然学经较晚，但他博闻广学，穷究密义，成为宁玛派一著名学者。

佛学上有了一定成就后，他在卓普寺长期修持生圆二次第的秘诀续，与观想本尊神的身、语、意结合在一起修习，出现了赫赫威德和压倒一切的功力。这时他听到帕·丹巴桑杰在后藏定日地方居住传教，师徒5人前去求学息结派教法。他们上路之时，丹巴桑杰对侍从说："今天有位金刚手的化身要到这里来，做好迎接准备。"天黄昏时，师徒5人来到定日，丹巴桑杰对弟子们说："前去迎接。"拉杰卓普巴听说丹巴桑杰是位具有先知先觉的神通人物，想今天不妨一试。于是与一弟子互换僧衣，弟子伪装成卓普巴走在前面，他作为侍从跟在后面入寺。互相见礼后，丹巴见卓普巴的脖子上有一小肉块，便说："请沙苏秀那（金刚手）前面来，不要以徒混师乱了真相。"卓普巴一听，信服得五体投地。从丹巴桑杰求得一些息结派的佛法甘露，然后返回卓普寺。一天在卓普法会上讲经，他坐的法座没有靠背，周围由听经僧人围成一圈，前后各方都无遮无碍地看见他讲经的面容，似一位在金刚勇识幻化坛城上跏趺坐的密主，他无疑是一位活佛的化身，人们把他奉为密宗之教主。他继承了先辈的法座，为了在藏北一带弘扬密宗教法，对所有应化众生广转法轮。他扩建卓普寺，广收门徒，大行法事。他的弟子千余人，其中的12位高足，皆能住持寺院，扶持教法而且高举说法胜幢，大弘密宗教法。卓普巴成为宁玛派的第三代传人获得如日月光辉般的美誉。索氏三代的主要功绩是将佛教前弘期的集、幻、心三大部密乘经典，进行整理，建寺收徒，广为传播。

卓普巴于藏历第二饶迥之木虎年（1134年，南宋绍兴四年）在卓普寺圆寂，享年63岁。

札巴·恩协坚

——《医学四续》伏藏原本的发掘师

札巴·恩协坚，别称喜饶杰瓦，法名旺徐贝，也是一位有名的伏藏师，故全称代

东札巴·恩协坚。阿底峡尊者尚未到达吐蕃的饶迥前水鼠年（1012年，北宋大中祥符五年），生于前藏夭如扎巴江日地方，族氏为齐木。出生不久，被认定为协乌华吉僧格的转世。自幼想到吉祥桑耶寺去学佛法，未得父母的允准。年稍长，经再三请求，父母见他学法的意志坚定，只好同意他去寺院闻修佛法。在桑耶寺从鲁梅·慈臣喜饶的弟子雅徐加哇沃赛出家为僧，从师学习藏文书写拼读及经文。后又从其叔父绛敦曲巴学习显密经论及藏医学，他先后在卫藏各地行医，著有《四论摄义》等医书，成为著名医学家，又从息结派的开派大师帕·丹巴桑杰学习息结派法门，从克什米尔班智达修学六支加行法等，皆善巧通达。在学法期间，有时生活无着落，便利用闲暇时间替人放羊得到的一点儿报酬来维持生活。他有个习惯，常在黎明和黄昏时分到桑耶寺的山顶转悠。据说有天晚上在那里转悠之时，山顶殿门上两张纸卷掉落到他手中，天亮后打开纸卷细看，原来上面写的是红财神和宁金多杰登都神修持咒语。他认为纸卷与他有缘，每晚唪诵修持咒语。白天在山上放羊时，示以美妙的音调诵咒语，这时红财神听到有人在赞颂他，就幻化为一身着红衣的人到札巴·恩协近前问道："你需求什么？"答道："需求财物。"那着红衣的人一听就说："你跟我来。"将他送到一处满地是沙金的地方，让他捡取黄金，但他面对这么多黄金毫不动心，反而闷闷不乐。那人又来问他道："你到底希求什么？"他回答说："我想回家。"临走时，他只捡了少许沙金，作为以后建殿的资财。从这里说明他希求的不是物质上的"财"，而希求的是精神上的"财"——藏文经典。这时家乡流行传染病，危及人们的生命，他昼夜念诵经咒进行加持，并利用藏医药治疗，很快消除了传染病，还出现了祥和增益的现象。自此他常唪诵一切佛经，尤其夜间反复唪诵《恩巴经》(《恩巴经》译成汉文为《对法》,《对法经》有"上、下"，也称《阿毗达磨集论》)，"恩协"，意为"通晓《恩巴经》"，因他出生于札巴地方，加之通晓《恩巴经》，因此人们称他为"札巴·恩协坚"，其中"坚"为人称代词，意为"札巴的《对法》精通者"。有的史料中，将"恩协巴"视为先知先觉者，仅从藏文字面上理解也能说得过去。

有天晚上，他专心致志修学经典时，不知不觉进入梦乡，只见一身穿比丘装的阿杂惹出现在面前，对他说："我是佛祖在印度金刚座上伏魔时的一位英雄，那时我的法号叫多杰登都，是维护佛教教法，尤其是成为吉祥马头明王和金刚手一切佛驻殿的守护者。"金鸡年（1081年），他利用带回的少许沙金，在扎囊境内修建了扎塘寺，还成了桑耶寺的住持。人们说他在住持桑耶寺期间，内外修了108座佛殿，这是一种夸张了的吉祥数字，说明修了多座殿堂。其实他真正修建了金耶、江如、丹普、赛党拉康等七八座殿堂。

土虎年（1038 年），从桑耶寺正殿宝瓶柱下发掘出《医学四续》医典，这部医典是公元 8 世纪时，由西藏著名藏医学家宇妥·云丹贡波所著，医典分四部分，即《本续》论述人体生理病理；《释续》论述病症分类；《诀窍续》论述医疗方法；《后续》论述辨证论治、炮制药物等。医典作为伏藏藏于桑耶寺正殿宝瓶柱下，由札巴·恩协坚掘出。他按原本抄写后，将原本仍置于原处，后秘藏抄本一年，始付于雅隆格西·卫巴达玛扎巴。也有史料记为将原本掘出后流传于世。这部《医学四续》辗转抄写，后来有手抄本、木刻本、石印本、铅印本等多种版本，是后世学藏医者必学经典，今已译成汉文，这是札巴·恩协坚的一大功劳。扎巴·恩协坚和儿子拉仲扎西巴桑、孙子索南益西坚赞祖孙三代都是名医，著有许多论著，他们三人在北方医学派中占有重要地位。

扎巴·恩协坚于第二饶迴之金马年（1090 年，北宋元祐五年）示现圆寂，享寿 79 岁。

绒松巴·却吉桑波

——宁玛派班智达

绒松巴·却吉桑波，意为“法贤”，系绒本·仁清次程之子，在卫藏四翼[①]中的雅翼后藏下部的纳隆绒地方诞生。生卒年不详，大约与“三索尔”是同时代或稍后的人，约生活在 11 世纪下半叶至 12 世纪上半叶期间。

这位大德年满 11 岁时，从噶尔敦·次臣桑波和多东僧格坚赞等师，开始学习“法相”[②]教法，大约 13 岁时圆满完成了闻法事业，而成为大通达者。据传他学识渊博，人们誉称他为“大班智达”[③]。因他具有深广而无垢的智慧，对于所有印度的显密经论和典籍，即使是过去从未阅读过的，只需读一两遍，也能全部通晓，人们称赞他已获得一切不忘“陀罗尼”[④]。此外他还精通量论、内明论、成义颂词、修辞学等。他为了以善法解脱众生轮回之苦，经常将善男信女聚集起来，亲口讲说许多以利大众的佛教道理而毫不厌倦。他对于戒律和修持，如生命一样守护，并引导他人也守护戒律。他对于先辈的教法撰著，凡能见到的，均无门户之见，爱不释手，虚心学习阅读。他自己所著述的教法论著，在教理及教义上和上师的现教不相违背，且无语义不善之病。他开始学梵文时，对印度语的多种分别及声明论的文义没太费力即能通达。当时卫藏四翼的许多智者对这位译师大德都极为敬仰，然而有一位被称为精通各教派的大师——却吉喜饶，却讥笑绒松巴说：“在卫藏初出茅庐的人，也妄自著述论说。”但是后来却吉喜饶亲眼看到绒松巴所著的《入大乘法理》论典后，顿生起敬佩之心，主动以许多财物对绒松巴作承事供养，以忏悔罪过而求摄受，后拜绒松巴为师，听受了《妙吉祥密续》等教法。

绒松巴·却吉桑波大师曾拜印度的堪布曼殊西瓦玛、曼殊西连那、邬巴雅西弥扎、布达阿嘎惹拜札、德瓦嘎惹真扎、巴惹麦萨惹、阿摩嘎班智等许多班智达大师为师，并且担任他们著作的译师，翻译出《能怖金刚》《阎曼德迦威猛续》《天女吉祥咒义》《胜乐根本续》《喜金刚修法》《速成修习法》等许多经典，其译文可跟原文媲美。

绒松巴的论著很多，对后世影响较大的有：他特依三学著出三种教授，即为使心中生起“增上戒学”，著有《三昧耶经教广论》；为使心中生起“增上定学”，著有《四种释论及十五支》；为使心中生起“增上慧学”，著有《大圆满见修教授》。还著有《净治恶趣》《能怖》《语言门论》之注释。甚至关于世间的生活、农业、养畜、做乳酪等方面的论著也不少，对继承和发展藏族文化做了不可磨灭的贡献。

绒松巴·却吉桑波所传承的宁玛派教法，又分为三个系统：即心部、自在部和教授部。这三个系统各有师承，但又彼此影响。

关于该师在世寿数有119岁和150岁两种说法。

注：

①卫藏四翼：是古代卫藏的地理概念。古代藏文典籍中把康、青、藏划分为上、中、下三区，即上区阿里，中区卫藏，下区青康。中区的藏（即后藏）依东西分为也如、如拉克两地，中区的卫（即前藏）依河流分为天、乌如两地。17世纪，依次改名为也如、

运如、布如和共如。

②法相：佛教名词。泛指客观事物的相状、性质、概念等。各教派因对法相的理解不同，遂表现出其特有的教义。

③大班智达：梵文音译，是对精通五明的佛学大师、著名学者的尊称。

④陀罗尼：梵文音译。意为“总持”“执持”。泛指智慧之总持力，具体表现不同，如闻持陀罗尼，是说一切所闻之法，能忆持而不忘；分别陀罗尼是说分别诸法而不误；音声陀罗尼，是说不管任何人发生毁誉语言而不动心等。总之，是以持久不忘诸法词义的念力和神验不测智力为其体性，以受持善法，

修波度孜

——宁玛派著名神通师

修波度孜，南宋藏传佛教宁玛派高僧，卫巴修波的上乘弟子。于藏历第三饶迥之土蛇年（1149年，南宋绍兴十九年）诞生在色地方的拉东寺。该家族祖上就出过佛教学者和成就者。其父名叫桑杰达琼，因曾从师达波拉杰而得达琼名号，原先去藏南洛扎上部普芒冈的一个寺院习经修持，后由色地方的施主请他去那里，将拉东寺和邬格寺献给他，使他成为两寺的住持，有许多弟子。曾与拉东寺的女尼旺姆结为夫妻生下修波度孜。据说父母将刚生下的婴儿放于簸箕中，入睡时发现虹光照体。

他两岁时，其父似乎做了一个奇梦，自语说：“现在我要走了，要到持明胜乐地去，这孩子将来会为他人做出有益之事。”说着梦语而逝，是年49岁。年幼的修波度孜由慈母抚育成人。幼年时就具有慈善喜舍之心，他将每次换下来的衣服全给了穷苦人，母亲责怪他，他一笑了之。母亲甚感惊奇，心想：“这孩子难道是前世活佛的转世？”当地一位卦师也说：“此孩非同寻常，有世间地方神和护法神护卫。”于是把他送到舅父丹巴色周那里学习。经过3年，他学习了大圆满绒宗所传密宗法门，精通密宗旨意的全部配合法。16岁时，舅父丹巴去世。修波度孜为了继续学法，遂去吉喀寺，拜该寺拉康巴·云丹松为师，在密续类方面，他聆习了《心识十经》等“心识宗”的24种大密续部；在根本心识部方面，听受了十八根本中的郭宗、绒宗、康木宗等不同论说

的 14 种解说之规；在大圆满绒宗的诸大修轨方面，学习了《瑜伽明智日轮》《禅定眼明灯》《禅定心中日》《块肉和钉》《由问答启发》《金刚萨埵问答》等许多大修轨；在耳传教授法类方面，听受了郭宗、绒宗、康木宗三者的诸教授及其他法类的耳传诸法。还听受了盖仓、宗昌的耳传法和法界部等不可思议的法类。据说他从 16 岁就开始学习讲经，尤其以讲说《郭宗大纲》而出名。

当吉喀寺的上师拉杰鲁曼在娘多举行法轮会时，修波度孜任副座说法师，为僧众讲经说法。当他讲完《郭宗大纲》后，拉杰鲁曼上师赞誉他学业飞进，并给了 11 驮青稞作为讲经报酬，从此他说法的美名流传八方。他在吉喀寺修学 14 年，一直勤于求学，从不满足。这期间有时住在舅父的色扎寺中，有时也作修习讲说。后来，受他父亲的弟子本格拉多的迎请，相继掌管了邬格寺和后藏的色扎、却当等寺院，福泽也随之宏大起来，声名日著，聚集众多弟子，广做益于众生之事。他一面学经、讲经、传法，一面日夜修持不断，据说出现了内心显现无偏的意境，练就了穿石钻山飞崖的功能和神通，他的一生中有许多神通传奇故事，据说在色普达隆寺修习时其身隐没于一磐石中，无碍穿越森波日山等，这是他显示神通方面的几种幻变之术。

修波度孜在佛事方面做出了特殊贡献，他在雪域将许多有情众生引上解脱之道；修造了许多佛像、佛塔，修复破旧寺庙、佛像；对菩提道场金刚座圣地，曾三次寄去供养物品；对从印度、尼泊尔远道而来的大译师和班智达作承事供养；在拉萨大、小昭寺的释迦牟尼佛前先后四次作承事供养；为许多贫穷的平民作施主，供给衣食。他践行了大乘佛教徒应有的美德，在北方雪域成为一位无可争议的高僧大德。其著名弟子有达敦觉叶、玛哈龙波、克巴觉南、卫巴角索、桑东霍尔扎、尼端喇嘛 6 位。

修波度孜于藏历第三饶迥之土羊年（1199 年，南宋庆元五年）在桑普的加格附近一寺中圆寂，终年 51 岁。在《都琼佛教史》中对其生卒年记为木鼠年（1144 年）生，土羊年（1199 年）卒，享年 56 岁。据说火葬时出现声音、光亮、彩虹及佛塔、文字等奇异瑞象。

娘·尼玛沃色

——宁玛派上部伏藏大师

娘·尼玛沃色，祖姓“娘”氏，“娘”是古代西藏一氏族，其姓氏源自地名，因他于第二饶迥之木龙年（1124 年，北宋宣和六年）出生在后藏年（娘）楚河流域洛扎旦雪地方，凡在年楚的人皆为娘氏，相传尼玛沃色是藏王赤松德赞的转世。尼玛沃色，译言为“太阳之光”，是北宋宁玛派一伏藏①名师，在宁玛派百名伏藏师中，他与古如·却吉旺秀（1212 ~ 1273 年）两人被尊为上、下伏藏二师，颇负盛名。父亲娘·端却吉本人就是一位宁玛派信徒，略晓密宗法，母亲为白玛德瓦泽。他幼年时就展现出一些奇异之事，刚会说话时，常说看见了某某神，还学瑜伽士修法的各种姿态，人们都认为他是一个神志不清的疯孩子。13 岁时，父亲给他传授马头明王灌顶法，让他修习。据说当他静修马头明王法时，从他意守的铜制金刚橛中发出马的鸣叫声，连他自己也感到惊奇。在藏普岗日修法时，见到了神的尊容，并在岩石上留下了手印、脚印。后按空行的预言，来到麻沃觉的崖山下，益西喀卓（智慧空行）为他取名尼玛沃色，从这里得到一个虎皮箱子和一份伏藏书题。

据说，娘·尼玛沃色按书题先后发掘了 14 处伏藏，从洛扎的科塘、扎森茂巴杰等地掘出铜箱、虎皮箱、陶瓶、神像、圣物、法器等伏藏。其中铜箱中装有大悲观音法类和古如静猛之法藏，虎皮箱内有空行法类，陶瓶内装有怙主法和恶咒。从科塘寺的大日如来佛像背后觅得一个紫色箱和一个灰色箱，紫色箱内藏有 130 多章节的八种旧密法的教言、诀窍、密续等，是吐蕃大译师白若杂那和丹玛则芒二人抄写的法王手写本；灰色箱内有马头明王的密法、身像、佛塔及法器等多种圣物。另外从桑耶钦浦、南木格坚的森夏扎、扎日佛殿静修地等处发掘了大量伏藏。其中有一部分是医药方面的卷帙，可见尼玛沃色掘出的伏藏相当丰富。这些伏藏中现在还保存完好的有《莲花生大师传》

《八法善逝密集》《静猛大悲法藏》《嘉哇嘉措喇那》等 9 函。

娘·尼玛沃色在发掘伏藏的同时，还学法不断，修持不止。从父亲娘端·却吉、贾涅巴东旦、修波尼玛僧格、玛嘎哇坚巴、端巴卡伽等多位上师闻习密宗法和法相论等，之后又系统地学习了文殊的持明八法。在获得成就和悉地的两位上师尊前聆听一切新旧密法，成就师还将从拉萨得到的五卷大悲观音法也赠送给他。当他修持药师佛法时，拉毛给他献了五种带叶子的新鲜诃子药物，这是他学医的一种缘起。他潜心修习了 3 年三身法（即法身、报身、化身）。在木斗协吉巴贡修炼上师修心法时，据说益西措杰（一空行母）给他赐了 100 篇空行问答的法类。他在玛协寒林中修持莲花生的八部密法的总义和分支，从而生起了不可思议的殊胜证悟。

娘·尼玛沃色曾与一位名叫觉本玛的女人结为夫妻，生有两子，长子卓贡南喀沃色，次子南喀贝。据说，后来次子继承了他的弘法事业，也成为一位掘藏师。他一生培养了许多弟子，其中南喀贝、尼扎加、修波度孜、米觉多杰、曼温巴、赛东赤却、卓贡南喀贝等都是他的得意门生。据说他曾到安多果洛地方，在那里还修建了一座殊胜大塔。

娘·尼玛沃色所掘伏藏详目载于《伏藏梵冈》一书中。他还著有一部传世之作，名为《佛教史·花蜜精露》，俗称《娘氏宗教源流》，全书共分 3 章：第一章总论世界形成，分说释迦佛祖生平、创教过程和部派佛教、大乘佛教、密咒金刚教法；第二章论述印度王统和乔达摩的历史；第三章以较大篇幅记载了藏族人种、族源、吐蕃历代赞普事迹，吐蕃分裂以及佛教在吐蕃的传播灭亡、复兴和莲花生、白若杂那、阿底峡等名师的传教过程，是一部极有参考价值的史著。

他在圆满完成一生的弘法事业后于藏历第三饶迥之水鼠年（1192 年，南宋绍熙三年）圆寂，享年 69 岁。遗体火化后，连同许多舍利子一同装入一塔中供奉。

注：

①伏藏：是从隐蔽处（多为地下）掘出的佛教经文和圣物。据一些佛教史载，伏藏源于佛教前弘期莲花生大师来藏弘法时期。佛学家莲花生等人，因时机未到不宜宣示，而留待后世有缘者获取，特将密宗秘诀埋藏于山岩、水边、森林、庙宇、圣地等处托空行誓为守护，以待未来成就者发掘，而后转述为文字的极密经文。

古如·却吉旺秀

——下部伏藏秘籍法师

伏藏师古如·却吉旺秀，“古如”为梵文，意为“上师”，“却吉旺秀”意为法自在，合称“法自在上师”。他是宁玛派一著名秘籍法师，在佛教史上将他所掘伏藏称为“下部伏藏”，誉满雪域。

古如·却吉旺秀是西藏山南洛扎拉佑地方人，于藏历第四饶迥之水猴年（1212年，南宋嘉定五年）正月初十出生。父亲姓“邦”，名端智见宁布，是一位密宗师，母名古于萨贡吉。据说其父正用金汁抄写《文殊名称经》时，正好写到“却吉旺秀”一段处，他的儿子出生了，故父亲以此为他取名。

4岁时，他跟父亲学习藏文拼读书写，当熟练地掌握了藏文后，始学一些口诵经文，之后陆续学习《口剑论》等语言文法经籍13种，学习印度龙树著的《训世箴言》、道情歌《传统故事》等文学作品10余种；学习《黑白算学》《医疗术》等历算医药经典约百种；学习本教著作75种；学习经部论典和内外密乘100多种，对各学科都有了解。11岁起从卓贡慈敦等新旧密宗上师正式学习密宗之顶法、教诫、秘诀等。14岁，从色卓江萨巴学习《因明论》《大乘阿毗达摩杂集论》《入行论》《喜金刚》等显密论典；从塔果哇学习《中观略论》等；又在慈敦上师处学习了阿底瑜伽法。17岁时，在梦幻中亲睹了众生怙主的圣容，从此智力猛增，思路通达，成了娘·尼玛沃色的继承人，拥有与娘·尼玛沃色一样丰富的伏藏，成了下部伏藏之主。18岁时在后藏从萨迦班智达学习发菩提心和法缘，一天晚上，据说梦见游到了五台山圣地，只见文殊菩萨端坐于一朵青莲上，菩萨见古如是一位具智慧自性、与佛法有缘之人，遂给古如传授了启开佛法之门的教言和秘诀，并让他自己去理解修持。醒后，便产生了将获得一切正法的信念。

据说古如在13岁那年，扎巴神通师从桑耶地方掘得了一份黄纸伏藏书题，许多人按这书题寻觅开掘伏藏，结果有人无病而卒，有人触雷电而亡，更奇怪的是这份黄纸书题无论抛到水中，还是扔在十字路口、山崖下，或埋在土中，皆完好无损。后来不知不觉传到了古如的手中，古如的父亲对黄纸书题之事早有耳闻，这时见到儿子手中有这份可怕的书题，便一把夺了过去骂道："人家都抛弃了的废纸，你又捡回来，有何用处？你是不是在找死？"之后父亲把黄纸书题又藏匿了。直到古如23岁时，瞒着父亲，复从地下悄悄地挖出来，与一位名叫朵丹角玉哇的年轻人结伴来到康区佑宁隆洼南木格的山沟里，按伏藏书题打开了18处伏藏之门，发掘出大量的伏藏，其中从一铜盒中取出秘诀108篇，从一形似龙体的物品中取出教言四篇。又从喀曲白日山的崖洞里掘取了不少伏藏。在竹巴噶举派藏巴嘉热·益西多杰修行过的加浦坚（洛扎喀曲附近）和梯形崖洞中也掘出了四部教言和100篇伏藏。他发掘出的伏藏多数为密宗经籍，有一部分是珍贵的医学资料，整理后共分为九类：第一类为医药源流及藏医修供法；第二类为人体结构说明；第三类为药物分别配制法；第四类为药物处方及君臣次第分类法；第五类为内外密三分法；第六类为病理辨析及药物分类；第七类为疾病类型；第八类是依佛法镇病魔；第九类为药物功能。这些医药伏藏后被青藏高原上的藏医、蒙医所广泛运用，为藏医药发展起了一定作用，某些方面还填补了藏医药的空白。

据说古如·却吉旺秀从13岁学密法时就一边学习一边修持，一直坚持不断，即使在掘伏藏的岁月里，也在一些静修地修习不断。最后获得妙智双融的悉证智身，进入了成熟解脱之道。据说能显示几种变化，如在坚硬的巨石上留下了脚印，以法身变化六种化身，复又变成享用身等。这时西藏的一些大德如布敦·仁钦朱、耿钦帕巴沃、却沃等颂扬他是一位无与伦比的成就大师。

古如·却吉旺秀不但在学法修法、掘取伏藏方面取得了巨大成就，还利用时间，耗资兴建了堆古尔茂、桑珠德钦、拉佑三座寺院。

古如在中年时开始收徒讲经传法，其弟子众多，其中朗卓的幻化师白玛仁钦、年·尼玛沃色，精通医道和旧密伏藏的米觉多杰，通晓旧密的尼泊尔弟子巴若祖增，等等为主要弟子。

古如·却吉旺秀在山南洛扎、四川康区、西藏昌都一带发掘伏藏，因这些地区对卫藏来说位于其下部，故人们称他发掘的伏藏为"下部伏藏"。他出生比娘·尼玛沃色较晚，虽然他是娘·尼玛沃色的继承人，但佛教界将他二人"相提并论"，誉为掘伏藏的两颗巨星。

古如·却吉旺秀于藏历第五饶迥之金马年（1270年，元至元七年），在布达拉的白玛沃寝宫中圆寂，终年59岁。

嘎·丹巴德西
——嘎陀寺的创建者

嘎·丹巴德西，本名喜饶僧格，译言“慧狮子”，别名波巴塔耶，译意“辩才无边”。丹巴德西，意为“圣者善逝”。于藏历第二饶迥之水虎年（1122年，北宋宣和四年）随着诸多奇妙征兆，出生在四川甘孜地方嘎氏家族中。

父亲嘎·藏巴白扎（系密宗瑜伽行者宗巴巴昭），母亲叫宗茂仁青吉，父母有四个儿子和一个女儿，长子为帕竹噶举派创始人帕摩竹巴·多杰嘉波（1110~1170年），次子即嘎·丹巴德西。17岁时他赴卫藏，在彭域地方从喇嘛香趣僧格出家为僧，取法名喜饶僧格，从那吉堪钦以律之传承受具足戒，并学通了律经，又从卓普巴的高足弟子赞东卓维贡波学习幻化密要和心识部等密法。他从热译师之弟子甘译师闻习《胜乐密续》，从觉若译师处学习《金刚亥母法》，向桂译师的弟子江东多吉宁波和波德香东学习密集法，在德钦巴上师处学习了《胜乐轮灌顶次第》《大手印》《那若六法秘诀》等密宗法多种。几年间他广参名师学习显密诸论，闻习藏区所译经典，成为出类拔萃的密宗佛学大师。这时赞东活佛对他说：“你到名叫甘波的地方去勤修，将会出现身体发光的现象，再去嘎陀地方，佛教会兴盛起来。”他按上师的预言，先去寻找名叫嘎陀的地方，来到嘎陀看见几个牧童放牧，问道：“嘎陀在何方？”答道：“在普雅沟。”他一路寻思，这些牲畜可能是化机的缘起，几个牧童可能是弟子的缘起。就这样他终于找到了一个地形像“嘎陀”的吉祥之地，于是一面修习密法，生起感悟，一面集资，于藏历第三饶迥之土兔年（1159 年）兴建了吉祥嘎陀金刚寺，简称嘎陀寺（在今四川省甘孜藏族自治州白玉县河波乡境内）。据说，在修建佛殿时，本教原先安置在这里的一个神（朵年，即石妖）现身作怪，他们师徒亲见石妖眷众的足迹没入一块巨石中，丹巴德西在巨石上挖了一对“鼻孔”，让弟子牵着“鼻子”走，上师在后面用鞭子赶，带到寺院旁的一条河边时，石妖发誓改邪归正，不再作孽。藏巴上师等人用密法将石妖收伏后，佛殿顺利建成。嘎陀寺是 12 世纪康藏地区规模较大、建寺较早的一座宁玛派寺院，在嘎·丹巴德西的倡导下以传授“南藏”密典为主，附带传授“三索尔”以来传承的宁玛派经典。有许多安多、昌都、云南迪庆等地的宁玛派僧人前来学经。嘎·丹巴德西竭尽全力为本寺和来寺求学的僧人讲授以密集为主的大圆满法、幻化密要及印藏诠释的大小经论。另外还传授《文殊幻网经》和《慈氏大论》等许多显密经典，为多康地区弘传密宗佛教奠定了基础。嘎·丹巴德西完成了建寺传法的宏业后，于藏历第三饶迥之水鼠年（1192 年，南宋绍熙三年）四月十五日在扎绕法之精舍林中，面向西方，手结心性安息印而逝，享年 70 岁。据说他圆寂时大地微微颤动，虚空响起九次声鸣，西落的太阳发出万道霞光，霞光的一角连着上师的遗体，万里晴空飘下了雨雪花朵。

嘎陀寺的传人，在德格土司的支持下，以转世的形式世代相承。嘎·丹巴德西的继承人是藏东巴，依次为强巴本、乌沃益喜本、香曲欠巴、索朗桑本、洛哲本巴、洛哲森格、相曲洛哲、相曲森格等。多系博学多才、治寺育僧的名师。他的主要弟子有三位，即喜饶贝巴、喜饶多杰、喜饶坚赞。其他弟子遍及安多、嘉绒和西藏门隅各地。

智妥巴·美朗多杰

——宁玛派著名密法成就大师

智妥巴·美朗多杰，意为“成就师·明镜金刚”。其父亲是一位瑜伽士，名桑耶，慈母名巴玛。他于藏历第四饶迥之水兔年（1243 年，南宋淳祐三年）降生于名叫周普的地方，此地在藏区何处，无从查考。9 岁时，从成就师萨隆巴和堪钦色隆巴二师剃度出家，并从二师修学藏文和经文。12 岁至 16 岁之间，他在故乡周普一带，为超度亡人而哞诵广、中、略三种般若经论，做了无量善事。16 岁时，在周普的雪当地方，进行过百次善业法会（有的史料记为做了八千一百多善事，此说可能有点夸张）。后在桑措（铜海）地方潜心修持一段时间后，修力炽盛。从此，他云游各地，一面访贤修学，一面朝礼圣地，曾在楚普的朵峨地方依热巴等上师修学宁玛派新旧密法。他先后朝礼了夏乌达果、喀曲等一些圣地，这期间在一个月的时间里，他仅以一升青稞磨的糌粑为口粮，艰辛不言而喻，但他以顽强的毅力渡过难关。18 岁时，抵达森格日（狮子山）后的一圣地，拜见了桑杰温巴上师（1251~1296 年），该师为达隆噶举派类乌齐寺的倡建者。他从该师学到了秘诀精要之法，他以秘诀精要法为修持根本，从加行（预备）之时苦修六夜，获证了夜不间断亲见金刚萨埵。这时美朗多杰的修行功力已达到了较高的境界。加行之时，他在梦中见到传承上师为其进行加持的情景。23 岁时，依止上师桑杰热巴聆听《金刚亥母》等的几部伏藏经典，依此修持而又明显见到金刚亥母的圣容。他在沃旁亲见了俱生胜乐金刚的圣容。他曾以金刚杵镇山崖时，金刚杵沉没于山崖中。此时，他又亲见马头明王、度母、观音菩萨、莲花生大师、普贤菩萨、比马拉、萨隆巴、桑杰热巴、卓贡·帕摩竹巴等菩萨和佛学大师的圣容。

在嘎哇坚目睹了红色金刚亥母、成就者萨隆巴端坐于空行界的实景。在纳琼住修时，在梦中见到了金刚亥母主仆五尊的圣容，梦醒时又清楚地见到了光明亥母。在加乃宗住修时，梦见金刚萨埵为他作大圆满灌顶。总之，在他的一生中，与十三位殊胜上师有缘相遇。美朗多杰极有禁戒之行，故对苦修的戒行无取舍而对密咒真言如依奉行。他先后到坎巴郡、坎巴林、森格宗、更桑林、喀曲等地，竖起修行的法幢而行利益众生之事。37 岁以后，对持明大师古麻拉若杂等师的弟子传授秘诀精义，从而有了一些持教的心传弟子。

智妥巴·美朗多杰是一位传奇式宁玛派高僧，相传他于第五饶迥之水兔年（1303 年，元大德七年）圆寂，享年仅 61 岁。据说，随侍弟子们看见他结跏趺坐于一墓地中，身上散发出白束之光，突然一声巨响，白光刹那间消失于西方。据说火化遗体时，从空中射下五道白光，笼罩殓尸亭，获得五身证悟的遗体亦被白光环射，在场僧众甚感惊奇。

古麻拉若杂

——持明大师

古麻拉若杂是成就大师美朗多杰的亲传弟子，又是隆钦饶绛巴和噶玛·让琼多杰的上师，在宁玛派中享有很高的声誉，称他为持明大师。他于藏历第四饶迥之火虎年（1266年，南宋咸淳二年）出生在夭如[①]安巴地方名叫沙宗卡的村庄里，父母为他取名塔巴坚。幼年他就是一个具有诚信、慈悲、智慧的孩子，显示出超越一般孩子的许多特征。

塔巴坚7岁时入山南工布地方的沃雪妥当寺，从杰多上师闻习喜金刚和胜乐密法。9岁在堪布藏波前受近事戒，并从戒师学习了永断轮回的观音法类。12岁在噶举派的帕摩竹巴寺，由叶哇巴任亲教师，阿里巴任轨范师，受戒出家，起法名循努加布，在这里听受了《戒律论》，并在扎叶活佛尊前修那若六法等噶举派特有密法长达5年，在那若六法修习方面打下了较坚实的基础。后又从宛桑协巴学习工巧明学，从察顶巴学习《喜金刚第二品》等。据传当他经常诵修六字大明咒时，在静修室内亲见观音菩萨的笑容。琼纳西达给他传授了宁玛派的密乘经教、秘诀等。之后到纳普地方，与这里讲经传法的美朗多杰相逢，向上师请受了四大手印法，并作为上师的侍从去了喀卓岭地方讲经，听受了金刚亥母法类。一天晚上他正修密法时，突然间见到了莲花生大师的圣容，大师对他说："嗨呀，有志的善男子，你常常如此修习，实在可贵呀！"自此，修持有了很大的长进。从喀卓岭又到了楚普寺，这是一座噶玛噶举派的寺院，在寺内从年热和达玛贡二师聆习了噶玛噶举的教法。之后又辗转到了拉堆（日喀则）定日和普兰地方，与成就师邬坚巴和年仅7岁尚未出家的噶玛·让琼多杰相遇，当邬坚巴向年热请教密法精义时，他也跟着听受了一个月的密法精义。在这里学经听讲几年，这期间还向嘉曼巴·南喀多杰、格丹巴·却吉僧格二师学习了《密集要义》和《密乘要义明镜》等大圆满密法。从普兰返回卡曲地方，又从成就师美朗多杰处获得密乘精要灌顶、教言等许多密法，上师在密宗坛城中还为他作了很好的灌顶，取密号"古麻拉若杂"。在这里他生活艰难，欲给上师敬献灌顶礼物，然而没有什么物品可送，只好以身语（行动和语言）相报。夏季意外得到了四驮青稞的布施，将两驮献给上师，用两驮购买纸张笔墨开始写作。虽粗食淡茶，但学经著述不断，与此同时修证也不断提高。他跟上师一起修法8年之久，出现了许多不可思议的奇幻景象。这期间曾到雅隆察当地方修建日绰山寺时，得知美朗多杰上师圆寂，立即赶到卡曲，同上师的其他两位弟子一起做定时祭祀 25 天，料理完上师的后事，又前往藏南门隅地方的杂日神山朝礼修行。当他来到杂日附近的一块水草丰美的草滩时，看见草坪中央矗立着一尊石像，上面五色彩虹罩顶，美丽庄严，他预感到这是一种吉祥之兆。他顺利地完成了绕山巡礼，修习一段时间后，应噶玛·让琼多杰之请到达楚普寺，为让琼多杰传授宁玛派精要教法。他又从楚普寺到后藏香曲河流域的香地（今西藏自治区南木林县），从杰贡纳布的继承人贡巴轨范师学习密乘耳传法、《静虑眼之明灯论》等。他在定日那麦从香智巴聆习央衮巴的《住山法三种》，半途中从扎隆巴学习《阎曼黑敌》和郭仓巴的《修行指导》等。总之，他广参宁玛、噶举、萨迦三个教派的名师，以学宁玛派教法为主，兼学噶举派和萨迦派经教，掌握了圆满修行次第。后来他第二次赴杂日神山修行，在杂日下方的玉措岸边独自修持了 8 个月，出现了一种神妙莫测的变化能力。据说由于这种特殊神通的产生，当地神祇也前来为他作供养。从此他常独自到几处雪山和深沟里忍着饥寒修炼，其修为也不断增长，声名亦传遍藏地，闻其名而前来拜师学法的弟子逐渐多起来。他极力保护野生动物和高原湖泊中的鱼类，教导弟子们别侵害野生动物。众弟子中最著名是噶玛·让琼多杰和隆钦饶降巴二人，让琼多杰是他的佛教事业的得力继承人，隆钦饶绛巴后来成了宁玛派密法教主。

古麻拉若杂广做益于众生和佛教的善事，他对民间疾苦感触颇深，常到农村牧区，实施防霜防雹、防止传染性疾病的工作，取得了一定成效，深受农牧民的欢迎。他的足迹遍履前后藏许多修行地和寺院，广传宁玛派教法。

古麻拉若杂为佛教和民众做了许多有益之事后，于藏历第六饶迥之水羊年（1343 年，元至正三年）九月二十五日在寺上空出现彩虹和白光时，呈卧姿而示寂。据说他的近侍弟子贡达等对他十分虔诚恭敬，对他的去世十分悲伤，但想不到的是他竟复生，起来并端正身躯而坐，看到弟子们在哭泣，他说："我没有死，不用伤心。"还为弟子们传授教诫，他的生命又延续了 13 天。十月初八黎明时分，他以瑜伽师的姿势，面带笑容而逝。据说火化时，额骨上显出五佛身像，还有许多舍利子，享年 78 岁。

注：

①天如：以乃东昌珠寺为中心，东至工布，南至错那，西至喀惹雪峰，北至马拉山脉一带地区的古名。

雍敦巴·多杰贝

——宁玛派密宗大师

雍敦巴·多杰贝，“雍敦巴”是他成名后的尊称，“多杰贝”是法名，意为“吉祥金刚”，与噶玛·若白多杰基本上是同时代人，二人互拜为师。多杰贝为宁玛派一位著名密乘上师，于藏历第五饶迥之木猴年（1284年，元至元二十一年），出生在西藏名叫村堆地方（山南一地名）的朗氏家族。青年时期就已广闻博学，尤精于新旧密法、法相学及时轮学。从师强巴僧格听受识、心、幻三部密法和“阎曼德教法”的教言后，成了这一带的“语自在”（具有语言天才之人）。约于45岁时，受元文宗图汗帖睦尔召请赴大都，觐见文宗皇帝。此时一些地方正逢大旱，禾苗枯死，农民叫苦连天，朝廷也忧心忡忡。皇帝悉知他密法高深，遂下旨要他运用密法祈雨，他愉快地接受了这一任务，他设供举行宗教仪式，念诵祈雨降雨的经文，并虔诚地作了祈祷。结果十分灵验，下了几场透雨，解除了旱情，缓解了皇帝和百姓的焦虑。皇帝十分欣赏他的佛法和学识，要他留在宫中，管理京师的佛教事务。这期间他用密法治愈了几位患者的疑难疾病，还为皇帝和皇妃传授了密法灌顶。

雍敦巴·多杰贝在京城住了10年，当他返回卫藏时，皇帝赏赐了许多财物，这些财物他没有自己享用，也未送给亲朋好友，而是为慈母的安康而全部奉献给了寺院、僧人和穷人。之后，他从噶玛·若白多杰和布敦·仁钦朱大师学通全部时轮和密法，特别专修噶玛巴的《大安息观行法》。为了完成大圆满法的修习，他到卫藏四大名山（指修法名山）之一的彭波山（位于后藏和热都扎一带）静修，获得了殊胜证悟。雅德班钦等5人听说他在那里修行，另约了10位大师一同前往求法。雍敦巴给他们传授了许多密宗法类，带出了一批著名的密宗修学士。

雍敦巴到晚年才从措巴却隆巴受了具足大戒，取法名多杰本，后转音而成了多杰贝。他于藏历第六胜生之木蛇年（1365年，元至正二十五年）圆寂，享年82岁，著有《续部纲要》一书。

隆钦饶绛巴·次臣罗哲

——宁玛派一代宗师

隆钦饶绛巴·次臣罗哲，意为“戒慧”，幼名智美沃色，是蜚声中外的宁玛派佛学家。藏历第五饶迥之土猴年（1308 年，元至大元年）出生在前藏夭如之恰多地方。父亲丹巴松与莲花生大师的再传得意门生嘉瓦却央是同一家族，母亲为仲氏之女索南坚。

5 岁时，学习藏文诵读，又学天文历算。7 岁跟父学习宁玛八部修法、马头明王、金刚橛、古如静猛等的灌顶、教言和秘诀。9 岁时，能流利地诵读《般若二万颂》和《般若八千颂》。12 岁时，由桑耶寺堪布山智仁钦为亲教师，耿噶沃赛为领诵师而授予其居士戒，取法名次臣罗哲。14 岁始学戒律学，并能以戒律己。16 岁从扎西仁钦大师闻习《道果论》《六法》《帕摩六法论》《胜乐铃》《金刚手菩萨大法轮法》；从旺耶大师、东次、绰普巴等师学习《事续部》《行续》《瑜伽续集》《金刚帐》《空行海》《金刚鬘》《时轮》；从萨隆巴活佛学习噶举香采巴教法、郭仓巴教授法、息结派断行等教法。19 岁时去朝拜桑普寺，在那里拜赞衮巴、十六世拉章·曲华坚赞活佛为师，学习《慈氏五论》《因明七论》《般若》《中观》等经教；从昂译师洛哲丹巴学习内明学、语言学、修辞学及戏剧等知识，成为当时显密兼通的著名人物。后巡回辩经，在答辩法会上他以博学多闻的知识，名声大振，在座的僧众称其为“桑耶隆芒哇”或“隆钦博士”，意为“证悟广大的法慧博士”。

后来，丹帕宣努东珠将神变心要的“灌顶教诫”及“密集行续”全部传给他；扎西仁钦传授胜乐、道果六论、息结的大圆满；循努多杰传授《入行论》《集学论》等；唐玛哇桑杰扎沃传授《修行八部密集》；另外，还先后从让琼多杰、萨迦喇嘛达尼钦波、昂耶、喇嘛加央巴、绰普巴、康玛哇、仓德巴、萨隆仁波巴、修赛日巴等20多位格西学习新旧密法的灌顶、教诫、随许等各教派之法，以及大小显密经论的讲授、密授、教言等知识。他广学博采，显密双融，成为知识渊博的佛学家。

在桑普寺修习时，他专门修习忿怒明王、妙音天女、金刚亥母智明等法，出现了一些吉祥证兆。27岁时，他与驻锡在雅朵坚普的持明大师鸠摩罗相会，大师说："你继承了我的教法，我甚感荣幸。"并传授给他大圆满法，尤其特意传授无上密法之灌顶和诀窍等极密法类后，他意念专注地苦修后，出现了内外无别的大圆满证悟。后在桑耶钦浦等静修地立誓修习3年，结果却苦修了7年深广之法，获得了不可思议的三昧耶证悟，密法修习达到了炉火纯青的境界，真正成为一名证悟广大的法慧博士。相传在钦浦修习期间，修赛寺的土地神与度母邀请大师到他们的法界去，大师也被迎至修色寺旁的雪山之顶。当大师撰写《隆钦七藏》时，传说护法神为他造纸，遍入天替他磨墨，度母化身母羊帮他抄写书稿。

31岁时，他开始在尼普寺一带广转法轮，主讲"密集精要"。32岁时，他在钦浦给有法缘的八位男女讲授"空行精义"，又给瑜伽修行士传授了《空行如意宝之密典》，在这里他还撰写了《三精要》《三解脱》《三安息》《十密释・除暗》《俱舍、戒律散论》等著作。之后，他应邀到直贡寺讲经说法，给僧众讲授了几种教授法，指明了解脱之地。还修葺了乌如霞寺的佛殿。他们将卓・邬金的寺院献给了隆钦巴，将这座寺院扩建成邬坚宗沃色真园林寺，建塔立像，招徒传法。之后在一处幽静的柏林中继续修习密法，这时发生了西藏佛教史上闻名的萨迦派与帕竹噶举派之间的教派权力之争事件，他感到这里不再适宜修法而转道去不丹。在不丹边境本塘和纳塘等地为信士传授《明灯论》，指明解脱之道。他在不丹塔尔巴地方聚集僧伽大会传法，在这里倡建了塔尔巴林寺。不丹境内的宁玛派教法，就是在此时由隆钦巴大师传播开来的，后又从不丹传到尼泊尔。他从不丹返藏后，应一些地方头人和寺院住持及瑜伽士的邀请，先后在拉佑拉隆、门域本塘、雅卓等地为几千僧人传授密集精要和修部八教如来密集的灌顶、教言。由于他广博的佛学知识和修法成就，刚刚建立帕竹政权的首领司徒・绛曲坚赞对他生起敬信，将他请到约波央为两千多僧俗讲授宁玛派密法精要，还为以司徒为主的上层人士传授了几种密法诀窍。讲经传法后，司徒・绛曲坚赞为隆钦巴作了盛大供养。萨迦大喇嘛和桑普巴扎桑对一些见修之要义产生不解，请隆钦巴大师破疑，他根据见修之要的疑问，结合佛教正法进行解答而消除了疑难。吉雪桑达林寺的轨范师云嘉哇等人也恭请他提出了一些学法中的问题，希望能得到正确解答，他又结合宁玛派教授教理讲解，使他们心悦诚服。之后大师一行回到拉萨，僧众夹道欢迎。他在大昭寺和小昭寺就发菩提心而广转法轮，在两寺中敬献佛像、佛典、佛塔，为众多僧人施以佛法甘露，为利益佛教和众生做出了宏大善事。他在拉萨讲经传法后又去尼普寺后面的柏林中为一千多善缘者弘传大圆满教法。又应司徒·释迦桑波之请到喀哇日受敬奉供养，他以灌顶和教言进行加持。后他又到卓邬坚林寺和普扎地方给以直贡堪布为主的40多位大师和头人及三千多僧俗传授光明金刚法要义的灌顶、教诫，为这一带的其他僧人讲授了无上密法。

他曾修缮过墨竹工卡境内的夏拉康寺，因而该寺僧侣也以修行《悟精要义》为主的宁玛派经论。

隆钦巴大师一生学法、修法、弘法、建寺、著述论说，为弘传佛教文化作了广大事业，开创了宁玛派大圆满心要法门。他于藏历第六饶迥之水兔年（1363年，元至正二十三年）十二月十五日，在钦浦寺森林的修行洞中静修时圆寂，享年56岁。据说遗体请入焚尸塔火化时，大地轻轻地震动了三次，火化后，其舌、眼及心肺完好无损，出现了许多五部佛像的舍利子，皆装入菩提塔中安奉。在宁玛派的大部分寺院中都塑有隆钦巴大师的金身。

隆钦饶绛巴·次臣罗哲撰写过多部宁玛派关于内外明处和显密经教的著作，发展过宁玛派的密法。其著作主要有《七宝藏论》（又称《隆钦七藏》），即《宗轮藏》《妙乘藏》《如意藏》《诀窍藏》《法界藏》《本性藏》《词义藏》。另著有《大乘诀论如意宝库》及其注释，《如意库义授金刚心》《教海库》《法界库》及其注释，《教论库》《遍乘义显宗派库》《大乘胜藏》《光明金刚库乘》《续部王幻变根本续》《大圆满心性菩提道》《大圆满心性息》《大圆满摩诃摩衍息》《大乘正确法》《密义妙音》《格言海》《如幻安息论》《智兔与出家者的对话》，等等著作，为后世留下了大量宝贵的佛教文化遗产。

喀卓玛·更嘎本

——证得幻身的空行母

喀卓玛·更嘎本，约14世纪人，是一位密法深广的空行母，密宗号为“多杰帕姆”，意为“金刚亥母”，显宗法号为“杰尊卓玛”，意为“至尊佛母”。史载于猴年生在西藏拉沃扎西朵卡地方。父亲藏巴多吉旺雪，母亲是协嘎萨多吉措的转世拉吉华宗。

她6岁时在丹萨替寺从旧密派喇嘛扎巴坚赞剃度出家为尼，取名更嘎本。更嘎本从扎巴坚赞等许多上师学习藏文和新旧密法及其密宗灌顶法、教言等方面的密典，她采用一面学习密法，一面进行修持，进步颇快。刚步入青年时代，道行突然增高，获得了广大证悟。在一天晚间亥时,杰噶丹勒坚玛对她说:“你到一个名叫周央宗的沃赛修行洞(意为“金光修行洞”)中去，连续坚持修行七年七月又七昼夜，将会看见空行界。”她遂即刻出行，历尽艰辛后终于找到了那个修行洞，以坚强的毅力专注地修满了七年七月七昼夜，见到了金刚亥母。她又按金刚亥母的预言，从这个修行洞中获得了母续密集引道法类和伏藏教言。她给前藏上下区中与密法有缘、具有根器的弟子广泛传授母续密法和伏藏教言，引导他们走上成熟解脱之道。后将伏藏教言特意传授给卓贡佟措热巴，由她又向外传播，遍地生根、开花、结果。母续密法和伏藏教言由更嘎本得到了广泛传播，至今在修密法的教派中仍兴盛不衰。据说周央宗修行洞的法门，随着母续密法和伏藏教言的掘取而启开。相传，周央宗法门开启的同时，扎、朵、雍三处圣地和吉约雅温、洛多桑耶斯喀等静修地出现了天降花雨等吉祥奇兆。从此，闻其名而来求学母续密法和伏藏教言的有喇嘛、活佛、地方头人、善知识等各种人士，不计其数。在更嘎本的传授指导下，温地方的扎西央贡寺、杰姆乔典寺的僧尼中弘通正法者也不少。更嘎本自获得殊胜证悟后，仍勤修不断。其亲传弟子中也有好几位出现幻身，即密乘所证转世五蕴成光明身像的果位。

据说更嘎本于75岁时修成了幻身金刚之身而去佛国，成为智慧空行母，现宁玛派佛寺中多供有她的塑像。

亚杰·邬金林巴

——《白玛嘎唐》伏藏的发掘师

拉色却智王的第七世转世亚杰·邬金林巴，又译作雅杰·尔金林巴，于第五饶迥之水猪年（1323年，元至治三年），诞生于夭如扎囊亚杰（今山南扎囊县亚杰地方）。自幼依止密宗大德，修学密咒、医学、历算等学科，皆达通晓。23岁时，从桑耶寺大红塔中发掘伏藏目录，接着从雅砻协扎山的背面、扎白玛邹迭的晶岩洞、邬坚钦波施以甘露药物的圣地等地方掘出伏藏。之后，又从扎囊玉贡岩洞中掘出《密集次第道广本》《莲花生大师小传》《息结派遗教意明》《缘起精要集》等伏藏。从桑耶寺地方掘出《白玛嘎唐》，即《五部遗教》。从司喀石塔中掘出"大悲观音智慧胜光像""吉祥怙主骑虎护法神像"，下部老虎洞中掘出"莲花生幻化威猛身像"和"护法神身像"。从扎希外洞中掘出"阎罗寿主"等方面的各种伏藏计一百余函,仅"教言集"类就有三十函。还有未能掘出的黄纸经文仍放回原处。这些伏藏总汇起来共有二百二十八种。但由于当时乃东泽的执政者大司徒·绛曲坚赞不顾脸面而将一部分伏藏以特权收去，他遂带着部分伏藏逃遁于埃地和达布地方。由于精神受到刺激，不久于埃地附近的罗琼地方逝世，遗体被迎至达布地方土葬。

原发掘出的"法类智胜光""勇猛宝帐怙主""长寿修法""骑虎吉祥怙主"等法后来是否保存下来已不可知。《白玛嘎唐》等珍贵经典后来珍藏于山南敏珠林的藏经宝库中。据《白玛嘎唐》的汉译者在《译跋》中介绍说："尔金林巴一生掘出7部《嘎唐》，这一部流传最广、影响最大，上自达赖班禅、王公贵族，下到土司头人、牧民商贩，人人皆知，家家供奉。"该书有多种版本，译者选择了邬金林巴掘出的这部版本，同时参考对照塔尔寺木刻本、甘肃甘南合作寺木刻本、青海黄南木刻本、青海海南州铅印本等进行翻译，并由青海人民出版社出版发行，出版时定书名为《莲花生大师本生传》，后面还附录了邬金林巴掘出的《莲花生大师传略》。

阿里班钦·白玛旺嘉

——苦修瑜伽士

阿里班钦·白玛旺嘉，意为“阿里大智者莲花王”，是阿里地区著名密宗佛学家、掘藏大师，也是一位具有断证功德的证士，后藏阿里洛沃玛塘人，生于藏历第八饶迥之火羊年（1487年，明成化二十三年）。父嘉央仁钦坚赞曾拜西藏著名的桥梁建造师和藏戏的创始人唐东杰布大师为师学经，也是一位佛学造诣较高的喇嘛；母亲名卓坚春巴金。8岁跟父亲学习《菩提发心律》《文殊名称经》《幻化静猛法》等经文，受居士戒。11岁时学习本续密藏、轨范师苟贝多杰的注释、松敦师的注释等密宗经典注释。12岁时学习一些密法，并开始修持。14岁时修学“修法八部”等修法教言。他平时很注重修心和守戒，常念诵不休，苦修不止。据说静修时，他曾七次见到了观音菩萨的圣容。对父亲传给他的灌顶法、金刚橛、修行八部法类等潜心修习。17岁时他信守八誓，与一般僧人见面行平等礼，回家只小住几天，不登官宦之门，不贪享受和地位，不染经商牟利之习，专靠行乞修行。他在轨范师俄丹桑布处学习了律经、经部、俄吾噶当法等有关显密经论。19岁时为弘传观音六字真言而回了一次家。20岁先后学习了《慈氏五论》《般若经》《因明论》《集学论》《入行论》《七十律仪》等经论。21岁学习文殊护法、僧伽律仪戒等戒律方面的经典多函。22岁又在父亲处学习旧译密法和教言、伏藏等，据说修习红阎曼法而亲见红阎曼圣容，修持修法八部时甘露满盈，一盏酥油小灯燃了三昼夜。23岁时给洛沃译师讲授道果法。25岁时，在山智林寺中由洛沃译师索南龙珠任堪布，法王官却加任轨范师，在25位敬信比丘僧前，给白玛旺嘉授比丘戒。26岁时，在协吉日沃静修地，他除只留三件法衣、一些经典、一根禅杖和乞钵外，其他用具全部舍弃，独自一人专心致志修持密法。解禁后，他又云游阿里，从洛沃堪钦学习大威德法、红阎曼法、密集等。后来他游历普兰、冈底斯山、科恰等地，从师古格班钦·南加贝桑、加央罗哲华贡等学习胜乐、喜金刚、密集、新旧密法、金刚帐、胜乐双运、时轮大灌顶、金刚手八法、热琼耳传、大手印六合法、央贡巴日却法、娘·尼玛沃色伏藏、金刚鬘等许多密宗法。之后他以一位寻求正法行者的模样前去尼泊尔盘塘、勒雪等地，从尼泊尔的几位上师和藏族上师学习尚未学到的显密要法。

阿里班钦广参名师，饱学经论，修习密法，最终成为一位学识渊博、显密兼通获得殊胜证悟的佛学大师，38岁时他不视宗派，不分新旧密，广转法轮。他从后藏启程，经过桑扎、扎桑、相恩木让到德卓后，与麦敦·南喀坚赞和密咒师释迦桑布相逢，互传要法。然后同弟弟勒丹都琼多杰一起来到拉萨，朝礼了大昭寺释迦牟尼佛等诸多佛像、佛塔、圣物后，为求得息结派教法和俄·洛丹喜饶教法，同一位杰尊玛和贝拉活佛结伴来到贡塘寺，对贡塘寺作了供养。他在央哲香地方从俄师索南丹增学习俄尔的传承法类，又到扎唐从夏鲁译师曲郡桑布闻习红阎曼德法。他到桑耶寺恢复了赤松德赞时的几种传统风俗，在中间佛堂内建立了如来密集坛城，进行宏大修供和祈愿法会。他在洛卓对古如僧众普施佛法甘露，并与嘎陀·索朗坚赞、一些善知识互传佛法。他在央宗和钦浦静修地修持时亲见三根本诸神之尊容，之后应邀先后到洛卓、喀曲、散珠德钦、拉卓、玛沃觉、觉沃隆等地广弘新旧密法。这里的寺主娘拉·邬金钦波曾预言说："有位班钦将会复兴佛法传承。"他按照预言，在娘地的东嘎尔斯建立本派讲闻佛法的道场，讲经说法，听者甚众。他在夏多和赞卓修供药师佛，作了益于众生之善事。他主要修学如来密集和"经、幻、心"三部，在父亲和其他上师处对修法八部如来密集法先后学习了25次之多，掌握了全部新旧密法。46岁时，他从桑耶地方掘出装有大量伏藏的箱子。他在尼木地方建立修供道场，在旁沃日且地方传授如来密法，在俄尔和赛朵坚地方为许多僧人授予沙弥戒和比丘戒。

阿里班钦大师晚年基本上住在桑耶乌查地方，在强巴林寺还从图宗·索朗南杰听受佛的平等修持法，他又给该师传授了空行藏的灌顶、指导等密法，为使佛法盛兴不衰，他和胞弟仁增都琼多杰邀请直贡巴·仁钦平措来桑耶寺，对寺院重新作了隆重的开光仪式，祈祷藏区长治久安，民众安乐幸福。从此，兼任西藏地方政教领袖的人物直贡巴·仁钦平措也成了他的上首弟子。他在密法修习方面的功夫很深，最后获得正果。据说他练就一身特殊功法，能穿岩钻壁，在水上行走如履平地，攀险崖似鸟儿轻飞，成为一位传奇式的佛教人物。佛教界，尤其宁玛派僧众对他的一生作出了这样的评价：阿里班钦·白玛旺嘉是一位通晓大小五明的大班智达，他精通显密经论，是一位对新旧密法一视同仁的大格西。他是具有断证功德的大修士，是能克己和忍受艰难困苦的瑜伽师。

他著有一部《自性大圆满道支分三律仪论》的书，简称《三律仪论》。全书总论九乘建立，分论别解脱、菩萨和密乘等三种律仪，是宁玛派在戒律方面的一部重要著作。

阿里班钦大师在桑朵贝吉山静修时无疾示寂，卒年为藏历第九饶迥之水兔年（1543年，明嘉靖二十二年），享年 56 岁。

钦泽·丹贝坚赞

——兼通宁玛、萨迦教法的大学者

钦泽·丹贝坚赞，后藏珀东地方人，父亲南喀·多杰才丹，母亲名叫才旦乌占，于藏历第九饶迥之木阳猴年（1524 年，明嘉靖三年）出生。据说口中念着藏文“阿”字而生，令家人十分惊奇，父母为他取乳名措协仁钦。据占卜师观察后预言：将来会是一位精通几种教法的特殊人才。他在幼年时就已表现得与众不同。在饮食方面，藏族的主食是牛羊肉、奶乳、糌粑等，而措协仁钦仅食糌粑、奶乳，对肉食，不但不吃，连看都不看一眼。他看见人们在宰杀牛羊时，伤心得泪流满面。父母见自己的孩子跟别的孩子不一样，也就随他了。他年仅 1 岁左右，由上师果仁巴授密法灌顶，后又授予喜金刚灌顶，他面显喜悦，所受灌顶皆清楚地记于幼小的心灵。三四岁时，他主动在佛像前多次祀供，还双手合十，口中流利地念诵祈祷文。更奇怪的是从没有人给他教过梵语，而他将家中所用的一件件器物全能用梵语说出所对应的名称。他也玩耍，但玩的仅是作灌顶、修寺庙、习禅等内容，一般庸俗不良的行为从未表现出来过。五六岁时，他从不在母亲跟前戏玩，也不到母亲的床铺上休息，喜欢单独就寝，据说他还经常亲见父祖辈的护法本尊神。一次由多杰羌贡嘎勒巴为他授吉祥萨迦派的几种教法灌顶时，他将赞颂印度瑜伽自在师比瓦巴（将喜金刚法和道果密法传播到萨迦派的一位上师）的颂词脱口而诵出。在学习文字拼读时，他稍授即会。凡此种种，他从小就表现出与其他孩子不同的种种异行。8 岁时，在贡嘎勒贝郡乃尊前受戒披剃出家，取法名钦泽·旺秀丹贝坚赞，简称丹贝坚赞。之后，在加央阿里拉钦尊前学修佛经念诵法，一个月间，他将梵藏文拼读书写及一些经卷的念诵全部熟练掌握，唪诵声音洪亮，音调铿锵。他还说文字是一切知识的源泉，须下功夫学好，并在菩提木简上书写藏梵文正字法，字体美观大方。20岁时，已具有法意圆满之相，他先后依多杰羌果仁巴、察钦·罗赛嘉措、杰敦等上师修学了无量教法，并付诸实修之中，又从几位上师受比丘戒。后来，西印度纳嘎果扎国王的王子马纳噶那塔（曾获无死成就，名曰佐格）从上路进入雪域藏区，专门拜访了正在禅修的钦泽·丹贝坚赞，佐格王子说："我为了寻访古如大师（尊钦泽为宁玛派古如上师），前后三次到过卫藏。第一次来访时，你正在慈母怀中吃乳，未曾见到;第二次来访时，你还是一个稚童，只远远见了一面;20年后，第三次来访时，正好与你在修持中相逢。"钦泽·丹贝坚赞听到此言，喜出望外，遂从佐格成就大师聆习"莲花生大士三身法的修持法"和阿德达那所传"亥母加持法""幻风秘诀法"等一些宁玛派甚深稀有教法。佐格说："你若思念我时，以《善说金钥》之论，撰述一些理论文章，因宁玛派的一些密咒有与藏语和印度语不相符之处，当今一些居家密咒师留着长发，只念诵密咒而很少修学正规的宁玛派新旧密法，他们中有些人所学经典是所谓的假伏藏，要识别真假，不应以假乱真，应劝导他们修学宁玛派的正规教法、伏藏经典，即邬坚仁波切的教法和一些宁玛派高僧所著的经典及所掘真伏藏，将他们引上佛教正道。"钦泽·丹贝坚赞聆听了成就师佐格的一番教诲，心生极大悔悟，心中又燃起了伏邪扶正的正义火焰。他决心消除宁玛派中出现的一些不正确的倾向，又坚定地反对仇视宁玛派教法的一些派别。依据当时的情况，他提笔写道："几部朽书将人引上歪门邪道，几部腐密令人身心不安，变坏之人不仅不会做善事，还将自己引向地狱之道。正值此时，从圣地印度有高人前来传授甚深教言正法，将人引向信仰之道，这都是大成就者佐格的恩德。"

之后他从藏·达那图旦上师学习法相学，精通了因明论。自仁果巴上师逝世后，他在察钦·罗赛嘉措座前聆听萨迦派的总教法和其他许多密法后，进行实修，成为萨迦派精通不共秘法的教主。察钦上师以慈爱的心情赞颂他道："在卫藏康的福地上，欲求深法者虽不少，吾信赖的非你莫属，寄予你继承多仁巴教法的厚望。"说完遂将了义教法交付予他，并进行了灌顶，又将昆若喜饶次臣的伏藏也交给他。

至于宁玛派的伏藏方面，钦泽只说他发现了伏藏和伏藏密码，但没有说过获得伏藏之语。他确认了四大伏藏师，即白玛嘉察·直贡仁钦平措、穆居列绰林巴·贡嘎巴桑、乃萨哇·朵欧林巴·钦泽旺徐、昌郭德东·喜饶沃赛四人。据五世达赖喇嘛讲，此师因兆头错过而未得到伏藏。又据一些伏藏师说，由于藏地福泽浅薄，加之晦气所污，故未能得到珍贵的伏藏，只迎请了一部在奇异黄纸上撰写的言集。

而后，他从日沃扎桑寺被持密仁波切邀请到一座新寺中，从师听受了一些伏藏经，尤其直接听受了大圆满修持教导。此间，他一连几次梦境中，在一座神殿中朝礼了邬坚仁波切的泥塑像（一尊莲师与明妃合修之像，据说信徒们因对此像不太敬信而变成泥像）。这时阿里仁增大师来到博东地方，钦泽·丹贝坚赞即刻前往拜见了这位大师，并从此师聆听了许多教法。

后来他又参加了后藏仁邦巴头人选任沃佑丁玛寺法台之会，据说早在他 16 岁那年，一次梦中有一美妇前来，拉着他的手从天路来到大山边，山边有一座寺院，她说这就是你的住处，即后来的塞仁钦冈，现在梦幻变成了现实，他成了这座寺的住持。他在此寺为僧众连续讲授佛法教言、灌顶指导、药物配制法等利济众生的知识，使闻法者受益匪浅。在此期间，他修建了一座名叫巴智南加卓的山寺，后来他卸任法台后常住此寺修法传法，培养了一批佛学弟子。这之后他遵照结氏贡钦的转世嘉英慈诚桑姆的授记，去夏鲁寺担任该寺的法主。在寺中广转大乐吉祥天母八法等甚深密法，修复了以前布敦大师留给后世的许多善法，并举行了佛殿和拉章维修后的开光典礼。

总之，这位广慧自在毫不懈怠地修持生圆二次第的大成就者，在他一生中，修学萨迦派许多教法达到通达的同时，主要修学邬坚仁波切的金刚教言等神圣教法，不过他对持金刚铃杵之法、绘制坛城、修佛身像、制作各种法器等也修学娴熟。用钦泽·丹贝坚赞自己的话说："所尽学者为萨迦派经论，而所精通者为宁玛派教法。其实我的修学和修持不分宗派，一切经法利济众生是其核心。"

该师的卒年无载，待考。

仁增登都多杰
——密乘金刚持大师

仁增登都多杰是一位知名的大掘藏师，他除在卫藏学佛外，大多时间都在康区学法、弘法、掘伏藏，所以在康区名气很大，是深受宁玛派僧众敬仰的一位大德。

他出生于康区德格努普地方，父亲是岭之世系大智者鲁智，母亲波勒玛，于藏历第十饶迴之木阴兔年（1615年，明万历四十三年）出生，据说出生时出现了几种奇异的现象。幼年时从父学习藏文拼读书写和简略的医学知识。他从小进入法苑，从德格大成就师贡嘎嘉措披剃落发，取法名贡嘎索南群佩。他还闻思研究过萨迦派经典，对经典的心要，如饥似渴地去寻求。之后去了名叫穆桑的修行地，从前来迎请他的官却坚赞聆听大圆满等甚深教法多种，经反复研习而领悟通达。这以后他前往卫地，在娘布（宁布）地方与大成就者扎西才旦相逢，遂从大成就师学习了一些敏珠林寺的教法，他将这些教法与宁玛派其他寺院的教法进行比较研究，有了新的收获。然后他到扎嘎拉曲静修地，断除一切饮食，仅依甘露养生，修炼甚深道脉风明点瑜伽功达到究竟。由于初入法门时的良好缘起，在后藏的俄尔曼（俄尔钦桑布的寺院中）从师听受了萨迦派道果法雨。之后他在返回康区之时，于旺日地方，在仁增钦莫嘉村宁波前恭听了与自己有关的伏藏深密的全圆灌顶教授和秘诀。此时他按与伏藏有缘的良好授记，到布峨颇章玉措勤苦修习热达朗金刚橛无上密法时，一次在梦幻中被名叫桑多贝日的空行邀请，在她那里住修了28日，聆听了贡汝仁波切讲授的敏珠尔大圆满及其有关伏藏的授记，醒后梦中所发生的事清楚地记于心中。后与吉祥邬坚丹增上师相见后，将自己所做奇梦详细地告诉了他，请他解梦。邬坚丹增听后，十分高兴而极为恭敬地尊称他为“金刚上师”，奉为“密乘金刚持大师”，告诉他你已将许多秘密伏藏的目录掌握手中。仁增登都多杰听了梦释后也十分高兴，这使他为世人掘取珍贵文献及文物有了更大的信心。29岁时，在柔丹班玛地方，他依止嘉译师的暗示，从玉措仁钦扎山崖中掘出伏藏目录；从普兰冬曲德钦密窟中掘出《深密妙法汇集》，作为自己主要的伏藏秘籍，据说以后掘出的皆属于此秘籍的分支。自此以后，次第从查哇卓扎岩洞中掘出《转世精滴》《护法神秘旨》；从布日达宗窟中掘出《秘旨精要胜乐》、“四臂护法神像”等；又从布日协吉央卓中获得寿命、密藏、橛咒三种及《护法精粹要旨》、“埃嘎杂德天成神像”；从普兰冬曲山之北面山洞中获得拜玉班摩珍藏的《圣迹志》；从多康德格地方绰斯绰嘎岩洞中获得“红黑威德三尊本尊神像”；从夏普吉普坚中掘出四面护法神及《大护法持法要略》；从桑耶山顶的一房屋顶部获得《上师持明集》《长寿仪轨秘旨》等物；从羊土神殿（大昭寺）西面的楼房中迎请了《耳传顶饰如意宝》（尚未作肯定）。另外，从玉措辛杰、柔增密窟、色若觉、那完宗、达雪吉科塘等秘藏圣地先后掘出了许多伏藏，并开启了以秘藏地班玛果为主的圣地之门多处。他获取这些伏藏的同时，也迎请了许多身像、铃、杵、标志等法器法物。总之，他掘伏藏圣地达百处，涅槃物件上千件，珍品伏藏十三种。

42 岁时，因德格喇嘛贤巴彭措叔侄之请，来到他以前住过的僧舍，这座僧舍已由喇嘛叔侄二人改建成杜登多杰的佛堂，让他住在这里。他为了继续讲经弘法，利益众生和政教事业，安住在了这里。前后莅临嘎陀多杰丹寺等一些旧密寺院中，为许多具缘弟子讲传新旧密宗经论，许多闻法者成了他的弟子。随后他又到普达普扎修行洞中长时间修持，获得了前所未有的悉地成就，所修行的禅洞和茅棚至今尚存。他曾到过朗仓地方，与那里的施主结下了友好的福田关系，在那里制作大慈观音菩萨的修法宝瓶时，出现了几种奇异之兆。后他又应阿坝马尔康、巴多、哇马拉当、类乌齐等地的邀请而前去讲经传法，为广弘佛法培养了一些弟子。传法期间，他与南却穆居多杰在波乃扎地方相逢，二人取长补短，互为师徒传法，皆获得了不同的佛法甘露，增长了学识和智慧。晚年，他在布多德钦塘和玉日冈果二地建立传法道场，普施法雨。

这位大德于藏历水鼠年（1672 年，清康熙十一年），在班玛沃的大宫殿中示寂。其主要弟子有喇宗钦波·南喀晋美、仁增隆赛宁布、巴喀活佛却吉嘉布、佐钦、班玛仁增、耿桑·钦达龙珠、智钦班玛诺布等。

司钦·曲央让卓

——五世达赖的密法上师

司钦·曲央让卓系司仁增家族后裔，父亲是仁增钦波古玛杂的化身司钦·循努端智，母亲是具空行母名号的参丹英增，他于藏历第十饶迥之木龙年（1604 年，明万历三十二年）出生，出生后被认定为仲巴贡却仁钦的转世。他从小始学藏文字母、文法、经文念诵及梵文，并跟父亲学习实用的修炼法。9岁拜见相瓦仁增阿旺上师，上师预言道："他将会对旧密佛法做出极大的利益。"自此，他不但修学宁玛派的各种法类，还学习佛像绘画、天文历算和旧密咒言，学一门掌握一门。12岁时，他从昂沙仁波切阿旺益西智巴闻习"八法""空行精要教言"等密法，同时彻底修学了上师俄乌嘉措、嘎朗息绰贡巴让卓等的教言，接受息绰的密宗灌顶仪式，取密号"曲央让卓"，另外还听了一些伏藏法类。他在桑巴达里地方三年间主要实践大圆满空行精要的嘎斗和天成要义诸法，揭穿了许多伪言伪经，通过潜心修持，亲见了原始怙主圣容，获得了一些成就，显示出圆满受用在三界纯熟运行。

17岁时，他开始在多杰羌帕旺喀巴班觉坚参上师尊前，恭敬侍奉上师，直至上师示寂。因得上师欢喜，在有生之年将自己拥有的教法、伏藏法类等全部灌注给他。

上师传授的主要内容有《吉祥密续心要根本》《八卦释说》《藏译雍仲注释和合讲说》等经教，每日讲授两课。上师建议他对一些疑难问题做些笔记，没过多久，他就将上师所讲经教整理成笔记呈献给上师。

木鼠年（1624年），他20岁时，再次受近事戒，之后受比丘大戒。他对《十方心要注释除暗》进行了详尽考察，同时对《密集注疏明灯四合集》《五次第明灯》《胜乐隐义普明》等经教进行了悉心钻研后，一一领悟于心。火虎年（1626年），他22岁时，进入康区吉祥泽当寺，在冬季法会上初次为僧众讲授《密集心要续》经论，他讲经时语言清晰流畅，言简意赅，听法者易懂易记，故颇得一些大师的赞扬，相巴仁增大师还为他献了哈达。法会后，他从帕旺喀巴上师聆习了"隆赛心要教言及秘诀""贝惹哇的幻化"等新派的许多"猛厉密咒"，依法刻苦修持一段时间后，获得了比以前更大的成就。

当司钦·曲央让卓正在学经修法之时，直贡噶举派和格鲁派之间产生不和，直贡噶举致使噶丹赤巴和一些名僧受害，曲央让卓悉知这一情况后，出面进行调和，据说还应用贡却群佩解脱遍入天护法轮之法，使格鲁派不再受害。司钦为五世达赖传授了制伏等方面的经咒和威猛真言等息、增、怀、伏四业的广博经教，使五世达赖在宁玛派密法方面有了极大增益。同时还为五世达赖传授了金刚橛三法规和八修诵三法，以及晋美岭巴所著《大圆满悟境精义》等经教，让五世达赖将大圆满法正确无误地了义通达。

当时五世达赖为缓和教派之间的矛盾，到各教派寺院讲经说法，尤其对宁玛派教法和寺院特别关注，颇得宁玛派僧众的称赞。

司钦·曲央让卓曾将仁增班玛赤列认定为北伏藏秘主仁增阿旺的转世灵童，通过宗教仪式，让其坐上了图旦多杰扎寺的法座，成为北伏藏多杰扎寺的法主。

司钦·曲央让卓后半生主要驻锡于下部贡塘地方，曾先后住持叶巴寺、贝嘎等寺院，用佛法引导僧众和大小活佛走上成熟解脱之道。

其亲炙弟子众多，主要弟子有五世达赖喇嘛、涅多钦波·赤列隆智等。他于藏历第十一饶迥之土鸡年（1669 年，清康熙八年）圆寂。

白玛仁增

——四川甘孜佐钦寺的创建者

白玛仁增，四川康区类乌齐地方（今昌都类乌齐县）人，于藏历第十饶迥之木牛年（1625 年，明天启五年）生。父亲因精通尼泊尔工艺学，故有尼泊尔扎西之名。童年时，父亲到昌都强巴林寺当工匠多年，白玛仁增也随父亲住在强巴林寺，在这里他对佛法产生了兴趣，常模仿僧人出家时受戒的姿势。10 岁始学藏文读写，不久即从噶玛秋美为师学习佛经及伏藏。接着又听受然德喇嘛的静猛法、金刚橛、马头明王法等的教言与灌顶。23 岁至 29 岁，专注于密法修习。秋美仁波切对他说："未受正法之前不能授大圆满法。"他对旧密法，尤其对大圆满法如饥似渴。这时他拜从南面来的几位大师为师学习大圆满法，之后按经师之意以一个离家修行者的模样去波密地方，在波密拜会了伏藏大师仁增都琼多杰，大师预言他将会成为佛法弘传之主。他又从更庆大师听受了明王和亥母等法的教言。一位名叫慈诚丹增的瑜伽密师说，白玛仁增好像是禁行师觉巴布日巴和那若巴的弟子帕仓巴；另一瑜伽密修士认为他是朗热玛智·弥尼洛哲仁钦之化身。他又从佐钦·索朗旺布的亲传弟子巴喀活佛仁增嘉措学习空行精要的灌顶、教言，以及嘎达龙智的殊胜教诫等。由于他修学密法和大圆满法而名盖一方，从此便有了"佐钦巴"（即大圆满修行者）的名号。在波密修学 3 年后，返回故里，因博得上师噶玛秋美的欢心，上师又给他传授了都琼多杰所掘的新伏藏灌顶和教言。

水兔年（1663 年），白玛仁增师徒一行经康区前往西藏，经过青海玉树，从柏海进入西藏，一路上为许多求法的僧俗施予广大佛法，并为服侍他的弟子达钦尼扎剃度出家。木龙年（1664 年），他到达前藏热振寺、达隆寺，献哈达朝礼，并给僧人放布施。抵达拉萨后，拜见五世达赖喇嘛，献上马匹、鞍具等物品作为觐见礼，之后朝礼大、小昭寺和布达拉宫，在释迦牟尼佛像和不动金刚佛像前敬献哈达，又先后到堆隆楚普寺、乌香多寺、周央宗、多杰扎寺和桑耶寺，每到一寺皆敬献哈达、供物、涂金等。在敏珠林寺朝礼时，他拜会了邬坚德达林巴、寺主却吉旺布、白嘎旺加活佛等，奉献马牛等礼品，在这里听受了修法八部和隆钦巴大师的《七宝藏论》等密法。他又给寺主却吉旺布等人讲授了阎曼法王命主法、长寿灌顶等法。离开敏珠林寺后他去洛扎喀曲、策兰贝日、拉摩喀、华日普溶、都绰拉卡（西藏尸林）等地静修了几个月，并与这里修密法的桑波多杰密修师结识，从他闻习了六平等法。他还从其他修法大师学习了许多教法，又从都绰拉卡到昆塘寺、洛卓寺、赞卓寺等圣地朝礼修法，另在热琼哇的转世活佛处聆听了热琼哇传出的耳传法类。之后他返回桑耶钦浦住修，这期间一些弟子先回康区了，他将尼扎等 5 个较有成就的弟子安置在琼结贝日寺学法传法。白玛仁增本人在钦浦静修了 3 年，修行证悟的功德犹如潮水上涨般地增长。这时又有五世达赖喇嘛的贴身老僧等人，以及色拉、哲蚌等寺的活佛、僧人前来求法，他满足了他们的求法愿望，还专门给五世达赖喇嘛传授了证悟增长之要。五世达赖喇嘛赞颂他说："康巴佐钦巴的证悟讲授是真实而无虚的，是一位开启证得广大智慧和成就大自在的顶饰。"他还说："你去多康地区建寺弘传佛法、教化黎民将会有益于佛教和广大众生。"

土猴年（1668 年），白玛仁增一行去门隅的杂日神山转山朝圣，在神山之顶的协冈雪多杰饶处建立静修道场闭关修习。在解除静修后转道去黑河的路上，他给这一带的僧人、牧民、本教徒等僧俗传授佛法，把献给他的财物返供给佛寺和这里的贫苦牧民。在黑河喀尔哇和斯若却朗等地又闭关修习了几年，真正成为一位获得藏密的成就自在大师。另外，他还通晓星算学、诗学等五明中的学科，在显密诸论的造诣方面达到了顶峰。

白玛仁增对五世达赖喇嘛的嘱托时刻记在心，遂从黑河经玉树返回康区。木鼠年（1685 年），他在德格土司阿旺扎西的支持下，在日沃格杰的地方集资创建了格杰佐钦寺。这是康区继嘎陀寺之后的又一座宁玛派寺院。他在佐钦寺内大兴讲、辩、著的学风，后来其盛名要超过多杰扎寺和敏珠林寺，到这里学习深造的西藏、安多宁玛派活佛、僧人络绎不绝，尼泊尔、不丹等国的宁玛派僧人也来佐钦寺求学，该寺还为外国来的留学僧人设有专门的基金。佐钦寺有一百多座属寺，遍布阿坝、玉树、甘孜等地区。

佐钦寺建成后，德格赤钦·桑杰丹巴向他顶礼，尊为教法施主。木牛年（1686年），他又在拉年斯绰多吉雍仲的左侧处名叫如丹吉查木的沟中，修建了邬坚山木丹却林寺，意译为“邬坚禅定寺”。

白玛仁增圆满完成了讲经、弘法、建寺的大事后，于藏历第十二饶迥之火牛年（1697年，清康熙三十六年）正月初五摄色身于法身而圆寂，享年72岁。

他的主要弟子有尼玛扎巴、然坚巴丹白坚赞、南喀沃色、却吉旺布、加央扎巴、佐钦·隆佐塔哲、仁增隆沙宁布、噶陀·嘉赛索朗德赞、噶陀·章南喀嘉措等三十多位。

其著作主要有《大圆满基道果三位之秘诀义·晶鬘》《游行记》《祈求喇嘛的瑜伽、赞颂、祈祷文集》《自传》《见行修经验道歌集》等。

德达林巴·仁增居美多杰

——敏珠林寺的创建者

德达林巴·仁增居美多杰，“德达林巴”，意为“伏藏大师”，仁增居美多杰是密宗法号，直译为“持明不变金刚”，本名是耿嘎乃智仁青旺嘉，是宁玛派一位佛学造诣精深的高僧，通晓大小五明的大学者，培育高足弟子的雍增（经师）。

他于藏历第十一饶迥之火狗年（1646年，清顺治三年）二月初九出生在雅鲁藏布江南岸的山南扎囊达杰却林寺。他的父亲尼敦桑斗·赤列降珠是一位著名的密宗大师，精通显密经论，母亲为拉增央金卓玛，其祖父东珠旺加给他起名耿嘎乃智仁青旺嘉。

仁青旺嘉4岁时，父亲给他讲授密宗八法大圆满的基础教言。据说5岁时，母亲带他去拉萨，在大昭寺释迦牟尼佛像前顶礼时，他好像以前朝拜过一样，一点也不感神奇。朝礼后回到寺院，开始学习藏文写读和本宗派的顶礼、修供及灌顶、教言、随许、开光等，皆无难而会。

11 岁时，随父前往拉萨哲蚌寺，拜见五世达赖喇嘛阿旺罗桑嘉措，由五世达赖喇嘛给他剃度出家，取出家法名阿旺白玛旦增，其父和五世达赖喇嘛成为他的上师。12 岁时，他先后从精通成熟解脱密法的 16 位持明大师和通晓各种深广教法的 35 位经师学习《北律教言》《修法八部灌顶》《三律仪论》显教经论和密宗幻化、心识部三法、平等修法、金刚橛、阎曼德法等密法。13 岁学习《宝性论》《心性安息论》《如意藏本释》等密宗经典，后又广泛听受努·桑杰益西、三索尔、绒松巴等大德的教法，以及萨迦班智达的《三律仪论》、觉丹热智的《总论》，尤其对隆钦饶绛巴大师的著作进行深入研习后，智增慧广，显密双融，成为知识渊博的密宗大师，取密宗法号“居美多杰”。

仁增居美多杰 25 岁时，即藏历金狗年（1670 年）四月十二日，五世达赖喇嘛给他选择了建寺基地，并为他提供了资金等其他条件。他 31 岁时，即火龙年（1676 年），敏珠林寺在山南扎囊县境内圆满建成。这座寺院是宁玛派在山南规模较大的主要寺院之一。建有大佛殿、朵甲德央殿、经堂、怙主殿、供品殿、无量殿和寝宫、拉章、铜佛殿及僧舍百余间。之后他到扎玛尔钦浦、雅玛隆等修行地和新旧寝室、茅屋中闭关修习，修习的内容主要有修法八部、金刚心、观音菩萨、金刚橛、阎曼德、马头明王、空行等 35 位本尊神的观想、念诵和仪轨，经勤修后证得了生起次第。

他 39 岁时，又集资建成喇章法轮殿，周围修建了帝释天乐园、如意殿等小型殿堂。金羊年（1691 年），他 46 岁时，修造了衮本通卓吉祥多门大佛塔等，迎请了古印度铜像、内地铜像、藏式神佛像多尊为寺院的主供像，另绘有唐卡等。各种佛像、神像、唐卡、堆绣及法器、供器琳琅满目，金碧辉煌。藏有《般若广论》《般若中论》等为主的《甘珠尔》大藏经多函，《丹珠尔》大藏经两套，伏藏经原本、大藏经《甘珠尔》《丹珠尔》中的部分经典的注释本，以及口诵经文、仪轨、传记、教法史等方面的经典不计其数，在藏经殿还有银制如来八塔。

敏珠林寺的僧人从刚开始的 40 人增加到后来的近 300 人，设立四季学期制度，主要讲授以密法根本续精要为主的密宗经典十三部。十三部中以传授“南藏”为主，附带传授宁玛派“三索尔”以来所传承的佛教经典，故有“南传宁玛派寺院”之称。后来敏珠林寺的寺僧教育制度日趋完善，按学僧程度分设不同班级，按班级设置课程，考试制度比较健全，分三种会考和三种非会考，初级考试有八种经文，中级会考也有八种经文。考试有口试和辩经两种，密宗经文以口试为主。

德达林巴·仁增居美多杰与五世达赖喇嘛关系甚密，五世达赖喇嘛虽身为格鲁派的宗教领袖，但他从不轻视其他教派，反而扶持这些教派修寺传法，倡导共同弘扬佛教文化和藏族文化。他曾给年纪比他小的德达林巴剃度出家，但后来又从德达林巴学习密法，德达林巴成了他的密法授业师。据《五世达赖喇嘛灵塔志》记载，西藏的风云人物第司桑结嘉措也曾拜德达林巴学习斯喀·娘尼多吉对《医学四续》的注释，在德达林巴的熏陶下，他的同胞弟嘉色·丹贝尼玛和却白嘉措、襄佐邬巴等都通晓医学、声明学、天文历算等多种学科，成为雪域大学者。当时有一位精通大小五明学的罗赛嘉措上师，常住布达拉宫，为其弟子和前来求学的人讲授五明学和兰札、乌尔都文等知识，蔚然成风。德达林巴为了发扬这种学风，在敏珠林寺设立白玛学堂，从事语言、医学、历算、诗论等文化学科的教学。一时藏、康、青各地宁玛派寺院的僧人和一些有身份的贵族、头人子弟都纷纷前来求学，培养了一批学识水平相当高的学者。其中有《循努达美传》和《颇罗鼐传》的作者朵喀夏仲·才仁旺嘉，以及多仁班智达、昌都的帕巴拉、郡王索南多杰、萨迦大乘法王耿嘎扎西等。其中年轻的郡王颇罗鼐索南多杰因自幼聪明好学，曾到山南敏珠林寺为寺主德达林巴献上三百两纹银，求学佛法及大小五明，他的修学为其将来的仕途奠定了基础。由此，敏珠林寺成了有名的学府，学风日隆。原噶厦政府下面的僧官学校的校长“格干钦莫”向例是从敏珠林寺的僧人中委派。

德达林巴于藏历木马年（1714 年，清康熙五十三年）圆寂。

仁增耿桑喜饶

——四川白玉寺的创建者

仁增耿桑喜饶，意译为“持明普贤慧”，是四川甘孜藏族自治州白玉县境内阿却地方人，生于藏历第十一饶迥之火鼠年（1636 年，明崇祯九年）。祖上为“嘎氏”，其父叫多杰，母为古如措。耿桑喜饶自幼就懂得同情别人，爱护动物。年稍长，他就学习藏文拼读，念诵嘎陀寺口诵短篇经文，并拜噶杰·却郡嘉措为师披剃出家，受近事戒，取法名慈臣嘉措。他又从章·曲尼嘉措为师，5年间学习了“大手印俱生法”深广教法及其他方面的教法，然后依所学密法刻苦勤修，坚持不懈。章师还将自己从上师赛罗丹巴坚赞处学到的大圆满自生自显法和大圆满深密教导、《经部密意集合经》、“显宗大灌顶”等显密诸法传授给他。之后他又在以克珠白玛洛哲为主的几位经师处学习了许多深广的显密经论、教法、教言、秘诀、修习法指导及五明学科的知识，成为一名显密兼通的学者。

慈臣嘉措为了在显密经论方面研习得更深一些，前往西藏求学深造，半道上悉知持明大师穆居多杰的盛名后放弃了去西藏的打算，改道去了俄多拜见持明大师。一见面对大师顿生敬信，持明大师也认为他是自己不可多得的弟子，遂留门下做内侍，给他取名耿桑喜饶，意为“普贤慧”，并将所有经论的灌顶、教言、指导等传授给他。当持明经师要去德格和麦康（下部康区）时，他作为侍者同行。师徒二人到嘎陀寺朝礼，并在寺内讲经说法，为寺献了会供基金。从嘎陀来到麦康，再到孟桑，到处广转法轮。后来复到距嘎陀不远的白玉地方，上师说这个地方风水极佳，可在这里建寺弘法，并对该地作了加持。在德格土司的大力支持下，于木蛇年（1665年）集资在白玉南嘉泽动工兴建寺院。先后建起了佛殿、经堂、僧舍等建筑，寺院初建后，取寺名“白玉南嘉相曲林”，意为“白玉殊胜菩提寺”，简称白玉寺，招收当地500陀尊（尚未出家的信佛者）出家为僧。这时寺院已初具规模，成为三宝俱全的又一座宁玛派佛寺。最初想邀请为建寺做出贡献并招500人到寺出家的赤秀活佛担任寺主,但赤秀活佛坚辞不就，遂邀耿桑喜饶为寺主，成为该寺的第一任活佛，这时他才30岁。他为前来出家的人披剃落发，授居士戒。上师将一些伏藏珍品交给他说：“这些殊胜的伏藏是邬坚莲花生上师布施给你的，请为佛教和有情众生广做有益之事吧！”

耿桑喜饶成为寺主后，忙于讲经传法和佛事活动，后惊闻上师去世，他前往料理后事，制作灵塔安葬。之后他到乃朵拜见秋美活佛，请求受比丘戒，秋美活佛给他授予比丘戒后，在其名“耿桑喜饶”之前加上了“仁增”二字。所以他的比丘全名就成了“仁增耿桑喜饶”。他在秋美活佛处又听受了许多密法，并接受了秋美活佛给他作的金刚灌顶。他又辞别秋美活佛去波密，准备拜见掘藏大师都朵多吉，在半途中听说那里发生乱事而未能成行，只好给都朵多吉大师寄去一封问安信，复返回白玉寺。他为了寺僧能持戒学法，再三给僧众讲授寺规条例、佛教律经。他自己以身作则，严守寺规，持戒修行。他又恭请德达隆萨宁波来白玉寺担任法主，自己在法主处继续学法修持，从35岁开始到下半生从未间断。在生活方面，他立誓不食荤、不沾酒，只有一块坐禅蒲团，别无他物。由于他的影响，在寺僧人也像他一样，禁荤戒酒，学经修禅，持戒守规。

仁增耿桑喜饶觉得在寺不甚清净，烦恼较多，决定离寺去拉日沃沙岗的日绰（小山寺）静修。在这里他住在一间茅屋里苦心习密修禅，据说最后达到了身热发光的境界，闻其名而来在这里拜师学法的弟子又多了起来。他将供养全部用在扩建寺院，塑造佛像、佛塔等善业方面，自己一点也不受用，他所提倡建立的“见解脱、受解脱、触解脱”修习之风经久不衰。由于他长期坚持讲经修法，在果洛、阿坝、甘孜、昌都等地组织僧团讲经传法，逐步建成了一批寺院，都是白玉寺的属寺。后来他将胞弟白玛益希嘉措安置在柔昌寺当住持，他的寺主之位让给侄子白玛龙珠嘉措。

仁僧耿桑喜饶于藏历第十二饶迥之土兔年（1699 年，清康熙三十八年）圆寂，享年 63 岁。据说遗体被光所化，头颅上出现了藏文“阿”字，形成了许多舍利子。

他一生有三部著作，一部是《三律仪注释》，一部是《依止上师法》，第三部基本上是他制定的寺规，即他写的《酒与女人的不净之过》。

洛钦·达摩室利

——宁玛派著名佛经翻译大师

洛钦·达摩室利，西藏山南宁玛派著名翻译家，“洛钦”即是大译师之意，达摩室利为梵文别称，他于藏历第十一饶迥之木马年（1654 年，清顺治十一年）出生在西藏山南扎囊地方的达杰却林寺。父亲是一位宁玛派密法师，名叫敦桑斗·赤列隆智，母亲拉增央金卓玛，父母给他取乳名勒巴东主。8 岁时同兄长仁增居美多杰一起到琼结贝日和桑耶钦浦修学宁玛派教法。13 岁时，由一位掘藏师披剃出家，取法号丹增加央旺波。15 岁又到拉萨在五世达赖喇嘛尊前正式出家并受沙弥戒，取法名阿旺却华。19 岁从上师东珠旺加学习历算学，从达隆成就师阿旺色却学习声明论，从伏藏喇嘛学习诗论和声律学。20 岁在五世达赖喇嘛尊前受具足大戒，之后他到敏珠林寺任格贵（经院掌堂师，俗称涣棒喇嘛），主持管理经院法规法行。27 岁时，受五世达赖喇嘛之命，由堪钦·官却旦增依下律部之仪轨授予其比丘戒，从此开始学习藏传佛教的共法和不共法，并皆洞悉通达。他一面立宗讲、辩、著，一面给前来要求受戒和学法的人讲授宁玛派教法。

他弟子比较多，其中既有其他教派的活佛和高僧大德，也有西藏地方政府官员和名人，如萨迦达钦·阿旺夏嘎扎西、雅卓林夏茸师徒、彭措林比丘郡乃、达那哲沃活佛、昌都帕巴拉·嘉哇嘉措、德格喇嘛然坚巴、颇罗鼐·索南多杰、大文豪朵喀哇·才仁旺加等。

达摩室利译师的著作有《密主意饰》《密主言教》《时轮立体坛城建立本释·明灯》《声律论注释·星宿鬘》《五星算·月光》《密集金刚灌顶仪轨·阶梯》《戒律学仪轨·宝梯》《教授法概要》《箴言故事》《解梦指导》《歌集·明灯》《藻饰词·海中一滴》《诗论·海之精要》等共70余种。

洛钦·达摩室利于藏历土狗年（1718年，清康熙五十七年）往生刹土。

嘎陀仁增钦波·策旺诺吾

——证得旧密大成就的学者

嘎陀仁增钦波是一位获得大密旧法的持明大德，也是善说藏族历史的顶饰，尤其精通后藏阿里三围的历史。

他于藏历第十二饶迥之土虎年（1698年，清康熙三十七年）出生于多麦沙安索瓦地方，父亲名叫阿德公保，亦名觉沃嘉，母亲名郭萨·多杰措，出生后被认定为窦拉班玛诺吾的转世。5~17岁，他从其舅父大成就师班玛德钦林巴等上师聆习了许多显密经论，并坚持依法修习，又依嘎陀嘉色受近事戒，从斯芒齐仓·桑热嘉措听受了许多教法。木羊年（1715年），18岁时，他从多麦起身，经康区、波密、山南工布抵达拉萨，朝礼了大、小昭寺及布达拉宫，然后从前藏进入后藏。几年间他在这里依止上师修学各教派诸论，后从后藏去尼泊尔朝礼，不久又返回后藏。之后他又从卫藏回到了多麦，依朱倭夏茸的预言，在至尊贡嘎桑波尊前聆听了觉囊派的六支加行密法，又师从朱倭仁波切等多位上师，经过一段时间的修学，通达了闻思之道，同时修学教派论和语言学分支等学科而成为通达者。之后他再次赴前藏，从精通因明学的大格西阿旺强巴修学了“语教”（即有关如来教法的论议）。这时他被颇罗鼐郡王之台吉师徒等尊为“顶饰上师”。水兔年（1723年），26岁时，从卫藏又返回多康，前往甘孜白玉县嘎陀寺，受到全寺僧众的欢迎，并住持嘎陀寺，其嘎陀仁增钦波之名由此而得。当年年底，从白玉嘎陀寺又赴卫藏，经拉堆定日地方又去了尼泊尔。火羊年（1727年），30岁时，从尼泊尔返回阿里地区的芒域，在这里的几年间，他边修持，边搜集阿里地方的史料。31岁时又前往尼泊尔，受到尼泊尔王的尊崇，对尼泊尔的著名大塔夏容喀肖举行了开光仪式。从尼泊尔返藏后，他曾到过涅美格日等一些静修地，作了短暂的修持，又先后在工布、波密地方住修，并筹资创建了几座规模不大的寺院。木牛年（1745年），48岁时，他在山南尼洋河上游的工布娘喀那萨隆驻锡时，撰成《西藏赞普世系·简明史》，据说史料翔实、内容简明，是一部不可多得的王臣记，可以与其他王统记相互印证补充。土龙年（1748年），嘎陀仁增钦波与司徒·却吉郡乃活佛（1700~1774年）一起第三次赴尼泊尔，经尼泊尔国王的请求，由他主持对著名的夏容喀肖大佛塔进行了全面修缮，为尼泊尔佛教做了一大贡献。之后他在那里广转法轮，受到了尼泊尔广大僧众的高度敬仰。然后在返回藏地途中经洛若孟塘（即名曰阿里贡塘的贡塘萨峨普）住修一年，在这里搜集阿里贡塘王世系的有关史料，著成了一部比较详尽的介绍阿里地域和阿里王系的史书，名曰《藏族贡塘王族世系在芒域形成的历史·清凉幻变明镜》。

当他55岁时，上下塔波之间发生了内讧，他向西藏地方政府提出了和解的建议，当时主持政教大权的是七世达赖喇嘛噶桑嘉措，当他收到嘎陀仁增钦波的建议书后，即刻发布命令，让嘎陀出面调解此事。嘎陀在上下塔波驻锡一年，了解发生内讧的原因、塔波地方头人的思想动态，以及农牧民的意见，他以西藏地方政府的名义和自己在僧俗中的威望公正地进行了调解，双方都愿接受嘎陀的调和，最后达成协议而重归于好。

该师在50岁以后潜心修炼，最终证得了神通妙法。他还是一位掘藏师，从藏协地方获得了几件圣物，从盖绒金刚崖密洞中掘出几部秘藏贝叶经，还掘出明王天女的法类，献给了七世达赖喇嘛。

嘎陀仁增钦波·策旺诺吾于藏历木猪年（1755年，清乾隆二十年）在阿里吉仲圆寂，年仅58岁。

其著作除上述两种外，其他据说在《拉塔王系》一书有详目，其传记由绛曲多杰所撰，但未觅到此资料，故其传略只能从《郭扎佛教史》《东嘎藏学大辞典》《雪域历代名人辞典》几书中综合写成。

其著名传承弟子有噶玛巴师徒、竹巴仁波切、司徒仁波切等。

敏林·穆居华仲

——寺院的教育者

敏林·穆居华仲，又名杰尊喜饶卓玛，意为“智慧度母”。是卫藏一宁玛派中的女性学者，佛教寺院的教育者。其父德达林巴是山南敏珠林的创建者，母亲名叫平措华佐。穆居华仲于藏历第十二饶迥之阴土兔年（1699 年，清康熙三十八年）出生于山南敏珠林宫中。

她 12 岁时，就由父亲德达林巴剃度出家，脱离世俗凡尘，取名穆居华仲。13 岁从父修学所有甚深伏藏法类，她自幼聪颖慧悟，对所学伏藏经典不仅熟练唪诵，还能讲述经义，颇得其他学僧的称赞。14 岁从叔父大译师达摩室利（1654~1718 年）很好地闻习了甚深如来汇聚灌顶、传承和教导三学（即成熟弟子身心的灌顶、修行仪轨的传承和讲解诀窍的教导）。

另外，她又师事仇统·居美多杰、嘎妥·仁增夏茸居美延盘旺布、协年·邬金冉丹、索敦·图多南杰、都增·耿嘎洛哲、亲教师索南洛哲坚赞等学修新旧宁玛派密乘的经典及教理教言，密法修学水平又有了很大提高。20 岁时，新疆的准噶尔蒙古部策旺阿拉布坦派兵入侵卫藏，穆居华仲与家人逃往锡金的佐钦寺避难，在佐钦寺期间她广转法轮，将宁玛派教法在这里广传。

清政府接到卫藏被准噶尔部烧杀抢掠的奏报后，派兵分三路进藏围剿，在西藏地方政府的配合下，将准噶尔部驱逐出卫藏。当时的藏王拉藏汗被准噶尔部所杀，他所拥立的六世达赖益喜嘉措被废黜，软禁于药王山中，山南的多杰扎寺和敏珠林寺等一些宁玛派佛寺毁于战火。当蒙古准噶尔部兵败撤走后，穆居华仲与家人才从锡金返回山南敏珠林寺。这时她的兄长仁钦南加担任敏珠林寺的第四任赤钦（法台），22 岁的穆居华仲主动协助兄长重建寺院，塑供佛像，寺院才逐渐恢复了元气。敏珠林寺是卫藏宁玛派诸寺中学风甚浓的寺院。寺院创建者德达林巴曾在寺中设立白玛学堂，不但注重新旧密法和伏藏经典的学习，还注重语言、文学、医学、天文历算、诗论、工艺等藏族传统文化的教学，培养出了许多有成就的学者。寺院重建后，恢复了原来的白玛学堂，穆居华仲等精心选择修学经论，编写教材，按学僧水平设置课程，还制定了学制，一些课程主要由她教授。当她 36 岁时，招收学僧 270 多名，在讲授大小五明学科的同时，亦讲授其父所著的十三部文集和几部精义的灌顶，以及传承、教导等经论。这期间她又从七世达赖喇嘛噶桑嘉措再次接受剃度，由达赖喇嘛赐名喜饶卓玛。喜饶卓玛为藏传佛教寺院教育和培育人才做出了一定贡献，她在敏珠林寺中先后塑造了一些代表身、语、意的佛像和佛塔及主供圣物，还耗资请画师绘制了一些壁画和唐卡。

她于藏历第十三饶迴之土牛年（1769 年，清乾隆三十四年）摄色身入于法身而圆寂，享年 71 岁。其著作有《精义母子合集教言教程·利乐善道》《学生教授教诫》《道情歌集》《问答汇集·明镜》《大乐善道》等。

钦则沃色·晋美岭巴

——宁玛派"广慧"大师

钦则沃色·晋美岭巴，钦则沃色是本名，晋美岭巴是法号，俗称"钦则仁波切"，意为"钦则活佛"或"钦则上师"。他是 18 世纪宁玛派在西藏的又一位泰斗，博得"广慧"的称誉。

钦则沃色，于藏历第十二饶迴之土鸡年（1729 年，清雍正七年），生于西藏夭如地区的琼结红陵附近处。他 6 岁皈依佛门，天赋睿智，一学即悟，过目不忘。他先在琼结大乘寺（俗称白日寺）中以一个普通僧人的身份学经 3 年，主要学习了藏、梵文拼写念诵，随之又学习《三律仪论》，听受了伏藏经典的总论和分论，皆无难而通。

据说他十几岁时，对莲花生大师极为敬仰，口中常念诵大师真言，煨桑祈祷，希望能得到大师的教言，相传他一生两次亲见莲花生大师的尊容。十几岁时，他正发奋攻读显密经论时，亲见莲师和文殊智尊出现在红光中，他即起身叩拜，遂授给他密法和智慧灌顶，从此，启开了他的智慧和修习之门，对许多显密经典能无师自通。25岁时到一些静修地一面修习密法，一面继续学习各教派经论。29岁时，据说他第二次看见莲花生大师以智慧法身的化身骑着狮子出现在他眼前，给他递了一个宝箧，说了几句真言而消失，他高兴极了，打开宝箧一看，里面装有黄纸五卷，上书空行教言，还有豌豆大的七粒琥珀。当他得到了朝思暮想的教言和加持圣物后，如饥似渴地学习领会教言，并运用于实修之中，一段时间后，出现了不可思议的证悟（编者认为，这可能是他从修持地掘得的一种珍贵伏藏，为使这部伏藏成为真实无伪的圣物，才演绎出莲花生大师以智慧化身赠送宝箧的神秘故事，因为在藏传佛教的高僧传记里描写这类神奇色彩的情节是不胜枚举的）。31岁，他在钦浦哲古沃门天然岩洞中修习心部法3年，从而获得了身加持、语加持和意加持三种智慧加持，智慧广增，遂博得了"广慧"的称誉。这时他编写了《颂词·杜鹃缓歌》和《诀窍遍见教言》二种书。

36岁后，他又从敏珠林寺的活佛白玛仁增听受密宗大灌顶法，从大成就贝贡上师听受密藏精要教授，从铁桥大师丹增益西龙珠听受佛平等修持法、旧密全部教言、幻化静猛等法类，另还学习了结手印大法、仪轨程序、坛城绘制法、密法诵音等一些普通佛学知识。此时，他的大圆满修法已达到了相当高的境界，撰写了名著《功德藏本释》一书。之后他到敏珠林寺，看到该寺收藏有大量的旧密、旧译和其他经典，为了便于学习、查找和利用，他编纂了书目并撰写了《旧译密续演说解悟经·遍及世界庄严》等著作。他又应萨迦寺的阿旺白旦曲郡和阿旺更嘎盘德嘉措之邀到萨迦寺，给萨迦昆季传授了北律、密续中精选的金刚橛大灌顶，以及《法界心要伏藏》的教言、秘诀指导等成熟解脱的密法。之后，他受西藏山南门隅错那县境内的措那寺孜勒活佛邀请到该寺，给这里的僧俗讲了许多佛法，并对这里的圣地进行了供祭，然后在桑耶、日特、昌珠寺、协扎、藏王陵等处进行甘露法、会供，作息、增、怀、伏四业护摩火祭，以及朵马和回遮等修习、法事活动。他在卫、藏、康、贡、门隅等地区会见了许多求法者，并按各自所求分别传授了佛法教授，还讲解了幻化静猛、会供等的仪轨。他先后两次到门隅传法，后又到江孜弘法，均受到广大僧俗的尊敬和供养。赛玛寺的堪布和哲蚌寺德央堪布等精通显宗的大堪布也前来拜他为师求闻大圆满实修密法及诀窍。噶丹寺的堪布也来函欲结法缘，他将自己的作品《功德藏本释》一书寄给他们。这些显宗学者从内心钦佩这位密宗大师，甚至有康区德格土司也慕名前来虔诚求密法教言和灌顶。

藏历第十二饶迴之金猪年（1791 年），廓尔喀人侵犯后藏，洗劫了札什伦布寺，清政府派兵两路打退了廓尔喀的军队，讨回了一些被抢的金银及灵塔上的许多宝石，但寺院损失较大，钦则沃色大师闻知此事，前往日喀则，在札什伦布寺释迦牟尼佛前作了盛大供养，并献白银一百多两作为恢复寺院的施供。

后又应图旦多杰扎寺的却珠活佛之邀去多杰扎寺，受到隆重的欢迎。他在僧伽大法会上讲授了《法界心要》等深广密法，还替“佐钦寺和直贡寺转世灵童之争”这一难题而排疑解难，经他占卜分析后认定灵童是直贡寺活佛的转世灵童，被迎入直贡寺举行盛大的坐床典礼，他还为直贡寺僧众讲经说法。他中年时曾去过克什米尔，为那里的僧徒传授佛法，因而他的弟子遍布藏康地区和克什米尔等地。在直贡寺讲经后他又转赴山南桑耶寺，在佛殿内作了盛大供养。他和弟子在赫波日山中掘出一个石箱，内有金刚橛和天铁等伏藏圣物，他将这两件圣物赐给德格土司作为主供物。

此时钦则沃色大师已年迈，身患微疾，经直贡巴和噶伦颇拉作祈寿佛事活动，病情好转。时隔不久，于藏历第十三饶迴之土马年（1798 年，清嘉庆三年），这位众人拥戴的大德示现圆寂，享寿 70 岁，僧众为他举行了盛大葬礼，制造了一座纯银制灵塔，将他的遗体安奉在灵塔殿中。

钦则沃色·晋美岭巴大师一生的著作较多，汇集成册有 10 函，据说在北京民族文化宫中藏有他的著作，已整理编目。在德格印经院有刊刻版，主要有《功德藏本释》《宁玛派续集释源》《密意集注疏》《法界心要伏藏》《旧续目录》《杂谈类乘门海》《宿曜等天体说》等。

佐钦·白玛桑欧旦增

——石刻经文巨匠

佐钦·白玛桑欧旦增，是佐钦寺第二世活佛，为四臂观音菩萨所创六字大明咒和密陀罗经石刻巨匠。他于藏历第十二饶迴之金猪年（1731 年，清雍正九年），出生在四川德格藏热雀斯绰多吉雍仲之左方，离如丹邬金山丹却林寺很近的一户牧民家中。祖上为格盘氏，父亲名山佩，世代信奉宁玛派。经德格土司丹巴次仁和佐钦活佛之侄商议后，迎到如丹邬金山丹却林寺坐床，由佐钦寺活佛居美图却旦增披剃落发，取法名白玛桑欧旦增，举行了隆重的坐床仪式。

白玛桑欧丹增自幼与其他孩子有些不同，如牧民人家的主食是糌粑和牛羊肉，而他只食糌粑厌食肉类。10岁那年他和佐钦活佛一起赴前藏朝礼山南的多杰扎寺和敏珠林寺。多杰扎寺的夏茸给他授了沙弥戒，又从敏珠林寺的嘉色仁钦南杰、洛扎图色居美却智贝巴、巴日活佛罗桑白玛等上师学习了许多经论。尤其从居美图却旦增活佛系统地学习了宁玛派密法大圆满的灌顶、教言及指导等秘诀，开启了心智。另外，还闻习了《甘珠尔》经教和宁玛密续法。他从尼扎活佛学习了尼扎伏藏经、黑白算学等知识，受益匪浅。他学习显密经典法类的同时，每天坚持进行如来密集甚深道仪轨和刻写六字明咒嘛呢的工作。他对佛的虔诚不仅仅是学习念诵经文，而且是将经文雕刻在石块、石板上，成为与世长存的石书。他雕刻的经文主要是六字真言，另外还有陀罗明咒等经文。他每月坚持雕刻20余块，将他对佛的虔诚一锤一凿刻在石上，按此数计算，他此生的精力只能雕刻十万余块。而现在具有五千万余的庞大嘛呢白本石城，看来是在他的主持下，组织了一批石匠千锤万凿，经几代人历时几百年才雕刻而成的。他常常购置一些由印度梵文译成藏文的经典刻版，还利用间休时间坚持每年两三次的闭关修习，还给施主授密宗灌顶，使施主心满意足。

佐钦·白玛桑欧旦增于藏历第十三胜生之木牛年（1805年，清嘉庆十年），在如丹邬金山丹林寺据说伴着几种奇异的现象而逝，享年74岁。遗体火化时出现了许多舍利子，寺院制作了一座灵塔，将其骨灰和舍利安奉于其中，并作了盛大法事，以示敬仰。

夏嘎巴·措周让卓

——安多遁世修行的宁玛派大师

夏嘎巴·措周让卓，他是一位颇负盛名的宁玛派高僧，于藏历第十三饶迥之金牛年（1781 年，清乾隆四十六年）出生在青海热贡双朋西（今青海省黄南藏族自治州同仁县双朋西乡）一藏族家庭，取名阿旺扎西。7 岁始学藏文，对楷书和行书一学即会，草书写得相当隽永。11 岁入双朋西拉卡密院学经，听受了《皈依经》《穆则玛》《嘛呢教诫》等口诵经文，后从嘉贝多杰等师学习密宗法类，从邬坚赤列南杰学习了八部修行法、胜乐、密集、金刚橛、马头明王等法的仪轨。17 岁跟热贡画师丹巴达杰学习绘画，成为一名艺术绘画师。21 岁时在阿柔格西贤巴格勒坚赞处受比丘戒，取名贤巴却达。之后，他同嘉堪钦·格敦丹白尼玛一起赴蒙古，在达赖岱清王阿旺达杰尊前学习显密诸论，成为显密兼通的学者，又从一些大学者学习密乘的灌顶、传承和教导及新旧密法的教言等，深广密法的甘露注满如意瓶。他一生云游各地，以米拉日巴为楷模而苦修出名，先后在泽库静修地——喜乐园、阿琼南宗静修圣地、青海湖海心山、兴海智嘎尔哲宗（又名赛宗神山）、果洛阿尼玛卿雪山等圣地修习生圆两次第密法。在海心山修炼期间，和他的弟子修建了一座佛堂，正中供奉一尊千手千眼观音金身，右边塑有海神玛哈德瓦身像，左边塑供有措曼赤雪嘉姆女神像，据说她就是与周穆王瑶池相会的西王母。塑像后面供有《佛说大般若经》12 函。他擅长佛教道情歌，常以道情歌劝化渔人不要伤害鱼类生灵，甚至出钱从渔人手中买下刚捞出来的活鱼放归入海；见到受了伤的海鸟，带回修行洞包扎养伤，伤好后放归鸟群。在阿尼玛卿雪山下的岩洞中修行时，相传他神游了玛卿山神的玉琼宫，一白衣神引他来到周围百顶帐篷环绕、中间一座高大而洁白的帐幕中，玛卿山神坐在上方一高高的宝座上，并让他坐于前方的一法座上。山神起座亲手给他赐给一条雪白的长哈达和一顶漂亮的帽子后说："当今你为维护先贤们的业绩以道歌弘扬正法，甚是稀有啊！给你赐名为'雪域歌手'。你为藏族人民留下了优美的道情歌集，我得感谢你，它将会对佛教信徒、信民的伦理道德有极大的饶益。今后你做任何具法事业，我将会佑助你。"醒后是一场梦，他甚觉稀奇，在这里修炼时，他功法百倍增长，并出现了许多感悟。他利用白天闲暇时间，写下了许多脍炙人口的赞美雪山、草原、野花、禽兽的道情歌。

30岁时，他的慈母谢世，从此，他开始云游西藏、尼泊尔等地。他在拉萨拜见了摄政德穆嘉察、热振赤钦、噶丹赛赤阿旺年扎等宗教上层人士，朝圣礼供了大、小昭寺和噶丹、哲蚌、色拉三大寺，后赴胜乐金刚的道场杂日神山朝礼转山，在这里从喇嘛宗哲曲巴等闻习了噶举派教法和密法的经典，对各教派精要兼收并蓄。在杂日神山转山巡礼、修禅、闻法一年后，他又去岗仁波齐神山朝圣，中途在札什伦布寺拜见了七世班禅洛桑丹白尼玛，对班禅大师和札什伦布寺作了盛大供养。后他转赴阿里南部的普兰，在协培林寺从赛普喇嘛听受了直贡噶举派大师的教言。他从普兰去尼泊尔，朝礼了著名的甲容卡雪、香根两座大佛塔，敬献铜制镏金大法轮十三个，在尼泊尔学习、传法、朝圣四年后返回西藏，在后藏又朝礼了萨迦大寺。后赴拉萨，他在布达拉宫觐见了十世达赖喇嘛楚臣嘉措、摄政策门林嘉察，又在喀朵山旦林寺修习数年。

48岁时他返回青海，先后在青海境内的许多藏传佛教圣地、寺院中讲经、弘法、著述。1836年，55岁时还从著名密宗大师赛康巴聆听密集、胜乐等灌顶法。他56岁开始在安多地区广转法轮，培育人才。其中著名弟子有白玛让卓、噶丹让卓、桑杰仁钦、江隆活佛等。夏嘎巴还是一位民间文学家，其著作中吸收了大量的民间故事、神话、寓言、谚语等，通俗生动。如他的文学作品《慈母歌》，以生动的语言、真挚的感情，塑造了一位勤劳善良、贤惠的慈母形象；寓言《雄狮与兔子》，反映了深刻的人生哲理；《暴君的下场》等反映了作者的鲜明立场和民本思想；还有《奇幻集》《金瓶》《豹皮》《阴曹救母》等作品，这些短小精悍的作品在民间和寺院中广为流传。他的《曲协延盘尼玛》（汉译《利民太阳》）一书，阐述了人间善恶因果报应的关系。不少作品反映了甘、川、青、藏地区和尼泊尔等地的山川风貌、风土人情，有很强的纪实性。他在青海湖修炼期间用道歌的形式写下了大量赞颂青海湖风光的优美作品；在扎嘎尔哲宗（白岩猴寨）和阿尼玛卿朝圣修炼时，对神山圣湖及草原风光、野生动物等写出了许多道歌颂词。据说他从青海湖前往兴海和果洛的途中，许多野牦牛、藏羚羊、藏野驴等动物在路边吃草，听见他朗朗的诵经声，非但不逃走，反而围拢过来，似乎它们听懂了所诵经文，这种现象说明人与自然、动物的和谐关系。

其著作有 7 函、20 多卷。夏嘎巴·措周让卓大师于藏历第十四饶迴之金猪年（1851 年，清咸丰元年）四月初十在故乡圆寂，享年 70 岁。

隆钦·却央道丹多杰

——宁玛派密宗成就师

隆钦·却央道丹多杰，意译为“广慧法界具力金刚”，又名隆多云丹嘉措，是青海又一位佛学家、宁玛派密宗大师。与夏嘎巴大师是同时代、同乡、同派的著名人物。他出生于安多热贡藏区，成道于四川康区，颇负盛名。

他于藏历第十三饶迴之木蛇年（1785 年，清乾隆五十年）出生于安多热贡赛茂郡双朋西地方。父亲仁庆，母亲相传是吐蕃时期女高僧益西措杰的转世，因而取名益西卓玛。他出生后，父母起名贡保云丹。据说他生来就天赋异禀，机智伶俐，随着年龄的增长，逐渐显露出贤者证士之相。起初，他在几位活佛和善知识的上师尊前学习文字拼读书写和法性等知识，由于他学习勤奋刻苦，又善于思考，不久就打开了智慧之门，进入了知识的海洋。

道丹多杰后来进入了八大圣地之一的协吉贡寺出家受戒学法。协吉贡寺在今黄南同仁双朋西北 10 公里的协贡山坡上，因该山多产晶体石而得此山名。寺院建成后因山名而取寺名协吉贡，意为“晶寺”，全称“协贡德钦却吉颇章”，又称“西关寺”，意为“西关寺大乐法殿”。道丹多杰在这里从师学习《别解脱律仪》《菩提律仪》《密乘律仪》，后逐步深入到博大精深的宁玛旧密教言及伏藏教诫法类，边闻思，边修炼，成绩斐然。后来他从热贡前往果洛玛沁的格鲁派大寺拉加寺，拜该寺寺主香萨班智达·罗桑达杰嘉措等几位格西为师，以一个普通僧人的身份虚心求学三藏经论、道位及三学长达5年。在显密经论方面有了一定造诣后，他赴几座静房闭关修习。静修期间，得到本尊神和上师的预言和激励，决心再去寻找一位佛法高深、德行兼优、获得殊胜证悟的上师求学深广教法。解除闭关后，他从果洛进入四川阿坝，一路诵经修法，来到甘孜白玉的宁玛派大寺佐钦寺，他为佐钦寺第四世活佛穆居·南喀多杰和杰温·白玛贡卓等师敬献哈达及见面礼，几位上师见道丹多杰相貌不俗、谈吐不凡，都十分喜欢，并按他的请求，传授了许多显密经论的灌顶教授法。随后他到朵智钦活佛晋美赤列沃赛的法苑中，住了很长时间，从这位不同寻常的成就大师闻习显密深法的总义，尤其注重学习研究密教内三部，接着又修学“成就灌顶法”“解脱之教导法”“依止教言法”等密法，经学习修持，通达了所学全部密法和教言。

朵智钦根本上师考虑到具缘弟子道丹多杰将来要继承弘法事业，培育有机缘的弟子，遂又给他传授了“吉祥金刚四种彻悟甚深要法”“吉祥四轮能怖金刚”“本母法”“采用厌胜、焚魔、抛掷朵马食子等禳灾祈福的仪轨”“诛业、伏业，以焚烧、填埋、投掷等威猛之法诛灭怨敌邪魔之密咒法”等。道丹多杰通过学习实践，熟练地掌握了这些密法。道丹多杰精通了显密正法后，在甘孜佐钦、白玉等寺中长期修持，出现了殊胜证悟，据说还获得了天眼通的成就。朵智钦上师说：“现在你已获得较高证悟，成为‘隆钦却央道丹多杰玛盘雪列南拜嘉哇’（意为‘广慧法界具力金刚不败战胜之王’）。”又说：“你已是自性解脱之名僧，但你还要大发慈悲之心，引导他人走上成熟解脱之圣道，赶快去安多你的故乡，弘传佛教，教化有情众生吧。”

道丹多杰遵师命启程返回故乡热贡，首先多方集资，初建贡吾云丹，后由古德红科部落的尕吾喇嘛迁到古德村，后又被迁到今曲库乎乡古德村西山脚下重建，简称古德寺，为清代宁玛派在热贡地区的寺院之一。寺院的戒律及一切宗教活动和制度，皆参照西藏敏珠林寺的例规制定。道丹多杰在原有僧人的基础上，新招收了许多弟子，并由他亲自教授显密经论、各种密乘仪轨。为使旧密法兴盛不衰，在对学密法已有基础的弟子详细讲授各派显密正法的同时，注重传授宁玛派旧译《法界心要伏藏》，据载这部旧密典籍是宁玛派高僧钦则沃色晋美岭巴大师所著，译名《悟境精义》。因此，在古德寺中出了许多密法高深的弟子。道丹多杰在学法、弘法、培育佛学弟子等方面做出了较大贡献，其声誉犹如夏季的雷声响遍安多和康区。

据《夏嘎巴自传》载，藏历第十四饶迥之金龙年（1841 年）新春之际，夏嘎巴大师献上给道丹多杰写的新春贺词，道丹多杰亦作祝词敬献给夏嘎巴大师，此年，夏嘎巴已年届 61 岁，道丹多杰 57 岁。在夏嘎巴的请求下，道丹多杰给他讲授了一些显密经论本释的教言，由此可见他二人关系甚密。

道丹多杰在著书论说方面的事迹十分特殊，并且令人惊叹。据载他于藏历第十四饶迥之火猴年（1836 年）开始写作，土狗年（1838 年）54 岁时他全部撰毕。他所撰述的内容有显宗方面的经论，大多数为密宗经论，共 13 函。几百万言的巨著在不足 3 年的时间内全部完成，不能不视为是一大奇迹，其著作分为本论、略义、简释、广释、绘图图表五类。

巴珠·吉美却吉旺布

——遁世修行的宁玛派著名学者

巴珠·吉美却吉旺布，是四川省甘孜石渠一著名出世离俗的宁玛派活佛、知名学者，于藏历第十四饶迥之土龙年（1808 年，清嘉庆十三年），生于今四川省甘孜藏族自治州石渠县。他被多智钦·晋美程列沃赛活佛认定为前世巴格·山木丹彭措的转世，取名

邬坚·吉美却吉旺布。少年时学习藏文拼写无难而通，他因不喜世俗而从堪布喜饶桑波出家为僧，并拜多喇晋美噶桑、晋美俄察、嘉色延盘塔耶等为师，学习宁玛派的《三安息》《入行论》《本续密集精要》等显密经论，以及其他文化知识。他又从希钦完智·图多南加听受《甘珠尔》大藏经的教言和声明论，对《甘珠尔》《丹珠尔》大藏经的善说和宁玛派耿钦师徒和萨班、宗喀巴等不同高僧的全部正论，进精学习，融会贯通，成为博学之士，还从吉美嘉哇的弟子先后25次学习《法界精义》的加行指导。另外，他闻习了脉、风和大圆满指导、旧密及佛说经典多部，从朵钦则·益希多杰学习禁戒之法。他对《法界精义》中的脉、风、息的修习从未间断，佐钦活佛穆居南卡多杰将法的甘露全部赐给了他。之后他在如旦央温阎曼修习洞、才仁修行洞等佐钦巴的几处圣地长期闭关修习，出现了殊胜证悟，远离妙欲，超凡脱俗。

30岁始，他到赛塔雅龙白玛地方，对有缘持明者的僧伽传授密续精要，在赛塔和上下石渠，给僧团讲授《入行论》《嘛呢全集》《善缘论》等，还教导这里的僧人禁盗匪、戒食荤。之后他赴阿坝壤塘地方，从壤塘藏巴寺的高僧藏巴·阿旺群觉学习了“六支加行法”，又到木雅（旧译弭药，今四川省甘孜藏族自治州康定市折多以西，道孚县以东地区名）传法，并就扎格西次诚南杰等人学习《般若论》时遇到的一些问题进行讨论。

巴珠活佛一直以一个断除世俗，独自修行者的身份云游各地，利益众生。在佐钦释桑寺、白玛塘寺广转法轮，给僧众讲授《慈氏论》《中观论》《现观庄严论》等显宗经典，又传《密续秘密藏》《功德藏》《三律仪论》等密宗、律藏经典，尤其连续讲授《入行论》多年。掘藏师却居德钦林巴从佐钦雪山掘出的胜乐佛合修的伏藏，被巴珠活佛看到后，按密教三部精要，将其中灌顶、教言、教授全部编成伏藏经籍。在嘎陀金刚寺，他朝礼了丹、藏、贤三士的灵塔。在司徒活佛洛哲等的祈请下，他给僧众讲授了《入行论》指导，然后到石渠寺、拉赤都寺、曲霍尔寺等几座格鲁派的寺院中系统地传授《入行论》，他的讲授，音洪语清、言简意赅、提要钩玄，颇得寺院格西、拉然巴、活佛和僧众的称颂。

巴珠活佛在朵加寺附近建立法轮道场，他以前世活佛巴格·山木丹彭措修建的大石塔为基础，将其扩建成了一座规模较大、建筑美观的宁玛派佛寺，寺名为巴珠朵本林寺。巴珠活佛的一生，专注于闻思修，勤于讲辩著，用佛法的甘露浇灌众生。他还培养了一批佛法弟子，著名的有噶陀·司徒却智、却吉洛哲、佐钦寺第五世图旦却多、嘉绒南智·更桑图却多杰、多智钦二世活佛晋美平措郡乃、三世活佛晋美丹贝尼玛、朵钦则之子德钦仁贝冉智、却智延盘却吉昂哇、阿佐·周智卓都多杰、德东列朗巴、居·弥潘·绛央南杰嘉措等，还有许多萨迦、噶举、格鲁等派的弟子。

巴珠活佛·吉美却吉旺布圆满弘法利众的事业后，于藏历第十五饶迥之火猪年（1887年，清光绪十三年）四月十八日摄色身入于法身而圆寂。

巴珠活佛一生的著述甚多，但大部分已佚失。现刻印出版的著作有《慈氏论讲授注释》《入行论注释》《功德藏注释》《加行指导·普贤上师言教集》《出世法言·莲苑歌舞》及诗歌、颂词等。其中《加行指导·普贤上师言教集》和《出世法言·莲苑歌舞》两部是名著，有刻印本传世。在多智钦·晋美丹白尼玛著的《巴珠·吉美却吉旺布传》中评价其著作时说："智者研习语义俱佳，愚者听受茅塞顿开，语言流畅易懂，要义深入浅出，听时如余音绕梁，阅时如甘露滋润……"

居·弥潘·绛央南杰嘉措

——康区宁玛派著名学者

居·弥潘·绛央南杰嘉措，以下简称居·弥潘嘉措，于藏历第十四饶迥之火马年（1846年，清道光二十六年）生在四川省甘孜藏族自治州石渠县境。父居·贡保达杰，母东萨桑琼玛，家族系"居"姓氏。其叔父温喇嘛白玛达杰给侄赐法名"绛央南杰嘉措"，意为"妙音胜海"。

他六七岁时跟父亲和舅父学习藏文写读，同时背诵《三律仪论》，听受《黑白算学加行》等经文，10岁时写读已十分娴熟。12岁入宁玛派的居美霍尔桑欧曲岭寺出家为僧。他以一个普通沙弥的身份学经时，就已赢得"童僧智者"的称号。据说他15岁时将一本《韵律占星》的旧书几天内学完后，祈祷文殊菩萨，并在居娘日绰山寺专心修持文殊语狮密法和药丸成就18个月后，出现了几种特殊证兆。自此，不论是显宗还是密宗经论，他只看一遍即能全部领会于心。17岁时，涅绒境内发生战乱，牧民全部迁徙至青海果洛草原上,居·弥潘嘉措也随之来到果洛暂住。18岁时跟随舅父居桑去前藏朝圣，曾在宗喀巴师徒创建的噶丹寺求学一个多月，之后赴藏南，途经洛扎喀曲时，身上出现了空性和温乐，似乎得到了洛扎喀曲圣地的加持。由此他又取北道而行，半途意外得到了一本《韵律占星广经》的经籍，仔细翻阅后，在书中找到了他在洛扎喀曲出现空性和温乐的正确答案。甥舅在前藏各地巡礼朝拜约一年后返回甘孜,这时战乱已平息，恢复了昔日的安静和平景象，为他的学经创造了良好的环境。

居·弥潘嘉措从坚贡旺钦·杰冉多杰聆听“智慧白文殊随许法”，并接受两次灌顶，成就的证兆十分明显，智慧犹如莲花一样绽开；从巴珠·吉美却吉旺布在5天内学完了《入行论慧悟篇》，从词到义无不通晓，学完后自己为《般若波罗蜜多心经》作了注解。后来慕名拜嘉央钦泽旺布为根本上师，上师见他根器很深，并已学有成就，首先为他讲授了“白文殊菩萨智慧随许法”，开启法门，然后如瓶浇灌似的将共与不共之法、显密方面的名著、金刚乘伏藏成熟依止秘诀等全部传授予他，经反复修习，皆达到了融会贯通。他又从绛贡洛哲塔耶巴（工珠·云丹嘉措）学会了梵文和工巧明，学习工巧明时，他以理论与实践相结合的方法,于火马年（1906年）著成了《藏族实用工艺宝箧》一书，书中以自己的成功经验，对如何雕刻、制藏香、纸张、油漆、石器、玉器、矿物质颜料，以及书法、绘画、刺绣、缝纫、洗染等的工艺技术一一做了介绍，该书至今仍具有一定的实用价值和科技借鉴价值。居·弥潘嘉措世代行医，他从小就受到良好的医学教育，后经上师的传授，自己的发奋学习，精通藏医学，著有几部医学专著。其中《医学四续释难精选·如意宝明鉴》《精选利乐宝库》《草药甘露法》《医学后续尿诊法注释》《医药蔓百方》等较为有名。他还掌握25种常用医疗秘方，如治咽喉、眼睛、儿童耳疾等方面的秘方诀窍，甚至还著有医治畜疫的专著。他经常走出寺院，为农牧民行医治病，深受农牧民的欢迎。

居·弥潘嘉措天资很高，加之勤奋好学，在习经修持、讲辩著诸方面皆超过其他僧人，成为出类拔萃的学者，名贯藏区。例如，他从居温·晋美多杰格西聆听因明学科的摄类论后，复又为格西讲授了一个多月的摄类学经论。在本萨格西阿旺郡乃处学习《中观入行论》时，格西讲授完毕后，即刻对他进行测试，他将该著有理有据地从头讲说了一遍，格西听后十分欣赏他的才华，自叹道：“我等虽取得格西名号，但与他相比自愧不如。”自此，在众多通晓教理的然贤巴格西的法会上，居·弥潘嘉措犹如一头毫无畏惧的雄狮，坦然自如地讲经论说，他举一反三，引经据典，说理清晰透彻，见解独到精辟，使听众为之倾倒，大有“奇论共欣赏，疑难当即释”之感。继后，他又从轨范师洛代旺布、司膳师白玛二师学习《量理宝藏论》《慈氏五论》《戒律论》等显宗经论，还利用时间学习时轮历算学，著有《时轮广疏》一书，学完印藏诗论后，撰写了《诗注妙音嬉戏海》。另外，还撰写了《释量论释》《八部教法注释》《旦志诗律庄严论》《医学四续疑难·如意宝鉴》等论著。有一次，格鲁派的一位名叫嘉哇多欧的大学者，对他的《般若论注释》一书持有不同观点，邀请著名学者巴珠·吉美却吉旺布任公证人，二人就此问题进行辩论，辩得难见胜负，喇嘛仁却问巴珠仁波且：“两位中谁是胜者？”巴珠诙谐地用一个谚语做了回答，他说：“我也不敢下结论，正如‘父不夸儿别人夸，母不夸女婆家夸’。”为了判出胜负，巴珠仁波且又让他们二人以《大圆满智慧总义注释》为宗进行辩答，结果居·弥潘嘉措获胜。这时，他的根本上师嘉央钦泽旺布为了佛法长盛不衰，将代表身语意的佛像、佛经、佛塔和一顶长耳莲花僧帽赐给他，让其成为他在佛学方面的传人。上师还赞扬他是当世无人相比的大学者。工珠·云丹嘉措听了他讲的《释量论》注释和“八部教法注释”后，也说他是宁玛派中的“玛哈班智达钦波”（玛哈班智达的称号是佛学界对才华出众、显密融通佛学家的美称）。

居·弥潘嘉措虽是佛教界知名学者，但对世俗间微小之事也细心观察探论，对佛法和世俗之事无所不通。他撰述过许多关于世俗间的文章，如他于火猴年（1896年）著了一部名为《王道论》的杰作，书中深刻而透彻地提出国王怎样才能治理好自己的国家，应如何对待贤臣良士，如何身体力行，如何爱护自己的庶民，如何明察忠奸，怎样惩罚恶相、奸民等等哲理。

居·弥潘嘉措中年时曾到嘎毛达仓修行地前后修持密法13年，其修行地还有居日山寺、丹科德果山寺等，由于他依上师的教言潜心修持，出现了智慧大乐，证得了方便智慧无二无别之道。

居·弥潘嘉措一生致力于闻思修、讲辩著的佛法事业，他曾先后拜几十位佛法高深的格西，闻习普通和特殊法类经籍100多种，通晓十明学科，尤擅长工巧明、医方明和历算学。其著作有32部、千余种，一部分散失在民间，一部分被八邦寺和佐钦寺制版印刷。

居·弥潘·绛央南杰嘉措为佛教和民众做了大量利益之事后，于藏历第十五饶迥之水鼠年（1912年）四月二十九日，结跏趺坐而示寂。

他的弟子众多，其中朵智钦久美丹白尼玛、代东索加、佐智五世、白玉寺嘉智活佛、格芒、色钦然贤巴、嘉查、嘎陀司徒、俄尔师徒、古浪仓·邬坚久哲却央多杰等皆为博学多识之士。

西钦·久美白玛南杰

——四川甘孜西钦寺高僧

西钦·久美白玛南杰，西钦寺丹尼达杰林第四任法台，于藏历第十五饶迥之金羊年（1871年，清同治十年）十二月十九日，出生在四川德格和拉陀属地佐吉措隆地方。父亲喜饶系阿卓氏族，母亲南喀卓玛是章巴官人的女儿。他被嘉央钦泽旺波认定为邬坚让琼多杰的转世灵童，取名久美白玛旦增克珠嘉措，被僧众推上了西钦寺第四任继承人的法座，成为该寺的住持。他先从其叔父白玛旺钦学习藏文写读，之后就开始学习《声明学》《诗学明鉴》《修辞·宝生》《黑白历算》等五明学科。他从师佐钦堪布白玛丹曲沃色受沙弥戒，取法号白玛南杰，从格芒堪布云丹嘉措学习《分别戒律之取舍》，持戒严谨，成为全寺的持律典范。他又师事钦泽、贡珠、堪钦噶玛·扎西俄赛、饶绛那巴等师学习《发菩提心律经》，拜嘉央钦泽旺波为师学习密藏灌顶、教言、秘诀及宗喀巴大师的《菩提道次第广论》和噶玛·让琼多杰的"新密法类"等多种显密教法。后来他又先后从贡珠·洛哲塔耶、噶玛·却吉宁协、噶玛·扎西俄赛、居·弥潘活佛等上师学习《宝库藏》中的成熟解脱法，以及《知识藏本释》《噶举密藏》《古汝密法广疏》《文殊圆满法》《智慧入门》《修法八部注释》等深广密典及教法，成为显密双融的学者。他为了将全部密宗法融会贯通，将西钦·饶绛那巴、堪钦更华、嘎陀司徒、八邦耿桑旦贝尼玛、佐钦堪布白玛多杰、巴珠·吉美却吉旺布等奉为顶饰上师，聆听深广教法，研习奥义。

他20多岁时，先修习"生起次第"，后修"圆满次第"，修道和证悟境界无上增长，地道（大乘菩萨十地和五道）获得圆满成就。

之后他又专修光明大圆满之秘诀法，心悟能摄，思维宝藏启开，讲辩著的事业之光照亮十方，慕其名前来求法的人日益增多。其中宗萨寺的钦泽·嘉央却吉洛哲、西钦·更桑旦贝尼玛、加央罗德旺布、代果钦泽饶赛、贡珠·华丹却吉旺秀、白玛智美勒白罗哲、佐钦林喇活佛、堪索曲·阿乌拉冈、嘎陀堪布乃丹等名僧也投其门下习密闻法，他从此声誉大振，成为西钦寺著名佛学家。

西钦·久美南杰的著作有《羯磨仪轨》《赞颂集》《祈祷长寿仪轨》《教法史》等，汇集成册有13部。

西钦大师内事完成了闻思修，外事完成了讲辩著诸事业后，于藏历第十五饶迥之火虎年（1926年）摄色身入于法身而示寂，终年55岁。

古浪仓·邬坚久哲却央多杰

——青海多才多艺的宁玛派高僧

古浪仓·邬坚久哲却央多杰，“古浪仓”是以地名为其取的别称，“邬坚”是宁玛派名僧在其法号前所冠的尊号，由邬坚白玛郡乃（邬坚莲花生大师）的尊号而来，“久哲却央多杰”是法号，意为“无畏法界金刚”，其族源据载来自四川甘孜地区董氏家族。

久哲却央多杰学遍五明学，尤精于宁玛派经典、教法，通晓藏医学及工艺学，遍游卫藏康，并赴内地大城市参观学习，眼界开阔，善于学习和应用先进的科学文化，是一位多才多艺的宁玛派著名活佛。

久哲却央多杰于藏历第十五饶迥之木猪年（1875年，清光绪元年）出生在青海尖扎古浪嘛呢塘。父亲嘉贝扎西，母亲祁茂太。火牛年（1877年）四月被认定为前世纳措让卓的转世灵童。7岁时披剃出家，赐法号久哲却央多杰，迎入阿琼南宗寺坐床，由热贡曲玛的格西任启蒙经师，始学藏文拼读，年稍长，学习藏文语法、正字学，兼学梵文和乌尔都文。之后他与嘎丹钦饶旺秀和央桑一起学习《诗论》《功德藏》《如意藏》等宁玛派经典。13岁时从夏嘎巴二世学习佛教史和藏族史，是年他与夏嘎巴、夏日仓、嘉沃色、昂拉卡索仓结伴赴西藏朝礼深造。他在西藏一面朝礼名寺，一面遍参名师学习佛法。这期间从多札堪布听受了旧密传承的全部历史，并作了笔录。返回故乡后，先后从智昂多哇却和夏玛尔班智达学习显密诸论，参加辩经时僧众敬佩他的智力和辩才。夏玛尔给他作了智慧化身文殊菩萨的随许灌顶后赞誉他为“古浪智童”。15 岁时，在十三世达赖喇嘛和端智多杰的关照下，光绪皇帝赐给“呼图克图”的称号。水蛇年（1893 年），他带领随从僧员由青海海南、果洛、玉树进入四川甘孜地区，朝礼了佐钦寺，从该寺活佛南喀沃赛和杰贡格芒罗赛等闻习“如意妙瓶”“金刚橛”及其他宁玛派教法。他又到德格寺朝圣，受到了该寺僧众和德格土司的热情接待，在土司府为其眷属作了长寿灌顶，被土司尊为顶髻上师。后他赴八邦寺和嘎毛达仓寺拜见了工珠·云丹嘉措和居·弥潘·绛央南杰嘉措，建立了法缘关系。后经甘孜日绰来到嘉绒地区，应嘉绒土司之请，给土司和家眷传授了长寿灌顶法。数月后，由土司派人护送，他经甘南拉卜楞寺、热贡雅玛扎西曲寺返回阿琼南宗寺。

久哲却央多杰不视教派亲疏，不管地区远近，广参名师，一生先后从五十多位不同教派的学者学习显密经论和藏族文化。其中四川甘孜嘎毛达仓寺的高僧居·弥潘·绛央南杰嘉措成为他的根本上师。他从师多年，系统地学习了天文历算、藏医药、文法通论、诗论等学科，以及显密百论的深广教法、旧密传承等密宗法，成为博通多门学科的学者。他还先后在阿琼南宗、扎嘎尔哲宗、古浪嘛呢塘、热贡八圣地、阿尼玛卿山、青海湖海心山等地潜心修习密宗法多年，获得了殊胜证悟。因而被人们称为“自在成就邬坚巴·久哲却央多杰”。木龙年（1904 年），他利用施主给他的供养在阿琼南宗附近办了一个制造金银铜器及装饰品的小工厂，从四川德格请了几位金银铜匠，传授制造镂刻技术和刻印技术，制造出了精致的善逝八宝塔、大小银制佛龛、银灯、长短铜号、镶银法螺等。他刻印了《隆钦七藏》《精要两部》《居·弥潘文集》及常用短篇经典、诵文等。火马年（1906 年），他在阿琼南宗寺初建了讲修经院，礼请甘孜佐钦寺引经师教习诵经、佛乐、结手印法、烧祭仪轨等。

他酷爱藏医学，常带弟子到坎布拉十八宗的天然林区采集药物，教弟子们辨认草药及其性能、功效、治疗范围等。他编写了两部实践之作，即《藏医验方新编》和《世间降神老翁》。同时筹集修建了一所小型藏医院，即南宗藏医院，为这一带的群众（包括汉、回、撒拉等民族）医治疾病，解脱痛苦。一次，他闻知海西汪什代海一带牧民中流行一种传染性热病，危及人的生命，他不顾自己的安危，亲自到该地精心为患者治病，控制了热病蔓延。后来人们将他集中治过病的地方称为“格塔朵”，意为“祛疫山口”。土马年（1918 年），他从北京等地参观回来后，扩大了医疗范围，从西宁福荣教堂邀请了美国传教士兼医师等若干人到南宗医院传授中西医药知识和医疗技术，为当地群众的身心健康和各种地方病防治做出了贡献。

土猴年（1908 年），他与父母及兄长、昂拉活佛等人二次进四川康区，拜见了上师居·弥潘活佛，与弟子一起整理了居·弥潘的文集目录，还与上师以辩论的方式研习了时轮金刚，成为通达者。到德格后拜见土司王，彼此心投意合，土司给他赠送了度母像、金刚橛本尊像、《丹珠尔》大藏经一套、佛教乐器多件，土司之妻给他母亲赠金戒指一对及珊瑚佛珠等贵重物品。

深秋他们一行返回本寺。1909 年至 1917 年，在黄河南北一带讲经传法，为利益众生而奔忙，同时利用时间著书立说，调解草原和部落间的民事纠纷。

火蛇年（1917 年）二月十七日，赴五台山朝拜，途经甘肃、陕西等地。四月初四到达北京，游览朝拜了万寿山、北海白塔、西黄寺、六世班禅大师纪念塔等，他还派弟子到北京洋里印刷厂学习印制技术。六月初二起程赴五台山，受到该圣地喇嘛及和尚的盛大欢迎。

他朝礼了五台山各佛殿、佛塔和佛洞，给五台山僧人煮芒加（斋僧茶），行布施，与拉卜楞寺阿旺格勒活佛会见时，给他送了《清凉山志》等有关文殊道场的历史典籍。他在这里撰写了《文殊菩萨道场颂》一文，复赠给五台山翻译周泰等人。六月十八日，他与五台山政教总管扎萨克大喇嘛坚赞桑布、菩萨洞老爷等商议后，从该山西南菩萨洞右面的一小沟内购得一块宝地，自己设计塔形，动用一百名工匠，一个多月建成一座居·弥潘·绛央南杰嘉措大师的奇异灵骨塔。五台山藏传佛教僧人和汉传佛教僧人五百多人，按各自的宗教仪式举行了开光典礼，并进行了转经大法会。按塔尔寺驻五台山拉科活佛意愿，他撰写了《计时分际研究·白莲束》一文，献给拉科呼图克图，拉科仓赠给他龙纹缎衣一套。在五台山交流经验和讲经、辩经时才智出众，令僧众钦佩。在住持坚赞桑布的请求下，为僧众传授了长寿灌顶法，僧众称他为“古浪大佛爷”。

是年九月返回北京，在京一年多，时任北洋政府总统的黎元洪三次召见了他，主要谈论了汉藏民族关系和宗教事务。他端庄的举止、渊博的学识、流利的口才、利益他人的宽阔胸怀及虚心好学的求知态度，深受黎元洪的赏识。

在京期间，他开阔了眼界，清楚地意识到科学是振兴家乡的无价之宝，所以他利用时间到北京的一些医院、工厂、学校去考察，拜访专家学者，虚心求学科学知识。在一家医院，他考察学习了十几天，向医生学习医术、诊断方法，向许多患者询问病情及治疗方法和效果，了解各种医疗器械、医院科室的分类及管理。他带领学医的弟子先后参观了二十五所中西医医院，认真听取医生给他们讲的中西医治疗方法，以及临床经验、医理知识及诀窍，他一一作了笔录。他还到几家金属工厂、电厂、印刷厂参观学习，向工人学习冶炼金属、电的常识及铜印、铅印、石印、木刻印刷等几种不同的印刷技术,并购买了一些电器。之后他又乘船去上海参观了商场及一些学校和工厂，然后返回北京。在京城，他和译师陀美一起，学习研究了汉族史、汉藏关系史，尤其汉藏在历史上的友好团结史及新、旧《唐书》中有关吐蕃的论述等，他俩还论及在蒙藏地方如何办学、发展民族教育等问题。

九月二十七日，大总统将他聘为宫廷内译师益西陀美的同室喇嘛，在这里他用藏文著成《新电码 · 百光》一书，并石印后散发各地。他将十三世达赖喇嘛塑造的一座尊胜塔、长寿瓶和自己著的《普贤法轮志》一书献给大总统。总统十分高兴，命人尽快将此书译成汉文。

在京时他还接受一位德国女尼之请，就印度佛教、中国内地佛教及藏传佛教等做了广泛的交流。女尼还提出跟他到安多学习《大圆满普贤祈愿法》和藏语语法的想法，他当即表示同意。

十月十二日，他乘火车离京并同德国女尼一道回青海。途经西安时，适逢土马年（1918 年）新春佳节，受到陕西方面的盛情款待，古浪仓一行按藏族习惯设宴回请答谢，并作了盛大法事活动。从西安出发时，督府派黄色轿子两乘、轿车一辆、马车六辆、士兵 300 名护送。他于翌年二月初抵达西宁后返回南宗寺。

久哲却央多杰回寺不久，在众弟子和当地群众的资助下，创办了一所藏族学校，这所学校一直存在到青海解放建政后，培养了不少藏族人才。他还十分重视科学技术的学习和应用，将从内地带回的一些小麦、青稞、葡萄、梨、苹果及其他药用植物的品种，利用黄河沿岸潮湿温暖的地理环境进行试种栽培。他还在尖扎直岗拉卡地方兴办了一座小型纺织厂，纺织藏毯、褐子、氆氇等，这种传统手工工艺流传至今。

他曾广泛搜集自然科学方面的资料进行研究，经过反复试验，成功掌握了石印技术，掌握了蓄电池制作法，用白蜡试验录音，并学习摄影、镏金技术，加以推广应用。金猴年（1920 年），当时作为青海经济、政治、文化中心的西宁尚未用上电灯，而他根据电学原理，利用买来的电器，经过多次实验，制成干电池，在他的寺院里首先用上了电灯，使人们十分惊异而羡慕。在自然科学方面他撰写了《电线密码 · 百光》等书。

土马年（1918 年），久哲却央多杰按照七世章嘉等活佛的意愿，从西宁李土司手中将葬有西藏三贤哲的灵塔地连同七间店铺，用六百两白银和一些马匹等购买下来，订立了地契文约。在刚察千户、嘎什吉千户、汪什代海千户、李千户、华热加达仓、隆务夏日仓、塔尔寺白家仓、支扎昂索、广慧寺活佛等的大力资助下，用二千三百五十七两七钱六分白银和一些粮食、布匹等作为基金建成佛殿一座，并改店铺为僧舍，这就是人们今天所说的“西宁大佛寺”。后来七世夏茸尕布接管后，捐资兴建了后面的双层歇山顶式瓦殿一幢，作为供奉“三贤哲”的佛堂。

土羊年（1919 年），久哲却央多杰受委派，以汉藏友好使者的身份随朱绣率领的代表团在官兵的护送下进藏，与西藏噶厦政府进行汉藏友好关系会谈。为了会谈成功，他在拉萨协助朱绣四处奔波，先后拜谒了十三世达赖喇嘛、九世班禅、藏王雪康巴及在藏的道帏格西・喜饶嘉措大师等。经多次磋商，终于于 1920 年 2 月 15 日，在噶厦会议上达成了《汉藏友好・白莲盛开》的协议，用汉藏两文订立，由双方官员在协议上签字盖章，十三世达赖喇嘛还加盖了金印。事后，代表团五次向北洋政府和甘肃政府致函或发电报汇报会谈情况和结果。是年 4 月 2 日离藏返青，7 月 18 日代表团抵达兰州，受到了以张广建为首的汉藏蒙官员的热烈欢迎，久哲却央多杰被授予“甘青千户”称号，授其弟旺欠“青海百户”名号，并颁赐北洋政府授给他的“管理宁海红教古浪佛僧钤记”金印及信册。

久哲却央多杰一生足迹遍履安多、卫藏、康区，广转法轮，培养了不少佛学弟子。木鼠年（1924 年）在康区给著名宁玛派学者嘉央钦泽旺波活佛的灵塔敬献黄金百两。水猴年（1932 年）四月，久哲却央多杰带病到海北一带传法。八月初四，他在与弟子一行来到日月山脚下时突然圆寂，享年 57 岁。弟子们将其遗体运回阿琼南宗寺，修造灵塔安葬。

他的著作还有《巴燕玉扎寺寺规・善光之日》《瑜伽喇嘛加持云露及其注释》《文殊五部佛祈祷文》等。

仁增曲央桑姆

——杰出的女佛教活动家

修赛至尊仁波切仁增曲央桑姆是古印度萨霍尔（今孟加拉措班玛）地方人。父亲端智南加出身于克玛氏族中，母亲名查仁白巴卓玛。仁增曲央桑姆生于藏历第十四饶迥之水牛年（1853 年，清咸丰三年）三月十五日，因是女孩，按十五日这个出生日取名觉额拉姆。她家境十分贫寒，但年幼的觉额拉姆天资聪颖，佛教在她的心中已有了影响，在闻习内法的同时，为了家庭生计，年仅 5 岁的她和母亲一起到一位瑜伽母次仁布赤家中做活儿。6 岁时，一位喇嘛鼓励她念诵“六字真言”。她在拉达克国王的应供喇嘛扎西嘉尊前很好地学习了藏文拼读书写。为了维持生活，父亲卖唱，她跳萨霍尔地方舞蹈，父女一路乞讨渐次从萨霍尔来到卫藏阿里地区，后又经代嗄夏返回萨霍尔。之后外出朝圣，她又从萨霍尔来到慈母的出生地尼泊尔，在这里朝礼了三大佛塔及一些圣地。她在舅父周巴赤列南杰跟前聆习了西藏竹巴噶举派的“五旧加行规范仪轨”和晋美曲昂著的《加行指导·普贤上师言教集》。13 岁时，萨霍尔国王后继乏人，为了王位有人继承，国王将觉额拉姆召进王宫祝福诵经，后来她为国王生了一子。国王将她奉为自己的传法上师，但她不愿一直敬事国王，到吉仲地方与喇嘛白玛嘉措相遇，白玛嘉措很高兴地将自己所有的一切教言全部传授予她。之后，她到贝隆赫日绰（静修地）修持了 3 年。她 17 岁一度专修“风息瓶法”而获得了一定成就，后又第二次去尼泊尔，首先粉饰了尼泊尔斯瓦阳布山上的三座大佛塔，又为甲容卡雪地方的一座大佛塔刻写了佛塔志。她在尼泊尔做了许多有益于佛教的事业后，一面讲经说法，一面为民众做善事，又逐渐进入卫藏的定日什杂日山、德钦普、扎木措、萨迦、江孜白居等地广转法轮。然后从后藏来到前藏，在拉萨朝礼了大昭寺释迦牟尼像和小昭寺不动金刚佛，同时朝礼了布达拉宫、彭波圣地，之后在拉萨的加丛神泉地方潜心修持。

36 岁时，由青海宁玛派高僧夏嘎巴措周让卓的转世晋美同曲乎丹贝坚赞为她取法名仁增曲央桑姆，意为“持明法界善慧”。她从央德仁波切上师学习了《入行论注释》和萨班著的《三律仪论说》和古印度龙树劝诫亲友乐行善施的《劝诫亲友书》等教敕，从堪钦·阿旺丹贝尼玛受出家仪轨。她在岗陀地方专心致志进行修持，据说显示出了许多修行的特殊功能。之后她从拉萨出发渡过雅鲁藏布江到达山南传教弘法，最后踏上了世间神山雅拉香波山，驻锡于金刚心界妙喜香郡圣地闭关修炼。

54 岁时住进修赛寺，“修赛”是柏林间之意，该寺是于金牛年（1181 年），由噶举派高僧杰贡·次臣僧格在今曲水尼普地方修建的一座寺院，因寺院建在风景优美的柏树林间，以此取寺名修赛寺。次臣僧格又以修赛寺名创立了修赛噶举派，是帕竹噶举八小支之一。仁增曲央桑姆来修赛寺的时间大约是火羊年（1907 年），这时这座寺院已衰落下来，寺僧锐减。她见这里环境优雅，气候凉爽，便长期住修于该寺，男性僧人都对她十分敬畏，所以人们称她为修赛至尊仁波切，又俗称修赛罗钦。此后，寺中尼姑逐渐增多，最后变成了宁玛派的尼姑寺。60 岁时，为 100 多名僧尼传授息结派玛吉拉珍的觉宇法，因觉宇派的“觉”是“断”的意思，即以菩提心和空性见，能断除人生一切烦恼生死的根源。“宇”直译为“地域”，但在这里指佛学家所说的“境”，即达到苦修舍身忘己的境界。自仁增曲央桑姆传授玛吉拉珍的“觉宇”法后，修赛寺内修习息结派教法的气氛十分浓郁，人们都认为她是玛吉拉珍的转世。后来她到过一百多处尸林、坟地、泉水等地，进行苦修息结派的“觉宇”法。此时她的声誉已传遍了卫藏、萨霍尔各地。

仁增曲央桑姆苦修期间，其生活十分清苦。但她克服了一切困难，苦修从未间断，甚至当她 83 岁的高龄时，还事师梅宁大成就师达娃多杰闻习了许多宁玛派的教法。她一生专事佛学，苦心修持，最终成为一位伟大的女性修法大师。她于藏历十六饶迥之金兔年（1951 年）三月十三日，摄色身于法身而示现圆寂，享年 98 岁。

格敦群培

——近代史学家

格敦群培是青海近代一位才华横溢的藏学家、翻译家和绘画大师，也是一位爱国爱教的知名宗教人士，在青藏佛学界和文化界乃至国外影响较大，颇负盛名。他在对藏族优秀传统文化的继承发展，以及藏文化与国外文化的交流等方面做出了不可磨灭的贡献，为世人留下了许多杰作。

格敦群培生于木马年（1894 年，清光绪二十年），其生年又有水兔年（1903 年）和水虎年（1902 年）之说。他是青海黄南同仁地区双朋西人，父亲是位宁玛派信徒，对西藏名僧隆钦饶绛巴大师的《隆钦七藏》密宗经典有所研究，母亲白玛是位善良、贤惠、勤劳的藏族妇女，父母给他取乳名柔洛。柔洛从小就聪明机智，喜欢学习。在父亲的熏陶下，4 岁时会读写藏文，五六岁时能熟练地背诵藏语文法口诀和简单的宁玛派口诵经文。7 岁丧父（又有 14 岁时之说），与母亲、姐姐相依为命。同年母亲送他进入宁玛派雅玛扎西曲寺出家为僧从师习经，雅玛扎西寺著名夏嘎巴活佛将柔洛认定为多扎堪布的转世灵童，后其母将他送到化隆雄先地方的格鲁派支扎上寺，这座寺院是青海境内一座著名的学府法苑，他在该寺拜学识渊博的名僧堪钦格敦嘉措为师，上师为他授予沙弥戒，取法名格敦群培。他从师攻读因明论，9 岁时已能诵诗作画，上师发现他的智慧超过一般童僧，故特意用一种启发式的教学方法培育他。13 岁时他不仅掌握了藏文语法，而且善于绘制佛像和传统画，他的绘画技艺不亚于一般绘画大师。这年他作了一首题为《遍善论》的诗歌，被学者活佛誉为佳作。四川白玉寺的多仁波切路过支扎上寺，见到聪慧机灵的格敦群培时，又认定他是宁玛派钦则益西多杰的转世灵童。13 岁时他学完了支扎上寺所设的课程，14 岁时经师看到他对藏族的大小五明学科已经入门，对因明也有了一定的基础，遂将格敦群培保送到甘南夏河的扎西曲贡巴（即拉卜楞寺）深造。这里他开始研读五部大论，尤精于《释量论》。格敦群培爱好广泛，除佛学和哲学经典外，对新鲜事物十分感兴趣，常常带着好奇心观察研究。无论学习佛学，还是学习传统文化，他不像其他僧人那样循古守旧，视佛法一成不变，他应用宗喀巴大师“缘起性空论”中的辩证思想，善于探索，深入研究，提出了自己的独到见解。在一次辩经会上，他对该寺第一世嘉木样协白多杰大师著的《因理论》中的几个论理提出异议，阐述自己的观点，由此招来了寺院一些僧人的责难和非议。据说他曾绘画了一幅女神像，画像体态婀娜，眼神含情脉脉，给人一种呼之欲出的感觉，这也成了攻击他的口实。在这里他受到其他一些寺僧的嫉妒、诽谤和刁难，他在忍无可忍的情况下，约于火兔年（1927 年），毅然离开拉卜楞寺去西藏拉萨继续深造，进入拉萨格鲁派三大寺之一的哲蚌寺郭莽扎仓鲁本康村，投鲁本堪钦・喜饶嘉措大师门下研习佛学。他认真研讨学问和刻苦求索的精神，引起周围僧人的关注。在寺内举行的一次辩经会上，他以高超的辩才和惊人的智力一举辩败了当时哲蚌寺首屈一指的两位大格西，广大僧众无不称奇。但到拉萨三大寺立宗辩论（为会考）考取拉然巴（最高一级学位）时，他却以各种借口没有参加。格敦群培的生活虽十分清苦，然而凭自己的毅力、聪明才智和勤奋好学，加上老师的教导及志同道合僧友的帮助，终于通达了显密诸论，成为一名才华出众的学者。由于他生性耿直，遇到任何问题，包括学术研究，总是直言不讳地阐述自己的观点，因此，又招来了一些贪图名利、不学无术、虚荣心极强的僧人嫉妒、嘲讽，甚至是侮辱和殴打。当时尽管他处境困难，但还是潜心钻研佛典，广泛搜集民间传统文化，为以后他研究藏学奠定了基础。

木狗年（1934年），一位名叫热乎罗的印度班智达来西藏搜集研究古梵文经典，因当时年代久远的印度佛教基本已湮没，梵文佛经也几乎濒临失传，为把藏文大藏经和一些佛典复原成梵文，他来藏物色所需要的人才。当悉知格敦群培是一位知识渊博的学者时，决意聘请他去印度担任译经师。两人会面时，热乎罗说："在历史上中印两国互派学者译师，翻译了不少经典著作，促进了文化交流，但以后较长的一段时间里，中断了这种文化交流。如果先生愿继承先哲译师的未竟事业，我愿请您到印度去。"格敦群培接受了他的邀请。为了去印度，他向在拉萨开西药铺的印商学习英语，又同热乎罗一道去西藏山南、桑耶、热振、萨迦、夏鲁、彭波一带考察研究名胜古迹，边搜集资料，边绘制各种图画。据说他所画扎囊地区塑造的克什米尔班智达释迦室利的身像和吉隆观音庙中用旃檀雕刻的观音像活灵活现，被视为珍品。他的绘画，无论是风景、动植物，还是人物，都画得十分逼真，继承了热贡艺术的画技风格。格敦群培和热乎罗从西藏去印度的途中，每经一地，他都仔细观察，一一绘成旅行图，标上山名、地名、河流名称，为编写游记积累了资料。到印度后，开始在瓦拉纳斯学习梵文，后转入斯里兰卡梵文大学，学习了一年零四个月，成绩优异。据《格敦群培文选》（藏文）载，他在斯里兰卡时还跟一位基督教女教徒学通了英语，并同女教徒将藏文版《释量论》等经典译成英语，流传于国外。斯里兰卡梵文大学授予他班智达学位名号，而他没有接受。他游历了斯里兰卡各地，考察了地理风貌、风土人情、名胜古迹、崖刻碑文、动植物，尤其是食用及药用植物的种类，并绘成图，仅在这里绘的精致图画有一百二十多幅。他也考察了这个国家的佛教，认为斯里兰卡是一个几乎全民信仰佛教的国家，佛寺、佛塔林立，律藏教义在这里广为传播奉行。在斯里兰卡的学习考察结束后，他返回印度翻译经典。这期间他编著了《梵文文库》《智游国度金钥》等著作。在印度、斯里兰卡、尼泊尔等地考察学习期间，不但刻苦攻读了佛学原理、教义等，还广泛接受世界进步理论和科技知识。他曾阅读了许多英文版的书籍和一些科技书刊，开阔了眼界，增长了知识。

这时，他已熟练地掌握了几种语言文字，精于翻译。其译著有十几部，首先将印度作家伽利达萨的名著《莲玛鸟的故事》由梵文译成藏文，之后又将《罗摩衍那传》《善女之歌》《无我问》《第七昼夜之话语》《三自性定论》《佛事偈颂》等梵文名著译成藏文。又将自己著的《印度八大圣地志》、《斯里兰卡纪事》、《雪山狮·喜马拉雅的故事》、《龙树教义释》、《微尘辨析》、《中观因明之深义》、《论白话文》、《水和植物》、《青莲花》、《藏族格言》（之一、之二、之三）等著作，先后译成梵文在印度出版发行。据说，《印度八大圣地志》在印度出版过两次，深受印度学者的欢迎。在翻译经典时，因查阅资料，发现西藏早期（赤松德赞时期）著名密宗经典翻译大师白若杂那、噶觉等翻译的梵文经典和由梵文译成藏文的译著后，觉得译文精练准确，语言流畅通达，心中肃然起敬，合掌称善。他用藏文撰写的著作有三十一种，据他的高足霍康·索朗班巴说，运到西藏的手稿约一铁箱。后因种种原因，一些已佚。格敦群培用搜集来的大量资料汇编了一部《江湖游记》，是一部集印度、斯里兰卡、尼泊尔及西藏地方的地理地名、民俗、文化、艺术、古迹、寺庙等内容于一体的综合性著作。他从不歧视妇女，在《欲望论》一书中说："私事、村事、朝政大事，乃至乞丐的生计等，诸凡大小事情岂能没有妇女呢？"对妇女的作用和地位作了充分肯定。

格敦群培对古体文字有所研究，他在游历印度、斯里兰卡、尼泊尔等地时，注意收集了一些崖（岩）刻文字、碑文和其他文字（包括象形字），并进行了考证和对比分析。

格敦群培酷爱读书、集书、著译，在印度、斯里兰卡期间，通过对藏族史的深入研究，萌发了编写一部宗教、神话色彩极淡，且较为完整的藏族史的念头，并着手搜集有关资料。对从新疆和敦煌出土的一部分古藏文原始资料进行了较为详尽的分析研究，摄取了自己所需要的部分内容，据说他是运用敦煌古藏文考证西藏古代文史较早的一位藏族学者。约于木鸡年（1945 年）返回西藏，这时他已拥有许多编史资料，为使藏族史更加完善、准确、史实可靠，他于火狗年（1946 年）初和得意门生霍康·索朗班巴（后成为藏族学者）一起去考察历史遗址，足迹遍及有关吐蕃历史遗迹的每一个地方，所到之处对每一块石碑（包括无字石碑）、宫殿、佛殿、匾牌、墓地等都进行了详细考证和研究，做了笔录，又取得了许多第一手资料。编写藏族史的工作在拉萨罗布林卡一军营的办公室里进行，这是索朗班巴特意安排的，因为他当时担任西藏噶厦政府近卫军如本（相当于营长）。格敦群培将史书定名为《白史》，也是有一定内涵的，一是为了不再重复，因前人已编有《青史》《红史》《花史》等史书，二是尽量剔除宗教神话传说，对西藏各教派不持门户之见，公正评述宁玛、萨迦、噶举、格鲁等教派。"白"意为纯洁、无渲染，故称《白史》。

当格敦群培专心致志奋笔撰写《白史》之际，腐败无能的噶厦政府在英帝国主义分子黎吉生的怂恿下，将他以"莫须有"的罪名逮捕入狱。将他投入囹圄的真正内幕有两个方面：一是因为他作为一个正直的热爱民族、热爱祖国的学者，不愿违背自己的良心，丧失民族尊严，去为英帝国主义侵略西藏而效劳，严词拒绝了亲英分子的诱惑拉拢，使驻拉萨的英方代表黎吉生怀恨在心，诬陷他在印度期间参加了印度共产党，还编造了他的同党名单，欲将他的好友和学生都牵连进去，置于死地；二是当时噶厦政府的摄政达扎和个别佛教界上层人士对格敦群培的才华和成就出于强烈的嫉恨，以参与伪造藏钞和反对噶厦政府组织为名而“定罪”。噶厦政府组成所谓的“审讯小组”，对他多次进行审讯，并施以酷刑，要他招供，并让他招出平常与他有来往的友人和学生的名单。在严刑逼供下，他表现了一个藏族学者的坚贞气节，未吐一字，使噶厦政府和黎吉生的阴谋未能得逞。噶厦政府还抄了他的家，将他收藏的英文书籍全部交给黎吉生审查，希望从中找出一点“罪行”，黎吉生竟然在一本《斯大林传记》上批了“危险品”三个字。格敦群培含冤坐牢，对帝国主义分子和噶厦政府痛恨至极，但他对佛教虔信不疑，在牢房内条件极差的情况下，经卷始终不离手。他还写道歌作诗，一方面慰藉自己，一方面告诫人们对黎吉生一伙要提高警惕。近 3 年的监狱生活，一次次的打击折磨，使他的身心受到了严重的摧残。噶厦政府还委派散颇台吉等两名官员审查此案，他们发现此案纯属诬陷，是一件冤案，十分同情格敦群培的遭遇，为了不违上级意旨，又想救他出牢，就将他当众严刑五十马鞭，以无真凭实据而开释结案。金虎年（1950 年），格敦群培虽然出狱了，但身体十分虚弱，神志昏沉，再也不能重握笔杆写史了。《白史》一书未完成的部分，据说是由西藏著名学者格西曲扎先生受他之托而全力完成的。据《格敦群培文选》一书载，他的《白史》和《中观正见论》未完成部分，由高僧达瓦桑勒作笔录而补。总之有一批学者继承了他的未竟事业，使其圆满。《白史》卷末以他在狱中写的一首诗作结束语：“唉！我已背井离乡，却还有几个口干舌燥的故交，说什么我本性自大骄傲，是被乃穷赤烈杰布（护法神）逐放。您（指乃穷）若是一尊公正的护法神，怎么能容得那些昏庸的教徒，让他们云游各地，专做茶酒、牛羊生意呢？那些身上倒穿着犹如多罗叶的禅裙，手里操着卑劣凶器‘加格赤’的僧人，理应即刻逐放他乡，但去岁以来这些人反而与日俱增。有人说我的被迫出走，是对佛法没有虔诚之心，那么为何不逐那些黄牛、犏牛、鸟雀、昆虫之类的畜生呢？杂杜尔、曲丹、乃穷诸尊神，你们毫无理由驱走无辜，不管刻苦学习佛陀经典的人。穿戴豪华和饮食衣着低劣的叛教者，在我们眼里大有区别，在佛陀眼里却无差异。既然能赶走一个通达‘堆画’的‘傲慢者’，那么随意经营屠杀生灵的豪富们，总有一天将会住满这里……”

1950 年 10 月，西藏和平解放的消息传来，格敦群培心情万分激动，当中央人民政府代表张经武同志专门派医务人员去看望他，为他治病时，他一面以感激之情，感谢中国共产党和人民解放军，一面无比愤慨地揭露反动噶厦政府勾结帝国主义分子在西藏犯下的罪行。由于长期经受折磨，被摧残的病体日趋恶化，虽经医务人员多方治疗，终在藏历第十六饶迥之金兔年(1951 年)八月十四日因治疗无效而离开人世,终年 56 岁。

乔智·加华吉贝多杰

——果洛白玉寺重建者

乔智·加华吉贝多杰，生于木马年（1894 年，清光绪二十年），是四川省成都附近加喀波多地方人，与拉智同属青海果洛久治地区最大的宁玛派寺院的两大主要活佛。乔智 3 岁时，由拉智活佛认定为宗智·加央喜饶的转世灵童，取名贡嘎华旦，首先迎请到四川省甘孜地区白玉县境内的白玉寺坐床。5 岁时，委派康昂喇嘛彭措扎西和德措喇嘛索南仁增为其经师，教习藏文拼读，他念诵十分流利。是年从白玉寺迎请到果洛白玉寺，此寺为四川甘孜白玉寺的子寺，在此寺他受近事戒，取法号班玛晋美旦增程勒。9 岁在白玉寺正式坐床，从师学习文法、历算、诗学和《入行论》等藏文化学科和经论。15 岁开始修学显密经论，同时学习宁玛派教法及教言。22 岁时，前往四川甘孜的宁玛派大寺——嘎陀寺，在该寺活佛司徒·却吉嘉措、索南华丹等师尊前受比丘大戒，取比丘法号“图旦久美却吉瓦夏珠赤勒巴”。他先后从拉智活佛、戴钦都东旺徐林巴、鲁喜堪布官却梅朵、宗萨尔钦泽活佛等十几位知名活佛和名僧修学各种显密经论，并反复刻苦研习，逐步深入到佛学的广阔领域。经过多年的深钻细研，才成为博学多识的学者，上师为他起学者名乔智·加华吉贝多杰，意为“妙化身文殊喜金刚”。

他不持门户之见，系统地学习了宗喀巴大师的《善说金鬘》《辨不了义论》等格鲁派的重要经典。从 9 岁讲授“大灌顶法”开始，先后在四川嘉绒五部落、果洛三大部落的许多寺院中向僧众讲经说法，寺院僧众听受了他的讲经后，皆认为他虽年轻，但口才流利，能言善论，每讲一部，有理有据，头头是道，毫不混乱。

在讲经传法的同时，他也十分注重显密的修持，经常到一些静修地修持“金刚橛法”“寿密”、《三律仪论释》等教法。对他所取得的佛学成就，九世班禅洛桑图旦却吉尼玛大师莅临果洛玛科地方时，曾对前来拜谒他的乔智作了这样的评价："当前新旧教派中精通和关心本派教义的人不少，但对佛教不持偏见，领会佛教要义，并无微不至关怀的当属你。"并授予他“麦日根堪布”的称号和金印一枚，赐银圆1000块，还认定白玉寺为其属寺。

1936年6月，白玉寺大经堂、宅院、僧舍及大量佛教经典等因战乱而遭受焚毁。乔智活佛于1940年至1942年间在信教群众的资助下，重建了白玉寺。

乔智活佛对白玉寺的建设做出了较大贡献，首先他为四川甘孜白玉寺久扎拉萨尔佛殿铺设了金顶，为果洛久治白玉寺增建了寝宫、佛殿，修建了几处日朝巴山寺的佛堂。他对金顶佛殿的梁柱进行雕刻彩绘，殿四角安装名叫“曲森”的鳌头，殿顶置了铜制镏金宝瓶、法幢、法轮、祥麟等装饰品，在佛殿内塑供了宗喀巴师徒三尊镏金铜像，这在其他宁玛派寺院中是很少见的，还塑有莲花生大师古印度铜像、千手千眼观音镏金铜像等佛像多尊，还供奉了几座金银佛塔以及热译师的金刚铃杵等珍贵圣物，以及捐献各种木刻、金银汁写本的佛经几千卷。

乔智·加华吉贝多杰于藏历土狗年（1958年）往生净土，终年64岁。

噶当派

噶当派是藏传佛教派别之一，除宁玛派外，为后弘期诸派中产生最早的一个教派。“噶当”一词是藏语的音译，意为“佛语教诫”或“佛语教言”，即将佛经的一切内容看作是佛对僧人修持全过程的具体指导。藏传佛教后弘期初期，学法僧人中，重密法者轻显教，重师承者轻经论，重戒律者则反对密法，致使教法修行次第混乱，显密分歧。阿里王意希沃重礼迎请印僧阿底峡大师入藏弘法。当时阿底峡针对西藏佛教现状，著了《菩提道炬论》，阐明显密教义不相违背之理和修行应遵循的次第。仲敦巴·嘉瓦郡乃拜其为师，学到显密各种教法，并同卫、藏各地首领共议，迎至卫、藏各地传法。溯本求源，阿底峡尊者发其宗绪，仲敦巴开其派规，博多瓦、金厄瓦、普琼瓦三昆季弘其流传，郎日唐巴、侠尔瓦、夏域哇等扩其繁衍。当阿底峡去世后，门徒多依止仲敦巴修行。藏历第一饶迥之火猴年（1056年，宋嘉祐元年），仲敦巴创建热振寺为其根本道场，后形成噶当派，所以仲敦巴成了噶当派的创始人。其流派中又分为教典、教授、教诫三个支系。由博多瓦传出的一支称教典派，意思是这一支派在噶当派中比较重视佛教经典的学习；普琼瓦传出的一支称教诫派；金厄瓦传出的一支称教授派。其中最盛行的是教典和教诫两个支派，这即是噶当派的教义。

随着教典、教诫、教授三个支派的出现，又出现了许多噶当派寺院。其中主要寺院有热振寺，这是噶当派的母寺，也是主寺。博多瓦修建的博多寺，夏域哇修建的夏域寺，杜敦罗哲扎巴修建的纳塘寺，夏·切喀巴修建的切喀寺，以及岗岗寺、金岗寺、达坚寺等，以后随着教派的发展，噶当派的寺院遍及藏区。

噶当派是以修学显宗为主，兼习密宗法。显宗经典主要有“噶当六论”，即以《本生论》和《集法句经》为起信之本；《菩萨地》和《大乘庄严论》为修定之本；《入菩萨行论》和《集菩萨学论》为行道之本，加上阿底峡的《菩提道炬论》，又有“噶当七论”之说。

另有阿底峡所著主讲“正见”的《二谛论》和《中观要诀》,主讲“行持”的《摄行炬论》和《摄行论》等。《噶当师徒问道论》是噶当派最具代表性的著作，其所修习的密法经典主要是《真实摄经》等。

噶当派还有著名的“噶当七宝”，即释迦牟尼、观音菩萨、度母、不动佛四本尊与经、律、论三藏，总称“七出世法”。噶当派也有新旧之分，将 11 世纪至 13 世纪，由仲敦巴至宗喀巴以前的噶当派称旧派；15 世纪，宗喀巴大师以噶当派作风行状及教义为基础，增益中观正见及密乘方便而形成的格鲁派称新噶当派。由此可见，新旧噶当派主要是以时间先后划分的。因新噶当派是在旧噶当派教义的基础上发展起来的，两者之间的教义、教法人们很难区分，所以格鲁派兴盛后，噶当派很自然地融入格鲁派，原噶当派寺院纷纷改宗为格鲁派，噶当派也就不复存在了。

尊者阿底峡大师

——噶当派开派导师

尊者阿底峡大师，是古印度一高僧大德、大班智达，法号燃灯吉祥智，于藏历水马年（982 年，北宋太平兴国七年）诞生在东印度帕哈喀拉（今孟加拉国达卡）地方。父亲格瓦贝是萨霍尔国的国王，母亲华摩沃色，生有三子，他为次子。他们的国家十分富裕，父王拥有显赫权势，他们住在豪华的宫殿里。当阿底峡出生时，天神驾着祥云从上空撒下天雨瑞花，上空出现五色彩虹、悦耳仙乐等奇异吉兆，出生后父母取名为达瓦宁波，意为“月藏”。王子长相惹人喜爱，面似十五满月，宽额黑眉，明亮的眸子，唇红齿白，国王和王妃十分喜爱。

他 5 岁时就会诵经，能流利地背诵《伽陀颂》。离王宫不远处有一座佛教寺庙，一次寺内举行盛大佛事法会，国王和王妃应寺庙之邀请，带着王子乘坐豪华轿辇前去观礼，有五百人马为其护驾。到寺庙前下轿后，当着众人面，他对父母说：“要是有一天让这些百姓建立善业根基，信奉佛教正法，跟我们一样富有多好啊！”人们为一个刚懂人言的稚童说出这样的话而感到惊叹。在寺庙中，父母向三宝佛敬献供养鲜花后祈祷道：“请神佛保佑人主长寿无恙，有享受不尽的财富，后世不堕入恶趣（地狱），重转人世。”而月藏王子却祈祷道：“得暇满转生王子，无暇人主见三宝，敬三宝再三顶礼，今日始已受皈依，不再受俗家缚束，入僧列获得佛法资粮，戒傲慢供祭佛法，发慈悲滋润众生。”王子祷祝毕，聚集在这里的百姓顿时对小王子肃然起敬。《噶丹宝籍》中说这是阿底峡在幼年时第一次说法。

10 岁时他学习各种法术，同时学习工巧明、医学、声明、哲学、内明学和诗论、历算学等，15 岁时已精通因明论和声明学。从此佛学已在他的心灵上打下了烙印，开始厌烦宫廷的生活。父母看在眼里，经常让宫中美女乐队弹唱歌舞，并从王族闺秀中挑选了很多美女，准备为其成婚，以笼其心继承王位。这时，他的救护度母神暗中提醒他，为振兴和弘扬佛法，要下决心出家为僧，不要贪恋世俗，不要沉溺于情欲的泥沼中。20 岁时，他再三请求父王让他出家，父母无奈，只好同意。29 岁时，他离开王宫，经介绍到印度金刚座的玛哈菩提寺出家为僧，重新深入地学习了内外两教的因明学、医方明、星象学，以及佛教的法相学和显密经典等等。他先后拜赛林巴为主的著名学者 34 人为师，学通了五明学科，获得了“大班智达”的称号，在印度曾担任那烂陀寺和超岩寺的住持。

当阿底峡大师的声名美誉传到卫藏后，阿里古格王意希沃为了在卫藏复兴佛教，派译师嘉·宗哲森格献上大量黄金，邀请他到卫藏讲经弘法，阿底峡没有答应，未能成功。意希沃没有灰心，又到处搜集黄金亲自来到卫藏和克什米尔的边界上，但被克什米尔王抓获，投入牢狱。对方要古格王族带上与意希沃等身的黄金来换取。他的侄子绛曲沃又到处搜寻黄金，一次去探狱时，对意希沃说：“你放心，人们收集的黄金距你等身只差一个头部，凑足此数，马上来赎你出狱。”意希沃说：“现在我已年迈，就是释放回去也没有用，还是用那些黄金去迎请大班智达来藏弘传佛法吧！”于是他的侄子绛曲沃派纳措大译师携带黄金去邀请阿底峡。这次印度国王和支噶玛拉西寺的堪布、僧人同意让阿底峡前去卫藏，但只允许他住三年。藏历第一饶迥之金龙年（1040 年），年已 59 岁的阿底峡在纳措译师等人的陪同下从印度出发，经过尼泊尔时，在这里讲经弘法一年，于水马年（1042 年）抵达后藏阿里地区，古格法王绛曲沃作了盛大欢迎仪式。阿底峡大师在这里为古格法王和其他一些信徒信民传授了许多灌顶法和教授秘诀。在古格法王的请求下，用梵文撰写了《菩提道炬论》一书，这部著作译成藏文后，成为藏传佛教噶当派和后来的格鲁派一切见、行、修道次第的主要依据，同时又著了《密咒幻镜解说》。他在阿里一住就是三年，准备返印时，尼泊尔边界又发生战乱，因而延误了时间。此时纳措译师将旧译的《八千般若波罗蜜多》《二万五千般若光明释》《八千般若广释》等拿出来，请求尊者校正。尊者说：“到前藏后我们一块儿校正吧！”时隔不久，仲敦巴·嘉瓦郡乃来阿里迎请尊者到前藏讲经弘法。于是从阿里出发，来到日喀则的纳塘地方，在这里发现一座形状似象鼻的山峰，山旁的平地上有一块巨石，石上有十六只蜜蜂，他观览地形后对随从弟子们预言道：“以后这里将会出现一座寺院，我佛的教法会弘传开来。”果然后来在这里出现了一座名叫纳塘寺弘法法苑。之后他来到年措地方时说：“梦见今晨拂晓伴随声响，天空中出现一个梵文‘吽’字，它击响铜十一面观音像后放射光芒，使整个卫藏充满光明，它撞击一个青年僧人后，出现幻身光明。”太阳刚升起山顶时，来了一位年届16岁的小僧人，名叫悦·曲旺，他拜见阿底峡大师，并献上黄绸，请求道：“请传给我修习观世音的教诫。”大师高兴地赐给他一尊十一面观音像，并传给全部观音菩萨的修证法类。继之，悦·曲旺迎请尊者阿底峡到他的住地，承侍供养了三个月。在此期间大师对信众公开宣讲般若经论，又为悦氏三兄弟讲传事部修法。悦氏请求大师传给深奥的法门，大师遂讲说六字真言，悦氏道，这还不够，请再传更深奥的守护法，大师又传了忿怒明王。总之，阿底峡大师在这里为悦氏和信众传授了许多佛法，使他们心满意足。据说悦氏三兄弟获得阿底峡大师所传经教后，随即修持六个月后现见寂静观世音菩萨，继而现见忿怒观世音。阿底峡大师说：“在修证观世音法类方面没有人比悦氏更精通的了。”后来悦氏修建了悦瓦东西二寺，收徒传法，将阿底峡的佛法广布年楚河一带。之后他来到山南桑耶寺，给僧众讲授经论,并同纳措译师共同重译了《二万五千般若光明释》和世亲所著《摄大乘论释》等一些经典。阿底峡在这里看到了一些印度梵文本的典籍，而且一些梵文本在印度已经失传，他感叹不已。阿底峡曾到夏鲁寺，为新建佛殿作了开光仪式，之后经雅隆到达聂塘，驻锡于由他的弟子们兴建的聂塘极乐寺。在此寺他住了近九年，这期间他做了有益于卫藏佛教重新兴起的三件大事：一是在卫藏各地聚徒传法讲经，主要讲授《现观庄严论》《二万五千般若光明释》《三士道教导》等。因为他在卫藏看见这里的佛教徒见修不纯，学无次第，重密轻显，所以他首先著《菩提道炬论》，讲授三士道的目的也在这里。他提出了三士道次第、修菩提心和显密并重的一整套学说，同时他还给弟子和爱好医学的人士教授《医学八支论》等医学经典，大家皆受益匪浅。扎加的几位学医者听受后作了笔录，以后都成为有名的藏医。医学的传授对于西藏医学流派的形成也起了重要作用。二是组织译师共同翻译佛教经典及其他学科的典籍，并著述论说。他和纳措译师,弟子俄译师、桂译师等翻译了属《丹珠尔》大藏经中的《观正理格拔哇》及其他名著，还翻译了一些因明学、般若论、声明论、医方明等方面的著作。另外他自己还著了《医头术论》《噶当根本论》等著作。他一生的著作达20多部，这些译著和著作对印度佛教文化与藏传佛教文化的交流起了极其重要的作用。三是为藏传佛教噶当派的形成奠定了理论基础和人才基础。噶当派中的“噶”是佛语的意思，根据佛教的说法，佛的一切教诲都是通过语言表达出来的，因此佛语就是佛的言教，“当”是教诫、教授的意思，就是对学佛僧人的持守、修习学法的指导和指示。“噶当”合起来就是把佛的一切言教（显密经论）都看作是对于学佛僧人从日常行为到修法成佛的全过程的指示和教导。如尊者所著的《菩提道炬论》一书，虽两千言，但他把一个佛教徒从最初拜师学经到最后修成正果的整个过程中应做的事皆依次表述清楚。让修学的人由浅入深、循序渐进，沿着他所讲的阶梯逐步攀登。书中的三士道教导一节主要讲述人可分为三类，即“下士”“中士”和“上士”，属“下士”一类的人，不希求解脱世间的痛苦，只求今生今世的“利乐”，佛教把这叫作“人天乘”;属“中士”一类的人，只追求个人解脱世间流转轮回之苦，并没有普度众生的想法，佛教把这叫作“小乘”；属“上士”一类的人，不仅自求解脱，并愿普度众生，佛教把这叫作“大乘”。人即分三类，修习次第也分三道，即“下士道”“中士道”“上士道”，这三道合称“三士道”。尊者把佛语经教系统地组织成为修学教授，要求他的弟子们皆按此教授修习，故后来把他的派别称为“噶当派”，即佛语教授派之意。

据说于土鼠年（1049 年），阿底峡尊者得智慧仙女化身的“拉萨疯婆子”的指点，从拉萨大昭寺的瓶形柱下发掘了《柱下遗教》（又名《柱间史》）一伏藏典籍，它是藏王松赞干布遗书之一。除上述著作外，他还著有《成大乘道修行方便略录》《十不善业道开示录》《定资粮品》《心要略摄》《菩萨如意珠鬘》《波罗蜜多泥像造作仪轨》《出世间七支仪轨》《一切三昧略论》《身、语、意开光法》《大黑天朵玛食子供轨》《入二谛论》《一切经集广义》《忏罪仪轨》《一切经集略义》《发菩提心及受菩提律仪仪轨次第》《菩萨行要略教授指示录》《皈依七颂》《菩提道灯论难义释》《菩萨行摄义灯论》《中观教授录》《般若波罗蜜多略义》等著作。

阿底峡的上首弟子仲敦巴·嘉瓦郡乃到热振地方创建了热振寺，噶当派就是以热振寺为根本道场逐步发展起来的。后仲敦巴的两个弟子博多哇和金厄哇发展成教典派和教授派两个支派。尊者的另一弟子俄·勒贝喜饶创建了桑普乃邬托寺，简称桑普寺，以后该寺以讲授因明学（佛教哲学）和辩经而闻名全藏区。这些弟子各有传承，但皆依噶当教法为根本宗旨，就是后来兴起的格鲁派也是在噶当教法的基础上产生和发展起来的。所以佛教史上有新旧噶当派之说，将阿底峡和仲敦巴等创立的教派称旧噶当派，将宗喀巴大师创立的格鲁派称新噶当派。阿底峡尊者在卫藏弘传佛法十二载，为佛教在西藏复兴做出了不可磨灭的贡献，被各教派僧人奉为噶当派的开创导师，藏族敬称其“觉沃杰”，意为“尊者”。

阿底峡大师于藏历第一饶迥之木马年（1054 年，北宋皇祐六年）九月初十在聂塘圆寂，遗体安放在聂塘的纳莫切地方，在聂塘俄尔尊者的灵塔处建了佛殿。

仲敦巴的热振寺建成后，原造灵塔移供热振寺，为该寺主供圣物。用尊者的另一部分骨灰、圣物舍利又造了一座灵塔，供奉于聂塘极乐寺。

仲敦巴·嘉瓦郡乃

——噶当派创始人

仲敦巴·嘉瓦郡乃，意为“胜生”，仲敦巴为其尊号，著名学者，噶当派开派始祖，热振寺的创建者。藏历饶迥前二十四年之木龙年（1004 年，北宋景德三年）出生在前藏堆隆普扎杰莫（今西藏自治区拉萨市堆龙德庆区）地方一富贵人家。父古显雅协培，又称达松古显，母亲库俄萨吉玛，系“协”氏族。

仲敦巴少年丧母，父亲续娶，常受继母的嫌憎，与继母不和而离家出走，到玉如舅父家住到 13 岁，并曾跟一位叫雍曲贡的学者学习藏文和念诵经文。17 岁时，觉沃赛尊从康区前往印度学法，半道上与仲敦巴不期而遇，仲敦巴对赛尊十分敬信，求学了观音菩萨六字明咒的念诵法。赛尊去印度后，他从杰拉康寺的创建者尚那囊·多杰旺秀（976~1060 年）处受近事戒（居士戒），取名嘉瓦郡乃（意胜生）。19 岁同商人结伴到康区丹麻地方，听说赛尊从印度已返回，他即刻前往拜见，赛尊遂收他为徒，留在自己家中，让他做放牧牛羊、推磨、种地等农牧业活计，一有空便学习经典。推磨时，将佛经放到磨台之上，边推边学。晚上还要骑马巡视农田，对上师还要殷勤服侍。总之，他劳动学习两不误，颇得上师的欢心，赛尊给他讲授了许多显密经论，尤其传授了印度论师龙树师徒的《中观论》和无著兄弟传出的《慈氏五论》，经认真学习钻研后，皆能通达其意，成为一位善知识。学习后常在经院与其他学僧立宗辩经，从没有一个人辩得过他，大家都心悦诚服，并向赛尊上师说："让这样一位学识渊博的人去干那些放牧牛羊的粗活，实在太可惜啊！"恰好这时库敦·尊哲雍仲和俄·勒贝喜饶也在这个寺院学经，他们三位便成了志同道合的僧友。以后便有"库俄仲"三学者的美名。印度一名叫弥底嘉纳格尔德的班智达到这里时，从其学习声明学和梵文。据说仲敦巴陪同班禅弥底来到康区通天河南岸的仲达藏娘地方，在当地信徒信民的资助下，建成了一座高达30余米、周长300多米的大佛塔，取名藏娘佛塔·盛德山，与印度的金刚塔、尼泊尔的巴耶塔齐名，称为世界著名的三大佛塔。后来仲敦巴等人问这位班智达上师道："在印度还有哪些著名的班智达？"班智达说："有那若巴、夏那德巴等名师，皆年事已高，有些都不在人世了，还有一位从王族中出家的班智达，名叫德比嘎热，尚健在。"他们听说后，都想前去拜师，正发愁如何去拜见之时，听说阿底峡应邀已到达后藏阿里地区。仲敦巴向赛尊巴上师说明了要去阿里拜师阿底峡学经的心愿时，上师十分赞同，并为他准备了驮行李的牲畜，将行李、书籍和少许用具驮上，送他上路。

仲敦巴赶着驮畜到俄曲河口时，遇到了昌喀白琼哇，二人相互攀谈佛法，他见仲敦巴谈吐不凡，昌喀白琼哇大为吃惊，问道："听说康区有一位叫仲敦巴的修法居士，莫非就是你？"仲敦巴答道："是我。"昌喀白琼哇立即将一垫子铺在地上，请他坐在上面，又将一副精致的马辔头和一卷绸缎赠给他，请他在热振地方建寺。仲敦巴说："现在没有时间，要到阿里拜访一位班智达，以后缘法合宜之时再来建寺弘法。"辞别施主后到达拉萨附近的彭域，又见到了卫藏梅鲁十人之一的噶瓦·释迦旺秀，他将要去迎请阿底峡之事告诉了释迦旺秀。释迦旺秀也很赞成，于是两人商量好，如果阿底峡接受邀请，愿意到前藏来，就由仲敦巴写信给他，请释迦旺秀和卫藏各地领袖人物共同迎请阿底峡。

木鸡年（1045年）初，仲敦巴到达普兰加香，遇到正准备经尼泊尔返回印度去的阿底峡，以献黄金作为觐见礼。阿底峡用手摩着仲敦巴的头，用梵语颂吉祥词并作了加持。晚上施主给了他一块酥油，他用酥油作供灯，放在阿底峡的枕旁。自此，直到阿底峡去世前，甚至圆寂后，他在灵塔前供献酥油佛灯从未间断过。阿底峡对仲敦巴进行了很好的灌顶后，晚上将两人的枕头拼在一起，推心置腹地交谈。次日，阿底峡特意将《菩提道炬论》全部传授给仲敦巴。以后凡讲其他佛法，皆依"三士道次第"教授，仲敦巴熟记领会了《菩提道炬论》一书的全部内容和意义。这时距离尊者返回印度仅剩三天的时间，仲敦巴恳切挽留尊者，他向尊者介绍了曾有嘎玛拉西拉等一些班智达在卫藏讲经弘法的事业和功绩，以及拉萨、山南等地区包括桑耶寺在内的各大寺院的情况，并说那里的数千名僧人都迫切希望大师前去传教。尊者听了，十分喜悦，他想，在今天这个世界上，这里还有这么多持戒梵行之人，在印度却已寥寥无几，于是改变了返回印度的打算，决心本着佛教徒弘扬佛法的心愿，答应并接受请求。仲敦巴立即写信给噶瓦，噶瓦又将这一消息告诉了鲁梅的四柱弟子之一尚那囊·多杰旺秀及其他有关的人，并且和卫藏各地方势力共同商议，派出代表去迎请阿底峡尊者。仲敦巴和阿底峡一行从阿里启程渐次来到藏绒地方，这里等候的库敦·尊哲雍仲邀请阿底峡到雅隆塘波且寺，在这里讲经传法一个月。这期间阿底峡经常和库敦在一起，库敦成了阿底峡的得意门生，又应聂塘寺之邀到聂塘寺讲经传法一个月。之后阿底峡去宁玛派佛寺桑耶寺，在这里给僧众讲授显宗经典的同时，也传授了一些密宗经典和教言。在钦浦为僧众讲授了道情歌集和一些甚深密法教言。仲敦巴服侍尊者从钦浦去拉萨，尊者要在这里建立"大众部"，仲敦巴说："由大众部之传规多产生根本堕罪[①]，不利于藏区，请勿设大众部。"尊者也就罢了。耶巴寺的俄·洛丹喜饶前来邀请尊者到耶巴寺，敬献了黄金 108 两、马 21 匹、牦牛 11 头、半月形披风 2 件、猞猁皮 4 张、银勺 2 个等物品 108 件，表示吉祥数字。据说这些贡物以后全用在修建热振寺的开支方面。阿底峡在耶巴寺讲授"三士道修行次第"等教法和教言。仲敦巴作为弟子向上师阿底峡尊者讲了月称论师的《中观正见》，尊者双手合十，面向东方道："印度现在仅仅修持这一种法啊，卫藏有像你这样的大德，是藏地的洪福啊！"之后师徒一行又来到聂塘寺讲经传法。九年后的一天，尊者预感到自己往生净土的时间不会长久，便将他随身携带的法衣、法器，如金刚铃杵、五佛冠、手柄小鼓、骨饰交付予仲敦巴。弟子们问上师道："要是上师您圆寂后，由谁来继承您的传承，谁住持寺院？"尊者说："今后一切皆由仲敦巴掌管！"说完遂圆寂。据说阿底峡尊者在聂塘寺先后驻锡九年，于木马年（1054 年）在聂塘寺归天。噶瓦·释迦旺秀把尊者的遗体、印度佛经及尊者上师赛林巴银伞等贵重遗物全部交给仲敦巴。仲敦巴一生跟随阿底峡 12 年，得到了尊者的全部教言。在阿底峡诸弟子中，以仲敦巴年龄最大、所学最多，处于大师兄的地位。木羊年（1055 年），仲敦巴在聂塘主持了悼念阿底峡尊者的仪式，并在那里建了一座寺院。这以后，仲敦巴回了一次家。不久，藏北当雄一带的地方头人们集会，派人请仲敦巴到热振地方去传教。火猴年（1056 年）初，仲敦巴带领阿底峡在藏的弟子，连同阿底峡的遗骨一起搬到了热振地方，是年修建了热振寺，将阿底峡的遗骨供奉在热振寺的银塔中。仲敦巴在热振寺首先建成了 60 多人的僧团，讲经学法。噶当派就是以热振寺为根本道场，由仲敦巴传承阿底峡的教旨而逐步发展起来的。

热振寺，意译为"翘角寺"，又名更培林寺，位于今之拉萨市林周县普多区唐古乡"普央岗钦”山麓。这里环境幽静，古柏苍翠，山径曲折，泉水淙淙，鸟兽群栖，每闻寺僧摇铃击鼓,朗朗诵经声传出,则百鸟飞临,群兽奔集,前来领食施物。金虎年(1770 年),皇帝钦赐“凝喜寺”，后改宗为格鲁派寺院。转世活佛为热振活佛系统，为西藏四大摄政呼图克图之一。

仲敦巴·嘉瓦郡乃一生虽未受过比丘戒，但他持戒极严，佛法精深，传教极广，开创噶当派，胜过其他比丘僧，他将自己的一生奉献给了佛教事业。他于藏历第一饶迥之木龙年（1064 年，北宋治平元年）五月二十日在热振寺圆寂，享年 60 岁，灵塔殿有其灵骨塔。

仲敦巴的著名弟子有博多哇、金厄瓦、普琼瓦等。他本人著有《师徒问道录》《赞尊者三十颂》《在家道德规范要鬘》及“地相文”“历史”“传记”“寺规”“信札”等方面的著作多种。

注：

①根本堕罪：密乘律仪所说根本罪。律仪如大树根，若善守护，则成生长一切道果功德之本;若不守护，则为生恶趣因及苦根本，未来生生世世由下堕下，故名根本堕。

嘉·宗哲僧格

——噶当派早期著名翻译家

嘉·宗哲僧格，是后藏阿里地区普兰县人。据藏史记载，其祖先是松赞干布执政时期的大力士喇嘎和赤松德赞时的巴·赛昂、巴桑希。宗哲僧格早年到后藏托林寺，拜著名译师仁钦桑波修学显密经论，达到彻悟，尤其潜心学会了印度语和梵文。后来受古格王意希沃的派遣赴印度邀请阿底峡尊者，但由于其他原因而未能请至。当时阿底峡尊者驻锡于支噶拉西拉的寺院中，他遂依尊者为师聆听了许多教言和《丹珠尔》经教，并将其中的一些篇章译成藏文。他在印度学经译经之时（1037 年），古格王意希沃又派纳措·慈诚嘉哇（1011~1064 年），携带大量黄金赴印迎请阿底峡尊者，当他抵达印度后，由临时担任寺院果尼尔经堂事务的住持宗哲僧格将其介绍给阿底峡尊者，因此，措那译师也从阿底峡尊者等班智达处聆听了许多佛法，并向阿底峡献上黄金，禀明了古格王派他迎请上师之事。经这次邀请，印度国王和支噶拉西拉寺的堪布、僧人同意阿底峡前去卫藏，但只允许其在卫藏传法三年，三年后即刻返印。宗哲僧格向阿底峡详细介绍了雪域佛教的兴起及发展情况，同时也说明了卫藏僧众非常需要像他这样的大班智达来弘法讲经，这会在卫藏产生极大影响，对那里的僧众会有深广的惠益。阿底峡尊者听后，也就答应了前去卫藏传法的要求。

之后，嘉·宗哲僧格提前启程返藏，他带徒传授佛法并教习翻译技巧，和几位弟子从卫藏传法到康区，当他们一行从康区复返卫藏时，听到阿底峡尊者已和措那译师等莅临阿里地区托林寺的消息时万分高兴，但在返藏途中不幸去世。

嘉·宗哲僧格是一位很有名的梵藏经典翻译家，其译作主要有：属《甘珠尔》中译出的《金刚手青衣者之仪轨·陀罗尼咒》；属《丹珠尔》中译出的《吉祥时轮金刚总赞之全部正行顶饰摩尼》《吉祥金刚瑜伽母修持法》《金刚亥母修持法》《二十一度母颂·纯净顶饰摩尼》《对瑜伽士的教言》《对力士之教言》《对歌者之教言》《屠夫之教言》《吠陀师之教言》《对幻术者之教言》《对妓女的教言》《金刚乘根本堕罪广释·道之灯》《入二谛论》《金刚手瑜伽续释》等经论。

库敦·宗哲雍仲

——阿底峡三大弟子之一

库敦·宗哲雍仲是尊者阿底峡大师的“库、俄、仲”三大弟子之一，其中“俄”指俄勒贝喜饶，为著名翻译大师俄·洛丹喜饶的伯父。“仲”指仲敦巴·嘉瓦郡乃，为噶当派创始人。库敦·宗哲雍仲于藏历第一饶迥前的金猪年（1011年，北宋大中祥符四年）出生于西藏雅隆地方，与著名翻译大师措那巴同庚，本名宗哲雍仲，在珠美慈诚郡乃尊前出家为僧，依格西扎巴浣喜学习几种教法。之后他同俄·勒贝喜饶、哲西饶贝一同赴中康区，拜喇嘛赛尊为师，闻习了许多经教，又从云丹雍仲学习《阿毗达磨论》，成为佛教学者。仲敦巴与阿底峡尊者在阿里会面的次年，库敦从中康区回到西藏唐波且（今西藏山南琼结县地方）。唐波且寺是于火蛇年（1017年）由鲁梅的传戒弟子珠梅·次臣郡乃创建，后来库敦进行了扩建，是一座弘传戒律的噶当派古刹。他在该寺开始招收门徒，广转《因明学》和《戒律论》法轮。当仲敦巴将阿底峡尊者从阿里地区的托林寺迎请到前藏时，在仲敦巴写给卫藏一些头面人物的书信中，未曾提到库敦巴的名字，但库敦·宗哲雍仲还是同一些马队前来迎接，将尊者一直迎到唐波且（琼结）驻锡，并作承事供养。后来仲敦巴又在未让库敦知晓的情况下，将阿底峡尊者暗中迎请至桑耶寺和聂塘极乐寺，由此，库敦对仲敦巴有了不悦之情。后来仲敦巴到处宣扬库敦的功德，库敦听到后对仲敦巴的高风亮节产生了敬仰之心，以前的不悦烟消云散。后来，师徒几人从唐波且寺前往拉萨东北之耶巴神山宁波山寺，简称扎耶巴寺，该寺是一座密乘山寺，系松赞干布妃蒙萨赤姜下令修建的。在此寺，阿底峡尊者为几位弟子传授了《菩提道炬论》，又有《噶当经函的密法》之说。据《拉萨藏传佛教寺院》一书载：以前莲花生大师从堆隆来到此地时，看到此处名叫拉昌洞的山，其山势不甚吉祥，大师预言将来此处将会有一座寺院。正如大师所言，后来库敦在拉姆齐建了一座寺院，就是这座寺，并广收门徒。后又在达隆查建了一座小寺，最后在此基础上建起了觉摩隆寺，为当时前藏拉萨六大寺院之一。

库敦大师曾在聂塘讲授《大般若经论》时，前来听经的信众约达千余人，其中达波旺徐也来亲近他，求学《大般若经论》，库敦让他达到了求法的心愿。据说后来他和精通因明学的学者琼波扎色二人到布达拉和红山就因明学进行辩论，二人辩得难分高低，最后以平局结束。

由于有关库敦·宗哲雍仲的史料较少，且简略。在《噶当新旧佛教史》一书中也只介绍了几句，没有下文。他是噶当派初兴时的一位大德，对噶当派的兴盛起过一定的历史作用。库敦于藏历木兔年（1075 年，北宋熙宁八年）圆寂，享年 65 岁。据许多史料载，该师曾著有一部《广本镇魔记》的史书，又名《桑耶寺详志》，是记载桑耶寺比较翔实的一部史记，另著有《甘露生起朵玛食子·两种仪轨根本及释论》。

瑜伽师阿尼·绛曲仁钦
——热振寺第二任大法台

关于阿尼·绛曲仁钦的史料，记载都比较简略，但在《雪域历代名人辞典》，藏文《新旧噶当派佛教史》《后藏志》和《热振寺志》中都有记载。阿尼·绛曲仁钦于藏历木兔年（1015年，北宋大中祥符八年）出生于雪域东方安多宗喀地方，是藏传佛教后弘期时人，他曾师事多位格西，学通了显密经论和藏族传统文化。后来他赴卫藏深造，在后藏阿里地区与被邀前来藏地传法的尊者阿底峡大师相逢而喜结法缘。首先他主动为阿底峡大师喂马，干内勤杂务。阿底峡见他十分勤快，是一位具有根器的弟子。所以在为僧众讲经时，就让他来聆听佛法，时间一长，二人形影不离。他闻法常常脑记手写，将所传佛法一一笔录下来，反复温习，深入思考，达到通晓。据《后藏志》一书记载：他在二谛法门（世俗谛和胜义谛）方面更精于仲敦巴大师，之后又师事阿阇黎年措上师，将阿底峡尊者的教法、教言全部学到手。后在静室中苦心修持，终于获得了殊胜成就，成为大瑜伽士，从此，人们普遍敬称他为大瑜伽士阿尼·绛曲仁钦，简称，“那觉钦波”。木蛇年（1065年），他50岁时应邀到噶当派祖庭热振寺出任第二任大法台，任内完成了热振寺庭院前走廊等一些尚未完工的工程。他担任热振寺法台共12年，这期间也遇到了一些棘手之事，后均迎刃而解。他培养了许多弟子，著名的有堆隆巴·仁钦宁波、喇木钦波、格西芒拉等。他赴藏后再未能返回故乡宗喀，于土马年（1078年，北宋元丰元年）在热振寺圆寂，其骨灰安奉于热振寺灵塔中，继后由臧·贡巴哇任第三任法台。

俄·勒贝喜饶

——桑普寺的创建者

俄·勒贝喜饶，是后弘期一位著名译师，著名翻译大师俄·洛丹喜饶的伯父，西藏著名译师仁钦桑波的得力译经助手，也是他的得意弟子之一。俄·勒贝喜饶系法王

赤松德赞时一位名叫俄·钦波的大臣之后裔，“俄”是其家族姓氏。其父多杰宣努是一位通晓旧密经的宁玛派格西，生有五子，俄·勒贝喜饶是长子。其生卒年不详，与阿底峡尊者是同时代人，年轻时从章·益西云丹受戒出家，学习藏文拼读。之后他赴康区从赛尊学习三藏经论及教法，成为通达者。土鼠年（1048 年）他同库敦·宗哲雍仲一起返回前藏。他亦是阿里古格王派遣的西藏 27 位年轻僧人去克什米尔留学中的其中最博学的一位。他在前藏拉萨建立讲经院，有许多弟子来讲经院求学佛法，为弟子们传授了许多显密经论。当听到阿底峡尊者在芒域（山南桑耶一带）讲经弘法时，和卫藏的一些头人结伴前往拜见，从阿底峡尊者学习了一些经论。因他性格温和善良，与阿底峡的所有弟子关系融洽。阿底峡应头人之邀到拉萨，他亦随尊者前往，并为一位带头的头人作了隆重的灌顶仪式。俄译师也在尊者处度过了学经修习的 10 年，学到了自己奢求的许多经论，通达了中观正见，跻身于学者行列。一次，他作为尊者的随从到拉萨河南岸的桑普地方，尊者指着对面一山沟说：“那里的地形像右旋法螺，此处建一座闻思修、讲辩著的弘法道场将会对佛教和众生有极大的饶益。”于是俄·勒贝喜饶按尊者之预言，于藏历第一饶迥之水牛年（1073 年），集资择地修建了桑普乃邬托寺，简称“桑普寺”。寺址在拉萨河之南，他住持寺院长达 17 年之久。据传，建寺前，俄译师请阿底峡到该地传授佛法，并要求对建寺的事保密，因而得名“桑普寺”。其实，寺院建成后，以地名取寺名。俄·勒贝喜饶任第一任法主，招收了 500 多名僧人，开始讲经传法，因此，人们称俄·勒贝喜饶为“桑普哇钦波”。后来将该寺经院分成十一个扎仓：白赛扎仓、尼玛塘、达波扎仓、南杰赛康、枯贝，称五个上岭扎仓；卓宁哇、希哇、娘绒、内廓哇、卓萨哇、热哇堆麦，称六个下岭扎仓。现在主要佛殿有十二根大柱的佛堂一座，内供：中间为俄·勒贝喜饶之身像，两边为阿底峡尊者、仲敦巴大师及恰巴·却吉僧格的身像；前面供有文殊铜像、尺余高的度母古铜像、八岁身量的弥勒佛像、另有几座灵塔；右边是依怙护法殿、八根柱的后殿，内供释迦牟尼印度古铜像、释迦戒身佛像及噶当派高僧灵塔等。由俄·勒贝喜饶初建桑普寺，其侄俄·洛丹喜饶任住持期间进行扩建，十一个扎仓是扩建后设立的。

桑普寺虽规模不大，因该寺历任住持大兴讲经弘法宗风，尤其恰巴·却吉僧格开创讲辩著、闻思修的学风以来，该寺逐渐成为西藏讲辩法相学的学府。

俄·勒贝喜饶圆满完成了学经、讲经、弘法、建寺的事业后示现圆寂，其灵骨塔供奉在桑普寺内。

臧贡巴·旺雪坚赞

——热振寺第三任座主

臧贡巴·旺雪坚赞，本名旺雪坚赞，“意为自在法幢”。臧贡巴是其别号，意为“臧的修禅师”，人们俗称他为贡巴哇。他于藏历第一胜生之火龙年（1016年，北宋大中祥符九年）生于多康岗一密咒师家中，家族为“臧氏”。

年轻时出家为僧，取法名旺雪坚赞。早年父母双亡，父亲给他留下的只有一些书籍，起初他与涅措上师相逢，从师听受了一些经论。后来他与一位朋友商量后，准备到日绰山寺，待装好书籍准备出行之际，他从前藏来的一批商人口中得知有一位印度的大班智达应邀已到达阿里上部，放弃了去日绰山寺的打算。他随即从家乡筹备了一点财物，将口粮和书籍交给朋友，跟着前藏商人一起同行，一路上主要靠乞讨化缘维持生活，饱尝了初次出门的苦头。他在后藏年措地方与阿底峡尊者一行相遇，遂献礼求学佛法。尊者说：“你做我的应供喇嘛，我可以传法予你。”贡巴哇请求道：“应供喇嘛我不能做，只请求上师传一合意的佛法。”尊者道：“如你不做应供喇嘛，我也无佛法可传予你。”贡巴哇无奈，才勉强答应了上师的要求。尊者除给仲敦巴密授教法外，给贡巴哇也传授了全部教法和修法教言。特别是给他专门讲授“三士道修行次第”，并做辅导，经修持就出现了证悟之兆。他还请求尊者给他传授密法教言，尤其是尊者所修忿怒明王修法，学这密法时，不用人做翻译，尊者直接用藏语讲授，他也模仿梵语学习，短时间内就学会了这一甚深密法。尊者传法时发现这是一位具缘弟子，因而特别器重他。贡巴哇在修学忿怒明王法时也觉悟到尊者是一位佛的化身，因而特别敬奉上师。一次，他修习持风息之法时，竟入定三天，无声无息，一动不动，弟子们以为他已坐化，突然他哈哈一声起身，弟子们大吃一惊。他的修持都是顺其自然，即便有时身体稍有不适，但风息却成倍增长。印度的一位名叫那琼的游方僧来热振寺时，用手指着贡巴哇的禅室说：“这里面住的是一位具有禅定和先知先觉功力的人。”

在阿底峡尊者的指导下，贡巴哇经过多年的勤奋修持，其瑜伽功达到了炉火纯青的地步，所以人们又称他为那觉钦波，即瑜伽大修士。阿底峡尊者在聂塘圆寂后，他一直跟随仲敦巴学习佛典，并做他的侍从，协助仲敦巴为振兴热振寺闻思修、讲辩著的佛教事业而尽职尽责。

木蛇年（1065年），贡巴哇继多麦宗喀地方的大瑜伽士阿尼·绛曲仁钦任第三任住持后，又住持护理热振寺5年。任住持期间，他教导弟子发扬阿底峡尊者和仲敦巴大师的宗风，刻苦学习噶当派的经典及教法。对一些有缘弟子传授密法诀窍，让他们跟自己一样专心修习，带出了一批学修兼备的弟子。

藏贡巴·旺雪坚赞于藏历第一饶迥之水狗年（1082年，北宋元丰五年）在热振寺圆寂，享年67岁。

博多瓦·仁钦赛

——噶当派经典支系传出者

博多瓦·仁钦赛，他是仲敦巴的大弟子，与金厄瓦、普琼瓦合称三昆季。“博多瓦”一名是他在彭域的博多山上创建了博多寺后人们送给他的别称，“仁钦赛”是其本名，意为“宝明”。博多瓦于藏历第一饶迥之火兔年（1027年，北宋天圣五年）生在彭域地区的扎吾塘（今西藏自治区拉萨市北）尼氏家族，父新斯旺徐，母勒姆。其父是本教徒，因此博多瓦自幼随父亲学习本教教义。父母的应供喇嘛甘木上师给他授了近事戒。后来，由耶巴哇俄·绛曲郡乃任亲教师，兰查香为轨范师，受戒出家为僧，被赐法号仁钦赛。从克端等处学习因明学，在兰查上师处聆听律经。阿底峡尊者在耶巴时，他前往拜见，从尊者听受了修行次第[①]，以及那措译师的修习次第。由扎嘉任亲教师，在具足僧的情况下受比丘戒，在僧会上开始学习讲经，犹如一位善言狮子，在这里讲经说法约一年，讲授了许多显宗经论。之后，整整一个夏季于端巴处学习教诫，成效较大。秋季，他隐姓埋名，以一个行乞僧的身份云游四川康区各日绰山寺和静修地。

博多瓦28岁时前往热振寺，从仲敦巴学习噶当派教法和教诫，仲敦巴稍加指点，即刻领悟。他认为上师的教诫好似无热之海无穷尽。仲敦巴有博多瓦、金厄瓦、普琼瓦三个得意门徒，其中他最喜欢博多瓦。当仲敦巴患微疾而将近寿终前，博多瓦请求上师道：“今后我依止谁，怎么办？”上师说：“你的法缘地在博多地方，在那里弘传显宗经典！”说完即逝，由格西普琼瓦作回向。有一天，普琼瓦对博多瓦说：“今天由你来作回向。”博多瓦作回向时，心绪稳定且很顺缘，博多瓦一人作回向修定时，看见《经庄严论》的根本，从而获得了慈氏诸论之义。在扎加专心修习了几年，上师仲敦巴去世后，他在贡巴哇之后住持热振寺长达 18 年之久，精心治理寺院教务，使热振寺宗风广弘。他平时刻苦学习经典，知识渊博，受到僧众的赞扬和拥戴，成为雪域的教主。另外，他讲经说法时引经据典，循循善诱，并弘扬上师建寺传教的功德；修持时心不外骛，自察自省。他的修持生活靠化缘维持，只有一块蒲团、一件破毡僧衣，息寂任何享乐之念，专注于佛法的修习。后因与当地掌权的头人、寺院的施主不和而离开热振寺。

金鸡年（1081 年）开始，51 岁的博多瓦先后到卓拉寺、喀陀寺、拉毛热杰寺、昌嘉孔木、岗加姆等寺游学讲经，在达隆和央坎扎两地住修讲经的时间最长。凡他游学过的地方皆讲经收徒，在这些地方播下了噶当派的种子，洒下了噶当经典教义的甘露。常随他左右的弟子有 2800 多人，他主要讲授阿底峡尊者著的《菩提道炬论》和“噶当根本书”，同时讲授“噶当六论”，附带还讲修嘎玛拉西拉的“修行次第”等。博多瓦一生主要以《菩提道炬论》为主，结合“噶当六论”进行讲授和修习，故将他传承的这一支派称为教典派，也称经典派。后来他在今之林周县境内的博多山上创建了博多寺，先建 16 根大柱的殿宇，东面的博多瓦及 300 多僧人，南面的朗塘巴及 300 多僧人，北面的尼素瓦及 300 多僧人共同为该寺进行了开光。与此同时，天神之子女翩翩起舞，并作了花供。相传，当日同朗日塘巴毗邻而居的动物互不侵犯，相安无事。16 根大柱的殿内供奉有两层楼房高的弥勒佛像和开口欲言、身着袈裟的度母像等。角楼里供有护法神宝帐怙主、犀甲护法等神像。博多瓦常驻于博多寺，因此彭域的人们称他为博多瓦。他 61 岁时还调解了彭域地方村庄之间的纠纷，使村民和解。噶当派的名望和声势是博多瓦讲经传教时期，才于卫藏地区大大发扬起来的，他是仲敦巴大师事业的得力继承者。

博多瓦·仁钦赛著有有关“噶当六论”的宝鬘、授文等方面的著作，以及《释迦佛一谛论》等。其弟子有 2800 多人，其中最著名者即朗日塘巴·多杰僧格和侠尔瓦·云丹扎巴，当时称他二人为一对日月。弟子们辑其语录并加注释成书为《小册青书》一部。

博多瓦示寂前，他交代弟子们不要用塔葬，而是用火葬他的遗体，并发愿自己的寺院变成尼姑寺。后来果然有 90 多位尼姑在此修习格鲁派教法。

博多瓦·仁钦赛于藏历第二饶迥之木鸡年（1105 年，北宋崇宁四年）圆寂，享年 78 岁。

注：

①修行次第：这里指的是阿底峡的著作《菩提道炬论》所阐述的教旨。该论全系颂文，句义简略，强调修法依“三士道”次第修行，循序渐进，福慧双修，只有在圆满修持显宗的基础上，才可转入密宗修持，达到“即身成佛”。

普琼瓦·宣努坚赞

——噶当派教诫支系的传出者

普琼瓦·宣努坚赞，于藏历第一饶迥之金羊年（1031 年，北宋天圣九年）出生在彭域地方（西藏自治区拉萨市北），为仲敦巴三大昆仲弟子之一。幼时他在彭波寺从卫藏十人之一的尚那囊·多杰旺秀和兰查香二师受戒出家，取法名宣努坚赞，译为“童幢”。他从格西库敦·宗哲雍仲（1011~1075 年）学习般若经论，在聂塘寺拜会阿底峡尊者，听受尊者讲授《菩提道炬论》，尊者圆寂后，随仲敦巴到热振寺学习噶当派教诫。仲敦巴将十六明点等密宗要门和《变化经》的全部传授予他，并奉仲敦巴之命为几位弟子讲授《俱舍论》。仲敦巴谢世后，他专心禅修，后来迁居彭域荣瓦普琼地方，见这里幽静，便住下来修学。

据说他一次静修时，手向禅室西面的山崖一指，山崖处流出一股修行之功德水，这股涓涓清泉至今流淌不断。他集资在此修了一座小寺庙，叫普琼寺。他住在普琼寺修法传教，因此人们称他为“普琼瓦”。他给弟子注重讲授“菩提道次十二缘起支”（即内缘起，内情世间众生发生状况之十二次第），并和博多瓦、金厄瓦三人经常一起学法辩经，研究显密经论。普琼瓦不收门徒，由博多瓦和金厄瓦分别收徒，师兄弟三人一起讲经传法。

他对三宝佛①十分虔诚敬奉，口诵佛经，经常煨桑、点香、供灯，殿堂内外藏香常燃，桑烟缭绕，佛灯闪光，一派梵宇景象。

格西喜饶坚赞将仲敦巴的《密法噶当十六明点教言》仅传授给了普琼瓦。这个口传法最初是阿底峡尊者和仲敦巴等师徒在耶尔巴拉日宁布的古尔驻锡时，他对仲敦巴说：“你略讲一下未来对有情教化之事。”仲敦巴遵师命，就讲出了“十六明点教言”。尊者要他终生奉行十六明点教言。这个教诫的传承系单传，尊者和仲敦巴传给俄·勒贝喜饶，勒贝喜饶传给阿里的喜饶坚赞，喜饶坚赞传给普琼瓦，他又传给仁钦坚赞，开噶当派“口诀”或“教诫”一系。

普琼瓦·宣努坚赞于藏历第二饶迥之火狗年（1106年，北宋崇宁五年）圆寂，享年76岁。

注：

①三宝佛：又称“西方三圣”，一说毗卢遮那佛、文殊菩萨、普贤菩萨；一说阿弥陀佛、观世音菩萨、大势至菩萨。

堆隆巴·仁钦宁布

——堆隆赞卓寺的创建者

堆隆巴·仁钦宁布于藏历第一饶迥之水猴年（1032年，北宋明道元年）生于拉萨西北面堆隆河流域的堆隆赛普江玛坚地方。10多岁时，他瞒着家人到琼波觉索上师处请求出家为僧。青年时，从前藏堆隆去了后藏，他先后拜喇嘛森格扎坚桑布、萨迦派高僧班智达本俦松巴等一些学者为师，广泛聆习显密诸论。当显密经论有了较高水平后，开始到寺院或专设的辩经场与人开展辩论，由于他记忆力颇强，思路敏捷，辩才犀利，凡逢对手皆甘拜下风，令僧众刮目相看。一次，在这里举办了秋季大法会，聚集千余僧人，进行讲经、辩经。他也有幸参加了这次法会，在法会上巡回立宗辩经，并开始讲经说法，由于他善于学习，从字面到经义无不通晓，加之他善辩，在法会上表现出众，受到了与会僧众的称颂。后来从阿里地区渐次前往印度，他在一座名叫喀日寺的法苑中遇到一位比丘僧，言谈之间，那位比丘僧讲出几句名言：“人生短暂的道理知道者多，而断定人生者却很少，犹如鹅在水中吮乳汁，只满足自己的欲望而已。”堆隆巴一听，很有哲理，遂问道：“这是哪位上师讲的？”答道：“是觉卧阿底峡尊者所讲。”又问道：“从何传来？”答曰：“从喀日寺传来。”于是他找到喀日瓦上师，在尊前聆听了《皈依经》等法类。后按喀日瓦上师的预言返回前藏，到热振寺拜访了该寺第二任大法台瑜伽士阿尼·绛曲仁钦（1015~1078年），瑜伽士见堆隆巴是一位很有根器的弟子，答应收他为徒。从此他开始从《皈依经》、有关慈悲（愿人得乐的慈心和愿人离苦的悲心）经论入手，逐渐转入其他经论，在瑜伽士处学到了许多经法。当阿底峡尊者莅临卫地时，堆隆巴用一条僧裙以应差而献，并从尊者聆听《菩提道炬论》等一些有关噶当派的经论。当时他在热振寺修学佛法时，热振寺所有的僧舍皆住满了寺内外的僧人，他找不到听法之处，瑜伽士说："卓贡循努孟兰大师有一很好的住室，他会同情你而给予安置。"堆隆巴问瑜伽士道："卓贡的住宅在何处？"瑜伽士说："进入里面的狭道即是。"他到狭道里面，卓贡仅为他安排了一处地铺，但他感到心满意足。他不奢望卓贡对他的照顾，而以一个普通僧人的标准要求自己，凡事自己动手，诸如自己取水，自己炒青稞、磨糌粑，自己煮面糊等。他的一举一动，卓贡上师看在眼里，暗暗看重这位既勤快又好学的年轻比丘僧，遂收他为徒，传授了许多经教。有一次，他到瑜伽士处，看见室内专设既高而又舒服的软垫，瑜伽士解释道："这是专门为觉卧敦巴（即阿底峡）铺设的，不是我自己的卧铺，因我是主管全寺政教事务的法台，不如此铺设，有损寺院的声誉。"堆隆巴自到热振寺后，一直对这位来自安多宗喀的瑜伽自在大师十分敬佩，他从这位大师先后修学显密经教8年，又从卓贡上师修学5年，经13年间的勤学苦修，已成为一位大学者。当时噶当派教授支派的开派者金厄瓦·次程巴（1033~1103年）正在闭关修持，堆隆巴虽未亲见金厄瓦之面，但在他的心中早对此师生起敬信。当瑜伽士圆寂后，金厄瓦解除闭关，堆隆巴遂从金厄瓦修学了尚未学到的经论。由于金厄瓦上师十分喜欢他，遂将一些不共之法也传授予他。经过苦心修持，终于出现了眼神通，亲见了本尊圣容，心中领悟了两谛（胜义谛和世俗谛）的主旨。他决心以800两黄金献以金厄瓦，其中300两用以金厄瓦上师圆寂后的法事，300两作为善后之事而在堆隆地方修建一座佛寺，以继承金厄瓦的未竟事业。金厄瓦·次程巴于水羊年（1103年）圆寂后，堆隆巴遂在堆隆地方创建了堆隆赞卓寺。寺院建成后，在殿内供了代表身、语、意的佛像、佛塔、佛经等许多圣物，并招收徒众，以佛教经典进行精心培育。当他举办讲经法会时，就有300多学僧前来听讲。赞卓寺主要继承了金厄瓦的教授支派传承，大力弘扬了噶当派教授支系的一系列良好学风。因此，赞卓寺在卫地也闻名遐迩。

堆隆巴·仁钦宁布于藏历第二饶迥之火猴年（1116年，北宋政和六年）四月初八在兰贡寺圆寂，享年74岁，其遗体被迎回赞贡寺，火化后安奉于灵塔中，置于该寺灵塔殿中。

金厄瓦·次程巴

——噶当派教授支系的开派者

金厄瓦·次程巴，是仲敦巴大师的第三位高足弟子，为噶当派中教授支派的传授者，于藏历第一饶迥之水鸡年（1033 年，北宋明道二年）生于后藏年区的昂拉岗地方。父亲名释迦多杰，母亲利茂·益西仲是一位自性瑜伽母。幼时父母给他起名达察巴。据说幼年时他经常因害怕而啼哭，经母亲这位自性瑜伽母加持后便不再啼哭了。后来他在章都巴上师前听受《五蕴品经》后，感到自身分为五部而一切成为空性，对空性义有所悟解。12 岁时，来了一位名叫贡姆岗哇的瑜伽母，他听受了瑜伽母讲授的教诫，于 18 岁到多隆察妥寺从玛·喜饶山巴受戒出家为僧，取法名“次程巴”。据说他的母亲在梦中听到白法螺的吹奏声响彻宇宙，醒后想，这孩子已受戒出家，说不定将来他的声誉会像白法螺一样响亮。次程巴在多隆察妥寺学经的同时，到聂塘去拜见阿底峡大师，并聆听了“发心论”。阿底峡大师将手放在他的头顶，用梵语诵了一些吉祥语。25 岁时母亲送他到热振寺拜见仲敦巴大师，从大师学习期间，又想去印度求学，大师说：“你不要去印度，留在我这里学习佛法，我会传授经法给你。”于是他以仲敦巴为师学习“菩提道次第”及“大乘密法教言”全部。在仲敦巴处学显密经教 8 年期间，所有教法尽得其传，仲敦巴去世后又向贡巴哇那觉钦波学习《二谛论》《教派论》等甚深教法多种。他在这里学习佛法时，生活也十分艰辛，尤其仲敦巴大师圆寂后，他更是主要靠化缘为生，禅裙破旧不堪，用皮革打满了补丁，因而人们送给他一个别称——“皮裙大师”。但他对佛法的执着追求丝毫没有放松，白天学经，晚上通宵修持菩提道和密法。那觉钦波看见后说：“不要把身体炼坏！”他说：“没关系，暇满难得啊，要是我不抓紧修炼，将会陷入懒惰的险境而不能自拔，会受人的轻蔑。”他还对夏域哇说：“你这辈子想不想得到暇满的人身？”并鼓励他勤奋学习、修炼。金厄瓦学经修法如同江河奔流，源源不断。功夫不负有心人，经长期修习，他终于通达了菩提道而获得了如同拂去镜子上的浮尘显出身容那样明亮的境界。相传，获得暇满人身的次日清晨，由舞自在佛手持净瓶前来为他洗礼祝福。

金厄瓦不但通晓佛教文化，还懂以印度语为主的几种外国语言文字。他自己说：“搞翻译，我有中等翻译水平。”凡其他译师来卫藏翻译的密教经典，他几乎都阅读过。

他还爱好工巧明，心灵手巧，仿照阿底峡尊者的聚莲塔，用各种珍宝制造了许多珍贵的佛塔；用泥塑造的佛塔、灵塔聚集在一起有小山丘那么大。木猪年（1095年）58岁的他到妥念地方，在施主的资助下，修建了一座嘎玉玛（四柱）佛殿，内主供仲敦巴、那觉巴和贡巴哇三尊金身及银制灵塔，以及绿玉镶嵌的金塔一座，外面建造了三座大佛塔，并作了开光仪式，这就是后来的洛耶寺。他在这里住了6年，广收弟子，主要传授噶当派教授，故开噶当派“教授”一派。6年后，他游学各地，讲经说法建寺。当他来到牛仁木地方，站在一白色的片块巨石上眺望夏域的靠山时，只见此山形状像国王的顶髻，前面具足八功德之清溪绕流而过，东南方交汇处有一块具有生命力的地方，他认为是修建寺庙的最佳之地，于是萌发了为众生之利益而建一佛寺的念头，并在这块白色巨石上留下了他的足印。据说他在那里建寺弘法的夙愿未能实现，但后来由他的心传弟子夏域瓦在这里修建了一座佛寺，叫夏域寺，也算圆了他的梦。

金厄瓦·次程巴为弘传噶当派教法贡献了毕生的精力，培育了许多弟子，其中较著名的有夏域瓦钦波、多隆巴钦波、牛仁巴钦波三位弟子。他本人于藏历第二饶迥之水羊年（1103年，北宋崇宁二年）圆寂，遗骨供放在洛耶寺灵塔殿内，据说以前在热振寺中也有金厄瓦的灵塔。

郎日唐巴·多杰僧格
——噶当派著名佛学家

郎日唐巴·多杰僧格，是博多瓦的亲传弟子，著名佛学家，郎唐寺的创建者。郎日唐巴是他的别号，本名多杰僧格，意为“金刚狮子”，于藏历第一饶迥之木马年（1054年，北宋至和元年）生在彭域年贡赛玛雄地方（今西藏林周县的尼亚果）。其父是觉沃达玛多桑，据传是无量光佛[①]的化身，前世转生为西藏早期三大译师之一的噶瓦贝则译师，翻译了大量佛经，为佛教做出了贡献。郎日唐巴从其舅父卓摩喀哇格西受戒出家，取法名多杰僧格。他为了以后能教化愚钝者，在经济条件相当差的情况下，仍坚持学习三藏经论，学习时始终以三藏经论的要义与“三士道”的菩提道次第结合在一起修学。他曾拜噶当派的三位格西为师学经，主要从格西博多瓦学习“噶当六论”直到通达，另外还学习修持噶当派七种修心方法，即“七义修心教授诀窍”，经实修后通达真实义。他曾依芮邬素巴修学菩提道，在洛地从金厄瓦听经时，每次只握一把炒熟的粮食充饥后便开始静修。后游方乞食，广收门徒，最后他所收的弟子达两千多人。在洛地金厄瓦修佛塔时，他的500多名弟子参加了建塔工作。博多瓦临终前吩咐道：“你不要定居在一个地方，也不要自蓄财物，这两件事记在心中！”朗日唐巴曾向金厄瓦求学《慈氏五论》,后将《慈氏五论》又传给弟子们学习修行。有一次他立下誓言：“愿一生中不离比丘之事，守戒律、闻思修，持之以恒。”他将方便、利益、成就全归给他人，把亏损留给自己。他说:“六道众生转生无定,无论转生到何方,不忘有情的利益才是贤者。”在给弟子们讲经时说：“眼虽失明而口还会诵经，耳聋者眼可看经文，就是失去容光而面丑之人、手足残疾之人、聋哑之人皆不失学经的能力，何况是一个五官俱全的人呢？”他提倡所有的人都可以学习佛经，皆能从佛法中受益。

博多瓦去世后，在塘仲后面作祭祀，抛撒朵马时，一只乌鸦衔着朵马一直飞到朗唐东面并将其放在地上。朗日唐巴也来到那里，由一位名叫释迦的头人作服侍，在这里修行了3年，不分昼夜地修持禅定，感动了这里的三位龙女，流出了修行之水，并将朗唐地方献给他，要他建立僧团，修建佛寺。他在当地头人的资助下，于水鸡年（1093年）建成一座寺院，以地名取朗唐寺，从此，他住在朗唐寺，给弟子们讲经说法，人们遂称他为朗日唐巴。夏域哇钦波在这里从朗日唐巴学习了《戒律论》。朗日唐巴成为芮邬素巴的再传弟子后，芮邬素巴对他说：“你的修习功德并非来自其他方面，而是来自菩提心。”他按芮邬素巴之意，将噶当派修心要诀按照所缘境分为八科，著成文字，名为《修心八颂》，并广为宣讲。在他任朗唐寺住持期间，对周围的野生动物加以保护，从未伤害过一只动物的生命。他的声名到处传颂，喇嘛多杰丹巴对香巴噶举创始人琼波南觉说：“朗日唐巴是无量光佛的化身，你到他那里求授具足戒，是你的福分。”琼波南觉来到朗唐寺，拜比他年轻许多的朗日唐巴为师求法，朗日唐巴不视教派亲疏，竭尽全力传授佛法，让他心满意足而去。

朗日唐巴住持朗唐寺多年，后交给格西年，从此依次为贡巴、格西嘎巴、轨范师藏巴等人住持。

朗日唐巴的两千多弟子中，较有名气的弟子是侠俄邦巴、白玛绛曲、雅隆久相巴、隆毛哇多德、香宗年、嘎·象雄巴、玛唐巴、尼玛哇等。仅侠俄邦巴一人后来收弟子约千人。

朗日唐巴·多杰僧格于藏历第二饶迥之水兔年（1123年，北宋宣和五年）圆寂，享年 70 岁。为了安奉他的骨灰，专门建了两座高大灵塔，灵塔的日月格中盛放了朗日塘巴的心、舌、眼等。

注：

①无量光佛：即阿弥陀佛，系梵文音译，又称接引佛、甘露王，是西方极乐世界的教主。其有十三个名号，除无量光佛外，还有无量寿佛、无边光佛、无碍光佛、无对光佛、焰王光佛、清净光佛、欢喜光佛、智慧光佛、不断光佛、难思光佛、超日月光佛、不称光佛。

俄·洛丹喜饶

——著名翻译家

俄·洛丹喜饶，意为“具智慧者”，是藏传佛教后弘期著名的一位翻译大师，也是一位博学通达的佛学家，于藏历第一饶迥之土猪年（1059 年，北宋嘉祐四年）诞生。“俄”是氏族名，洛丹喜饶是俄译师勒贝喜饶的三弟却吉之子。幼时因家庭贫寒而体质较差，17 岁时到他伯父俄·勒贝喜饶处住了一年，学习了藏文和阿底峡的经教。第二年伯父为他剃度出家并收为弟子，送他经阿里到印度、克什米尔等地求学。同他一起前去求学的有大译师赞喀沃且、琼波却尊、热译师、年译师等。他先后在中印度、克什米尔留学 17 年，拜班智达萨杂咱纳·巴热乎达巴扎等 6 位学者为师，刻苦而勤奋地学习了显宗、密宗、声明学、因明学等经论及印度梵文、乌尔都文等语言文字。他博闻强记，成为精通者。他在修学中间断了生活来源，从克什米尔给阿里的施主昂德写信求寄黄金，昂德收到信后给他寄去了足够的黄金，要求他把《因明论》译成藏文，后由他和克什米尔班智达二人共同译出。他 35 岁时返藏，又从西藏班智达本楚松巴、苏玛底更德二师听受了许多经论，又到尼泊尔从阿如拉巴杂等师学习了一些密宗法，之后回到西藏开始了译经工作。他翻译了以《大般若经》《般若二万五千颂》《量论学》等为主的经典共 1000 多种，并校订旧译甚多。在藏族译师中属他译著最多。因他通晓几种语言文字，精于翻译，译文极佳。而他却毫无骄慢之态，十分虚心，当别人称颂他的译经功德时，他却说："我和日月一样的先驱译师相比，只不过是一颗小星星而已。"

俄·洛丹喜饶不但精于译经，还善于组织讲经说法。他先后在拉萨、桑耶、纽古那、涅岗妥、安兰木、藏江喀等地讲经。在拉萨讲经时前来听经的学者及僧侣达一万三千七百多人，在桑耶和涅岗妥讲经时各汇集听众一万三千多人，在江喀讲经时汇集僧众二万人，在安兰木讲经时来听经的包括格西近一万人，瑜伽男女约二万人。其中讲说《庄严论》《法上部经》的上师有 55 人，讲说《量决定论》的法师约 280 人，讲说经教法传的约 1800 人，共聚集讲经说法者 2130 人，这在藏传佛教史上为罕见的讲经传法盛会。俄氏伯侄在住持桑普寺时，以讲授《量决定论》《慈氏五论》《菩提道次第》《中观论》为主，尤侧重讲授因明学而形成一种浓厚的学风。经长期积淀，桑普寺成为学习研究藏传佛教因明学的中心，为此，桑普寺的名声大振。

他本人著有《道次第论》《噶当教法次第略论偈颂》等。主要译著：《甘珠尔》大藏经中译出《不空索神变真言经真言品》《佛说不空绢索仪轨》;《丹珠尔》大藏经中译出《般若颂》《吉祥现观论释难》《吉祥胜乐轮施供仪轨》《胜乐轮坛城仪轨之略》《真实精义》《智慧迁识》《吉祥金刚瑜伽母火供仪轨》《现观庄严论》《现观庄严论注释要义》《菩萨行释难》《小观量》《大观量》《集学论次第释难》等。他培养的弟子众多，其中香泽邦·却吉喇嘛、卓隆巴·洛卓洛哲郡乃、琼·仁钦扎、哲·喜饶贝四人称为四大弟子。

俄·洛丹喜饶于藏历第二饶迴之土牛年（1109 年，北宋大观三年）在桑耶玛日附近圆寂，享年 51 岁。

芮邬素巴·益西贝

——噶当派著名修禅大师

芮邬素巴·益西贝，是贡巴哇的著名弟子、密乘修法禅师、噶当派教授派知名学者。本名益西贝，意为“智焰”，成名后人们就以寺名尊他为芮邬素巴，于藏历第一饶迥之水虎年（1062年,北宋嘉祐七年）生于芮邬素（今西藏拉萨德庆县）地方,父亲香达波。据传，益西贝前世是一位修法高深的禅师，转生后虽然还是一个孩子，但因前世的修行功德，已产生禅定的因缘。他从小就不喜欢嘈杂而热闹的家庭环境，独自去找扎嘉受戒出家，取出家名益西贝，成年后又从循努上师受比丘戒。

他曾在扎嘉寺管理过寺院教务一年，驻寺期间，该寺的东巴释迦慈对他说：“如果你希望学到佛学知识，请不要逗留在这里，去热振寺向格西贡巴哇求学才是上策。”于是他前去热振寺，拜格西贡巴哇为师求学佛法。贡巴哇开始给他传授了一个刚出家僧人必须修学的《皈依经》和施供朵马的仪轨。益西贝在自己的僧舍内按上师所讲，学习《皈依经》和施供朵马的教导，半个月学得通达熟练。一次，他手持一根线香，问上师自己应如何学习才好，贡巴哇笑着道：“以前所学皆因除障之作用，现在可重学。”于是，贡巴哇将阿底峡大师的《菩提道炬论》中的“三士道之次第”如同父教子一样详尽地对其进行传授。芮邬素巴尝到了佛法甘露，不但理解了基本内容，还深入到其内在奥义。贡巴哇见他一学即悟，十分喜欢，用手在他的头顶抚摸了三下，作了灌顶加持，引导他走上共同之道，给他传授了密集金刚乘之灌顶和教言，讲说了不动罗汉本尊之灌顶法和教言，以增强其精力。芮邬素巴虔诚供奉念诵本尊的灌顶法和教言，据说他亲见不动罗汉本尊，随之羯磨也向上增益。芮邬素巴从初次拜见贡巴哇到贡巴哇圆寂之间，一直随其学经修法，成为贡巴哇的亲传大弟子。以后他又与三昆季结下法缘，尤其将博多瓦尊为应供上师，从其学经修法14年。他以贡巴哇传授的“三士道”次第为依据，汇集博多瓦的善说为集。芮邬素巴在热振寺从几位上师学习噶当派教法的经典，成为精通佛法经论的学者后，想在家乡找一僻静之处，专心精修阿底峡大师所传“菩提道次第”秘诀。

芮邬素巴离别热振寺，来到距家乡较近的哲塘地方，这里有一位以前作施主的人来服侍他，依靠一位叫郭波的温察巴（避世者）修建了一间简易禅室，住在里面开始了苦行僧的生活。实修了一段时间后，善妙之行不断增长，出现了羯磨轮。这时博多瓦在达隆召集弟子讲经，其中有十多位比丘僧患了龙病（即今天所说的麻风或疮疥发炎肿胀等皮肤疾病，据说皆因龙毒所致，故叫“龙病”）。当时还没有治疗这种病的特效药物，只好请芮邬素巴治疗。据说芮邬素巴遵师之命，运用他所修的功法和除障法及藏医药等方法综合治疗，治愈了十多个患者。博多瓦十分高兴，他用这种方法也治愈了许多得这种病的患者。芮邬素巴继续按贡巴哇和博多瓦所传“道次第教论”进行修习，最后获得了殊胜证悟。他修习禅定的功夫很深，有时彻夜不眠。有人问他，你昨天晚上做了什么好梦，他答道：“没有睡觉，还做什么梦呢！”有时修持禅定，一旦入定可持续 14 昼夜。当他睁开眼收功时，弟子们十分惊奇，赞叹不已。他的功夫越深，慈悲之心也越广大，他常常救济贫困潦倒的人和一些乞丐。他一生广做善事，利益佛教和众生。

后来他在当地头人的资助下，在芮邬素地方建了一座小寺，叫芮邬素寺，其芮邬素巴的尊号也由此而得。在这里，他除致力修持、潜修密法外，常以《菩提道炬论》等噶当派的主要教授启迪后学，尤重上师讲授，因为这些讲授，都是先德们从实践中总结提炼出来的方法，而又字字不与经论相违背。如“二谛”“四谛”“十二缘起”“菩提发心”等种种修行法门，皆是重要的教授。后来他的及门和仲敦巴的弟子金厄瓦将这种宗风共同加以发展，逐渐形成教授派系。

芮邬素巴在芮邬素寺收徒传道，博多瓦圆寂后，其大部分弟子也投于芮邬素巴的门下，牛仁巴临终前也将大部分弟子交给他培育，另有康巴隆哇的弟子，察绒的觉那巴等持律弟子、上师皆前来向他求学佛法，据说最后弟子达两千多人。

芮邬素巴·益西贝于藏历第二饶迥之土马年（1138 年，北宋宣和八年）圆寂，享寿 77 岁。弟子们作了盛大追荐法事活动，据说火化遗体时出现了许多奇异现象。后将贡巴哇用右手加持时留下痕迹的颅骨献给噶当派主寺，供奉在银制灵塔中。

侠尔瓦·云丹扎巴

——噶当派无与伦比的大格西

侠尔瓦·云丹扎巴，为宋代西藏噶当派高僧，著名大学者，于藏历第一饶迥之金狗年（1070 年，北宋熙宁三年）生在藏北绒波地方一个牧民家庭，属巴察绒白族系。据传，其母亲放牧时，将他生在一块大石板上，至尊上师洛桑耶益说："侠尔瓦诞生的那块石板上有伸脚的脚印痕迹。"现在这块石板已成为人们朝拜的圣物。

他在父母的抚育下直到 18 岁，在此期间学习掌握了藏文的拼读法，自觉礼供三宝佛。平时对一些人的粗言恶行十分反感，他待人总是和颜悦色。后来父母准备为他成亲，他却不贪恋世俗情爱生活。18 岁那年春天，他逃离家乡，到隆雪地方出了家，取法名云丹扎巴。在这里又担心父母派人来找他，遂从隆雪又到隆雪苏布地方，此时格西金厄瓦大师在这里闭关修习。金厄瓦见他是一位能持噶当派教法的人，十分高兴地收他为徒，传授了许多佛法。这时他听到后藏地方卓弥译师在传授四续部密法的消息后，想到那里拜师学习密宗法。这年夏季，他来到达隆塘，拜见了博多瓦格西，向他求学佛法。博多瓦将他看作自己的亲传弟子，像爱护眼睛一样爱护他，以三世佛以来的大论典与佛说八万四千法蕴，以及"菩提道次第修持法"相结合对他进行讲授；从开始学法修习到最后取得成果的整个过程，皆用佛学教言和诸开轨大师的经论作为理论基础进行指导，使侠尔瓦受益匪浅，放弃了去后藏学习密法的打算，一心从博多瓦大师修学佛法。18 年来，他从博多瓦学修"菩提道次第教导"至通晓精熟。他学习了弥勒著的《现观庄严论》，印度论师释迦僧格著的《经庄严论》，印度佛学家马鸣著的《三十四本生传》，希哇拉著的《入行论》《集菩萨学论》等，都与"菩提道次第"和"噶当六论"相互印证而学。另还攻读了印度论师龙树著的《集经论》《宝性论》《中观论》及嘎玛拉西拉著的《修道次第论》等名著。他聪明好学，据说他把《甘珠尔》大藏经都能记忆于心。他博览群书，并能将所学运用于讲授经论和修习的实践之中，遂成为一位知识渊博的佛学家。他讲经时广征博引，循循善诱，因此前来听经的僧人众多，他的讲经总博得僧人称颂。

在噶当派教法方面，他首先到阿里拜见阿底峡尊者，从尊者学习"菩提道次第"的全部教法，直到尊者在聂塘圆寂，一直从师聆听显密诸论。后又从仲敦巴、博多瓦学习噶当教法。仲敦巴和博多瓦谢世后，博多瓦的弟子大多跟随侠尔瓦学经。他设座专门讲授"菩提道次第"时,前来听经的僧人达3600多人,常追随他的僧人有2000多人,他要求弟子严守戒律，勤修"三士道"。他常对弟子说："既然已出家皈依佛门，就不要再贪恋世俗，农民弟子出家后，不要再想稼禾之事，牧民弟子出家，不要再想放牧牲畜之事，尤其受比丘戒后，一定要断除一切欲念，发菩提心，专事菩提之道，一切按戒律条例要求自己，才算是一个真正的比丘僧。"他是这样说的，也是这样做的。他从不接受信仰者供奉的财物和其他遗物，即使接受了，也全部用于供奉三宝、佛事活动和僧人生活方面，自己分毫不留。一次，一位施主准备给他敬献刚收割的庄稼，他说："我一点儿也不需要，请你布施给僧伽大众，作为他们的生活费用吧。"他甚至对寺院也不留恋，随居而安，不讲究衣食住行，只讲究"三士道"的修持。他从不亲近有权势的大人物和地方头人，而对一些有学问的佛学家和翻译大师却十分恭敬。他讲授《究竟一乘宝性论》[①]时，是按阿底峡和那措译师的译本而讲说的，在经院中也讲一些俄译师的译著。巴察译师从印度返回西藏后，将龙树论师的《中观论》译成藏文，并给弟子讲授《中观论》，来听讲的僧人不多，他知道后遂将自己的许多弟子交给巴察培养。他阅读巴察所译的《中观论》藏译本时，曾给巴察寄去"某处某处似应如此如此翻译较与原文相符合"的字条。巴察觅得梵文原本逐一对照后，果如侠尔瓦所说，再恰当不过了。他多次赞扬巴察译师弘扬《中观论》的讲说，并作巴察译师的真正助友。他寻找到热振寺中保存的阿底峡的《经集论》原著，愿做译经的施主，交由喀且咱玛雅阿论达、巴察、尼玛扎巴译师、库·多德巴等人译出。

侠尔瓦每讲一部经论时都事先将其写成讲稿或整理成笔记，然后进行宣讲，再补充不足之处。久而久之，他所写的讲稿和笔记经整理后，成为这一经论的注释部分，如宣讲《菩提道炬论》时所写的笔记成了这部著作的广疏。他著有"菩提道次第"大、小两种教导之教科书及《博多瓦传偈颂》等。

侠尔瓦·云丹扎巴一生广做有益于佛教和教化有情众生之事，于藏历第二饶迥之金鸡年（1141年，南宋绍兴十一年）十二月二十六日在白耶齐哇隆圆寂，享年72岁。

注：

①《究竟一乘宝性论》:简称《宝性论》，系《慈氏五论》之一，弥勒著，是依据《如来藏经》阐述大乘见的一部论著。

夏域哇·循努沃

——夏域寺的创建者

夏域哇·循努沃，夏域哇钦波为其尊称，本名循努沃，意为“童光”，取乳名本达，是噶当派一著名修密大士，夏域寺的创建者。藏历第一饶迥之木兔年（1075 年，北宋熙宁八年）他生在堆龙（今西藏拉萨堆龙德庆区西北）阁果地方，父雍仲巴，母为堆龙巴之妹，名江萨金布。7 岁时堆龙巴给他传授了许多寻常经文。此时，父亲去世，其母携带家中一部《宝积经》[①]改嫁，本达的生活由姑母照料。他 12 岁到查陀寺由那觉巴的弟子贡巴绛扎任堪布，金厄瓦的弟子益西嘉参作轨范师受戒出家为僧，起法号循努沃。13 岁时他管理过一年阁果隆寺。14 岁母亲患病时，前去为母亲之事念诵《皈依经》和《发菩提心经》，母亲去世后，他厌烦一切尘世，到玛卓色地方去拜见堆龙巴，从师听受了《集学经》《入行论》和《道次第秘诀》等许多论典，大部分能通晓其义。他为堆龙巴做侍从 5 年。一次师徒二人到雪巴去会见金厄瓦，一见面，金厄瓦说：“他是阿底峡和仲敦巴事业的继承者。”遂留循努沃在自己身边做侍从，他侍奉金厄瓦 9 年，在这期间学到了许多显密经论和教法，经过一段时间的刻苦修习，生起生圆两次第。有一次堆龙巴来见金厄瓦时问道：“这个小僧人怎么样？”金厄瓦说：“此子的信心和智慧生来就那么宽阔广大，犹如矛杆在半空旋转而周圆。”金厄瓦寿终后，他筹措了 12 两黄金，堆龙巴又给他赠送 8 两，共 20 两黄金分别献给普琼瓦和博多瓦二师，从二师学习了《噶当经论》《菩提道炬论》及其一些教言秘诀等。在这里亲见观音菩萨和其他一些菩萨的圣容。一次外出朝圣巡礼时遇到了轨范师纳波达哈，相互讲说了一些经论，到一寺内礼供时见到了空行母尊容。后来由切俄巴任堪布，喜饶贝任密教师，芒热任屏教师，给循努沃授了菩萨大戒（具足戒），之后他又在朗巴、嘉·喜饶贝、喜饶喇嘛等上师处先后四次听受经论。他 29 岁时到僻静地静修 4 年，后来应宣达玛热扎之请到僧伽法会上讲经弘法。

这时他想建立一处自己弘传佛法的道场，在夏域有一块建寺的理想之地，由欧尊夫妇掌管。夫妇二人将这块地献给夏巴，夏巴又献给朗日唐巴，朗日唐巴因其他原因而不愿建寺，复交给夏巴，最后夏巴献给循努沃。循努沃对该地作了很好地加持后，动员自己的弟子们一起动手建寺。于水蛇年（1113 年）建成一座内有 12 根大柱的高大殿堂，木马年（1114年）建成42根柱组成的廊房（赤康）寺院，回廊由上回廊和下回廊两个部分组成。以后又建其他佛殿、寝室及僧舍，共花13年时间方才圆满竣工，寺名以地名而得，名夏域寺，所以人们尊称循努沃为夏域钦波。

在寺院的高顶大殿中，供奉了70余部《十万般若经》，上齐天花板，下至地板，几乎都装满了经卷。灵塔殿内供奉有金厄瓦心脏的银制灵塔等，这些工程完成后作了盛大的开光仪式。此寺在今西藏隆子县东。

寺院建成后夏域钦波巡回讲经传法，他到过许多寺院庄园和山野平地，广收门徒约2000多人，精心培育，后来有许多皆成为大成就者。有生起三摩地者500人，成为佛学界善知识者110人。这些人中有外九大师，中八大师，内三大得意弟子。噶举派的重要人物塔波拉杰大师也曾向他学习过佛教经论。

夏域哇游学期间，给一些寺院新建的佛殿和佛塔作了开光仪式，并提倡噶当派僧人学习密宗佛法。他说："噶当派僧人中只学显宗，不学密宗者居多，许多噶当派格西也不懂密法，有人即使懂一些密法，但未能真正获得密法教言和修习果位。"所以他每到一地不但讲授噶当派经论教言，还传授密宗法。一次侠尔瓦住在叶贡寺，他前去拜见，二人甚是投缘，谈论了一些经论，临行时侠尔瓦送了他一程。夏域哇说："不久的将来我们会在极乐天会面。"侠尔瓦说："你我都不算老，还会见一面。"谁知这竟是最后一次会见。

夏域哇于藏历第二饶迥之土马年（1138年，南宋绍兴八年）十月十八日，对亲近弟子作了一些遗嘱后，在夏域寺自己的寝室内作跏趺坐而凝神注视，对贡巴绛那略作亲切姿态说道："我应作狮子卧状。"于是他的天门有大股热气向上腾起，头顶汗珠下滚而示现圆寂，终年64岁。遗体火化后遗骨上显出右旋白法螺、尊胜塔、度母像等圣物图案及一些舍利子。

注：

①《宝积经》：全书四十九品，分由梵文、汉文及于阗西域其他文字译成藏文。

拉隆旺秀
——教理佛学大师

拉隆旺秀，出身于名门贵族，系吐蕃赞普之后，雅隆觉沃世系王室，其中“拉”是众生怙主的意思。他于藏历第三饶迥之土虎年（1158年，南宋绍兴二十八年）正月十五日清晨出生在红宫中，父亲觉沃纳觉，母亲娜南木萨华珍。幼年时就可以看出他心地善良、举止温和，他从小就喜欢佛教正法，8岁时从古日哇钦波受近住戒①，并从此师求得了法行之教言、每天背诵教言从不间断，以佛法为行为准则。后来他自思道：“我出生于名门，物质丰厚，生活优裕，其他人却每天为名利地位而在忙碌，但时不待人，转眼即逝，人生无常似虚空闪电，我贪婪荣华富贵而虚度一生，难道不可悲吗？”他在十几岁时，就悟出了世间和人生的深刻道理，还常常听说先哲们所做的伟大事业，不由心中产生出离心，欲离开这个幸福之窝，皈依佛门，为弘传佛法做一番事业。

14岁从古日巴上师受居士戒，15岁邀请嘉都的堪布鲁嘎、格西藏巴琼波二人，由鲁嘎任轨范师，琼波任堪布正式剃度出家，取法号香曲仁青，意为“菩提宝”。给二师献礼聆听《戒律论》《偈句五十首》，他经学习后全部熟记心中，之后对沙弥律仪《毗奈耶三百颂》反复学习了两遍，通晓了这部律典。他以《戒律论》为学法的依据和基础，在学习“三藏论典”时皆无难而通。此时，他开始对一些具缘的学法者讲授了戒律学。一次，他见到了夏·切喀巴·益西多杰的塑像时问道：“这是谁的像？”别人说是切喀巴的身像，他即刻虔诚地顶礼。当他听说色古吉布哇尚健在时，前往色吉布寺拜其为师，学习文集注释及“菩提道次第教导”等教授，并进行修持，之后又学习《嘉哇郡乃文集注释》及“噶当六论”等有关菩提道次第秘诀、经典，根据修行次第依次实修。上师对他的学习和修持十分满意，在寺僧人为他修建了一间茅屋，让他住修。24岁，上师却吉坚赞说：“你该受具足大戒了。”于是请嘉沙岗的堪布任亲教师，相师任轨范师，涅师任密教师给他授了比丘大戒。

当喀且班钦·释迦室利由卓普哇等师迎请来到卫藏时，他慕其名而前去拜见，学习了许多共同之法类，另外还从许多善知识者学习《甘珠尔》大藏经，从中学到了许多佛陀的教敕。他在修学噶当派诸论典的同时，还兼学西藏所有先师们的经论、文集、教法史等论著，对这些论著进行了对比分析研究，从中采撷了全部佛教经典的要义，从而排除了惰性和一切杂念，专注于积福德资粮和净治罪恶的修习。他首先见到了八大药师佛的圣容，之后又见到了释迦佛祖和多位菩萨的圣容。到拉萨大昭寺朝礼释迦牟尼佛像时，他感到释迦牟尼佛像的心间发出一道佛光射入自己的心间。由此，他对修持佛法坚信不疑，废寝忘食地修炼大悲观音菩萨的菩提心，经过一段时间的修习后，又见到了观音菩萨的圣容。在卫藏的绘画中有一种周围画有拉隆叔侄的身像，正中绘有十一面观音身像的唐卡，据说就是根据拉隆见到观音圣容的传说而绘制的，后来变成了这种唐卡的绘画风格。

经过长期修学，他熟练地掌握了多种教理和《甘珠尔》大藏经的基本教言，成为当时佛教界的权威。“教理”一词藏文为“隆柔”，取其名的第一字“拉”和“隆”字合称“拉隆”，“旺秀”是藏语，意为“自在”，因此，当他成名后，人们敬称他为“拉隆的旺秀”，即“拉隆的自在大师”，或“成就师”，简称“拉隆旺秀”，这是他名字的由来。一些遍知大师赞颂他是“智美隆阁旺秀克贝却”，意为“无垢教理自在大智者”，又称他“拉钦波”。吉布哇去世后，从金狗年（1190年）开始，他住持吉布寺和切喀寺两座佛寺的教务，在寺内大兴噶当派经典支派的宗风，治理两寺直至水龙年（1232年），这期间两寺中一直保持良好的修学之风。

拉隆旺秀于水龙年（1232年,南宋绍定五年）正月十五日圆寂。其著作主要有《宗派论广疏》(原著是切喀巴所作),《修心笔记广论》等。主要弟子是拉·卓维衮波。

注：

①近住戒：简称斋戒，在佛教徒定期内一昼夜中受持的一种别解脱戒。

朗隆巴·尊哲元努
——夏域寺第三任大法台

朗隆巴·尊哲元努，拉萨堆隆楚吉冈拉地方人，于藏历第二饶迥之水兔年（1123年，北宋宣和五年）诞生。其父名努·多杰赞扎，母名霍尔萨姆。童年时在他幼小的心灵中就自然地产生了一种因缘关系，从那时起他就坚信善恶因果，厌恶人间的轮回转生，尤其对生活在贫苦环境中的芸芸众生产生极大的慈悲之心。18岁时，他到夏域寺从该寺轨范师宁莫哇上师受出家居士戒，之后从巴察译师受沙弥戒，赐法名尊哲元努，意为“勤进童”。他在宁莫哇上师处，于七年的时间里相继修学了“菩提道”“萨迦派道果法”“律经”等有关方面的经论。当经论学到半途中，上师宁莫哇于教授之时突然圆寂。他在很好地办理了上师后事之后，25岁时，由夏都任亲教师，恰贝任轨范师，敦巴曲却任密教师且在具数比丘僧中给他授了具圆大戒，成为一位真正的比丘僧。他又师事格西岗巴，用8年时间修学了《根本堕罪广疏》。他从藏巴·仁钦南喀多杰请教《中观论》中的许多疑难问题，真正弄通了中观经论的要核和实质，同时又聆听了阿底峡尊者讲传的密乘方便道、世俗谛和胜义谛之道，也学习了因明、俱舍、般若等方面的经论。通过对这些佛教显密经论的勤奋修学和悉心研究分析，方才彻底领悟，内化为自己的知识，成为一位真才实学的智者。有一次，他和几位僧友被邀至俗家念经，念完经在返寺的途中遇上了几位贫困潦倒的讨饭者，他顿生怜悯之心，将俗家献给他的布施全部舍施给几个讨饭者。僧友们一见他慈悲舍施，也将所带钱物布施给了那几个人，随后心情愉快地回到了寺院。经师藏巴·仁钦南喀多杰圆寂后，朗隆巴·尊哲元努于水马年（1162年）被僧众推上了夏域寺的大法座，为夏域寺第三任大法台。他任法台长达32年之久，在此期间对夏域寺建筑的修建从未中断过。他护持教法和众生利益，从不征收教民的赋税，相反，凡来寺乞讨者决不让其空手回去，有的僧人打趣道：我们的寺院成了慈善地。另外他特别重视寺院的闻思修、讲辩著学风，培养了许多有成就的弟子。在任期间，他抽时间到朗隆静修地潜心修持，获得了悉地成就，以此人们称他为朗隆巴，意为朗隆的修禅大士。

他一生学佛修法的夙愿完满后，于藏历第三饶迥之水牛年（1193年，南宋绍熙四年）在夏域寺摄色身入法身而示现圆寂，享年71岁。寺内设有他的灵塔。

拉·卓维衮波

——著名大教主

拉·卓维衮波，系吐蕃赞普之后裔，雅隆觉沃王室，故称“拉”，意为“众生怙主”。

父亲觉保，母亲是拉枳岗波之妹，名拉吉赞木朗金。他于藏历第三饶迥之火马年（1186年，南宋淳熙十三年）出生在王室红宫中。

6岁时,他在郭·杜瓦增巴(持律)大师处受近住戒。后来他将王室视为软禁人的牢狱,遂产生了出家离俗的念头。16岁时他冲破这个贵族家庭的束缚，前去切喀寺，从叔父拉隆旺秀受居士戒。同时，请求觉摩隆寺的创建者巴德罗汉任堪布，卓萨乃丹任轨范师剃度出家，并受沙弥戒，取法名旺秀沃。19岁时，经请求由博多寺的格西勒敦担任堪布，从苏古多地方请来善知识嘉察作轨范师，觉尊任密教师，依戒律仪轨给他授了具足大戒，并从师学习了《戒律论》。之后他从叔父拉隆旺秀修学了许多显密法类，尤其对阿底峡师徒传承中博多瓦所传的噶当经典及“秘诀菩提道次第”“止观所缘”“耳传秘诀”等修法进行了全面学习而成为通达者。叔父归天后,由他住持吉布寺和切喀寺,先后住持两寺长达27年之久。这期间按叔父的管理方法和制度很好地管理了两寺的教务和讲经传法事业。

在此期间，噶当经教派的诸学者共同商议后，将博多寺和分寺都献给了他，归其管理。工布地方的以达巴、布曲、夏隆三座寺院为首的30座寺院也交付于卓维衮波，委托他管理；塔布地方以拉达、甘纳摩雪两座寺院为首的一些寺及寺属农奴，也委托给他管理。后来很长一段时间内，诸寺的管理者和僧官均由卓维衮波全权委托任命。有涅地方的桑波且寺邀请他去主持该寺大佛塔的开光仪式，桑波且寺主把该寺及其属寺奉献给他，并由他来掌管这些寺院的钥匙。又有一次，应邀前去绒孜噶寺主持该寺的大灵塔殿的落成典礼，他又接受了该寺及其属寺的管理权。可见卓维衮波当时的声誉和地位之高,权力之大。由于他治寺有方,且注重抓管寺僧对显密经论的学习和修持,并在春夏秋三季法会期间，对寺僧进行考核，奖罚分明，广大寺僧对他十分敬畏，从这些大小寺院中也培育出了许多德才兼备的噶当派传人。

卓维衮波虽身负许多寺院的管理重任，但他始终没有放松对显密经典的学习和修持，在学习“菩提道次第”的同时，学习修持“金刚密法”，他亲见许多本尊尊颜，尤其修习忿怒马头明王法后出现马头明王的幻身，在雅隆的贡波日山上亲见森格扎（莲花生）的尊容。

后来萨迦法王八思巴从内地返藏时，有意将来迎接他的其他学者留在后面，而单独与卓维衮波说：“我不想和你分离，我们同行吧！”遂和卓维衮波一同来到夏颇章。八思巴对卓维衮波非常敬重，二人讲说经论，谈吐投机，关系十分密切。

拉·卓维衮波在对佛教界，尤其在对噶当派寺院的护理、寺僧的培养，以及对地方诸大人物作了许多有益的大事后，于藏历第四饶迥之土羊年（1259 年，南宋开庆元年）在吉布寺圆寂，享年 74 岁。众弟子为其后事做了盛大佛事活动，据说火化遗体时遗骨上出现了佛像。他的慧眼被供奉在吉布寺一尊金像内，心脏被切喀寺供奉于大灵塔中。

恰巴·却吉僧格

——“辩经”制度的首创者

恰巴·却吉僧格，意译为“法狮”，西藏桑普寺格西中一位精通因明学和中观论的佛学家，为卫藏佛寺中辩经制度的首创人。他生于藏历第二饶迥之土兔年（1099 年北宋元符二年），卒于藏历第三饶迥之土牛年（1169 年，南宋乾道五年），在世 71 年。

恰巴·却吉僧格成年后从堆龙嘉玛哇香曲扎等格西多人学习显密经论和其他文化课知识，对学习因明学和中观论特别感兴趣，最后成为一名学识渊博、能言善辩的学者。他为桑普寺第六任住持，住持桑普寺长达 18 年之久，声誉很高。他在总结前人讲辩考试经验的基础上，在桑普寺首创了辩经制度，开辩经的宗风，是值得称颂的。其实学习佛教经典时采用辩论的方法，早在古印度的佛学家龙树师徒和法称师徒中被广泛应用，都认为是学习佛法，尤其是佛教哲学学习的一种行之有效的方法。龙树为此而专门著了部《回诤论》，法称著有《辩难正理论》《释量论》《因明七论》等 50 多种著作，书中论述立敌争辩、辩论胜负及负处等。当佛教传入卫藏后，在后弘期形成的各教派中也纷纷效仿使用此方法，但那时尚未把它系统化和规范化，并形成一种考试制度，只作为一种辩论胜负的手段。而恰巴·却吉僧格等首先依经部师规范概括量学要义，分门别类，成为专科，名“摄类学”[①]。学习显密经论时，他提出要弟子先学辩理，然后学习五部大论。同时把学法相学的学僧分成不同班级，让学僧们每天轮流立宗辩难。正式辩经时需具备辩证三方，即立宗者、对辩者（问难者）和裁判。并规定辩经所遵循的条例、辩经者所具备的条件、辩经双方注意的事项等。如辩论者双方的三要素：智慧具足、心机熟练、通晓经典；辩论四根本：主张、见解、戒禁和我论；辩经注意事项之三过失：内容过失、思维过失和语言过失。为了防止骄傲自满，辩论过失，特规定辩论七美德：气宇轩昂、语言温雅、语不伤人、道理犀利、不懈不骄、不舍正理、成就自他两利等。上述辩经制度和具体要求是格鲁派寺院按恰巴·却吉僧格的辩经制度经过取舍而形成的。

辩经实行问答形式，立论者坐在地上，问难者将披单缠在腰间，站在立论者前面，立论者提出自己的观点，问难者针对对方提出的论点，开始问难辩论。发问内容巨细、高深莫测，就看答辩者的知识面和应辩能力。发难一方有时可以击掌发问，有时挥舞佛珠、僧帽、手拉立论者的袈裟或拍打他的身体，场面气氛热烈而紧张。如果立论者精通经典且善辩，使问难者理尽词穷，这时观众鼓掌称善，辩论得胜。如果对所立之论不甚通达，或思维迟钝、不善言辩，被问得瞠目结舌，问难者乘一时高兴而拍掌高呼，甚至以行动语言过失而作出各种奚落和揶揄的姿态，场外众僧随之起哄，使立论者十分难堪。所以为了在大庭广众之下不失面子，学僧在平时学经时要十分刻苦，以争取优异的成绩。当时各大寺院掀起学习法相学、因明学的高潮，培养出了一批又一批的辩经高手和佛教哲学家。经恰巴·却吉僧格和他的弟子们的倡导宣传，直到15世纪，桑普寺一直是西藏讲授因明学的中心。此外，般若、中观等学科也由桑普寺传播发展。因此，桑普寺不仅在显密和因明方面对藏传佛教各教派产生过影响，而且在整个藏传佛教的发展过程中都起过重要作用。这方面，恰巴·却吉僧格的功绩是不可磨灭的。

恰巴·却吉僧格的众多弟子中有号称八大僧格（即八大狮子）的，即藏纳巴·尊哲僧格、丹帕·玛哇僧格、枳夏·索南僧格、玛夏·佐白僧格、孜·昂秀僧格、娘占·却吉僧格、丹玛·官却僧格、涅哇·云丹僧格。据说这八大僧格皆为卓越的佛教理论家。恰巴·却吉僧格吸收了说一切有部经论的教义，对印度月称大师的教法提出了很多反驳意见。

《汉藏史集》一书中记载，萨迦第五祖八思巴在甘肃河州时，曾邀请恰巴·却吉僧格及其弟子藏纳巴·尊哲僧格等至河州为八思巴授了比丘戒，并从几位戒师聆听了噶当派的一些教法。

恰巴的著作有《慈氏五论注释》《因明释》《中观二谛注释》《中观饰注释》《中观明论注释》《入行论注释》和《量论如意除暗自注》等多部。

注：

①摄类学：对因明如启门钥匙，为初学法相理论者必读本。书中分有十八或二十一广摄类学多种，为现格鲁派寺院中学习辩经时首先教授的内容。

夏·切喀巴·益西多杰

——切喀寺的创建者

夏·切喀巴·益西多杰，是噶当派著名大堪布，切喀寺的创建者。其家族为“夏”氏，切喀巴是他的尊称，本名益西多杰，意为“智金刚”。他于藏历第二饶迥之金蛇年（1101年，北宋建中靖国元年）生在前藏墨竹地方，又有出生于洛若地方之说。父亲帕巴加，母亲索南吉。少年时他到洛若拜会热琼哇上师，在这里住了两个月，从热琼哇聆听许多教授、教言等。从洛若返回自家时，热琼哇说：“你住在这里学习佛法将会对你有很大益处。”益西多杰回家后将行李、书籍等驮在一匹青马上回到洛若，在这里遇到了正在讲经的涅巴大师，请求出家。21岁时，在洛若由泽沃任堪布，秋仁钦姜任轨范师给他剃度出家，取法名益西多杰。多杰赞布热举行的一次转法轮会上，邀请热琼哇去作祈福禳灾的法事活动，他作为热琼哇的侍从也来到这里。在法会上热琼哇作了20多次火烧祭供仪式，进行了祈福禳灾活动。之后，由俄译师为首座，有许多格西汇集在这里，一些三藏法师讲说中观和唯识，一些格西演讲宗派论。益西多杰听了这次教法演讲后，心中顿然生起信解而求学佛法的信念，对宗派论的讲授尤感兴趣，准备对此作一番分析对比研究。他在这里从戒律师察绒巴和达波藏都巴等师受比丘戒，是年23岁。一次在雅隆举行的法轮会上，从格西赞巴学习了《经庄严论》，先后学习听受了6遍，附带学习了有关注释。切喀巴·益西多杰因为出生在一个密宗咒师家中，他看过父亲的许多有关旧密宗的经典；从热琼巴上师还学习过噶举派名僧米拉日巴的教言，以及新密续和密续注释等大量著作；从格西赞巴和夏域哇等多位上师学习三藏经论，特别是对“四部宗派论”进行了深入研究学习，从而参阅学习了近百部显密经论，皆善巧通达。后他又从格西娘久香巴学习朗日唐巴所著《修心八颂》,从麦勒巴学习了芮邬素巴的“道次第论教导”“声闻乘及菩萨地”等方面的经论达4年，从格西多巴学习了《小册青史》等5年，从哲索塘巴听受古印度佛学家也协多吉著的《金刚摧破陀罗尼经》等，所学经论无不精通。30岁时，他来到雪康巴拜会侠尔巴大师求学《修心论》，因对《修心论》有许多疑难之处，是为执经问难而来的。一次，其他僧人都赴僧宴去了，他留在寺中看见侠尔巴大师绕塔巡礼，他遂上前向大师求教《修心论》，师徒二人就《修心论》中的疑难问题以一问一答的方式进行梳理，他逐步理解领会，解决了许多疑难问题。他前后从侠尔巴大师学习了12年,在学习修心论的同时,还学到了阿底峡师徒的密宗要法。侠尔巴大师将菩提修行秘诀毫无保留地全部传授给他，经学习和修持，他终成一位大乘佛教的密主。

益西多杰对侠尔巴大师的《宗派论》颇有研究，他认为侠尔巴大师的《宗派论》没有任何偏见，在当时，如此精通宗派论的除侠尔巴大师外尚不多见。侠尔巴大师去世后，他在僧伽大会上宣讲侠尔巴大师的《宗派论》，并给部分求学的僧人专门讲授《宗派论》的难点、道次第教导等，对个别有缘的弟子还传授修心教授方面的秘诀。后来他根据侠尔巴大师的《宗派论》，结合其他的观点，提出了自己的新观点，著成了比较有权威的关于宗派论的新作,后由拉隆旺秀对此作了注释。他学习了修心论后，综合《大乘修心耳传广义》的全部，总结出“七修心要点”：预备位中思维人身要义、正行位中修菩提心、转逆缘为菩提道用、总论一生实修、修养标准、修养誓戒和修养学识，以此编写出《修心七义论》一书，成为噶当派和后来的格鲁派修学《修心论》的一部重要著作。他将该书在哲普贡钦中心地区的法会上向僧众广为宣讲，是为噶当派公开在僧众法会上讲授七义修菩提心法之始。另外,他还著有一部《三种究竟教授》的书。

益西多杰晚年，在拉萨附近的墨竹地方修建了一座切喀密宗寺，并担任该寺堪布，主持寺务长达11年，他的“切喀巴”的尊号也由此而来。他在这里举行讲经传法法会达900余次。为了安度晚年，他离开切喀寺到塔普寺住修。在这里住修8个月后，于藏历第三饶迥之木羊年（1175年，南宋淳熙二年）十一月初五圆寂，享寿75岁。

杜敦·罗哲扎巴

——纳塘寺的创建者

杜敦·罗哲扎巴，是侠尔巴大师的上首弟子，纳塘寺的创建者，于藏历第二饶迴之火狗年（1106年，北宋崇宁五年）出生在卫藏夏阁河之加喀则邬芒村杜氏家族。少年时他学习藏文拼读书写，无难而会，后拜俄措寺的堪布多觉巴钦波受戒出家为僧，20岁时复从此师受具足戒，又从这位堪布及其弟子嘉·都增学习戒律学，后成为持律大师。之后到前藏从侠尔巴大师学经10年，大师非常喜欢他，将噶当派的教法全部传授给了他。10年间他锲而不舍，一部一部地背诵、研习，并进行修持，门门精通，名列前茅。上师侠尔巴临终前对弟子们作了遗嘱，他称弟子杜敦·罗哲扎巴为“藏巴持律师”，并将未传的少许教法仅传授给他，还说：“剩余的经等下一世再传给你，现在一切应以律仪为主，应常伴随僧伽四众。”从上师谢世后的金鸡年（1141年）至水鸡年（1153年）的12年间，他游学讲经，随遇而安。水鸡年（1153年），他来到纳塘沟口处的洛惹地方，当时这里还是一片空地，遂建一茅屋住了下来，后他在四比丘僧的协助下按阿底峡尊者的预言创建了纳塘寺。“纳”是藏语鼻子的意思，“塘”是平地，“纳塘”意为象鼻平地寺。相传土兔年（1039年）阿底峡应邀入藏传教，师徒一行路过此地，问其随从，山旁的平地上有何物？弟子回答说：“那座山形似象鼻，平地上有一块大岩石和16只金蜂。”于是，阿底峡高兴地预言道：“不久的将来，此地就会出现一座有名的寺院，16只金蜂是十六罗汉的化身，岩石象征寺院。”阿底峡大师的预言由杜敦·罗哲扎巴实现了。

纳塘寺创建后，罗哲扎巴继承弘传噶当派所传教法和迦湿弥罗班钦释迦室利所传戒律，遂成为噶当派有名的道场。纳塘寺有一座印经院，是藏区三大印经院最早的一座。13世纪晚期，该寺僧人觉丹柔贝热智和卫巴·洛色桑杰恰巴等把散藏于西藏各地的《甘珠尔》和《丹珠尔》大藏经底本收集整理成一套完整的大藏经。第十三饶迴之金猪年（1731年）由藏王颇罗鼐·索南多杰任施主，刻印了《甘珠尔》大藏经一百函的印版，此后相继刻了《丹珠尔》大藏经二百二十五函的印版，分别于金猪年（1731年）至水狗年（1742年）完成，由七世达赖喇嘛和五世班禅加持后，存放在纳塘寺。另还刻印有释迦牟尼生平卷轴画二十五幅的印版及一整套宗喀巴生平卷轴画的十五块印版，将这些版本称纳塘版，是藏区最早的木刻版。

杜敦·罗哲扎巴住持纳塘寺14年，制定寺规，招徒传法。晚年将法位传给多敦喜饶扎巴，自己去拉多绛的达德曲隆地方修行。藏历第三饶迥之火狗年（1166年，南宋乾道二年）十二月十三日圆寂，时年61岁，遗体安奉于纳塘寺弥勒殿之东。

钦·南喀扎巴

——噶当派一切智者

钦·南喀扎巴，藏历第四饶迥之金马年（1210年，南宋嘉定三年）出生在娘多敏珠克地方，系赤松德赞的大臣钦·多杰哲琼家族，“钦”为家族姓氏。他年轻时从卓·杜孜扎受戒出家为僧，后由华旦卓茂等师授予具足大戒，拜华旦卓茂、绛敦、钦·洛丹年美、桑杰贡巴四位大修士为师学习噶当派教法，从格西岗巴闻习绛散达瓦坚赞所传有关正见秘诀等的经教，成为法主。他住持纳塘寺长达36年，这期间在寺内弘传三藏经论，博览显密经典，开阔眼界，增长知识。他对几部开派大师的经典著作进行注释工作，对几部经典进行节略，著有《俱舍论注释》《菩提道根本论详注·珍宝之道》《法轮源泉》等著作。他一生的精力主要放在讲经传法、培育僧才、管理寺院、增建殿宇等方面，故著述较少，但还是受到法王八思巴等雪域诸贤哲的推崇，认为他是十六罗汉之一的化身，因他通晓藏医学，也有一些格西认为他是药师佛的化身。总之，人们将他这样一位学识渊博、佛法高深的学者奉为化身，说明其慧性是从转世时随缘俱来，因此不论学哪一部经论、哪一门学科，他皆不费力而通晓。慕其名的八思巴大师、编定大藏经的觉丹热智、卫巴洛色师徒等知名学者也曾拜他为师学习佛法。《噶当教法》中赞誉他说：“你的心胸、功德犹如天空一样宽阔，二世遍知佛统管着众生。”“钦一切智者”之美名在雪域各地传颂。他是吉祥纳塘寺的第七任住持，寺内有一尊能言弥勒佛像也是他任住持时出现的奇迹。他的著名弟子除上述之外，还有加那扎桑、江惹班钦等。他带领弟子在纳塘寺继承和发扬了俄译师伯侄和恰巴·却吉僧格学习因明学的宗风，这种良好宗风被纳塘寺一直弘传下来。

藏历第五饶迥之木鸡年（1285年，元至元二十二年）四月十四日钦·南喀扎巴往生净土，时年76岁。纳塘寺灵塔殿中第五座涂有釉的灵塔即是其灵骨塔。

侃隆巴·仁钦僧格

——寺院建设的功勋者

侃隆巴·仁钦僧格，又名格西侃隆巴，西藏彭域年波嘎沙（位于今西藏拉萨市和彭波之间）彭域年曲流地方人，于藏历第四饶迥之水龙年（1232年，南宋绍定五年）出生。父亲卫·那觉公保，母亲香坚尕娅。12岁时，赛木仁波切驻锡于夏域地方时，侃隆巴前往夏域拜赛木仁波切为师，首先由上师为他披剃出家，之后为其授近事戒，赐法名仁钦僧格，意译为“宝狮”。他从赛木仁波切在7年中详尽地学完了整个会传（上师对广大僧侣、信徒公开讲说的佛法），还从堪布央瓦和轨范师若玛瓦二师修学戒律方面的经论，他将所学戒律付诸自己的一言一行中，从不犯过。19岁时，他来到当时前藏著名六大寺之一的觉摩隆寺（该寺全称觉摩隆噶丹曲觉林，位于堆隆德钦县境内的拉姆齐地方，于1169年由噶当派高僧巴德罗汉·库敦宗哲旺徐创建，后经陆续扩建成为一座噶当派的大寺，明代宗喀巴大师经常到此寺从师学经辩经），由觉摩隆巴·修波、轨范师拜瓦、屏教师旺巴等师为他授了具足比丘大戒，并从几位戒师修学了《杂阿含经》等的教言及秘诀多种，同时依所学密法进行闭关实修，一段时间后，获得大手印成就。25岁时，赛木仁波切圆寂，作为该师的著名弟子，遂为上师举行了盛大追荐法事仪式。之后他被夏域寺迎至寺院，登上了夏域寺第六任法台的法座，成为该寺的住持。他任该寺法台长达27年之久，这期间不仅精心培育佛学弟子，还提倡全寺学有成就的弟子在修持和著述论说方面狠下功夫，所以寺院中陆续出现了一批有学识的格西，夏域寺也由此名传卫藏。他对夏域寺的第二件功德就是为该寺的建设做出了很大贡献：首先他从各方集资，为杜绝佛殿下雨雪漏水而组织铜匠，制作镏金铜瓦，在主殿屋脊皆铺设了镏金铜瓦，解决了下雨雪漏水的问题；同时为了僧众的学经、讲经、辩经，兴建了一座宽敞的讲修院，即吉祥显宗学院；一些佛塔濒临倾斜倒塌，他组织进行了修缮，并新建佛塔；在殿内修供了大量佛像、供圣物、小佛塔等代表身语意的三宝；聘请绘画师，在殿内外绘制壁画，制作新唐卡；组织寺内擅长书写的格西和名僧，缮写《甘珠尔》大藏经，供于佛殿内。他卸任法台后，先后到山南、尼洋河流域、工布、达布等地，根据各地僧俗的意愿和水平，进行讲经宣法，使僧俗大众普遍得到了法雨的滋润，故深受僧俗的欢迎。关于侃隆巴的名讳，据说他曾到名叫“侃隆”的一处山间静房修持过几年，出现了大手印证悟，故取“侃隆巴”名号，也是获得成就的代号。

总之，在他的一生中，对夏域寺的修建工作，对寺院僧人的闻思修、讲辩著皆作出了大量工作。对外，他不分僧和俗，普遍舍施法雨，让他们产生菩提心，对佛教和广大民众做出有益的善事。这位侃隆巴格西于藏历第五饶迥之水马年（1282年，元至元十九年）圆寂，享年51岁。夏域寺为其制作灵塔，并供奉于寺内。

觉丹柔贝热智

——最早大藏经及目录的编纂者

觉丹柔贝热智，纳塘寺高僧、大学者，于公元12世纪上半叶出生在西藏山南洛普塘地方，自幼出家，皈依佛门，曾担任桑耶寺四大佛塔之一的白塔管理者，后来到吉曲下游（拉萨河下游）拜轨范师尼玛宗哲学习有关般若的经论，对般若论有了一定的基础。在一个不祥之日，他不知不觉地染上了麻风病，于是来到觉敦孟兰慈诚尊前请求治疗，觉敦带他去了后藏的纳塘寺，快到寺时只见头顶升起太阳之光并听到法会梵呗之吹奏声，觉敦见此奇景，认为是一个吉祥之兆。在纳塘寺，他遵照觉敦上师之言，熟读《释量论》一千遍，麻风病不治而愈，病好后进入纳塘寺经院，专心致志地修学显密经论。由于刻苦学经、辩经，他一举成为纳塘寺的著名格西。13世纪晚期他与卫巴·洛色桑杰恰巴开始搜集散藏于西藏各地的藏译三藏经典，编订了《甘珠尔》和《丹珠尔》大藏经目录刻版印行。后来僧人嘉央创造了有利条件，卫巴·洛色、译师索南沃赛、嘉若绛曲本三人编纂了《甘珠尔》和《丹珠尔》，成书后藏于该寺坚木拉康的佛殿中。第十二饶迥之金猪年（1731年），由郡王颇罗鼐·索南多杰任施主，刻印了《甘珠尔》一百函，此后相继刻印了《丹珠尔》二百二十五函，分别于1731年至1742年完成，由达赖喇嘛和班禅大师加持后，存放在纳塘寺。

觉丹柔贝热智的著作有《本生传·修饰之花》《甘珠尔、丹珠尔目录》《甘珠尔目录·太阳之光》《医疗术·修饰之花》《因明论注释》等16部。其弟子较多，比较有名的是卫巴·洛色绛曲益西、尊巴加木格等人。

觉丹柔贝热智因最早编纂藏文大藏经目录而闻名于世，卒年不详。

堪钦·嘎玉扎巴宣努

——布敦·仁钦朱的经师

嘎玉扎巴宣努，于藏历第四饶迥之火蛇阴年（1257年，南宋宝祐五年）出生乌如上部一带。

他童年时就对嘈杂和热闹的世俗环境十分厌烦，而喜欢清静的环境，向往超脱世间的香巴拉仙境。年稍长，征得父亲的同意，在当地一位十分有名的堪扎巴本尊前出家为僧，起出家法号扎巴宣努。同时，他在堪钦·德哇贝上师座前聆习了许多教理和秘籍，修学了藏文拼读，对所学经论逐渐上升到词句和经义的理解。在此基础上，他多方收集经典，开始发奋自学，几年间他的佛学知识突飞猛进。火鼠年（1276年），虚20岁时，经请求，由授经师德哇贝任堪布，图杰贝桑波任轨范师，曲丹巴桑任屏教师，在16位具信比丘僧中受具圆比丘大戒。接着他从堪钦·德哇贝聆习三世佛一切智的《菩提道教授》《现观庄严论》《入行论》《大乘修行论》等经论，对这几部经论在不到一年的时间里全部通达。随之，上师又给他详尽讲授了《杰冈白之大悲经》《不空绢索经》《文殊师利经》《独勇修持经》《尊胜佛母经》《众法行教言》《不动白青经》《三种所缘经》等，对这些经论他修习一段时间后亦全部融会贯通。这时他广泛拜访善知识者，从绰普噶举的上师嘎宇瓦循孜修学《大乘阿毗达磨杂集论》《因明论释》等善说经论；从智者云丹本上师聆习《律经根本律》《俱舍论》等；从雅德译师索南森格学习《吉祥胜乐论》《红阎摩敌》等密宗经论多种；从绒巴·喜饶僧格修学《吉祥时轮》和“白伞盖佛母法类”等热派经论多种；从敦巴·贡嘎杰波闻习“六支加行”；从上师贞确学习密集经论多种。总之，嘎玉扎巴宣努在佛经的海洋里畅游，成为一位通达显密诸论的大学者。

据说有一次稍憩之时，在梦幻中至尊文殊菩萨现身问道：“你请我有何希求？”他即刻恭敬地答道：“贫僧欲得至尊的智慧之剑。”文殊菩萨说：“吾将正理之剑授予你，你持此剑一切将会圆满如意。”说着将一把四指宽的黄金宝剑授予他。梦醒后，他顿时智门大开，所学一切显密经论无不记于心。

木马年（1294 年）38 岁时，他开始任法会讲经堪布，为僧伽大众宣讲《现观庄严论》《因明学摄论》《戒律论根本》《般若经论》等，以此法缘，出现了一些著名弟子。他先后为达尼钦波桑布贝、布敦·仁钦朱、绛散索南扎巴等名僧担任经师。其中达尼钦波桑布贝（1262~1324 年），是萨迦大寺的第十任座主（法台），曾为振兴萨迦派做过大量工作；绛散索南扎巴（1273~1345 年），是第七十二位菩提道次师承传承者；布敦·仁钦朱（1290~1364 年），是夏鲁寺的座主、夏鲁派的创始人，是西藏著名的佛学家、大学者。故堪钦·嘎玉扎巴宣努曾担任布敦·仁钦朱等人的经师而荣耀至极，声名鼎沸。

可惜他在藏历第五饶迥之木兔年（1315 年，元延祐二年）藏历九月十五日示现圆寂，此师的著作未见记载。

洛扎智钦·南喀坚赞

——第三十一代菩提道传承者

洛扎堪钦·南喀坚赞，意为"洛扎大堪布空幢"，又名"洛扎智钦"或"堪钦秀多"，意为"洛扎成就者"或"堪钦金刚手"，是为宗喀巴大师传授噶当派经教的上师，于藏历第六饶迥之火虎年（1326 年，元泰定三年）诞生在西藏山南洛扎旭布家族，父南喀桑布，母仁清坚，先世信奉宁玛派。据说他刚出生就能敬称如来佛号，2 岁时因记忆前生之事而模仿抛撒朵马。他 7 岁时在叔父堪钦嘉赛处受近事戒，之后又由叔父剃度出家，授沙弥戒，皈依佛门，从其学习大悲观音法类。10 岁，从堪钦嘉赛学习芮邬素巴和夏域哇传下来的菩提道法和大悲观音法、马头明王法及二十一度母法，开始出现一些证兆。13 岁，为禳解厄运而不分昼夜地修行善事。据说一天晚上，他在卓哇贡寺绕塔巡礼时，自身发光持续很长时间，俗人只见眼前一团火绕塔旋转。15 岁学习修持戒律学，19 岁赴拉萨，在大昭寺朝礼释迦牟尼像，并绕寺巡礼。据说次日晚他在小昭寺回廊中歇息时，突见寺门大开，走进一身穿黑绸衣的黑衣人对他说："你是事业金刚具乐者，到仁钦岗去见一位文殊化身的圣者。"据传，这位黑衣人就是持钺护法。

因此，他遵持钺护法的授记来到仁钦岗，从仁钦岗堪布扎西坚赞受了具足戒，并求学了“菩提道修心法”和“密宗修行法”等多种经法，之后在日桑朵贝尊前听受了《戒律广释》《般若二万颂》《集学论》《觉沃小法百部》《二十一度母法类》等。他 22 岁时从仁钦岗回到家乡洛扎，23 岁到卓哇贡寺闭关修持 6 个月，常常向文殊和观音二菩萨供奉祈祷。25 岁从喇嘛德卫郡乃学习甚深教法，是年，堪钦嘉赛邀请孟扎哇广转法轮，他又向孟扎哇学习了“金刚手五鹏灌顶教言”和“修心法”多种教法。31 岁时，其叔父圆寂，他出资建造了叔父的金身像一尊。后在当地僧俗的请求下，他登上了卓哇贡寺的法座，主持该寺教务，培育弟子。此时，有密主说：“事业金刚，口诵经卷不成佛，无翼之鸟不能飞，阳焰之水解不了渴，海中之涸山不沉没，叔伯麦智如此言。”为他作了二十二首修心教言偈句。

70 岁时，宗喀巴大师在山南仁钦岭寺从堪钦・却吉桑波闻法后，在打听洛扎・南喀坚赞的情况时，堪钦上师介绍道：“洛扎・南喀坚赞所具有的德慧，如你（指宗喀巴）所具有的智力一样，他还有一位上师是堪钦门扎巴。金刚手菩萨曾开示门扎巴说‘洛扎・南喀坚赞是阿阇黎阿雅德哇和桑杰益西贤的转世化身’”，宗喀巴大师听了上师的介绍后，对洛扎・南喀坚赞也产生了极大的敬信，准备再去找洛扎上师求法。当宗喀巴大师慕名前来拜谒他时，洛扎上师前来迎接。此时此刻，洛扎上师清楚地看到在绚丽的光网中至尊文殊莅临，只看宗喀巴头顶是慈氏佛，右臂上是白文殊菩萨，左臂上是妙音天女。与此同时，宗喀巴大师也看清了洛扎上师就是金刚手菩萨的化身。洛扎上师身高膀宽，面色红润，腹部圆而鼓出，如蓝吠琉璃透明晶莹，亦有兰花蟒蛇盘绕护围。据说这副模样是显示利益众生的事业，是较前更为宏大的象征。茶毕，大师就在洛扎上师尊前听受了“上师瑜伽法”，众护法神环围听经。第二天黎明时分，洛扎上师的耳中传来了“在弥勒近前当请说《集学论》的洪亮声音”，洛扎上师领会到这是金刚手本尊给他传递的信息。早餐后，洛扎上师请求宗喀巴大师传授此经论，大师说：“既然是本尊的圣意，我也就没有理由推辞了。”于是大师就为洛扎巴上师讲授了《集学论》等诸多教法。洛扎上师对宗喀巴肃然起敬，他想自己年事已高，不能把拥有的教法带到极乐世界去，于是他给宗喀巴传授了从仲敦巴、贡巴哇到芮邬素巴传承下来的菩提道，以及从仲敦巴、金厄瓦和夏域哇传下来的菩提道，这两个支派的全部教言。之后他又将金刚所说的不可思议的密法教导、经教、随许灌顶等毫不保留地全部传授给了宗喀巴，还为大师的一些弟子传授了许多教法，宗喀巴师徒为此受益颇多。

最后，宗喀巴大师单独将《五部陀罗尼不忘经》传给了洛扎上师。据传，宗喀巴为洛扎上师传法时看见他的上师头顶上空有释迦佛的身影，其右是金刚手菩萨，左边是白伞盖度母。所以宗喀巴大师对南喀坚赞十分恭敬，称颂他是洛扎大成就者、金刚手菩萨的化身。

洛扎堪钦·南喀坚赞的弟子中获得敬信者有十万人，解脱者 50 人，获得大成就者 8 人，无与伦比者只有宗喀巴·罗桑扎巴 1 人。

南喀坚赞广做有益于佛教事业和僧俗之事后，于藏历第七饶迥之金蛇年（1401 年，明建文三年）在卓哇贡寺圆寂，享年 76 岁。遗体火化后，出现了上万颗舍利子，将其安奉于灵塔，并供于卓哇贡寺。

措纳巴·喜饶桑波

——修持《律经广疏》的权威

措纳巴·喜饶桑波，13 世纪初藏族一重要佛学家，守持戒律的权威，措纳上部（即今之西藏措纳县境内）人。据说这位证士刚懂人言时，其一言一行完全与佛法相吻合，看不出一点世俗孩童之习惯。刚到 8 岁时，就要求家人让他去寺院学习佛法，家人开始不同意他的要求，到后来，他看到家人管束很严，只好找机会背着家人偷偷出走，到一位名叫格西桑钦巴的尊前出了家，同时受了沙弥戒，被赐法名喜饶桑波。当他学佛成名后，在其法名前加上出生地名措纳二字，就成了措纳巴·喜饶桑波。他少年时处处显示出一位大班智达的样子，人们认定他是措藏大德·罗哲僧格的转世。他的身心意完全依属格西桑钦巴大师，从这位上师闻习了“噶当派六论”等大师的论著，尤其潜心修学“四种律典”，并将律典中所阐述的一切要义汇总形成编写律经的基本资料，同时学习了《律经根本律》这一重要律典，并将律经从基本条例到深刻内涵全部熟记于心。到了受比丘戒的年龄，他请求格西桑钦巴任堪布，在亲教师、屏教师和比丘僧足数的情况下，受了具圆大戒。他从初学佛教经典之始，就热衷于对律典的修学，对《别解脱戒》一书进行深入详细地研习，最终达到应用自如的地步。同辈僧侣中，他对律经的造诣可以说达到了很高的水平。后来他又赴雪山小寺以律经为重点进行苦心修持，出现了一些阿阇黎大师时隐时现的身像，连他自己也感到很神奇。之后他又从上师桑钦巴处获得龙树和无著二圣之道，聆习阿底峡尊者入藏后所作《菩提道炬论》等噶当派经典，依此开始向他人讲说，并进行实修，出现了一些不可思议的幻景。据说喜饶桑波白天修习佛法，到夜间在幻梦中，印度二胜六严大论师的身像也不时出现，并为他轮番传授经论。在梦境中，他依次从阿阇黎功德光聆听《戒律论》，从嘉色寂天（希瓦拉）聆听《入行论》，从阿阇黎世亲聆听《俱舍论》，从陈那论师聆听《因明论》，从法称论师聆听《因明七论》，从月称论师闻习《密集》，从至尊弥勒聆听《现观庄严论》等。奇怪的是，他在梦境中所听受的经论到白天不但没有忘记，反而像刻版似的刻印在心中。这时连贡保依怙主护法神和善神护法也要求他著一部雪域僧众易懂、易学、易记、易行的戒律学经典，以鼓励一切闻思，利于培育众弟子。这时这里的许多弟子和措纳上师一起，为了更好地弘扬闻思修、讲辩著的良好学风，集资兴建了一座宽敞的讲修法苑，并奉措纳·喜饶桑波为法苑之主，登上了雄狮法座。他根据平时所收集的有关各种戒律的资料，参考各时代开派大师们所著的经典，对其进行筛选，精益求精，编著了一部《毗奈耶根本论·日光疏》的律典。据传，这部名著刚刚问世之时，就被善神护法请去，无奈他又第二次编著此书，后才流传于世。另外，这位大德还著述了有关“菩提道”方面的许多著作，他按照噶当派经典支派的开创者博多瓦的传记，结合菩提道三士道的开派理论培育弟子，获得了讲辩无碍的圣士和律经权威的称号。措纳·喜饶桑波一生以戒律和密集严格约束自己，并进行密法修持而获得了成就，圆了掌持“密集圆满之道”的梦，显示出他以法传授弟子，以菩提心闻法的非凡能力。另外，他还为世俗社会的芸芸有情众生普施法雨，将他们逐渐引上解脱之道。

晚年，他教导众弟子，讲授《戒律广论》，将讲辩法苑交给高足孟扎巴后，于72岁时圆寂。

热译师·多杰扎巴[1]

——大威德首传宗师

热译师·多杰扎巴，是一位藏传佛教界的大佛学家、高僧和成就者，是把大威德金刚密法系列引入藏区的五大传承系统中“热”系的首传宗师。热氏家族是一个七代都修炼密咒的家族。其父热敦贡却多杰也是一个著名的密咒师，他和一位才貌双全并有空行印记的女子——多吉华宗结为伉俪，两人共生有五个孩子，第三子即为热洛[2]·多杰扎巴。他于藏历第一饶迥前十二年之火龙年（1016年，北宋大中祥符九年）出生在雪域高原一个香草遍野、风光优美的风水宝地——萨迦境内拉堆南部名聂南木朗宇的一个小山沟里，这里是一个十善具足、富饶而有灵气的地方。据说孩子降生时，正下着蒙蒙细雨，天空突然出现了无数条形状各异的彩虹和光环，虽然是隆冬季节，但在向阳的山坡上开了许多小花，飘着一缕缕醉人的花香。

据说这孩子从小就有与众不同的地方，如对穷苦人富有同情心，对食物、玩具不自私，能说出前世的许多事情，有时还告诉人们一些与他年龄很不相称的醒世哲理，还有时闭目静坐，长时间不动，似入定状。从6岁开始，从父学习藏文拼音，他很快就学会了，将一本练习拼读的《般若集经》也背得滚瓜烂熟。他的父亲做金刚橛诵经法事，他在旁边观看，事后把他父亲诵经的音调、节奏、手印和乐器演奏方法等都有条不紊地模仿下来。

他8岁时学习印度的各种文字和尼泊尔等国的文字，后掌握了多种语言文字，并能流利地阅读，神童之名动四方。他乳名叫俄才郡乃，意为“奇异生命”，又称长生金刚。后来改名为西饶郡乃，意即“慧生”。9岁时，其父给他灌了“真实”与“金刚橛”顶，并传授了有关理论和修证知识，继承了家学。10岁时，其父将祖上传下来的有关“真实与金刚橛密法”的全部书籍资料和法器都交给了他，并让他正式升座传法。热洛第一次向当地信众传授了“真实”与“金刚橛法”，受到了听众的赞扬。

11岁时，家人给他订亲，他极力反对，父亲多次劝说道:“修密法不能没有手印女。”他只好服从，娶了当地有身份的富户人家姑娘，名叫盖玛绢姆。女方家尊敬上辈，家庭和睦，财运旺盛，他们每年还拿出很多钱和粮食救济穷人，声望越来越高。但热洛脾气有点古怪，对那些欺压百姓的地方官员和绅士老爷恨之入骨，当面讽刺辱骂，一点也不客气。父亲怕他惹是生非，就让他与世隔绝，闭关修炼。从12岁到24岁，长期闭关修真实密法，然而成效不大，且身心遇到了严重的魔障。一天夜晚，梦见一位空行母前来点化，要他不再闭关死修，赶快到尼泊尔去拜访一位尊号吉祥燃灯的巴若瓦大师求取真实密法。第二天一早他便向父母说明了空行母的点化，并请求到尼泊尔拜师求法，未得父母同意。一年后，那位空行母和十多个少女又来托梦点化说：“我们是你几世的护法，按去年的指示，速去尼国，那里有位巴若瓦大师，他能使你获得上乘成就，万勿错过机会！”说完离去。次日清晨，又向父母说明梦中的指示，苦求父母放行，方得到父母的允准，并给他十两黄金的求法费用，同胞兄弟和亲朋邻居皆来为他送行，赠送路费，共凑到二十九两黄金。热洛就这样辞别父母兄弟、乡亲父老，带着黄金和糌粑袋子踏上了去尼泊尔求学的道路。

热洛一路上跋山涉水，翻山越岭，踏过无垠草原，穿过茫茫林海，躲过猛兽强盗，历经千难万险，数月后到达了尼泊尔道府伊让。在这里他看到了异国的城市风光，领略了奇风异俗，朝礼了众多的佛教寺庙。逢人便请问巴若瓦大师的寺院，最后由一位纺织工指明了巴若瓦大师的住处。当他辗转来到巴若瓦大师驻锡的尼玛灯寺附近时，一些瑜伽修道士和尼泊尔少女来迎接他，入寺后即刻去拜见大师。巴若瓦大师说：“你去年就该来，为什么现在才来？”热洛说明了去年未能成行的原因后，请求大师赐教殊胜密法。大师说：“可以，但你用什么求法？”热洛将所带黄金全部献上。大师说：“还有什么？”他又将自己的外衣脱下，献给了大师。大师说：“还有什么？”热洛说：“我把自己的身体和生命毫无保留地献给大师。”大师高兴地说：“听说藏人心诚，看来果不虚传。”遂把黄金和衣服全部退还给热洛，并说:“我要黄金做什么？你自己拿去作费用。求密法要准备会供，速去做准备！”热洛花三两黄金购买了会供用的物品，用七两黄金作灌顶献礼，首先求了“金刚亥母法”。巴若瓦大师为热洛赐灌了亥母顶，并将亥母的续经、修练仪轨和会供法全部传给了他。事后，热洛又去拜会了尼泊尔有名的另外几位大师，并一一结缘求法，然后又去朝拜尼泊尔尚宫宝塔。途中遇到了一位邪教法师，要热洛作他的徒弟，热洛不但不肯，反而用话激怒了那个法师，于是二人辩论起来。热洛唇枪舌剑，将那个法师辩得说不出一句话来，围观的人哈哈大笑。法师临走时说：“要嘴皮你厉害，七天后让你知道我的厉害。”邪教法师懂得“飞橛咒术”，回去就闭关修飞橛法，企图以飞橛击毙热洛。到第五天，热洛心慌意乱，出现了许多凶兆，虽然暗中作亥母法消灾，但未见明显效果。于是将发生的事一五一十地告诉了上师，上师听后说：“糟了，那是尼泊尔国三百名邪教法师中法力最高的一个，曾经咒杀了许多印、尼两地的佛教徒，现在必须立刻采取强有力的应对办法。我有佛顶白伞盖破邪法，足以破除这个邪道的飞橛法，现就传给你。”热洛非常感激，献上一两黄金，请教了白伞盖破邪法。第七天破了飞橛邪法，那个法师羞愧得上吊自杀了。这时，热洛想上师可能还有比这更厉害的法，又到上师尊前求学甚深密法。上师说：“孩子，我再也没有其他的密法了，回去好好修炼吧。”热洛将剩余的黄金全部献给了上师，行过告别礼离开尼玛灯寺去了市中心。正行走时，感觉后面有人在拽他的衣服，回头看是一位漂亮的尼泊尔少女。她嫣然一笑说：“你千辛万苦到这里来，不是为了求到稀有的密法吗，为什么要忙着回故乡呢？”热洛说：“我已学到了密法，准备回去。”那位少女说：“你学到的仅仅是表皮，没有得到精华的东西，回去耐心求教吧！”说完突然无影无踪。热洛为了学到更高的密法，准备回家筹措费用。在回家的路上遇到了一个老朋友尼泊尔译师，他将自己的想法告诉了译师，译师说：“这里有个大富商，身患重病，百医无效，你去为他治好病，他会给你报酬。”于是他到富商家中用金刚亥母加持法治好了富商的病，富商十分感激，给了热洛 500 两黄金作酬谢。于是他离开富商家，又回到尼玛灯寺，但上师不在寺内，不知去向。他到处寻找，边问边走，经历种种磨难终于在深山老林中找到了巴若瓦上师，再三向上师顶礼求传密法。上师遂选定农历初八传法，上师在密林中设坛施供，午时将热洛引进文殊阎摩尊黑敌坛城，为他举行了灌顶仪式；黄昏时分为他举行了文殊六面阎摩尊灌顶；夜半时分为他举行了世尊大威德十三尊全面灌顶，并将其密续、观修次第、事法秘诀等一一传给了他。在灌顶过程中，热洛看到了空中众佛亲临灌顶加持的情景，并出现了奇异之光、声音和各种形状的彩虹，降下了五彩缤纷的花雨。灌顶传法结束后，上师和空行、勇士对热洛进行了加持，并作了许多未来预言。天亮时，那些空行一一消失，坛城、供品、用具亦不复存在，似乎是一场梦幻，只有上师一人坐在空荡荡的地上。上师对热洛说：“大威德金刚密法是一切密续的精华，具有其他密法所没有的十三种功能，可以把大逆不道的恶人强制成佛，上等根器的人可以即身成佛，中等根器的人临死成佛，下等根器的人也可在中阴成佛。此法的传承者个个都是大成就者，犹如空行心血的甚深大密，我已传给了你，望你不要轻易外传，应依法一心苦修，此生定能获得幻身成就。”说完将黄金全部退还给热洛，并说：“金钱对我来说毫无用处，原先接受供养，一是为了完成你自己修福积资粮的心愿，二是为了显示密法无比珍贵的价值。现在你可以带着黄金去供养各地的寺院和佛像、佛塔，你诚心发愿，必成大事。”说完，巴若瓦大师腾空而去。

热洛接受巴若瓦上师给他的大威德灌顶和大威德法后，从尼泊尔返回故乡，见妻子和家产被地方富豪祝青巴抢走，父母遭到毒打，几个哥哥被关进私人牢狱。他十分气愤，用学到的大法烧毁了祝青巴和他的庄园，救回了妻子和哥哥。之后他到聂南木山沟浪公崖岩洞中修炼，由尼泊尔译师和明妃对他的生活予以照料，在此期间降服了崖煞神等许多凶残的鬼怪。这时据说他的功法已达到穿墙越壁毫无阻碍的境界。从此他的声名传遍各地，前来求授灌顶、受戒、学法的人络绎不绝，他皆满足了他们的要求。给他供养的财物礼品堆积如山，他将这些供养财物全用在修寺塑像、斋僧、修桥修路、救济贫苦群众的事业上，还花钱释放了一些囚犯，对以捕鱼打猎为生的渔民和猎人，在生活上给予补助甚至安置，还调解了许多地方纠纷，给地方带来了祥和。

之后热洛离开修行洞，到后藏、阿里、前藏、康区、安多，甚至到蒙古、新疆、云南等地讲经传法，所到之处，僧俗大众闻其名而来请求摸顶、灌顶、加持、受戒、闻法。他不但为僧俗授沙弥、居士戒，还给许多人授不杀生戒，得到灌顶、受戒、闻法的人不计其数。他在传法灌顶期间，也引起了一些佛法方面学有成就的法师和其他教派僧人的忌妒仇视。他们认为热洛从尼泊尔学到了牛头邪法，存心和他寻衅作对，甚至暗中用咒语邪术咒杀他。热洛先用佛法教化他们，对少数冥顽不化者才用大威德法降服。

热洛面对密咒师的强大法力，觉得自己所学法力不足，遂按空行度母的指示，与自己的兄弟及尼泊尔译师二人赴尼泊尔求师学法。他到尼玛灯寺拜见巴若瓦上师，献八百两黄金为见面礼，并讲明了再次求法的原委。上师听后十分高兴，又将大威德四字诛破法及护、克、诛、镇之法，以及息灭、增长、威服诸法的众多应用诀窍、必要八法、珍贵三法等许多法要全部传给了热洛。会供传法后，上师又给热洛赐灌了大威德独雄顶、大威德双身、五佛、多佛顶，又传授了上述诸法的修持仪轨、使用诀窍。最后又传授了阎罗王单身、双身、多眷属修法、供法，以及黑怙主、天母、自在天等诸护法的奉修调遣法、追魂威慑法等各种密法咒术，将密法咒术的王冠戴到热洛的头上，从此，热洛便成为无敌咒师。

拜师求法后，热洛到阿修罗岩洞中闭关密修。修习时先后亲见五种佛、八大菩萨，听到空中有天乐声，看到花雨普降等奇异现象。闭关解除后，在尼泊尔国王、大臣、学人名流的请求下，热洛到天刺山顶，举行了盛大法会，给国王、大臣等传授了大乘发心法，之后又去该国的果达布汝、察瓦查协、聂潘山、仙达布汝等佛教圣地朝拜供养，受到各圣地僧众的热情接待，他举行了大威德灌顶，受益的弟子共有五千多人。朝圣后遵上师之命，同兄弟一道赴印度朝礼求法。过了恒河，来到那加里岛，朝拜了五蕴塔、阿难尊者舍利塔，他在这两座塔前各磕了十万长头。他又到那兰陀寺，拜见显密圆通的著名大善知识曼杂朗瓦大慈悲尊者，献上一两黄金作为见面礼，请求上师授具足僧伽戒，遂由曼杂朗瓦为亲教师，弥赤瓦为轨范师，在84位善知识面前授了沙弥戒和比丘戒，赐法名为班支日格日蒂，藏语为“多杰扎”，意为“金刚称”。受戒后，就从上师深造，学习了《因明七论》《弥勒五论》《大乘经论》《毗婆娑论》等。在仙帝瓦大师处学习了《四分律》《律藏论》等，在绕贝和库秀二师门下学习了《中观》诸论。此时，热洛不再是一个单纯的密法师，他已掌握了显密五部大论，进入了佛门大善知识之列。学业结束后，他离开那兰陀寺去中印度朝拜大菩提金刚座，这里是千佛说法之地、释迦牟尼证果之所。热洛兄弟二人筹办了三两黄金的供品，对菩提树和菩提塔进行了丰盛的供养，出现了许多奇景。朝礼后又回到曼杂朗住了6年半，请曼杂朗瓦大师传授了《胜乐主续》《说续源流三部》《显言上续》《空行母行》《金刚空行》《桑布智》《欢喜金刚主续》《说续金刚鬘》《深密开释》《慧金刚摘集》《红色怖畏金刚五尊与十三尊续》《度母出生续》《慈悲观音》等经续和上述诸法的灌顶、讲授、修习仪轨等。学法后，热洛献上三百两黄金进行答谢，并请求上师赴藏地传法，上师答应六年后去藏地，后热洛兄弟辞别诸位传法上师和师兄弟，启程返回故乡。

二次赴尼泊尔和印度求法载誉回乡后，他的声望比原来更大，前、后藏各地前来求受戒求法的人也越来越多，一个月之内在他门下受戒出家的就有一千多人。他用供养的财物在朗域地区建了一座降魔寺，专修大威德法。但是跟他作对的人也较多，先后有旧密教徒浪勒、赛东索南沃色、桂库巴来则译师、玛尔巴大师的儿子达玛多德、昆·释迦洛哲等人前来和他辩经斗法，斗不过时使用种种咒密暗杀热洛，热洛对这些人采用先礼后兵的办法，让他们自食其果。另外，也有一部分佛学界善知识，如香日顿巴、若恩博格西、饶古僧格、香才本格西、卓普巴、玛托香巴、巴察布杜增等不同教派的名僧，看不惯热洛用密咒法杀人、蓄养明妃多人（热洛先后收五个少女作他修密法的手印女）而提出指责，热洛耐心解释，并显示种种神通，用佛法教化开导他们，使他们翻然悔悟，拜热洛为师，修学大威德密法，个个成为成就者。他一生中抑恶扬善，所做益于众生的善事不胜枚举。

如他用灌顶中敬献的钱财书写金银汁《大藏经》多套赠送给当地寺院，出资建造佛像、佛塔一千多个；治好了几百个麻风病患者和其他病患者；用五百两黄金为大昭寺释迦牟尼像镀了金面，用五百驮酥油点了供灯，还捐资修复了年久失修的佛殿和壁画。据说山南桑耶寺曾因战事失火焚毁后，他出资修复了桑耶寺，并惩治了桑耶寺的大护法神——白哈尔王。他朝拜巡礼雅拉香波、雍布拉岗、念钦唐拉、岗仁波齐神山、玛旁雍错等神山圣湖时亦献了大量供养。他在万玛尔寺住的时间较长，由他出资在万玛尔山沟上部修建了禅院，中部修建了讲经院，下部修建了密法院。在这个寺内修炼的弟子有五百多人，学法的弟子发展到八千多人。

他从印度返藏传法灌顶建寺长达6年，又同兄弟及藏贡译师、尼泊尔译师一行赴印度迎请曼杂朗瓦上师。先到尼泊尔同师兄弟一起举办了七次会供，又请巴若瓦上师传授了大威德孔雀消毒法的全部内容和密续总义及法门。后他转赴印度金刚座，拜见曼杂朗瓦大师，献上五两黄金的见面礼，邀请大师去藏地传法，上师接受了邀请，一同启程返藏，在前、后藏传法4年多。这期间在曼杂朗瓦上师的讲授和指导下，热洛等译师从事译经工作，将许多显密经典译成了藏文。其中所译大威德的珍贵密续有《大威德续七章经》《观修仪轨和灌顶仪轨》《坛城观修仪轨》《烧施法》《故事章》《大威德三种仪轨》《亥母续》等。译经后，上师复返印度，他送到尼泊尔国境后惜别。热洛返回西藏后，开始著述论说。他著了《大威德续七品白疏》《大威德续七品黑疏》《秘诀一滴》《观修仪轨勾摄敌魂》《大威德单尊修法无垢之光》《大威德十三尊修法如意宝库》《文殊佛国盛况》等30余种密宗著作。

热洛大师在85岁高龄时，头发漆黑、面无皱纹，颜若童子，走路时步履轻健，犹如飘行水面，同行的年轻人都赶不上他，所以他还到处传法不止、灌顶不息，继续镇邪彰善。他在布达拉宫旁边的一寝宫中住了一段时间，广转法轮，从各地赶来受沙弥戒、比丘戒的僧侣上万人，还有许多说不同语种、方言的外地信徒，他显现语自在神通，在说法时，他们都能听得懂他的语言。据说他听到尼泊尔的上师巴若瓦即将谢世，单独一人，携带黄金，施展飞行神通，腾空飞向尼国，与上师会了最后一面，还请上师审阅自己的著作。上师仔细阅读一遍后，双手合十称赞说：“孩子，你没有辜负我的希望，你的这些著作文字和内容都很纯正，很像一位大班智达的手笔。”热洛又将自己的著作认真修改了三遍，每次皆请上师过目，获得了上师的高度评价。后来上师示寂，热洛等作盛大祭祀后，又在这里收徒传法，之后去乌仗那，并从乌仗那返回雪域。

据说热洛大师在150岁之前，仍风尘仆仆、孜孜不倦地奔走各地，传播胜法，化度众生。到150岁时他才安居在丹地主寺密法宫，并继续讲经说法。该寺常住和流动学法之人达到了十八万之多，本寺容纳不下，从扎格到德钦，山上山下搭满了学法人居住的帐篷。

据说他于藏历第三饶迴之土马年（1198年，南宋庆元四年）四月，一天太阳刚升起时安详入定坐化。据说当时出现了大地震动和雷鸣，天空降落五色鲜花雨，灵堂上方出现四条彩虹等等奇异现象。众弟子在上师生前指定的地方建起灵塔，将灵体安葬于塔中，并举行了盛大的开光安神仪式。

注：

①根据《东嘎大辞典》和多识活佛译的《大威德之光》两书记载，热译师前半生来往于卫藏和印度、尼泊尔学经习法，是一位游方僧，他也曾修建过几座寺院但不常住寺院，故无派属。直到他61岁时，噶当派的纳塘寺建成，他到纳塘寺参加竣工典礼，又火龙年纳塘寺举行大法会时，他也参加了法会，并将大威德金刚法单传于该寺一位活佛。因此，他可算噶当派。当格鲁派兴起后，该派五大本尊之一的“大威德金刚”成为格鲁派的主要本尊和密法。在哲蚌寺密宗殿供有大威德本尊佛像，内装有热师的指骨舍利。因热译师在世时，噶当派已经形成，故将热译师先归于噶当派，当格鲁派形成后，将他尊为大威德首传宗师。

②热洛：“热”是姓氏，“洛”是藏语“洛杂哇”的缩写，意为译师，简称热洛，即热译师。

噶举派

藏传佛教噶举派，旧译“迦举派”，是公元11、12世纪藏传佛教后弘时期产生和发展起来的一大教派。该派传承从总体看有远传和近传之分，其中远传的语旨又分为四大语旨：第一语旨，由金刚持传与因陀罗菩提王、龙所变化的瑜伽母、地神毗苏迦瓦、大成就者萨罗诃和圣龙树尊师。是从龙树尊师听受了父续《密集》及其圆满次第五次第的当面指点、《金刚四座》续及其口诀、“六法”中的幻身和迁识与入舍等而领受的彼等的语旨。第二语旨，金刚持传与智慧空行母、古古日巴、咱热耶巴等的语旨。是从咱热耶巴听受了母续《玛哈摩耶》与“六法”中诸梦境法类而领受的语旨。第三语旨，是由金刚持传与金刚手、卓毗赫鲁迦、毗哈那班杂和罗瓦巴，又从罗瓦巴听受了《胜乐》等母续全部和“六法”中的光明为主的圆满次第的诸法类而领受的彼等语旨。第四语旨，由金刚持传与金刚手、无支分金刚、莲花金刚和善缘空行母。是从善缘空行母听受了《吉祥喜金刚本续》诸续和“六法”的教授全部，此外特别领受了“拙火”的语旨。如是佛金刚持的证悟与义理的传承便完全转移到了印度高僧德洛巴的心相续之中。他又从咱热耶巴学习了“拙火定”的语旨，从龙树学习了幻身与光明的语旨，从罗瓦巴学习了梦境的语旨，从乐成空行母学习了“中有”与“往生”的语旨，此外，又从因陀罗菩提王听受了他身智的教授和从摩定喀听受了“夺舍法”的教授等语旨。这四种远传语旨皆源于印度诸大成就者，虽稍有不同之处，但主旨是相同的。所说的近传，主要指印度高僧德洛巴和此后的那若巴二位大师。因德洛巴大师是直接从佛金刚持听受了密宗四续部的教授和金刚瑜伽母付予了耳传宝三法类藏，所以一切教授的精华皆集于德洛巴大师一身。那若巴是德洛巴的亲炙弟子，他经受了十二种生死攸关的大苦行和考验后，将上师所有密法全部学到手，玛尔巴·却吉洛哲又是那若巴大师的亲传弟子，几次赴印克服各种困难，方才将那若巴大师所拥有的教法全部学到手，他又传给弟子米拉日巴，米拉又传给达波拉杰、热琼巴等，逐渐形成了噶举派。该派从远传和近传主要修学密宗法类，修学方法必须通过口耳相承，从不间断。噶举派的“噶”是指上师的言教或曰佛语，即语旨。“举”，意为传承，传承金刚持佛亲口所传授的密咒教义。合译意为“佛语以口授传承”。噶举派特别注重密法修炼，尤其是强调传教以师徒相承，修行秘诀以口语传授，耳听心会，注重密法，不重经典。因而被称为“噶举派”，亦即口头传承派。

噶举派是藏传佛教各教派中最为庞杂的一个教派。最初该派创始人及其传承僧人穿白色僧裙和上衣，故人们以衣色俗称“白教”，其实以颜色称教派名是没有道理的。以后噶举派一些派别的僧侣也穿绛红色袈裟。噶举派支系庞杂，开始在后藏香地（今南木林地方）出现了一个教派，其创始人为克珠·琼波南觉，因“香地”取派名为香巴噶举派，该师先后几次赴印访名师求学佛法，成为一佛学大师，返藏后在香地（南木林县）一带收徒建寺，据说先后建了以香相寺为主的108座寺院。收徒8万余众，传播噶举派教法。据说该师享寿150岁。后又出现了两个小支派，该派到14、15世纪后逐渐衰绝。后由玛尔巴、米拉日巴、达波拉杰师徒继承德洛巴和那若巴教法在前藏地区建寺传播噶举派教法，被称为达波噶举，所以后来噶举派主要指的是达波噶举。达波噶举又派生出四个大教派，即噶玛·德松钦巴所创噶玛噶举、采巴·祥·尊哲扎巴所创采巴噶举、巴戎巴·达玛旺秀所创巴戎噶举、帕摩竹巴·多杰嘉波所创帕竹噶举四大派系，其中帕竹噶举又分出直贡、达隆、竹巴、雅桑、绰普、修赛、叶巴、玛尔巴八个小支系，故噶举派有“四大八小”之说。有的小支派兴盛一段时间后，在历史的长河中逐渐衰落而不复存在。该教派的噶玛噶举和帕竹噶举的上层喇嘛，曾受元、明两朝册封，还相继建立帕竹政权和噶玛政权，掌握西藏地方政教权力近3个世纪。按著名喇嘛噶玛·拔希的遗嘱，由邬坚巴·仁钦白认定让琼多杰为噶玛·拔希的转世，是噶玛噶举派第三世活佛，这是在藏传佛教中最早采用活佛转世制度的。该派主要学说是月称中观见，注重密法、大手印教法、喜金刚、那若六法等，注重师徒口耳单传，以苦修证理通达大印的境界。其著名寺院有噶玛丹萨寺、丹萨替寺、楚普寺、桑丁寺、类乌齐寺、羊八井寺、直贡替寺、泽当寺、八邦寺等，遍于康区和前藏。现在该派在藏传佛教传播地区的基础仍很强大，在欧美和东南亚一带亦有相当影响。

那若巴·晋美札巴

——玛尔巴·曲吉洛哲之师

那若巴·晋美札巴，是西印度（今克什米尔）一著名瑜伽成就大师，为藏传佛教噶举派开创人玛尔巴·曲吉洛哲译师的传法上师，出身高贵种族释迦氏族。父亲希卫果恰是当地一国王，娶另一国王贝旦扎巴的公主拉金贝吉罗哲为王后。生有一个如花似玉的小公主，名叫拉久华吉意希。为了后继有人，国王和王后虔诚求神拜佛，供奉三宝，于火龙年（956 年，后周显德三年）四月初十黎明时生下一个天资聪慧的王子，取乳名嘉布根都桑波。据说小王子生来就有未卜先知的神异，能知过去未来之事，自幼就信奉三宝和本尊神。七八岁时，父母为了让那若巴继承王位，只让他学习文化知识，不让他学习佛学经典。年稍长，派人教习弓箭、刀剑、摔跤等武功，同时学习历算学、工艺学、医学、诗论等常用知识学科。他学习十分认真刻苦，加上他的聪明才智，学业进步很快。

青年时父母虽约束了他的人身，却约束不了他对佛的虔诚之心。他再三请求父母让他出家，皈依佛门，未能得到父母的同意。他耐心地用佛法开导父母，终受感动，方勉强答应他去学习佛法。他到克什米尔一大寺院，拜堪布南喀扎巴为师，剃度出家，受沙弥戒，法名南喀宁波。在这里学法三年期间，他先后师从 13 位班智达学习大小五明论和显密经论，成为学识渊博的大学者。后返回家乡，为臣民传授菩提发心、声明学、因明论等学说，还因人而异不断传授金刚乘密法，使金刚乘密法在他的故乡重新传播开来。这时他又向父亲提出受比丘戒的想法，父亲执意不肯，要给他相亲娶妻，他更不同意。在无可奈何的情况下，父母提出只要你答应娶妻生子，我们也同意你受比丘戒。那若巴权衡利弊，同意娶妻，并提出了几个选择对象的要求和条件：一是对象的家庭是婆罗门氏族；二是信奉外道者；三是姑娘是一位最清洁且贤淑者，年龄为 16 岁，其名字中必有“智美（无垢）”二字。父母派大臣按条件寻访，几经周折，在东方一个名叫巴嘎拉的地方附近，多属外道徒的小城市内找到了与王子要求完全相吻合的最佳人选。姑娘妙龄 16 岁，名叫智美仲玛。经提亲聘礼，迎娶回来，真是天生的一对。成婚后，那若巴给妻子智美仲玛传授大乘密法，并让她修炼。妻子也十分聪慧，一学即会，对他百依百顺，言听计从。然而时间一长，他又开始厌烦世俗生活，便对贤妻做工作过离异生活，起初妻子不同意，那若巴用佛祖释迦牟尼放弃王位，离开众妃毅然出家修行即身成佛的生动实例进行劝导，他说：“我要是陷入世俗事务和情欲的泥沼而不能自拔的话，一辈子也修不成正果，只能是一个庸碌无为之人了。”妻子慎思再三，为不耽误他学佛的前途，也就答应了他的要求。

那若巴惜别父母妻子踏上了求法学佛之路。首先到一个喜乐园的寺院中，请求桑吉加任堪布，冶喜沃任亲教师给他再次授沙弥戒；后又到克什米尔的布纳拉寺，经请求，由却吉喇嘛任堪布，却吉意希任亲教师，东巴却吉绛曲任密教师，在十几位比丘僧的面前受了比丘大戒，取比丘名却吉坚赞。他受戒后到普拉哈日圣地讲修佛法，这里有许多佛法高深的比丘僧，有的会预言和幻变之法，有的获殊胜证悟，有的精通五明论，他跟着学会了许多佛法，成为持佛大师，大家称他乃丹旦巴增巴，意为“持佛尊者”。后进驻印度最著名的伽蓝——那烂陀寺。这里有精通经部、律藏、俱舍、本母等经论的班智达五百人，著名的大成就者八十四位，尤其该寺的四大守门法师最负盛名。东门的守护者为喜饶郡乃班智达；南门为禁戒门，由那波巴班智达守护；西门由热达纳阿嘎贤德巴守持；北门原守护者那孜达日扎已圆寂，是个空缺之位。该寺多方物色，未能找到合适的人选，见新来的比丘僧持佛尊者相貌不俗，且博学广闻，众班智达举荐他担任北门守护法师，再三推让不过，答应担任此职，成了北门的守护法师。按印度佛教惯例，凡新到该寺任职的班智达，必须与该寺内外诸班智达辩经，如取胜者方确认班智达的学位。寺方宣布那若巴做好准备，用一个月的时间与班智达辩经斗智。在那烂陀寺的佛殿中央设法王法座，四周班智达围观监考，那若巴用半个月时间与内班智达辩论因明论和声明论，获得全胜，又用半个月时间与外班智达辩论，并比试一切变幻法，个个都败在他手下，由坐在中央法座上的法王给他授予了内外班智达的称号，起班智达名号为晋美札巴，意译“无畏称”。因此，有百名精通外道法的法师拜他为师，将剃度的头发收藏内明佛身像之内，在三天时间内，又有六百名外道信徒做了他的弟子，将落发全部收于内明佛殿内。此时此刻，那烂陀全寺欢声雀跃，树立梵幡旗帜，击鼓如雷，法螺齐鸣，僧众沉浸在一片欢乐之中。众僧推他为那烂陀寺堪布，寺僧都来向他顶礼，就连自己的父王希卫果恰也给儿子顶礼膜拜，合掌称善，由此那若巴闻名遐迩。

那若巴在那烂陀寺一住几年，后来想求学更高一层的佛法，因他清楚地意识到佛法是无边的，遂婉言辞卸堪布和守门法师之职，寻访名师，求学正法。在去东印度的半道上，他与一位老夫人相遇，老夫人问他何往，答曰：“寻求正法。”老夫人说：“你懂佛经词句还是懂经义？”答道：“既懂词句，又懂经义。”老夫人大笑起来。那若巴问道：“您为何发笑？”老夫人说：“您是大班智达，懂得佛经词句一点不假，然而对经义却不懂装懂，故而发笑。”“那真正通晓经义者是何人？”那若巴反问道。答：“是我兄长德洛巴，快去向他学习教法吧！”说完不见了。她就是至尊金刚瑜伽母的化身，前来指点迷津。他听到德洛巴的大名，不由得肃然起敬。因为德洛巴是蜚声东印度的一位佛学大师，他不仅佛法高深，而且精通瑜伽、空行幻化、起死回生等许多不可思议的特异功法。这时他的本尊神鼓励他道：“德洛巴是佛的化身，你不向他求法怎能成佛，他是你的密法成熟解脱根本师，不要犹豫去寻访，我等给你加持力。”那若巴携带佛经，不畏道路艰险，踏遍了千山万水，经受了空行和德洛巴的使者一路上设置的十二小难和十二大难的种种考验，终于有缘拜见了德洛巴大师的尊颜。他按印度习俗，献上见面礼和学法之礼品，敬献花环，顶弟子大礼，德洛巴也十分喜欢他。过了几天，那若巴向上师献曼札，绕师座顶礼，双手合十，请求传法。上师首先让那若巴设供，然后正式传法。德洛巴给那若巴的传法非同一般上师传法，他用种种奇法治那若巴，让那若巴破释。那若巴在德洛巴尊者前求法学法十二载，德洛巴每年运用一种奇法（即难事，十二年用了十二种难事）让他破释，其实是用奇法测试那若巴的慧性和悟性如何。例如，上师将一颗修法用的宝珠放在自己的头顶，问表示何意，那若巴破释道：“如意宝珠犹如上师一样，受弟子顶礼。”他又将如意珠宝放在心窝处一言不发，那若巴立即回答道：“弟子侍奉上师忠心不二。”又如上师在一器皿内盛满干净清凉之水，让他里外全部饮尽，又问预示着什么，那若巴饮尽后答道：“用清凉干净之水，洗净自己与他人的愚昧和烦热之垢。”在 12 年中传授了“合和平等教言”“脐火轮暖乐一切密法教言”“幻身八法自我解脱密法教言”“迷梦自我辟除法教言”“无明除暗之光明教言”“点金术变异秘诀教言”“弃幻身皮夺舍甚深道教言”“金刚乘殊胜空行密道速行使者涅沃果大乐教言”“六平等教言”“大手印智慧之光教言”“中阴正道深义教言”等教言教诫密法。每传授一教言之前，皆经受巨大痛苦的考验，几乎每次都是舍身求法，如从三层高楼下跳法、断肢断首法、接死还魂法等。一次上师让他从高达三层的楼顶往下跳，结果摔得半死不活，如一具僵尸，在梵语中“那为人，若为尸”，合为人尸。所以他的别号“那若巴”由此而得，另有两种不同说法不再赘述。德洛巴用手抚摸僵尸后得以复苏，又很快恢复健康，真是绝妙奇迹。德洛巴见那若巴经得起种种考验，方才把父俱生略法、母俱生修行法、胜乐六十二神法、十五天女法、胜乐十三法等密法全部传授给那若巴。那若巴将上述诸教言和密法经过总结提炼，总结出了六法，称“那若六法”，即：脐火瑜伽、光明、幻身、中有、往生和夺舍。后来那若六法和大手印法成了噶举派的主要修习法。德洛巴上师还给那若巴进行了身、语、意之灌顶，他所学佛法趋于成熟，获得殊胜证悟。

那若巴求得真实佛法和教言后，遵上师之命去一处静修地修炼，这期间为前来求学者传授正法。还用佛法使一个杀生成性的国王幡然悔悟，发誓不再射杀生灵。经一段时间修炼，证得了金刚乘成熟之道和大手印悉地十三金刚持之果位。之后到德洛巴上师的俄吾贡寺，上师说：“你已证得大手印悉地成就，可以与我并驾齐驱了。现在去游学传法，我有一授记你要牢记心中：不要学习他人的行径，不久将来有一位上乘弟子名叫玛尔巴的来向你求学佛法，你要把正法毫不保留地传给他，他将会在黑暗的雪域点燃正法之明灯。去吧！为佛教和芸芸众生广做善事吧。”与上师话别后云游来到金山寺普拉哈日，继续学法传法。有一天，从雪域来的高足求见他，见面后知道他就是师父说的名叫“玛尔巴”的译师。那若巴首先给玛尔巴译师进行了喜金刚灌顶，然后传授了《喜金刚第二品》《金刚帐》等法，让他修习。之后又将《那若六法》《六平等法》《胜乐空行耳传成熟教言》《显密秘诀心要》等显密教法全部传给了玛尔巴。

那若巴大师用佛教密法和特殊功法治愈许多聋哑人、盲人、残疾人的病，使耳聋人听到人间声音，使哑巴开口说话，使盲人重见光明，使残疾人弃杖行走。那若巴还学会了几种幻身法，如分身法、空行法、夺舍法等。

那若巴·晋美札巴大师于藏历第一饶迥之金龙年（1040年，北宋康定元年）圆寂，享寿85岁。

克珠·琼波南觉

——香巴噶举派创始人

克珠·琼波南觉，宋代西藏佛学家，为香巴噶举派创始人，于藏历金虎年（990年，北宋淳化元年）生于西藏尼木热芒地方。琼波是族姓，父琼波达杰，是一位虔诚的本教徒，母亲扎西吉。

克珠·琼波南觉一出生，就有一位印度大成就者阿摩嘎来到他家为婴儿作了吉祥预言。5岁时，他就向父亲讲说所作的预言。10岁时，即学会了梵、藏文拼写，开始学习《时轮法类》、测算等知识，也学习父亲所传的本教法。13岁时在雍珠嘉哇处学习本教法后，演说时能举出700部书名。此后从郡乃僧格上师学习大手印教法及大圆满心部法类。他对所学上述两法还持有疑惑态度，想要寻求一种见、修、行三者齐全的教法，因此来到拉萨堆隆和雪玛拉，拜南如哇为师求学大手印法。上师十分高兴地说："我的弟子众多，但是没有一个能像琼波南觉这样理解我的全部教法的人。"这时他萌发了前往印度求学正法的念头。琼波南觉去印度深造的主意已定，携带了黄金和姨母赐给他的玉石等财物前往尼泊尔。到尼泊尔后拜见了班智达巴苏那玛底，从该师学习梵藏翻译，并求得灌顶法和续部修法约50种。之后，到印度东部拜见了班智达玛图巴扎热，经此师介绍与多杰丹巴上师相见。多杰丹巴是印度金刚座的高僧，给琼波南觉授了沙弥戒，起法名慈臣贡波。但是他的法名，除了上师香察达取的琼波南觉外，其他名讳皆没有流传下来。之后，先后从尊胜室利扎那、毗卢遮那合吉塔、克什米尔的贡巴瓦、香格多杰、弥年多杰、仁清多杰、空行母嘎那室利等师学到了多种密法。然后返回西藏，据说路上两次遇到匪徒，他用学到的法术将匪徒打败。回西藏后时隔不久，准备了一些求法的资财，再次去尼泊尔和印度的名刹那烂陀寺等佛教圣地求结法缘。经刻苦修习，据说琼波南觉先后见到本尊神空行母，并会见了护法神喜金刚幻化九尊、吉祥度母十三尊、八财马主、黑白依怙、四护持神、无量光佛、大威德十三尊以及智慧空行母两姊妹等众多天神，并聆听了本尊诸神的传法，在《汉藏史集》中还说："由四大天王、无热龙王、乾达婆王五髻者、雅拉香波山神、念青唐古拉山神为他作施主，他以幻变法调伏了危害一方的完钦等。"关于琼波南觉接受了多杰丹巴的多种密法灌顶，学习幻变法，听受天神的教言后，变成一位神通广大的瑜伽大士，用幻变法利益众生的奇迹和传说很多。如有一年，因天旱而发生大饥荒时，他显现了上午播种、下午收割的神通，使许多生灵免遭饥饿之苦。在印度他拜那若巴的弟子达钦波、苏玛底甘底、热玛巴那和岗嘎达的至尊母仁青拉毛等人为师，广学各种教法和佛教经典，又去拜见那若巴的明妃尼姑玛，献上黄金五百两，学到了"那若六法"教授，并听受了"幻身梦修灌顶法"。他从白比南觉师求学了《胜乐五尊法》《红白空行法类》《瑜伽六支》等许多教法，从班智达德卫多杰求得"阎曼德伽法类"，在若白多杰处求得"吉祥天女法类"。另外，又在喇嘛阿达雅班第等上师处聆习了许多教法后返回卫藏。

回藏后开采金矿，在尼木地方获得许多黄金。他又第三次去印度，在金刚座供奉黄金八十两，上师和众僧皆叹为稀有。他在尼泊尔、印度先后从师 150 多位，给每位上师奉献黄金为礼，从而学到了许多教法和显密经论。后来他回到阿里时，正好与阿底峡尊者相逢，得尊者传授《密集》等经论，并对自己携带的遭到损坏的梵文经典，依尊者的梵本进行修复，并请大译师仁钦桑波和达玛洛卓译成藏文，在雪域传播。

琼波南觉前半生三次（有说七次）赴尼泊尔、印度，走遍了各个佛教圣地，遍访名师，学到广大精深的许多密法，成为密宗的通达者。晚年，才在朗唐寺遇见了著名的噶当派高僧朗日唐巴·多杰僧格（1054 ~ 1123 年），即拜比他年轻许多的朗日唐巴为师，受了比丘戒。此后，琼波南觉就兴建佛寺，招收僧徒，作了广大弘法利众的事业。他和弟子一起在彭域觉波山创建了羌嘎寺，他木羊年（1055 年）到杰区的察隆，火猴年（1056 年）到帕日峡扎，金牛年（1061 年）到卓摩的多扎等地，数年中在后藏香地（今西藏自治区南木林县）共倡建以香相为主的寺庙 108 座，招收徒众 8 万余，为僧众讲经说法 30 余年。仅讲经而言，他首先总摄为讲、辩、修三种道次第而依次讲解，其中讲解的道次第，就是如理讲解根本经论、续及其续释。显乘是如理讲解四大宗派（有部、经部、唯识宗和中观宗），金刚乘是如理讲解四大续部。辩论的道次第，虽然也受学《因明七论》等晚期推理者的规理，但主要如前辈因明学家所共许的那样，是以四大因（指抉择中观正见四大因或四大理由，即：离一异因、破有无生因、破四句生因和缘起因）来确定三性，并将量也分成现量、比量和信许量三种进行答难。修习的道次第，就是将以共同与殊胜的要诀拢摄，宣说因位波罗蜜多乘和果位金刚乘的一切修持。所以，作为一位雪域出现的开宗导师，以其法门无边和建树无比而令所修学之人心服口服。后来他开创了香巴噶举派，僧众尊奉琼波南觉为香巴噶举派的创始人。他的门徒建甲寺和桑定寺，后又形成两个支系。宗喀巴大师曾从甲钦·坚赞本学过香派法要，他的首要弟子克珠杰·格勒白桑从梅钦·南喀那觉巴亦学习过甲派的香巴噶举法要。14、15 世纪后，此派逐渐衰绝，历时约 400 年。

琼波南觉通晓梵藏翻译，其译著《丹珠尔》中译有《殊胜度母热久玛的秘诀修习法》《诗学家窦贝多杰的秘诀巴古班智达法要》等。

据说琼波南觉于藏历第二饶迥之土羊年（1139 年，南宋绍兴九年）示现圆寂，享寿 150 岁。其生卒年又有公元 978 年至 1127 年之说，虚岁也是 150 岁。遗体火化时出现了许多五续部神佛、四天神等佛像，产生舍利子、右旋白螺等珍奇物，这些宝物同骨灰装入灵塔中供在香相寺。

玛尔巴·曲吉洛哲

——达波噶举派师祖

玛尔巴·曲吉洛哲，意为“玛尔巴译师法慧”，玛尔巴是其家族姓氏，本名曲吉洛哲。他是宋代一著名的藏族翻译大师，也是达波噶举[①]一大派别的师祖，于水鼠年（1012 年，北宋大中祥符五年）出生在西藏山南洛扎曲吉普白沙地方。玛尔巴·旺秀沃赛和嘉姆措（又名叫格丹吉）夫妻二人生有五子，曲吉洛哲为第三子，其家庭十分富有，田产较广，据说有三个庄园。

曲吉洛哲少年时心性顽劣，嗜好饮酒、打架，同他相处的小朋友皆非对手，疏而远之，为此乡人不太喜欢他。父母欲想使他秉性温和，遂于12岁时，送他到寺院学法，从师鲁杰巴勤学书法和藏文拼读。15岁到桂译师和卓弥・释迦益西译师处求法，从桂译师学习撰写文章；从卓弥译师学习声明论、梵文及翻译。又前后三次去印度、尼泊尔求学佛法。首次从家中带十五两黄金前往尼泊尔，从吉塔瓦学习《喜金刚吉祥四座》等密续。涉过毒水河到拉嘎恰扎地方，从益喜宁波听受支雅和乌巴的教法。在一个法会上听到有四个瑜伽士讲授幻化术时提到那若巴大师的尊号后，他油然而生起敬信，来到印度戒香寺，经请求，由那若巴的弟子喜饶森格带他到赛吉贡寺谒见那若巴上师。当时那若巴已去了东印度梅朵杰巴城（华庄严城）金山寺，玛尔巴又从戒香寺前往东印的金山寺，这时那若巴已得到德洛巴的授记，知道有一具缘弟子玛尔巴从雪域前来求法之事。师徒一见面十分高兴。玛尔巴向那若巴行顶足礼，献上会供与金曼荼罗等礼品求学佛法。当那若巴首先在九天坛城中，给玛尔巴授以喜金刚灌顶时，化作真曼荼罗后讲道：“灌顶当于本尊与上师，任一奉选。”玛尔巴回禀道：“此次愿请真实本尊。”于是那若巴便收摄曼荼罗于心间而授记，玛尔巴印证了诸根的外境智。此后来到布拉哈日山寺后，那若巴为他传授了《双喜金刚第二品》《金刚帐续》《三补止》等显密教经典的讲解语教、灌顶、要门等。之后方才传授了《那若六法》《六平等修持法》《胜乐空行耳传成熟教言》《显密秘诀要旨》等教法。玛尔巴请求那若巴传授甚深密法，那若巴上师让他去西印度班智达益希宁波处。玛尔巴遵师之命，又辗转去了西印度，找到这位上师的精舍后，献礼请求传法。这里班智达益希宁波给他传授了龙树传规的密集灌顶、本续解说和口诀等。后又返回到那若巴尊前，与迦湿弥罗大班智达贾那阿迦悉地者一起请求，那若巴给他二人传授了灌顶、本续解说和口诀等。后又遵师命到南印度毒海洲找名为希瓦桑布的大班智达，他找到希瓦桑布上师后，奉献会供与金曼荼罗后请求传法，上师给他传授了《玛哈摩耶本续》的解说、灌顶、修法和三瑜伽等一切口诀。他将手置于玛尔巴头顶加持后，说道：“回去吧，途中不会遇难，且能速行。”据说他身穿布衣轻如絮，仅3天就又回到了达布拉哈日寺，拜见了那若巴上师，这次那若巴上师仅讲了些比以前更深广的法外，再无别的法传授。又让玛尔巴到一处寒林同三位守持律仪的瑜伽师一起修持密法半个多月。在这里他与古日上师相遇，经请求，上师给他授了玛哈玛亚灌顶，将密续释的诀窍全部传授给了他，为他取密号为德维多杰，意译为“喜乐金刚”。之后玛尔巴又回到那若巴上师身边继续学法。那若巴让他去向梅智巴学法，玛尔巴遵师命到处寻访梅智巴，后来在寒林中终于找到梅智巴大师，梅智巴给他授了密宗灌顶，讲授了《名称经》、朵哈法和大手印等密法。又给他起密宗法名为图吉多杰，译言“意金刚”，经修持后出现了虚空般的证悟。又向扎格麻曲绛上师求学了四座法。求学佛法后仍回到那若巴上师那里，上师对他作了加持后让他回雪域传播佛法。他辞别上师去了尼泊尔南部的吉祥山寺，在那里拜见了婆罗门萨哈热大师，在大师处聆习了《四字经》，大师给他授了身、语、意之灌顶，获得了修证。

玛尔巴从印度、尼泊尔返藏后，29岁时，在自己的家乡建成了卓沃隆寺，寺院就在他出生地的对面。之后在藏北一带为一些富人的孩子治病，获得了一些黄金，约半年后又经尼泊尔去了印度，这时那若巴外出云游，他克服种种困难，到处寻访，功夫不负有心人，最后在密林深处见到了上师，从上师学习了尚未学到的显密经论和教法。旋即到印度东方和南方一带，同许多对医方明学术有成就的名士相会，向他们求学了许多医学知识，又从一些瑜伽师和瑜伽母认真求学了许多瑜伽教授法。之后又到那若巴上师尊前，听受了“甚深六法教言”“耳传如意宝”“密集喜金刚”“金刚四座大幻化续心要教导”“修心教导”等密法。上师对他说：“徒儿，你有教化吐蕃众生的业缘，你的后裔将像花朵开遍各地，你的弟子将像江河长流。你以后会获得殊胜成就，你的弟子有七代将受到我的护持。他们也将会获得殊胜成就。”说毕，任命他掌管教法。玛尔巴先后三次赴印度广参名师修学显密教法，在印度、尼泊尔住了7年，往返用了5年，共12年。

这时玛尔巴年届42岁，已是一位精通经论和有极高密宗成就的高僧了。回家后，娶达麦玛（无我母）为妻，一年后生下长子达玛多德巴。过了几年又筹集黄金前去印度，上师那若巴已圆寂。那若巴的弟子格慈喜饶森格将上师留下的金刚铃杵、喜金刚画像、胜乐、喜金刚、密集方面的本续经典等遗物赠送给玛尔巴。他携带上师留给他的珍贵遗物，到东印拜会梅智巴上师，献上黄金等礼品，在上师处闻习了许多密续教法，修“大手印法”而生起现证通达，噶举派的大手印法即源于此。继之他再度到尼泊尔，在许多高僧大德尊前听受了一些教法后返回西藏，定居于洛扎卓沃隆，还修建了九层四角的洛扎加沃城堡。其实这个城堡是米拉日巴为求学佛法而给玛尔巴做苦役修建起来的，藏语称色喀苟托，译言“九层公子碉楼”，在今西藏自治区洛扎县拉康宗西北。玛尔巴有七个儿子，他们一面从事种田和经商，一面又收徒讲经传法，培养了许多弟子。其中著名的有四柱弟子，他们是：精通密续、继承教诫传承的俄敦却古多杰，擅长颇瓦功的次敦昂德，继承光净传承的梅冬村波，精于闻思修的米拉日巴；加上羌塘地方的玛尔巴、果雅、杰普格西·珞迦觉色、哲麦乌琼、吉敦·迦杰、哇让贝哇坚、徐官贝里统称为“十大弟子”，后来他们各自发展，形成噶举大派。

玛尔巴译师虽没有受戒出家，但他一生三次赴尼泊尔、印度，来回背着行李穿过毒蛇林、沙漠、毒水河，经历无数艰难，先后拜112位上师广求佛法，坚韧不拔地学法、传法、修持，佛学成就巨大。他回藏时带回许多密宗经典，译成藏文。还译有《甘珠尔》和《丹珠尔》两部大藏经的部分内容，主要有《会供轮仪轨》《密集耳传之耳传·如意珍宝》《佛学一切密法大瑜伽密续之王》《对瑜伽父和瑜伽母关于非共同之义的教言》等。他被称为古代西藏七大译师之一。玛尔巴的112位上师中，传承上师50位，幻化大师13位（也有结缘法师13位之说），殊胜成就师5位，无与伦比的有那若巴和梅智巴两位。他向这些殊胜成就师学会了夺舍法（迷信所说使自己的灵魂进入别人或动物尸体而复活的一种法术）和幻变法。据说他一生运用过一百次夺舍法，使死去的人或动物复生；运用过无数次的幻变法，为众生做了许多善事。他在印度学习密法，从那若巴、弥勒巴得到四大语旨传承。回藏后在洛扎卓沃隆地方建寺，弘传语旨教授。语旨传承在藏语中称“噶举”，由此传出噶举派，起初称玛巴噶举，与香巴噶举并存，至其再传弟子达波拉杰时更为强盛的一大教派，因于金牛年（1121年）在达拉干波地方建干波寺，遂统称为“达波噶举”，故将玛尔巴尊奉为该派祖师。

玛尔巴·曲吉洛哲于藏历第二饶迥之火牛年（1097年，北宋绍圣四年）十二月十五日圆寂，享寿86岁。

在众多高僧大德中，玛尔巴的圆寂十分奇特。据《达隆佛教史》载，大师结跏趺正襟危坐，其妻无我母首先化成一团白光，进入上师心窝处后，玛尔巴上师的一小块天灵盖突然飞起空中十米多，然后落到地上，这块天灵盖上有舍利组成的喜金刚五佛像。大师头顶有如明月的白光升入虚空消失。火化时出现了许多舍利子，其弟子俄敦却古多杰连骨灰和舍利子迎请到银制灵塔中安奉。

注：

①达波噶举：经玛尔巴、米拉日巴、达波拉杰师徒三代传出。此派的教义必须通过口耳相传，多由师长用语言亲自传授，再由门徒们继承下来，这样相沿袭而成宗风。后人称噶举派主要指的是达波噶举。此派以修习密宗“大手印”而著称于世。

至尊·米拉日巴

——噶举派著名苦行僧

至尊·米拉日巴，本名脱巴嘎，意为"闻喜"，宋代西藏著名佛学家、苦行僧，是玛尔巴大师的亲炙弟子，为噶举派第二代大师，修行和佛学造诣高深，兼善诗歌。

至尊·米拉日巴家居后藏阿里贡塘地方，族姓为琼波，米拉是其族姓的别名。其先辈于嘉区创建家园，因赌博失败而远遁他方，来到拉堆贡塘下部的甲额扎果绒地方安家落户，传衍子嗣。生有米拉喜饶坚赞和雍喜二人。米拉喜饶坚赞和娘萨嘎金夫妇生有一男一女，男的就是米拉日巴，出生于藏历第一饶迥之金龙年（1040 年，北宋康定元年），父亲听得生了一子，心生喜悦，故取幼名倪巴嘎，意为"闻喜"。后来生了一个女孩，取名贝达。

米拉日巴 7 岁时父亲去世，母亲芳龄 24 岁，年轻秀丽，伯父强命米拉日巴的母亲与他的儿子成婚。因辈分不同，母亲执意不允，伯父不高兴而侵吞了他家所有财物，并将他母子三人赶出家门。一家人相依为命，过着极其贫困的悲惨生活。就在这种情况下，母亲省吃俭用，将他送到鲁杰巴教师那里学习文化和手艺。有一次米拉日巴和教读师鲁杰巴一起在一个喜宴上饮酒后，唱着歌回家，母亲见此情景十分生气，哭着斥责道："你父亲米拉喜饶坚赞怎么生了你这样一个不孝劣子，我们家过着如此贫寒的生活，你还有心喝酒唱歌？现在应该去寻访一位精通诅咒的法师，学会诅咒来为你父报仇雪恨才是。"米拉日巴也伤心地说："那么，我就决定按照母亲的嘱咐去做。"于是母亲量力备了一些财物和一匹马，送米拉日巴出行访师学法。

米拉日巴历尽艰险，辗转在荒野上，逢人就问何人通晓诅咒法术。后来听人们说雅隆地区有位雍敦绰嘉的咒师学有大咒术，便到那里找到这位咒师，献上见面礼说道："我是从上区贡塘地方来，只带一点薄礼前来求师，专学诅咒法术。”咒师问他为何而学此法，米拉日巴将家中发生之事一五一十地告诉了咒师。咒师又派人去米拉日巴的家乡调查他说的话是否真实，调查人回来说他没有讲半点妄语，完全属实，咒师才答应给他传授。和米拉日巴一块来学诅咒的有五人，学了一年时间，其实学到的只是诅咒的枝末，学完后其他学友皆满足而去。米拉日巴送走学友，仍回到师尊处。咒师说："你为何不走？"米拉日巴说："他们只为温饱而来学诅咒的，我是有坚定的承诺，不把诅咒法术真正学到手，决不会走的。"咒师无奈，给米拉日巴一些资具和一封信，内容大意是：我有个可怜的门徒，请你给他传授一种真实不虚的诅咒，命他好好学习。就这样，米拉日巴被介绍到了章绒地区的拉杰努琼·云丹嘉措尊前。拉杰努琼让他闭关修习，问他能否做到？回答道："能做到。"米拉日巴于是修造了一间简陋的茅草屋，开始修学，苦修了一段时间后，开始出现正确的诅咒证相。恰在此时，他的伯父雍喜给儿子娶妻，正在结婚喜宴之时，房屋突然坍塌，压死 35 人，仅留伯父伯母未死。据说，这是米拉日巴试用诅咒法术咒杀的。米拉日巴在拉杰努琼师前学习了许多幻变法术，而后又回到雍敦前师那里，在碉房内的土窟中闭关修习降雹法。学成后，到家乡附近的山上，用降雹法毁坏了对他母子二人有恶行的伯父和乡人的庄稼。此时此刻米拉日巴心悟道：我造下了恶业，悔恨莫及，决心改邪归正，弃恶扬善，皈依佛法。

自此米拉日巴开始转向信奉佛法，拜访名师学习佛教显密经典。他拜访求学的首位师长是噶玛噶举派的绒敦·拉嘎，虽从拉嘎师求学了大圆满教法，但照此修习后未能生起成相。拉嘎说："你应前往妥普曲切（即指洛扎）玛尔巴大师尊前求学佛法才是。"米拉日巴一闻师名，顿生敬仰之念，十分欢喜。收拾行李辞别拉嘎师长来到曲切城。玛尔巴当晚做了一个梦，梦见他的上师那若巴亲临，将一个吠琉璃做成的稍有污垢的金刚杵和一只盛满甘露的金瓶恩施予他后道："拿此瓶水，涤此金刚杵之垢。"玛尔巴遵法旨奉行，故见金刚杵光照遍赡部洲。与此同时，无我母玛尔巴夫人也做了一个奇梦，梦中自称是从乌仗那来的两位女人，手拿一座水晶塔，塔身也稍有不净之物，洗净后送往山顶，众人都在敬礼供养。此塔放射光芒，明同日月，并放出无数同样形状的塔。遍满山顶的香灯师，皆由妇女为之。翌日清晨，无我母将自己的奇梦告诉了玛尔巴，上师听后心生欢喜，但为不生我慢，便装作去耕地的样子前去迎接。38 岁的米拉日巴一见师面，心情豁然开朗，顿生喜悦，禀告了原委。上师玛尔巴先安排了引见诸事，命他耕种此田，饮此酒。米拉遵旨耕田，完成了头一道旨命，饮尽了余酒。玛尔巴也知道米拉日巴是一位很有根器的具缘弟子，但开始并不传授佛教经论，也不让他修习教法。而只让他在四周山坡上修筑碉房和做许多耕种之类的苦差事。他遵师命，不分春夏秋冬，经常从山下背负石块到山上修建碉房，久而久之背部被磨破而流血化脓，疼痛难忍，但他为了求得佛法，修成正果，忍痛负重，勤劳不已，毫无怨言。在此期间，有俄、麦、楚三位大人物前来求授灌顶，玛尔巴为他们传授灌顶时，米拉日巴请求上师恩准参加灌顶，上师不但不允，不给他传授，有时还让他挨打受骂，只让他做苦工。师母（无我母）见此情景，实在于心不忍，便将那若巴的珍贵加持物一颗红宝石悄悄送给米拉日巴作觐见礼物，命他到楚峨师那里去，并附寄一封信说："由于上师（玛尔巴）事务繁忙，请你务必将诸法传授给米拉日巴。"于是米拉日巴来到洋日峨。楚峨说："我的牲畜被雅莫哇等人劫去，你如答应先用降雹法替我报复，我就传法于你。"米拉日巴清楚地意识到这又是一大罪过，由于他求法心切，在无可奈何的情况下，只好依言行事。楚峨才将方便道中诸教授传给米拉日巴，又命他住洞中闭关静修。此时米拉日巴执意皈依佛法，不再杀生作恶，很快又回到玛尔巴上师尊前。玛尔巴对米拉日巴说："我知道你还会回来，我并非不传法于你，知道你是具缘弟子，只因为你造孽太深，我首先使你入于折磨苦行以净治。"答应从此开始给他传授佛法，但有一个条件就是让他继续修建尚未完工的碉房，每修一层，即传一种口诀教言，作一次灌顶。原已修至三层，还需修六层。当他修到第五层时，上师教给他密法，传密宗灌顶，修到第六层时他就见到了本尊神。他凭自己的信念和坚持不懈的毅力，圆满完成了九层的任务，这座古碉堡成了当地的名胜古迹，至今矗立在山南洛扎县境内。直到此时，玛尔巴才为米拉日巴披剃更衣，按那若巴上师的授记，为他取法名多杰坚赞。上师为米拉日巴传授了近事、菩萨戒的律仪，为内供颅器行了厌胜加持，大家都亲眼看见内供沸腾着五色光。将此首先供养了上师本尊，次为玛尔巴上师自用，最后给了米拉日巴，他一饮而尽。于是上师道："缘起甚好，密乘能成熟的灌顶，将从明后天起次第传授。"这时米拉日巴激动地心想：我是不是在梦中？若是梦，不醒该多好啊！他又喜极啼哭地顶礼膜拜，高兴地享用了会供。此后玛尔巴上师才依次给他传授了许多密集法，让他在胜乐六十二坛城中接受胜乐密法大灌顶，取密宗法号吉祥协白多杰，译言"吉祥喜笑金刚"，后来他的全称就是米拉·协白多杰，简称"米拉日巴"。继之又传给他密续教言、口诀实践法和大手印修习法。由于师母为他向玛尔巴祈请，他以诚信得到上师的喜爱，遂将《欢喜金刚》《玛哈摩耶》《金刚四座》《佛顶经》和《密集》等及其注释续、灌顶、修法和展示二次第究竟要义理法类与和合往生法要的结合做了当面示范指导，上师命他在洛扎达聂岩洞修行。米拉日巴经过 11 个月的潜心修持后，向上师呈述了所获得的证解，上师听后甚喜。接着照此继续修行，一夜米拉梦见一位身着绸衣、骨饰严饰的青绿色女人对他道："儿呀，你长时修行，只有成佛的《大手印法》和《六法》的教授，但以一念修习便可成佛的往生夺舍教授尚未得到，你应当求教。"言毕隐逝而去。米拉日巴醒后思道：这是空行母的授记还是梦魅？便即刻起身到师尊前将所做梦如实相告。而上师亦曾为空行母的示意所策励，想去参见那若巴上师，由师来破解。上师临行前不但把所有教法传给他，还为他作了很多加持，玛尔巴最后一次去尼泊尔、印度拜见上师时，上师已外出修行，玛尔巴心想我应不惜生命去寻求，经过祈祷和寻访终于见到了上师。于布拉哈日山寺，请教往生夺舍的教授。那若巴上师问道："这是你自己想起的呢，还是得到了授记？"回答道："这不是我自己所想的，也不是我得到的授记，我有一个弟子名叫闻喜，是他获得了空行母的授记，所以我来求教，望师不吝赐教。"上师那若巴听后说道："奇哉！于藏地黑暗之洲，亦有士夫如雪山日出。"言毕，双手合十于顶颂道："北方黑暗地，如日升雪山，名为脱巴嘎，敬礼此士夫。"唪颂毕，闭目俯首三次。传说因此印度的众山头与草木亦皆向藏地方向垂着头，似在顶礼。时至今日布拉哈日山寺的山头与山上的树木都向卫藏方向垂着头。米拉日巴又在玛尔巴上师处闻法修法，上师设置了曼荼罗，师母陈设了供养后，上师圆满传授了空行母耳传的成熟道灌顶和解脱道教授等不向他人公开的密法，指示他去拉堆地方进行修持，将会获得极大成就。他在玛尔巴上师处先后学法修行 7 年。

这时年已 45 岁的米拉日巴夜间总是梦见家乡、母亲和妹妹，醒后心神不安，决意回家探亲。向上师说明了情况，得到上师允准，临行前，上师吩咐道："你的正修供养和毅力，我是满意的。所以应当发起精进，竖起实修的胜幢。我已为你将诸法指点为如幻，所以应当如是修习。你要依止诸荒山、雪岭和林间静地，苦心修持。拉堆杰地的室利山，是印度的诸大成就者所加持过的山，你应当在那里修习；冈底斯山冈仁波齐是佛授记的雪山和总提轮的宫殿，你应当前去修行；拉齐雪岭是二十四境之一的敦达瓦日山，你应当在那里修行；芒域的边巴山和尼泊尔国内的莫康热（是噶举派的圣山），是《华严经》中所授记的灵山、阿里境内的秋瓦山是空行母所居聚集的圣地，你也应当去修行……"如此交付了义传的教法。又将一用漆封了的秘示纸卷交于米拉日巴后道："此纸卷不到万不得已之时不能开启。"米拉日巴一一铭记于心，双手合十于顶，祈祷后起身前往后藏贡塘。谁知回家一看，慈母已去世，妹妹流落异乡乞讨，家中房塌墙倒，破旧不堪，田地荒芜，悲愤之下，产生了强烈的出离心，米拉日巴就来到岗楚山洞，靠化缘度日修行。后到白岩马齿洞中隐迹修行，口粮断了，下山化缘，前三年以所化糌粑度日，潜心修持。后六年什么都没有，他身裹白棉布单衣，以采食荨麻（一种带毛刺的野菜）度日，天长日久，白棉单衣破烂无法再用，就用麻草编织成片，连在一起披在身上，用草绳当腰带，身瘦如柴，肤色由白变黄，由黄变绿，变成似人非人的模样。有时进山打猎的人给他一点糌粑和肉食。一次在外乡讨饭的妹妹打听到他的住处，带上讨来的食物来见他，只见他赤身裸体，羞得妹妹不敢正眼看他，哭得死去活来，之后妹妹怪他道："看你把自己弄成这个模样，成何体统。"他答道："我这不是很好嘛，母亲生下我后本来就是这个样子，有什么不成体统的。"妹妹贝达伤心地放下口粮下山去了。又从人家讨要了一块氆氇来到白岩马齿洞，让哥哥用这块氆氇系在腰间，当围裙遮住下身。米拉日巴虽然过着如此清苦的生活，但修炼密法锲而不舍，他先后在上师所指定的几座神山岩洞中苦修，断绝尘缘，在拉齐雪山（今之珠穆朗玛峰）宗周等处修行苦行。在今西藏自治区日喀则之吉隆县境内有三个米拉日巴大师的修行洞，洞内有大师的石雕像和壁画。米拉日巴在深山岩洞中苦修9年未获得大的证悟，仍不懈修持。这时，他拿出上师交给的纸卷启开一看，悟得真实性的智慧，终于在半个月中得到各种证悟。

他在琼隆、拉齐、曲桑、森布巴等地修炼时遇到魔障三次作祟，但他还是完成了离戏论之瑜伽行。每遇到一次违碍，就得到一次增益，最后终于即身证得最胜悉地①。传说他在拉齐雪山一带修炼时，收服了神话中传说的住在珠峰山顶的长寿五姐妹。曾有印度的达玛巴拉和丹巴甲嘎等修行者前来与他比试神通。见米拉日巴凭借风息②自在功而起于空中，并在空中自由行走，他们对吐蕃有这样高深功法的大成就瑜伽士而惊叹不已，并拜他为师学法。

米拉日巴获得最胜成就后下山，遍游西藏各地，以道情歌形式传播佛法，广收门徒。他的众多弟子中有男女瑜伽士千人，获得拙火定温乐法的有108人，得到一般证悟的有100人，获得成就的有25人，如耀眼星辰般的有恩宗东巴·香曲杰波、热巴喜瓦沃等23人，如月亮一样的热琼巴，如太阳一样的达波拉杰等等。

在当时著述论说之事尚不盛行之时，他根据需要撰述了《胜乐轮续释》《生圆要门笔记》《中观正诠》等论典，他的著作最有名的属《米拉道情歌集》。后由桑杰坚赞编成《米拉日巴道歌集》，1981年由青海民族出版社出版，有汉译本和英译本。米拉日巴成就大师，一生孜孜不倦地实修苦修，他的这种坚韧不拔的精神，对于一些贪求五欲和人生者，堪为楷模；对于那些安于散逸者，为专心修习的楷模；对于那些怀疑即身成佛之妙法，而不愿实行深奥修行的修习者，当为成功的范例。米拉日巴在藏族人民中间有广泛的影响，是藏传佛教史上一位重要人物。最后他将道统大宝的全部教法交付于岗波巴后，于藏历第二饶迥之水兔年（1123 年，北宋天圣元年）便逝往东方现量佛土，享寿 84 岁。据说他在心地纯洁的弟子心目中未发现他的遗骸；在中等弟子的心目中他化作了水晶塔，或看到他骑着狮子，被空行母迎请而去；平庸者则见到他在甄地和秋瓦两地有两具遗骸。

注：

①悉地：为梵文音译，意为“成就”。佛教徒所说修习诀窍获得的如意妙果。

②风息：密乘所说体内风、明点、脉三者中之风息，遍布体内一切脉道，五大种为性，不裂不灭，诸分具足，其性动故，说名为风。

达波拉杰·索南仁清

——米拉日巴大弟子

达波拉杰·索南仁清，意译为“达波神医福宝”，又名岗波杰，宋代西藏著名佛学家兼医学家，继承玛尔巴和米拉日巴一派噶举传承，阐发弘扬达波噶举体系的一代大师，也是岗波寺的创建者。

藏历第一饶迥之土羊年（1079 年，北宋元丰元年）达波拉杰诞生在西藏南部达布地区的涅地方（今西藏自治区山南隆子县境内），属尼氏家族。父尼哇·桑吉嘉波，母亲喜饶姆萨·才金，生有三子，索南仁清系次子，幼时起名达玛扎，昵称宁波贡嘎。5 岁时他跟父亲学习藏文拼读书写，又依止印度智者杰买（无生）等师，学习书法、声明和历算等学科。7 岁开始学医，先从其父学习药理基础知识，后从印度医生杰买、后藏神医乌司、尼泊尔医师比吉曼云等名医学习医术和医疗知识。之后他向嘉其坦的十三位削发僧医精研医学达十三年，皆达到善巧精通，以精通医理医道而驰名，遂有达波拉杰（达波神医）之称。他擅长医术，对治疗各种中毒性病症有独到之术。

他爱好广泛，不仅精通藏医学，还向宁玛派上师巴惹学习宁玛派教法，从侠尔瓦·云丹扎巴（1070 ~ 1141 年）学习噶当派《菩提道炬论》《宝性论》等诸多甚深教授后，彻底闻思。16 岁时，娶钦·觉色达玛沃之女为妻，后生一子一女。他自己虽是名医，然而两个孩子突发重病未来得及抢救而夭逝。他 26 岁时，爱妻生病，经全力治疗无效而离开人世。妻子和孩子都离他而去，他孤独一人，心中十分懊丧，厌倦世俗，遂产生了出离心，将家业全部舍弃后，来到达布地方，决心皈依佛门。是年，由格西俄·洛丹喜饶任亲教师，香雄巴·喜饶宁布任戒律师，益西德·强秀森巴任屏教师，在僧伽足数之前一次性完成出家，受沙弥、比丘戒，为他取法号索南仁清。他从亲教师和轨范师彻底闻习了《律经根本律》等《毗奈耶藏》的一切经义外，以《别解脱律仪》的学处来约缚相续。后在达波下区，他从玛玉罗丹闻习了“胜乐”和“大宝六庄严母”等许多法类。28 岁，他与贡敦结伴到乌如（今西藏山南一带）北部，从牛绒巴·宗哲坚赞、夏域哇钦波·循努沃、久日贡喀哇诸师学习了《入行论》《中观理聚论》和《慈氏诸论》等噶当派经典教授，从甲都哇增巴听受《三摩地王经》《五部地论》《摄大乘论》等显教法类的诸多经典，并以如理闻思彼等的义理之门。于《道次第》修心后，他成为多闻大智者，从格西嘉云丹听受了阿底峡噶当派的全部教授，依止上师三年，主要修习了《道次第》，因此心生《道次第》证语，由于请授了持钺护法的灌顶与要门，所以得见护法圣容，并出现了证得《十地经》与《金光明经》等所讲的十地预兆与无量的奇异体验和梦境。他又拜轨范师绛曲散华为师，研习修行教授和禅定诀窍，仅修十三日即获得生起“不移三摩地”①，还梦见获得十地成就。

当达波拉杰回到家乡色琼拉康静修时，附近有三个行乞的人，其中一人说：“如果有一大团糌粑团和一碗佐食菜能吃，该多好啊。”又一乞丐说：“发愿当愿如孜德王那样。”一个老乞丐说：“孜德也会死去，是我自愿则愿如米拉日巴，身不需穿衣，生计由空行奉献，在虚空中如鸟一般飞来飞去，若如彼无生死畏惧，该多好！”于是达波拉杰从三名乞丐那里听到米拉日巴的声名，心中生起敬仰，他请了一名乞丐当向导，到了冲堆地方，乞丐懒得再往前走，他只好自己前去寻访。遇见至尊米拉日巴端坐在一磐石之上，当他献上一小块黄金和一包茶叶，请求拜师学法时，至尊说：“黄金与我无缘，我不收，我也没有熬茶的灶具，茶叶也还给你吧，我可以授法予你。”接着至尊唱了一首接待他的道歌：“若想真心修正法，勿喜今世思来世；修道诸若当甘受，你欲住持噶举座；不依名言信胜义，比丘你心如是记。”

他立即请教上师以前修法的经验，至尊笑了，说：“沙子榨不出油来，油菜籽才能榨出油。”此后便渐次传授了吉祥胜乐轮的灌顶，并以金刚瑜伽母之门而加持之，示导了和合与往生法要的结合法。他由于修习了此法，不久便出现了脉风的暖相。总之，至尊米拉日巴如瓶满之状地传授了一切灌顶、传承和教授，他修习六年后亲见了殊胜证悟显现的记别、药师佛七昆仲和圆满报身的许多刹土等。又教给他方便道②修行，之后又依次传给他口诀，他修持 7 天后，体内自然生起拙火定，并有特别的应验和体会，又得传一种亥母加持法，他依上师所传教授而修生起了无边证相。不久以后，他就见到化身和报身，并得到不久将见到法身的预言。达波拉杰在至尊米拉日巴处专修了 6 年，学到了许多密宗教授。上师米拉日巴命令道：“现在回前藏修行去吧！”又以道情歌道：“彼处有你的成器化机，当去彼处成办利生事业。”临行时还嘱咐道：“暂有预见的险关，故当于彼谨慎。”言毕师徒二人施礼分别。达波拉杰遵师命返回前藏，到桑日沃喀地区的沃德贡杰雪山专修时，他与施主结成供施，按师之意，又来到塔拉岗布，依师之授记，在这里修证了 6 年，心生殊胜验证，出现了“大手印”证悟。

在岗布修持期间，由俄色贡杰的儿子达拉干岗波担任施主，于金牛年（1121 年）修建了达拉岗波寺（又译作干波寺），成为弘扬达波噶举派教法的道场。他在该寺住修了 30 年之久，一面治理寺院，制定寺规，设置僧官，一面收徒讲经传法，广转法轮。他“岗波哇”的称号也由此而来。他在寺内修习各种禅定，获得了许多先知神通，境心融合，自在圆满，获得彻悟。据说他在干波桑隆地方，果然如上师米拉日巴所作的预言那样获得对法性真谛的理解，因此他诚信米拉日巴是佛菩萨的化身。

达波拉杰精通佛学，能讲说许多教授，其中以“甘丹”和“大手印”两种法流相融合而著称，他教授时视徒众机宜分别传授“方便道”或“大手印”。他将玛尔巴和米拉日巴传承的玛巴噶举进行大力阐发弘扬，增益教法教义内容，开创一代噶举派教法新宗风，以达拉岗波寺为弘传道场发展起来的教法传承称为达波噶举。后来达波噶举教法不但在卫藏、康区、安多、蒙古、云南等地广为弘传，而且传播到印度、尼泊尔、不丹、锡金等一些周边国家和地区。达波拉杰的美誉随之传遍这些地区。

达波拉杰的著作有教法、经论、传记、医药、问答、道情等约 40 种。其著有《胜道宝鬘论》《大手印教授论》《俱生和合指导论》《会传广论》《圣法解脱道庄严论》《贡波修法》《噶当教法次第论》《达波拉杰自传・胜宝庄严》《德洛巴和那若巴传记》《玛尔巴和米拉日巴传》《拉杰语言耳传・明鉴》《达波拾零集》等。他的医学论著和医学成就，在藏医学家杜玛格西・丹增彭措著的《无垢晶鬘》和《深明精要》两部医著中多有记载。他的著名弟子有：干波次诚宁布、萨东雪干、康端·帕摩竹巴、噶玛·德松钦巴、巴戎·达玛旺秀、采巴·祥·尊哲扎巴等。

示寂前，对众弟子道："现我不久于世，此身之所化已圆满，你们如还有希求之法，快来问吧！"作了许多教诫和教诲，并祈祷和授职高徒贡巴·慈臣宁波为自己的法座继任者后，于藏历第三饶迥之水鸡年（1153年，南宋绍兴二十三年）六月十五日上午圆寂，享年75岁。当时天宫霞光遍放，华盖、宝幢和飞幡等吉祥之物显现，花雨缤纷，出现虚空响起优美的乐声、百鸟齐鸣、大地颤动等稀有之兆。第三天早晨，诸弟子用香水遍洗遗体后，穿给法衣，奉安于宝座上，供以丰盛的供养而火化，将所出现的舍利等圣物供奉。

注：

①三摩地：为梵语，藏语"当额增"，意为禅定。指佛教徒通过精神集中，观想特定对象而获得佛教悟解或功德的一种思维修习活动。

②方便道：为最高密法，是修习风脉的法门。密宗的双身修法也称方便道。源于古印度密教传承，后传入西藏，为藏传佛教密宗所持有的法门。

热琼巴·多杰札巴

——米拉日巴嫡传弟子

热琼巴·多杰札巴，于藏历第一饶迥之木鼠年（1084年，北宋元丰七年）诞生在后藏贡塘地方。其父早年逝世，母亲转房给他叔父，他便成了叔父的仆役。少年时即善于诵经，每以为俗家诵经的报酬供奉给母亲和叔父，以取得他们的欢心。10 岁时，恰好是至尊米拉日巴闭关修炼 9 年圆满时的水鸡年（1093 年），热琼巴在贡塘的山谷中与云游传教的至尊米拉日巴相见，当即在米拉日巴尊前献上礼品，为此母亲与叔父对米拉日巴和他皆心生不悦。虽如此,热琼巴坚意跟米拉日巴学法。米拉日巴就收他为徒，命其修脐轮火，获得增益。当热琼巴从米拉日巴修习时，突然于 15 岁那年患了麻风病，不得不离开师尊而到深山里的一间空屋中独居。那时正好来了三位印度游方僧，对热琼巴生起怜悯之心，将他带到印度。他在上师拔拉真扎座前聆听了传授的“威猛鹏裙本尊法”。上师命他反复诵修，不久麻风病痊愈。后来热琼巴到尼泊尔，从师阿都那达侠闻习胜乐等一些密续经后，仍回到米拉日巴那里。米拉日巴对他说：“印度的所有无身空行母之法，有九种法门，我从至尊玛尔巴所传语教中仅得其中五种，现在你应去印度完全求得九种全备之法。”热琼巴遵师之命，起身来到印度，在那若巴和梅智两师的嫡传弟子底普巴和玛吉珠杰等师处学完无身空行法①，此外还向玛吉智贝嘉姆学习了“无量寿佛的内外密三种自性修习法”“马头明王密咒”等，然后返回西藏，将学到的九门法门传给米拉日巴。米拉日巴又将此法传授于仲敦巴,仲敦巴复著出此种法门论本，由此发展成名为“胜乐耳传”②之法。由热琼巴自己发展而出者，称“热琼耳传”。就这样热琼巴从至尊米拉日巴获得殊胜通达。

热琼巴要求云游修炼，经师尊允准，他便来到却嘎地区，做了一些利益弟子的事业，在此地住了 5 年。此后前往前藏，来到乌如③北方和尼泊尔来藏的阿苏大师相见。在那里他一边跟阿苏大师学法，一边到处化缘，用来作阿苏大师的供养。而后他云游藏区南北各地，居住在年和洛若地方最久，广收门徒，了许多有益于广大民众的事业，并讲述道情（一种修行者的歌）多种及米拉日巴的生平事迹。在山南乃东境内建有热琼巴修行洞，后扩建成为一座寺院，其规模较大。

他于藏历第二饶迥之金蛇年（1161 年，南宋绍兴三十一年）圆寂，享寿 78 岁。他的往生修法十分有名，归纳起来有九法：贪欲和合大乐修脐火、嗔恨和合无实修幻身、愚痴和合无分别修光明、幻身和合脐火昼间修、光明和合梦境夜间修、中阴和合往生死时修、精勤者修脐火、懈怠者修梦境和短寿者修和合往生。

其著名弟子有：洛嘉果瓦、藏巴热松、乌沃贝协昂、喇嘛廓木却、罗若木纳哇·松果却达、布果那布、拉堆·桑日热巴、直贡东珠等十三位。

注：

①无身空行九法：智慧空行以无形语教授给印度大成就者德洛巴喜饶桑波的教法有：1. 成熟解脱心之花结；2. 修习水中之剑；3. 誓言自心境；4. 法器证悟之太阳；5. 平持总镜；6. 极乐语宝；7. 风脉网论；8. 大手印解脱；9. 聪慧明灯。

②胜乐耳传：胜乐是指出现证大乐智道果次第之无上母续及本尊名；耳传，即历代上师辗转附耳亲传的诀窍，这里指米拉日巴和热琼巴所传无身空行母之法名。

③乌如：亦写作邬如，以拉萨为中心，东至桑日县境，南至马拉山脉，西至尼木，北至达孜宗沿河一带地区之古名。

帕摩竹巴·多杰嘉波

——帕竹噶举派创始人

帕摩竹巴·多杰嘉波，意为“金刚王”，又名绛曲坚赞。藏传佛教帕竹噶举[①]创始人。藏历第二饶迥之金虎年（1110 年，北宋大观四年）诞生在多康（康区的金沙江畔）直隆乃雪吉达俄沙康地方。其族姓为达维那，父亲是密咒瑜伽行者宗巴巴昭，母亲宗茂仁青吉，兄弟五人中他为长子，与宁玛派高僧嘎·丹巴德西是同胞兄弟。

据传说，帕摩竹巴两岁时，自然地能萌生起前生的住地，见一幼童在嬉戏放逸时，他想我若是这样作应当悲痛，遂生起了大悲之心。3 岁时，他在母亲怀中遗尿，表现出难以掩饰的羞愧心。7 岁时，复能回忆起宿世生处，还能忆念在迦叶佛[②]的教法住世时，他曾生为猴子等事迹。后来父母给他吃了疮伤肉食，宿念不再复现。幼时父母俱亡，他是由叔父抚养大的。9 岁时，从夏祁拉康的堪布次臣巴瓦和阿阇黎隆德·沃赛嘉措二师出家为僧，起法名多杰嘉波。童年的帕摩竹巴非常聪明，文字与绘画一学即会。有一次堪布正在新制一部“银书（用银粉书写的书）”——《十万般若波罗蜜多经》，帕摩竹巴主动为制经服务，做得很顺手。他没有正式学过佛画，经常看着别人画，就掌握了画技。这些，都令人甚为惊叹。后来，他在请求喇嘛嘉钦波给他传授灌顶的僧会上，立誓永不饮酒，因此上师十分喜欢他。后又学习了《入行论》《三界九地》[③]等一些教法。在康区，他先后拜 16 位上师学经，进步很快，不到 19 岁就能给人讲授《入行论》。

帕摩竹巴 19 岁时与维钦波结伴，离康区前往卫地（今前藏），一切资具盘缠全由维钦波提供。在堆隆地方从嘉玛哇和格西恰巴·却吉僧格聆听《中观论》和《释量论》。在此期间，他又在噶当派善知识漾岗巴、端当巴、夏域哇等大师处学到“发愿菩提心”，并听受《教法次第》等噶当教法。25 岁时，由斯普夏杜作亲教师，嘉玛哇作轨范师，阿尔作屏教师，为他授了比丘戒；从亲教师闻习了《律经根本》等戒法；又依娘真师学习了《入行论》等方面的教义。这时他已精通了显宗经论和戒律，得到了人们的普遍称赞。继而，帕摩竹巴修习密宗，在桑诺琼的直传弟子玛尔·却吉坚赞跟前聆习胜乐密续等密法，跟随华钦噶罗聆习了许多法门和教授。之后去后藏，拜札嘎波哇为师学到了阿热的教法。转而去欧布的贡纳波那里进修密宗 8 个月，全身充满大乐，就是足上被荆棘扎入也生乐感。他还在萨迦初祖贡噶宁波大师那里听受过“道果”[④]教授，在译师伊玛·姑玛热布多处聆习了“三种融合法”，绛散达哇坚赞传授给他大悲观音和发愿菩提心的传统。帕摩竹巴中年时,在显宗密宗方面就已具有相当深厚的基础了，掌握了当时噶当、萨迦、宁玛各派的教法。当他总结自己的修习体会时说：“上弦日闭关静修，下弦日讲仪轨和作灌顶加持。”他认为不这样做对其他有情众生是不会有饶益的，从此，“康区大智者”的盛名广为流传。

42 岁时，他到了岗波地方，谒见了米拉日巴大师最著名的弟子达波拉杰，从其听受“俱生和合大手印”等许多教法。一年以后，达波拉杰就去世了。帕摩竹巴跟随大师学法的时间虽只有一年，但他认为达波拉杰传授给他的密法高于过去学到的一切，因而他心目中的“根本上师”是达波拉杰。于是他就回到康区，住在一个名叫察岗的地方，在这里聚集了很多弟子。在 5 年的时间中，对所聚集的门徒传授以达波教授为主的许多法门，使其各得满足。对僧众则以佛语所制定的《毗奈耶》正法来约束，使他们不逾越戒律威仪。帕摩竹巴在教法方面的突出成就，是将至尊贡巴哇的噶当传规和至尊米拉日巴的噶举传规——噶当教法和大手印两种法流融合为一而教授弘扬的，一时从者甚众，独立成派。48 岁时，他又前往帕摩竹更桑林地方弘扬教法。途中，他的坐骑是一匹骡子，由于他的身体沉重，将骡子的四条腿压得僵直而不能走动，就在仁清绷巴的塔扎（西藏泽当雅鲁藏布江北岸）住下来。这件事传播开来，人们就称他为仁波切塔扎。土虎年（1158 年），他在该地（今西藏自治区乃东境内）修建了一座小寺院，这就是后来帕竹噶举的母寺丹萨替寺。从此他一直住在这座寺院里，收徒传教，弘扬噶举派大手印法，形成单独门风，遂成为帕竹噶举派，其座主法位后由朗氏家族所承袭。寺院建成后，他仍住在一间茅草屋中，许多施主的承事供养和供献的财物，他都用来作抚育僧众之用，而绝不拿来美饰茅屋寝室以图享乐。其间曾短期去过邬仗那⑤，在诸空行母⑥前聆习了《大密续部》，而且著出《摄彼密续》和其他教义的论著。遂此，帕竹噶举成名，为达波噶举嫡系，有弟子800多人，全是一切功德圆满者。其中著名的有达隆塘巴·扎西贝、岭热·白玛多杰、普哇·洛哲森格、钦布加热等。这样一位犹如第二佛陀的帕摩竹巴大师，于藏历第三饶迥之金虎年（1170年，南宋乾道六年）七月二十五日上午在奇异的瑞相中示现圆寂，终年61岁。

其著作有50卷，计4函，其中较著名的是《帕摩竹·道情歌集》和《噶丹教法次第论》等，其中民族文化宫收藏有部分手抄本。

注：

①帕竹噶举：由帕摩竹巴·多杰嘉波所传，达波噶举四大支派之一。此派又繁衍出直贡、达隆、竹巴、雅桑、绰普、修赛、叶巴、玛仓八小支派。此派主寺是西藏山南帕摩竹地方的丹萨替寺，其教法以"大手印"修法为主。

②迦叶佛：过去七佛之第六佛。传说是释迦牟尼前世之师。其佛像坐骑为一头狮子。过去七佛是过去庄严劫三佛：毗婆尸佛、尸弃佛、毗舍浮佛；现在贤劫四佛：拘留孙佛、俱那舍牟佛、迦叶佛、释迦牟尼佛。

③《三界九地》：指欲界、色界四禅和无色界四定之总名方面的教法论著。

④"道果"：萨迦派"深法宝训道果法"之简称。最初，印度大成就者比瓦巴，依《喜金刚怛特罗经》，以道果金刚偈句、怛特罗释文要略及道果教言授予纳波巴和种比巴，从此辗转传入西藏，卓弥译师得之，授予萨迦始祖贡却嘉波。尤以比瓦巴为送法门，亲至萨迦，秘密直传道果于贡却嘉波，以后，次第传于历代法王，成为萨迦一派不共之法门。

⑤邬仗那：又称邬坚，古印度地名，在今巴基斯坦斯瓦特河谷一带。

⑥空行母：为证得殊胜成就的瑜伽行母，即在天空飞行的护法女神，梵音译作"荼吉尼"，又称刹生女，系生于净土等处的天母。

章阳国师释迦坚赞

——元明两朝灌顶国师

章阳国师释迦坚赞，译言“释迦幢”，又称“曼殊释迦幢”，《明史》中写作“章阳国师沙加监藏”，“章阳”二字在汉文史料中已约定俗成，未再按藏文发音修改。他为帕竹第司第二代，是大司徒绛曲坚赞之侄。

释迦坚赞的父亲索南桑波是帕竹家族人，母亲尼汝玛是尼姑。释迦坚赞于藏历第六饶迥之金龙年（1340 年，元至元六年）出生于西藏南部乃东帕摩竹地方。少年时他从师喇嘛鲁隆巴学习藏文写读，无难而会。他师事却玉扎巴坚赞披剃出家为僧，受居士戒，后又从亲教师循努宗哲受沙弥戒。当他闻知蜚声雪域的著名佛学家布敦·仁钦朱大师的盛名后，专程去后藏夏鲁寺拜访布敦大师，从该师孜孜不倦地攻读了许多显密经论及教言和灌顶传经秘诀，并由布敦大师等给他授了具足戒，起法号释迦坚赞。他从夏鲁寺又到循努宗哲上师处学习了一些显密经典之教言及灌顶法，在帕摩竹巴所建的丹萨替寺讲授《喜金刚第二品》，又到泽当寺宣讲四部大论，从此获得学者的称号。在法王喇嘛丹巴尊前又受了比丘戒，从此在拉萨一带广转法轮。从水龙年（1352 年）至木蛇年（1365 年）间他住持泽当寺长达 13 年之久，这期间治理寺院，培育佛学人才，曾受封灌顶国师，世称曼殊章阳国师。木蛇年（1365 年）到乃东就任帕竹第司，授帕竹万户长的头衔，成为第二任帕竹第司。在任期间，元顺帝封授大司徒勤国公和西藏三部事务，并颁赐印信及封册，明太祖朱元璋仍按前朝惯例封他为灌顶国师和西藏三部事务，亦颁赐印信，受两朝的恩赐和殊荣。

章阳国师释迦坚赞于藏历第六饶迥之水牛年（1373 年，明洪武六年）在任内去世，年仅 33 岁。

智钦·唐东杰布

——古代建桥大成就师

智钦·唐东杰布，是元明时期西藏著名的建桥大师，也是藏戏团的组织者和开创者，亦是一位密法造诣高深的香巴噶举密宗成就师。在藏族历史上是一位功勋卓著且影响深远的重要人物，藏族人民尊奉他为智钦·唐东杰布，意即“大成就唐东王”。

唐东杰布于藏历第六饶迥之金牛年（1361年，元至正二十一年）出生在后藏拉堆叶日香贝恰沃俄哇拉孜仁钦当（今西藏自治区日喀则市昂仁县多白区）一个普通农民家庭。父多杰坚赞，母亲加盖拉姆，生有五子一女。五子是：色若贝、洛宏白次、彭保、那达和绰瓦贝茂，其中绰瓦贝茂就是唐东杰布；一女为白增多吉玛。全家一年四季主要忙于农活和充当乌拉差事，交纳赋税。有一年发生瘟疫，其兄彭保、那达和妹妹的生命被瘟疫病夺走。

唐东杰布自幼聪颖慧悟，父母为了让他成才，送到甲顶寺曲郡白巴上师处学习文化。由于他学习刻苦，在较短时间内学通了藏文、印度兰札、乌尔都文等几种文字的拼读书写，成绩显著。之后父亲准备让他回家继承家业，而母亲极力主张让其继续留寺出家为僧。最后，两人听了长者仁钦坚赞的建议，让他出家为僧。他从该寺尼玛僧格受戒出家，在甲顶寺开始了他的学佛生涯，开始从其戒师学习一些显密经论和教法。后离开甲顶寺先后到昂仁寺、甲热寺求学佛法，在昂仁寺从学者洛哲多杰和贡却达勒二师闻习经、律、论三藏，在显宗学方面有了相当基础；在甲热寺由嘎阿巴·班觉喜饶等师给他授了比丘戒，取法名尊哲桑布，意为“善勤进”。之后他到萨迦等寺巡回辩经，辩经期间，别的答辩者十分自矜，他却非常谦逊而勤谨，人们便送给他一个绰号——

尊哲涅巴，意为“勤进疯子”。

他来到岗布勒，从达玛白瓦学习潜水能行的术法；师事拉东巴索南却、贡邦·仁钦坚赞、仁达哇·循努洛哲、夏普哇等名僧学习新旧密咒法、风火修习法秘诀；旋从其戒师嘎阿巴·班觉喜饶学习了噶举派的大手印密法类，其中有“俱生加行”“那若六法”和那若巴明妃尼姑玛传出的“六法次第”等。另外，他还学习了宁玛派的“大圆满法”和“空行要旨”等密法后，到一处名叫温尔的静修地修持多年，出现了一些证悟，获得了较大成就。他在藏杰德塘卡地住修时，五位空行母载歌载舞赞颂道：“在辽阔的空行界，证得空性的瑜伽师，犹如无畏王安居。”第一个“空”在藏语中为塘（唐）意即空地，第二个“空性”一词，在藏语中为“东尼”，无畏王的王，藏语为“杰布”，合起来就是唐东杰布，从此人们誉称他为智白旺秀唐东杰布，意为“成就自在唐东王”，简称唐东杰布，这是空行母为他取的尊号。之后他来到坚巴江地方，在一座红色的神殿中遇到了大成就者之法缘，掘出了无上修心密法的伏藏。当时他到殿内见到有许多修行者专心致志修习时轮大法，其中一位已得开悟的修持者见他是位大成就者，给他行了顶足礼，并请到法座上侍奉，当晚他就在法座上安歇了。次日清晨，庙祝进来一看，见一个疯僧睡在法座上，用棍棒来打时却不见了，大为惊奇。有一次他睡在一座桥下面的水面上，早上取水的人见有个“疯哑巴”睡在这里，产生了怜悯之心。所谓“疯哑巴”，指唐东杰布平时除口诵两亿嘛呢六字真言外缄口不言，除讲经说法外默默无言，除上师的寝室和佛堂外从不登他人门槛，他已立下一生只为佛法和芸芸众生谋利益的誓言。一次他来到觉囊地方在一块形似大鹏展翅的巨石下面住修7个月，有一天黎明时分，在他前面出现了虹光，至尊度母从虹光中走来对他说：“善缘的弟子，不要沉迷于吸取三昧耶甘露的修炼中，快请起为众生着想，马上到拉萨释迦佛前，在汹涌澎湃的吉曲河（拉萨河）上，架设行走方便的铁桥……”这里借度母的点化说出了唐东杰布朝思暮想的架桥心愿。为了实现这个夙愿，身无分文的他就必须更深一步地学习修持密法，以高深的密宗功法来完成他的伟大事业。他从觉囊起身到纳塘朝圣巡礼，一路上，他有时口诵嘛呢真言和皈依经，有时讲经传法，有时唱道歌跳法舞。人们看见他如此快乐的样子，烦恼、痛苦、愚昧顿时云消雾散，脸上绽现出花朵般的笑容。他在纳塘寺观音菩萨圣像前敬献供养后又发下利益众生的宏愿。从纳塘寺又去了夏鲁寺，他在夏鲁寺朝礼观音圣像时，遇到了三位前来朝圣的喇嘛，与三个喇嘛一起住了三天，喇嘛给他传授了“喜金刚三续灌顶”“金刚瑜伽母灌顶”“亥母密续教言”“无常十五神女灌顶”“观音菩萨救度八难”“如意宝法”等甚深密法，证得了幻变法神通。他运用幻变法神通来到聂塘卓玛拉康朝拜，之后到拉萨大、小昭寺向两尊释迦牟尼佛像各敬献了一钱黄金的鲜花，求授加持，据说得到了自己的智慧与佛身像融合在一起的殊胜加持。他在药王山和拉萨北街的名叫噶尼果玉的四门佛塔处住修了很长时间，又学到了许多密法。尤其从一位噶举派著名高僧重新学习了“大手印法”和“那若六法”，经修持后出现了不可思议的证悟。他倾心于这两种法，成了香巴噶举派法门的名僧。之后他返回故乡，时隔不久又到阿里、定日一带巡礼，从觉囊派和息结派名僧学习“般若空性见”和“他空见”等教法。这时，他已成为精通藏传佛教各大教派教法的密宗大成就师。后来他身携黄金到尼泊尔和印度继续求学深造，在印度高僧司德热他那的具体指导下，对密法火气双运功的修炼达到了很高的境界。据《唐东杰布传》记载，有一次他在印度德里金刚佛塔前修定火气双运时，忽然，在周围产生了一种巨大火光，印度人害怕佛塔被火焚毁，赶忙前来灭火。走到佛塔前没有发现任何火烧的迹象，只见一个游方僧在那里静修不动，这才明白过来，原来是藏族高僧唐东杰布发功时所产生的威力。在他的传记里类似的神话传说很多。他于藏历土龙年（1448 年），他在四川德格境内创建了一座名叫德桔更庆林的寺院。

从《唐东杰布传》中不难看出，唐东杰波早在卫藏从师学法时就已萌发了修建桥梁的想法，只不过多以神、佛、度母的点化、授记而寄托他建桥的美好愿望。在学法传法时他的足迹遍履卫藏康，曾去尼泊尔和印度等地，所到之处目睹了无桥过河的艰难，更亲身遭遇了无钱乘船挨打的屈辱。木牛年（1385 年）他开始为建桥筹集资金而四处奔波。当他来到拉萨，乘牛皮船渡吉曲，由于分文未带，船划到河中心时船主向他讨船钱，船主见他拿不出船费，就凶狠地用船桨对他连打带骂，最后还将他推入激流中，幸亏他早在大成就师达玛白瓦那里修成潜水渡河的苦行功夫，才得以安然无恙，然而他的精神受到了极大的侮辱，由此更坚定了他建桥的决心。

唐东杰布在学习显密经论的同时，还拜师研习过藏医学，在藏医学方面也做出了成就。他用藏药秘方精心研制成的成就白丸和红丸两种丸药据说能治百病。在尼泊尔求学佛法期间，他曾用高超的医术救活了一名富商，商人为了报答救命之恩，献出黄金供他去印度求学，而他将这点黄金留作建桥的资金。他还学过大五明中的工巧明学科，对雕刻工艺也颇有研究，曾用珍宝亲手雕塑的各种神态各异的佛像和护法神像（过去一直保存在拉萨药王山神庙里，“文革”中被毁）。他教弟子塑造泥像，亦亲自精心雕塑珍贵材料的神佛像，工艺精湛，受人喜欢。他广泛运用多种技艺，为建桥筹措资金。他甚至利用学到的高深密宗功法在街头表演杂耍，请过路人捧场赏钱。他还利用时间学习藏族传统戏剧歌舞甚至补充戏剧内容。据说将贝纳家的七姐妹动员起来，两人扮演王子，两人扮演猎人，两人扮演天女，一人击乐器，他自己击鼓指挥当导演，创建了藏族历史上的第一个七人剧团，名叫雅隆扎西雪巴剧团。他动员编写了以歌舞剧形式演唱历史故事的藏戏剧本多种，打破法舞仅仅在寺院表演的旧规，带领剧团到农村牧区为民众表演，深受人民群众的欢迎。后人尊他为藏戏剧团的开创者。每当雅隆扎西雪巴团、香巴团、觉摩隆团的演员演出时，舞台上就出现白眉皓首的唐东杰布的形象，至今西藏表演歌舞时还举着唐东杰布的唐卡像出现在舞台上。组织戏剧团为民众演出的目的也是为建桥做宣传和筹建工作，如剧目中有表现唐东杰布带领弟子建桥时石铁工匠劳动的生动场面。

唐东杰布通过上述各种办法收集到五十多两黄金，先后收了五十名忠心相随的弟子。然后，他们开始翻山越岭，到工布、巴喀、曼茂冈等地一面向群众宣传建桥的善举，一边收购建桥用的铁。在工布寻找铁矿时，得到当地群众的帮助，找到了一处铁矿，组织人力开采冶炼。

在西藏南部的林芝和波密一带亦找到了铁矿，他们立即组织人力用一个多月的时间建成了一座简易的炼铁厂，然后从各地招聘了许多铁匠和帮工开始炼铁。唐东杰布亲自拉风箱打铁，干了十多天就制作了八十多米长的铁索桥链。当炼铁造铁索的消息传到工布、林芝、波密时，这些地方的人们对唐东杰布所付出的心血深受感动，他们纷纷来捐铁、捐物，不少地方的铁匠还主动帮他制作铁链而不计报酬。就这样，经过几年的艰苦奋斗，架桥用的铁链基本准备就绪。之后，他雇用了当地的240头驮牛，把制成的铁链分别运往拉萨河、曲沃日河、贝曲沃且、藏堆央日、堆隆、涅廓渡口、直贡曲科岗、玉那、门隅宗、长江、澜沧江，甚至运到甘孜地区的江畔等地区，又分别动员当地的土石工建造桥墩，经过几年的辛勤劳动，终于建成了拉萨河铁桥为主的铁索桥58座，木桥60座，木船、皮筏渡口108个。据说一些桥梁是由唐东杰布亲自设计、动手建成的，一些是由他设计、指挥，由他的弟子带动群众共同完成的，还有的桥梁是他家族的后代继承他的事业而建成的。其中拉萨河铁桥是于金狗年（1430年）唐东杰布不顾来自官方一些人的流言蜚语，克服重重艰难险阻而架起的第一座铁索桥。他修建这座桥的目的不仅仅是为人畜行走提供方便，其中有更深远的历史意义，因为当时拉萨已成为西藏政治、经济、文化的中心。

在唐东杰布的故乡后藏也先后建了一些桥，其中仁钦当铁索桥就在他的诞生地，江日沃且铁桥在他寺院的附近。木蛇年（1485年），帕摩竹巴第八代执政王阿吉旺波也奉献出人力和物力，请求唐东杰布在山南雅隆河上架桥。这时据说他已 124 岁，他对执政王说：“你的诚意十分珍贵，在此处建桥我早有心愿，但迄今为止未能如愿，现在我已年迈无力，不能亲临工地，我委派弟子尼玛桑布为工头，前去架桥。”于是尼玛桑布在唐东杰布的指导下，带了 300 多名能工巧匠来到雅隆河畔，马上破土动工，经过紧张施工，在短短的 7 个月内修建了一座由三十二座桥墩组成的铁索桥，这是唐东杰布一生中建的最后一座桥，也是他为西藏人民留下的最后一份宝贵遗产。如今，一些桥梁被现代桥梁所取代，但也有部分铁索桥保存完好，部分桥梁遗址尚存，后人可以到那里凭吊先哲留下的不朽丰碑，瞻仰先祖开创事业的无私奉献精神。

传说唐东杰布大师圆满实现了他梦寐以求的建桥夙愿后于藏历第八饶迥之木蛇年在后藏昂仁地区圆寂，享寿虚岁 125 岁。

藏宁赫汝嘎·桑结坚赞

——著名文学巨匠

藏宁赫汝嘎·桑结坚赞，意为“佛幢”，“藏宁”是以他的怪诞行为取的名讳，带有贬义，“赫汝嘎”是胜乐金刚的别称。桑结坚赞于藏历第八饶迥之水猴年（1452 年，明景泰三年）出生在后藏娘堆地方的扎西喀噶。他的父亲桑吉白丹是一个诵持密咒者，母亲桑吉贝珍是一个信教者。桑结坚赞出生后，父母给他取乳名却吉龙布，7 岁时，由噶举派大堪布贡嘎桑吉给他剃度出家为僧，并授沙弥戒，始取法名桑结坚赞。7 岁至 17 岁的十年间，他在家乡从师学习藏文和佛学经典。18 岁时前往杂日神山朝圣，在那里他与至尊夏哈饶贤巴桑结森格大师相逢，向大师求学了嘉哇央贡巴著的《三种山居法》《那若六法》《五具大手印法》《俱生和合法》《三种道歌集》《俱舍六论》等噶举派的普通修法经典，大师又让他在至尊俱生佛母坛城中灌了顶，起密宗法号弥觉多杰，意为“不动金刚”。后来在华科寺他又随萨迦派大师玉隆瓦·云丹嘉措学习萨迦派法要，从轨范师贡嘎尼玛和班钦东珠扎巴等学习密宗法的灌顶和续部讲解、生圆二次第的教言等多种密法，成为通晓噶举、萨迦、宁玛等教派教法的佛学家。

桑结坚赞自幼崇敬噶举派第二代祖师米拉日巴，他以米拉日巴为楷模，赴冈底斯山、杂日神山、拉齐雪岭（在定日与镇日之间的珠穆朗玛峰）云游朝圣，并隐迹高山岩窟，潜心苦修。“得道”之后，遍游卫藏康各地，远及尼泊尔。在尼泊尔他出资修葺了帕巴香耿大佛塔，受到尼泊尔僧人的赞许。在许多圣地他建立了噶举派的修法道场。在各地云游时他的行为怪异不定，有时他赤身裸体，只遮掩下身羞处，脖颈上佩戴着人骨做的项链，手中拿着一个颅碗，是用人的头盖骨做的，内盛脑汁和肠子，用肋骨当筷子搅拌着吃。有时一副胜乐金刚大士打扮，佩戴人骨制造的项链、肠子做的胸饰和足钏及骨制手镯、钗环、耳环，着胜乐金刚衣冠。随身带着颅盖碗、胫骨号角等，经常出没在寒林（坟墓地）和村舍化缘度日，生活没有保障，既像米拉日巴，又像济公。因此得名“藏宁”，意为“后藏疯僧”。他的别称还有热白坚金（佩骨饰者）、却吉扎巴（法称）、稠同嘉布（饮血王）等。“疯子”是桑结坚赞学习米拉日巴大师而践行出来的，其目的是在弘传佛法、教化众生的同时，了解民间疾苦。其实桑结坚赞是一位悟性很高、明辨善恶因果的修道士，也是一位真才实学、才华横溢的大学者。他一生中校勘修改了十三部噶举派“耳传”教言的经典著作。著有《玛尔巴传》《米拉日巴传及其道歌》《热琼巴传》和《朱巴格雷传》《耳传法·如意宝珠》等名著。其中《米拉日巴传》是他在拉齐雪岭修炼时，根据前人和民间传说的有关米拉日巴事迹的基础上于土猴年（1488年）撰写而成的，有极高的文学价值。这部名著不但在藏族社会中广为流传，而且在新中国成立前就有了汉文的节译本和蒙古文译本，深受读者的喜爱，在国际上也为众多研究藏族历史、文化、宗教的人们所瞩目，早已有了英、法、日、德等文字的译本，成为具有世界意义的作品。

后来他来到山南乃东的热琼岩洞，对热琼岩洞进行了扩建，之后常住于此修行，在山南乃东一带颇有影响。

藏宁赫汝嘎·桑结坚赞于藏历第九饶迥之火兔年（1507年，明正德二年）在热琼岩洞中圆寂，享年56岁。

他的弟子中著名的有49人，获得不共之法的有8人，大小喇嘛60人，证士8人，讲修者20人，大成就者18人。

采巴·祥·尊哲札巴

——采巴噶举派创始人

贡唐喇嘛尊哲札巴，是采巴噶举创始人，又称众生怙主宇札巴，简称采巴·祥。藏历第二饶迴之水兔年（1123 年，北宋宣和五年）生于拉萨附近采巴竹地方，幼名叫达玛札。父俄强多杰山华，母芒吉。

采巴·祥 7 岁时，由母亲和兄长教学藏文字母。此后直至 24 岁期间，拜上师多人，闻习《般若经》《毗奈耶》《释量论》等。26 岁时，他随十大译师之一的嘎洛云游康区北部和羌塘东部，在康区扎喀哇上师尊前受具足戒出家，起法名尊哲札巴，还从噶译师等密乘上师多人闻习密法。但对此又有不同的说法，认为他云游康区后返回前藏，在聂东木益西大师等十三名上师处受了比丘戒，取法名释迦格隆尊哲扎，并尽弃所学驱鬼避邪之术，先后受密乘教授、三摩地灌顶、制息术、拙火定等。

33 岁时，他与帕摩竹巴·多杰嘉波同谒米拉日巴的大弟子达波拉杰，此时达波拉杰已 74 岁高龄，他就把采巴介绍到其侄贡巴·次臣宁波那里学习噶举派教法的心传，契悟俱生和合之义。此后多年，简居深山修行。采巴还从帕摩竹巴学习过噶举派教法。帕摩竹巴去世后，因采巴还没有自己的寺院而住在帕竹噶举的母寺丹萨替寺。到不惑之年，正值西藏山南、直贡、沃喀等地的地方官举兵占领采巴地方，采巴和他的族众过着被奴役的生活。此后，他带兵先后征服了山南、直贡、沃喀地方的许多贵族，使之统属在他的管辖之下。

藏历第三饶迴之木羊年（1175 年），采巴得到拉萨采豁卡主人噶尔家族首脑人物杰瓦琼乃之大力支持，于拉萨河南岸采巴地方兴建采巴央贡寺；于火羊年（1187 年）又在采央寺附近兴建贡塘寺，并塑拉钦贝巴之像，其流派即以寺而得名，遂形成采巴噶举派，后两寺合称为采贡塘寺。这座寺院在历史上曾遭火灾，后又逐渐重建，这里曾一度是前藏最重要的佛教文化中心。采巴·祥·尊哲札巴的门徒众多，分头建寺，拉萨河上、中、下游都成了中部采巴的领地，到后来该派势力达到上部阿里三围，称为上采巴，下部多康地区称为下采巴。他在前藏传播显密教法时，噶尔家族给了他财力上的大力支持，并成了采巴寺和贡塘寺的寺主，还一度直接控制了采巴噶举派。

采巴去世后，采巴噶举的实权逐步被噶尔家族的后代掌握，到元朝在西藏分封十三万户时，采巴被授封为一个万户，万户长就是噶尔家族的政教领袖，像采巴噶举的政权被异姓噶尔家族掌握还是不多见的。

采巴在艰难的情况下，一生奋斗传教布道，到晚年终于创建了采巴噶举派，受到西藏佛教界的敬重，将他与帕摩竹巴、宗喀巴并称为西藏的“三宝”。到 17 世纪中叶后，采巴噶举派逐渐融入格鲁派，采贡塘寺亦变成了格鲁派的属寺。采巴的著作共有 5 函。

采巴大师于藏历第三饶迥之水牛年（1193 年，南宋绍熙四年）圆寂，享寿 72 岁。

采巴·耿噶多杰
——著名藏族历史学家

采巴·耿噶多杰，意为“普喜金刚”，又名司徒·格卫罗哲。生于藏历第五饶迥之土鸡年（1309 年，元至大二年），为仲钦·蒙朗多杰之长子。

耿噶多杰 5 岁时，就开始学习读诵藏籍。之后，学习采巴噶举法类和密法等知识，崭露头角。15 岁被委任为采巴万户长。17 岁那年，前往京城觐见元朝泰定帝，皇帝赐给他白银一大锭、银印、黄金首饰及许多绸缎，颁发了使西藏采巴人众和贵族皆晓的采巴万户长的“敕书”，并封为“司徒”，他任万户长长达 28 年之久。在此期间，精心管理和修缮了采巴贡塘寺、拉萨大昭寺及布达拉宫，受到各教派广大僧众的尊敬。

采巴·耿噶多杰也是一位知识渊博的佛学家，他与著名的布敦·仁钦朱大师是同时代的人，而且关系极密。布敦大师有一次前往采巴贡塘寺拜访耿噶多杰，带着很多书，旅途中还废寝看书。同行的人问布敦为什么这样，布敦说，耿噶多杰广学博闻，我要是不抓紧时间多看点书，与他见面后交谈起来怕被他问倒。可见，佛学大师布敦很钦佩采巴的广博学识。采巴曾邀布敦共同对纳塘版的《甘珠尔》大藏经进行详细审订，然后用金银粉复制出金银写本共260函，成为藏族学者一直视为标准的采巴《甘珠尔》大藏经。

采巴生活的时代正是帕竹政权统治着西藏，采巴的势力范围被大司徒·绛曲坚赞控制之时。于是在藏历第六饶迥之水龙年（1352年），采巴将权交给继承者——其弟札巴喜饶，他就在堪钦端喜巴·桑杰仁清尊前出家了，受了具足戒，赐法名为格卫罗哲（善智慧）。不久噶玛巴黑帽系第四世活佛若白多杰从内地返藏，采巴便邀他前来贡塘寺，从若白多杰活佛广求佛法，得到很多进益，后来采巴被赞誉为藏区的“遍知慧司徒”。他于藏历第六饶迥之木龙年（1364年，元至正二十四年）示寂，终年56岁。

采巴的著作很多，重要的有记载的是“采巴《甘珠尔》目录”的《白史》，历史文献《红史》《红史续集·智者意乐》《花史》，以及《贡塘喇嘛祥传记》《父蒙朗多杰传记》等，这些著作都成为后人研究古代藏族历史的重要典籍。

巴戎巴·达玛旺秀
——巴戎噶举派创始人

巴戎巴·达玛旺秀，意为“兴盛自在”，为巴戎噶举派创始人，达波拉杰的高足弟子，巴戎寺的创建者。于藏历第二饶迥之火羊年（1127年，南宋建炎元年）出生在西藏拉萨北部彭域嘎巴玉纳地方，属达喀瓦家族，父敦巴郡芮洛哲，母亲觉毛洛琼玛，他是三子中的次子，取幼名本加。

在《青史》中以神奇传说记载了本加拜见上师的情节。本加童年时来了一位修习密宗的密童，密童向本加说了许多赞颂法王岗波巴（达波拉杰）的话，而且对本加说：“你若到法王那里去，法王会喜欢你的。”本加对密童说：“那么，现在你能带我去那里见法王吗？”密童同意引见。于是两人同行来到岗波地方，一到岗波，密童已不知去向，传说密童就是岗波法王所化现。其实本加8岁时从堪布嘎哇达玛僧格和上师旺秀循努二人出家为僧，从两位上师的法名中各取“达玛”和“旺秀”四字，赐给本加法名达玛旺秀。他从噶当派格西夏域哇和博多瓦的大弟子枳布隆哇学习噶当派教法，21岁时，在桑杰贡巴的引荐下去岗波寺拜见达波拉杰。达波拉杰举行每月一次的十日敬神仪轨，达玛旺秀看在眼里，记在心中，积极主动地协助上师作仪轨，自然而然地成了上师的得力助手。他一心一意求学上师的教法主旨，上师看出他学法求法的心情十分恳切，达波拉杰上师将自己所知道的达波噶举教法全部传授于达玛旺秀，他经过一段时间的潜心修学后，熟练地掌握了达波噶举的全部教法和经典，成为通晓达波噶举教法的修学士，经修习生起证悟。此时，上师赐给了他一尊金佛像、衣钵、黄金和几部孤本经典等珍贵物品，让他到巴戎地方去传授教法，教化众生。师徒惜惜相别，临行时，他向上师敬献了银制曼札，祝愿上师吉祥健康长寿。28 岁时，他遵照上师之命，赴西藏北部巴戎杂代沃仁青邦地方，修持达波噶举教法达 7 年之久，基本以持禅定而修，出现了三昧耶证兆。之后他到康区，在地方长官益喜赛的鼎力支持下，在康区兴建了果措寺和洛德寺，据说他曾先后三次到过康区，竭力传播达波噶举的教法，也收了一些门徒，将他们安置于果措寺和洛德寺修学佛法。这期间达玛旺秀到过齐瓦尔佛堂，施主达查巴给他奉献了丰厚的财物并把自己的幼子拜托给了他。这个孩子当晚就住于寝帐旁，达玛旺秀将手置于孩子的头顶后说道："我以梵文（唵啊吽）咒为你灌顶，你会成为一位饶益众生者。"这个孩子后来学业有成，成为噶举派大师帝师日巴，疑曾出任西夏王朝的帝师。然后他携带衣钵和经卷从康区转赴巴戎（巴戎即指今后藏昂仁县境内一地名）地方，于水鸡年（1153 年）在巴戎扎玛尔附近创建了巴戎寺。具体寺址在今西藏自治区那曲市属桑雄地方，亦有今后藏昂仁县境内一地名之说。据传巴戎寺常有"空行"来集，并有许多飞禽聚集其地。达玛旺秀住持巴戎寺时，僧众敬称他为"巴戎巴"。他拥有许多门徒，以密宗大印修法及显宗大印境界教授弟子，以巴戎寺之名，传出另一系法门，为噶举派四大支系中的巴戎噶举。噶举派后世僧众将他奉为巴戎噶举的开派师祖。他曾向达隆活佛和直贡法王求结法缘。

达玛旺秀的主要弟子有：帝师日巴、孜卓旺秀僧格、周嘎觉宗、喇钦拉巴、敦巴·仁钦喇嘛、周嘎拉东、贡巴元努布扎、祁尼阿恰德哇、喇杰罗哲等，其中帝师日巴最为有名，在巴戎寺修建了有名的银制大佛塔。达玛旺秀主要著作有《噶举喇嘛祈祷文》等道情歌集 29 种之多。达玛旺秀亦是达波拉杰弟子中四大传承之一。

达玛旺秀于藏历第二饶迥之土羊年（1199 年，南宋庆元五年）在巴戎寺示现圆寂，享年 72 岁。他的生卒年又有生于火羊年（1187 年），卒于土羊年（1259 年）之说，见措如·次朗著的《藏传佛教噶举派史略》一书。但大多数佛教史中记为公元 1127 年至 1199 年。

巴戎巴·达玛旺秀去佛刹净土后，巴戎寺因族中不和，纷争迭起，出现了寺院住持频繁易人，削弱了其势力，乃至教派与寺院逐渐衰落。据拉却·桑麦班智达（青海玉树囊谦人）著的《巴戎金鬘》一书载，巴戎噶举经四川康区传入青海玉树一带，至今仍有该派的寺院和僧人，据统计寺院有 13 座。

噶玛巴·德松钦巴

——噶玛噶举派创始人

噶玛巴·德松钦巴，意为“知三世”，宋代藏传佛教噶举派高僧，达波拉杰的著名弟子，噶玛噶举派创始人，于藏历第二饶迥之金虎年（1110 年，北宋大观四年）生于康区朱倭下区（今四川省甘孜藏族自治州新龙县境），另一说生于甘孜县。

其父亲是一位修大威德[①]的瑜伽士，名贡巴·多杰贡波（意为金刚怙主），其母是一位自性瑜伽士，名拉陀萨岗夫人。德松钦巴幼名格佩（意为善增）。他在贡巴·哲巴和父亲跟前学习吉祥天母自生佛母命根心要教授，不久便顺利地获得成就，他同上师印度毗若和班增相见后，听受了许多教授，又求得婆罗门却赛的贡波（护法神）法，修习后真正出现了《本母护法经》中所讲的诸成就迹象，特别是亲见了吉祥天母的圣容，现示过诸多奇异的神迹。16 岁时，他在曲科钦波嘎查寺由俄译师的弟子朱倭·却吉喇嘛任亲教师，恰·森格扎任轨范师而出家为僧，赐法名吉祥却吉札巴，意为“法称”。为磨炼意志，恰·森格扎让做了两年修建僧伽住地的苦役。后又从阿底峡的三传弟子札惹哇和其弟子格西扎饶两昆仲师聆习了阿底峡所传的吉祥胜乐灌顶和许多密咒修法及不动如来等噶当派的许多法门，修习后出现了成就的迹象。他 19 岁时去前藏，20 岁到达多隆赛塘地区，在觉隆·嘉玛哇及其弟子日季巴和恰巴·却吉僧格等师处聆习《慈氏诸法》及《中观论》三篇和《般若波罗蜜多经》，反复研习成为精通者。此后 6 年多时间里，又从侠尔巴及其弟子伦觉巴·喜饶多杰二师闻习了噶当派许多教法，还在巴察译师处进一步学习中观理论。这时他的佛学知识已大有长进，由玛·杜增普巴作亲教师，益喜洛哲作羯摩师，桑敦郡波任屏教师，受比丘戒，并精研《毗奈耶》，开始讲经说法。在此之前，他学的是噶当派的教法。又从贝嘎洛和康巴·阿森二师学习《时轮六加行》生圆次第教授等多种密法。30岁时，来到岗波和达波拉杰叔侄相见而求教，当即聆听了噶当派的《菩提道次第》，达波叔侄要求他苦修。过了一段时间，达波拉杰给他作了灌顶，向他传授了噶举派的“方便道”和“拙火定”修法，连续精修了9天，依强制手法而燃起暖乐，只着单衣而不寒，他这样坚持苦修9个月而手中不离拂尘，因此人们称他为大修士，具有三摩地的无量功法。德松钦巴的学习范围很广泛，他在达波拉杰上师处苦修了3年后，又找到热琼巴，跟热琼巴闻习“六法”和“座中修法”等那若巴、梅智的所有教授，并撰写出《方便道直观教导》；又从绒巴嘎哇的弟子本普巴·敦嘉学习《金刚亥母》《行法》《六种庄严大宝释》《四灌顶修法》等；从辛巴多杰僧格求得“道果”教授；从江莫邦喀哇求得《喜金刚教授讲说》；依乍嘎哇学到《那若耳传教授》；还从达域巴·甲热敦楚听受《胜乐》《喜金刚》《玛哈玛那》等密续讲义及许多教授。此后他依达波拉杰授记的预言，前往山南沃卡区的咱谷山岩中安住静修，有一女子说：“我的主母来了，叫你不要在此住。”此后他坚守慈心、悲心、菩提心，安住静修了14个月，由此出现了许多奇异的成就证象，并生起殊胜定解。之后他又到山南的恰廓寺，向驻锡在那里的法王陈述了自己的修悟通达。法王对他说：“对你我抱有很大希望，你继续修持吧！”他又修了6个月，仍如以前无多大进益，复将此禀告了上师，上师将手置于他的头顶上讲道：“徒儿，这是关系到断绝生死轮回的大事啊！”言毕传授了真实义的指点——认识如意摩尼心以性的教授。他遵照岗波瓦的授记，带了五升食盐到门隅王②所辖嘎通地区，来到位于侠乌达果的一岩洞住下来静修，获得轮回涅槃无别的证悟，他又返回岗布寺静修了一年，而后征得上师同意到各地去云游。他来到山南琼结河东岸的巴敦寺，在勒堆有一土洞，有米拉日巴的直传弟子沙弥两昆仲住于其中，他也前去求得教授。从这里又来到彭域夏桑岩住修了3年，据说示现出通行岩山毫无阻碍的神通，以此皆称他为喇嘛札巴（岩上师）。后又远赴定日宗的岗噶地方，在莲花生大师住过的圣地白色扁平磐石上住下来，实修了4个月。依此因缘，生起了无量三摩地。据说宿尼帕宗（即今拉萨市尼木县古名）的寺院中住着一位那若巴的及门弟子，他闻其名而前去拜见求法，获得了“大手印降雷法”和方便道的许多教授。之后他到楚希寺安住，继后又返回到岗波寺，上师说：“当去乃囊寺。”这座寺院是由红帽系一世活佛道丹·扎巴僧格于1333年创建。他到此寺后静修了一段时间，并为那里的僧众讲说经论，教化甚广，从这里又到曲沃日和楚希下区云游住修。一天突然听到岗波上师圆寂的噩耗时，起身赶回岗波寺，与阿阇黎贡巴哇相见，他握住上师的衣衫，祈请泣哭，他凄悲的哭声，据说感动了逝去的上师再现寺院上空，师徒三人同时得见，了却了一片哀思之情。他处理完善后之事，先后来到山南拉隆寺、康区的冈波乃寺弘传噶举派教法。总之，德松钦巴在前后藏云游了30年，一方面传经布道，一方面广学各门派的教法，一直专注于闻思修三业之中，获得了巨大成就。

藏历第三饶迥之火兔年（1147年）于西藏昌都类乌齐附近的噶玛地方兴建噶玛丹萨寺，形成噶玛噶举派。后赴故乡康区广转法轮，并于木猴年（1164年）在康区冈布地方修建了岗波乃囊禅林。德松钦巴成名后，不忘上师恩德。有一次，他将7块大松耳石、许多茶叶及70多头牛派人送往岗波，作为对恩师达波拉杰的供礼。还有一次又复供金书《十万般若波罗蜜多经》4部，全部经藏计110函，以及10块大松耳石，牛马50头（匹）等。土鸡年（1189年）他在拉萨附近的西北堆隆楚普地方又修建了楚普寺，与噶玛丹萨寺并称为噶玛派上、下二寺，为噶玛噶举派的根本道场。楚普寺修建在一陡坡山脚下，前面有郁郁葱葱的刺藤树灌木丛，夏季鸟语花香，景色幽静迷人。噶玛德松钦巴初到此地后，修建了简陋的修行房，于1189年才正式建寺，该寺规模较大，成为噶玛噶举派的主寺。

德松钦巴于藏历第三饶迥之水牛年（1193年，南宋绍熙四年）圆寂，终年84岁。他的众多弟子中有所谓“五有缘弟子者”，即神通有缘弟子德琼桑吉、神变有缘弟子贝察达德哇、传记有缘弟子扎哇噶当巴、通达有缘弟子札叶格曲宗和利他有缘弟子卓贡热钦。

据说德松钦巴圆寂之时，为了解决噶玛噶举派继承人的问题，遗嘱弟子们“我将会乘愿再来”，并将下世转生情形之预言书交给大弟子卓贡热钦，活佛转世之萌芽由此产生。

其著作有《四面金刚亥母》《四续释》《梦事三种》《神鬼饶益之隐身术》等多种。

注：

①大威德：密宗菩萨名，教法谓之：“有伏恶之势，谓之大威；有护法之功，谓之大德。”藏传佛教密宗无上瑜伽部的本尊，名大威德怖畏金刚，又名牛头明王，系文殊菩萨化身。其佛像为九头、三十四臂、十六足、裸体、拥抱明妃罗浪杂娃，像下踏一牛，牛下卧一男人体。

②门隅王：门隅在西藏自治区山南所属的错那县境内。当时此地以一小国自称，故有门隅王称号。

噶玛·拔希·却吉喇嘛

——噶玛噶举派黑帽系第二世活佛

噶玛·拔希·却吉喇嘛，法名却吉喇嘛，意为“法上师”，“拔希”系蒙古语，意为轨范法师。于藏历第三饶迥之木鼠年（1204年，南宋嘉泰四年）生于康区哲垄丹巴曲秋地方的贵族家庭，父名嘉昂次察，母名僧萨阿吉。当年克什米尔的一位大班智达到西藏，噶玛·拔希诞生后，经他命名为却增（意为持法）。卓贡热钦等寻访到却增后，认定为德松钦巴的转世，精心培养。据传，五六岁时，即已精通写读。9岁至10岁时，对所有佛经，只要念一遍，即能领会于心。11岁时，依德松钦巴的再传弟子颇札巴为师出家受戒，授予许多法类，后来拜楚普寺的嘎陀巴·绛巴本和江芒普哇为师，受比丘戒，命名却吉喇嘛。他向颇札巴上师求传修法指导时，以念诵一遍《十万般若经》的布施来供养，博得上师的喜悦，上师给他传授了大手印俱生和合法教导，经修炼成为具广博的智慧者，逐渐有了名气，并开始云游各地。他在邦日山住修10年，并修了一座小寺庙。后来他回家乡收徒传教，会集僧众500多人。火羊年（1247年）44岁时，他再次来到楚普寺，住修6年，广转法轮，此时他已是噶玛噶举派的著名高僧了。

水牛年（1253年），忽必烈在南征大理途中，路经康区的部分地区时，召请噶玛·拔希赴绒域色都（今四川省阿坝一带）相见。他对忽必烈及其侍眷传授了发心仪轨，使其进入无上菩提。讲说了诸恶莫做、众善奉行、慈悲为怀、利乐有情的基本佛教理论。忽必烈要他随侍左右，他不愿意，不久便离开，到北方一带游方传教，在内蒙古与宁夏的交界处兴建了一座显化寺，又称赤囊朱必拉康庙。火龙年（1256年）当他动身返藏时，接到了蒙古大汗蒙哥给他的诏书，他便来到蒙古的和林，蒙哥赐给他一顶金边黑色僧帽及一颗金印，从此，其传承被称为噶玛噶举黑帽系。

金猴年（1260年），忽必烈和阿里不哥兄弟之间为争夺大汗之位而发生战争，金鸡年（1261年）阿里不哥兵败，忽必烈夺得大汗位。噶玛·拔希因以前不肯追随忽必烈，在争夺汗位的斗争中又有帮助阿里不哥的嫌疑，遂被忽必烈投入监狱，据说用抛下悬崖，投入江河、棘刺洞和毒蛙洞等等方式折磨他，然而他以高深的密宗功法躲过了一道道险关，安然无恙，后又被流放到盖乌曲地方。木鼠年（1264年），噶玛·拔希获得释放，便启程返藏，沿途经康、青地区传教8年，回到楚普寺。噶玛·拔希是一位声望很高的佛学大师，与八思巴是同时期的人，忽必烈曾安排他与八思巴斗法，他显示空中跏跌的神通。他虽在政治上受过磨难，但他对佛教的敬信终生不二。因此他回到楚普寺后，即全力扩建寺院，兴建佛像、佛塔。他修建佛堂一座，内塑释迦牟尼像及随从九尊之像，同时还塑造了一尊燃灯佛身像。据传，当佛像塑造完毕后，身像有些倾斜，工艺师们正处于无可奈何之际，噶玛·拔希喇嘛三次用法力扶正，并亲自作了加持。另外，他还用金银汁书写《甘珠尔》大藏经，作了广大的弘法事业。

噶玛·拔希临终前嘱其弟子邬坚巴："拉堆地方必出一继承黑帽系者，没来以前，汝当代理一切。"遂将金边黑僧帽戴到邬坚巴头上。

他于藏历第五饶迥之水羊年（1283年，元世祖至元二十年）九月初三圆寂，享年虚80岁。初九日火葬后，塑其身像，楚普寺为他修造了供奉舍利的灵塔，同达波拉杰的灵塔一起安奉于灵塔殿中。

自此，藏传佛教活佛转世制度正式开始，他逝世后，被称为噶玛噶举黑帽系第二世活佛，而将该派的创始人德松钦巴追认为第一世活佛。

噶玛巴·让琼多杰

——噶玛噶举派黑帽系第三世活佛

噶玛巴·让琼多杰，意为"自生金刚"，于藏历第五饶迥之木猴年（1284年，元世祖至元二十一年）一月初八生于后藏吉隆帕巴哇迪寺南岗许莫（后藏贡塘）地方。父亲曲焕是一名旧密学者，善做陶器，母亲为觉姆央珍。5岁时他见到大成就者邬坚巴·仁钦贝。邬坚巴通过种种考察认定他是噶玛·拔希的转世。大成就者说道："我的上师密号让琼多杰，故以此命名，给你就取名让琼多杰吧。”遂授居士戒，并发菩提心。并给他传授了胜乐、喜金刚、金刚橛等的灌顶教导。7 岁从堪布绰普巴贡丹喜饶为师出家，受沙弥戒，听受戒律。同时依喜饶贝、嘉贡益西沃、聂日大成就师等上师聆听了藏传密宗的全套传承。依乃丹循努迥哇为亲教师，根敦仁钦为轨范师，受具足戒，听受全部戒律。从轨范师喜饶华、嘉贡益喜、聂多·贡噶端智等学习《甘珠尔》《丹珠尔》大藏经。水牛年（1313 年）他到杂日，居三个月后抵楚普，木牛年（1325 年）被迎至工布，在那里建造了寺庙若干，后至多康，在类乌齐一带修建了噶玛拉当寺，并建索曲河铁索桥。让琼多杰不但通晓显密经论，对医药历算也颇有研究，他著的《药名之海》一书中列举了八百三十多种药物的功效及性能，被后世医学家视为可信而标准的医典。金羊年（1331 年）元帝文宗派金册使者贡布称青等抵前藏，迎让琼多杰于工布，宣读召请诏书。让琼多杰于二月初一从堆隆楚普出发，十一月十八日至大都，而元文宗已于八月十二日逝世，但受到皇太子惹纳室利的盛大欢迎。后皇太子去世，其兄妥欢帖睦尔继皇位，是为顺帝。让琼多杰为顺帝、皇后及大臣等进行了密宗灌顶并讲经说法，顺帝赐给让琼多杰“圆通佛法性空噶玛巴”的封号。木狗年（1334 年）让琼多杰即将返藏时，帝赐大沙门采巴司徒的国师封号及水晶印玺、金册，并重赏楚普、噶玛丹萨寺，颁饶益全藏之敕书三道，为造《甘珠尔》《丹珠尔》大藏经助缘。之后，让琼多杰经五台山、宁夏、康区返回西藏。当让琼多杰到达宁夏时，在一些信众的请求下为他们讲经说法，将噶玛噶举教法传到了宁夏，据说在他的倡建下，在宁夏青铜峡对面的山坡上兴建了 108 座藏式佛塔，这些佛塔至今犹存，成了噶玛噶举派在这里弘法的象征。木猪年（1335 年）八月他抵达木（当雄），受到西藏诸显贵的欢迎，随即宣布三道敕书。回藏后，造金银写本《甘珠尔》大藏经 160 函。火鼠年（1336 年），顺帝又遣金册使者三次入藏，召请让琼多杰再次进京。让琼多杰八月启程，于次年三月初一抵达京城。欢迎盛况，更胜往昔。史载当时京城发生大地震，让琼多杰和顺帝一起同住于帷帐之中，得以安然无恙。

在京他对皇帝及大臣讲了许多教法，并在京城倡建噶玛巴的寺庙，在京住了三年。56 岁，即土兔年（1339 年，元顺帝至元五年）六月十四日圆寂于京城。其遗体用檀香和紫丁香木火化，造无量舍利塔，后迎到西藏楚普寺安放。

他有弟子多人，最著名的有扎巴僧格、克珠·荣敦巴、达那国师贡杰、采巴司徒、雅德班钦、贡钦·妥布哇等。

其著作有《佛百行传》《甚深义本释》2 函及抄本 1 卷，还著有《空性赞注疏》《药名之海》《历算集论》等著作。

噶玛巴·若白多杰

——噶玛噶举派黑帽系第四世活佛

噶玛巴·若白多杰，意为“游戏金刚”，于藏历第六饶迥之金龙年（1340 年，元顺帝至元六年）三月初八出生在工布和多康之间的俄阿纳绒吉扎热的南宗城（今西藏自治区昌都边坝县境内），父名索南端智，母名卓萨宗哲坚。3 岁时对母亲说我自己是噶玛·拔希。5 岁学会了藏文拼写及语法。6 岁时在扎吉拉康（佛殿）中一眼认出前辈的僧帽。从 9 岁始多卫康的一些大人物不断给他供献物品，他登上沃塘后面前世法王的宝座学习讲经。年稍长，他从多丹贡嘉瓦学习“那若六法”“六支瑜伽”等许多生起次第和圆满次第的教授，并听授了一些灌顶法类。他在纳普妙室中闻习了《空行海续释》等旧密法，拜喇嘛咱雄巴·喜饶贝为师，学习了《甘珠尔》大藏经和许多经教诵授，在轨范师洛哲僧格处听受了“慈氏诸论”，从杂日敦温闻习了“古汝古里修法”。之后他来到楚普寺，继任了该寺住持，从堪钦端智华和轨范师索南本二师受戒出家，取名华达玛甘地，在二师处学习了“毗奈耶法类”和“红文殊法类”。后他来到德钦寺，从雍敦巴上师聆听了《金刚鬘》《空行海》《总义心要》《幻变》等灌顶及一些密法。火鸡年（1357 年）18 岁时，他请求过去的堪布和轨范师，由循努作屏教师而受比丘戒，起法名若白多杰。受戒后他禁绝饮酒食肉，其随从比丘弟子，也以他为榜样，以比丘戒律严格要求自身。后来元顺帝妥欢帖睦尔听得他在噶玛噶举派中的盛誉时，特派定呼温本和官却坚赞等蒙藏金册使者多人，携带元帝诏书和大量礼物前来迎请。他想到利益众生的广大事业，遂于土狗年（1358 年）五月二十日，从楚普寺起身赴京。一路经过许多地方，作了一些有益众生之事。他体察到康区将有时局变迁，就转道察昌纳波地方而来到木雅饶岗[①]，调解了那里官吏内部发生的乱事。后又来到多麦（甘青一带）。土猪年（1359 年）经过安多宗喀地方的夏宗寺时，刚满 3 岁的宗喀巴·罗桑札巴被领来见他，他预言说“这孩子将会成为世界第二佛陀”，并设供给宗喀巴授了近事戒[②]，取名耿嘎宁波。他金鼠年（1360 年）抵达帝都，与元帝和宫眷等相见谈论之后，皇室十分崇信他。他给元帝和太子传授了“瑜伽母灌顶法”和“方便道”“六法”等；对皇太子讲授了《佛百种本生事记》《一乘宝性论释》《经庄严论释》《时轮本续释》及其支分的梵本等，又传授了《佛海灌顶》，元帝照例赏赐了印信。他还给在京师的汉、藏、木雅、高丽等族的许多上层人物和酋长说法。

后来若白多杰要求返藏，元帝悲泪挽留，经他再三请求，方才获得西行的诏书，并派人护送。木蛇年（1365 年）启程西上，行至木雅塔巴哇转道来到北方，在那里和皇子惹达纳及其妃布纳雅达日相见后，向他们说法，将他们安置于大乘道[③]中。此后在甘州修建了薛贡摩伽惹大寺，王妃布纳雅达日为皇子惹达纳祝福，欲塑造一尊佛像，法王以 1090 两金银相助，并画图像，动用 700 人用 13 个月的时间，断取山面的白石，塑造了一尊释迦牟尼大像。路经康青一些寺院时，他供献银灯和长明灯，在德钦寺供三颗银翘宝制造成的银灯一盏。返藏后，他在拉萨大昭寺释迦牟尼佛像前，供献用 11 颗大银翘宝制造的大银灯一盏；在楚普寺造“用 5 颗金翘宝锤出的金箔饰大佛像金身”，并供以 31 颗银翘宝制造的五盏大银灯；在格敦岗巴前供用 3 颗银翘宝制造的银灯一盏。此后他又来到康区一些地方讲经说法。在去贡波的途中，他和直贡的金厄瓦相见，讲授了《那若六法》《释迦本生事记》等，使闻法者满意。

他于藏历第六饶迥之水猪年（1383 年，明洪武十六年）七月十五日黎明时分在工布叙喀示寂，寿 44 岁。在那里火化后将骨灰运回楚普寺，造灵塔安奉。著有《证道道歌史》。

注：

①木雅饶岗：雅砻江中游东部地带的古名，是下区朵甘思六岗之一。地在今四川省甘孜藏族自治州乾宁以东康定等县境。

②近事戒：佛教信徒在未到出家年龄前，先受五戒（戒杀、戒盗、戒淫、戒妄语、戒酒）即为近事戒。受戒后称近事男或近事女。

③大乘道：即能往趋，或已到达乘菩提所有之乘慧。

噶玛巴·德银协巴

——噶玛噶举派黑帽系第五世活佛

噶玛巴·德银协巴，意为“如来”，本名曲华桑布，明代藏传佛教著名高僧，《明史》称哈立麻。藏历第六饶迥之木鼠年（1384 年,明洪武十七年）生于工布娘达木地方。父系修密士，名叫古汝仁钦，母名拉茂吉。诞生两个月，堪钦阁伦巴前来和他见面时，婴儿显示出许多欢悦的姿态。

3 岁时，他跟上师说他曾去内地给皇太后皇子灌过顶，供献礼品之事。4 岁时，他拜见法王喀觉巴（即喀觉旺波），从法王闻习“金刚鬘灌顶”“六法”“大手印”“六支瑜伽”等教法。多丹喀觉巴将前世噶玛巴的黑僧帽献给他,他戴在头上不大不小正合适，大家为此而感到稀奇。7 岁时他从工布孜拉岗寺的堪钦索南桑波和轨范师堪钦云洛瓦出家为僧，赐名为曲华桑布（意为法吉祥贤）。12 岁他到楚普寺，登上了该寺法座，成为第五世噶玛巴活佛。他 18 岁前往昌都类乌齐一带传教，得到贡觉大长官沃赛南喀的盛大供养。当贡觉地区发生青巴军马带来的灾难时，相传他去请求颁发了消除这次乱事的上谕文书，制止了这场兵燹之祸。20 岁时，他从孜拉岗寺堪钦索南桑波和堪钦云洛瓦二师受比丘戒，取法名德银协巴。之后他一面勤修广学经典教法，一面给他人说法，遂成了一位乐意供施、亲示教导、严守戒规的僧人。他又从上师噶玉巴仁钦贝等学习了噶举巴等教派的许多经典和教法。不久，明成祖派宦官侯显和和尚智光，专程赴藏召请德银协巴。他得知这个消息后来到前藏拉萨和楚普，接受了金册使者的启请和皇帝诏书，随同使者启程，经过长途跋涉，于火狗年（1406 年）抵达南京，在华盖殿受到明成祖的宴请，并赠送了纯金制作的千辐轮，皇帝亲自起身给他敬茶，以示敬重。火猪年（1407 年），他奉成祖之命建普度大斋于南京灵谷寺，为成祖父母（朱元璋夫妇）荐福，深得皇帝和侍眷等的敬信。三月三日的吉祥之日，皇帝给德银协巴赐予了用一百两黄金做成的金匾，上面用汉字刻着“如来”的名号，全称为“万行具足十方最胜圆觉妙智慧善普应佑国演教如来大宝法王①西天大善自在佛领天下释教”，简称“大宝法王”，为明初西藏佛教的最高领袖，并赐水晶印和黄金制成的封诏，大银翘宝 700 颗。为此，成祖还三次大赦囚犯。成祖十分敬重德银协巴的博学多才和高尚的人格，他甚至认为全藏都应该信奉噶玛噶举派。德银协巴却坚决建议藏传佛教所有的教派都一样重要，各自有其独到之处，不应该偏重哪一派，应该同等对待，同等和睦地存在下去，于是皇帝也支持德银协巴的意愿。他于土鼠年（1408 年）返回西藏。

他回到前藏后，对诸位大善知识、大修士、学习闻思诸无边的修密士会众、大小官员，甚至连普通的人们都有所馈赠，并讲授教法，互相会晤，摩顶赐福。给大昭寺释迦牟尼佛像敬献了镶有珍珠宝石的祖衣。同时组织学者缮写了金银汁的楚普《甘珠尔》大藏经。同时，他还孜孜不倦地学习，先后从索南桑波等多位上师，聆听了无量甚深的显密教授和四灌顶②等广大教授。他还培育了许多殊胜弟子。之后突然发病，这时他吩咐侍寝官所有书籍和佛像等不可失散，于第七饶迥之木羊年（1415 年，明永乐十三年）寿终，年仅 32 岁。

他的弟子主要有七大国师：国师桑杰仁钦、国师仁清白、国师罗哲坚赞、国师东智沃色、国师却吉坚赞、国师释迦桑布和却华益西活佛。

注：

①法王：是指德银协巴于火猪年（1407 年）得成祖帝赐予的“大宝法王”封号，以后德银协巴的上师和从德银协巴以后转世的历世黑帽系活佛，均可被尊为这一专有的“法王”封号，按期向朝廷朝贡。噶玛噶举的其他著名高僧，也有被尊称为“法王”的。元朝忽必烈曾封八思巴为大宝法王；明清对萨迦、噶举、格鲁等教派的大喇嘛赐封大乘、大宝、大慈三大法王，其中以大宝法王地位最高，在藏族人民心目中认为最尊贵。此即噶举派后世的一些著名大喇嘛，虽未受封名号，也仍被尊为“法王”的原因。

②四灌顶：即瓶、密、慧、句四种灌顶。灌顶系授权的意思，上师传法弟子准其修习，是密宗的一种仪式。

贤林班钦·索朗南杰

——贤巴林寺著名班智达

贤林班钦·索朗南杰之父仲钦·次臣喜饶坚参，最初在丹萨替寺第七世金厄巴·扎巴喜饶处作侍寝僧，后在乃东被第司·扎巴坚赞任命为叶如大执事和亚嘉长官，与当地官员的一美貌女儿结为伉俪。婚后生下二子，长子名伦珠扎喜，从第十世金厄·贝丹桑波和第司·扎巴坚赞学习佛法和十明学科。少年时即充任第司膳师，继承了父亲的衣钵，20岁时任亚嘉长官，任内修葺扎塘寺，集资兴建了贤巴林寺。次子即贤林班钦·索朗南杰，于藏历第七饶迥之金龙年（1400年，明建文二年）正月初五早晨出生在今西藏自治区南部雅鲁藏布江岸边扎囊县德勒林村。出生后由堪钦·索朗贝仁巴为他念经拜忏以消灾祈福。他少年丧父，由叔父和管家等抚养，并教习文字拼读。12岁，噶玛巴·德银协巴莅临扎达之央卡卓沃村，他前去拜见，在其尊前聆听了修诵观音六字真言等一些佛法，这是他第一次闻法。后因叔父和管家一再劝其出家，14岁从金厄·索朗南杰在丹萨替寺受戒出家，并向以十一世金厄活佛为首的僧众献斋茶布施。他从金厄·索朗桑布聆习“那若六法”，又从堪布聆听“四臂怙主”与“宝帐怙主”等之随许法。后到山南泽当寺，师事洛哲培瓦学习《释量论》和《现观庄严论》等经论。他不持门户之见，广参各教派名师，遍学显密诸论及共同学科。他16岁赴格鲁派祖庭噶丹寺，向宗喀巴大师求学《菩提道次第论》和《中观根本智论》等，从持律师扎巴坚赞闻习律经，从木雅证士仁钦坚赞聆习息结派诸法，同时研习藏族的工巧明学科。他在泽当寺登上法座宣讲《入中论》《释量论》《戒律论》《俱舍论》《现观庄严论》等大论时才21岁，年纪轻轻就获得了学者的称号。之后他从萨迦派名僧绒敦·释迦坚赞详闻除《经庄严论》之外的四论，又从果摩桑布白瓦聆习“勇猛宝帐怙主之灌顶”与“那若六法”。27岁，他前往吉雪和桑普寺游学辩经，宣讲《慈氏五论》《对法七论》《中观论》等17部经典。桑普寺是藏区著名的辩经学府，桑普寺住持请他坐于最高法座上，自此，他的盛名传遍卫藏。不久，在他的请求下，由宗喀巴大师的高足弟子嘉察·达玛仁钦任亲教师，仁清坚参任屏教师，在30余名僧众中，于桑欧喀寺受比丘戒。受戒后赴噶丹寺献斋茶发放布施，赠献财物。土猴年（1428年）秋，他又去拜见嘉察杰，从其聆习《释量》《慈氏论》《中观》《菩提道次第广论》等。翌年，他迎请珀东译师图杰贝，从此师研习声明、声律学、诗学等五明学科，经过四年时间的学习研究，通晓了五明论，在讲授因明学的同时，也讲授诗学、声明学等，并开始撰写这方面的著作。后他赴羊卓温泉，顺路至木德寺，向该寺大成就者孟朗塔耶巴求结授法之缘，备受礼遇，还赠有金佛像等。31 岁，他新塑建嘉钦林寺之尊胜塔，并组织人上人金汁抄写《大般若经》《贤劫经》等，加以校勘后编成目录。32 岁，他迎请夏鲁仁波切扎巴坚赞师徒到贡噶柔阿寺，求闻诸密法方面之灌顶传承、仪轨实修、举腔音调和法乐演奏法等，又从轨范师东珠贡噶学习时轮与历算。大班智达纳吉仁钦抵达贡噶时,他求学鲁伊巴传规之胜乐灌顶。火蛇年（1437 年）,他在贤巴林寺为僧众讲授《戒律》《般若》《中观》等显宗经论，是年担任贤巴林寺住持，主管全寺教务，后被第司·扎巴琼乃迎至第司府中，为第司及眷属讲授许多甚深教法。41 岁时，他在羊卓浪卡子谒见蜚声雪域的大学者珀东・雪勒南杰，相处半月之久，从珀东班钦闻深广教法，并释去许多经论中的疑难，如同拭去明镜上的尘埃。后到多雄地方居住时间较长，这期间撰写了一部曼荼罗修法仪轨方面的著述。火兔年（1447 年）四月，其家族中的大管家去世，他料理后事，举行追荐法事。54 岁，他迎请《青史》的作者——著名译师、史学家桂·循努白到贤巴林寺，学习翻译，聆听“金刚亥母之加持”等密法。次年，他到孜东，从大班智达纳吉仁钦聆习过去未曾学过的许多妙法，并迎请到贤巴林寺，下榻 3 日后，由他陪同前往伦珠拉孜,不到一个月的时间内,在班智达的指导下,将龙树传规之《发菩提心》等几卷佛教经典译为藏文。61 岁时，贡噶土官阿旺杰波从他出家，皈依佛门，赐法名贡噶南加杰波。贤巴林应请在土官府邸驻锡 10 多天，为贡噶土官等人讲经说法，本钦献上绸缎、茶叶等许多礼物。当时，在仁钦桑波大管家的主持下，对贤巴林寺维修扩建，桑丹林寝宫工程基本完工后，夏季大多下榻于此。62 岁，贡噶南杰迎请他到贡噶庄园，为庄主等宣讲戒律，贡噶南杰献给他银制供器、宝伞华盖等陈设物品。65 岁时他任丹萨替寺住持，负责全寺讲、辩、修等工作，受到寺僧的赞誉。斯时，印度大班智达洛葛达热来藏传法，近 3 个月中，他向该师请教壁画和坛城的绘制方法，并共同译校《胜乐本续》，并独著了《超度往生祈求冥福仪轨》等。70 岁时，他又与来藏传法的印度班智达阿兰噶若一起译校《顶髻白伞盖佛母大回遮法》等。从 73 岁始，他在贤巴林寺建造大佛塔的同时，还塑造了高大的弥勒佛金身，两年后佛塔和佛像皆圆满竣工，所建大塔与江孜白居寺塔型相似，取名塔卓乔典，意即闻法解脱塔，并举行了隆重的开光仪式。

贤林班钦一生学通显密诸论及大小五明论，学识渊博，兼通翻译，故有“贤林班钦”之美名。他讲经、辩经、著述，灌顶传承教导，始终不懈。刻印抄写佛典、绘制壁画、塑造佛像甚多。尤其所建造的闻法解脱大塔与高大的弥勒佛金身更是闻名于世。他所收弟子众多，竭力弘传佛教事业，为佛教和信民做出了许多有益的善事。

贤林班钦的著作除上述译著、著述外，尚有《正字学·语饰》《密乘戒律释论金刚乘修行者之密藏集学论·无垢光明庄严王》《密咒金刚乘戒律摄集根本经》等著作传世。

贤林班钦·索朗南杰于藏历第八饶迥之木羊年（1475 年，明成化十一年）六月初八圆寂，享年 75 岁。

噶玛·道丹札巴僧格
——噶玛噶举派红帽系第一世活佛

道丹·札巴僧格，意为“成就名狮”，为黑帽系第三世活佛让琼多杰之得意弟子，因元帝曾赠给一顶红帽，其传承遂称为噶玛噶举红帽系。他于藏历第五饶迥之水羊年（1283 年，元世祖至元二十年）诞生在邦波地方。其族姓为章谷，父名达琼，母名阿果萨。出世不久，父母带着他来到喇嘛敦相瓦处求得灌顶。据说 4 岁时亲见白度母和绿度母及本尊神。

札巴僧格 13 岁时，拜至尊柯瓦的弟子洛哲札巴为师受近事戒，取法名札巴僧格。依此师学习了两年以“那若六法”为主的经法，后来洛哲札巴把他送到喀通协巴的住处，闭关勤奋念修，从而发现许多证象。17 岁时，他在邦寺中从上师益喜僧格出家为僧，闻习《俱生》和《觉莫舍生法初生要义》，又求得《方便道导释》，经修习生起了特殊的温火，穿着单衣足以御寒，因此，都称他为“章谷热巴”，意为“章谷单衣师”。23 岁时他到桑普寺学习《般若》和《因明论》《戒律论》等显宗经典长达 4 年，基本掌握了大部分显宗经论。火猴年（1308 年），他 26 岁时来到楚普寺，拜谒让琼多杰。当时法王让琼多杰正好在贡波寺，于是他在楚普寺拜轨范师楚仁为师，闻习了密集灌顶和密集续教法；又从轨范师索南僧格求得“五大灌顶法”，并得赐德松钦巴大师用过的手铃；又依邬玛巴求得胜乐和喜金刚的灌顶及瑜伽灌顶之法，还学习了其他等法要。后来他赴桑普寺从喇曲巴・绛央释迦循努上师和洛哲聪麦上师，学习法相论藏《瑜伽师地论五分》《慈氏五论》《量决定论》《摄论》《入行论》等许多教授，在这里他苦修了 4 年。由于他悉心钻研，获得广博的佛学知识，熟习了噶举派的教法，尤其通晓《波罗蜜多经》，以后遍游后藏辩场期间，曾获得熟悉精通《波罗蜜多经》法语的美名。这期间他向堪钦宣努相曲和轨范师札西仁清求受了比丘戒。札巴僧格 30 岁那年，法王让琼多杰在前藏兴修了德钦当寺，由于该寺中未修僧舍，因此札巴僧格向上师让琼多杰求得《六法导释》后，夏季来到僧格隆静修，生起了极佳悟境，冬季才回到德钦当寺静修，获得生起幻身和梦中契合的修力。之后他前去后藏，在半途的觉摩隆和绛生嘉耶相见，一见面即生起敬信，向大师求得《时轮灌顶》和《六支瑜伽摄要》，精修后获得圆满诸证象。在那里为绛生嘉耶服役一年，师尊将《六支瑜伽导释》和许多梵本经教诵授毫无保留地传授给他。后来他又去西日和米拉大堡，在途中和译师罗哲丹巴相遇，在译师处求得《胜义念修法》和《成就法海》的经教诵授。又在一名叫萨迦贡阁炽江的女尼跟前，听受“风息脉络教授”。继后他返回德钦当寺，在法王让琼多杰那里住了 5 年，闻习了“心滴教授”及一些教法，随上师一心专修。在那里修密法的大修士有八百名，他成了其中最殊胜的一位弟子。水鸡年（1333 年），札巴僧格创建了乃囊寺（在楚普寺以东）。寺建成后，他拒绝会见任何人，在寺里专修一年。从此，乃囊寺成了红帽系的主寺。关于乃囊寺的由来还有一段传说：当年道丹・札巴僧格骑着一匹骡子找地方过夜，来到今天乃囊寺下方的一块草坪上休息，他看见此处金刚亥母的身影和刹土神夫妇，于是具有神通法的札巴僧格将此处的所有鬼怪精灵变成动物，收摄于寺旁的两棵柏树中，对此地进行了加持。之后将寺址就选在金刚亥母的草坪上。之所以称乃囊寺，乃是游历此寺，就等于巡礼了杂日神山。后来噶玛噶举派收管了此寺。夏天红帽系喇嘛驻于央金寺，冬季就驻于乃囊寺。第八世噶玛巴将此寺赠予了华峨・祖拉昌瓦，自此，该寺又由华峨・祖拉昌瓦管理。在这前后法王让琼多杰正在北京觐见元顺帝，他专门派来致书使者，给札巴僧格带来了命册及帝室赏赐的一顶红僧帽，命札巴僧格到德钦当寺去任住持。他便来到德钦当寺，在寺内修建了上妙寝室，住了一夏，却身患小病，心想乃囊寺水土合适，遂又回到乃囊寺，病痊愈。土兔年（1339 年），他又来到德钦当寺闭关专修时，真实预知法王在京都大乐宫中圆寂。此后他又回到乃囊寺，住持了近十个年头，这期间护理寺院，讲经说法，培养弟子，为该派打下了基础。于藏历第六饶迥之土牛年（1349年，元至正九年）三月十四日患病，对身边诸弟子做了详细的遗嘱后，十九日正午圆寂，终年67岁。乃囊寺供奉了道丹·札巴僧格和华峨·祖拉昌瓦的肉身灵塔。他的著名弟子有：朵丹贡杰、绛央却多、雅德班钦和达玛坚赞等。

噶玛·喀觉旺波

——噶玛噶举派红帽系第二世活佛

噶玛·喀觉旺波，意为“空行王”，是黑帽系第五世活佛德银协巴的上师，于藏历第六饶迥之金虎年（1350年，元至正十年）诞生在北方乾闼婆王五髻所依圣山附近南央协玛隆的喀那邬瓦地方。父拉嘉，母卓茂。3岁时，相传他能给许多人传授“观世音诵修法”，能知他人心性，如实说出一些通达他人心境的话。6岁时自己说是札巴僧格的转世活佛。喇嘛克珠达嘉瓦见他聪明过人，认定为札巴僧格的转世，便将他迎请到乃囊寺中，僧众均表示尊敬。7岁时，在措麦地方和黑帽系第四世活佛若白多杰相见后，给他传了优婆塞戒和发菩提心戒，并听受了“六法”和“大手印”等的导释。后在德钦当寺由仁波且端智华瓦作亲教师，法王若白多杰作轨范师，给他授出家戒，赐名益西贝。他从堪钦仁波切闻习了一些偈文等略法，从雍敦巴求得“白度母长寿法”，又从日绰巴（居山修士）处聆听了《俱胝怛特罗》及显教经文的诵授和一些“随许灌顶法”。他特别认真学习了噶举派甚深而广大的教授，又从雅桑巴·索南沃闻习了许多导修讲释后，遂闭关精修。

18岁时，由仁波切端智华瓦作亲教师，绛央却吉多杰作轨范师，循努贝瓦作屏教师，于僧众面前受比丘戒。之后他从师德哇坚巴·阿阇黎绛仁学习《慈氏五论》《量决定论》《律根本》等，从堪钦衮嘎沃色学习了“金刚鬘灌顶法”。在至尊日绰巴逝世后，他对举止愚昧粗野的僧人心生厌烦，遂将乃囊寺托付给喇嘛索南本管理，独自一人到乃囊的后山住在茅棚里修习。继后他从堪钦沃色嘉措等上师闻习了《心滴法类》《续释》《上下伏藏》等经教诵授，并昼夜心无旁骛地阅读《密续经论》，又在法王若白多杰跟前学到了“那若六法”，并聆听了《中观思择焰论》。此时他已是一位饱学多识的高僧了。随之他在贡波的达玛普和阁昌聚集了300多名僧人，举行佛事法会，按照各自希求而为之说法。修夏安居①和冬季各闭关3个月后，他常为众人传授修学导释。土马年（1378年），由诸施主提供资财，修建了达孜南嘉岭寺，收门徒200多人。火虎年（1386年），又兴建了噶旦玛摩寺，收徒300多人，他传授显密经论和噶举派教法，出了许多瑜伽证士。在达孜南嘉岭寺时，法王德银协巴前来谒见，他为法王传授了许多经教诵授以满其愿，遂成为德银协巴的师尊。后来，为调息公隆三惹的乱事，用了3年多的时间，对愚顽难伏之众，采用各种方法调伏，使乱事平息。他根据博大精深诸教授著有许多《导释鬘论》和《悟道歌》，另有从多杰羌到他本人的《广传》，给后人留下了宝贵的文化遗产。

其著名弟子有：法王德银协巴、四论师理智利剑（又名仁钦桑波）、咱贡更邦·却吉益西、盖尼多丹·却华益西、素公四论师仁青贝、日木班巴·索南仁青、拉思仁钦坚赞、赤秀·索南本、曲参喀巴·喜饶华等。

当喀觉旺波的事业将近最后圆满之时，法王德银协巴从贡寺又前来拜见，此后不久，于藏历第七饶迴之木鸡年（1405年，明永乐三年）七月二十九日与世长辞，享寿56岁。

注：

①修夏安居：藏传佛教修习密宗的僧人，习惯在冬寒夏暑两季闭关静修，特别是噶举派第二代大师米拉日巴尊者，以苦修著称，对后世影响极大。夏季雨季3个月静修，安居一地，足不出户，是佛教律制，名“修夏安居”。

噶玛·却华益西

——噶玛噶举派红帽系第三世活佛

却华益西，意为“法吉祥智”，藏历第七饶迴之火狗年（1406年，明永乐四年）诞生于西藏娘布地方，此地别名克隆札多。父亲桑智，母亲白萨，给孩子取乳名彭措，意为“具足吉祥圆满”。

幼年时因长相英俊，惹人喜爱，他的父亲带他到哲区居住时，有一部分喀觉旺波的门徒前来见他，见到他的长相和举止后，大家都确信他是二世红帽系活佛喀觉旺波的转世灵童。周岁时，比丘僧官扎巴和喇嘛却桑巴用皮筏将他渡过娘曲（河），迎请到达孜南嘉岭寺供养。最初他拜喇嘛却桑巴为师学习《金刚亥母》《佛海》《黑棒护法》等灌顶法，以及噶玛·若白多杰和喀觉旺波诸师的《语教全集》《那若六法》《大手印》《风心无二》《大圆满》《五次第》等导释及《密续论集》；从比丘僧官扎巴听受了《密续十七心滴》等。8岁时在工布与前藏交界处的邦多地方，他和黑帽系法王德银协巴相会，法王给他传授居士戒，取法名却华益西。后来在达孜由法王作亲教师，罗哲坚赞贝桑布作轨范师，受戒出家。他在法王跟前闻习了无量的灌顶，以及“那若六法”“大手印法”“风心无二”“大圆满”、《五次第论》《经教诵授》等教授和导释。这时大明皇帝赐给他金刚持佛像和铃杵、檀板等法器。13岁时他来到涅波，对贡波巴的诸寺庙作了宏大增益，在杂日扎普（杂日神山修行洞）那里修持“无量寿佛长寿法类”。水兔年（1423年），他从达孜南嘉岭寺同黑帽系第六世活佛通瓦敦丹一起来到沃喀扎西塘和乘轿而来的泽敏仁波切索南桑波相见，在这里受了比丘戒，其后在嘉措岗寺从四论师日比热智学习《让琼多杰全集》《慈氏五论》《中观论》《回诤论》《六十如理论》《七十空行论》等论著。他在所到之处广泛宣讲、教授，颇得通瓦敦丹法王的青睐，后来便做了法王的侍从。

水牛年（1433年），他从娘布开始游学波密尼沃、工布、杂日、达波、乃东、洛绒、周松、绛乃、玛察同、峨阿日塘等地，这些地方大部分在山南。其中波密在西藏东南地区，为今之波密县。他在杂日附近建成了杂日普寺。此后他去贡德和蒙古地区之间传法；在纳雪地方，受到喀觉旺波的弟子嘎波仁桑的迎请，来到枳冬和布达地区大转法轮，之后转北道来到楚普，在楚普寺作了广大的施供，最后来到乃囊寺现身说法。以后他又在喇嘛岗巴旺秀坚赞处闻习“哩姑法类”“采巴法类”和“多哈”等教法；在贡波的嘎丹玛摩从楚敦·却吉仁钦上师学习《空行海灌顶》《甚深内义》《喜金刚第二品》《威仪》等讲释要法，成为智者之顶饰。他曾骑着一头大犏牛，两次来到喇嘛益西旺波的小门洞前，偷偷地听他宣讲《法王言论集》和《集学论》。后来他筹备修建嘎丹玛摩寺，由于找不到现成的石料，他便亲自开采大石矿，之后又从上下各方迎请来耆老，共同商议后，修建了嘎丹玛摩寺佛殿。那时达隆法王绛曲嘉措前来和他相见，互相传授和听受教法。

却华益西于藏历第八胜生之水猴年（1452年，明景泰三年）七月逝世，年仅47岁。他的著名弟子有：达隆法王耿邦绛曲嘉措、国师班觉东珠、桂译师·循努贝、法王南喀洛哲等。

噶玛·却扎益西巴桑

——噶玛噶举派红帽系第四世活佛

却扎益西巴桑，意为“法慧”，于藏历第八饶迥之水鸡年（1453年，明景泰四年）三月初三诞生在多麦（康区一带）哲雪康玛地方。父名敦贡巴嘉，母名扎萨索南卓玛。

幼年时，被迎至康玛寺，寺院上空出现彩虹，据说他换牙时，在新牙上出现青色舍利。他在僧会中端坐而毫无倦意，此时他已能分辨噶玛派文集和阿赤经教。10岁时启程赴康青地区，当来到离他的诞生地不远的地方时，轨范师固实巴遵法王却扎嘉措之命前来迎接，和轨范师相见皆十分喜悦，就在此师跟前闻习一些经教。水马年（1462年）十二月十五日，他和噶玛噶举黑帽系第七世活佛初次相会时献上发新[1]，赐法名为札巴益西（法慧），赐给红冠一顶和印信一枚。不久由固实仁波切（即固实巴）作亲教师，耿钦绛华桑波作领诵师，给他授沙弥戒出家。而后取道来到安多的宗喀，并北上去蒙古地区云游，向这些地区的信徒信民讲经传法，主要宣讲噶举派教义教法，引导他们走向成熟之道。返回西藏后，先后在康区和西藏的贡波、纳敦、雅加、雅多、嘎丹玛摩、直谷、雅桑、直贡、曲许凌波孜、巴戎、朗勒、吉多玛（上、下吉区）、桑普、楚普、乃囊、达隆等地学经、讲经、传法，或闭关精修。在此期间，他依轨范师绛华桑波闻习噶举诸活佛的文集和《近修法》《那若六法金刚鬘》《胜乐》《空行海》等启蒙经教，听受较难懂的《曼荼罗心滴》时，经阿巴夏嘎热班智达的启迪，如梦方醒，心领神会。后来有闻名于西藏的桂译师·循努贝和南喀罗哲等几位大格西慕名前来和他相见，对他十分敬信，并传授给喜金刚、时轮、大威德等许多密法。他还从遍知者却扎嘉措学习丹巴嘉措所讲的佛法；在云桑孜瓦上师处聆听了《时轮幻密法》《胜乐金刚》《阎摩法类》《慈氏论》等经教；依大译师详尽地学习了《六支瑜伽》和《律经》。却扎益西广听博闻，精通许多经教法类，又著了修法、注疏、曼荼罗仪轨、问答类等论著，成为红帽系活佛中的善知识。

24岁即火猴年（1476年）春，由云桑孜瓦作亲教师，冉觉僧格作领诵师，杰南巴作屏教师而受比丘戒（在《郭扎佛教史》和《雪域名人辞典》中记为却扎益西巴桑24岁时由著名桂译师·循努贝等授了比丘戒）。之后他在乃囊寺塑了弥勒佛金身；在嘎丹玛摩寺塑了释迦牟尼金身，兴建了隆智寺经堂。在去哇云寺的途中，一月之间前来请求出家的有300多人，他给这些人赐法衣，并授予出家戒。此年十二月初六为法轮寺佛塔作了开光仪式，继后又为桂译师的灵塔举行了开光仪式，并为桂译师逝世撰写了赞词和传记——《奇屏之海》。土猴年（1488年）他兴建了有94根立柱的嘎玛摩寺大佛堂。后到玛尔巴曾经修习过的地方讲授《喜金刚第二品》和《三常念》。他在直谷作了给夏桑巴授比丘戒的亲教师，又给羊八井[②]的地方官仁邦巴·端月多杰讲授《六支瑜伽》导释。因博得端月多杰的赞赏，在他的大力支持下，于金狗年（1490年）修建了羊八井寺，并由仁邦巴·端月多杰拨给羊八井寺庄园和农奴，作为此寺的供养。从这时起红帽系的主寺就迁到了羊八井寺。水猪年（1503年）在拉萨建图旦西科林寺。

他于藏历第九饶迥之木猴年（1524年，明嘉靖三年）圆寂，享年72岁。著有《陈康译师索南嘉措传》《大颂》等。

注：

①发新：藏传佛教初出家者由堪布动手剃头发称发新。

②羊八井：地名，在西藏自治区当雄县西部。

噶玛·却吉旺秀

——噶玛噶举派红帽系第六世活佛

却吉旺秀，他是一位不持教派门户之见，事师各教派名僧，广学各派显密经论，最后成为通达显密诸论的大学者。

却吉旺秀是直贡雪隆地方人，其父名直贡却嘉平措，母名龙毛萨央古，于藏历第十饶迥之木猴年（1584 年，明万历十二年）出生。土鼠年（1588 年），他 5 岁时，被黑帽系第九世活佛旺秋多杰认定为第五世红帽系活佛的转世，并举行了隆重的坐床仪式，正式成为红帽系第六世活佛。他在孩提时就喜欢学习，不足 16 岁时，他已熟记 31 部经典著作的书目。他到后藏昂仁等几座寺院中，从师潜心闻习《释量论》《中观论》《般若论》《戒律论》《俱舍论》五部大论，并以五部大论为宗进行巡回辩论。水虎年（1602 年），19 岁时，他在噶玛·旺秋多杰尊前受比戒丘，后从噶玛·旺秋多杰、楚普寺的贾察仁波切等上师遍学显密诸论，并在卫藏的工布、达波、山南各地访师求学他自己渴望的知识学科。

26 岁时，云南丽江木土司木增（藏名索南冉丹）请求刻印一部《甘珠尔》大藏经。在这之前，仁邦巴端月多杰统治卫藏时期，在拉萨采贡塘寺中藏有一套完整的采巴《甘珠尔》手写本，献给当时噶玛噶举红帽系第四世活佛却扎益喜巴桑，后来却扎益喜巴桑将这套《甘珠尔》手抄本寄赠给丽江木土司府。因此土司派使者再三邀请噶玛却吉旺秀到云南丽江。却吉旺秀应坚请经康区、安多等地辗转去了云南丽江。土司早在丽江建立了印经院，并组织人力刨制刻版。却吉旺秀到这里时，刻印工作已开始，他即刻投入刻版的校对、审定等工作，同时还为大藏经撰写了藏文序言。他还利用休息时间，向土司木增及其眷属弘传佛法，并向丽江的纳西族信徒信民讲授噶举派教法。这项刻印《甘珠尔》大藏经的工作历时 12 年，至金鸡年（1621 年）方圆满竣工。史称这部《甘珠尔》为丽江版。水猪年（1623 年），木增又亲书汉文序言，所以丽江藏文大藏经藏汉两序并录。丽江版藏文大藏经的完成，对藏族文化的传播做出重大贡献。在却吉旺秀的主持下，由木增土司和其他臣民参加，为这部新刻印的大藏经作了开光仪式。该印版收藏于中甸境内小中甸木天王宫中。土虎年（1698 年），和硕特蒙古达尔杰博图兵临云南，在丽江见此经版后，将其移至理塘寺，故又成理塘版。金牛年（1721 年），甘南卓尼寺参校此经版及其他经版刻印了卓尼版《甘珠尔》大藏经。

却吉旺秀完成这项刻印校审工作后，辞别土司府，经康区南部返回楚普寺。他这次一行，将噶玛噶举派教法传播到纳西族的信徒信民中，纳西族中多有信奉噶玛噶举派的信徒。

土蛇年（1629 年），却吉旺秀 46 岁时，从前藏到后藏，经过阿里地区到尼泊尔朝圣，在这里他朝拜了尼泊尔的圣地、寺院、著名大佛塔、修行禅洞等，他还受到尼泊尔国王的敬信，要求他长驻尼泊尔讲经弘法。但他未答应这个请求。朝礼后返藏，到米拉日巴的修行地西曲地方，在这里住修了一段时间，因身体患病而于金马年（1630年，明崇祯三年）示现圆寂，年仅47岁。其弟子们将遗体迎至楚普寺，安奉于一银制天降灵塔中。

其著作，未曾见过其文集和书目，有一部广传，收入《噶玛噶举教法史》中。

华峨·祖拉昌瓦

——噶玛噶举派高僧

华峨·祖拉昌瓦，是乃囊寺华峨活佛的第二世，于藏历第八饶迥之木鼠年（1504年，明弘治十七年）生于拉萨聂塘（今西藏自治区拉萨市西郊曲水县）的涅氏家族，父亲喇嘛达，母亲兰尼卓玛。

据说他家乡的东面和南面是青山绿水，山上生长着各种奇花异草的草药，北面是雪山，有许多清凉药物，西面是森林，林内有多种植物药材。在这样一个优美的环境中和许多大德的培养下，他成为一代名医、史学家和佛学家。

5岁时，恰朗瓦大师认定其为法王华峨龙智之转世，在洛扎的卓峨寺坐床，拜多丹格敦嘉措为师闻习写诵。9岁时，他在噶玛巴红帽系第四代活佛却扎益西座前受居士戒和沙弥戒，取名弥潘·却吉嘉措。12岁时，他拜夏达波·班智达却嘉丹白坚赞为师，聆习新旧密乘诸经；在前藏从赫汝嘎·贡噶桑波闻习大手印导释；又于夏鲁译师·曲郡桑波处受比丘戒。他29岁时，在桑波贲巴岗晋谒黑帽系第八世活佛噶玛·弥觉多杰上师并求结法缘，被赐名华峨·祖拉昌瓦，自此从弥觉多杰上师闻习显教法甚多，精通显密诸论。

他于藏历第九饶迥之火虎年（1566年，明嘉靖四十五年）去世，享寿63岁。

其著作有《金刚亥母注释》《入菩萨行论注释》《历算学·宝藏》《医学四续注释》《医术笔记精要》《矿物药·明灯》《源流史·智者喜宴》等。《源流史·智者喜宴》一书，现又译为《贤者喜宴》，他42岁时开始写作，历经近20年的艰辛磨砺，克服重重困难，终于在他61岁时圆满告成。此书是一部藏文历史巨著，资料丰富，史料珍贵，对研究藏族政教史极有参考价值。因该书刻版于山南洛扎代哇宗乃朗寺，故又称为《洛扎教法史》。

司徒·却吉郡乃

——噶玛噶举派大学者

司徒·却吉郡乃，又名司徒祖拉·却吉昂瓦。藏历第十二饶迥之金龙年（1700年，清康熙三十九年）生于四川多康六岗中金沙、澜沧二江间之色莫岗地方（今四川省甘孜藏族自治州德格县境内）。父阿旺才让，母查格玛。

3岁时，由噶玛噶举派黑帽系第十二世噶玛巴·绛曲多杰等认定为第七世司徒活佛的转世，由红帽系八世活佛噶玛·却吉东珠为其取名为却吉郡乃程列贡钦益西。5岁时，跟父亲学习藏文，由于他聪明刻苦，仅7日就基本上掌握了藏文读诵方法；7岁时在华觉寺始学仪轨。后来，从克钦华智学习天文历算、语言文法、修辞学；从阿洛喇嘛衮钦学习内明学。水龙年（1712年）五月，他由德格去拉萨，在噶玛·却吉东珠跟前受沙弥戒，又取法名噶玛丹白祖拉·却吉昂瓦，从此跟随红黑两系大师学习噶举派教法，还从枳霍仁波切闻习宁玛派教法，并朝拜了拉萨附近的各寺院，两年后返回德格。22岁时，金牛年（1721年），他与母亲查格玛去西藏朝拜，并随噶玛红黑两派喇嘛前去尼泊尔、不丹、锡金等国朝礼，受到雅布王的盛情接待。在那里，他和印度、尼泊尔班智达扎哈纳、布德瓦底、噶拉那杂雅玛岗一起研究佛教四续，解开了他语言、韵律、修辞等方面的疑难，阅读了许多书籍。据说他与班智达帕拉赫杜马就《甘珠尔》大藏经中的小乘戒律等法进行辩论，结果帕拉赫杜马认输，称赞他应受湿婆行佛。返藏后，他从红帽系八世活佛受比丘戒，还从七世达赖喇嘛噶桑嘉措闻习了《菩提道论》，又应云南中甸土司邀请前往云南弘法。返回德格后，他于火羊年（1727年）时，在德格修建了八邦寺，全称“德格八邦·圣教法轮寺”，为四川康区噶举派讲修显密宗乘的主要经院之一。司徒活佛原来住在昌都类乌齐的丹萨替寺，从却吉郡乃建八邦寺起，司徒的转世系统就以八邦寺为其主寺了。

35岁时第三次去西藏，又应尼泊尔雅布王之邀去尼泊尔，拜见了婆罗门班智达和昂巴班钦，并与之讨论文学、修辞学、医学等，受到噶厦班智达杂雅玛岗的称赞。却吉郡乃后又于48岁和51岁时两次赴西藏讲经学法。

却吉郡乃一生中曾前后两次去尼泊尔，五次赴西藏，还到过四川大小金川、云南等地讲经传法。他不持地方和宗派偏见，广学佛法，布道善施，利益众生，深得僧俗敬仰。在学问上，他能虚心学习汉、藏、印、尼等地各学者的著述，并能提出自己的独到见解，人们称他为大司徒学者。他在内明学、声明、医学、历算、语言学、修辞学等方面的著作有80多种，汇集有14函，现存于八邦寺。著有《巴尼巴声明》《阳金韵经》《同义藻词·长生藏》《卓玛女神祈祷文》等。其著《司徒文法广释》一书，是他自37岁至45岁间，历时8年著成，为藏文文法书中之名著，有八邦寺木刻本传世。晚年还著了一部《教法集》。他于藏历第十三饶迥之木马年（1774年，清乾隆三十九年）二月二十四日，应乾隆皇帝的邀请，从德格起程去北京，路经察哇绒时病故于旅途，时为75岁。

直贡巴·仁钦贝

——直贡噶举派创始人

直贡巴·仁钦贝，生于藏历水猪年（1143年，南宋绍兴十三年），为康巴人，即今青海省玉树藏族自治州结古镇附近西航村人，属居热家族。他的家族世代信奉宁玛派，

但他是宋代藏传佛教噶举派高僧，直贡噶举[①]创始人。

父名俄羌多杰，母名热西萨宗玛。幼取名宗巴加。6岁开始学习藏文，同时在父亲跟前闻习大威德金刚灌顶法等密法，大都能通晓。8岁时，他从热振大修士和轨范师杰吾学习佛教教法次第，从洛巴·多杰宁波闻习密集修习法。据说9岁时已成为他人的教师，就能说法讲经。青年时期玉树地方发生天灾，他就到康区以给人念经的收入维持生活。因他口齿流利清晰，声音洪亮，唪诵佛经时优美动听，所以请他念经的人越来越多，以此所得布施，不但能养活母亲和兄弟姐妹，还可帮助邻里的病人、穷人，为他们解决实际困难。20岁时，他从轨范师益西学习至尊度母的灌顶法及秘诀。后来听到帕摩竹巴大师的盛名，油然生起无比的崇敬，准备了茶叶和马匹等礼物，前去帕摩竹寺找大师。见到大师后，献上茶叶和马匹，大师道："茶叶我收下，马是牲畜，我不收牲畜供。"而后仁钦贝将茶叶熬好，帕摩竹巴召集了约有80位大喇嘛参加的僧会，饮用其茶，帕摩竹巴面容顿现光彩，心情也颇好，遂向直贡巴说道："优婆塞（居士），我知道你对我抱有极大希求，应该知道我多劫[②]以来是为你们的利益而苦修的。"直贡巴听了此言，当即下拜而顶大礼，帕摩竹巴为他取名仁钦贝。

从此，人们普遍称直贡巴叫具信优婆塞。他闻习了帕摩竹巴的教授后，生起了照见一切法真实性的大智慧，帕摩竹巴又传授给他一种特殊的密法。两年零八个月后，帕摩竹巴去世了，直贡巴的名望逐渐升高，常有各地的人请他去主持法会。22岁闭关静修密乘法。25岁时，又由贡塘喇嘛香松妥巴作亲教师，枳隆巴作轨范师，叶巴杜僧作屏教师，给他授比丘戒。29岁时，他来到叶琼地方修持了3年，之后在郡卡隆寺叶巴杜僧那里聆习《律经根本》，由此修习戒律学成为精通者，上师的丹萨替寺还让他管理过3年。他于土猪年（1179年）37岁时，来到墨竹工卡的直贡地方，把该地一座原有小寺扩建成为一座大寺，这就是著名的直贡替寺，直贡巴之名亦由此寺名而来，他所传的教派也就被称为直贡噶举。此寺建在直贡山上，寺院建筑依山势而布局，该寺禅洞和小禅室遍布直贡山，可见此寺十分重视禅修。宗喀巴大师初到前藏时，首先来到直贡替寺，从法主金厄瓦修学噶举派教法，他曾先后三次到过此寺，并在此处修行过，他所修行的洞叫宗喀巴修行洞。因为直贡巴是玉树人，他所创立的直贡噶举派在玉树传播较早，玉树有以乜也寺为主的直贡噶举派寺20余座。直贡巴的教授比较深奥，他的通达真实的弟子很多，据说有五万五千多人，几乎遍及于邬坚和那烂陀以下、五台山以上之地及一切山林茅棚中。他还曾维修过帕竹丹萨替寺和桑耶寺，后在卫藏各地游学，并作加持。

直贡巴一贯严格遵守大宝戒律，荤酒丝毫不沾，受其影响他的一切弟子皆圆满具足戒律，在山林寂静处修行也都能做到不散乱放逸，他的美名遍于南赡部洲[3]。因此，佛教界敬称他为“三界怙主”。

德松钦巴大师曾来到直贡，对直贡巴的成就倍加赞赏，曾对他说：“你犹如大阿阇黎龙树。”直贡巴年届60岁时，来自生嘎岭（据说是今之锡兰）的一位阿罗汉，也认为直贡巴是圣龙树转世的。66岁，祈请金厄瓦·扎巴郡乃担任帕摩竹巴寺的法台。73岁，在直贡地方召集近十八万僧众的法会，由他主讲教法，并派以法王彭措为主的弟子到冈底斯山、古格、古雅岗、门隅、普兰等地弘法传教。在直贡替寺中心和四周，留有直贡巴的足印和修行洞。

直贡巴·仁钦贝于藏历第四饶迥之火牛年（1217年，南宋嘉定十年）圆寂，是年75岁。从二十六任法台赤列桑布开始，在直贡替寺创立了每逢猴年举行的颇瓦大法会，规模盛大。其著作有《山经》《会法》《十法》《三法》《大乘佛教心要》《四百法补遗》《朗钦若巴的故事》《修法无尽·海库》《除暗之日光》等50多种。其中《达氏广注》为《医学后续》的一部详注。

注：

①直贡噶举：藏传佛教噶举派帕竹噶举支派之八小支系之一。土猪年（1179年），直贡巴·仁钦贝在拉萨东北建直贡替寺，创立该派，故名。该派重戒律，认为以因果说和所谓真实相融合，可以达到“真空”与“大悲”的境地。元朝封其寺主为万户长。金虎年（1290年）遭萨迦派袭击，直贡替寺被毁，藏史称为“林洛”（意为寺院之变）。该派17世纪中叶后衰落。

②劫：梵音，“劫波”的略称。一般指古印度传说世界经历若干万年要毁灭一次，然后再重新开始，这样一个周期叫“劫”。

③南赡部洲：梵音译作“阎浮提”。佛教宇宙学说认为，环绕须弥山的有四大部洲，即东胜神洲、南赡部洲、北俱卢洲、西牛贺洲，文中直贡巴盛名传播之地从佛教宇宙学上来说属南赡部洲。

直贡嘉哇·仁钦彭措

——直贡噶举十六世活佛

直贡嘉哇·仁钦彭措，于藏历第九饶迥之土蛇年（1509年，明正德四年）出生于前藏上部直贡吉尼岗地方，系居热族系，父亲丹贝坚赞，母亲索南卓玛。8岁时，他在丹萨替寺从第四世红帽系活佛却扎益西巴桑为轨范师受戒，取法名仁钦彭措却吉嘉布，简称仁钦彭措，之后与第四世红帽活佛一起去了山南琼结地方，从该师闻习新密、时轮灌顶等密宗教法。他在亚温、琼结、乃东泽等地修持四年多，之后又经本周宗、亚温、扎西多卡、赛拉等地抵达多隆德钦和羊八井寺，在这里从达摩苟德聆习“时轮法”和“圆满次第”等法，又到泽东山丹岭寺住修。有位名叫嘎波更周巴的施主出资修缮昌珠寺，在举行开光仪式时，邀请仁钦彭措参加，信众一见他威严的形象，敬信得五体投地，据说蔚蓝的天空中喜神撒下花雨，为开光仪式增添了光彩。他在泽东山丹岭寺从师修学了许多经论，反复修诵后皆熟练通达，然后到羊八井寺、隆雪寺、卫多玉冬德卓等法苑进行实修。他住修在羊八井寺时，从这里发掘出伏藏目录，全系下部伏藏师古如·却吉旺秀的意之精华甘露。其中有螺色白纸、金色黄纸、靛蓝青纸、松儿石色碧绿纸、青黑色铁色纸等历世久藏的珍奇伏藏，师徒四人于半夜间将这些伏藏秘密地迎请到德卓寺经堂藏起来。有一次，正在德卓寺修行时，印度班智达巴札那他师徒17人到达该寺，给他传授了“呼隆杂布惹”的秘诀法。

13岁时，他和红帽系活佛一起到羊八井寺，师徒二人在羊八井寺住修了7年，这期间他以四世红帽师为经师，先后学习了密宗灌顶随许法、黑帽和红帽世系活佛的许多文集及一些教言，同时修学了新旧密续部生圆二次第曼荼罗仪轨等灌顶法和金刚上师的具体修法，以及梵文声明、时轮历算等，他皆融会贯通。16岁时，他在嘉哇贡嘎仁钦上师座前听受了“生命轮密乘灌顶和指导经义”“五俱大手印法”等教法。冬季法会上他专门修学“那若六法”的指导，当正式进入修持阶段时，脱去衣服而不感到身冷，这时他修持密乘法的功夫达到了较高的水平。20岁时，由却隆寺堪布扎西坚赞任堪布，索南华藏任轨范师，大成就师策佩桑布任屏教师而为他授了比丘大戒。受比丘戒后，他登上了直贡噶举派的最高法座上，成为十六世座主，同时兼任冈底斯、拉齐雪岭、杂日三座神山之金刚持法主。在冬夏季法会期间，他按各神山的常规进行世尊、胜乐、俱生五神曼荼罗的修供，常设正法共识经论而广泛宣讲，使直贡噶举闻思修之风出现了一个兴盛的景象。他传授本尊护法的念修，尤其听受从嘉敦温布仁增桑哇所传文殊能怖金刚法，念修的生命符号与经义完全相吻合。从大成就者朵哈布的亲传弟子古日班杂那他聆习风息修持法后，他感觉到自己的身体变成了神仙一般，出现了亲见所有亲友，并清楚地看到了六道众生活动的奇特现象。

26 岁时，将法座交给仁钦南杰，自己驻锡于宁玛卓隆寺。此时，几件佛教和众生之事经常萦绕在他心头，随后由他集资修建了图旦曲札大寺之属寺央日嘎尔的觉扎寺。之后他赴嘎尔哇、加雪、阿拉俄当肖等地，广转法轮，使僧俗畅饮佛法甘露，后又来到达贡寺，看见寺院多处出现险情，他以政教双运的名义，集资修复了寺院。仁钦彭措好学不厌，又先后从阿里仁增杜郡多杰（阿里班钦的弟弟）、江拉嘎杰德堆、喇嘛贡堆、北传伏藏师、加玛木居耿嘎亚玉、阿里班钦白玛旺嘉等上师修学了旧译密续等，特别是他对噶举派道统传规及音乐神舞方面进行了规整，得到了僧众的拥护，从此他成了政教双运的领袖人物。

他不仅勤奋修学显密经论，还注重修持，在实修中他整理了《静猛威神大灌顶》《空行精要》《那若六法》《杂哈布风息》等密修教程资料，作为后世修行时的参考实用教程，他还编著了《四臂依怙朵马和四遮法》等实用密典。

为了藏区民众的安居乐业，防止洪水泛滥，他为拉萨河堤作了开光仪式。他对大、小昭寺的释迦牟尼佛像作盛大供养，祈愿佛祖长久驻世，对桑耶寺等一些镇肢寺庙也作了供养。因当时入侵西藏的准噶尔蒙古的邀请，先后几次去了当雄（今拉萨市北）、科察，为直贡噶举和准噶尔的檀越关系及准噶尔退兵之事进行和谈，并进行了回遮仪式。当时一段时间内，帕竹噶举派政教之间发生内讧，引起动乱，仁钦彭措想方设法，将他们双方邀请到乃东地方进行调解。

与此同时，他为任法台的仁钦南杰、班钦白吉嘉措和一些堪布、轨范师及僧众多次讲传噶举派。另外，他还创建了扎西却宗代卓、扎西冈拉、桑耶萨布、昌波乌坚却宗、相岭西面央日禅房等几处静修山寺。

直贡嘉哇·仁钦彭措在作了广大利益于佛教和众生事业之后，于第九饶迥之火蛇年（1557 年，明嘉靖三十六年）圆寂，卒年 49 岁。

仁钦南嘉·却吉扎巴坚赞

——直贡噶举第十七任法台

仁钦南嘉·却吉扎巴坚赞于藏历第九饶迥之土兔年（1519 年，明正德十四年）出生于西藏玉拉珀多颇章南木色吉朗地方，父亲为强巴却吉坚赞勒丹仁钦，母亲为索南卓玛，幼时被认定为江仁波切的转世灵童。他首先从父亲学习藏文基础知识，无难而通。10 岁时他在堪布扎巴坚赞巴桑布尊前出家为僧，并受沙弥戒，取法名仁钦南嘉·却吉扎巴坚赞，在戒师处聆听了许多灌顶教法。之后他从叔父嘉瓦仁钦平措修学直贡噶举派的全部教法，随后依次依噶玛巴第八世弥觉多杰、红帽系第五世贡却延拉代东秀波朗巴、堪钦耿嘎扎西等为经师，学习显宗及新旧密法，经研习后对显密经论有了相当的基础。木马年（1534 年），年仅 16 岁的却吉扎巴坚赞登上了直贡噶举派的法座，成为第十七任法台。他依律仪执行朗仁波切的教法，为广大僧俗宣讲“十善法”，业绩显著。18 岁时受了比丘圆满戒，是年他邀噶玛·弥觉多杰从工布地方来到直贡替寺，在此师处聆习了一些甚深教法。其中特地听受修学了“那若六法”和热琼巴大师的十六种修持法，同时按该派传统习俗，坚持夏季法会和冬季法会照常举行。他又先后对加托喀的赛康、世界庄严果芒（多门塔）等的身语意依止圣物进行了修缮；对山下湖边的颇章也进行了修葺，对朗的禅修室修持者实行三年一换；对冈仁波齐、拉齐雪岭（米拉日巴修行山）、杂日神山等圣地，选派僧人分别去住持法苑；对每月初六日的定时祭供、藏历四月十六和六月十五的供祭朵马（食子）法会依传规按期举行，从不延误。在一段时间里，雅砻巴、桑耶巴、吉雪巴等方面的军队依势来伤害直贡噶举法苑，他组织直贡派奋起抵抗，并打败了对方。

他 30 岁时，走出寺院，先后到佐赛、巴戎噶举的发源地巴戎、果木德、多朵亚拉俄等北部地区，为僧众广传甚深教法。这时内地发生严重灾荒，民众遭遇了不幸之事，该师在佛像前设盛大供养，祈求早日解除内地灾荒，民众返乡安居乐业。据说内地发生灾荒后，由明廷派出大臣发放灾粮，安抚灾民，度过了灾年。人民勤奋耕织，又逐渐恢复了昔日的生活。

从金猪年（1551 年）开始，由却吉扎巴坚赞组织人力物力，制造了一种藏区特有的黑色发光的藏纸，在这种黑色纸上用金汁书写了《甘珠尔》大藏经，用金汁和银汁相间缮写了《丹珠尔》大藏经全套。同时绘制佛祖诞生传承画像、印度圣地十六罗汉传承故事画像、众多佛菩萨唐卡像，以及噶举派诸始祖和噶玛巴·弥觉多杰等师的唐卡像，还缮写了弥觉多杰等师的文集。

为了平息古仁巴、泽当巴、琼结巴几地不断发生的争执，却吉扎巴坚赞前往雅砻地方，和这些地方的头人协商制订和约。最后首先由各地头人写出和约，在此基础上制定出总的制约办法，形成总和约，达成协议，以此办法调解了久争不息的矛盾。

后来应藏北霍尔部落的邀请，却吉扎巴坚赞前往雪孟宗木拉地方，这里的霍尔·噶玛贝巴和绰嘉本两个部落不和，常发生械斗，经他调解后将这两个部落收归于直贡噶举属下。木牛年（1565 年），他将江·班钦贝推上直贡噶举的法座上，任第十八任座主，而他自己从藏北又到达波地方，应聘为达波王的传法上师。

却吉扎巴坚赞一生也培养了不少弟子，主要有雪勒南杰、囊沙瓦贡嘎切乔·冈嘎热钦、丹·却吉荀钦、巴戎法王等弟子。

该师一生做了很多善事，为本教派缮写了《甘珠尔》和《丹珠尔》金银善本，培育善知识的弟子后，于火鸡年（1576 年，明万历四年）在直贡山下的湖边寝室中圆寂，享年 57 岁，是否有著作，不见记载。

达隆塘巴·扎西贝

——达隆噶举派创始人

达隆塘巴·扎西贝，意为“吉祥德”，南宋藏传佛教噶举派高僧，达隆噶举[1]创始人。藏历第二饶迥之水狗年（1142 年，南宋绍兴十二年）生于多康样雪邦冉党地方。父温伦巴波，母扎西萨·格松卓毛，其族系为噶斯征波内鲁格支系，为神话传说西藏人种六氏之一的惹氏。

他的生母去世早，父续娶其姨母，因不仁慈，父复娶另一姨母，这位姨母慈祥贤惠，对扎西贝精心养育。后来扎西贝年龄渐长，想外出拜师学法，其父不同意，曾几次逃走皆被父亲挡回。18 岁时逃至塘嘉寺拉康巴·喜饶多杰那里，由嘎敦·拉康巴·喜饶多杰作亲教师，察敦·阁芒哇作轨范师，从二师出家，并受近事戒和沙弥戒，起法名扎西贝。从此他不进俗人之家，戒酒肉，严守戒律。后来他从格西扎贡巴闻习《般若略释》《入行论》《集学论》《道炬论》[②]《垛哈》[③]等噶当派教法。当时他有到印度去学法的夙愿，几次出行都遇到困难，未能实现。后来他云游塘嘉、党赛、前藏、朵洛当、觉木塘、温拉等地广闻教法。24岁他到前藏与帕摩竹巴相见，在此师处聆习噶举派教法长达6年之久，帕摩竹巴上师将自己拥有的佛学知识，尤其是噶举派教法毫不保留地倾注于与他有缘且善慧的这位康巴弟子。帕摩竹巴大师逝世后，其丧葬仪轨和建立灵塔等后事由扎西贝亲自主持操办，住了一个月有余，然后同完秋和施主摩贡等人结伴前往墨竹工卡，在噶当派名僧夏·切喀巴·益西多杰大师处又听受噶当派教法。他又请求侠尔巴作自己的亲教师，玛巴仲塘巴作轨范师，香敦阁弥巴作屏教师而受比丘戒，这时他对噶举、噶当两派的教法都有很深的造诣。之后他到处传教说法。当他来到一个名叫达隆的村庄时，贡鲁对他说："对面山的名字叫达隆，曾是善知识博多哇的驻锡地，那里有一个很好的修行岩洞。"他听后就到达隆山，在施有加持的岩洞中住了一夜，之后便在达隆的佐热贡建寺住了下来，那时师徒只有18人。后又到色哇隆修习了3年，在那里收了许多门徒。扎西贝39岁时，即金鼠年（1180年），由达、哲、绒三区头人迎请到达隆，住于拉章纳波宫中，在此处正式修建了达隆寺，他"达隆塘巴"的盛名也就传开，并形成达隆噶举派。寺院建成后，他降伏了当地的大力山怪作为护法神。寺僧因受他的影响，严格遵守戒律，禁止女人入寺留宿，戒荤酒。寺院最初只建有一座红殿和一些僧舍，以后历任住持集资扩建，形成了一座较具规模的佛寺。

达隆塘巴以一个"最有德行"的高僧而受到人们的普遍尊敬，曾有康区的喇嘛达峨巴（日光）等人慕名前来迎请，因当时发生骚乱，未能成行。后来达裕和绒巴两个封建家族势力发生纷争，请达隆塘巴妥善调停后，均归附于达隆。这样，达隆塘巴的影响不断扩大，成为藏北地区很有声望的一个教派集团。元朝分封的十三个万户中，达隆万户是其中之一。

达隆寺建成后，达隆塘巴就一直住在该寺弘扬佛法，直至去世前，长达30多年。达隆寺聚集僧人众多，达隆塘巴示寂时还有僧众3000余人。达隆塘巴施供的正法和金银无数，他曾三次到帕摩竹巴尊师的母寺丹萨替寺供献财物和经书，以报师尊之恩。最后一次供献的是用金银铸造的佛像，经函青白两种（涂青纸和白纸）共550函，金块和松耳石共40块，茶叶60篓，上好缎3000匹，牛马100头（匹），以及黄金百余两铸造的佛灯（金灯），还有大氅和铠甲等许多物品。临终时又供献寺院经函青色纸700函，白纸多函，金块和松耳石共50块，上好缎2500匹等物。据传，这些财物都被他的师弟直贡巴不告而取，从此心情积郁，于藏历第四饶迴之金马年（1210年，南宋嘉定三年）圆寂，终年69岁。

著有《达氏广释》一书，是一部关于《医学后续》的注释书。

注：

①达隆噶举：藏传佛教噶举派帕竹噶举八小支系之一。金鼠年（1180年），达隆塘巴·扎西贝携门徒觉清至拉萨附近的达隆地方建达隆寺传法，创立该派，由寺得名。火鼠年（1276年）该派僧人桑杰温在昌都类乌齐地方建类乌齐寺，为该派在康区的主寺，与达隆寺并称“下塘”“上塘”。

②《道炬论》：是《菩提道炬论》一书的简称。11世纪初，阿底峡至西藏阿里后以梵文写的一部佛教著作，后成为噶当派和格鲁派修行的主要经典。

③《垛哈》：古代佛教徒叙述修道证果情景的歌集，是由古印度最初弘扬大乘密教者龙树论师的上师萨和乐所著。

古雅哇·仁钦贡波

——达隆巴直传大弟子

古雅哇·仁钦贡波，南宋藏传佛学家，父亲温伦郭雅，母亲觉思萨扎西措，其父原籍在古隆区的杠样雪隆巴（属四川康区）。古雅哇·仁钦贡波的诞生地在晓岗地方三个城堡的中间城堡下面，和达隆塘巴同出一族，系达隆塘巴的侄子。仁钦贡波还在住胎之时，其父来到达隆谒见达隆塘巴大师，大师说：“你的后嗣诞生后将是一男孩，我们是叔侄关系，且有法缘，以后由我来教育培养如何？”他的生父答应了达隆的要求。三年后，楚普寺的住持楚普哇逝世，有人问达隆塘巴：“楚普寺由谁去住持？”达隆塘巴说：“楚普寺的继承人我早已选定。”

仁钦贡波出生于金猪年（1191年），那时达隆塘巴大师年届50岁。当仁钦贡波年满11岁时，达隆塘巴寄来《孩童启行仪轨》及许多赠品，并命孩子出家为僧。他的母亲说：“不能出家为僧。”父亲说：“问孩子自己。”仁钦贡波说：“我愿出家为僧，出家后到达隆作善知识，求学佛法后，用信函可给父母寄来教授法。”同年由吉洪巴作亲教怖，桂·拉康列巴作轨范师，在塘嘉寺出家为僧，拜吉洪巴、拉康列巴和那隆巴等为师，专心听受了许多教法。他13岁前往前藏时，乡亲们都来相送，达隆塘巴派人迎至达隆寺，仁钦贡波以缎子一匹作为觐见大师之礼，大师问道："孩子，你一路顺心吗？"答道："托尊长之洪福恩典，一路安好。"师徒彼此寒暄了很多，就让仁钦贡波住在寺中一僻静的茅蓬中闭关修行，平时除向大师请示指导或聆听教法导释外，足不出户，一心专修了7年之久。达隆塘巴大师赞许道："别看寺的僻隅处住的那个小僧人，他将是一位能饶益无量众生的人。"19岁时，由藏巴作亲教师，桑杰贡巴作轨范师，桑杰作屏教师而受比丘戒，取法号仁钦贡波。据史载，仁钦贡波经勤修苦练，练就藏密本领，具有了许多示现。仁钦贡波20岁时，达隆塘巴大师患病，将藏书室的钥匙交给他，不久即与世长辞，上师桑杰贡巴也相继去世。仁钦贡波料理完达隆塘巴和桑杰贡巴的后事后，就做了达隆塘巴的继承人，为达隆寺第二任座主。他任堪布后修习佛法从不间断，靠学会的缘起之法，治愈了许多聋哑、盲人的疾病。他治寺严谨，很会管理经营，自己以身作则，不沾荤食，亦不允许众僧沾荤食。除接受诸缘起供物外，他物一概不收。不作罪恶贪欲的事，不问罪恶贪欲的话，也不说空话。

他在寺院先建造了一座约一肘高的银塔，继又造了一座大银塔，在塔的日坛（塔颈中）安奉有用黄金17两铸造的帕摩竹巴大师像；又建造两座灵塔，在有银伞盖的日坛银龛内，安奉有达隆塘巴大师像，还建造了达隆塘巴大银像。因寺内的经典太多，殿堂中已容纳不下，遂修建了一座八十根大柱的宽敞雄伟大殿。大殿落成后，委任亲教师（堪布）和轨范师承办出家事项，启开法门，使大众入于闻、说、修之道中，他自己也继续修行不止。

仁钦贡波初任达隆寺堪布时，茅蓬破旧，只有700名僧人，他对那些残破茅蓬进行了彻底维修，还新建了许多茅蓬，僧人也发展到2800人。

仁钦贡波于藏历第四胜生之火猴年（1236年，宋端平三年）逝世。卒年46岁。

达隆·札西华哲

——大明王朝国师

札西华哲，意为“吉祥积”，是明代藏传佛学家，达隆寺第九任堪布。生于藏历第六饶迥之土猪年（1359年，元至正十九年），父衮噶协年（庆喜友），母绛华吉（曼殊乐）。

法王热达纳嘎惹初次见到此子，即以手杖对他作加持，并示预言说：“此子将成为无量众生的应供上师。”札西华哲6岁时，由轨范师贡巴仁循教他书法和诵读。11岁时他在轨范师仁清华处学习三种续部的教授等，特别听受了《喜金刚第二品法类》《入行论》《智慧百法》等，并悉心研习。17岁时，由仁波切南喀华桑波作亲教师，勒敦仁清峨作轨范师，给他授了出家戒，赐法名札西华哲·尼玛旺布松贝果恰（意为吉祥积王护铠），简称札西华哲。继后他就在两位法王跟前学习《吉祥时轮灌顶》[①]《那若六法》《大手印》《瑜伽六支导释》等，并实修后全身出现不可思议的“拙火定”暖相。此外，他又聆听了侠哇日的《瑜伽六支》[②]，法王索南坚赞的《瑜伽六支》《密集五次等导释》《易知导释》《直观教导》，邬生的《发菩提心仪轨》《修心七仪论》《红阎摩极元戏论》《道果》《断境》等许多教法。18岁，火龙年（1376年），他任达隆寺寺主而大转法轮。他20岁去拉萨，得到采巴司徒格朗哇和勒巴长官扎巴的盛大欢迎，后来又由译师南喀华桑波作屏教师，大译师绛哲作亲教师，译师札巴坚赞作轨范师，给他再授比丘戒。他从南喀华桑上师学习修持噶举派教法后，生起等持证悟，又在绛哲处学习“时轮圆满灌顶”“纳波巴传规胜乐法类”“无量寿灌顶”，在札巴跟前闻习“胜义念修”“智慧眼修法”“日月修法”“密集瑜伽六支”“噶丹派教法次第”等无量教法，并在大昭寺释迦牟尼佛像前供献佛衣、涂金、佛灯等盛大供养。上师仁波切南喀华桑波（虚空吉祥贤）逝世后，扎西华哲负责料理了一切善后事务，并造了一肘高的银制灵骨塔。料理完后事，他离寺先后到热振、帕竹、叶尔巴、采巴、达拉干波、工布、桑耶、乃东、钦浦、昌珠、泽当、林堆、达隆扎果、朗塘、嘉扎、曼相、央贡等地广泛弘法讲经，深受各地、各寺僧俗的欢迎，其功绩载入达隆佛教史册。在各地讲经弘法后，他到达隆寺开设了很多导释的讲座，广转法轮，从此声誉大振。

后来，杰准吉特巴的寺庙和僧众都归属于他，他为了弘扬佛教，特别是为了圆满上师南喀华桑波的意愿，于前后藏所有寺院中广施僧斋，而后严密闭关[③]精修4年，使三摩地获得极大进步。当法王衮扎巴来到热振时，他前去谒见，并在法王处虔诚地学习了“无我佛母十五尊灌顶”“道果”等教法。他先后在绛日和康区上部为一些纠纷而作调停，当听到直贡的仲吉·索南仁青带领兵马去攻打戎巴时，又去为戎巴作中间调解人。之后他到德冬、达隆、帕摩竹等地讲经说法。门香地方有一种陋规，亡者尸体同殉葬活人六七人一起火焚，扎西华哲知道后，便示意居夏扎哇显现神通，将这种罪孽之规杜绝了。

他住持护理达隆寺，弘传达隆噶举教法长达 47 年之久，使达隆寺走上兴盛阶段，曾被明成祖封为国师，接受过银印和诰命。他后患心疾，便委任法王绛曲嘉措住持寺院，于藏历第七饶迥之木龙年（1424 年，明永乐二十二年）圆寂，享年 66 岁。

注：

①《吉祥时轮灌顶》：无上密乘一续部名。时谓大乐不变，轮为空性最胜。空乐不二，是谓吉祥。此时轮分内、外、别：外时轮谓器世间，内时轮谓金刚身，别时轮谓曼荼罗轮圆具足。

②《瑜伽六支》：又称六支加行。佛教密乘时轮金刚圆满次第修炼气息时，于所缘境上进行的收摄、禅定、运气、持风、随念和三摩地。

③闭关：佛教术语，把自己关在一个极为清静的室内，与外界不通往来，专门坐静修炼。

索南坚赞

——达隆噶举派后期大德

索南坚赞，意为“福吉祥幢”。父名达波释迦仁青巴，母名思纳仁青仲，共有六子，索南坚赞为第五子，于藏历第六饶迥之火虎年（1386 年，明洪武十九年）生。据传，他是一个睁着眼睛睡觉的孩子，幼时心思聪明，目睹他人受苦时，悲哀落泪。他 6 岁时，在堪钦桑洛哇处听受《红色阎曼德迦灌顶》；7 岁时，学习《喜金刚第二品》，悉心研习。后从堪钦札多哇、西瓦贝和却阁哇·曲华喜饶等上师出家为僧。在 3 年间闻习密续的同时，他在法王勒巴哇处受发菩提心戒，听受《喜金刚第二品中圣号摄义》等经教诵授，还在法王绛喜哇处受了“长寿灌顶”。他先后从金厄·索札巴和堪钦嘎居巴（著名论师）等许多大智者分别聆听和研习了《六法快速导释》《喜金刚九尊灌顶》《金刚鬘灌顶》《长寿修法》《马头金刚法门》《时轮智慧品释》《瑜伽大灌顶》等密宗教法和七种耳传法。他于哲塘寺讲说《喜金刚第二品》，此后从协端巴上师研习《释量论》而成为精通者，并召集孜青巴·周云等许多对佛教哲理博通的人士，共同研习理智经教。他还从哲塘寺请来了讲说理论三藏的法师约200人，请来拉萨吉雪的诸三藏大法师等，召开了转法轮大会，此后在恩达地方专心修行，终日不解衣带，为使身体端直，以绳系发于梁上而“坐静”。

后来索南坚赞来到丹萨替寺和泽当寺住了好几年，由桑杰洛哲作亲教师，扎觉巴·坚赞桑布作轨范师，堪钦嘎居巴·索南僧格作屏教师，给他授比丘戒。不久，纳塘寺的大堪布珠巴喜饶，将纳塘主寺和各支寺全部供献给他。此时，适逢他的密宗老师金厄·索札巴逝世，他便请达隆法王扎西华哲（1359~1424年）作送祭的领队人。祭礼刚一完毕，达隆法王陈设高座，握着索南坚赞的手说道：“启请你登上此座，为了噶举派，现在达隆寺的寺主除你堪任外实无他人。”说后当即撒赞颂吉祥的花朵，百拜顶礼。就这样这位修行自在师住持了达隆寺。从火鸡年（1417年）起到木虎年（1434年）之间，索南坚赞住持着达隆寺和纳塘寺，在两寺轮换居住，对两寺的僧众不视其贤愚和地位高低，凡有诚心求法者，都传授《大手印导释》，僧众赞道：“达隆寺中住着一位如佛的大寺主。”当时著名的绒敦大师来到寺主座前，谈论有关教授经论时，他谈吐清晰，节节入理，使听者无不敬畏。甲玛仁波且·循峨巴视寺主如真实胜乐金刚，敬拜于他的座下学习佛法。

索南坚赞在46岁时，用珍宝建造了一座佛塔，其中的佛像也较其他更为优美。他于藏历第七饶迥之木虎年（1434年，明宣德九年）正月下弦二十一日圆寂，享年49岁。

杰贡·次臣僧格

——修赛噶举创始人

杰贡·次臣僧格，系桂康色哇·察周巴的后代。父为武官关却嘉，母亲嘉察玛·多德坚。杰贡·次臣僧格于藏历第二饶迥之木鼠年（1144年，南宋绍兴十四年）出生在山南雅隆昌珠一头人家中，取名却吉僧格（法狮子）。却吉僧格在11岁时出家为僧，赐法名次臣僧格。他曾做过昌珠长官的管家，后从格西霍尔学习密集灌顶法，取密号多杰嘉布（金刚王），向上师聆听了《密集本续释》等密法。

当时帕摩竹巴的声誉极大，因此他19岁时去塔杂①，一见帕竹寺即生起不同寻常的敬信。当时帕摩竹巴正要赴僧会讲经传法，有的僧人用大氅铺地，有的以法衣垫道。次臣僧格是刚到这里的僧人，只好在路边以大氅铺路，帕摩竹巴大师转身向次臣僧格的大氅上走来，足踏其大氅注视着他道："比丘金刚持②，稀有啊！"他禀道："我不是比丘，是沙弥。"师说："虽是沙弥，然而已成比丘金刚持，大为稀有啊！"就这样次臣僧格跟随帕摩竹巴学习佛法，视师如佛，不甚用功力而生起了"乐明无别"的殊胜证悟，求得"方便道六法"等稀有教授。后回家去拿口粮时，其父刚被仇家抓走而正在闹纠纷，此事由当武官的弟弟却多去交涉。就在这时，帕摩竹巴大师圆寂，他十分悲伤。心想需访一良师求学，遂去江阁达拜噶玛坚巴为师，师徒谈吐投机，晚上联枕相谈，约住了一个月，传授了义传心要教授等许多教法。之后在山南沃喀地方和瑜伽师曲央相遇，此师又传给他大手印、至尊二面母加持法、六法等的导释，这时他已经摆脱了世间八法。30岁时，经上师允准后，遂到各地云游。在巴尔普求得《垛哈》三法的所有教导讲解。后来他在多隆区的泽喀扎地方，由尼绷为他作施主，一年中著了《缘起广海》等一些缘起法类著作。金牛年（1181年）在尼普地方（今西藏曲水县境内）创建了修赛寺。修赛寺，意为建于柏树丛林中的寺院。当时分东、西、中三个林，建有16根大柱的殿宇，内供两层楼高的释迦牟尼像。寺建成后，杰贡·次臣僧格住持寺院24年，广作利他事业，由此发展了上千的僧徒，在此基础上他创立了修赛噶举派，是为帕竹噶举派八小支派之一。后来准噶尔蒙古入侵西藏，此寺遭到了严重破坏，后七世达赖喇嘛将色拉寺的四名庙祝、一名僧人派往修赛寺，并规定僧人的供给由尼普庄园提供。杰贡·次臣僧格于藏历第三饶迥之木鼠年（1204年，南宋嘉泰四年）谢世，终年 61 岁。寺院塑造了杰贡·次臣僧格的镏金铜像，连同莲花生大师像供奉于佛殿。随着时间的推移，修赛噶举派和修赛寺逐渐衰落了下来。后来对修赛寺的派属产生了两种说法：一说归属宁玛派，一说归属息结派。实际事实是这样：约于火羊年，云游各地的萨霍尔女高僧仁增曲央桑姆到此寺，她见这里风景优雅，气候凉爽，便在这里长期住下来，因她是宁玛派尼姑，所以这里尼姑渐众，成了宁玛派尼姑寺，又因她注重修习息结派的“觉宇”法，因而又有息结派之说。

注

①塔杂：帕摩竹地方一地名，塔杂瓦，是帕摩竹巴的别号。

②比丘金刚持：比丘为承认守护《毗奈耶经》所说二百五十三戒而如仪受持律的男僧，金刚持为密宗师的异名。

热丹贡桑帕巴

——明代江孜法王

热丹贡桑帕巴，其祖先原生活在名叫丹玛的地方，即今青海省玉树藏族自治州称多县。后来几易其地，最后定居在后藏年楚河上游甲仲地方。属穆察噶氏后裔。其家族在这里日渐发迹，热丹贡桑帕巴的祖父帕贝桑布攀附萨迦法王，曾担任萨迦朗钦职务数年，还曾以米巴当室利达鲁花赤、帝师贡噶罗哲坚赞的随行官员身份前往元朝觐见英宗皇帝，皇帝封他为大司徒，赐给印信和诏书，返藏后在香波孜古修建了佛殿和宅院，建立僧团，命名为宗则钦。热丹贡桑帕巴的父亲贡嘎帕曾修建了江喀孜（江孜）城堡及朵琼的土城，又从帕摩竹巴手中夺取了达孜宗，重新在布尔达划界，城堡、庄园和属地都得到扩增。他又担任了萨迦的朗钦，所以称他为朗钦贡嘎帕，使政教兴盛，建立了功业。热丹贡桑帕巴就是在这样一个家庭环境中成长起来的。据传他是一位大菩萨的真实化身，所以他幼年和青年时信佛，学习佛法，建立佛殿，塑造佛像、佛塔、坛城，被奉为法王，后又从政，出任地方长官。他是一位在藏传佛教中集政教权力于一身的典型代表人物。

热丹贡桑帕巴于藏历第七饶迥之土蛇年（1389年，明洪武二十二年）六月上旬伴随着种种吉祥而出生，其母玛吉桑姆贝，生有三子，热丹贡桑帕巴为长子。降生后，一些成就上师对他的一生作了许多预言，认为以后必成大器。他3岁时就跟父亲请来的却吉仁钦上师学习藏文文字及一般经文，14岁起从该师学习显密诸论和各教派教法，20岁时已成为谙熟多种佛典和教法的佛教教徒。他为了继续实现祖父昆仲在佛法方面未竟之意愿，广增福德资粮和智慧资粮，进行了时轮坛城、大威德金刚坛城、母续吉祥空行海坛城、胜乐轮坛城、金刚铃坛城等几十种内外坛城的开光及修供仪轨。他建立了讲修院，并新制定条规。24岁，他为了报答父母之恩德，长期修供上述各大坛城，念诵药师佛、文殊菩萨、度母经咒各五十万次，念诵具有护持力的陀罗尼，为修行打下了良好基础。25岁时，在江热建立法苑，迎请了智慧自在者格勒贝讲经传法，经常来举行法会和聆听经法的论师有400多人。26岁时，在年楚河上游出资修建了一座设计合理、造型美观的桥梁，桥上安装了栏杆，为两岸群众通行提供了方便，为人们所称颂。30岁时，召请了一些绘画技艺较高的工匠，绣制了一幅高80余尺的巨幅缎制佛像，主尊为释迦牟尼佛像，两侧为阿难和迦叶二胁侍，稍前为燃灯佛和弥勒佛，皆高50余尺。周围由十六罗汉和四大天王及护法神环围，四周边缘书写梵文的陀罗尼咒，又制作了高约40尺的弥勒佛像等等。

热丹贡桑帕巴为了更好地弘扬佛法，从印度迎请了曾在金刚座担任过堪布的班钦室利夏日苏札玛哈衍那为首的班智达来藏讲经。木马年（1414年），他与一世班禅克珠杰筹资将江孜平原年楚河畔西端的一小山坳内的一座小寺正式扩建为白居寺，修葺桑波仁波林佛殿。这里白天举行讲经说法的法会，犹如阳光催开智慧的莲花，晚上念诵经典之声，仿佛梵呗吹奏的法音。寺内能讲论经典的有1000人，能够理解密宗四续、按生圆二次第修习的僧人有500人，断除尘缘、修习禅定的有100人。木龙年（1424年），他和克珠杰又开始动工兴建规模宏大的白居十万佛塔及扎仓。据说这个工程前后进行了十年之久方才竣工。白居塔内有佛殿、佛龛77间，有108个门，塔为9层，高达32米多，形状奇特，素有塔中寺之称。佛殿、佛龛内塑造、绘制神佛像共十万余尊，又称十万佛塔，闻名于全藏区。后几经扩建，建有17个经院，有藏传佛教萨迦、噶当、格鲁三个教派自己的扎仓。寺院东、西、北三面有山环抱，四周筑以土城墙，城墙设城垛和敌台。热丹贡桑帕巴和他的子孙们在修建、扩建江孜白居寺和白居塔这座特殊的建筑上做出了不朽的贡献，据说由于以上所述建立僧伽、兴建佛寺、建造佛像以及各种奇异功德，年楚河这一地区，外敌不侵，瘟疫不生，没有各种违缘，因而政治稳定、佛法增盛，僧俗大众敬称他为江孜法王，怙主化身。

他在修寺建塔、建立僧团、讲经说法的同时，也十分注重政治事务。据说他在少年时期就对长官和昆氏家族的后裔们尊敬信仰，诚心服侍，并送弟弟到萨迦去担任萨迦朗钦职务。后来他积极与周围其他宗和豁卡头人建立关系，尤其与达仓宗的萨迦头人建立了密切关系，成为大领主南喀勒巴的杰出心传弟子。后来他又执掌了拉孜宗的管理大权。当萨迦玉脱拉章的接班人年龄幼小时，他又担起大近侍的重担，辅佐幼主。当他担任执掌地方政务的职位后，大明皇帝封他为大司徒，赐给印信和诏书，赠给许多礼品，并准许朝贡。在任大司徒期间，他时时处处以佛法治理，以理服人而不是以权治人。他做事总是身体力行，不积聚多余的财物，就是在必须征发钱财、粮食、差役（乌拉）时，也注意爱惜民力，量力而行，从不苛刻。他与其他宗和豁卡的人的关系处理得比较融洽，爱护他的属民百姓，因而得到了属民的信赖和尊重。

后来拉孜以下到江孜地区都成为他的属地，其势力逐步扩展到西部的丹喀宗，东部的羊卓、洛扎等地，新增加了许多属地和属民。他在弘扬佛法、护持地方等方面贡献良多，受到内外大众的赞扬和祝愿。

热丹贡桑帕巴的卒年不详。

岭热·白玛多杰

——竹巴噶举派创始人

岭热·白玛多杰，意为“莲金刚”，宋代藏传佛教帕竹噶举竹巴支派高僧，竹巴噶举派创始人。藏历第二饶迥之土猴年（1128年，南宋建炎二年）生于后藏年多（江孜）

地区，属林麦家族。父为嘉布甲哇波，是一位通晓许多密咒修法和以医卜为生的人，母为斯茂达琼。幼时取名为白玛多杰，8 岁时学会了藏文拼读书写，已会书法和念诵，9 岁时给拉杰惹曼医师供献了一块土地而求学医道，后来医术达到十分精湛的地步。13 岁时，父亲逝世，他从贝央上师和卫巴·香热译师出家为僧，并从二师学习密续和教言。17 岁时，他在轨范师岭师处受居士戒，并聆听轨范师华央的《六种明灯论》等教授，此时已娶妻在家。后来他师事格西俄玛塘巴，修习觉敦所传禁戒苦行①，接着在热、嘉二师的弟子邬巴香处学习觉毛诸法类，又到怒区的色巴隆从热译师闻习时轮②、胜乐③、能怖④和亥母诸法。之后他和热琼巴的弟子松巴相见，向松巴求教，松巴将所有教法毫无保留地授予他。

38 岁时，来到丹萨替寺谒见帕摩竹巴上师，一见面，便对上师生起无比敬信，即拜帕摩竹巴为师。在这以前，白玛多杰虽出家学佛，但娶了妻。本来帕摩竹巴不喜欢娶妻的僧徒，可对白玛多杰十分喜爱。帕摩竹巴给他传授了修法导释，他立誓闭关而修，仅修了 3 天即出现了无比殊胜的证悟。就这样，在帕摩竹巴跟前修习了 3 个月。后来他又到四川康区，在康嘎朗顶寺修建了静修室，在那里讲经传法，住修了几个月后，又去温弥当和娘波、纳雪等地学法，后来又返回丹萨替寺，此时帕摩竹巴上师已去世，他用道情歌寄托他的哀思。从此他便周游前后藏许多地方传教，喇嘛香采巴为了平息乱事曾请他做助友，他还阻止了颇章喀曲、特乌琼哇等处的兵乱，由于他福转运来，因此获得了许多财物，他把财富的一半自己留下，另一半寄给香采巴建造了大佛像，又把别人供献给的经卷等，全部寄供于丹萨替寺。

他著有《续部解论》《明灯六论》《心金刚赞》《入瑜伽论》《胜乐曼荼罗仪轨》《垛哈释疏》等著作。

年近六旬时，他在香杰扎寺的西面倡建了纳普寺，由此世人皆称他为纳普巴。在住寺期间，他以导释次第和僧会说法来教育弟子。他于藏历第三饶迥之土猴年（1188 年，南宋淳熙十五年）五月二十八日在纳普寺圆寂。后来，他的弟子藏巴嘉热在拉萨河畔郎木地方建竹寺，形成竹巴噶举⑤支派。

注：

①禁戒苦行：以平凡庸俗之行为禁，奉行不共非常之约为行。

②时轮：时轮金刚，系无上密乘本尊之一。基道果位一切建立，均与内、外、别三种时会密切联系，故名时轮。

③胜乐：又称上乐、胜乐金刚，梵音名作赫如迦，指出现证大乐智道果次第之无上母续及其本尊名。

④能怖：作怖、能怖金刚，梵音译作威罗瓦。以凶暴威猛的姿态慑伏一切魔障，无上密乘一本尊。

⑤竹巴噶举：公元13世纪中，由岭热巴和藏巴嘉热等发展传出的藏传佛教噶举派帕竹噶举的八个支派之一，分上、中、下三系。中竹巴系嘉热氏族中传出，下竹巴系洛热巴师弟传出，上竹巴系郭仓巴师弟传出，均以前藏郎木地方的竹寺为祖庙。此派以注重苦修为特点，后期传入不丹，又形成南竹巴一系。

藏巴嘉热·益喜多杰

——竹巴噶举派开拓者

藏巴嘉热·益喜多杰，意为“慧金刚”，藏历第三饶迥之金蛇年（1161年，南宋绍兴三十一年）生于后藏年多（江孜）地区，属嘉氏家族，父名嘉斯波察贝，母名玛萨达吉，有七子，藏巴为最小。因弟兄众多，父亲对他不甚宠爱，母亲将他托给一本教徒，命名雍仲华。

8岁时其母去世。12岁时，兄长嘎敦带他到藏绒，在洛尼克哇跟前学习藏文。13岁时，他在轨范师达塘处住了3年，学习了对法、瑜伽、息结等教法。15岁时，他先后拜轨范师喀隆巴、柯热哇、藏察等为师，闻习《大圆满》《因明论》《大圆满智理圆满》《幻化》《大悲观音秘藏法》《入行论》《文殊名称经》等长达8年。23岁时，他的父亲请来阿阇黎喀隆巴说法，他悉心研习。后来至尊岭热·白玛多杰在热隆时，他前去拜见，献上一升盐巴的见面礼而学得一些灌顶和本续等教法。又跟随师尊到纳普寺继续学法，寒冬修习7天便能穿单衣而修。这时纳普寺正修佛殿，寺内僧人如往别处去或间断工作，寺院规定要罚黄金一钱。益喜多杰想离开这里，便献黄金一钱。上师说：“那你就去特邬穹吧！”他知道师长不高兴，自己的修行会不起效用，于是又来到上师面前说：“我错了，特来求忏悔！”上师喜道：“对！这才是懂得佛法的行为。”又连续服了5个月修造佛殿的差役，修行也随之出现稀有的进步。有次上师破例立宗与他辩论，师说：“应是离遮生三要（即是法身之相）。”他反驳师说：“那么，虚空也应是法身，则犯过。”师无言可答，对他愈加喜欢。据说，藏巴嘉热专心在纳普寺闭关精修，出现风息内外都能增加的神异，通过高大墙壁毫无阻碍。他将出现的奇异情况禀告上师，师说：“至尊米拉日巴也发生过这样的情况，甚是稀有！”他在纳普寺学法5年，学完了所有教诫，听完了一切释义导修，学会了噶举派的拙火定①，上师还为他作了掘伏藏和修热隆寺的预言。

土猴年（1188年）师尊白玛多杰谢世后，藏巴嘉热承办了圆满上师的意趣诸事，证悟等同虚空，降伏了魔类，亲见智慧护法圣容，获得了《六类一味》的伏藏。又从轨范师俄巴昆仲那里求得传授《金刚幕标本》《玛哈玛雅》《文殊名称经》等法及传统教法，并对至尊纳普巴的论著从头笔录了一遍，还对朋辈中诸人的写本遗缺部分作了填补。

藏巴嘉热33岁时，才从香采巴正式受戒出家，起法名益喜多杰。之后在热隆（江孜县境）地方倡建了热隆寺，相传，热隆地名是因神变母羊授记，从此得热隆之名，意为“山羊沟”，在此处修建的佛寺以地名取“热隆寺”，他自任寺主。在热隆寺传承下来的这一系，后来称为中竹巴。水牛年（1193年）在拉萨西南的朗木地方修建了竹寺。“竹”是因龙吼叫而所取寺名，故译言“雷音寺”。竹巴噶举创始于岭热·白玛多杰，而形成于其弟子益喜多杰，因竹寺而得名。从此竹巴噶举教法遍及全藏，传出了“世人半是竹巴，竹巴半是乞丐，乞丐半是成就者”的谚语。在此前后，益喜多杰将至尊的弟子5000人派往各地学法传教，遍布于邬仗那、那烂陀、喀察、灵鹫山、内地五台山、杂日、侠邬达果、冈仁波齐神山等圣地。藏巴嘉热在圆满佛业成就的教法方面独创了一种“八大指导”②的修行要诀，据说藏巴嘉热从伏藏取出的甚深法类有：极为稀有的怛特罗《和合往生肯綮结合法》，相传它是那若巴大师的稀世之法；为玛尔巴了知但密传的殊胜法门一百零八种；属于不易解说的一百种法门中无上续部道次一百种；被称作三类耳传法宝的吉祥胜乐秘诀之特殊修法；名叫喜金刚圆满次第大种一味修法；父续密集五次第秘诀导释；对大幻瑜伽和四座瑜伽玛尔巴的一百种串讲；吉祥时轮秘诀三金刚和四金刚念修之六支加行的详略论述；七类成就和六种心要等秘诀精义身大印瑜伽；由法主文稿流传下来的上竹巴噶举八大导释、下竹巴噶举五能仁和中竹巴噶举七妙行正法，还有诸如胜乐、喜金刚等怛特罗的注疏、灌顶等，以及如仪修持即能显明密教和获得悉地的怛特罗等圆满修道之全部教诫，能让顿悟者、越级修行者和渐悟者各得其所直至进入金刚持之光明地。因此他作为法主曾宣示道：“难道不能说竹寺和热隆寺是汇集了所有甚深法要的丛林吗？”热隆寺以具有三士之妙道——塔波噶举四法而著称。他经常以八大导释为修法宗旨广传弟子，使他们受益颇深。据传藏巴是师祖玛尔巴的上师那若巴转生的活佛，大多数人出于尊崇也承许这一传承。另外藏巴嘉热·益喜多杰按上师白玛多杰的授记曾到西藏珞隅的杂日山传法，在这里他修习了一段时间，经常看到胜乐金刚的圣容，越来越明显，后来他断定此山为佛教密宗胜乐金刚圣地，并首创年往巡礼之例，每逢猴年，规模更大，常达数十万人。他圆满了此生事业后，于藏历第四饶迥之金羊年（1211 年，南宋嘉定四年）六月下弦初十黎明时圆寂，享年 51 岁，据传火葬遗体之日，空中现起虹幕、天雨瑞花。21 节脊椎骨上皆现有一尊观音像，其中三尊作为殊胜的天成三密之列供养在本寺中，其余全分发各寺供奉。

注：

①拙火定：藏传佛教密宗的一种修定方法，主要为噶举派采用，类似气功原理的苦修苦练，能使脐间生出暖气的一种修炼法，天寒地冻时只着单衣也可抗御，至尊米拉日巴就是修习拙火定的大成就者。

②八大指导：也称八大解，即上师三身指导、慈悲指导、因果缘起指导、五支甘露滴指导、俱生和俱舍指导、那若六法指导、八法一味指导、密行逆修指导等。

郭仓巴·衮波多杰
——上竹巴支派创始人

郭仓巴·衮波多杰，意为“怙主金刚”，是宋代藏传佛教高僧，竹巴噶举上竹巴的创始人。藏历第三饶迥之土鸡年（1189 年，南宋淳熙十六年）生于西藏山南洛扎的鲁穹地方。父曲洽孟扎，母索毛华金，因他的两兄长都夭亡，父母便将他寄托于舍邬索哇寺的轨范师索敦教养，取名为贡波华。

他幼时长相俊美，为人喜爱，语音悦耳，善于唱歌，心性善良。少年时就任舞蹈拔希[①]，人们普遍称他为拔希端智僧格。8 岁时，他从师学习藏文拼读书写，为修学佛经打下了良好的基础。10 岁时，他来到拉萨朝圣，在采贡塘寺拜见采巴祥上师，上师见他聪明伶俐，就给他讲授《中观》《入菩萨行论》等的注释经文，他皆能熟读理解释文。在此期间，他从轨范师瓦侠闻习《道次第》，从轨范师香听受《略释》，从轨范师东学习《中观论》，还从轨范师裕毗瓦学习《入行论》等，大都是学习一遍即能通晓。

他曾到过拉萨三次，唯一的愿望是求得正法。19 岁时，到热隆寺拜师藏巴嘉热出家为僧，起法名衮波多杰。嘉热上师十分喜欢他，向他传授朵玛灌顶，讲修法导释，讲授《皈依发心》《大发心》《四瑜伽》《俱生和合》《方便道导释》《七世系》《一全能》《密行广略作业》《十四根本堕罪》等法类，以及十三种修法和两面母法类等经教诵授。他跟随藏巴嘉热上师学经 3 年，后来征得上师同意后，前往直贡寺向直贡巴学密法，获得生起清净的信解。继后他来到藏北的热振寺，拜见了达隆巴和香采巴上师。他复回到藏巴上师跟前，但不久藏巴上师谢世，藏巴嘉热谢世后的第二年，郭仓巴建立盛大转法轮会，参加的有轨范师 270 人，僧众 4800 人。从 25 岁开始，他云游山南、后藏、阿里的冈底斯山、克什米尔、印度的阇烂达罗等著名圣地修苦行。7 年后回到热隆寺，谒见了热隆寺住持温热·达玛僧格，他是藏巴嘉热的侄子，便从温热受了比丘戒。之后他在后藏协噶尔的郭仓地方，征得温热的同意，修建了郭仓寺，从此被人们称为郭仓巴。35 岁时他来到杂日，在杂日修行了 3 年;38 岁时在穹嘎修习了 3 年，修持大有长进。他又到漾嘎在米拉日巴修行过的地方修炼一夏，修持又有所长进。他在云游修习期间，曾接触过息结派教法，因此，在他的教法中，融合了各教派的教法。

郭仓巴在下半生中先后修建了当卓、布扎、绛岭、德钦当、巴卓多杰岭等寺院，每一寺院中都有成千的修行僧。他的知名弟子中有邬坚巴·仁钦贝和与之齐名的央衮巴·坚赞贝等八人。由他开始形成了上竹巴支系，使得竹巴噶举派教法犹如旭日东升，得以弘扬。他的著作有《藏巴嘉热传·信仰之波》《洛热巴传》《热琼巴传》《十万道歌集》等。

他于藏历第四饶迥之土马年（1258 年，南宋宝祐六年）圆寂，终年 70 岁。

注：

①拔希：系蒙古语，意为轨范师。这里的“舞蹈拔希”，也可理解为把式、师傅。

洛热巴·旺秀尊哲

——下竹巴支派创始人

洛热巴·旺秀尊哲，宋代藏传佛教高僧，藏巴嘉热·益喜多杰的得意门生。此师族姓为洛囊，以此立族名，为央区有名大氏族。父名纳觉喜饶，母名麦萨吉，婚后无子，常在大悲观音菩萨前作供养，祈祷子嗣。据说，夫妇二人，将供养物品驮在毛驴上，前去拉萨大昭寺释迦牟尼佛像前敬献供养，虔诚地磕头顶礼，求生子嗣，因而感动了佛祖，麦萨吉梦见佛像胸前发出一道毫光直射胸间，怀孕期间有各种瑞相，并于藏历第三饶迥之火羊年（1187 年，南宋淳熙十四年）在央区生下了洛热巴这个宝贝儿子。3 岁时，洛热巴曾在一位宁玛派上师处听受藏语语法及简单的密法口诀，皆能倒背如流。幼年时就有宿世修法宏愿，不染其他儿童嬉戏习惯，6 岁就已精晓藏文诵读，同时学习《波罗蜜多心经》和显宗方面的短篇口诵经文。16 岁时，他前去谒见法王藏巴嘉热，十分信仰，对法王作了广大的供养而从师学法。17 岁时，法王到聂塘调解纠纷，他和父母一行三人又去谒见法王。18 岁时，他离家出走，来到拉萨的觉摩隆寺，师事觉摩隆寺的创建者堪布巴德罗汉受戒出家，赐名旺秀尊哲，意为“自在精进”。后来他在法王藏巴嘉热处住下来，做了法王的侍者。不久，他的家乡发生骚乱，法王允许他回家探望。来到家乡后，亲族的人商量给他娶妻，设法给他羁绊。他的母亲对他发出暗示，他就趁机逃跑，又回到法王处学法。学到了藏巴嘉热传授的拙火定教授，经修炼后能生起殊胜的“暖火”，经常作单衣修法。那年秋天家乡的人来迎请藏巴嘉热法王说法时，他的亲戚们请求法王命洛热巴留在家乡。法王说：“是去是留由他自己决定吧！”这时洛热巴认为，即便建筑由金子堆砌起来的家园，但当你离开这个世界时，却颗粒也带不走，成婚是堕入尘世的起步，故而抛头颅也不走这条没有价值的路。他回答亲友们说：“你们硬留我在家娶妻成家有何意义呢？”来参加法会的人听了这话感动得无不流泪，父母及族人也断了让他留在家中的念头。法王说：“能晓得今生和后世的弟子，今天分辨出来了。”因此对他更加喜爱。后来他在法王处求得灌顶，受了比丘戒，攻读了《律根本》《喜金刚第二品》、密续部《玛哈玛雅》、甚深法《垛哈》、修行教法《胜乐》等经教，并努力进行研习。正当他学法大有进益之时，听到父亲病逝的噩耗，迅即赶到家中，他和上师及僧众一起隆重地举行了父亲的葬礼，作了盛大祭供，给周围群众广作舍施，他们和寺院也得到了丰厚的供品献礼。事后还在家乡讲经传法，广泛发放布施，到处积德行善。洛热巴还亲自将家中存放的高利贷和欠账的文约全部拿出来焚毁。乡人们见此情景，感动得流下了热泪，都认为他已做出了普度穷人的佛法行动。给上师和寺院贡献了 2800 余头的牲畜供，作为寺院的给养。给周围群众施舍，破费了数以千计的财物。守孝尽后，跟随法王回到竹寺，将他从家乡带来的剩余财物全部供献给了寺院僧众，寺院僧众都因享有其份而专心修习。他和其他僧人一样，不下山，不跨俗家门栏，着布单衣，禁语，不断供施百粒食子法，严守清规。这时法王对他说：“你虽不需受这些制约，但应当知道释迦佛世尊也作过 6 年的苦行。”法王鼓励他的话，更使他树立了精研苦修的恒心。

洛热巴 25 岁时，他的师尊藏巴嘉热逝世，他为上师圆满作了祭祀活动，还用化缘所得到的财物，为上师修造了一座灵骨塔。他坚持上师的教导，继续在觉莫雪山、色莫垛修习，色莫垛是藏北纳木错圣湖中的一座岛屿，在这里修持两年，有时没有生活资料，遇到冰雪天，连柴火都无处可取。尽管生活极其艰难，他仍能专心作无量苦行，达到较高层次的悟道境界。以后他到曲弥嘎莫、香岗、久吉、乌日等地的小寺院传法讲经，广作利益众生事业，到处留下了他的足迹。尤其在乌日住了 7 年之久，聚集僧众有 1000 余人。乌日地区经他掌管后，过去发生过的恐怖乱事云消雾散，深受僧俗敬重。他在乌日时，对过路人广施口粮，并立为常规，因此他的善德行为远近闻名。31 岁时，前往前藏南聂洛若地方，在那里遇到了正在修行的洛若大师，听受了大师的教言。同时，他还拜喜饶昂瓦、吉乌郭巴、郭钦巴等诸多大师，接受密宗的秘诀要点。在聂洛若地方学习和修炼了 15 年之久。洛热巴于金牛年（1241 年）在雅砻河谷建嘎波却隆寺，这座寺成了下竹巴的主寺，僧会人数多时，聚集到万余人，并制作了许多用金粉书写的修法书册。之后他到喀札喀曲，将喀曲寺的内部纠纷予以平息，修葺了喀曲寺佛殿，在寺中竖立了一对金幢。相传他还到过不丹，在不丹的本塘又修建了塔巴岭寺，这可能是竹巴噶举派在不丹建立的最早寺院。当他来到僧格日寺时，发现寺中的戒律松弛，他便作了整顿，使其振兴起来。他对 500 僧众传授了《胜乐大灌顶广轨》，作盛大节供，他曾在一个半月时间内从未间断地说法。

他于藏历第四饶迴之金狗年（1250 年，南宋淳祐十年）九月初二圆寂，享年 64 岁。

他是一位能圆满供施，没有贪恋，一心勤修，善巧通达和以悲心作利他事业，而使一切僧众都成为静修之友的大师。

央贡巴·坚赞白

——宋代佛学家

央贡巴·坚赞白，意为“幢吉祥”，是宋代一位藏传佛教高僧，郭仓巴·衮波多杰大师的著名弟子。他于藏历第四饶迴之水鸡年（1213 年，北宋嘉定六年）诞生在后藏多洛寺的拉冬地方，属东氏家族。他的家族中历代都有宁玛派著名僧人。父亲觉桑是一位拥有广博的密宗学识、昼夜修善之人，母名瑜伽母曲通。父母给他取幼名东索哇巴，从小就开始学藏文基础知识。

央贡巴 5 岁时，能唱出许多利益他人的道情歌，世人皆称他为活佛转世。那时有一名叫弥觉多杰（不动金刚）的人来到拉冬，谁也不认识他，可是这位小坚赞白却认识他，投入他的怀抱中喜笑颜开，以此因缘弥觉多杰的修证也得到大悟。有一天，弥觉多杰前去和小坚赞白相见，坚赞白发出妙音讲道："敬礼上师法王前，幻化小儿我名焰，宿世余业我已净，上师加持我已入，见之所迷我已除，行之取舍我已舍，修之所缘我已离，果之希得我已无。"弥觉多杰听后甚喜，双手合十道："大圆胜慧有一繁托处，这是普贤之子，佛之化身，我当皈依。"说后因激动而落泪，当时坚赞白就在弥觉多杰处聆听了年达娘的秘藏诸法和息结法类。6 岁时从普玛哇闻习《幻化灌顶》《大圆满续部教授》《甘丹教法》《息结教法》等经教，他师事普玛哇修习了 3 年。他年仅 9 岁时就任拉冬寺的寺主，从此开始抚育僧众，对他人立教导之规。这期间他先后拜喇嘛果扎巴、郭仓巴、萨班、金厄瓦、桑杰热巴等为师学习各教派教法，成为佛学大师。23 岁时，由拉宗索喀巴任亲教师，果扎巴作轨范师，卓琼巴任屏教师，在 80 位值事僧众前受比丘戒，赐法名坚赞白。后来他倡建了吉祥山南顶寺，也叫室利日南顶寺。在那里，他以身作则，在一年中结跏趺而修，还到布勒等圣地讲说修法教导。由于他的盛名，从各地慕名而来集会的僧侣超过万人。在诸弟子的激励下，他著有《住山法三种》《本母六种》等许多论著，其中《道歌》一函，共 108 首，系手写本，现藏于北京民族文化宫内。他的上师除郭仓巴外，还有宁玛、噶当、息结、萨迦等派的名僧，著名的萨迦班智达就是他的老师。

央贡巴・坚赞白于藏历第四胜生之土马年（1258 年，宋宝祐六年）因身体不佳，被弟子们迎请到吉祥山南顶寺养病，于是年九月十九日逝世，年仅 46 岁。

邬坚巴·仁钦白

——元代著名佛学家

邬坚巴·仁钦白，意为“宝吉祥”，是噶举派上西部竹巴噶举创始人郭仓巴·衮波多杰的得意门徒，又为黑帽系第二世活佛噶玛·拔希之弟子，黑帽系第三世活佛让琼多杰之上师，是噶举派一著名成就大师。

藏历第四饶迥之金虎年（1230 年，南宋绍定三年），生于多麦地区的耶茂塘地方，其祖先居·绛曲循努系莲花生大师的直传弟子，成为吐蕃赞普赤松德赞的一位应供上师，后来其家庭从康区流浪到前藏定居。其父母为居温觉彭和杜格玛，生有四子三女，邬坚巴在兄弟姐妹中排行第五，取名僧格贝，幼年时从父学习藏文和密乘法多种。

僧格贝年岁渐长，父母准备为他娶妻，他不愿接受，便逃到叔父跟前。叔父给他传授了《母续普巴金刚》《胜乐》《喜金刚》《金刚手》等秘法。16 岁时他到珀东埃寺，拜法王仁青孜茂为师，闻习《上下对法》①《量决定论》《中观论》和《般若略释》，从而得到讲说、辩论、著作三者无与伦比的美名。他先前从师郭仓巴受优婆塞戒，学习了噶举派教法，又从郭隆巴学习《般若略释》，在阅读《毗奈耶》诸律典时，感悟颇深。20 岁时，由仁青孜茂作亲教师，香桑岭巴作轨范师，索南沃赛作屏教师，同时受完出家戒和比丘戒，取法名仁钦白。此后 12 年中，他专心守持静坐禁行，而且不食肉类。他从仁青孜茂求得卓译师传规的《时轮法类》，从郭隆巴学习了恰译师传规的《时轮法类》，从时轮师桑吉多杰求得杂弥传规，然后他精心研习三师时轮法的舞、歌、弹等修法，遂成为当时在西藏精通时轮和天文历算方面的权威学者。他又从郭仓巴和噶玛·拔希二师学习了噶举派所有教法，郭仓巴上师给他作了时轮灌顶，继得上师应允，先到门隅吉仲，后去克什米尔，从克什米尔转赴邬坚学法，他“邬坚巴”的名称即由此得来。

在邬坚他学到了一些秘密法类，在他的传记里，有关于他到邬坚求法的旅行记，成为研究这一带古代地理的重要资料。他 32 岁时，金鸡年（1261 年）前往金刚座（印度的阇烂达罗），修葺了一些佛塔佛像，后来返藏。

土鼠年（1288 年），他按噶玛・拔希遗嘱，认定了让琼多杰是噶玛・拔希的转世。水龙年（1292 年），他 63 岁时，应忽必烈之诏到北京，给忽必烈授时轮金刚曼荼罗灌顶，给臣民讲授佛法。忽必烈要他留在北京，并赐赏给他许多财物，但他分毫未取，不辞而别返回西藏，因此也就没有得到封号。

藏历第五饶迥之土鸡年（1309 年，元至大二年）圆寂，享寿 80 岁。邬坚巴成就师一生不仅精通佛学、时轮学和天文历算，对藏医学也颇有研究。

注：

①《上下对法》：是指《大乘阿毗达磨论》和《俱舍论》两部论著。《大乘阿毗达磨论》是印度无著论师所著有关共乘摄颂，分五卷。印度佛学家燃灯智与西藏译师戒胜共同由梵译藏，并加校订，唐代玄奘由梵译汉。《俱舍论》全名《阿毗达磨俱舍论本》，系印度论师世亲所著小乘一论典，正文偈颂体，分八卷，唐代玄奘由梵译汉。这两部论著合称上下对法。

竹巴・贡嘎勒巴

——一尘不染的瑜伽自在师

竹巴・贡嘎勒巴，于藏历第八饶迥之木猪年（1455 年，明景泰六年）出生在拉萨河下游，父昂索・仁钦桑布，母本茂・官毛吉。他是家中的长兄，幼名叫才旺加布。13 岁时，父亲被纳巴一方恶势力杀害，其姑父桑波收养了他，曾做仁蚌首领更杜桑波的侍从 6 年之久，后赴前藏，临行时将仁蚌・更杜桑波赐给他的一串琥珀念珠与一对璁玉耳环，以及一匹黄色良马送给姑父桑波作为养育之恩，然后去前藏朝礼，游方各地。

当他来到热隆寺时，热隆活佛供给他衣食，让他住了 8 个月，这期间他从师学习《喜金刚第二品续》。当证士拉宗大师来热隆时，他慕名前去拜见，求学《达扎》与许多佛法要旨。

之后他去了绒扎噶曲顶寺，从大比丘索朗却旦大师6个月学习大手印等法之全部教授，同时向索朗桑布求学了宁玛派的许多经典及教法。后他赴乃宁寺，在乃宁寺法王尊前披剃出家，受沙弥戒，取法名贡嘎勒巴班觉桑布，简称竹巴贡勒。不久，他又从夏鲁杰钦饶尊等师受比丘戒，并从乃宁法王和夏鲁杰钦二师学习律藏、般若、喜金刚等方面显密经论多部。后他云游到工布地方，拜见第七世噶玛巴·却扎嘉措（1454~1506年），并从该师聆听密乘甚深法精要、一世成佛之究竟捷径和甚深奥义及有关风心无别之教授，并专心修持。另外，他还先后参达隆巴、占巴噶居巴、证士拉宗巴、索朗桑波等一些兼通显密的善知识，学习藏族传统的大小五明学科及佛学中的共与不共诸明处，皆达到通晓，成为一位博学之士。贡噶勒巴到门隅，创建门斯拉康（门斯庙），收门隅僧人30余名为弟子，传授经法。

贡嘎勒巴不仅精通五明和佛学，还善于治理政教事务。他所处时代，正是格鲁派创始人宗喀巴大师在西藏阐化王扎巴坚赞的支持下对佛教各派出现的时弊进行整饬后的时期，他在游学传教时对政教方面出现的腐败现象，通过各种方法进行揭露批判。这与他所处时代和自己的身世有很大关系。当他的父亲被害不久，慈母不久也含恨离世而去。他们兄妹三人，各自流落异乡，过着非人的生活，他心中悲痛万分，顿失安家之念。他在《自传》中的几句话道出了当时的悲惨情景："恩父仁钦桑布被恶人夺去了生命，慈母又离我们而去，贡勒父子无意重返已荒芜的家园，乃浪迹四方。祈求竹巴之护法神保佑……"他失去了家业，流浪卫藏，足迹遍履门隅、阿里、塔工、拉萨、日喀则，还隐居山间小寺等地。由于他是一个流浪汉、游方僧，其所穿衣服无定规，或俗家服装或僧伽袈裟，时而男装时而女扮。当时大多数人都敬称他为成道者，也有个别人诋毁他为疯子。云游期间他还娶一明妃，名叫才旺宗，生一子，取名香琼竹巴。乃东头人恩赐给他住房及少量土地，让他一家安居耕种。他已是弃家离俗之人，不愿再落俗浊世。他所到之处，详细考察政教事务，目睹了一些"活佛""格西""咒师"等有地位的佛教界人士，自诩是佛祖释迦牟尼佛的虔诚信徒，实际上却作威作福，贪赃枉法，兴建豪华别墅，贪图享乐。更有甚者宗派相争，蓄养僧兵，挑起战乱，为害一方，如此等等，干出许多违背佛法宗旨之恶事，哪里还有什么慈悲善行可言，更不用说自度度人了，故而深恶痛绝。他在自己的《散集》一书中写道："坚持苦行之僧侣较少，贪财图利之徒则颇多，名为信徒却背佛道而行，名为上师却作威作福，名为禅师却暗藏娇妻，名为证士却粗鲁狂妄。"他以如此深刻、尖锐之言词无情地揭露、批判了佛教界的阴暗面。针对一些寺院僧侣并不修持佛陀密意，只是玩弄表面文章而虚度年华之人亦加以讽刺。在他的《自传》中说："去到法相学院学经，背着一袋词句而归，却把实际内涵丢掉，目空一切，自以为是，离经背道而行，毫无所获而徒劳往返。”

针对个别轨范师讲经说法，不是为了弘扬佛教、济利众生，而是为了个人名利之事，在其《自传》中又揭露道:“如今讲经传法,是借佛法发财,非为饶益众生,纯为衣食而已。祈请佛祖施恩，来世惩罚尔等。”总之，他所到之处，对假佛法之名而办俗事，假公济私，不信报应，言行不一，尔虞我诈等人际关系中不当劣行，满心厌恶，花了相当的精力用不同的方式去揭露、批判。他也对佛教界的一些知名学者在写作时套八股文式的教条文风提出指责:一些人写文章著书，模仿那些印度经典格式，开卷即为书首赞礼，然后又是著书誓言，正文分章节，篇末为回向文与跋文等，格式死板，内容贫乏，满纸皆由华丽辞藻堆砌而成，借以冒充巨著。贡嘎勒巴的文风趋向大众化、通俗化，他以道情歌、歌调、舞步、本教念诵调、嵌字诗、书信、短篇故事等进行写作。其形式为藏族通俗传统文体，且语言口语化，文字活泼流畅，群众易懂喜读，内容与当时的社会现象和实际生活息息相关。因他经常揭露批判亲眼所见的一切丑恶现象，故受到大多数人民群众的敬仰，许多著作在民众中广为流传。在他的《自传》中说 :“本人撰写的这部传记,并非吹嘘凡夫的奇迹,因别人不了解我的功过,故只揭己过,不谈优点。”他借揭发自己的过错，意在讽刺、批判社会上的种种不公正、不合理的现象，特别是对那些佛教界信徒，借佛法之名而干违背佛法之事提出了严厉批评。

当时西藏的社会局面是,后藏贵族仁蚌巴倚仗军队,于藏历第八饶迥之土马年（1498年）统治了前藏，至火牛年（1517 年），统治卫藏约 20 年。帕竹第司用前藏军队赶走了后藏军队。从此时起，卫藏两地为仁蚌巴和帕竹第司所割据，卫藏之间发生大小战事多次，黎民百姓不得安宁。特别是佛教各宗派，凭借各地方势力的支持，也互相纷争，由于内部纠纷，前后藏人民之间产生裂痕，藏族人民不团结，日益陷入乱世的火坑。在这种情况下，不依附地方势力，不偏袒任何宗派，始终站在藏族人民的立场上，拿起笔杆，与社会上的许多不良现象作斗争而贡献出毕生精力的竹巴·贡嘎勒巴是十分难得的大德。

他的著作有《瑜伽师贡嘎勒巴传·草急成章》《瑜伽自在师贡嘎勒巴传·稀有甘露滴》等，据说在民间口头流传、私人收藏中亦有不少散篇。

竹巴·贡嘎勒巴于藏历第九饶迥之土鼠年（1528 年,明嘉靖七年）逝世,享年 74 岁。

竹巴·白玛嘎布

——竹巴热隆寺第四世活佛

竹巴·白玛嘎布，为中竹巴噶举热隆寺第四世活佛，桑欧曲林等寺的创建者。他于藏历第九饶迥之火猪年（1527 年，明嘉靖六年）出生在工布地区庆多之藏雪昆地方。父觉色·鲁旺波，母曲君卓玛。

3 岁时，由益西坚赞法尊剃度出家，起出家名嘉旺伦珠。4 至 6 岁，因患风湿性关节炎，上师又给他改名都列南加，意为"胜魔"。后来一位下竹巴老喇嘛又为他改名为达巴坚赞。火猴年（1536 年），他 10 岁时，被竹巴活佛阿旺却吉、上竹巴之弟班智达扎西南杰、上世竹巴之亲炙弟子衮邦喜饶嘉措等认定为第三世竹巴·加央却扎之转世，是年正月初一吉日，在竹巴热隆寺举行坐床典礼，登上了该寺无畏狮法座。从此，由轨范师喜饶果恰等任启蒙师，教习他藏文拼读，很短时间内学会了藏文的读写及简单文法，又从夏·扎西南加闻习了灌顶法及其他教法。后又由竹·绛曲钦波给他再次剃度，并授予居士戒和菩萨戒，取名金美阿旺诺布。11 岁，他第一次去拉萨圣地，朝拜了大昭寺释迦牟尼佛像和小昭寺释迦牟尼佛像，作了供养，然后返回热隆寺。他在杰·图多处听受了《甘珠尔》大藏经和噶举派的一切秘诀，在年让巴师尊前研习了摄类学等《因明七论》。金鼠年（1540 年），杰·图多上师逝世，年仅 13 岁的白玛嘎布高坐于二千名竹巴派僧众之上主持丧祭仪式，圆满料理完丧事。17 岁，在华科德钦寺由耿嘎扎西南杰任亲教师，三藏法师官却仁钦为屏教师，桑杰益西为轨范师，给他授了具足戒，取比丘法号为阿旺贡嘎南杰诺布，发菩提心之名叫弥潘·白玛嘎布。自此，人们普遍俗称他为白玛嘎布。他又在这几位授戒师处学习戒律学，以戒律作为自己行为规范的准则，终生坚持每日只食一餐的习惯。

在夏域地方，他从竹译师阿旺扎巴认真学习诗学、词藻学、梵文等普通文化知识，因学有成就，曾为印度诗人佑巴金（旦志）著的《诗镜》一书作注释。他还对许多经典加批释文、释难和辨析总义，其著文笔优美，为人们学习阅读提供了方便。后来他的足迹遍履上下杂日，闭关一月，又赴山南、工布、达孜等地，所到之处拜师学法。他先后从竹译师、达察巴、桑杰龙主、益西坚赞、杰·图多、年让巴等40余位贤哲经师学习了显密诸论，成为学识渊博的佛学家。

他在噶举派佛学界有了一定声望后，以热隆寺活佛的特殊身份，调解纠纷，如曾调解平息了萨迦、噶玛噶举、竹巴噶举三派之间的宗派争执。各寺院与土官为争夺属民，战乱不息，人畜罹难，他于心不忍，亲自向各方进行说和调解，想方设法，使矛盾化解，战火平息，消除怨仇和争执。为此他时时念诵本尊咒语，如仪修习，默记经典甚多。平时念诵《修法海》《菩提道第·解脱宝庄严》，以及中观、般若、戒律、俱舍等方面的显宗经典，以教理感化人心，要人们向善，多做一些对佛教、民众有益的事。

后来有色多坚寺般若然贤巴、噶东寺般若然贤巴格勒琼乃、夏鲁寺然贤巴·喜饶桑波、日喀则诸学者闻其名而前来问经辩论，提出经典中的许多疑难，向他请教。白玛嘎布则胸有成竹地一一解答，他讲解清楚，论据充足，说理有力，因此，对方的疑难如冰释化，众学者都敬佩他的渊博学识。

白玛嘎布平生生活简朴，信奉者敬献资财供养虽多，但他从不私自享用，哪怕一针一线也十分珍惜，将大量的供养财物都用于弘传佛法方面。水牛年（1553年），他倡建扎西通敏寺。木鼠年（1564年），他为嘉协才寺兴建佛殿，内塑佛像，建造佛塔，印刷佛经等等，三年完工。他在竹热隆寺修建经堂、禅房，后在山南伦孜宗附近倡建桑欧曲林寺。他倡建、修复与扩建的法相经院、密宗经院、禅室亦不少。这些寺院都是他讲经弘法的道场，前来求受沙弥戒、比丘戒的弟子约五千人，其中在杂日神山和岗仁波齐神山闭关修炼噶举派密法的达数百人。他一生创建寺庙约10座，扩建、修葺寺庙约20座，弟子约六千人，结法缘者无计。他以乃东版《甘珠尔》大藏经为蓝本，用金银汁缮写《甘珠尔》大藏经。白玛嘎布第二次赴拉萨朝圣，为大、小昭寺释迦牟尼佛像前的佛灯献三千驮酥油，为噶丹颇章铸造佛像、佛塔多尊，捐献四十驮黄铜。向各派寺院僧众发布施，赈济广大贫民，耗资巨大。

白玛嘎布有他自己的做人原则，他从小对所见所闻善于思考，作为一个比丘僧，深谙佛法，在严守戒律的同时，也用自己得道的慧眼观察世间大小诸事、吉凶祸福。对巴结权贵、作威作福、凌驾于别人头上的人，不屑一顾，皆视为世间小人、可怜虫。他以弘传佛法、利益众生为宗旨，讲经修道行善。用佛法教化人，使人们走向成熟道和解脱道。

白玛嘎布于藏历第十饶迥之水龙年（1592 年，明万历二十年）圆寂，享年 65 岁。众虔诚弟子举行追荐法会，建造铜制镏金灵塔，安奉骨灰。

其著作有《现观庄严论注释·慈氏教言》《狮子吼（莲花生）历史》《杂日神山颂》《缘起论详释》、《白玛嘎布自传》（上、下册）、《竹巴佛教史·教莲盛开之日》（简称《竹巴教法史》，成书于 1580 年，拉萨木刻本为 310 页，书内记载藏传佛教后弘期人物事迹颇详，并录有诸大师之间来往书札）等。

雅桑·却吉门兰

——雅桑噶举派创始人

雅桑法王，因建雅桑寺而得此称号，法名却吉门兰，意为“法愿”，南宋藏传佛学家，雅桑噶举[1]初祖。藏历第三饶迥之土牛年（1169 年，南宋乾道五年）出生于后藏夏玛莫地方，属努氏家族。父章莫嘉，母香坚本吉。

童年时，父母把他送到一个名叫夏相的地方，他在那里敬供三宝（佛、法、僧），成为善巧精通者，在一位名叫正堪布却敦的人跟前出家为僧，取法名却吉门兰。后来到羌嘎从轨范师听受《毗奈耶》和《菩提道次第》，那时他能自然生起修持。轨范师说：“这位小僧人有贤善的三摩地。” 18 岁时，他想做比丘，于嘉杜寺中从亲教师鲁嘎、轨范师贡哇涅·达玛思吉、屏教师麦恰等上师受比丘戒。此后五六年间，皆于亲教师处精研《毗奈耶》，以讲持戒律而知名，大家普遍称他为努持律师。25 岁时，在尼达寺中，堪布讲说四种法类时，他任副法座而对所讲经教文本记得烂熟。28 岁时，他曾一度在夏相寺当过管家，后从学于帕摩竹巴之大弟子萨热瓦·噶丹益西僧格，之后云游后藏，与宁玛派高僧修波度孜相逢，求受了加持，后来在彭域周嘎寺周嘎哇处学习《发菩提心戒法》

教授，在夏域努贡处求得皈依。之后他复来到萨热瓦·噶丹益西僧格座前，学习了《大手印心要》，特传《耳传识面》和《那若六法》等。此时上师说："现在我后继有人了。"他住在本香时，冬天那里的刺藜树上开出花来，因此人们欢声高歌赞颂他，献给他鲜花，其名远扬。

火虎年（1206年），他37岁时，由香布承许给他当施主，在山南琼结地方的雅隆香波雪山附近兴建了雅桑寺，从此世称其师徒所创教派为雅桑噶举。建寺后，他接受上下烈区、措纳、洛扎、雅隆等地方各施主的邀请，前去说法讲经。在洛扎说法的法座有45座，在烈区有47座。有一次他在香布甲寺僧伽大众前作集会宣讲时，应召而来集会的帐篷就有350座，要求出家的有15000人，堪布库巴委派的领诵师就有300人，雅桑派的居山修士有2100人前来集会。他于藏历火猴年，在帕竹藏王扎巴坚赞的支持下，修建了德阳大殿，标志着雅桑寺到了繁盛时期。

他一生弘扬佛法，利益众生，功德甚大，于藏历第四饶迥之水蛇年（1233年）与世长辞，享年65岁。

他去世后由他的弟子仁钦觉色继承法嗣，直到藏历水虎年（1242年，南宋淳祐二年），仁钦觉色为前辈却吉门兰修建了十一肘高的金制灵塔，将遗骨安奉于此塔中。

注：

①雅桑噶举：系帕竹噶举八小支系之一。该派开始于格丹意希僧格（？～1207年），后由其弟子却吉门兰于火虎年（1206年）在山南乃东西南建立雅桑寺而形成，由寺而得该派名。元朝时为十三万户之一，约在土牛年（1349年）前后，被帕竹绛曲坚赞所灭，该派并入帕竹。

绰普·贾察仁钦贡

——绰普噶举派创始人

绰普·贾察仁钦贡，是帕摩竹巴·多杰嘉波之弟子，绰普噶举创始人，藏历第二饶迥之土狗年（1118年，南宋重和元年）生于后藏夏卜墨地方，为8世纪上半叶努·南喀宁布大师家族后裔，系努氏。其母拉吉，是努族一小王之女，故把她的儿子称为贾察(意为“王甥”)。

贾察5岁时学习文字与算法，童年起就不贪恋世俗而喜求正法。他先后从师鲁尼玛、岗喜饶喇嘛、班智达萨玛达纳室利等19位上师，在诸上师处分别学习了内外共与不共许多教法。他19岁时赴前藏，又拜玛尔却吉杰波、译师却吉桑波、麦敦·更噶宁波、俄·多德等为师学习了许多正法，并出家受戒。25岁时回到故乡，登上法位宝座，开始讲说教法，当时他父亲对他说:“必须娶一妻子。”他决意终身不娶，向父亲再三请求，最后父亲答应。后他又从札嘎波哇和班智等许多上师处求得了一些正法。这时遵喇嘛玛尔却吉杰波上师之命，他前往帕竹丹萨替寺学法，来到寺主帕摩竹巴·多杰嘉波上师尊前，生起敬信而学习了许多正法教授，产生了大手印殊胜证悟。他一生当中曾先后事师82位，学过甚深教法达136种，而帕摩竹巴是他的主要老师。

金兔年（1171年），遵帕摩竹巴生前师命来到端毛日，这时他已年届54岁，请求香息孜上师作亲教师，才受了比丘戒。之后他从尚尊温琼手中买得绰普地方一块土地，在那里盖了一个佛堂和一些僧舍，聚集了20多名僧人作为门徒，传授教法，后来在此基础上发展成为绰普寺，其教派遂称绰普噶举。

他于藏历第三饶迥之木兔年（1195年，南宋庆元元年）圆寂，享年78岁。

喀且班钦·释迦室利
——克什米尔著名大学者

喀且班钦·释迦室利，于藏历第二饶迥之火羊年（1127年，南宋建炎元年）出生在西印度的喀且地方（今克什米尔）查尔哇苏热城，父亲是大商人萨玛扎雅，母亲名苏巴噶，父母为他取名却吉坚赞（法幢）。他从幼年起即虔信佛法，10岁时受梵净沙弥戒，刻苦学习五明及内外道经典等。他23岁时出家，发愿不违背四法誓，此后到东印度深造，30岁从亲教师贤达嘎热、轨范师达那拉西、密教师达那噶热受具足戒（比丘戒），从戒师学习佛教显密经论，成为精通五明的大班智达，简称班钦。他的根本上师德哇布拉雅曾预言说：“你以后将会在北方以佛法利益众生。”又有祖多都嘎、色多坚等人一再劝请他去北方弘传佛法。藏历第一饶迥末，13 世纪初，伊斯兰军队攻占了除东印度、南印度以外的西印度、北印度和中印度。因此，很多佛教学者和僧人都逃到印度以东的缅甸、泰国、柬埔寨等东南亚国家去了。喀且班钦等少部分人来到印度北方离西藏亚东地区不远的比达乌热的集市，他们一行在这里住了一年多。藏历第三饶迥之木鸡年（1204 年），西藏绰普噶举派著名译师绰普·次臣喜饶，又名强巴贝（1173~1225 年）等人携礼前来邀请喀且班钦到西藏传法。他们献上用金汁书写的《般若心经》一部、黄金五两、优质缎衣一套、缎制华盖一顶等见面礼，喀且班钦大师答应他们去西藏。此时喀且班钦已 78 岁，而来迎请他的绰普译师才 31 岁。他们经亚东到达西藏，所到之处受到僧俗的盛大欢迎，到绰普地方时，欢迎仪式更加隆重。喀且班钦·释迦室利在绰普寺为僧俗大众约 800 多人讲授了《般若八千颂》《别解脱经》和《经庄严论》，并在这里进行了夏令安居佛事活动。他先后到西藏的许多地方，如曲弥让莫、森波日、楚普、叶普、拉萨等地，还到山南南杰拉康寺一带传教，据说他在山南一带倡建了乃东泽措巴寺、森乌日寺等四座寺院，又在拉萨大、小昭寺为两尊释迦牟尼佛像敬献了盛大供养。在森波日作夏令安居期间，他还翻译了智能友所著的《阿毗达磨杂集论释》，并先后讲授了《阿育王授记经》《百喻经》《开示业轮经》《慈氏五论》等佛教经典，又应邀到山南钦浦和桑耶寺，一边朝礼，一边讲经。后他转赴热振、娘地、洛若等地讲经传法，又去后藏许多地方的寺院巡礼传法。在萨迦地方，萨迦班智达从喀且班钦和他的弟子僧伽师利学了《释量论》《现观庄严论》，以及声明、工巧明、星象、医学等五明知识，受益匪浅，并在二师前求受了比丘戒。他从萨迦又返回绰普寺，原本想讲授一些佛经后就回印度，但在他巡回讲经时发现了许多人才，听到学僧中几位班智达讲论经典，非常高兴，他说："西藏有这样年轻的大译师、大学者，真是奇迹！"所以他不顾年迈继续在西藏讲经传法，并让译师们将他所讲佛经翻译成藏文，在这里又带出了许多知名弟子。他在西藏弘法多年，广作利益佛教和众生之事业，这时他已是 88 岁的高龄了，于藏历第四饶迥之木狗年（1214 年），喀且班钦大师一行离开西藏返回克什米尔。临行前他将在西藏期间所得布施全部献给当地的寺庙用来建造佛像、修葺佛殿。喀且班钦一行取道纳堆南路，沿途又作了许多度化众生事业，由绰普译师欢送，直送到克什米尔边境处，才惜惜而别。他回到印度后又传教 12 年，于藏历第四饶迥之木鸡年（1225 年，南宋宝庆元年）圆寂，享寿 99 岁，按虚岁计达百岁。喀且班钦大师有他自己的传承，即戒律传承，总称为班钦律统或叫新律学派。因绰普译师所请来藏传法，故只好将他归到噶举派中作简介。

绰普·次程喜饶

——绰普噶举派著名翻译家

绰普·次程喜饶，意为“戒慧”，是绰普噶举创始人仁波切贾察的侄子，绰普噶举著名的翻译家，于藏历第三饶迥之水蛇年（1173年，南宋乾道九年）出生在后藏夏卜墨地方。父名觉澎，母名色莫赛协。6岁时学习藏文写读，8岁时跟叔父贾察学习简要语法和短篇经文，10岁时由贾察和衮丹热巴作亲教师兼轨范师给他授沙弥戒，起法名次程喜饶。他11岁时跟藏巴师聆听《量决择论》，12岁时曾去参加了萨迦第二师祖索南孜摩逝世后的法会。16岁时，他拜藏嘎瓦为师，闻习了《中观》《慈氏论》等许多教法，在多次法会上，他立宗辩论，每每获胜。他给上师作盛大供养，并承事服役。17岁时迎请鲁巴的得意弟子孜敦更桑（普贤）来到绰普，在孜敦师前研习金刚界等曼荼罗501种及其传统仪轨与要门。上师孜敦巴晚上做了一个梦，梦见恰贵雄（灵鹫谷）所供的毗沙门天王多闻天王对他道：“由你来为这位觉色贵公子传授教法。”遵此授记，上师孜敦巴为次程喜饶授了毗沙门随赐灌顶。19岁时，他在章参香从一位名叫温波香的翻译家学习翻译，经过一段时间的翻译实践，掌握了佛经翻技巧和要领，后成为一位翻译大师。是年由贾察作亲教师，藏噶瓦作轨范师，衮丹作屏教师给他传授比丘戒，后从藏纳学习了两年《律经》。21岁，他从衮丹听受了“毗沙门随赐灌顶”，从贾察求得不同传规的教授136种，以及13种有缘教法。23岁时，上师贾察去世前将他叫到跟前传了一些教法，并预言说：“你的声誉将会如铜号一般渐次洪亮起来。”又传授了“迁移智慧尊灌顶”，过了两个月贾察便与世长辞了。同年次程喜饶起程前往尼泊尔，拜班钦·释迦室利为师研习显密教法，开始学习梵文。在那里他与至尊弥札相见，邀请弥札到西藏弘扬佛法达18个月，弥札对绰普的地基作了加持。后又迎请克什米尔的班钦·布达室利来藏，从该师学习显密经论多种，他在绰普寺开了讲闻大部经论之宗风。木鼠年（1204年）他迎请了班钦·释迦室利，弘传了名为“迦湿弥罗律统”的无垢“班钦传承”，此后藏地的许多持律贤哲都接受了这个戒律传统。这位著名的大班智达在涅地方（今西藏自治区隆子县）修建了有300条街巷的城镇，并传授佛法，为绰普贤钦寺作了加持，水猴年（1212年）绰普贤钦寺正式建成。

绰普译师33岁时曾在绰普寺内建造一座大经堂，并塑造了一尊弥勒佛大像，高八十肘，成为后世的一个圣迹。该译师还在直贡巴座前听受了玛尔巴噶举传规的一切灌顶、指导和教授，于直贡塘建造了一尊弥勒大像，其跏趺座之宽大直接山石，直贡巴大师为其作了祈祷和协助。绰普译师后来还去了昌都类乌齐寺讲经弘法，广收门徒。从类乌齐又去了康区德格南部游牧区，传播了许多灌顶、指导和教授。他将这里的信民所献的牛羊集中后，招徕了一个部落，后来简称绰汝，部落首领由绰普译师的弟子——拉钦·索南旺秀之侄担任。在康区，由大译师拉钦·索南旺秀和堪钦旺秋贝等指挥，最初修建了一座帐篷作寺院，后经逐步扩建，形成了一座较大的寺院，起寺名绰普菇贡寺，藏语“台乔塔杰林”，意为“妙乘昌盛洲”，形成了绰普噶举上、下二寺。

他48岁时到绰普的年喀岩山森格宗修地潜修，获得了一定成就。他弟子众多，主要弟子有拉孜·索南旺秀、堪钦·绰曲贝、桑钦希钦三位大喇嘛。

该师一生著述和翻译了许多经典，主要有《百种要门》《胜乐等金刚修行坛城》《生圆要集》《九字要门》《三四一十二心言》《绰普大勇者生起仪轨》《大手印九义》等。

该师于藏历第四饶迥之木鸡年（1225年，南宋宝庆元年）在前藏圆寂，终年53岁。

工珠·云丹嘉措

——晚清噶举派大学者

工珠·云丹嘉措，别称“游戏自在无边慧”，音译“若白旺徐洛哲塔耶”，于藏历第十四饶迥之水鸡年（1813年，清嘉庆十八年）十月十五日诞生在四川康区金沙江畔萨莫岗白玛拉泽之前的若绒加白地方，父亲丹增雍仲，母亲扎西措。出生不久，一些大德预言，这孩子将会成为一位持教高僧。幼年游戏玩耍时，一言一行皆带有灌顶、讲经、念咒等佛教内容。5岁始学藏文字母和拼读，稍加指点，即写读如流。他对上师乌坚活佛十分恭敬，10岁时进入佛教正法之门，学习显密经论的同时，还广泛接触工巧明、医方明、天文历算等学科，所学知识无不娴熟。青年时就已显露出智深慧广、德行高洁、庄严国土、利乐有情的大德风范。他先后从协钦班钦居美图多南杰、大司徒白玛宁协旺布、嘉央钦泽旺布等50余名佛学大师，系统地学习显密经教、大小五明、宁玛派新旧经论及一些伏藏经籍等，尤其深入研习了中观、般若、俱舍、慈氏等方面的主要经论及注释，博综经藏，名声大振，得到了“通达一切玛哈班智达”的桂冠。他不但将所闻一切经论进行深入思考研究，而且逐一运用于修行之中。经长时间修习，获得了“悉地”成就。工珠 · 云丹嘉措才思敏捷，钩深致远，将所学经论、教言分门归类，精心梳理，最后整理编出《所知藏》《教诫藏》《经传密咒藏》《宝库藏》《不共秘密藏》，后又将所发掘出来的零星散集汇编在一起，成为《秘籍藏》，这“六大藏”是藏传佛教各派公认且参用的经典。他擅长医学，除学玉陀 · 云丹贡布的《医学四续》外，广泛学习各地方、各教派著名医士的医学论著及医学史。为学密宗法和医学，他曾先后6次去印度拜师求学，还从乌仗那国的空行女贝丹昌瓦处学到了《医学八支论》。根据所学医学知识，著述了《八支秘诀四续》《小续甘露精要》《工珠笔记 · 精选甘露滴》等医学著作。其中《工珠笔记·精选甘露滴》，简称《工珠笔记》，是一部医学名著，论述详略得当，主要阐述病理、药理、症状、治疗法则以及药物炮制等各种经验，不仅在康区广泛学用，而且在其他藏区也有一定的影响。

据载，该师一生著述颇丰，约有近100函，有德格版、楚普寺版、八邦寺版流传于世。

云丹嘉措是八邦寺工珠世系的第一世活佛，当时他任该寺讲经院的主讲，他不但精于著述，更善于讲经说法，所讲内容涉及显密经论、语言文字、医学历算、旧译和新译宁玛派经典及教言等。他无论是著书还是讲经，对一切佛法无偏见，不视教派亲疏，为弘扬藏传佛教文化和藏族文化而尽心尽力，他的“六大藏”是佛教文化和藏文化的集大成。他专心静修。还先后在杂扎仁钦扎静修地和宗雪德西堆巴修行地修建佛殿、佛塔，塑造佛像，印刷佛经、修缮陈旧佛像，广作善业。

嘉央钦泽旺布大师（1820 ~ 1892年）与工珠·云丹嘉措年龄相仿，两人互为师徒，相互学习，取长补短。云丹嘉措年届40岁时，依伏藏师却居朗巴和钦泽旺布的授记，获得了拉朵日茂扎的伏藏书题。58岁时，他在拉杂布日茂扎建立三根本道场，取寺名德钦班玛，之后又从德钦岩洞中掘出黄纸《送葬经》、吽嘎热的密衣，还从一些地方掘出莲花生及其弟子华贝哇所做的布包长寿丸，以及寂护的法衣、赤松德赞的腰带、修持马头明王和无量寿佛的黄纸经文等，总之，这一时期他掘得了许多珍贵的伏藏，是研究佛教和藏族史的宝贵资料，并依此撰写了《百名伏藏师传》一书。他将所掘取的伏藏全部交给钦泽旺布上师，并仍坚持讲辩著，勤奋不已，晚年注重修持金刚瑜伽法和脉风。

他于藏历第十五饶迴之土猪年（1899年，清光绪二十五年）十一月十五日伴随着几种奇异现象而圆寂，享寿87岁。其弟子遍及卫藏、多康，著名的有噶玛噶举派第十四和第十五世活佛、大司徒第十代和第十一代、加央洛代旺布、阿里法王贡嘎加样、居·弥潘·绛央南杰嘉措、伏师列冉林巴、居美埃东旺布、下密院堪布叶喜贡培、噶丹寺学者阿旺丹曲嘉措等。

该师因是八邦寺的活佛而收录在噶举派中。

玛尔·喜饶益希
——玛尔支派创始人

玛尔·喜饶益希于藏历第二饶迴之木兔年（1135年，南宋绍兴五年）出生于康区哲地方的玛述格杰结迈隆村，系果杰氏达吾家族。父亲果木巴卢祖，是一位笃信佛教、心地善良的人，他有三个儿子，其中喜饶益希是幼子。喜饶益希从小聪明伶俐，十分虔信佛教。当佛学知识非常渊博而美名传遍雪域高原的噶举派大师嘎洛来此地传法时，喜饶益希有缘与他相逢，经请求始传给“皈依发心之要”。15岁时，觐见贝喇嘛波木杰，从其闻思因明、密宗等方面的显密经教。并依止贝钦波、阿森、布贡等三位很有影响的上师，在坛城中接受胜乐灌顶。他潜心修学哲布大师所传的遗教、五蕴分别说一切有部和出世法等。20岁时，他依喇嘛波木杰、乌色和巴卓西饶扎等师正式出家为僧，并受沙弥戒，取法号为喜饶益希。这时他准备前往卫藏继续深造，时有近师巴东希杰为其介绍了一位在卫藏声誉颇高的上师，这位名师就是帕摩竹巴。于是他同格西达玛布木一道前往前藏，在途中又拜藏纳为师，聆习了中观和因明学等方面的经论。并在嘎堆、恰巴和藏纳三师处受了比丘大戒，之后在8个月的时间里学习了“戒律论”，以戒律约束自己的言行。后他进入噶当派的著名学府桑普乃邬托寺，简称桑普寺，在这里五年时间中，从因明学大师恰巴·却吉僧格和藏纳师闻习显密教的综合理论，并在寺内与其他修学僧就因明论开展辩论，如此，因明学的理论水平日益提高，最后也成了一位能言善辩的论师，渐有名气。一次在拉萨圣地遇到了果木崔大师，从此师处获得了噶举派特有的大手印法，利用时间修学此法。又在 3 年时间中，他对从俄译师等噶当派名师传下来的噶当派的教法、教义等进行了修学研究，基本通达。然后，他与卫赤森格贝一道前往山南桑日境内的丹萨替寺，拜谒了帕摩竹巴大师，当时从康区前来拜师求学的僧人达百余人，在几天内觐见大师四次，传授了帕竹噶举一些甚深教法。由于急切学到佛法，修学过度，出现了口吐鲜血的疾病，不得不治病养病，过了十多天渐有好转，又向大师求学教法。大师看见这位同乡的弟子求法心切，将自己所知道的显密教法和主旨皆毫不保留地传授给喜饶益希，使他受益匪浅。他在帕摩竹巴大师跟前恭敬地苦学了一年多，获得了许多噶举派的经教颂授，他开始边学边依法进行修行，不但彻底治好了病，还出现了不同寻常的功力：冬日冰雪寒冬季节，能着单衣御寒。虽出现如此功力，但他毫不懈怠，更加勤奋地修持，按照大师的教导和噶举派传统，精进增益，一次次地冲破疑难之迷雾，终于获得了很大成就。他在大师处求学、辩论、修炼长达五年，功成名就。最后铭记大师的谆谆教诲，辞别恩师，启程返回康区故乡。回乡后的几年间，他仍然隐迹于深山老林潜心修持，功夫不负有心人，终于达到了彻底证悟的境界。于藏历金虎年（1170 年），由他本人各方集资，在达牟登地方修建了玛尔协贡寺。这座寺院的兴建，为以后创建玛尔噶举派奠定了基础。寺院虽建成了，但他对寺院的壮大发展考虑得较少，他注重依法修持，也注重佛法知识的修学，对于那些不求学佛法，只求安逸和声誉的僧人都拒绝于寺院门外，所以该寺僧人数量有限，比起帕摩竹巴的丹萨替寺和其他噶举派寺院，玛尔协贡寺的影响不太广。尽管如此，他依此寺，创立了玛尔噶举派。由于他德高望重，修炼有成，在康区达牟登一带很有影响，追随他的信徒和依他为师求学的各地学徒达到二千余人。他淡泊名利、诚心地传播教法直到晚年，于藏历水猪年（1203 年，南宋嘉泰三年）摄色身于法身而示现圆寂，享年 68 岁。

他谢世后，其著名弟子益希坚赞完整地接受了喜饶益希的玛尔噶举派的佛学思想。因他长期在达牟登央衮修炼传法，故有央衮巴大师的美称，由他继任了玛尔协贡寺的法嗣。后乌泽任第三任法嗣，他之后由仁钦坚赞任第四任法嗣，以上几位传承者都是喜饶益希的弟子。他们为该派的继承、发展做出了极大贡献。这个小教派直到 15 世纪中叶时还继续存在，后来该派影响不如达波噶举在康区的其他寺院，逐渐汇入其他教派而不复存在。

叶巴·益希泽巴

——叶巴支派创始人

叶巴·益希泽巴，于藏历第二饶迥之木虎年（1134 年，南宋绍兴四年）出生于达森隆地方的恰木底理沃村之董郭波木郭朵氏家族，父亲贡巴阿拜，是一位通情达理，具菩提心的咒师，母亲名贡巴萨尊玛卓央江。益希泽巴为长子，幼名普巴朱。从小从噶举巴大师噶罗上师，学习藏文拼读书写和经文念诵法，因俱生智慧，一教即通。19 岁时，他来到巴嘉冲伯附近，依仲木大师和美觉东巴二人为师，出家为僧。取法名益希泽巴，并在二师尊前聆听了关于噶举派的一些经论和教授，之后又由二师为他授了比丘大戒，成为一名比丘僧，践行佛教律仪。后来与后藏阿里地方来的名叫曲切巴的名僧相遇，结为僧友，从其学习修行教理教言，在格西达云处修学闻、思、修之法，从闻思逐步进入实修。藏历水猴年（1152 年），益希泽巴 23 岁时，与泽莫和杰曲古一道前往卫地，在途中学习喜金刚等密乘法。到前藏后从恰巴大师学修般若、中观等方面的经论。接受了噶当派的许多教诫、教言等经教。于藏历水马年（1162 年），前往山南丹萨替寺，向帕摩竹巴大师敬献曼荼罗而顶礼，大师接受顶礼，最初为他传授了等持灌顶。他在丹萨替寺从师修学教法长达 7 年，将帕竹噶举教授和其他噶举派教言皆修学了一遍，打下了良好的基础，他的悟道也有了较高的提升。他于藏历土鼠年（1168 年），辞别传法上师，离开前藏与达隆塘巴扎西贝一同返回康区，于藏历金兔年（1171 年），他创建了叶普寺，后通称叶巴寺。以此寺为中心，他独创了叶巴噶举派，为噶举派八小分派之一。藏历土猴年（1188 年），益希泽巴来到康区（即今之玉树囊谦县吉尼赛境内的达那地方），发现这里松柏茂密，河柳丛生，景色优美。在杂玛山和乃桑美加的半山腰，有土猴年（l068 年）由凯达和他的五子修建的 100 柱九层佛堂一座，到此时已历百余年的佛堂十分陈旧，益希泽巴萌发了在此处也修建经堂的念头，他收元贡巴为弟子，在达那山（为何称“达那”呢？原来杂玛山和乃桑美加两山的山尖酷似马的两只耳朵，其中“达”，是藏语中的“马”，“那”是耳朵的意思，合称“达那”，即马耳山之意）下修建了 100 柱的藏式经堂一座，称“嘎嘉麻”经堂，并对旧佛堂进了一番修缮工作，自此达那寺成了叶巴噶举派寺院。寺院全称“巴吉俄巴达那诺布曲林”，意为“具吉祥之光马耳宝贝洲”，简称“达那寺”。该寺最兴盛时期，僧侣曾达 2000 余人，活佛 30 多位。寺内建有帕摩竹巴、直贡觉巴、玛吉拉珍等师的大灵塔，有叶巴神殿、贡保护法殿、吉祥天母殿等，佛塔 4 座，僧舍 150 余间。叶巴噶举派有多宗寺院，玉树杂多有巴矣寺，囊谦有达那寺、叶文寺、嘎扎西寺等寺院。

达那寺与其他一些藏传佛教寺院不一样，其他佛寺，尤其是格鲁派寺院内不允许演唱格萨尔王的戏剧故事，不收藏格萨尔王及其部将的文物。而达那寺因收藏格萨尔王及岭国将领的文物，塑造岭国人物形象及灵塔而闻名藏区。故人们又称该寺为“岭国寺”。据说很早以前格萨尔王和他的部将就曾在这一带活动，与达那寺有密切关系。后来寺内曾珍藏有格萨尔王的宝剑、长矛、盾牌、天弓、翎箭、盔甲、头盔等，还有格萨尔王妃珠姆的海螺腰带、加察大将的宝剑、王叔晁同的宝剑，以及法幢、法鼓、白法螺等法器，另藏有用黑纸金汁书写的岭家 30 位活佛的传记和岭国 30 位大将的传记等。达那山顶有格萨尔王及其部将的土木结构灵塔 30 座，分两大处：一处为 23 座，一处为 7 座。因此，目前到此朝拜转神的信士仍络绎不绝，叶巴噶举派随着时代的推移虽衰绝了，但达那寺至今依然存在。

叶巴噶举派创始人叶巴·益希泽巴于藏历木虎年（1194 年，南宋绍熙五年）示现圆寂，享年 61 岁，在几座寺院中建有他的灵骨塔。

萨迦派

“萨迦”是后藏一地名，即今西藏自治区日喀则萨迦县，意为“灰白土”地方。也有人认为先有萨迦寺，后演变成萨迦地名的。当代著名藏学家东嘎·洛桑赤列先生撰文说：“萨迦是当地藏族很早以前就以土质的颜色而取的地名。”后来寺院建成后，以地名取寺名，又以寺名取教派名为萨加派。该派的先祖为“昆氏”，又写作“款氏”，西藏一氏族名。“昆”为藏语，意译为“嫌怨”。传说，昔有天神名“石草山”，战败罗刹“晨无血”，夺其妻，同居生一子，以与罗刹有嫌怨，故其氏族命名为“昆”。据《红史》载：赤松德赞时期的昆杰·贝波且生有四子，后由四子传衍下来，到释迦罗哲，是一位精通旧派密宗之人，他生有两个儿子，长子喜饶次臣，次子贡却嘉波。水牛年(1073年，北宋熙宁六年)次子贡却嘉波在萨迦温波山坡上首建萨迦寺，俗称北寺。后在仲曲河南岸建寺，称萨迦南寺。创立以“道果论”为法要的藏传佛教派系——萨迦派。依昆·贡却的法要“道果”的传承来讲，卓弥译师是萨迦派的创始人。他在印度学经多年，回藏后主要传授从印度班智达处学到的一种密法——道果。后传给贡却嘉波，辗转传授弘扬，成为萨迦派深法宝训道果。作为一个教派，除具有完备的教法和教义外，还必须要具备弘传本教派教法和教义的道场(寺院)和弘传者(僧伽)，从这个意义上讲，昆·贡却嘉波还是萨迦派的创始人，卓弥·释迦益希和比瓦巴是萨迦派开派导师。后经萨钦·贡噶宁波等五代祖师弘扬，兼有僧俗两系传承，即血统、法统两大传承。五代祖师中分白衣三祖和红衣二祖。白衣三祖，即萨钦·贡噶宁波、索南孜摩、扎巴坚赞三位非正式出家僧人，他们是在家俗人或居士，可娶妻延嗣，父子相承，继承萨迦派政教大权，皆穿白衣，故称白衣三祖。红衣二祖，即萨迦班智达和八思巴二人，从师出家受戒，皈依佛门，禁娶妻生子，穿绛红袈裟、法衣，以叔侄或师徒相传，继承法统，谓之红衣二祖。

公元13世纪中叶，萨班·贡噶坚赞和八思巴伯侄与蒙古皇帝缔结法缘，西藏正式接受元朝的管辖。八思巴被元世祖忽必烈敕封为“国师”，后升“帝师”统领天下释教，并统领西藏“十三万户”，建立西藏萨迦地方政权。百余年间秉承皇帝旨意，法王兴作法事，颁布政令，本钦等西藏地方官员则执行政令。形成本钦由帝师推荐，皇帝任命的制度。约公元14世纪中叶，萨迦昆氏家族分裂成玉脱、拉康、仁钦岗、德却四个拉章，政治上随着元朝的没落而衰败下来，只保留萨迦地方政教权力，成为萨迦地方的小土司，但在宗教方面还是有一定的影响，在明代亦有一些萨迦名僧被封高级僧职。

从公元14世纪后半叶起，萨迦派僧人逐渐恢复正常的宗教生活，使该派得以维持下来。在显宗方面出现了两个系统，一个是雅楚·桑杰贝（1350 ~ 1414年）、绒敦·玛威僧格（1367 ~ 1449年）、然贤巴·桑结佩（1411 ~ 1485年）为代表的系统。另一个是宗喀巴大师在显宗方面的上师仁达哇·循努洛哲（1349 ~ 1412年）。在密宗方面出现了三个支派，即俄尔派、贡嘎派和察尔钦三个派系。即俄尔钦·贡噶桑波(1382 ~ 1456年）建有俄尔寺；图敦·贡嘎南杰（1432 ~ 1419年）在山南建贡嘎多吉丹寺；察尔钦·罗赛嘉措（1496 ~ 1566年）长期住持图丹格培寺。另外，却吉桑布、梅钦·贡却坚赞、村美·多杰坚赞、班钦·释迦却丹、嘉哇·本松巴等皆为14至15世纪时期萨迦派著名高僧。但他们大多数不属萨迦昆氏家族，有自己的弘法道场。

萨迦派兴盛时期，除西藏各地的萨迦寺院外，在四川康区、云南、甘肃、青海、蒙古等地方也先后兴建了一批萨迦派寺院，出了一些名僧。萨迦派衰落后，一些寺院也衰落下来，甚至不复存在，一部分改宗为其他宗派，只有少部分至今仍然存在。

“道果”是萨迦派教义的核心。认为修法者断除一切“烦恼”，可得“一切智”而达到“涅槃”境界之“果”。其修行次第要求修法者先抛掉“非福”（指所谓“坏事、恶业”），专心做“善业”，来世即可升入“三善趣”（即人、阿修罗和天）。升入“三善趣”仍未脱“轮回之苦”者，还须断除我执，才能超脱。为此，需要苦修，悟出人身、宇宙“皆非实有”（即“一切皆空”），还要断除“一切见”，即所谓“常见”（物质的存在）和“断见”（一切皆空），才能真正领悟“佛法”，获得“解脱”之果。萨迦派虽然是一个教派，但是它的一些代表人物对“境之二谛”（指世俗谛和胜义谛）的认识也不一致。萨迦派持有“自续中观”的观点，仁达哇则是“应成中观”的观点，还有一些人根本不是中观论，而是唯识论者。

昆·贡却嘉波
——萨迦寺创建者

昆·贡却嘉波，意为“昆氏宝王”，为萨迦寺的创建者。自称是吐蕃时期贵族“昆氏家族”的后裔，其父释迦罗哲，有两个儿子，长子喜饶次臣，继承和修习父祖先辈的教法，获得金刚杵成就，具有很高的法力和神通，因是严守戒律的僧人，所以没有子嗣。次子即贡却嘉波，于藏历第一饶迥之木狗年（1034 年，北宋景祐元年）生在后藏萨迦地方，幼时从父亲和哥哥学习旧派密乘教法，后又学习新派密法，还学习了灌顶和密咒。青年时，有一次当地举行一次歌舞庙会，他去参加了歌舞活动，在众多的游乐杂耍节目中，有一些咒师头戴 28 位自在母的面具，手持各种法器，奏乐击鼓，他与化装成天女的演员们一起尽兴舞蹈，在庙会上最引人注目，出尽了风头。庙会后，他把这次庙会的情况告诉了兄长，哥哥认真地说：“现在学习密法已变了味，走了样，如此下去，今后在吐蕃修习旧密法的人都不能获得较大成就。我们家所有的教法，都有自己的功效，我们祖上的法要都在芒喀地方的学者卓弥译师那里，你可以去向他学习教法。”说完，将护法神显示神通而发掘出来的伏藏经史、金刚杵修习法、抛朵马食子的仪轨、两套二十五件檀香木金刚杵等传授给弟弟贡却嘉波。此后，贡却嘉波到芒喀牛古垄，但在那里未遇见卓弥译师。在雅隆尸林处，跟钦木译师听受“二观察金刚本续”，在即将学完之时，钦木译师去世，临终时嘱咐道：“未学完之法可到卓弥译师处求法。”找到卓弥译师向其求法时，卓弥译师说：“在你父亲去世后，你能否继承先人的事业？可不要走错路啊！”贡却嘉波将他从家乡运来贩卖的 17 匹马驮的货物连同马匹及作草料钱的一串珠宝全都奉献给卓弥译师，请求传授教法。卓弥译师给他传授了一些“道果”教法，另还传给了新译密法的大部分教法，贡却嘉波因而成为教法之主。之后他又从玛译师、巴日译师、布尚译师等许多大德上师亲尝法味甘露，学习以“道果”为主的新译密法。贡却嘉波在尚域甲雄修建了纪念其父兄的佛塔，塔中安放了一对极有护持力的金刚杵，据说后来这对金刚杵收藏在萨迦寺。他在扎峨隆建一小寺布道，后被称为萨迦旧庙。有一次，贡却嘉波师徒数人一起外出漫步散心，发现温波日山坡土色发白而有油光，山下仲曲河水右旋，仔细观察，温波日白土山犹如一尊青白色大象卧在地上，有许多吉祥表征，风水甚佳。心想：“若在这里建一寺院，将会对佛法和众生大有利益。”于是向该地的主人香雄古热哇和四村僧众、七村教民提出请求：“我想在这座山上建一座小寺庙弘法。如你们不反对，我可以付给地价。”众人说：“不必付地价，请你建立寺院。”贡却嘉波说：“若不付地价，恐怕今后会有异议。”于是一匹白骡马、一件女式缎衣、一串珠宝、一副盔甲等作为地价回赠，成为门卓以下、泊卓以上地方的地主。

在贡却嘉波 40 岁那年，即第一饶迥之水牛年（1073 年），择吉日奠基，破土动工，在夏尔拉章所在地修建了一座雄伟的拉章，并修筑了围墙。该地土质呈现青白色，青白色在藏语中称“萨迦”，前人以土色取地名“萨迦”。寺院建成后，以地名取寺名，成为萨迦寺。又以寺名取教派名为萨迦派。后几经扩建，成为萨迦南、北二寺。北寺位于温波日山的半坡上，南寺坐落在仲曲河南岸，大殿三层为其主体建筑，绕以高大宽厚的围墙，藏传佛教萨迦派由此传扬开来。

贡却嘉波一生未曾受戒，娶妻两人，前妻未曾生养，继又娶一妻玛吉香姆，生下一子，此子就是法王萨钦·贡噶宁波，为萨迦派初祖。

贡却嘉波创建萨迦寺后，逐步形成“政教合一”，集寺主、家族宗主、教派大法师于一人之身，世袭相传，历代如是。

贡却嘉波执掌法座 30 年，广作利益佛法之事业，于藏历第二饶迥之水马年（1102 年，北宋崇宁元年）十月十四日在萨迦寺逝世。后世将卓弥·释迦益西尊为萨迦教法导师，将贡却嘉波奉为萨迦派创始人。

萨钦·耿噶宁波

——萨迦派第一代师祖

萨钦·贡噶宁波，是萨迦五祖中第一代师祖，于藏历第二饶迥之水猴年（1092年，北宋元祐七年）其父贡却嘉波59岁时诞生。出生后，其母玛吉香姆在一段时间内保密，不让人知。长妻多吉旺秀尚姆察觉后，说道："我正担忧我们家没有后嗣，如今香姆生了一个儿子，实在是件大好事，请不要对我保密。我自己无子嗣，不需要什么财产，儿子的母亲正需要财产。"于是，除了萨迦寺前面的寺属田地外，其他所有财产土地都给了玛吉香姆母子。

贡噶宁波幼时在父亲跟前学习藏文读写和计算方面的基础知识，并接受了父亲为他进行的"喜金刚灌顶"，听了父亲所有的教法。9岁时父亲谢世，为此举行了占卜，卦中说："如果在一天之内完成发丧、灵塔奠基、继承法座三件事，今后就会吉祥圆满。"其母说："你父亲的老师是一位译师，他曾说译师们的教法是真实而不妄的，他很喜欢这种教法。现在你年纪尚幼，掌管为好。"于是迎请巴日译师，说明原因，将法座交给他代理，巴日译师成了萨迦寺第二任座主（住持）。巴日译师对贡噶宁波说："你是佛主的儿子，应当学习佛法，要学佛法，首先要有知识，你可先修习具足智慧文殊菩萨的阿热巴杂纳五字真言。"他照此修习6个月后，亲见文殊菩萨圣容，他修习的房子被称为"文殊岩洞"。修法后他到绒都米地方向章底·达玛宁布、琼·仁钦扎学习《对法》。又先后投拜阿里以下卫藏各地的上师、译师、班智达为师学习《般若经》《因明论》等新密法类经典，特别是掌握了巴日译师的全部学识。甚至把卓弥译师没有传给他父亲而传给别人的一些教法也学到了。他20岁时，巴日译师代理法座8年期满，这时巴日译师等上师将法座交给萨钦·贡噶宁波，拥他为萨迦寺教主。之后，他为了兼习祖上教法，到昆·格琼扎拉巴那里，请求授给灌顶，为灌顶会供做准备的那天晚上，贡噶宁波梦见有一条被称为轮回之海的红色大河，河的上、中、下架有三座桥梁，河的对岸有许多人呼喊着：“救救我！”贡噶宁波用上面的桥救渡过了3个人，用中间的桥救渡过了7个人，用下面近处的桥救渡过了更多的人。第二天一早，上师好像知道似的问他：“昨天晚上做了什么梦？”他将梦中情景说了一遍，上师说：“你能救渡的人何止3个。”所以上师对他特别器重，将他所有的灌顶、显密经典、咒语等全部教给了贡噶宁波。由于文殊菩萨的护持，他将所传教法、经典反复修习后融会贯通。

贡噶宁波一生也未出家受戒，以俗家身份住持萨迦寺长达48年，使萨迦派体系逐步趋于完善，势力壮大。由此可见他的地位比他父亲还要重要，因而萨迦派的僧俗把他尊为“萨钦”①，为白衣三祖中的第一祖。贡噶宁波曾在阿里贡塘的拉孜乃萨向巴日上师学法时，上师为他开许依怙修行法，赐给他修行“羯磨集”，以及作为身、语、意依止处的黑色面具，还有用血写在黑缎子上的根本咒语、铁制的九股金刚杵、象征护法神的神像等。由此，后来萨迦派的护法神中有此宝帐依怙，而且在萨迦寺院的门廊里挂有黑色面具，意在守护萨迦寺。

贡噶宁波又向上师尚敦·却贝学完了所有经论，向上师朗格邬巴学习了全套的四面护法神修习法。萨迦派有被称为大、小护法的两位护法神，就源于此。他还培养了许多获得悉地成就的弟子。

贡噶宁波有两个妻子，生有4个儿子，小妻先生一子，名叫贡噶巴，在印度学法时患热病而死。长妻查毛雯巴·玛吉俄珍后生子三人：长子索南孜摩，为他的法座继承人；次子扎巴坚赞（1147 ~ 1216年）；三子华钦天波（1150 ~ 1203年）。

贡噶宁波于藏历第三饶迥之土虎年（1158年，南宋绍兴二十八年）九月初十逝世，享年67岁。

其著作共有两函，在德格印经院有印版，较著名的有《萨迦教派选集·宝鬘》《喜金刚本续释难》《莲花生大师历史》《金刚帐·受诰录》《贝旦司都巴颂》等。

注：

①萨钦：系藏语音译，“萨迦达钦”之略称，意为萨迦大教主，是萨迦教主的别号。

索南孜摩

——萨迦派第二代师祖

索南孜摩，意为“福顶”，为萨迦派第二代师祖，于藏历第二饶迥之水狗年（1142年，南宋绍兴十二年）生于后藏萨迦派发祥地萨迦寺。父亲萨迦·贡嘎宁波，母亲玛吉俄珍。据说他是经过印度转生十一位班智达后才转生萨迦寺的。当他出生后，即用梵语说他要脱离儿童之习惯，经常结跏趺而坐，家人十分惊奇。3岁时，他目睹至尊文殊菩萨、吉祥金刚、至尊度母、不动金刚等圣容。口诵《密乘三续》《胜乐本释论》《汇集论》等方面的经论。之后跟父亲修学以金刚乘汇集的“密续释”“修行坛城”“灌顶法”“经教导引”“教言”等经教，无一不通。16岁时他心中能默诵《十四续部》，并精通《金刚乘经论》。17岁时，他将寺院交给13岁的弟弟扎巴坚赞住持，自己到前藏桑普寺从恰巴·却吉僧格等大师主攻《因明论》《声明论》《般若》《戒律》《俱舍论》等经论长达11年，成为通达者，在恰巴·却吉僧格的众弟子中成为数一数二的尖子生，颇负盛名。26岁时他在纳拉泽乃波且的宫殿中著成《佛法入门》一书。从27岁始，他又住持萨迦寺3年，这期间曾获得“世间佛教骨干”的头衔。他一生为弟子和信徒讲经说法，为萨迦派普及和研究佛教正统理论及其他知识做出了非凡的贡献。故人们称他为索南孜摩上师。他身着白色法衣，是萨迦“白衣三祖”之一。

索南孜摩于藏历第三饶迥之水虎年（1182年，南宋淳熙九年）逝世，年仅41岁。

其著作有《佛法入门》《金刚座六法》《入菩萨行论注疏》《喜金刚第二品注释——太阳之光》等，共三函，德格印经院有刻版。

扎巴坚赞

——萨迦派第三代师祖

扎巴坚赞，是萨迦五祖中的第三位，于藏历第三饶迥之火兔年（1147 年，南宋绍兴十七年）十一月十八日出生在萨迦寺，父萨钦·贡噶宁波，生有四子，扎巴坚赞排行第三。刚会说话时就喜宁静而厌烦嘈杂的环境，脱掉了孩子的稚气。8 岁时他在香散达瓦坚赞处受净梵近事戒。时隔不久，即出家为僧，他喜欢出家僧人，经常参加比丘僧们进行的长善净恶的佛事活动，不食肉，不饮酒。10 岁时他学习《律仪二十颂》和《莲花修行法》。11 岁时他将《律仪二十颂》等讲给别人听，人们甚感惊异，称他为具智慧者。12 岁他学习父亲所知晓的《喜金刚续》《胜乐论》《时轮法》《大威德法》等，一学即悟。据说，他 13 岁就正式登上了萨迦寺法王的宝座，在其兄索南孜摩和管家的协助下，以及各僧官的支持下，治理政教事务长达 57 年，将萨迦寺治理得井井有条。13 岁时他的父亲在前藏去世，自此开始到他 70 岁之间，学习密宗和修持密法的事业从未中断过，熟记了大量的密宗诀窍和密宗术语、用语。用他自己的话说："我不是一个广闻者，而是一个博览者，所有的三藏经论无一不看。"他在一昼夜间可修持七十种不同的坛城法。

在讲经方面，无论难度怎样大的经典，他在既不熟悉，也不提前阅读的情况下，拿起经典一面念诵，一面讲解，弟子们易懂易记，无不称赞他的讲经效果。辩经时，凡对方提出的问题，他不是回避，而是广征博引，举一反三地进行回答，循循善辩，让辩难者理尽词穷。他经常组织上百僧人的法会，讲经说法，广学佛典，辩论佛教哲理，提高僧人的佛学水平，锻炼僧人的思维能力和辩经口才。

扎巴坚赞的一生，广学博览，持戒严谨，修善施供，不贪财敛财。他将僧俗给他的供养用于修建佛殿、佛像、佛塔，印制佛经，以及寺院建筑上的装饰等方面。

他集资修建了有名的萨迦乌泽娘玛佛殿，建造了喇嘛贡却杰布的内供金制灵塔、喇嘛萨钦的吉祥多门塔、论师及弟弟的金身等，并在佛像、佛塔前常供百盏酥油佛灯。在殿堂内外制作伞盖、梵幢、华盖（悬在佛像顶上的垂帷）、金银供器、铃杵等。用金汁书写《甘珠尔》大藏经。用一部分白银和珠宝建造前辈师祖的灵塔和殿堂，用上等绸缎制作法衣和跳神舞的衣帽、面具、华盖等。总之，他将供奉给他和寺院的财物供献给三宝佛，或布施给贫苦农牧民积功德。直到他临终时，除了一块坐垫、一套袈裟外，他手中连芝麻粒大的黄金也没有，全寺僧人为此而称奇称善。

扎巴坚赞说：“在我的一生中做了许多不可思议的奇梦，有些奇梦作了笔录。有时梦见天神和神女给我作灌顶、加持；有时梦见先祖先师讲经传法。”56 岁时，他看见上师贡噶宁波在光明天神中示现智慧身，向他明示近传道果法的手势的意义。61 岁他梦见极乐世界的使者多次前来迎请，因自己教化此方众生的事业尚未完成，没有前往。一次，见萨班在他眼前现身，他俩同时都看到极乐世界。他对萨班说：“我也快到那里去了，在那里停留一段时间后到香巴拉去，着转轮王的服装护持彼方，此后的三生中有可能证得不舍肉身的大手印成就。”

相传扎巴坚赞在绛地方的尼隆山洞中修行时，穿着蒙古服装的许多骑士来到他住的岩洞前，其中有几个人下马走进洞中在他跟前坐下，一个碧玉发髻、白海螺牙齿、相貌非凡的少年站起来，将蒙古语译成藏语，请求说：“我是蒙古的战神白梵天神，请尊者你到蒙古地方去，在那里弘传佛法，将会利益天神和众生。”扎巴坚赞说：“我已年迈，与你们蒙古没有大的法缘，将来你们迎请我的侄子贡噶坚赞才会有大的益处。”

扎巴坚赞不仅是一位精通显密经论的大学者，还是一位通晓医学的藏医师。他的著作有 115 种，集为四函。其中医学方面的著作有《医术王宝库》，主要分《医头术·无垢白莲》《身体总论注释·明灯》等。《佛历年鉴》一书是他临终时才完成的，有德格印经院刻印本。

扎巴坚赞于藏历第四饶迥之火鼠年（1216 年，南宋嘉定九年）二月十二日示现圆寂，在萨迦大殿有其塑身像。

萨班·贡噶坚赞

——萨迦派第四代师祖

萨班·贡噶坚赞，译言“萨迦班智达遍喜幢”，为萨迦世系五祖中的第四代师祖。于藏历第三饶迥之水虎年（1182 年，南宋淳熙九年）二月二十六日生于后藏萨迦地方昆氏家族。父亲是萨迦初祖之第四子，名叫贝钦沃波，母亲玛久嘎普玛尼赤金，两人生有二子，贡噶坚赞为长子，幼名叫巴丹东珠。

据《萨迦世系谱》记载：孩子出生之时，天空佛光普照，出生后，即口说一些梵语，母亲听不懂梵语，认为是一个哑巴，让父亲来听辨，只见孩子用手指书写印度文字的全部元音、辅音字母，并能流利而清晰地念诵，念完即将字母擦去。他在孩提时无论是印度语或藏语皆无师自通。从小出家依三伯父扎巴坚赞受沙弥戒，取法名贡噶坚赞，学习萨迦派的显密教法，后来又从迦湿弥罗（今之克什米尔）班智达那西拉学习佛教经论及注释，同时学习声明学。贡噶坚赞从小聪慧过人，据说 9 岁时即能给人讲经说法。18 岁学习《俱舍论》。火虎年（1206 年），他 25 岁时，喀且班智达释迦室利和他的弟子僧伽室利等高僧应噶举派绰普译师之请，来西藏传法。他在年麦（即年楚河下游一带）以释迦室利为堪布，以吉勒巴钦波为阿阇黎，以许仓巴为密法师，在印度和吐蕃的僧众之中受戒出家，之后又受了比丘戒。他将萨迦夏尔拉章交付夏尔巴·喜饶迥乃，自己修建了希托拉章（即希托行宫）。他师从释迦室利等许多印度和吐蕃的大学者，特别是长期跟随释迦室利的心传弟子班智达达那锡拉，不离左右，学习法称论师著的《释量论》，他还学习了《现观庄严论》、声明学、工巧明、星象学、医学、诗词、韵律、歌舞音乐、修辞等，并广泛学习密宗经典，成为淹贯三藏和五明的学者，人们尊称他为大班智达。贡噶坚赞自受比丘戒后，依律守持，还学习了《戒律本论》等戒学，由此而著《明藏论》《分别三律仪论》,尽破当时“邪恶”之见。贡噶坚赞的名声遍及印度，印度南方的外道学者绰切嘎瓦等6位大师慕名来藏批驳佛教，贡噶坚赞也到达芒域吉仲的圣哇第桑寺，双方在附近的集市展开辩论，在13天的辩论中，萨班以无双的智慧和辩才而大获全胜，绰切嘎瓦等被折服，拜萨班为师，皈依佛门出家，将剪下的发辫交给萨班带回存放在萨迦寺的旧护法殿中，从此他的名声誉满印藏各地。35岁时被推任为萨迦寺座主。

萨班·贡噶坚赞生活的时代，正是蒙古成吉思汗军事力量在中国北部崛起和扩张的时代。据记载火虎年（1206年），成吉思汗西征途经青海柴达木时，曾致书给萨迦座主第三祖扎巴坚赞，当时西藏也派出了代表与蒙古军队首领联系见面，因当时蒙古军队的注意力集中在内地，尚未考虑向西藏进军的事，故无结果。土猪年（1239年），窝阔台子阔端领兵驻扎凉州（今之武威），后他派大将多达那波统兵攻入西藏，一直打到藏北，烧毁彭波杰拉康寺，屠杀500多僧人，噶当派的祖庭热振寺也惨遭破坏。多达那波当时发现，东到工布，西至尼泊尔，南至门隅的整个大片藏土，都是由地方势力所割据，彼此不相统属，佛教各派势力亦彼此交错，其政治和经济力量十分薄弱，无力抵抗蒙古军事力量。于是他把当时西藏地方佛教各个教派的情况向阔端如实报告。报告中说：“现今藏土唯噶当派丛林（寺庙）最多，以品德论则达隆法王最为贤达，就威严而论则直贡巴京俄大师具有大法力，在佛法方面，萨迦班智达学富五明，影响最大。”阔端根据多达那波的报告，经过再三慎思，决定沿用其祖先成吉思汗所用的笼络做法，让其协助自己统治藏区民众。于是藏历木龙年（1244年），派多尔斯衮和本觉达玛二人携带诏书进藏，邀请萨班·贡噶坚赞到凉州商谈卫藏归顺蒙古事宜，并携礼品五大锭银子,镶嵌有6200粒珍珠和宝石的袈裟一件,琉黄色的长坎肩一件,靴子一双，两匹古钱花缎子，等等。其诏书全文如下：“长生天气力里，大福荫护助里，皇帝圣旨。晓谕萨迦班智达贡噶坚赞贝桑布。朕为报答父母及天地之恩，需要一位能指示道路取舍之喇嘛，在选择之时选中汝萨班，故望汝不辞道路艰难前来。若是汝以年迈（而推辞），那么，往昔佛陀为众生而舍身无数，此又如何？汝是否欲与汝所通晓之教法之誓言相违？”并胁迫道：“吾今已将各地大权掌握，如果吾指挥大军前来，伤害众生，汝岂不惧乎？故令汝体念佛教和众生，尽快前来，吾将令汝管领西方众僧。”萨班早在年轻时，他的大伯父扎巴坚赞曾对他预言道："你一生中的某个时候，将会有名曰迎请者从北方而来，那时你不要心生疑虑，应当前去，对教法和众生都大有利益。"当萨班接到阔端的诏书后，马上想起伯父的预言，加之在阔端的劝请和胁迫下，虽已是63岁高龄，但他为了西藏佛教和民众免遭涂炭，不顾个人安危，不顾年老体弱和道路险阻，毅然以卫藏地方势力的代表身份，应邀前往凉州与阔端会晤，并携带10岁的八思巴和6岁的恰那多杰两位侄子前往。临行前，他委派吾佑巴大师索南僧格和夏尔巴·喜饶迥乃为却本，负责教法方面的事务，又委派仲巴·释迦桑布为内务总管，负责管理行政事务。他们一行从后藏萨迦出发，沿途经夏鲁寺、纳塘寺，抵达前藏，当途经拉萨时，萨班先让两个侄儿和部分随从人员去凉州，他自己则取道卫藏及康、青、甘各地，一路讲经说法，广为教化僧众信民以进一步博得众望，同时与各地方势力的僧俗首领磋商，劝说顺应时局的发展，共同归顺蒙古大汗，由于沿途教化、劝说，历时两年多，直到藏历火马年（1246年）才抵凉州。此时阔端已去参加贵由汗即位的典礼，直到火羊年（1247年）正月，阔端从和林返回凉州后正式进行了会谈。萨班劝导卫藏各地方势力和各个教派领袖人物归顺蒙古汗王，并为阔端治好了病，阔端赐给佛教徒居于其他宗教人士之上的特殊权利，萨班也成了阔端的应供上师。这是蒙古汗国与萨迦派正式建立关系之始。此后萨班又到五台山为许多佛教徒讲授显宗教法，此时西藏的喇嘛、弟子、学者们多次来信请求萨班返回西藏。萨班给西藏地方的地方头人和善知识、施主、大德等写了一封归顺蒙古大汗的劝导信，信中反复晓谕归附蒙古汗国的意义。这就是载入《萨迦世系》著名的《萨班致蕃人书》，这封公开信珍贵而翔实，提供了一个无可争辩的历史事实：即蒙古认可萨迦派在全藏区的领导地位，萨迦人员被任命为蒙古代表，全权治理西藏地方建立行政体制，奠定了西藏地方直辖于中央的基础，这是西藏成为祖国领土不可分割的一部分的历史佐证。

萨班·贡噶坚赞不仅是一位有远见卓识的政治家，而且也是一位学识渊博的佛学家和文学家。他一生著述很多，在佛学方面有《用世间善法之方弘扬正法之道》《正理论藏》《向菩提勇识请教关于经籍总要之书信》《教派智慧》《波罗蜜多经巨著》《至尊著无主母赞之法疏》《金刚乘语诀五缘起之字》《秘道说与上师瑜伽》《佛陀赞》《释迦牟尼赞》《观世音二赞词》《文殊绘画赞》《桑耶寺赞》《文殊赞之注疏》《三律仪品》《大发心经论》《次取佛法论》《十行法》《四离贪欲论》《大乘道论概述》《贤者必要入门》《经义善察论》《教派理论正解》等；工艺学历算类有《工巧论》《身躯论》《察地》《佛宝之算法》《佛像量度论》等；医学有《医论八支摄要》；语言文字方面有《入声论》

《语言之略义》《文字组合》《贤者口饰促发修伽陀之悲心》《韵律之花束》《词汇之宝藏》等；戏剧类有《极喜地入门论》《乐器论》等；他所著的《萨迦格言》和《萨班智者入门》，对于藏族文学的发展有重大影响，表现了萨班在文学上的才华和成就。其中《萨迦格言》是以封建社会处世理论和伦理道德为主要内容的格言集，其中吸收了不少藏族人民生活斗争的经验，有很多富于哲理性的名句，不仅在藏族人民中广泛传诵，而且译成汉文、蒙古文等多种文字，受到国内外学者的赞赏。

萨班·贡噶坚赞于藏历第四饶迥之金猪年（1251年，南宋淳祐十一年）十一月十四日卒于凉州。据说萨班在70岁那年（1251年）九月患病，十一月十四日凌晨，在勇士空行母迎接的隆重仪式中离开世间。十七日真神出舍，蒙古汗王为他举行了盛大的悼祭活动。二十五日用紫、白檀香木火化时，烟中显出八大吉祥图案。阔端为他建造了大灵塔，其舍利遗骨大部分供藏于大灵塔内，一部分舍利灵骨送往西藏萨迦寺供养。这座大灵塔称凉州白塔，其侄八思巴等贤哲为之开光。白塔寺和大灵塔几毁几建，现有白塔寺石碑，碑高50厘米，宽30厘米，厚10厘米，藏于白塔寺，题为《重修白塔寺碑记》。现今在此处还塑造了汗王阔端和萨班二人骑马的塑像，另还塑有八思巴像。

八思巴·洛哲坚赞

——萨迦派第五代师祖

八思巴·洛哲坚赞，意为“圣者慧幢”，旧译帕克思巴、梵僧八合思巴等，是后藏

昆氏家族后裔，为藏传佛教萨迦派第五代师祖。他不仅是萨迦派的一代宗师，也是藏族历史上的又一位政治家、佛学家和语言文字学家。

八思巴于藏历第四饶迥之木羊年（1235 年，南宋端平二年）出生在后藏昂仁吉鲁孔地方。他是桑察索南坚赞五个妻子中的玛久更嘎吉的长子，幼年颖悟，聪明过人，有过目不忘之才，博学无厌。《元史・释老传》中说他 7 岁时，就能“诵经数十万言，能约通其大义，国人号之圣童”。由此人们尊称他为八思巴（意为圣者）。他 8 岁时能讲《佛本生经》，9 岁时在其伯父萨迦班智达举行的预备法会上，八思巴就敢于讲《喜金刚第二品经》，听众大为震惊，众学者尽皆折服，少年圣童八思巴名传四方。10 岁随伯父萨班应诏去甘肃凉州（今之武威），途经拉萨时在大昭寺释迦牟尼佛像前，由萨班为他披剃出家，授予沙弥戒，取法名洛哲坚赞，并在觉摩隆寺堪布喜饶僧格处学习沙弥戒律。他 16 岁前从萨班学习大小五明论，一学即悟，长进飞快；17 岁时从萨班学萨迦法王的一切教法，尽得其传。

金猪年（1251 年）夏，忽必烈驻扎六盘山时，派人去凉州迎请萨迦班智达，萨班以年老多病辞谢。忽必烈又请八思巴前往，八思巴遂赴六盘山与忽必烈相见。见面后忽必烈大喜，留八思巴于六盘山，与八思巴结为施主与福田的关系。不久，因萨班病重，八思巴即返凉州。萨班临终前，将衣钵及法螺等物传给八思巴，任命他继承自己的法位。萨班于当年十一月十四日在凉州示寂，八思巴遂成为萨迦派的新教主。水鼠年（1252 年），八思巴在凉州为萨班的灵塔举行了开光仪式。水牛年（1253 年），八思巴在一个名叫忒剌的地方再次和忽必烈相见，忽必烈崇敬八思巴的渊博学识、谦虚美德，八思巴对忽必烈亦忠心不二。在此期间依忽必烈的要求为他和妻子及亲属子女 25 人第一次授经说法，并授金刚乘密法[①]大灌顶，忽必烈奉给他珍珠镶嵌的袈裟、法衣等，作为灌顶的供养。

据《蒙古政教史》载：“萨迦班钦之侄八思巴・洛哲坚赞，于水牛年（1253 年）与忽必烈会面。可汗问其法义，遂生敬信。但在此之前，可汗敬信噶玛拔希，故曰：‘论教法，八思巴为最，但论证德，噶玛拔希为较高。’美丽贤惠的妃子敬信八思巴喇嘛，故将可汗所言告之于八思巴。八思巴为得到可汗信任，请与噶玛拔希斗法，可汗允之。遂于可汗及众臣宰面前，噶玛拔希示现空中跏趺、穿山岩等神通。八思巴则现断自身肢体为五段，各自转成五佛，而后复原为己身等神变。”当时，可汗欲继续留噶玛拔希在其左右，但他不愿意，不久便离开，去北方一带游方传教建寺。1256 年噶玛拔希投奔当时的蒙古大汗忽必烈的兄长蒙哥，而八思巴一直跟随忽必烈左右。1260 年忽必烈即位，当上了蒙古大汗，八思巴被封为国师。国师是蒙古语，意为“大学者”，全称为“统领释教大元国师”，赐给象征权力的玉印。

水虎年（1254 年），忽必烈赐给八思巴一份藏文诏书《优礼僧人诏书》、五十六大升白银、二百块砖茶、八十匹缎子、一千一百匹绸子。诏书中写道：忽必烈汗接受了八思巴的灌顶，封八思巴为国师，让其统领所有僧众。僧人不可违背上师之法旨，要谨慎修行。乌斯藏（即西藏）各教派一律尊重，军官、军人、达鲁花赤、金册使者不准借宿僧舍，对僧人不准欺凌，摊派兵差、赋税、劳役等，寺庙的土地、水磨等谁都不能夺占、强取。

木兔年（1255 年），八思巴在河州（今甘肃临夏香根寺）从卫藏和康区迎请了堪布札巴僧格、藏那巴·宗哲僧格、楚·宣努僧格等名师前来，在严守戒律之二十一名比丘及僧众前接受了诸上师为他授予的比丘大戒。受戒后，八思巴跟随忽必烈去上都。此时，忽必烈派遣大臣答失蛮到吐蕃，将萨迦以下的地方都设了驿站，他是忽必烈派到吐蕃的第一位金字使臣。据说，在此期间，八思巴曾受命参加了西京的佛道两教之争的辩论会。会上，八思巴以广博的学识，无双的辩才，引经据典，使以丘处机（长春真人）为首的众道家理屈词穷，焚其伪经，归还道教所占据的佛刹。

木鼠年（1264 年），元朝迁都北京，同年在中央设立掌管全国佛教事务和藏族地方行政事务机构的“总制院”（后于 1288 年改为宣政院），授命八思巴以国师身份兼理总制院院事。木牛年（1265 年），八思巴为了安排西藏地方行政等事务，奉命返回西藏，临行前，皇帝又重新颁发了任命他为西藏政教首领的珍珠敕书。他于次年回到了萨迦，新造石制佛像置于扎西果芒佛塔中及金汁书写《甘珠尔》二百多函。在藏期间，他向克什米尔大学者西达塔喀达帕扎、洛活译师西饶仁钦、纳塘寺堪布钦·南喀扎巴等 20 多名学者，学习五明和显密经论。于火兔年（1267 年）建立了“本钦”制，他推荐萨迦释迦尚波为首任本钦，报经忽必烈正式任命，赐给“卫藏三路军民万户”之印，把西藏的行政事务交由本钦总理，宗教事务则仍归国师掌管，但任免本钦的推荐提名与建议权仍操在国师手中。同时八思巴还在萨迦首创了“喇章”（即活佛、喇嘛的私邸），就是现在的萨迦南寺，后为各教派活佛们所袭用。火兔年（1267 年），八思巴为自己设置了十三种职事官员。动身返回朝廷之际，当时纳塘寺名僧觉丹热智写诗嘲讽八思巴说：“佛陀教法为衙署乌云所遮，众生幸福被官长一手夺去，浊世僧人正贪图官爵富贵，不懂这三条就不是圣者（圣者即指八思巴）。”八思巴对此作诗回答说：“教法有兴衰是佛陀所言，众生的幸福是业缘所定，教化一切要按情势指导，不懂这三条就不是贤者。”1267 年重返北京，1268 年，在忽必烈遣使入藏调查人口以后，授权萨迦本钦提名，由中央任命了西藏地方的十三个万户，并确定了各万户缴纳贡物之数。于是万户成为中央任命的官职，西藏地方行政建制就正式确定下来，同时也正式规定萨迦是十三万户之首。蒙古族原先没有正规的文字，曾使用过畏吾尔体蒙古文，亦称回鹘体蒙古文，但是这种文字使用不便，容易混读，因此蒙古王室一直希望能创制一种合乎蒙古语言的蒙古文字，萨班到凉州后，试着创制了一种锯齿状的蒙古文字，但未能正式成型。忽必烈即位后，封八思巴为国师，并命他创制蒙古新字，八思巴依据藏文字母和拼读形式将这种新文字创制出来（另有在畏吾尔人文书奴等人的协助下创制出蒙古新字之说），这种蒙古新字称“八思巴文”。

土蛇年（1269 年），八思巴向元世祖忽必烈奉献上他创制的蒙古新字，忽必烈大喜，即刻正式下诏颁行于全国，又设立“新字学士”职官和“蒙古翰林院”等机构来大力推广，并规定凡朝廷颁降玺书、官方文书皆用蒙古新字。这就是历史上有名的“八思巴文”。蒙古新字的创制，使蒙古族人民有了本民族的文字，丰富了民族文化，提高了蒙古族人民的文化素质，便于与其他民族的文化交流。金马年（1270 年），八思巴再次给元世祖忽必烈授密宗灌顶，元世祖为酬答八思巴灌顶之恩和创造文字之功，将西藏三区②赐予八思巴作为供礼，还将八思巴晋封为“大宝法王”，其封号从“国师”升为“帝师”。赐诏文曰：“普天之下，大地之上，西天佛子，化身佛陀，创制文字，护持国政，精通五明班智达八思巴帝师。”又《八思巴行状》中明确记载：“庚午，师年三十一岁，时至元七年，诏制大元国字，师独运摹画，作为称旨，即颁行朝、省、郡县遵用，迄为一代典章，升号帝师、大宝法王，更赐玉印，统领诸国释教。”同时又授予八思巴统领西藏十三万户之职权。

敕封八思巴为帝师之后，元世祖准备在全藏区独尊萨迦教法，禁止其他教派流传。八思巴听后不同意其做法，并谏言：“西藏地方的各个不同教派，虽然在教法上有些差异，除本波教外，都出自佛教一门，并无大的差别。若不许各派自愿信奉其教法，不仅有损汗王陛下国政国威，对萨迦亦无助益。故请允许各教派按其自愿奉行教法。”八思巴这一明智而有远见的建议，显示了一个政治家和佛学家的风范和胸怀，元世祖遂下令允许西藏各教派发展其教法，并为汗王延年益寿祈祷祝愿。

火鼠年（1276 年），八思巴在皇太子真金以及西平王奥鲁赤护送下返回后藏萨迦。火牛年（1277 年），他为了在广大僧俗中扩大影响，是年在后藏曲弥（即今日喀则境内纳塘寺附近）地方举行了为期 14 天的转法轮会，八思巴为法会捐献了黄金九百六十三两三钱、白银九大锭、锦缎四十一匹、彩丝缎八百三十八匹、丝绸五千八百五十八匹、茶叶一百二十大包、蜂蜜六百零三桶等，其他零碎物品不计其数，为聚集在这里的七万余僧人讲经传法，加持赐福，传授近事戒。在法会期间真金太子分三次布施给参加法会的七万余名僧每人一钱黄金。藏传佛教史上称这次法会为“曲弥大法会”，十分有名，为藏区三次著名大法会之一。法会后，八思巴自任萨迦法王，任命本钦释迦桑波统领西藏十三万户，僧俗并用，军民兼摄，是为萨迦派在西藏实行政教合一制度之始。

八思巴的一生中除政治和宗教方面的建树外，他还把西藏的建筑技巧、雕塑艺术和大量的梵藏经典传播到内地、蒙古地区，又将内地的印刷术、戏剧艺术传到西藏，促进了民族、地区间的文化交流。在元朝政府机构里，设有专门翻译梵经的局所，八思巴及其弟子们亲自参加翻译。金龙年（1280年）时，有司奏上八思巴等人新译出的戒本就有500部之多。他的著作有三函传世，其重要著作有《道果传承·礼供》《密续修正·幻树》《续部目录》《帝王教授集·明饰》《菩提道藏》《彰所知论》《萨迦五祖文集目录·幻钥》等，加上仪轨、颂词愿文等达数百种，其中流传较广的有30余种。

八思巴推荐的第二任本钦贡噶桑波，在任中暴虐跋扈，引起了各方反对，背信弃义与八思巴不和。金龙年（1280年，元世祖至元十七年）八思巴于十一月二十三日上午太阳如火照耀之时，吩咐广设供奉三宝的供品，后结跏趺坐，将金刚铃杵置于胸前，一心修定，在种种奇兆伴随下，于萨迦南寺拉康拉章示现圆寂，是年46岁。元世祖闻卜后，派遣以大臣桑哥为代表，率兵入藏举行追荐法事，并处死了贡噶桑波，开始在西藏屯驻蒙古军队，从部队抽调军士补足各驿站缺额，将若干大驿站改由蒙古军队直接管理。

水马年（1282年），造“帝师八思巴舍利塔”。木鼠年（1324年）八月，“绘帝师八思巴像11幅，颁行各行省，俾塑祀之。”追谥为“皇天之下，一人之上，宣文辅治，大圣治德，普觉真智，佑国如意，大宝法王，西天佛子，大元帝师班智达巴思八八合失。”

注：

①金刚乘密法：即“密宗”“密教”。为受法身佛大日如来深奥秘密教旨传授，主要经典是《大日经》《金刚顶经》等。密宗强调依法修习“三密加持”，即手结印契、口诵真言、心观佛尊，使身、口、意“三业”清净，与佛的身、口、意相应，即身成佛。密宗仪规烦琐，对设坛、诵咒、供养、灌顶有严格规定，需由上师秘密传授。

②西藏三区：系古代藏文典籍中，划分青康藏地区时，称卫藏为教区，多堆为人区，

多麦为马区。这里多堆指康区，包括昌都、青海玉树等；多麦多指安多，即青海、甘肃、四川阿坝西北部地区。

嘎·阿尼胆巴

——元代萨迦派高僧

嘎·阿尼胆巴，法号贡噶扎巴，译言“普喜称”，元代藏传佛教萨迦派名僧。于藏历第四饶迥之金虎年（1230 年，南宋绍定三年），出生在青海玉树上丹麻噶哇隆巴（今之青海省玉树藏族自治州称多县称文乡上庄）地方一藏族家中，家族姓氏为噶氏，是藏族古代四大姓氏之一穆查氏中的一个分支。双亲早亡，幼孤，只有一弟，由其叔父抚养，名叫嘎·阿尼仲巴。据说胆巴生相独特，两颗门牙外露，常不能闭口合唇，但生性聪慧，口齿伶俐，记忆超群，且好学善思。他自幼接受教法熏陶，至有“闻经止啼”之说，叔父“知其非凡”，就带他去西藏，在后藏萨迦寺从萨迦班智达贡噶坚赞出家学经。萨班法王试以梵咒，他念诵如流。认为此子宿积聪慧，日后当与众生作极大饶益，很得赏识，认定必成大器。12 岁受沙弥戒，取法名贡噶扎巴。因他勤奋好学，学业突出，结识了比他小 5 岁的八思巴。木龙年（1244 年）八月，萨班应阔端召请，带其侄八思巴和恰那多杰等赴甘肃凉州，和谈西藏归附蒙古事宜，胆巴奉萨班之命赴康区学法弘法。

水牛年（1253 年），24 岁的胆巴应召到北方蒙古皇室，讲演《大喜乐本续》等经文，四众悦服。之后，八思巴派胆巴赴西印度（克什米尔一带），参礼高僧古达麻室利，学习梵文经典，尽得其传，同时遍参高僧名师，学习经、律、论三藏，深入法海，博采道要，显密双融，空实兼照，独立三界。胆巴学成后返乡。金猴年（1260 年），忽必烈即大汗位为元世祖，封八思巴为国师，统领天下释教。木鼠年（1264 年），忽必烈定都北京后，八思巴和其弟恰那多杰一同返回西藏，途经玉树丹玛噶哇隆巴时，从印度返回故里的胆巴隆重地迎接了八思巴一行，并恳请八思巴在这里弘传萨迦教法，于是在这里举行了集结僧俗万余人的盛大法会，由八思巴讲经说法，传授灌顶，因而丹玛的噶哇隆巴改名为“称多”，即现在的玉树称多县，意为“万人聚会”。法会后，胆巴随八思巴同往萨迦，成为八思巴的亲授弟子，在萨迦寺学法，并受比丘戒，八思巴给他取名为嘎·阿尼胆巴·贡噶扎巴，简称“胆巴”。火兔年（1267年），胆巴奉命返回称多创建“尕藏班觉林”，俗称尕藏寺，据说寺名由八思巴所赐，胆巴自任住持。这是称多境内历史最久、建筑规模最大的萨迦派寺院。土龙年（1268年），八思巴奉旨回京又经过称多时，赐给胆巴释迦牟尼唐卡像一幅，兰纸金银字大藏经一套、镏金铜塔一座、九股金刚铃杵一个，并亲自向该寺颁赐藏、蒙、汉几种文字合璧的命书一道，为寺院给予多种特权。八思巴又赐胆巴象牙章和檀香木章各一枚，授其管理当地政教事务。在八思巴的扶持下，也由于胆巴经营有方，该寺发展较快，鼎盛时寺僧多达1900人。胆巴为了纪念八思巴在玉树称多地区的弘法活动，在八思巴曾讲过经的噶哇隆巴处，建成白玛嘎波（白莲法座），成为当地重要的佛教遗迹。金马年（1270年），胆巴随国师八思巴同往北京，朝见元帝忽必烈。经八思巴推荐，忽必烈封胆巴为金刚上师，后成为国师，在元廷多次参加或主持各种佛事活动，并奉诏去山西五台山驻寿宁寺。他在寿宁寺建立道场，传授藏密金刚乘大法，主持祭祀佛教护法神“摩诃伽剌”。在五台山期间，他勤于法事，严于戒律。他懂藏医，为五台山僧人和周围俗民治病，深受爱戴。水猴年（1272年），八思巴去甘肃临洮之时，把胆巴召回大都，将朝廷宗教事务托付给他掌管。1281年，忽必烈令胆巴赴长春参加佛、道两教辩论《老子化胡经》的真伪，因胆巴通晓藏、汉、蒙古、梵等文字，以其佛学知识和善辩才能，经过认定是伪作，辩论后将《老子化胡经》焚毁。翌年，为配合元朝对康区的用兵，胆巴奉忽必烈之命，在元朝皇子及其所率军队的护送下，赴四川康区。在甘孜、德格、炉霍一带活动达6年之久，利用其崇高的宗教地位和广博的佛学知识，倡建寺院，讲经说法，安抚人心。相传他在这些地区共建108座佛殿①，各佛殿上均饰以大鹏头飞檐，殿内供奉佛像和藏文大藏经。总之，胆巴为元朝加强对该地区的统治起了重要作用，火猪年（1287年），曾为胆巴弟子的桑哥（今青海省化隆县人，又有甘肃临洮噶玛洛地方人之说）被忽必烈任命为尚书左丞相，兼总制院使。1289年，桑哥奏请忽必烈从康区召胆巴回京，继续在朝廷主持佛事和其他宗教事务。不久，因获罪朝廷，一说被桑哥排斥，被只身流放到广东沿海，一度驻潮州开元寺。他使枢密使月的迷失信奉了佛教，还重修了已毁的潮州净乐寺，使之成为藏传佛教寺庙。在这里虽受湿热瘴疠之苦，但他还利用这一机会在广闽一带弘传佛教，使当地居民第一次接触到来自雪域藏文化的气息。不久桑哥失势被诛，1291年胆巴被忽必烈召回大都。此时忽必烈年迈多病，1293年曾召他入皇宫内建观音狮子吼道场祈禳，忽必烈病情有所好转，打算在五台山为胆巴修建寺院，命伯颜、苏和卿等查看地形，绘图呈给胆巴，但尚未动工，忽必烈驾崩。翌年四月，元成宗铁穆耳继位，对胆巴更加尊崇，在朝会上，胆巴的座位紧挨着帝师的座位。元成宗还按胆巴的意见下令免征天下僧伽税粮。1295年，元成宗命胆巴国师担任大都的大护国仁王寺住持，这是一座京城的皇家寺庙。出任时，元成宗命太府给他以皇帝出行时的仪仗，由百官护送。1302年，元成宗出巡柳州时患病，命他赴柳州修法7昼夜，成宗病愈，遂命天下僧人普读藏经，大赦天下。皇帝和皇后还将自己佩戴的七宝牌、宝珠璎珞等布施给他，赐车辇、骡马、白玉鞍辔、金制曼荼罗、黄金等，并派御前校尉10人给胆巴当出行时的前导。3月，元成宗继续北行，命胆巴乘大象走在皇帝的车驾之前，镇伏邪魔，护卫皇帝的安全。水兔年（1303年，元大德七年）夏，胆巴于上都患病，成宗派御医诊视，5月终因不治而圆寂，享年64岁。

胆巴谢世后，元成宗赐沉香及檀香木等火化遗体，并命大都留守送其舍利到大都，于大护国仁王寺安庆塔中安奉。水牛年（1313年），元廷又追封他为“大觉普慈广照无上帝师”。元代著名书法家赵孟頫曾书《大元敕赐龙兴寺大觉普慈广照无上帝师之碑》，简称“胆巴碑”，这是公认的书法珍品，也是胆巴的简史。如今虽然塔、碑无存，但那精美的碑文拓片却仍然珍藏在故宫博物院中。

胆巴终生弘扬佛法，是在国内外宗教界有显赫地位和极大影响的一代名僧。1955年，斯里兰卡佛教信徒为纪念释迦牟尼涅槃2500周年，发起编纂英文佛教百科全书，要求各国佛教界给予支持和合作，中国佛教协会遵照周恩来总理的指示组织编写的条目中，元代藏族僧人收有胆巴、八思巴、布敦3人。有关胆巴的词条还收入中国佛教协会编写的《中国佛教》一书。自此，胆巴进入世界佛教名僧之列。

注：

① 因“108”是个吉祥的数字，藏传佛教中的著名高僧大德到一个地区传教弘法，都有建了108座寺庙之说，其实是数量较多的意思。

夏尔巴·嘉央仁清坚赞

——萨迦派大元帝师

夏尔巴·嘉央仁清坚赞，意为“文殊宝幢”，夏尔巴是西藏古时一部族名。这里所说的“夏尔巴”，在萨迦寺有东西两院，东院在藏语中称夏尔，因嘉央仁清坚赞在主持萨迦寺教务时，常住在东院，他的夏尔巴之名由此而得，成为僧俗对他的尊称，在元史中译为“辇真监藏”。他是萨迦寺细脱喇章寺主，全寺第九任住持，为萨迦派第六位大元帝师。

嘉央仁清坚赞于藏历第四饶迥之火蛇年（1257年，南宋宝祐五年）出生在萨迦寺。他是八思巴的亲炙弟子夏尔巴西饶迥乃未出家前所生的第三个儿子，自幼进入萨迦寺经院学习显密经论和共同文化知识，经20多年的修学，成为一位饱学之士。他虽不是萨迦昆氏族裔，但在30岁时，即藏历第五饶迥之土牛年（1289年），奉忽必烈之命任萨迦细脱喇章的住持。从达玛巴拉去世到达钦桑波未至后藏的12年，加上达钦桑波回到西藏后没有出任住持的18年，总共30年间由仁清坚赞担任萨迦寺住持。其原因是怙主恰那的儿子达玛巴拉去世前称达钦桑波哇不是萨迦昆氏后裔，皇帝遂将达钦桑波哇流放到内地东海一小岛上。不久达玛巴拉逝世，萨迦后裔绝嗣，在萨迦寺的政教事务无人主持管理的情况下才任命仁清坚赞担任住持。在30年间，他为了改变萨迦寺在政教诸方面的衰落现象，在寺内首先招集寺僧，继承先师们传下来的优良学风，大兴讲经说法之风，举行各种佛事仪轨，完善寺规，要寺僧严守戒律，使萨迦派较以前有了很大发展。同时他集资修缮了各个旧佛殿、经堂，修建了大佛堂楼上围廊的瑜伽部以下的148个大坛城，密集部的639个坛城，共计787个修法坛城，不同的坛城，有其不同的内涵，因而其图案设计亦不相同。由于他精通显密经论及其教义，每个坛城的图案都是他亲自设计和绘制的，这些坛城留存至今，成为珍贵的文物。

水兔年（1303年），元朝皇帝完泽笃（成宗）派人来萨迦迎请他，并封他为成宗的帝师。他于木蛇年（1305年,元大德九年）圆寂。其生卒年又有一说:生于土马年（1258年），于火马年（1306年）将萨迦寺住持之位移交给达钦桑贝哇后的下半年圆寂，圆寂时年仅49岁。他是萨迦派的又一位大元帝师，担任帝师3年。因此，他在萨迦派的历史上是一位重要人物。

西纳堪布·喜饶益西

——元代萨迦派著名喇嘛

西纳堪布·喜饶益西,是13世纪人。系西纳家族萨迦派喇嘛,其祖上为西纳家族。“西纳”为西藏古代藏族姓氏之一,按藏文拼音应读作“斯纳”,《西宁府新志》中记为“西纳”,相沿成习,西纳家族早在元代建制前,即南宋宁宗在位时就活动在西藏、四川康区、青海、甘肃和蒙古一带。其家族与元王朝很早就有联系,其中西纳·多杰坚赞有两个儿子,兄长西纳蓝巴在西藏建功立业,成为西藏一地方部落头人;弟弟西纳格西在西藏萨迦寺学习佛法成名,带领西藏三位佛学造诣高深的格西一起去蒙古地区弘传佛法,有缘见到成吉思汗,经比试佛法,大汗看到他佛法高深,非一般佛教徒所比,十分崇信,对四位藏族格西给予嘉奖,并准备带四人回宫,因他们要去五台山和普陀山朝觐,经坚辞,大汗准许其他三位去朝觐,固留西纳格西未放行,遂尊为上师应供喇嘛。萨迦派喇嘛系世袭制,可以有家室传衍后代。西纳格西的后代西纳泽觉,被大汗的小儿子拖雷诺颜收养为义子,加上自己的三个儿子,故拖雷有四子之说,后来西纳家族与蒙古王室联姻,结成姻缘关系,因此关系比较密切。

西纳堪布·喜饶益西是西纳家族的后裔,其生卒年不详,概与八思巴是同时代人,年稍长于八思巴。萨迦班智达叔侄未到甘肃凉州(今武威)前他就在蒙古王室供职。忽必烈即大汗位后,封八思巴为“国师”,赐“灌顶国师”玉印,掌天下释教,给西纳堪布·喜饶益西授予堪布之职,管理京师佛教事务。1264年,元朝设总制院,八思巴领总制院事,管理全国佛教和藏区政教事务。西纳堪布活动于忽必烈与八思巴之间,直接从事政教工作,将各方面的事务管理得有条不紊,受到元世祖和八思巴的称赞。1265年,八思巴返藏,一是受比丘大戒,二是受命筹建管理西藏十三万户的萨迦政权,协助朝廷对西藏进行户口大清查,三是创制蒙古新字(八思巴蒙古文)。西纳堪布作为侍者护送八思巴一行入藏。圆满完成护送任务后,朝礼前、后藏许多寺院,设施供养,了其心愿,为了信守诺言,提前起身回京,被朝廷封为宣政院院士之职。因他尽职尽责,办事得力,处理京师和蒙古地区的政教事务得当,元世祖要他在藏区任选一方为其封地,以示奖赏。西纳堪布实地踏勘后,意识到西藏虽地广人稀,但已有十三万户占据,他遂选择了青海的宗喀地区,将东至小西纳(今民和县境内与甘肃兰州相邻)、南至贵德、西至日月山的地区连同属民作为自己选定的封地，呈文上奏，得到忽必烈的准许，还曾赐珍珠敕书一份，嵌有三颗宝珠的虎头印一枚，封西纳家族为宗喀万户，成为宗喀地区政教合一的统治者。

对于西纳家族，元明清三朝的历代帝王几乎都有封赐。明永乐八年（1410 年），西纳喇嘛曲帕坚赞被尊为皇帝的上师，赐予“国师”诰封，赐土地、百姓和象牙印章。永乐十年，再封为“慈智禅师”。宣德二年（1427 年），又加封为“通慧净觉国师”，赐银印。宣德年间，该师在宗喀地区的湟中西川地方大兴土木，筑城修建“西纳桑珠林寺”，俗称西纳上寺，为萨迦派寺院，是西纳家族统治宗喀地区的政教中心。后来西纳・罗桑克确被西藏地方政府授予“额尔德尼昂索”之职，他在今西纳川的黑嘴儿庄修建了西纳下寺，为西纳昂索的府邸，汉语寺名为“演教寺”，毁于民国末年。

明末清初，随着格鲁派的崛起和塔尔寺的建立，西纳喇嘛改宗格鲁派，其活动中心从西纳寺转向塔尔寺，在塔尔寺建立了西纳嘎尔哇。西纳喇嘛的传承从世袭制转向转世制，形成西纳且哇和西纳琼哇大小两个活佛世系。西纳世系因修建了密宗学院和依怙金刚殿等建筑，对塔尔寺的建设贡献较大，因此其佛位也较高。

喇钦・耿嘎罗哲坚赞

——萨迦“灵童”大帝师

喇钦・耿嘎罗哲坚赞，《元史》译作“公哥罗古罗思监藏班藏卜”，意为“普喜慧幢”，于藏历第五饶迥之土猪年（1299 年，元大德三年）生在萨迦寺的喇章中。父亲达钦，母亲玛吉旺姆。

耿嘎罗哲坚赞从小就惹人喜欢，佛教中所说的身、语、意俱佳，且懂礼仪，聪颖而仁慈。他初学藏文写读，一学即晓，之后学《喜金刚续二品》，9 岁时即会朗朗唪诵，僧众皆惊叹不已，后来闻习因明学经典，经辩论研习后成为通达者。他听受萨迦派祖传教法后皆一一领会于心，从此美名远扬。元帝武宗闻其名而遣金册使者前来召请，土鸡年（1309 年），年仅 11 岁的耿嘎罗哲坚赞奉召赴京，受到武宗皇帝及其大臣们的热烈欢迎，并为他设宴洗尘，之后在宫中讲说三乘[1]，使君臣及皇后、皇太子皆心满意足而生敬仰。他后来又陆续讲授了一些深广教法，皇室内外无不敬信，元帝遂赐封“大教主”之称号，年轻的耿嘎罗哲坚赞也义不容辞地担负起教主的重任。

水狗年（1322 年），他 24 岁时，对西藏的故乡及众生甚为思念，尤其想受具足戒（比丘戒），向皇帝呈述他的心愿，征得元帝准旨，是年起身返藏，沿途做了许多受人称赞的善事。朝廷恩赐的大量资财，他大部分花在购置金银粉和朱砂抄写的《甘珠尔》大藏经，迎请印度大班智达和大译师翻译经典，供养上师及布施僧人、贫穷者等广大利益众生之事上。他回到本寺后，给几位佛学大师进行赏赐，给在寺的几万僧人放斋衬——每人一钱黄金。就在此时，他才正式受了比丘戒，成了真正的比丘僧。他先后从几位善知识学习“灌顶法”“密续”“诀窍续”“加持法类”等甚深密法和显宗经典，并熟记心中。他就这样对西藏众生普施教法和资财布施，尤其上奏折于大元皇帝，请求在西藏免征赋税，得皇帝恩准，使雪域人民减轻负担，安居乐业。

木鼠年（1324 年），他 24 岁时，父亲与世长辞。耿嘎罗哲坚赞将喇章分给兄弟几人，给喇嘛克宗巴分给水晶印章和玉陀喇章，分给帝师勤郡金印和拉康喇章，分给绛央端月坚赞水晶印章及仁钦喇章，将金印及德却喇章分给耿噶勒巴。之后他又应元帝之召赴京，君臣及后妃、太子带领队伍作盛大欢迎仪式，迎入皇宫。他在京城讲经弘法，使京城的佛教犹如苑林优婆罗花受日光照射般盛开起来。耿嘎罗哲坚赞在京城前后驻锡 16 年之久，于公元 1315 至 1325 年历任仁宗、英宗、泰定帝三朝帝师，其声誉与八思巴不相上下。

《萨迦世系谱》中记载，耿嘎罗哲坚赞于藏历第六饶迥之火兔年（1327 年，元泰定四年）二月在大都梅朵热哇大寺中圆寂，年仅 29 岁。

注：

① 三乘：谓引导教化众生达到解脱的三种方法、途径或说教。又称声闻（听闻佛陀教言的得道者）、缘觉（观悟十二因缘之理而得道者）、菩萨（修持大乘六度，求无上菩提，利益众生，于未来成就佛果者）为三乘。

雅德班钦

——俄尔埃旺寺的初建者

雅德班钦，于藏历第五饶迥之阴土猪年（1299 年，元大德三年）出生在雅德协玛地方（后藏聂拉木县境内一地名）。父阿尼贡却贝，母亲嘉杰却吉。

5 岁时他从温波却昂师听受了一次关于“恶趣行续”的劝善法，并从多丹仁敏和觉敦达宗二师学会了藏文基础知识。他从堪钦却贝受近事戒后正式出家为僧，皈依佛门。在热敦·索朗仁钦处受沙弥戒，并学习《律经论》。后由堪钦沃迥和夏钦仁钦迥乃授予比丘戒。他从桑普哇·浩哲村美学习《量抉择论》《慈氏五论》《入行论》《因明略论》《诗论》等显宗经论和诗学，又从法王噶玛·让琼多杰学习“佛海”“金刚亥母”“胜乐论”“怖畏灌顶”“六支瑜伽”“那若六法”“俱生和合”“胜乐本续”“喜金刚第二品”“道情歌”“前后本生传续说”“念修”“辟谷术”“热琼耳传”等方面的密法，还从勒多旺嘉学习“日月双修”“隐蔽开目”等修习法。他拜宁玛派名僧古麻拉若杂为师学习“大圆满精要”法三种，从耿邦曲扎贝学习《时轮续释》、“红阎摩灌顶”、《金刚心释》《胜乐赞释》《时轮后续》等极密法类。他在昂洛罗哲丹巴处听受《金刚顶续》《五部地论》《阿毗达磨集论》《诗镜》《名称经》等显密经论多种，从宁玛派雍敦巴·多杰贝学习“智净、密集、圆满”法的续部及教言，还有“心密灌顶”、“空行藏”精要教授、“阿若巴口授密法传承”“阿若巴小续教言”、杂弥居所传“时轮续释”的灌顶及教言等密宗法。他从夏鲁派名师布敦·仁钦珠学习“时轮经教言全部”、“密集灌顶教言秘诀”、《摄行论》、“成就七论”、《般若经》、“红阎摩圆满法”等多种经教，从纳塘寺大师钦·洛桑扎巴学习《集学论》《入中观论》等显宗经论，从觉囊派名师贡钦笃布巴·喜饶坚赞闻习“殊胜灌顶法”、《了义海论》等觉囊传承法类。他还从噶玛红帽系第一世多丹·扎巴僧格学习《那若六法》《俱生女尼加持》《手印金刚脐轮热琼法》、“修法除障”等噶举派法类，又从萨迦贝丹喇嘛丹巴学习“宝帐略论灌顶”“道果法”“中观论”的发菩提心等显密教法。据载，雅德班钦一生先后广参各教派 108 位名师学习显密诸论及各教派的传承法类，并进行精研而成为显密双融，尤精于密宗法的大学者，人们尊他为藏传佛教界的大班智达，简称“班钦”，因他是后藏雅德地方人，尊称他为“雅德班钦”。其俗家名和法名不详。

因雅德班钦通晓显密经论和大小五明，其著述颇丰，有各类学科的著作一百多种，集为 6 函。

他于土猪年（1359 年）在纳塘西初建了埃旺寺，这座寺院当时规模很小，被称为埃旺日绰，即埃旺静修山寺，他在寺内组织僧团讲经传法，带出一批著名弟子。其中日绰巴·贡波益喜、寺院住持绛央曲贡、克珠绛曲坚赞、堪钦桑吉洛哲等是上首弟子。

埃旺寺后来由俄尔钦·贡嘎桑波大规模扩建，成为萨迦派俄尔支派的正规寺院，和贡嘎南杰、察钦·罗赛嘉措被称为萨迦派三个密宗支派。雅德班钦这位大师，从学识和学法角度看，将他归到哪个教派都比较合适，只因他初建了埃旺寺，故将他归属到萨迦派系统，为萨迦派的一位精通显密的佛学家，具足智慧的高僧大德。他虽是萨迦派高僧，但他从不参与萨迦派的政治事务，专事教务。

雅德班钦圆满完成了弘法事业后，于藏历第六饶迴之土马年（1378 年，明洪武十一年）在埃旺山寺圆寂，享年 80 岁。

索南坚赞

——萨迦派著名学者

索南坚赞，意译“福幢”，为萨迦派名扬雪域的著名善知识，于藏历第五饶迴之水鼠年（1312 年，元皇庆元年）生在后藏夏鲁康萨（今日喀则夏鲁地区），取名尼玛德维罗哲。刚懂言语就喜欢僧人而不贪恋世俗。3 岁时，从大智者绒敦巴·喜饶僧格上师闻习“红阎曼德灌顶法”。8 岁时他先后在喇嘛山当巴、喇嘛桑波、仁钦贝桑波等上师处听受“长寿灌顶法”“阿惹巴杂那教诫”“文殊修法”和《喜金刚续第二品》等教法。一次在仁钦岗等几位三藏法师面前，他遵循印藏学者和父母之言，讲经说法，因他聪明机灵，通达事理，且口才流利，对字句讲得清晰而透彻，三藏法师和在场学者无不叹服，从此声誉大振。后来他又从喇嘛桑波继续学习“喜金刚实施法”和萨迦祖传的全部教法。

11岁时，在喇钦·耿嘎罗哲前受近事戒，闻习了“大乘发菩提心”“毗那耶迦玛钦所传随许”法类。他16岁拜通晓佛学经典的华丹僧格为师，学习《吉祥法轮极成注疏》《金刚鬘》等经教，又从嘉色·陀美桑波学习《因明七论》，成为因明学的通达者。

17岁时，由持律大师索南札巴作堪布，华丹僧格作轨范师，给他授戒出家为僧，取法名为索南坚赞。到20岁时，他在上述两位戒师和喇嘛端萨哇、智加上师等17位佛教大师座前，由曲绛央端月坚赞和两昆季授予比丘戒。他又从亲教师索南札巴和索南桑波学习《律根本》《四分律》[①]等经典。21岁时，他在仁钦岗喇章学习圣龙树所著《中观本论》及其注释，印度论师月称著的《入中论》及其义释，论师圣天著的《中观注疏》等等中观论著。23岁，他在珀东埃寺从降曲隆巴学习《阿毗达摩集论》《集学论》等。总之，他在26岁以前，曾从索南札巴、索南桑波、布敦·仁钦珠、嘉色·陀美桑波等智修兼备的大学者多人广学显密经典及教法，成为萨迦派一位颇负盛名的大学者。他擅长讲、辩、著，日夜勤奋不止，成绩卓著。

27岁时，元顺帝在一年之中三次遣使召他进京，他坚辞未去。索南坚赞足迹遍履珀东埃、卓门坚、阿里贡塘、拉萨桑耶、聂塘曲宗、达波雅隆等卫藏各地，给那里的僧俗人众讲说《慈氏五论》《上下对法》《中观六论》[②]《入行论》《因明七论》，以及密咒金刚乘中之《喜金刚三续》《胜乐根本续》《父续密集》等显密诸经典，大转法轮，弘扬佛教正法。据说期间他曾登萨迦大寺法座主持教务几年，又任萨迦四大喇章之一的仁钦岗喇章的座主。

57岁，他在聂塘聚集的卫藏佛学家中间讲经论法，弘传佛教。61岁时，他讲说《吉祥轮续释》等密法，听经者众多。他在年波寺讲《般若经》，后来曾和许多大学者立宗辩论，辩无匹手，被尊为“大法王”。这期间帕摩竹巴大司徒降曲坚赞和格鲁派始祖宗喀巴大师也曾向他求学显密经论。藏区阿里、古格和甘青地区，另有印度、蒙古、克什米尔、尼泊尔等地的学者名人与他辩论后，都不得不承认他的博学和辩才。

他在因明、般若、中观、密法等方面的著作较多。其中《西藏王统世系明鉴》，又译作《西藏王统记》，是他的代表作，成书于1328年。书中首先概述情器世间形成、印度历代王朝、释迦牟尼出世、佛教兴起，然后比较详细地介绍西藏古代吐蕃历代王朝、佛教流传，直至雅隆地区王族世系等情况，是一部历史著作。其内容中除作者当时所能见到的吐蕃王朝史料外，还采集了不少民间流传的故事传说，另增加了不少佛教内容的故事。故它是一部熔炼历史、文学、宗教于一炉的名著，据说国外学者在研究吐蕃史时也常以它作为重要参考书，所以有多种译文的版本，流传到世界各国。他还有一部《道果教法史》也很有名。

索南坚赞于藏历第六饶迴之木兔年（1375 年，明洪武八年）六月二十五日逝世。其生卒年另有 1333~1409 年之说。

注：

①四分律：即四毗奈耶。佛祖涅槃后，上座部采集律藏，四度完结，故名四分律。此分：《广戒经》《十七事》《请向品》和《杂事品》。

②《中观六论》：龙树所著《根本般若经》《宝鬘论》《回诤论》《七十空性论》《广破入微论》《六十正理论》六部阐述中观之论著。

贡嘎扎西坚赞
——西藏大乘法王

贡嘎扎西坚赞，译言“庆喜祥幢”，在《元史》和《明史》中译为“昆泽思巴”和“公哥泽失坚赞”。于藏历第六饶迥之土牛年（1349 年，元至正九年）伴随着种种吉祥之兆在后藏萨迦寺诞生，其父 18 岁，母亲加茂措。

贡嘎扎西幼年时就知晓世间之事，能说出与自己年龄和一般稚童不相称的话，使人们大为惊奇。少时从自己舅父格西桑布学习大悲观音法，后来逐步学通了梵藏文字及其历算、声律学、语法等，成为一位具智慧者。木龙年（1364 年），他 16 岁时，从大元玉妥·贡嘎仁清和萨桑木德二师剃度出家，起法名贡嘎扎西坚赞，简称贡嘎扎西。他又从轨范师却吉僧格学习《因明论疏》，智慧大增，加之勤奋好学，对《因明七论》无难而通晓，成为萨迦派因明论学者。水鼠年（1372 年），23 岁的贡嘎扎西，由法王索朗坚赞任堪布，香曲孜摩任轨范师，在十几位比丘僧面前授予比丘大戒，成为僧众的顶髻宝饰，又从达尼钦波闻习显密经论中的灌顶法、诀窍、随许等法。他先后师事父亲大元却吉坚赞、大喇嘛索南罗哲、索朗坚赞等十多位善知识潜心学习教言指导、瑜伽密续、事续、行续等密续四部的教诫和秘诀，皆熟记于心，后来又广泛学习了历代萨迦先哲们的文集和甚深道果教法，成为显密兼通的大学者。他根据学到的广博知识和修习体验，撰写出许多语言精练、辞藻优美的显密著作。他以身作则，严守戒律，广做益于有情之事。所以前来从他受居士、沙弥、比丘戒的信徒超过千人，曾给法会中一万多僧俗弘传萨迦传承的大乘和《中观论》中的发菩提心之法，之后在萨迦圣地乌泽娘玛闭关修习长寿法和成就法达 3 年，另外在觉囊派的修行胜地觉摩囊不间断地修持生圆二次第双运修法，禅定功力增强，出现了犹如夏季海水涨潮一样的功力。当他第二次来到喀若陀吾静修地修持时，出现了奇异证悟。他在这里修持 5 个月后，在仆从再三催促下来到拉萨大昭寺，于释迦牟尼佛像前作盛大供养和祈愿。后赴噶当派佛教圣地热振寺朝礼，他在 5 个月的时间中主要修习密宗次第和菩提道次第法，同时给该寺僧众传授佛教甚深正法。他又先后去年波寺、卓萨寺、嘉玛奈、吉曲下游的帕旺喀、曲宗等寺院和圣地，给广大三藏法师、格西和僧伽大转法轮。继而转赴后藏萨迦、昂仁等寺讲经传法。特别是在萨迦寺刻印萨迦五祖的文集，塑造吉祥胜乐轮、喜金刚、普明大日如来、红阎摩等坛城，以及用各色绸缎做护法神唐卡像，并为之作了开光仪式。此时，萨迦寺拥他登上了先王的法座，成为萨迦寺法王。他使西藏民众安立于无上解脱之道，佛教之法犹如日光普照大地，从此，贡嘎扎西坚赞的声誉大振。

贡嘎扎西的美名被明成祖永乐皇帝闻悉后，产生了信仰之念，为了巩固明王朝的政权，稳定边疆，两次派金册使者赴藏召请。贡嘎扎西也考虑到萨迦先王与大明王朝早结下法缘福田关系，为使佛教发扬光大，年届 63 岁的他不顾年迈和长途跋涉，于水龙年（1412 年）四月从萨迦启程前往明都南京。沿途他还给有法缘的僧俗传法讲经，敬献三宝佛，赈济贫民，广做利于佛法众生之事，于水蛇年（1413 年）二月抵达南京，受到明中央政府的盛大欢迎。永乐皇帝多次设宴款待贡嘎扎西，永乐帝发现贡嘎扎西佛法精深，对他十分敬信。请求他传授密宗之道，贡嘎扎西先给永乐帝传授了喜金刚成熟道灌顶法，又讲授了大黑天护法神随许法，满足了永乐皇帝的意愿，遂被赐予银钞、藏经、鞍马、茶米等物，特意安排他在玄武湖游览观光，之后由大臣和皇子陪同乘巨船水路到达北京。皇帝事先在北京修造了法坪寺让他驻锡。贡嘎扎西在北京期间，广利众生，讲经传法，护持国土，故颇受明廷恩宠。永乐帝按先前施食居士敬奉释迦牟尼之仪轨而尊奉贡嘎扎西，宫廷举行佛事活动，必以贡嘎扎西为首，让众生进入成熟解脱之道。永乐皇帝按惯例，于水蛇年（1413 年）五月敕封贡嘎扎西为“万行圆融妙法最胜真如慧智弘慈广济护国演教正觉大乘法王西天上善金刚普应大光明佛领天下释教”，简称正觉大乘法王，颁赐金册金印、各种珠宝镶饰的金制千辐法轮及袈裟、鞍马、伞器等大量财物。

受封后，贡嘎扎西前往文殊菩萨道场五台山朝圣。礼供各佛殿时，晴空中出现了彩虹，在圣地的一处名叫阿斯热的修行洞方向出现一道白光，白光的一端伸向东方，后发现这道白光收拢在大乘法王驻锡的僧舍上空形成白光伞盖，好久才消失，五台山的和尚、喇嘛都看到了这种奇异的瑞象。朝圣后返回南京，给皇帝和文武大臣讲授佛法，传授经咒护持教法。还恳请皇帝大赦了数万名犯罪之人，深得人心。这时，皇帝复赐银造喜金刚九尊、水晶和檀香木雕塑的大威德金刚像、双身宝帐怙主像，以及供器、僧帽、袈裟、金银器具、绸缎、大小帐幕、茶叶、牛、马、骡等无数礼物。于水马年（1414 年）元月，贡嘎扎西一行由中官护送返藏。抵达拉萨后，又在大昭寺释迦牟尼佛像前敬献优质哈达、金银供器、各种珠宝镶嵌的曼扎等供物，并参加了正月的神变祈愿大法会，于是年十二月回到萨迦寺。

在萨迦，给各种法会和僧人放布施，为各佛殿佛像、佛塔前献供灯、珍贵供器和内库哈达。利用皇帝赐予的其余财物修葺了几座佛殿。贡嘎扎西在晚年仍学习不止，修持不息，经常坚持生圆二次第密法，修法时常结金刚跏趺坐，一坐就是一昼夜，丝毫不感到疲乏，久而久之，他亲见本尊神、胜乐空行母、智慧天女、吉祥天母等许多护法神，他最终获得了殊胜证悟。他虽年事已高，但目明耳聪，肌肤光洁圆滑，没有白发和皱纹，满面光彩照人。他利用旺盛的精力和渊博的学识培养出了一批才识精湛、德行谨严、心地善良、获得证悟的高足弟子。

大乘法王贡嘎扎西于藏历第七饶迴之木蛇年（1425 年，明洪熙元年）七月十日黎明时分仍结金刚跏趺坐而示现圆寂，享年 77 岁。

却吉·牛普巴·索南桑布

——兼通显密的萨迦大堪布

却吉·牛普巴·索南桑布，译言“法王牛普巴·福善”，于藏历第六饶迥之金蛇年（1341年，元至正元年）在后藏松朵地方出生。他5岁时，从牛钦·索南旺秀受近事戒；11岁从堪布东珠贝丹受沙弥戒，正式皈依佛门；19岁由堪布云丹嘉措和华丹宗哲二师授予具足大戒。在吉祥萨迦寺，他从涅温·更噶贝听受了《因明论》，此师有四百弟子，后来他成了高足弟子。当时在萨迦有涅温和宗哲两位著名学者，他们都是学习显宗而成名的。其中涅温·更噶贝是觉囊派笃布巴弟子的高足弟子，华丹宗哲是布敦大师弟子的高足弟子。此时，牛普巴在显宗学方面又超过了华丹宗哲。一次，牛普巴、雅楚·桑杰贝、噶玛·官却元努、克巴桑杰培及其他两位共六位萨迦寺的学者到卫藏各地去巡回辩经，启程时，涅温和宗哲二师向萨迦前方的香夏查卡进行短程欢送。由此看出，牛普巴进入了萨迦寺学者之行列。他在桑普寺和泽塘寺宣讲《俱舍六论》而名声鼎沸。然而他自己却很谦虚，深感密宗方面的学识十分浅薄，经不起与人辩论。因此，他又先后从更钦岗巴学习“胜乐论”,从贝旦喇嘛学习“时轮学”,从堪钦绛山学习“六加行”,从玛德班钦学习“无戏论”,从嘉色学习“发菩提心”,从大乘法王学习“道果”,从觉囊·雪勒南杰学习“三百喻法论”等密宗法后，真正成为显密兼通的学者。

后来牛普巴遵照嘉央南喀仁钦之命，修建了华桑旦格培扎仓，任扎仓堪布16年，在此期间他大兴讲经弘法之风,培育了300多名有学识的弟子。他41岁时,又受乃东·扎巴坚赞之请，到觉丹格东岗寺担任堪布，这座寺院是尼泊尔喀且班钦在山南倡建的四座寺院之一，他登上了喀且班钦的六狮举顶法座，主持寺院教务，坚持讲经学法之风，培养弟子，长达16年，为弘传佛教正法做出了较大贡献，寺院尊他为法王。

牛普巴·索南桑布于藏历第七饶迥之水牛年(1433年,明宣德八年)圆寂,享年93岁。

他的众多弟子中较有名者有：却桑尼玛、噶居白玛桑布、噶玛·德银协巴（大宝法王）、噶玛·通瓦敦丹（噶玛巴第六世活佛）、绒钦·释迦坚赞等。

他的著作大部分在年事已高时所著，73岁时著成《律经释难·甘露精华》，78岁时著了《法界颂疏·意明精要》，80岁时著成《释量论注疏》，81岁时著有《译师回答他空见——教理宝藏》，又名《教理论宝库辨析》，83岁时著成《四分律别解脱经注释》，

85 岁时著了《宝性论注释》。

仁达哇·循努洛哲

——元代萨迦派著名学者

仁达哇·循努洛哲，是萨迦派在佛教显宗学方面获得较大成就的著名佛学家，为宗喀巴大师在显宗学，尤其在中观论学说方面的主要上师。

仁达哇的父亲扎西坚参是吐蕃大臣噶尔东赞（简称禄东赞）家族的后裔，母亲旺秀吉。仁达哇于藏历第七饶迥之土牛年（1349 年，元至正九年）出生在萨迦附近的仁达康索地方，父母给他起乳名叫宗乃。刚会说话走路时，听到“三宝佛”的法音，看见寺庙佛像时就油然生起敬信。宗乃年幼时父母双亡，由姨母扎西本抚养。一次，他对姨母说：“将来，我要么从萨迦长官那里取得政权大印，让藏区人民幸福安乐；要么皈依佛门，学习佛法，让佛教兴盛起来。”姨母说：“宗乃罗沃且（意为勇敢的宗乃），你能做到吗？”宗乃点点头，表示能做到其中的一件事，所以人们又称他为宗乃罗沃且。年稍长，他开始寻求佛教正法，向圣者却桑贝求闻了“皈依发心”“近事戒法”“大悲观音法类”等方面的短篇口诵经文。这时他厌烦家庭的世俗杂务，18 岁从萨桑班钦出家为僧，受沙弥戒，取法名循努洛哲（意为智童），毅然选择了皈依佛门，弘扬佛法，振兴佛教这一道路。

出家受戒后，他首先拜大学者涅温·贡嘎贝哇和堪钦桑杰贝哇二人为师，学习《因明论释》《因明七论注释》等显宗经典，又阅读了萨迦班智达和沃尧巴·柔白僧格二人著的《格言集》。他撰写了《因明论注释之疏》大、小两种。后他又学习了《现观庄严论注释》，通过反复学习，通达了这两门学科，又从贝丹喇嘛旦巴·索朗坚赞等学习《般若论》，尤其攻读了《大般若二万颂》和《般若八千颂》及其注释部分，并著出了《般若论释》和《七十要义释》两书。他从相曲孜莫译师学习《上下对法》《五部地论》《三律仪》等经论，撰述了《上下对法要义注释》一书。后由堪钦多罗巴·耿噶桑波任亲教师和轨范师，和比丘僧一起给他授了比丘戒。他从师学习了《毗奈耶经》，全部融会贯通，亲教师说："在律经方面你已超过了我，可称得上这方面的权威。"在此师的劝请下，他为《毗奈耶经》做了注释。后来他拜却吉香森巴为师专门学习研究了《中观理聚六论》《四百论》《入行论》等关于中观理论的经典，并祈祷三宝反复研习，全部理解而达通晓，他对《中观本论慧》《中观入行论》《四百论》三部经藏做了注释，还将龙树著的《中论》一书也作详注。他在一段时间内悉心钻研和弘扬被藏传佛教各教派所重视的印僧月称所著《入中论》《中论明句论》和龙树著《中论》等著作的中观应成派教理。在以前一个时期，中观教程几乎在西藏失传，由于他和他的高足宗喀巴的努力弘扬，才使这一学说得以传播继承下来。因而他被人们称为"以自慧力观察，通达应成中观见的最细旨趣的人"。

仁达哇集中精力学通以五部大论为主的许多显宗经典后，转入学习密宗经教，从大译师相曲孜莫学习"密集不动灌顶法"后给他取密宗法号弥觉多吉（不动金刚）。他从译师嘉却华桑布学习"密续教授"；从喇嘛丹巴索朗坚赞学习《吉祥密集注·明灯论》《喜金刚秘诀道果》等甚深密法；从萨桑班钦学习"胜乐金刚灌顶"；从译师嘉却巴学习《金刚鬘》《文殊金刚》《世界自在》《萨迦金刚法》《五次第概要》《行续事略》及萨迦师祖、布敦大师等著名学者关于密宗方面的经典，成为精通密法的格西。他著有《本续注释》《密乘生起次第修习法》《自我灌顶胜鬘》《五次第要义》等密宗经典。另外，对一些较难懂的密集经典做了注释。总之，仁达哇广参名师，尤其从萨迦派的十二位大德先后学习研究显密诸论，成为萨迦派修学"三藏四续"、通贯"五部大论"的知名学者。

后来仁达哇准备去前藏时，正好与慕名而来拜访他的宗喀巴相逢，二人见面因缘相投，讲说经论，宗喀巴果见仁达哇谈吐不凡，遂拜仁达哇为师，求学显宗诸论。仁达哇传授显宗时，特意将《中观论》详尽地传授予宗喀巴，使宗喀巴受益匪浅。他师徒二人结伴先后到南木泽当、热振寺、济雪等地一面切磋佛法，一面广转法轮。这期间他二人互为师徒，取长补短，学业飞进，为复兴西藏的佛教而殚精竭虑。

仁达哇生活淡泊，不追求名利，不贪图享受，以比丘僧的戒条严格要求自己。他为了真正掌握大乘之道的精髓，到岗布勒嘎的玉隆多杰圣地，闭关静修密乘道果法5年。经专心苦修证得了共同与不共之两种密法次第，生起了多门禅定，亲见一些本尊神，获得密法道果的成就。为了寻找静地继续修行，他来到藏尼交界的芒域济隆（今吉隆县境）的茂密天然林中，在一处名叫梅朵党金的静修地专心修习时，许多到这里修习的三藏法师向仁达哇求教正法，仁达哇一一满足了他们的要求。如此，前来求学佛法的人越来越多，在梅朵党金山的两面、嘛呢拉卡、扎喀、普波伽、曲当、拉纳普、拉代曲宗、江盘南喀宗、垅则山旦林、贡普新寺等处皆住满了前来修行求法的僧人。这时宗喀巴大师和噶举派的大成就师唐东杰波也来仁达哇的修行处修习和求学佛法。可见此时仁达哇的声名已如雷贯耳，法螺不吹自鸣了。他的弟子不计其数，著名的有百人，其中宗喀巴师徒三人和唐东杰波堪称代表。

14世纪后半期，萨迦派在显宗方面有两个系统：一个是雅楚·桑杰贝、绒敦·玛威僧格等；另一系统就是仁达哇·循努洛哲，为萨迦派在显宗方面成绩卓著的大师之一。他在中观、因明、般若、律藏、俱舍、密宗、道歌等方面的著作颇多。

仁达哇·循努洛哲于藏历第七饶迥之水龙年（1412年，明永乐十年）十二月二十九日在噶丹曲吉颇章圆寂，享年64岁。

雅楚·桑杰白

——萨迦派显宗传承人之一

雅楚·桑杰白，译言“佛祥”，于藏历第六饶迥之金虎年（1350年，元至正十年）出生在萨迦昌。他是泽当钦波相曲仁清的儿子。出生不久，过继给雅玉，成为雅玉的养子。

藏语“雅楚”就是雅氏养子之意。年稍长，他就在萨迦、泽当等寺求学藏文及显密经论，并出家受戒。他主要师从宗哲白大学者奋志攻读《因明论注释》《现观庄严论》《中观论》《戒律论》《俱舍论》等显宗重要经典，门门皆达到精熟，尤擅长因明学。然后他到卫藏各佛寺中巡回辩经，成为显宗理论的雄辩家。在西藏佛学界将他和绒敦·玛威僧格二人合称“雅绒二师”。之后，他又从官觉益西闻习《密续四部》和萨迦派耳传教法及其他一些密宗经教，并逐一实修后生起了一些乐感证兆。他虽已成名，但他讲辩著的学风始终如一。

雅楚·桑杰白住持萨迦寺，培育后学，造就出能主持萨迦教法的弟子甚多，在众多弟子中最著名的有绒敦·玛威僧格、仁达哇·循努洛哲、森华钦波·宣努杰却等，其中绒敦·玛威僧格和摩诃萨埵为上首弟子。

萨迦派在显宗方面有两个支派：一个就是以雅楚·桑杰白及绒敦·玛威僧格相传的系统，另一个是以仁达哇·循努洛哲为首的系统。

雅楚·桑杰白于藏历第七饶迥之木马年（1414年，明永乐十二年）圆寂，享年64岁。

嘉色·陀美桑布
——萨迦派因明大师

嘉色·陀美桑布，译言“无著贤”，是萨迦派著名的因明大师，修习有成的佛学家，于藏历第五饶迥之木羊年（1295年，元元贞元年）生于后藏萨迦寺南约90公里处的佩雄扎嘉地方。父亲官却贝，母亲本仲。据传，母亲怀孕时，梦见观音菩萨金身融入她的体内，出生时出现了大地震动，生长出此地从未见过的各种鲜花、草木，另有天降花雨等奇异现象。取幼名官却桑布。

官却桑布，童年时就有慈悲之心，见到穷人和受苦难之人，就流下同情之泪，平时玩耍时，不是垒佛塔，就是学诵经，还常常正襟危坐，学习修行，遗憾的是双亲过早去世，从5岁开始就由姥姥抚养。他为姥姥家放牧牛羊，9岁时他逃离放牧地，到姑奶奶的儿子端巴仁钦扎西居住的珊岭寺，从表叔始学藏文，过目不忘，在较短时间内就掌握了藏文的拼读、书写，僧人们在私下议论：这个孩子非同寻常！土猴年（1308年）六月十八日清晨，他14岁时，由珊岭寺喇嘛华贝哇任亲教师，其弟仁钦贝桑任轨范师，在经堂为他剃度出家，并授予沙弥戒，赐法名桑波贝。自此，他从亲教、轨范上师闻习佛教经典及注释，努力不懈。他从没想过享受自家较丰厚的财物，将田园和家产毫不保留地交给表叔仁钦扎西用于善事，并说："世俗之事对我来说毫无意义，抓紧学习佛教的讲修才是我的最大愿望。"

他15岁进入后藏珀东埃寺的分院，从上师贡嘉巴学习《大乘阿毗达摩杂集论》，学经时不与同僧攀比高低，不忌妒他人，始终一步一个脚印地扎实学习，显示出和善、恬静、慈祥的品质，一举成为该寺知名学者。在一次滚芒加（意为煮斋僧茶饭）的法会上，加央隆沃尼玛坚赞上师对学僧口试其智慧和学法情况，以"对法藏论"为口试题，桑布对答如流，词义简练而深刻，在场学者无不叹服。喇嘛南扎哇说："印度名僧无著再世，称得上第二无著。"由此"无著"之称号广为流传。"无著"藏语为"陀美"，加于桑布之前，他的法号全称就成了"陀美桑布"。接着他继续学习《慈氏五论》《五部地论》《二摄颂》《八品论》《入菩萨行论》《集学论》《戒律论》《中观六论》等经典。之后他到萨迦寺，从该寺大学者喇嘛圆嘉巴闻习《因明七论》，深入钻研各种《因明论释》，成为精通因明学的专家。在这里他还学习研究了印度"二胜""六庄严"的各种论著。

他23岁时走出萨迦寺，到后藏各寺巡回辩经，这期间凡持邪见的对手一个个败在他的手下，凡持正见的对手都成为他学法的诤友。经过一段时间的辩经，都公认他是珀东埃寺的大学者、辩经高手。

木鼠年（1324年）十月初六早晨，他30岁时，由绛森仁贡任亲教师，南喀桑杰任轨范师，贡嘎坚赞任密教师，在众比丘僧中为他授了具足大戒，成为严持戒律的比丘僧。32岁时，由绛央端月坚赞昆季、贡嘎坚赞、贡邦南喀扎巴等上师邀请他担任珀东埃达热寺住持，他未应允。后又有曲帕坚赞、仁清喜饶本等师坚请他出任该寺法台，他为了不违背上师们的意愿，方答应任达热寺住持。任职期间，除了管理寺院行政事务之外，主要从事为僧众传授经法。先后在法会上讲授了《阿毗达摩杂集论》《经庄严论》《宝性论》《入行论》《般若经》《因明论》六部经论，附带传授了一些显密经论的注释专著，使众僧受益匪浅。其弟子中出了10名通晓五部经典的"噶钦"格西，他的声誉也越来越高。他任达热寺住持长达7年，38岁时，他著了《经庄严论注释》一书，之后又为《宝性论》和《入行论》二书作了详注，在总结学习经论的基础上撰写了《嘉色实践论》一书，比较详细地阐述了自己的佛学思想和观点，这部著作在萨迦派的学者和僧众中产生了广泛而深刻的影响，他们细读后双手合十称善。

陀美桑布广参各教派名师，一生从绛央昆敦、喇嘛贡嘎巴、加央尼玛坚赞、圆嘉巴、释迦绛曲、索南贡、加帕坚赞、热萨巴·仁钦林巴等40余位上师，仅学密宗经论而依止的上师就有10多位。他从众上师虚心、刻苦学习，博通了显密经论，并撰述了自己的佛学专著。其中《修心七事教导》《嘉色实践论》《入行论发心》《入行论注释》《宝性论注释》《经庄严论注释》《禁食斋仪轨》《缘起教导》《修心上师瑜伽身圆满》等比较有名。

陀美桑布在显密经论的修学方面取得成就后，就将珀东埃达热寺交给自己的大弟子轨范师坚赞僧格，想到一幽静寺院或修行地进行修持，但又有绛央端月坚赞等上师要他担任达热寺的讲经师，他为了实现自己修持的心愿，从萨迦寺聘请了邦译师·洛哲丹巴来担任讲经师，自己赴风景优美而宁静的欧曲却宗寺闭关静修。临行前他对上师和弟子们说："人的生命犹如高山流水，一刻不停地奔向死亡之线，青春年华好似项饰花环，顷刻间就会凋谢枯萎……"他用许多佛教哲理告诫大家在短暂的人生中，珍惜生命，珍惜时间，发奋学习，努力修炼，多做有益于众生和社会的善事。闭关修炼时他吩咐近侍僧谢绝接见任何人，并写了一张谢绝会见客人的纸条贴在修炼室门上。达热寺格西两次来请他回寺讲经，他传话给近侍僧皆婉言回绝，连自己的两位经师都未会面。他从43岁开始专心致志地修习，在修持空性证见和大悲定相结合的禅定中度过了20年。他在修持中逐渐出现了不同证悟，最后证得了光明法身。63岁时，他结束了闭关修炼的生活，开始为本寺僧人讲经说法。之后到夏鲁寺拜访布敦·仁钦朱大师，大师很高兴地接见了他，并向寺僧介绍道："当今在雪域精通佛法并付诸实践的只有陀美桑布一人。我也通晓许多经论，亦著述论说，然而没有像他一样的修炼功法。"离别布敦大师后向前藏地方走去，边走边向寺僧讲经说法，向老百姓讲说人生真谛。当走到贡唐与拉萨之间时，看见七八个人骑着马过河被急流吞没的情景时，双手合十，泪水滚滚而下，口中连连呼叫救度佛母。这时一身穿白衣、腰系白旧带的人说："我去救他们。"刹那间，那七八个人和马匹被救上河岸，而穿白衣的人却无影无踪。陀美桑布知道这位白衣士就是救度佛母的化身，他口中暗暗祈祷。一路上他为许多乞丐舍施布施，为病患者治病，受到贫僧和穷苦人的尊敬和爱戴，从贡唐返回后藏珀东埃达热寺。

67岁时，西藏帕竹政权的创建者司徒·绛曲坚赞（1302~1364年）慕其名而邀请他去前藏讲经，于当年一月十六日从达热寺出发，经后藏到达拉萨，五月在大昭寺为释迦牟尼佛像顶礼作供养，在这里为广大僧众和信民讲授发《菩提心经》。之后他过雅鲁藏布江到达桑耶寺朝礼、讲经，又从桑耶寺到乃东、昌珠、泽当等地为僧众广转法轮。当司徒·绛曲坚赞为他敬献布施时，他说："我不需要任何财物布施，只请求你免去百姓的赋税和军差，减轻民众的负担，因为这些皆不利于佛教事业。"司徒当时答应了他的这一要求，暂停了对萨迦地方政权的进攻。从泽当复又去丹萨替寺和桑耶寺广转法轮，得到了信徒、信民的许多财物，他将这些布施用于救济贫民，治疗地方传染病，为僧众滚芒加（斋僧茶）等等方面。司徒·绛曲坚赞等人请求他长驻前藏讲经说法，他未答应，起身返回后藏，途经达仓寺，应邀为僧众和学者讲经。一路上凡遇到修行地、讲经院，他不辞辛苦普施法雨。十月初一，他返回欧曲却宗寺。

晚年，陀美桑布仍讲经不止，修持不断，每年九月闭关静修至第二年三月结束，为格西、僧众、求法者和达官贵人等传经说法。他的高足弟子众多，有来自内地、印度、尼泊尔、蒙古等地的僧人，也有卫藏、央泽、阿里、安多、康区等地的求学者。其中亦有汉族、裕固族、蒙古族、纳西族等民族的僧人。在众多弟子中广弘大乘修心，继承佛教事业的有仁达哇·循努洛哲等人。

藏历第六饶迥之土鸡年（1369 年，明洪武二年）十月十九日晚，陀美桑布停止讲经，全身发出香味和光亮，眼睛依然炯炯有神，正襟危坐，直到二十日黄昏方才示寂，享年 75 岁。

喇嘛丹巴·索南坚赞
——萨迦寺第十三任赤钦（法台）

喇嘛丹巴·索南坚赞，于藏历第五饶迥之水鼠年（1312 年，元皇庆元年）出生于后藏夏鲁康赛中。父亲达钦桑波贝巴，母亲玛吉元努本，他是帝师八思巴大师的侄孙。他 8 岁时从父亲学习文字拼读和祖父的经典而通达；11 岁依喇钦·贡嘎洛哲受近事戒，并从该师聆听《大乘发心论》。他 17 岁从堪布索南扎巴等师出家为僧，赐法名索南坚赞，之后从喇嘛巴丹僧格、堪钦索南桑波、邦洛·罗哲丹巴、纳萨扎普巴、索南贝哇、巴·曲焕桑布、周喀巴·扎巴森格等师潜心修学显密诸论和共同文化学科而融会贯通。20 岁时，在后藏珀东夏果雄寺（由芒倪·鲁智嘉措建）中，由堪钦索南扎巴、智者巴丹僧格、喇嘛桑布三位上师为他授予具圆大戒，并聆听了无量教言秘诀。25 岁他从布敦·仁钦朱大师聆听“四座法”“金刚界”等灌顶法、教法、秘诀诸法，并成为布敦大师撰述28部名著的鼓励者和支持者。这时元顺帝妥欢帖睦尔几次遣使迎请喇嘛丹巴赴京，而他却设法婉言谢绝。32岁时他被萨迦寺推上了第十三任赤钦的法座上，同时他又是萨迦四大喇章之一的仁钦岗喇章的座主。他精心治理寺院政教事务多年，功德显著。萨迦派的教法大都由他传持下来。这期间他还曾任过帕竹政权大司徒绛曲坚赞的师尊。格鲁派创始人宗喀巴大师也曾向喇嘛丹巴聆习过萨迦派特法“十三金法”等教法。喇嘛丹巴卸任赤钦后，于61岁时到珀东埃寺大转法轮，于次年又前往山南桑耶寺广转法轮。据载萨迦派三小密宗支派中的察尔支派和贡嘎支派的师徒传承可以追溯到喇嘛丹巴·索南坚赞，因此很多格西共同认为察尔支派和贡嘎支派也是由喇嘛丹巴·索南坚赞所传密法（主要指道果密法）的基础上产生的。这两个支派不仅在萨迦派中广泛流行，而且该派不共密法修行及其仪轨在格鲁派中也比较流行。

在桑耶寺广转法轮时，他于藏历木兔年（1375年，明洪武八年）六月二十五日在桑耶寺扎西岗示现圆寂，享年虚64岁。

其主要弟子有至尊宗喀巴、大译师绛曲孜摩、噶玛·贤曲绛曲坚赞、喇嘛巴丹慈诚、亚隆巴·僧格坚赞（是萨迦道果耳传桑登林派第二代）等。所以其所传弟子皆称呼他为“喇嘛丹巴”，译成汉文为师尊之意。

据载他一生著有79种著作，其中有《因明论注释之注释》广、中、略三种，《现观庄严论注疏》广、中两种，《入行论注释》《宝性论注释》《声明论·嘎拉巴之注释》《时轮广疏注释》，以及《细研磨论之注释》《四时空入预算》《六支加行讲义》《道果法教授》《吐蕃王朝世系明鉴》等。

绒敦·释迦坚赞

——萨迦派著名雄辩家

绒敦·释迦坚赞，全名为绒敦·喜夏更若释迦坚赞，意为“绒敦·智者普明释迦幢”，简称绒敦·释迦坚赞。因他是一位博学多才、能言善辩的萨迦派高僧，人们送给他一个别号“玛威僧格”，意为“善言狮子”。他于藏历第六饶迥之火羊年（1367年，元至正二十七年），出生在四川康区嘉茂绒（今四川省阿坝藏族羌族自治州）地方的一个信奉本教的家庭中。出生地是吐蕃时密宗翻译大师白若杂那流放而修行过的圣地。他的父亲格果嘉布，系噶氏后裔，精通本教，母亲嘉格曼，生有3人，喜夏更若为次子。该师从小聪明伶俐，父亲教他习字读书，过目不忘。后送他出家为僧，起名喜饶沃赛，学习了一些寺院中的规则礼仪，开始接触到一些五明学科的经典，就这样度过了童年的学习和生活，开始向往到西藏拉萨圣地求学佛法。

18岁时他前往西藏，最初进入桑普奈托寺，这是一座阿底峡的弟子俄·勒贝喜绕于1073年兴建的噶当派寺院。他从朗多巴·仁钦南加、贡敦·洛哲旺秀二师学习俄洛丹传出的《般若》《因明》《集摄论》《中观论》等经论，之后又闻习了《现观庄严论注释》和《量抉择论》等，并由仁钦南加给其授菩萨大戒。他在这里求学深造4年，从加央喀且学习了《诗镜》、词藻、声律学等，从噶玛·官却循努学习显密经典。这时他已小有名气，22岁时著成《量抉择论释》，并以此立宗辩经，辩才无碍，以雄辩家而著称，始有“玛威僧格”这个雅号。从此开始讲经传法，当时人们就称他为轨范师绒敦。

他一路学经、讲经来到彭域门通寺，拜克尊·贡噶嘉波为堪布、玛敦为亲教师、都增沃桑巴为密教师，凑足其他10位虔诚的比丘僧，给他授了比丘戒，取法号释迦坚赞。

这时他甚感自己所学浅见寡闻，曾三次到后藏从师学法。27 岁时，他第一次作为桑普寺大堪布的侍从入藏，从堪钦 · 雅楚 · 桑杰贝（1350~1414 年）为师，学习萨迦派关于显宗经论的讲授法，又从萨迦法王贡噶扎西学习密宗深广教法，形成了萨迦法王和俄·洛丹喜饶之讲学之风。第二次是他的上师谢世后，约 50 岁时，他到后藏定日和梅康色地方，主要从事《戒律》《般若》《对法藏》《中观论》《因明》的学习研究。第三次主要是去讲授显密经论，招收门徒。在三次去后藏返回前藏的期间，他常住桑普奈托这座他初学经的母寺，另外也去东面的帕摩竹巴和直贡替寺，西面的拉堆顶日朗科和昂仁寺，南面的雅隆亚桑和雅卓纳噶孜，北面的热振寺和南木孜顶等许多寺院讲经传法。他一面从各教派善知识学习佛法，一面又讲经、辩经、著述，到 40 岁左右时已成蜚声藏康、独具自己讲传之风的名僧。

藏历第七饶迥之火龙年（1436 年），已年届七旬高龄的绒敦 · 释迦坚赞集资在西藏拉萨北面的彭域地方建成了一座萨迦派寺院——吉祥那烂扎寺。寺院建成后，即有 1500 多名僧人入寺学经求法。他讲经传法之规章、制约和其他设施，皆符合萨迦和俄译师的制度。寺内设 5 个康村、2 个扎仓。他在那烂札寺讲经传法 14 年之久，在寺内建立以十大经论立宗辩论，讲说 46 部经论的讲传学风，对 40 部显密经论进行注疏释难。他在卫藏学经弘法建寺的声名传到明王朝英宗皇帝耳中后，考虑到他在卫藏的影响较大，即派遣胡太监等官员入藏，给他赏赐约一肘高的药师佛金像一尊、《文殊名称经》一部、尊胜佛塔一座、约二尺长的白檀香木一块等礼物，敕封他为“弘法大师”。

绒敦 · 释迦坚赞平生治学严谨，他学经修法时，认真理解原文词义和内容，绝不囫囵吞枣，也不人云亦云。不论著者是印度、尼泊尔人，还是西藏人，只要发现其著作中的词义、句法及某种提法不妥，甚至错误之处，他就提出自己的观点加以反驳，如曾对月称论师的《入中论》中的某些词义和轨范师森格桑布对《般若》的一些注释皆提出过反驳意见。桑普寺的著名学者恰巴 · 却吉僧格和他一样，对西藏一些藏族学者在学习印度经典时，不分析鉴别，而是囫囵吞咽、不求甚解的弊病提出过许多意见。绒敦大师在布达拉宫曾拜谒至尊宗喀巴大师时，辩论《般若》，受到宗喀巴大师的赞扬，赠给他深绿色绸缎一匹。他还曾与珀东班钦大学者辩论律经，最后两人不分高低，对律经要义达成共识。当时西藏佛学界将绒敦 · 释迦坚赞和雅楚 · 桑杰贝二人称为“雅绒二师”，他俩皆是萨迦派中新涌现出的显教大师。

他有支撑佛教的四柱弟子、雪域顶饰的八大弟子和两殊胜弟子，还有后传的 20 余名弟子。其中四柱弟子是：森华宣努嘉却、森华钦波·白玛桑布、赛巴·洛哲嘉措、金俄·次成达玛。八顶饰弟子：麻康巴·扎巴桑布、格瓦坚赞、贡日坚赞桑布、绒琼·喜饶贝、却隆噶居巴、尕敦巴·却加贝桑、热达那室巴扎、纳塘巴·喜饶森格。两殊胜弟子：前藏的玛东嘉措仁钦、后藏的森贝钦波贡却坚赞。还有萨迦的宣努森格等3人、多康的华旦陀色、果木德查什、班钦释迦却丹、康区土司弟子等各地各教派的弟子。另有一些高官显贵和大学者也出于其门下。

其著作，据其弟子所著《绒敦大师传》记载：自23岁至70岁之间，著有《八千颂广、略注释》《佛说稻秆经释》《密集释》《因明注释》等经典注疏41部。70岁至83岁，主要从事讲经传法和闭关修行。另外有一些赞颂、口诀等散篇著述。

绒敦·释迦坚赞大师于藏历第八饶迥之土蛇年（1449年，明正统十四年）圆寂，谢世后吉祥那烂扎寺由达布·扎西朗杰继任住持。

至今寺内绒敦巴大师和扎西南杰二师的足印石保存完好。

俄尔钦·贡嘎桑波

——萨迦派密宗俄尔支派创立者

俄尔钦·贡嘎桑波，出身于章参之觉惹家族，其先祖以前从章参地方迁徙到萨迦从事牧业。后为萨迦大长玉陀巴之司茶师，之后以萨迦近侍管家而闻名。父亲本仓·珠巴云丹，其母为喇章仁钦岗白宏桑之女索南华丹。贡嘎桑波于藏历第六饶迥之水狗年（1382年，明洪武十五年）出生在萨迦地方。

5岁时，因他父亲珠巴云丹以茶司为业，曾让他拿着一块与银茶壶相当重量的石头来回行走，以试孩子的耐力，准备培养成与自己一样的司茶师。但贡嘎桑波幼小的心灵中厌恶世俗之事，更瞧不起低人一等的司茶服侍工作，他不高兴地将石块扔到地上。6 岁时，他在萨迦达钦 · 贡噶仁钦的关怀下，拜法王益西坚赞为师，开始学习藏文字母拼读及简单的语法。9 岁他从益西坚赞受居士戒及沙弥戒，从此过午不食，终日发奋苦读，后来在法王益西坚赞尊前先后受比丘戒、菩萨戒和密乘戒。他谙熟一切显密教法，尤善于领略萨迦派之“曼荼罗仪轨[1]成就法”，成为法王益西坚赞之得意弟子。25 岁时，上师益西坚赞逝世，贡嘎桑波料理完师尊的丧事后赴香曲科岗寺，在译师喜却前学习佛法，又到协贡寺，从布陀室利大师学法，后从协贡寺又到萨桑寺，拜萨桑喇嘛宣努洛哲为师，长期学习显密经论。他尤注重于密宗法的研习，成为密宗法的具缘法师。

金虎年（1410 年），他 29 岁时，萨桑上师将他叫到寝室内说道：“我已年迈，不知还能活多久，现在以你的佛教学识及管理才能，完全可以担任萨桑寺寺主之职，不要推托，要一心一意地管理好寺院！”说罢，将密续事部经籍和铃杵、法螺等交给他，授予法王继承人之位。贡嘎桑波自 29 岁至 49 岁的 20 年间住持护理萨桑寺，夏冬两季讲经传法，春秋两季传授灌顶及经教戒律等。卫、藏、康区前来求授沙弥戒和比丘戒者多达万余人，求授灌顶、经教者更多。

49 岁时，因萨桑寺僧人较多，世俗事务干扰过甚，他便考虑到僻静修行处一面讲经传法，一面修持密法。原打算去纳萨普日绰（即纳萨山崖寺）和桑木林日绰（山间小寺），但问卜后未能如愿，遂改为去埃旺日绰。这里早在 1359 年雅德班钦就带领弟子兴建了规模很小的日绰山寺，并在这里传授佛法，带出一批弟子，已是小有名气。贡嘎桑波到这里讲经说法，诸事业极其昌盛，供养殷重，欲想扩建埃旺寺。土鸡年（1429 年），他利用供养资财，兴建俄尔埃旺曲丹寺，首先新建经堂，内供尼泊尔匠人阿克惹纳等建造的释迦牟尼铜制镏金大佛像，纯金汁书写的《甘珠尔》大藏经，以及其他佛神像、供器、圣物、经塔甚多，后又建讲经院及禅室、僧舍，使寺院为之一新，初具规模。埃旺曲丹寺因建在俄尔地方，全称俄尔埃旺曲丹寺，简称俄尔寺。因贡嘎桑波主持兴建，所以人们称他为俄尔钦。俄尔钦 · 贡嘎桑波在这座寺院中讲授密宗法，弘扬密宗教义，故俄尔寺是萨迦派晚期在后藏传播密宗的重要道场之一。后来他又赴阿里、雅浪等地广行法施，在传授灌顶时不收供养，悉施法雨，所以求法者众多。

75 岁时，即藏历第八饶迥之火鼠年（1456 年，明景泰七年）四月二十三日，他将萨班之卷轴画像、内地铃杵及七衣传授给弟子梅钦 · 官却坚赞，并叮咛再三。二十五日上午，摄色身入法界。

俄尔钦·贡嘎桑波的弟子众多，据说从他受戒的就有12000多人，知名的有萨迦世系的玉妥巴·贡噶旺秀、达钦·曲弥巴·洛哲旺秀、俄堪布·官却坚赞、旋努坚赞、旺秀扎桑等大善知识。

其著作包括修法类、闻法录、仪轨、书函等，连同各函目录共21种，德格版集为4函，名《埃旺全集》。

注：

①曼荼罗仪轨：印度密教修密法时，为防止“魔众”侵入，在修法处划一圆圈或建造土坛及铜制坛城，有时还在上面绘上佛像、菩萨像，事毕废像。一般把划为圆形或方形的修法地方或坛场称为“曼荼罗”。

贡嘎南杰

——萨迦派贡嘎支派的创立者

贡嘎南杰，亦称图敦·贡嘎南杰，因其祖先是藏文的创制者图弥桑布扎，故称其图敦，“图”是氏族之姓，“敦”是“敦巴”之简略，指精通显密教法之人。

贡嘎南杰于藏历第七饶迥之水鼠年（1432年，明宣德七年）出生于西藏山南贡嘎地区乃东王族家中，为乃东王的爱子。他出生后常住于贡嘎宗的宫殿中，自幼开始学习藏文基础知识，同时读诵萨迦派密法。他依绛巴林巴受比丘戒，并修学佛法。在萨迦寺学密法时，索南桑波成为他的根本上师，他主要学习萨迦派子孙院的密法。贡嘎南杰是喇嘛丹巴·索南坚赞的三传弟子，贡嘎支派的道果传授也是由喇嘛丹巴·索南坚赞传下来的。具体的传承是：喇嘛丹巴·索南坚赞传给大乘法王贡嘎扎西，贡嘎扎西传给索南桑波，索南桑波传给贡嘎南杰。贡嘎南杰又培养了甲敦·强曲旺嘉等许多传承弟子。他的弟子们继承上师之志，不断发展和丰富本宗派不共密法，至今传承尚在延续。贡嘎支派的主要弘法道场是山南的贡嘎多杰寺。当时33岁的贡嘎南杰想到他的支派是萨迦世系之外的宗派，欲发展本宗派，培养宗派传承人，没有道场是不行的，所以他想建一座自己的弘法道场，究竟建在哪儿为好呢？当他在选择建寺基地的时候，一天，他看见屋顶上金刚界佛（瑜伽续中一本尊神名）手中的一部经卷突然掉落到地上，清风又将落到地上的部分经卷吹落到现在寺院的地方，被一只乌鸦隐藏起来，贡嘎南杰马上觉得缘起甚善，就在这儿建寺。动员土木工匠开始奠基建寺，寺院建成后，以地名“贡嘎”和“金刚界佛”的佛号取寺院名为“贡嘎多杰寺”，简称“贡嘎寺”。因经卷被乌鸦隐藏，遂将它尊为寺院的护法神，塑造了护法神像。不久，前来要求入寺的僧人达到258人。贡嘎南杰成了这座寺院的寺主，精心培育萨迦不共密法的僧才。这座寺院因是贡嘎宗的公共寺院，每年在拉萨举行法会时，由160多名僧人组成的僧团到拉萨去举办法会，法会上还由贡嘎寺的乐队和舞队表演神鼓舞。据说贡嘎寺的修建时间，是同日喀则的札什伦布寺同时建成的。该寺后来建立了贡桑泽、仁钦冈、格古冈、贡囊、哲蚌五个康村，修学密法的风气甚浓。

据说，萨迦宗派分前宗和后宗，贡嘎支派是“萨迦后宗”。宗巴贡嘎坚赞的弟子辈中有另一位著名高僧叫木色巴·多杰坚赞，他和他的弟子传承被后人称为“萨迦前宗”。此支派也是从喇嘛丹巴·索南坚赞传衍而来。据史料记载，喇嘛丹巴·索南坚赞有一位非常有名的弟子叫宗琼也松吉贝，据说他有名高足为坚赞贡却，但事实上坚赞贡却的弟子乃是木色巴·多杰坚赞。所以前宗支派也叫“木色派”。其实贡嘎支派中也分前、后宗派。贡嘎南杰在创派建寺、闻思修、讲辩著中成绩卓著，成为该派的一代大德。

他于第八饶迴之火龙年（1496年，明弘治九年）在贡嘎多杰寺圆寂，享年虚65岁。

察钦·罗赛嘉措

——萨迦派察尔支派的创立者

察尔支派是萨迦密宗三小支派之一，为察钦·罗赛嘉措所创立，故名察尔支派。下面主要记述察尔支派的形成及其该支派的寺院和密乘教法。

察钦·罗赛嘉措，出生于第八饶迴之火龙年（1496年，明弘治九年），又有木虎年（1494年）生之说，在《藏族历史年鉴》中亦有水狗年（1502年）出生的记载。他是芒喀木如地方人，最初在后藏札什伦布寺出家为僧，信奉格鲁派，后改信萨迦派。他曾师多仁贡邦·贡桑曲吉尼玛等师，系统修习并继承俄尔支派和贡嘎宗支派的所有密法，尤其为了修持萨迦家族内部耳传不共密法，坚持依止萨迦派后裔达钦·罗哲坚赞为根本上师，正规完整地修学萨迦昆氏家族的不共密法，证得极高果位。据史料记载，他一生事师六十三位高僧大德，全面系统地修习萨迦派道果经为主的佛法，许多佛法密宗秘诀在他一人身上可以得到，成为当时藏传佛教界颇有声名的高僧。

察钦·罗赛嘉措常驻于萨迦以西、拉孜以南的芒喀图丹根培寺，收徒传法，注重正规修习并系统地修行萨迦派不共密法，并创立了察尔支派。这一支派的师徒传承，也可以追溯到八思巴的侄孙喇嘛丹巴·索南坚赞。因此，很多格西一致认为察尔支派也是由喇嘛丹巴·索南坚赞所传密法的结果。当时，这一支派不仅在萨迦派广泛流行，而且该派不共密法修行仪轨在格鲁派中也比较流行。三世达赖喇嘛索南嘉措曾从察钦·罗赛嘉措接受萨迦派的帐面明王和四面明主护法等教授。五世达赖喇嘛阿旺罗桑嘉措也依从察钦·罗赛嘉措的后辈成就者索南却丹修习“察派道果法”、十三金法及大小怙主诸法。萨迦派的独特道果法，最初由卓弥译师从印度比瓦巴大师处学到后，到西藏就传给了萨迦派上层喇嘛，如此辗转相传，不仅在本派内广泛传颂比如“黄金十三密法”[1]等，还在其他教派中也流行研习。这不仅说明了该派在萨迦派中的重要性，也能说明该派在西藏佛教中的地位。

察尔支派的道果法具体传承是：俄钦·贡嘎桑布传给本钦大菩萨，本钦大菩萨又传给达钦·罗哲坚赞，达钦·罗哲坚赞又为察钦·罗赛嘉措传授，至此，才形成了萨迦家族世系外的察尔支派。

察钦·罗赛嘉措有许多著名弟子，即嘉央钦泽、芒傥鲁智嘉措、宣努罗哲、端智坚赞等；以及密法传承者，即堪钦·拉松坚赞、旺秀拉丹、索南曲培、甘珠哇钦布、索南却丹、仁钦索南却智、阿旺伦珠、贡嘎伦珠、贡嘎罗哲等名僧承前继后，使该派密法得以延续下来。察尔支派在卫藏的主要弘法道场是那烂扎寺，此寺是萨迦派高僧绒敦·释迦坚赞于第七饶迥之火龙年（1436 年），他高寿 70 岁时，在拉萨北面彭域地方创建的。寺院建成后，即有 1500 名僧人入寺学经求法。他住持那烂扎寺 14 年之久，在寺院建立以 10 大经论立宗辩论，讲说 46 部经论的讲传学风，后成为察尔支派的寺院，至今还在延续着萨迦察尔支派的不共密法传承。察钦·罗赛嘉措于火虎年（1566 年，明嘉靖三十五年）在达章茂切地方圆寂，享年虚 73 岁，从卒年看，他生于木虎年（1494 年）的记载是正确的。

注：

①黄金十三密法：察巴萨迦支派不许传出寺院墙外的十三种密法，有三空行、三大红、三小红、长寿金刚母、红财神、狮面母和黑文殊，总为十三。

梅钦·衮却坚赞

——梅雅玛贡寺的创建者

梅钦·衮却坚赞，译言“梅师·宝幢”。于藏历第七饶迥之土龙年（1388年，明洪武二十一年），出生于叶如藏布以北的梅多达茂朗加（今之日喀则谢通门县境内），父亲官却桑波，母亲南喀郡。他年幼时就懂得轮回众生在无边苦海中受煎熬，9岁在贾色陀美的弟子巴沃桑布尊前受沙弥戒，取法名衮却巴桑，并从戒师聆听《喜金刚秘诀灌顶法》《大乘修心笔记》等经论。他15岁从堪布耿孟和绛曲森格二师学习《般若论》和《入行论》两部显宗经典；18岁开始，一面继续从师学经，一面广转法轮；20岁时，从南喀那觉师学习息结派的“断行教诫”；21岁时到后藏昂仁从洛哲坚赞和桑洛巴二师学习《般若经论》，在这里修学3年，一面修学《因明论》等显宗经论，一面与其他僧人辩经，提高了辩经能力。之后他又从喇嘛南曲桑布修学“时轮金刚法”和“大威德金刚灌顶法”。24岁时，他请求雅楚·桑杰贝哇给他讲解般若方面的疑难，解决了一些学经中的疑点和难点。25岁他到协嘎尔地方，在南面的那达库隆寺、昂仁寺和察纳寺先后各住修2个月，集中精力主要学习和解决《般若论》和《释量论》中的疑难问题。他28岁到木吉隆寺从森华元努杰却专门研习《因明论》，32岁拜绒敦·玛威僧格（1367~1449年）为师悉心修学般若和因明学中的疑难，解难排惑。他广参名师学习研究《般若论》和《因明论》，以求精通这两种经论，学以致用，因为要学通三藏经论中显宗方面的常用经典，才能逐步涉入其他经论和密宗的学习和研究。34岁时，他又从班觉喜饶学习仁达哇著的《中观论注释》。35岁时，他到拉萨一带寺院中巡回辩论《般若经论》，其辩才受到人们的称誉，是年在返回后藏的途中从曲岗巴·更嘎白等师受比丘大戒，正式赐法名梅钦·衮却坚赞。38岁时，他回到萨迦地方，从俄尔支派的创立者俄尔钦·贡噶桑波（1382~1456年）学习《胜乐论》《喜金刚甚深道》《喜金刚第二品续》《六支瑜伽行》等密法。土鸡年（1429年），上师俄尔钦动工修建俄尔埃旺曲丹寺时，42岁的梅钦·衮却坚赞担任土石木工工程的工头。寺院建成后，在他49岁那年，经举荐出任了俄尔寺的住持。他又在寺内建立显宗道场，讲授显宗经论，尤注重密宗法的教授，他自己以讲授《喜金刚第二品》而闻名全寺。从1436年至1437年的一年间他在拉贡寺讲授《喜金刚第二品》就达1万余次。59岁，当俄尔钦上师来到努曲隆寺时，他求学萨迦的“道果法”，独得“道果教授”的秘传，成为显密法主。俄尔钦临终时，将萨班之卷轴画像、汉地铃杵及七衣传授给衮却坚赞，并让他再次登上俄尔寺的法座，治理寺院。三年后他退任，将法位让给喜饶嘉措，自己到梅丹增修行岩洞中虔心修持，出现了神识和殊胜证悟。梅钦培育了许多有名弟子，其中有贡汝·喜饶桑波、仁蚌诺尔桑、绛巴及俄尔寺、萨迦寺的传承者等。上至阿里，下至麦多康三区，中到卫藏都有他的得意门生。对这些弟子他精心传授显密经论、闻思修、讲辩著、贤正善良等诸方面的知识，为培育佛学界僧才做出了很大贡献。72 岁时，由他出资建成了梅雅玛贡寺，聚集僧团讲经传法，主讲《喜金刚第二品》《胜乐论》等密法，弘传俄尔钦所有的教授，这期间给董司都南杰扎巴父子授予胜乐和喜金刚灌顶。他 74 岁还在昂仁寺的法会上给僧众讲授修心和密法言教，77 岁高龄时复往梅丹增修行岩洞中修习甘露丸法，在一团亮光中亲见瑜伽自在师的圣容。

梅钦·衮却坚赞于藏历第八饶迥之土牛年（1469 年，明成化五年）九月八日在梅丹增修行岩洞中示现圆寂，享年 82 岁。

却吉桑波

——阿坝却吉寺的创建者

却吉桑波，阿坝地区藏语中称“求吉让波”，又写作却扎桑波，意为“法称善”，是原嘉绒地区著名萨迦派高僧，若尔盖县境却吉寺的创建者。约 15 世纪人，是四川康区倭切人。

相传，13 世纪八思巴曾在康区预言说：“……下传三代后，将诞生一位观音菩萨化身，在其法号中带有‘桑波’二字的人，其弘法之地当在多麦（安多下部地区），在一个山陡如琢鬃，沟窄似犬喉，天地呈吉祥八宝，晰然法螺自鸣的地方，建一寺庙，对弘扬佛法，利乐有情，必有无量功德。”并将白法螺、银印及诏书赐给受其预言的多吉俄热，后由多吉俄热下传到三代却吉桑波。

却吉桑波在少年时去西藏彭波纳扎寺削发为僧，受戒皈依佛门，始学藏文拼读、语法及短篇经文，然后学《般若》《中观》《释量》《戒律》《俱舍》等十八部大论，又深入学习显密二宗教法及藏族的大小五明，成为知识渊博的大学者。之后他返回甘孜，遵循法王八思巴教谕，携法螺、银印，带家眷亲友离别故乡，踏上云游建寺之途。自朱倭出发后，经炉霍、道孚等“霍尔柯”地区，进入今黑水一带，受到措加土司的热情接待，土司见他年少而称“法王”，感到惊异，便脱口叫道“竟有如此少年法王”，“阿鲁却吉”之名由此传开，“却吉”即法王之意。

却吉桑波一行来到松潘“冲吉”地方，被当地土司迎到热瓦寺（即今之上泥巴寺），并将此寺献给他。他在该寺中住修数年，之后经漳腊、塔藏沿白河而下，在今九寨沟县境内倡建瓦勒、角地二寺。此时，却吉桑波的母亲去世，他于是逆黑河而上，经玉瓦至八屯，建八屯唐卡寺，又经大录、香扎、芝麻翻拉马岭至苟哇。当时这里是一片天然森林，传说却吉桑波带的一条黑狗常不愿在家吃食而跑到对面山坡的森林里，一次，却吉桑波跟踪黑狗，发现茂林深处有一眼清泉涓涓流淌，站在此处观天视地，只见天为八辐法轮，山似八瓣莲花，天地相合，正呈吉祥八宝。他把当年八思巴所赐白法螺放入泉水中，法螺发出自鸣声，应验了八思巴的预言。于是却吉桑波选择了这块地方作寺址，进行加持后，集资建寺。先后建有经堂五座、佛神殿七座、印经院一所。寺内置有法器、法物1000余件，佛典1560余部。却吉寺有“却吉”和“德普却吉”之称谓，“却吉”是藏语，意为法主或法王，是以创建者却吉桑波的法号而取寺名，后由寺名成为地名。“德普却吉”中的“德”字是梵文的音译字（显现在文殊菩萨胸口的福符）。此字显现在今却吉寺山谷末端一石上，“普”为藏语，意指涧谷顶部，译成汉语，就是“德字沟上法王寺”。寺名藏文全称“巴丹协智俄吾却培林”，意为“吉祥讲修之宝弘法寺”，简称却吉寺。寺院建成后举行了盛大的开光典礼，前来祝贺的寺院和僧俗很多。其中大坝地方的一位本教寺院的寺主前去庆祝，给却吉桑波献了一条制作精致的地毯坐垫表示祝贺，却吉桑波回赠一双蒙古式五彩靴，这位本教寺主立刻悟出这是不祥之兆，赠靴给他，意味着要他离开这个地方。不久，他便将本教寺院搬到松潘地方，另建一座名叫佐藏寺的本教寺庙。后来却吉桑波将这里的7座小寺合并于却吉寺。他为了弘扬佛法，发展寺院，争取信教群众，以嘎尔哇为却吉寺的施主，派他的亲属一方面在农区建立施供关系，使寺院有所依托，另一方面先后在阿西草原、霍哇、打更沟、班佑、却吉南哇等地兴办牧场供养寺院，使却吉寺稳固发展，成为包座七房、若尔盖十二部落最有威望的寺院。后来他又建成显宗学院和密宗学院，聘请后藏萨迦寺的三位学者来寺传授萨迦教法，提高了僧人的佛学水平。

却吉寺历来有“建寺在却吉，立戒于香谦”之说。却吉桑波年迈后，主动将法位让给他的弟子香谦。香谦制定寺规，组织寺院僧团，任命僧官，严格要求活佛、僧人一律遵循寺院清规戒律，僧众精修佛法，蔚然成风，名扬各地。至今却吉寺仍是四川阿坝萨迦派的中心寺院。

贤钦然绛巴·桑杰佩

——萨迦派大慈博士

贤钦然绛巴·桑杰佩，译言“大慈博士佛增”，于藏历第七饶迥之金兔年（1411年，明永乐九年）出生在西藏绒那多拜地方。7岁时到曲科岗寺在僧格坚赞处出家受戒，从该师学习藏文拼读及其文法，初步掌握了藏文的拼写念诵，可以写简单的小文章。他13岁到达桑普寺拜香敦仁钦珠巴为师听受佛教经义。14岁在俱舍论经院中为考取噶玉巴而参加辩经活动，他年幼而颖悟，才华超群，辩经后取得了噶玉巴学位。这个学位虽低，但必须精通《中论》《现观庄严论》《律经论》《俱舍论》四部佛学经典，经答辩测试合格才能获得。他14岁能取得这个学位，在众多的僧伽中还是少有的。继后他又从绒敦·玛威僧格、僧华宣努嘉却、绒琼协贝等师学习显宗诸论而成为通达者。18岁到泽当寺和桑普立宗考辩噶居学位，经答辩考核取得噶居学位，因他当时住在桑普寺的曲隆吉康，因此称他为曲隆噶居巴。他19岁到钦饶旺徐的寺院学经10年，到28岁时已成为精通40多部经论的学者了。之后他到萨迦祖寺给法王、活佛、僧众讲授45部经论，并立宗辩经，他引经据典，毫无纰缪，听众无不叹服。从而获得了较高一级的学位——然绛巴，或称然坚巴，步入了佛学界较高一级格西行列。取得学位后到俄尔埃旺曲丹寺，经请求，由多杰羌俄尔钦·贡噶桑波任亲教师，杰科罗敦巴任受业师，循努森格任密教师，给他授了比丘大戒，又从戒师学习密宗法中的胜乐、喜金刚、密集等的密续诀窍及教言，开始涉及密宗。

当显密经论的水平有了相当程度后，他开始琢磨修法之道，是像米拉日巴大师那样遁世苦行修炼好呢，还是像俄·洛丹喜饶一样竭尽全力聚集僧众传法讲经，浇灌佛法甘露？对这两者的选择他向三宝佛顶礼祈祷求卜，结果选择了后一种弘法的道路。首先他携带佛典宝卷，到那烂陀寺，在一些寺僧组织的法会上和经堂内讲经说法。38岁时到喀柔蕃周一带建立弘法道场广转法轮，他讲经弘法的美名犹如蛟龙在空中轰鸣。绒敦钦波曾预言道：“这里将会有三龙相聚，其声誉会传遍整个雪域。”土蛇年（1449年），他39岁时，由仁邦俄吾桑布等人任施主，为建寺创造了物质条件，他便在仁布南宗、曼曲河西岸的绒穹河谷内，修建了哲域杰采寺（即锡金吉蔡寺），兴讲经、辩经之规，从此又发展出了图丹朗杰寺、羊八井寺、年裕夏郭雄寺、却科伦布寺、吉彩沃寺等5寺，皆广讲显密诸法，成为萨迦派讲学教理之有名大道场。他除在上述五座寺院中巡回讲经、辩经外，还常到俄尔寺、那烂扎寺、萨迦寺、桑普寺等有名的寺院中去讲经，立宗辩论，使这些寺院的僧人受益匪浅。总之，贤钦然绛巴大师从18岁到75岁之间，一直从事学经、讲经、辩经、著述等弘传佛法的事业，从未间断，为佛教和僧众做了大量有益工作，培育了许多具有较高学识的佛门弟子。他的弟子不计其数，其中著名弟子有：泽当桑杰伦珠、果让巴·索南僧格、本俦松巴、贤巴却月东珠、加样贡噶曲桑等。

贤钦然绛巴·桑杰佩于藏历第八饶迥之木蛇年（1485年，明成化二十一年）四月一日圆寂，享年75岁。

班钦·释迦却丹

——萨迦派知名经师

班钦·释迦却丹，译言“释迦具胜”，为赛多金贡寺的创建者，萨迦派三大寺院的著名雍增钦莫（大经师）。于藏历第七饶迥之土猴年（1428年，明宣德三年）出生在桑普贝措地方。8岁时，他在觉摩隆从绒敦·玛威僧格披剃出家为僧，起法名释迦却丹智美勒贝洛哲，简称释迦却丹或智美勒贝洛哲。他10岁到玛威僧格创建的那烂扎寺受沙弥戒，拜绒敦·玛威僧格为师系统学习印度二胜六庄严诸论师的经论直至其21岁，在佛学方面打下了坚实的基础。25 岁他到俄尔寺，由俄尔钦·贡噶桑波、扎嘎尔僧华钦波、梅钦·衮却坚赞三师授予具足大戒（比丘戒），又从三位戒师和江隆巴·宣努洛哲、班钦纳仁巴等师学《密续四部》《六支瑜伽行》等密宗经典及教诫，如智慧之瓶注满了佛法甘露。他从罗丹玉瓦学习声明、诗论、语法修辞等大小五明，成为学识渊博的班智达。据说他在俄尔寺学经时，俄尔钦为了培养他，让他在 15 岁时就担任桑普寺乃果扎仓的住持。成名后，遵俄尔钦上师之命，到萨迦寺为僧众讲授百部大论。42 岁，土牛年（1469 年），他在班钦端月贝的劝请下，由藏伽霍尔释迦、嘎尔巴·端约多杰、森格扎巴·帕巴冉丹等作施主，于日喀则的年楚河东南木林境兴建了又一座萨迦派寺院——图丹赛多金贡寺，寺内建起了雄伟的佛殿，塑造了佛像、佛塔，添置了佛经，招收寺僧 100 多名。班钦·释迦却丹亲任寺主，在寺内开展讲、辩、著活动，学习风气十分浓郁。夏季法会上主讲《戒律论》，春季法会上讲授《中观论》，冬季法会上讲授《上下对法论》。一次，阿里地区的法王扎西贡巴及 300 名论师邀请他去讲经，由于他忙于本寺教务，便介绍讲授《三律仪》而闻名的宗噶哇去阿里讲授《三律仪释难》，解决了 108 个疑难问题。而班钦·释迦却丹一面在赛多金贡寺、俄尔寺和昂仁寺轮番讲经传法，一面从法王南杰扎巴学习了时轮学。他先后拜 40 多位上师为经师学习显密经论、大小五明，尤其是对内明学和萨迦教法精研而达到通达。这时他已经成为萨迦、俄尔、昂仁、赛多金贡等寺的知名经师。这些寺院的活佛、法王、僧官及僧众都极为崇拜他，皆敬称他为“班钦雍增钦莫”，意为“班钦大经师”。他的教授结合政教两方面，深入浅出，详略得当，举一反三，使听受者易于领会牢记。他的门下出现了许多证得自空他空甚深正见的高徒。在众多弟子中较有名的是香钦巴·江热哇、多杰加哇、洛桑等，能独立讲经传法的弟子有 137 名。

班钦·释迦却丹一生著述颇丰，主要有《因明论释难》《因明总论》《唯识论广疏》《般若论广疏》《入中论注释》《戒律论释难》《别解脱经注释》《空性总论》《三事仪轨》《胜乐注解》《密集注疏》《三十颂·音势论注释》等。

班钦·释迦却丹于藏历第九饶迥之火兔年（1507 年，明正德二年）圆寂，享年 80 岁。

果沃然贤巴·索南僧格

——萨迦派后期佛学家

果沃然贤巴·索南僧格，意译为“果沃博士·福狮”，为明代藏传佛学家，是四川康区多康波果沃让波地方人，父亲汝查绛加，母亲嘉瓦曼，于藏历第七饶迴之土鸡年（1429 年，明宣德四年）伴随着几种吉祥瑞兆而出生，被认定为至尊扎巴坚赞的转世灵童。他 5 至 6 岁时就开始学习藏文拼读；7 岁时，从上师贡嘎本受近事戒，正式开始学习字母拼读。8 岁时，从堪布索南沃赛和上师贡嘎本出家为僧，取法名索南僧格，并从二师修学喜金刚教言及灌顶法。他逐渐诵记《慈氏五论》、《绒师全注》（即绒敦·玛威僧格的经论注释）及《雅师大疏》（雅楚·桑杰白的经典疏释）等经论及注释本。13 岁时学习喜金刚等密宗经教灌顶等，19 岁开始赴后藏各寺巡回辩经，他的辩经才能受到寺僧们的赞誉，同时从绒敦·却吉尼玛及喜饶贝上师学习经教灌顶法。20 岁时，他到绒敦·释迦坚赞大师的那烂扎寺，这时这座寺院建成已 13 年之久，绒敦大师在他到那烂扎寺的这年就圆寂了，在此寺从师整整修学两年，获得了很大成就。25 岁他在俄尔埃旺却丹寺从俄尔钦·贡噶桑波（1382~1456 年）聆听四续部等密宗诸法。27 岁他在梅钦·衮却坚赞和朵宗·桑杰巴桑二师处受具足戒，并从衮却坚赞戒师学习道果经义等。从果沃然贤巴喜饶贝哇潜心修学了十二部经论，每部皆达到融会贯通，经师说他修学经论的悟性跟我一样，也称他为果沃然贤巴（果沃博士），自此人们普遍称他为“果沃然贤巴”了。据说他还经常念修文殊本尊仪轨，一天晚上他做了一奇梦，梦中他手执文殊的智慧之剑，在空中来回晃动，并不由自主地口诵文殊五字心咒，刹那间，智慧之剑遍布卫藏康各地，自此他的慧性猛增，凡学经论过目不忘。他先后从贤哲师尊18人学习佛法，对于显密经典及藏族五明诸论无不精通，成为雪域群贤中之佼佼者。31岁时，他准备回故乡多康地区传法，向梅钦上师提出回康区的请求，上师不同意，让他仍留后藏，以利益佛教众生，故未能成行。这期间他曾赴锡金传法学经两年，在这里开始写作《喜金刚诵持基数》《三律仪注释》《般若释明》等著作。之后复返后藏，他讲经闻法，广转法轮，以“幕帐”“三律仪”等密宗教理传授弟子500多人，力排有违毗卢遮那、喜金刚、密集诸法之谬说。他常常在僧团会海之中讲经传法，听经僧人猛增至800余人。38岁那年，仁蚌昂索东珠多杰及僧官、俗官为他创造条件，修建了达那赛朗寺，藏历水蛇年（1473年），他45岁时，又集资扩建达那赛朗寺，正式定寺名为“达那图旦南杰林”。他51岁到萨迦大寺礼供诸殊胜佛像、经塔及布施广大僧众。53岁赴俄尔埃旺却丹寺后，他被拥戴为该寺的法台，任住持5年，在寺内大力提倡闻思修、讲辩著的学经风气。58岁时，委任坚赞贡却佩为埃旺寺住持后，他即卸任，利用时间潜心修持，出现了一些不同的感应。60岁时，他携带供礼再次前往萨迦寺，在寺中对佛殿作盛大供养，由此可见他对萨迦寺的虔诚之心。

果沃然贤巴于藏历第八饶迥之土鸡年（1489年，明弘治二年）五月九日，显露病情，二十一日上午在萨迦寺圆寂，终年61岁。

他一生中培育了许多弟子，其中有萨迦寺达钦·索南坚赞、贡嘎旺秋智巴、昂仁寺堪布绛散巴、埃旺寺堪布荣增官却佩、却吉·图杰巴桑、却吉·耿嘎班觉、却吉·桑仁巴、却吉·释迦罗哲等皆十分有名。他一生为佛教的闻思修、讲辩著而奋斗不息，其留给后世的著作有《声势论注释》《释量论疏》《俱舍论注疏》《般若论总义》《般若论释难》《戒律论精要断句》《三律仪总注疏》《三律仪问答》《喜金刚释论》及教言解说、释论、密集辨释、修行法、坛城仪轨等68种，德格版本共15函。

班钦·本传松巴

——精通五明论的班智达

班钦·本传松巴，又名嘉哇·本传松巴，于藏历第七饶迥之水牛年（1433 年，明宣德八年）在西藏叶如康马尔扎空（以南木林为中心，东至朗玛吉普，南至聂拉木，西至皆麻拉古，北至黑河麦底卡一带地区古名）出生。7 岁时，法王官却勒巴兴建了贤钦世界庄严殿，并招收 700 多名弟子讲学，由僧巴钦波·元努杰却任堪布，给他剃度出家，从此师学习藏文拼写，打下了藏文基础知识。此后他到多曲科尔岗寺先后从班钦·桑杰森格、相僧·罗哲仁青、朵传曲桑等师学习显密诸论，在显宗学方面有了一定基础后到萨迦寺参加噶居巴学位的辩经考试，经答辩后，取得了噶居学位。后经埃旺曲丹寺去锡金杰采寺，拜在这里讲经传法的高僧贤钦然绛巴·桑杰佩、泽当·桑杰龙智、夏鲁噶居哇三人为师，学习般若经论，一个月间他学完了《大般若十万颂》，并能流利地解说其中词义和内容。《大般若十万颂》在藏语中称为“本传”，“本传松巴”意为“三十万颂”，他的美名“本传松巴”便由此而来，这是僧俗对他的敬称。他又拜玛哇喜饶仁钦、香巴更嘎贝丹二人为师学习《声明论》《诗学》《修辞学》等藏族大小五明传统学科，经考察，门门皆达到通晓，由于他学富五明，淹贯三藏，从而获得了大班智达的称号，简称班钦。

水马年（1462 年），耿钦·果让巴大师设副座讲经时，贤钦然绛巴·桑杰佩任堪布，果让巴任轨范师，夏鲁噶居哇任密教师授予其比丘大戒。是年夏季法会期间，本传松巴在泽当等佛寺中广转法轮，讲授了 60 部大论。31 岁，水羊年（1463 年）冬季法会时，他在昂仁寺建立讲授《般若波罗蜜多十万颂》之规，之后又在洛谢嘎寺广施佛法，使广大寺僧尝到了佛法醍醐。32 岁，到洛俄孟塘寺讲授以《大般若经》为主的百部经典，受到寺院活佛和僧众的尊敬，又应阿贡法王之邀请，登上法座讲经，他很好地讲授了《大般若经》中甲至丁部分的经卷，听者十分惊奇而又敬佩，又专门讲授了《大般若经》中精辟部分——教言，僧众为他行顶足礼。33 岁，他又从俄尔钦师徒学习俄尔法门，从达钦嘉格哇学习宗法门，向善知识洛哲贤赞学习珀东派法门，向达隆·阿旺扎巴学习达波噶举传承法和热琼哇的耳传法，从遍知者云丹华雄学习香巴噶举传承法及山修法，从嘎朵俄布桑波学习大圆满法，从瑜伽金刚师学习息结派断行法。本传松巴不视教派亲疏，广参各教派名师学习不同教派的传承教法、教言，他广学博览，扩大了知识面，成为一位佛学知识比较全面的佛学家。他在13年中，到处弘法、学法、讲经，培育了能讲经传法的弟子200多名。47岁后，他同100名弟子一起，在一些地方头人的支持下，先后到前藏的藏曲、帕竹和雅卓、俄布岗等地广转佛法经轮，为弘扬佛教做了大量工作。后他在俄布岗、雅卓、江都等地修习禅定法。

土鸡年（1489年），本传松巴57岁时，在后藏由索南坚赞为其创造条件，创建了年瑶霞郭雄寺，修建佛殿、神殿、经堂，塑造佛像、佛塔，印制佛经，招集佛学弟子，成为佛、法、僧三宝俱全的寺院，并作了盛大的开光典礼。寺院建成后，由他任寺主，在寺内大兴讲经弘法之风。后来他将寺交给帕确龙树主持教务，自己又到处讲经传法，闭关修持。此时他主要讲授佛教密宗经论，又带出了一批密宗弟子。

班钦·本传松巴广做有益于佛教和众僧之事后，于藏历第八饶迥之木鼠年（1504年，明治弘治十七年）示现圆寂，享年72岁。

他的著名弟子有帕确龙树、阿尔敦、洛哲嘉措、耿钦久塘法王、嘉哇·官却贝瓦、加贡罗哲扎西等，其著作未见记载。

芒脱鲁智嘉措

——萨迦派后期著名学者

芒脱鲁智嘉措，是智证具足的高僧，为多桑桑北部（后藏）隆洼仲名叫协隆地方之人，其父是藏北达波宏涅氏家族人，名叫拉莫那达，母名散玛嘉佐。他于藏历第九饶迥之水羊年（1523年，明嘉靖二年），伴随着几种奇异之兆而诞生。当母亲怀六甲之时，梦中有一小白蛇进入床榻，因蛇被人们称为“小龙”，以此梦兆，出生后由叔父取名鲁加诺吾，意为“龙王宝贝”。鲁加诺吾少年时，勤奋修学藏文和语法，同时他还喜玩投掷、赛马、射箭。他的叔父也爱好弓箭，遂跟叔父学习骑射技艺。所以人们猜想他将来会成为一位藏族武士，但他14岁时就被迎入曲科林寺出家为僧了。他在寺内与嘉贡·雪勒南杰大喇嘛相逢，遂拜嘉贡为经师，学习《新说实践论》，开始练习声明学拼音，学习计算历数，学会了《因明论释》的前论和后论。15岁时，由吉塘然绛巴强巴索南任堪布，札什伦布寺的班钦桑波扎西任屏教师，在年约夏雄寺正式受戒出家，取法号“鲁智嘉措”。20岁时,他在曲科林寺从经师嘉贡·雪勒南杰主要闻习心识类和善说教言甘露，皆熟记于心，同时攻读《释量论》第四品，并作了300余页的学习笔记，上师十分高兴，赞扬他将会成为遍知三世的格西。

23岁时，在珀东地方发生了疫情，他为了躲避瘟疫病而在名叫达章的切曲科寺住修了两月之久。这期间专攻了阿里班钦·白玛旺嘉著的《自性大圆满道分支三律仪论》，简称《三律仪论》，这是一部宁玛派的名著，他反复修学，基本上理解了全书的要旨。

这时他正好与萨迦派密宗方面三小支派之一的察尔支派的创立者——察钦·罗赛嘉措相遇，遂向该师求学了显宗方面的一些经论，之后主要求学了萨迦派的甚深教法。后来他和经师嘉贡一道前往芒喀克普卓普地方，师徒二人分别入禅洞闭关禅修，鲁智嘉措心中经常出现一些“风息”的感受。26岁时，同经师嘉贡一同来到觉囊派著名学者贡嘎卓却师尊前,从该师求学黑胜乐灌顶法,该师为鲁智嘉措取密宗法号“里达巴杂”，即“若白多杰”，意为“游戏金刚”。

30岁时，在相达南喀泽旺的鼓励下，他担任了曲科林寺的轨范师。同年，由大堪布班钦·桑波扎西任堪布，经师嘉贡任屏教师，在昂仁寺的拉章中为鲁智嘉措授具圆大戒，成为真正的比丘僧。他33岁出任萨嘎曲顶寺堪布，直至51岁，担任堪布长达18年。任堪布期间，寺内大兴闻思修、讲辩著之风。他在闻思《般若》《戒律》《俱舍》《中观》等五部大论的同时，对寺内学僧也传授五部大论。这时前来求授沙弥、比丘戒的僧人甚多，他经常任堪布为他们授戒，还为他们广授显宗方面的经论。这时他还利用时间编著了《俱舍论总义》《正理论释难》《般若论旁注》等一些论著。

他在为别人授戒中发现，过去萨班授比丘戒的戒律传统将近式微，为了继续继承萨班的戒律传统，他请求鲁普寺堪布桑杰沃色将这一戒律传统发扬光大，并持之以恒地坚持下去。因为这时萨迦寺院中屏教师和密教师十分奇缺，常常由堪布一人兼几职而授戒,如此下去,不符合戒律传统做法。后来他在拉孜宗境内修建了一座名叫“夏雄”的寺院。寺名夏雄是因印度大鹏鸟的翅膀中装了一块奇石被带到这里，以此为主供圣物而修建佛寺,其中“夏”为大鹏鸟之意,“雄”为翅膀,寺院建成后,以此取寺名为“夏雄寺”。鲁智嘉措担任了夏雄寺的住持，任住持长达12年。这期间他会见了自东到北一些寺院的施主、地方头人等，经请求也为他们传授了许多教法。

后来由后藏仁布政权的执政者第巴仁布·阿旺久丹旺徐扎巴邀请到仁布[1]地方，第巴将一部萨迦班智达的传《萨班传·善缘精道》赐给鲁智嘉措,他获得此名著,喜不自胜。

第巴仁布巴也是后藏一位大学者，他曾著有《藻饰词·智者耳饰》这一名著。经商议后，他与第巴仁布巴、亚卓·达隆巴、贡热译师等，进行一次作诗竞赛，比赛开始后，鲁智嘉措出口成章，语无废词，很快作出了一首词韵皆佳的诗词，受到以仁布巴为主的几位学者的称赞。后来他卸任夏雄寺堪布之职，委任却吉嘎绒巴担任堪布，在鲁智嘉措担任堪布期间，寺院的闻思修学风十分浓郁。他还集资修建了一座经堂和一座曲扎（扎仓），为这座寺院作出了巨大贡献。在这里他还为吉塘然绛巴强巴索南讲授“十八善说”等密法长达8年之久。他61岁时，还兼管了距拉孜宗不远的一座名叫“达章切曲科寺”，在寺内建立了修学萨迦派道果法和发菩提心灌顶的规则。68岁时，他发愿在贡巴桑宗地方修一座诺吾林讲学院，对这里的一些学僧按各自的需求讲经传法，每到夏季法会和冬季法会时，到昂仁寺讲学。在一次利用一个月时间闭关修持时，他利用间隙写了一部《印度圣龙树赞》及其注释的书；关于圣龙树的甚深见解，别的许多学者尚未理解，而鲁智嘉措却熟练通达。

鲁智嘉措先后将吉塘然绛巴强巴索南、嘉贡·雪勒南杰、察钦·罗赛嘉措、季祥巴·罗哲南杰、觉囊巴·贡嘎卓确等智证双全的高僧奉为头顶严饰，从这些高僧所修学的显密诸论皆达到彼岸。他在讲辩著和贤正善诸方面达到一个佛学家应具备的条件，可谓德才兼备。

他一生弟子众多，其中主要有却吉·嘎绒巴、却吉·本巴协罗哇、然绛玛哇、噶居巴等一百余人。

其著作有《大印戒净》《续部诀窍》，《印度圣龙树赞》及其注释，以及《开光本论》《六种良药实践》《俱舍论总义》《正理论释难》《般若论旁注》等一百多种。

注：

①仁布：14至16世纪中，后藏一地方政权名。1374年至1440年囊喀坚赞受帕竹第巴第五代第司赐封，领有仁布宗，兼任萨迦本钦及曲弥万户长。其后仁布·贡桑为萨迦派施主，于1449年，在哲孟雄建杰莫采讲经院，1478年，又建达纳·土丹朗杰寺，其子顿月多杰于1481年进军前藏，取代帕竹大部分政权。1490年资助红帽系活佛建羊八井寺。至1566年，仁布政权被其家臣辛夏所推翻。

嘉央钦泽旺波

——近代密宗大师、医学家

嘉央钦泽旺波，是四川甘孜德格定阁亚如琼钦扎地方人，是近代蜚声雪域的显密兼通、尤精于藏医药学的大学者，于藏历第十四饶迥之金龙年（1820年，清嘉庆二十五年）元月十五日诞生。父亲系乃氏，是直贡·绛曲林巴之叔伯族裔，德格土司的仲钦（大秘书）仁清南加，母亲是索萨格饶家的大管家贡财之女，名叫索南措。嘉央钦泽旺波四五岁时，启蒙学习藏文拼读和书写，自幼天资聪颖，时隔不久，即熟练地掌握了藏文读写。12岁那年，他被塔孜大堪布强巴贡噶旦增认定为埃旺塔巴孜大堪布强巴齐麦的转世，取法名“嘉央钦泽旺波·贡噶丹贝坚赞”，简称嘉央钦泽旺波。21岁时从敏珠林寺大堪布仁增桑布受具足大戒。他为了广泛采撷各教派佛教文化知识，遍履前藏色拉、哲蚌、甘丹三大寺与后藏萨迦、埃旺、俄尔等诸大寺院，先后从敏珠林大法台居美桑杰贡噶、谢钦居美图旦多杰、萨迦巴·多杰仁钦、塔孜堪布之昆仲等宁玛、萨迦、格鲁诸派的150余位高僧大德为师，闻习工巧明、声明论、因明学和其分支等学科和《中观》《般若》《戒律》《俱舍》等经论（即因乘之经论），以及胜乐、喜金刚、密集、时轮、密咒等果乘（即密宗金刚乘之续部，甚深导引）等显密教典及诸明处一切经论。克智（大成就）雪白口传的耳传旧密法类；阿底峡尊者传出、由宗喀巴大师传播的新旧噶当派教法；萨迦父子中产生，由萨、俄、采（即萨班、俄·勒巴喜饶、采巴·贡嘎多杰）的道果之教言；由玛尔巴、米拉日巴、达波拉杰三位贤哲传出的四大八小噶举派教法之教言；克珠·琼波南觉所创香巴噶举的密乘教法；觉囊巴·耿邦图杰宗哲等传出吉祥时轮圆满次第金刚瑜伽法；以及帕·丹巴桑杰开创的息结教法和玛吉拉珍传出的决鲁教法，他无不学习，深入研究。他一生阅读了《甘珠尔》大藏经、《丹珠尔》大藏经中所有经教为主的印、藏区各派各学科论著共 700 余函，这是一般学者难以做到的。

嘉央钦泽旺波不仅精通显密经论，对医学的学习研究也成绩卓著。他学习研究了以《四部医典》为主的藏区流传的各种医药经典及医药实践秘诀，并依此进行各种珍宝药物的加工炮制，并大力推广加工炮制方法，为生民解除疾病痛苦而做了功德无量的善事，仅他在医药方面的著作就有 10 种之多。主要有《医学四续要义》《各种药物配制实用》《药物识别补遗·释难点滴》《实用秘诀》《各种验方》等。他在德格和宗萨扎西拉则两地建立讲经院，讲授显密经论及其他文化科学的同时，还讲授医方明。嘉央钦泽旺波除了讲经授医外，还经常参禅修习，因而获得证悟，他成了精通佛学、医学、密法修习兼备的大学者、佛学家，也成了宗萨寺的第一世活佛。他将所学显密经典要诀教授，顺应诸化机徒众之心愿，传授灌顶、传承和教导，因而奠定了全部公正教法的基础，指引众生成熟解脱之道。嘉央钦泽旺波大师一生所传授的弟子颇多，主要亲炙弟子有工珠·云丹嘉措、居·弥潘·绛央南杰嘉措、多智钦·晋美丹贝尼玛、德钦·却吉林巴等宁玛派贤哲大士；有萨迦寺赤钦·扎西仁钦、那烂扎寺森沃、俄尔寺大多数堪布等萨迦诸大德；有十四世、十五世噶玛巴司徒，十世、十一世达隆噶举活佛；有官却丹巴饶杰、扎耶诺门汗、理塘大堪布贤巴彭措、霍尔康·嘉鲁等格鲁派大善知识；有本教高僧等大德多人。这些高足弟子不但个个精通显密诸论，还受上师之熏陶也通晓医道。因他拥有七种教授流传，号称一切伏藏师之首。

嘉央钦泽旺波大师用虔诚信徒、信民供奉的布施，塑造镏金佛像 200 余尊，刻印经典近 40 函，抄经 2000 余部，制造以伦珠当大灵塔为主的铜制镏金塔百余座，修建供奉这些佛像、佛塔、佛经的寺庙 13 座（在《东嘎大辞典》中记为 30 余座寺院）。他供养在寺僧伽建立按期供给之规，给因战乱而衰败的寺院，适量赏赐并广放供佛基金。他为汉藏官吏、德格土司间的团结而进行通融协调，以利于佛教与众生之事业，他的功绩无与伦比、有口皆碑，是近代藏传佛教界出现的又一位佛学大师、文化泰斗。人们尊称他为“宗萨钦泽”或“定阁钦泽”，意为“宗萨大智者”。

他于藏历第十五饶迥之水龙年（1892 年，清光绪十八年）二月二十一日圆寂，享年 73 岁。

其阐述宁玛、噶当、萨迦道果、玛巴噶举、息结决鲁、金刚瑜伽、近修等修道教理及声明、诗论、医药方面的著作甚多。因他一生学佛修法而足迹遍履卫藏康，所到之处收集圣迹地资料，最后编纂成《卫藏道场胜迹志》一书，该书部头虽小，但囊括的资料不少。较详记载卫藏、山南、热振等地的寺院及修道洞窟、圣迹之情况及地貌、道路、山川、森林、物产等内容。此书国内有刘立千之汉译本，国外有意大利费若端等的英译本。

息结派

息结派是由入藏印度名僧帕·丹巴桑杰所创，其教法是以“般若经义”为主并结合“大印”的法门。帕·丹巴桑杰前后5次来藏收徒传法，在藏所成熟的弟子不可数计，其最有名的是息结初、中、后三传的弟子。该派的主要教义是修行般若经义，息结断除生死涅槃一切苦恼，故称“息结派”。“息结”是“能寂”的意思，也就是能止息，意思是说这一派别能够依靠对般若空性的认识和一系列的苦行修法，做到停止生死流转，息灭一切苦恼及其根源。

帕·丹巴桑杰第三次赴藏，将“觉宇”教授传给觉丹·索南喇嘛及亚隆玛若色布，此系多系男性，故称这一系为“颇觉”；后觉丹·索南喇嘛又传给他的弟子玛吉拉珍，从玛吉拉珍始后辈子弟多为女性，这一系被称为“姆觉”。“觉宇”中的“觉”，藏语意为“断”的意思，是能够断除人生的苦恼，断除生死的根源。“宇”意为地方，即佛家所说的“境”，就是人们心理活动的对象。“觉宇”合起来意为“断除苦恼”。

息结派强调苦修，多无固定寺院，宗教生活简单，在社会上不占优势，缺乏强有力的经济后盾，因而没有出现过繁荣兴盛的局面，到15世纪以后逐渐失传了。

帕·丹巴桑杰

——息结派开派祖师

帕·丹巴桑杰，是南印度一位成就大自在的著名佛学家，亦是藏传佛教息结派开派祖师。12 世纪，生于南印度白达拉国阇若僧诃所属悉嘎地方，诞生地别称叫春培岭，有许多敬信佛教的人居住在这里。其父家族世代是经营珠宝之商，父亲宗哲阁恰（意为精进铠），母亲名叫巴热萨哈，出身于敬奉三宝而制作名香的家庭。

丹巴桑杰从小学习声律学等许多学科而成为通达者。他从超岩寺堪布善天出家受戒，从师精心研习律藏，尤精于《别解脱经论》。从赛岭巴大师受发菩提心戒后，成为大菩萨行者，后广参善知识名师于曼荼罗中受灌顶而获得持明三昧耶和圆满成就，这就是佛教中所说的身具足三戒之功德。他先后从 54 位男女大成就师勤学佛法，得一切甚深密法教授，其中有显宗声明方面的上师，有密宗父续传授流动风息（即气息功法）的上师，有传授大手印法语义的上师，有传授认识明智的上师。他从这些上师处求得外显教法及内父母续一切教授后，在僧格宗（狮子堡）从师闭关念修教法，出现了明显的证悟，又到释迦牟尼觉证成佛的古印度菩提伽耶城的金刚座修习 15 年，在天成塔中住修 4 年，在古汝古里住修 5 年，在恒河之滨修习 5 年，尸林清凉园中修习 7 年，后又在金刚座住修了 3 年，显喜国土中修习 10 年，僧格宗（狮子堡）修习 6 年。他在这些地方修习后，出现了亲见十二本尊和二十六位空行上师等奇异现象，从而获得了大成就事业。

丹巴桑杰为了弘传佛法，先后五次进藏传法。弟子无数，其中最有名的是息结初、中、后三传弟子。初次是从仲塘勒果来到杂日，在热玛底上师处学会神足悉地的神通法后，转道贡域和松域之间，凭借神行法到了麦康三区。当时正逢西藏佛教后弘期之初，没有传法对象，他预言说："以后这些地区佛法将会兴盛起来。"第二次是从克什米尔启程来到后藏阿里地区，给象雄朗喀瓦和本教查昌周拉等传授了一些教法。他又从阿里来到日喀则的协嘎尔地方，手握有一块名叫"定朵穆波"的石子（一块褐色的神石）说："我将这块褐石抛出去，落石的地方就是我建寺的地址。"遂将褐石抛了出去，褐石正好落在了现在定日朗科寺的前面，他起身来到落石的地方，一边诵经，一边抛撒朵马，对这块地方作了加持。之后他看见有七对母子麝香鹿绕褐石而转，遂在这里建寺，寺建成后，以褐石落时发出之音，加上麝香鹿的名字和绕石而转现象，遂取寺名"定日拉科寺"。又有一说：当地有一位富裕的牧主，想给帕·丹巴桑杰敬献黄金，将此地命名为黄金地，但大师未收黄金，牧主又想献一些白银，让大师将此地变成遍藏白银的地方，大师又未予接受。帕丹巴大师说："你的牲畜中有没有一头毛色纯白的？"牧主说："有一头白色的牦牛。"大师说："这头白牦牛正合吾意"，随后牧主将这头白牦牛献给了帕丹巴大师。原来这头白牦牛是菩萨转生的，叫水菩萨牛，它在夏季可以给闭关修行的僧人送水，冬天可以给僧人送冰，之后大师将定日拉科寺改为定日朗科寺。这是息结派尚未形成前该派的第一座寺院，当代经大型修缮后仍然存在。寺内主供物是那块褐石，塑供有莲花生大师、帕·丹巴桑杰、米拉日巴、唐东杰布等身像。定日朗科寺建成后帕·丹巴大师复返南印度。第三次入藏是他从尼泊尔与一帮商人结伴来到前藏南部，修建了如同尼泊尔加德满都的甲容卡雪一样的大佛塔八座，后来伏藏师扎巴恩协修建了40根柱的佛殿，成为帕·丹巴桑杰在山南的一座寺院。到山南之后他与雅隆·玛热赛波等相会，又一起赴后藏。第四次来藏，他来到后藏一佛教秘密圣地——侠峨达果，给一些男女传法传戒。之后他去内地山西五台山等地住修了12年，后复来到后藏定日地区。藏历第二饶迴之火牛年（1097年），阿里古格王为帕·丹巴桑杰驻修而扩建修缮定日寺，这座寺院其实就是帕·丹巴桑杰第二次来藏后初建的那座寺。寺院西边是朗科神山的天葬台，据说在这里帕·丹巴桑杰找到了佛抛出的神石，之后他一直在此修行。

他和莲花生、阿底峡等大师一样，是来雪域弘法建寺创派的又一位大师。息结派形成后，将帕·丹巴桑杰奉为息结派开派创始人，他于藏历第二饶迴之火鸡年（1117年，北宋政和七年）示寂。

玛吉拉珍

——息结觉宇派创始人

玛吉拉珍是西藏佛教史上一位著名的女密宗师，息结派中觉宇派的创始人。她为西藏叶拉地方麦茂村庄人。父克嘎却拉，母隆毛本吉。关于她的生卒年在佛教史中有几种不同的记载：《青史》中为 1031~1129 年，《贤者喜宴》中为 1049~1144 年，《松巴佛教史》中为 1055~1149 年，《藏汉大辞典》中为 1103~1201 年。总之，她是 11 世纪末至 12 世纪初人。据《青史》记载，玛吉拉珍出生后，在她身上自然生成几种特殊的标记。说她的身体为莲花相，脐间有红莲三根，两乳间有宝鬘三缕围绕而达于脐，两肩有“卐”字纹相，两耳后有莲螺旋纹，舌下有青莲色剑以“吽”为标记，两眉间有日月幢轮顶宝等相。以此说明她生来就是一位很有根器的特殊女性。

玛吉拉珍少年时从扎巴恩协坚出家当了尼姑，在师父那里学习文字的同时，学习有关般若的经论。由于她在学经时，擅长诵经，且诵经声优美动听，所以在很长一段时间内作了上师扎巴恩协坚的领诵师。她读诵《般若二万颂》一百遍后，从内心发出光亮，生起了性空见。在不同的佛教史中对她的生平记载也不一致，《青史》中说她在 14 岁时，父母包办作主，让她与一男子结婚，她从心底里不愿结婚成家，向丈夫提出你也学佛，我也修法，但丈夫不愿学佛，她因此装疯离家出走。从 17 岁至 21 岁，她从玛译师学法，作玛译师之手印母，玛译师也对她教授了许多密法和修行法。有一次她作玛译师本尊受灌顶之明妃时，亲见大乐十六勇士和十六空行母，出现八明妃的悟境，看见上师和自己本尊双身。她按照上师的吩咐，闭关修习四年，由此在梦中亲见许多诸佛菩萨，解除闭关后，又依上师之命到山林中修行，获得了四种悉地（成就）法。后来她还引荐她的弟弟昆普巴·却吉杰波拜玛译师为师，学习密宗法而成为一位密宗大师。玛译师46岁时被人下毒毒死，玛吉拉珍为上师净治遗体，做盛大追荐法事。另有一说，她20岁时，印度班智达托巴扎亚来藏传教，她拜托巴扎亚为师学习佛法，并与他结为夫妻，生二子一女。之后她放弃世俗生活，重新剃发出家为尼，先后从夏玛瓦·亚塘巴、觉丹索南喇嘛学习新旧密宗法。她修学般若方面的经论从未间断，对般若达到十分精熟后，从中提炼出了断证教诫的教法，彻悟了《般若经》的深广意义，断证诀窍在心中油然而生，于是她成为女觉宇派的创始人。

觉宇派为息结派的一支派，具有强烈的苦行僧修学精神，此派的弟子常到荒山野岭或山洞岩洞中苦修，很少建立寺院，主张以勤苦修炼达到成道的目的。

玛吉拉珍的姆觉派佛教哲学思想逐渐成熟形成自己独特的体系后，她到各地云游修炼，曾到荒无人烟的空旷山野和野兽出没的深山密林，以及尸林坟地、凶险岩洞、湖海圣地等处一面修持，一面收徒传播觉宇派的断证思想学说。她弟子众多，多为女尼。她在桑日康玛尔崖洞中住修时间较长，成就也最大。据《藏汉大辞典》载，于公元1139年她在西藏山南桑日县境内倡建了桑日康玛寺。现在桑日康玛寺内供有帕·丹巴桑杰、大成就师脱巴巴札等灵骨。今该寺已修复，将以前的画像全部改用药泥塑造的身像，玛吉拉珍当年的卧室内塑有她的身像。她游学期间，曾与许多名僧辩论佛教哲学，她常占上风。从此，她的名声在雪域和印度、尼泊尔等地逐渐传扬开来，前来向她求学的人越来越多。据说玛吉拉珍还诵读了《甘珠尔》和《丹珠尔》两部大藏经，佛学造诣高深。据说她有一个名叫宇布智钦的儿子，起初未进入佛法之门，在社会上做些梁上君子之事，有一次，他害怕本教徒对他施放密咒而致死，遂前来向母亲诉说原因后，母亲设法让他躲过了这一劫难，引导他进入了佛门正法之道，他弃恶扬善，痛改前非，勤学苦修，42岁时获得了觉宇断证法的真实意义。他作道情歌赞颂母亲的功德说："最初身心是母生，中间财物是母授，最后见真是母教，大恩母前我礼赞。"据说，玛吉拉珍还曾到安多地区的甘肃夏河山中修行传法，她把自己写的经文埋在该地，后来作为"伏藏"发掘出来流传于世。

玛吉拉珍不仅是藏族杰出的女学者、觉宇派创始人，而且还精通五明学科，一生有论著10多部。在藏传佛教史上，她是一位佛学知识高深，尤其对密宗法颇有研究的女密宗大师。

玛·却吉喜饶

——息结派密宗大师

玛·却吉喜饶，意为“法慧”，于藏历第一饶迥之木羊年（1055年，北宋至和二年）生于西藏雅多区的杰昂地方，是玛·门兰的儿子，其家庭比较殷实。

童年出家取名却吉喜饶，起初在他父亲处听受《莲花生大师灌顶》《行法》《中观论》和《成就心要》诸法类。（水牛年，1073年），19岁时他和帕·丹巴桑杰相会。当时他正患病，在自家楼房中歇息，仆人说外面来了一位黑色游方僧，肩上披着单衣，家中有几条凶猛之犬非但不咬他，反而摇尾作欢迎状，却吉喜饶感到十分奇怪，命仆人再去细看，回禀说：“有一印度游方僧求见。”却吉喜饶知道这是位异人，命人快请。帕·丹巴桑杰像老熟人一样不需引导而知其所在而进了厢房。却吉喜饶遂拜他为师，并请求加持。经帕·丹巴桑杰作加持后，病即痊愈。接着又请求传授佛法，丹巴桑杰说：“你和我几世都有佛法因缘，因此我应当传你教授。”又问：“你知何法？”却吉喜饶答道：“知大手印法。”丹巴桑杰道：“你所知的仅仅是语句上的大手印，现在我将开示你真正意义上的大手印。”遂按照所谓“不须闭眼遮止心，阻止风息上师悟”等论教而开示其认识本来，由此却吉喜饶心中豁然开悟。传法学法18个月后，丹巴桑杰说：“现在我可以走了。”却吉喜饶求他再宽留几日。丹巴桑杰说：“不可。”又请求随师作仆役，也未答应。他再三恳求上师无论如何慈悲摄受。丹巴桑杰说：“这次我得回去，等明年冬天你到彭域来找我吧！”说完走了。待到次年冬天，却吉喜饶带着索琼瓦作随从来到彭域，找到丹巴师，求师解决教授中的疑难，丹巴又给他传授了《建立六十四石子导释》。他在丹巴师那里修习了3个月后回乡，之后他放弃眷属和家产而做了苦修者，在玛岩洞中修习了一年，又去工布三岩中的措仲修炼了9年。传说当时工布一带发生战乱，地方神对他说：“由你来平息乱事吧！”他说：“我无能为力。”地方神说：“我可以助你平息。”他遂去战地，手中挥动法衣对敌方说道：“我有降伏法，谁不听劝告谁将会大祸降临。”说完走开，身后一股大风暴卷起，敌方看到后畏惧而退兵，战乱得以平息。后来有许多信徒前来拜他学法，从此广收门徒传法，继承了帕·丹巴桑杰开创的息结派传承。

却吉喜饶有五大弟子，他们是：岗瓦章、许乌译师、喇嘛协乌、索波垛旺、香嘎敦巴。

其卒年不详。

索琼·格敦巴

——息结派高僧

索琼·格敦巴，是印度僧人帕·丹巴桑杰和玛·却吉喜饶二师的高足，系热莫哇地方人。他是兄长，由于身体矮小，取名索琼哇（小索），弟弟因身躯高大，取名索让哇（大索）。索琼哇诞生于藏历第一饶迥之水虎年（1062年，北宋嘉祐七年）。10岁那年，他跟着父母在雅多杰纳讨饭时，遇见了却吉喜饶。玛贡（却吉喜饶的别称）见索琼哇长相奇特，遂对他的父母说："这孩子留给我吧，由我收养，供给他衣食如何？"父母同意，就将他留在玛贡处，家人去雅隆地方了。玛贡师就让索琼哇受戒出家为僧，取法名格敦巴（僧炽）。帕·丹巴桑杰来到玛贡家时，索琼哇见过丹巴一面。过了一年，他随玛贡来到彭域杰库时，丹巴桑杰也在那里。有一次索琼哇在闲游时，被丹巴看见，丹巴桑杰口中叫道："阿咧咧，我可爱的孩子。"说着快步跑过去握着索琼哇的手说道："你三生中都是我的弟子，现在还是跟着我吧。"遂又成了师徒关系，经丹巴桑杰略传给他一点认识本来教授，索琼哇犹如见到曙光，心中生起无垢大智力。后同玛贡一起来见丹巴桑杰，丹巴桑杰给玛贡又传授了一些教授。玛贡说："现在我们师徒回乡去吧！"索琼哇说："我还要在丹巴师跟前请求一种教授，丹巴师答应传授给我，请玛师先回去，我大约一个月后回乡。"从此他就不离丹巴桑杰左右，丹巴桑杰便将54位男女成就师的教授法毫不保留地传授给他。索琼哇请求上师自己能否将教言笔录下来，师允准，马上将诸教授一一笔录下来。

后来他遵师命赴拉萨，不久又前往雅隆，心想要将学习到的各种教授贡献给玛贡师。见到玛贡师后，玛贡师要他先去拯救行乞的家人。据传这时索琼哇已通晓外邪病患是由何鬼魔在作祟，他能将其降伏，解除患者痛苦。由于他做了许多降伏鬼魔的善事，获得了一些报酬供物，他用这些资财在雅达购买了一所庄园，妥善安置了父母，后来又安置了他的胞弟索让哇一家人。这时他将笔录下来的54位男女成就师教授法的书册托给母亲雪莫释迦仲保管，后来由曲巴达宗根据此书册编撰出立名大、中、小三种丹巴胜士颂文。

索琼哇培育了一位高徒贡钦门兰，使他获得了大成就的证悟，索琼哇67岁时，贡钦门兰还一直追随着。

索琼哇继承和弘扬了息结派教法事业，于藏历第二饶迥之土猴年（1128 年，南宋建炎二年）示寂。

巴察贡巴

——息结派苦修僧

巴察贡巴，藏历第一饶迥之火猴年（1077 年，北宋熙宁十年）出生于西藏彭域下区雍波达地方，父名巴察敦赍扎，母名冶摩华占。

巴察贡巴 12 岁时，拜热衮乃琼寺博多瓦的弟子卓琼瓦为师出家，后从冶·杜增哇（持律师）学习《戒律论》。他 19 岁时在那空地方受比丘戒，后又到博多瓦师前受发菩提心戒，学习噶当派道次第。他又依多隆嘉玛闻习《中观论》和《因明论》略释，从巴察译师学习《慈氏五论》和《集学论》等经论，在仲·绛曲山华处聆听《对法上集》，从荣格旺秀扎学习桑嘎传规的《胜乐论》密宗法类。之后他想学一种修行法，于是向别人请问道：“何人学有高深的教法？”回答说：“岗巴的教法高深。”因此他前去岗师那里求学教法，岗师传授识得本原心性之教授，他依此教授潜心修持，得到了犹如在暗室中明灯高照一样的证悟。他生起了定解而问师道：“创此法之主宰是谁？”师说：“这一法门是一位名叫帕·丹巴桑杰的大师所创。他要前去中原汉地五台山，据说现在已返回，驻锡于后藏定日地方，我年迈不能前往，你去那里或许能见到。”于是巴察贡巴备足了口粮和拜师礼物上路。于一日来到定日街头，只见从街中心升起一缕青烟，他问近旁讨饭的一老太婆道：“那儿发生何事？”老太婆说：“这是荼毗丹巴大师遗体的烟火。”他听此噩耗，顿时昏了过去，等到醒过来，老太婆将他的头搂在怀中安慰他，并指点他一去处。他慢慢地来到所指的去处，口中念诵道：“皈依啊！”并百拜顶礼。禅室门紧关着，里面的耿嘎大师[①]虽闭目静坐，听到门外的念诵声，睁眼注视而问道：“冶摩华占（巴察之母名）的儿子，你一路辛苦吗？”巴察立即觉察到这是位有先知神通的大师，但见禅室门已打开，他即刻顶礼后进入室内，得到了这位大师的加持。他向上师敬献金曼札而启请道：“我因福薄而未能谒见丹巴上师，请上师慈悲摄受吧！”师说：“未成熟之身要使其成熟，必须灌顶，你的条件是具备的。”他以黄金一两和绫绸一匹作供礼而献给上师。师说："缘起甚善！今晚你就睡在自己的洞中吧，明天你到这儿来。"次日他到上师那里，师已陈设好经卷在作修法，之后给他传授了经卷灌顶。上师说："密宗和显宗波罗蜜多二者中，密宗行者是由成熟道一灌顶毕，然后开示解脱道的。对你是成熟和解脱在同一时间中进行，这种法过去未曾向他者传授，而是阿扎惹纳波的特法，是将灌顶四法流糅合为一而作示的。"巴察贡巴在绛曲山华耿噶处学法，四年中学到了许多教授，后来他想离开师尊去前藏，临行前师父将所有经卷交给他，并嘱托将这些书交给一位来取书的主人。他在师前立下苦修 12 年的誓约，又请求在回去的沿途和修行时不生灾障，为此上师赠给他镇魔的青蓝色卵石一粒和驱鬼魔的黑石一颗，并叮咛道："你不应离菩提心，祈祷上师可如愿成功。"他于金牛年（1121 年）返回前藏，在一处静修山寺中精修 13 年，终于获得了大成就，广收门徒，高足弟子不乏其人。

巴察于 82 岁高龄，即藏历第三饶迥之土虎年（1158 年，南宋绍兴二十八年）圆寂。

注：

①耿噶大师：全名叫绛曲山华耿噶，系帕·丹巴桑杰又一直传著名大弟子，生于 1062 年，卒于 1124 年。

玛维僧格

——息结派智辩家

智者玛维僧格，意为"善言狮子"，藏历第二饶迥之火马年（1126 年，北宋靖康元年）生，原名叫尊哲僧格（精进狮子）。

玛维僧格 8 岁时，学习藏文和算法，略授即悟；13 岁时，对于扎、多、雄三种会场游艺，一看即能掌握；14 岁时，他在闭关中讲说"基道大纲"教法；15 岁时，在曲羌清地方从那觉僧格（瑜伽狮子）学习《中观六论》，成为精明的辩才者；17 岁时，在扎喜达兰波从轨范师香敦官却学习声明论著；20 岁时，跟随卡惹雅克巴觉伯学习"经部""幻化""心法"三法类，两年中全部通晓。以后他到后藏各地巡游辩论，在桑尼乌卡有许多智者皆被他辩倒。因此，精于《对法》和密宗的汝参瓦·索仁说："这位青年学者思维敏捷，和我的朋友格西喜饶的谈锋相似。”后来在格西扎俄钦波逝世的法会上，他与一位善辩者名叫雅敦什毛的格西，以“是否有本性利根（即天然性质聪慧）”为主题辩论，经多次答辩，终使对方失败。由此，他得到了玛维僧格（善言狮子）的智名。

22 岁时在尼多寺坐床，寺主将书籍、法螺等物交付予他。由于求法学业尚未完成，他便将寺院交给两位兄长暂掌数年。兄长仁波切在尼多寺修建了一座大佛殿，秀波大师承许说法，以满足求法者之愿。他掌管寺院庄园后，为了报答两位前师，精心管理寺院，并扩建寺院，弘扬正法之恩，亲自广作说法闻法事业。为使人民安居乐业，还做了许多调解纠纷等世俗事。

31 岁时，他修入五道①之中，出现如前辈上师所现的因、道、果三者，其中因——障净之相，道——掌握五风之相，果——净相现起之相，并出现昼夜无别的光明和墙壁无阻之功力；33 岁时，修习《真实名称经》教授，出现了许多奇异证象；40 岁时，在尼多寺中闭关静修，生起如珊瑚色红光而变成马头金刚，红光遍照诸方，这是一种吉祥之兆；44 岁时，建立智者大法会，在法会上大转法轮，因声音洪亮，坐在最后面的听众也听得十分清楚；58 岁到直贡巴·仁钦贝大师座前学习大手印法；59 岁作了逝世积福（供奉三宝佛等）事宜，于藏历第三饶迥之火羊年（1187 年，南宋淳熙十四年）去世，时年 62 岁。

注：

①五道：有情往来谓之道，有五处，谓之五道。一说资粮道、加行道、见道、修道和无学道；又一说地狱道、饿鬼道、畜生道、人道和天道，这里指前者。

嘉瓦典尼

——息结派大教授

嘉瓦典尼，息结派大师，其父从后藏的雪廓纳迁到雅达西边的曲科地方居住，名觉赛加贝，母名楚摩萨芒吉，于藏历第二饶迥之火羊年（1127 年，南宋建炎元年）生下嘉瓦典尼。

据说嘉瓦典尼年仅 3 岁时，就能记忆前生之事，自说“我是麦·尊哲的上师”。索·古让来到雅达时，他请求索师作加持，索师说："这个孩子将会成为一大成就者，应继承我的传承。"说后传授了大悲观音的圆满次第和六字大明咒的诵授经文。5岁时，在热毛曼曲喀见到热琼巴·多杰扎巴大师，请求大师传给他底普传规的垛哈法类。7岁时，雅达贡波授予他"大手印"法门。9岁时，从纳措的轨范师贡巴学习羯磨[①]喀察惹等广法和阿底峡传规教授，此后直到15岁，他跟着父亲学习玛、辛、普三法和白、索、藏三法。从15岁至18岁，他在夏萨的觉吾拉钦波和拉宗那波两人手下任地方官3年。这期间，他学习了龙树的《养生篇》等一些通俗论著。20岁返回故乡，欲去乌如，父亲不让去，他心中不悦而唱出"歌手若需要时，我情愿作仆役"的歌。之后由章曲汝瓦授予居士戒，并学习轨范师扎唐巴的传规"教法次第"和大德卓瓦传规的"二谛论说"，佛业有所进益。嘉瓦典尼不满足已学得的知识，不久，他瞒着父亲拿了皮鞋底一双、绸僧裙一条和颇碗一个而出行，转道来到彭域地界，遇到一尼姑。尼姑将他介绍给自己的舅父巴察贡巴，还指引他去巴察贡巴的寺院，据说巴察师不仅知道他的到来，还走出寺门前来迎接。巴察师说："觉赛雅达哇，你从玉昂而来，一路辛苦了吧。今日来此，甚是可喜啊！"嘉瓦典尼向巴察师求传大德贡嘎传规的教授，巴察师于是陈设经书而作加持。他在巴察师处修学了8个月后，又向上师求授五种传规，师说："你去寻求一些求法顺缘条件来吧！"他领会了上师的用意，去藏北一带带来蓝纸册2卷和犏牛6头，全部献于传法师，作为求法顺缘条件。在一年之中，学习五道讲释并求得各种灌顶，将上师所传的一切教法都做了笔记，并加以细审和润饰。上师将诸法类分为应机训示、无垢、耳传和垛哈四大类，并逐一传授给他。他在上师跟前对直诵和讲释记录做了审改后，请求回乡，师未允许。上师说："还须作教授的旁批润饰，必细审综合，再和先前的诸学类相糅合。"他遵师命，为做好这些，又学习了一年。之后，上师给他作了许多预言后启程回乡。

嘉瓦典尼回到故乡雅达，他给哲塘的一位老僧人传授了修心诵授经文，老僧发现罪净之象，满心欢喜地答应愿给典尼作仆役。这时，嘉瓦典尼30岁，立下苦修7年的誓约，在哲塘的一间小屋中刚修到2年时，听到上师巴察逝世的消息，前去参加了祭典，回来后继续闭关专修，两年后又因父亲去世，回家作了超度荐亡法事。此后继修3年，学得"夺舍法"[②]，圆满修起成道证象功德。他为了护养德行，穿着歌手的服装，唱着道情歌度过了6年。后来经夏萨·觉俄拉钦波、拉宗欧莫和觉沃协乌瓦3人商议，让他受戒着僧装，担任讲经院轨范师。

他虽然答应了，但大部分时间在闭关中为祖师帕·丹巴桑杰的言教作注释，著了许多释论。由于他享有大教授的美名，乌如地方的许多大人物都来请求传法，而他为了保守上师的密嘱，不轻易答应传授。他在雅隆想摆脱讲经院轨范师的职务，便脱掉僧装，穿上自己乐意的服装。后来他将一部分书籍秘藏于伯莫山中，又将一部分藏于显妥山岩和香布那山等地，成了伏藏。

后弟子西波将他迎回家中侍奉，安度晚年。晚年因寿数过高，眼目不甚明亮，于藏历第四饶迴之火牛年（1217 年，南宋嘉定十年）圆寂，享寿 91 岁。

对该师的一生，他的亲传弟子西波最清楚，西波为上师作了公正的评价。他作赞文道：“眼前看来好像大贪者，然而实是定力善妙师；眼前看来好像愚昧者，然而却是智慧极深师；眼前看来好像难相友，然而若与分离难忘师；眼前看来身语似凡俗，然而内怀善行无乱师；眼前看来不修只知睡，然而内开定门无量师；总之虽未广作闻思业，然而内修慧火炽燃师；眼前看来教法如丹巴，然而实为修传增长师；大哉至尊秘密隐修王，示现人相师前我祈祷！”

注：

①羯磨：佛教名词。意思是“业”或“办事”，指僧团按照戒律的规定，处理僧侣个人或僧团事务的各种活动。如受戒羯磨、忏悔羯磨等。在律藏里有专门的“比丘羯磨”“比丘尼羯磨”，并有各种“羯磨”和“羯磨法”，以作为僧团活动的准则。

②夺舍法：藏传佛教密宗修炼的一种转生法。他们认为人死后灵魂到达中阴界，可转生到刚死的人或动物尸体上，以其形体复活。

若·喜饶沃

——息结派教法继承者

若·喜饶沃，意为“智光”，据传系印度东方的大班智达喜饶珠再世转生，于藏历第三饶迴之火狗年（1166 年，南宋乾道二年）生。父扎西周巴，母却季格。

喜饶沃 5 岁时，由祖父喜饶喇嘛教他文字和算法。7 岁时，已能念诵如流，一日间竟能念完一遍《般若二万五千颂》。他的父亲有些不信，给他增加念诵次数，他仍能完成，其父合掌欢庆，10 岁前一直在祖父和父亲跟前学习密宗诸法。其父想让儿子具有诅咒神力，就让他从 10 岁到 13 岁闭关专门念修金刚橛，发现许多成就证象。13 岁时，若敦赞波劝请其父将孩子送到他跟前学法，其父应允。喜饶沃跟随若敦两年，闻习了索宗的经、幻、心三部和修法三种，以及阿若秘法、毗玛那、息结初传诸教授等，成为息结教法的通达者。他又依若敦龙金聆听枳雅的许多修法和后来新译圣传法类，以及玛、垛传规的胜乐法门等。15 岁时，在拉哲玛贡哇处学到了觉宗经、幻法类和诵授经教六小支传、旧译五种续部及康宗甘露、马头金刚四尊法、幻化明灯等教法。16 岁时，对牙齿缺落者，他能以铁牙镶补，所以人们又称他为“铁牙巧手”。从 16 岁至 20 岁之间，他拜轨范师央修欧智为师，聆听垛、鸠法类（结合幻变法类）和索宗传规法类，勤学细研，在僧会上辩论时没有对手。因此，央修欧智上师将他的原名嘉茂改为喜饶沃（智光）。17 岁时，他从江波达玛扎学习绛华格巴的四种法门和弥底师传的六法。18 岁时他著述了《幻化道次第注释》和《基道大纲》。19 岁他从轨范师宏多学习大手印宝藏，在觉达师处学习大圆满隆钦法类，又在得道师欧珠处听受大悲观音三法。当他在拉杰索处学法时，前来给他送口粮的父亲，在途中遇仇人被害，他因悲伤过度而生病。21 岁时，他开始作一般佛法的讲说，又从格西塔郁学习般若和中观、因明学，复求师传授“那若方便道”，从此生起殊胜的修悟而能粗解教授。后来，他又进一步深造息结派岗宗、玛宗[①]的许多教法，他的病根随之消除。以后他在泽洼岗的陋室中闭关 3 年，以辟谷为生，穿着破衣，缄口禁语，苦行勤修，出现了证道之象。他又迎请息结派大师嘉瓦典尼来到邦仁木地方，虚心向他求教，得师传授了“无垢教令”等共通诸法和“不共教授”“续部大纲”“灌顶道导释”等法，最后上师将其甚深教授单传给喜饶沃。师说：“这一传承交付予你，但是直至我未死之前，你应当缄口，不可外泄你有这样的教授。”说后将 16 本密传小册子交付给喜饶沃。直至 39 岁前，他遍访名师求教，学业飞进，知识渊博，精通许多教法。40 岁前，嘉察多旺将尼多寺献给他，收纳后又将寺院托付给玛维僧格。42 岁时，他修甘露法，据说甘露降下润湿了师徒们的衣服。48 岁时，他在牟德获得天眼神通，并在泽波隆的郊区与多杰扎相见，多杰扎以耳传父法交换了喜饶沃的耳传母法。49 岁时，他广作利益他人的事业。52 岁时，上师嘉瓦典尼逝世，密约解禁，这时格西康巴·喜饶尊哲备办许多求法礼物前来学法，于是他对喜饶尊哲和许多具有殊胜因缘的人传法。68 岁时，他在半个月之内为 30 处讲经院的僧众广转法轮。

他于藏历第四饶迥之木龙年（1244 年，南宋淳祐四年）圆寂，终年 79 岁。其生卒年又有 1171~1245 年之说。

注：

①岗宗、玛宗：指息结派中传岗·意希坚赞、玛·却吉喜饶所得帕·丹巴桑杰的教法。

仁波且却嘉瓦

——息结派传承念修大德

仁波且却嘉瓦，系贡嘎龙珠的次子，息结派一大德，于藏历第三饶迥之金龙年（1160 年，南宋绍兴三十年）出生在泽哇岗地方。

他童年时就较他人资质聪慧，习业敏慧，心有机智，是一个无须下苦功即能通达一切的人。他在 8 岁以前，即已无难而知晓舞蹈、书札、星象等学科。他从 9 岁开始研习密要续部和金刚橛法类，一学即悟，过后将密续注释中内容提要、批注、论理等都领会于心中。12 岁时，他就任寺主要职，在夏冬两季法会中不断为寺僧讲经说法。父亲又传给他所有息结派初、中、后三期传承中的灌顶、导释、教授，以及新旧密宗的一些经教诵授和教授等。他能凭记忆流利地讲说所学过的许多法类，后来听到杰却仁波且的盛誉，便离寺前往加扎拜见杰却上师。他一见师容，敬信之心顿生，杰却上师也看到他是一位聪慧的学僧，遂给他传授了“义传”的一些所缘法门和会传诸法类。在杰却上师处约学法 2 个月，由于父亲再三催他回去，他仍回到原寺，这时其父将一切教法如瓶浇水般地注于他。此后他又从师夏哲钦波，聆听楚西传规的各种传统教法，以及塔波噶举派法类和金刚鬘灌顶等诸法，还从喇嘛阿莫嘎巴闻习新密的许多灌顶及藏巴的经教诵授中以《甘珠尔》为主的许多经教。他 18 岁到曼久地方专修“金刚手”“威合修法”新旧密宗中一些本尊修法，还修习了中期传承中玛·却吉喜饶的修行导释，因此出现了大手印修悟。随后又闭关念修“五道”两年之久，生起了一些成就之象，又用一年时间修了“三道”修法，又在 6 个月中修一尊灌顶之法。这以后的一段时间中，他还勤修了初期传承和中期传承法类，竖起修行之幢。修行使他的内证如太阳升起而黑暗消失。他所修持的都是前辈诸上师的重要修持法，唯用此两法灌顶时，加持力最大，据说接受他灌顶的人中，获得祛病除魔者，颇不乏人。他将所得财物，全部用于前辈上师逝世供祭、塑造塔像、救济贫苦弱小等方面，他将所学到的广大佛法，毫不保留地传授给信徒，每到夏冬两季法会上，都讲授息结派初、中、后三期传承诸法，因此他的美名到处传扬。他的高足有杰却·仁清桑布、喇嘛扎端巴、藏巴洛桑、多丹扎龙巴等多人。

他于藏历第四饶迥之土牛年（1229 年，南宋绍定二年），仁波且却嘉瓦示寂，享年 69 岁。

觉囊派

觉囊派始于宋代，形成于元初，由12世纪的宇摩·牟觉多杰所传。他是一位在家的瑜伽行者，曾从喀且班钦·达瓦贡波学习“时轮金刚”和“密集”等密法，后来创立“他空”学说，认为世间一切事物的本体是一种至高无上的真谛，是永恒的，但不能说是性空的，只能说由人们“虚妄分别”加上去的东西才是空的。因此说，“性空”只能是“他空”，而不是“自空”，这成为后来觉囊派独特的理论基础。他的五传弟子耿邦·图杰宗哲·喜饶扎巴于藏历第五饶迥之水蛇年（1293年，元至元三十年）在后藏日喀则西之彭措林山沟（今拉孜县东北）修建了一座佛寺，以觉摩囊地名取寺名为觉摩囊寺，简称觉囊寺，成为该派祖寺。其派别名也是以觉囊命名的，称觉囊派。觉囊派僧人除学习因明学、般若、中观、俱舍、律藏等经典外，尚有《如来藏》《妙臂菩萨所问经》《央掘魔较经》《楞伽经》等20余部经典。该派将长期以来口耳相传的收摄、禅定、运气、持风、随念、三摩地等无上瑜伽续无二部时轮金刚的六支加行修炼方法首次用文字记录下来，取名《续部要义本释》，后来成为觉囊派的主要修行法门。

该派代表人物除宇摩·牟觉多杰、耿邦·图杰宗哲·喜饶扎巴外，还有多罗那他、贡钦笃布巴·喜饶坚赞、觉囊巴·雪勒南杰、绛森·杰哇益希、克尊·云丹嘉措、萨桑玛德班钦等。后经贡钦笃布巴大力传教，曾盛极一时。明初，该派因“他空见”观点受到其他教派的非议，加之缺乏世俗政治势力的支持，一度衰落。明万历年间，多罗那他任觉囊寺住持，受到后藏藏巴汗地方政府的支持，建成达丹旦曲林寺，觉囊派遂再度复兴。1614年（明万历四十二年），多罗那他应请去外蒙古地区传教，在那里圆寂后，其历辈转世被尊为哲布尊丹巴。清初经五世达赖喇嘛阿旺罗桑嘉措劝说，蒙古地区的觉囊派全部改宗格鲁派，西藏地区的觉囊派也相继改宗格鲁派。多罗那他兴建的达丹旦曲林寺被改名为“噶丹彭措林寺”。该派仅在四川阿坝地区和青海果洛地区的十几座寺院保留下来，并流传至今，如四川省的壤塘寺（却尔基寺）、藏哇寺，青海省果洛藏族自治州的亚日堂寺（阿什姜寺）、扎西曲龙寺、尖达木寺等。

宇摩·牟觉多杰

——觉囊派始祖

宇摩·牟觉多杰，意为“不动金刚”，是12世纪西藏宇摩地方人，曾用名达巴杰布，是一位居家瑜伽行者，以苦修闻名，后取法名牟觉多杰。《如意宝树史》中称他为“大手印修士、冈底斯雪山的大修行者”。他曾师事索杜增（索律师）、喀且班钦·达瓦贡布等，学习时轮教法。据说上师喀且班钦·达瓦贡布为了考验他学法的心是否虔诚，给他一个包袱，让他送到遥远的尼泊尔去，然后再予传法。此后二人再没有见过面，实际上是仅谛结法缘，并没有形成真正的师承关系。后来，他向喀且班钦的弟子觉敦·南拉孜求法。觉敦也和牟觉多杰一样曾经受过上师的考验，深感求法不易，遂以他为心传弟子，在5年间给他传授了《时轮根本续》及其全部注释及秘诀，并授《明灯论》及其教诫。牟觉多杰认真聆听，悉心研究，遂全部掌握。牟觉多杰获得时轮教法的传授后，赴邬裕的加尼静修地长期专注于修炼，最后得到成就。他成名后，为了继承和弘扬时轮教法及中观论，开始著述论说，曾编纂这方面的经论多部。在他的著作中贯穿着自己的思想，即不承认事物的本体自身是性空，论述世间一切事物都具有永恒不变的真实体性，是绝对存在的，这个存在也就是至高无上的佛，只是人们由于认识上的错误，以本体为空，所以事物的性空只能是“他空”，而不是“自空”，要认识这种事物的本体的真实性，必须学修时轮金刚法，通过长期的瑜伽静修，细心体会，才能纠正认识上的错误，透过事物的表层迷雾，洞见真实体性，从而他将中观他空见与时轮金刚的密修方法结合起来形成自己的修学思想体系，为后来觉囊派的形成奠定了理论基础。

觉囊派认为宇摩·牟觉多杰真正开创了西藏密宗他空见修法之轨，在时轮金刚修学方面成为卓系（卓译师喜饶扎巴）时轮传承的第八代传人，因此，后来一般以他为西藏觉囊派的始祖。宇摩·牟觉多杰寿终 82 岁。

宇摩·牟觉多杰一生培养了很多传法弟子，较著名的有哇扎嘎瓦、聂巴卓、牛吉坤瓦、却吉绛曲、却吉旺秋等。其中，哇扎嘎瓦和聂巴卓二人初修噶当派教法，曾泥封修室门户，长期闭关静修，后来师事宇摩·牟觉多杰，得到时轮教法传授。据传他俩由此很快“获得胜道定解，圆满成就证相，具有广大神通”。牛吉坤瓦 70 岁时拜牟觉多杰为师，学习时轮教法，后传法于峨杰，峨杰再传于笃哇嘎敦·旺秋珠。却吉绛曲受学于牟觉多杰后，又传法于哲吾贡布，哲吾贡布学成后又收徒传法，如此代代辗转相传，时轮教法传播开来。却吉旺秋是牟觉多杰最著名的心传弟子，也是他的亲生子，受父亲传授有关时轮教法的经典、释论、修持和秘诀，到 20 岁时贯通一切时轮法要。据传，他修炼得道，并且很有辩才，曾辩胜当时颇有声名的佛教学者加朗巴，被尊为卓系时轮传承第九代传人。

耿邦·图杰宗哲

——觉囊寺的创建者

耿邦·图杰宗哲，为其尊号，意为“悲精进”，法名喜饶扎巴，意为“慧称”，是觉囊派祖寺觉囊寺的创建人、离俗遁世修禅之大师，于藏历第四饶迥之水兔年（1243 年，宋淳祐三年）出生在后藏拉堆绛附近萨迦的昂恰邦岗村。

喜饶扎巴早年在萨迦寺师事绛央宇妥巴·仁钦坚赞学习道果法，以耿邦却吉沃色为根本上师，学习卓系所传有关时轮的灌顶法门和续释经论，据说他仅听受《六支加行》（密宗时轮金刚的六种修风脉的瑜伽法）的修法教诫达 17 种之多，尤其学习所有大圆满法类后皆领悟于心，又从大成就师尧摩的弟子玛吉觉珍闻习“净瓶灌顶法”“大圆满心性法界”续部的全部秘诀。学有所成后，曾游学于前后藏诸寺院，博通显密，并立宗辩经，辩胜当时著名的学者曲弥巴·僧格贝等。到江都尔地方讲经传法时，应请担任了江都寺的“曲本”。曲本相当于后来觉囊派寺院中的讲经堪布，一般由精通各种经论的格西担任，主事经文的讲授。喜饶扎巴任江都寺曲本期间，即表现出较强的社会活动能力，他与后藏的一些地方势力有过接触，亦去过拉萨、叶尔巴等前藏地区讲经传法。大约在 30 多岁时，据说为了“解除命厄”，他离俗遁世，专事修炼，故被称之为“耿邦巴”，意为“离一切事务者”。觉囊派僧人相传，耿邦巴是一位极有修炼成就的大德，尤其精通时轮六支加行修法；当他修炼六支加行的运气法时，五大生风，力猛无比，甚至十人合力亦不能按住他的一只手，同屋之人，有的不堪其冷，有的不堪其热，整个居室随其所运之气而震动；还说他有无碍穿越小孔、墙壁的能力，经常能在禅定中显见十一面观音等本尊身形。由于他博通佛典，修炼具有神通，一时声名大著。

耿邦・图杰宗哲成名后，被拉堆绛的地方首领请到觉摩囊地方传教。这位地方首领是一位名叫那曼加摩的女王，由她任施主，让图杰宗哲在这里择地建立一座讲经弘法的道场。在今日喀则市所属的拉孜县境内有座纳嘉吉祥山，山势险峻，沟壑纵横，洞窟遍布，风景秀丽幽静，自古以来有许多佛学大师和佛教徒在这里修炼真法，留有遗址，还曾修建过几座修法禅室，是一座有加持力的圣地。图杰宗哲遂择山下的觉摩囊为建寺基地，在那曼加摩女施主的支持下，于水蛇年（1293 年，元至元三十年）建成一座佛寺，并以地名取寺名为“觉囊寺”。

寺院建成后，耿邦・图杰宗哲在这里将一直耳传的收摄、禅定、运气、持风、随念、三摩地等无上瑜伽续二部时轮金刚的六支加行修炼方法首次用文字记录下来，取经名为《续部要义本释》，也成为后来觉囊派的主要修行法门。他曾对萨迦派所谓“最初舍非福，中断于我执，后除一切见”的道果三次第以及“境之二谛”学说等做过较深入的学习和研究，按清浊音等梵文字母次序重新编写道果法门，阐释萨迦派所推崇的卓弥译师传出的道果法理论。据载，图杰宗哲驻锡觉摩囊时，受到周围其他一些地方势力的拥戴，曾应请先后去僧宗、却合保、吉浦德丹等地讲经传法。他在觉囊寺聚徒讲经，讲授藏译新旧密法，尤其重视所谓中观“乐空双运”的六支加行法和《时轮根本续》及其各种释论的传授。对其所著《续部要义本释》，每年在寺内举办两次大型的讲座，每次听讲者多达 600 余人。因而，以觉囊寺为基础，以“他空见”为理论，以《时轮金刚》和《续部要义本释》为主要修学法门，发展形成一个宗派，以觉囊寺取名为“觉囊派”。当时，周围原有的仲琼、江都、赛莫切等寺，均以觉囊派“他空见”为宗见，成为早期的觉囊派寺院。

耿邦・图杰宗哲・喜饶扎巴主持觉囊寺 21 年，收徒传法，后将寺院法座交给弟子绛森钦波，于藏历第五饶迥之水牛年（1313 年，元皇庆二年）二月二十五日圆寂，享年 71 岁。

耿邦・图杰宗哲的著名弟子有绛森・杰哇益西、孟美扎喀巴・扎巴僧格、克尊・云丹嘉措、列多巴・旺杰等。

贡钦笃布巴・喜饶坚赞

——觉囊派著名佛学家

贡钦笃布巴・喜饶坚赞，于藏历第五饶迥之水龙年（1292 年，元至元二十九年）生于阿里笃布珠松地方。父亲南东・冶喜旺徐是一位修习旧密的大德，母亲是大德吉登巴之姊，名慈诚坚。他家中兄弟姐妹共 5 人，排行第二，舅父大德吉登巴为他取名喜饶贡。

喜饶贡少年时由父母教习藏文拼读书写，之后学习念诵仪轨经文等。当时他想离俗出家，请求父母允准。为了让其继承家业，他的父亲故未同意。13 岁时，他瞒着父母到吉登寺，同其他请求出家的 15 人一起在堪布慈臣宁波尊前削发出家，皈依佛门。舅父赠给他各种器物和经卷，赐出家名为喜饶坚赞。堪布给他传授“沙弥五十颂导引”、密部文殊之灌顶等法类，受菩萨戒。从吉敦绛央巴受密乘戒，并求得许多灌顶法。又依父母之言，从旧密派大堪布绛曲森格及其弟子达香巴・次成桑布二师敬聆宁玛派教法，学到了旧密派稀有甚深密法。然而他心中经常想的是对佛教显宗方面的因明学、般若、中观、俱舍、律藏等五部论典的学习。19 岁时，他在吉登寺，见到十几个前往洛沃桑宗的旅客，他托这些人带去一些学习用的纸后，立即返回家中，谎称受寺院喇嘛堪布派遣去外地，并瞒着双亲，带了哈达及一口铜锅，又向达香巴之近侍借了5升糌粑，连夜追赶那些旅客。他认为在绛卓雪地方能追上他们，然而没有赶上，又因山高路远，不熟悉道径,也没法打听,只好在荒野中乱行,这时他已疲惫不堪。他以前从未出门远行，至此已是不知所措，又想起听人说狼吃人之事，尤其在漆黑的夜晚极为恐惶。此时，他心中想道这难道是违忤父母之命而得到的报应吗？于是，他朝着家乡方向叩首忏悔。就这样赶了6个昼夜,备尝艰辛,他终于在秀玛山麓赶上旅客,次日清晨抵达洛堆。当时，适逢饱学之士加央吉端·扎巴坚赞为前后藏的一些格西、学僧讲授佛法，他顶礼敬献哈达，与众受学者一道聆听了《量理庄严论》、般若、俱舍、《入菩萨行论》《金刚鬘》等经论。历时一月余，接受了上师所舍施的法雨，菩提心的种子开始发芽。后又师事喜饶桑布、尼普巴·元努桑布二人闻习因明论，从堪布洛卓丹巴学习般若，从觉钦巴·沃泽华聆习度母诸羯磨之密续经教等。他发奋学习两年多，领略了显宗经论之甘露。21岁时，他收到上师加白央的来信，让他到萨迦寺修学佛法。于是，他即刻启程去萨迦寺，从加白央上师受灌顶，学习随许法、口诀、修法等一些密法。在这里，他广学慈氏五论及龙树论师所著《中观理聚论》《赞颂集》《教言集》等经论之经教及疏释,攻读两年，显密学识如上弦之月逐渐圆满。他在萨迦修学显宗四论及时轮金刚时，因萨迦寺禁止讲授其他教派的经论，但他未遵循这一定例而得罪了萨迦派的上层，所以在他23岁时不得不离开萨迦寺之后，他在前后藏各大寺中游学，巡礼辩经，因他学识渊博，且能言善辩而声名远扬，所到寺院备受敬奉，迎送极为隆重。他也曾与赞贡巴、释迦循努、端珠贝、甲敦等许多格西开怀谈论显密经论及其他佛法，博得大学者们的赞赏。25岁，由却隆寺大堪布索南扎巴任亲教师，却金任轨范师，在具足僧数中授予他比丘戒。之后又向瑜伽师纳本聆习息结派及由该派传出的觉宇派、大圆满耳传等法。立誓一生只食素而不食荤。他前半生广参萨迦、噶举、宁玛、息结各教派名师，学习各教派教法及所修学的经论。31岁时,他来到觉囊寺,向克尊·云丹嘉措（1206 ~ 1327年）学习“时轮金刚”，受各种灌顶教授，另从衮邦曲扎听受“时轮灌顶导引”等许多时轮密法，从此便转入觉囊派法系中。喜饶坚赞先后师事30多位各教派、各学科的名僧，广学显密经论及各种教法，成为觉囊派的大格西。

34岁，尊上师之命，应弟子、施主之坚请，喜饶坚赞继任觉囊寺的寺主法座，接续觉囊派法统，弘扬该派教法。他在任内大兴讲经传法之风，为众弟子讲授显密经论，弘传觉囊派教法，为男女施主灌顶传法，另外还广行善事，传授沙弥、比丘、菩萨戒等。火兔年（1327年，元泰定四年），上师克尊·云丹嘉措圆寂。为报答上师之恩德，决定建造一座祥瑞之佛塔，以示纪念。金马年（1330年）三月初三吉日，为佛塔奠基动工，此塔设计外形为塔，塔内为佛堂，塔基座四边各长215肘，底座至金顶高达215肘，内有小佛堂108间，造显宗佛像、坛城甚多，极其宏伟壮观。建塔工匠不仅有附近的石匠、木工、神像画匠、铁匠、铜匠、金匠，而且还请来印度的书法家，尼泊尔的班智达曼殊室利、金匠布努、镶嵌工匠等能工巧匠多人，以及成千的弟子、施主和信徒。喜饶坚赞也亲到施工现场，运石砌墙。历时4载，于水鸡年（1333年）六月，大塔全部竣工，取塔名为“十万善见解脱塔”，十月开光。开光之时，喜饶坚赞说：“我们虽建工程如此浩大的大佛塔，却未强行征调一个差役，也未征收一升差粮，全是信众自愿的，此乃是一件毫无罪孽之善举是也。”另外，他还新建佛殿、坛城，刻印佛典及其注疏甚多，广为宣讲显密正法，召集修行弟子与博士多人。他为西藏昔日不甚著称之宗见，即胜义他空见与世俗自空见之瑜伽行中观派——觉囊派，打下了较为坚实的基础。从此，该派逐渐兴盛起来。这时喜饶坚赞的声名日著，因他出生于阿里笃布地方，僧俗遂尊称他为笃布巴。

土虎年（1338年，元至正四年），笃布巴在他47岁时卸任堪布之职，委任罗哲贝桑为寺主。45岁后，笃布巴致力于研究觉囊派的胜义他空见这一中观见行之法的学说，撰写论证这种观点之著述较多。为了论述“他空见”学说，著了《山法了义海论》一书。其著作还有时轮类38篇、宗派类16篇、般若类7篇、祈愿类25篇、传记等杂类16篇、发愿3篇、吉祥颂4篇等。另有《究竟一乘宝性论疏》《现观庄严论疏》《佛教总释》等论著，著名大学者、大译师罗哲丹巴（俗称邦译师）赞许道：“布敦、笃布、喜饶三师乃教师之中轴也。”笃布巴还命他的两个高足萨桑·玛德班钦和罗哲贝桑校订改正“时轮金刚”的译文，他自己根据这个新译本写了“时轮金刚无垢光疏释”的要义和旁注。

木猴年（1344年，元至正四年）九月，笃布巴51岁时，元惠宗妥欢贴睦尔久闻他与布敦大师之名，乃遣扎跋拉都室利与跋泰才温为首之钦使，前往西藏召请二位大师。由于他和布敦都不愿意与朝廷建立关系，遂于僻静处闭关修行以回避之。木马年（1354年）年初，先后应纳塘、达那日库等后藏几座寺院之请，到纳塘、达那日库等寺为僧众讲授中观、时轮、菩萨道导引正法。同年四月，又应前藏一些弟子之请，经亚德、堆隆等地抵达拉萨。期间，他给各地来听经的弟子讲授甚深道引导法。每次讲经，约有上万人在专心听讲。每到一寺、每经一圣地，有成千上万的信民信徒在沿途恭迎，在前藏一年多，后经纳塘、绰普等地，返回觉囊日绰山寺，并在此静修一年半。

笃布巴·喜饶坚赞于藏历第六饶迥之金牛年（1361年，元至正二十一年）十二月初五在寺院为弟子讲授《山法了义海论》，讲经毕，对弟子道："望你们好好保存经籍。"初六上午，他在拉章寝宫中入寂，享年 70 岁。等候在外地的弟子堪钦·却勒南杰及住持贡却坚赞等，将其遗体在寝宫中停放 15 天。水虎年（1362 年）正月初六，堪钦·却勒南杰师徒作护摩仪轨，火化遗体，舍利分施予各地弟子，作为虔信之圣物供奉。

绛森·杰哇益西

——觉囊寺第二任座主

绛森·杰哇益西，意为"佛智"，"绛森"为其尊号，据说他为人和善，以慈悲出名，故僧俗尊称他为"绛森钦波"，意为"具大菩提心者"，简称绛森。史载，他是朵康（今四川甘孜和西藏昌都地区总称）地方人，生于第四饶迥之火蛇年（1257 年，宋宝祐五年）。

杰哇益西幼年拜噶玛拔希（1204~1283 年）为师，聆习显密经论。据《青史》记载，噶玛拔希收他为义子，以法财二施抚育他。杰哇益西从噶玛拔希学法多年，受学其全部修法教诫，并如法修持，但未能得到明显证悟。于是噶玛拔希认为尚无学法机缘，让他遍游各圣地山间静房，叮嘱只要不持教派门户偏见，必遇高师授法。他遵照师言，离开朵康故乡游学各地，其间曾投师夏尔哇·加央钦波门下，并常住那里，随侍左右，听受过许多显密教法。而后，慕名来到觉囊寺，拜耿邦·图杰宗哲为师，求学六支瑜伽等觉囊派诸法，并依法苦修，获得证悟，成为图杰宗哲最信赖的上首弟子。绛森·杰哇益西在这里学法获得成就后，约于土狗年（1298 年，元大德二年），奉师命于觉囊寺附近建成德钦寺，并主持该寺教务，讲经传法，指导僧人密修。水牛年（1313 年），耿邦·图杰宗哲逝世前夕，将觉囊寺法位传给他。自此，他兼任觉囊寺和德钦寺两寺座主，轮番在二寺讲经传法，培育觉囊派弟子，主持寺务长达 8 年之久。据《青史》记载，他是一位殊胜大师，人们依止他所兴立的导修教授，通过勤修苦炼，都能生起不同程度的证悟，只要坚持下去的修法者，最后无不获得圆满证相。

他担任觉囊和德钦两寺座主期间，觉囊派的社会影响力在后藏地区日益扩大，不仅赢得了后藏拉堆绛一带各地方势力头面人物的好感和支持，同时也吸引了萨迦、噶举等其他教派的僧人，如上师衮索巴等许多善知识，以及绛堆头人、云准头人等也都前来他的座前亲近依止。绛森·杰哇益西本人最初为噶玛噶举派门生，后投师图杰宗哲学法，改宗为觉囊派。他的师友克尊·云丹嘉措（1260~1327 年）原信奉宁玛派，后到觉囊寺在图杰宗哲上师座前与绛森·杰哇益西一起受密法灌顶后，也改宗为觉囊派。上师逝世后，克尊·云丹嘉措又师事杰哇益西，受其密宗灌顶，系统听受觉囊派名种秘典和密法修炼方法。

藏历第五饶迥之金猴年（1320 年，元延祐七年）二月十日，杰哇益西在普摩曲宗静房圆寂，享年 64 岁。由克尊·云丹嘉措继任为第三任座主。

萨桑·玛德班钦·罗哲坚赞

——觉囊派著名班智达

萨桑·玛德班钦·罗哲坚赞，萨桑·玛德班钦是尊号，其中萨桑为地名和寺名，冠在学位称号前，成为萨桑·玛德班钦，简称萨桑巴或玛德班钦。由于他擅长翻译，亦称“萨桑译师”。罗哲坚赞为法名，意为“慧幢”。他于藏历第五饶迥之木马年（1294 年，元至元三十一年）出生于阿里地方，相传他是弥勒菩萨的化身，据说 4 岁时即能念诵弥勒所著《慈氏五论》，因转世根器很深，故颖悟非凡，15 岁就已学法成名。

罗哲坚赞 23 岁时于后藏夏鲁寺从该寺堪钦·都增受比丘戒。同年，他参加夏鲁寺夏季法会，当时听到笃布巴之博学盛名，即前往觉囊寺，拜笃布巴·喜饶坚赞为师，系统听受觉囊派教法，成为其心传弟子。此外，他也曾向闻名雪域的邦译师罗哲丹巴（1276 ~ 1342 年）和笃布巴的弟子衮蚌·曲扎贝悉心学习佛法和翻译理论等，并因他擅长译学，于水鸡年（1333 年，元正统元年），与罗哲贝共同改译《时轮经》。元至正年间，上师达瓦坚赞将萨桑噶丹寺及其法产全部奉献于他。自此，他以萨桑噶丹寺为主要传法道场，招徒传法，广弘觉囊派教法，所以就有了“萨桑巴”称号。木兔年（1375 年，明洪武八年），宗喀巴大师慕其名而专程赴萨桑噶丹寺，向罗哲坚赞虚心学习有关文殊、胜乐金刚的经论和声明学。萨迦派高僧仁达哇・循努罗哲（1352 ~ 1416 年）也曾向罗哲坚赞和聂琬巴・衮噶贝学习觉囊派教法，成为他的传法弟子。由此可见，尊称他为“玛德班钦”一点也不过誉。

晚年，玛德班钦曾应强林地方头人多拉巴之请，于强林寺建造了一座巨型佛塔，起名“觉囊吉祥塔”。藏历第六饶迥之火龙年（1376 年，明洪武九年），萨桑・玛德班钦逝世，享寿 83 岁。他的著作有《声明论疏》《入行论释》《取舍显明论》《佛像尺度经》等。

觉囊・乔列南杰

——觉囊派广胜法王

觉囊・乔列南杰，又名阿里却吉乔列南杰，意为“广胜法王”，简称“乔巴”，相传为地藏菩萨化身，于藏历第五饶迥之火马年（1306 年，元大德十年）出生于阿里。据说乔列南杰为阿里地方雅察王所供养的一位宁玛派上师的私生子。他自幼从其父和叔父等宁玛派上师学习密咒和《中论》《入菩萨行论》等显宗经论。年稍长，便私自离家出走，游学于卫藏曲科林、采贡塘、萨迦、扎冉等寺，拜师受学般若、因明等诸经论，经研习成为通达者。从 21 岁始，他在卫藏各寺辩经场立宗辩经，以年轻博学、聪明善辩闻名于雪域佛学界，蔡巴万户为其赐名“乔列南杰”，其含义为“广胜一切学者”，这是对出名学者的极高赞誉。

乔列南杰出名后到采贡塘、扎冉等寺讲经传法。后来，他为了考察笃布巴・喜饶坚赞的他空见教法，亲往觉囊寺，曾与笃布巴立宗辩论 7 日，终被笃布巴所折服，对笃布巴生起敬佩之心，认为他空之见为一切佛法之精髓，无可辩驳，心服口服地尊笃布巴为根本上师，并接受上师的时轮灌顶，此后师事多年，受学全部觉囊派密法。他学习极为刻苦，相传能熟练背诵《时轮根本续》等密典，并依所传密法和秘诀苦修，证得“很高的定力”。另外，他还向布敦·仁钦朱（1290 ~ 1364年）大师学习过《般若经》《妙吉祥文殊名称经》等。

元至正年间，笃布巴对昂仁地区的一座旧寺进行了较大规模的改造扩建，形成初具规模的寺院，这就是昂仁寺。寺内开办讲经院，由乔列南杰任“曲本”（讲经师）。笃布巴返回觉囊寺后，委任他为昂仁寺座主。他开始收徒传法，主要讲授《般若经》和《释量论》为主的三藏经论。

乔列南杰主持昂仁寺多年，弟子众多，据说经常跟他学经的有2000多人。在这里，他除讲经传法外，还从事般若、因明等方面的著述，著有《般若经疏》等。水蛇年（1353年，元至正十三年），译师罗哲贝去世后，由笃布巴举荐，乔列南杰以弟子丹贝坚赞主持昂仁寺，自己去觉囊寺接任觉囊寺代理座主，协助笃布巴管理觉囊寺6年，同时兼任昂仁寺曲本。土猪年（1359年），他卸职去前藏，一段时间中，静居赛喀琼地方专注修持。此后，他曾于雅隆、采巴、昌珠等寺为僧众讲授时轮经续释、时轮灌顶仪轨以及其他有关密法等，使许多具缘弟子引上正法之道；译师香曲孜摩向他学习了“时轮上乘灌顶法”。另外，他还主持过后藏的修浦讲经院。金牛年（1361年），笃布巴圆寂后，乔列南杰正式任觉囊寺座主，很好地护理寺院，精心培养寺僧。木兔年（1375年），宗喀巴大师在萨桑寺向萨桑·玛德班钦学法后，来到觉囊寺，向乔列南杰学习时轮金刚六支加行教授和修炼方法。

乔列南杰全面统管觉囊派政教事务长达26年，被尊为该派第十九代传人。其间他仍多次去前藏，于采贡塘等地弘传时轮教法。藏历第六饶迴之火虎年（1386年），乔列南杰圆寂，享寿81岁。

觉囊·乔列南杰的著作有般若、因明历算等多种。其中历算有《无垢光大疏》注释及略义、《历算清净论·智者生悦》写本20叶、《天体运行论》写本6叶、《甜头算·值年曜》等。

多罗那他

——明代晚期觉囊派高僧

多罗那他，意为“度母怙主”，是他梦后自取之名，是觉囊派的著名大师，于藏历第十饶迥之木猪年（1575 年，明万历三年）六月初八清晨，出生在卫藏交界处之卫地境内觉毛喀柔地方（又有生于喀热琼宗地方之说），系热氏家族。

他出生之时，被裹在胎衣内。祖父用钥匙划破胎衣，见婴儿生有一头茸茸白发，说：“这样的白发婴孩，极有智慧，不要为晦气所染”，并取乳名斯觉多杰。二三岁时，他尚不言不语，人们怀疑这个孩子是个哑巴，直到 4 岁时他才开口说话。他自己常说：“我是喇嘛贡噶卓却，有个近侍名叫班觉。”稚童之言，家人没有引起注意，但此话传入羊卓万户丹增旺嘉等贡噶卓却的诸大施主之耳中后，引起他们的关注。在他们的劝请下，经觉囊堪布·隆柔嘉措明查暗访后，确认其为贡噶卓却（1507 ～？年）的转世，公开认定他为贡噶卓却的转世灵童。4 岁那年的九月，觉囊寺派人前往孩子的家乡迎接。孩子于九月二十五日从家乡起程，由父母陪送，前往觉囊寺。父母将他送到扎西周地方后便依依惜别，泪眼望着远去爱子的背影。行至江孜时，他住休了半个月，在这里拜见了贤者桑杰益西。贤者见他聪明灵俐，十分喜欢，遂给他授了时轮灌顶。后经色多坚地方，来到日喀则西彭措林山沟处的觉囊寺。到寺不久，寺院举行神变日法会，法会后，经请求，多仁巴钦波·加央贡噶坚赞为他传授了“白度母随许法”，首次喜结法缘，并为他灌顶。另外，他又向至尊扎堆巴·觉囊济咙活佛求得若干经教与随许法。灵童与近侍又将施主给他供养的三分之一赠献给墨卓哇，求结供施之缘，但因种种原由而未能结成良好的法缘。

金龙年（1580 年，明万历八年），斯觉多杰 6 岁时，开始读书识字，拼读书写一年余，皆已娴熟，即开始默记背诵经文。先后在当杰经院和玉拉章噶波二寺中从师聆习“法行”经文，一年中全部熟记于心。水马年（1582年）正月二十五日，年已8岁的斯觉多杰从觉囊来到却隆寺，以色多坚为主的诸师徒、觉囊派女修行者皆来拜见，后参加神变日法会。法会上堪布之近侍及喇嘛绛央说：“大学者强巴伦珠乃才识精湛，德行谨严之士，系上世之亲炙弟子，汝应依止为轨范师。”于是，斯觉多杰拜强巴伦珠为师，开始学习《因明正理藏论》等佛教哲学著作，5个月后基本能全部默记。此时，上师派引经师贡坚巴等人北上达隆，迎请达隆巴·贡噶扎西坚赞。七月十七日，达隆巴被迎至却隆寺。斯觉多杰又从该师求学《噶当书》之经教。八月初五早晨，在却隆寺香孜佛堂中，由玛钦曲叶巴为他剃发，由达隆巴上师授沙弥戒，脱俗装而换上袈裟，表示离世俗之家而皈依佛门，赐法名贡噶宁波，意为“遍喜藏”。受戒不久，达隆巴师徒东去。贡噶宁波又从加央贡噶坚赞求学“萨迦派白衣三祖”之经教，向至尊智白旺秀成就师学习“热琼巴耳传密法”，此时深感在却隆寺中诸事不甚顺心，梦中常现恶兆，因此和墨卓哇一起离开却隆寺，前住觉囊寺。墨卓哇对他戏之曰：“俗事你不喜，而教务又不能为，似应取名‘贡噶玛尼’。”谁知这个取笑的名字，后来竟成了他的常用名。这时其父从家乡章地来看望他，才知道祖父已谢世。他父子二人在夏鲁寺和纳塘寺为僧众熬斋茶，放布施，并请人绘制三幅唐卡像献给寺院，以追荐法事的方式悼念祖父。自此，在7年多时间中，他从堪布隆柔嘉措、轨范师强巴伦珠、觉囊济咙等师，学习显密经论。由于他学习刻苦，且善于分析，理解能力颇强，通晓了许多显宗经典。后又拜印度密宗成就师菩陀固布达那为师，求学无上密续乘诸多释难，且广博领悟密续经论，期间闭关数次，静修密法。还到前藏朝礼一次。金兔年（1591年）上半年，堪布隆柔嘉措圆寂，他悲痛不已，去色林火化遗体，作法事荐福。同年十一月，贡噶宁波已17岁，由加央贡噶坚赞任亲教师、强巴伦珠任羯摩师，在僧众中为他授了具足大戒，成为名符其实的比丘僧。以后13年间，贡噶宁波曾两次去前藏，向噶举派上师学习达隆塘巴、噶玛巴红帽系的教法，又向萨迦、格鲁派名师求学教法，为以后编著藏传佛教教派史奠定基础。

后来济咙住持圆寂后，贡噶宁波继承了觉囊寺法座，开始主持寺院教务，培育寺僧。同时，他扩建寺院，广造佛像、佛塔、佛经。期间，他曾赴印度求学，向东印度轨范师尼尔巴那室利求教密宗的许多疑难问题，皆融会贯通；在孟加拉班智达布热纳达尊前聆听了《摩诃婆罗多》与《罗摩衍那》等文学故事，开阔了眼界，增长了知识；30岁研习觉囊派中观他空见学说达到精益求精的程度，开始在觉囊寺讲经说法。火马年

（1606 年，明万历三十四年），第巴藏巴·彭措南杰击败了入侵西藏的准噶尔军队，用武力统治了后藏。1618 年又控制了前藏，建立了噶玛政权。第巴是支持觉囊派的，因此由于第巴彭措南杰及其子丹迥旺布的支持，多罗那他于 1615 年在觉囊寺附近创建了达丹旦曲林寺。修建此寺时，藏巴汗派乌拉众差役协助施工。后又请来 20 余名尼泊尔塑像工匠，建造释迦牟尼为主的镏金大佛像多尊，金、铜及颜料等所需之物均由藏巴汗提供。又聘请 180 位缮写的书法家抄写《丹珠尔》大藏经及其他经文，《丹珠尔》计 200 函。又为觉囊寺建造拉章，造弥勒佛镏金铜像及其他殊胜佛像、佛塔、佛经。还修复与新建觉囊派本属诸寺，新造佛像、佛塔、佛经。此时觉囊派已达到鼎盛时期。寺院建成后，他大兴讲经说法，主讲中观他空见思想学说，另讲授密乘诸法。他讲经传教不持门户之见，反对以自己教派独尊之人，主张对所有教派一视同仁。他 38 岁为自己立传时说："以自己宗派之见为至高无上，视其他教派为仇敌，连外道之名也不屑一顾，如此心胸狭窄，却想成为博学之士，岂不怪哉……"他 31 岁至 38 岁时在各寺讲经。39 岁时其父去世，他举办佛事，进行追荐。41 岁时始修建了达丹彭措林寺。后来，此寺被五世达赖喇嘛强迫改宗为格鲁派寺院，改名"噶丹彭措林寺"。

多罗那他后来又向来自中印度之婆罗门班智达支纳与达跋拉巴扎闻习《妙音声明论》等，与之探讨诗学等文化知识，精通声明论，翻译了许多梵文书籍。48 岁时，按慈母的嘱咐，在达丹寺安度晚年，致力于著述论说。于藏历第十一饶迥之木狗年（1635 年，明崇祯七年）圆寂，享年 60 岁。

对于多罗那他在中年以后的历史，另有其他不同的记载。据说，他建寺造经立像后，正在讲经传法之际，蒙古喀尔喀部派人来西藏，迎请他去蒙古传教。第巴藏巴为了扩张自己的势力范围，于 1614 年让多罗那他去蒙古库伦（今乌兰巴托）一带传教弘法（亦有受四世达赖喇嘛云丹嘉措之委派去传教之说）。总之，他在库伦一带弘法传教 20 多年，得到了喀尔喀部汗王的敬信和支持，又在蒙古建立了不少梵宗佛寺，并尊称他为哲布尊丹巴（意为至尊圣者）。藏历第十一饶迥之木狗年（1635 年，明崇祯七年），多罗那他圆寂于库伦。次年，喀尔喀部土谢图汗的王妃生了一子，蒙古汗王们就将此子认定为多罗那他的转世灵童，号称哲布尊丹巴一世，为蒙古库伦最高佛位，后被清朝政府封为呼图克图，称黄教四大活佛系统之一。

多罗那他平生著述颇丰，据《藏文典籍要目》载，有 270 多种，达 16 函。其中《印度佛教史》《觉囊派佛教史》《时轮源流》是他的代表作，另外著名的有《世尊、七代付法藏师、七有缘者传》《上中下年麦三区奇异故事》（又名《年地佛教史》和《后藏志》，由佘万治汉译）、1631年著的《密集、时轮、大威德、胜乐法源》等。1608年，他33岁时著成的《印度佛教史》，据说是根据来西藏传教的印度佛教徒口述资料编写成的，主要讲述印度佛教盛兴时的情况和印度佛教晚期的历史。因为印度缺乏这一时期的历史文献记载，所以这部书便成为研究印度历史和佛教史不可缺少的宝贵资料。

仲·噶玉哇·仁钦贝
——四川阿坝壤塘寺创建者

仲·噶玉哇·仁钦贝，意为“四难论师宝祥”，于藏历第六饶迥之金虎年（1350年，元至正十年）出生于嘉绒地区（今四川省阿坝藏族羌族自治州），觉囊派中传为香拔拉天国第二十五代法胤勇武轮王的化身。

仁钦贝自幼离家，投于当地大德日巴·喜饶贝门下，从师学习藏文读写和一般经文的念诵，因聪颖好学，没过多久，即熟练地掌握了藏文念写及短篇经文。日巴·喜饶贝为其授了沙弥戒，取法名仁钦贝。火羊年（1367年，元至正二十七年），他18岁时徒步入藏，广参名师，求学各种经典，潜心修习，后由堪钦·绛曲孜摩等师于觉囊寺为他授比丘戒。自此，他严守规定的各种律仪，且终生戒除酒荤。他在西藏求法学经整13个春秋，这期间他主要学经于觉囊寺，先后师从笃布巴的著名弟子萨桑·玛德班钦、乔列南杰、聂琬巴·衮噶贝以及加样罗哲、赤列桑布、绛曲僧格、堪钦·绛曲孜摩等觉囊派名僧。另外，他还受学于噶举等派的直贡译师、曲结却贝贡布等上师。最终，他学到了觉囊派《时轮经》及其各种释本、六支加行修法等的真传，并对有关弥勒学说的20部论著，以及法七论、上下对法、七部量论等重要经论和金刚鬘、阎摩敌等秘法亦十分通达，经辩论获得“四难论师”的称号，成为当时觉囊派僧人中很有影响的高僧。

土羊年（1379年，明洪武十二年），仲·噶玉哇的上师乔列南杰认为噶玉哇·仁钦贝已学完了应修学的全部课程，领悟了觉囊派自他二空的教理，于是便命他返回多麦藏区（今四川阿坝地区），广弘觉囊派教法。临行前，乔列南杰赐给他一座精致的噶当塔和一个洁白的法螺，并告诉他：“当你走到驮法器的驴子自卧不起，法螺自鸣的地方，那里便是你今后长期定居、建寺弘法、度化众生之地。在那里，你将会真正领悟‘论’的深奥义理，并讲说弘扬，名扬整个多麦地区。”于是噶玉哇·仁钦贝遵照上师的旨意，赶着一头毛驴，驮着赐物以及经书、法器，口诵《文殊名号赞》，由西向东，跋山涉水，寻找建寺弘法的地址，不知不觉中又来到了嘉绒藏区。一天到达一处地平、草青、花艳的大草滩上时，法螺突然自鸣，驴子也卧地不起，他口诵的《文殊名号赞》也正好诵到“善立大法幢”一句，于是他马上领悟到这就是上师所指点的地方，遂定居此地，募捐化缘，筹资建寺。相传寺址背后有座山，形似一菩萨，被称“藏巴拉”，意为“财神”；而建寺地有一坝子，藏语叫“壤塘”，意即“财神坝”，这就是今四川省阿坝壤塘县壤塘寺所在地。噶玉哇·仁钦贝在这里定居、建寺并非是一帆风顺，而是经过了一番煞费苦心的活动，才站稳脚根的。这里很早以前就有一座本教寺院，有不少信徒和信民。仲·噶玉哇·仁钦贝凭借渊博的佛学知识和“息、增、怀、诛”的四业之力，经过长期传教，教化人心，争取信民，逐渐有了较大影响力，终于在壤塘地方创建了却尔基寺。初建时，该寺有佛殿、辩经院、经堂等主要建筑，经堂顶部铺盖镏金铜瓦；不久，又增建护法神殿、无量宫、吉祥多门塔和寺院围墙等；塑立多种佛像，供放全套藏文大藏经、《时轮根本续》及其各种释本等许多佛教经论典籍。

寺院建成后，最初取名壤塘寺，藏语全称“华赞木塘桑珠诺尔布林”，意为“吉祥壤塘如意宝洲”。该寺后来为了与同一处的藏哇寺和泽布基寺相区别，一般称“却尔基寺”，又因与藏哇寺、泽布基寺址毗连，同属觉囊派，有时还共同举办法事活动，故合称“中壤塘寺”或“壤塘寺”，是今国内最大的觉囊派主寺。又因其历史悠久，寺院建筑宏伟壮观，属寺众多，影响极大，故曾受到明清王朝的高度重视，多赐有印信、执照，封赐庄园属民，并为该寺活佛、高僧封赐“弘教禅师”“善悟灌顶国师”等名号。蒲文成先生在《觉囊派通论》一书中认为，木蛇年（1425 年，明洪熙元年）建成此寺。寺建成后，仲·噶玉哇·仁钦贝成为寺主。开始在寺内招收学僧，讲授显密经典和不共道密法，他讲经深入浅出，言简意赅，很受僧众欢迎。

仲·噶玉哇·仁钦贝于藏历第七饶迥之木兔年（1435 年，明宣德八年）圆寂，却尔基寺专门为他建造灵塔殿，供奉其舍利灵塔。该活佛世系至 1986 年已转六世。

噶玉哇·仁钦贝一生著述较多，传世之作有《佛语总释》《善言金刚鬘》《基道果明论》《六支加行讲授》《前代四灌顶仪轨详略》《总摄轮论》《幻网经释》《密集等本尊修行法》《时轮九神修行法》《时轮仪轨》《时轮现证论》《修心论释》《答堪布扎巴多杰辩难》等。仁钦贝不但善于讲、辩、著，还勤于修持，获得很高的修炼成就。据觉囊派史载，他在修持方面还练就轻功，能于丝带帷幕上作金刚舞，或结不动金刚跏趺坐姿，还能在塔尖上端正襟危坐等，信徒、信民们对此虔信不疑，世代相传。

他一生有许多传法弟子，较有影响的有 16 位。其中嘉哇桑布、泽布基·然那格日德和阿盖·尼玛沃色是最著名的三大上首弟子。嘉哇桑布是噶玉哇·仁钦贝佛教事业的主要继承人，被尊为“却尔基”（阿坝方言），意为“法王”，故后世称仲·噶玉哇·仁钦贝所建的壤塘寺称为却尔基寺。

阿旺丹增南杰

——青海果洛阿什姜贾贡巴寺的创建者

阿旺丹增南杰，意为“语自在持教胜王”，是西藏噶丹彭措林寺的高僧、觉囊派第三十二代传人（1691 ~ 1738 年），应嘉绒察科昂索和中壤塘寺第五世却尔基活佛果嘉杰瓦·伦珠扎巴（1674 ~ 1736 年）之请，来多麦藏区传教。这时，西藏觉囊派虽在名义上改宗格鲁派，但觉囊派仍在今阿坝壤塘继续发展，不断影响与壤塘毗连的今果洛班玛地区。阿旺丹增南杰赴壤塘途经班玛亚尔堂地方，曾在这里停留一段时间，为僧俗讲授能怖金刚法、《因果经》等。由于他来自西藏，且佛法高深，很快受到信徒的拥戴，当地头人索南丹增达吉和东杂喇嘛贡噶扎西邀请他讲经弘法，甚至将宁玛派的智格果寺献给阿旺丹增南杰，让他任寺主，在宗教上完全归他管理。索南丹增达吉还将寺院所在地的马可河以东、壤塘资什尕达察地方以上大片地区的属民献给阿旺丹增南杰，作为寺院的主要僧源。这些举措标志着智格果这座宁玛派寺院实质上已改宗为觉囊派寺院。阿旺丹增南杰接管智格果寺后，将寺院从山头迁到山下平地重建，取寺名为“朵欧协智林”，意为“显密讲修洲”。因重建的寺院在亚尔堂滩，故通称为“亚尔堂寺”。后来，阿旺丹增南杰的转世系统藏钦活佛世为阿坝藏哇寺寺主，定期从壤塘派出喇察（即接替喇嘛）代替藏钦活佛来亚尔堂管理寺务。火龙年（1856 年，清咸丰六年），因三世藏钦的高足藏哇比丘阿旺曲佩的弟子亚尔堂贾喇嘛成为该寺寺主，继承阿旺丹增南杰的佛法事业，故又称该寺为“阿什姜贾贡巴寺”，仍系藏哇寺子寺。

亚尔堂贾喇嘛，法名阿旺贡却（1827 ~ 1886 年），系果洛班玛亚尔堂附近艾盖维村人。母名霍尔萨，父名贾居居。幼年在家，15 岁从阿迦喇嘛习经，火羊年（1847 年，清道光二十七年），21 岁时去壤塘寺，拜藏哇比丘阿旺曲佩为根本上师，学习《时轮经》中所讲大密金刚乘二次第道六支加行法 3 年，并学习胜乐、阎摩敌等随许灌顶法门和笃布巴、多罗那他等本派高僧的著作全集，此后还师事西康佐钦寺的巴珠活佛、藏哇寺金刚上师阿哇曲帕等，因学修精勤，故较有声名。木兔年（1855 年），阿什姜所属三部落头人派人到壤塘，要求阿旺贡却回故乡，主持亚尔堂寺寺务。翌年，阿什姜贡麻仓部落头人诺布扎都、阿什姜康干部落头人邬金、阿什姜康赛部落头人格桑扎都等共同商议，决定将亚尔堂寺献于阿旺贡却。同年，阿旺贡却回到亚尔堂，任亚尔堂寺主，四月建度母大塔，第二年重建经堂，随后又建尊胜塔和金刚镢塔（亦名伏魔塔）。至此，该寺新建的主体建筑完工，形成现在的格局。阿旺贡却所建三塔均系实心石塔，高 40 余米，共 9 级，塔内以许多佛经、佛像和印度，尼泊尔，我国藏区、五台山圣地的土、石、水、木等装藏。塔顶镶嵌有如意宝珠，规模宏伟，造型别致。该寺在果洛、阿坝颇负盛名。同时，阿旺贡却进一步完善寺院学修制度，他于火虎年（1866 年），在寺院东北面山坡上建成六支加行禅院，该寺实成上下二寺。上寺主修六支加行法，禅僧称之为“觉周哇”，首批有 13 人；下寺主学妮谷六法、生起次第等，禅僧称之为“尼谷哇”和“杰仁巴”。寺院建筑告一段落，学修走上正轨后，阿旺贡却又从壤塘藏哇寺请来金刚上师阿旺曲帕讲经传法，进一步扩大宗教影响。他自己则多次去果洛上下部昂欠本部落（今青海班玛县牧区和达日县一带）传法，获得大量布施财物，不断给寺院以经济支持，保证各项开支，并添置佛像供物等，从而使寺院迅速发展，出现历史上最兴旺的时期，故以后通称亚尔堂寺为“阿什姜贾贡巴寺”，并被当地信教群众视为“三果洛”的发祥地。

阿旺贡却于藏历第十五饶迴之火狗年（1886 年，清光绪十二年）十月初八圆寂，由其侄温布丹萨代理寺务。后来，该寺尊阿旺贡却为第一世贾喇嘛，至今共传三世。

夏魯派

夏鲁派于藏历第一饶迥之火兔年（1027 年，北宋天圣五年），由杰尊·喜饶郡乃集资在日喀则东南地方创建夏鲁赛康，简称夏鲁寺，后逐渐形成一个派别，以寺名取夏鲁派。金猴年（1320 年），夏鲁地方头人及香钦·扎巴坚赞（又名果贤·扎巴坚赞）从绰普寺迎请著名佛学家布敦·仁钦朱大师到夏鲁寺，任夏鲁寺寺主。在任期间，他兴建了显宗学院和密宗学院，在密院建立“密续四部修供”之制，并在很长时间内主要讲修“密续四部”的灌顶法和秘诀等，设立时轮和金刚界等瑜伽续坛城 70 多座，弟子众多，故又称夏鲁派为布敦派，发展成为一个单一的教派。该派虽以传授密续四部和善讲密经著称一时，但一直深受萨迦派的影响和控制，明代以后衰微。

杰尊·喜饶郡乃
——夏鲁寺的创建者

杰尊·喜饶郡乃，意为“智生”或“慧生”，约为10世纪末人，父亲杰郁本，生有二子，长子杰尊·喜饶郡乃，次子杰尊·喜饶益西。“杰”为族姓，据传，祖先为十三天空行王与溶地之女相结合而生下的拉干泽王，此王与龙女结合生杰尼，由此繁衍下来的族姓，称为“杰氏”。据载，其祖上曾由松赞干布和赤松德赞任命为内务大臣，因此被视为高贵种姓。其家族曾灭掉后藏象雄小国，占据地方较广，夏鲁为其家族的主要根据地。

杰尊·喜饶郡乃青少年时就拜后藏有名的卫藏十人之一的洛敦·多杰旺秀为师，出家为僧，主要学习律经，即东律，附带学习其他佛经。洛敦·多杰旺秀是卫藏著名的十大学者之一，也是藏传佛教后弘期从雪域东部安多地区将佛教圣火重新点燃到卫藏的名僧之一。他主要在后藏建寺收徒，弘传律藏。他曾在在后藏村堆、夏鲁等地建寺多处，其中年楚河下游创建的尼玛坚贡寺较为有名；有24名高足弟子，杰尊·喜饶郡乃是其中之一。

杰尊·喜饶郡乃在佛学方面有一定造诣后，也想单独建寺收徒，弘传佛法，便到各地选择寺址，最后还是选了杰氏家族的大本营夏鲁地方。夏鲁地广，到底在哪儿建寺最佳，他心中无数，遂请上师洛敦·多杰旺秀一块儿去择地建寺。他们在夏鲁各地勘察地形山势，发现一处四面环山、中间为宽阔平地的地方风水俱佳，远眺北面的山形如一朵莲花的莲瓣展开，年楚河犹如清朗的月色绕山而过；东西两面的山形似五指掌形和脚形；南面的山形恰似胜利之法幢排列矗立。再观察近处，北面有一条宛如青龙自空降到地上的清溪，潺潺流淌，南山像撑开的金伞屹立在那里，西面高低错落的山形如喷焰摩尼，又像一束束红珊瑚树直刺苍穹；东山犹如一头大象卧在此处。四山中蕴藏着金、银、铜、朱砂等天然矿石，象征着此地的富有；中间平地酷似世间自在佛身天然生成，八种吉祥物和稼禾生长茂盛，盛夏呈现出一片绿色的海洋。

师徒二人观察地形山势后认为地呈祥瑞，十分满意。洛敦·多杰旺秀说：“我把手杖当箭射出去，落杖之处便是建寺地址。”上师的手杖正好落到一块绿油油的油菜嫩叶上，禾苗和嫩叶在藏语中称“夏鲁”，杰尊便遵照上师之言，在此处奠基建寺，寺院初建后，便以“夏鲁”取寺名，寺名又演变成地名、地方政权名以及夏鲁万户和名僧的尊称，如夏鲁·曲郡桑布、夏鲁·勒巴坚赞等，之后又成为教派名，如夏鲁派。

夏鲁寺又称夏鲁赛康寺或夏鲁查莫寺，简称夏鲁寺。建寺年代有 1027 年、1042 年、1087 年几种说法。其中《夏鲁寺史略》和《藏族历史年鉴》中都记载为 1027 年初建。本文就以火兔年（1027 年，北宋天圣五年）为建成夏鲁寺的年代。据说阿底峡尊者从阿里到夏鲁时，应邀为夏鲁寺进行了开光仪式。

寺院建成后，佛殿内主供圣像为空行观音菩萨和空行释迦牟尼像。观音菩萨像是用香泥药料及各种宝石研成的粉末调和而塑造的，极其珍贵。空行释迦牟尼像是从印度金刚座寺迎请来的，为迎请这尊佛像，还留下了一段传奇佳话。杰尊·喜饶郡乃遵观音大士的悬记，为迎请圣像和复诵律藏经典，离开后藏前往印度金刚座寺。他历经艰难险阻，始到金刚座圣地，首先朝礼寺院佛像，然后向金刚座寺的堪布阿巴嘎热敬献礼物供品，请求再次受具足圆满大戒，又聆听了许多教诫教言。之后，他将圣像迎请到恒河岸边时，因印度大护法神发怒而掀起惊涛骇浪，无法渡河。杰尊·喜饶郡乃对圣像进行了三昼夜虔诚祈祷后，出现了一个名叫猛巴的双身黑人说：“只要肯出工钱，可让你如愿以偿。”杰尊说：“你如将圣像迎请到后藏夏鲁寺，你要多少工钱我都愿意出。”刹那间，圣像送到了夏鲁寺。送像双身黑人却不见了，据传，这个双身黑人后来成了夏鲁地方名叫邦玛尔的土地神。从这个传奇故事可以看到杰尊·喜饶郡乃从印度迎请圣像之艰辛。这尊圣像便成了夏鲁寺佛殿的主供像。当阿底峡尊者作毕开光仪式后问道：“你们这里有信奉观音大士的人吗？”杰尊说道：“我就是。”阿底峡尊者预言：“那么，在巴嘎恰河边有一尊大悲观音的天然石像，可供奉在此寺中。”此后到玉妥扎赛桑时期，从巴嘎恰河边的世间自在天成石像之前面确实掘出一尊白石观音菩萨像和一尊大威德金刚黑石像，应了阿底峡尊者的预言，遂将石像迎至夏鲁寺，供奉在佛殿内。杰尊还请工匠雕塑了一些佛像，使夏鲁寺初具规模；殿内佛像、佛塔、佛经圆满完成后，杰尊将夏鲁寺交给弟弟杰尊·喜饶益西主持管理，自己到僻静之地去修行。

杰尊·喜饶郡乃的弟子有四柱六梁之说，也有四柱八梁之说，总之，他培养了一批佛门弟子。

夏鲁在元代时成为西藏十三万户之一，又与萨迦派联姻，势力很大。土蛇年（1329 年，元天历二年），日喀则地区发生强烈地震时，夏鲁寺遭到毁灭性的破坏。当时扎巴坚赞正在京城，受到元仁宗的隆重接待，并赐给金册玉印，当仁宗帝得知夏鲁寺毁于地震时，即命扎巴坚赞返藏重建，还从皇库拔大量帛金用于修寺之资。扎巴坚赞从内地请了大批汉族工匠，并运来琉璃砖瓦等建材，由布敦大师主持，建成了一座汉藏合璧的建筑，在后藏众多寺庙中独具风格。寺中珍藏着檀香木印经板、圣水坛、天生六字真言石板和石盆等珍奇文物，被称为该寺四大传世之宝。

布敦·仁钦朱

——夏鲁派著名佛学家

布敦·仁钦朱，意为“宝成”，精通五明，修学兼优，为西藏佛教、翻译界的一代名师、著名佛学家。

布敦·仁钦朱于藏历第五饶迥之金虎年（1290 年，元至元二十七年）三月二十四日诞生在后藏夏卜墨地方。父为宁玛派一上师，名札敦坚赞华桑，母亲名叫索南本。

从五六岁始，母亲教他学习藏文拼读，后从轨范师嘉木桑正式学习藏文知识和历算学。他虽然年幼，却对《地藏菩萨十轮经》和《临终智大乘经》背诵烂熟，与童友一起玩耍时，常教给小伙伴们背诵。其祖父喇钦·慈诚华藏也是一位著名宁玛派僧人。他 8 岁时，将祖父处所有的宁玛派经典全部学完，同时还学习了藏医学中的医疗术和工巧明中的尺度经。火虎年（1307 年，元大德十一年），他 18 岁时，由绰普寺的堪钦仁清僧格任亲教师，格西索南贡担任轨范师给他授沙弥戒，并跟着轨范师刻苦学习《般若》《律经》《释量论》等一些佛学论典。他博学强记，加上惊人的雄辩才能，一时名扬卫藏，成为僧俗公认的著名学者。水鼠年（1312 年），他 23 岁时，由噶宇巴·札巴循努任亲教师，索南札巴任羯摩师，杜哇增巴·索南桑杰任屏教师，在后藏村都古摩拉章内，在20多位僧伽面前给他授了比丘戒。在绰普寺期间，他开始召集僧伽讲授《般若》《戒律》《对法》等经论，后赴塔巴岭寺，拜该寺名僧塔巴译师·尼玛坚赞为师，在4年时间里学习了声明论、修辞学、诗论、戏剧等，尤其学习和掌握了翻译技巧，为撰写、编译打下了坚实的基础。同时，他还利用时间，拜访名师，学会了梵文、克什米尔文等几种文字。相传，他用梵文撰写的几部著作后来收藏于夏鲁寺中。学通显宗诸论后，他转入学习《吉祥时轮经》等密宗经典。为了修习密宗，他将洞府门用泥封起来，专心修炼，出现了大乐方便与空性慧一味双运的证悟。

金猴年（1320年，元延祐七年），布敦大师31岁时，应香钦·扎巴坚赞之启请，赴夏鲁寺担任法主。大施主扎巴坚赞极为虔诚地承侍法主，奉献身体、财用、亲友、属民、眷属等一切，请求大师广弘佛教，特别是请求设法使夏鲁施主福田昌隆。布敦大师尽量满足施主的请求。他首先集资创建了密宗经院和显宗经院，大兴弘扬佛教正法之风，又创建了“德钦颇章格敦佛殿”，殿内塑造了以不动金刚佛和吉祥时轮金身为主的许多佛像。这几件要事圆满完成后，为了消除无数有情精神文化方面的贫困，他首先从讲经传法方面做起，为夏鲁寺僧众，在冬季法会上主要讲解自己为《大乘阿毗达磨论集》《量抉择论》《入菩提行论》等经典所作的注释、加持律；为《律经根本律》作注释，并宣讲显密经论的注释、教言、灌顶和详略秘诀等；在春秋法会上主要讲授自己为《吉祥时轮》所作的详释以及《密集浅释》《瑜伽·金刚生起论》《具德和合论》等经论所作的注释，讲授学习显密经典所需的注释、灌顶、秘诀、加持、教言等经法。总之，大师按学僧程度相机讲授，给每一个学僧讲一种所希求之法，讲解能同时明确断定是非的经教和秘诀。如此教授，使闻法者如获天降甘露，清新而明晰透彻。这位佛学权威也乘坐智慧圆满之轻舟抵达显密经典大海之彼岸，取得了自利和他利的两件瑰宝。同时，由吉祥贡嘎东珠作施主，邀请布敦大师策划设计，在夏鲁寺大经堂的内壁上绘制壁画：西面绘有金刚部简略坛城，南面绘有胜祥部简略坛城，北面绘有一切部简略坛城，东面绘有文殊法界语自在部简略坛城。当绘制瑜伽续坛城时，布敦大师亲自叮咛说：“《根本续》坛城的神佛为二百一十三尊，《续释·顶位百瓣》坛城系二十九尊，胜祥坛城为八十四尊，《净治续》坛城是十二尊。此外，《金刚藏庄严续》坛城为三十七尊，法界语自在坛城为二十四尊，《九顶续》坛城神像是十万尊。”由于他精于坛城的设计、绘画尺度，这项工程完成后，又有萨迦寺本钦杰桑前来请他到香地主持绘制各类坛城。他应邀前往设计绘制了二十四幅精美的坛城，其中主要有无垢佛塔图等法身之所依、释迦牟尼佛像等化身之所依、弥勒佛像等报身之所依，还建造了一些密宗方面灌顶的坛城。

布敦大师将凡是以前译师们由梵译藏的译文典籍，几乎都审阅和修订过，未收齐者增补之，多余或重复者剔除之。他还为此精心编纂次序，书写目录。宗喀巴大师将他修订过的这些经典视为范本。33 岁时，大师著有一部佛教史，名为《佛教史大宝藏论》，或曰《善逝教法源流》，俗称《布敦佛教史》，这是一部极为著名的史书，全书藏文长条版 212 叶（双面为一叶），前半部讲印度、尼泊尔佛教弘传的历史，后半部讲西藏佛教传播发展的过程，最后部分是纳塘版《甘珠尔》《丹珠尔》大藏经总目录，并附录 190 多位印藏翻译大师的名单。此书文字谨严，史实可信，被佛学家视为要籍。土蛇年（1329 年，元天历二年），著成《时轮源流》一书。木猴年（1344 年），元顺帝派金册使者来藏请他赴京，他考虑再三，认为赴京没有多大必要，故未成行。又将纳塘版《甘珠尔》和《丹珠尔》大藏经重新修订编纂，删去《丹珠尔》中重复部分，新增 1000 余篇，共搜集 3392 篇。后来的几种版本基本上依此序而编的。此外，大师对西藏所传的密典重新做了分析鉴别的整理工作，并对许多显密经论作了注释。其著作很多，有关历史、对法、律经、般若、中观、量释、声明、星算、胜乐、集密、时轮、瑜伽四教等大小五明论方面的著作和注释、译作共计 30 余函，二百余种。仅历算学有八种，其中有《时轮摄略经笺注易解》150 叶、《世间界品无垢光释》笺注 152 叶、《时轮摄义・无垢光释笺注》69 叶、《时轮历算论集・智者生悦论》印本 122 叶等。据说这些著作在过去均无刻印版，直到十三世达赖喇嘛在世时，才于布达拉宫的大印经院——刚坚盘德代祖岭（雪域利乐宝库）中排刻新版，由善知识道帏格西・喜饶嘉措任主校，由查珠・阿旺罗桑做副手制版印行，刻印著作 26 函，称《布敦全集》。

62 岁时，雅桑和帕竹两地发生乱事，布敦大师前往调停。一路上他还在讲经传法，使前来听法的信徒皆领受正法之甘露。为悼念慈母之恩德，于 63 岁时，建造了菩提大佛塔，并作了开光仪式。水蛇年（1353 年，元至正十三年）来到萨迦寺，在萨迦寺佛殿里建造了周长约一丈许的吉祥金刚本尊坛场一座，坛座周围用各种奇珍异宝镶嵌而成，可谓是无价之宝。64 岁时还担任过赤洛寺法台，在该寺修建了讲修经院（显宗经院）。他先后在夏鲁、日普、绰普、萨迦、珀东、昌都、沃喀、塔拉干波、帕摩竹巴、桑耶、叶尔巴、楚普等地的寺院讲经说法，弘扬佛教的广大事业。所传弟子 2500 多人，其中著名弟子有札才巴・仁钦南嘉（继承了其传承）、纳塘译师僧格室利、夏鲁译师曲郡桑波、敏珠尔觉端译师阿旺仁钦扎西（是《丁香帐》一书的作者）、大译师嘉却华、达罗·喜饶仁钦等大学者。

布敦大师一生博览群书，学识宏富，因此在西藏声誉甚高，后世将萨班、布敦、珀东班钦称西藏三大善知识。因他主持过夏鲁寺，故将他所传出的一派称夏鲁派，又称布敦派。

藏历第六饶迥之木龙年（1364 年，元至正二十四年）六月二十一日凌晨，布敦大师示现圆寂，享年 74 岁。

夏鲁·曲郡桑波
——夏鲁派著名译师

夏鲁译师曲郡桑波,意为“护法贤”,于藏历第七饶迥之木鸡年(1441 年,明正统六年)出生在夏鲁赛康地方夏鲁家族中，父亲山珠白桑布是一位具有教证功德之人，系萨迦世系的传承娘舅，母亲仁青曲佐，贤淑善良。他幼时取名曲郡本，童年时就喜欢与人谈论讲经、学口译、问答词句等有趣活动，有时候还学修习禅定而入定的姿势。

曲郡本在少年时进入夏鲁寺，从格西扎西仁钦学习藏文拼写与文法、正字学等基础知识，以后七八年间在家中聆习多种教法和经义，每学一门皆能在短时间内熟练地掌握。22 岁时，在夏鲁寺从亲教师加央贡却桑布和轨范师贡噶贝桑二师出家为僧，并受沙弥戒，取法名曲郡桑波。26 岁时，由东珠扎巴任亲教师、索南札巴任羯磨师、索南洛哲任屏教师，在一些虔诚的佛教徒面前给他授予比丘戒。这时，曲郡桑波已是一位熟练掌握显密经论和大小五明学科知识的比丘僧，并对自己一生所要做的事业有一个明确的方向，即运用梵藏翻译的手段和途径，推动印度、尼泊尔与西藏文化的交流，促进文化的发展,为佛教和人民做一些有益的善事。因此他居住在一处十分清静的地方，有针对性地学习、研究显密经论和共同文化知识。先后师事堪钦曲智、扎玛尔饶绛巴·喇嘛顿珠、索南扎巴、果让巴·索南僧格、却扎嘉措等 50 位大学者，系统学习藏译佛典和诸多高僧大德撰写的显密论著及有关大小五明论的经典。在内明学方面他集中精力学习了“慈氏五论”“明灯论”“密续四部”“密宗诸灌顶、加持、仪轨、随许、教言、秘诀”等，摄取了许多密法要义，并对照、研究梵藏翻译的原则、理论和技巧，解决了在翻译方面遇到的一些困惑问题。翻译首先要求译者通晓两种或两种以上的语言文字，且知识面广博。为了提高翻译质量，使译文更准确、通顺流畅，他又从乃丹勒巴嘉波、华当扎巴、大译师扎巴嘉措、加敦吉日哇·塔巴桑布、达仓译师喜饶仁钦、盖波班钦等师进修梵文、乌尔都文、巴利文等几种语言文字；学习声明学、诗学、修辞学、《如意饰注释》（藻饰词）、《如意藤》《珍珠鬘》、《词性注疏》、戏剧、舞蹈等五明论学科的知识，并通过博览群籍，成为精通五明论、擅长梵藏翻译的大学者、著名译师。其间，他从达仓译师学习时间最长，收效最大，诸如修学《声明集分论》、常用多种经典的翻译和注释，以及该师自己的著述教言和译经方法等，尽得其传。

夏鲁译师曾到前藏地区传法，先后到噶举派的丹萨替寺为黑帽系僧众讲授声明学、诗学、文法、修辞等，到羊八井寺为红帽系僧众讲传小五明论，又去乃乌东寺、埃旺曲科林寺、扎塘寺、拉萨大昭寺等讲传五明论和显密经论，并利用时间翻译经典。

他53岁时应邀出任了嘉敦吉日哇寺的住持，治理寺院二年余。55岁又担任扎巴俄喜坚寺的住持，主持教务多年，并在这里译出了许多佛典。74岁时又出任了夏鲁寺第二十任法台，继承了夏鲁派法统，为弘传显密经教，尤其大小五明论而做了大量工作。

夏鲁·曲郡桑波一生以讲、著、译弘传佛法和印藏共同文化，主持寺院培养佛门弟子和藏族知识分子。至87岁时将夏鲁寺交付于侄子白玛嘎波主持，于藏历第九饶迥之土牛年（1529年，明嘉靖八年）圆寂，享寿88岁（又有1527年圆寂之说）。

夏鲁译师的主要功德是著述论说，翻译经典，培育藏族知识分子和翻译人才。他的著作主要表现在声明论、文法、修辞、诗歌和翻译方面，其代表作有《声明论合并本释》《声明集分论注释》《声明论总义》《正字学宝箧》《声明论·除暗明灯》《双语翻译智者论》《诗镜要略》《音势论注疏》《语言学规律论证》等，译著从《丹珠尔》大藏经中译有《持金刚颂》《遍逝颂》《释迦佛颂》《文殊颂》《尊者上师颂》《五寺颂》《本生颂》《吉祥时轮修行法三十颂》《开光仪轨颂》《珠宝仪轨十事》《土、木、石三仪轨》《吉祥天女持世母曼荼罗仪轨》《文殊菩萨总示金刚座》《文殊菩萨修心法》《嘉巴文法疏释一千八百首》《密乘》《食子》《三宝颂》《密教三部颂》《医学八支》《喜金刚第二品》《一词多义宝鬘》《时轮算法秘诀》等四十二卷册。

夏鲁译师的弟子众多，在讲授经论方面的主要弟子有译师贡噶索南扎巴坚赞、译师热纳达巴扎、图多曲杰、阿旺索南参坚、侄子白玛嘎波（译师）、觉译师阿旺仁清扎西、雅桑克尊旺布、萨迦译师等；密续讲修方面的弟子有克珠邬坚宗巴、泽当本然巴、堪·却智森格、至尊多仁巴钦波等；五明论方面的弟子遍及雪域。

琼波列巴·循努索南

——夏鲁寺密宗大师

琼波列巴·循努索南是该师法名的全称，其中琼波列是山南地区一地方名，循努索南为其本名。因他出生在琼波列地方，以地名琼波列冠在法名前，即成为琼波列巴·循努索南。

循努索南出自琼波家族，自幼出家为僧，曾修学藏文基础知识和一些显密经论。后入夏鲁寺，拜名扬卫藏的大智者布敦·仁钦朱大师为根本上师，专心修学显宗五部大论和四续部密宗经论，一举成为精通显密二宗的大学者，尤精于瑜伽部经论，和下部密乘（为密乘四部之事部和行部），成为夏鲁寺的密宗大师。布敦大师将他安置为夏鲁寺西门的轨范师。后来，他在夏鲁寺日普北面修建了曲普寺，并驻锡于此寺中习法禅修，同时，与以他为主的夏鲁寺名僧共同创建了夏鲁寺贡本大塔及主供圣物等建筑多座。他在夏鲁寺跟上师布敦一样广弘佛法，精心培育佛学界人才，萨迦达钦四人中的萨迦派高僧、大乘法王贡嘎扎西就是他的高足，以及克珠诺桑仁钦等夏鲁派系中历任法主等，多出其门下，最优秀的高足是宗喀巴·罗桑扎巴。当宗喀巴大师修学显宗学以后，开始转入修学密宗经论。他曾从显宗学上师仁达哇学习

《密续之王吉祥密集金刚根本续》的解说，之后又从嘉央却吉贝哇修学《时轮广释》，后又从夏鲁寺主管供祀的却月，精于瑜伽传统修法的瑜伽师扎巴、瑜伽师贡桑等师在赤扎康寺轮番学习《金刚界》《吉祥最胜顶》等所有瑜伽部大曼荼罗的绘画、弹线、密宗舞姿音调、曼荼罗仪轨的汇编、结密宗手印等法。宗喀巴经反复练习后，达到了精熟的程度。一天晚上，在宗喀巴的梦中见到在高大的法座上，端坐着一位老喇嘛，他头戴五佛冠，手执金刚铃杵，宗喀巴也坐在老喇嘛高座前面的平地上，只见老喇嘛起身离座来到宗喀巴近前，然后按顺时针方向绕宗喀巴三周，从他的佛珠中发出“唉嘎巴姿嘎巴”的咒音，他将金刚铃置于宗喀巴头上说道：“今取名为嘎玛班杂”，意为“羯摩金刚”，言罢仍坐于高座上。宗喀巴梦醒后，在思考所做之梦，以前自己的密号是端月多杰，梦中所赐密号“嘎玛班杂”，意为“羯摩金刚”，与前面的密号一样，也属于羯摩部（威仪种姓）的名号；置金刚铃于头顶，意为作了金刚加持。大师将所做奇梦告诉了几位瑜伽师，他们立即判断出这位上师就是夏鲁派著名密宗大师琼波列巴。自此，宗喀巴所做奇梦一直萦绕在心中，久久不能忘怀。这时，宗喀巴打定主意前往夏鲁寺专访这位上师。那天晚上，宗喀巴又梦见在高位法座上，一位老喇嘛以自然善妙的姿态坐在那里，他说自己是琼波活佛，宗喀巴亦坐于喇嘛的座前。喇嘛双手解开自己的胸部僧衣，坦露出胸膛，命宗喀巴细看！宗喀巴清楚地看见喇嘛的胸间有长行咒鬘围绕多层而形成咒轮，咒字明晃，对所有咒文念了一遍。第二天一早，宗喀巴急忙收拾经卷等随身用品，辞别却吉贝哇上师去了夏鲁寺。到寺后，即刻去拜谒了德高望重的密宗上师，琼波列巴上师为宗喀巴的到来，也满心欢喜。宗喀巴一见这位密宗上师的尊颜，与梦中所见一模一样。

琼波列巴也是布敦大师的顶饰弟子。宗喀巴后面所做奇梦，预示着这位上师将金刚乘四部密续的所有灌顶甘露全部倾注于他的意瓶中；命名密宗法号嘎玛班杂，他将会成为广弘佛教事业的主宰。梦兆的后段，是表示因作如是灌顶次第，已成熟了他的身心；喇嘛胸前的咒轮是对他明显地表示，琼波列巴上师心中拥有怎样的金刚乘的经教和修行教授、经教诵授和所有现证功德等，并授记他也拥有如所明示的跟喇嘛一样的功德。这是宗喀巴自修学密法以来的两次奇梦，是一种特殊的象征。

琼波列巴见宗喀巴是一位具有很深根器的弟子，所以他毫不保留地将瑜伽部诸大曼荼罗为主的下部密续的经教以及胜乐轮鲁赫巴和纳波巴的传规等无上大密全部传授给宗喀巴大师。金刚乘经教和教授秘诀之法雨注满了宗喀巴的心田。那时，年届 35 岁的宗喀巴，十分勤快地服侍授密上师，赢得了上师的欢心，由此，他特设密法坛城，将所有的密宗灌顶法，以灌顶的形式而传给了宗喀巴。琼波列巴上师说："现在我所具有的法已全部交付于法主，我的愿望实现了，功德也圆满了。"

琼波列巴上师的生卒年不详，他的著作《金刚本生注释》《文殊具密坛城仪轨》等载于《夏鲁寺教法史》中，这位具德密宗大师的传记也载于此书中。

果札派及珀东学派

果札巴·索南坚赞
——果札派创始人

果札巴·索南坚赞，于藏历第三饶迥之水虎年（1182 年，宋淳熙九年）出生在后藏阿里地区定日地方（在今西藏自治区西南部，南与尼泊尔接壤），与萨迦班智达同年。父名佐俄加云，母名朵茂杰玛，为西藏古代姓氏董氏家族。

幼年时，对于书写和读诵藏文，索南坚赞心无滞碍而知晓。后来，他从色弥巴大师受居士戒，又师从喀且班钦·释迦室利聆听《修心法》，在加木区从喇嘛多杰贝哇学习《十种持明》和《大圆满直观教导》等许多教法，从加普觉色闻习《大圆满》教法。之后，在加木仁和贡茂山中闭关精修，生起大手印证悟[①]，师从班钦热达纳若耿达闻习《胜乐灌顶法》。他后来居住在拉西地方，请求法王桂译师任亲教师、达洛轨范师兼任屏教师，一次全授沙弥戒和比丘戒，时年 29 岁，取法名索南坚赞（福幢）。之后他来到冈底斯山修炼 5 年，获得遍知一切的智慧。据传，他亲眼见到金刚成就的真身，还获得无量胜龙王[②]供献给他泉水的成就，因此后来他在年堆区（年楚河流域江孜以上）果札地方建寺，以地名取果札寺，由此人们皆以寺名称他为果札巴。他对教法无不通晓，许多修行者和智士都慕名前来拜他为师。他曾从尼泊尔迎请毗布底真扎来定日，在这位班智达跟前学习由夏哇日自在大师所传《瑜伽六支教授》及胜乐灌顶，班智达也在果札巴处求传教法。果札巴一生广作弘法事业，收徒传教，仅大弟子就有 70 多人，但他的门徒并没有把他的学说发扬光大。

果札巴·索南坚赞以传授密宗大手印法及除障法著称一时，他于藏历第四饶迥之金鸡年（1261 年，宋景定二年）去世后，果札派也就不存在了。

注：

①大手印证悟：旧密所说究竟果位或殊胜成就，与第一刹那所得印证此乐之一切种色，无亏无盈，体性如初，乃至虚空未尽，常住常静，斯之谓印；断、证、心德三大具备，斯之谓大，故称大印，或大手印。领悟此道，即为获得大手印证悟。

②无量胜龙王：传说中的司兴云降雨之神。《华严经》中有无量诸大龙王，如毗楼博叉龙王、娑竭罗龙王等，名号繁多。

珀东班钦·雪列南嘉

——珀东学派创立者

珀东班钦·雪列南嘉，又名晋美扎巴或却吉坚赞，于藏历第六饶迥之木兔年（1375 年，明洪武八年）秋，又有木龙年（1376 年）之说，诞生在后藏南方白吉日沃山附近拉巴贡小山之益古一户牧民家中，系邦译师（本名罗哲丹巴，1276 ~ 1342 年）的侄孙。父敦巴·曲央坚赞，出身于夏玛译师森格杰波等贤哲辈出之名门望族，对工巧明、医方明、历算、诗辞等大小五明学科无不通晓，颇有名气。母亲系瑜伽自在师香曲孜摩大师之侄女，大德扎巴坚赞之妹，名香曲仲。雪列南嘉 5 岁时被送入杰木山丹林寺，学习文字，读经闻法，因学读无碍，且智力过人，受到霍尔噶宇巴·僧格坚赞、格西珠巴华等大学者的称誉。7 岁时，从舅父扎巴坚赞剃度出家，受居士戒，取名桑杰坚参。当时施主司徒·曲吉仁钦迎请甥舅二人至协噶宫堡，为试探桑杰坚参，司徒鼓励他道 :“令侄可作一番修禅否？”于是，桑杰坚参仅披一单薄袈裟，足结跏趺而坐，静虑禅定，对于严冬奇寒毫不在乎，安然静息，司徒大为惊异，当地信民听说后皆敬信不已。后到吉祥埃寺，由舅父扎巴坚赞作亲教师，给他授了沙弥戒，赐法名却吉坚赞。在该寺从出类拔萃的因明学者曲吉多杰学习《释量论》、领悟《邦氏大疏》和舅氏“扎巴译师大疏”，并向曲吉多杰学习其他大学者之善说嘉言，不久他即精通了因明学。

16 岁时，雪列南嘉到萨迦寺，辩论《释量论》，折服许多学者 ；在昂仁寺立“正理论”为宗，与参加辩论的学者进行答辩，将对方的论据逐一依理反驳，最后除克珠杰·格勒巴桑波外，其他学者都被他驳倒，从此他的声名日著。之后返回吉祥埃寺，驻锡于邦译师曾住过的寝室内闭关修行。解除闭关后，他发奋攻读了《中观论》《般若经》《律藏》《俱舍论》《释量论》等显宗经典，后又学习密宗《密续四部》等典籍，兼学修辞学、文法等。学习因明和中观论时，他详阅了印度学者帝释慧、释迦智、法胜等论师对因明的注疏著作，参考印度论师龙树的《中论根本智论》、堪布佛护所著龙树中观论之注疏、具德月称及弟子中观应成派之论著、清辨论师与智藏论师等自续派的种种注疏，经分析、研究、对比，提契玄要，吸取精华，领悟经义。

此时，雪列南嘉萌发到前藏地区的泽当、桑普等诸大寺中游学辩经之念头，并向上师扎巴坚赞请求允准。上师听到他要去前藏以 13 部经论立宗辩论，心中疑虑重重，但在听了他对印藏诸学者就 13 部论典的见解和要义的精辟阐述后，十分高兴，消除了疑虑，同意了他的请求，让他先闭户博览群书 3 个月，复又详阅印僧经典，然后于杰木山丹林寺闭关修学 7 个月。据传，在闭关修学时，他曾亲眼见到“二胜六庄严”的幻身，妙音天女还为他做了开启智慧的悉地加持，顿使他的讲、辩、著诸事业突飞猛进。当时他著了《能仁王十二事业赞》《妙音百颂》《元努洛桑传奇》等诗篇。23 岁，他偕弟子 15 人前往卫地，沿途与一些学者谈论经文及著述，所到之处，每每作有不同体裁的诗篇，后收入所著《诗镜诠释论·心之车》一书中。

雪列南嘉一行抵达泽当寺时，有僧众前来迎接。翌日，以大住持绛曲多杰为首的众学者集聚的法会上，雪列南嘉丝毫没有胆怯之色，当众口若悬河地讲说诸明处，随后宣讲《释量论》《般若经》《毗奈耶根本经》《大乘阿毗达磨杂集论》《正理藏论》《中观庄严论》等 15 部经论。众学者为他的精辟宣讲所感动，肃然起敬。之后，他又去朝拜雅隆圣地昌珠寺与贡唐寺，作圣地赞偈颂献给寺院，从嘉样释迦东聆听了《时轮》经。

他在朝礼了噶举派的丹萨替寺后，赴噶当派名刹桑普寺时，刹桑普寺轨范师及其弟子50余人手持香炉前来迎接。适逢雪域佛学界泰斗雅·弥庞曲杰加布（有的史料中记为雅楚·桑杰贝，1350 ~ 1414年，萨迦派名僧）及其弟子已先行来到桑普寺。雅氏师徒邀请两位桑普寺住持及雪列南嘉师徒，献茶称颂道："轨范师珀东哇，撰写之函帙几与年齿相埒，今与格西相会，甚感荣幸"，因而就提出因明正理藏论的许多疑难问题让他解答，珀东班钦出口不凡，一一作了令人满意的回答，使雅氏无从挑剔，桑普寺众学者也惊叹不已。从桑普寺去德瓦坚和曲科林寺，为僧众讲经说法，又经彭域抵达隆塘寺，朝拜达隆扎西白则寺，并闻习那若六法与三种道情歌集等诸多殊胜要诀。受达隆译师释迦桑波的迎请，雪列南嘉师徒至其寝邸，译师虽年迈体衰，但还是离座起身，由人搀扶相迎，表示对这位年轻佛学家的尊重。于是，在这位布敦大师的及门弟子译师尊前，不仅聆习"多闻子随许法"等，并且畅谈多种善说嘉言，受益匪浅。在此期间，珀东班钦著成蜚声印藏的《诗论·白莲丛》与《意义修饰法·明镜》等脍炙人口的文学佳作。

雪列南嘉游学前藏结束后返回后藏吉祥协噶寺，经请求，舅父扎巴坚赞任亲教师，萨迦派高僧仁达哇·循努洛哲任羯磨师，上师桑仁巴任密教师，于足数比丘僧侣中，授比丘戒，又赐法号雪列南嘉，意为"战胜诸方"。这时雪列南嘉认为对大小五明论的钻研尚不深不透，需下一番功夫。于是从扎巴坚赞聆听前所未闻的许多梵藏论著；从大译师绛曲孜摩之弟子、精通梵藏语文的南喀桑波，译师喜饶贝等学习《声明集分论》与《旃陀罗波声明论》两部声明著作；又从几位精通藏医学和工巧明的上师攻读医方明和工巧明方面的论典，皆达到精熟程度；从嘉色陀美之亲传弟子嘉玛巴·云丹沃聆习"大乘修心传授"等内明学诸论。后遵根本上师扎巴坚赞译师之命，到珀东埃寺坐床。该寺是于土牛年（1049年，北宋皇祐元年）由格西木札巴在后藏倡建的。此时觉囊派大师笃布巴·喜饶坚赞也在珀东埃寺，雪列南嘉闻知该师学识渊博，尤擅长时轮学，于是又拜笃布巴为师，得传时轮金刚大法的灌顶、传经、秘诀及实修法，在珀东经院继续深造。同时为该寺僧众广讲经藏，普授五明。在该寺学法讲经三载，撰写成《大乘阿毗达磨论疏》、般若、因明、律经、中观、赞颂集等注疏10余部。

后来，施主司徒·曲吉仁钦请雪列南嘉到协噶寺，奉其为该寺法台。雪列南嘉治理寺院一年多，培育噶居巴八人、噶玉巴多人及通晓般若、因明学者多人。又有阿里赤杰·索南德前来迎请，将他尊为贡塘寺住持。他在该寺大转法轮，普施佛法甘露，培养佛学学者多人。先后在贡塘、协噶、杰木普、帕·丹巴桑杰之吉祥定日朗科等寺讲经说法。因他讲经说法时，并非依印藏诸论照本宣科，而是以其智慧与胆识，分类研究，取舍优劣，抉择要义，以言简意赅、通俗易懂的语言，阐述自己的思想观点，因而博得一切正直学者的称赞，故卫藏求学之士，皆云集其门下，造就学问通达、德行高尚之弟子甚多。他修学经论，广参名师，不持门户之见，对萨迦、噶举、觉囊、夏鲁、宁玛、格鲁等派的教法、教义，不是盲目崇拜，亦不偏颇，更不死记硬背，而是对比研究，慎思详察，汲取精华，取长补短，致使更加完善。

雪列南嘉兴趣广泛，广学博览，涉猎各学科领域。他除了刻苦学习印藏显密佛学经论外，还曾学过马术、狮跃术、角力术等种种练身之术；学习梵文、乌尔都文、蒙古文等文字，练习藏文楷书和草书，均能读会写，且尽娴熟。他爱好文学，擅长诗词，对修辞学名著《诗镜》、马鸣论师所著修辞论著《三十四佛本生》、善自在王父子所著《佛本生如意藤》、吉祥金刚天所著《观自在百赞》、印度佛学家伽利达洒（译名黑仆）所著《云使》（或名《庆云使者》）等印藏名著，无一不学，成为雪域出类拔萃的诗人。应南杰扎巴桑波之劝请，为《云使》一书加注。在声律学方面，对必答婆、胜军所著之声律学著作、论师兴底巴所著《声律学·宝生论》等多种典籍，一一修学，并皆领悟及运用，甚至对话剧本和音乐方面的著作也涉猎到，学习研究后，著有《妙音项饰》和《游乐歌颂》等，成为雪域首屈一指的话剧歌舞论著。在伦理学方面，他阅读了龙树论师的《宝鬘论》以及婆罗流支关于伦理方面的著述、萨班的《萨迦格言》等，每学一部，必写出心得体会，久而久之，撰出自己的伦理典籍《精粹之修身论》。在医方明方面也有较深的探研，在与医学家恰格聂交流医学理论和实践时，深得恰格大师之叹服，大加赞誉。他曾学习《医学四续》和雪域名医的论著，著有《四部医典之佛语经论分类·除暗灯论》等，培养出著名医学弟子绛巴派绛巴·南杰扎桑，为其23位受教弟子之一。他还对时轮、历算、各种卦辞、占卜术，甚至通俗学均作过研究，有一定造诣。因而，人们又称他为“本倴嘉瓦”，意为读十万论著者。

珀东班钦·雪列南嘉曾帮助绛巴大元巴修建昂仁寺，扩建贝摩顶寺，后又主持查卫林寺，在该寺宣讲时轮金刚灌顶法及实修要门。晚年，他以温嘎和贝摩顶寺为基础，显宗经论以绰普寺的讲修为依据，时轮以觉囊派教义为主，创立了珀东学派。珀东班钦的称号便由此而来，但珀东学派流传不广。

珀东班钦·雪列南嘉于藏历第八饶迥之金羊年（1451年，明景泰二年）三月三十日晚，于桑顶寺寝宫桑欧德钦林入寂，享年76岁。四月初四，由其侄吉祥朗科寺住持贡噶坚赞、绛森·坚赞贡却、金刚瑜伽尼曲吉仲美等进行火化仪式，7日后开启灵堂，诸大弟子皆得灵骨及骨灰。所余灵骨灰由班觉桑波供奉于一佛身像内，从桑顶寺迎至珀东埃寺，奉安于上师宝座上，受诚信者礼供。

珀东班钦的弟子众多，其中有闻法受教著名弟子 23 人，即：通晓工巧明的阿里学者山丹坚赞、精通医学的绛巴·南杰扎桑、擅长诗辞的昂仁噶居巴·贝丹桑布、受教词学论著的贝埃居巴·南喀华桑、受教因明论的达隆噶玉巴·曼札室利、受教律藏学的贡塘巴·华丹僧格、受教俱舍论的桑普巴·赛巴洛哲坚赞、受教般若论的贡塘·坚参官却、受教慈氏论的萨迦噶居巴·乔吉洛哲、受教中观论的噶玉巴·喜饶公波、受教入行论的萨迦香散·元努坚赞、受教讲修论的玛康巴·扎巴桑布、受教辩经论者协噶哇·图杰贝桑、受教著述论说者泽当巴·索南坚赞等大弟子，除此之外，尚有近千名噶居巴、二千名噶玉巴，还有善知识与遁世修行之得道者、瑜伽尼等弟子约万余人。

珀东班钦的著作汇编在一起有 132 部、135 部几说，涉及到医学、工巧明、天文历算、文学艺术、佛学等各学科领域，十分丰富，其中大部分是他自己亲自撰写的，另一部分是由他口授，亲炙弟子笔录，或他讲经传法时，由弟子笔录后整理而成的。土马年（1918 年），印度新德里出版的目录《如意宝玉璎珞》一书所载，目前国外出版的珀东班钦著作有 137 函，该目录是按类别编成的。据《中国西藏》1998 年第 5 期载，珀东班钦的巨著在西藏江孜专区浪卡子县境内的亚卓桑顶尼姑寺收藏 500 多年，后流失到印度，意大利喜玛拉雅生态保护合作协会的玛丽娅女士等人前往印度，对珀东班钦的著作进行翻译。桑顶寺女活佛多吉帕姆做了大量工作后，在玛丽娅女士等人的支持下，于 1998 年 6 月将珀东班钦的著作迎回西藏，仍供奉于桑顶寺。迎回的著作有原著 119 部，复印 16 部，共 135 部。此事已引起我国广大藏学者的关注，开始整理研究相关资料。据说，珀东班钦的 130 余函著作中尚不包括他审定和汇编历代贤哲的著作。学术界一致认为，他是蜚声海内外的佛学家、大学者。目前雪域乃至国内没有一个作家的著作超过他，就是在世界作家中这也是少有的。他医学方面的著名弟子绛巴·南杰扎巴曾说："在雪域相继出现了三位著名贤哲，即前贤哲萨班、中贤哲布敦、后贤哲珀东班钦"，又说："讲说并释难佛陀涅槃以来的佛经、大小五明论者，非其莫属。"可以说，这是对珀东班钦的最高评价。

格魯派

格鲁派是藏传佛教各教派中形成时间最晚，势力最大、影响最广的一个大教派。格鲁，是藏语“善规”或“善律”的意思，因该派倡导严守戒律，故名“格鲁派”，该派创始人是宗喀巴·罗桑扎巴，在藏传佛教界影响深广，故被广大僧侣尊奉为“佛陀第二”。

宗喀巴(1357 ~ 1419年),法名罗桑扎巴,为青海湟中塔尔寺地方人。7岁入夏琼寺，从噶当派名僧端智仁钦法王学经10年，在文学和显宗经论、密宗仪轨等方面打下了坚实的基础。16岁入藏遍访各教派名师深造，研习各派显密教义法门，逐步形成自己的佛学思想体系，并针对当时西藏一些教派戒行废驰等情况，开始宗教改革，革除佛教界出现的种种时弊及陋习，清净佛门，提倡僧人严守戒律，不娶妻，禁饮酒，戒杀生。他还提出一套严格的寺院组织系统，僧人学经程序和考试、升迁制度及学位制度，形成喇嘛的不同等级。1388年他著成《善说金鬘》一书，1402年著《菩提道次第广论》，1405年著成《密宗道次第广论》，后著成《中观论广释》，开始收徒传教。他的这几部代表作为创立格鲁派奠定了坚实的理论基础。1388年,他始仿照古代持戒师戴黄色僧帽，以表明重振戒律的决心。

土牛年（1409年，明永乐七年）正月，宗喀巴在帕摩竹巴地方政权阐化王扎巴坚赞的支持下，于拉萨大昭寺集结各教派僧侣万余人，举行了空前盛大的神变祈愿大法会。是年春，在拉萨东达孜地方创建了噶丹寺（又写作甘丹寺），噶丹寺的建立，标志着格鲁派的形成。1416年至1419年，他的两位弟子嘉央曲杰和贤钦曲杰分别在拉萨西郊和北郊建成了哲蚌寺和色拉寺，形成格鲁派拉萨三大寺，三大寺的建立使格鲁派在拉萨圣地扎下了牢固的根基。火兔年（1447年），一世达赖喇嘛格敦朱巴在后藏日喀则创建了札什伦布寺；土羊年（1379年），大师的母亲香萨阿切在五部族的支持下，用片石建成以叶显佛像的白旃檀为核心的莲聚塔，这是塔尔寺最早的建筑。金猴年（1560年），禅师·仁钦宗哲坚赞在莲聚塔右边建成了佛、法、僧俱全的弥勒佛殿，人们以此为塔尔寺的形成。金虎年（1710 年），第一世嘉木样协白多杰在甘肃夏河创建了拉卜楞寺。以上六座佛寺，被称为格鲁派著名六大丛林。

宗喀巴弟子众多，著名的有前期八大弟子和后期八大弟子。由于该派严禁僧人娶妻生子，为了解决宗教首领的继承问题，格鲁派采用活佛转世的制度，先后形成达赖、班禅两大活佛系统，一直延续至今。在明清两朝的扶持和优遇下，格鲁派发展较快，寺院分布今西藏、青海、甘肃、四川、云南、蒙古等地，各寺中又相继出现了许多转世活佛和高僧大德。

格鲁派是宗喀巴大师在噶当派教义的基础上创建的，故又称“新噶当派”。其教义是以继承阿底峡尊者所传圣龙树的中观思想为基础，吸收融汇萨迦、噶举等派的思想和修法传承而形成的一种完整的体系，主张缘起性空之见，认为一切法俱是待缘而起，又都空无自性。缘起性空是中观宗观察解释世界万物的方法论。在修习方面，止观兼重，即通过止观修证，由智慧而达到彻悟，达到对世间万物的认识，二者互为补充而不偏执一端。在显密修学方面，注重显密兼修和先显后密的次第，显宗以噶当派教义为基础，密宗主要以“密续四部”兼有萨迦、噶举和其他教派的教法。尤重戒学，提倡学行并举，僧众恪守戒律；强调修行次第和阿底峡尊者的“三士道”修持法。

清朝政府为了安抚边疆，巩固自己的统治地位，对蒙古族、藏族首领，尤其对格鲁派的达赖、班禅两个世系及各寺著名大活佛采取怀柔政策，实行广建众封措施，除在藏区倡建了许多寺院外，在京城修建东黄寺、西黄寺、广济寺、雍和宫（改建佛寺）等，在河北承德先后建立八座寺庙，称外八庙，御赐寺名、匾额亦成风。此外，封赐内外呼图克图、诺门汗、班智达、堪布、绰尔济等职衔及国师、禅师等名号的也屡见不鲜。据《理藩院则例》卷五六载，列入该册的蒙古、藏内外呼图克图共 160 人。这些活佛成为高一级喇嘛，他们享受和拥有清政府专门制定的袭其旧封、制定等级、赏赐名号等优裕礼遇的特殊权力。后来清政府又采取了一些相应的限制措施。

五世达赖喇嘛时期，在清政府和固始汗的支持下，扩建布达拉宫，修好后将原设在哲蚌寺的噶丹颇章移至布达拉宫，建立噶丹颇章政权。布达拉宫成为举行达赖坐床、亲政大典等重大宗教、政治活动的地方。后藏日喀则的札什伦布寺成为班禅系统政教合一的中心。从金羊年（1751 年，清乾隆十六年）始，西藏成立噶厦、噶伦三俗一僧的组织机构，七世达赖喇嘛亲政后，成为西藏政教合一的主要领导人。这些特权直到新中国成立后，实行民主宗教制度改革才被废除。

法王端智仁钦

——宗喀巴大师的启蒙经师

法王端智仁钦，意为“法王义成宝”，元代藏传佛教噶当派高僧，青海化隆夏琼寺（鹏岩寺）创建者，宗喀巴·罗桑扎巴大师的启蒙经师，曾获“曲杰”（法王）称号，故又通称“曲杰端智仁钦”。

端智仁钦于藏历第五饶迥之土鸡年（1309年，元至大二年）诞生在黄河南岸热贡（今青海省黄南藏族自治州同仁县夏卜浪村）地方。其父是当地的一个小头人，笃信佛教，家境殷实。端智仁钦幼年出家为僧，木鼠年（1324年），15岁与其侄释迦桑布结伴去西藏学习佛法。他先入前藏聂塘寺，师事聂塘巴·扎西僧格聆习《大般若经》和“慈氏五论”，而后去后藏纳塘寺，从著名学者觉丹柔贝热智的大弟子觉敦·柔贝僧格等，刻苦学习《因明论》《释量论》等显宗经典，后又游学夏鲁寺，在大悲观音佛像前虔心祈祷，并巡礼至脚被磨破出血，因而打开了慧悟之门，五明学无难而知晓。他曾立宗辩经，雄辩群僧，无有驳难者，布敦·仁钦朱大师对他的辩经才能大加赞赏，故被誉为“安多雄辩论师”，又有“东方理论大雄”之称，一时声誉雀起。后来，他又拜绒地喇嘛益希贝为师，学习“阎德曼法类”“大威德金刚灌顶法”“密续释论”“经教”等密法。他在卫藏学经20余年，博通显密，返回故乡后，曾任甘肃临洮噶丹群佩林寺（据说由八思巴敕令所建，俗称香根寺）法台。约于火鼠年（1336年），西藏聂塘寺派专人来临洮香根寺，邀请他入藏任聂塘寺住持。待他到达聂塘寺时，因路途耽搁，该寺住持已选定他人，于是他将所带物资布施于聂塘、纳塘等寺，继续广参名师学经，并师事多丹巴·曲杰山丹，一度苦修密法，获得证悟。火牛年（1337年），他拜纳塘寺住持钦·罗桑扎巴为师，进一步系统地学习显密教义。学习圆满后，上师命他返回安多建寺弘法，并授记说："你的修行地和法缘都在安多名叫夏章和夏琼等地，将夏琼作为根本道场，到时候你将会有很多弟子，其中有一位无与伦比的弟子，是文殊的化身，此人出家时，将我的法名罗桑扎巴赐于他。"

端智仁钦第二次回到故乡时，已是一位满腹经论且具有证悟的高僧，与其侄释迦桑布一起在今青海黄南一带讲经说法，传播佛教。据载，他们弘法的同时，在拉康玛、多绛曲玛等地修建了几座小寺。金蛇年（1341 年，元至正六年），他们叔侄二人正式建成夏卜浪寺（亦写作夏章寺），端智仁钦自任住持，释迦桑布任管家，以般若、因明二学为教程，讲授慈氏论及《喜金刚续》《入行论》等显密经典。数年后，端智仁钦认为按上师的预言，自己的宿愿尚未完全实现，上师言明自己的主要法缘和修行地在名叫夏琼的地方，故将夏卜浪寺交给侄子释迦桑布主持，带领几名近侍僧去寻访夏琼地方。他找了许多地方都没有叫夏琼的地名，最后来到尖扎昂拉，在顿珠僧格的资助下，建成昂拉赛康寺，意为"昂拉黄金佛殿"。相传，顿珠僧格在隆务峡和买地方牧羊，拾到金条一根，黄金藏语为"赛"，以此金条做建寺资金，寺建成后，取名"昂拉赛康"。端智仁钦安置丹坚为该寺护法神，并用自己的鼻血绘了护法神像，供于殿内。此后，据说有一天端智仁钦偶遇一位老阿妈。她正在晒粮食时，突见北面山顶乌云密布，便面带怒色对家人说："赶快把粮食收起来,夏琼那面黑云翻滚,马上就要下雨了！"端智仁钦耳中听见"夏琼"二字，赶忙向老阿妈问道："请问夏琼在哪儿？"老阿妈气冲冲地用"期克手印"（西藏佛教徒的一种恐吓手势）指着说："干什么？那不是嘛！"原来这位老阿妈是忿怒佛母的化身。端智仁钦师徒来到河边，只见黄河水上涨，波涛滚滚，上师用神通法力在河上结了一座不宽的冰桥，师徒这才过河去了夏琼。另一种说法是，一天，端智仁钦向一位老人打听名叫夏琼的地方,经老人指点,只见隔河有一座形如展翅欲飞的大鹏鸟的山,"大鹏"藏语中叫夏琼，正好应了上师预言中的地名，端智仁钦大喜，便急于过河择地建寺，但时值六月天，黄河水上涨，既无桥梁，又无皮筏，无法渡河，只好住在赛康寺耐心等待，并为这里的信民讲授《瑜伽师地论》《菩提道次第略论》等经典。据传，在住寺期间，他常问身边的侍者："黄河结冰否？"侍者心想，六月天怎么会结冰？由于问烦了，侍者便随口答道："河水结冰了。"大师立刻说："结冰了就好，我可立即过河到夏琼去。"当师徒一行来到黄河边时，果然见到河上有一座洁白哈达似的冰桥。大师即刻走上冰桥，站在河边的人们看见，师徒前行一步，后面的冰桥随之消失一段。从此，这一带的村庄被称为"玛达贡哇"，意为黄河冰村。

来到夏琼，端智仁钦师徒即住在夏琼后山。有一天，他去寻找一匹丢失的驮骡，到前山一看，那匹骡子正卧在泉水边。他到跟前驱赶，但怎么赶，骡子都一动不动，遂决定择这块地奠基建寺，于土牛年（1349年，元至正九年）初建大护法神殿和大佛殿等主体建筑，后经扩建，始初具规模。当时附近有数座本教寺院，村民多有信奉本教者，经端智仁钦多年的传教活动，村民纷纷改信佛教。夏琼寺坐落在大鹏右肩上，南临千仞绝壁，俯视黄河，远眺坎布拉山，北依八宝山，遥望阿尼吉利山主峰，地处险绝，视野广阔，环境幽雅，苍柏覆盖，地相甚佳。端智仁钦在此主持寺院教务，寺僧发展到300余人。

夏琼寺建成后，端智仁钦收徒讲经几年，然后到湟中曲嘎尔塘（白水滩，在今湟中县马场乡境内）的静修山寺的岩洞中一面修持密法，一面恭候宗喀巴的诞生。据传，修行期间，魔障作祟，修行洞顶部的一块巨石坠下，法王用神通降服魔鬼，两只手托住下坠的巨石，手掌陷进巨石，便留下了清晰的掌印，此巨石掌印至今犹存。火鸡年（1357年，元至正十七年）十月初十黎明时分，一道红光映入岩洞，法王凭神通灵感知道他恭候已久的佛教圣人诞生了，当即把用糌粑和甘露做成的食子、甘露药丸，用丝绸做成的护身金刚结，加持过的怖畏金刚画像及护理圣童方法的说明书一起交给一位具戒近侍僧送到圣童家中。不久之后，他还应请亲往圣童家，赐赠礼物，善结法缘，并要求孩子的父母送子到夏琼寺出家，由他教育。其父母也同意这一要求。

圣童在夏宗寺从噶玛·若白多杰受居士戒后，赐名贡嘎宁布。7岁时由父亲送到夏琼寺，由端智仁钦和古哇·宣努绛曲沃赛二位启蒙经师剃度出家，授沙弥戒，赐法名罗桑扎巴。自此，罗桑扎巴以端智仁钦为经师，学习显宗经典与密宗中的胜乐、喜金刚、普明大日如来、大威德金刚等灌顶仪轨法类。法王为他举行了密宗灌顶仪式，给他赐密宗号“端月多杰”。罗桑扎巴从师学经近10年，在显宗经论和密宗仪轨的修习方面奠定了良好的基础。罗桑扎巴16岁时，二位启蒙经师鼓励和资助他赴藏求学深造，临行为他设会供轮，将文殊和智慧怙主六臂明王两位本尊授于他，祈求一路上由护法神佑护。

罗桑扎巴到西藏学经、建寺、创派后，成为一代宗师。因夏琼寺是罗桑扎巴早年学经的寺院，所以人们称夏琼寺为格鲁派之源，视端智仁钦为安多地区弘扬格鲁派教法的鼻祖。随之，原系噶当派的夏琼寺被改宗为格鲁派，端智仁钦也由噶当派名僧成为格鲁派的师尊，受僧俗崇敬。

当罗桑扎巴去藏后，法王端智仁钦还修建了几座佛堂、佛塔，将宗喀巴在夏琼寺修习的茅屋改建成阿拉巴扎殿（文殊菩萨修行殿），后来内供宗喀巴大师的三尊不同年龄的身像和释迦牟尼佛像。他曾有许多传法弟子，其中隆务寺的创建者山旦仁清在青海是一位很有影响力的佛教界人物。端智仁钦是一位弘通正法、讽持禅经的名师，相传有不少著作，但多已散佚，仅存《究竟一乘宝性论疏释》一函，曾在夏琼寺木刻传世。

藏历第六饶迥之木牛年（1385 年，明洪武十八年），端智仁钦圆寂，享寿 77 岁。其遗骸完整地保存在夏琼寺灵塔殿内的一个檀香木匣子中。水羊年（1583 年），三世达赖喇嘛亲往拜谒，出资将砖塔改建为镏金铜塔；约于土猪年（1719 年），七世达赖喇嘛到夏琼寺朝礼，捐赠黄金 500 两，铺盖灵塔殿部分金顶；土龙年（1748 年），七世达赖喇嘛的经师阿旺却丹（今青海尖扎人，早年为该寺僧人）专门派其侄送来白银一万两，完成灵塔殿金顶的全部铺盖工程，自此该灵塔殿又有金塔殿之称，这是夏琼寺最主要的殿堂和供物，亦有许多神奇的传说。夏琼寺名僧辈出，闻名于藏区，如七世达赖喇嘛的经师阿旺却丹、八世达赖喇嘛的经师阿旺曲扎、九世和十世达赖喇嘛的经师阿旺年扎、第四十六任甘丹赤巴金巴嘉措等，最初都是在夏琼寺出家的。因此，夏琼寺一直是藏区很有影响的寺院之一，1788 年，乾隆皇帝曾赐“法净寺”匾额，命朝廷“每年拨专款供养”，受朝廷的崇信和礼遇。

宗喀巴·罗桑扎巴

——格鲁派创始人

宗喀巴·罗桑扎巴，意为“善慧称”，藏传佛教格鲁派创始人，西藏噶丹寺（甘丹寺）

的创建者。其祖早先是今湟中松木石人，为玛氏家族，藏文中又称此地为俄西。至隆本格和香萨阿切时在今莲花山背面的小耶摩塘（汉语称黄树湾，又称乌什巴隆）一带游牧。家主隆本格勒巴端珠，个别史料中有曾任过达鲁花赤之说，但这仅仅是传说而已，无真凭实据。其贤妻名叫香萨阿切，是隆本索尔吉（今湟中县共和乡索尔吉村）人，慈祥贤慧，六根清净。夫妻二人有长子邹多贤、次子才保、三子才旺嘉，还有一个女儿，一家人安居乐业。传说，藏历第六饶迥之火鸡年（1357 年，元至正十七年）正月初十晚，香萨阿切作一奇梦，梦中她见许多僧俗男女手中高擎宝幢，吹奏佛乐，沿道前来迎接菩萨，突然空中云隙中显出一尊金身，金光四射，随着悠扬美妙的佛乐，天子（侍童）和天女也环绕着自上空冉冉而降，金身越降越小，直降至她的头顶时，成为五寸大小，进入她的体内，那些侍童、侍女也随之进入。香萨阿切醒后感到全身有一种说不出的乐感，这时她已怀有身孕。据说香萨阿切快生的前几天，她家的一头犏牛常离群跑到莲花山山湾里吃草，她几次从那里将牛赶了回去。一天清晨，她又来赶牛，见犏牛卧在山脚下的草坪上，不论她怎么赶，犏牛就是一动不动。这时她腹部有些不适，隐隐作痛，不一会儿，天空出现天雨瑞花，空中佛乐悦耳，大地微微颤动，血草散发异香，一个可爱的圣童降生到人间，这天正是藏历火鸡年（1357 年）十月初十。之后，隆本格一家便从耶摩塘迁至今塔尔寺西山——拉泽夏东的山脚下（今菩提大白塔的）地方，搭起帐篷住下来。新扎帐篷在藏语中称“汝沙尔”，汉语称“新窝子”或“新牧地”，后来稍有音变，将“汝沙尔”称为“鲁沙尔”了，遂变成了这一地区的地名。圣童为第四子，名叫贡嘎宁布。

年幼的贡嘎宁布相貌俊美，肌肤洁白如睡莲，头圆额阔，眉长而眼大，鼻高且隆，双耳垂肩，身圆膀宽，唇红齿白，天资聪颖，凡圣者之三十二大丈夫相和佛身八十种随好无不具备，因此在他的传记中说是文殊菩萨的化身，故称圣童。童年时，他就已显露出与一般孩子不同的气质，有关“圣童垒塔”“踩石如泥留下脚印”等传说，在宗喀一带妇孺皆知。后来她的母亲又生下一个弟弟，取名洛丹。

圣童的启蒙上师端智仁钦（1309 ~ 1385 年）奉自己师父之命来到安多，创建了化隆查甫境内的夏琼寺（鹏岩寺）之后，来到莲花山南面的曲嘎尔塘静房的一个岩洞中，一面修行一面按上师预言恭候圣童的诞生。十月初十早晨，法王见一道红光映入岩洞，凭神通灵感知道他盼望已久的圣童出世了，将用糌粑做成的食子（朵马）和甘露丸、用丝绸做成的护身金刚结、加持过的怖畏金刚画像及护理圣童方法的说明书交给一位具戒近侍僧，让他送给圣童的父母亲。不久他应请到圣童家中，献哈达致礼，并说:“这孩子交给我教育吧。”圣童的父母同意，待孩子年稍长，就送给上师抚育。临行前，法王再三叮咛，要注意孩子的清洁卫生。

圣童3岁时，西藏的噶玛噶举派第四世活佛噶玛·若白多杰应元顺帝之召京途经青海时，暂居平安夏宗寺岩洞中修行。法王催促隆本格带孩子到夏宗寺拜见噶玛巴大师，噶玛巴与圣童见面后十分高兴地说：“这孩子将会成为世界第二佛陀。”噶玛巴为他剃度出家，并授居士戒，赐名贡嘎宁布（遍喜藏），预言道：“在孩子诞生地将会长出一株白旃檀树。”受戒后，贡嘎宁布随父母迁居静房寺下面的平草滩上扎帐住下来，上师仍回曲嘎塘（静房寺）的岩洞中驻修。贡嘎宁布有时跟上师学习藏文及口诵经文，只须上师领读一遍，即会流利复诵，一字不差。7岁时，他被送到化隆夏琼寺出家，正式拜法王端智仁钦和尖扎古哇寺的创建者古哇·宣努绛曲沃赛为师，受沙弥戒，起法号罗桑扎巴（善慧称），从此开始了他漫长的僧侣生涯。

罗桑扎巴虽已出家为僧，但尚有童心稚气，据说，一次因学经困乏而玩了一会儿，上师发现后给了他一巴掌，自尊心很强的罗桑扎巴跑到夏琼寺山后去了。上师派一名近侍喇嘛去察看其动静，喇嘛回来说：“他起初脸贴地面，两手抓草地，哭得很伤心。一会儿坐起来，用袈裟擦去眼泪，开始捡小石子，用许多小石子里里外外摆了好几层圆圈，然后坐在圆圈中间，用手一一抚摸小石子，似在摩顶，摩顶完后又摆出讲经的姿势。”上师听后高兴地说：“缘起甚善，”让喇嘛将他领回来，给他传授了《金刚界顶最胜吉祥》《法界语灌顶》《五部陀罗尼》《金刚手大轮》等密乘经法，并设立胜乐金刚、欢喜金刚、金刚手等曼陀罗（坛城），让他进入坛城进行密宗灌顶，取密号为“端月多杰”（意为不空金刚）。从7岁起直至入藏前的近10年间，罗桑扎巴跟启蒙师学习显密经论，在显宗经论的学习和密宗仪轨的修炼方面打下了比较坚实的基础。

16岁那年，在二位启蒙师的鼓励下，罗桑扎巴决心赴西藏深造。上师赐给他一些顺缘财物，并特设会供轮，祈求一路由护法神护佑。当法王将手中祈祷的青稞放在曼札上时，青稞瞬间变成一颗颗闪闪发光的珍宝形状，法王看见这个罕见的情景后高兴地预言道：“你将会成为佛教主宰。”这与噶玛巴所说的“他将会成为佛陀第二”的预示是一致的。临行前，母子二人撒泪而别。母亲给了他一些用烧热的光滑石子烙的干粮作盘缠，后来人们为了表示对客喀巴大师的怀念之情，也用石子烙干粮吃，俗称麻干粮，这种习俗在宗喀一带流行至今。他与上师难舍难分，师父要他一路上口诵《文殊真实名称经》，并将文殊和智慧怙主六臂明王两位本尊授于他。罗桑扎巴口诵经文向前行走之际，突然思念上师，泪水泉涌，欲回头向上师站立的方向看一眼时，口中正好念到“不还不复来”一句，他便再也没有往后看，在两位舅舅和商客的陪同下，一直朝遥远的西藏圣地走去。后来，宗喀巴大师曾对人说，这是他再也不能还乡的缘起。

罗桑扎巴一行从安多取道四川康区，经昌都于水牛年（1373 年，明洪武六年）抵达前藏，首先由直贡·丹玛仁钦贝引荐到直贡替寺，在法王金厄哇上师座前聆听了《大手印法》《金刚鬘》《那若六法》和“大乘发心仪轨”等经论。后从直贡替寺前往拉萨采贡塘寺，向该寺著名藏医官却嘉布学习医典《医法八支论》，不到一年时间，他在该寺从医学理论到实践进行修学，成为小有名气的藏医。在这里，他利用时间编写了《本生善愿篇》一书。之后，他从采贡塘寺去了聂塘极乐寺，这里由佛学大师云丹嘉措任主讲，轨范师邬金巴任副讲师，分别为他传授了《现观庄严论本释》，又接着学习了《绛嘉注释》。罗桑扎巴在极乐寺修学近两年，主要对《现观庄严论》进行了透砌地钻研，基本成为通达者。以此，他 19 岁时，到桑普寺立《现观庄严论》为宗，开始练习辩经。他在桑普寺和极乐寺辩经后，开启了辩经的智门，增长了答辩的才能，初步体验到了辩经的滋味，之后与人结伴前往后藏学法。他首先到了夏鲁寺，从该寺大堪布仁清南杰修学了《胜乐木札十三尊灌顶法》和《红阎曼德五尊灌顶》等密宗法，之后去了萨迦寺，因该寺尚未到举行定期法会的时间，转而去了萨桑寺，从大学者玛德班钦·罗哲坚赞学习了有关文殊、胜乐金刚和声明论等经论。到了举行法会的时侯，罗桑扎巴复去了萨迦寺，在法会上立“般若论”，与萨迦寺僧人进行辩论，这时他已经显露出辩经的锋芒。在萨迦地区他先后游学了达桑丹寺、昂仁寺、埃旺寺等寺院，从师学习了一些萨迦派教法及《噶当次第论》，并与寺僧立宗辩经，后经纳塘寺去乃宁寺和泽欠寺，从师学习了《现观庄严论》和其他一些经论，还从泽欠寺大德闻习了《俱舍论本释》。经该寺上师介绍，罗桑扎巴与萨迦派上师仁达哇·循努洛哲相逢，因缘相投，讲谈经论。他见仁达哇谈吐不凡，于是拜仁达哇为师，求学显密诸论。仁达哇所讲的一切教法，大师博学强记，只须学习一遍全部领会于心。如果遇有疑难或不解的地方，即刻向上师执经问难。对这种不耻下问的精神，上师十分喜欢，并风趣地对罗桑扎巴说：“我向你传授经法时，也得必须集中精力，不能疏忽大意哦！”意思是稍不留神，即被大师问倒。后来，师徒二人来到桑林寺，这里上师又为他传授了《入中观论》。之后罗桑扎巴暂离开上师复往前藏，住修于聂塘极乐寺和觉摩隆寺，在觉摩隆寺从精通《毗奈耶》和《律经根本》的罗赛上师修学上述二论，始达通晓。土马年（1378 年）春天，大师虚岁 22 岁时，第二次进了后藏，经纳塘寺、夏鲁寺抵达萨迦大寺，从仁达哇上师学习了《阿毗达磨论》《释量论》《入中论》《律经》等。当上师撰写《阿毗达磨论广疏嘉言海》著作时，他在一旁整理校对书稿，等著述完成了，大师对此经论也融会贯通了。之后，上师又给他传授了《释量论》《密宗根本续》《五次第》等许多教法。是年秋季，罗桑扎巴听到家乡的人给他寄来了顺缘财物的消息后，从后藏又来到拉萨。收到寄来的东西和母亲的书信，他也很想回故乡探母，但又慎思再三，遂打消了回乡的念头，回了一封慰藉母亲的信，并用自己的鼻血掺合颜料画了一幅自画像，一并让其侄杰温扎巴坚赞带回故乡交给慈母。母亲打开信一看，信上写道："儿六时精进，佛事繁忙，无暇返里见母，母亲若能在儿出生地，用那株菩提树作胎藏修建一座佛塔，就如同见儿回来一样。"母亲激动得流下了热泪。1379 年，在宗喀五部落头人的资助和支持下，修建了一座莲聚塔，这就是今天塔尔寺的大金塔，又称宗喀巴纪念塔。罗桑扎巴给慈母寄给信和自画像后，仍到处求师学经，从不间断。金鸡年（1381 年），他第三次赴后藏，在纳塘寺从师端桑巴修学《释量论》，又从来纳塘寺的仁达哇和萨迦大乘法王贡噶扎西二位聆听《萨迦传规上师瑜伽》和《萨迦比瓦巴甚深护持法》，对萨迦教法有了进一步了解；后去珀东寺，从该寺大翻译师南喀桑波修学了《诗镜》的解说，这为以后创作诗歌打下了基础；从尊胜上师学习了中观、因明、对法、现观庄严论等。是年三月份，罗桑扎巴从后藏重返前藏，在贡塘寺、桑普寺、泽欠寺的大辩论场中巡回辩经。大师辩经的美名在卫藏犹如旃檀花之芬香传遍之时，三藏法师察柯温波·阿旺扎巴等许多学法弟子前来投师，大师始收徒传法。夏季，大师和几位弟子一起渡过雅鲁藏布江来到山南乃东雅隆南杰寺，又名乃东泽措巴寺，在该寺的南杰拉康中，由大堪布慈诚仁钦任堪布，索南多杰任屏教师，喜饶公保作羯摩师，为大师授比丘戒。自此，他步入比丘僧的行列。从 1388 年始，以克什米尔班智达释迦室利之戒律，他改戴黄色通人冠桃形僧帽，以表示严守戒律的决心。之后，罗桑扎巴来到山南帕竹噶举的祖寺——丹萨替寺，拜见法王金厄瓦·扎巴绛曲上师时，献上自己的著作作为进见礼，并呈上自己的书信。金厄瓦上师仔细翻阅著作后，激动得流下了热泪。金厄瓦曾被明太祖召见并赐封为"灌顶国师"。他拿着宗喀巴的著作，对几位近侍僧说："罗桑扎巴这样年轻就能写出如此嘉言妙论的大作，实在了不起，他真是佛教前途的光明救星啊！随后，他向罗桑扎巴传授了萨迦派的《道果》教法和噶举派的《那若六法》等法。罗桑扎巴在修学经论的同时，进行实修，出现了不同寻常的证悟。金厄瓦上师还请来喇嘛南木桑哇译师，罗桑扎巴随即向这位上师学习了《声明论粉板字》全部讲解；之后去沃喀，从珀东声明论师学习了印度学者洒巴达维摩著的《声明集分论》，居士晈月著的《旃陀罗波字》《诗镜》等声明论和修辞学等典籍。大师真是"熔铸百家，撷采英华，集众家之长合之为一”。他利用所学到的五明论知识，著了《妙音佛母赞》一书，词藻华丽，内容博深奇妙。金厄瓦上师圆寂后，噶举派在政界的头面人物和僧俗请求，要他写一部该师的传记，他即刻收集整理资料，奋笔疾书，为时不久，《金厄瓦大师传·悟妙高山》一书完稿，受到僧俗大众的称赞。罗桑扎巴修持妙音佛母仪轨，哞诵真言5000万遍时，亲眼见到妙音佛母现身。从此，罗桑扎巴不断地获得佛母的护持，在讲经说法、教理辩论和著述论说这三种事业上成就都极为广大。

在山南一带，罗桑扎巴还从洛扎堪钦·南喀坚赞（1326~1401年）学习了《道炬论释》，措那哇的《道次第》全部、卓隆巴的《教授次第》等经教。堪钦上师想，自己年事已高，于是将自己的《全集》《菩提道次第》两种教言、金刚手所传密法教导、经教随许灌顶、金刚鬘问答以及噶当派的经教毫不保留地全部传给了罗桑扎巴。同时，罗桑扎巴还从山南涅区赫赫有名的堪钦·却吉桑波求学了许多经法、教授。

宗喀巴大师学法修法方面不持门户之见，他广采博纳，因为他清醒地意识到，佛的根本大法是一致的，只不过各教派在修学世尊根本正法的同时，有各教派独具特色的法类和不同形式的修学方法而已。如遍修过噶举派的《岗昌传规的生起次第》《大手印五俱》《至尊干波巴全集》《帕摩竹巴全集》《林热巴全集》等直贡巴的著作、玛尔巴和米拉日巴的著作及教言；噶当派的大小论著，如阿底峡的《菩提道炬论》，博多哇的《喻法聚宝集》、《蓝色袖珍集》、噶当六论，卓隆巴和郑勒巴的《教法次第》《道次第》，仲敦巴的《师徒问道录》等教法；据说还曾修学过宁玛派绒松巴的《大圆满见修教授》和隆钦巴的《大圆满心性菩提道》等方面的密论；对息结派的“性空论”和“断证论”以及觉囊派的“性空”“他空”“自空”等与自己的“缘起性空论”对照研究。他与同乡上师邬玛巴·宗哲僧格相遇后，向邬玛巴求学《中观论》，获得了彻底解悟，形成了自己的思想体系。曾有三世章嘉国师对宗喀巴大师修学《中观论》作了论断：“自佛教传入雪域西藏后，历代佛学家对龙树、佛护、月称的中观论进行过研究，但仅作了些表面文字的注释工作。而将《中观论》融会贯通，变成自己的佛学思想体系的只有宗喀巴一人，他的代表作为创立格鲁派奠定了坚实的理论基础。”当宗喀巴大师闻思、修学、讲授显宗经论的大部事业完成后，开始转向寻求密宗经论的方面。他曾在采贡塘寺中从道丹·益西坚赞听受《时轮广释无垢光明论》。他的密法主要从后藏夏鲁寺布敦·仁钦朱大师的几位高足处求学而得。他从嘉央却吉贝哇上师处求学了《时轮广释》，从几位瑜伽论师修学了《金刚界》《吉祥最胜顶》等所有瑜伽部大曼荼罗的绘画、弹线、密宗舞姿音调、曼荼罗仪轨的汇编、结密宗手印法等。琼波勒巴·循努索南是一位精于瑜伽法的大师，他见宗喀巴是一位修学显密具有很深根器的弟子，所以将瑜伽部大曼荼罗为主的下部密续的经教，以及鲁赫巴和纳波巴二师所传的《胜乐轮》等无上大密毫不保留地全部传授给宗喀巴。金刚乘经教和教授秘诀之法雨注满了宗喀巴大师的心田。35 岁的宗喀巴十分勤快地服侍授密上师，赢得了上师的欢心，由此，琼波勒巴上师特设密法坛城，将所有的密宗灌顶法、以灌顶的方式而传给了大师。他说："现在我所具有的法已全部交付于法主，我的愿望实现了，功德也圆满了。"宗喀巴大师辞别传法上师，又前去日喀则地区的巴南宗寺，在这里向德钦却杰巴瓦上师求学了《金刚心要释》《金刚手上集释》《那若法门广释》以及"时轮"分支的教法；又从大德坚赞扎巴聆习了布敦大师所著的《金刚生起广释》《瑜伽根本续摄义》《释续金刚顶》《净治恶趣续》《现见自性》《果夏那广严续》《吉祥最胜广释》等经文教授；同时他还求学了密宗方面的许多经论：吉祥时轮密典方面的经论、胜乐方面的经论、喜金刚方面的经论、大威德金刚法类、白伞盖法类等密宗经论。经反复研习，宗喀巴成为通晓显密诸论的大学者。

宗喀巴大师广转法轮，培育佛学人才。他在学经闻法的同时，亦重视讲、辩、著三学，就讲经传法而言，不愧是一位满腹经论的弘法大师。他到卫藏后的第三年，即大师 19 岁时，就开始在桑普寺和极乐寺初转法轮（即初次讲经说法），巡回辩经。他驻锡乃宁寺时，由一些学者和侍从前来启请，讲授了一次《阿毗达磨杂集论》；后在夏域寺为 70 多名格西讲授《现观庄严论》《入中论》《阿毗达磨论杂集论》等经论。1378 年，大师在索日安寺为 70 余名三藏法师详细讲授了《现观庄严论》《因明论》《俱舍论》《律经根本》《入中论》等经论。后大师被邀请到雅隆的门喀扎西东寺中，由宗其·扎巴仁青作供养，在僧众的请求下，在同一天时间中，讲十五种梵语经论的首页，作为法会的开始，从此，他每日从黎明直到黄昏，讲说教法十五座次，从未间断。十五种经论中，另有两种略本卷帙，首页讲完时，再以两种略本来补替续讲，所讲经典计有：《释量论》《现观庄严论》《上下对法》计两种，《律经根本》《慈氏五论中的后四论》计两种，《中观五论》计五种，《入行论》《入中论》《四百颂》等共计十七部大论。在讲说时，对于大论疑难之处，在以卫藏的注释作为依据的基础上，又以其他释论中破非立是的说法作抉择，而且在讲说其他诸论时，大多根据各自论典的注释本作详尽讲解，在讲解过程中从未出现混乱和遗漏现象。在法会期间和法会后，听众无不叹服，大加赞赏，皆认为这绝非是一般人的才能所达到的，要么这位大师一定得到智慧本尊的加持，要么必定是一位获得陀罗尼（如不忘和智利陀罗尼）的大菩萨。这次法会讲经后，大师的声誉犹如菩提树的花香遍扬雪域。另外，他为有根器的具缘弟子分别讲授“道次第和生圆二次第”一些基础密法，并按鲁益香曲的《建立次第注疏》，讲说“五次第要义”、三次第的“幻身修法”等。当他的《密宗道次第广论》著成后，以此讲授密宗四续部的难点要义。大师在绛曲隆寺为几百三藏法师讲授了《密宗道次第广论》的全部；应噶瓦东寺、觉摩隆寺、司普寺、塘萨巴寺等寺院之请，先后为600多名三藏法师讲授《根本智论广释》《菩提道次第》《辨了不了义论》《密宗道次第》《事师五十颂》《四百颂》等显密经论。后来，大师在枳吾隆寺，由500善知识作侍奉，帕竹阐化王扎巴坚赞作供养，为上千人讲传“道次第”和鲁赫巴传规的“胜乐修法”以及“母续圆满次第”等密法。

大师修学显密经论或十明学科，不是浮光掠影，生吞活剥，而是深入到书林的“腹地”尽情采撷，深钻细研，融会贯通，将浩瀚的内容变成自己的知识学说。他讲经时把死的书本知识变成活的教材，灵活地讲授给广大听众，所以闻法者易懂易记，印象深刻，广为赞颂。

宗喀巴大师游辩场辩才无碍，精哲理舌战群雄。19岁开始，大师在桑普寺立宗辩经，渐露头角，后凡到寺院都立宗辩经，越辩越精。按理以他的渊博学识、敏捷的思路、宏亮的声音、雄辩善论的才能足以驳倒他的每一位对手，但他将辩论只看作一种学习手段，通过辩论，使辩论者双方取长补短，解决疑难，加深对教理和教义的理解，这才是他辩经的真正目的。大师对前人的辩经理论和制度，认真进行取舍，增补合适格鲁派学僧讲辩的新内容，逐步形成格鲁派的辩经考试制度。当拉萨三大寺建成后，按各寺具体情况和特点，大师将这种辩经考试制度更加系统化、规范化，还特地制定了一些各寺普遍实用的条例和遵循的具体原则。

宗喀巴50岁左右，面对戒律散涣，日益式微的卫藏佛教，他深感痛心，在以阐化王扎巴坚赞为首的前藏藏王的大力支持下，他立志起衰救弊，锐意改革，制定出改革措施：

一、要求僧人严守戒律，强调僧人过严格的宗教生活，每个僧人的一言一行，衣食住行，皆依律而行。

二、严禁僧人娶妻生子，戒以女性作手印明妃，戒杀生，禁饮酒，令所有随从弟子，日日体察自身有犯无犯，倘若有犯，当即还净。

三、提倡学经制度，注意修行次第，遵循先显后密，先闻思后修习的次序。建立辩经、考试、授学位的制度。

四、每个寺院建立制定切实可行的规章制度，僧人依规而行。主要学经机构与经济管理必须分开，管理实行“委员制”，摆脱对单一世俗农奴主的依赖关系，而与各地方势力广泛建立起“施主”关系，不干涉世俗事务。

由于宗喀巴大师进行了一系列有效的宗教改革，从而恢复了佛教在卫藏的权威、地位和号召力，既赢得了僧侣们的广泛拥戴，又迎合了统治阶级的需要，得到了他们的支持。

修缮宗西寺是宗喀巴大师的又一功德。位于今山南地区桑日县沃喀宗西地方的宗西寺，是东律初祖喇钦・贡巴饶赛遣康区一噶举派格西嘎尔木・云丹永仲修建的，并赐给该寺一尊有加持力的弥勒佛铜像，供奉于寺内。寺院兴盛时，有寺僧500余人，后来寺院逐渐衰落下来，无人管理，佛殿陈旧腐朽，佛像被灰尘覆盖，鸟粪斑斑，一派颓败之象。宗喀巴大师36岁时，带领八大弟子，专程来此寺，目睹佛寺如此凋零的景象，心中难过，流下了悲泪。当时，大师请求沃喀达泽宗本钦作施主，进行了寺院建筑的彻底修缮。当绘制壁画时，无资金购买颜料，只好供施财神，祈求钱物，后从雅隆地方来了几位画师，并带有颜料，才绘制了壁画。大师用金汁涂了佛身，做了佛冠，使佛寺面貌一新，作了开光仪式，佛寺重显佛光，并委任沃喀嘉赛仁波切主持寺院。

1408年，大师51岁时，明永乐皇帝第二次遣使臣前来召请宗喀巴大师进京。大师为了筹备1409年的拉萨祈愿大法会的工作，又一次婉言谢绝，在使臣们的再三请求下，答应法会后派一高足前往京师觐见皇帝，并弘传佛教正法。法会后，大师派释迦益西带领几位弟子赴京朝觐，自此，格鲁派与明王朝建立了福田关系。

三法苑圣地扎根，善律派高竖法幢。自1409年祈愿神变大法会后，大师带领几位弟子勘察建寺基地，开始筹备建寺。由仁钦贝等任施主，在今拉萨以东达孜县境内的卓日旺古山创建了格鲁派第一座寺院——噶丹寺，汉文史料中写作甘丹寺。这是格鲁派在前藏的祖寺。金虎年（1410年，明永乐八年）二月初五日，宗喀巴同500名弟子在这里举行了开光典礼。噶丹寺初建后，只有一座僧伽集会诵经的大经堂，而没有修密法的殿堂，因此，大师又想建一座专门修持密法、设金刚坛城的殿宇。于木羊年（1415年）夏季，大师奠定了修建密宗殿的基础，到火猴年（1416年）密宗殿圆满竣工，取殿名为阳巴金殿，内建造三座密宗坛城，塑立以六十二尊胜乐尊为主的胜乐金刚坛城，以三十二尊密集金刚的密集坛城，以金刚手、大威德金刚坛城三座金刚坛城，还塑供了许多密宗佛像。

木马年（1414年，明永乐十二年），宗喀巴大师吩咐弟子绛阳曲杰・扎西贝丹修一座佛寺，并赐给他一个象征吉祥的右旋白法螺。以此，绛阳曲杰从1414年开始，在拉萨以西的格培乌孜山脚下，修建了一座规模比噶丹寺大的佛寺，取寺名为哲蚌寺。

土狗年（1418 年，明永乐十六年），释迦益西从京城返回后，在拉萨东山脚下的平地上奠基，由宗喀巴大师作加持，开始建寺，即色拉寺。1419 年秋，色拉寺基本规模已形成，后陆续扩建，成为一座大寺。拉萨三大寺的创建，标志着格鲁派这一新的宗派的诞生，自此，善律派的法幢矗立于圣地拉萨之上。

土牛年（1409 年，明永乐七年）正月，宗喀巴大师在藏王扎巴坚赞和长官南喀桑波的大力支持下，在拉萨大昭寺举行了盛大规模的正月神变祈愿大法会。法会前，藏王扎巴坚赞和长官南喀桑波出资将大、小昭寺进行了培修，宗喀巴大师用 36 两黄金为释迦牟尼做了纯金五佛冠，还为大、小昭寺的两尊释迦佛像做了佛衣，将大昭寺释迦牟尼佛像由化身像改为法身像。这次法会有不同教派寺院住持和地方头人作施主，所献财物甚多。法会上有不同教派的万余名僧人，两万余信众参加，也在卫藏佛教史上可以说是首例，在卫藏各地方势力，尤其在各教派中产生了极其深远的影响。

宗喀巴 7 岁入夏琼寺出家后，边学经边修持，从未中断。他在修行中多次出现了不可思议的奇迹。1394 年，大师 38 岁时，去闭关专修，带领八大弟子乘船过江来到山南沃喀却隆寺，每人住进一个修行洞修习。此时，大师开始意识到以积资忏净最为重要，因此他由于经常不断地修“忏罪法”，结合百拜顶礼和供养曼札，天天磕等身长头，以致指端磨裂，指血常出。他每天供养的曼札是以一块沉重的石料做成的，久而久之，肘部磨烂，鲜血淋淋。这种苦修法感动了诸佛，以致三十五佛的身像不断出现。后来他又亲见了身如纯金、诸宝严饰的弥勒怙主。师徒九人在这里苦心修炼时，沃喀宗的头人扎西坚赞从托科来到却隆寺附近，看见却隆寺里发出佛光，他让部下去察看，察看的人回来说，那九个洞中有九名瑜伽师在修炼，故有佛光出现。头人父子遂对大师心生敬仰，作施主为他们承事供养。大师 39 岁时，有一天，他正在修持，又亲见本尊文殊明显现身，从文殊胸间出现由内向外的剑柄，直连到大师的胸间，剑上流出黄白色的晶莹甘露，甘露从文殊胸间不断地流注入大师心中。因此，大师全身出现无量无漏大乐。大师在修行期间，从山南洛扎去杂日神山朝礼，并礼供了胜乐金刚，获得了许多生圆二次第的修证。大师在快达到一生一世将要成佛之际，必须依赖手印修行时，许多弟子请求他选用一合适的业手印母修习为佳，他说：“我内部的近因完全具足，也拥有着依手印的诸扼要，依手印是不会发生过失的，而且将实现迅速成佛的方便，但那样做，总是对于佛教有害，会伤害教法根本戒律学处，故不用人作明妃而修，也不开许那样的修法道路。”故未答应弟子们的请求。那时，大师已拥有戒、定、慧三学和出离心、菩提心和清净正见等大乘共通道之现证功德。

大师39岁时，到涅区（今西藏山南隆子县）时，在一座金粉塔前作了盛大供养，后又到岗琼寺，为该寺的僧众讲经传法，由于大师的悲心感召力，寺院附近各村庄的信徒信民，对大师也产生了敬仰之心，在这里的所有僧俗大众为振兴佛教，塑制了数以万计的小泥塔、佛像等。这是大师在藏区为复兴日渐式微的佛教而所做的又一大功业。这次传法、供养、造塔、塑像的盛会，在隆子县僧俗大众的心灵深处打上了不可磨灭的烙印。

宗喀巴大师示寂前仍说法不止，他为了利益佛教众生，作出了广大事业。对于雪山丛中的有缘众生，大师亲自作度化事业。1419年秋，应信徒信民之邀，大师先去了拉萨，朝礼大昭寺释迦牟尼佛像，又到堆隆地方住休，后赴哲蚌寺为僧俗大众讲经说法，从哲蚌寺又应释迦益西之迎请到色拉寺讲经，并选定喜饶僧格为弘传密法之主，并顺路应扎嘎宗的宗本之请，到大乐顶讲经，在那里倡建了一座密宗寺院。之后从大乐顶到德钦传法，再返回噶丹寺。

藏历土猪年（1419年，明永乐十七年）十月，宗喀巴将噶丹赤巴传给大弟子嘉察杰。这年十月二十五日黎明前，大师在佛前诵“往生经”后，身穿三法衣，于法垫上结金刚跏趺坐，端庄身躯，双手作入定印，双目微闭，似在作最后祈祷，当日轮滚出山顶，光照人间之际，经三空（红、白、黑）相合，摄色身于胜义谛光明法身而示现圆寂，享寿63岁。大师的肉身经珍贵药物处理后保存于一座檀香木的坐棺中。后精制了一座缀满各种宝石的大银塔，将檀香木棺奉安于大银塔中，置于灵塔殿。

大师一生师事40余位上师，有三位互为师的上师，法脉弟子共3000余名，其中前期八大弟子：嘉察杰・达玛仁钦、克珠杰・格勒巴桑波、格敦朱巴、都增・扎巴坚赞、绛央却吉、贤钦却吉、居钦・贡噶东珠、喜饶僧格；后期八大纯贤弟子：绛嘎巴、加央曲桑、仁钦坚赞、桑郡・绛桑巴、道丹・绛白嘉措、喜饶扎巴、贝郡巴、绛白扎西，此八人为宗喀巴大师离开世务专修时从事服侍的八位近侍弟子；此外，还有事业继承者5人，教法明灯10人，利他事业者6人，被明皇御赐法王的有释迦益西和绛喇嘛却吉嘉布2人，2位多闻学者是大师的侄子，即玛久・南喀华和索朗南加。大师的一位侄孙名叫罗桑尼玛，学有成就，当桑普寺分成上院和下院后，下院中的住持中，以罗桑尼玛名声最盛，他在桑普寺下院任住持后，又担任了噶丹寺第九任大法台。

宗喀巴大师一生著作颇丰，四川德格印经院和青海塔尔寺印经院的木刻本计19函，170余种。拉萨三大寺和布达拉宫中有木刻版，有的为19函，有的为18函。后藏纳塘寺印经院和札什伦布寺、甘南拉卜楞寺、卓尼印经院都有木刻版。大师不仅是一位学识渊博的杰出佛学家，还是一位有名的藏族诗人、艺术家和语言学大师。宗喀巴大师的《诗文散集》，共收有130余篇，其中120篇为诗歌，其余为散记，其中有名的为“四大赞”或“五大赞”。

嘉察杰·达玛仁钦
——至尊宗喀巴上首弟子

嘉察杰·达玛仁钦是宗喀巴大师的亲炙得意门生，对格鲁派的产生、发展起了重要作用。他佛学知识渊博，尤擅长佛教哲学，在当时是藏区一名著名的辩经高手。后来人们将宗喀巴、嘉察杰、克珠杰在格鲁派中称为“师徒三尊”。

嘉察杰·达玛仁钦，意为“接替法王·兴盛宝”，据说嘉察杰·达玛仁钦是吐蕃大臣拜·达巴的后裔，于藏历第六饶迥之木龙年（1364年，元至正二十四年）生于后藏年堆（即年楚河上游）日囊佐齐东果地方。父亲达宏巴出身于大臣拜氏家族，母名觉姆喜饶。孩子出生时，南边的曙光映照岗日沃齐神山，也就是说他在金色的太阳刚升起山顶时降生。

10岁时，由乃宁巴·仁钦坚赞任亲教师、扎陀巴·宣努慈臣任轨范师，给他授沙弥戒而正式出家为僧，赐法名达玛仁钦。自此，他从两位授戒师始学文字写读和别解脱戒。后拜大学者贡噶贝衮为经师，学习《释量论》及《量抉择略论》等；拜日昂哇·仁钦多杰为师，学习“般若经论”；从年多札卡巴·顿珠仁青学习“上下对法论”；依噶玉巴·洛哲桑布闻习《戒律论》；在译师嘉却华桑和相巴贡钦等师处聆听许多显密正法。尤其拜萨迦派名僧仁达哇为师，先学习般若、释量、律经、现观、中论等显宗论典，后又聆习吉祥密集、时轮、胜乐等密宗方面的经论，成为精通显密经论的善知识者，为仁达哇饱学七大论师弟子之一。以后又因到萨迦、桑普、孜塘等地巡回辩论“十部大论”而声名日著，被称为“十难论师”。

土龙年（1388 年，明洪武二十一年），达玛仁钦 25 岁时，经请求，由曲杰·贡噶贝巴任亲教师，至尊仁达哇任羯磨师，杰岗坚·耿噶贝哇任密教师，在持律师贝丹罗哲、洛哲村美等二十一位具比丘僧面前受了比丘戒。之后继续巡回立宗辩经，据说曾经与萨迦派著名雄辩家绒敦·玛威僧格（又名绒敦·释迦坚赞）和大贤雅德班钦传人辩论后，获得噶居巴[①]之称。之后，心高气傲的达玛仁钦来到前藏巡回辩经，当听到宗喀巴的盛名后，想和宗喀巴辩论斗智。一次，宗喀巴正在给僧众讲经，达玛仁钦走进讲经院连僧帽不脱，宗喀巴一见此情，当即离开高位法座，坐到下面的法座上继续讲经。达玛仁钦仍然表现出傲慢的姿态，戴着僧帽大摇大摆地登上大师的高位法座，坐下来静听宗喀巴的讲经，但他听到的完全是过去在其他智者尊前从未听到过的高深经论，此时此刻，刚才的傲慢之心云消雾散，对宗喀巴肃然起敬，连忙脱下僧帽，从高位法座上下来，坐到听众中间，继续聆听经法。后来他放弃了与宗喀巴辩论的打算，诚心拜大师为师，做了首要弟子。还有一种说法是，嘉察杰闻知大师盛名之后，前来试探大师到底是一位怎样的人，当他见到大师后，向大师提出了许多疑难问题。大师也揣度此人是一位证道者转生而来的，故对他的提问没有做正面回答。大师开始从印度法称论师的理论讲起，说出凡希求解脱者决不可缺少的一切经论皆为修行的重要教授，及其教理等完整语教。由于嘉察杰系具法眼的利根智者，问法之后立即领会于心，由理智正实力，得知这是将一切经论作为修行教授而开示的，能获得这空前嘉言甘露的缘分，实应庆幸。同时，他想到这确是完成了将一切智佛世尊的所有正法无余地一起宣说的伟大心愿，因此心中生起情不自禁的敬信。他想道：“奇哉，我已成为无上大德怙主所摄受的人”，于是百拜顶礼，以其头顶敬礼大师之足，请求慈悲摄受。他真心虔诚的声音随泪而发，因此大师也心生欢喜，允如所请。自此，他从大师聆习“菩提道次第论”教授及“生起次第”和“圆满次第”教导等显密宗经论的教言、秘诀的全部。后来宗喀巴大师在南藏当地方为僧众详尽讲授《律藏三学》经论时，他全部牢记于心，并整理成笔记。宗喀巴大师在色拉曲当山寺讲授《母续圆满次第种子》经时，他也认真做了笔录，即后来所称的“圆满种子笔记”。

土牛年（1409 年，明永乐七年）正月，拉萨祈愿大法会结束后，宗喀巴大师在今拉萨以东达孜县境内的卓日旺古山上选择了建寺地址，委派达玛仁钦和都增·扎巴坚赞两位弟子负责兴建噶丹寺（甘丹寺）。首先建成了佛殿、经堂、寝宫及 70 多间茅屋僧舍。噶丹寺建成后，该寺有绛孜扎仓和夏孜扎仓两个学府机构，绛孜扎仓是由达玛仁钦所创立，夏孜扎仓由克珠杰所建立。后又协助宗喀巴上师在噶丹寺修建了修习密法、供奉金刚坛城的阳巴金密宗殿。从此，达玛仁钦在噶丹寺专注于修学。他成名后，宗喀巴的许多弟子也拜他为师修学佛法。达玛仁钦协助师尊宗喀巴宣传格鲁派主张，为创建格鲁派而尽心竭力。土猪年（1419 年）十月，宗喀巴大师临终前，将达玛仁钦传唤到他的寝室中，把自己的半月形僧氅、通人冠黄色僧帽授予他，让他接替格鲁派法位，"接替"藏语意译为"嘉察",后来称他为"嘉察杰",意即"接替法王"或"继任法王"，为噶丹寺第二任赤钦。

土猪年十月二十五日宗喀巴圆寂后，达玛仁钦开始主持噶丹寺政教事务，培育寺院人才，让僧众走上成熟之道。金猪年（1431 年，明宣德六年），嘉察杰年 68 岁时，他主动从噶丹寺赤巴的法位上退下来，将法位转交给宗喀巴的第二大弟子克珠杰担任。嘉察杰卸任后继续专注于讲、辩、著，并为弘传格鲁派教法、教义，致力于著述论说。其著作有中观、般若、释量、俱舍、现观庄严、戒律、密集、时轮、修行等方面，共 8 函，其中《入中论摄义》《能显解脱道论》《中观根本智论解说》等著作,以及记录整理的《因明备忘录》（或称《因明理路集》），是格鲁派学制中的必修课本。

嘉察杰·达玛仁钦于藏历第七饶迥之水鼠年（1432 年，明宣德七年）五月初八在布达拉宫圆寂，有的史料中说他在从噶丹寺去布达拉宫的途中圆寂。其遗体被迎回噶丹寺，奉安于制作的银质灵塔中，安置在噶丹寺灵塔殿中，即阳巴金佛殿中，作为应化众生供养的福田。

注：

①噶居巴：后藏札什伦布寺中对格鲁派必修的五论本注已经粗通的格西学位。

格敦朱巴

——一世达赖喇嘛

遍知格敦朱巴贝桑布，意为“一切知僧成”，于藏历第七饶迥之金羊年（1391年，明洪武二十四年）生于后藏萨迦寺附近的霞堆古尔木地方，但在《菩提师承传》中其出生地为后藏吉尔玛地方列萨村。父亲贡保多杰和母亲觉姆南吉有子女5人，格敦朱巴为第三子。

格敦朱巴刚出生时，家遭劫匪，仅有的一点财物被掠夺而去，母亲将他包裹在一件小皮袍中，藏在山间岩洞中，自己逃难去了。盗匪走后，母亲来寻他时，只见许多禽兽护围在岩洞周围，使他安然无恙，据说其中有一只大鸟是一尊护法神的化身。之后，全家迁到喀多的村庄居住，他和该村的牧童一起放牧。三四岁时，他与同龄小孩一起玩耍时，不是垒塔、建殿、塑佛，就是为其他孩子学讲经。5岁时，他跟一个姐姐学习雕刻嘛呢经文，据说他所刻写的经文现在还能依稀可辨。之后为一富户人家放牧，所到之处在岩石上、山崖上刻写了许多六字真言、三字金刚、伞盖、梵幢、经幡等文字和图案。后来举家迁居纳塘的普格当地方，7岁时丧父，他抄写了一部药师佛经文，以消除父亲的罪障。是年，母亲送他到纳塘寺，换上黄色僧装，剃发为僧，与童僧一起开始学经，因未举行出家受戒仪式，其他僧人称他为尊琼柔加，意为半俗半僧之人。

之后，他从纳塘寺堪布智白喜饶受近事戒（居士戒），并常诵法行经文。因他严守近事戒律仪，故寺僧又称他尊琼白多，意为莲石小僧。启蒙经师让他学习一切知识之本——文字读诵，于是他便从嘉敦旃扎师与百名小僧共同学习文字和经文读诵法。因他声音宏亮，过目成诵，故领读师对他说："文字和读诵方面你已超过了我，以后由你任领读师！"自此，他成了百名童僧的领读师。他兴趣广泛，喜学书法，拜擅长书法的释迦贝学习各种文字的书法写作，先后学习印度文、藏文、梵文、八思巴蒙古文、兰札文、乌尔都文及汉文，练习各种字体，如行书、草书、篆体、楷书等，成为通晓各种字体的书法家。他15岁时，即木鸡年（1405年，明永乐三年）三月二十一日，由智白喜饶任亲教师、罗丹巴格西任轨范师为他授沙弥戒，赐法名格敦朱巴，从此他加入了僧侣之行列，开始正式从师学习显密诸论及共同文化知识。

16岁，格敦朱巴在纳塘寺从大学者玛哈班智达·萨嘎夏室学习《诗镜论》、《甘露藏》（一部同义字典）、《声明论疏》以及许多灌顶密法，为学习文学和密法打下了基础。20岁时，他从亲教师智白喜饶、轨范师罗丹巴、密教师扎巴喜饶受比丘戒，从该寺几位大堪布和格西学习《释量论》等哲学经典后，在纳塘立宗辩经。

木羊年（1415年，明永乐十三年），盛誉遍藏的宗喀巴大师应西藏阐化王扎巴坚赞之请，到扎西多喀地方向僧俗大众讲经说法，25岁的格敦朱巴与师父顿智克珠一同慕名前来听讲。他对宗喀巴的讲授深为折服，乃拜宗喀巴为师，喜结法缘，向大师学习格鲁派教法。后来宗喀巴让他到塘波且拉章向尼玛坚赞求学密法，该师给他传授了密集不动金刚法、大威德十三尊法、红阎曼德十三神女法等极密佛法。在昌珠寺，他从贡桑巴学习因明及中论，后又经请示宗喀巴上师，赴桑普寺参加辩经活动。秋季法会时，他到了噶丹寺，从宗喀巴大师聆习《菩提道次第广论》《胜乐轮本续解说》《密法灌顶》等显密经论；从嘉察杰·达玛仁钦学习因明、般若、慈氏五论等许多经典，后来"自谓般若大乘"方面从嘉察杰受益最大；从持律师扎巴坚赞（1374～1434年）闻习《不了了义论讲解》及其他经论。近3年时间，他在噶丹和桑普二寺中往返学经辩经，受益匪浅。土猪年（1419年），宗喀巴大师从多隆曲参到哲蚌寺时，他又到该寺向大师求学《菩提道次教授》《那若六法》《入中论》《密集续》等经论，这是他从大师最后的一次闻法。

此后，格敦朱巴师事玛尔端·贝丹仁清和嘉措仁清二师学习《经部本论》《俱舍论》《四阿含经之教言》等经论，又曾在朗多的同门巴寺中受喜饶僧格之委派与夏达波的班智达扎西南杰二人讲经说法。之后，他到桑普扎修行洞修习正法。火马年（1426年，明宣德元年），他赴后藏相钦寺为70余名寺僧讲经说法，又到纳塘相钦达那山寺等寺院弘传佛法长达6年之久。当嘉察杰和克珠杰二人到乃娘时，他前去拜见，聆听许多教法，后师徒一起到西藏各地游学讲经，在白玛曲定寺拜见班钦久哲大师闻习二十一度母、十七度母、白绿度母、妙音天女、白伞盖等的灌顶法和随许法，从协嘎尔复又去噶丹寺从嘉察杰学习时轮经，应格郡噶布之请到日库寺担任住持，后从日库转赴纳塘、相曲、珀东、格丹等地讲经弘法。水鼠年（1432年），嘉察杰圆寂后，格敦朱巴主要依克珠杰闻习经法，主要学通了时轮疏释等密法。在噶丹寺绛孜扎仓（北院），他从法王南喀贝哇学习"世尊大轮加持续部灌顶教言秘诀"及噶丹耳传密法。火龙年（1436年），他首先在纳塘地方的绛钦创建了日绰静房，在这里住修了一段时间，然后又到香朵日山格培寺闭关修习一月余。金猴年（1440年），他到纳塘寺，在此寺中著成《毗奈耶经广因缘集》一部律藏经典。格敦朱巴在前后藏广参名师40多位，学习显密诸论及大小五明论近40年，成为博通显密、由博返约、博约相济、学而有成的佛学家。

格敦朱巴学法修法成名后，欲建一座弘扬格鲁派教法教义的道场，据说在他的梦中先后有宗喀巴大师和吉祥天女作授记，在名叫扎西伦布的山下风水俱佳之地建寺。当时，又有密宗大师喜饶僧格亲自给他指着这座山说："你可以在这座山下建寺收徒广弘佛法。"于是他坚定了在这里建寺的决心。首先在桑珠则（今之日喀则）的扎玛拉章（旧寺殿宇）内进行奠基供圣物。于火兔年（1447年，明正统十二年）夏，在后藏大贵族曲雄朗巴索南贝桑和桑珠则（今日喀则）宗本琼杰巴·索朗班觉的资助下建成佛寺一座。当时，仅建成措钦大殿（即全寺大经堂），有出家僧人百余名，寺名初为"康建曲培"，意为雪域兴佛，待寺全部建成后，格敦朱巴正式取名"札什伦布寺"，他自己担任该寺第一任大法台。继后，他在经堂和佛殿内塑造了弥勒菩萨为主的代表身、语、意的佛像、宝塔、佛经等供养圣物。土鼠年（1468年），格敦朱巴出资制作释迦牟尼佛缎制堆绣大佛像并举行了盛大的开光仪式。他自己担任该寺的主讲师，为寺僧讲授显密经论，培育殊胜弟子。

后来噶丹寺第五任赤巴卸任后，寺院教务主持乏人，于是噶丹寺派人来请格敦朱巴出任噶丹赤巴。他考虑到寺院建成不久，许多制度尚未完善，故未答应任赤巴一事，但举荐了一世班禅的弟弟巴索·却吉坚赞去担任赤巴。

格敦朱巴大师于藏历第八饶迥之木马年（1474年，明成化十年）十二月初八凌晨时结金刚跏趺坐，手持平等印而示现圆寂。那时，他一反过去病中的消瘦形态，身相如满月一般圆满，发出灿烂夺目的光辉，享寿84岁。

格敦朱巴一生著述较多，金狗年（1430年）著《入中论疏释》、水鼠年（1432年）著《因明论注释》、水牛年（1433年）著《中观论注释》、火蛇年（1437年）著《量理庄严论》、土牛年（1469年）著《律藏注释》、金猴年（1440年）著《别解脱经注释》、水猪年（1443年）著《寺院规则》，另外有赞颂、修行、仪轨、祭供等方面的散篇及道歌、偈颂、传记等共计24卷，其中《律经注释》《毗奈耶经广因缘集》《释量论小疏》《量理庄严论》和《自传》是他的代表作。

自三世达赖喇嘛后，格敦朱巴被追认为一世达赖喇嘛。

格敦朱巴大师的著名弟子有持律师贝丹桑布、金刚轨范师桑波扎西、贡嘎德勒仁青坚赞、然贤巴·丹贝尼玛、华勒罗哲、索巴贝智、堪钦喜饶坚赞等。

格敦嘉措

——二世达赖喇嘛

格敦嘉措，意为"僧海"，于藏历第八饶迥之火猴年（1476年，明成化十二年）十二月初三，出生在后藏日喀则西北达那尧嘎多杰丹地方一个普通农民家中。其生年又有木羊年（1475年）说法。父亲贡噶坚赞和生母贡噶贝姆都是佛教的虔诚信民。他出生后不久，即能口中常诵至尊度母的经咒，两三岁亲见宗喀巴大师圣容时，双手合十，抬头仰观，父母问他："你在看什么？"答道："看头顶的罗桑扎巴上师。"他的许多异行引起了格敦朱巴的司膳师卓玛和札什伦布寺闻思院贡噶群觉等人的关注，二人携带哈达等礼品到孩子的家乡考察时，一见面，孩子问卓玛道："你辛苦了！"并说出前世的一些事情。他们对此十分惊奇，便献哈达等礼品，确定孩子为格敦朱巴的转世灵童。10岁时，他被迎往札什伦布寺坐床，在班钦隆柔嘉措尊前受居士戒，法名格敦嘉措。之后，他来到格敦朱巴的得意门生乃娘夏茸贡噶德勒处。乃娘法王对他十分敬奉，由该师任亲教师，班钦隆柔嘉措任轨范师，引经师桑杰次成任报时师，给他授沙弥戒。他遂拜班钦隆柔嘉措和班钦益希孜莫二人为师，始学文字和《释量论注释》等显宗经典。后在哲蚌寺洛赛岭法主加央勒巴群觉和噶丹赤钦加央孟兰贝哇二师的鼓励下，赴前藏哲蚌寺学经。此后的3年中，他主要从加央勒巴群觉上师学习《入中论疏》《般若》《因明》《戒律》《俱舍》《上对法》《庄严论》《宝性论》《不了了义论疏》《诗镜》等经典，之后闻习《密集四灌顶法》《密续指导》《五次第明灯论》《生起次第注释》《如意胜乐》《圆满次第大瑜伽解说》《那若六论导释》《时轮经教授》《喜金刚续释》《菩提道次第广论》《密宗道次第广论》，以及《宗喀巴师徒三尊文集》《加央法王传》《米拉日巴传》及其《道歌》等许多显密经论和传记文学。木兔年（1495年），他21岁时，在哲蚌寺佛殿内，乃娘法王任亲教师，勒巴群觉任轨范师，却吉桑杰藏布任屏教师，于二月初八神变节时给他授了比丘戒。加央勒巴群觉为他传授了一些有关比丘僧受持的佛教戒律学，以及白文殊法类、宗喀巴大师的广传和略传、金刚菩萨修行法等经法，使佛法甘露注满其意瓶。此时他编写了一本学法修法的道情歌集。在游学朝礼普琼寺和热振寺时，格敦朱巴的一名亲传弟子班钦雪拉沃色听到格敦嘉措的声名后，为报前师之恩，邀请格敦嘉措到山南琼结日沃德钦寺，为其举行了隆重的欢迎仪式，将他迎至该寺佛殿中敬奉供养。班钦雪拉巴向他行顶足礼后，听受了吉祥天女灌顶法。在德钦寺，他撰写了《宗喀巴秘传》，并在寺僧的请求下为僧众讲授了格鲁派诸贤哲的文集及新旧噶当派的教法史，后从克珠诺桑嘉措上师聆习显密二道之精要法——《菩提道次第教授》《道次第教授甚深法》等显密要法。

土羊年（1499年，明弘治十二年），格敦嘉措云游到吉雪[①]地方，第一次到桑普寺朝圣，在释迦牟尼佛像前顶礼膜拜，做盛大供养后诚心祈祷，然后到哲蚌寺在僧伽大会上讲经说法，为僧众发放布施。金猴年（1500年），25岁时，他赴叶尔巴拉日宁波古尔寺为有缘弟子讲经。之后，他又到热振寺，为阿底峡师徒身像及灵塔做盛大供养。相传，该寺有一棵已干枯多年的柏树，他祈祷说："如果我是格西仲敦巴大师的化身，请你（指树）生出枝叶和花朵来！"果然柏树复活，生出枝叶了。28岁时，在加央勒巴群觉等几位上师的劝请下，他著了一部《金刚瑜伽自性光明·大日论》的密宗经典。水猪年（1503年）秋，他赴后藏，在泽当寺广转法轮；不久又回到前藏，为噶丹寺和拉萨上下密院的僧众讲经弘法后，第一次闭关修持；后又来到登嘎尔，朝礼内供《神变书》宝典的佛塔时，出现了几种奇异现象；应邀到色拉寺讲经，后又应哲蚌寺活佛及僧众之请到哲蚌寺广转法轮，寺僧像尊奉宗喀巴大师一样尊奉他。

土蛇年（1509年，明正德四年）五月，格敦嘉措到山南的羊卓雍措湖巡礼时，在距湖不远的嘉梅朵，择地奠基建寺，修建了70根大柱的佛殿一座、八柱后殿一座、四柱门房以及香积厨一所。据说该寺修建时，从地下掘出一只右旋石制法螺和一块四瓣莲石，寺建成后，将之作为主供圣物。格敦嘉措取寺名为曲科甲寺，并举行了开光仪式。寺竣工后，于水猴年（1512年），札什伦布寺第四任法台班钦益西孜莫及扎仓住持等迎请格敦嘉措到札什伦布寺，将他推上了札什伦布寺第五任法台的宝座。6年后，他返回拉萨。以后他每年冬春两季住在哲蚌寺，夏秋两季住在风景秀丽的曲科甲寺。火牛年（1517年），应哲蚌寺僧众的请求，格敦嘉措又担任了哲蚌寺第十任大法台；火狗年（1526年），应邀又兼任了色拉寺第九任大法台。土虎年（1518年），乃东大司徒扎西扎巴将哲蚌寺内的一座青石佛殿献给格敦嘉措，改名为噶丹颇章，成为格敦嘉措以及后世历代达赖喇嘛驻锡之地。后来到水马年（1642年）五世达赖喇嘛时期，五世达赖喇嘛在固始汗的扶持下，在噶丹颇章建立格鲁派政权，噶丹颇章遂成为解放前西藏地方政府的代名词。

格敦嘉措受比丘戒后，开始在西藏各地游学近10年。当时，他之所以去游学，有其宗教上的原因，也有政治上的原因。宗喀巴大师建寺、创派、举行祈愿大法会、宗教改革时，皆得到帕竹政权法王扎巴坚赞的积极支持，因为当时宗喀巴的势力还不足以影响帕竹政权的存在，所以扎巴坚赞能够尊敬宗喀巴。但到格敦嘉措时情况就不同了，帕竹政权的巅峰期已成为美好的回忆，它的第十一代法王扎西扎巴（1480 ~ 1564年）只能充当维系帕竹政权的一个傀儡，僧俗势力也不像过去那样唯命是从了。同时，格鲁派的势力逐渐强大，从土牛年（1409年，明永乐七年）开始在拉萨召开的传召大法会，每年都举行一次，格鲁派的喇嘛们以主宰者的身份传经布道，并向卫藏的四面八方扩散，深入人心，无形的影响极为深远。这种状况，使得过去是格鲁派的那些支持者和尊崇者们，现在不得不考虑采取行动转而来对付格鲁派了。这就发生了来自噶玛噶举、直贡噶举和后藏一些农奴主的攻击。最明显的是在土猴年（1488年）时，拉萨传召大法会的领导权被噶玛噶举和直贡噶举夺走了。格敦嘉措的游学就是在这种情况下发生的，在为了充实自己的佛教学识的同时，扩大宗教和政治影响。传召大法会的领导权直到格敦嘉措于水牛年（1517 年）出任哲蚌寺大法台，帕竹第十一代法王将噶丹颇章献给大法台时，才重新回到格鲁派手中。在传召大法会上沉寂 29 年的格鲁派，由格敦嘉措的亲自主持，于 1517 年重新恢复起来。

格敦嘉措于藏历第九饶迥之水虎年（1542 年，明嘉靖二十年）三月初八圆寂，享年 67 岁，其银质灵塔供奉在哲蚌寺内，后被追认为第二世达赖喇嘛。

格敦嘉措著作有《自传》《贡噶坚赞大师传》《上师赞颂集》《佛菩提颂》《教言道歌集》《密集生起次第》《中观注疏·义明》《宗派论·海之舟》《书札诗歌》《噶当经典摄义》等 44 卷册。

注：

①吉雪：地名，是拉萨河流域的通称。

索南嘉措

——三世达赖喇嘛

遍知一切索南嘉措，意为“福海”，为第三世达赖喇嘛，于藏历第九饶迥之水兔年（1543 年，明嘉靖二十二年）十二月二十五日出生在西藏拉萨西北之堆隆孜嘎康赛上部地方的一个小贵族家中。父亲名第巴·南嘉扎巴，曾任山南琼结宗的宗本，母亲叫

贝宗乌赤。他出生后，父母用山羊奶乳给孩子洗礼，诵吉祥词为他取乳名拉努斯却贝桑。他出生不久即会念诵观音菩萨的六字真言，3 岁时记忆起格敦嘉措所做的一些重要事迹，人们都认为他是格敦嘉措的转世灵童。火马年（1546 年）三月上弦月吉日，仲钦·桑热哇和哲蚌寺喇吉等认定为前世达赖喇嘛的转世灵童，迎入哲蚌寺，在噶丹颇章宫登上无畏狮座，全寺活佛、僧官及僧众都来敬献哈达祝贺。索南扎巴任轨范师给他剃度出家，并授予居士戒，赐法名索南嘉措。五月三日，他从哲蚌寺启程前往羊卓雍措湖，六月五日抵达湖边的曲科甲寺安住。期间，他为曲科甲寺僧人普施佛法甘露，然后返回哲蚌寺。土鸡年（1549 年）四月十五日，由班钦索南扎巴任亲教师，桑普法王勒巴顿珠任受业师，为他授沙弥戒。自此，他师事班钦索南扎巴学习长寿灌顶、欲界自在退敌母、法王外修随许法、六臂怙主、黄财神等法；从法王勒巴顿珠闻习《怖畏集咒》《菩提道次第广论》《菩提道灯论》《广略戒律论》《释量论》《俱舍论》《辨了不了义论》《经庄严论》《五次第明灯论》《生起次第成就海》等；以噶丹寺夏孜勒端为师学习四臂观音、马头明王密修、白度母、长寿五仙女、二十一度母、文殊静猛合修、密集文殊金刚及噶当十六精要等法，并对上述所学各种显密之法进行实修和研究，成为通达者。之后，他在哲蚌寺和曲科甲寺轮番住修，来回在沿途诸寺中讲经传法。

水鼠年（1552 年，明嘉靖三十一年），班钦索南扎巴卸任哲蚌寺法台后，索南嘉措登上哲蚌寺无畏狮座，继任哲蚌寺第十二任法台。水牛年（1553 年）正月祈愿大法会上，他上午演讲《释迦三十四本生传》，下午举行祈愿和回向仪式，弘扬宗喀巴大师的佛教事业。祈愿法会后，他又从班钦索南扎巴经师广学各种密宗仪轨和随许法，尽得其传。这时蒙古地方首领派使者来邀请索南嘉措去蒙古弘传佛法，教化众生。当时他因学业未竟，又任法台之职，所以未能成行。后到热振寺朝礼时，据说该寺护法神迎接了他，为寺僧讲授了噶当经教和三义精要等经法。从热振寺返回哲蚌寺后，他从班禅·却吉坚赞之上乘弟子堆隆巴·贝丹多吉聆习了噶丹耳传密法。木鼠年（1564 年）四月十五日，克智杰任亲教师，格敦旦巴达杰任轨范师，雪勒南杰任屏教师，索南华桑任报时师，在足数比丘僧中为他授了比丘戒。索南嘉措受戒后，应札什伦布寺和后藏地方官员之请赴日喀则，一路受僧俗大众的欢迎，为他们讲经传法，摸顶赐福；抵达札什伦布寺后登上了狮子法座，为全寺僧众讲授了一些显密经论。索南嘉措在后藏朝礼了纳塘寺、岗坚曲培寺、萨迦寺、绰普寺等著名佛刹，所到之处均讲经说法，做盛大供养和祈祷。从后藏回到哲蚌寺不久，他又应色拉寺僧众之请，到该寺为僧众讲经说法，并担任色拉寺第十三任法台。以后几年中，索南嘉措的莲足遍履卫藏各地，传播格鲁派教法，格鲁派在西藏的影响越来越大。

土羊年（1559 年，明嘉靖三十八年），蒙古土默特部首领俺答汗[①]率众占据青海西北部，当地一些藏族被迫陆续迁徙到黄河以南的今贵德、贵南、尖扎、黄南等地的牧区放牧为生。俺答汗了解到当时格鲁派在西藏的影响后，想借宗教势力为自己的统治服务，于蒙古地方弘传佛教，教化众生。在一个名叫阿兴的喇嘛的劝导之下，俺答汗及其眷属、部下全部皈依佛教，敬奉三宝。这个阿兴喇嘛据说是与三世达赖喇嘛索南嘉措的母亲是同一家族，是三世达赖喇嘛母亲的同胞堂弟，故称阿兴，意为三世达赖喇嘛的舅舅。他做工作沟通俺答汗和三世达赖喇嘛之间的关系。俺答汗决定再次迎请三世达赖喇嘛到青海湖畔仰华寺会晤。水鼠年（1576 年），俺答汗特派蒙古专使携带邀请函、特制金印、精致法衣和金银宝物等礼品，前往西藏迎请索南嘉措。专使于翌年六月到达拉萨，向索南嘉措献上邀请函和礼品。三世达赖喇嘛阅函后，为使格鲁派的佛法传播到雪域以外的蒙古地区，在那里生根、开花、结果，教化芸芸众生，便欣然接受了俺答汗的邀请，于火牛年（1577 年）十一月二十六日从哲蚌寺启程。临行前，他首先到大、小昭寺和噶丹寺做完祈愿法事，又有噶丹寺退任法台、色拉和哲蚌寺大僧官、藏巴班钦·柔巴僧格、温萨巴·桑杰益西、郡王扎西冉旦等僧俗官员前来送行。三世达赖喇嘛一行经热振，渡过长江、黄河，抵达果洛阿柔地区。阿柔部落献马千匹，牲畜万余头作为供养。土虎年（1578 年）五月十五日，俺答汗与索南嘉措在青海湖畔的仰华寺[②]（蒙古语察卜齐雅勒庙，建于 1577 年）会晤。在会面的盛宴上，俺答汗赠送给三世达赖剌嘛大量礼品，其中有 500 两白银制作的曼札一具、盛满宝石的金碗一只、五种色彩的绸缎各 20 匹、马 100 匹，其中 10 匹白马的马鞍用宝石镶嵌。献礼毕，俺答汗与索南嘉措一起走到 10 万人欢聚的中央，由洪台吉讲话，国师拔希担任翻译。讲话内容主要是双方追忆先祖忽必烈与八思巴结成施主与福田善缘，在蒙古地区弘传佛法的历史往事，俺答汗以忽必烈自居，索南嘉措则把自己比作八思巴，重新结成施主与福田关系，施主与福田犹如一对日月普照大地，开辟佛法正道，相互取得了信任和共识。于是，俺答汗赠给索南嘉措“圣识一切瓦齐尔达喇达赖喇嘛”的尊号；索南嘉措也回赠俺答汗“咱克喇瓦尔第彻辰汗”，这个尊号的意思是：能转金法轮的聪睿汗王。“圣识一切瓦齐尔达喇达赖喇嘛”，这一尊号中“圣识一切”，即为“遍知一切”，也就是说在藏传佛教中超出世界的，取得最高成就的人；“瓦齐尔达喇”是梵文，意为“持金刚”；“达赖”是蒙古语，与藏语“嘉措”是同义词，意为“大海”，聪明的蒙古汗王巧借“嘉措”一词转换为“达赖”，因为他悉知第二世格敦嘉措和第三世索南嘉措的法号中都有“嘉措”二字；“喇嘛”是藏语，意为“上师”，从此才有了“达赖喇嘛”这个专用尊号。后来格鲁派上层追认格敦朱巴为第一世达赖喇嘛，格敦嘉措为第二世达赖喇嘛，以后历辈达赖喇嘛的法号中皆有“嘉措”二字。

在这次会晤中，俺答汗集合土默特、鄂尔多斯、永谢卜诸部10万余众集会，宣布信奉格鲁派，举行了隆重的入教仪式，当时蒙古人受戒者达千人，仅土默特部就有108人出家为僧。经三世达赖喇嘛提议，双方商议后，制定了《十善福法规》，以法令规定部属禁止萨满教，烧毁“翁贡”；取消夫死后，以其妻、奴仆、乘马、财宝殉葬和杀牲祭祀等陋俗；保护喇嘛僧侣，修建寺庙、翻译经典、颁行戒律等。俺答汗还许愿在今呼和浩特修建寺庙，以八宝装饰佛像。博硕克图济农许愿将108函《甘珠尔》大藏经用宝石金银装饰。萨勒扎勒彻辰岱青许愿修建三世佛寺庙。这次具有历史意义的会晤结束后，俺答汗准备返回土默特时，邀请索南嘉措同行，而索南嘉措却派了二世东科尔云丹嘉措作为他的代表，常驻蒙古讲经传法，代表达赖喇嘛与蒙古各部汗王联络。三世达赖喇嘛说：“我现在正在修建理塘的格敦寺，等完工后，若西藏方面不出现其他事，我就去蒙古。”俺答汗同意了他的建议。这时，曾派到西藏给三大寺放布施的阿兴喇嘛从西藏返回青海，并带来了一封西藏全体僧俗恳请三世达赖喇嘛迅速返回西藏的信件。三世达赖喇嘛为了巩固与蒙古的关系和更广泛的弘传佛法，未做马上返藏的打算，而相继在青海、蒙古、康区各地弘传格鲁派教法，倡建佛寺。

索南嘉措与俺答汗的会晤，引起了明王朝的重视，于土虎年（1578年，明万历六年），命甘肃巡抚侯东莱把索南嘉措请到甘肃，让索南嘉措劝说俺答汗返回蒙古。因明王朝明确地意识到俺答汗邀请三世达赖喇嘛一是到蒙古地区弘传佛法，教化众生，二是为扩大自己的势力范围，占据青海广大地区，故让三世达赖到甘肃商议此事。索南嘉措于是年冬天到达甘肃，受到隆重接待。这时索南嘉措为了格鲁派的事业，也想和明王朝取得联系，得到朝廷的支持。因此，他与侯东莱会见后，答应了朝廷的安排，并且给张居正写了一封很重要的信，还送了压书贡品。张居正接到书信和贡品后，不敢擅自接受，向万历皇帝禀报后，万历皇帝准许达赖喇嘛纳贡。万历皇帝派人封他为“大地之上的救护者”，并赐印信及衣物，召请进京，还封其管家为国师。这相当于明朝承认了三世达赖喇嘛在西藏宗教上的崇高地位。三世达赖喇嘛于土兔年（1579年）回到青海，俺答汗在他的劝说下率众东返。

金龙年（1580年，明万历八年）五月，三世达赖喇嘛受云南丽江木氏土司的邀请前往西康南部，为刚建成的理塘大寺做开光仪式，并任命宗哲桑布为青海黄艾川彭措南杰林寺的堪布。金蛇年（1581 年），他在昌都强巴林寺、丹曲科林寺为上万僧俗讲经，并任强巴林寺的住持。接着又到芒康，收了一些本教徒。水马年（1582 年）底，他又应俺答汗所派使者之邀从昌都回到青海。水羊年（1583 年），他应申中部族头人和禅师仁钦宗哲坚赞之请到塔尔寺，驻锡于塔尔寺专门修建的森康贡玛（上寝宫）。三世达赖喇嘛在此寝宫中静修多日，期间，他选择了东山坡上林荫浓罩的一块宝地，诵经加持寺址，并为广大僧众讲经传法。三世达赖喇嘛特地嘱咐五部族头人和大禅师，以这块圣地为中心，集资建成佛法僧三宝俱全的一座梵宇伽蓝，并赐给自己的肖像画一轴、吉祥天母画一轴、护法神像一幅，还为扩建菩提大银塔赐银一千两。据《塔尔寺志》载，该寺最早的护法神“松格嘉沃”也是三世达赖喇嘛安置的。1584 年，僧人们在三世达赖喇嘛讲经坐过的地方修建了土台法座，后又建九开间赤康，将法座保护起来，从此该殿成为凡来塔尔寺的达赖喇嘛和班禅大师讲经说法的地方，被称为“佑赤贡玛”，意为前世达赖喇嘛讲过经的“宝座殿”。三世达赖喇嘛在塔尔寺讲经传法后前往化隆夏琼寺，朝礼了法王端智仁钦和宗喀巴大师像，辨认了端智仁钦的砖制灵骨塔，发现灵塔上有一道甘露从上而下流淌着，即刻以数百两黄金为布施，吩咐用铜包裹灵塔。后寺僧依三世达赖喇嘛佛旨，将砖制灵塔改建为铜制灵塔。三世达赖喇嘛之后到丹斗、央斗后弘期圣地朝礼传法，路经甘肃临洮寺时，调解了当地蒙古族与明王朝的纠纷，使他们归于和睦安乐，从临洮赴永靖地方的炳灵寺朝圣，朝礼了岩洞石窟佛像，又从甘肃回到青海火落赤部传教。这时，以鄂尔多斯的钦颜诺颜为首的一千骑兵前来迎请，于是三世达赖喇嘛启程，到鄂尔多斯头人色钦洪台吉的部落讲经传法。三世达赖喇嘛沿途历时两年，广转法轮，于木鸡年（1585 年）到达鄂尔多斯西拉乌苏河右岸的依克沙巴尔，在这里与蒙古王公们会谈，还调停了 3 个蒙古部落之间的战争；于火狗年（1586 年）到达归化（今呼和浩特），与僧格都棱汗会晤，为水羊年（1583 年）去世的俺答汗举行了隆重的祈祷仪式，给俺答汗所造的佛像装藏开光。火猪年（1587 年），三世达赖喇嘛又为僧格都棱汗的逝世举行了追荐法事仪式，同时在今呼和浩特倡建了席力图召（又写作锡热图召），接着应察哈尔部图门汗的邀请去蒙古东部传教，广收门徒。同年，蒙古喀尔喀部（今属蒙古国）阿巴岱汗远道前来拜见，三世达赖喇嘛赠给阿巴岱汗“诺门汗牙齐瓦齐尔可汗”的尊号。这时格鲁派的影响已遍及蒙古地区，三世达赖喇嘛的传教弘法事业取得了极大的成果。他不辞辛苦地辗转跋涉，用佛教之光照射着虔诚者的心灵，特别是使蒙古人皈依了佛法，把佛教从西藏远播到了蒙古草原。

土鼠年（1588 年，明万历十六年）初，应顺义王扯力克请求，万历皇帝遣使臣到蒙古，召请三世达赖喇嘛到京师会谈，并讲经弘法，使臣带的敕文中封他为“朵儿只唱”（金刚持）。三世达赖喇嘛接受了万历皇帝的召请，但不幸于当年三月二十六日，在赴京途中的蒙古卡欧吐密地方圆寂，此外又有在喀喇沁部一个叫扎噶苏台的地方圆寂之说，时年46岁。青海塔尔寺安放了他的灵塔，并修建了三世达赖喇嘛灵塔殿，又名“达赖遍知殿”，至今保存完好。

据说，三世达赖喇嘛临终前答应蒙古人将他的来世转生于蒙古地方。这是三世达赖喇嘛采取的一个极不寻常、出人意料的遗言。果然在他圆寂后一年，四世达赖喇嘛在蒙古王族家中诞生了。

注：

①俺答汗（1507 ~ 1583年）：又名阿勒坦汗，蒙古土默特部首领。原驻今呼和浩特一带，1559年入据青海，1571年明朝封为“顺义王”，1576年邀三世达赖喇嘛索南嘉措至青海湖畔的仰华寺相见，互赠尊号。在他的积极倡导下，藏传佛教在蒙古地区得以迅速传播。

②仰华寺：藏语寺名为“图钦曲科林”，意为“大乘法轮洲”，汉语称“仰华寺”。寺院位于今青海湖南岸的恰卜恰地方。1577年，蒙古俺答汗为了与三世达赖喇嘛在此会晤而特地修建。寺院由三重围墙护围，内建有观音菩萨、大威德金刚神殿，神殿之间建有菩萨、药叉殿和嘛呢石堆，寺前左、右两面各建有俄萨颇章和德钦颇章两座寝宫。寺院系汉式建筑风格，后由明廷派来的尚书郑洛因蒙藏事宜而焚毁。

云丹嘉措

——四世达赖喇嘛

四世达赖喇嘛云丹嘉措，意为“功德海”，是历辈达赖喇嘛中唯一的蒙古族活佛。他于藏历第十饶迥之土牛年（1589年,明万历十七年）正月二十日出生在蒙古土默特部，其父苏密尔台吉（亦名色钦却库尔）系俺答汗之孙，其母为成吉思汗弟哈撒尔十六世孙诺诺·卫征诺颜之女拜罕·努拉，是苏密尔台吉之次妻。据传，1588年农历三月三十日，三世达赖喇嘛之灵魂化现为一个持白色水晶串珠的幼儿入于母胎。母亲怀胎期间，所住的蒙古包上空多次出现奇异之兆。出生时，他已如3岁大的小孩，手持水晶念珠，身放光彩。有一天，孩子对母亲说：“去佛堂把《甘珠尔》大藏经的下函给我请来。”母亲拿来后，孩子一看经函就说:“这是我的传记。”母亲打开经函一看，是《白莲华经》中的《不空绢索传》，因此人们相信他是观世音菩萨的化身，向他祈愿。他刚满一岁时，为父亲建的佛堂开光，指着三世达赖喇嘛索南嘉措的肖像说：“这就是我。”在场的许多人请他摸顶赐福，他分别用双手或单手为诸人摸顶。当他将手放到索本（膳食僧官）等三世达赖喇嘛的旧侍从们的头上时，他能同时叫出他们各自的名字，将他们认出来，因此，在场僧俗众人惊奇得说不出话来。水龙年（1592年），他在许多僧人、官员和使者迎请下，在由父亲为首的一千骑士的送护下前往青城（今呼和浩特）。在前世达赖喇嘛倡建的席力图召内，该寺僧人手捧各种供品做前导，引他登上前世达赖喇嘛坐过的法座，僧俗大众向他顶礼。

灵童出生后，蒙古王公贵族们根据孩子的种种异行认定他为三世达赖喇嘛的转世，许多蒙古王公、王妃和洪台吉等亲自前来拜见。这时拉萨三大寺的喇嘛们，得到三世达赖喇嘛的灵童在蒙古土默特转生的消息后，采取了非常慎重的态度，他们召集了一次秘密会议，噶丹寺赤巴班觉嘉措建议派遣三世达赖喇嘛的大管家巴丹嘉措去蒙古亲自识别灵童，并组织了一个由格鲁派主要寺院僧人和支持格鲁派的贵族为成员的代表团，于水龙年（1592 年，明历历二十年）到蒙古土默特和青城等地明察暗访。代表团经过一番细致而周密的调查后返回西藏，与拉萨三大寺经过反复讨论后，才正式决定承认云丹嘉措确系三世达赖喇嘛索南嘉措的转世灵童。水虎年（1602 年），云丹嘉措 13 岁时，拉萨三大寺派出正式代表前往蒙古青城席力图召迎请云丹嘉措入藏。是年，云丹嘉措由蒙古官兵专程护送，从青城启程进藏。水兔年（1603 年），进入今青海互助境内的郭隆沟时，云丹嘉措被这里的风景所吸引，对随从说这里风水俱佳，是建佛寺的理想地址。途经湟中塔尔寺时，云丹嘉措被僧众迎入寺内，驻锡于上寝宫。他虽年幼，但对宗喀巴大师的诞生圣地却极为关注，在其管家和近侍僧等的参谋下，任命沃赛嘉措为塔尔寺第一任大法台。他看到寺院中僧俗杂居，寺规不甚严明，吩咐法台诸人将僧俗分离开来，整饬寺院，严格寺规，并要求寺院尽快建立讲修经院，让寺僧有一个学习经典的学苑。之后，云丹嘉措沿唐蕃古道入藏，到藏北热振寺时，举行了坐床典礼，然后去噶丹寺朝圣，受到全寺僧众的热烈欢迎，在僧人仪仗队的导引下朝礼了各佛殿，尤其对宗喀巴大师银制大灵塔做了盛大礼供。抵达拉萨时，拉萨三大寺（噶丹、哲蚌、色拉寺）上层喇嘛穿戴整齐，手持线香，列队欢迎。仪仗队高举梵幡、佛像唐卡，在法乐的吹奏下前引，云丹嘉措由仪仗队隆重迎入哲蚌寺，登上噶丹颇章的雄狮法座，自此开始在该寺居住、学经。接着在大昭寺释迦牟尼佛像前，由噶丹寺卸任法台协俄·桑结仁钦任亲教师，噶丹寺在任法台格敦坚赞任轨范师为其剃度出家，授沙弥戒。

火羊年（1607 年，明万历三十五年），云丹嘉措赴后藏札什伦布寺。当时四世班禅大师任札什伦布寺法台，云丹嘉措在札什伦布寺住了一段时间，向四世班禅求学佛法，二人相处甚洽。木虎年（1614 年），云丹嘉措邀请四世班禅大师前往哲蚌寺，并拜其为师，聆习了灌顶、经咒、教诫、教言、随许法等许多经法。他在听法时，四世班禅大师的法座高于他的法座，给班禅大师奉献上百种供养。班禅大师对他悉心培养，建立各种坛城，为他传授金刚鬘灌顶。当帕巴・却吉杰布、巴索活佛来拜见云丹嘉措时，云丹嘉措为他二人削发，并传授了大威德十三尊灌顶法。是年十二月，在哲蚌寺由四世班禅罗桑却吉坚赞任亲教师，班钦索南扎巴的转世格勒贝桑布任羯磨师，另有密教师和报时师，在足数比丘之中为云丹嘉措授了比丘戒。之后，云丹嘉措继任了哲蚌寺第十三任赤巴，又兼任了色拉寺第十五任法台。

水虎年（1602 年，明万历三十年）至水兔年（1603 年），云丹嘉措被蒙古官兵护送进藏时，蒙古骑兵就与藏巴汗的军队发生了武装冲突，从此揭开了蒙古直接介入格鲁派与其他教派斗争的序幕。随着四世达赖喇嘛来到西藏，大批虔诚的蒙古人以朝觐者的身份开始不断地从漠北涌到拉萨，这些人中不乏忠诚地皈依了三世达赖喇嘛的王公显贵和活佛大喇嘛的代表。在这种情况下，西藏其他教派对蒙古人入藏十分不满。当时，西藏帕竹政权已岌岌可危，而后藏崛起了一股强大势力——辛厦巴家族。而辛厦巴家族的首领藏巴汗，对格鲁派采取了敌视的态度，同时用武力加紧着他们的夺权计划。木蛇年（1605 年），他们占据了拉萨北部的彭域；金狗年（1610 年）击败了帕竹军队，切断了前藏格鲁派同山南帕竹政权的联系；金猪年（1611 年）藏巴汗来到拉萨，使前后藏的大部分地区都处于他的绝对控制之下。俺答汗与三世达赖喇嘛在当初是不会预料到由他们建立的这种新型关系，后来居然成为一系列重大事件的前奏。这时年幼的四世达赖喇嘛无力处理这些问题，只能祈愿大威德金刚和护法神登松、白哈尔的佑护。在咄咄逼人的藏巴汗面前，稳固和保护格鲁派势力主要依靠的是著名大喇嘛贡却群培，他用巧妙的策略，同一些在西藏宗教传统上有悠久历史的教派（如达隆噶举）达成了谅解，使他们站到了格鲁派一边。

火龙年（1616 年，明万历四十四年），明万历帝派出以喇嘛索南罗哲为首的使团，到拉萨哲蚌寺，封云丹嘉措为“普持金刚佛”，并赐官服、官帽、印信及礼品。云丹嘉措设宴款待使团，使团也邀请云丹嘉措到内地去，他为结法缘而答应了邀请。据说喇嘛索南罗哲在内地修有一座佛殿，云丹嘉措在哲蚌寺噶丹颇章的殿顶上，面朝那个方向口中念着法诀，手中祭撒青稞，结果出现了佛殿内外青稞到处飞扬，佛像胸前落下鲜花的景象，显示了难以想象的神通。

藏历第十饶迥之火龙年（1616 年，明万历四十四年）十二月十五日，云丹嘉措在哲蚌寺圆寂，时年 28 岁。他在西藏仅生活了短短 14 年。因他是历世达赖喇嘛中唯一的蒙古族，加之他成为灵童时的特殊地域和转世条件，后世对他的死因，有种种传说，也就不足为奇了。火蛇年（1617 年）秋末，四世班禅大师按密宗仪轨将云丹嘉措的遗体火化，其整个头盖骨和心脏、舌、眼等处生出了许多舍利子。头盖骨由喀尔喀部首领却库尔汗迎走，心脏由土默特台吉洛桑丹津嘉措迎走，去各地的福德之地，修建了安置灵骨舍利之塔，由四世班禅大师为其开光。云丹嘉措圆寂后，按格鲁派规矩，须寻找转世灵童。当时，藏巴汗疑遭达赖喇嘛诅咒而致病，即明令不许达赖喇嘛转世。后来，四世班禅为藏巴汗治好了病，经一再请求，始准许寻访四世达赖喇嘛的转世灵童。

罗桑嘉措
——五世达赖喇嘛

五世达赖喇嘛罗桑嘉措，意为“语自在善慧海”，于藏历第十饶迥之火蛇年（1617年，明万历四十五年）七月二十三日出生在前藏山南琼结琼旺达孜地方一个小贵族家庭。父亲萨霍尔·都登饶丹曾任第司政权宗本，属琼结巴家族，是帕竹政权管辖的一个贵族，领地以日喀则为中心，世袭日喀则宗本。所谓“萨霍尔”，是因其家族相传是东印度萨霍尔（今孟加拉）的一个国王的后裔。母名贡噶拉则，出生在羊卓万户的浪卡孜家族，其先祖阿迦伦是元代一位著名的萨迦本钦。

四世达赖喇嘛圆寂后，当时掌握西藏政权的藏巴汗明令禁止四世达赖喇嘛转世，故四世班禅于水狗年（1622年，明天启二年）秘密认定罗桑嘉措为四世达赖喇嘛的转世灵童，将其迎至哲蚌寺供养，后因四世班禅为藏巴汗治愈重病，才得以公布他为五世达赖喇嘛。据藏文史料《道次师承传》记载：四世达赖喇嘛的转世灵童在琼结出生后，是一个健壮而聪明的孩子，刚会走路说话，就出现手结法印为众生讲经说法的异行。据说他还亲见过尊者阿底峡和宗喀巴大师等多位贤哲的圣容。按照噶当经教中明示的预言，他由四世班禅罗桑却吉坚赞以护法神的预示而秘密寻访认定，经四世班禅多方努力，再三请求第司后方允许迎请其坐床的。水狗年（1622年）二月二十五日，在以四世班禅为首的拉萨三大寺喇嘛僧官及僧伽仪仗队的迎请下，罗桑嘉措入哲蚌寺噶丹颇章举行隆重的坐床典礼。9岁时，由四世班禅任亲教师，赤钦贡却群培任轨范师，为他授沙弥戒，赐法号阿旺罗桑嘉措，简称罗桑嘉措。可见，五世达赖喇嘛罗桑嘉措的认定和坐床是经过一番曲折复杂的斗争后才实现的。关于罗桑嘉措的认定，还有另一种说法。当时主持认定罗桑嘉措为转世灵童的，有四世班禅和贡却群培，还有蒙古土默特部的拉尊罗桑丹津嘉措和准噶尔部洪台吉的代表。蒙古的这两个贵族代表，于金鸡年（1621年）从青海带了两千蒙古骑兵，与哲蚌寺大管家索南饶丹一同来到拉萨。此时，藏巴汗彭措南杰因患天花已死，由他的儿子丹迥旺布（1606 ~ 1642年）继任藏巴汗。藏巴汗以一万军队迎战，结果大败，死伤数千人，被蒙古军队逼到拉萨附近的药王山上包围起来。正当藏巴汗军队疲惫不堪，准备投降，蒙古骑兵也准备发起第二次冲锋之际，四世班禅大师、噶丹寺赤钦·贡却群培、达隆寺寺主等头面人物出来调停，从中说合。调停结果是，一方面蒙古军队停止围歼，拯救了藏巴汗的军队；另一方面格鲁派收回了以前被藏巴汗所抢占哲蚌寺和色拉寺的庄园，恢复了卫藏两地德庆、桑布、卡日等曾被噶玛噶举派红帽系强迫改宗的格鲁派寺院，格鲁派得到了拉萨河下游地区，索南饶丹也可以重新进入哲蚌寺噶丹颇章安住，彭波卡孜宗交第巴吉雪巴。藏巴汗接受了以上条件，惟不答应寻访认定四世达赖喇嘛的转世灵童一事。后由蒙古贵族代表拉尊罗桑丹津嘉措和洪台吉出面与之谈判，藏巴汗才无奈接受了这一条件。总之，此时才公开了五世达赖喇嘛罗桑嘉措的合法身份。

五世达赖喇嘛在哲蚌寺坐床受戒后，从四世班禅大师聆听沙弥训戒教言、法行教诫、本尊大灌顶、文殊随许法及广略菩提道次第等许多经教；拜赤钦·贡却群培为经师，聆习《菩提道次第广论》及略论的教言；又以昆冬·班觉龙珠为师，闻习经法甚多。他先后从多位经师广学显密诸论及大小五明学科，成为广闻博学的学者。土虎年（1638年，明崇祯十一年）三月初五，罗桑嘉措22岁时，四世班禅大师为他授了比丘戒。

五世达赖喇嘛的青年时代，正是噶玛政权统治西藏的时代。这时格鲁派寺院集团虽然经过前世达赖、班禅继承宗喀巴大师的事业而极力拼博，其势力也非常强大了，但格鲁派始终处于受排挤的地位。因此，一世至四世达赖喇嘛在艰难的环境下渡过了漫长的两个世纪，纵然使格鲁派的势力得到了长足的发展，但掌握西藏地方政教大权的愿望始终未能实现，而具有敏锐政治眼光的五世达赖喇嘛将前辈梦寐以求的宏愿变成了现实。

木狗年（1634年，明崇祯七年），蒙古喀尔喀部却图汗占领了青海，他是噶玛噶举的忠实信徒，随即与噶玛政权的第司藏巴·丹迥旺布、康区的白利土司端月多吉结成同盟，立誓要摧毁拉萨三大寺，消灭格鲁派。这时五世达赖喇嘛的处境很艰难，比藏巴汗彭措南杰在世时格鲁派所处的境况还困难。为改变这一局面，五世达赖喇嘛与四世班禅大师共商，派人去请厄鲁特蒙古和硕特部固始汗出兵援助。这时固始汗也正在希图转移牧地，寻求理想出路。在接到格鲁派请他进军青海的要求后，他认为机不可失，于火鼠年（1636年）伪装成香客来到拉萨，与五世达赖喇嘛、四世班禅会面。五世达赖喇嘛为他举行了隆重的法会，还授予他“敦真却吉嘉波”称号，意为“持教法王”。之后，固始汗返回新疆，于火牛年（1637年）率部自新疆进入青海，在准噶尔部巴图尔洪台吉的协助下，一举消灭了当时占据青海的蒙古喀尔喀部却图汗，青海蒙藏各部落均归其统治。同一时期，五世达赖喇嘛、四世班禅与固始汗确定了先灭白利土司，再进藏灭藏巴汗的行动计划。就在这之后，白利土司给藏巴汗写信，约他于次年联合起兵讨伐格鲁派。这封信被格鲁派喇嘛截获，交给了固始汗。固始汗即在土兔年（1639年）五月，提前兵进甘孜，占领了康区，于次年冬擒获白利土司并予处死。这时固始汗控制了西藏东部、北部地区。就在这年，五世达赖喇嘛与四世班禅商议，派人密召固始汗率兵由康区进入西藏。水马年（1642年），固始汗到拉萨后，实行了周密的策略，先是按兵不动，也不侵扰僧俗；接着将四世班禅从札什伦布寺接到拉萨来，以免日后进攻噶玛政权时遭到迫害；随后又公开谎称要返回青海，麻痹噶玛政权的第司藏巴·丹迥旺布，使其失于戒备；紧接着，固始汗在格鲁派向导的带领下，很隐蔽地向后藏进兵，一举摧毁了噶玛政权。水马年（1642年）三月，固始汗迎请五世达赖喇嘛到日喀则，仿照忽必烈供养八思巴之例，将收回的十三万户的土地献给五世达赖喇嘛作为供养，建立噶丹颇章政权，并将之从日喀则移到拉萨，使五世达赖喇嘛取得藏传佛教领袖地位。五世达赖喇嘛利用固始汗的军事力量打败了自己的敌对势力，稳固和提高了他在西藏佛教界的地位和威望，而固始汗出兵支持五世达赖喇嘛，最后也得到了统治西藏的实权。他与固始汗下令没收反对格鲁派的教派和贵族的土地和农奴，一部分分赐给格鲁派各寺院及支持格鲁派的贵族，一部分由噶丹颇章政权掌管，形成以寺院、贵族、地方政府为三大领主的封建农奴制。木鸡年（1645年），五世达赖喇嘛命第巴·索南热丹主持重建布达拉宫，于是年三月二十五日动工，历时3年建成白宫。五世达赖喇嘛将设在哲蚌寺的噶丹颇章移到布达拉宫，作为达赖喇嘛的行宫，布达拉宫遂成为举行达赖喇嘛坐床、亲政大典等重大宗教、政治活动的地方。水猴年（1692年），第司·桑结嘉措在布达拉宫正中拆除部分旧房，动工修建红宫和五世达赖喇嘛灵塔殿。水鸡年（1693年），红宫基本完工。

水马年（1642年，明崇祯十五年），五世达赖喇嘛、四世班禅和固始汗都以政治家的敏锐眼光觉察到全国形势的发展变化，为了及早与清王朝建立联系，经商议决定派以伊拉固克散呼图克图和色钦曲杰（车臣法王）为首的使团去东北盛京（今沈阳），一方面与皇太极通好，另一方面弘传佛法。是年10月使团抵达盛京，皇太极立即率领亲王、贝勒、大臣等出怀远门迎接，还亲自对天行“三跪九叩之礼”。入城后，皇太极设大宴于崇政殿，使团向其献上五世达赖喇嘛的书信及黄绸缎、氆氇等贡物。使团一行在盛京居留了8个月，期间色钦法王为皇太极及皇室眷属讲经传法，与未来的顺治皇帝也接触较多，并对他预言说：“汝如能尊崇供养宗喀巴圣教，做其施主，将于某年某月某日，可成为转轮王（意即可得天下）。”使团离开盛京时，皇太极赐给大量金银器具、绸缎、朝衣等，给西藏的五世达赖喇嘛、噶玛噶举活佛、固始汗、藏巴汗等都写信，并赠送了礼品，还给后藏萨迦派等其他教派的上层人物也写信，并送了礼物。

顺治帝入关后，派使者到西藏看望过五世达赖喇嘛，在各大寺院熬茶、放布施，互赠厚礼，关系甚密。木猴年（1644年，清顺治元年）正月，清廷派使节进藏，迎请五世达赖喇嘛，以后又三次派专使到西藏，敦请五世达赖喇嘛来内地。土牛年（1649年），五世达赖喇嘛遣使奉表，言于壬辰年夏月朝见。所说“壬辰年”即指清顺治九年。金虎年（1650年），五世达赖喇嘛将觉囊派的达丹旦曲林寺改为噶丹彭措林寺，成为格鲁派寺院。水龙年（1652年）三月十五日，五世达赖喇嘛从哲蚌寺启程前往京城。五世达赖喇嘛的随行人员多达3000余人，包括满、蒙古、藏族官员，高级僧侣和武装保卫人员。他从当雄扎西塘向青海进发，八月十五日，抵达塔尔寺，受到了广大僧俗以隆重的佛教仪式迎接佛驾，驻锡于吉祥新宫。十九日，他朝礼各佛殿的神佛，敬献礼佛哈达和供物，并登上“佑赤贡玛”宝座，为蒙古、藏、汉、土各民族的5000多人讲授了《菩提道次第广论》，并撒花加持寺院，为全寺僧众滚芒加（斋僧茶），放布施。在塔尔寺活动两天后，清廷驻西宁官员率骑100余人来迎接，从西宁经甘肃、宁夏，到达蒙古地区，先驻于今呼和浩特的大召，后转驻岱噶地方（今乌兰察布盟凉城县岱海湖附近），等待清政府安排进京。之后，根据顺治帝的旨意，五世达赖喇嘛把大部分随行人员留驻内蒙古，于当年十二月，只带少数随从进京朝见。当五世达赖喇嘛一行离北京不远时，顺治帝派人送来一乘金顶黄轿，赐给五世达赖喇嘛以乘坐入京，顺治帝则在南苑会见。顺治帝在会见达赖时，赐坐、赐茶、赐宴，以殊礼相待，当天即由户部拨供养白银九万两。之后顺治帝又设宴于太和殿，为五世达赖喇嘛一行洗尘。五世达赖喇嘛向皇帝进呈礼品有珊瑚、琥珀、青金石佛珠、氆氇、蔗糖、唵叭藏香，以及马匹、羔皮等。顺治帝回赐五世达赖喇嘛金器、彩缎、鞍马等物。设宴款待后，五世达赖喇嘛回东黄寺歇息。十七日，五世达赖喇嘛移居顺治帝专门为他而建的西黄寺。他在京留居两月间，皇帝赏赐物品先后达7次，其中赏赐了黄金550两，白银1.1万两，大缎1000匹和其他许多珠宝玉器，皇太后也赏赐黄金100两、白银1000两、大缎1000匹。皇帝还命在京的满蒙王公轮流宴请五世达赖喇嘛等，并周密地安排了五世达赖喇嘛及其随从人员的饮食起居。水蛇年（1653年）二月，五世达赖喇嘛以水土不服为由，呈请顺治帝批准返藏。离开京城前，顺治帝又隆重设宴，为五世达赖喇嘛饯行，并赏赐给大量黄金、白银、珠宝、玉器等厚重礼品。三月，当五世达赖喇嘛到达岱噶时，一些未能入京的蒙古王公、呼图克图等纷纷前来拜见。蒙古喀尔喀部土谢图汗、哲布尊丹巴呼图克图等亦派人前往岱噶向五世达赖喇嘛进献马匹、哈达、曼札等物，皇帝亦派人转赏达赖喇嘛留在岱噶的近2000人以银两、缎匹等。五月间，顺治帝遣礼部尚书觉罗郎丘、理藩院侍郎席达礼等前来岱噶，送上顺治帝亲自册封五世达赖喇嘛的有汉、蒙古、满、藏四种文字的金册、金印。金印全文为“西天大善自在佛所领天下释教普通瓦赤喇怛喇达赖喇嘛”。

返藏途中，五世达赖喇嘛在今青海境内去了大通的广惠寺，在寺内举行佛事活动，为僧人讲经传法，因而提高了该寺的声望。七月十一日，他抵达青海湖东岸的察汗托罗湖时，受到青海蒙藏各部首领及几个大寺的迎接，并在这里应额尔德尼洪台吉之请求，撰写了《青海湖祭文》，署名萨霍尔完德，还亲自主持举行了规模盛大的祭海活动。当时参加祭海的蒙、藏、汉群众和僧人达几万人。十月返藏后，他用清廷所赐金、银，在前后藏新建十三座格鲁派寺院，称为格鲁派“十三林”，还对格鲁派寺院进行了全面整饬，制定了严格的僧制（如寺内组织机构、僧官任免制度、僧人学经程序、纪律仪轨等），规定了寺院常住人数等，后来相沿不变。

五世达赖喇嘛还曾赴云南中甸，为建寺而选择寺址。该寺于土羊年（1679年，清康熙十八年）动工，于1681年竣工，五世达赖赐寺名为“噶丹松赞林”，汉语中称“归化寺”，发度牒330份给僧人。乾隆时，该寺僧人增到1226名。该寺坐北向南，为五层藏式雕楼建筑，是云南中甸最大的寺院，占地500亩，筑有坚固、厚实的城垣，开设扎雅、独克、东旺、龙巴、鲁古五道城门。扎仓、吉康两大主殿建于最高点，居全寺中央。

五世达赖喇嘛在支持发展格鲁派的同时，也积极支持宁玛派。如金狗年（1670年，清康熙九年）四月十二日，他为仁增居美多杰在山南扎囊地区选择建寺地址，并在建寺资金上预以资助，建成敏珠林寺。他曾给年纪比他小的德达林巴剃度出家，但后来又从德达林巴学习密法，德达林巴成为他的密法授业师。他极力扶持宁玛派，关注培养宁玛派僧才，故宁玛派僧众十分敬信五世达赖喇嘛。

五世达赖喇嘛几次巡游前后藏各地，委任宗本，制定服饰等级，扩大其影响。水虎年（1662 年，清康熙元年）二月，四世班禅大师圆寂，他为其举行葬礼，并主持认定五世班禅，于金狗年（1670 年）在布达拉宫为五世班禅剃发授沙弥戒。固始汗去世后，其在青海诸子互不统属。他派人到青海划分左右翼，要青海诸台吉以固始汗幼子达什巴图尔为首领。水虎年（1674 年），吴三桂反清，康熙帝要五世达赖喇嘛劝谕青海蒙古发兵配合清军攻取云南，但西藏和青海军队攻占中甸一带后即不愿深入，五世达赖喇嘛又奏请康熙帝与吴三桂裂土罢兵，遭到康熙帝斥责。金猪年（1671 年），准噶尔部首领僧格被杀，其弟噶尔丹在西藏为僧，他同意噶尔丹还俗返回新疆，掌握准噶尔部权力。土马年（1678 年），噶尔丹统治厄鲁特各部，此时南疆维吾尔族白山派、黑山派互争，白山派首领阿帕克逃至西藏向五世达赖喇嘛求救，他写信让阿帕克带给噶尔丹。噶尔丹接信后即进兵南疆，并将南疆部分赋税献给五世达赖喇嘛。次年，五世达赖喇嘛赠给噶尔丹“博硕克图汗”称号，从而加强了格鲁派上层与准噶尔贵族的联系。土羊年（1679 年），他任命多年培养的学生桑结嘉措[①]（1653 ～ 1705 年）为第五任第司（摄政王），掌握西藏地方行政大权。

五世达赖喇嘛不仅是一位佛学家、政治家，还是一位史学家和医药学家。早在水羊年（1643 年，明崇祯十六年），他 27 岁时著成《西藏王臣记》，后又著《极密大圆满教法史》《三世达赖传》《四世达赖传》《四世班禅传》《大索尔传》等。此外，他还著有《大宝项链目录》，是一部宁玛派桑丹寺所有关于阿底瑜伽的经典目录；《释迦佛像记·水晶宝镜》一书详细记载有关拉萨大昭寺内释迦牟尼佛像的史记；《萨霍尔完德·阿旺罗桑嘉措传》（自传）、《本生传·如意穗》。在佛学方面，他著有《持明教言》《法性新释》《菩提道次第论讲义》《引导大悲次第论》《中观论解说》《戒律论释》，以及给藏蒙上层人士的《书札记》等。在文学方面，他有木虎年（1674 年）著的《珍珠树格言》《诗镜论》《妙音欢歌》等。在医药方面，他有《良药文集》《山川交界之百灵丹》，并倡建医药经院。在历算方面，他有《黑白算问答·太阳之光》等。其著作共有 30 余部。这些都是他留给藏族人民的宝贵文化遗产。

五世达赖喇嘛罗桑嘉措于藏历第十一饶迥之水狗年（1682 年，清康熙二十一年）二月二十五日，在布达拉宫圆寂，时年 66 岁。1690 年，布达拉宫为其建造了一座珍贵的金质灵塔，塔高 14.85 米，基座为方座圆身，分塔座、塔瓶（塔身）、塔刹三部分。塔座、塔身全用纯金皮包裹，共用黄金 11 万两，并镶嵌 1500 余颗金刚钻石、红绿宝石、翡翠、珍珠、玛瑙等珠宝，这座灵塔供于红宫第四层灵塔殿中，被誉为“世界一庄严”。五世达赖喇嘛的遗体用香料、藏红花等药物处理后奉安于塔瓶内，以供信徒信民瞻仰顶礼。

注：

①桑结嘉措：拉萨北郊娘称地方人，8岁从五世达赖喇嘛聆听显密佛学，从达巴译师听受历算学和语言学，从鲁果·阿旺学习声韵占卜术；从绛巴龙当·南加多杰学习人体尺度学本论支干和秘方诀窍等。1679年，任五世达赖喇嘛第司，管理政教。他在任期间扩建维修布达拉宫红宫，创建拉萨甲波日医药学校、建造五世达赖喇嘛肉身灵塔、校正刊刻《四部医典》。其著述有《普氏算法·白琉璃》《白琉璃除垢》《金塔志·赡洲独严》《法典清明晶鉴》《医学概论·琉璃宝镜仙人喜筵》《医学四续注释·蓝琉璃》《格鲁派教法史·黄琉璃》《诀窍论补遗·斩除非命死绳利剑》《医学四续图解》。已刊刻本有33卷，未刊刻的有6卷，北京民族文化宫收藏14卷。1705年，第司·桑结嘉措进攻拉藏汗，战败被杀。

仓央嘉措

——六世达赖喇嘛

六世达赖喇嘛仓央嘉措，意为“梵音海”，于藏历第十一饶迥之水猪年（1683年，清康熙二十二年）三月初一出生在西藏山南门隅宇松地方一户平民家中。仓央嘉措全家信奉宁玛派，其父仁增·扎西丹增是宁玛派高僧仁增白玛林巴的重孙，母亲才旺拉

姆是一位具有三十二种慈善功德的妇女。

五世达赖喇嘛圆寂后，新任第巴不久的桑结嘉措，为了巩固自己已得的摄政王地位，继续利用达赖喇嘛的权威掌管噶丹颇章政权和格鲁派事务，进而与固始汗的继任者达赖汗（固始汗之孙）争夺独掌西藏地方的政治权力，乃“伪言达赖喇嘛入定，居高阁，不见人，凡事传达赖喇嘛之命以行”，秘不发丧15年（有的史料记为13年）。在《西藏的历代达赖喇嘛》一书中说：“藏文记载称，摄政王之所以如此成功地保守了这一秘密，是因为他只让包括自己在内的三个人清楚这一内幕。摄政王找来了一名亲信喇嘛，他或多或少的和已故的五世达赖喇嘛长得相似。摄政王专为他指定了一间房子，并向人民宣布五世达赖喇嘛决定长时间地隐居修行，具体持续多长时间尚不清楚。那位喇嘛穿上了五世达赖喇嘛生前穿过的同样的长袍，并用一顶帽子遮盖住了自己的面部。这顶帽子是用珠子和牦牛毛做的，只有在这样的长期修行时，才派上用场。”同时，桑结嘉措以五世达赖喇嘛的名义向清朝中央政府进贡，并上书康熙皇帝言“已年迈，国事决诸第司，乞赐之封爵”。康熙帝封桑结嘉措为“法王”，并赐一颗金印，即“掌瓦赤喇怛喇达赖喇嘛教弘宣佛王布成达阿自迪之印”。此后，桑结嘉措秘密寻访转世灵童，于木牛年（1685年，清康熙二十四年）寻访到山南门隅宇松的一名灵童，认定他为五世达赖喇嘛的转世，进行供养，并嘱咐其家人严守秘密。之后的十几年中，仓央嘉措一直是同父母一起生活，像其他普通小孩一样度过了自己的童年。他不像其他达赖喇嘛那样，接受严格的教育和清规戒律的约束，而是过惯了自由自在的生活。据说，当时他有一个美貌聪明的意中人，他们终日相伴，耕作放牧，青梅竹马，相爱至深。

火鼠年（1696年，清康熙三十五年），康熙帝亲征准噶尔部噶尔丹时，从俘虏口中才得知五世达赖喇嘛早已去世，因此对桑结嘉措用五世达赖喇嘛之名行事极为不满，立即降旨向桑结嘉措问罪，这才迫使桑结嘉措宣布五世达赖喇嘛圆寂的消息，并将已认定的六世达赖喇嘛公布于众。火牛年（1697年）九月十七日，在浪卡子地方，五世班禅大师罗桑益西任亲教师，并兼任轨范师，与仁增加央扎巴、仁巴斯安多杰、达莫哇·罗桑曲扎、密教师加央群佩等一起为灵童剃度出家，授沙弥戒，赐法名罗桑仁钦仓央嘉措，简称仓央嘉措。是年十月二十五日，仓央嘉措被迎至布达拉宫，举行了隆重的坐床典礼；清廷正式承认并授予印信封文，派二世章嘉呼图克图进藏参加坐床典礼。

仓央嘉措坐床后，先后从五世班禅罗桑益西、赤钦·卓尼次臣达杰、加央扎巴、阿里的格勒嘉措等上师学习密宗灌顶法、随许法、秘诀、密续解说、生圆二次第教导、广略菩提道教授等显密经论，尤其拜加央扎巴为根本经师，学习五世达赖喇嘛著的《听受教法录·恒河之水》四卷。第司·桑结嘉措严命格隆加央扎巴狠抓他的学习，让他尽快精通显密经论。在经师的督促下，仓央嘉措也十分勤奋地学习，但由于他出生后至15岁之间，在家乡生活，无拘无束，当进入布达拉宫后，在上师的教导下学习佛法，学习一整套宗教领袖所具备的礼仪，还以戒律和达赖喇嘛的特殊身份来要求自己，久而久之，他开始厌倦深宫内单调而刻板的宗教领袖生活，时时怀念着民间多彩的习俗，思恋着美丽的情人。后来，他便经常微服夜出，与情人约会，追求浪漫的爱情生活，做出了许多违犯格鲁派教规的"风流韵事"。据说，有一天下大雪，清早起来，法棒喇嘛（格贵）发现雪地上有人外出的脚印，便顺着脚印查寻，最后发现脚印的源泉头是在仓央嘉措的寝宫，随后法棒喇嘛用严刑处置了仓央嘉措的近侍喇嘛，还派人将与仓央嘉措有关的姑娘驱逐出拉萨，把仓央嘉措也软禁起来。关于类似的浪漫传说还有很多，但都以悲剧而告终。

仓央嘉措少年时生活在会说话就会唱歌，会走路就会跳舞的环境中，由于这种环境的熏陶，加上自己的亲身经历，他写出了许多热情奔放、情意缠绵的情歌（藏语中称"拉伊"）。由此，仓央嘉措成为一位才华出众的民歌诗人。下面摘录几首，以飨读者：

拉萨人群多又多，琼结秀女最美丽，
我所爱的心上人，就住琼结人当中。

从那东方山顶，升起皎洁月亮，
未嫁少女的面容，时时浮现我心上。

若随美丽姑娘心，今生便无学佛缘，
若到深山去修行，又负姑娘一片情。

虽然肌肤相亲，却不知姑娘真心，
犹如手指来画地，枉数天上繁星。

莫说仓央嘉措，去把情人寻找，
恰似己所觅求，他人同样需要。

我到喇嘛跟前，请把心路指点，
无奈心儿难收，跑到情人那边。

天空洁白仙鹤，请把双翅借我，
不到远处去飞，只到理塘就回。

柳树爱上小鸟，小鸟爱上柳树，
只要双双相爱，鹞鹰无法破坏。

仓央嘉措的情歌没有染上僧侣格律诗体的浮华习气，自然地用民间语言和民谣风韵，洋溢着生活气息和真情挚感，且语出自然，玉润珠圆，含蓄而不晦涩，热烈而不鄙俗，故为藏族人民普遍传唱。

此时，西藏的政局发生变动，火牛年（1697 年，清康熙三十六年），达赖汗去世。金蛇年（1701 年），固始汗的曾孙拉藏汗继承汗位，与第司·桑结嘉措的矛盾日益尖锐。木鸡年（1705 年），第司·桑结嘉措通过拉藏汗的内侍下毒，欲毒死拉藏汗，未遂，于是双方发生战争，藏军败，桑结嘉措被擒，惨遭杀害。拉藏汗用武力取得统治西藏地方的权力，派使者向康熙帝奏报杀桑结嘉措的原因及经过，并奏称由桑结嘉措所拥立的六世达赖喇嘛仓央嘉措不守清规，是假达赖喇嘛，请予“废立”。康熙帝远在北京，不明真相，但为了支持拉藏汗，以“护军统领席柱，学士舒兰为使”，赐封拉藏汗为“翊法恭顺汗”。拉藏汗召集寺庙首领会议，商讨废除六世达赖喇嘛仓央嘉措。会议由噶丹赤巴东珠嘉措主持，但是这个会议的目的没有达到，反而认为六世达赖喇嘛是合法的。不久，康熙帝“令拘达赖喇嘛赴京”的圣旨已下，拉藏汗于火狗年（1706 年）拟采用武力押送仓央嘉措去北京，于是噶丹、色拉、哲蚌等寺的僧众便抢走仓央嘉措并保护起来。拉藏汗用兵围攻哲蚌寺。在形势的逼迫之下，仓央嘉措为了避免流血事件的发生，自动走出哲蚌寺，被拉藏汗兵押送往北京，据说途中行至青海湖一带的贡噶诺尔地方时去世，时年 24 岁。解送负责人向拉藏汗报告仓央嘉措在贡噶诺尔去世，拉藏汗满心欢喜，于火猪年（1707 年），经康熙帝同意，另立白噶曾巴·意喜嘉措为六世达赖喇嘛，迎至布达拉宫坐床。虽然拉藏汗依靠清朝的支持，并有班禅在佛教界的号召力，但是在西藏仍潜伏着一股反拉藏汗的势力，主要以三大寺僧众为主，他们反对拉藏汗废六世达赖喇嘛仓央嘉措，另立他的亲属意喜嘉措为六世达赖喇嘛的做法，认为这是干涉格鲁派内部达赖喇嘛的转世之事。尽管仓央嘉措的行为已越戒律之轨，但他已经成为格鲁派广大信徒信民所信仰的合法领袖人物。

关于六世达赖喇嘛仓央嘉措被解送到青海湖附近贡噶诺尔地方后的事另有一种说法。据《仓央嘉措秘传》记载：解送人员在贡噶诺尔扎下帐篷住休，次日夜间约一更时分，因部分解送人员对仓央嘉措的不幸遭遇十分同情，经暗中商议后，决定将他放走。他们把仓央嘉措伪装后，改名阿旺曲扎嘉措，让他远遁他方。仓央嘉措独身一人在漆黑的夜里摸索着朝今青海海南方向走去，在他的感觉中似乎有一个女人在他前面时隐时现地走着。他跟着那女人一直走到天亮后，女人不知去向。他一路上受尽了饥渴、疲劳之苦，还耻于向人乞讨，半道上遇到几位从西宁返回果洛阿柔部落的商客，他们解决了他的食宿，并结伴同行。他到达果洛玛沁地区，还在一位名叫完德加的老商客家作客，并为他们念诵《般若八千颂》。他在这里住了两月余，期间巡礼了阿尼玛沁神山。之后带着完德加夫妇为他准备的糌粑、曲拉和酥油上路，经果洛久治，于土鼠年（1708年，清康熙四十七年）七月，抵达四川阿坝地区，在这里朝礼了白若杂那的修行岩洞。他又在白若杂那的弟子玉扎宁布和邬金仁波且的修行洞中住修数月，朝礼了察科寺，后从萨嘎去甘孜康定，从康定赴四川峨嵋山朝礼，从峨嵋山渐次来到四川理塘寺。他因怕被该寺堪布识破，只住了3天，就到巴塘地方化缘乞讨。在这里，他大发慈悲，救活了将被病魔夺走生命的一位9岁男孩和一位12岁女孩，还将一位病故的老妇人尸体背送到墓地埋葬。土牛年（1709年）四月，他在嘎玛日地方遇到了一位头戴黑帽、手持骨胫号的密咒师。密咒师将他引到一处修行山洞，受到了许多空行男女的会供。到嘎察寺巡礼时，他又与一位美如天仙般的女人相遇，这个女人将他引到嘎察山寺。这个女人是拉姆玉珍度母的化身。在该寺，被一名机智的喇嘛看出他的行迹，遂向他顶礼，并发誓不告诉任何人。他在这里闭关修习一个多月。在一块巨石上，或仰卧或伏卧，留下了他的背影和面影之痕迹。

仓央嘉措从四川经昌都复来到拉萨，朝礼了噶丹、色拉、哲蚌、大昭等佛寺，之后到色拉寺山后的一座静修小山寺中住修，与在这里修持的阿里·格勒嘉措上师相逢，二人悲喜交加。上师又给他传授了般若、菩提道、文殊名称经等许多经论。他从静修山寺又到噶丹寺朝礼了宗喀巴大师灵塔，在噶丹寺闭关修持。一年后，由一位名叫芮智的比丘僧带路，他先后云游了桑耶、昌珠、沃喀、羊卓雍措等佛教圣地。他从这里赴杂日神山朝礼，转山时，曾向一位噶举派名僧学习胜乐和那若六法，生起拙火定。金兔年（1711年，清康熙五十年），他翻越雪山，朝礼山丹林寺。此时，有人告密，拉藏汗闻讯后，派人追捕他。他逃脱后从拉萨又到工布地方，在这里结识了一位工布人，二人结伴去印度朝圣。

水龙年（1712年，清康熙五十一年），仓央嘉措到达尼泊尔，朝礼了甲容卡雪大佛塔，按尼泊尔宗教风俗用奶乳祭供，朝拜了阿底峡、帕·丹巴桑杰和玛尔巴等上师住修过的圣地后，转赴印度。一位印度女卦师知道了他是一位非凡的大活佛后生起敬信，让村民们来向他顶礼供养。他又到释迦佛祖讲过经的灵鹫山朝礼，并在布拉哈日寺修习6个月，朝礼了印度许多圣地后返回雪域。他经定日和门隅、工布，再次到达拉萨，从拉萨辗转来到安多。据说他到过安多的许多地方，曾先后担任过安多地区13座寺院的堪布，主持重建甘肃天祝的石门寺，还派他在阿拉善收的弟子阿旺多杰到青海乐都修建马营寺。他从安多经宁夏，到五台山朝礼，在五台山朝拜了许多寺庙，最后来到一条幽静而风景秀丽的峡谷，住进悬崖峭壁上的观音洞修行。这是一座由观音洞、观音泉、观音殿、香积殿等组成的静修寺，里面是仅能容一人打坐的岩洞，据说他在该洞中住修了6年。至今，人们称此洞为六世达赖喇嘛的修行洞，观音殿内供有仓央嘉措的身像。他从五台山来到蒙古阿拉善地方，成为当地人信奉的上师，并同阿拉善第二代扎萨克阿宝王建立了供施关系。他为寻找建立寺院、弘扬佛法的理想之地而到处游走，最后于土猪年（1719年）找到了现在南寺所在地——赛音希日格。他观察四周，只见周围群山呈现吉祥八徽，地如八瓣莲花，天似八辐金轮，犹如走进自己长年修习的本尊胜乐金刚坛城一般，心想如此瑞兆圆满之地再也难以找到，就选定此处作为他建造寺院、弘法利生的基地和自己的归宿点。仓央嘉措自火猪年（1707年）至火猴年（1716年）的近10年间，游历西藏、四川、尼泊尔、印度、安多、蒙古诸地。此后近30年间他奔波于安多和阿拉善之间，致力于佛教事业，但终究未能在自己有生之年完成在此地修建寺院之宏愿。仓央嘉措把建南寺的遗嘱留给弟子阿旺多杰后，于藏历第十二饶迴之火虎年（1746年）五月初八，在阿拉善圆寂，享年63岁。

六世达赖喇嘛仓央嘉措除为人民留下了许多优美情歌外，尚有《大悲观音祈愿词》、《阿拉善神祈供》、为连城大寺写的《白莲妙树寺志》等作品。

六世达赖喇嘛仓央嘉措圆寂后的火鼠年（1756年，清乾隆二十一年），其弟子阿旺多杰破土建南寺，经几年的修建形成拥有49间大经堂、四大扎仓（经院）俱全的寺院，并把六世达赖喇嘛的灵骨塔迎请到该寺，还专门修建了一座灵塔殿供奉。灵塔为一丈多高的镀金铜塔，塔门镶嵌着各种宝石。故在西藏哲蚌寺和布达拉宫中没有六世达赖喇嘛的灵塔。当时南寺的藏语名为“潘德嘉木措林”，金龙年（1760年），清廷赐名“广宗寺”，后藏语寺名改为“噶丹旦吉林”，意为“兜率广宗洲”。在广宗寺藏有六世达赖喇嘛的一些遗物，阿拉善地方也流传有许多有关他的神奇传说。

噶桑嘉措

——七世达赖喇嘛

七世达赖喇嘛噶桑嘉措，意为“贤劫海”，于藏历第十二饶迥之土鼠年（1708年，清康熙四十七年）七月十九日，降生在今四川省甘孜藏族自治州理塘县理塘寺附近一个藏族家中，家族为仲氏。父亲叫索南达吉，又名格敦达吉，自幼出家，曾在哲蚌寺任大僧官的助手副僧官（格尧），很受僧众拥戴。后随大僧官至理塘寺，因分管俗人的各种事务，后退戒还俗娶妻。母亲叫洛桑曲措，生于理塘村民阿西仓家。自幼善良，敬信三宝，具有大慈大悲之心，乐于舍施，常诵回向本尊经文。孩子出生7天后，父亲让舅父阿格扎西带一条洁净的哈达到喇钦然坚巴那里去问卜。喇钦是一位观相家，他授记孩子若能讲经藏的“噶瓦桑布”（即贤劫经）一遍，可取名噶桑嘉措，若不能，则取名萨达旺秀。按授记孩子念“噶桑”经一遍，所以赐名噶桑嘉措。

关于六世达赖喇嘛转世灵童的寻访有一段趣话。六世达赖喇嘛仓央嘉措圆寂后，为寻访七世达赖喇嘛灵童而降神时，护法神师只击了一下锣，别无其他谕示，经高僧破释后说，锣为响铜所制，“响铜”藏语为“理玛”，击锣之声是“塘”音，合称“理塘”，与六世达赖喇嘛生前作诗预示相吻合，后来在四川理塘地方便找到了噶桑嘉措。为了防止以李代桃的做法，于水龙年（1712年，清康熙五十一年）噶桑嘉措5岁时，青海蒙古亲王巴图尔台吉派然坚巴·达颜台吉之侄额齐为首的100人来理塘见灵童。灵童十分喜悦地接见了来客。他们拿出10个护身结让灵童辨认前世达赖喇嘛所赐护身结，灵童仔细辨认后准确指出前世达赖喇嘛所赐之物，来考察的人更加敬仰。在设座时，因然坚巴是万户王的人员，故为他设高座款待，而灵童却坐在下面一块方形地毯上，但然坚巴未经得起灵童的威严，不一会儿，竟从高座上跌落下来，在场的喇嘛和头人均大吃一惊。

六世达赖喇嘛转生在四川理塘的消息很快传到了拉藏汗的耳中，他即刻派代本诺布芮智、加诺颜、达瓦孜桑等去理塘明察暗访。灵童的父母唯恐孩子受到伤害，背着他秘密去深山躲避，等来人返回西藏后，才回到家中。木马年（1714年，清康熙五十三年）春，因拉藏汗又派人来理塘打探虚实，灵童的父母决定到德格躲避。康区的一些商人到青海向巴图尔台吉透露了灵童去德格的消息后，郡王噶丹额尔德尼济农召集环湖蒙古和藏族大小头人，决定派赫热格图喇嘛、额尔克台吉、墨尔根噶居、哈东然坚巴等人前往德格迎接灵童来青海。迎请人员于藏历七月拜见了灵童，虔诚敬礼，献上亲王所写的前世喇嘛对他慈悲看护，现在希望尽快见面的信件和大批礼物。灵童及家人考虑到去西藏人身没有安全保障，而青海湖畔具有信仰、财力、武力雄强的王族各头人和该地数十万信仰僧俗的一致祈愿，所以去青海较为妥当。他们在德格喇嘛为首的千余名僧俗护送下，经康区、玉树、果洛，渐次来到青海湖，一路上皆有寺院、部落头人和僧俗的迎送。此时，塔尔寺的大护法神师预言灵童是“前世达赖喇嘛的真正转世，众僧应去隆重迎接，拜见礼要送白法螺”。同时，康熙皇帝也派以阿齐图克雅为首的60名官兵去康区迎请灵童到京城安住。这些人一见灵童生得相貌清秀不俗，头如圆伞，天庭饱满，秀眉细长，鼻梁隆起，右臂有莲花圆形，左耳轮呈白法螺形，左手心有法轮图形，肩膀及手腕上钏镯形状明显，下身虎裙形象突出等，完全是大悲观音佛海之体相，即刻生起无限信仰，对灵童看个不够，合着手掌依依不舍。至于灵童留住青海，还是去内地，经头人们商议后，派达赖洪台吉、扎西彭措、格勒济农去京城向皇帝请求仍留住青海，并得到允许。

木羊年（1715年，清康熙五十四年）二月，灵童在几位头人的武装护送下起程，一路上有察罕诺门汗（白佛）师徒迎接，敬献金银、绸缎、马、牛、羊等大量财物，祝灵童为了佛教及众生而健康长寿。灵童也为德钦寺新建殿堂屋脊安装宝瓶而赐金30

两。灵童一路上逢寺朝礼，为僧俗信众摸顶赐福，故行程很慢。七月间，塔尔寺堪布和密宗经院的上师二人为首的200余僧人来迎。次年三月十六日，塔尔寺的法台、僧人设灶郊迎。到寺院附近时，又有3000余僧人带着献供用具和仪仗队隆重迎接，并在康熙帝的专使图根臧主仆近千人、西宁大员等数百服装华丽人士的迎接下进入塔尔寺，安住于扎西康赛宫，这时灵童刚满8岁。

噶桑嘉措莅临宗喀巴大师的诞生圣地后，首先到大金瓦殿的菩提大银塔前敬献曼札，祈祷佛法弘扬。第二天，他亲临该寺法会，为了佛教众生的利益，口诵回向文，并向众僧各赐“有寂安乐”的哈达一条。三月十八日，是皇帝诞辰日，他又亲临法会为皇帝祈福，清朝官员献白银等布施，极为虔诚。塔尔寺和噶丹额尔德尼济农祝贺噶桑嘉措登上塔尔寺金座。期间，噶桑嘉措指示塔尔寺修复大经堂，又应密宗学院堪布等人之请到密宗学院；该院僧人为他献寿礼，摆喜宴。他向僧众授《无缘大悲》教诫。此后他闭关七日，白天诵发愿回向文，晚上由二世却藏阿旺罗桑丹贝坚赞传授“白度母如意轮随许法”，间隙诵读记忆经文。

自噶桑嘉措来塔尔寺后，他每天接迎来自朝廷的官员和各地寺院的活佛、喇嘛，还要为前来顶礼的僧俗摸顶赐福，十分繁忙。他还向塔尔寺的显宗、密宗学院赐给茶叶，为塔尔寺、佑宁寺、却藏寺、广慧寺、夏琼寺、夏宗寺、郭密新寺、邯郸寺（今写作甘禅寺）、南杰扎仓等讲修道场赠送供养。佛父与诸头人商议，欲新建寝宫，向塔尔寺护法神请示时，神谕以扩建原宫为宜。于是，诸头人去见阿齐图克雅，阿齐图克雅立即带领几位清朝官员从西宁赶来，安排了修建、扩建寝宫之事宜。此时，噶桑嘉措接见了来自各地的近万名僧俗，为他们传授无缘大悲等经文传承。

火猴年（1716年，清康熙五十五年）十月二十五日，由夏茸尕布·罗桑丹贝坚赞和二世却藏罗桑丹贝坚赞任亲教师和轨范师，在菩提大银塔的皇帝万岁牌前，为年届9岁的噶桑嘉措首先授近事戒，随后又披穿天人共敬的法衣，剃度出家，赐名阿旺却吉扎巴图旦坚赞贝桑布。据说削发时，大银塔法轮上发出五色光，直射殿堂南墙，形成一泓光圈，湟水中发出三次法螺声，在场人无不称奇。受戒毕，噶桑嘉措向两位经师献衣饰用具、黄金、白银等，供养颇丰。之后，噶桑嘉措在文殊大威德坛城中由金刚持却藏·罗桑丹贝坚赞授四种灌顶，噶桑嘉措坐于较低的铺垫上，行尊师礼，并献丰厚的灌顶供养。自此，两位启蒙授戒经师轮流为噶桑嘉措讲授宗喀巴大师的正教法言，以及密宗的灌顶、随许、导引、教诫等法，使他以听讲佛法为根本，来弘扬佛陀圣教，故恩德宏大。

火鸡年（1717年，清康熙五十六年）正月初一，噶桑嘉措驾临新建达赖、班禅行宫。

是年，李家红塔喇嘛和塔尔寺僧官、僧人对噶桑嘉措十分虔诚恭敬。为了祝愿噶桑嘉措健康长寿，他们当面请求达赖喇嘛准建一座长久住世的佛殿，并请示殿内供何佛像为好。噶桑嘉措面谕："如能建成一座供奉十六尊者（十六罗汉）的佛殿，此地将会成为众生施供的圣地。"遂由当时任十九任大法台的觉莫隆哇·嘉样坚赞主持，李家红塔喇嘛等筹资，遵噶桑嘉措的意愿建成祈寿殿（贤丹拉康），殿内除释迦牟尼等主供像外，西厢房供台上塑供十六罗汉和四大天王像。在落成典礼上，噶桑嘉措还亲自撒吉祥花，为开光典礼加持。

噶桑嘉措驻锡塔尔寺期间为塔尔寺和周围寺院做了许多有益之事。当塔尔寺大法台换届之时，他指派阿齐图诺门汗洛桑端珠任第二十任法台，并指示动工兴建塔尔寺乾巴扎仓（法舞学院），于土狗年（1718 年，清康熙五十七年）建成。噶桑嘉措出资制作了以大威德金刚和马头明王为主的上乘法舞面具 34 副，用库缎制作舞衣 30 件，一并做了开光仪式，又专门派人请来拉萨布达拉宫南杰扎仓的舞蹈师教习佛教舞蹈及佛教音乐。土猪年（1719 年）春节期间的正月十五祈愿大法会上，塔尔寺举行跳乾（法王舞）活动，这是塔尔寺跳佛教舞蹈之始。

清朝政府对驻锡在塔尔寺的噶桑嘉措十分重视，几年的春节时皆派使臣官员来塔尔寺献礼，塔尔寺一时成为全国上下关注的地方。噶桑嘉措也几次在经堂设供诵经，祈祷皇帝洪福齐天，还致书问安。土猪年（1719 年，清康熙五十八年），康熙帝派第十四皇子允禵到塔尔寺会见噶桑嘉措，向他敬献哈达、布匹等物，并表示愿领兵护送噶桑嘉措入藏。此时，拉藏汗先被蒙古准噶尔部所杀，他所另立的六世达赖喇嘛意喜嘉措被废，康熙帝乘机两次用兵西藏，进剿准噶尔部。金鼠年（1720 年）正月，允禵带领皇孙宁亲王、六位大臣等到塔尔寺，向噶桑嘉措传达派兵护送入藏的决定。噶桑嘉措当时表示："佛教的兴盛和蒙、藏、汉人民的幸福全寄托于文殊菩萨大皇帝，我虽年幼（13 岁），当为众生幸福而诚心求佛。"三月二十日，允禵再次到塔尔寺，传达康熙帝册封噶桑嘉措为"弘法觉众第六世达赖喇嘛"和敕命，并颁赐刻有满、汉、蒙古、藏四种文字的金册、金印。当时在康熙帝的心目中噶桑嘉措仍为第六世达赖喇嘛，故有此封文，后来才正式承认噶桑嘉措为合法的第七世达赖喇嘛。四月二十二日，在塔尔寺驻锡了 5 年之久的七世达赖喇嘛，在万余名清军的护送下启程入藏。到青海玉树通天河畔时，准噶尔军已被清兵从西藏赶回伊犁，西藏战乱已平息，允禵从通天河返回京城复旨，由平逆将军延信率兵护送七世达赖喇嘛入藏。九月十五日，七世达赖喇嘛在布达拉宫举行了隆重的坐床典礼，并拜五世班禅罗桑益西大师为师，受了沙弥戒，在原噶桑嘉措的法名前又增加了“罗桑”二字，全称罗桑噶桑嘉措。直到这时，康熙帝根据西藏僧俗尊崇达赖喇嘛之深厚心理，才解决了六世达赖喇嘛继承人的问题。

七世达赖喇嘛以仲敦巴大师从阿底峡尊者为师学习佛法为榜样，以五世班禅大师为师尊，学习宗喀巴师徒文集，主要攻读《菩提道次第广论》和大威德四大灌顶法等显密经论。不久，五世班禅大师将要返回札什伦布寺，噶桑嘉措为师敬献金银器具，并祈愿五世班禅为佛教和众生而健康长寿。五世班禅返回日喀则后，噶桑嘉措到哲蚌寺，拜赤钦洛桑达杰为经师，系统地学习摄类学、《释量七论》和《般若广中略论》，同时经常到扎仓或经堂听受其他上师的讲经说法。几年后，他成为精通释量论和般若论的学者。之后他又专攻《中观论》和《俱舍论》等显宗经论，也成为通达者。期间，他回想起在塔尔寺度过的岁月，为感谢塔尔寺众经师、活佛及喇嘛的恩德，于水虎年（1722 年，清康熙六十一年），他几次遣人送来皇帝用一百三十两黄金制作并镶以珠宝的金币一枚、一百五十两黄金汁撰写的金册，献给大经堂殿顶一对红铜镏金大法幢等，还将皇帝御赐的黄色帐幕、黄缎轿一乘也赐给了塔尔寺，并为大经堂的修葺撰写了《大经堂志》。火马年（1726 年）四月十五日，五世班禅大师任亲教师，赤钦・贝丹扎巴任轨范师兼羯磨师，下密院堪布克智钦波任密教师，嘎钦洛桑孟兰任报时师，同嘉色・晋美益西等 31 位比丘僧，在大昭寺释迦牟尼佛像前授他比丘戒。他将五世班禅大师请到布达拉宫的安乐寝室中，求学了“吉祥密集灌顶法”“巴日百法随许”“吉祥密集注释明灯论”“各种修法教言”及宗喀巴大师对密集的注释、“胜乐轮灌顶”等密法，之后更深一步地研习《俱舍论》和《现观庄严论》，皆达到熟练程度。

七世达赖喇嘛在位期间，西藏和青海藏区的内乱一度较频繁，因而他的经历，自然就与清朝对藏区的各种治理措施的变化联系在一起。他刚入布达拉宫坐床后，清朝废除第巴制，设置噶伦掌政。水兔年（1723 年，清雍正元年），青海蒙古罗卜藏丹津因蒙古和硕特部失去统治西藏的权力而对朝廷极为不满，遂发生了罗卜藏丹津[①]反清事件。雍正帝派川陕总督年羹尧[②]、岳钟琪[③]率兵平息。清军焚毁了郭莽寺（广惠寺）、郭隆寺（佑宁寺）、却藏寺、塔尔寺的医药经堂等许多佛教寺院，杀死僧人无计，其中塔尔寺的第十八任法台、七世达赖喇嘛的启蒙经师却藏・罗桑丹贝坚赞也被清军用火烧死。接着于火羊年（1727 年），西藏的几位大农奴主之间为争夺权力也发生了内斗，这几位大农奴主是康熙帝委任的总理全藏政务的康济鼐[④]，以及协助他处理日常事务的四噶伦阿尔布巴、隆布鼐、颇罗鼐[⑤]、札尔鼐，他们都是结束了固始汗子孙的统治之后掌管西藏地方政务的权贵。同年阿尔布巴等杀死首席噶伦康济鼐，西藏发生战乱，清军再次入藏平乱，从而设置驻藏大臣。同时，新疆准噶尔侵扰西藏失败后又遁回新疆，对西藏再次入侵的企图并未放弃。于是从土猴年（1728 年）到木虎年（1734 年），清政府下令对七世达赖喇嘛的人身安全采取了保护措施，将他从拉萨移居到西康理塘噶达地方的惠远庙，派兵 1800 人护卫，同去的还有拉萨三大寺的一些上层喇嘛。这时经师贝丹扎巴已圆寂，遂选青海尖扎的喇嘛、噶丹寺第五十四任赤钦阿旺却丹（1677 ~ 1751 年）为七世达赖喇嘛的密宗经师，主要为七世达赖喇嘛传授尚未学过的密宗经论。木虎年（1734 年），准噶尔遣使向清廷求和，藏区威胁解除后，雍正帝才派果亲王和三世章嘉国师到惠远庙看望七世达赖喇嘛。金狗年（1730 年）在泰宁修建泰宁寺，于木虎年（1734 年）七世达赖喇嘛移居泰宁寺。木兔年（1735 年），副都统福寿和三世章嘉国师将七世达赖喇嘛迎回拉萨，仍住布达拉宫。

火蛇年（1737 年，清乾隆二年），七世达赖喇嘛赴后藏札什伦布寺，看望年已 75 岁的五世班禅大师；不久，五世班禅大师圆寂。七世达赖喇嘛主持荐亡法事及寻访转世灵童等工作。从札什伦布寺返回布达拉宫后，他继续求学佛法，经师阿旺却丹为七世达赖喇嘛讲授“弥扎金刚鬘”、时轮、甘珠尔、布敦仁波且文集、宗喀巴师徒三尊文集的教言、秘诀等许多显密经论。土蛇年（1749 年）十月，六世班禅罗桑贝丹益西到拉萨拜会七世达赖喇嘛，七世达赖喇嘛说：“前世班禅是我的上师，给我传授了许多经法教授，现在我要把学到的经法传授给你。”从此达赖和班禅又建立了师徒关系。

金马年（1750 年，清乾隆十五年）前后，西藏又发生了以藏王珠尔墨特那木札勒为首的叛乱，这位藏王是颇罗鼐的次子。火兔年（1747 年）颇罗鼐去世后，清廷即命其袭郡王位，总管全藏事务。不久，他和驻藏大臣发生矛盾，并联络新疆准噶尔作乱。这时，乾隆帝降下密诏：“此人不可留，应剪除。”于是驻藏大臣傅清和帮办大臣拉卜敦即将珠尔墨特那木札勒诱杀，而傅清和拉卜敦亦被叛匪所杀。叛乱发生之后，七世达赖喇嘛严厉处置了杀死驻藏大臣的凶手，并命多仁班智达暂代理政务。接着，乾隆帝命四川总督策楞率兵入藏，处理善后，于金羊年（1751 年）三月制定了《酌定西藏善后章程》十三条，取消郡王制，成立噶厦、噶伦三俗一僧的组织机构，受达赖喇嘛和驻藏大臣的领导，并成立直属达赖喇嘛的译仓，提高达赖喇嘛的政教地位。是年，44 岁的七世达赖喇嘛开始亲政。噶桑嘉措虽“位极政教领袖而无纤毫骄慢，教政功德内已圆满，仍从他人听闻经论，曾无暂舍。修证已到高深境界，然举止动静取水脱鞋皆依戒律而行。富有全藏受用无量，然所着服装每年只换一套”。他曾从尼泊尔购得一株粗大的白旃檀木，于藏历金马年（1750 年），辗转万水千山，奉献给乾隆皇帝。为何用白旃檀木雕刻佛像？又为何将此像供奉于雍和宫的万福阁？相传，乾隆皇帝历来相信“风水”，他认为雍和宫位于京城东北角，后面过于荒凉空旷，不甚吉利，而雕成高26米、直径8米的弥勒佛金身，奉立于雍和宫万福阁内，等于在寺院后面树起一道天然屏障，就可以挡往北面的邪恶之气，给地方带来安宁与吉祥。雕修此像共花费白银8万多两，足见工程之大。

罗桑噶桑嘉措于藏历第十三饶迴之火牛年（1757年，清乾隆二十二年）二月初三，在布达拉宫达赖寝宫中，面泛红润，略带笑容，右手背扶坐垫，左手持白旃檀念珠，呈禅定状，足结跏趺，右腿略伸，呈王者坐，摄色身入法身而示寂。由西藏驻藏大臣为首的官方和以三大寺为主的僧众举行了盛大的追荐法事。随后，由诸贴身承侍者为遗体沐浴，涂沫香料，穿戴七衣、袒衣、五佛冠，然后供坐于宝篋，面朝东方。

噶桑嘉措一生勤奋学佛修法，廉逊俭朴，颇得全藏僧俗尊崇。他的著作计有52卷册，有《赤钦活佛传》（他为上师立的传）、《大小寺庙章程、书信次第汇编》等，均有影响。

注：

①罗卜藏丹津：是固始汗第十子达什巴图尔之子，生卒年不详。火鸡年（1717年，清康熙五十六年），准噶尔侵扰西藏，结束了固始汗父子对西藏75年的统治。这时罗卜藏丹津图谋恢复先祖在青藏高原的霸业，于水兔年（1723年），在察汗托罗海召集青海、蒙古诸台吉会盟，自称达赖洪台吉，脱离清朝管辖，通过青海部分宗教上层，组织蒙古和硕特部，并有少许藏族部落参加，起兵反清，攻打西宁。清廷派川陕总督年羹尧为抚远大将军，率军于水兔年（1723年）底至木龙年（1724年）初，击败罗卜藏丹津。罗卜藏丹津逃往准噶尔部，后于木猪年（1755年）乾隆帝平定准噶尔部达互齐之乱时，在军前投降。乾隆帝免其死罪，软禁北京，还把他的两个儿子封为御前侍卫。

②年羹尧：号双峰，清代汉军镶黄旗人，官宦出身，康熙年间中进士，官至四川总督、定西将军、川陕总督。1723年冬（清雍正元年）至1724年春，他受命进剿青海蒙古罗卜藏丹津，攻占青海名刹佑宁寺、广惠寺、却藏寺等许多寺院，并将佛寺焚毁，屠杀僧众。打败罗卜藏丹津之后，他上奏雍正帝《青海善后事宜十三条》和《禁约青海十二事》，对藏传佛教在青海的寺院从规模和僧数上严加限制，极为苛刻。年羹尧执行清廷的平叛政策是勿庸置疑的，但平叛扩大化，乱毁寺院，乱杀无辜，毁掉的不仅仅是一座寺院，而是珍贵的古代建筑，以及大量珍贵的蒙藏文古籍文献、许多价值连城的文物，对国家来说实是一次重大的损失。后年羹尧被雍正帝赐死。

③岳钟琪：甘肃临洮人，曾以副将身份参加围剿准噶尔侵入西藏之役，遂担任四川提督。1723年（清雍正元年）随年羹尧进军青海，他是战场的主要指挥者。乾隆时，他又参加平定准噶尔、大小金川之战，因此，被任命为兵部尚书之要职。

④康济鼐：全名康济鼐·索南杰波（？～1727年），后藏南木林县人，拉藏汗掌权时任阿里总管。清朝平定侵扰西藏的准噶尔部时，他与颇罗鼐起兵配合，以功封贝子。金鼠年（1721年，清康熙六十年），被清朝任命为西藏首席噶伦。火羊年（1727年），被准噶尔阿尔布巴等人谋杀。

⑤颇罗鼐：全名颇罗鼐·索南多杰（1681～1747年），江孜人，拉藏汗掌权时任军官。清朝平定侵扰西藏的准噶尔部时，他与康济鼐分别自后藏和阿里起兵，积极配合。水兔年（1723年，清雍正元年），他受封台吉，升噶伦。火羊年（1727年），首席噶伦被杀害后，他领后藏、阿里兵9000人攻占拉萨，擒杀阿尔布巴等人，受权总管藏政，以功封贝子、贝勒、多罗贝勒，土羊年（1739年）又受封郡王。颇罗鼐之死见七世达赖喇嘛传略。

强白嘉措

——八世达赖喇嘛

八世达赖喇嘛强白嘉措，意为"妙吉海"，于藏历第十三饶迥之土虎年（1758年，

清乾隆二十三年）六月二十五日（又一说为六月初八），出生于后藏托布嘉拉日岗（今西藏自治区日喀则市南木林县境内）一贵族家庭。生父叫索南达吉，生母叫彭措拉姆。

七世达赖喇嘛圆寂后，各寺护法神所谕示的转世方向不一，一时争执不决。土兔年（1759 年，清乾隆二十四年），乾隆皇帝为了找寻七世达赖喇嘛的转世灵童，从京城特派三世章嘉呼图克图来到拉萨，协助西藏地方政府办理此事。噶厦政府派人赴札什伦布寺，邀请六世班禅大师到拉萨，与章嘉活佛会晤。二月二十二日，六世班禅大师抵达拉萨，首先与章嘉活佛见了面，后与驻藏大臣查清弥泰、官保会面。六世班禅大师与章嘉活佛等商议后，仍按格鲁派寻访认定灵童的先例，先是算卦，后请乃迥护法神降神谕示，基本确定了七世达赖喇嘛圆寂后转生的方向——后藏，然后派出代表多人，向护法神谕示的方向寻访转世灵童。章嘉活佛遂回京复命。六世班禅大师先后在噶丹、热振等寺朝圣讲经后，从北路返回后藏。当他路经自己的故乡——南木林宗的扎西则谿卡时，听当地人说，在托布嘉谿卡的拉日岗村，某一贵族家于土虎年（1758 年）生了一个小男孩，灵性异常，人们猜测他就是七世达赖喇嘛的化身。六世班禅大师不动声色地派人让其父母抱小孩来噶丹热不结寺，与他会面。班禅大师以米饭、长生果招待了小孩及父母，但没有任何表示，实际上是对这个小孩做了一番观察。是年十二月，经过各种宗教方法检验后，认定六世班禅大师考察过的那个小孩就是七世达赖喇嘛的转世灵童。经驻藏大臣奏请乾隆帝批准，灵童继任为八世达赖喇嘛。之后噶厦政府和三大寺派了一些僧俗官员前往托布嘉谿卡的拉日岗村，先将灵童从家中接到札什伦布寺供养。

金蛇年（1761 年，清乾隆二十六年）正月，噶厦派前世达赖喇嘛的却本堪布第珠前来札什伦布寺，代表噶厦政府向达赖灵童表示祝贺，同时带来摄政第穆呼图克图和四大噶伦给六世班禅大师的亲笔信，请求六世班禅大师给达赖灵童剃度出家，赐予法号。正月十一日，在札什伦布寺的益格穹增殿上，六世班禅大师为达赖灵童披剃出家，赐法名吉总罗桑丹白旺秀强白嘉措巴桑布，简称强白嘉措。三月初五，摄政第穆、驻藏大臣集福、噶伦贡班智达、噶伦扎萨大喇嘛等 200 多人前来札什伦布寺迎接达赖灵童去拉萨。次日，在札什伦布寺大经堂内举行了隆重的迎送会议，班禅大师和达赖灵童都登上了法座，摄政、驻藏大臣、噶伦等人向班禅大师和达赖灵童献了哈达和贵重礼品。达赖灵童于三月十八日从札什伦布寺启程前往拉萨，进入聂塘的热娃堆寺安住，并决定在次年（1762 年）七月在布达拉宫举行坐床典礼。七月初九，达赖灵童和六世班禅大师从聂塘到拉萨，拉萨百姓和政府官员在大道两旁列队欢迎，然后赴布达拉宫。达赖灵童在日光殿上登上了历代达赖喇嘛坐床的狮子法座，正式继承达赖法统，成为八世达赖喇嘛。七月十七日，六世班禅大师为八世达赖喇嘛授近事戒。为了庆祝八世达赖喇嘛坐床，六世班禅大师又分别派人前往三大寺和其他各大寺院，给僧众熬茶、放布施，共花费白银15719两。九月初九,六世班禅大师向八世达赖喇嘛、摄政、驻藏大臣等人辞别，于九月二十一日返回札什伦布寺。

因八世达赖喇嘛年幼，清政府决定由四大呼图克图[①]中选一人代理八世达赖喇嘛摄政，待八世达赖喇嘛到18岁时再亲自执政。当时担任摄政的就是第穆呼图克图。这种做法自此成为定制。木鸡年（1765年，清乾隆三十年），八世达赖喇嘛7岁时，邀请六世班禅大师为八世达赖喇嘛授沙弥戒。六世班禅大师应请于六月初一抵达拉萨，六月初四，在大昭寺释迦牟尼佛像前，为八世达赖喇嘛授了沙弥戒。授戒时，班禅大师任亲教师兼轨范师，八世达赖喇嘛的经师噶丹赤巴阿旺曲扎任报时司，摄政第穆任司仪，驻藏大臣福鼐等人到现场观礼，并代表乾隆帝为八世达赖喇嘛受沙弥戒致贺。授戒后，八世达赖喇嘛同六世班禅大师同赴布达拉宫，六世班禅大师在布达拉宫住了两个多月，为八世达赖喇嘛讲授了许多经论。是年八月二十三日，六世班禅离开拉萨返回札什伦布寺。八世达赖喇嘛又拜普觉·阿旺贤巴和绛孜曲杰·夏琼巴·阿旺曲扎二人为经师，始学显密诸论。

火鸡年（1777年，清乾隆四十二年），八世达赖喇嘛、摄政等又请六世班禅大师为八世达赖喇嘛授比丘戒。是年二月初七,六世班禅大师从札什伦布寺启程，二十日抵达拉萨,在布达拉宫的日光殿与八世达赖喇嘛见面,双方互献哈达。四月十五日为授戒日，此时原摄政第穆呼图克图已去逝，由策门林呼图克图陪同八世达赖喇嘛，与六世班禅大师同赴大昭寺，在释迦牟尼佛像前，由六世班禅大师任亲教师，卸任赤巴、达赖经师阿旺曲扎任羯磨师，班禅的经师罗桑群培任屏教师，时任噶丹赤巴罗桑丹巴任报时司，在足数比丘僧面前授了比丘戒。授戒完毕，八世达赖喇嘛向六世班禅大师献了曼札，表示谢恩。六世班禅大师亦向八世达赖喇嘛献曼札，表示祝贺。接着摄政、驻藏大臣、噶伦、三大寺代表等人依次向达赖喇嘛、班禅大师敬献哈达和礼品，表示八世达赖喇嘛受比丘戒圆满完成。八世达赖喇嘛和六世班禅大师在大昭寺住了9天后，于四月二十四日同去小昭寺朝礼，为该寺不动金刚佛献了供品，然后同去布达拉宫。六世班禅大师在这里住了近一年时间，每天给八世达赖喇嘛传授显密经论和宗喀巴大师文集。土狗年（1778年）二月二十四日，六世班禅大师向八世达赖喇嘛告辞，于三月十二日到达札什伦布寺。

金牛年（1781 年，清乾隆四十六年）六月，八世达赖喇嘛 24 岁时，清廷仍封其为“西天大善自在佛所领天下释教普通瓦赤喇怛喇达赖喇嘛”，并赐金册、金印，金印以黄金 230 两铸成，印文系汉、满、蒙古、藏四种文字，并遣副都统乌尔图纳孙将之送到西藏，并宣乾隆旨，八世达赖喇嘛开始亲政。水虎年（1782 年），噶居·益西坚赞被委任为八世达赖喇嘛的经师。木龙年（1784 年）八月二十一日，八世达赖喇嘛应请从拉萨抵达札什伦布寺，受到札什伦布寺的隆重欢迎，八世达赖喇嘛首先在日光殿与七世班禅转世灵童会面，七世班禅向八世达赖喇嘛磕头，拜为师傅，于是八世达赖喇嘛与七世班禅又建立了师徒关系。九月初七，在札什伦布寺的益格穹增殿内，举行了七世班禅剃度出家仪式。八世达赖喇嘛在举行了佛教仪式，诵经祈祷之后，给七世班禅剪发，并换上法衣，赐法名为“吉总罗桑巴丹丹白尼玛确来南加巴桑布”，简称丹白尼玛。接着，八世达赖喇嘛为七世班禅授了居士戒。十月初一，八世达赖喇嘛辞别七世班禅，取道江孜返回拉萨。木龙年（1784 年），清朝降旨颁给八世达赖喇嘛玉册、玉印，敕曰：“以尔性体纯全，法源广布，朕甚嘉焉。兹特加殊礼，赐之玉册玉宝，尔其只领，供奉于普陀宗乘之庙，永镇法门，逢国庆典，用之章奏，其余奏书文移，仍用原印（即金印）。”

土鸡年（1789 年，清乾隆五十四年）和金猪年（1791 年），发生了两次廓尔喀[2]进犯西藏的事件。第一次廓尔喀侵占了济咙、聂拉木等地，清廷派理藩院侍郎巴忠等率兵入藏。但巴忠胆小怯战，私自贿和，签定“和约”，答应三年内每年赔偿廓尔喀人 300 锭元宝，还蒙骗朝廷说已击退廓尔喀人，将失地收复，如此得到朝廷赏金百万。八世达赖喇嘛对巴忠等人的卑劣行为非常气愤，他责备巴忠“此事所办冒昧”，并坚决拒绝“和约”，不负担赔偿银两。廓尔喀第二次进犯西藏时，占领了日喀则，洗劫了札什伦布寺，将札什伦布寺财物几乎掠夺一空，后藏一度完全被廓尔喀人侵占。八世达赖喇嘛、七世班禅（此时已移至拉萨）与驻藏大臣联名向清政府上奏告急，请求速派大军入藏抵御。乾隆帝对此事非常重视，立即派福康安[3]为大将军，率领满、汉、蒙古、藏官兵约 1.7 万余人，由四川与青海两路入藏，次年（1792 年）四月，福康安率先抵达拉萨。五月，将侵入西藏的廓尔喀人全部驱逐出境，六月，清军深入廓尔喀境内，打败了廓尔喀人的反攻，直逼加德满都，廓尔喀王乃数次派人至军前乞降。八月二十八日，福康安接受了廓尔喀王的投降，停止进兵，随即清军撤回西藏。

这时，乾隆帝指示福康安，要他与八世达赖喇嘛、七世班禅协商，对西藏的政治制度和宗教制度进行一次彻底整顿，“将来撤兵后，必当妥立章程，以期永远遵循”。福康安路经札什伦布寺时，向七世班禅说明了乾隆帝的旨意，回到拉萨后，也将乾隆帝的旨意告诉了八世达赖喇嘛。八世达赖喇嘛即表赞成，并称："卫藏诸事上烦大皇帝天心，立定法制，垂之久远，我及僧俗番众感切难名，何敢稍有违拗，将来立定章程，惟有同驻藏大臣督率噶伦及番众等敬谨遵照，事事实力奉行，自必于藏大有裨益，我亦受益无穷。"经过各方认真制定、修改，于是就产生了著名的《钦定章程》二十九条。《钦定章程》涉及到西藏政治制度和宗教制度各个方面的重要内容，它体现了清朝治理西藏的全面措施，从此清朝对西藏的治理进入了全盛时期，对安定西藏社会秩序，发展社会生产力，均起到了良好作用。

《钦定章程》经乾隆帝批准实施，八世达赖喇嘛极为高兴，于木兔年（1795 年，清乾隆六十年）与驻藏大臣商议后，决定减免或豁免百姓交纳赋税，对穷苦百姓优加抚恤，并将自己所积存的布施银 3 万两献出，复布施给穷苦群众修补房屋，购置口粮籽种，使老百姓各勤农业，有所栖止。乾隆帝得知八世达赖喇嘛所做的善举后，倍加赞赏："达赖喇嘛此举甚合朕意"，并指示驻藏大臣松筠、达松"毋庸出其己资"，由国库拨给白银 4 万两，抚恤卫藏百姓。

金鸡年（1801 年，清嘉庆六年）三月十五日，七世班禅丹白尼玛及其侍从堪布一行从日喀则启程前往拉萨，三月二十八日抵达，后赴布达拉宫，在日光殿与八世达赖喇嘛会面，互献哈达问安。四月十五日，八世达赖喇嘛与七世班禅同赴大昭寺，在释迦牟尼佛像前，由八世达赖喇嘛任授戒亲教师，七世班禅的经师罗桑丹增任羯磨师，噶丹寺北院法主图旦嘉措任屏教师，阿旺扎西任司时师，在 20 多位比丘喇嘛中给七世班禅授比丘戒。

藏历第十三饶迥之木鼠年（1804 年，清嘉庆九年）十月，八世达赖喇嘛强白嘉措患了重病，十月十八日在布达拉宫圆寂。享年 47 岁。

八世达赖喇嘛的著作有喇嘛瑜伽师（上师传）、修行法、仪轨、寺志、祈请文、问答、修心、规章等共 14 种。

注：

①四大呼图克图：这里指掌办过西藏事务的四大呼图克图，即永安寺的济咙呼图克图、广法寺的第穆呼图克图、祝寿寺的策门（满）林呼图克图和德柱呼图克图。

②廓尔喀：尼泊尔的一个部落。1769 年廓尔喀人征服尼泊尔的玛拉王朝，建立起了沙阿王朝，也叫廓尔喀王朝，定都加德满都。1791 年，廓尔喀入侵西藏地区，1793 年被清朝将领福康安统兵打败，将入侵者赶出国境，并攻至加德满都城下，后廓尔喀

国王请和投降，战事才罢。

③福康安（1754 ~ 1796 年）：清朝镶黄旗人，字瑶林，大学士。乾隆时授户部尚书，军机大臣，数度任主帅镇压农民起义军，嘉庆元年（1796 年）病死在军中。曾任云贵、四川、闽浙、两广总督。

九至十二世达赖喇嘛

历辈达赖喇嘛中九至十二世四位达赖喇嘛都是英年早逝，对西藏政教和佛教文化没有什么贡献和建树，但鉴于达赖喇嘛世系在国内外的影响，为了让读者对该活佛世系有个比较全面的了解，故将九至十二世达赖喇嘛的短暂生平事迹合并在一起，分别做简要介绍。

九世达赖喇嘛隆朵嘉措，意为“教政海”，于藏历第十三饶迥之木牛年（1805 年，清嘉庆十年）十月初一出生在四川甘孜邓柯春科尔土司家中。父亲丹增曲杰是邓柯土司王，母名东珠卓玛。3 岁时，他被认定为八世达赖喇嘛强白嘉措的转世，被迎至拉萨采贡塘寺暂住，由七世班禅丹白尼玛和摄政济咙呼图克图及拉萨三大寺代表，向驻藏大臣玉宁报告所认定灵童确系八世达赖喇嘛之转世灵童，请皇帝准许免予金瓶掣签。嘉庆皇帝颁旨准奏，并赐给哈达、长寿佛像、宝石念珠、金刚铃杵等珍贵物品。之后嘉庆皇帝又派副都统隆福、噶勒丹锡呼图克图、喀拉喀王、侍郎庆惠等多人来藏看视坐床，准许九世达赖喇嘛乘坐黄轿，启用前辈达赖喇嘛之印，并赏银一万两，为坐床典礼之费用。1808年九月二十二日，灵童被迎入布达拉宫，拜七世班禅丹白尼玛为师，剃度出家，受沙弥戒，法名罗桑丹巴郡乃阿旺隆朵嘉措，简称隆朵嘉措，依七世班禅大师始学文字和经文。其父丹增曲杰随达赖灵童进藏，被清王朝封为公爵，噶厦政府又赐给许多庄田，遂成为西藏大贵族之一，即今天所说的姜乐建公。

金羊年（1811年，清嘉庆十六年），摄政济咙呼图克图逝世，嘉庆皇帝派第穆呼图克图继任摄政。此时英国已并吞了印度，印度总督孟德派使者尼那拉来西藏拉萨，7岁的九世达赖喇嘛接见了他。木猪年（1815年），英国向廓尔喀大举进攻，次年打败了廓尔喀人后，与之订立了《萨格里条约》。此时，英国对西藏虎视眈眈，垂涎三尺。在英廓战争期间，九世达赖喇嘛隆朵嘉措于藏历第十四饶迥之木猪年（1815年）二月十六日在布达拉宫突然暴亡，只活了11岁，他是历辈达赖喇嘛中年寿最短的一位。

十世达赖喇嘛楚臣嘉措，意为“戒海”，于藏历第十四饶迥之火鼠年（1816年，清嘉庆二十一年）三月二十一日，出生在四川理塘内都那布村一户头人之家。父亲叫罗桑年扎，是本地头人；母亲叫南杰布赤。他出生后有许多吉祥之兆和异行。

九世达赖喇嘛暴亡后，西藏地方政府和三大寺喇嘛就开始寻访九世达赖喇嘛的转世灵童。当时寻访到的达赖灵童有3名，因一时难以断定真正的达赖喇嘛转世灵童是那一位，所以只好通过驻藏大臣向皇帝奏请谕示。水马年（1822年，清道光二年），道光皇帝命在大昭寺释迦牟尼佛像前举行金瓶掣签仪式，结果楚臣嘉措被认定为第十世达赖喇嘛。经奏报，于是年六月初二降旨准许坐床，仍赏用前辈之印，赏坐黄轿、黄缰、黄鞍韂。接到批准坐床的圣旨后，七世班禅丹白尼玛首先在聂塘寺为达喇灵童剃度出家，授沙弥戒，取法号阿旺罗桑嘉贝勒丹泽楚臣嘉措，简称楚臣嘉措。是年八月初八，年已 7 岁的楚臣嘉措被迎至布达拉宫，举行了隆重的坐床典礼，道光帝派大臣文干、副都统苏崇阿、章嘉国师赴藏参加坐床典礼。佛父罗桑年扎亦随十世达赖喇嘛入藏，清政府按惯例封为公爵，噶厦政府又拨给了一些庄田百姓，也成为西藏大贵族之一，后来称其为宇妥家族。十世达赖喇嘛 10 岁时被迎至哲蚌寺，拜通晓经论的喇嘛为经师，开始学习显密经论。19 岁时，在七世班禅丹白尼玛等师之前，经请求受了比丘戒。藏历第十四饶迥之火鸡年（1837 年）九月初一，十世达赖喇嘛在布达拉宫暴亡，只活了 22 岁，是时他尚未亲政。

十一世达赖喇嘛克珠嘉措，意为“善成海”，生于藏历第十四饶迥之土狗年（1838 年，清道光十八年）九月初一，是四川甘孜打箭炉（康定）所属泰宁寺西廓子溪地方人，父亲叫才旺东珠，母亲叫永仲布赤，他们是一个比较富裕的家庭。

十世达赖喇嘛暴亡后，经寻访找到同样年龄和气质的 3 个灵童，需经金瓶掣签来决定，但当时阿里地方发生战争，人心惶惶，故未立即举行金瓶掣签。等战乱平息后，于金牛年（1841 年，清道光二十一年）五月二十五日才举行金瓶掣签仪式，结果认定年仅 3 岁的克珠嘉措为达赖喇嘛转世灵童，即由七世班禅丹白尼玛为达赖灵童剃度出家，赐法名阿旺噶桑丹贝仲美克珠嘉措，简称克珠嘉措。经驻藏大臣孟保向道光帝奏请批准，八月初三奉旨仍赏用黄轿、黄缰、黄鞍鞯、黄围幔，仍用前辈金印。水虎年（1842年）四月十六日，十一世达赖喇嘛被迎至布达拉宫，举行了坐床典礼。道光帝还特派四世章嘉等前来看视坐床，拨银一万两为坐床大典资费，并送金册。

火马年（1846年，清道光二十六年），十一世达赖喇嘛9岁时，拜七世班禅大师为师，受了沙弥戒。随十一世达赖喇嘛来藏的佛父才旺东珠又照例由清朝政府封为公爵，噶厦也照例拨给了许多庄园、百姓，成为西藏的大贵族之一，即后来的彭措康萨。土猴年（1848年），赏公爵才旺东珠宝石顶戴双眼花翎一顶。十一世达赖喇嘛14岁时到噶丹、哲蚌、色拉三大寺游学，在经堂听受讲经，并为三大寺僧煮斋僧茶、放布施，由驻藏帮办大臣额勒亨额跟随照料。15岁那年，由守备童星魁陪同巡游山南桑耶寺、羊卓雍措、曲科甲寺等佛教寺院及圣湖，一面学经听经，一面又为僧众讲经说法。

木兔年（1855年，清咸丰五年）正月十三日，十一世达赖喇嘛奉咸丰帝圣旨，开始亲政，正式成为掌管政教的领袖人物。然而，好景不长，亲政还未满一年，他于是年十二月十五日在布达拉宫暴亡，只度过了18个春秋。

十二世达赖喇嘛程列嘉措，意为“事业海”，于藏历第十四饶迥之火龙年（1856年，清咸丰六年）出生，西藏山南娘布沃喀宗西地方人。父亲名彭措泽旺，母亲名泽仁玉珍，系西藏娘布沃喀宗西波卓娘仓巴家族。波卓娘仓巴为八世达赖喇嘛的亲属，后封为公爵。

十一世达赖喇嘛夭折后，当时寻访到的灵童也是3个人，后将3位灵童集中到拉萨，于土马年（1858年，清咸丰八年）正月十三日，由驻藏大臣满庆在大昭寺释迦牟尼佛像前主持举行金瓶掣签仪式，确定程列嘉措为十一世达赖喇嘛之转世灵童。摄政热振呼图克图阿旺伊喜次臣坚赞主持给达赖灵童剃发出家，取法名程列嘉措[1]，之后被迎至罗布林卡噶桑寝宫中暂住。后于金猴年（1860年）七月初三，程列嘉措5虚岁时，迎至布达拉宫举行了坐床典礼，正式登上了历辈达赖喇嘛的金座。三大寺喇嘛和西藏噶厦官员以及驻藏官员皆献礼祝贺。

木鼠年（1864年，清同治三年），程列嘉措8岁时，拜卸任噶丹赤巴罗桑钦饶旺秀②为师，受了沙弥戒，并从该师学习文字及显密经论。水狗年（1862年），热振呼图克图因与贵族之间不和而发生枪战时去北京躲避，罗桑钦饶旺秀代理摄政。期间，程列嘉措拜多位经师，勤奋学习显密经论及共同文化知识，成为有学问的达赖喇嘛。水鸡年（1873年），罗桑钦饶旺秀病逝，同治皇帝遂命十二世达赖喇嘛亲政，时年18岁。程列嘉措亲政后，照例前往色拉、哲蚌、噶丹三大寺朝礼献供，学习佛法，又赴圣母湖、曲科甲寺巡礼，往山南桑耶寺一带求学讲经，后于木狗年（1874年）返回拉萨继续学经。木猪年（1875年）三月二十日，十二世达赖喇嘛又突然暴亡于布达拉宫③，年仅20岁。

因十二世达赖喇嘛是沃喀地方出生的大活佛，他去世后，沃喀宗西寺僧众在寺内佛殿中塑造了他的身像，至今犹存。

注：

①自五世达赖喇嘛至十一世达赖喇嘛，都拜历辈班禅大师为师。十二世达赖喇嘛时，因八世班禅刚满4岁，无法拜师及举行剃度、取法名等仪式，才由热振活佛主持。热振呼图克图为阿齐图诺门汗。

②十二世达赖喇嘛受沙弥戒时，因八世班禅年幼，无法拜八世班禅为师，才拜罗桑钦饶旺秀为师。该师曾任噶丹寺第七十六任赤钦，是一位在佛学领域建树颇广的活佛。

③自九世至十二世达赖喇嘛，都是寿短而暴亡（九世11岁，十世22岁，十一世18岁，十二世20岁），这是很奇特的现象。所以僧俗大众皆怀疑是大农奴主为寻找自己的代理人，而将达赖喇嘛谋害致死。但这些都是无法破解的历史迷案，始终没有确凿的定论。清政府也怀疑达赖喇嘛的死因，每逢达赖喇嘛暴亡，驻藏大臣均命令不准移动达赖喇嘛的遗体，并进行全面检查，但每次均无结果。

图旦嘉措

——十三世达赖喇嘛

十三世达赖喇嘛图旦嘉措,意为“佛教海”,系西藏拉萨东南部下达布地区(今朗县)朗敦村人,于藏历第十五饶迥之火鼠年(1876年,清光绪二年)五月初五生于该村一普通农民家中,取名罗桑陶凯嘉措。父名贡噶仁钦,母亲叫罗桑卓玛。

十二世达赖喇嘛暴亡后,由驻藏大臣,噶厦政府、四大林(呼图克图),以及三大寺僧俗上层组成一个灵童寻访机构。寻访、认定都比前几世更加严格、谨慎,采用公开、秘密寻访,护法神降神谕示,观圣母湖幻景,当面考察,辨认遗物,正式认定,层层申报、批准等一系列方法,最后认定罗桑陶凯嘉措为十二世达赖喇嘛的转世灵童。火牛年(1877年),噶厦政府委派较熟悉内情的卸任堪布前往朗敦村,向达赖灵童敬献哈达和金刚如意法轮、白度母佛像等贵重礼品。与此同时,八世班禅丹贝旺秀、摄政王公德林呼图克图、三大寺和札什伦布寺的全体僧俗官员上书驻藏大臣松湘,请其转奏光绪帝:达赖灵童业经各方认真考核,证据充分,确而无疑,请免于金瓶掣签。当年三月,光绪帝谕旨:“贡噶仁钦之子罗布藏塔布凯甲木措,即作为达赖喇嘛之呼毕勒罕,毋庸掣签,钦此。”同年十一月初一,达赖灵童身着法衣,乘黄轿于佛父母、噶伦等迎请之人的中央,在仪仗队的导引下离开朗敦,前往拉萨。沿途各地百姓和各寺庙僧尼,虔诚隆重地焚香致敬,将达赖灵童迎至贡塘寺暂住。

土虎年(1878年,清光绪四年)正月十一日,八世班禅丹贝旺秀同摄政王公德林呼图克图,经师普觉·罗桑次臣·强巴嘉措等前往贡塘寺会见达赖灵童,达赖灵童从法座起身迎接八世班禅一行,并向八世班禅行叩首礼,互换哈达。札什伦布寺代表也向灵童敬献哈达、佛像、佛经、佛塔等,礼毕,为达赖灵童削了大部分头发,以僧衣更换俗装。接着，在日光殿佛像、佛经、佛塔等三佛田尊前，八世班禅大师为达赖灵童削了尚未削完的头发，并取法名“吉尊·阿旺罗桑·图旦嘉措·晋美旺秀·却勒南巴杰娃·贝桑布”，简称图旦嘉措。随后举行了盛大的宗教仪式，达赖灵童向八世班禅大师谢恩。正月十八日，西藏噶厦政府请驻藏大臣上奏光绪帝：“达赖喇嘛坐床大典，拟于明年（土兔年）举行，请予恩准。并请按惯例使用金册金印，乘用黄轿。”

土兔年（1879 年，清光绪五年）正月，光绪帝的圣旨到了拉萨，内云：“达赖喇嘛转世已确定，今年六月十三日良辰吉时举行坐床，甚佳，朕深喜之！现赐达赖喇嘛黄哈达一条、佛像一尊、念珠一串、铃杵一套。达赖喇嘛坐床之后，可启用前世达赖之金印，并将用印时日上奏。前辈乘用黄轿及黄色鞍辔均予准用。佛父贡噶仁钦封为公爵，赏戴宝石顶子，着孔雀翎。依旨遵行，钦此！”六月十三日，达赖灵童乘坐黄轿从贡塘寺出发，在引香和仪仗队的导引下，同驻藏大臣、摄政王等欢迎人员一起先到大昭寺朝拜释迦牟尼佛像，并诵经祈祷；然后乘轿进入布达拉宫，叩拜皇帝画像和观音像，献哈达；接着进日光殿，升宝座。摄政王向达赖灵童稽首敬献曼札、三佛田，噶厦政府敬献了供品。十四日，在布达拉宫色西彭措大殿，为达赖灵童举行正式坐床仪式。驻藏大臣将皇帝所赐物品摆放在台座上，由满文秘书和噶厦政府秘书长二人高声宣读了皇帝允准达赖灵童坐床的圣旨。驻藏大臣敬献哈达、玉如意、玉佛珠和优质绸缎等礼品。然后，达赖灵童接受了由驻藏大臣转交的御赐物品。这时各大呼图克图、大活佛及政府官员等僧俗依次敬献礼品祝贺。至此，坐床典礼结束，达赖灵童成为真正的十三世达赖喇嘛。五月初四，噶厦政府就由何人任十三世达赖喇嘛经师一事向光绪帝启奏，六月二十三日，皇帝降旨，内云：“以摄政王公德林呼图克图阿旺班丹·曲杰坚赞为正经师，普觉·罗桑次臣·强巴嘉措为副经师，当地衙门依旨遵行。”八月十四日，摄政王公德林为十三世达赖喇嘛授居士戒，教授念诵皈依经，十三世达赖喇嘛向两位经师叩拜。从此开始，十三世达赖喇嘛即坚持在两位经师处学读藏文字母和聆听佛学经典。

水马年（1882 年，清光绪八年）正月十三日，在拉萨大昭寺释迦牟尼佛像前，十三世达赖喇嘛向佛像顶礼，奉献五色哈达和佛衣。之后由经师公德林任亲教师和轨范师，副经师普觉任知时师，十三世达赖喇嘛在以噶丹赤巴为首的僧众中接受沙弥戒，然后向释迦牟尼佛像敬献哈达，向正、副经师献哈达、钱物。这时，锡金王室为十三世达赖喇嘛敬献了一头大象。是年七月十五日，八世班禅大师在后藏托布嘉地方圆寂，十三世达赖喇嘛悲痛之余与摄政王公德林商议，决定尽快起草祷文并印刷后在前后藏全体僧俗民众中祷诵，广布奠祭供施。

木猴年（1884年，清光绪十年）三月十二日，应蒙古土尔扈特亲王之上师和公爵之上师及廷琪等人的请求，十三世达赖喇嘛授记《兜率上师瑜伽经》和《密宗事部三怙主经》。八月初八，接受经师摄政王公德林摄政王所行无量寿佛和马头金刚身心之灌顶。从此，正、副经师轮流向十三世达赖喇嘛传授佛经，从森本堪布帕喜瓦·阿旺欧珠学习书法。火狗年（1886年）三月十五日，十三世达赖喇嘛开始学习因明学。四月初八，摄政王公德林圆寂，十三世达赖喇嘛闻讯后甚为惋惜，即行奠祭超度，并捐资为其建造灵塔。九月，为阻止英国侵略者犯境，特造一尊乃穹护法神像，由乃穹寺活佛和8名法事僧人送至隆吐山堡垒内安放。

土鼠年（1888年，清光绪十四年）正月十四日，十三世达赖喇嘛为已寻访到的几名九世班禅灵童候选人举行金瓶掣签，结果出生在塔布地方的灵童被确定为九世班禅。十五日，为班禅灵童披剃出家，取法名“吉尊罗桑却吉尼玛格勒南嘉贝桑布”，简称罗桑却吉尼玛。是年三月，应哲蚌、色拉二寺之请，十三世达赖喇嘛前往两寺参加辩经仪式。在哲蚌寺，他坐在辩经场宝座前的坐垫上，一一回答了几位侍读师的提问，正侍读师评判了辩论结果；之后又在该寺贡嘎热瓦辩经场与几位侍读师举行《现观庄严论》的辩经活动；还在洛色林扎仓的大殿内设坛场立宗，由该扎仓的轨范师从《法轮经说》经典中择其难点提出辩论，十三世达赖喇嘛均应答如流。辩经后，他到哲蚌寺背后山腰间的格培小寺（静房）隐居，闭关坐禅8天。他从这里到色拉寺辩经，在麦扎仓参加《大乘发心经》辩经仪式。四月二十一日，他在经书房同7位侍读师辩论《释量论》，次日在辩经场就《因明论》进行辩论，并为色拉寺全体僧众讲授《菩提道炬论》，辩经后又到色拉寺山后的帕旺喀小寺为断行者讲授《大慈大悲观音菩萨赞》。五月二十七日，他会见了新到任的驻藏大臣升泰，双方互赠哈达。

土鼠年（1888年，清光绪十四年），发生了英国侵略西藏的第一次战争。六月二十九日，十三世达赖喇嘛接见赴帕里地区参加抗英战争的察雅地方千余名官兵和领军彭康及增仲强巴等人，为官兵摸顶、赠送护身符。七月，他又为去帕里参加抗英战争的宁玛派多杰扎寺僧官及僧人赠送礼品。十月，驻藏大臣升泰在赴帕里前，来向十三世达赖喇嘛辞行，十三世达赖喇嘛向他赠送礼品，并祈愿胜利归来。土牛年（1889年）闰一月十九日，尚未亲政的十三世达赖喇嘛盲目地在向皇帝禀报驻藏大臣升泰已在帕里与英国签订边界和约的三封奏折上加盖金印。二十九日，遵照皇帝旨意，驻藏大臣升泰与英国斡旋，抗击英国侵略军的边境战争得以和平解决，十三世达赖喇嘛接见了由帕里返回的官兵。

金虎年（1890 年，清光绪十六年）正月初七，应普觉经师和热振呼图克图的邀请，十三世达赖喇嘛前往大昭寺参加祈愿大法会。三月十七日，驻藏大臣升泰在印度加尔各答，遵照清朝政府的旨意与英国订立了《藏印条约》。升泰于六月初一抵达拉萨，六月初二到罗布林卡拜会十三世达赖喇嘛，告诉了《藏印条约》的内容和订约经过。十三世达赖喇嘛即将该条约抄文发给西藏僧俗大众讨论。西藏人民和有识之士不接受《藏印条约》，反对升泰媚外卖国行为。七月十三日，为感谢十三世达赖喇嘛金瓶掣签确定了公德林呼图克图灵童，公德林灵童、公德林扎萨、司钥、执事及侍僧等 30 余人觐见十三世达赖喇嘛，十三世达赖喇嘛为公德林呼图克图灵童剃度，并取法名“阿旺图旦·格桑旦白仲美”。金兔年（1891 年）十一月，为受宁玛派金刚橛本尊灌顶，他将供奉在大昭寺内的莲花生大师身像迎请到布达拉宫噶丹央孜殿供奉，之后的 22 天内，在莲花生身像前接受普觉经师传法灌顶。水龙年（1892 年）三月，聆听普觉经师讲授《现观庄严论》《中观论》《释量论》和《律经根本律》传承。同时，为了学经需要，十三世达赖喇嘛下令重新刻印五世达赖喇嘛著的《现观庄严论·善慧思饰》《中论大乘舟》《俱舍论·释运宝库》及一世达赖喇嘛著的法相学方面的经论。他还赐宁玛派活佛佐钦·白玛仁增自此辈始为大班智达，授圆印一枚，并享用马旗、虎皮杖、马顶、鬃罩等；为噶举派直贡寺琼仓活佛剃度出家，赐法名，并为该寺切仓和琼仓活佛等传授“长寿灌顶”和《解脱律仪》传承，由此可见他同五世达赖喇嘛一样，不持门户之见，不视教派亲疏，一视同仁。是年，他先后从经师聆听《菩提道次第广论》及其注释、《文殊菩萨教言》等经论。

水蛇年（1893 年，清光绪十九年）十月二十八日，驻藏大臣奎焕与英国又签订了《藏印续约》，西藏人民仍然反对。事实上，该条约和续约均毫无效用，从来不被十三世达赖喇嘛和西藏人民承认。

十三世达赖喇嘛 19 岁时，在罗布林卡乌孜寝宫中接受普觉经师所授大威德灌顶，传授文殊菩萨加持法，聆听大圆满加持法等密法。之后，他在寝宫中静修八猛静法。此时，十三世达赖喇嘛刚步入青年，但他一言一行皆依戒律而行，对寺院僧官及僧人管束甚严。他针对寺院中一些僧人不严守戒律、违犯戒条而对僧官们做了一次训令。大卓尼召集三大寺轨范师、格贵喇嘛、哲蚌寺噶丹颇章、色拉寺侍寝管家及噶丹寺赤巴管家传达十三世达赖喇嘛的严明训示：寺院之各项教规戒律，本应遵照历世佛宝之规定实施，不能违犯，但近年寺院执事人员管教不严，违犯四根本戒的事时有发生，如饮酒，吸烟，下棋，夏逛林卡，冬与浪人结伙，身穿奇装怪服，游荡于各村庄，蹂躏贫苦百姓等，除应追究其直接违犯者的责任外，其轨范师、格贵（法棒喇嘛）等都应受到处罚。但又念违犯者尚能悔过自新，拟从轻发落。各扎仓堪布、法棒喇嘛和康村、弥村的师傅长辈，应对违犯戒律之人严加管教，不能再放任自流，一定要严守戒规。今后如再有违犯戒律而放纵不羁之事，不仅要惩罚犯律之人及其保人，且要追究各级负责人，并加以严惩。望权衡处置，切勿颠倒。

木羊年（1895 年，清光绪二十一年）正月十一日，由经师普觉任亲教师兼轨范师，副经师林仓活佛罗桑隆多丹增赤列任羯磨师，噶丹寺赤巴罗桑楚臣任报时师，珠康活佛洛桑阿旺丹增嘉措任屏教师，在大昭寺释迦牟尼佛像前为年满 20 岁的十三世达赖喇嘛授比丘戒，并举行授戒庆典活动。十九日，摄政王第穆呼图克图邀请十三世达赖喇嘛至殿堂授受万寿祝愿和供养，并接见了朝廷官员、尼泊尔人以及阿里地区的僧俗群众，与他们善结法缘。六月，光绪皇帝降旨："藏历正月十一日，达赖喇嘛受比丘戒完毕，盛具瑞祥，朕甚喜悦，自此后，达赖喇嘛应勤习经典，谨守法度，弘扬佛法。此次，格外赐十三世达赖喇嘛珊瑚佛珠一串、带金丝套瓷杯一个、羊脂玉碗一个、大荷包一个、小荷包一对。赏给大经师普觉夏仲·洛桑次臣·强巴嘉措长哈达一条。"圣旨通过驻藏大臣转递，照例举行庆典。十三世达赖喇嘛接旨后行九叩礼谢赐。同年八月初八，于布达拉宫色西彭措大殿为十三世达赖喇嘛举行盛大隆重的亲政大典。

土狗年（1898 年，清光绪二十四年）四月，十三世达赖喇嘛亲临哲蚌、色拉、噶丹三大寺参加辩经活动。十七日，哲蚌寺洛色林扎仓卸任轨范师钦热丹增伦珠与十三世达赖喇嘛辩论佛法。在场的轨范师、经师、活佛以及学识渊博的格西等也先后引用"五部大论"的正文和释文内容提出极其尖锐的质问，十三世达赖喇嘛根据各教派的典籍精要和教义，一一正确答复。之后，三大寺的学者们与十三世达赖喇嘛辩论，十三世达赖喇嘛答辩时引用经典原文及佛学原理十分精确严密，致使学者们无法反驳。五月初三在色拉寺与杰扎仓的堪布、活佛、格西等辩论经典中的许多疑难问题，十三世达赖喇嘛均对答如流。二十至二十四日在噶丹寺与诸格西辩论"五部大论"中的疑难问题，经过长时间对教理经义的辩论，十三世达赖喇嘛均以渊博的学识、敏锐的思路，驳得对方无言以对。辩经结束后，他向各佛殿敬献宝伞、胜利幢、华盖等各种供物，向宗喀巴大师灵塔献一枚白银轮轴上雕有祷文的金质法轮，并给僧众发放优厚的茶钱供养。二十八至三十日，十三世达赖喇嘛在宗喀巴灵塔前点燃一千一百盏酥油佛灯，同时在法台，东、北两扎仓法主，众活佛的陪同下，举行《吉祥帝释》开光法事。

土猪年（1899 年，清光绪二十五年）正月祈愿大法会上，十三世达赖喇嘛应请为两万余僧众讲经说法。十三日，还亲自参加拉然巴格西的辩经活动，由普觉经师担任主考官。十三世达赖喇嘛在答辩时，根据应考者所提疑问，引经据典，对答如流。在答辩间隙，他与三大寺、热堆寺等寺的普通僧众就《中观论》和《现观庄严论》立宗辩论；又与各活佛和噶让格西就《律经》和《俱舍论》中的数百条要义进行答辩，对提出难度很大的疑问，都逐一解答。一些德高望重、出类拔萃的格西们一致赞颂说："至尊全知佛主如此通晓五部大典。尤精于《现观庄严论》《中观论》，在目前三大寺活佛和格西当中也是屈指可数的。"由此可见十三世达赖喇嘛的佛学造诣和修养是极为高深的。

十三世达赖喇嘛在学习佛典、辩论经论、闭关修持、处理日常繁杂事务的同时，也十分重视西藏政事。面对英国犯境，西藏武器装备陈旧的现实，于土猪年（1899 年，清光绪二十五年）三月二十六日，他向光绪帝上了一道奏折，要求清政府帮助解决西藏的军火与财政困难问题，以便抵抗英国的侵略。十三世达赖喇嘛的正当要求，遭到了腐败无能的清政府的拒绝。

水虎年（1902 年，清光绪二十八年）四月十五日，在大昭寺释迦牟尼佛像前，十三世达赖喇嘛以亲教师兼轨范师的双重身份，为九世班禅授予比丘大戒。之后，十三世达赖喇嘛在卧室接见九世班禅，向其赠送佛像、古陶碗、嵌有宝石的佛珠等，并对西藏目前和长远之大业与九世班禅交换了意见，提出两三年后再次会面的邀请。

水兔年（1903 年，清光绪二十九年），英军入侵康巴宗，十三世达赖喇嘛力主抗英，并发布文告，征集全藏兵员，准备抵抗。木龙年（1904 年），西藏军民包括寺院僧人在江孜英勇抗击英军，终因驻藏大臣不予支持，弹尽粮绝而失败，军民伤亡无数。六月，英军逼近拉萨，提出与十三世达赖喇嘛谈判。三大寺上层及僧俗官员怕谈判不成功会对十三世达赖喇嘛造成伤害，经三大寺上层及僧俗官员再三劝请，十三世达赖喇嘛命噶丹寺赤巴罗桑坚赞代摄政务，自己带领少数随从秘密离开拉萨，前往青海、内蒙古转赴外蒙古，在库伦住了两年多时间。其间欲前往俄京，会晤沙皇，请求援助，因俄国在日俄战争中失败，拒绝接待，故滞留于库伦。木蛇年（1905 年），西藏派出代表到库伦请他回藏，清廷也劝他早日回藏。火马年（1906 年），他四月从库伦启程，九月十三日抵达青海塔尔寺，在大经堂为 3000 多名僧伽讲经说法，给前来顶礼的青海蒙藏僧俗民众摸顶赐福，前后达数万人。农历十月二十五日，十三世达赖喇嘛为宗喀巴大师忌辰朝拜了大金瓦殿内的菩提大银塔，并献供品、佛灯。因英国出面反对他回藏，陕甘总督升允传旨，命他暂住塔尔寺候旨。摄政向清朝提出，请求准许十三世达赖喇嘛入京陛见，面陈西藏情形，恭请圣训。火羊年（1907 年）十一月二十九日，由礼部宣旨，邀请十三世达赖喇嘛到五台山朝圣，然后进京。十三世达赖喇嘛从塔尔寺启程，于次年（1908 年）正月到达五台山，受到五台山僧众的隆重欢迎，并驻锡于菩萨顶寺。此时德、日、美、俄、英等国派人员到五台山“看望”十三世达赖喇嘛，多方拉拢。期间，他专门到六世达赖喇嘛住修过的观音洞居住了几天，并在观音殿前栽下银杏树一株。此树今已成为果实累累的大树。七月，清廷派军机大臣和山西巡抚到五台山邀请十三世达赖喇嘛进京。十三世达赖喇嘛遂于八月初三乘火车到达北京，之后数次朝见慈禧太后和光绪皇帝，请求朝廷保护格鲁派和西藏众生，并要求遇事直接向皇帝上奏，勿须通过驻藏大臣转奏，但被清政府拒绝。清廷为了勉励十三世达赖喇嘛，赐给他金册一份，封为“诚顺赞化西天大善自在佛”，每年赏“廪饩银”一万两。十月初，光绪帝和慈禧太后相继去世，十月初九，宣统继位，十三世达赖喇嘛应邀参加了登基大典。之后他向宣统帝请求返藏，获得准许，十一月离京，十二月返回塔尔寺。塔尔寺活佛、僧官及西宁办事大臣在拉让吉祥新宫举行欢迎宴会。土鸡年（1909 年），十三世达赖喇嘛参加塔尔寺正月祈愿法会；四月间去夏琼寺朝礼法王端智仁钦大师的灵塔，并献银 200 两、铜钱 200 贯，作为修葺灵塔之费用。在塔尔寺期间，他又礼聘化隆支扎寺的夏玛尔班智达和三世却西罗桑香曲丹贝仲美活佛为经师，虚心学习未学过的显密经论。四月十五日，十三世达赖喇嘛向依怙殿内的宗喀巴铜像献哈达和供品，然后在全寺僧人和地方官员的护送下离开塔尔寺返回西藏。

十三世达赖喇嘛回藏后，与驻藏大臣关系迅速恶化。驻藏大臣联豫电请派四川新军 1000 余人，由知府钟颖率领进入西藏，与西藏地方政府发生冲突。当时，西藏形势比较混乱，于是十三世达赖喇嘛于金狗年（1910 年，清宣统二年）二月十二日出逃印度避难。清政府宣布革去他的达赖喇嘛名号，命驻藏大臣另寻灵童代替。1911 年辛亥革命后，驻防拉萨的川军自相混战，十三世达赖喇嘛下令组织军民与川军武斗，川军粮草断绝，同意缴械撤出。十三世达赖喇嘛经周旋，于水鼠年（1912 年）十二月从印度返回拉萨。十三世达赖喇嘛返藏后，惩办了曾支持过驻藏大臣的贵族和寺僧，对与川军作战的有功人员进行提升和奖励，再次掌握了西藏地方政教大权。水鼠年（1912 年）七月，他还在大吉岭时，主动给民国政府批准成立的蒙藏事务局写信表示：“……去冬川省事起，藏中至今未靖，意欲维持佛教，请转呈妥商。”大总统袁世凯见信后，即于公历 10 月 18 日颁布恢复十三世达赖喇嘛名号的命令：“……现在共和成立，五族一家，前达赖喇嘛诚心内向，从前误解自应捐释，应即复封为诚顺赞化西天大自在佛，以期维持黄教，赞翊民国，同我太平，此令。”十三世达赖喇嘛接到此令，即通过陆兴祺表示，希望民国政府派员到大吉岭会商。

在西拉姆会议上，英国炮制了企图分裂我国西藏的所谓“协议”，中国代表拒绝正式签字。而十三世达赖喇嘛本人对所谓“西拉姆会议”的条款内容并不了解，他曾问过别人：“为什么要在西拉姆会议上把西藏分成内藏、外藏两个部分？”当他了解了该会议的内容后，对这个丧权辱国的非法草约是不满意的，认为是无效的，可以另议。他对参加西拉姆会议的夏扎也很不满，在召见时，十三世达赖喇嘛严厉训斥了他。

民国政府几次派员入藏和谈，终因英国干扰未能如愿，直到 1919 年，甘肃代表团李仲莲、朱绣、古浪仓等冲破阻力，抵达西藏和谈，受到热烈欢迎。十三世达赖喇嘛向代表团一吐衷肠：“余亲英非出本心，因钦差逼迫过甚，不得已而为之。此次贵代表团来藏，余甚感激，惟望大总统从速特派全权代表解决悬案。余倾心内向，同谋五族幸福，至于‘西拉姆会议草案’亦可修改。”经代表团与西藏地方政府几次磋商，终于 1920 年 2 月 15 日，在噶厦会议上达成了题为“汉藏友好·白莲盛开”的协议，用汉藏两文订立，由双方官员在协议书上签字盖章，十三世达赖喇嘛还加盖了金印。

十三世达赖喇嘛自水鼠年（1912 年）返藏后，为藏事而奔忙，从木虎年（1914 年）起，他陆续推行“新政”措施，设立藏军司令部，举办军官训练学校，聘请英国人训练军官，设立机械加工厂、电厂，派遣留学生，建立银行、邮政，印制藏钞，在拉萨设立警察局，试种茶树等。由于这些新政措施未触动封建农奴制，收效甚微，特别是增加税收引起了噶厦和寺院关系的恶化。金鸡年（1921 年）增设军粮局，并要札什伦布寺承担四分之一，从而引起了班禅方面的不满，噶厦又拘捕九世班禅的重要官员，九世班禅与十三世达赖喇嘛遂失和，九世班禅于水猪年（1923 年）十一月出走内地。同时，十三世达赖喇嘛还多次派罗桑丹增、顿珠旺结等到北京与中央政府联系。罗桑丹增、顿珠旺结等和其他在内地的一些人员代表西藏参加了各类政治会议，有的还进入国会参政议政。他们“表率藏人，赞助共和，洵属有功民国”，受到了民国政府的嘉奖。

1928 年，南京国民政府重申西藏地方为固有领土，十三世达赖喇嘛对此异常兴奋。是年冬天，他即派驻五台山堪布罗桑巴桑通过蒙藏院，前往南京晋见蒋介石，面交他的亲笔信。翌年，十三世达赖喇嘛又指示驻雍和宫堪布贡觉仲尼至南京等地向国民政府表明“十三世达赖喇嘛并无联英之事，其与英国发生关系，不过系因藏印壤地毗连，不能不与（之）略事敷衍耳”。“十三世达赖喇嘛仇华亦属误传”，“十三世达赖喇嘛不亲英人，不背中央，愿迎九世班禅回藏。”金马年（1930年）正月，十三世达赖喇嘛命僧俗民众隆重迎接国民政府“赴藏慰问专员”贡觉仲尼。与此同时，国民政府文官处书记官刘曼卿也奉命入藏。她在拉萨停留三月，与十三世达赖喇嘛两次会晤。十三世达赖喇嘛在晤谈时提到：“英国人对吾确有诱惑之感，但吾知主权不可失。性质、习惯两不容，故彼来均与周旋，未尝予以分厘权利。”“至于西康事件，请转告政府，……吾随时可以撤军，都是中国领土，何分尔我。”这些话充分表达了他对祖国的挚情，也从一个侧面回答了一些人对他亲英的指责。金马年（1930年）三月，十三世达赖喇嘛委派贡觉仲尼为西藏地方总代表，赴南京积极筹备成立了西藏驻南京办事处。该处秉承十三世达赖喇嘛的意旨，受蒙藏委员会监督指导，办理关于西藏在南京应行接洽事宜。1931年5月，国民政府召开“国民会议”，十三世达赖喇嘛表示：“承认中藏一家，恢复旧制”，并令贡觉仲尼为首的六名代表前往参加。同年，国民党第四次全国代表大会在南京召开，贡觉仲尼、阿旺坚赞出席了会议。会后，他们联合在南京的藏族人士组织了“康藏旅京抗日同乡会”，奋起参加抗日救亡活动。

十三世达赖喇嘛时期，清政府腐败无能，在西方列强的侵略下节节败退，受尽屈辱，在这种国穷民艰的形势下，十三世达赖喇嘛的中晚年也逃脱不了颠沛流离的生活命运。但是，十三世达赖喇嘛一生以勤学闻名，以虔诚佛教而著称。在西藏僧俗大众的心目中，他对藏族政教事务的功绩和对众生安宁的无穷造福，与五世、七世达赖喇嘛齐名。十三世达赖喇嘛通晓“兰札”、“乌尔都”文及汉、蒙古、藏、英等几种文字。他不但精通佛学，还研究各种新学说，诸如政治学、经济学、天文学、音韵学、地理学等，尤爱好医学，还能看病用药。

十三世达赖喇嘛在繁忙的政教事务中，仍集中写作经典29卷册，著名的有《佛师普觉传及建塔史略》《佛教讲论经典的解释》《在蒙古、青海、西康各大寺及拉萨祈愿法会上讲经底稿》《塔尔寺等各寺寺规·明鉴》《壁画、殿堂名门、化身名称记》等，均有刻版传世。

十三世达赖喇嘛图旦嘉措于藏历第十六饶迥之水鸡年（1933年）十月十三日患病，三十日下午6时半，“趺坐圆寂”，终年58岁。西藏地方政府为他举行了隆重的葬礼，并于1933年至1935年建造了一座与五世达赖灵塔相媲美的金质灵塔。该灵塔高14米，形制与其他灵塔相仿，塔身用590公斤纯黄金皮包裹，錾刻各种装饰图案，镶以大量宝石，各种宝石的价格相当于黄金包皮的10倍以上。灵塔供于布达拉宫红宫最西和最后的格来顿觉殿，殿内最引人注目的供品是用2万余颗珍珠和珊瑚以金丝串缀而成的“曼札”

（坛城）。十二月，国民政府鉴于他“绥安边圉，翊著中华”，“卫国安民，懋著勋绩”，追赠其“护国弘化普慈圆觉大师”封号。

克珠杰·格勒巴桑布

——一世班禅额尔德尼

一世班禅克珠杰·格勒巴桑布，是藏传佛教格鲁派中被尊称为“宗喀巴师徒三尊”之一的著名佛学家，后被追认为第一世班禅额尔德尼。

克珠杰，于藏历第六饶迥之木牛年（1385 年，明洪武十八年）四月初八出生在后藏拉堆多雄的曲沃地方，即今之西藏自治区昂仁县多雄区切哇村。父亲名贡噶扎西，又名扎西巴桑，母亲名乌占嘉姆，二人生有三子，长子即为克珠杰；次子为巴索·却吉坚赞（1402 ~ 1473 年），亦是宗喀巴大师的弟子，以精通律藏和耳传密法而闻名；三子为索朗扎西。克珠杰出生后被认定为克珠拉旺的转世，故取名克珠。童年时，他在萨迦寺出家，拜萨迦派的持律大师僧格坚赞为亲教师，嘉玛哇·云丹沃为轨范师，受了沙弥戒，法名格勒巴桑布。他初从二师学习藏文拼读及“三戒律”经文；后从萨迦派名僧仁达哇·循努洛哲学习《因明七论》《上下对法》《慈氏五论》《中观理聚六论》及《戒律论》等显宗经论，并经常与其他寺僧学习辩经，对佛教哲学逐渐入门；又从金刚持师多杰益西贝巴学习“喜金刚灌顶”和萨迦道果法等密宗经论；还从索南坚赞、那桑巴等萨迦派格西学遍显密诸论，遂成为精通显密经论的年轻学者。后来他背着经包云游后藏各寺，巡回辩经。他 16 岁到后藏昂仁寺（系萨迦派寺院）学习辩经时，蜚声雪域的大班智达、辩经高手珀东·雪勒南嘉也莅临昂仁寺一面讲经，一面立宗辩经。该寺活佛、格西、僧官等都不敢与珀东班钦辩论，经寺僧密商后将克珠杰推上了辩经场，克珠杰也信心十足地与珀东大师辩论，他俩轮流立“五部大论”辩论，几天间二人辩得难解难分。珀东班钦暗暗钦佩这位年轻对手，感到某些方面自己还稍逊一筹，故珀东班钦最后谦逊地表示认输，克珠杰的声誉因此大振。

克珠杰 18 岁时，在云游修学中遇到宗喀巴大师，并在大师尊前聆听佛法。讲经后，二人相谈投契，宗喀巴大师见克珠杰谈吐不凡，十分高兴，赞之为“于四方法侣中喜得大器”，为他传授了灌顶。当时克珠杰志在云游求学，因而暂离开宗喀巴赴后藏。他在江孜的巴郭曲登寺，又从仁达哇上师学习《现观庄严论》《慈氏五论》等。22 岁（1406 年，明永乐四年）时，经请求，由仁达哇·循努洛哲任亲教师，大智者班觉喜饶任羯磨师，洛哲村美任密教师，在足数比丘僧前为他授了比丘戒。

火猪年（1407 年，明永乐五年），仁达哇上师督促他尽快去拜见宗喀巴大师学经。他从后藏启程，来到前藏聂塘寺住休时，晚上做了一个奇梦：他自己进入四面无光的黑暗中，用尽了气力，无法排除黑暗，这时从东方升起一个智慧之剑的千辐轮，剑刃向外、剑柄朝内，每柄剑尖上发射一百个日轮，旋转的千辐轮发出万道光芒，千辐轮中间五彩虹形成圆坛，上面坐着红黄文殊菩萨金身，身着镶满宝石的法衣，一手托着经典，一手执智慧宝剑。不一会儿，金光万道的千辐轮将黑暗一扫而光，三界又呈现在光明之中，而后文殊金身从他胸间进入他体内，产生用语言无法形容的快乐感受。次日，他到色拉寺后山的曲当山寺叩见了宗喀巴大师，对大师产生了极大的崇信。大师问他道：“你一路上是否做过奇梦？”克珠杰暗吃一惊，将在聂塘所做奇梦禀告大师，大师笑道：“这是你与密法有机缘之兆，你将会有许多佛法弟子。”大师又问：“你修法依何本尊？”答道：“依红阎曼德本尊。”大师让克珠杰改依大威德金刚为护法本尊。在克珠杰向宗喀巴大师敬献精致曼札后，大师为他传授了“猛静合修的秘诀”及教言。之后，大师设供坛城，让他进入坛城，为他授了大威德密法四种灌顶。从此时始，大师正式给克珠杰传法。大师首先讲授一些经典释论及广略菩提道次、耳传密法等，之后又传授与“密续四部”有关的秘诀法。克珠杰在噶丹寺为宗喀巴大师进行盛大会供，敬献金质曼札，诚心求法。在 10 个月的时间里，大师白天给他传授一些大部经论及密续四部经典，晚上传授密宗生起次第和圆满次第的秘诀教言及修持方法，直到克珠杰完全领会为止。这时，克珠杰的慧性大开，求知欲望更加强烈，又给大师敬献金质曼札一具，求学更深广的经法。大师被他这种虔诚求法、学法的精神所感动，遂将一些不共之法及密传、密宗教言和极密之法毫不保留地全部传授于他。大师对他说："现在我的显密正法和密宗秘诀全部传授于你，你悉心领会，做好听法笔记，按此修习，将会成为一位佛法的精通者。到那时，你可将所学佛法传授于一两位具缘弟子。去吧，按所传努力进行实修吧！"克珠杰还向嘉察杰·达玛仁钦和持律大师扎巴坚赞二师学习了许多经论，之后按上师之言聚精会神地研习修持显密经论。从此时起，克珠杰改信格鲁派，成为宗喀巴大师的亲炙弟子、忠实信徒。此后，他在大力弘扬宗喀巴所创立的格鲁派教法、阐述格鲁派教义、改业宗风、建寺聚徒诸方面呕心沥血，殚精竭虑。他经常背着经包衣钵，云游各地，向寺院僧侣阐述宗喀巴著的《菩次道次第广论》和《密宗道次第广论》等。

火羊年（1427年，明宣德二年），热丹贡桑帕巴（江孜法王）向卫藏宣布了一条消息，即邀请当时在雪域屈指可数的萨迦派雄辩家绒敦·释迦坚赞，别号称绒敦·玛威僧格（意为绒敦的善言狮子）与克珠杰·格勒巴桑布辩经。克珠杰也欣然同意与此人辩经。因为绒敦巴在各教派，尤其在萨迦派和噶举派僧俗中有很高的声誉，他对格鲁派的教法和教义持怀疑态度，对格鲁派教法教义的弘传极为不利，所以克珠杰决心辩败他，让他心服口服。一些不同教派的善知识和辩经能手都来观听两位雄辩家的辩经。辩论开始后，二人皆以尖刻的言词，高深的佛教论理问答，步步深入。由于二人的佛学知识、辩经才能、思维能力皆不分上下，故经过几天的激烈辩论二人越辩越精彩，博得广大僧俗的阵阵掌声，最后基本成了个平局。自此，绒敦·释迦坚赞承认格鲁派的教法、教义为佛教纯正无虚的教法。克珠杰虽未全胜，但也达到了他的目的。后来藏传佛教界将他二人誉为"雪域无与伦比的雄辩家"，将克珠杰称为"学证兼优、能言善辩的格勒巴桑布"。其实，当时宗喀巴的大弟子嘉察杰的辩经才能在克珠杰与绒敦·释迦坚赞二人之上，他曾与绒敦·释迦坚赞和雅德班钦立宗辩经，二师皆败在他手下。

自这次辩经后，克珠杰的声名传遍雪域，前来向他拜师求学的弟子越来越多。木龙年（1424年，明永乐二十二年），克珠杰创建了华科曲德寺，并在这里收徒、讲经、传法。后来应一些寺院的邀请，他前去为僧众传授格鲁派教义。当克珠杰应邀到日沃当金寺传法时，江孜法王闻悉后十分惭愧，自己也无颜去见克珠杰，故派人献黄金请他讲经；克珠杰拒绝了这次邀请。藏历土狗年（1418年）至土猴年（1428年）他与江孜法王合作，兴建了江孜的白居寺和万佛塔。

克珠杰到处讲经弘法时，据说亲见了许多本尊护法的圣容，且多次见到宗喀巴大师的尊容。据《道次师承传》载，有一次他学“甚深中观论之见”时对遇到的一个疑难问题在百思不解，设供虔诚祈祷之际，宗喀巴大师明显出现，为他详细讲授了《宝积经》中的饮光部一章后，疑难全部破释。他先后五次祈祷宗喀巴大师，大师均以不同的化身出现在他眼前，为他做教导，在佛教中称这种现象为“五照见”。

金猪年（1431 年，明宣德六年），克珠杰与来乃娘地方的嘉察杰相遇，见面后，嘉察杰诚心请克珠杰担任噶丹寺赤巴，主持噶丹寺政教事务，克珠杰推托不过，遂答应了他的请求，师兄弟一起来到前藏噶丹寺，受到噶丹寺僧众的崇高顶礼。是年，由该寺乃丹仁钦坚赞为主的僧众，将克珠杰拥立为噶丹寺第三任赤巴，登上了噶丹寺赤巴金座。嘉察杰卸任退位，翌年（1432 年），嘉察杰在去布达拉宫的途中示现圆寂。克珠杰将其遗体迎回噶丹寺后，举行了盛大追荐法事仪式。克珠杰从金猪年（1431 年）至土马年（1438 年），任噶丹寺赤巴 8 年。他坚持每年为噶丹寺僧众讲授一次《菩提道次第教导》，并经常传授教诫、灌顶、秘诀等法，广转法轮，牢固地树立格鲁派法幢，为巩固和发展格鲁派尽心竭力。他在任期内由于大力倡导，各方募捐，筹集资金和财物，在奉安宗喀巴肉身银塔的藏式大殿的屋顶上，建造了一座歇山顶式铜瓦镏金的金顶，俗称大金瓦殿，这是噶丹寺历史上建造的第一座金瓦殿。

自火猪年（1407 年，明永乐五年）克珠杰师事宗喀巴以后，他跟随宗喀巴 12 年，在阐述格鲁派教义、制定格鲁派的各种法规和学经程序、建立寺院管理制度等方面，做了大量工作。如嘉察杰圆寂后，他在噶丹寺创建了夏孜扎仓（东院扎仓），并选派大智者释迦室利、安巴贝丹巴、喇嘛雅卓巴、杰曲扎巴四人为扎仓堪布，主持讲修等寺院教务工作。他对宗喀巴的思想和成就，他有很深的理解体会和独到见解。因此，他撰写的《宗喀巴・奇异殊胜敬信之舟》和《宗喀巴密传・宝穗》两书，内容丰富，资料详实，见解深刻，对阐释和弘扬宗喀巴思想，起了重要作用。

克珠杰的佛学造诣很高，他不但精通显密大论，尤擅长于时轮学的研究，仅时轮学方面的著作就有十几种。他的主要著作除《宗喀巴传》外，还有《释量论注释》《释量七论・除暗》《吉祥密集现证补遗》《密集・曼荼罗补遗》《密集圆满次第笔记》《大威德金刚生起次第》《时轮注释》《时轮常用参考》《时轮注疏・无垢光详释》《吉祥时轮之身、语、意圆满滴之祈请法》《时轮坛城仪轨・意明》《喜金刚注释》《地道建立・智者意倾》《秘诀・如意宝》《时轮尺度经》等 80 余种，共 12 函。据说克珠杰还是一位很有才华的画师和雕塑家，噶丹寺过去有两幅壁画，就是他的杰作。

克珠杰培养了一批佛门弟子，著名者有他的弟弟巴索・却吉坚赞、堪钦索南却智、贡钦·帕巴沃、桑达哇·却旦饶觉、金厄·洛哲坚赞等。

克珠杰于藏历第七饶迴之土马年（1438年，明正统三年）二月二十一日在噶丹寺任赤巴时圆寂，遗体火化时出现许多舍利子，寺院建造尊胜灵塔，将其舍利子和骨灰装入塔中，奉安在金瓦灵塔殿中。

由于嘉察杰与克珠杰作为宗喀巴大师的左右两位得力助手，对创立格鲁派，弘传格鲁派教法、教义奠定了良好的基础，因此藏传佛教界将宗喀巴、嘉察杰、克珠杰三人合称为“师徒三尊”，克珠杰为宗喀巴大师的第二大弟子。他们三人的文集合称为“师徒三尊”全集，塔尔寺刻印的木刻版收有43函。

恩萨·索南曲朗

——二世班禅额尔德尼

二世班禅索南曲朗，意为“福慧法牛”，于藏历第七饶迴之土羊年（1439年，明正统四年）正月十五日出生在后藏日喀则江当区恩（安）萨村。

索南曲朗虽生相较丑，但天资聪慧，年稍长时到噶丹寺出家为僧，向该寺第六任赤钦巴索·却吉坚赞拜师时，师问其名，说叫牛犊，师说再过几年就变成大牛。从该师受沙弥戒，并按此意给他赐法名索南曲吉朗布（意即福慧法牛），遂留该寺学经多年。他广学讲辩著，精修显密诸论，由于记忆力特强，又善于辩论。当时噶丹寺有3000名僧人，凡是与索南曲朗辩论过的人，都败在他手下。之后他又去拉萨一带遍寻大德辩经，无人能胜，于是声名大振，被公认为克珠杰之转世。

索南曲朗中年返回后藏，传播格鲁派教义，在自己故乡恩萨地方新建恩萨寺，后又写作安贡寺，在这里收徒、讲经、传法，主持寺院教务，时称“恩萨活佛”。他与札什伦布寺、谢通门的扎西坚白寺建立密切关系，派弟子到各地去传播格鲁派教法、教义。他阐述格鲁派教义的著作较多，在后藏佛教界有一定的声望。牛犊果然变成大法牛。

索南曲朗生性温和，潜心佛事，故在政教事务方面，无多大建树。

藏历第八饶迥之木鼠年（1504 年，明弘治十七年）三月二十五日，索南曲朗在安贡寺曲吉颇章宫圆寂，享年 65 岁，法体被寺僧建灵塔供奉。后来他被追认为第二世班禅额尔德尼。

恩萨·罗桑东珠

——三世班禅额尔德尼

三世班禅恩萨·罗桑东珠，意为“善慧义成”，于藏历第八饶迥之木牛年（1505 年，明弘治十八年）正月初四诞生在西藏日喀则江当区恩萨村（安萨村）一东氏家中。他与二世班禅属于同一家族。父亲叫索南多杰，母亲叫贝宗吉。据说出生不久，他口中发出慈悲众生的观音菩萨六字真言“唵嘛呢叭咪吽”，遂得乳名贡保加。他头圆额广，眉长鼻隆，双眸明亮，双耳丰厚而下垂，肌肤洁白。

8 岁时，嘉却贝桑上师要其父母将贡保加送到恩萨寺（安贡寺），当他见到贡保加后，二人如同久别重逢的父子般喜不可言。据说在一个月光皎洁的深夜，贡保加身披白布单，登上恩萨寺背后的山顶，席地作讲经状，挥动法铃，声振长空，惊醒寺僧，众感甚奇，遂认定他为索南曲朗之转世。11岁时，他被迎入拉仁孜寺，由法王拉仁孜巴·扎巴东珠任亲教师，慈诚仁钦任轨范师，与乃丹·却吉坚赞和然坚巴勒巴等师一起为他举行剃度仪式，授沙弥戒，赐法名罗桑东珠。亲教师、轨范师和寺院为祝贺他而撒花朵、颂吉祥词。后来，他与二位授戒师一起赴格培寺，从二师求学法行。而后，他入前藏哲蚌寺，师事拉仁孜巴·扎巴东珠聆习《菩提道次第论》、"时论灌顶法"、"大威德四灌顶法"等，从而进入金刚大乘成熟之道。他复由前藏去格培寺，从曲杰·罗哲坚赞闻习"密集不动四灌顶""本续教诫""不动金刚随许灌顶""药师佛随传法教言""纳塘百法教言"等许多密法。是年冬季，他去札什伦布寺，在闻思学院从坚贝央·罗桑喜年学习"摄类学"及许多法行教诫；从札什伦布寺又去格培寺从罗哲坚赞上师学习《戒律学》《宗喀巴大师传》等经论、传记，还从法王图旦南杰聆听"十一面观音""四臂观音""长寿五仙女"等灌顶法，以及"密集五次第教导""妮谷六法""神女夏玛乃修行法""吉祥退敌佛母""空行狮面母""闻天子"等秘诀。他从这里赴曲科尔登寺，在启蒙师嘉却贝桑处学习胜乐、密集、怖畏的全部灌顶法。此时启蒙师教导他说："你今后一定要舍弃寺院之名位，节衣、少食、寡言，勿贪图名利，尽力去修铺行善积德之道，如此可延年益寿，会证得心寂、幻身、光明和夺舍等殊胜证悟。"

罗桑东珠17岁时，后藏许多地方流行天花，疫情漫延，死了很多人，他也染上了天花。他幸而遇到大成就师却吉多杰，得传偏方，先治好自己的病，然后济世救人，使许多患者从病魔中解脱出来，因而名声大著。大成就师却吉多杰给他传授了"菩提道次第教授秘诀""胜乐、密集、怖畏"等无上密法及一些显密经论的注释，最后将宗喀巴大师所传耳传秘诀全部授予他，将《神变书》(即噶当派《弟子问道录》)一书赐给他，并严肃地对他说："你要到一些静修地全神贯注地修习显密要法，等修有成就时，向他人传授耳传秘法，你要牢记于心。"却吉多杰又成了罗桑东珠传授耳传密法的根本上师，后来罗桑东珠也成为耳传密法的主传者。

年轻的罗桑东珠遵师之命，背着衣钵，云游后藏，宣扬格鲁派显密佛法，到圣地白玛扎坚（莲花生修行地）后，住进禅洞，长时期修持禅定。20多岁时，他到嘉瓦央的修行地加俄多杰颇章专门修炼密集要法，证得了殊胜证悟，并为那里的修行者初次讲经传法。他还利用时间学习梵文等不同语言文字，皆达到精熟程度。他在格培寺闭关修持时出现了空乐无别的圣识。他在札什伦布寺与贡钦·勒巴东智相遇，二人相谈投机，成为学术方面的挚交。在贡钦的劝请下，他著了一部关于密集、怖畏等方面的经典著作，后收于《恩萨巴文集》中。

他 33 岁时，在哲蚌寺，由二世达赖喇嘛格敦嘉措任亲教师，戒律师拉旺仁钦任轨范师，绛珍钦波任屏教师，受了比丘戒。他在拉萨朝礼了大小昭寺的两尊释迦牟尼佛像，并发宏愿要为佛教和众生利益奋斗一生。他在色拉寺从二世达赖喇嘛格敦嘉措聆听长寿灌顶、别解脱经以及二世达赖喇嘛本人撰著的“散篇文集”，然后返回后藏，在格培寺先后从堪布勒贝洛哲、班钦香曲洛哲、阿里译师南嘉哇等师学习胜乐四座甚密教法和《密集本续·明灯》等法，成为瑜伽自在师。他从 17 岁至 42 岁，一方面广参名师学习显密诸论，另一方面到一些静修地闭关修习，取得了不可思议的成就。

中年以后，罗桑东珠回到恩萨寺，集资对恩萨寺进行修葺、扩建，作为他讲经弘法的根本道场，为许多从多康、卫藏、阿里等各地前来求法的有缘弟子精心传授显密经论和噶丹耳传密法。

恩萨·罗桑东珠潜心修习，先后获得了幻变法、心寂法，据说达到了岩石无碍，墙壁无阻的境地；修炼那若六法，当三轮之脉结解开后，能流利地用梵语念诵佛典。同时，他还证得幻身法、夺舍法，成为显密兼通、修有成就的一代大师。

罗桑东珠于藏历第九饶迴之火虎年（1566 年，明嘉靖四十五年）二月二十三日圆寂，享年 62 岁，其遗体火化后，装入灵塔，供奉在恩萨寺。

罗桑东珠的著名弟子有衮钦·勒巴东珠、山丹沃赛、杰·洛哲南加、却杰·格勒南加、桑杰坚赞、却杰·阿旺扎巴兄弟、却杰·绛央杰波、扎西坚赞等。

其著作有目录、祈请文、笔记、传记、修行法、密集等共两函。

罗桑却吉坚赞

——四世班禅额尔德尼

四世班禅罗桑却吉坚赞，意为“善慧法幢”，于藏历第十饶迥之金马年（1570年，明隆庆四年）四月十五日，出生在后藏伦热布谿卡的竹加白娃村一个藏医世家。父亲名叫措协·才仁班觉，信奉佛教，每天口中念诵《般若八千颂》经文。母亲名叫措杰。孩子出生后，父母为他起名曲吉巴丹桑布。5岁时，安贡寺喇嘛克珠·桑杰益西经多方考察，发现他灵异非凡，向其父母了解了一些有关孩子言谈举止的详细情况。父亲向调查者介绍了孩子喜欢与僧人接触，以后说不定可能出家当喇嘛等情况。克珠·桑杰益西回寺做了汇报。水马年（1582年）正月，其父将年仅13岁的儿子曲吉巴桑送到安贡寺出家为僧，拜克珠·桑杰益西为师，剃发受了沙弥戒，赐法名罗桑却吉坚赞，简称罗桑却坚。自此，罗桑却坚从该师学习文字拼读和经文念诵法。当有了一定水平后，他开始学习显宗方面的经典，后学习密集灌顶等许多密法，同时学习辩经。时有江孜白居寺高僧慈诚来安贡寺传法，与该寺喇嘛辩经。慈诚发现罗桑却坚虽年幼，但通晓佛典，谙熟教理，辩才过众，大为惊奇，于是将其请到自己的卧室，敬之以茶，赠送黄色斗篷一件，并向其求传经法。这事一下轰动了安贡寺，僧众公认为罗桑却坚是前世安贡活佛罗桑东珠的转世。但罗桑却坚说自己德性不深，佛法浅薄，只是一个普通喇嘛，并非活佛。

水羊年（1583年，明万历十一年）二月初三，在安贡寺为罗桑却坚举行了升法座典礼，登上了安贡寺曲吉颇章的法台宝座，成为安贡寺活佛。罗桑却坚是年14岁。火狗年（1586 年）十一月初三，罗桑却坚以活佛身份赴札什伦布寺学经。在札什伦布寺修学 5 年，主要学习因明学、摄类学。在札什伦布寺学习摄类学后，他常立宗与寺僧辩经，以求深造，慢慢成为一位辩经高手。金兔年（1591 年），他获札什伦布寺“然坚巴”格西学位。同年，他 22 岁时，由札什伦布寺第十四任法台丹曲雅佩等师为他授了比丘戒。受戒后，他闭关修习耳传密法达一月之久，获得证见之感悟。此时根本经师克珠·桑杰益西（1525 ~ 1591 年）圆寂。他为上师举行荐福法事 49 天，火化后，建造铜制镏金灵塔，奉安在安贡寺内。料理上师后事之后，他从札什伦布寺赴前藏噶丹寺深造。这时，噶丹寺已成为卫藏、安多、四川康区、蒙古等地的格鲁派高僧、学者云集深造、学经、辩经的高等学府。罗桑却坚到这里后，经常与这些学者立宗辩论，对所立各种经论，不但对答如流，而且还能指出一些学者对经论中的错误见解，使众人心悦诚服，博得了学者、高僧的钦服，名震全藏。

土狗年（1598 年，明万历二十六年），罗桑却坚离开噶丹寺返回后藏安贡寺，继任该寺法台，管理寺院政教事务，并收徒传法，讲授显密法要。同年，他又应岗坚曲培寺僧众的请求，兼任该寺法台，同时主持两寺的教务。金牛年（1601 年），札什伦布寺第十五任法台卸任，寺僧请他接任法台，他坚辞不就。后来札什伦布寺正式派出高僧桑杰巴桑等百名代表前去安贡寺，一再坚请，并宣称如不应允他们就不回札什伦布寺。罗桑却坚无奈，只好赴札什伦布寺出任了该寺第十六任法台。他一到任，针对该寺经济拮据、戒律松散、寺院不景气的实际，一方面着力整顿内部，严格寺僧戒律和学修制度及行政管理；另一方面四处募化，广结施主，筹资铸造了可供 2000 人同时吃饭的一口大锅和三口熬茶锅及 100 多个铜茶壶，改善了寺僧生活条件。水兔年（1603 年），他在札什伦布寺兴办了正月祈愿大法会，并规定每年正月初三至十六日为会期，其内容与拉萨传召大法会相同，这样就免除了札什伦布寺僧人每年往返拉萨参加传召法会的辛苦。接着，他又陆续大规模扩建显宗经院大经堂里玛拉康、新建欧巴扎仓（密宗经院）和诸多佛堂，重新制作展佛节用的三幅长达 30 余米的堆绣佛像，新建展佛台（晒佛台）等，从而完善了札什伦布寺显密并重、先显后密的修学体系，赢得了寺僧拥戴，提高了社会声誉，客观上形成了后藏格鲁派的领袖地位。

水兔年（1603 年，明万历三十一年），罗桑却坚应三大寺敦请，赴前藏拉萨，与噶丹寺法台格敦坚赞和卸任法台协俄·桑结仁钦一起，在大昭寺为四世达赖喇嘛云丹嘉措剃发出家，并授沙弥戒。这是班禅和达赖第一次建立师徒关系，长者为师，幼者为徒，从此成为定例。在拉萨期间，他先后为四世达赖喇嘛云丹嘉措传授了很多密宗法要，并为其灌顶，从而使师徒关系更加密切。火羊年（1607年），四世达赖喇嘛云丹嘉措抵达札什伦布寺，并住了一段时间，罗桑却坚又为他传授了一些经法。木虎年（1614年），应四世达赖喇嘛云丹嘉措之请，罗桑却坚到哲蚌寺，为四世达赖喇嘛云丹嘉措授比丘戒，并传授了灌顶、经咒、教诫、随许法等，授了金刚灌顶。火龙年（1616年）十二月二十五日，四世达赖喇嘛云丹嘉措在哲蚌寺圆寂，罗桑却坚又赶到该寺，主持四世达赖喇嘛云丹嘉措的超度仪式，并祈祷灵童早日转世。同年，他应阿里王夏仲请求，前往阿里给夏仲授皈依戒，又去该地区的托林寺弘传宗喀巴教法。之后他经哲蚌、色拉二寺之坚请，又分别担任了两寺的第十四、十六任法台。

当时格鲁派在西藏虽有了较大的发展，从寺院建筑规模、僧侣人数、传播区域来说超过其他一些教派，寺院政教组织趋于完善，活佛转世制度已经形成，但西藏其他几个教派，特别是噶玛噶举和直贡噶举及控制西藏地方政权的藏巴汗，对新创立的格鲁派采取仇视态度，占夺格鲁派寺院，强令僧人改宗，损坏了三世达赖喇嘛在哲蚌寺的灵塔，不准四世达赖喇嘛转世等等，甚至以武力压制格鲁派。罗桑却坚就是在这种极其艰难的环境下，承担起主持格鲁派教务的重任，忍辱负重，保存和发展了格鲁派的力量，并力挽狂澜，使格鲁派得以重振。他首先在前后藏讲经传法的同时，进行募捐化缘，筹措资金，尽快修复了被损坏的三世达赖喇嘛的灵塔，同时向受害寺庙进行救济。恰好这时藏巴汗患了重病，四处延医治疗无效，有人说罗桑却坚医术高明，建议请他来治疗。藏巴汗起初不愿请他，见病情严重，为了保全性命，才派人去请罗桑却坚来为自己治病。罗桑却坚为顾全大局，不记前嫌，欣然应请，以精湛的医术治好了藏巴汗，博得了藏巴汗的感激。为报救命之恩，藏巴汗愿献一个谿卡（庄园）给札什伦布寺作酬谢，罗桑却坚坚辞不受，只提出一个要求，请藏巴汗准许寻访、认定四世达赖喇嘛云丹嘉措的转世。藏巴汗考虑许久，难以拒绝这个要求，方才取消以前发布的“不准达赖喇嘛转世”的禁令。罗桑却坚终于赢得藏巴汗准许寻访五世达赖喇嘛的承诺。于是哲蚌寺公开寻访灵童，很快找到了五世达赖喇嘛罗桑嘉措。木牛年（1625年），罗桑却坚又应哲蚌寺僧众之请，到拉萨为五世达赖喇嘛剃度出家，取法名阿旺罗桑嘉措，并授了沙弥戒，使达赖喇嘛世系得以接续。这是班禅与达赖第二次建立师徒关系，他成了两世达赖喇嘛的师父。土虎年（1638年），他又为五世达赖喇嘛授了比丘戒。是年拉萨地区流行天花，罗桑却坚怕五世达赖喇嘛染上天花，亲自陪同他到噶丹康萨（热振寺后山）避居，并利用这个机会，将宗喀巴的全部著述心得传授给五世达赖喇嘛罗桑嘉措。

藏巴汗彭措南杰死后，由其儿子丹迥旺布继任汗位。丹迥旺布为了达到消灭格鲁派的目的，与四川康区白利土司结成同盟，让白利土司发兵攻打拉萨。与此同时，罗桑却坚与五世达赖喇嘛共商对策，决定借助蒙古和硕特部固始汗的军事力量来消灭白利土司和藏巴汗，并密召固始汗发兵西藏。固始汗此时也正在希图转移牧地，寻找出路。收到了班禅和达赖的密函，他认为机会难得，于是率兵先除掉了与藏巴汗关系密切的青海蒙古喀尔喀部却图汗，占领了青海全境，之后消灭了康区的白利土司，最后于水马年（1642 年）兵发后藏，消灭了藏巴汗和噶玛噶举的势力，统一了西藏。固始汗成为西藏之王，帮助五世达赖喇嘛、四世班禅大师建立了以达赖喇嘛为首的噶丹颇章政权，从此确立了格鲁派在藏传佛教中的统治地位。紧接着罗桑却坚和五世达赖喇嘛、固始汗一起商定，为了及早与清王朝建立联系，得到清廷的支持，派以伊拉固克散呼图克图和罗桑却坚的亲传弟子色钦曲杰·金巴嘉措（后称车臣法王）为首的使团去盛京（今沈阳），一面与皇太极通好，一面弘传格鲁派教法。这次使团之行取得了可喜而满意的成果，与即将建立的清王朝建立了关系。据《番僧源流考》载，皇太极降旨：“班禅额尔德尼罗卜藏曲坚及达赖喇嘛阿旺罗卜藏木磋二人，不分你我，以年长者为师，每年轮班遣使来京纳贡。朕为布施主，赏给印号，钦此。”清顺治皇帝登基后，首先派人去西藏召请色钦曲杰·金巴嘉措到北京，做他的应供喇嘛，并传授佛法，命其建造北海白塔，后又几次遣使召请达赖喇嘛和班禅大师入京。班禅大师以年事已高为由，未能奉召。而在罗桑却坚的鼓励下，五世达赖喇嘛应召赴京朝觐了顺治皇帝，得到了皇帝的封赐，提高了格鲁派在西藏佛教界的地位，以后达赖喇嘛的转世认定必经中央批准和加封成为定制。

在这场斗争中，罗桑却吉坚赞是实际的领袖，由于达赖喇嘛年轻，所以他的许多重大决策都来源于班禅的主张。但在公开场合，罗桑却吉坚赞常以“调解者”的身份出面，并且非常谦逊，从不居功。由于罗桑却吉坚赞的威望和功绩，木鸡年（1645 年，清顺治二年）固始汗仿照俺答汗赠给索南嘉措“达赖喇嘛”尊号的先例，敬赠他“班禅博克多”的尊号，同时还将后藏的数十个谿卡献给札什伦布寺作为供养。“班禅博克多”尊号中的“班”为梵语，是“班智达”的简称，意为精通大小五明论的贤哲；“禅”是藏语“钦波”的简称，意为“巨大”；“博克多”是蒙古语，是对睿智英武圣明之人的称呼。自此罗桑却坚就有了“班禅”这一名号，从此成为这一活佛转世系统的专用“尊号”，而对别的佛教学者则不再用这一称呼，汉文中多写作“班钦”，其实是一个意思，只不过与历辈班禅区别开来，不相混淆而已。自四世班禅以后，札什伦布寺的赤巴（法台）多由历代班禅担任。札什伦布寺成了历辈班禅的学术机构和行宫。

藏巴汗和噶玛噶举的政权随着格鲁派噶丹颇章政权的建立而消失了，但从理论方面的反对仍未停止。当时噶玛噶举派中有个名叫扎巴喜饶仁青的学者撰写了许多著作和文章，刻印散发，从理论上系统地反对格鲁派的教法和教义，其影响很大。格鲁派的不少高僧也进行了反驳，但效果不大。四世班禅不顾古稀之年，针对其论点写成《雄辩狮子吼》一书，进行有力地驳斥后，使对方服输，为巩固格鲁派的政教地位扫清了舆论障碍。四世班禅还为札什伦布寺制定出 300 年来奉行不替的《堪佳钦木》教规教法，使札什伦布寺发展成为拥有 4000 僧众、显密习修齐备的格鲁派四大寺之一。

四世班禅罗桑却吉坚赞于藏历第十饶迥之水虎年（1662 年，清康熙元年）二月十三日，在札什伦布寺坚赞同布宫圆寂，享寿 92 岁（又有生卒年为 1567 ~ 1662 年之说）。札什伦布寺决定以珍贵药物处理后保存其肉身法体，供人瞻仰，并将其法体奉安于一座特地建造的金质灵塔中，成为历辈班禅的第一座灵塔。这座灵塔高 11 米，共耗资黄金 2700 余两，珊瑚、珍珠、玛瑙、松耳石等 7000 多颗，白银 33000 余两，黄铜 78000 斤，绸缎 9000 余尺。塔窗外饰以金花，塔瓶门内用 5.5 公斤白银和黄金塑造成四世班禅身像，作为众作积德的福田。塔内除药物处理了的大师遗体外，还用高僧大德的舍利子、显密经典、梵文经典、丝制释迦牟尼十二宏化图卷轴画等装藏。清康熙帝以及尼泊尔、不丹、锡金国王均派专使来札什伦布寺致祭。

四世班禅大师不仅是一位功德卓著的宗教领袖，也是一位杰出的政治领袖。他为格鲁派的发展，为维护祖国统一，为促进汉、满、蒙古、藏各兄弟民族的友爱团结，做出了重要贡献。在佛教方面，他主张教派少争门立户，应以释迦佛祖的佛旨佛典为主，各自弘传发展。他特别崇奉宗喀巴，精通显密，刊印经卷。其著作约计有 100 种左右，其中《恩萨巴等三大智者传》《四世班禅自传》《格丹怛特罗秘道传承记》以及志目、注释、驳论、寺规、仪轨等汇集 5 函。

其著名弟子有：四世达赖喇嘛、五世达赖喇嘛、桑杰益西、东科尔活佛、吉雪夏茸、色钦曲杰·金巴嘉措等。

罗桑益西

——五世班禅额尔德尼

五世班禅罗桑益西贝桑布，意为“善慧智”，于藏历第十一饶迥之水兔年（1663年，清康熙二年）七月十五日出生在后藏托布加谿卡的竹仓（今西藏自治区南木林县土布加区出仓村）地方，族氏为竹仓。父亲名夏仲索南旺扎，母亲名才丹布赤，世代信奉本教。他出生不久，口中即诵出“敬祈上师垂察”的祈愿之言。父母为他取幼名索南丹贝坚赞。父母供养三宝，施供寺僧，为孩子出生而举行了亲友参加的生日喜宴，为护法神祭供朵马。3岁左右时，他常盘膝结跏趺坐，作诵经状，凡目睹者无不称奇。

据藏文传记载，四世班禅在圆寂之前，就对他的侍寝僧官罗桑丹增做了预言，他将会在后藏托布加地方的竹氏家族转世，到时可去那里寻访，并留红丝绸护身吉祥结一条，找到后系在他的脖子上。当孩子出生后，罗桑丹增受札什伦布寺的委派来到这户人家看视，向孩子的父母献上哈达、银曼札、茶等物，作为贺礼。同时，札什伦布寺也派人到拉萨向五世达赖喇嘛请示。五世达赖喇嘛回信要他们对这个小孩妥加保护，但未肯定他就是灵童。札什伦布寺根据达赖喇嘛的指示将小孩接到托布加谿卡附近的南多颇章寺内供养。札什伦布寺又先后派出三批人，携带前世班禅用过的遗物，与相似之物混放在一起，让小孩辨认。小孩毫不迟疑地将四世班禅的遗物一一拣出，无一差错。这三批代表一致认定这个小孩就是四世班禅罗桑却坚的转世灵童，罗桑丹增将前世班禅大师留给他的护身吉祥结系在灵童的脖颈上，然后到拉萨向五世达赖喇嘛汇报辨认遗物的经过。五世达赖喇嘛听了汇报后，即表示承认这个小孩确系四世班禅的转世灵童，并指示札什伦布寺将班禅灵童迎接到班禅拉让，举行坐床典礼。

火羊年（1667 年，清康熙六年）十月初七，札什伦布寺襄佐彭措饶丹带领僧官等 200 余人，到托布加谿卡的南多颇章寺，拜见了刚满 5 岁的班禅灵童，十月十一日给班禅灵童剃了发，十月十七日将班禅灵童从其家中迎往札什伦布寺，到札什伦布寺时有僧俗万余人夹道迎接。班禅灵童入寺后住于坚赞同保宫内。按五世达赖喇嘛来函指示，于次年（1668 年）正月初三，在札什伦布寺举行五世班禅坐床典礼。五世达赖喇嘛为他赐法名“罗桑益西贝桑布”，简称罗桑益西。年仅 6 岁的罗桑益西登上了四世班禅坐过的僧曲益格琼增殿内设的法座，成为第五世班禅。同年十月，康熙帝派绛岭安青桑杰坚赞前来札什伦布寺看视五世班禅，并带来“敕书”和礼品，表示祝贺。坐床典礼结束后，选聘罗桑丹增为经师，五世班禅始学习文字拼读和法行经文，之后学习菩提道师承祈请文胜道启蒙经文，开启智慧之门，接着学习《宗喀巴大师传》、《四世班禅文集》、藏文语法《三十颂》及《音势论》等经文和藏语文知识。金狗年（1670 年），8 岁的罗桑益西已到受沙弥戒的时候。是年六月初一，罗桑益西一行从札什伦布寺启程，经羊八井于六月十四日抵达拉萨，西藏地方政府的僧俗官员、哲蚌和色拉寺的全体僧官，皆到拉萨郊外欢迎。到布达拉宫后，罗桑益西住在洋喜岗殿内。次日，罗桑益西在布达拉宫大经堂内拜见了五世达赖喇嘛，向五世达赖喇嘛献了曼札、佛像、佛经、佛塔、绸缎 25 匹、骏马 30 匹，还有金银、金鞍、珍珠等礼品，然后罗桑益西向五世达赖喇嘛磕头，正式拜为上师。从六月二十一日起，五世达赖喇嘛开始为罗桑益西讲授经法，首先讲授了《文殊名称经》《白伞经》《无量寿佛 108 种颂寿经文》《波罗蜜多心经》和《二十一度母赞》等，后又传授了《普贤经》《佛说弥勒菩萨发愿王经》《入菩萨行论祈愿经》及宗喀巴大师的散篇文集等经论。七月初三，康熙帝特遣钦差到拉萨，给五世达赖喇嘛和五世班禅各赐“敕书”，并赏赐了礼品，祝贺五世班禅受沙弥戒。七月十五日，在布达拉宫的三界殊胜殿上，五世达赖喇嘛任亲教师兼轨范师，正式给五世班禅授沙弥戒。七月二十一日，五世达赖喇嘛为五世班禅授大威德十三尊灌顶而做准备，二十五日传授了大威德金刚四灌顶，因为不受密宗灌顶就不能学密法；之后向五世班禅传授了许多密法灌顶法、随许、教言、教诫、注释、经咒等密宗经法。八月十五日，五世班禅一行辞别五世达赖喇嘛，离开拉萨返回札什伦布寺。在经师的指导下，五世班禅勤奋学习显密经论，从 12 岁开始参加学习辩经活动。

五世班禅罗桑益西生活、学经、成长时期，正是西藏局势处于动荡不安的年代，固始汗于1655年逝世后，西藏第巴频繁更替，前后由达延汗、赤列嘉措、罗桑图多、罗桑金巴等人出任第巴，执掌政权，后达赖汗又任命桑结嘉措为第巴。水狗年（1682年，清康熙二十一年），五世达赖喇嘛圆寂，第巴桑结嘉措为了巩固自己的政治地位，“伪言达赖入定静修，秘不发丧”长达15年，一切事务均由桑结嘉措以五世达赖喇嘛的名义处理。水猪年（1683年），五世班禅已年届21岁，到了受比丘戒年龄。札什伦布寺特派襄佐去拉萨，打算请五世达赖喇嘛授戒。第巴桑结嘉措告许襄佐，五世达赖喇嘛已入定静修，从此不见任何人，也不能为五世班禅授比丘戒，要他们另请高僧。木鼠年（1684年）十二月初八，札什伦布寺礼请本寺密宗经院堪布贡却坚赞为授戒师，在札什伦布寺的益格琼增殿内，为五世班禅授了比丘大戒。木牛年（1685年）五月，钦差阿吉图却吉来札什伦布寺，带来康熙帝祝贺五世班禅受比丘戒的“敕书”和礼品。五世班禅也给康熙帝亲笔写了回信，表示感谢。同年，达赖汗和桑结嘉措也派代表前来札什伦布寺，为五世班禅受比丘戒而献礼祝贺。五世班禅也为祈祷五世达赖喇嘛“平安长住”和“众生安宁”，派代表到拉萨为三大寺僧众熬茶、布施。此后，五世班禅继续钻研佛教论典，学习般若、中观、戒律、释量等五部经论，皆达精熟程度；后又以善知识索南扎巴为经师，学习四世班禅著的《吉祥密集导释》、官却坚赞所作笔记、《菩提道次灯论》、桑杰益西著的《修心论》、纳塘巴著的《胜道根本》、《蓝色手册》、《入行论》、《菩提道次第略论》、《菩提道次第广论》、《胜乐本续注释》、《胜乐鲁赫巴广释·如意》、《胜乐圆满次第·悉地穗》、《五次第明灯论》、《文殊静猛修习法》、《怖畏根本正解》、《喜金刚笔记》、克珠杰的《根本堕罪解说》、《不了了义论善说精要》、《续部金刚鬘》等许多显密经论，成为精通显密诸学的佛学家。后来应札什伦布寺密宗学院之请，五世班禅登上法座，为密宗院僧众讲授大威德十三尊灌顶法等密宗法，又在僧众会海中为广大僧人讲说“随许法修行次第”的教言。

火牛年（1697年，清康熙三十六年）七月初四，第巴桑结嘉措给五世班禅来信说：“五世达赖喇嘛已圆寂多年，我因遵奉达赖喇嘛遗嘱，秘而未宣，今已派人上京奏明皇帝达赖喇嘛圆寂以来的情况。不久五世达赖喇嘛的转世灵童将经过浪卡子宗，迎接到布达拉宫坐床……”五世班禅这时才知道五世达赖喇嘛早已圆寂之事。同年八月十六日，桑结嘉措又给五世班禅送来信函，邀请他于九月十七日到浪卡子宗为灵童授沙弥戒。九月初八，五世班禅从札什伦布寺启程。九月初十，到达浪卡子宗。西藏地方政府为五世班禅举行了欢迎仪式。九月十七日，达赖灵童抵达浪卡子宗，在该宗丹增宫中与五世班禅见面。五世班禅给达赖灵童送了许多金银绸缎等礼品，然后由五世班禅给达赖灵童剃度出家，赐法名“罗桑仁钦仓央嘉措”，是为六世达赖喇嘛。双方互献礼品，表示祝贺和答谢。西藏地方政府僧俗官员请五世班禅登上高座，六世达赖喇嘛向五世班禅磕了头，为传授沙弥戒表示感谢。五世班禅下座也向六世达赖喇嘛磕头还礼。十月二十五日，六世达赖喇嘛进住布达拉宫，举行了隆重的坐床典礼，继承了历代达赖喇嘛的法位。五世班禅返藏前，到布达拉宫与六世达赖喇嘛进行了推心置腹的谈话，他希望六世达赖喇嘛勤奋学习显密经论，继承宗喀巴教法教义，为西藏僧俗做出贡献。

此时五世达赖喇嘛的灵塔在布达拉宫内已建造竣工，桑结嘉措邀请五世班禅为灵塔举行了开光仪式。十一月十三日，五世班禅又应噶丹寺之请，前往祖寺讲经。在噶丹寺大经堂，他为3000余僧众浇灌佛法甘露，同全体僧众一起举行了上弦月的“大乘长净仪式”；在宗喀巴大师灵塔前做了盛大供养，敬献缎制佛衣，并进行祈祷；对该寺历任赤巴的赛赤（金座）之靠背顶部安装了铜制镏金“甘加拉”（金顶宝瓶），以示继承宗喀巴大师的法统。同时，他为拉萨上下密院修学密宗的僧官和学僧分别讲授了密宗法，并为部分僧人授了沙弥戒和比丘戒。据说为噶丹寺的灵塔殿做供养祈祷时，寺院上空出现了五色彩虹。十月二十四日从拉萨启程返回札什伦布寺，一路上为僧俗讲经说法，摸顶赐福。五世班禅于土虎年（1698年，清康熙三十七年）二月安全返回札什伦布寺。

五世班禅在札什伦布寺学经、讲经之时，关于六世达赖喇嘛仓央嘉措坐床后，对佛教与众生安宁不甚关心，甚至有违犯戒律的行为等时有耳闻，因此他特意写信给仓央嘉措和桑结嘉措，希望仓央嘉措努力钻研经典，参加辩经活动，继承五世达赖喇嘛创立的伟大事业，切勿自暴自弃。随后他收到桑结嘉措的回信，大意是六世达赖喇嘛仓央嘉措在学习佛典方面不甚用功，曾劝导过他，但未蒙采纳，还望五世班禅以师父的身份，多去信指教，同时六世达赖喇嘛也快到20岁了，应该授比丘戒，届时请五世班禅来为他授戒。不久，五世班禅又收到六世达赖喇嘛仓央嘉措给他的密信，信中说他生性不喜欢参加与僧众辩论经典，关于和五世班禅会晤一事，他表示愿意，但不愿受比丘戒。五世班禅阅信后，表现出不悦之色，因此放弃了去拉萨与六世达赖喇嘛仓央嘉措会晤的打算。

水马年（1702年，清康熙四十一年）六月二十日，六世达赖喇嘛仓央嘉措从拉萨来到后藏札什伦布寺，札什伦布寺僧众设站迎接；日喀则僧众几万人载歌载舞，举行了隆重的欢迎仪式。仓央嘉措住在坚赞同布宫内，五世班禅为了提高六世达赖喇嘛在僧众中的威望，让他为札什伦布寺僧众讲一次经，六世达赖喇嘛仓央嘉措没有同意。后来五世班禅劝他受比丘戒，又没有答应。过了几天，他在札什伦布寺日光殿为五世班禅磕了三个头，请五世班禅原谅他，不要生气，然后离开札什伦布寺返回拉萨。这是六世达赖喇嘛与五世班禅的最后一次会面。六世达赖喇嘛返回拉萨后，五世班禅应安贡寺（恩萨寺）僧众之请到该寺为僧众讲授“大威德金刚”“密集金刚”“胜乐金刚”等的灌顶法和教言，还为他们做了胜乐和大威德密法灌顶，使他们接受了密法甘露。

此时达赖汗已逝世，由其子拉藏汗继任汗位。拉藏汗继位后，为了争夺权力，他和第巴桑结嘉措发生了尖锐的矛盾，并愈演愈烈，最后竟到了兵戎相见的地步。这一时期，以拉藏汗为首的蒙古和硕特部和准噶尔部，与清王朝和六世达赖喇嘛、第巴桑结嘉措之间形成了错综复杂的关系，而五世班禅诚心倾向清王朝，极力进行斡旋调解，希望宁息战事，达成和解。正在这时，康熙帝派益西格隆、保雪科等60余人前来札什伦布寺，并带来他给五世班禅的两封信。一封是通知五世班禅，清政府已册封第巴桑结嘉措为“弘宣佛法王”，另一封信是向五世班禅问安。来使在会见时，向五世班禅口头告知，康熙帝希望能与五世班禅会面，五世班禅能否前往京城一行？五世班禅回答他现在没有出过天花，每日闭关静修，不宜远行。等出了天花，立即赴京“陛见”。康熙帝明智地意识到当时全国只有西藏和蒙古地区不甚安定，且达赖和班禅两大活佛对西藏和蒙古影响巨大，欲以达赖喇嘛和班禅在藏族和蒙古族中的崇高威信来安抚西藏和蒙古，以达到国家统一、巩固政权、人民安居乐业的目的。五世达赖喇嘛在顺治时已赴京通好，建立朝廷与地方的关系。康熙帝先后于1693年、1695年、1696年、1698年四次遣使带着“敕书”和重礼，召请五世班禅赴京会谈。五世班禅也愿意赴京朝觐皇帝，与朝廷建立更密切的关系，但几次受到第巴桑结嘉措的暗示，只能以未出天花，不宜远行为由，婉言谢绝。五世班禅赴京的心愿未能实现，对清廷和五世班禅来说都是一件十分遗憾之事。

木鸡年（1705年，清康熙四十四年），第巴桑结嘉措以重金买通拉藏汗的内侍，在拉藏汗的饮食中投毒，被拉藏汗发觉，于是双方发生战争，最后第巴桑结嘉措被拉藏汗所杀。但拉藏汗与准噶尔部的战事尚未了结。

拉藏汗杀了第巴桑结嘉措后，即派使者前去京师，向康熙帝奏报西藏情况，并奏称第巴桑结嘉措所立的六世达赖喇嘛仓央嘉措是“假达赖”，请求予以“废黜”，康熙帝派使去西藏表示支持拉藏汗。然而，关于“废黜”六世达赖喇嘛一事，引起西藏佛教界的很大震动，尤其是拉萨三大寺强烈反对。拉藏汗也担心出事，派人到札什伦布寺征求五世班禅的意见。五世班禅没有明确表态，建议由拉藏汗与三大寺降神问卜，后来降神问卜均无结果。拉藏汗从亲属中另选一名“灵童”，请五世班禅为“灵童”剃发授戒。五世班禅出于无奈，只好到布达拉宫为其剃度出家，并授沙弥戒，赐法名“伊喜嘉措贝桑布”，简称伊喜嘉措。拉藏汗为了酬谢五世班禅对他的支持，又给札什伦布寺赠送了后藏地区的许多谿卡（庄园）。金虎年（1710 年，清康熙四十九年），康熙帝根据拉藏汗等人的建议，册封伊喜嘉措为“六世达赖喇嘛”，并“给以印册”。为了安定西藏政治局面，康熙帝把注意力集中到五世班禅身上，于水蛇年（1713 年），册封五世班禅为“班禅额尔德尼”，赐金册一份，金印一颗，印面汉、满、藏三种文体对照，文曰：“敕封班禅额尔德尼印。”从此“额尔德尼”开始正式成为历辈班禅的封号，已故四位班禅的法号前皆冠上此封号。据藏文传记载，康熙帝册封的圣旨大意是：班禅历世弘扬佛法、广惠众生，朕亦尊崇佛教，为众生谋利益，与尔宗旨相同，为了表示对尔之敬重，特册封尔为班禅额尔德尼，并赐尔满、汉、藏文之金册一份、金印一颗。

木羊年（1715 年，清康熙五十四年），青海蒙古诸台吉和格鲁派上层人士，包括拉萨三大寺的高僧和活佛，从四川理塘找到了六世达赖喇嘛的转世灵童，一面奏请朝廷承认，一面派人将达赖灵童接到青海避居。康熙帝为了缓和青海诸台吉之间的矛盾，也为了达赖灵童的安全，下旨将他接到青海塔尔寺供养。火猴年（1716 年），青海诸台吉和东科尔活佛奉旨将在达赖灵童从青海湖一带迎至塔尔寺居住。火鸡年（1717 年），蒙古准噶尔部策旺阿拉布坦派兵侵扰西藏，拉藏汗兵败被杀，他所拥立的伊喜嘉措也被废黜，软禁在拉萨药王山。准噶尔占领西藏后，五世班禅始终以调解者的身份出现，未与准噶尔采取敌对措施，故准噶尔对五世班禅也很尊重。准噶尔侵占拉萨后，将三大寺的金银财物抢掠一空，全部运往新疆，但对札什伦布寺的财物，分毫未动。清廷接到奏报后，派兵分三路进藏几次围剿准噶尔部。金鼠年（1720 年），清廷派兵护送达赖灵童入藏坐床；十月邀请五世班禅来拉萨为达赖灵童授沙弥戒；十一月初五，在布达拉宫日光殿，五世班禅为达赖灵童授沙弥戒，赐法名罗桑噶桑嘉措，简称噶桑嘉措，是为七世达赖喇嘛。火马年（1726 年）四月初九，五世班禅再次应请，来到拉萨大昭寺，为七世达赖喇嘛授了比丘戒，后返回布达拉宫。五世班禅在布达拉宫住了一个月，每天为七世达赖喇嘛讲经传法。土猴年（1728 年），颇罗鼐受封总理全藏事务后，时常向五世班禅求教政教事务。五世班禅积极配合颇罗鼐，稳定社会，发展生产，使西藏人民得以休养生息，医治战争创伤，特别是协助颇罗鼐结束了与不丹长达 75 年之久的纷争，妥善解决了西藏与尼泊尔、锡金、拉达克的关系，倍受清政府称赞。同时，五世班禅对西藏内部团结极为重视，用心良苦。土猴年（1728 年），清军入藏平息了阿尔布巴之乱后，九月，钦差副都统马喇邀集七世达赖喇嘛、五世班禅及西藏僧俗官员于布达拉宫，宣读雍正帝圣旨，圣旨大意为将原属噶厦管辖的岗巴拉山以西，冈底斯山以东全部后藏及阿里地区，赏赐给五世班禅管辖。五世班禅当场表示，这是皇帝的大恩，但自己乃出家之人，且已年迈，没有精力替皇帝办很多事情，同时札什伦布寺已有很多庄园和百姓，其收入足够全寺僧人所用，不愿接受新赐土地，请钦差转奏皇帝收回成命。后在查朗阿和马喇的一再坚持下，五世班禅才勉强答应收下后藏拉孜、昂仁、彭措林、宗噶、吉隆5个宗和阿里地区，调换了日喀则附近的几个小庄园，实际只接受了3个宗，从而维护了达赖喇嘛、班禅之间的团结。木兔年（1735年），七世达赖喇嘛从四川泰宁寺返回拉萨后，专程赴札什伦布寺拜会五世班禅，长住札什伦布寺近一个月，师徒相处，亲密无间。十月十三日，五世班禅为护送七世达赖喇嘛回藏的章嘉呼图克图授沙弥戒与比丘戒，并赐法名益西丹贝仲美，这时三世章嘉活佛才19岁。是年雍正帝驾崩，乾隆帝即位。十月二十三日，五世班禅命令札什伦布寺僧众为雍正帝做法事，上供养，诵经祈祷。火龙年（1736年）二月，乾隆帝遣使给札什伦布寺送来“敕书”，五世班禅给乾隆帝写了谢恩奏折，特派喇嘛罗桑扎西赴京，祝贺乾隆帝登基。

五世班禅罗桑益西于藏历第十二饶迥之火蛇年（1737年，清乾隆二年）七月，因病情日益恶化。延至八月初五，他被僧众从寝宫抬到班禅行宫，安置在法座上，面向东方，作跏趺坐，不久示现圆寂，享年75岁。乾隆帝接到驻藏大臣报告后，即派人送来御赐上好香10把、50两重的黄金曼札1具、羊脂玉瓶1个、羊脂玉盘1个、52两重的白银盘1个、绸缎9匹及其他物品，作为祭礼。

五世班禅遗体处理后，存放在银制灵塔中，安放于札什伦布寺。在“文革”期间，除四世班禅的灵塔幸存外，五世至九世班禅的灵塔均遭到毁坏。十一届三中全会后，信教群众将在“文革”中保存下来的五世至九世班禅遗体灵骨送还札什伦布寺。1985年经国家批准并拨专款，由十世班禅大师亲自主持，修建了五世至九世班禅的合葬灵塔及祀殿——班禅东陵扎什南捷，1988年12月竣工。1989年元月22日举行了盛大开光仪式。殿内的合葬灵塔高11.52米，塔身以镀金银皮包裹，镶嵌珍珠、玛瑙、玉石等，五世至九世班禅遗骨分装在五个檀香木匣内，安放在灵塔的宝瓶里，并按佛教传统方式进行装藏。

五世班禅的著作有《菩提道次第捷径面授法》《自传》《菩提道次第上师传承传记·白莲鬘》《罗桑却吉坚赞传记》等24卷册。

五世班禅先后收徒3万余众，给13893人授沙弥戒，给13380人授比丘戒。

罗桑贝丹益喜

——六世班禅额尔德尼

六世班禅罗桑贝丹益西，意为“吉祥智”，于藏历第十二饶迥之土马年（1738年，清乾隆三年）十一月十一日，出生在襄地扎西则（今西藏自治区南木林县扎西村）地方。父亲名唐拉，咒师出身；母亲名尼达旺姆，系贵族宗室之女。据藏文传记载，孩子出生之时，该村上空出现彩虹，数月后即会双手合十，口中念诵六字真言。年稍长，喜动法器，常摇动金刚铃杵，翻阅经卷，模仿诵经时的各种手势。一次随父母外出，给他穿绿藏袍，他大哭不依，改穿黄色藏袍时，他才高兴上路。札什伦布寺寻访班禅灵童的人员得知这些情况后，于金猴年（1740年），遵颇罗鼐郡王之命，先到南木林宗对唐拉的家庭做了全面调查，又询问了孩子出生前后和现在的表现后，才携带前世班禅用过的法物、法器等遗物到唐拉家中，将原物与仿造物混放在一起，让小孩拣取。孩子从这些法器中一一取出前世班禅遗物，毫无差错。前来考察的人员返回札什伦布寺后，将辨认遗物的详细情况做了汇报。扎萨克喇嘛即派班觉坚赞为札什伦布寺代表，前往拉萨向七世达赖喇嘛和颇罗鼐报告了考察结果，又请拉萨噶丹康萨寺拉毛护法神降神问卜，神谕“札什伦布寺之主已降生于扎西则”。七世达赖喇嘛又将寻访认定的情况告许驻藏大臣纪山，请他转奏乾隆帝，不久即得到朝廷批准的“圣旨”，这才算完成了班禅灵童寻访、认定的全部工作。

是年九月初九，由七世达赖喇嘛为班禅灵童赐法名罗桑贝丹益西。金鸡年（1741年，清乾隆六年）六月初二，班禅灵童被迎至札什伦布寺，驻锡于坚赞同布噶当宫中。

六月初四,在札什伦布寺日光殿举行了六世班禅罗桑贝丹益西坐床典礼。钦差代表皇帝,给六世班禅献内库优质哈达一条、各种绸缎及银器,并赏赐白银3000两,作为坐床费用。七世达赖喇嘛的代表献哈达、银曼札、三佛田、法衣全套、法器一套、藏银二十一品。颇罗鼐亦献哈达、银曼札、佛像、佛塔、佛经、法衣、法轮等。驻藏大臣和三大寺等代表及其他来宾，均向六世班禅献礼祝贺。此外，还有不丹国王、阿里公、萨迦法王也派代表前来札什伦布寺祝贺。

水狗年（1742年，清乾隆七年）十月，札什伦布寺派代表赴北京向乾隆帝报告坐床经过。代表返回时带来皇帝的“敕书”一道，嘱咐六世班禅用心学习佛典，发扬光大格鲁派教法，并随“敕书”赐给六世班禅绸缎24匹。同年闰十月，六世班禅拜普觉贤巴为师，受近事戒，并从该师学习藏文拼读，同时学习《菩提道灯论》教言、“长寿灌顶传规”、“白度母经”、“白伞经”、“马头明王密修法”等短篇经文。传经时经师坐在高座上，六世班禅坐在下面的垫子上听讲。当传授《菩提道灯论》教言时，六世班禅声音宏亮地朗读经文，念读流利而发音清晰，上师听后十分高兴。水猪年（1743年）正月十一日，寺院认为普觉贤巴经师年事已高，遂又礼聘密自在师罗桑索巴为经师，学习四世班禅文集中依宗喀巴上师喇嘛瑜伽法、“妙音天女赞神之歌”、“宗喀巴散篇文集”、“文殊五字咒言”修习法及胜乐、密集、怖畏等密宗法。罗桑索巴遂成为六世班禅的根本上师。木鼠年（1744年）九月初三，经师罗桑索巴任亲教师兼轨范师，为六世班禅授了沙弥戒。九月初十,六世班禅登上历辈班禅的狮子法座，为札什伦布寺僧众摸顶，并为僧众初次讲经，颇得僧众称颂。火兔年（1747年），颇罗鼐郡王逝世，六世班禅和札什伦布寺派人前往拉萨致祭。郡王家属也派人来札什伦布寺向六世班禅赠礼答谢，并为札什伦布寺僧众熬茶、放布施，请六世班禅和札什伦布寺僧众诵经超度。土龙年（1748年），颇罗鼐次子珠尔默特那木札勒继任郡王位后，六世班禅和札什伦布寺又派人去送礼致贺。后来，新任郡王珠尔默特那木札勒及嫔妃3人以及同行者百余人来札什伦布寺，在日光殿为六世班禅献了哈达，六世班禅为珠尔默特那木札勒一行摸顶赐福。新任郡王珠尔默特那木札勒向六世班禅赠了一串念珠，据说是清朝皇帝赠给他父亲的，约值白银10万两。土蛇年（1749年）九月，六世班禅应七世达赖喇嘛和珠尔默特那木札勒之邀到达拉萨，七世达赖喇嘛和六世班禅建立了师徒关系，每日由七世达赖喇嘛给六世班禅传授经典。水猴年（1752年）正月二十三日，六世班禅的经师罗桑索巴圆寂，札什伦布寺决定聘请罗桑群佩为经师，即向驻藏大臣写了报告，请求转呈皇帝批准任命。是年五月，六世班禅应噶厦政府和三大寺之请前往拉萨，到布达拉宫日光殿拜会了七世达赖喇嘛。六世班禅先向七世达赖喇嘛磕头,彼此交换了哈达,又行了碰头礼。五月二十六日，六世班禅派札什伦布寺官员前往驻藏大臣衙门，给三位钦差大臣各送后藏出产的藏香一盒，同时又派札什伦布寺的僧官前往札什域，给驻在那里的500名官兵每人赏白银一两，表示慰劳。五月，驻藏大臣及噶厦政府考虑到清政府正向新疆准噶尔部大举用兵，为了六世班禅的安全，让六世班禅暂住拉萨，后来准噶尔部被清军击败，六世班禅遂于十一月返回札什伦布寺。临行前噶厦政府向六世班禅送了银曼札一具、法衣一套、银元宝85锭、绸缎108匹，茯茶1000块，作为饯行礼物。七世达赖喇嘛送给六世班禅释迦牟尼佛像一尊，祝六世班禅一路平安。火牛年（1757年）二月初三,七世达赖喇嘛噶桑嘉措在布达拉宫圆寂。六世班禅闻悉后，感到十分悲痛，下令札什伦布寺的全体僧众哀悼三天，诵经祈祷七世达赖喇嘛的灵童早日转世。六世班禅给札什伦布寺的每一僧人布施白银一两，作为诵经的报酬。是年六月初四，在札什伦布寺大经堂内，由罗桑群佩任亲教师，罗桑扎西任羯磨师，罗桑克却任屏教师，罗桑宗哲任报时师，在足数的比丘僧中给六世班禅授了比丘戒。此后，他继续从经师精进闻思修、讲辩著。

七世达赖喇嘛圆寂后，六世班禅赴拉萨与清政府所派章嘉国师按宗教仪轨确定达赖灵童寻访方向，并从南木林土布加拉日岗村寻访到七世达赖喇嘛的转世灵童。金蛇年（1761年，清乾隆二十六年）正月十一日，在札什伦布寺的益格穹增殿内，由六世班禅给达赖灵童剃发，赐法名“吉总罗桑丹白旺徐强白嘉措巴桑布”，简称强白嘉措。三月十八日，达赖灵童札什伦布寺被迎往拉萨布达拉宫。水马年（1762年）五月，六世班禅应请赴拉萨，参加八世达赖喇嘛的坐床典礼。六月初七,六世班禅从札什伦布寺启程前往拉萨。七月初九，达赖灵童登上布达拉宫日光殿狮子宝座，继承了历世达赖喇嘛的法统，正式成为八世达赖喇嘛。七月十七日，六世班禅又在日光殿为八世达赖喇嘛授居士戒。为了庆祝八世达赖喇嘛坐床，六世班禅又分头派人前往三大寺和其他各大寺院，给僧众煮斋茶、放布施，共费白银15179两。木鸡年（1765年）六月初四，六世班禅又从札什伦布寺专程前往拉萨，在大昭寺释迦牟尼佛像前为八世达赖喇嘛授了沙弥戒。受戒后，八世达赖喇嘛和六世班禅一同到布达拉宫，六世班禅在这里住了两个多月，每天定时为八世达赖喇嘛传授显密经论。九月十四日，六世班禅返回札什伦布寺。

火狗年（1766，清乾隆三十一年）九月十七日，乾隆帝派遣的钦差大臣阿萨汗干、扎萨克喇嘛阿旺班觉呼图克图、三品官喀雅太傅等一行数十人到达札什伦布寺，在日光殿与六世班禅相见。六世班禅先向钦差大臣问候皇帝圣安，然后钦差大臣向六世班禅宣读了圣旨。圣旨大意如下："奉天承运皇帝诏曰：朕为众生之主，长求众生安宁，泽被四海，普天之下，凡我赤子，皆受庇护，此人尽皆知。班禅额尔德尼慧性澄圆，佛学精渊，任达赖喇嘛之师，传授戒律，功行圆满。前世班禅学识渊博，本世亦如来世，朕甚喜悦。特援前世之例，册封尔为班禅额尔德尼，掌管札什伦布政教两事，发扬光大黄教，是所厚望，并希多诵经典，保佑国家安宁。钦此。乾隆三十年正月初四。"此金册系用满、汉、藏三种文字刻制，用纯金制成，共 13 页；另有金印 1 枚，印文曰"敕封班禅额尔德尼之印"，也用满、汉、藏三种文字刻制，净重 208 两。钦差大臣又带来乾隆帝赠送给六世班禅的绸缎、茶叶、玉器等。六世班禅接受了金册、金印及礼品之后，向东方叩头谢恩，然后设宴为钦差大臣一行洗礼。九月二十七日，钦差大臣一行辞别六世班禅，返回拉萨，札什伦布寺举行了隆重的欢送仪式，并派专人护送至拉萨。六世班禅又派管家罗桑格勒带着奏折，于十一月初一离开札什伦布寺前往北京，向皇帝上表谢恩。

木马年（1774 年，清乾隆三十九年），英国发兵侵略不丹，不丹王室派人向六世班禅求救。六世班禅致函英国驻印度总督赫斯汀士，说明不丹为西藏藩属，同系大清帝国臣民，希望停止冲突，还其土地，否则，大皇帝和西藏决不会置不丹于不顾。赫斯汀士接到信后，与不丹签订了和约，退出了所占土地，却又佯称他已皈依佛教，诚信大师，将派波格尔为代表入藏致谢。六世班禅立即报告驻藏大臣，同时复信赫斯汀士：西藏属中国领土，未经大皇帝批准，无权接见任何外国人，望即停止入藏。但波格尔为了完成使命，竟不听劝阻，来札什伦布寺向六世班禅致谢，请求六世班禅与之签定后藏通商条约，或介绍他与摄政谈判通商及设立领事馆事宜。六世班禅一再强调：西藏属中国领土，一切需遵照大皇帝旨意办理，未经大皇帝批准，无权签定条约，也无法介绍他去拉萨。波格尔在后藏停留数月，其目的未能得逞，毫无收获，只好于木羊年（1775 年）三月返回印度。

火鸡年（1777 年，清乾隆四十二年）二月初六，应噶厦政府邀请，六世班禅到拉萨为年满 18 岁的八世达赖喇嘛授比丘戒。二月二十日抵达拉萨布达拉宫，在日光殿与八世达赖喇嘛会面，互献了哈达。四月十五日，在大昭寺释迦牟尼佛像前，由六世班禅任亲教师，卸任噶丹赤巴、达赖经师阿旺曲扎任密教师，现任噶丹赤巴罗桑丹巴任报时司，察罕诺门汗罗桑图旦格勒坚赞任赐盂钵师，在 25 位持律师和比丘僧面前，八世达赖喇嘛强白嘉措受了比丘戒。受戒后，八世达赖喇嘛向六世班禅敬献曼札，表示感谢。六世班禅也向八世达赖喇嘛献了曼礼，以表祝贺。之后，八世达赖喇嘛和六世班禅同赴布达拉宫。为使八世达赖喇嘛更好地修学密宗，六世班禅设密集、时轮、胜乐、大威德几个不同坛城，分别为八世达赖喇嘛进行灌顶。灌顶完毕后，六世班禅接着为八世达赖喇嘛传授“弥扎百法”“修法海随许法”“依怙护法教诫”以及各种教言、秘诀和随许法等，为八世达赖喇嘛成为密法成就师奠定了良好的基础。六世班禅在布达拉宫教授约一年后于土狗年（1778 年）三月十二日返回札什伦布寺。

土猪年（1779 年，清乾隆四十四年）二月，西藏摄政王、驻藏大臣、噶伦等上层人物到札什伦布寺看望六世班禅，同时向他传达了乾隆帝的“圣意”，邀请六世班禅赴京，参加乾隆帝 70 大寿之典。六世班禅高兴地接受了邀请，并立即向皇帝写了回信，请驻藏大臣转奏。乾隆帝诏请六世班禅进京祝寿，也有极其深远的历史意义和现实意义。他除了提高达赖喇嘛的地位外，也想提高班禅额尔德尼的地位，以抑制西藏贵族的地位和权力，使西藏贵族中不能再出现第二个珠尔默特那木札勒（颇罗鼐次子，任郡王期间在藏作乱）。此外，五世达赖喇嘛曾到过京城，也起到过他人无法起到的作用，现在他让六世班禅到京师祝寿，不仅使六世班禅政教系统更加“倾心内向”，也使六世班禅在西藏的政治地位有所提高。如此采用“必当众建而分其势”的策略，会使达赖、班禅和贵族之间的地位、权力互相牵制。另外，他明智地考虑到六世班禅此次来京，必然要经过青海和蒙古地区，那里是蒙藏游牧之地，六世班禅经过时，将会在蒙藏民众（包括上层王公、千百户）中产生很大影响，这对于清朝中央政权巩固青海与蒙古的统治，也是极为有利的。乾隆帝为了六世班禅驻锡塔尔寺，从皇库拨出金帑，派出工匠，提前到塔尔寺，在大拉让前墙处修五华门和宫墙，维修了班禅行宫。

土猪年（1779 年，清乾隆四十四年）六月十七日，六世班禅从札什伦布寺启程，带领 13 名勒参[①]及随行人员 2000 余人，抵达羊八井时，受到八世达赖喇嘛、驻藏大臣、摄政和四大噶伦、三大寺代表的隆重迎送。八世达赖喇嘛又陪送 8 天，才依依惜别，噶厦特派噶伦多噶瓦一直护送到青海境内的通天河，才返回拉萨。进入青海境内后，陕甘总督和西宁办事大臣等率僧俗数万人分批设灶扎帐迎接。十月十六日，六世班禅一行被迎进宗喀巴大师诞生圣地——塔尔寺。塔尔寺殿顶挂满了五色彩幡、经幡，吹奏右旋白法螺、长筒大喇叭，3000 名寺僧和活佛、僧官手执藏香、高举唐卡、黄伞盖在寺外列队迎接，各殿堂门口皆绘有八瑞祥图案。六世班禅被迎入拉让吉祥新宫（达赖班禅行宫）中，这里曾为五世达赖喇嘛和七世达赖喇嘛驻锡之地。清廷钦差大臣、西宁办事大臣和西宁镇守总兵等分别向六世班禅敬献哈达、绸缎、水晶眼镜等礼品。十七日，西宁办事大臣在大经堂设宴为六世班禅一行洗尘。十九日，六世班禅为3000多僧人讲经，之后逐一朝礼各佛殿，还为该寺四世阿嘉洛桑加央嘉措和七世赛赤授沙弥戒。十二月初，六世班禅给青海境内大小佛寺的28312名僧人发放熬茶、纹银及财物，总计白银6798两。向大银塔塔龛内的宗喀巴塑像手中献右旋白法螺一个，供献银制曼札、须弥山、四大洲等一套供器、各种佛像100多尊，镏金铜塔和银塔近60座，供奉四季法会的费用白银2000两、大吉哇公基金1000两白银等。金鼠年（1780年）的春节和藏历年，六世班禅也是在塔尔寺渡过的。正月初一，他在密宗经院诵经，祝愿皇帝万岁、国家兴隆。乾隆帝派人送来了春节礼品，其中有御马金鞍、名贵皮衣、珠玉器皿等。六世班禅上表谢恩。三月初十,六世班禅一行离开塔尔寺，经兰州、银川、呼和浩特，沿途受到满汉官员、蒙古王公和蒙古族群众的隆重迎送，给数万名蒙古族群众摸顶赐福。六月初一,六世班禅一行到达今内蒙古鄂托旗，与朝廷派来迎接的乾清门喀木仁俄妥南孙、拉科呼图克图等见面，使者带来了金顶黄轿一乘、红黄伞盖各二顶等物。于是，六世班禅从此地改乘黄轿前行。行至岱海（岱噶）时，皇六子和章嘉呼图克图前来迎接，带来敕书一封，大意是说："朕已于五月初七前赴热河避暑山庄，此间佛殿落成，设备妥善，专待驾临，随敕书赠送珍珠凉帽一顶，金丝袈裟一件，水晶念珠一串。"据说六世班禅进京途中，多次出现神奇瑞象，如翻越唐古拉山时，狂风飞雪骤停，天气异常晴暖；过通天河时风急浪高，班禅大师祈祷后风平浪静；在塔尔寺讲经说法时，头顶天空有青龙起舞；内蒙古草原当年干旱严重，班禅多次祈祷喜得及时甘露；路过五台山附近时，遥望山顶，虹宫壮观；越邯达巴山时，南方飘来一朵红云，停留在班禅大师头顶，久久不散。

金鼠年（1780年，清乾隆四十五年）七月二十一日，六世班禅抵达承德近郊，宿皇帝行宫;次晨越过达日山梁,换乘八抬大轿,至大佛寺前御帐内少憩,由御用仪仗引导,大臣、活佛护卫，在群众夹道跪迎中，径入避暑山庄，于澹泊敬诚殿朝觐。六世班禅为乾隆帝献吉祥哈达、长寿佛、珍珠念珠后，欲跪地叩拜，乾隆急忙拉住六世班禅的手，用藏语说："喇嘛不要磕头"，回赠吉祥大哈达，引入锦座。章嘉国师向皇帝、六世班禅献哈达，六世班禅主要随从向乾隆帝献哈达。仪式结束后，乾隆帝携六世班禅至四知书屋殿，用藏语问六世班禅："喇嘛身体好吗？一路上辛苦了吧？"六世班禅答称："托皇帝洪福，沿途很好。"乾隆帝又说："朕今年已70岁，以如此高龄，幸见喇嘛，甚慰朕怀。从此中土佛法弘扬可期，四海人民得歌舞升平"，并将自己用的珍珠串、玉如意和一条内库哈达赠给六世班禅,还破例携六世班禅参拜了宫内几座佛堂,复送至岫云门。六世班禅在皇六子和国师、大臣陪同下，到如意洲少游，后前往清廷专为迎接他而仿照后藏札什伦布寺修建的须弥福寿庙中驻锡。次日，乾隆帝亲临须弥福寿庙看望六世班禅，乾隆帝说："昔日五世达赖喇嘛来朝，我祖特建黄寺以馆之。朕今特建热河札什伦布寺（即指须弥福寿庙），以备喇嘛驻锡。切欲对话，故学藏语，但只能讲普通用语，圣经文奥典，仍须由章嘉呼图克图译述。"六世班禅对此，也深受感动。七月二十四日，乾隆帝在避暑山庄万树园宴请六世班禅。七月二十六日，六世班禅专程前往承德的普陀宗乘之庙礼佛诵经。普陀宗乘之庙，也叫热河布达拉宫，建于土鼠年（1768 年），仿照拉萨布达拉宫的形式而建。当初建庙的目的，据说是乾隆帝为其母亲祝贺 80 寿辰。八月初三，乾隆帝又派内大臣二人到须弥福寿庙给六世班禅颁赐玉册、玉印。八月初七为乾隆帝的 70 大寿之日，六世班禅和章嘉国师率僧众至避暑山庄诵经，为乾隆帝祝寿，六世班禅进献重 300 两的宗喀巴金佛像、佛案和菩萨画像 81 帧、全套《甘珠尔》大藏经、重 30 两的金制护身盒、琥珀串珠三挂、银曼札一具等礼品。八月十三日，六世班禅又到避暑山庄率僧众诵经，祝乾隆帝"万寿无疆，国政昌隆"，并参加祝寿宴会等活动。此外，六世班禅还三次入宫朝见乾隆帝，乾隆帝到住处看望六世班禅八次，两人在其他场合会晤面谈八次。乾隆帝还决定承德札什伦布寺由班禅委派堪布、引经师、格贵喇嘛主持，一切制度均按后藏札什伦布寺规章办理。

八月二十五日，六世班禅在皇六子、章嘉国师的陪同下离开承德，经古北口至北京，同游圆明园、大钟寺、香山等地，为殿堂、园林、寺院开光加持，并倡建了一座香山昭庙。九月初一，六世班禅驻进北京西黄寺。乾隆帝回京时，六世班禅列百官之首迎驾，还几次应召进宫传经、参观。乾隆帝亲自参加六世班禅在雍和宫举办的祈祷佛教昌盛、国政兴隆的大法会，并亲临西黄寺问候，安排六世班禅过冬所需，准备在京为六世班禅祝寿。在此期间，乾隆帝曾将应六世班禅所请而写的册封八世达赖喇嘛信文底稿，由章嘉国师译成藏文后请班禅修改。

是年藏历十月二十七日，六世班禅感到身体不适，面部出现微红小斑，乾隆帝派御医诊断为天花，命皇六子加倍侍候，细心观察。二十八日，六世班禅出现呕吐，不思饮食，次日乾隆帝亲临问候，并绘长椿图为六世班禅祈寿。十一月初一，六世班禅出现高烧，继而昏迷，下午示现圆寂，享年 42 岁。乾隆帝率王公大臣谒灵，献金碗、金罐、金香炉各 11 件，佛像、佛塔 70 件，犀角碗 100 件，犀角碟 62 件，上等玉器 18 件，命章嘉国师撰祈祷文着北京 41 座寺院举行回向法会，祈祷班禅灵童早日转世。班禅行辕也出银 10 万两布施北京及藏蒙各寺，祈祷回向。乾隆帝又赐赤金像一尊，决定举行日供千灯 5 次的百日大供会。二十一日，赐"七千两重赤金做成的金塔一座，上嵌宝石"，将处理后的法体移入塔内供奉。1781 年（清乾隆四十六年）2 月 12 日，乾隆帝再次祭灵后，由理藩院尚书博清额、乾清门侍卫伊鲁勒图及行辕官员、各寺堪布护送法体回藏，八月二十一日迎入札什伦布寺，建银质宝珠舍利塔，将金塔放入舍利塔中供奉在札什伦布寺。

1782 年（清乾隆四十七年），乾隆帝为了纪念六世班禅，又在他生前居住过的西黄寺花园后楼前，建汉白玉衣冠塔，取名清净化城塔，塔前东碑亭内用满、汉、藏、蒙古四种文字刻乾隆撰写建塔缘起，西碑亭刻他所绘祈寿长椿图。六世班禅的衣冠石塔，全部用精美的汉白玉建成，其形制吸收了印度教陀迦耶大塔四角建小塔的布局，但主塔的结构和形制却是藏传佛教佛塔的式样，而塔身浮雕的佛教故事中的人物、建筑及花纹装饰等却又是汉族艺术的传统手法。《清净化城塔记》碑覆有碑楼，置于石塔之前左侧。

六世班禅的著作有《持乐园愿望》、《自传》（上下册）、《道情歌集汇编》、《菩提道第面授法·利他甘露瓶》、《显密集要点问答汇编》、《十六罗汉绕佛记》、《喇巴强巴传》《圣·罗桑索巴传·不可思议》、《七世达赖喇嘛噶桑巴金塔志》、书札、仪轨、修行等方面的著作共 98 种之多。

注：

①勒参巴：原西藏地方政府五品僧俗官职名。

丹白尼玛

——七世班禅额尔德尼

七世班禅丹白尼玛，意为“圣教日”，于藏历第十三饶迥之水虎年（1782 年，清乾

隆四十七年）四月初八出生在后藏白朗宗吉雄谿卡（今西藏自治区白朗县吉雄乡）雄喜家中。父亲名巴丹端智，母亲名其美甲姆。

札什伦布寺派人明察暗访，降神问卜，寻访到灵童 4 人，又进行逐一考察，认真筛选，复由扎萨克喇嘛用前世遗物辨别验证，只有雄喜家的灵童拣取无误。加之六世班禅晋京前曾对自己的生父说过“我会年轻轻地回来，届时请安排住宅”的预言，基本肯定其为六世班禅转世灵童。札什伦布寺又派人向八世达赖喇嘛汇报并再次请拉毛护法神降神谕，八世达赖喇嘛的指示和护法神的谕示也是一致的，即正式派仲巴诺门汗和扎萨克喇嘛向驻藏大臣博清额呈交报告，请其转奏清廷批准。水虎年（1782 年，清乾隆四十七年）十二月二十日，乾隆帝批准丹白尼玛继任七世班禅额尔德尼。木龙年（1784 年）八月十一日，在札什伦布寺日光大殿上举行了盛大的坐床典礼，乾隆帝派果莽呼图克图、夷大兴阿里二人为钦差大臣到札什伦布寺“看视坐床”，并赐哈达、玉如意、宝石念珠及其他礼品，表示祝贺。八月二十一日，八世达赖喇嘛亲临札什伦布寺，在日光殿与七世班禅会面，七世班禅先向八世达赖喇嘛磕头，拜为上师，他二人又结成师徒。九月初七，在札什伦布寺益格穹增殿内，八世达赖喇嘛为七世班禅剪发，取法名为“吉尊·罗桑巴旦丹白尼玛·曲列朗杰巴桑布”（简称丹白尼玛），接着给七世班禅授近事戒。

七世班禅少年时期，发生了廓尔喀两次侵藏事件。土猴年（1788 年，清乾隆五十三年），因廓尔喀统一尼泊尔各部后，所铸钱币掺有杂质，西藏方面拒绝使用，边界贸易加重征税等纠纷，廓尔喀于六月侵占后藏济咙、聂拉木、宗喀三个宗，并围困协噶尔宗。当乾隆帝收到八世达赖喇嘛的告急信后，即派清军入藏，理藩院侍郎巴忠和噶伦丹增班觉尔与廓尔喀草草言和，私自许银赎地，廓尔喀方才退兵。这时年仅 7 岁的七世班禅已到受沙弥戒的年龄，驻藏大臣庆麟等为了七世班禅的安全，让他离开札什伦布寺到拉萨，先住在罗布林卡夏宫的噶丹颇章宫内，九月后移居布达拉宫。土鸡年（1789 年）六月初，八世达赖喇嘛与七世班禅同赴大昭寺，在释迦牟尼佛像前，由八世达赖喇嘛任亲教师授了沙弥戒。这次七世班禅在拉萨住了近两年时间，向八世达赖喇嘛学习显密经论。金狗年（1790 年）二月，七世班禅返回札什伦布寺。金猪年（1791 年），廓尔喀讨要赎地银，再次大举入侵后藏，驻藏大臣保泰又将七世班禅移居拉萨。当年八月二十日，廓尔喀进犯日喀则，札什伦布寺的扎萨克喇嘛于前夜带了些贵重金银器物逃走，僧俗纷纷避难，札什伦布寺被廓尔喀入侵者洗劫，抢掠金银财宝后退到聂拉木地区。乾隆帝接到奏报后，立即命令四川总督鄂辉、成都将军成德，带川军 4000 人由四川甘孜打箭炉（今康定）进藏，随后又派福康安领援军，从青海进入西藏，很快打败入侵的廓尔喀军，甚至直逼廓尔喀都城加德满都附近，廓尔喀王拉纳巴哈都尔派使乞降，送回了所俘的西藏官兵和从札什伦布寺掠走的贵重财物，包括六世班禅灵塔上的宝石及赐给六世班禅的金册，并订立“永不侵犯西藏地方的甘结”。在这次反击战中，七世班禅一开始就命令札什伦布寺和所属百姓积极筹粮，全力支援。福康安凯旋途经日喀则时，他又在札什伦布寺盛宴酬谢统军将领，犒赏士兵。乾隆帝从国库拨银一万两救济札什伦布寺所属百姓，并命福康安针对西藏时弊，就政治、宗教拟出完整治理方案。制定钦定章程时，七世班禅派扎萨克喇嘛参与制订工作，并表示“一俟大皇帝核定，即永远遵照办理”。著名的《钦定二十九条章程》和金瓶掣签等一些重大政治制度和宗教制度，就是在这一时期产生的。后来清政府统治西藏二百多年来，基本上就是按二十九条钦定章程办事的。同时，乾隆帝为了防止以后认选灵童时出现舞弊，禁止地方官员插手，决定制造两个相同的金瓶，一个放置在北京雍和宫，供甘、青、内外蒙古认选灵童时使用；另一个供奉在拉萨大昭寺，供广大藏区使用，并把达赖喇嘛、班禅及各大呼图克图的转世灵童由降神认定转为清朝政府认定，即掣签认定后由中央政府批准，从而把西藏宗教和政治领袖的任免大权，完全集中到清朝中央政府，也更加明确了西藏地方政府与清朝中央的从属关系。虽然后来达赖灵童和班禅灵童也有免予掣鉴的，但是免与不免的决定权，仍在中央政府，西藏地方只有请求的权利而无批准的权力。

金鸡年（1801 年，清嘉庆六年），年届 19 岁的七世班禅从八世达赖喇嘛受了比丘戒。木鼠年（1804 年），八世达赖喇嘛强白嘉措圆寂，七世班禅写祈祷文告，祈祷八世达赖喇嘛早日转世。土龙年（1808 年）二月，七世班禅到拉萨，为在西康邓柯地方找到的九世达赖喇嘛隆朵嘉措剃度出家，并赐法名。水鸡年（1813 年）九月，为九世达赖喇嘛授沙弥戒。水猪年（1815 年）二月，九世达赖喇嘛圆寂，年仅 11 岁。水马年（1822 年）正月，七世班禅遵道光皇帝之命，在拉萨主持十世达赖喇嘛的金瓶掣签仪式，为十世达赖喇嘛剪发，取名楚臣嘉措，授沙弥戒。

经过七世班禅 30 多年的苦心经营，札什伦布寺实力得以恢复。经道光皇帝批准，火狗年（1826 年，清道光六年），七世班禅在日喀则年楚河畔仿照罗布林卡修建了一座夏宫。道光帝亲赐“广佑寺”（贡觉林）门匾和“法界庄严”横额。护匾使臣到达日喀则时，七世班禅亲率寺僧、民众和所属官员隆重欢迎。贡觉林周围树木浓荫，风景秀丽，后来就成了历代班禅的夏宫。水龙年（1832 年），七世班禅复在札什伦布寺西南修建德庆颇章和则贡康。

木马年（1834年，清道光十四年），七世班禅奉旨赴拉萨给十世达赖喇嘛楚臣嘉措授比丘戒。火鸡年（1837年）九月，十世达赖喇嘛在拉萨突然圆寂，七世班禅受噶厦的请求，撰写文告祈祷十世达赖喇嘛早日转世，并令札什伦布寺全体僧众念经祈祷。土狗年（1838年），道光帝派使臣到西藏颁给七世班禅金册1份。金册共13页，重235两，上刻满、蒙古、藏、汉四种文字，重申札什伦布寺所辖的宗、庄园、百姓永归班禅额尔德尼管辖，任何人不得攘夺侵占。同年，驻藏大臣通知札什伦布寺，该寺五品以上僧俗官员的任命，由驻藏大臣转奏批准，按朝廷制度赏给顶戴。金牛年（1841年）五月，按道光帝的旨意，驻藏大臣和噶厦请七世班禅到拉萨，在拉萨大昭寺为从西康选来的十世达赖转世灵童举行金瓶掣鉴仪式，并由七世班禅剃度出家，取法名为阿旺罗桑丹白仲美克珠嘉措（简称克珠嘉措），是为十一世达赖喇嘛。这一年，英国侵占克什米尔和西藏藩属拉达克，并唆使拉达克出兵侵占阿里地区的如妥等5个宗。时值鸦片战争，清廷无力西顾，遂命驻藏大臣用开山大炮装备藏军，由噶伦才丹多杰、代本比喜率兵反击。七世班禅为支援前线，捐资助赏有功，道光帝赏御书“福寿”二字并赐玉如意等。战争胜利后，道光帝又赏赐七世班禅“宣化绥疆”称号，并于火马年（1846年）颁给加封的金册、金印，内容与以前封文大体一致，只是封号上改为“宣化绥疆班禅额尔德尼”。木龙年（1844年），道光帝因两世达赖喇嘛连续早逝的不正常现象和摄政策门林“营私”被革职的实际，为稳定西藏政局，命七世班禅暂兼摄政。七世班禅从维护西藏内部团结着想，一再坚辞而不得应允，只好于是年八月初六勉强就职，同时奏请清廷以年迈体弱、精力不济而推荐热振接任。次年四月二十六日清廷批准移交。七世班禅共任摄政260天。上文叙述的金册、金印就是在这种情况下授予的。

火马年（1846年，清道光二十六年）三月十一日，七世班禅应摄政和噶厦之请，前往拉萨布达拉宫，与十一世达赖喇嘛会面。四月初七，七世班禅同十一世达赖喇嘛一同到大昭寺，七世班禅任亲教师，在释迦牟尼佛像前给十一世达赖喇嘛授了沙弥戒。之后，七世班禅前去噶丹寺朝拜宗喀巴大师灵塔，并在寺内为僧众讲经说法。六月三十日，七世班禅返回札什伦布寺。金狗年（1850年）三月，驻藏大臣穆腾额专程前来札什伦布寺，通知七世班禅，道光帝已于是年正月逝世，咸丰帝已登基。七世班禅即命全寺僧众诵经祈祷，同时派人去拉萨，向三大寺僧众熬茶、放布施，又派巴雅尔堪布一人前往京城，向道光帝致祭，向咸丰帝祝贺。

藏历第十四饶迥之水牛年（1853年，清咸丰三年）正月十四日凌晨，七世班禅罗桑丹白尼玛在札什伦布寺圆寂，享寿72岁。七世班禅大师圆寂后，札什伦布寺全体僧众念经祈祷早日转世，并派人到拉萨向十一世达赖喇嘛、摄政、驻藏大臣禀报，并转奏咸丰帝。咸丰帝接到奏报后，特派醇亲王到札什伦布寺致祭，赏白银5000两治丧。七世班禅法体奉安于银制灵塔内，和历辈班禅灵塔一同供养在大经堂内，供僧俗瞻礼。

七世班禅在世的几十年中，历经了清乾隆、嘉庆、道光和咸丰四个皇帝对西藏的治理，与他共事的驻藏大臣先后有37人、帮办大臣39人，始终坚定地站在维护祖国领土完整的立场上，对历代皇帝极为恭顺，对历任驻藏大臣也是尊重的，委他办理的事，他竭尽全力去办。他既是八世达赖喇嘛的弟子，又是九、十、十一世达赖喇嘛的师父，并且师徒关系一直都很融洽与友善。他为维护国家统一、西藏安定团结做出了重大贡献。

七世班禅大师一生先后从八世达赖喇嘛、仲则·洛桑次臣、古格雍增·洛桑丹增等师广习佛法。他佛学知识渊博，著作丰富，有关显密经论、仪轨、传记、信札、修法、时轮、喜金刚等方面的著作有130多种，汇集为七函。其中《本生传记》《马鸣论师传略及佛三十四本生故事释义》《密集根本悉地·宝库之钥》《度母一百零八相释论》《各寺庙寺规戒言》等较为著名，尚有一本小小的青少年读物，藏文名曰《卡且帕鲁训诫》，共分十一段训诫，其涵义深刻，教育意义重大。

丹白旺秀

——八世班禅额尔德尼

八世班禅丹白旺秀，意为“圣教自在”，于藏历第十四饶迥之木兔年（1855年，清

咸丰五年）八月初五出生在后藏托布加谿卡竹仓（今西藏自治区南木林县土布加地方出仓村）一个宁玛派活佛家中。父亲为宁玛派教徒，名丹增旺嘉，母名扎西拉姆。

八世班禅是金瓶掣鉴制度颁布后班禅世系中第一个寻访认定的转世灵童。札什伦布寺派人按照传统做法从众多对象中挑选出了三位灵童。札什伦布寺派司膳堪布巴丹谢热前往拉萨向驻藏大臣报告，驻藏帮办大臣赫特贺即向咸丰皇帝写了奏折。火蛇年（1857 年）九月二十四日，西藏摄政、噶伦、三大寺代表，以及前世班禅的苏本、森本、却本等僧俗官员会聚于布达拉宫。掣签仪式由驻藏大臣满庆、帮办大臣赫特贺亲自主持，开瓶掣鉴，掣出的是托布加谿卡丹增旺嘉的孩子，正式选定为七世班禅的转世，经咸丰帝恩准为第八世班禅额尔德尼。掣签仪式圆满完成后，向孩子的父母和札什伦布寺僧众报了喜，并将灵童从功德林迎至罗布林卡达赖夏宫居住。二十五日，由摄政热振呼图克图为八世班禅剃度出家，换了僧衣，取法名“曲杰扎巴丹白旺秀巴桑布”（简称丹白旺秀）。

土马年（1858 年，清咸丰八年）正月，八世班禅从拉萨被迎至札什伦布寺。金猴年（1860 年）十月初二，为八世班禅丹白旺秀举行坐床典礼，热振呼图克图和驻藏帮办大臣恩庆前来札什伦布寺主持。咸丰帝也派理藩院司员 2 人，前来札什伦布寺，赍送敕书、赏品等，还赏赐白银一万两，作为坐床经费。宣读圣旨和转赠赐物后，八世班禅向东方叩谢皇恩，然后登坐法床，继承法统，接受达赖代表、摄政、噶伦、萨迦法王及札什伦布寺的祝贺和献礼。初七，八世班禅从摄政热振阿旺益西受沙弥戒。受戒后，经驻藏大臣呈请咸丰帝批准，任命噶钦洛桑丹巴坚赞为八世班禅经师，从师修学三藏经论，经师悉心教习，并赏给经师诺门汗名号。

火龙年（1865 年，清同治四年），同治皇帝遣使送来御笔书写“佛法真传”四字匾额，八世班禅恭迎谢恩后，悬挂于札什伦布寺日光宫内。木猪年（1875 年）四月同治帝逝世，光绪帝继位。同年三月二十日，十二世达赖喇嘛圆寂，噶厦请求八世班禅撰写文告祈祷十二世达赖喇嘛早日转世。八世班禅在札什伦布寺和拉萨三大寺向全体僧众放布施，煮斋茶，进行祈祷。四月十五日，在札什伦布寺益格穹增殿，由普觉活佛任亲教师，为年满 21 岁的八世班禅授了比丘戒。受戒后，据说班禅自幼受宁玛派的熏陶，喜欢学习宁玛派的一些经典，而对宗喀巴创立的格鲁派教义不甚用功，引起札什伦布寺僧众的反对，加之同治帝驾崩，十二世达赖喇嘛圆寂，他怀着忧国忧民的心情，在依照惯例举行超荐或祈祷法会的同时，反复要求僧众“勤作佛事，严守戒律，共祈佛祖，以佑人天，施福大皇帝与全藏僧俗众生，得享国泰民安”。当从西藏达布地方寻访认定十三世达赖喇嘛时，八世班禅应噶厦之请，于火牛年（1877 年）十二月从札什伦布寺来到拉萨。土虎年（1878 年）正月十一日，八世班禅在摄政、驻藏大臣、全体噶伦、三大寺代表等人的陪同下，来到贡塘寺，与十二世达赖喇嘛的转世灵童会面。灵童向八世班禅献哈达和曼札，八世班禅也还赠哈达，随后八世班禅给达赖灵童剪发，换了僧装，取法名，又互赠哈达和长寿佛像。八世班禅和达赖灵童在贡塘寺一起居住了两个多月。三月初九，八世班禅从拉萨前往热振寺、拉姆寺、噶丹寺朝圣，讲经说法。三月二十八日返回拉萨，四月十五日从拉萨启程返回札什伦布寺。八世班禅在札什伦布寺学习大小五明学科时偏重于医方明和工巧明（工艺学）的研习，常给群众治病，关心群众疾苦。土兔年（1879 年）日喀则一带大旱，上下焦虑。八世班禅不顾一些人的反对，亲自到年楚河沿岸视察，指挥群众修渠引水，灌溉农田，旱灾得以解除。是年六月十三日，十三世达赖喇嘛在布达拉宫的日光殿坐床，八世班禅派孜恰南加同智等人为代表，参加了十三世达赖喇嘛的坐床典礼，并送了礼品，表示祝贺。

随着清朝国力衰退，对西藏地方政教事务无暇多顾，加之三辈达赖喇嘛连续早逝，西藏地方政教领导核心受损，英帝国主义复施以挑拨离间之计，拉萨先后发生了哲蚌寺寺僧与摄政热振之间的尖锐斗争、色拉寺僧人劫持钦犯基巧堪布事件、噶丹寺僧人杀死 2 名革职噶伦并聚众抗拒事件。这三大事件先后历时 10 年，对西藏的影响很大。八世班禅的思想负担日重，身体状况一直不佳，身心皆疲，疾病缠身，常赴温泉沐浴治疗，后到托布加家中养病。金蛇年（1881 年，清光绪七年），清朝派驻日喀则的军队，因内部官兵不和，发生冲突，他抱病返回日喀则进行调解，得以平息。

水马年（1882 年，清光绪八年）初，八世班禅病情加重，食欲不振，精神萎靡，札什伦布寺僧官请他回到札什伦布寺治病，他不愿回寺，后延至七月十五日逝世，时年 28 岁。扎萨克喇嘛闻讯后立即率领札什伦布寺僧俗官员数百人前往托布加，用黄轿将八世班禅遗体迎回札什伦布寺，经防腐处理后，将其法体供奉在则加神堂内，供札什伦布寺及所属寺庙的喇嘛与宗谿百姓前往祭悼。十三世达赖喇嘛、摄政和驻藏大臣接到报告后，由噶厦派遣拉恰、噶喜台吉、堪布格敦达杰等人前来札什伦布寺致祭，献千灯供养。是年十一月，清政府派驻藏大臣色楞额“往奠班禅额尔德尼，赏银五千两治丧，以及蟒缎、哈达等物，并赐御用蜜蜡念珠一串、沉香朝珠一盘、经一卷，传谕扎萨克喇嘛罗桑东珠将藏内一切事宜代办”。木鸡年（1885 年），造成一座金质灵塔，将八世班禅法体移置于金塔之内，供奉在札什伦布寺岭则金殿内。据《清实录》载，清廷发了一道上谕：“班禅额尔德尼为后藏喇嘛僧众表率，深谙经典，阐兴黄教，现徒众修理金塔工竣，于四月初八入葬金塔，询属祥瑞，朕心甚为畅慰，念切殊深。著加恩赏白哈达一条、念珠一串，用以追念勤奋喇嘛之至意。特此交色楞额转饬该徒众祗领，献于班禅额尔德尼金塔之前”。

八世班禅虽只活了 28 岁，但其著作就有 40 多种，传记有《班禅丹白旺秀传·具信莲苑之日》，书信有《书信类编》，诗歌有《诗论例句·梵子喜戏》等。

罗桑却吉尼玛

——九世班禅额尔德尼

九世班禅罗桑却吉尼玛，意为“善慧法日”，于藏历第十五饶迥之水羊年（1883 年，清光绪九年）正月十二日出生在前藏塔布地区噶厦村。父名丹正，母名丹曲措姆，是个哑巴。据传八世班禅的母亲口齿灵俐，能言会道，常干预政教事务，故八世班禅曾祈祷说，下一世的母亲应沉默寡言，所以九世班禅的母亲是哑巴。其家庭十分贫苦，母亲丹曲措姆给一家贵族放牧。父母给他取名伦珠嘉措，他的一个弟弟也出家当了僧人。

八世班禅丹白旺秀圆寂后，札什伦布寺依照传统仪轨寻访、挑选出三名灵童，奏请清政府批准掣签。土鼠年（1888 年，清光绪十四年）正月十五日，三名候选灵童在布达拉宫皇帝牌位前举行掣签仪式，结果噶厦村的灵童伦珠嘉措被掣定为八世班禅的转世。次日（正月十六日），十三世达赖喇嘛图旦嘉措为灵童披剃落发，赐法名“吉尊·罗桑却吉尼玛格勒朗杰贝桑布”（简称却吉尼玛）。之后，九世班禅被迎回札什伦布寺贡曲林夏宫供养。经光绪皇帝批准，于水龙年（1892年）正月初三，由驻藏大臣升泰主持，在札什伦布寺举行隆重坐床典礼，继承班禅法统，正式成为九世班禅额尔德尼。由于当时十三世达赖喇嘛尚未受比丘戒，因此由摄政第穆呼图克图为九世班禅授了沙弥戒。此时，因九世班禅父亲下落不明，弟弟出了家，母亲也出家当了尼姑，故光绪帝按旧例只有封其外祖父为辅国公。为祝贺九世班禅坐床及受沙弥戒仪式，清政府拨银一万两作为庆典仪式之费用。九世班禅坐床后，特派堪布罗桑云丹前往北京，向慈禧太后和光绪帝谢恩。水虎年（1902年）四月十五日，年已19岁的九世班禅从札什伦布寺来到拉萨。经请求，由十三世达赖喇嘛任亲教师，在大昭寺释迦牟尼佛像前为九世班禅罗桑却吉尼玛授了比丘戒。

九世班禅自迎入札什伦布寺以后，拜洛桑丹增旺加为经师，初学文字拼写及短篇经文，后来逐渐涉及到灌顶、随许、教诫等经论。受比丘戒后，他又从师学习五部大论及密宗经论，皆融会贯通，成为精通显宗诸论的学者，尤精于时轮学说。

九世班禅却吉尼玛的青少年时期，正是英帝国主义向西藏地区进行军事侵略时期，也是西藏僧俗人民坚决进行英勇的抗英战争时期。土鼠年（1888年，清光绪十四年），英国向西藏发动了第一次侵略战争。西藏地方政府为阻止其入侵西藏而在隆土山与锡金接壤处构筑了一道防线，不准英人逾越。英方诡称西藏超越了边境，限令于1888年前撤回防线，西藏地方政府坚决反对。为表西藏僧俗的抗英决心，当时拉萨三大寺、札什伦布寺以及西藏地方政府七品官以上的全体人员，向驻藏大臣上了一道公禀，声明“纵有男尽女绝之忧，惟当复仇抵御，永远力阻，别无所思”。当时由于清政府采用妥协政策，命令驻藏大臣文硕通知西藏噶厦、三大寺和札什伦布寺，要他们接受英国侵略者的无理要求，撤出在隆土山口的防线。三大寺、札什伦布寺和西藏地方政府全体官兵拒绝执行这种丧权辱国的命令。当年三月二十日，英军向隆土山防线发动进攻。虽然西藏地方政府进行了英勇抵抗，但损失惨重，且装备悬殊，终于防线被英军占领。木龙年（1904年），英军发动了第二次侵略西藏的战争，西藏地方政府又组织武装反击，这就是有名的西藏江孜保卫战。西藏军民进行了气壮山河的保卫战，但终因装备过差等原因而失败。在两次反侵略战争中，十三世达赖喇嘛和九世班禅采取了完全一致的立场，他们高举反帝爱国旗帜，率领西藏僧俗百姓，英勇抗击侵略者。因敌我力量悬殊，加之清政府采取妥协政策，致使西藏人民的两次抗英战争均遭失败。后来，英军终于占领了拉萨，声称要与十三世达赖喇嘛谈判。三大寺上层及僧俗官员怕谈判不成功会对十三世达赖喇嘛造成伤害，故再三劝请十三世达赖喇嘛离开拉萨，故此，十三世达赖喇嘛方经青海、内蒙古到达外蒙古库伦。

当西藏僧俗在前线浴血奋战时，清政府却不发一兵一卒援助，驻藏大臣有泰躲在拉萨的衙门内袖手旁观。英军侵占拉萨后，对无辜的僧俗百姓实行血腥屠杀时，有泰竟然到英军营地“慰问”。英国侵略军司令荣赫鹏起草严重损害我国主权的《拉萨条约》，用刺刀逼迫代理摄政在条约上签字时，有泰作为朝廷的封疆大吏，竟然以“中间人”的身份自居，从中“斡旋”，劝说摄政签字，并以若不签字，英军将会血洗拉萨相威胁。在签订丧权辱国的《拉萨条约》之后，有泰竟通过英军电台，向清廷发了一份弹劾十三世达赖喇嘛的奏折，内称：达赖喇嘛“平日跋扈妄为，临时潜逃无踪，请褫革达赖喇嘛名号”，并“请旨饬令班禅暂来前藏，主持黄教，兼办交涉事务”。有泰的奏折很快得到批准。但是九世班禅是一位很有政治远见的人，他为了顾全大局，维护西藏地方内部的团结，因此委婉地以“后藏为紧急之区，地方公事须人料理，且后藏距江孜仅两日里程，英人出没无常，尤宜严密防范，若分身前往前藏，恐有顾此失彼之虞”，而没有接受要他前去代理达赖喇嘛职权的要求。木蛇年（1905 年）九月，英帝国主义乘十三世达赖喇嘛出走机会，命令驻江孜的英军大佐鄂康诺率英军 50 余人，突然到达日喀则，以辞行为由，提出英太子要见九世班禅一面，请九世班禅于十月束装往印。九世班禅大师当即以去印度不难，但须禀陈钦宪，奏知大皇帝殊批照准，方可启程，否则难以从命等由，再三拒绝，但英印代表鄂康诺以若拒绝赴印，即“英藏失和”，将重新开战相威胁，九世班禅不得已而禀明有泰转奏皇帝，以不负皇帝恩德，为后藏安危所系，生灵之性命攸关，因此决定勉强一行，生死不问，于十月十二日去印度。在印期间，九世班禅只参加佛事活动，从不谈论政治，佛事结束，立即于十二月初返藏。对于九世班禅这次赴印之事，众说不一，但从当时清朝驻印的高级官员张荫棠（后任钦差大臣到过西藏）给朝廷的一封奏折中可以说明事实真相。他在奏折中说：九世班禅赴印，“其端发自英员引克纳希图（即鄂康诺）邀功，该英员虚声恫吓，挟制班禅偕伴起行，途中不离左右，防闲甚严。见英储（英国太子）时，欲使班禅跪拜，班禅不从，与之对抗，未稍屈节，英人亦无可奈何。班禅与英储、印督会晤，问答之词均系酬应，未尝一言提及藏事。英人无机可乘，其谋不遂，仍令送还”。

土鸡年（1909 年）十月三十日，十三世达赖喇嘛在北京参加了宣统皇帝登基大典后返回拉萨，同驻藏大臣联豫发生尖锐矛盾，关系恶化，清廷派 2000 多川军入藏。川军纪律不严，随意开枪伤人，将领无法约束，十三世达赖喇嘛唯恐遭暗算，又不得不出走印度。清廷没有弄清事情的真相，偏信一面之辞，认为十三世达赖喇嘛有“叛离”之心，在收到驻藏大臣联豫弹劾十三世达赖喇嘛的奏折后，再次下令革除十三世达赖喇嘛名号，并寻找新的灵童。这时，清廷又要九世班禅暂摄藏事，九世班禅依然坚辞不从，同时写信给十三世达赖喇嘛，请十三世达赖喇嘛早日返藏，“总理政教事务”。十三世达赖喇嘛也回函于九世班禅，请他多关照西藏地方政教事务。此后，两位大活佛，始终保持着密切联系。

1911 年辛亥革命成功，驻藏清军发生内讧。噶厦政府煽动组织“反汉”运动。1912 年 7 月，临时大总统袁世凯任命钟颖为驻藏办事长官，10 月，袁世凯发布命令，恢复十三世达赖喇嘛名号，同时册封九世班禅大师。同年藏历十二月底，十三世达赖喇嘛从印度返回拉萨，掌管了西藏地方政权，惩办了曾协助过驻藏大臣和川军的寺院和贵族。

木虎年（1914 年），在九世班禅的主持下，于札什伦布寺建造了一座高达 30 米的弥勒佛大殿，建筑面积 862 平方米。佛殿全用石块垒砌，接缝严密，庄严肃穆。在殿内塑造了一尊举世闻名的弥勒佛大铜像。铜像通高 26.2 米，面部宽 4.2 米，肩宽 11.5 米，脚板长 4.2 米，手长 3.2 米，中指长 1.2 米，耳长 2.8 米，巨像共用黄铜 231750 斤，黄金 458 斤及大量珠宝。巨像蹲坐于 3.8 米高的莲花座上，是巨型雕塑行列中的珍品，也是目前世界上室内最高、最大的铜造镏金大佛像，给世人留下了奇迹。

英国侵略者企图拉拢九世班禅的阴谋未能得逞后，转而又拉拢支持十三世达赖喇嘛，挑拨十三世达赖喇嘛与九世班禅之间的关系。十三世达赖喇嘛从印度返藏后，对九世班禅所属辖区加重税收，强迫纳税和支派乌拉，无端罚款四万两；木虎年（1914 年）冬，噶厦政府在日喀则增设基宗（后藏总管），强行接管札什伦布寺所属庄园牧场；金鸡年（1921 年）又将军费的四分之一强迫札什伦布寺负担；水猪年（1923 年）札什伦布寺主要官员找噶厦交涉，一到拉萨就被逮捕入狱。这样，一方抵制，一方强征，以致造成双方水火难以相容的僵局。九世班禅看到不仅自己的固有地位与职权无法保持，就连生命也有危险，为了避免在政治、宗教和思想上遭到难以忍受的折磨，于水猪年（1923 年）十一月十五日夜带领僧侣 15 人，秘密离开札什伦布寺，出走内地。

九世班禅一行从后藏进入青海境内后，虽脱离了被捕遣返的险境，却又陷入了因缺粮食而面临饿死的绝境。他们仓促出走时，只带足了金银以充路费，却未能带足够的口粮，当进入荒无人烟的柴达木盆地时，买不到任何食物，而他们又都受了禁止杀生戒，不会打猎，所以只有坐困沙碛。正在绝望之际，他们偶然遇到外蒙古哲布尊丹巴的经师柯珠堪布和司膳堪布罗桑图旦一行由西藏返回外蒙古。柯珠堪布与罗桑图旦堪布带有大批骆驼，载着充足的食物。与九世班禅一行相遇后，食物全部由他们供给。这一巧遇使九世班禅一行脱离了断粮的绝境，和他们一起走出沙漠。木鼠年（1924 年）三月，九世班禅一行到达甘肃西部的安西县（今甘肃省酒泉市瓜州县），受到安西县县长的热情接待，并立即电告兰州督军陆洪涛，陆又立即报告了北洋政府大总统曹锟。北洋政府得到九世班禅一行到达甘肃的消息后，召开专门会议研究了接待事宜，决定按前清乾隆帝接待六世班禅的先例和规格，隆重迎接九世班禅到京。是年五月，九世班禅得总统“致忠阐化”的封号。九世班禅到达陕西时，西安发生军阀内战，内战双方首领均热情接待了九世班禅一行。在这里九世班禅发表了一份向全国各方呼吁停止内战、团结救国的通电。九世班禅一行从西安抵达山西时，山西督军阎锡山派代表前来欢迎，并在太原受到阎锡山的欢迎。木牛年（1925 年）二月初二，九世班禅一行从太原启程，改乘火车赴北京。九世班禅到北京时，来车站迎接的有执政段祺瑞的代表、蒙藏院官员、雍和宫喇嘛、军民等共十万余人。九世班禅行辕设在中南海的瀛台，到北京后，内、外蒙古的王公和僧俗群众前来膜拜者络绎不绝，达数十万之多。是年四月初五由北京南下，段祺瑞派达寿、祺诚武、熙钰，蒙藏院派李铣等 8 人陪同，乘专车经南京、上海抵达浙江杭州，先后在南海普陀山和灵隐寺朝圣，为僧众广放布施，并给许多善男信女做长寿灌顶。

九世班禅在杭州做完佛事后，于四月十六日离开杭州返回上海，从上海回到北京，又从北京前往山西五台山朝圣。在五台山朝礼、讲经传法、灌顶等长达 3 个多月，期间在五台山佛寺内“闭关静修”21 天。七月末，段祺瑞派敏珠尔呼图克图和董士恩为专使，前往五台山迎接九世班禅回北京，仍住在中南海瀛台。“班禅行辕”便成了九世班禅的最高政教机构。八月初一，段祺瑞命内务总长龚心湛为册封正使，蒙藏院总裁贡桑诺尔布为册封副使，持金册、金印赴瀛台，颁给九世班禅“宣诚济世”的封号。次日，九世班禅亲往执政府致谢，当晚段祺瑞在怀仁堂设宴洗尘。

临时政府批准九世班禅在北京设立办事处，以福佑寺为处址。九世班禅即任命罗桑楚臣为处长，开始办公。以后又陆续成立班禅驻青海、驻四川、驻奉天（沈阳）、驻绥远（呼和浩特），以至驻印度办事处。

这时国内军阀之间又发生混战，九世班禅深感住在北京很不适宜，乃应东部蒙古王公之请，移居沈阳黄寺。火兔年（1927 年）六月，九世班禅应那木济勒色楞（即达尔罕旗亲王）之邀请，来到科尔沁左翼中旗唐嘎日根庙讲经；后又应该旗温都尔王央桑扎布之请，到慧丰寺（玛拉沁端）驻锡。土龙年（1928 年）四月，由央桑扎布为施主，在玛拉沁庙举行了来内地后的第一次时轮金刚大法会，为僧俗大众授时轮大灌顶，参加法会的蒙古族群众达 17 万余人，供奉的金、银、驼、马、牛、羊无数。九世班禅大师的光临，成为当时一大盛事，轰动了东部蒙古。除了哲里木盟外，锡林敦勒盟、昭乌达盟等地的王公贵族和成千上万的僧俗群众，云集而来，在唐嘎日根庙、玛拉沁庙周围，方圆十多里，布满了蒙古包，人人都以能谒见九世班禅一面为一生中最大荣幸。据说，九世班禅出行时，前边由达尔罕王、温都尔王手持香火引路，沿途人们跪在路旁迎送。当九世班禅登上法座，讲经法会开始时，法号、法鼓齐鸣，达官贵族、上层喇嘛跪坐在大殿内外，目不转睛地望着九世班禅的身影聆听，地方官员、地主、牧主以及大小随员延伸到大殿院外。而普通僧俗百姓则排列到数里之外，静听远方传来的法音。特别是九世班禅举行摸顶仪式时，人们更是争先恐后地接受摸顶赐福，将得到的系在脖子上的一条红色吉祥金刚结绸带视为神圣之物，感到无限幸福和满足。此后，九世班禅周游内蒙古各旗，唪经宣化达 8 年之久。

土龙年（1928 年）初，南京国民政府成立，派人来慰问九世班禅并征询治藏意见，九世班禅当即表示拥护国民政府，并成立班禅驻南京办事处。同年七月，九世班禅又有东部蒙古 10 旗王公为施主，先到图什业图旗讲经，后到扎萨克图旗，并在阿布寺举行了第二次时轮金刚大法会，参加法会的蒙古旗群众约 84000 余人。土蛇年（1929 年）四月十五日，九世班禅应内蒙古锡林郭勒盟索王和 10 旗王公之请，由他们任施主，在锡林郭勒盟贝子庙举行了第三次时轮金刚大法会，参加法会的蒙古族群众约 10 万人，会后九世班禅又到各寺讲经说法。九月，张学良派李少白迎接九世班禅返回沈阳，仍住黄寺行辕。以后，九世班禅从沈阳返回内蒙古，到昭乌达盟阿鲁科尔沁旗、克什克腾旗等各旗寺庙唪诵经法。金马年（1930 年）八月，九世班禅在西乌珠穆沁旗举行了第四次时轮金刚大法会，参加法会的蒙古族群众约 5 万余人。金羊年（1931 年）五月，九世班禅前往南京参加国民会议。1931 年 7 月 1 日，国民政府册封九世班禅为“护国宣化广慧大师”，颁给玉册、玉印，并定年俸 12 万元。7 月 8 日，九世班禅离开南京，返回东北，前往东蒙古呼伦贝尔盟，驻于海拉尔呼伦贝尔副都统衙门，继续为当地蒙古族群众讲经、摸顶。

“九一八事变”发生后，日本侵占了中国东北，九世班禅恐被日本人扣留，很快从海拉尔经外蒙古到内蒙古之东乌珠穆沁旗，后驻锡于绥远百灵庙，通电全国，声讨日本帝国主义对我国的侵略。这时欲搞“蒙古高度自治”的德王与盟长索王等一些蒙古上层人士商议，联合各旗集资在内蒙古地方为九世班禅修建寺院，请九世班禅留在内蒙古，做这里的宗教领袖，形成信仰中心。后因哲里木盟已经沦陷于日军，遂将各旗集资的 10 万余元，在苏尼特右旗和乌珠穆沁右旗为九世班禅建庙二所。金羊年（1931 年），德王请九世班禅到苏尼特右旗过冬。水猴年（1932 年）三月，九世班禅应云王之请，前往达尔罕旗贝勒庙（即百灵庙），同时决定在绥远（今呼和浩特）设立班禅驻绥远办事处。九世班禅又从百灵庙向全国发出通电，严正声讨日本帝国主义对我国的侵略行为。七月，由云王及各旗王公为施主，九世班禅在百灵庙举行了第五次时轮金刚大法会，参加法会的蒙古族群众约 37000 余人，共讲经 5 天，这是九世班禅在内蒙古地区举行的最后一次时轮金刚大法会。十月，九世班禅又应段祺瑞之请到北平。由段祺瑞、吴佩孚、朱庆澜等人为施主，于十月二十二日在故宫太和殿举行了第六次时轮金刚法会，参加法会的各族信民共 10 万人。十一月，国民政府蒙藏委员会委员长石青阳特派委员李培天等人来北平，敦请九世班禅前往南京，林森以国民政府主席名义任命九世班禅为"西陲宣化使"，并在国民政府礼堂举行就职典礼。

水鸡年（1933 年）二月，九世班禅从南京经北平返回达尔罕旗百灵庙。春夏间，九世班禅以"西陲宣化使"身份在内蒙古各地巡游讲经，"宣化蒙民"。九世班禅曾向分裂蒙古的德王做宣化工作，要德王"做事应加审慎，先派代表向中央商承一切，以免为国外利用"，并派人向蒋介石报告内蒙古形势危急。蒋介石派人前来内蒙古了解情况，同德王等人进行了商谈。

水鸡年（1933 年）十月三十日，十三世达赖喇嘛圆寂，九世班禅听到这个消息后，十分哀痛，并通知藏传佛教各寺庙僧人一律虔诵经文，追荐法事，祈祷呼毕勒罕（即灵童）早日转世。九世班禅捐大洋 73200 元，供西藏、青海、康区、内蒙古各寺庙诵经追荐，并应国民政府之请到南京参加各界追悼十三世达赖喇嘛的各项活动。木狗年（1934 年）正月，国民政府选任九世班禅为国民政府委员，并举行就职典礼。同年三月，杭州灵隐寺的 5 位僧人代表 5000 余善男信女，前来南京，欢迎九世班禅到杭州主持法会。九世班禅于四月到达杭州，在灵隐寺举行了第七次时轮金刚大法会，参加法会的僧俗约 7 万余人。法会完毕后，九世班禅应邀先到上海，应上海市菩提学会的邀请，到该学会为信徒信民讲经说法，被菩提会聘为会长。藏传佛教在上海市广大信民中有了广泛的影响。后九世班禅离开上海，先后到北平、包头、五当召、杭锦旗等地讲经说法，为僧俗百姓，甚至为政府官员摸顶赐福，皆受到极其隆重的欢迎仪式。

木猪年（1935 年）二月，九世班禅一行抵达阿拉善旗定远营，行辕设在达理札雅亲王府，在这里宣布成立了西陲宣化使公署，做回藏准备。在阿拉善期间，九世班禅又到延福寺、南寺和北寺诵经、讲经。四月，九世班禅经宁夏飞抵兰州，五月十二日飞抵西宁，十五日抵达塔尔寺，受到寺僧的热烈欢迎，驻锡于拉让吉祥新宫（班禅行宫）。八月至九月，九世班禅在塔尔寺举行了第八次时轮金刚大法会，青海蒙藏各族僧俗群众约5万多人参加了法会，并指示寺院在寺的四周建4座时轮塔。他在大金瓦殿献千供，又赐银元一万枚，金箔（叶子金）万余张，彩绘大金瓦殿，制作缎制堆绣大佛，另外献给寺院银灯、佛像、金汁书写《般若八千颂》、金银制造的大小佛塔30座。日本信士雨田赠给他的一辆铁制东洋轿车复献给塔尔寺。他还为从南方来塔尔寺学习藏语、藏文和藏密的心道法师传授密法，并赐给法师“丹巴增贝堪布佛”（意为“持佛教堪布”）名号，赐藏传佛教堪布袈裟一套。此时，西藏摄政热振呼图克图派代表6人，后藏代表300余人，到青海塔尔寺欢迎九世班禅回藏。火鼠年（1936年）六月，九世班禅一行离开塔尔寺，应嘉木样活佛之请，赴甘南拉卜楞寺，该寺僧众举行了盛大欢迎仪式。是年七月，举行了第九次时轮金刚大法会，这是九世班禅一生举行的最后一次时轮金刚大法会。在拉卜楞寺传法期间，九世班禅大师与十世班禅的生父古公才旦相逢，九世班禅将一尊几厘米高的无量光佛镏金铜像赠送给了古公才旦，结下了法缘。

火鼠年（1936年）十二月十八日，九世班禅率部到达青海玉树，驻锡于萨迦派的结古寺，有的史料中称驻锡于玉树寺甲拉颇章宫。当时由于英帝国主义公然干涉我国内政和西藏地方的宗教事务，提出：英国对九世班禅回藏带仪仗队不能同意。噶厦政府也正式通知九世班禅，“勿带蒙汉官兵入藏”。以蒋介石为代表的国民政府为了迎合英政府，因而也改变了态度，由支持早日回藏，改变为暂缓回藏，故九世班禅一行被滞留在玉树结古寺。不久抗日战争爆发，日军已侵占北平、天津、上海等大片国土，形势日趋严重。远在玉树地区的九世班禅，对全民族的抗战事业极为关心，从自己有限的经费中，捐献3万元，认购公债2万元，并动员行辕全体僧俗官员，节衣缩食，踊跃捐款，慰劳前线将士，救济后方伤病员及难民。

九世班禅由于久经风霜，返藏受阻，遂忧愤成疾，病体日重，医治无效，于藏历第十六饶迥之火牛年（1937年）十二月初一，圆寂于玉树结古寺。国民政府于1937年12月23日，追封九世班禅为“护国宣化广慧圆觉大师”，派特使戴传贤致祭，赠治丧费一万银元。金蛇年（1941年），大师法体被迎至札什伦布寺，札什伦布寺建造灵塔供养。青海塔尔寺亦造九世班禅灵塔，供奉在大金瓦殿内，在遍知殿外法轮亭旁竖立有灵塔志碑。

大慈法王释迦益西

——色拉寺创建者

大慈法王释迦益西，意为“释迦智”是是宗喀巴大师的弟子，藏传佛教格鲁派兴起时期的重要人物，为西藏拉萨三大寺之一色拉寺（全称色拉图钦林寺）的创建者。他于藏历第六饶迥之木马年（1354 年，元至正十四年）五月初一，生于拉萨以东采贡塘地方采巴官人家族中。孩提时，他就具有清晰地记忆起前世许多事情的慧悟能力。他幼年出家为僧，取法号释迦益西（在《明史》等汉文史料中译为“释迦也失”），曾从几位智者上师求学显密经论，勤奋练习读、写、施行、默记、背诵多种经典，并以先天智慧而通晓。最初，他担任宗喀巴大师的司膳，视宗喀巴如佛，对上师意乐加行——律仪、显密二宗博闻强记。宗喀巴大师在色拉后山的修行室静修时，释迦益西作为宗喀巴大师的服役，近水楼台先得月，听闻到大师所说的一切经法。此时，释迦益西虽不能说是佛法精深，但已现慧瓶满注之相，特别是外呈慈悲怜悯的出家人之风范，内行密集不动生圆二次第。

土鼠年（1408 年，明永乐六年），永乐帝遣金册使者赴藏召请宗喀巴大师进京，这次来的使者共 100 多人，其中有四位是朝廷命官。众使者请求宗喀巴赴京，大师以两个理由推辞，一是他身患微疾不宜远行，二是为来年正月举行神变祈愿大法会而做准备工作，故不能赴京朝觐。使者们流着泪请求而未获答应，最后只好请求能否派一位佛法功德与大师一样的高僧进京。宗喀巴答应祈愿法会后一定派一位学者前往。

土牛年（1409 年，明永乐七年），宗喀巴大师在拉萨大昭寺首次举行祈愿大法会，之后又创建格鲁派第一座寺院——噶丹寺，标志着藏传佛教格鲁派的正式创立。木马年（1414 年）十二月，永乐帝又遣使来请，旨曰：“诚如所述，法王不能亲临，但需请一位与法王无别之国师光临。”宗喀巴大师因年事已高不宜远行，遂从众多弟子中选派释迦益西代表他赴京朝见皇帝，弘传佛法。释迦益西遵师命带领几位学识较高的弟子和使臣一起从拉萨启程，经山南、四川理塘去内地南京。释迦益西不但佛学造诣高深，还擅长医道和幻变神通，到达南京时正值永乐帝身染重病，他首先施展幻变神通，在京城下了一场大雪，之后用医术治疗，并施以灌顶，永乐帝病即痊愈。永乐帝对释迦益西十分敬信，奉为应供上师。永乐帝让他在京城弘传宗喀巴的精要教法，尤其宣讲显密经论，设立坛场，做盛大祭供仪式。释迦益西遵旨，从木羊年（1415 年）新春伊始，分别设立金刚密集、喜金刚、胜乐金刚和大威德金刚、药师佛等几个不同坛城，进行长达 3 个月的修供仪式。修供期间，永乐帝梦见诸佛会聚于海音寺上空的祥云中，释迦益西也几次见到本尊神在坛城显现。因此，永乐帝对释迦益西更加崇信，御赐他镶有金法轮的金印一枚及其他礼品，以示颂扬。释迦益西为祝愿皇帝万寿无疆，将灌顶瓶置于皇帝的顶髻，做长寿随许法和德洛巴胜乐灌顶。此时，在场的近侍臣及内眷都亲眼见到灌顶瓶内甘露满溢而出，连皇帝也惊叹不已。灌顶后，永乐帝又赐给他金银珠宝镶嵌的宝座 1 把、椅子 7 把、靠背黄缎软垫 1 套及其他许多财物，作为灌顶的酬谢。期间他从水路乘船至北京，又从北京前往离京不远的汉族地区和蒙古族地区讲经说法，为一些信徒剃度出家，授沙弥戒和比丘戒，为一些居家信士授居士戒，并为他们宣讲格鲁派教法，引导他们走上佛法正道，另外还为从各地来拜见他的喇嘛、僧官、住持和信民，进行传法，使其心满意足。因此，释迦益西得到了许多信徒信民的供养。后赴五台山朝圣时，他用供养的财物，在五台山修建了 6 座藏传佛教殿堂。返回北京后，他在京城御花园之东兴建了法渊寺，在诸寺之中，广衍格鲁派修行之法。从北京返回南京后，同年四月，永乐皇帝敕封释迦益西为“妙觉圆通慧慈普应辅国显教灌顶弘善西天佛子大国师”，并赐给印诰。火猴年（1416 年），释迦益西返藏前，永乐帝不仅赐给他佛像、佛经、佛塔、法器、袈裟、禅衣、蟒缎以及绒锦彩帛等许多礼品，还亲自做了赞词送给他。这是格鲁派和明王朝第一次建立关系。

释迦益西一行仍从四川入藏。返藏后，释迦益西到色拉后山的静房中谒见宗喀巴大师，给大师敬献皇帝御赐的缂丝十六罗汉像、镶有宝石的金银曼札各一具、各色绸缎多匹，作为上师祝寿之礼，还为以噶丹寺为首的几座佛寺的僧众熬斋茶、放布施。以前他虽然在大师尊前聆听过《中论》《不了了义论》《四百颂》《菩提道次第》《密宗道次第》《十四根本堕罪》等许多经论，这次经请求又聆习了《密集注释·明灯论》《密续部教言》《那若六法》《五次第灯论》《时轮广疏·无垢之光》《入行论》《释量论》《胜乐根本续》等显密经论。此时，大师命他在色拉建立僧人修学佛法的道场。色拉在拉萨北郊的山脚下，据说以前这里是一片茂密的野蔷薇，因野蔷薇在藏语中称“色拉”，遂以“色拉”得地名。土猪年（1419年，明永乐十七年），释迦益西奉宗喀巴大师之命，开始筹建寺院，动工前，他还请示上师，宗喀巴对寺院布局做了指示，由内乌德巴任施主，加上从京城带来的许多财物，逐步建成一座规模较大的寺院，并以色拉地名取寺名，全称为“色拉图钦林”，意为“色拉大乘洲”或“色拉大乘寺”，简称色拉寺，它和噶丹寺、哲蚌寺合称拉萨三大寺。在色拉寺按宗喀巴大师之意愿修建了修学密宗的居巴扎仓（也叫欧巴扎仓，汉语为密宗经院）、修学显宗的杰巴扎仓和麦巴扎仓。经堂和佛殿内塑造殊胜十六罗汉金身，其内“装藏”物品为从内地迎请来的白旃檀雕刻的十六罗汉像和内地和尚雕像及许多经卷等。从京城迎请的金汁书写《甘珠尔》大藏经、御赐缂丝十六罗汉等也供于寺内。寺院建成后，释迦益西首任法台，治理寺院教务。1419年秋季，宗喀巴大师应请从噶丹寺到哲蚌寺为僧众讲经说法，又应释迦益西之请到色拉寺为僧众讲经传法，同时从这里选喜饶僧格为密宗继承师，然后返回噶丹寺。

释迦益西回藏后一直同明朝中央政府保持密切联系，常派贡使往返于途，明朝皇帝也照例给予优渥的赏赐。土猪年（1419年，明永乐十七年），永乐帝还派中官杨三保等赴藏，赐给佛像、法器、袈裟、绮帛和金银器等，以表彰他的功德。同年农历十月二十五日，宗喀巴大师在噶丹寺圆寂，释迦益西做了隆重的荐福法事仪式。次年，他在拉喀扎寺邀请了许多格西，举行定时祭祀法事活动，点燃千盏佛灯，诵经祈祷。这就是流传下来的每年农历十月二十五日举行的宗喀巴忌辰五供节，又称燃灯节。

关于释迦益西应明王朝之召二次赴京的时间，藏汉史籍中有几种不同的记载，《雪域历代名人辞典》中记为木龙年（1424年，明永乐二十二年）。才旦夏茸著的《藏族历史年鉴》中有金牛年（1421年）和土鸡年（1429年）两种说法。《藏汉大辞典》中记为木虎年（1434年）受封大慈法王。根据释迦益西之年龄，于水牛年（1433年，明宣德八年）进京是可信的。因为在一些史料中说：“释迦益西虽已八旬高龄，但他不畏道路艰险，不辞跋涉艰难，再次进京朝见皇帝。”这年他的实际年龄正好是80岁。释迦益西将色拉寺法位传给法王达杰桑布后二次赴京，明永乐十九年（1421年），明王朝从南京迁都至北京，定北京为京师。释迦益西抵达北京城时，宣德皇帝比他的父亲更加礼敬，让他驻锡法渊寺。不久，皇帝命成国公朱勇和礼部尚书胡汉持节前往法渊寺，敕封释迦益西为“万行妙明真如上胜清净般若弘照普应辅国显教至善大慈法王西天正觉如来自在大圆通佛”，简称大慈法王，与他的藏语尊称“贤钦曲杰”同义。木虎年（1434

年），宣德皇帝御赐释迦益西“释迦也失缂丝像”一幅。这是一幅极为珍贵的丝织像，缂丝像上的大慈法王，身着袈裟，头戴五佛冠，是宣德帝敕封他为大慈法王时赐的僧服、僧帽。法王端坐法床，头顶罩华盖，法床的靠背饰以怒发冲冠的龙头，两边的供案上，左有金刚铃，右有金刚杵和香炉。法王像右上角还缂织有红色大印一方，印文为“至善大慈法王之印”，左边缂织有藏汉两种文字的封号全文。

木兔年（1435 年，明宣德十年），大慈法王辞别皇帝，离开京城，取道西上，途经青海民和转导的佐毛喀时，示现圆寂，享寿 82 岁。后在此地建成弘化寺，将大慈法王的遗骨、舍利子、佛冠供在此寺中。在《黄琉璃史》中又载："法王赴内地的途中，曾预言若在这里修建寺院十分吉祥。”当从内地迁转佛土，遗骨运往西藏时，马车在此陷入泥沼之中，无法前行，于是其近侍僧回忆起往日的授记，在皇帝的支持下，由他的大弟子释迦慈诚在这里修建了一座小寺，命名为“丹曲塔尔林”，意为“胜法解脱洲”，修灵塔供奉遗骨。后来将丹曲塔尔林小寺迁往佐毛喀城内重建，并在此基础上发展成为弘化寺。

宣德帝御赐大慈法王的缂织丝像由弟子带回西藏，原供奉在色拉寺内，现已收藏于西藏自治区文物管理委员会。

邬玛巴·尊哲僧格

——至尊文殊的神奇翻译师

邬玛巴·宗哲僧格是安多宗喀西宁人，在个别藏文史料中记为多康地区藏族。记载他的有关资料很少，但在宗喀巴大师的传记中，宗喀巴与邬玛巴的对话，透露出他

是安多宗喀西宁人。其生卒年不详，约为公元 14 世纪时人。他和宗喀巴大师、道丹·绛白嘉措（1356~1428 年）是同时代人，约比宗喀巴大师年长 10 岁左右。金马年（1390 年，明洪武二十三年），宗喀巴大师在后藏绒区的努却隆寺闻法时，邬玛巴知道消息后，前去拜见。宗喀巴也知道邬玛巴是一位精通中观正见的大师，到处打听他的行迹，在努却隆寺相逢后，激动之情难以言表。据说邬玛巴的本尊也是文殊菩萨，本尊曾提示他：宗喀巴是文殊的化身，妙音佛母是他智慧的恩赐者，你应去宗喀巴处受一次妙音佛母的随许灌顶法！宗喀巴按邬玛巴的要求为他进行了妙音佛母随许灌顶法。在宗喀巴大师的启问下，邬玛巴简述了自己的身世：他童年时在安多宗喀放牧时，他的体腔内从心间发出文殊菩萨的“阿、拉、巴、杂、纳”五字心咒呜呜声，每当发出这种声音时，他全身的汗毛就竖起来，甚至有点难以忍受的感觉。有一次又发生了这种现象时，他昏倒在地，等他清醒过来时，亲眼见到一尊全身黑色的文殊幻像。他将此事告诉了父母，父母不知所措，只好带他到寺院求教。寺院上师遂给他传授了随许法和修法，让他不断念修！他依上师之言勤奋地闭关念修，未费多大精力，即多次见文殊身和语的真象，但他对这神奇现象未做十分肯定。自此，他脱离了世俗家庭和父母，在家人和亲友的资助下前往卫藏。抵达拉萨后，他首先去了桑普寺，从师出家受戒，并闻习了《现观庄严论》，以此发生美妙的说法语言。而后，他从上竹巴噶举派名僧邬坚巴·仁钦贝潜心修学《中观论》，成为精通者。这以后他越来越明显地见到文殊经常出现并为他说法。对此，克珠杰在他的著作中说：“早在邬玛巴·宗哲僧格的前世就已与文殊结下了法缘，此生转世于宗喀时，这种法缘与生俱来，文殊作为他的本尊，自然出现的，并非是修炼后才出现的。”达时邬玛巴想做一次巡回辩经，本尊对他说：“所有资具都由法会中发放。”邬玛巴又问：“得不到求学的必需品怎么办？”本尊说：“有一秘藏可以掘出。”他在那里由僧会给予一切资具后，请求本尊准许现在掘出秘藏时，本尊吩咐道：“先不急于掘秘藏，现在你应当决心做避世修行的教徒，去苦心修禅为好。”邬玛巴遵照本尊之命，到工布（今西藏东部尼洋河上游地区），依噶玛甘木仓师求得《大手印法门》，并依法而修；此时本尊的身相、语言比以前更加清晰。而后，他到山南桑耶寺，从该寺道丹·措嘎巴上师学习了《瑜伽六支密法》，同时依宣努嘉哇上师学习了萨迦派的《道果》四灌顶教授法。他从桑耶寺想去后藏，听说那里有名叫“巴”和“嘉”的两位学者，一时不知道该向那位上师求学佛法，又启请本尊。本尊说：“你到本措敦的狭路上见一位僧人，向那位僧人问该去谁处求学最佳。”当他到达本措敦时果有一位喇嘛在那里，他走到跟前恭敬地向喇嘛说明了原委，喇嘛听后立即说该到巴拉瓦金处去求学比较理想。他按照喇嘛的明示去拜见巴拉瓦金，在该师处学习了《大手印》等教法。巴拉瓦金是一位有厌离心者，由此师的影响，邬玛巴也生起了出离和极强的厌离心，大大地削弱了对此世的贪恋之心。本尊见他如此，高兴地说道："早该有此心。"邬玛巴问本尊道："巴拉瓦金上师所开示的胜观，即中观是否合格？"本尊说："一定是合格的。"之后他又按本尊的指示前往萨迦大寺，到寺后正好遇上了仁达哇上师，在仁达哇处求学了《中观论》和《毗奈耶经》两部经论；从这里又到东面的绒曲隆的德钦当寺，与这里闻法的宗喀巴相逢。宗喀巴听了邬玛巴的这番经历后，清楚地知道了邬玛巴也是宗喀地方人，与自己是同乡，同时了解了所依止的本尊和自己的本尊一样。在邬玛巴的请求下，宗喀巴为他讲授了一次《入中论自释》。

宗喀巴知道邬玛巴是一位断证功德无与伦比的上师，他与文殊的身语意是无二别的，所以宗喀巴请求邬玛巴给他传授文殊法门，由邬玛巴做译师，宗喀巴作为问法者，在文殊本尊前，请教了许多教义。宗喀巴认为，在佛法中《中观见》是极为重要的一法，若得不到甚深中观见，则不能获得道之命脉。宗喀巴又向邬玛巴请求授中观见及密续法。这时邬玛巴看到宗喀巴求学中观见的迫切心情，又由邬玛巴做译师，由本尊文殊就中观论理详尽而透彻地讲述了一遍，宗喀巴用最快的速度一一做了笔录。传法基本满足了宗喀巴求知中观见的愿望。宗喀巴遂拜邬玛巴为师。实际上他二人互相传法，成为互为师的关系。这段时间，他二人修学于绒曲隆德钦当寺中，因邬玛巴精通中观论，佛学界以"中观"汉译藏为"邬玛"，"巴"为人称代词，尊称他为"邬玛巴"。其真正法号为"宗哲僧格"，意为勤进狮子。据说他还任过绒曲隆德钦当寺的住持。

邬玛巴和宗喀巴二人从后藏来到前藏吉雪地区的噶瓦东寺（简称噶东寺），这是当时前藏所称的噶当派六大寺院之一，其他五座寺院是觉摩隆寺、司普寺、德瓦坚（极乐寺）、桑普寺、采贡塘寺。他二人在噶瓦东寺闭关专修，各住一间静修室，饮食时共聚一起，借此机会，二人磋商修法感受，同时由邬玛巴做传述人，大师在文殊尊前听受了许多教法。当时，邬玛巴正在专修文殊传授给他的"修定所缘"，经勤苦修习，获得了殊胜证悟。因此，邬玛巴的密宗法号称道丹·华沃多杰。当时宗喀巴也想，自己若也殷勤祈祷专修本尊文殊菩萨，所得实益或许较大，他将自己的想法告诉了邬玛巴，邬玛巴非常赞同，于是宗喀巴昼夜勤奋祈祷本尊，并进行修持，不久便见到蓝色的曼荼罗，在遍盈五色的虹霓一样的霞光中，红黄色的文殊菩萨跏趺而坐。邬玛巴高兴地说："你好像已见到本尊了！"从此任何时侯，只要宗喀巴想见文殊，一经祈祷便能见到本尊。之后宗喀巴又在邬玛巴尊前听受了供修、观修道次第所缘等诸多教法，故而宗喀巴还是尊邬玛巴为上师。此时，邬玛巴上师将要回安多宗喀探视，来护送他的人，已到达拉萨。师徒二人须从此离别，因此，宗喀巴意识到应乘此未离别之际，请求一修行摄要之法，师徒二人商议后，遂在大昭寺“阳托顶玛”的南边、镀金屋顶飞檐之下，陈设供品而做猛利地祈祷，以此获得本尊所说次第，笔录于书。宗喀巴从邬玛巴上师处圆满地听受了密集不动金刚的四灌顶法。传法后二人依依不舍地告别，邬玛巴去了安多宗喀，宗喀巴大师回到觉摩隆继续修学。

邬玛巴从拉萨起程，一路讲经传法，本尊文殊为他开示了许多法要，亲自做他的导师，于每日黎明醒来时为他说法一偈，从不间断，并教导他“出离心”“菩提心”和“清净正见”等各种修学次第，又教导他心中各种烦恼炽盛的对治法。他的一切行动都由文殊来指示。

邬玛巴在故乡示现圆寂，火葬之时，火焰和浓烟连续不断地呈现出文殊手中的智慧剑和莲花形象，随后渐渐消失在空中，而火葬后留下的舍利则呈现出与文殊心间的咒轮一样的形象，这些都标志着邬玛巴与文殊的身语意无二别。

邬玛巴的著作无载，书目中见到的只有《中观论广疏》《释难释显示宝性》两种。

夏鲁·勒巴坚赞
——噶丹寺第四任赤钦

夏鲁·勒巴坚赞是后藏夏鲁寺附近地方人，于第六饶迥之木兔年（1375年，明洪武八年）出生。据说他的传记在第一世嘉木样协白多杰著的《大威德教法史》中有记载。青少年时，他入夏鲁寺出家为僧，师从夏鲁寺名僧夏鲁巴·扎巴坚赞、雄巴贡钦等潜心修学显密经论，成绩斐然，遂跻身于佛学界学者之列。这时听到宗喀巴大师的盛名后，他去前藏投师于宗喀巴大师。因宗喀巴几次去夏鲁寺，并从夏鲁寺高僧仁清南杰、却约、瑜伽师泽旺、密宗大师琼波勒巴·循努索南等师修学密法，从该寺几位上师处尽得密法真传，所以对夏鲁·勒巴坚赞特别垂青，并给他传授了许多显密教法，后又收勒巴坚赞为近侍僧，让他任自己的司膳师、行茶僧等工作。他跟释迦益西一样，每当大师为僧众讲经时，也近水楼台先得月。之后，他又成了大师的引经师，延僧诵经修法以敬事佛。噶丹寺建成不久，他荣升为全寺的引经师。所谓引经师，就是在大经堂内集体诵经时，第一个领头哞诵佛经的人，所以必须从声音宏亮、精通各种经典的名僧中选任。时隔不久，他又升为全寺的格贵喇嘛，在诵经、举行法会时，他手中握有一根四棱执法铁棒，故又称铁棒喇嘛，是一位执行寺规的喇嘛。据说这根法棒以后放置于噶丹寺赛贡康村中，无论是那一位格贵喇嘛，都手持这根法棒执行僧纪，权势较大，就是活佛违犯寺规，一般都会受到惩罚。

第三任赤钦克珠杰贝桑波圆寂后，寺院僧众、活佛一直举荐夏鲁·勒巴坚赞继任赤巴之位，经正式选举，勒巴坚赞于第七饶迥之土羊年（1439 年，明正统四年），65 岁时登上了噶丹寺的金座,成为第四任赤钦。噶丹寺赤钦（大法台）的选任条件相当高，首先要精通五部大论，在某一格鲁派寺院中出任堪布，获得较高的格西学位，然后到上密院或下密院修学密法，并在密院任堪布，有机会进入噶丹寺东院扎仓或北院扎仓修学，如果遇有噶丹寺赤钦退位的机会，才有可能成为赤钦的候选人。夏鲁·勒巴坚赞任噶丹寺赤钦长达 12 年（有说 13 年）。他在任赤钦期间，竭尽全力治理寺院，将寺院管理得井井有条；经常以大威德金刚法、三秘诀窍等经论来浇灌弟子，使其成熟；还将宗喀巴灵塔殿顶部尚未铺完的金顶工作接着全部铺设完毕。在阳巴金殿中，他请著名工艺师扎巴班玛喀为主的画师、工艺塑造师塑造了一人高的密集金刚、胜乐金刚、大威德金刚三尊本尊金身，耗资甚巨。

当西藏著名的建桥大成就师唐东杰布在拉萨北面的彭波扎热修建铁索桥时，夏鲁·勒巴坚赞当即派一些噶丹寺僧人去修桥工地，帮助搬运建桥墩的石料。这些寺僧在搬运石料中表现特别突出，为工地民工做出了榜样，促使铁索桥早日建成，受到了唐东杰布大成就师的高度赞扬。

在一个时期，因昂索琼结巴·霍尔官却仁钦没有佛法的传承弟子，勒巴坚赞便为红色大威德设供做良好祈祷，保佑琼结巴法脉弟子涌现而出，后来就出现了多杰才丹、班觉桑波、霍尔杜智冉旦等许多传承弟子，满足了琼结巴的心愿。

夏鲁·勒巴坚赞为噶丹寺和广大民众做了许多有益的事业后，于藏历第七饶迥之金马年（1450 年，明景泰元年）摄色身于法身而示现圆寂。遗体火化后，头盖骨显出大威德金刚的全部形象，后被奉安于银制大灵塔中。灵塔也被供奉在灵塔殿却扎桑波大灵塔之右侧。因资料稀缺，该师一生的其他功德和所撰著作缺载。

夏鲁·勒巴坚赞转生于青海，被认定为大通广惠寺的先灵活佛——夏鲁由于音变之故，发音为“先灵”，至今沿袭下来，名罗桑丹贝，成为该寺的一位高僧，其传承为先灵活佛世系。

绛央却杰·扎西贝丹
——哲蚌寺创建者

绛央却杰·扎西贝丹，意为“妙音法尊·吉祥具德”，是宗喀巴大师的亲传弟子，哲蚌寺的创建者。他于藏历第六饶迥之土羊年（1379 年，明洪武十二年）出生在今西藏山南扎囊县境内的桑耶地方一个大农奴主家庭。他的父亲是一位未出家受戒的诵经师，有三个儿子，绛央却杰·扎西贝丹为其第三子。扎西贝丹幼年时做一奇梦，在一座佛殿内供奉着三尊白文殊金身，其中中间的一位将一件金刚杵置于他的头顶，摇动金刚法铃为他做了很好的加持，自此开始证得广大智慧，故聪明非凡。年稍长，他在帕竹噶举派专修显宗学的泽当寺出家为僧，取法名扎西贝丹。后来他到桑普寺从涅贡仁桑和丹玛·官却僧格二师学习《般若经》和《因明论》，又到觉摩隆寺拜堪钦噶宇巴闻习《毗耶奈经》和《俱舍论》，之后又赴噶丹寺，拜宗喀巴师徒为师，聆习《了不了义经善说藏论》《入中论疏》《菩提道次第略论》《菩提道次第广论》《密宗道次第广论》和《集续四合大疏》等显密经论多部。经请求，由宗喀巴大师任亲教师，都哇增巴·扎巴坚赞任羯摩师，嘉察杰·达玛仁钦任屏教师，为他授了具足比丘大戒。授戒后，他继续在宗喀巴大师尊前学习“释续五部”“五次第论”“五次第明灯论”“金刚勇识修行法”“胜乐”“喜金刚”以及瑜伽法类多种，经研习无不通晓。他以所学显密经论让宗喀巴上师测试，结果他一天能精读细讲四部长条经卷，受到宗喀巴和释迦益西等大师的赞扬。他被认为是博通经典最胜智者之一，能从心中完全说出《大般若经》合在一起计算的经函一百零六函，又能从心中说出大小经函一百零八函，后又从《甘珠尔》和《丹珠尔》大藏经中学到了许多深广教诫和经论，据说后来竟成为一位能背诵讲说 130 部显密经论的大学者，故僧俗敬称他为“绛央却杰”，意为“文殊法王”或“妙音法尊”。

绛央却杰 38 岁时，在扎西朵喀地方，上师宗喀巴委托他和内邬宗的宗本南喀桑波二人，修建一座讲修显密诸论的道场，并给绛央却杰一个右旋白法螺。绛央却杰家庭十分富裕，且和内邬宗的宗本南喀桑波交往甚密。一次绛央却杰来到内邬宗，晚上做了一个奇特的梦，梦中情景是：在格培大山前的达布塘地方来了一位名叫南木德嘎波的圣人，圣人对他说：“请你在这里建一寺庙，我可以献给你 5000 僧人。”之后他又来到一条十分宽敞的山沟，看见那里有许多沼泽，在象山山嘴前一个沼池旁至尊宗喀巴大师端坐在那里，对他说："这是一盆具闻思修的沼泽，缘法甚善！"又一夜，他梦见有许多人渡一条大河，河宽浪急，未能到达彼岸，他一见此情此景，顿生慈悲之心，即刻跳进河中游向对岸，欲去拯救这些人。这时河面上突然出现一座大桥，众人方凭桥到达彼岸。由于大师的嘱托，加上这几个梦兆，绛央却杰与宗本南喀桑波商议建寺事宜，结果寺址就选择在拉萨西郊10里地方的格培乌孜山山坡下部，由南喀桑波任施主，绛央却杰主持动工修建，于火猴年（1416年，明永乐十四年）建成了著名的拉萨三大寺之一的哲蚌寺。建成后，宗喀巴大师曾亲临主持开光仪式。从此，哲蚌寺声誉大振，来此寺朝拜的信徒信民络绎不绝，香火旺盛。

哲蚌寺的建筑艺术同西藏其他寺院有其特异之处，尤其殿宇外墙独树一帜。凡其佛殿、经堂、神殿及扎仓、康村、僧舍的墙体几乎全用加工的方石、片石和未经加工的块石砌筑而成，主要殿宇全部用约40—60厘米长的条石砌筑，石与石之间用一种黏性极强的白土与大米粥调合的泥巴黏合，并用这种黏泥填空勾缝，然后用黏泥抹光，刷上白灰，所以哲蚌寺的名称就是从这种特殊建筑原料及方式中得名的。藏语"哲蚌"中的"哲"是大米的意思，"蚌"是堆砌的意思，合为用大米堆砌起来的寺院，全称为"吉祥米聚十方尊胜洲"，简称"米聚寺"，藏语简称"哲蚌寺"。该寺初建时规模较小，后几经扩建，形成一座建筑规模宏大的佛刹。寺院建筑依山顺势而建，殿宇连接，群楼耸峙，巷道曲幽。从山顶俯瞰，座座殿宇酷似一堆堆白米，又如一座景色优美的山谷城堡。

哲蚌寺在建寺初期有7座经院。7座经院是由委派的7位高足，设7座宣讲教法的讲座而演变形成的。绛央却杰任寺主，委任各经院堪布。后来又合并为4个经院，即果芒、罗色岭、德央、欧巴，其中前3个是显宗学院，只有欧巴扎仓是密宗经院。哲蚌寺规模宏大，僧舍众多，建寺初期僧人就不少，土猪年（1419年，明永乐十七年）宗喀巴大师来到哲蚌寺时，僧人已达2000多人。甘、青、康及蒙古地区的僧人常到该寺学经，甚至各地初出世之格鲁派的大小活佛也要到此寺深造。寺侧有亭园一座，传为二世达赖喇嘛时所建，名为噶丹颇章，从此以后，三、四、五世达赖喇嘛的转世灵童均在此坐床，水马年（1642年），五世达赖喇嘛在噶丹颇章建立地方政权，从此格鲁派开始掌管西藏地方政权。此时，该寺定员7700人。

绛央却杰任哲蚌寺寺主的同时兼任本寺大法台之职，治理寺院，培育弟子。他将8部显密经论做了详尽的注释，这8部注释本就作为哲蚌寺的必修教材，同时在寺内也创立了祈愿大法会。在内邬宗宗本的支持下，他还建立了一年一次的白伞经法会，为讲经院提供衣食，制定寺院清规戒律，设置教程，建立讲修制度，弘扬讲、辩、著事业。

绛央却杰到晚年时，仍诵经不断，修法不息。他一天一夜间唪诵文殊五字心咒 2000 遍，名称经 3 遍，观音菩萨的六字真言 1 万遍；按宗喀巴大师的秘诀修持二次第瑜伽法而生起空乐无别的圆满次第证悟。土龙年（1448 年，明正统十三年），绛央却杰 70 岁高龄时还参加冬季法会，法会后又应泽喀哇之请到泽喀住修了一段时间，之后返回哲蚌寺，坚持讲完了《集学论》最后两节。这时他身体有点不适，但还是去参加了土蛇年正月祈愿法会，到大小昭寺朝礼两尊释迦牟尼佛像和观音菩萨像时说："我这次来朝礼佛祖、菩萨，不知以后再能来朝礼否？" 并做了盛大祈供后赴布达拉宫中住了几日，然后回哲蚌寺。土蛇年（1449 年）四月十八日，绛央却杰在哲蚌寺噶丹颇章内示现圆寂，享寿 71 岁。圆寂时，天气晴朗，天空出现白虹，并有五彩霞虹交织成幕，出现在哲蚌、噶丹两寺间，天空纷纷落下鲜花，为众僧所目睹。法体奉安于灵塔内供养于佛殿中。

绛央却杰一生培养了许多弟子，其中高足有梅色巴·洛哲仁青、年端巴·释迦坚赞、杰孟兰贝哇、洛宏嘎勒和窦勒、译师喜饶仁钦、法王南喀罗哲、藏巴更加哇等。

其著作有《宗喀巴大师密传祈请文》《般若经摄义正确实践》《宗喀巴大师在热振寺讲集学论时的笔记》《甚深道脐轮法教导》《口诵文殊颂词》《时轮续释》《吉祥密集圆满五次第直观教授》《密集五次第明灯常用部分解说》等。

道丹·绛白嘉措

——密宗成就自在大师

道丹·绛白嘉措，意为"证士文殊海"或"证士妙音海"，又称成就自在师绛白嘉措。他是宗喀巴大师后期八大著名纯贤弟子之一，是噶丹耳传密法的继承者和弘扬者，是获得成就自在的密宗大师。

道丹·绛白嘉措于藏历第六饶迥之火猴年（1356年，元至正十六年）诞生在青海宗喀地方，即今之青海省湟中县坡家乡坡家村。他与宗喀巴大师为近邻，比宗喀巴年长一岁。因前世受到良好的熏陶和教育之故，他少年时就萌发了寻求佛教正法，出家修学佛法之念头；后到湟中西纳川当时为萨迦派的西纳上寺做西纳喇嘛的格贵（法棒喇嘛），在这里从师学到了以《月灯论》为主的一些经典，口中常诵《月灯论》经卷，从而达到精熟程度。

18岁时，道丹·绛白嘉措与人结伴赴藏求学正法。1373年，他到西藏后考虑到入寺学经，寺内僧众事杂，不能专心学法，久而久之会心生散逸，养成惰性，如此暇满难得，虚度时光，故决定不进寺院，在各地道场游学。他先后拜喇嘛雪隆措喀巴、达隆译师、轨范师衮却森格、扎恰堪布格敦等为师，修学所有显密经论，掌握了五部论典的基本要义。当他游学到德瓦坚（极乐）寺时，宗喀巴大师正在该寺为僧众讲授《宝性论》经典，他即刻加入听众僧列，认真聆听后一一领会于心。绛白嘉措十分敬佩宗喀巴大师的讲经说法，遂拜宗喀巴为根本经师，大师也高兴地收下了这位同乡的学僧，并语重心长地对他说："要想很好地修学佛法，首先必须精读一些开派大师的经典著作，欲想明辨佛学理路和哲理，必须学习《因明论》。"他遵照大师的教导悉心钻研佛学，为了学好《因明学》，到桑普寺等一些寺院从师学习，并练习辩经，尤其从宗喀巴大师聆习了一些重要论典后，觅到了正理论的要谛。他在几年间攻读了许多显密经论，并融会贯通。当显密经论有了一定造诣后，他认为可以专注于佛法的修持了，遂从几位上师处听受了修法要诀的教授后，进行实修而出现了与平时不同的感应。尤其到觉摩隆从邬玛巴·宗哲僧格和宗喀巴大师聆习关于文殊法类的胜乐论后，他在进行修习时，梦中出现了文殊道场五台山圣地的奇景。邬玛巴·宗哲僧格也是安多西宁人，入藏从上竹巴噶举派的名僧邬坚巴·仁钦白学习中观论而成为精通者。"中观"藏语称"邬玛"，遂以邬玛巴尊称他，宗哲僧格是他的法名。宗喀巴大师也曾多次向他请教中观学说，大师曾自说他能了悟中观之义，颇得力于邬玛巴的帮助。后来邬玛巴、宗喀巴和他的后期八大著名弟子绛白嘉措、格西喜饶扎巴、格西贝郡巴、加白扎西（以上为多麦四大弟子）、加嘎巴、仁钦坚赞、桑郡、绛桑巴（四人为前藏四大弟子）一起到沃喀宗后，在宗本的请求下住在这里修行。宗喀巴住在曲隆的茅屋中静修，八大弟子分别找合适的静修地修持。在这里，邬玛巴又专门为绛白嘉措传授了文殊修习法，宗喀巴大师也将自己获得的文殊菩萨修习法全部传授于他。绛白嘉措按二师所授之方法潜心修炼，明显地见到了文殊菩萨的尊容。修习期间，八大弟子每人七天一次轮流为宗喀巴大师的静修服务。绛白嘉措主要靠采食柏树仁的精华以修炼而著称于世。

绛白嘉措概括了二师亲训口授的所有经典之要义，及密集、胜乐、大威德三法的生圆次第的精要部分，获得了许多甚深道法类的秘诀，特别是噶丹耳传密法的全部教授，断除了一切疑虑不解之迷惘，心中豁然开悟。宗喀巴知道他是一位与噶丹耳传密法有缘的殊胜弟子，后来将囊括显密二宗精要的耳传秘诀之噶当派的《神变书》(又名《弟子问道语录》)一书也传授于他。自此，绛白嘉措将《神变书》这部密典不仅掌握在手中，还将它细读精研，应用于密法的修炼之中。

绛白嘉措从二师学到许多密法后，又想到一处更加静谧的地方修行，将他的想法告诉宗喀巴上师后，上师同意他单独去修习。他辞别上师和师兄弟，到墨竹加顶修持。后应邦萨堪布之邀请，他到山顶一间禅室中修行。邦萨金厄哇又将色瓦绒静修地的一间寝室献给他，他到那里长期住修，并利用时间为邦萨金厄哇为主的许多具缘弟子讲授“菩提道次第论”等经论。后来，他发现在未证得圣道果位之前讲经传法，于人于己皆成效甚微，对修法会产生障碍，于是暂停传法，将禅室门户用泥土封闭，闭关潜心静修，断除追逐名利的一切思想杂念。不久，他明显地见到文殊菩萨的身、语、意，智慧猛增。

此时，绛白嘉措的声名逐渐传扬开来，许多贤正善良之士和各界层人士前来求授预言、悬记。除极少数有缘之人外，他对大多数人以谦逊的态度婉言谢绝。后来有帕摩竹巴的头人和沃喀宗的宗本请他到私宅，提供供养，但他都谢绝了。他远离尘世，避开纷繁的世俗事务，以菩提心忍受各种痛苦和艰辛，苦行勤修。虽有人承诺做供养，有人愿意做近侍侍奉，但他都没有接受。有施主供养财物，他大多拒不接受，只接受少数极其虔诚者的供养。然而他从不敛财积蓄，自己享受，而是将供养财物全部用于佛事活动和善业方面。宗喀巴上师也十分赞赏他的这种苦修精神和清高风范。

绛白嘉措严守戒律，一切事皆依律而行，每半月对自己的行动、语言、思想检查一次，看有犯无犯，倘有误犯，当即还净。在沃喀山丹林寺，他悉心聆听宗喀巴上师讲授“密集生圆二次第”，并按上师教导修持。为了学到“生圆二次第”秘诀要义，他向上师敬献一具金质曼札而请求传授，终于尽得其传。他不分昼夜地修习菩提心和密宗法，虽已是70岁高龄之人，但观其容貌却似30多岁的年轻人。他面容白皙如雪，两颊红润发光，神采奕奕，身端如箭杆，步履轻盈。他的师兄弟们明显地觉察到他已证得了空乐禅定——三昧耶之功德。相传，绛白嘉措在前世时，文殊菩萨常出现在他眼前，为具缘弟子做圣谕。他此生又敬信文殊菩萨，一生修习文殊法类，获得了空乐禅定证悟。宗喀巴大师也多次研究其弟子绛白嘉措的学经和修习方法，特别是向他问询佛经中的甚深要义和疑惑不解之问题时，他都会做正确而圆满的回答。

绛白嘉措在不断地修学过程中意识到，虽已具有无量教言和修证功德，但一切功德的来源皆取决于智慧，尤其是断戒三有之根（即随眠或烦恼）更决定于智慧，而智慧产生于广闻博学精研。明白这个道理后，他一面继续修法，一面开始为僧人讲经说法，让佛法普及人间，让人们广增智慧，崇奉佛法，并带出了一批具有学识且德高品优的弟子。他自己也获得了先知、幻变等几种共与不共的神通证悟，成为当时具有殊胜成就自在的密宗大师。

绛白嘉措曾在佛祖圣像前发愿，将大乘金刚佛法广布人间，让具缘的善男信女尝到佛法甘露。他开始将宗喀巴大师善规派的修行和密法传播开来，使大师的先显后密、显密兼通的修学之风如江河之水，奔流不息，树立起使佛教盛兴不衰之胜利法幢，将宗喀巴大师尽传的噶丹耳传密法又毫不保留地单独密传给克珠杰的同胞弟巴索·却吉坚赞，让以金厄·罗哲坚赞为主的持佛弟子弘扬显密正法。

在圆满完成了此生此世学经、修法、弘法之事业后，绛白嘉措于藏历第七饶迥之土猴年（1428 年，明宣德三年）正月初一示现圆寂，享寿 73 岁。由其弟子和邦萨巴等人出资建造一座金质灵塔，法体被奉安于灵塔内。他著有《宗喀巴大师传·嘉言集》《宗喀巴大师摄传记正论》等著作。

察科堪钦·阿旺扎巴

——格鲁派教法在阿坝的最初弘传者

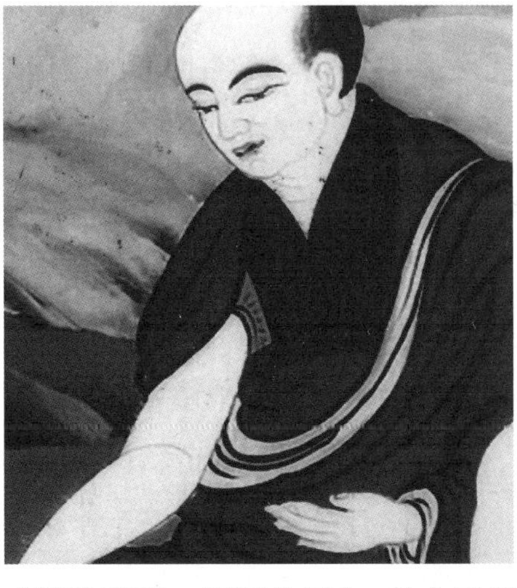

察科堪钦·阿旺扎巴（简称察科·阿旺扎巴），是今四川阿坝州小金县松多扎干地

方人，约于14世纪50年代生于察柯土王家族，为宗喀巴大师早期四大弟子之一。据说阿旺扎巴祖上是青海果洛人，为部落头人，约于6世纪随吐蕃军队迁徙到今阿坝藏族自治州马尔康县松岩居住，后代先后在小金县木城、马尔康县梭磨等地居住过。因为是部落头人，故在历史上也称为“土官阿旺扎巴”。

阿旺扎巴出生于一个信奉本教的家庭，自幼就接受本教教育，学习本教经典，能念诵《大方广经》，在当地小有名气，被称为宏波·阿旺扎巴。宏波的意思是头人家的喇嘛。青年时，他到西藏出家为僧，改信格鲁派，拜宗喀巴等一些著名学者为师，学通“三藏”经论和密典“四续部”而成为博学者，尤其从宗喀巴上师闻习《菩提道次第教授》和《道位三论要义》等经论，尝到了菩提道教法甘露。之后，他又潜心学习了“无上灌顶法”和“二次第论秘诀”后，经一段时间的修持出现了二次第禅定。当宗喀巴大师就四难论（即《中论》《现观庄严论》《律经论》《俱舍论》四部经论的疑难称四难论）而巡回辩论时，阿旺扎巴作为侍从一直在大师身边，以三喜（财、物、服侍）承事上师。宗喀巴给他授予堪钦（大堪布）之僧职，并将他视为最爱的弟子。格鲁派著名典籍《三主要道》即是大师为他而著，在开头大师称他为“吾子”，在颂文的末尾“道之三主诸扼要，自能如教通达时，住静勤修多励力，愿子常进速成就”，其钟爱之情露于言表。据传，有一次，他作为大师的侍从，在观音菩萨像前修习禁食斋戒法。晚上，他在梦中看见两只大白海螺从天降落到他身上。他随手接住法螺，十分高兴地吹了起来，法螺声音十分宏亮。这预示着他以后将会在嘉绒地区（今阿坝一带）大力弘传佛法，为佛教和众生做出巨大事业。当宗喀巴大师在拉萨大昭寺发起史无前例的祈愿大法会时，他作为一名得力助手参与了这次大法会。

察科堪钦·阿旺扎巴于土牛年（1409年，明永乐七年）正月祈愿大法会后，遵师命准备返回嘉绒地区弘传佛法。临行前，宗喀巴大师赠送给他一串旃檀木做的念珠，他立刻领会了大师赠佛珠的深刻用意。当着大师之面立下宏愿，他要在故乡一带修建108座佛寺，阐扬格鲁派教法，以足一串念珠之数。之后他辞别上师，离开西藏，首先去青海玉树、果洛一带云游传法，于金虎年（1410年）回到四川阿坝地区。同年在今阿坝藏族自治州境内创建了第一座佛寺安斗寺，全称为“采贡·桑钦扎西林大密吉祥洲”。水龙年（1412年）举行了以胜乐、密集、大威德等仪轨为主的开光典礼。当时，在阿坝地区本教的势力比较大，在这里建立格鲁派道场，弘传格鲁派教法、教义并非是一件易事。阿旺扎巴和茸钦·格敦坚赞在阿坝建立安斗寺和噶拉寺后，招收门徒，讲经弘法，扩大格鲁派的影响。阿旺扎巴以顽强的毅力，继续建寺弘法，除安斗寺外，在阿坝地区又先后修建了曲尔登甲寺、冬日寺、南加寺，还在今红原县刷经寺镇所在地建寺，据说就是今红原县壤口乡康猫寺的前身。在黑水县，他还创建了罗诺寺。他先后到若尔盖、红原、松潘、理县、小金、马尔康等地讲经传法，并广建佛寺，如理县的宝殿寺、下孟寺，小金的结斯寺，若尔盖的哲蚌寺、卓藏寺，红原的康猫寺、江宫寺等。相传，当阿旺扎巴到松潘地方传教时，发现有一处地方呈现吉祥之相，是建寺的理想之地，便决定择地奠基建寺，同时到处宣说格鲁派教法，在很短时间内有了一批信徒和信民，并支持他在该地建寺，这就是后来的毛尔盖寺，又名扎西科罗寺。之后，他又到理县传教，在这里倡建了桑登寺、弥勒寺、斯达格达寺，到小金倡建了森多贡巴寺。这一时期，阿旺扎巴所修建倡建的寺院规模一般都比较小。究其原因，一是他为了在去世之前实现所立宏愿，建成 108 座寺院；二是因人力、物力、财力不足，又没有自己的传承系统，只能修建规模很小的寺院，有些寺院实际上只是供几个僧人诵经修行的简陋殿堂，有的修建后时隔不久，又被其他教派或本教改宗。但一些寺院已经有了相当基础，表明了经他和他的师兄弟的共同努力，格鲁派在嘉绒地区已经站稳了脚跟，有了一定的发展。

阿旺扎巴在马尔康传教时，得到当地卓克基第三代土司南喀平的支持，在卓克基土司官寨以南的纳足沟创建了查果寺，又名额尔丹达尔吉寺。火鸡年（1417 年，明永乐十五年），阿旺扎巴又在卓克基土司辖区内创建了达仓珠林寺，简称达仓寺，又因方言和汉文同音字之故，写作“大藏寺”“达昌寺”等，其实都是“足数”“完满”“圆满”之意。据说是察科堪钦·阿旺扎巴因为圆满完成了修建 108 座寺院的誓愿而取了这个寺名。他确实是在嘉绒地区修了许多寺院，但是否修建了 108 座佛寺，在嘉绒的史料中找不到确切的记载。据《宗喀巴大师传》中记述：“在康区他的事业卓著，创建了 5 座殊胜大寺。在这些寺院中，建立了讲授显密的经院，并制定了讲、辩、著之规及清净戒律之学。”

阿旺扎巴所创建的寺院中，规模较大、发展较为顺利的有达仓寺、罗诺寺、毛尔盖寺、曲尔登甲寺等。如毛尔盖寺大小殿堂、经堂、僧舍达 291 幢，正殿内供有释迦牟尼和宗喀巴大师等佛像多尊，另有各种菩萨像 3000 余尊，寺院左右建有相对称的五级佛塔。经过察科堪钦·阿旺扎巴和绒钦·格敦坚赞二师以百折不挠的毅力进行讲经传教，广建佛寺，建立僧团，使格鲁派教法在嘉绒地区扎下了根基，并有了长足的发展。据《阿坝藏传佛教史略》载：1776 年，清乾隆皇帝平定金川，朝廷以武力灭掉嘉绒地区本教著名寺院雍仲拉顶寺，将其改宗为藏传佛教格鲁派寺院，并钦赐寺名为“广法寺”，还把原雍仲拉顶寺的属寺全部改宗为格鲁派佛寺。被改宗为格鲁派寺院的有马尔康县的马尔康寺，小金的八角寺、达维寺等。整个阿坝藏区除茂县、南坪县、壤塘县、汶县外，其余各县都有格鲁派寺院，成为阿坝藏区藏传佛教中一个最大的教派，据统计，到 1958 年时共有 96 座寺院。

察科堪钦·阿旺扎巴圆满完成了收徒讲经弘法、创建佛寺的宏愿后示现圆寂，在卓克基的查果寺制作了他的灵骨塔，将灵塔奉安在查果寺。

绒钦·格敦坚赞

——多麦绒区四大智者之一

绒钦·格敦坚赞，意为“嘉绒大喇嘛·僧幢”，因出生时舌面呈青色，故又称为吉纳巴，或绒钦吉纳巴，意即嘉绒青舌者，是宗喀巴大师在康区的又一亲传弟子，被誉为“多麦绒区四大智者之一，在边疆地区护持圣教的七杆大旗之一”。

绒钦·格敦坚赞是四川嘉绒地区（今阿坝县绒安乡）人。族姓阿萨，父亲名鲁本，母亲名阿曼，于藏历第六饶迥之木虎年（1374 年，明洪武七年）出生。父亲鲁本信仰噶举派教法，幼年时教他学文识字，念诵佛经，但不愿让他出家当僧人。约 10 岁左右时，他秘密地念诵胜乐和大威德密宗法。土蛇年（1389 年），年已 16 岁的格敦坚赞从家出走，躲开同伴逃到松潘城，再由松潘秘密前往西藏，来到后藏的夏鲁寺，从该寺琼波勒巴为师出家为僧，受沙弥戒，学习显宗经论。当时宗喀巴大师也在后藏传法，他慕名前去拜谒大师，要求大师收他为徒。大师满足了他的要求，并传授给他许多显密教法，因他聪睿好学，所传之法皆熟记于心中。20 岁时，大师和其他弟子一起给他授了比丘大戒，取法号格敦坚赞。木狗年（1394 年）春，他跟随大师去朝拜宗西寺（也有写作精奇寺的）。师徒见佛寺墙壁脱落，壁画黯然失色，佛像之上落满尘埃及鸟粪，寺院一片颓败之象，遂决意修复。经劝化活动，他们得到沃喀宗达孜宗宗宏（头人）的支持。格敦坚赞作为修复工作的侍役，协助宗宏将佛堂墙壁、顶盖、门面、地面修缮一新，并化缘集资，同从雅隆来的几位画师一道，绘制以三十五佛为主的许多壁画，擦拭佛像，重新镀金。修缮完备后，举行了盛大的开光仪式。之后宗喀巴大师前往洛扎地区传法讲经，他作为侍从与其他师兄弟一起去洛扎地区，聆听大师所讲传的经法，还从洛扎前去洛隅，朝礼了胜乐金刚的道场杂日神山，后从杂日返回山南传法，而后从山南到拉萨北部地区的热振寺。到热振寺后，他向喇嘛译师求学了密集指导法。冬季法会期间，宗喀巴大师讲授密集、胜乐、喜金刚、大威德等许多续部的灌顶、指引法，并详细讲授生起次第和圆满次第修习方法，他皆熟记而通达。宗喀巴大师对格敦坚赞、察科堪钦·阿旺扎巴、隆务·索南喜饶三位弟子指示说："要勤奋地学习密集和大威德法"，并对绒钦·格敦坚赞指示："要在学习上述诸法之外，还要加上观修胜乐五次第。"根据上师的指示，他在热振寺闭关修持6个月，又到沃喀的雪山之麓闭关修习6个月。上师授予他宝帐怙主十二尊、四面护法等护法和随许法外，还让他向克珠杰贝桑布请求全部诀要。他用了两年六个月时间在宗喀巴和克珠杰二师尊前聆习了显密两乘的许多甚深妙法，还在色拉山顶静修地专门听受了宗喀巴大师讲授的《密宗道次论》等。这时，绒钦·格敦坚赞已成为显密兼通的学者，宗喀巴的得意门生。

土鼠年（1408年，明永乐六年），格敦坚赞35岁时前往叶尔巴。这一年，他的父亲去世，母亲给他寄来礼物，幼年时的小伙伴贡桑和却加卡二人来前藏。他让二人在克珠杰尊前披剃出家，取法名为贡让森格和却吉森格。宗喀巴大师在拉萨发起神变祈愿大法会时，他作为筹备工作人员参与了祈愿大法会。法会之后，为了请求修建噶丹寺的授记，他受宗喀巴大师之委派，前去喇嘛洛扎巴座前请求预示。这位大堪布在做了修建噶丹寺的预示之后，特意授予他自己所用的金刚铃、铁制金刚杵及持金刚佛像画等，批示他于38岁时必须在自己的家乡修建寺院，连修寺的地址也做了预示。在噶丹寺的修建工程中，他担任工地负责喇嘛。金虎年（1410年）底，他在宗喀巴大师尊前聆听大威德灌顶法时，大师赐谕道："要在嘉绒地区树立圣教的旗幡！"

金兔年（1411年，明永乐九年）正月初三早晨，宗喀巴大师给格敦坚赞传授了许多秘密预言，并让克珠杰给他写信，指示道："以胜乐、密集、大威德三尊为本尊，特别要以大威德为本尊护法，以宝帐怙主和四面护法及法王为护法神！"克珠杰也赐给他所依止的宝帐怙主像。于是，绒钦·格敦坚赞师徒36人及仆从7人等于当年四月启程，到十月十六日抵达故乡阿坝。水龙年（1412年），他在阿坝地区察科格尔登创建了察科格尔登绒贡寺（也叫格尔登噶拉日寺，汉语中通称郎木寺，在多康地区影响广泛）。寺院地处一条名叫格尔登的山沟里，沟中住有几户牧民，叫格尔登玛。寺院建成后，那几户牧民便成了寺院的属民。此后地名便成为寺院名称，又成为活佛的代称，即格尔登活佛，全称为"格尔登绒钦·格敦坚赞"。他和察科·阿旺扎巴一起以胜乐、密集、大威德等密宗仪轨举行了开光典礼。

水蛇年(1413年,明永乐十一年),绒钦·格敦坚赞师徒化缘集资,按洛扎堪布的预言,在若尔盖西北部名叫达仓拉摩的地方兴建了一座日绰寺,当时该寺规模不大。后来曲宗活佛也在此处修了一座小寺。到了清代,第五世格尔登活佛丹白坚赞将三座小寺合并,扩建成有一定规模的大寺。佛寺寺名为达仓拉摩格尔登寺,地处川甘两省交界的白龙江上游,西北和甘肃省玛曲、碌曲县毗邻。寺院建筑宏伟壮观,系藏式建筑艺术风格,敦厚高大的藏式墙下部白色,上部以柽柳绑扎染成棕色,上嵌装铜镜。主殿为铜瓦镏金屋顶,金光闪烁。格尔登大佛塔占地约1000平方米,高达30米,是阿坝地区最高大的佛塔。经多次修葺,达仓拉摩格尔登寺最终形成一座能容纳2000名僧人同时念经的大寺院。内设显宗、密宗、时轮三个学府机构。有大活佛1人,小活佛17人。曾在四川阿坝、马尔康,甘肃夏河、碌曲、迭部等地设有分寺18座,并向分寺派堪布和管家。该寺在历史上曾管辖两个部落、五个塔哇,共有属民470户,约1000多人,是阿坝地区政教合一的格鲁派寺院。

绒钦·格敦坚赞建寺只注重规模而不追求数量。他所建的几座寺院后来都成为川甘地区有一定影响的较大佛寺,在这几座寺院中竖起了弘传格鲁派圣教的胜利法幢,因而被誉为“多麦绒区四大智者之一,在边疆地区护持圣教的七杆大旗之一”。他圆满完成了宗喀巴大师“要他在嘉绒地区树立圣教旗幡”的神圣使命,于藏历第八饶迥之金马年(1450年,明景泰元年)三月二十一日在格尔登寺圆寂,享寿76岁。他一生著有《三十颂》等藏文经典著作17部。

因绒钦·格敦坚赞是宗喀巴大师的弟子,在嘉绒(阿坝)地区为弘传格鲁派教法,建寺收徒,讲经传法而建立了不朽功勋,故在他圆寂后,依藏传佛教惯例,被定为格尔登活佛,允许转世,并将他尊为格尔登活佛第一世。到20世纪50年代,格尔登活佛已转至第十一世。

喜饶僧格

——西藏拉萨下密院创建者

喜饶僧格，是宗喀巴大师的密宗首要弟子，是密宗的继承者和弘传者。因他精通格鲁派密宗学而倡建了后藏色地方的密宗学院和拉萨下密院，故而闻名于佛学界，成为格鲁派的密宗大师。在格鲁派寺院的密宗学院（居巴扎仓）中，皆供有此师的塑像或唐卡像。

喜饶僧格，于藏历第六饶迥之水狗年（1382 年，明洪武十五年）出生在后藏日喀则地区西南色地方的古尔玛村庄。他的父亲名叫丹巴麦波，母名曲古扎西。有的藏文史料中记载喜饶僧格是后藏纳塘地方人。据说他自幼就不喜欢热闹的世俗生活而追求清静的僧侣生涯。相传，13 岁时，他曾梦到至尊救度母前来催促他赶快出家皈依佛门。14 岁时，他得父母同意后，由智巴喜饶僧格任亲教师，郭哇格敦任报时师，给他披剃出家，并先后授近事戒和沙弥戒，赐法号喜饶僧格。

受戒后，喜饶僧格坚持学习沙弥戒律，以戒条严格要求自己，成为一名上乘弟子。他首先拜一名很有佛学造诣的轨范师学习藏文拼读书写，不久即掌握了藏文的拼读写诵，开始念诵《现观庄严论疏释》，经反复念诵，此经文全部熟记心中。有一次他正在诵经时，眼前出现了一位身着鹅黄色袈裟，头戴黄色僧帽，手持禅杖、盂钵，面带慈祥微笑的人，给他做了加持。他说这是以后与宗喀巴大师相见的预兆。在纳塘寺，他从后香巴更钦大师学习了许多经法。之后，他到前藏，拜精通显宗的萨迦派高僧绒敦·玛威僧格（1367 ~ 1449 年）为师学习了《般若论》和《释量论》，又从萨迦派高僧雅楚·桑杰白（1350 ~ 1414 年）学习《慈氏五论》《中观理聚六论》《入行论本释》《入行论》

《释量论》及《释量七论》等显宗方面的经典，并继承了萨迦派。20岁时，他到纳塘寺，经请求，又由堪钦智巴喜饶任堪布（亲教师），其他几位上师任轨范师、屏教师而给他授予比丘戒。他在该寺主要攻读法相学，同时还从亲教师等学习灌顶法、随许法、教言等经论，成为该寺学僧中出类拔萃的人才，受到上师和学僧们的赞誉。

此时，因先前有预兆和法缘之故，加之对宗喀巴大师的美名盛誉早已如雷贯耳，喜饶僧格决意离开纳塘寺，去前藏噶丹寺拜谒宗喀巴大师。到达拉萨后，他先去大昭寺和小昭寺朝圣、巡礼、祈祷。到噶丹寺时，适逢宗喀巴大师为前来求法的卫、藏、康地众格西讲经说法之际，他便在森康嘎波（白色寝宫）中拜见了大师。一见大师尊颜，他即产生如同见佛的感觉而敬信得五体投地。自此，他在大师尊前专心致志地敬聆《菩提道次第论》等显密正法多部。之后大师还专门为他创造条件，让他到觉摩隆寺从该寺堪布散丹东珠学习戒律论和俱舍论，皆学而有成。当时藏王扎巴坚赞邀请宗喀巴到完达扎西朵喀讲经，喜饶僧格作为宗喀巴的侍从随师来到这里，聆习了大师讲授的《中观论解说》《不了了义论疏》《量抉择论释难》《根本堕罪解说》等经论。当大师从朵喀尔返回噶丹寺时，嘱咐他到桑普寺学习讲经。他在桑普寺为格敦朱（一世达赖喇嘛）等许多格西首次讲经说法，这时他放弃以前信仰的萨迦派而改信格鲁派。后来，他又从克珠杰贝桑波听受时轮和大威德法之灌顶法类，尤其在宗喀巴大师尊前聆习了《吉祥密集之本续释六种及与之相融合的明灯论》、大师撰写的《本论及旁注》、略义、集秘诀窍、五次第明灯论、胜乐续释、时轮、喜金刚、怖畏金刚等密宗经论，经研修后成为精通密宗的学者、宗喀巴大师的得意密宗弟子。有一次，宗喀巴大师在色拉寺后面东侧山腰上的色拉却顶寺为修学密法的学者们转密宗法轮时，色拉寺的创建者贤钦却吉（大慈法王）为修建密院献基地，大师向在场的密宗学者问道："你们中间哪一位能继承我讲授的密集续的传规，建立密宗道场？"连问两次，竟无一人回答这个问题，这时喜饶僧格从会场中站起来，回答道："继承密续传规之事正合至尊大师之意，由我来继承。"他的语气是那么自信而肯定，别的学者以怀疑的目光在看着他，而宗喀巴大师却十分高兴地给他做加持，将一内供颅骨、《集续四合大疏》、两部密续注解、生圆经文、掘藏法王面具、跳神舞衣、短杵、羂索等圣物交给他，委任他为无上密宗之主，并预言道："你到后藏地方去宣讲密续经论，将会有一夜叉女转世的女人做主要施主，以后有许多瑜伽弟子出现，在那里创建密宗讲修道场，弘传父续、母续等密法，使密法修学僧尝到密宗法的甘露。"

喜饶僧格遵大师之命，先到桑普同孟扎仓（现称南饶达波扎仓）讲经说法，后又在噶丹寺从嘉察杰·达玛仁钦、都增·扎巴坚赞、克珠杰格勒贝桑、却吉勒巴坚赞等师闻习灌顶、随许、教言秘诀等法类，又和格敦朱一起赴后藏，在相欠色、纳塘、达那等地广转法轮，弘传显宗经论，招收众多弟子。期间，格敦朱奠定了札什伦布寺的基地。喜饶僧格到达那日库地方，一面从次臣贝桑上师继续修学显密经论，一面为修密僧讲授密集经论。又有纳塘宗宏（纳塘长官）桑科嘉做施主，他在纳塘和相钦两地讲经；达那格郡·尕布任施主，他在日库、琼结达孜、山智孜等地巡回讲经。山智孜的长官还将山智却德扎麦寺奉献给喜饶僧格和格敦朱师徒二人，他二人以此为讲经弘法之道场，喜饶僧格主讲明灯论等密宗经论，格敦朱主讲般若、释量等显宗经论，后委任帕沃云丹嘉措为山智却德寺的堪布，建立密宗讲修院，弘传格鲁派密法，并将宗喀巴大师给他的法王面具、舞衣、短杵献给该寺作为加持主供圣物。之后，他又到色地方的噶丹颇章寺，由色·仁钦孜巴任施主，创建了密宗经院，将大师的《集续四合大疏》密典献给密宗学院作为主供圣物，委任都那巴华丹桑布为经院堪布，主持密法讲修工作。从此传出的密宗，称色派密宗，在后藏影响较大，所以又称藏派密宗。这个密宗经院也培养了不少密法高深大师，讲传密宗之风至今兴盛不衰。

喜饶僧格在后藏传播密宗经论，建立了两处弘传密宗的道场后又回到拉萨，当时夏鲁巴·勒巴坚赞任噶丹寺第四任赤巴（法台）期间，这里才开始公开讲传密宗经论，但该寺中除阳巴金密宗殿外，并无专门修学密法的经院。水牛年（1433 年，明宣德八年），喜饶僧格在拉萨大昭寺东面的木汝寺（又名木鹿寺）内创立了居麦扎仓（即下密宗学院）。木汝寺是藏王赤·热巴坚时所建，在今拉萨市区东北部，“木汝寺”清代汉文书中写作“木鹿寺”。在《西藏通志》中说木汝寺：在大昭之北，小昭之东，楼高四层，亦颇壮丽，经堂佛像亦甚整齐，为西番僧人习经之所。西有经园，刊布三乘经文，颁行各处。下密院是格鲁派在前藏拉萨主要学习密宗法的道场。该寺曾经有 5 个康村，分别是安多康村、擦瓦康村、嘉绒康村、色松康村、直伍康村。后来喜饶僧格的一个弟子贡噶东珠在小昭寺内创立了上密宗学院。哲蚌寺和色拉寺中皆设有密宗学院，唯噶丹寺中未设密宗学院。因此上、下密院基本上是噶丹寺僧人学习密宗的场所。只有在拉萨三大寺的显宗学院完成学业，且成绩优良者，才有资格进入上、下密院学习。据说，只有在上、下密院完成学业，成绩优秀者也才有资格竞选噶丹寺赤巴（法台）。

喜饶僧格将宗喀巴大师赐的密集金刚金身、依怙护法面具、内供颅骨等献给下密院，作为该学院的主供圣物。喜饶僧格为了学习有序，让密宗修学僧经常坚持学习密续本释和生圆二次第论，规定春夏主要学习密续本释经论，秋季学习密集圆满五次第论教授、六支加行教导、那若六法教授、胜乐论圆满次第大瑜伽教导、圆满五次第教授、怖畏金刚圆满次第四瑜伽教授，称其为六大教授。再加上大曼荼罗圆满次第和佛智密集二次第论教授，总称为八大教授。喜饶僧格不但精于密法，还善于讲经说法，他在一座中能讲十一种论典，当时在卫藏除宗喀巴大师外，就属他具有如此善于讲经的才能。寺院僧人主要修持密集金刚、胜乐金刚、大威德金刚。僧人必须牢记密集根本续，每年都要通过辩经就续部经论进行师徒授受。后来，他将密院交给密宗师金巴贝瓦主持，自己去密室修持密法，获得了殊胜证悟。

喜饶僧格密宗师圆满完成了宗喀巴大师交给他的弘传密宗和建立密宗经院的任务后，于藏历第七饶迴之木牛年（1445 年，明正统十年）五月二十八日在噶丹寺圆寂。遗体火化后，其头部完好无损，其他骨殖中生出许多舍利子。这些圣物由格敦朱捡收后装入札什伦布寺的释迦牟尼佛像中。他著有《本续明灯疏诀定释》等密典。

贡汝·坚赞桑布

——色拉寺第三任大法台

贡汝·坚赞桑布是宗喀巴大师之事业齐天的四大亲炙弟子之一。他于第六饶迴之水猪年（1383 年，明洪武十六年）出生于多康贡汝上部地方。少年时，他在康区从师学习藏文及语法三十颂，后学一些显宗唪诵短篇经文；在显宗学方面有了一定基础后，慕宗喀巴大师之名，从多康来到前藏，经打听知道大师在色拉却顶寺住修的消息后，前往色拉却顶山寺拜见了宗喀巴大师，说明前来投师学经，为大师做承事服务。

关于贡汝·坚赞桑布投师学经一事，据说当时宗喀巴大师说："现在我们师徒尚有一件难以言说之事，为了回避此事，我要离开这里，到别处静修几个月，这期间谁也不见。"弟子们问道："上师去何处？"大师郑重其事地说："不能说，这几天你们听我的吩咐。"某天夜间，宗喀巴大师趁大家修习时带着两个近侍弟子悄悄登上了色拉却顶山寺后面的热卡山，躲在一个极隐蔽的山洞中静修。原来此时大师已预知，明王朝遣使来召他进京，故避而不见，且未对众弟子直说他要去哪里。后来大师说："我们师徒正在修行，当时我要是直说去哪儿，就会心境不专而散逸，要是不直说就是师父对你们打了妄语。”所以年届 25 岁的贡汝·坚赞桑布是在这以后才与大师相见的，并成为大师的上首弟子。

贡汝·坚赞桑布从宗喀巴大师聆习了显密经论，经反复研习，成为通达者。后又从绛散热振巴·释迦索南等师修学五部大论，亦成为善巧者。28 岁时，由宗喀巴大师任亲教师，都增·扎巴坚赞任规范师，嘉察杰·达玛仁钦任屏教师，为他授了菩萨比丘大戒，并从师学习了一些甚深灌顶密法和秘诀。后来他去桑普寺，担任了几年贝赛扎仓的讲经师。他在讲授教理方面成为无与伦比的学者，故在藏文史料中又称其名为“村美却吉”，意为“无比法王”。在桑普寺，他与达波哇和上师格勒坚赞二人轮番立宗辩经，最后二师皆心服口服地认输，对他刮目相看。

这时应色拉大乘寺僧众的请求，他赴色拉寺担任了第三任大法台，开始治理色拉寺，利用时间为全寺僧伽大众讲经传法，并增修扎仓和康村，安置从各藏区来色拉寺学经深造的活佛、喇嘛和僧人。相传，以前有一位印度来藏的名叫贝莫的比丘尼将一尊神奇而具有加持力的十一面观音菩萨圣像埋藏于色拉寺西山腰帕邦喀下面的岩石下，作为伏藏。贡汝·坚赞桑布无意中从这里发掘出这尊珍贵的伏藏，供奉于色拉寺大经堂内的齐美华德神殿中，作为该殿的主供圣像。

贡汝·坚赞桑布在任色拉寺法台的同时，应邀兼管宗毛察寺。该寺在今之拉萨市达孜县境内，原址是藏王松赞干布的爱妃游戏的乐园，因王妃而得名宗毛察寺，后成为一座格鲁派的尼姑寺，属于后藏札什伦布寺所管。贡汝·坚赞桑布精心治理二寺直至晚年。

贡汝·坚赞桑布为格鲁派佛教做了一番事业后，于金马年（1450 年，明景泰元年）在色拉寺圆寂。寺院做了一座调和塔型的银质灵塔，将遗体奉安于灵塔中。灵塔奉安在色拉寺密宗扎仓的上部无量光佛殿的右面。

贡汝·坚赞桑布的主要弟子有克珠贝丹森格、果芒堪布贡汝仁钦绛曲、仲当喇嘛桑杰次成、工布日卡寺的喇嘛扎巴沃色、工布邦喀寺的上师嘉却巴等。

贡汝·坚赞桑布主要著作有《般若波罗蜜多教言·现观庄严论的弥盘贡坚（不败意饰）》《经庄严论注释》《辨中边论注疏》《中观大纲》《中观根本认识论注释》《入中论注释》《宝性论疏释》《法性慧悟论注解》《因明论智者生喜》《俱舍论注解》《戒律论总义》等，由色拉寺麦巴扎仓收藏。他还将宗喀巴大师著的《宗喀巴自传》做了注释，编为《宗喀巴自传注释》。

绛散喜饶桑布

——昌都强巴林寺创建者

绛散喜饶桑布，意为“善智慧”，是今西藏昌都强巴林寺的创建者，宗喀巴师徒的六大弘法弟子之一。

喜饶桑布是四川多康噶玛地方人，于藏历第七饶迥之木猪年（1395年，明洪武二十八年）出生。他少年时离开家乡前往卫藏圣地寻求正法，听到宗喀巴大师的盛誉时即投奔其门下出家为僧，拜宗喀巴、嘉察杰、克珠杰等蜚声佛学界的格西为师，潜心学习显密经论及大小五明论，并反复研习，不耻下问，执经问难，以求深解，最终成为一名学富五明、淹贯三藏的著名学者。之后他到色拉大乘寺，任该寺旁席法座。在众多格西会聚的僧会上，他针对五部大论中的所有疑难问题进行详细讲解，解疑除惑，收效甚佳，受到众格西的敬奉。

有一次，贡钦香趣本邀请喜饶桑布做承事供养，赐给他一方氆氇和一顶僧帽，让他回康区广做弘传佛法之事。喜饶桑布又到噶丹寺，向上师嘉察杰·达玛仁钦说明事由。嘉察杰听后，认为去康区弘法是一件再好不过的大事，他说：“去吧！在那里有一座名山，附近有一块地理风水极佳的十善地，宗喀巴大师当年从安多转赴卫藏途经那里时，在此地住休一夜，晚上亲见十六罗汉的圣容，还看见贡保护法神，他曾预言如在此地修一座佛寺，将会成为一处殊胜的佛教圣地。你的法缘和事业成就都在那里，不要再犹豫不决延误时间。”说完给喜饶桑布赐了许多机缘财物，要他立刻回多康昌都。

喜饶桑布带着经卷和上师赐的机缘财物，离别上师，来到昌都地区。澜沧江和昂曲（怒江）两水从两个峡谷中流出在这里交叉相汇合而得“昌都”地名（昌都在安多方言中称“恰多”，在汉语中写成“昌都”，现已约定俗成）。喜饶桑布站在两水交汇之处，环视周围，感慨万千，心潮澎湃，沉迷在大自然鬼斧神工造就的美丽风光中。两条江河恰似两条青龙在这里相戏，又汇成一条巨龙奔流而去。峡谷两岸的久拉塘、加塘、达察塘等地区的平地上水草茂盛，鲜花争艳。背面是名叫“周”的龙山，前面是“森格孜那”（雄狮五峰山），东面是最高的“周日查果”（龙山鹞峰），西面是“拉日觉莫曲培”（觉莫曲培神山）。山上森林覆盖，夏季郁郁葱葱，冬春银装素裹，是草、木、土、水、石俱佳的吉祥之地。他想，宗喀巴大师在预言中所说最佳建寺基地可能就是这块美丽的峡谷地带，于是他在当地施主和信徒信民的鼎力支持下，在这里择地奠基建寺。火蛇年（1437 年，明正统二年），初具规模的寺院建成，因寺内主供圣物是强巴贡波的身像，故取寺名为“强巴林寺”，意即“弥勒佛寺”，因寺址在昌都，寺院全称“昌都强巴林寺”，也有写作“昌都绛巴林寺”的。后经历代扩建后，形成一座规模较大的佛寺。全寺有 10 个扎仓（学院）、5 个拉章（活佛府邸）。扎仓分密集、喜金刚、普明、时轮、胜乐、格隆（比丘）、阿却、法相、大轮等。拉章（活佛府邸）为帕巴拉、希瓦、嘉拉、久拉、更多等，帕巴拉成为昌都强巴林寺的主要活佛世系。寺内主要佛像有弥勒佛金身、宗喀巴师徒三尊、释迦牟尼佛及十六罗汉神佛像，各扎仓供有与扎仓名称相符的神佛像和各种显密坛城，还有历辈帕巴拉活佛的灵骨塔等。

昌都强巴林寺落成后举行了隆重的开光仪式，由喜饶桑布任住持，主持寺院政教事务工作，并开始招收学僧，礼聘各扎仓堪布，各自开设课程，讲经传法。该寺各扎仓培养出一批又一批的佛学人才，为弘传格鲁派的教法做出了不可磨灭的贡献。

喜饶桑布于藏历第八饶迥之火牛年（1457 年，明天顺元年）在昌都强巴林寺坐化。他因在下部多康建寺首弘宗喀巴教法，故称“麦喜桑”，即下部多康的喜饶桑布。而在上部阿里地区有一名宗喀巴的弟子，也叫喜饶桑布，他在阿里建立达摩等寺首弘宗喀巴教法，称为“堆喜桑”。

巴索·却吉坚赞
——噶丹耳传密法第三传人

巴索·却吉坚赞，意为“法幢”，是一世班禅大师的同胞弟弟，宗喀巴大师的弟子，噶丹耳传密法的继承人和弘传者。他于藏历第七饶迥之水马年（1402 年，明建文四年）出生在后藏拉堆多雄的曲沃地方，即今西藏自治区昂仁县多雄切哇村。父名贡噶扎西，母名乌占嘉姆，二人生有三子，巴索·却吉坚赞为次子。他年轻时就出家为僧，皈依佛门，以宗喀巴师徒为师，聆听了许多经教，尤其从兄长克珠杰学习经、律、论三藏和“密续四部”经典，以及有关经典的注释本，并经多年反复研习成为通达者，后根据显密二宗之精要进行修习，又从克珠杰闻习了“菩提道次第导释”和“密集、胜乐、大威德”

三法之无上灌顶法和“生圆二次第”教导，而后深入到佛子大悲和具力心相续时，得到了文殊菩萨的授记。他依授记到道丹·绛白嘉措尊前求学经教。绛白嘉措将“菩提道次第”教导耳传秘诀亲训、密集、胜乐、大威德教导秘诀口授、断证深法秘诀口授，尤其是噶丹耳传密法秘诀等全部传授于他，后来又将噶当派的《神变书》也传给了他。他按其教导进行修习。

这时，巴索·却吉坚赞考虑到未来之事，遂来到后藏一个名叫绒兰的地方，在巴索伦珠德钦静修圣地长期修行，并为具缘弟子传授佛法，人们以修行地敬称他为“巴索”，并将之冠在法名前为其尊称。之后，他又到几处修行地专心修持，并在夏朵僧格孜附近的日沃德钦地方兴建了静修山寺，遂在此处修持，为许多僧俗传授了各自所求的佛法。他有次夜做一梦，梦中宗喀巴大师向他走来，催促他赶快到噶丹寺去。金刚瑜伽母为他授记道：“你将会担任噶丹寺赤钦，并继承噶丹耳传密法，成为密法之主。”当时噶丹寺第五任赤钦却吉·罗哲曲郡（于 1450 ~ 1463 年担任法台 14 年）已卸任法台之职，正在物色赤钦候选人。一世达赖喇嘛格敦朱巴在后藏建成札什伦布寺，功德卓著，噶丹寺以赤巴为主的活佛僧官们商议后派人到后藏札什伦布寺，邀请格敦朱巴前往拉萨，出任噶丹寺赤钦。格敦朱巴考虑到札什伦布寺建成不久，一些清规尚未完善，故婉言谢绝，遂举荐巴索·却吉坚赞任此要职。噶丹寺使者遂从夏朵僧格日沃德钦山寺请巴索·却吉坚赞到札什伦布寺，与格敦朱巴相会，格敦朱巴要他为继承和弘扬格鲁派佛教事业，去噶丹寺出任赤钦职务，他愿陪同前往。巴索·却吉坚赞因宗喀巴大师在梦中已做圣示，又有金刚瑜伽母的授记，加上格敦朱巴的劝说，答应了这一要求。由格敦朱巴和噶丹寺使者陪同，于藏历第七饶迥之水羊年（1463 年，明天顺七年）到达噶丹寺，登上了噶丹寺金座，继任了第六任赤钦。寺院举行了隆重的升任法座典礼。巴索·却吉坚赞担任赤钦后，执掌噶丹寺政教大权，为众多弟子分别授沙弥戒和比丘戒，并坚持讲经弘法，使讲、辩、著，闻、思、修的修学良风兴盛不衰。

巴索·却吉坚赞经修习而获得了不可思议的功德证悟，尤其从道丹·绛白嘉措上师处得到了胜过别人的耳传密法加持力。乃娘巴夏仲·贡噶德勒曾说，他从未以出身于乃娘巴高贵种姓而自豪过，但作为巴索·却吉坚赞的亲传弟子而引以为豪。这说明巴索·却吉坚赞在广大僧人中的崇高威望。巴索·却吉坚赞任赤钦后的另一功德，是在噶丹寺佛殿中集资精塑了稀有的释迦牟尼佛狮子吼金身像；塑立前几世赤钦的身像，修建佛塔，刻印佛经，以示纪念他们的功德。特别是用道丹·绛白嘉措传给他的噶丹耳传密法浇灌弟子，培养出了三位证得双运金刚幻身的殊胜弟子，名扬整个雪域，他们是安多宗喀的珠钦·却吉多杰、康区的康巴·多杰贝哇、西藏堆隆的堆隆巴·贝丹多杰三人，世称“三大金刚弟子”或“金刚三兄弟”，其中珠钦·却吉多杰的法力最大。因为他从巴索上师处学到了噶丹耳传密法的全部教言和秘诀，经全神贯注地修炼后，得到了大成就双运真实金刚身，被称为“珠钦·却吉多杰”，意为“大成就法主金刚”。堆隆巴·贝丹多杰用密宗秘诀法之甘露浇灌培育了几位具缘弟子，其中二世达赖喇嘛格敦嘉措，经堆隆巴上师精心教授指导，也证得了双运成就。

巴索·却吉坚赞任噶丹寺赤钦整10年，为噶丹寺的政教事业做出了较大贡献，于藏历第八饶迥之水蛇年（1473年，明成化九年）上半年卸去噶丹寺赤钦的职务后，交给达波洛哲丹巴继任，年底在噶丹寺入寂，享年72岁。

巴索的噶丹耳传密法的传承者是得意门生多麦巴珠钦·却吉多杰，为第四代传人。巴索·却吉坚赞的转世为第一世达察呼图克图，是西藏摄政四大呼图克图之一。

巴索的主要著作有道歌、《时轮生起次第》、《大威德生起次第解说》、《中观论正见》、《密集次第面授法》、《圆满五次第教导》等汇集为一函。

班钦桑波扎西

——岗坚曲培寺创建者

班钦桑波扎西，于藏历第七饶迴之金虎年（1410年，明永乐八年），出生于西藏日喀则定日县境内的拉堆地方，为欧氏家族。他从少年时就喜读有关佛学的书籍。年稍长出家为僧，曾先后师事宗喀巴大师的密宗弟子喜饶僧格、遍知格敦朱（第一世达赖喇嘛）、杜增罗哲伯巴、法王洛哲曲郡、达波耿哲巴、喇嘛旃达巴、却杰慈嘉哇、帕沃巴等许多上师，潜心闻习显密甚深经论。他因才思敏捷，过目不忘，深析经义，遂成为一位学富五明、淹贯三藏的佛学家。43 岁时，他出任芒倪·鲁智嘉措创建的年约夏雄寺的法台。在任法台期间，他护理寺院，为僧众讲经说法，培育僧才，还为萨迦派学者芒倪·鲁智嘉措授比丘戒。他任法台长达 7 年，为寺院的建设和讲、辩、著做出了极大贡献。49 岁，他到拉堆北面的萨迦派寺院昂仁寺（全称"昂仁噶丹协智佩杰强巴林"，意为"昂仁具喜讲修兴胜弥勒洲"），担任翁则（即领诵师），建立了贝雅嘎曲当的讲经院。

木马年（1474 年，明成化十年），他 65 岁时，受札什伦布寺的邀请而去了扎寺，到寺后被该寺活佛、僧官、僧众推上了扎寺第二任大法台的法座。第一任大法台是扎寺的创建者格敦朱，后来成为第一世达赖喇嘛。

班钦桑波扎西任扎寺第二任法台期间，大兴闻思修、讲辩著学风，并集资扩建寺院，同时在距纳塘寺 15 公里的西面建立了一座岗坚曲培寺，简称岗坚寺。据说班钦桑波扎西在建寺以前，曾到过这个地方，遇到了一位放羊的孩子。这位孩子给班钦桑波扎西送来了糌粑让他吃。桑波扎西说："糌粑给了我，你吃啥？"这个孩子有趣地回答道："糌粑有的是，多得像岗坚（雪山）。"说着他用手指着附近的一座雪山做明示。后来桑波扎西在那里修建了一座寺院，以那放羊孩子所说，取寺名为岗坚寺，汉语意为"雪山寺"，后全称为"岗坚曲培寺"。该寺初建为 20 根大柱的经堂，内塑药泥释迦牟尼佛像，有右旋白法螺，博东班钦的外祖母献来了一幅有加持的吉祥天母画像，还供有玛尔巴译师的长寿瓶，这些皆成为该寺的主供圣物。寺内设显宗、密宗两座经院。相传，桑波扎西在这里准备建寺之际，亲眼看见了十六罗汉的影像。后来四世班禅大师亲到此寺讲经说法时，前来求法听经者约达十万人。现在，岗坚曲培寺建筑规模宏大，除僧舍、伙房等建筑为平顶房外，佛殿、经堂、经院（扎仓）全系高达四层的平顶藏式建筑。

因班钦桑波扎西不持教派之见，对萨迦、宁玛、格鲁等派的密法无一不通，所以在后藏萨迦、宁玛、格鲁诸教派中具有很高的威望。木羊年（1475 年，明成化十一年），他按格敦朱巴的遗嘱制作了一座纯银灵塔，塔身镶嵌各种珠宝，将格敦朱的遗体奉安于银制灵塔中。

班钦桑波扎西于土狗年（1478 年，明成化十四年）圆寂。享年虚 70 岁。其著作有《律仪二十颂注释》《宗派建立论》《那若六法甚深道次第教授》《宝帐怙主传》等约百种。

珠钦·却吉多杰

——金刚持瑜伽师

珠钦·却吉多杰，意为“大成就师法金刚”。他的父亲是一位佛教徒，名叫贡噶嘉波，母亲贝佐，也是一位离俗吃斋念经的善良妇女。二人均是安多宗喀地方人，据说与宗喀巴大师的诞生地相距很近。夫妻二人是在去西藏朝圣的路上怀上了他，于藏历第八饶迥之火牛年（1457 年，明天顺元年）到一个叫达那金刚座的吉祥之地时，伴随着几种奇异之兆而出世。他幼年时由父母教习藏文读写法及经文。

却吉多杰 11 岁时，由父母带他到许多前辈贤哲的诞生地、修法静地、成道圣地和转法轮的寺院逐一朝拜，直至来到格鲁派祖庭噶丹寺。据说他和父母来到噶丹寺的头天晚上，巴索·却吉坚赞做了一个奇梦，梦见金刚瑜伽母前来对他授记道：“明天，有一位能继承宗喀巴大师耳传密法的善缘弟子来寺，以后你将耳传密法全部传授于他！”次日，巴索依梦中授记，等待这位具缘弟子的到来。午后，果然有夫妻二人带着一个十来岁的男孩来到寺院朝礼。巴索见孩子长得相貌不俗，聪明机灵，心想，金刚瑜伽母所说的善缘弟子，一定是这位孩子，遂与孩子的父母交谈，知道他们是与宗喀巴大师同乡之人，十分高兴，并热情款待他们，还赠送给其父母金、银及急需用品等许多顺缘财物，要求将孩子留给他，由他培养，其父母毫不犹豫地将孩子交给了巴索上师。这孩子不恋亲生父母，对巴索上师却像孩子回到了父亲身边一样亲切，恭敬地侍奉上师。巴索为孩子以佛教仪式进行洗礼，脱去俗装，换上僧装，并为他剃度出家，授沙弥戒，赐法名却吉多杰。

自此，却吉多杰以巴索上师为经师，开始正式学习显密经论。巴索上师首先给他传授“菩提道次教导秘诀”，并运用八万四千法蕴的精华，调伏对治一切烦恼，净化心灵，使他增生菩提之心。如此，却吉多杰的菩提心猛增，经师甚喜。巴索上师又为让他进入方便金刚乘道而传授密集、胜乐、大威德、时轮等与密续四部相关的灌顶法、教言及秘诀，灌输其智慧之意瓶，让他潜心修学，最后按金刚瑜伽母之授记，将文殊菩萨秘授给宗喀巴大师的耳传不共密法，即显密双运圆满身甚深之道金刚瑜伽秘诀复单传给却吉多杰。因为当时巴索培养了三位高足弟子，即康巴·多杰贝哇、堆隆巴·贝丹多杰和多麦珠巴·却吉多杰，世称“三大金刚弟子”或“金刚三兄弟”。三人中秘传给却吉多杰，谓之单传。然后，巴索上师将《神变书》也传给了他，并叮咛他严守秘密，不许向任何人说出有这种密法。却吉多杰将上师教诲铭记于心。他在巴索上师处学经修法 5 年，显密经论及秘诀、教诫尽得传授，师徒情谊深厚。当师徒将要离别时，巴索·却吉坚赞又预示他说："你晚年可到后藏名叫恩萨的地方去修行，那里将会有一位具缘弟子出现，你可将密法与《神变书》传授于他，到那时，你的佛法事业将会圆满。"却吉多杰领命，向师尊行顶足礼后，前往哲蚌寺求学深造。

却吉多杰在哲蚌寺从大学者德勒多丹聆习以般若、中观论为主的一些大部论典，经研习后成为通达者，同时请求宗喀巴大师的侄子罗桑尼玛任亲教师，德勒多丹任轨范师，受了比丘戒。他又师事绛央孟兰贝哇学习了许多显密经论、修法仪轨，之后赴后藏从持律师洛哲白巴学习"摄类论教导""菩提道指导""菩提道五明论""依怙主教言"以及"吉祥天女退敌咒语随许法"等。他先后从许多智者格西广学显密诸论，圆满完成闻思事业，闻思已达到较高境界。

后来，却吉多杰离开寺院，到雪山、峡谷、深山密林中云游修行，随之出现了一些意想不到的感悟，尤其到许多成就师曾修行过并有空行如云会集的巴南觉摩拉日密修地白玛坚修习（白玛坚意为莲花形，因该地与金刚尊胜母下部的莲花相似而得名），经实修后先出现生起次第，后继续修持而获得圆满次第，全身出现光亮而证得幻身。此时，他亲眼见到宗喀巴大师显身说法，给他传授了噶丹耳传密法和上师瑜伽仪式（即观想各自本师为汇集十方诸佛总体的修行仪轨）。在白玛坚上方的一座修行洞中全神贯注地修持上师瑜伽三重勇识密法时，他又见到了观音菩萨的圣容，受到观音大士的加持后，开始见到十方诸佛的圣容。因此，他修法的信心倍增，勤奋修持甚深道总义，特别是修持圆满次第瑜伽密法后，证得了光明显现的金刚持果位。金刚持果位，也叫双运位，是密乘五圆满次第之一。智慧空性与方便大悲双运，智慧光明空性与方便俱生大乐双运，或指外境完美空性与内心永恒大乐双运。从此，人们便尊称他为珠钦·却吉多杰，意为大成就师法身金刚。他修行的这个岩洞便是后来闻名于世的双运洞。

获得殊胜证悟后，珠钦·却吉多杰声名大振，慕名前来求学佛法者不少。他开始为一些具缘弟子浇灌佛法甘露，特别是在三处主要圣地为会集在这里的诸勇士空行传授"大乘金刚深道密法"。后来，他听说恩萨巴诞生在后藏恩萨地方，年已 17 岁，便即刻赶到那里。当时，当地群众多患天花病，恩萨巴·罗桑东珠（即后来的第三世班禅额尔德尼）也染上了天花病。他首先施秘方于恩萨巴，治好了天花病，恩萨巴后将此秘方广传他人，治愈了这一地区的病患者，使病患者从病魔中解脱出来，做了一件益于人民的慈善之事。这时恩萨巴猜想到，此师法力如此广大，说不定是一位噶丹耳传密法成就师，遂请求收他为徒，珠钦·却吉多杰说："你在某时某刻到嘎摩曲宗静修地，我可传法于你。"恩萨巴按所说时间赶到嘎摩曲宗，珠钦·却吉多杰十分高兴地将噶丹耳传密法秘传给了恩萨巴这位具缘弟子，恩萨巴十分虔诚地拜珠钦·却吉多杰为他学习密法的根本上师。珠钦·却吉多杰还将显密诸法中的许多精华要义毫不保留地传授给了恩萨巴。

传法后，珠钦·却吉多杰师徒二人及两位近侍弟子一起赴卫藏各地弘传佛法，他们的足迹遍履雪域，从此其声誉传遍青藏高原。最后，上师才将《神变书》这部密籍传授于恩萨巴，要他牢记，只可秘密单传，且不可滥授。上师将密法密籍全部传授给恩萨巴后，认为此法已后继有人，放心地又回到白玛坚的双运洞中继续修行，期间培养了一批密法高深的弟子。之后，他又到珠穆朗玛峰的一修行洞中修习，亦有许多弟子前来求法，他皆满足了他们的意愿。据传，珠钦·却吉多杰曾以幻变之身出现讲经说法。最后，他证得密乘所证转五蕴成光明身像的果位——光身，也叫虹身，即接近了即身成佛的境界。珠钦·却吉多杰的卒年不详，据有关资料说，他以光身直接去了仙界，未留下遗体。

象雄·却旺扎巴
——藏文《罗摩衍那》名著的作者

象雄，又译作象雄，系吐蕃一小邦或即两唐书中所说的羊同，曾宾服吐蕃，与赞普王室通婚，后被吐蕃所灭，相传为本教之发源地。《青史》认为，象雄故地即古格王系所在，在今阿里地区札达县。却旺扎巴因生于象雄故地，所以在他的法号前冠上地名象雄，全称为象雄·却旺扎巴，于藏历第七饶迥之木猴年（1404 年，明永乐二年）降生。

童年时的却旺扎巴从藏文三十字母，到戒律及戒定慧三学，无论何种经论，只要上师讲说一二遍，他都能全部熟记心中。年稍长，他从阿里开始一路投师求学，学到了一些显宗经论和藏族传统的大小五明学。他到前藏后，因宗喀巴大师的盛名到处传颂，遂以一位虔诚求学者的身份去投奔宗喀巴大师。大师闻知他远道而来，高兴地收下了这位象雄的弟子。自此，他从宗喀巴师徒三人及贡汝·坚赞桑布等师如饥似渴地聆习显密的教理及密乘的灌顶和教义，佛法甘露倾注于他的意瓶。同时，他又重新温习藏族的语言学、修辞学、诗学及因明学等共同文化知识，皆达到了炉火纯青的程度，并经过考辩获得了善知识的学位。因此，他和梅赛巴·洛哲仁钦僧格被众学者认定为宗喀巴大师众弟子中具有殊胜洞察力的大学者。宗喀巴大师圆寂后，他一如既往地在语言、修辞、诗歌和"戒定慧"三学方面下功夫，皆取得了极大成就。

土马年（1438年，明正统三年），却旺扎巴35岁时，在噶丹寺创作了长篇叙事诗《罗摩衍那》。此书全称为《罗摩王传诗著·乾达婆女琵琶妙音的注释·无垢晶马磴》，是以印度著名史诗《罗摩衍那》的主要故事情节为内容，以诗歌形式写成的一部藏文叙事诗，主要叙述的是罗刹十首王同罗摩国王争夺美女悉多的故事，描写了罗摩王与妃子悉多之间的悲欢离合。这部名著，后来在安多华热格西罗桑却佩的鼓励下，由甘南玛曲的学者夏徐·阿旺丹贝嘉措做了注释，并按其内容，将九百六十九行诗分为四章一百二十九首，加上序和跋十一首，共一百四十首诗。此外，阿旺丹贝嘉措自己又增加了三百多行诗，共有诗句一千三百多行。该著作在藏区有手抄本传世，在札什伦布寺有木刻版。1981年，经藏族学者毛尔盖·桑木丹校勘后，连同注释一起由四川民族出版社铅印出版。19世纪以来，该书先后译为英、法、意大利、俄、日等国文字，而季羡林先生也曾将其藏文译成汉文。

象雄·却旺扎巴在工艺、语言、诗歌、医学等方面拥有较高的学术权威，尤其在诗学方面，在噶丹寺众学者中也是出类拔萃的一员。后来，他赴昌都地区弘法，在那里创建了朗岭寺、伟宗寺等，并将伟宗寺献给帕巴拉·通瓦东丹活佛。他的主要寺院是纳雪的珠达南杰贝帕寺，他在该寺担任法台，主持寺务，为广大僧众善说经论和五明学科。土虎年（1458年，明天顺二年），他55岁时，应邀出任了昌都强巴林的第二任法台，在寺内弘传《般若论》和密续部经论，后又出任了古汝华科寺的法台，大兴讲、辩、著之风。

藏历第八饶迥之土牛年（1469年，明成化五年），象雄·却旺扎巴在纳雪的珠达南杰贝帕寺中示现圆寂，享年66岁。

象雄·却旺扎巴著作除《罗摩衍那》一书外，尚著有《定量论疏》《时轮生圆次第》等，还完成克珠杰所著《时轮经注释》一书未完成的部分。因他擅长诗文，还撰写了一些有关神、佛和上师的赞颂诗作，如《大译师仁钦桑波传颂》《宗喀巴大师赞》等。他虽然著作甚多，但传世甚少。

肖波·却吉扎巴

——波密地方贝布强巴林创建者

肖波·却吉扎巴约14世纪人，其生卒年不详。他是波密宗（县）肖波多纽地方人，出生于一地方头人家庭，可以说是一位贵公子，但他从少年时就厌烦世俗之家，产生出离心。年稍长，在征得父母的同意后，进入普隆寺出家为僧，开始了一个普通僧人的生涯。最初，他从师修学藏文拼读及文法三十颂、正字学等，不久就熟练地掌握了这些基础知识，开始学简单写作。同时，他延师学习皈依经、忏悔经等许多短篇经文，并能倒背如流，唪诵时声音宏亮而朗朗上口。他不光是熟背，还深析经义，他的这种学习精神，得到同龄学僧们的称赞。步入青年时，他已熟练地掌握了摄类学和戒律论，被寺院僧众拥戴为曲朵寺的堪布，护持寺院。几年后，他萌发了去前藏深造的念头，准备经书和口粮前往卫藏。他首先来到拉萨，朝礼了大小昭寺和布达拉宫。此时，他了解到色拉寺有一位颇通显密经论的上师，是该寺第三任赤钦，是宗喀巴大师的亲传弟子贡汝·坚赞桑布，又敬称为村美却吉，意为“无比法王”。他慕其名而前去拜师学经，从该师闻思显密诸论，几年间通晓了五部大论，对密续法也有了一定的基础。之后，因他要在故乡建寺传法之心十分迫切，遂向上师说明原委，辞别上师返回波密。

回到故乡后，他就开始选择建寺基地，选了几处皆不甚理想，最后选择了当年文成公主进藏时放过觉卧仁波切（释迦牟尼佛像）的地方。关于文成公主进藏的路线，在各藏区说法不一，康区的人认为文成公主是从康区经昌都而进入前藏的，而安多藏区皆依历史资料，认为走的是青藏线。根据波密的传说，他们为了迎接文成公主的到来，首先在这里建了一座佛殿。文成公主一行抵达波密后，就将释迦佛像请到佛殿处安放。当肖波·却吉扎巴在这里建寺时，那座古佛殿历经沧桑，已破旧不堪，他依此旧殿为基础而开始筹资建寺。经懂风水的高僧观察，此处东面的岗贡山是无量光佛的圣地，也是至尊揭地洛迦林绿度母的圣地；南面是桑多吉祥山（铜色华日山），有朵曲水晶洞；西面是冉卓山，是无量寿佛的圣地；北面是卓玛日圣地，有吉祥天母的圣湖。当地信众说，这里既是前弘期的圣地，也是后弘期的圣地。说这里是前弘期的圣地，是因为文成公主进藏时，从康藏之道入藏的，当文成公主一行到达嘉茂努曲（今四川阿坝州藏族、羌族地区，大、小金川）时，波密宗为了迎接公主和觉卧仁波切的到来，事前修了一座佛堂，由汉族工匠所建，其建筑形式和雕刻艺术全系汉式文化风格。当时佛殿只立起木构架，四面的墙体只做了两面汉式墙，后来在公主快要到达时，这里的藏族用片石垒起另外两面石墙，这座殿也成了汉藏相结合的佛堂。民间传说，载着文成公主和释迦佛像的轿车、人马进入嘉绒狭谷时，因道路崎岖难行，后来人们便将此狭谷道称觉兰（意为佛道）。文成公主一行抵达波密后，迎送的大臣和护送兵将要在曲宗四面各建一宗，东面的叫多嘎宗，北面的叫绰鲁宗，西面的叫邦布宗，南面的叫朵喀尔宗。文成公主一行在这里驻锡三个月后才入藏，所以这里是前弘期圣地。经过多少代，这座佛堂虽逐渐衰落下来，但逐渐成为后弘期的圣地，藏传佛教在这里又一次兴起，首先在这一带建立了宁玛派寺院，自格鲁派兴起后，这里亦建有一些格鲁派佛寺。在曲宗（县）内有八座格鲁派寺院，其中贝布强巴林是八座寺院中最有名的一座。

曲宗的贝布强巴林于第八饶迥之木猴年（1464 年，明天顺八年）建成。该寺由肖波・却吉扎巴主持，先后建有护法殿、夏令安居殿、吉康、强赛拉康（弥勒佛殿）等。其中强巴殿为上下两层的金瓦殿，内供铜像、镏金佛像、金质佛像共 130 余尊，《甘珠尔》大藏经一套，卷轴画像 300 余幅，大小银灯等供器无计。

寺院建成后，成为波密地区弘传格鲁派教法的一座大寺。肖波・却吉扎巴坐上了该寺第一任法台的法座，亦是该寺的寺主。他精心护理寺院，招收学僧，广传显密经论。后来寺中出现仓智、周智、达智、巴智四个活佛系统，历任法台有察瓦然贤巴、勒贝洛哲师徒、桑杰藏布、帕巴桑杰、洛桑南喀杰仲、拉旺巴等几十位。

嘉哇帕巴拉

——昌都帕巴拉呼图克图

嘉哇帕巴拉是西藏昌都和四川甘孜、阿坝，云南迪庆、丽江等地区佛位较高且具有一定影响力的格鲁派转世活佛。该活佛世系资料在安多地区十分稀缺，难以觅到，在《番僧源流考》中只列了一至八世活佛的法号、出生地，别无其他记载。据东嘎・洛桑赤列先生著的《藏学大辞典》中介绍说："在《西藏自治区政协文史资料选编》第九辑中有较详细的记载。"这个资料亦未到手，只好以《藏学大辞典》中有关帕巴拉活佛世系的简介为依据，概述如下。

嘉哇帕巴拉一世，法名嘉哇绛贝，于藏历第七饶迥之土羊年（1439年，明正统四年）出生于今昌都八宿县境，据说在念青唐古拉神山附近。父名古觉·多旦桑杰巴桑，母名桑吉措姆。3岁时，他从父亲受居士戒，始学文字及“灌顶法”“随许法”等，后又师事南仁巴、贡保、噶居巴南洛、道丹宗哲本等40位善知识者学习显密深广教法，成为通晓内明学的智者。土狗年（1478年），他40岁时前往拉萨噶丹寺，经请求，由绛央却杰和赤钦巴索·却吉坚赞任亲教师、饶贤巴·扎西坚赞任轨范师、森巴钦布贝丹东珠任密教师，受比丘戒。

嘉哇帕巴拉完成显密经论诸法的学业后，开始在昌都、康区一带创建弘法道场，先后建立了叶巴拉日宁布、隆波曲培、扎西扎热等几座静修禅房，之后又广结法缘，募集资金陆续修建了扎西却隆、尼达塘、尼玛岭、德木洛赛岭、波密却多等20余座寺院。在各寺内塑造佛神像、佛塔，印制经典，设立主供圣物等，为寺僧营造了学习、弘传佛教文化和藏族传统文化的学府，培育了许多佛学弟子。他撰有《广略胜乐耳传坛城笔记》《总义明慧项饰》等多部著作，对弘传佛法做出了一定贡献。火羊年（1487年，明成化二十三年）十一月二十四日，嘉哇绛贝圆寂，法体被迎至扎西却隆寺奉安于一座灵塔中，卒年49岁。

一世嘉哇帕巴拉的转世是一位十分聪颖、佛学造诣高深的学者，法名帕巴拉桑杰（1507 ~ 1566年），曾受云南丽江木土司绛央扎西之敦请，前往丽江，收徒传教，弘扬佛法，为格鲁派教法在云南迪庆、丽江地区广为弘传做出了很大贡献。他一生在康区主持过多座寺院的教务，其门下出了许多知名弟子。

一世、二世帕巴拉活佛虽已在今西藏昌都，四川甘孜、阿坝，云南丽江、迪庆等地建寺、传教、弘法，但那时还没有成为昌都强巴林寺的主要活佛系统，也没有担任过强巴林寺的法台。到三世帕巴拉通瓦东丹（1567 ~ 1604年）时，应强巴林寺之请，于木马年（1595年，明万历二十三年）出任该寺第十四任法台，并在寺内修建了帕巴拉拉章（私人府邸），从此确立了帕巴拉活佛在该寺的地位，成为强巴林寺的主要活佛世系。三世帕巴拉还遍游藏区各地，曾在波密、昌都八宿、云南丽江等地传法讲经。

五世帕巴拉嘉哇嘉措（1644~1713年）也很有名，于水龙年（1652年，清顺治九年）8岁时就登上了强巴林寺法台的宝座。他先后两次去拉萨朝圣学法，两次拜见五世达赖喇嘛罗桑嘉措学习经论。土鸡年（1669年），在拉萨药王山庙中精心制作了闻名全藏的银质大灵塔。于水猪年（1683年）开始，他和其他活佛、善知识者一起，在强巴林寺刻印《甘珠尔》大藏经，刻印告竣时，这部《甘珠尔》大藏经称为强巴林寺版本。

六世帕巴拉晋美丹贝嘉措（1714~1754 年）在不满 6 岁时，蒙古准噶尔部出兵侵扰西藏，土猪年（1719 年，清熙五十八年）定西将军噶尔弼奉旨率兵入藏进剿准噶尔部。清兵从云南、四川两路进兵抵达昌都时，以帕巴拉活佛为主的强巴林寺僧众积极协助清军入藏，解决粮草问题，为平定准噶尔部立下了功劳。定西将军代表清廷赐给帕巴拉“额尔德尼诺门汗”名号，并颁发印册，让帕巴拉和西瓦拉二位活佛共同管理好昌都地区。从此，帕巴拉与清王朝建立了关系。但有的史料载，1719 年，即清康熙五十八年发兵西藏，昌都地方民众和帕巴拉活佛供给粮草，支持清兵，所以战后，清廷赐给“阐讲黄教额尔德尼那门汗之印”。此印为铜印。

在《藏学大辞典》中又记载道，九世帕巴拉凯珠阿旺洛桑晋美丹贝坚赞（1849 ~ 1900 年）时，于火兔年（1867 年，清同治六年）二月西康新龙境内发生动乱，帕巴拉活佛全力以赴地帮助率兵赴康平乱的清军，并为保卫该地的军队提供粮食及其他物资，为康区的社会安定做出了积极贡献，受到清军将领的称颂，并报奏朝廷。为此，同治皇帝御赐帕巴拉活佛“额尔德尼呼图克图”封号，并颁赐金册和“额尔德尼呼图克图”银印一枚，作为表功之象征，还将帕巴拉活佛世系列入理藩院档册中，享受清政府为藏传佛教活佛、高僧特意制定的各种优礼待遇。

帕巴拉活佛世系，至今已转 11 世。

东科尔·达瓦坚赞

—— 一世东科尔呼图克图

东科尔·达瓦坚赞，按康巴方言写作东谷·达瓦坚赞，于藏历第八饶迥之木马年（1474 年，明成化十年）四月十五日夜，在皎洁的满月刚刚升起时，出生在巴尔康东谷泽额地方。但在《藏族历史年鉴》和《雪域历代名人词典》中皆记为火猴年（1476 年）四月十五日夜出生，与二世达赖格敦嘉措同庚。

达瓦坚赞出生于当地一个乞丐家中，生父名叫隆吾龙巴。据说他刚出生不久，即能正襟危坐，双手合十，哼诵陀罗尼真言。由于他的异行，他父亲向一位具有先知的本教上师问卜。上师卜算后回答道：“你的孩子虽生于本教兴盛的地方，但他非本教世系传承，而是佛教中犹如十五满月之光照亮整个世界，将有消除我们本教黑暗的预兆。”他父亲听到这一预言，和自己所做幻梦一样，回家后给妻子讲述了本师的预言，于是夫妇二人相信他们的孩子将会成为一位不同寻常的佛教名僧，决定做好孩子的清洁和养育工作。

达瓦坚赞3岁时，距家不远处有二十四圣地之一的索然恰达圣地，一天父母带着他去那里朝礼，刚到这里，天神为他施供，地方神祇前来迎接，彩虹似的供品的各种形状出现在半空各方，还听到不知从何方传来的美妙佛乐之声。圣地有一磐石，其母倚石而休，在磐石上出现了她的衣物和佩戴的珠鬘印迹；他在石上跳来跳去，留下了几个小足印。在家居住时，他不去和其他孩子一道游戏玩要，而独自在山坡上静坐，乡人们都说他是一位具有等持禅定力的孩子。6岁时，他的母亲在他常坐的山坡上挖野葱时，无意中掘出一尊高约一尺的释迦牟尼佛殊胜铜像，自此，他再也不到那个山坡上静坐了，而经常坐在铜佛像前磕头做供养。他口中还常说他是都增巴（持律师）的转世，当时一些上师都做有他是都增巴·扎巴坚赞转世的预言。都增巴是宗喀巴大师的一位亲炙弟子，以修持戒律而闻名于世，故称他为都增巴，意为持律师。他还说:“幼时依轨范师习读诵，嘎卡三十字母尽知晓，后修几部三藏论，特修梵戒喜守护。”

达瓦坚赞从6岁开始依止上师学习藏文拼读书写，皆无难而会。而后，他拜山华钦波扎西坚赞、村美却杰·达哇旺秀几位格西为经师，从师出家为僧，并受沙弥戒，将戒律像自己眼珠一样守护，一切奉戒律而行，并以他出生之时月轮圆满之象起法名为达瓦坚赞，意为“月幢”。后来人们又以他的出生地东谷尔称他为东谷尔上师。自四世多居嘉措在宗喀的多卡尔建东科尔寺后，这一系统转生在宗喀或蒙古地区的活佛统称东科尔活佛。他自己做偈句道：“几位贤者莲足前，般若中观俱舍戒律论，潜心闻思诸经论，达到彼岸始通晓。”他为了实现自己的愿望，前往木雅热冈地方深造，进入了由八思巴上师倡建的徐茂曲科林，从密宗师噶居巴·格瓦华、格西扎桑，上师仁钦扎巴，冉多查冈的大学者、精通五论的然贤巴格敦仁钦、桑杰仁钦等师聆听共同学科的《声势三十论》《诗歌》等；不共学科的内明学，如《戒律论》《因明论》《上下对法》《俱舍论》《宝性论》《中观根本论释》等。

后来，达瓦坚赞考虑到卫藏圣地有至尊宗喀巴大师讲修佛法的噶丹、哲蚌、色拉三大寺，在那里有与佛陀第二无别的几位上师，欲将第二佛陀的闻思修佛法全部学到手，并在巴尔康传播格鲁派讲修之法，遂到达前藏拉萨。他首先进入了大乘色拉寺，本欲在该寺的巴尔康东科尔僧人住的朱倭康村安身，由于这里学识不见长进而转入隆务康村，自此，历世东科尔活佛僧人皆住于此。

在色拉寺下院闻思经院师事隆务·苟尔德曲杰开始正规修学般若、中观、因明、戒律等显宗经论，经潜心修学而全部通达。这时二世达赖格敦嘉措、三大寺知名堪布、讲经师班钦·索南扎巴、色拉寺颇有名气的杰尊巴等为研讨佛法而在这里聚会，达瓦坚赞乘此机会，向几位上师请教了一些教法和疑难问题，皆获得了满意的答案。之后从拉萨启程返回了巴尔康。

当时在他的家乡，怙主文殊（指宗喀巴上师）的噶丹教法尚未普遍传播开来，而本教仍很兴盛。为了在这里弘传噶丹派教法，达瓦坚赞给当地本教上师敬献了一匹鞍鞯俱全的良马作为礼物，言明要借一块地。他的要求如愿以偿。当他在所指定的地址准备建一座利益佛教众生的法苑之际，这位本教上师在自己的梦境中听到从叶康日绰中发出宏亮的海螺声，响彻了汉、蒙古、藏各地，看到一把白伞覆盖了整个世界。梦醒后，本教上师将此梦公开告诉了当地的乡亲们，还说："看来还得依这位师尊（指达瓦坚赞）之言而行事了。"自那以后，这里的本教寺院逐渐迁移到其他地方去了。广大信徒信民开始信奉格鲁派的教法了。

达瓦坚赞准备建寺之时，献上朵马，以地相文考察建寺地址，这时一只幻变乌鸦衔着朵马盘飞到对面的山坡上，于是达瓦坚赞发现乌鸦放朵马盘的地方是一块风水宝地，遂在那里奠基建寺。寺建成后初时取名为"札什伦布寺"，后来以地名为东科尔取名"东科尔札什伦布寺"。直到五世东科尔阿旺索南嘉措时，将札什伦布寺改名为桑钦多杰林，全称东科尔桑钦多杰林。寺内塑供五庹高的弥勒佛像及其他许多佛像。并进行了盛大开光典礼。这里的信教群众敬称达瓦坚赞为"东科尔上师"。东科尔活佛世系从此传衍下来。按传统追认转世，达瓦坚赞已转至十二世，按东科尔地方转世计，他是第一世。东科尔寺因康巴方言之故，音译为"东谷寺"，活佛也成了"东谷尔活佛"（与以后宗喀多卡尔的东科尔寺在发音上有些近似）。寺院建成后，达瓦坚赞主持建立僧团，制定良规，树立讲修显密经论之风。

一天夜间，东科尔活佛梦中见到至尊宗喀巴大师，大师对他说："弟子，你以前造孽不浅，以后需努力修持而消除孽障，本尊文殊和观音亦如此说。"梦醒后，他自思要消除罪障，须勤修"四对治力"，四对治力即所依对治力、厌患对治力、返回对治力和现行对治力，同时，依止菩提心和正见而修心身。古印度佛学家希瓦拉曾说，广塑佛像、佛塔、佛经；多诵《菩提名称经》《五陀罗尼甚深咒》；供养佛法僧三宝，勤奋礼拜和转经轮，方能净治孽障。达瓦坚赞依希瓦拉教言，首先塑造世尊吉祥密集不动金刚身像及圆满坛城，用优质旃檀木雕塑善解吠陀身像，作为众生之福田；接着塑造佛世尊、怙主弥勒、文殊、金刚持及同宗喇嘛身像、六严二胜、释迦三尊等像；在上乘密宗殿中塑供密集本尊、胜乐轮、喜金刚、红黑怖畏三尊、持金刚、六臂护法神、内外密三尊法王像；在大经堂内塑供三世佛、五部护法海、八大菩萨、十六罗汉绕佛陀等塑像，以及松赞干布父母三尊等身像；在赛康殿中塑供释迦尊、十六尊者（即十六罗汉）、无量光佛的香廓、文殊室利、狮子吼佛及藏区一些高僧大德、护卫世界的四大天王、阿底峡尊者、宗喀巴等上师身像、代表法身的善逝八塔、世界自在、忿怒马首金刚、绿白度母二尊等佛像;绘制了许多壁画，其中有宗喀巴大师本生画传、能仁佛三转法轮图、金刚持香廓、观音菩萨香廓、二十一度母香廓、无量光佛、文殊菩萨，亦绘制了龙树、阿底峡、仲敦巴、嘉察杰、克珠杰等画像。

刻印制作经典方面，东科尔活佛首先从各地选聘了一百一十多位书法缮写者、六十余位造纸匠，并募集大量资金后，才开始工作。经过一段时间的努力，他缮写了金银汁经卷四十函，密集、密续经卷十六函，律经十四函，十万般若颂十四函，二万五千颂四函，般若八千颂二函，总共缮写经卷一百零三函。这项工程在三个月内全部完成，并举行了开光仪式，将格鲁派教法在巴尔康地区广泛弘传开来。

后来为了忏悔自过，东科尔活佛达瓦坚赞开始唪诵各种忏罪经咒，一面持咒念诵，一面禅修，如此坚持了数月，方才走上了成熟解脱之道。用东科尔活佛自己的话说：“我的一生是走向各地为民众施放良药的一生，是建寺塑像的一生，是闻思佛法的一生，是专注修持的一生，是讲经说法的一生。”仅广放布施一事来说，他先后向木雅地方的康玛寺、桑珠寺、噶玉秀莫寺及甘南的卓尼寺、壤塘寺等寺院放布施、滚芒加，用信民供养的一部分钱救济贫民、乞丐、流浪汉和受灾的百姓。

达瓦坚赞上师一生中撰述了不少著作，除自传外，多为各种赞颂文及往来书信，由于这些赞颂文散存各地，未能汇集一起，不知有多少卷帙，较有名的有：《佛陀赞六节》《文殊赞·明镜》《怙主弥勒赞》《大悲观音诗赞·花束》《秘密怙主赞·除魔障》《六臂怙主赞·祈祷文》《释迦师徒赞》《至尊绿白度母赞》，以及新制《甘珠尔》目录和《阿尼玛卿雪山赞》等，以及寄给地方头人的书信多件。

东科尔·达瓦坚赞广做佛教众生之事后，于藏历第九饶迥木兔年（1556 年，明嘉靖三十五年）圆寂，享寿 81 岁。遗体火化时，自然出现了许多舍利子，骨灰奉安于旃檀木精做的灵塔中，安放于赛康殿中。

海喇嘛·桑杰扎西

——瞿昙寺的开创者

桑杰扎西于公元14世纪出生在西藏山南地区的卓沃隆地方，与噶举派大师玛尔巴·曲吉洛哲同乡。他少时出家为僧，修学佛法，成为一名噶玛噶举派僧人，后赴前藏一带，从师修学显密经论，成为一位通晓显密经论的大喇嘛。成年后，他依护法神祇和上师，要他去多麦地方修行、弘法、建寺的预言，故从卫藏渐次来到安多地区，在赤雪嘉姆的玛哈德瓦修行。赤雪嘉姆是青海湖的古称，亦有人说是万丈母和西王母。玛哈德瓦是莲花生大师为了堵住外溢的神泉口，拯救耶摩塘上的上万户牧民而将印度一名叫玛哈德瓦山的山头截去，用山头堵住了喷涌成灾的泉口。后来人们将玛哈德瓦称为海心山，但今青海省海北、海南州的藏族仍称玛哈德瓦。桑杰扎西在海心山长期修行，获得了殊胜成就，传说他经常骑着一头白神牛，来往于青海湖上，如履平地，因而人们给他送了一个尊号，称“智钦海喇嘛”，意为“成就大师海喇嘛”，又称“智钦朗嘎巴”，意为“白牛成就师”。

海喇嘛·桑杰扎西在青海湖修炼成功后，率其部向青海东部宗喀地区迁徙，他自己在现在的瞿昙寺附近的官隆古洞中继续修炼。当时河套蒙古大量入居青海环湖一带，而世居在这里的一些藏族部落，也不得不向其他牧区迁徙。海喇嘛正是在这种形势下迁往乐都南山。海喇嘛及其家族“建佛寺于乐都碾伯南川后”，“来朝贡马请敕护持”，分明是要求得到明王朝的保护。

藏文史料中记载，藏历第六饶迥之土猴年（1368年，明洪武元年），明太祖朱元璋登基称帝，国号为明朝。不久，他派蓝玉等到西北一带追击元朝残余势力，同时还想邀请一位高僧来朝，护佑国政。明太祖让几位谋士打卦问卜，都说西方边陲牧地有一位获得成就的大喇嘛，将此师请来甚善。明太祖即刻下旨，寻访这位喇嘛的行迹，然后迎请。几位寻访使者一路历经千辛万苦，终于在一座周围被森林笼罩、野兽出没、山花烂漫、环境优雅的深山中找到了喇嘛桑杰扎西，他正在一处悬崖的禅洞中，结跏趺坐而专心修炼。这个禅洞就是离瞿昙寺不远的官隆洞。来使一见此情景，十分倾心，向喇嘛说明了来意后返京复命。明太祖一听大喜，专派金册使者前去迎请，钦使等抵达官隆古洞，献上晋见礼品，问桑杰扎西乘轿或是骑马？他说："皆不需要，你等先回，到某月某日，我便可自行到京。"到了约定日期，明太祖和众臣在朝门外恭侯，不一会儿，只见一位坐骑白牛、身着绛红三法衣的喇嘛自空而来。刹那间空中出现彩虹高挂、花雨缤纷等祥瑞之兆。明太祖又惊又喜，入宫为他设宴洗尘。宴会上，明太祖专门给他赐了一瓶御酒，要他品尝，他未沾一滴，却将酒向空中抛洒。几位仇视佛教的大臣即向明太祖进谗言道："从来没有如此无礼的规矩，竟敢在万岁前放肆。"明太祖下旨道："这次例外。"桑杰扎西向明太祖奏道："我们藏族佛家弟子是禁饮酒的，尤其比丘僧更不能饮酒。因为皇帝治理的领域中某一处将要发生火灾，试看这瓶酒对灭火有没有用。"不一会儿，明太祖的一座城池内的国库发生了火灾，虽用各种办法灭火仍不见效，这时突然乌云密布，酒味弥漫的滂沱大雨倾盆而下，顿时熄灭了熊熊大火。向明太祖奏报火灾发生的时间，正好是欢宴的时辰。从此明太祖和大臣们更加敬信，尊为上师。明太祖认为，他一人在古禅洞静修，生活清苦，需要有人照料，要他将在西藏的亲人接到京城居住，好让他安心在京城弘法护政。桑杰扎西告诉明太祖，他的眷属及其家族已接到安多宗喀乐都。由此看出，桑杰扎西此时已从西藏山南卓沃隆带来了一部分藏族，后成为卓仓藏族的一部分。明太祖只好让他回乐都，并说："回乐都后，为招降罕东各部和元兵残余势力，以你的身份致函罕东各部归顺朝廷，如此国家才能安定，民众才能安居乐业。"他答应了明太祖提出的条件。在《明史稿》中也指出："罕东卫东，赤斤蒙古南，嘉峪关西南，汉敦煌郡也。洪武二十五年凉国公蓝玉追逃寇祁者孙至罕东地，其部多窜逃，西宁番僧三剌为书招之，遂相继来归。"这说明海喇嘛·桑杰扎西（即《明史稿》中称番僧三剌）在当时的罕东各部享有很高的威望。罕东诸部当时不了解明王朝内部征讨的内幕，纷纷逃避，海喇嘛·桑杰扎西的来函让那些部落安定下来，并归顺了明朝。这件事使明王朝清楚地认识到宗教上层人物在信教群众中所起的作用是不可低估的。至于海喇嘛乘白神牛从空中至京城，觐见皇帝的故事，是佛教中用神话传说来美化海喇嘛的，但也说明他学识渊博且神通广大。

对此，另有一说，海喇嘛·桑杰扎西正在官隆古洞苦修之时，收到了明王朝降下的圣旨，要他作书招降罕东各部。各部均归顺大明王朝后，朱元璋念他立有功劳，颁旨由朝廷赐金帑在乐都南山建佛寺，并御赐“瞿昙寺”匾额，加封海喇嘛为西宁僧纲司都纲。海喇嘛首先用朝廷所赐金帑择地建成一座佛殿，以所御赐匾额取殿名为瞿昙寺殿，将御赐匾额悬于内檐上方。藏历第七饶迥之火猴年（1416 年，明永乐十四年）四月十二日，海喇嘛在瞿昙寺圆寂。他的遗体如后弘期的贡巴饶赛一样用和好的药泥涂塑成佛身，穿戴僧衣、僧帽，置于神龛内，奉安于后建的隆国殿中。

瞿昙寺始建于水鸡年(1392 年,明洪武二十五年),距今约 600 多年。历经洪武、建文、永乐、洪熙、宣德五代帝王连续 40 年的兴建，成化、弘治、嘉靖三代皇帝的优厚赐赏和加封而兴旺发达，成为青海历史上占有重要地位、颇负盛名的古刹之一。这座寺院建成后，原属噶玛噶举派寺院。

瞿昙寺是青海诸多藏传佛教寺院中具汉式建筑风格的寺院之一。瞿昙寺后依罗汉山，前临瞿昙河，修建在略呈正方形的古城堡内，占地 41.36 亩，建筑面积 10000 平方米。寺院坐西向东，总体布局为山门和前、中、后三进院落，从山门起的中轴线上，依次建有金刚殿、瞿昙寺殿、宝光殿、隆国殿等主殿，南北两面对称地陪衬着御赐石碑亭、四座宝塔、小佛堂、护法殿、大小钟鼓楼、壁画回廊等。主要建筑艺术风格是汉族宫殿式建筑，多为明代建筑，亦有清代建筑，故在青海民间有“游了瞿昙寺，北京再耍去”之说法。

在瞿昙寺的历史上明王朝对海喇嘛·桑杰扎西之后裔的赐封有：藏历水龙年（1412 年，明永乐十年）四月初十日，封其侄班丹藏布为“灌顶净觉弘济大国师”，同时颁给镀金银印一枚；同年又封索南坚赞为“灌顶广智弘善国师”，并于十二月颁给镌有“慈光普照”四字的象牙图章一方。火鸡年（1417 年）,索南坚赞逝世，于金猪年（1431 年），明王朝将“灌顶广智弘善国师”名号复赐给其侄南喀藏布，予以继任。班丹藏布圆寂后，明王朝又批准仁钦藏布继任“灌顶净觉弘济大国师”名号。后来南喀藏布圆寂，将他的名号“灌顶广智弘善国师”又让其侄徒班觉藏布承袭。由此，我们清楚地看到明王朝给瞿昙寺先后御赐了两个国师名号，代代辗转承袭。

卓沃隆，是今西藏自治区洛扎县境内一地名，达波噶举初祖玛尔巴就出生在此地，因此，青海乐都地区的藏族称桑杰扎西为“卓隆巴”，并将他的后世亲枝徒弟们的家族叫“卓仓”。“卓仓”一词在安多藏族方言中称“觉仓”，后来“觉仓”一词成为乐都南山地区的藏语地名，他们自称是觉仓娃，意为觉仓的藏族。此地名延续到至今。另外藏文“卓”字，汉意为“小麦”，此家族的人以“麦”改谐音字为“梅”，以梅为姓氏，这就是瞿昙寺寺主梅氏家族的来源。现在卓仓地区已形成一个较大的梅氏家族。

水猪年（1611 年，明万历三十九年），瞿昙寺的下院药草台寺建成后，第一任法台尕让彭措南加，俗称尕让噶居（学位名），是一位安多地区格鲁派名僧，曾在瞿昙寺讲经说法，并主持佛事仪式，从此瞿昙寺由噶玛噶举派改宗为格鲁派。在塔尔寺中建有“卓仓嘎尔哇”，这是因为自清代中后期以来，瞿昙寺势力逐渐衰微而转向塔尔寺，从而形成卓仓活佛系统，其中有三位卓仓活佛曾先后担任过塔尔寺大法台职务，一位担任过居巴扎仓堪布职务。

班钦·索南扎巴

——拉萨三大寺知名堪布

班钦·索南扎巴，意为“班智达·福称”，曾任噶丹寺第十五任赤钦，是一位学识渊博的班智达、佛学家和历史学家。他于藏历第八饶迥之土狗年（1478 年，明成化十四年）出生于西藏山南泽当寺附近一个村庄的富裕藏族家庭中。他小时候求学于泽当寺，始学文字写读，不久即熟练地掌握藏文拼写法及基本语法知识，从而步入了学习佛经的求学之路。16 岁时，他从泽当寺来到拉萨，在色拉寺拜师学经达 12 年之久，先后拜遍知端月巴丹、涅东·班觉龙智、通巴克尊·云丹嘉措等上师学习《般若经》《因明论》《中观论》《俱舍论》《律藏》五部大论，每学一部，即立宗练习辩经，以加深对经义的理解。12 年中，他通晓了五部大论，并附带学习了一些关于密宗方面的论著，对密宗学初步入门。20 岁时从俄那喇嘛桑杰藏布和仁清曲桑二师受比丘戒。由于他刻苦攻读显宗经论中的因明学，立宗辩经后获得了格西学位。从 27 岁起，进入拉萨上密院学习密宗诸论，尤其对《密集四部》和时轮学、胜乐、密集、大威德金刚法以及宗喀巴大师的《密宗道次第广论》《集续四合大疏》《生圆二次第》等进行了深入研习而成为密宗博士（欧然巴格西）。34 岁，他任上密院堪布，期间著述了《续部总论注疏》一书。任密院堪布 14 年中，他一面研习密宗经论和修习仪轨，一面为密院学僧讲授密宗法，培育了一批密宗弟子。36 岁时著成《密集生圆二次第注解》，并以此为教材，为密院学僧进行讲授。47 岁时，奉二世达赖喇嘛格敦嘉措之命，他担任哲蚌寺罗赛岭经院堪布，治理经院，为僧众讲经传法。他在这里撰写了《般若总义母义明灯》《中观要义·明灯》《般若辨析母义明灯》等著作。土牛年（1529 年），他 52 岁时被推选为噶丹寺第十五任总法台（赤钦），成为噶丹寺法统座主。上任后，他精心管理寺院政教事务，经常莅临法会讲经说法，培育佛学人才，还利用时间编著了《噶当派新旧佛教史·如意饰》，主要论述了新旧噶当派（将仲敦巴创立的噶当派称旧噶当派，宗喀巴创立的格鲁派称新噶当派，因为噶当派和格鲁派出于同一源流）的历史及重要人物，另外还著有《律藏总义·教理之日》《中观辨析深义明灯》《俱舍论总义》《因明论总义·义明》等显宗经论。木羊年（1535 年），他 58 岁时申请辞退，任赤钦 7 年。退任后，又因僧众请求，他先后出任了觉摩隆、帕摩曲德、尼顶、俄那、曲德仁钦林等寺的堪布，在各寺中讲授显密经论，普施佛法甘露，浇灌佛学弟子，广做益于佛教和众生之事。66 岁时，应请出任哲蚌寺法台；火马年（1546 年）三月上弦月吉日，三世达赖灵童被迎至哲蚌寺噶丹颇章坐床，他受请任轨范师，为年仅 3 岁的三世达赖喇嘛剃度出家，并授予居士戒，赐法号索南嘉措。同年，他又受色拉寺之请，担任了色拉寺堪布。

从 58 岁至 69 岁的 11 年中，索南扎巴在担任几个寺院的堪布、讲经弘法的同时，集中精力著述论说，先后编撰了《毗奈耶教法史》《俱舍佛教史》《佛教流传世算法·珍珠鬘》《噶丹格言·白莲束》《新红史》等。其中《新红史》是为采巴·贡噶多吉于火狗年（1346 年，元至正六年）编著的《红史》一书不足部分的补遗史料，主要内容有印度王统、香巴拉王统、西藏王统、内地及蒙古王统等。后又著成《王统与教历》及一些大部论典的注释和释难著作。这些著作是研究佛教历史、显密经论、王统世系、民族文化等的珍贵资料，《噶丹格言》可与《萨迦格言》相媲美，为藏族人民留下了许多宝贵的文化遗产。

班钦·索南扎巴是一位佛学家、史学巨匠。他于藏历第九饶迥之木虎年（1554 年，明嘉靖三十三年）圆寂，享寿 76 岁。他的亲传弟子、遁世修行者拉旺嘉措为上师撰写了《班钦·索南扎巴传——奇异游戏》，以示怀念。

克珠·桑杰益西

——四世班禅大师的上师

克珠·桑杰益西，意为“佛智”，是格鲁派菩提道传承第四十三位继承者，他博通经藏、讽持禅定，尤精于噶丹派所传耳传密法，是一位蜚声雪域的大格西、佛学家，后成为四世班禅罗桑却吉坚赞的上师。

桑杰益西于藏历第九饶迥之木鸡年（1525年，明嘉靖四年）出生在藏绒（后藏绒地）兰周嘉地方，是居士喇嘛仁钦和却丹夫妻最小的儿子。他出生后，夫妇二人为他进行洗礼，并为僧团做施供，邀请一些格西举行诞辰宴会，诵经祈祷。他刚学会走路和说话时，出现了一些与其他孩子不同的异行：他有时学师长的样子讲经说法，有时学习诵经，有时结跏趺坐学修禅。一次，后藏恩萨寺学者智白旺徐看见他相貌不俗，长相俊美，有许多佛菩萨的特征，十分喜欢他，希望他成人后能够继承自己的法统，并再三叮咛其父母要爱护好、培养好他。

10岁时，父母和兄长为桑杰益西创造了条件，送他到格西云丹桑波处披剃出家，受居士戒，得名却嘉多杰。他从授戒师学习藏文读写、语法，以及一些零散法行口诵经文，皆无难而会。后在巴索隆珠德钦寺，由云丹桑波等师授沙弥戒，起法名桑杰益西。自此，他身穿袈裟，手持佛珠和钵盂，正式皈依佛门。他从该师求得大威德金刚法、密集、不动金刚四灌顶、噶当经教等正法。15岁时到札什伦布寺，在闻思法苑中从自在师宗哲坚赞学习以法相学为主的许多经法。后与一名僧人结伴来到前藏色拉寺，拜该寺勒智扎仓的大学者达那巴·格敦洛桑为师学习《释量论注释》《中观论》《般若经》《戒律论》《俱舍论》等显宗经论。在这里，他学经两年多，对显宗经论已入门，并在学僧中还担任复诵师。18岁时，他返回札什伦布寺，入因明学扎仓，在冬春两季法会上轮番学习辩论《释量论》，夏季法会上学习辩论《中观论》。19岁时，他在闻思学院僧众中立中观论为宗，与该寺僧人辩论。是年正月上旬，他在贤劫辩经院和札什伦布寺的堪布及格西集聚的法会上，与噶丹寺夏孜扎仓的一位著名格西就《中观论》立宗辩论。他虽是一位初出茅庐的年轻辩经手，在声名显赫的格西面前却不慌不忙，像一位久经辩场的高手那样持成老练。经过辩论，那位格西只有招架之力，无还口之机，最后以桑杰益西辩胜而结束，在场的堪布、格西和僧众都向他投来敬佩的目光，为他鼓掌喝彩。他在这场辩经中初露锋芒。之后他更加谦虚而认真刻苦地学习般若、律藏、俱舍等经论，尽皆通达熟炼。他从此开始广转法轮，为僧众灌输显宗正法甘露。25岁时，他在吉祥时轮胜乐院僧众会海中为考取噶居巴格西（学位）而立宗辩经。噶居巴是精通《中论》《现观庄严论》《律经论》和《俱舍论》的格西。经答辩后，他取得了好名次，被授予噶居巴格西。26岁，他经推选委任为札什伦布寺的掌堂师，维持寺院僧侣集会、辩经、诵经的秩序，有时到岗坚曲培林大寺在班钦・端约坚参尊前从春季法会到秋季法会一直聆听“一切修心教言”“七义论教导”等多种经教，又从该寺经札什伦布寺去前藏，进入下密院学习密宗经论，实践胜乐、密集、大威德三种密宗仪轨及坛城火祭仪轨，为更好地学习密宗法打下了基础。后又到色拉、哲蚌、噶丹三大寺朝圣，敬献供养。从拉萨起程返回后藏，他前往恩萨寺拜见三世班禅大师罗桑东珠，从大师学习印度龙树和无著二师所传、由阿底峡和宗喀巴大师提炼的精髓，即《菩提道次第论》中传授耳传密法之秘诀。他在这里学习耳传密法三年的同时，还注重密法修持，获得戒定慧三学的一切功德证悟。在罗桑东珠的关怀下，他到香朵日沃格培寺，由智白旺秀雪勒南加任亲教师，却吉格勒巴任授业师，却吉释迦贝桑任屏教师给他授予比丘戒，从亲教师雪勒南加学习“纳塘百法随许教言”“噶当四神随许”“无量寿佛九尊”“普明灌顶”等正法，复往恩萨寺在三世班禅罗桑东珠处求学依怙护法随许、法王内外密三种修持随许、耳传导引小册、菩提道广略教言、宗喀巴大师的密修法、共同与非共同长寿灌顶教导、十一面观音随许等许多法类，以及吸食花精、石精、水精方法的教言，并实行止观双运（禅定与智慧同时进行）与生起次第结合修炼，出现了空乐无别的特殊禅定。此时，后藏地方政府长官仁布哇邀请他担任香朵日沃格培寺的堪布，罗桑东珠大师命他前往就任。他遵师命而出任了格培寺堪布。不久，上师罗桑东珠圆寂，他邀请洛桑嘉措师徒在恩萨寺的后殿内用药泥塑造了上师身像，内装如来舍利子以及一些高僧的灵骨和舍利，并建造灵塔，将上师遗体用药物处理后完整无损地奉安在灵塔内。在后殿一侧，塑造了胜乐、密集、大威德、喜金刚、时轮等密宗佛像，另一侧上层塑造历辈上师之金身像，下层塑造各自的护法身像。塑像圆满竣工之际，三世达赖喇嘛索南嘉措一行莅临后藏，桑杰益西师徒前去拜见，并将之邀请到恩萨寺，为塑像和灵塔进行了隆重的开光仪式。三世达赖喇嘛从恩萨寺起程时，桑杰益西师徒作为侍从一起到札什伦布寺。桑杰益西等向三世达赖喇嘛求学了“二十一度母随许法”“噶当经教之部分教言”“依怙主随许法”等经教，然后去了曼塘寺，一面为该寺的经堂绘制壁画，一面大力弘传宗喀巴大师的密法，使这座佛寺成为弘传密法的源泉，又到岗坚曲培寺，在持金刚师柔贝僧格尊前聆听了“胜乐灌顶法”“怖畏灌顶法”“喜金刚灌顶法”“大轮灌顶法”“无量寿佛九尊灌顶法”“吉祥天女四灌顶法”“那若六法教导”“胜乐现观如意广论”“圆满次第大瑜伽解说”“喜金刚续第二品广释”等许多甚深密法。

之后赴拉萨，他在大昭寺和小昭寺的释迦牟尼佛像前做盛大供养，祈愿佛教昌隆。后去噶丹寺，从法王强巴嘉措学习菩提道法缘的同时，广转法轮。前来听经的有该寺和外寺的学者、学僧，还有一些地方头人。自此，他的声名雀起。他在噶丹寺讲经传法后返回后藏恩萨寺，在这里坚持每年讲授显密经论的深广教法，培育佛学人才。格西和僧众尊奉他为顶髻上师。自此，他成为弘通显密、讲修兼优的大学者、成就师。后藏格鲁派各寺喇嘛及地方长官也为他做了大量的施供。在几位学者的鼓励下，他撰写了《忆至尊罗桑东珠大师恩惠的道歌集》。58 岁时，即水马年（1582 年，明万历十年），经格培寺僧众恳切请求，他出任了该寺法台，讲经说法 5 年。卸任后回到恩萨寺，夏季主要为三藏法师和学修密法的僧人讲授显密正法，尤其主讲耳传密法，冬季专心修持禅定。这时，年仅十几岁的四世班禅罗桑却吉坚赞应邀来恩萨寺，桑杰益西任亲教师，给四世班禅授予居士戒和沙弥戒。桑杰益西给四世班禅讲授所有灌顶教言秘诀，成为四世班禅大师的授戒师和经师。全寺僧众将桑杰益西推上恩萨寺法台的雄狮宝座，成为该寺耳传佛法之主。当四世班禅罗桑却吉坚赞 19 岁时，准备参加札什伦布寺噶居巴学位的考辩时，突然患天花症，桑杰益西闻知后即刻赶到札什伦布寺，为他灌顶加持，念诵有关经典，治愈了天花病，并再三嘱咐他要执掌、护持、弘传耳传教法，使这种教法立于不衰之地，一代代弘传下去。谁知这次嘱托竟成了他最后的遗嘱。回到恩萨寺后，桑杰益西又去绒绛寺供养强巴大佛（弥勒佛），刚到绒绛寺的第三天，即藏历第十饶迥之金虎年（1590 年，明万历十八年；也有记为 1591 年，明万历十九年的）十一月十四日圆寂，寿年 67 岁。桑杰益西示寂后，寺僧遵四世班禅之命，将遗体运回恩萨寺火化，并建造了一座灵骨塔，将骨灰装入塔内供奉在灵塔殿中。罗桑却吉坚赞和其他师兄弟为了报答师恩，做佛事活动 49 天，每天唪诵祈愿经和往生经，并集资制作了桑杰益西上师的铜制镏金像，用胜乐轮进行了开光仪式。

桑杰益西的弟子众多，其中四世班禅是他的高足。其著作多为显密经论、修心、笔记、道歌、书信集、仪轨、祈祷等，共计 35 帙。

厄其格喇嘛拉尊·乃济托因

——卫拉特蒙古族高僧

厄其格喇嘛拉尊·乃济托因，于藏历第九饶迥之火蛇年（1557年，明嘉靖三十五年）出生在厄鲁特蒙古土尔扈特部的一位首领家庭。其父墨尔根泰白拉，在这一带十分富有，并拥有上万人的军队。

乃济托因幼时名为阿比达，因其自幼心底善良，见到受苦受难之人即产生怜悯之心，且从不讲粗言妄语，极为聪明伶俐，故而父亲称他为乃济托因。有一次，他和许多朋友一块儿去围猎，其中一人的箭射中一匹怀驹野马的腹部，那匹母马当即产下马驹，还用舌去舐可怜的马驹，乃济托因目睹此情景，对俗世生起厌离之心，萌发了出家念头。他曾几次向父亲提出皈依佛门的请求，父亲不但不允，还要他成亲，他不得不遵严父之命，娶了妻子，并生了一个儿子，起名乃尔德孟达拉。后来，他渐渐对自己妻儿也产生了厌离之心，伺机出家，父亲发觉后，派几个人专门监视守护。有一天，他正在聚精会神地念诵皈依佛法经卷时，突然狂风大作，将他手中的书叶（页）卷走，他追赶经卷，一直追了很远，监视之人因风势太大没有看见，因而得以逃脱，一直向卫藏方向逃去。父亲听说后和部下乘骑追赶，也没见到他的踪影，只得悻悻而回。

乃济托因几个月后来到后藏札什伦布寺，拜谒四世班禅大师，并请求出家受戒。四世班禅大师为他举行剃度出家仪式，并赐法名慈诚藏巴。在札什伦布寺，他从许多上师勤奋学习显密诸论，四世班禅大师也专门给他传授了许多灌顶法和经咒。经过几年的刻苦修学，乃济托因成为对显密经论颇有造诣的学者。一次，他对四世班禅大师说：“现在我想找一个安静的环境去专心修习。”大师说：“以前与你有誓愿法缘的人皆在东北方，你到那里去弘传佛法，将会对那里的佛教和有情众生产生较大利益。”乃济托因遵班禅大师的佛旨，动身前往东北方。一路上他遇寺朝圣，逢禅洞静修，几年后抵达青城（今呼和浩特市）附近，在青城一带的静修地苦修显密经法长达35年。他虽出身于王公贵族家庭，而对世俗荣华福贵却视为粪土。他谦逊好学，倾心于利益佛法和众生之事业，毕生不受邪见及旧派见地习染，虔诚尊奉宗喀巴大师的清净而圣神教法，潜心修习《菩提道次第论》及密集、胜乐、大威德金刚十三尊的二次第论，对其他许多随许法也依律修持，从不间断。

当时，青城的温穆布洪台吉慕名来迎请乃济托因，向他请求佛法。他为洪台吉等人传授了密集、胜乐、大威德金刚等的灌顶法。他的声誉引起一些萨满教巫师的忌妒，有人暗中向他头顶降雷箭，欲置其于死地，但他运用多年修学的佛法，将暗放的雷箭一一收集起来，又不动声色地还给巫师。他的法力使巫师由忌妒而变为崇信，有些巫师竟放弃萨满教而改信佛教，随从他出家受戒，做了佛门弟子。他继续在山中云游修习，每天的四座瑜伽功修炼从不间断；在修炼的空余时间为有缘之人传授戒律及灌顶法、教诫等；对苦难之人，他大发慈悲，常发放各种布施，他的功德如上弦月一样日益盈增。

此后，乃济托因为建立弘扬佛法的善缘而与30名侍从一起去东北朝见皇太极。皇太极说："请你留下来做我的应供上师！"乃济托因说："我福德浅薄，请让我到蒙古地方去传法吧。"皇太极未再强留，赏赐给他们每人红布一方。之后，乃济托因等人到土谢图汗地方。土谢图汗王向他请求佛法，并按他的教示下令在当地禁止萨满巫术活动，收缴全部温古神像，投入火中焚毁，大力弘传佛教。随后，他们一行来到科尔沁地方，向卓力克图亲王俄克贤等人传授大威德金刚十三尊灌顶法，另外，他还为一些操不同语言的信民传授了《别解脱八部戒律》，招收了一些弟子，为他们讲授了许多教法经教，让佛法在科尔沁草原上广泛地传播开来。此时，科尔沁十旗的首领们商议，集资在乃济托因居住过的巴彦霍硕地方兴建了一座佛寺，寺内供奉了《甘珠尔》大藏经等佛典，并由乃济托因举行了开光仪式。

乃济托因应土谢图汗之邀到果尔罗斯地方，给该地首领嘉木措台吉和诺格达热哈东等人传授大威德金刚灌顶法，又向无数众生传授《别解脱八部戒律》。经过收徒、讲经、弘法，索伦地方出现了不少身披赭色袈裟的僧侣。乃济托因在土谢图汗讲经弘法之际，又有扎萨克温布却库尔和蒙古尔津的扎萨克等为首的大小首领之邀前往土默特地方传法，先后为官员、头人及信徒信民传授了皈依法、金刚怖畏灌顶、生圆二次第论、上师瑜伽、金刚菩萨等深广教法。他们皆受到了佛法甘露的滋润，并向乃济托因提出建寺之事，乃济托因同意后，在蒙古尔津创建了一座格鲁派寺院，作为他冬季驻锡的地方。

相传，乃济托因在土默特草原上讲经弘法之时，一次到乃曼旗，走进洪巴嘎托王的蒙古包中，王爷见来人面生，不高兴地说："请你快出去！"乃济托因却和颜悦色地说："王爷，你确实不认识我，但你供奉的宗喀巴佛像可能认识我。"他刚这么一说，只见佛像显示出与之面熟的笑容。王爷看到这种神奇的现象后，遂笑道："啊呀，你是位真正的上师，佛爷（指宗喀巴）认识上师，上师也认识佛爷，实是件奇事啊。"随即起身将他让进蒙古包，向他叩拜，对他毕恭毕敬，从此，这位王爷更加信奉"三宝佛"了。

不久，乃济托因又被敖罕、温牛特、扎鲁特、阿鲁科尔沁、巴林等旗的扎萨克和官员请去讲经传法，在这些地方播下了佛法的种子。

乃济托因在巴彦霍硕寺修学时，又做了一件功德无量之事。他将各王公、贝勒、贝子等具信施主供献的黄金、白银溶化后，铸造了许多大小不等的释迦牟尼佛像、宗喀巴大师身像和佛塔，装藏后举行了开光仪式，之后将这些佛像、佛塔分别敬献给各旗王公、贝勒、贝子、台吉等施主和具缘弟子们作为供养对象，并对他们说："要经常礼拜供养，将会饶有益处。"他派人又从沈阳买来了一些优质纸、松墨、颜料，招集擅长书法者开始抄写《甘珠尔》大藏经，抄完108函，也作为众施主及弟子们哞诵供养的对象。他还用剩余的财物布施修密法的苦行僧和贫苦牧民。如此，信佛诵经的人越来越多，其声誉也越来越高。

乃济托因在蒙古许多地方建立了无数身、语、意功业之后，于藏历第十一饶迥之水蛇年（1653年，清顺治十年）十月十五日示寂，享寿96岁。其灵骨及舍利子安放于巴彦霍硕寺的灵塔内。

嘉色·端悦却吉嘉措
——佑宁寺创建者

三世达赖喇嘛应蒙古王俺答汗之邀前往蒙古途经安多地区，驻锡于互助智嘉村，正好此时空中彩云密布，雷声轰隆，顷刻甘雨降临，显出种种殊胜之瑞祥。三世达赖喇嘛目睹自郭隆方向升起一道五色彩虹，便预言："彼地将出现一位弘扬噶丹教法的高僧。"

嘉色·端悦却吉嘉措活佛世系在西藏已转六世，后来第六世群佩嘉措圆寂前夕，侍从曾询问六世将在何处转生？答道："东方。"后果然转生于东面的塔波（约在今西藏加查县和朗县境内）地方。灵童诞生时山南地区的沃喀方向升起三道彩虹，彩虹一端直伸向诞生地的屋顶。灵童出生不久，便笑吟吟地手捻佛珠，众皆惊异。4岁时，他能准确地辨认出前世群佩嘉措用过的净瓶、佛珠、乘骑以及牵马人尼智等。后经三世达赖喇嘛索南嘉措祈愿、卜卦，确认彼为群佩嘉措的转世灵童，并从三世达赖喇嘛出家，取法名为端悦却吉嘉措。他虽年幼，但他深知高傲是攻习学业的障碍，一味追求衣食者，乃是低级庸俗之辈，故以火一般的热情勤奋学习，努力钻研佛经。据说，他在冬季辩习经典时，手指冻裂，鲜血渗流，然而他却一点也不觉得苦。他还常向一块儿学经的学僧说："如果一个人用绸缎和氆氇像酿酒一样将身缠裹起来，终日享用美味佳肴，像猪一样让人喂养，吃饱肚子时勉强学习，一旦遇到波折，便中止学业，或卖弄学问，像冬眠夏苏的昆虫那样苟且偷生，学业就不会有所长进，到头来一事无成，我决不会模仿这样的人。我要不畏艰难困苦，向诺桑（藏戏中的诺桑法王）、米拉日巴等贤者学习，既使学不到丰富的知识，在言行方面也要做一名有益于佛法的人。

当时，端悦却吉嘉措做妙音佛母修观，在一次梦中，梦见于一处美妙的园林中，有许多华服美饰的女郎戏玩，其中一装束艳丽者作歌道："欲想掌握学识，精进求学方为上。"歌毕作舞。自此，他思路顿开，智慧猛增，学业大进。

端悦却吉嘉措曾从三世达赖喇嘛索南嘉措、四世班禅罗桑却吉坚赞、大成就师塔贝坚赞等上师聆听教诫传授，他认识到佛教戒律是一个僧人的命根子，故他决定要像保护自已的眼珠那样维护三戒，并用三戒制约自己的一切行为，遵从善律派的仪轨，专一接受密宗思想。梦中出现的那位美女常声称要做他修法的手印女，他知道这是自己已达到一定修密境界的象征。但他想到至尊宗喀巴大师阻止弟子们要求找一位明妃来修行之事时，也毅然决然地回绝了神女的要求。

有一次，端悦却吉嘉措去拉萨途中，听见空中发出"三宝慈悲聚一身……"的赞语。到达拉萨后，他在大昭寺释迦牟尼佛像前献供祈祷，是夜即梦见自己坐在高位法座上，众僧向他顶礼，献上供养，称他是"达到智慧彼岸的博多哇"，并抛撒香花，昭示佛陀委他为教主。又一次，他去彭域的角保让，朝拜克珠琼保的修行室。在他到达彼地的前夜，当地有一位大德梦见一位女郎着蓝色宝饰且骑骡而来，敲着修行室大门，言道："明日然坚嘉措将至，须善迎接之。"第二日嘉色活佛果至，这位大德做无量供养。嘉色活佛在去拜见大成就塔贝坚赞时，俄代贡嘉雪山中海螺声响亮，他向大成就师言及此事，大成就者说他也听见法螺声，此乃俄代贡嘉神山迎接之兆。

关于迎请嘉色活佛前来安多建寺之事，于水兔年（1603 年，明万历三十一年），诞生在蒙古地区的第四世达赖喇嘛云丹嘉措从蒙古起程入藏。途中经过郭隆地方时，云丹嘉措虽年幼，但看见这里风景优美，环境宁静优雅，认为是一处建寺弘法的理想之地。当地僧俗请求建寺时，四世达赖喇嘛认为时机未到，便启程入藏。后来，当地扎德部落的昂索喜饶扎巴和浪加部落的噶居索南坚赞二人出面，召集阿嘉、霍尔、桦林、角察、达拉、赛查等郭隆周围的部落头人，共同商议，派扎德、浪加、霍尔、达拉等部落头人赴藏请求建寺。使者一行于水兔年（1603 年）起身入藏，拜见四世达赖喇嘛并言明来意。四世达赖喇嘛甚悦，欲满足请求，但时值西藏第悉藏巴汗等欲灭格鲁派，发生教派之争斗，四世达赖喇嘛遂向来请求建寺的众人说明时局如此，自己难以成行，但可以派一位高僧前去主持建寺。于是在拉萨大昭寺内，由四世班禅大师和四世达赖喇嘛主持，选择建寺人员。这时所选人物有两位，一位是浪加部落头人请来的僧华活佛，一位是哲蚌寺高僧嘉色活佛。四世达赖卜卦在安多郭隆还是在内蒙古呼和浩特建寺为宜，是派僧华活佛去还是嘉色活佛去为好，结果卦示由嘉色活佛去安多建寺为宜。嘉色活佛遂遵达赖和班禅之命，和使者一起离开西藏前往安多，初由西纳昂索设僧宴迎接，献丰厚供养，然后由华热地区各寺院、修行山寺次第隆重迎接嘉色活佛。嘉色活佛来到郭隆地方时，只见该地群山环抱，草木繁荣，土地肥沃，谷物种类颇多，他在西藏曲科嘉寺的拉摩拉措圣湖朝礼时，湖中曾显出的奇景跟郭隆十分相似，于是他按照藏族地相文观察，知道这里十善俱全，天呈八辐轮，地显八瓣莲，后山峰峦三迭，前山犹如驮峰，遍地草木山花，森林覆盖，后山地形如佛幡，高高悬挂，郭隆沟曲折婉蜒，沟口具足八支清凉水的湟水支流自西而东缓缓流过，是一块各种功德具备的十善地。嘉色活佛仔细观察后就决定在这里建寺，于藏历第十饶迥之木龙年（1604 年）三月黄道吉日，嘉色活佛和一世松巴·丹曲嘉措大师等带领僧众做吉祥长净仪式，开始奠基建寺。以前，此地有一座萨迦派寺庙，此时已颓败不堪，原寺由南赛东坚玛护持，依照达赖、班禅的授记仍委其为土地神，在郭隆沟口处建有土地护法神殿。在嘉色活佛和松巴活佛的主持下，以赛查等几个部落头人做施主，首先建起两层高的藏式经堂一座，内建有厢房净室，并建造了嘉色活佛的寝室和百名僧人居住的僧舍。寺院初建后，就以地名取寺名郭隆寺，内主供慈氏弥勒佛身像，寺院全称为“郭隆弥勒洲”，人们又俗称“二郭隆寺”。

传说，在建寺过程中，出现了几则奇事。因嘉色活佛是一位修行而获得证悟，且具有神通的高僧，据说他从郭隆寺一带掘出印度八十大成就中一位成就师的脚印石，找到了他们修行过的禅洞，成为他自己修行的静室；又找到了噶玛·若白多杰的足印石。郭隆寺北面山坡上有一块一间房子大的巨石，一次看见这块巨石突然从山上滚落下来，他做期克手印，喝声“停！”巨石遂稳当地停在半山坡上。此石至今犹存。距郭隆寺 3 公里的沟脑里建有一座嘉色活佛静修的山寺，藏语名为“嘉色日绰智布得相曲林”，意为“嘉色修行静房菩提洲”。因山上有一个岩石自然形成的圈口，形似山门，后来人们以此称该寺为天门寺。寺内有嘉色活佛静修的禅室，下面的岩石坡上留下了嘉色的手印和脚印，十分醒目。传说天门寺左面山沟的一座山洞中有一位跛脚修行者，嘉色活佛手拉跛脚修行者起立，两人共跳金刚舞，在石上留下了足印，使跛脚者能独立行走，两人往来，过江如走平地。总之，在郭隆寺一带，嘉色活佛留下了许多奇迹。

郭隆寺初建后，由嘉色活佛委任松巴·丹曲嘉措为该寺第一任大法台，委任霍尔·布洪巴为僧官，噶居巴惹朗巴为引经师，由松巴、土观、俄却布等诸大善知识讲说经论。郭隆寺由历任法台和历辈活佛主持，陆续修建，成为一座大寺院，被称为宗曲（湟水）北部诸寺之母寺。清雍正年间，青海罗卜藏丹津反清事件中，郭隆寺被毁，寺院活佛和寺僧遇害，后由雍正皇帝在土观、章嘉呼图克图的再三请求下，专门拨出经费，下旨重建，赐寺名佑宁寺，并刻石勒碑。自此，除安多牧区牧民仍称郭隆寺外，河湟一带的群众则统称为佑宁寺。佑宁寺活佛有五大囊、九小囊。该寺在历史上三次被毁，三次重建。

寺院初建成后，嘉色活佛有时为寺僧讲经传法，大部分时间避世在天门寺静修。土鸡年（1609年，明万历三十七年），被迎至卓仓瞿昙寺和甘肃韩达隆寺讲经弘法，不久，接到四世达赖喇嘛命他返回卫藏的佛旨，回到卫藏，仍住修于哲蚌寺。在一次法会上，四世班禅大师双手合十，频频点头，赞誉他“在安多建立讲修道场，多有弘法益民的无量功德”，尼居然坚巴·格敦坚赞称赞他是“观音菩萨的语化身”。

嘉色活佛世系在西藏时已转至第六世，端悦却吉嘉措为第七世。该师往生时间不详，在佑宁寺有其灵塔和塑像。此后，该活佛世系在佑宁寺转至十六世。

却藏·南杰班觉
——却藏寺创建者

却藏·南杰班觉是青海互助却藏寺（“噶丹木居林”或“图丹冉杰林”）的创建者，为该寺第一世活佛。因他出生在前藏堆隆却藏（今拉萨市堆隆德庆县）地方，“却藏”地名遂成为该活佛世系的佛号。

却藏·南杰班觉于藏历第十饶迥之土虎年（1578年，明万历六年）出生。父亲叫索朗贡波，是宁玛派密法师，母亲叫玛泽桑。童年时，他由父亲教习文字读写及口诵经文，虽年幼却才思慧悟，不久即掌握了文字写读和文法。年稍长，下密院僧人在曲弥隆地方坐夏修习时，他从家中悄悄地跑到曲弥隆，拜密宗上师南杰巴桑为师，出家为僧，受了沙弥戒，法名南杰班觉。他先到热哇堆扎仓从达隆扎巴·罗哲嘉措学习《集类学》和《因明学》，随后入哲蚌寺果芒经院拜大学者玉康巴·格勒隆珠为师，学习《中观论》《般若经》《律本论》和《俱舍论》等，经立宗答辩后获得林塞格西学位。他曾先后到色拉、噶丹、札什伦布、华科、昂仁等寺的法相经院巡回辩经，渐有名气。南杰班觉在札什伦布寺修学经论，与寺僧辩经之时，藏巴汗支持噶玛噶举派的一名格西和萨迦派的一名格西前来与格鲁派的学者辩经。四世班禅罗桑却吉坚赞派南杰班觉参加这场辩经活动。经过激烈的辩论，南杰班觉从教理方面辩胜了那两位格西，藏巴汗也十分赧颜。南杰班觉在大会上进行供养时高兴地说："让至尊宗喀巴·罗桑扎巴为此而高兴吧！"之后，第司索朗曲佩暗中为南杰班觉授以增上缘，让他当上了果芒经院的首任格贵喇嘛，管理该经院清规戒律。自此，人们称他为却藏·南杰班觉。而后，他进入下密院学习密乘诸论。金猪年（1611 年），他 33 岁时，在四世班禅大师尊前聆习《金刚鬘灌顶》《胜乐》等许多密法，并从大师受了比丘戒。

安多境内韩达隆（今甘肃临夏韩家集）韩土司和韩阿吾喇嘛等派人到西藏，向四世达赖喇嘛云丹嘉措请求派一位佛法较高的喇嘛到安多弘法。云丹嘉措遂派却藏·南杰班觉前往。却藏·南杰班觉与拉尊等僧人一起离开拉萨。到达青海湖一带时，因拉尊是蒙古火落赤王爷的儿子，他知道南杰班觉从四世班禅处学有金刚乘密法，遂将此情告诉了他的父亲，所以青海蒙古土默特火落赤部请他讲经传法。却藏·南杰班觉在青海湖之南为蒙古族王爷和僧侣讲经，并修建了一座小寺院，又在寺内讲经长达 7 年之久。期间，他在名叫塔克尔的地方住修了几年。蒙古王爷去世后，寺院衰落下来，洪台吉与弟弟发生内讧，南杰班觉和第巴夏茸从中调解后矛盾暂时缓和。不久，蒙古喀尔喀部却图汗率兵入据青海湖，消灭了土默特部。因却图汗是倾向于噶举派的，却藏·南杰班觉即离开青海湖到宗喀一带传教，并被西纳昂索叔侄请到西纳昂索的驻锡地西纳下寺（在今湟中县多巴黑嘴村）做承事供养。后因西纳施主的坚请，却藏·南杰班觉于金马年（1630 年，明崇祯三年）出任了塔尔寺第五任总法台。任职期间，塔尔寺显宗学院内出现了学习显宗经论方面的争论，他按争论者双方的意愿，在显宗学院分设果芒般若一品班级和杰尊一品班级，果芒一品班学习哲蚌寺果芒扎仓的教程，杰尊一品班学习色拉寺杰尊巴的教程。这种学经传规的实施使双方的争论自然宁息，且至今在塔尔寺保留着。同时，却藏·南杰班觉主持在寺院周围的山坡上兴建了四大天王的奔康（万佛墩），内供四大天王神像，意在守护寺院四方，使寺院与村落界限分明。

之后，却藏·南杰班觉应却图汗之邀，前往青海湖滨传授法诫。却图汗说：“这位却藏上师和第巴夏茸二人除教派不同外，都应当是我的上师。”火鼠年（1636 年，明崇祯九年）年底，固始汗丹增法王和巴图鲁洪台吉二人灭了却图汗。火牛年（1637 年），南杰班觉卸任塔尔寺法台后，因固始汗邀请到青海湖滨，受到尊崇供养。

土虎年（1638 年，明崇祯十一年），第巴夏茸在佑宁寺逝世，寺院举行遗体火化仪式，并做法事活动。土兔年（1639 年），却藏·南杰班觉担任了佑宁寺第九任法台，大兴讲辩之风。早年，佑宁寺僧众来迎请却藏·南杰班觉任该寺堪布时，固始汗曾说：“您任堪布后，广行佛事，我会尽力帮助，并承许将整个华热地区献给寺院做香火庄。”从土兔年（1639 年）至土鼠年（1648 年）九月，南杰班觉任佑宁寺法台 10 年。期间，他以讲闻为主，大力弘扬佛法，新建大佛殿，造息净塔，为寺院绣制一幅大型弥勒佛像，漆刷大经堂，铸造 60 尊法轮佛母铜像，刻印部分显密经典，每年为僧人发放衬钱、僧禄，为佛寺做了许多有益之事。火狗年（1646 年），东科尔·多居嘉措兴建了湟源东科尔寺后，应邀赴甘肃天祝扩建天堂寺，途经互助化缘时至佑守寺。该寺一些活佛和僧人怀疑多居嘉措是不是真正的转世灵童，因传闻东科尔·嘉瓦嘉措圆寂后，以夺舍法的形式将灵魂迁转到已死的一位汉族青年身上，使他死而复生。经却藏·南杰班觉详尽解释后，大家方释其疑。

土鼠年（1648 年，清顺治五年），却藏·南杰班觉携带许多布施返回互助南门峡本朗扎西塘地方，看见这里有一顶帐房寺院，帐房寺东西有二山环抱，右如盘龙绕卧，左似凤凰展翅，山上松柏苍翠，山下清泉遍地，草木茂盛，一片翠绿，是一块建寺的理想之地，遂在土牛年（1649 年），改建帐房寺为土房寺，却藏·南杰班觉成为寺主，并取寺名为“却藏具喜不变寺”。该寺经二世却藏洛桑丹贝坚赞的扩建、增建，形成相当规模。清雍正元年，该寺因罗卜藏丹津反清事件而被毁，以后重建。

却藏·南杰班觉建成却藏寺后，圆满了弘法事业，于藏历第十一饶迥之金兔年（1651 年，清顺治八年）圆寂，享年 74 岁。

却藏活佛世系从却藏·南杰班觉开始现已转至七世，但按传统追认计已转十五世。

丹麻·崔臣嘉措

——具性空证悟的成就师

丹麻·崔臣嘉措是青海互助甘禅大乘解脱洲（简称甘禅寺）的创建者，为第四世班禅罗桑却吉坚赞的高足弟子，获得性空证悟的四大殊胜成就师之一。父亲鲁本秀，是一位专修密宗的宁玛派僧人，母亲嘎日毛是一位当地藏族牧民的女儿。他于藏历第十饶迥之火猪年（1587年，明万历十五年）出生在郭隆寺（佑宁寺）隶属庄园哈切丹麻（今青海互助县丹麻乡所在地）。他15岁时，慈母去世，从本村一名叫班觉的比丘僧学习文字，曾向父亲请求出家而未得到允准，后背着父亲偷偷跑到西川西纳上寺，举行出家仪式，取法名崔臣嘉措，受沙弥戒和比丘戒。之后，他返回佑宁寺，从松巴·丹却嘉措学习戒律学和般若经论，从佑宁寺的创建者嘉色·端悦却吉嘉措学习摄类学的因明要义，不久精通《道论》。嘉色活佛返回西藏后，他复从松巴活佛研习《波罗蜜多经》长达3年之久。

之后，崔臣嘉措欲进藏求学，但深恐途中难以守戒，遂至尕让却吉尊前，请求暂减免比丘戒，仅守沙弥戒，并经艰难的长途跋涉，抵达拉萨圣地，拜见四世达赖喇嘛云丹嘉措，聆听法诫；后入哲蚌寺果芒扎仓，从贡汝·桑杰扎西上师学习慈氏论，其间身患肺病，经禳解沐浴治疗后痊愈；之后精习《中观论》《戒律学》《俱舍论》《释量论》等显宗经论；又从然坚巴·索南扎巴闻习各种佛法。在果芒扎仓学习一段时间后，他又去塔波扎仓，博览寺内各种藏文经典，在学完五部大论后返回哲蚌寺。当时，正值四世班禅大师任色拉和哲蚌二寺法台。在此以前，拉萨虽有祈愿大法会，但格鲁派尚不曾建立辩经考试制度。四世班禅大师虽想建立上述制度，但他担心过早地透露这一消息，第司藏巴汗会出来干预，所以仅向比较可靠的果芒扎仓和洛赛林的两位弟子透露了此事。按班禅大师的密旨，果芒扎仓的崔臣嘉措和贡却曲桑、洛赛林的周达巴和东尼巴等人前来共商此事。一天夜间，崔臣嘉措正在研习经典，嘉色活佛突然来到他的寝室，高兴地说：“我们多麦地区寺院的僧人能第一次前来拉萨游学辩经，这是件美好的善缘，妙极了。”是夜，崔臣嘉措梦见文殊菩萨来到自己身边。次日，由于文殊智慧之力，他的记忆豁然开通，背诵各种经卷时毫不费力，就连曾经忘却的东西也记忆犹新。在祈愿大法会上，崔臣嘉措与几万僧人和学者进行辩经，竟无人能与之匹敌。

从此，他博学多识的声誉传遍雪域各地。

此后，崔臣嘉措又到山南地区，从嘉色活佛学习能断派秘诀，并坚持专注修行，从未间断。有一时期，哲蚌寺的哈尔当和撒木洛两派辩论佛法，互不认输，便请索南曲佩公正裁决，索南曲佩强迫撒木洛派发誓认输，而让哈尔当派得胜。崔臣嘉措不在这次发誓辩论之列，故上告第司藏巴汗。藏巴汗查明情况后降罪于索南曲佩，并将其全部财物没收。从这件事中不难看出，僧侣立宗辩经过程中亦有作弊现象。

崔臣嘉措从山南返回后藏札什伦布寺之后，请求四世班禅大师给他授比丘戒。四世班禅大师赐给他一件珍贵比丘袈裟和一件黄锦缎坎肩，并授比丘戒。后暂住格培山寺中潜心修持能断经论和《智慧精要》时，他梦见四世班禅大师将一本金汁书写的《菩提道次第论》经卷送给他，说："请好好保存它！"后来他就有关《菩提道次第论》求教于四世班禅大师时，大师不仅详细讲授，而且真的给他赠送了一本《菩提道次第论》。另外，四世班禅大师还向他授怖畏金刚十三灌顶。在格培山寺静修一段时间后，他又去札什伦布寺，拜见四世班禅大师，再次求学佛法。四世班禅大师又先后给他授胜乐、密集、时轮等灌顶法，并详尽传授密集、胜乐和大威德等生起次第和圆满次第教诫。他又向四世班禅大师求教道："这些教诫传承为何人所授？"四世班禅大师回答道："这些教诫是持金刚、文殊菩萨、宗喀巴法王、克珠杰、巴索曲坚、珠钦却吉多杰、克珠·桑杰益西等所传。"随后四世班禅大师又为他讲授了那若六法等各种修身之法。

得传四世班禅大师的正法后，崔臣嘉措隐居达那杰格的禅洞，专心攻习《密集二次第缘起论》。在修法期间，他遇到了许多魔障，为了断除魔障，他又到息结派许多成就师曾经修行过的尧噶尔山修持。在这里，他食石子之精华，饮鲜花之甘露，以此度日，后又带上一袋糌粑，漫无目的的走向荒野，每天只食用筷子尖能挑起的一点糌粑，如此苦修数年，证悟如夏季海水上涨一样增长。他曾遇到一位噶举派僧人因修炼脐轮火功法不当而体弱多病，他给该修炼者传授消灾秘诀后，该修炼者的身体在很短时间内完全恢复，因而对格鲁派和崔臣嘉措倍加敬崇。之后他又到一个倒坍废墟的坟地旁修持息结派玛吉拉珍所传"断我执"法。这时，来了一个自称是悦戒察周的人，说："你只有 7 天的寿命。与其念诵断我执，还不如念六字真言，它会对你死后有益。"他未听来人之言，为自己的来世仍念修断我执。断我执的主要经教是《般若波罗蜜多心经》。一天，当他专心念诵《般若波罗蜜多心经》时，突然感到自身不在于此世，恍如升入天界，一会儿恢复知觉后，才知晓自己达到证悟性空之心境；之后又在无惧无畏中证得了幻变法，这时他成为一位密法成就大师，魔障作祟的现象也从此消失。他证得性空和幻变神通后的几天中，修行地周围的许多信徒信民知道这里住着一位悟空大成就者，纷纷前来叩拜、顶礼，并布施许多供养。

有一次，四世班禅大师为格敦坚参然绛巴授噶丹大手印秘诀，崔臣嘉措闻知后，即前往求教。在聆听了教诫后，他说："我一定要证修之。"四世班禅大师道："对你来说，它哪有证修中观论重要呢？"四世班禅大师非常喜欢这位证得性空的贤者，不但讲述一些密集教诫，而且亲手举起幻变经卷，为他进行摸顶加持，另外还口授了一些秘诀和预言。

据传，崔臣嘉措在尧噶尔修行时，从拉萨来了一位据传是修有神行的人，人称"嘉噶尔格日"（印度上师）。他问："你的神行是如何修炼成的？"嘉噶尔格日回答说："在朝拜印度的归途中，不幸累倒在荒野。这时，有人手指黄土，说把它抹在脚上。我如实照办。从此，不论走多远的路，都不费吹灰之力。"崔臣嘉措便与嘉噶尔格日结伴去叩见四世班禅大师，大师说："我准备派这位神行者往北方香巴拉，请你起草给香巴拉众王的书信及护照，但对外一定要严守秘密。"崔臣嘉措依大师之命起草书信、护照等。书信的内容肯切动人，但遗憾的是因有严令，未能外传，故不得而知。

丹麻·崔臣嘉措在西藏学法、修法获得大成就后返回安多故里，途经温曲当，得知嘉色·端悦却吉嘉措已圆寂，其头盖骨收藏于一座尼姑寺中，他以做佑宁寺圣物为由，讨得嘉色活佛的头盖骨，经中部康区抵达黄南隆务寺，与该寺成就师曲巴活佛和智者噶丹嘉措会晤。此二师向崔臣嘉措求学一些经法，噶丹嘉措还尊他为根本上师。

崔臣嘉措从黄南回到互助佑宁寺，暂住香曲林寺；火牛年（1637年，明崇祯十年），应请出任了佑宁寺第八任法台，该寺佛法事业从此更加兴盛。崔臣嘉措担任佑宁寺法台两年后，辞去法台僧职，去巴萨（今互助土族自治县北山巴扎乡）、欧科（甘肃天祝藏族自治县一地名）等浩门河流域一带的佛寺朝礼。天祝地区的德苟昂索欲建一佛寺，邀他前去筹建，在华热（天祝乔典塘地方，意为塔尔滩）建寺，寺名为天堂寺。寺建成后，他以不能长期主持为由，将寺交给东科尔夏茸·多居嘉措活佛主持。他自己又被互助巴扎地方头人智华和俄巴·嘉本泽二人请到巴扎，他看到这里环境优美，地呈祥瑞，前面依山临水，周围苍松翠柏，风水俱佳，曾有人撰写藏文颂词赞道："靠山帝王升宝座，照山皇后背地游，右山巍巍雄狮舞，左山起伏猛虎卧"，丹麻·崔臣嘉措遂在这里选择寺址，由巴扎松本加任施主，于木马年（1654年）创建了"特钦塔巴林"，意为"甘禅大乘解脱洲"，将嘉色·端悦却吉嘉措的头盖骨作为主供圣物，供奉于该寺的铜制镏金灵塔中。之后，由巴萨彭措等人建成僧舍，巴萨香参倡立"五供节"定例，随着寺僧和僧舍的增加，建立了经院，甘禅寺初具规模。丹麻·崔臣嘉措成为甘禅寺的主要活佛，其为第一世，至今已转至第六世，俗称丹麻活佛。崔臣嘉措有许多弟子，其中不少人获得证悟，尤其格登洛哲后来获得大禅师之称。丹麻·崔臣嘉措在华热地区为佛教和民众所做种种善事，至今在民间广为流传。

丹麻·崔臣嘉措于藏历第十一饶迥之木龙年（1664 年，清康熙三年）圆寂，据说是结跏趺坐而示寂，显出光环法身，享年 78 岁。

咱雅班智达·南喀嘉措

——厄鲁特蒙古高僧

咱雅班智达·南喀嘉措，于藏历第十饶迥之土猪年（1599 年，明万历二十七年）生于厄鲁特蒙古和硕特部古鲁青鄂拓克的桑噶斯家族。其祖父是都尔本·卫拉特颇有名望的洪果·扎雅齐。洪果·扎雅齐的长子是和硕特著名首领拜巴噶斯，拜巴噶斯有八子，南喀嘉措排行第五。实际上南喀嘉措并非拜巴噶斯的亲生子，而是他 16 岁出家时被拜巴噶斯所认领的一个义子。这是因为厄鲁特蒙古各部议定，让每个诺颜各出一子当僧人，于是，准噶尔的哈喇忽喇、楚琥尔乌巴什，杜尔伯特的达赖台吉，土尔扈特的和鄂尔勒克，和硕特的昆都仑乌巴什等首领，各献出一子当僧人，而作为厄鲁特诸部最高首领的拜巴噶斯，他当时还没有亲生儿子，便把和硕特诺颜巴巴汗的儿子南喀嘉措认为义子。

南喀嘉措年满 16 岁（1615 年，明万历四十三年）时出家为僧，拜满珠习礼呼图克图为师，受了沙弥戒。火龙年（1616 年），他经过青海湖踏上去西藏游学的道路，翌年抵达拉萨，与第巴相交，进入显宗经院学经。起初，他在诵经修法时，就因卓识超群而为众人所惊叹。后来他因精通显宗，曾在拉萨大昭寺经过辩经获得最高等级的拉然巴格西学位。木猪年（1635 年），南喀嘉措在接受五世达赖喇嘛的比丘戒之后，成为理塘寺中十大格隆之一，得到吉本、阿巴两个喇嘛称号。南喀嘉措与五世达赖喇嘛关系密切，凡诵经皆在五世达赖喇嘛面前进行。南喀嘉措在西藏学经整整 22 年。土虎年（1638 年），五世达赖喇嘛与四世班禅命南喀嘉措离开西藏，返回厄鲁特蒙古，弘法传教，五世达赖喇嘛还把手中的玛瑙珍珠赐给了他。这时南喀嘉措已是一名谙熟经典、满腹学识的喇嘛了。

土兔年（1639 年，明崇祯十二年），南喀嘉措回到厄鲁特蒙古，开始了他的讲经传教、弘扬佛法的活动。起初，他在卫拉特四部传教，驻锡于塔尔巴哈台（今新疆维吾尔自治区塔城）附近的拜巴噶斯之子鄂齐尔图汗的营地。金龙年（1640 年），他参加了在塔尔巴哈台召开的卫拉特和喀尔喀各部王公会议，促使会议制定的“法典”充分肯定格鲁派和喇嘛的神圣地位与特权。金蛇年(1641 年),他先后到喀尔喀蒙古、扎萨克图、土谢图和车臣等部传播格鲁派教法，成为七旗三大汗的喇嘛。南喀嘉措曾向扎萨克图汗说，他是受达赖喇嘛之命，“遍游七旗”宣扬佛教，并劝说扎萨克图汗“要虔诚敬佛，尤其要敬重宗喀巴”，还教导众人吃斋念经。扎萨克图汗对南喀嘉措十分敬重，每日献给他 3 只整羊，最后又奉献给他 35 匹驿马，称他为“拉然巴咱雅班智达”。

咱雅班智达不仅到喀尔喀蒙古各部宣扬佛法，而且还多次奔走于厄鲁特蒙古各部首领之间，为他们“祈福、诵经，弘扬积善之源”。咱雅班智达甚至不辞劳苦，曾长途跋涉到伏尔加河下游土尔扈特部去弘传教义。木鸡年（1645 年，清顺治二年），在为土尔扈特首领书库尔岱青之子举行葬礼时,向该部王公与僧俗群众“讲诵经典,广行妙法”,受到王公贵族的尊重,他这次收到的布施就有 2 万多匹马。由于咱雅班智达的四处传教，使格鲁派在厄鲁特蒙古地区得到了推广。咱雅班智达弘扬的佛法，“尤如久旱之地遇甘露滋润，积善种子深入人心”。

咱雅班智达在奔忙传教的同时，还为各部王公主持葬礼，举办法事。水羊年（1643 年，明崇祯十六年），他受和硕特部首领昆教仑乌巴什的邀请，去为该部一个贵族岱青和硕齐“殡葬建塔”。水蛇年（1653 年）秋，准噶尔部著名领袖巴图尔珲台吉去世，咱雅班智达应巴图尔珲台吉子女的邀请，到准噶尔部参加了葬礼，为巴图尔珲台吉诵经，并主持其遗体的火化，将其骨灰保存在“奔巴”（奔巴为藏语，即瓶的意思）中，做了 49 天的法事。与此同时，他还给巴图尔珲台吉的遗孀授戒，讲诵经典和世俗道理，因而颇受巴图尔珲台吉继承人僧格的敬重。他还给僧格做了灌顶仪式。

咱雅班智达对他的上师达赖喇嘛十分敬奉。火猪年（1647 年，清顺治四年），鄂齐尔图车臣汗曾问咱雅班智达：“你为什么到处奔走呢？”咱雅班智达回答说：“一方面为传布神圣的佛教，另一方面是俱和捐献的礼品，以便酬谢在我求学时期曾给予我巨大恩惠的上师达赖喇嘛。”咱雅班智达每次讲经与主持法事之后，都得到施主们的大量布施，而他往往把这些布施都献给了西藏的五世达赖喇嘛。金兔年（1651 年），他到拉萨大昭寺时，就向五世达赖奉献了白银 5 万两。水龙年（1652 年），他又向札什伦布寺奉献了白银 2.5 万两。

咱雅班智达在积极从事佛事活动的同时，为厄鲁特蒙古文化事业也做出了重大贡献。他于木猴年（1644 年，清顺治元年）即着手翻译著名藏族文献《玛尼全集》（又名《玛尼噶本》）和《十万宝颂》。为了更有利于传播西藏的佛教和文化，咱雅班智达于土鼠年（1648 年），在回鹘式蒙古文的基础上，吸取厄鲁特蒙古日常方言，创制了厄鲁特蒙古自己的文字——托忒文，又称卫拉特文。托忒文至今仍为我国新疆地区蒙古族所通用。咱雅班智达创制的托忒文在沟通蒙藏文化，保留厄鲁特蒙古历史文献方面起了显著的作用。1650 年，咱雅班智达为和硕特、土尔扈特、杜尔伯特、准噶尔等部首领用托忒文翻译了《金光明经》《金刚经》等经典。据统计，金虎年（1650 年）至水虎年（1662 年）间，咱雅班智达用托忒文翻译了 170 余种藏文著作。这些译著大部分为佛教典籍，也有一部分是伦理、历史、文学、医学方面的著作，如《明鉴》《贤劫经》《四部医典》等。他还用托忒文记录的厄鲁特蒙古著名英雄史诗《江格尔》。因而，咱雅班智达不仅是一位佛学家，还是一位著名的翻译家。

咱雅班智达自金龙年（1640 年，明崇祯十三年）参加蒙古各部王公会议后，竭力维护厄鲁特内部团结，在协调与喀尔喀蒙古的关系中起了重要作用，从而使厄鲁特各部由分散逐步走向统一，在厄鲁特民族发展史上做出了贡献。

咱雅班智达于藏历第十一饶迴之水虎年（1662 年，清康熙元年）在第三次赴藏途中于今青海境内圆寂，享年 63 岁。

夏日仓·噶丹嘉措

——一世夏日仓活佛

噶丹嘉措，于藏历第十饶迥之火羊年（1607年，明万历三十五年）出生在今青海黄南同仁地区。父亲叫喀本加，母亲叫纳萨娘毛。

噶丹嘉措四五岁时，随兄长曲巴仁波且学习藏文写读，7岁时在其兄罗桑丹白坚赞跟前受居士戒。他的兄长罗桑丹白坚赞是一位获得成就、显密兼优的喇嘛。他10岁时，受戒出家，取名噶丹措尼；11岁时，随兄到拉萨，在噶丹寺拜见了达隆札巴。达隆札巴给他取法名为噶丹嘉措，授沙弥戒。在那年的冬季法会上，他进入香孜经院，从次臣却培、藏巴噶钦·罗哲南嘉学习《摄类学》约3年。之后，他拜嘉绒巴、克智丹巴达杰为师，7年间学习了《中观论》《般若经》《俱舍论》《律藏》等许多经典。20岁（1626年，明天启六年）时，他在桑普寺立宗答辩，得到僧众的好评，获得“杰噶哇”称号。是年，在大昭寺释迦牟尼佛像前，由四世班禅罗桑却吉坚赞为堪布，给他授了比丘戒。21岁（1627年）时，他随同去蒙古地区传教的克珠·桑杰益西等的转世化身返回故里，从古哇却嘉措在隆务寺闻习密集经论，后来又拜第巴曲杰丹增洛桑嘉措、古哇却嘉措、东丹玛·崔臣嘉措、嘉赛·洛桑丹增、黎家喜铙僧格、拉毛洛哲嘉措、东科尔·多居嘉措等33位大师学习《菩提道中论》等许多论著，遂成为佛学造诣很深的高僧。噶丹嘉措于金马年（1630年）主持隆务寺，被认为是西饶尼玛的转世，称一世夏日仓活佛①。

噶丹嘉措曾先后去丹斗寺、安琼南木宗等黄河沿岸一带的寺院和雅囊八寺、宗宁扎普、玛昂扎噶、涅贡扎噶、上下夏热、吉耿甘扎、娘仓达隆札、达仓拉毛、希格龙瓦等佐格、卡加六部落地方的100多座寺院巡回讲经，在隆务扎西曲寺建立了修行院。

清王朝曾封噶丹嘉措为“隆务寺呼图克图宏修妙悟国师”。

藏历第十一饶迥之火蛇年（1677 年，清康熙十六年），噶丹嘉措在黄南扎西曲寺圆寂，享寿 71 岁。

噶丹嘉措一生弘扬佛法，还专心著述论说，有关于中观、般若等方面的著作 5 函，代表作有《噶丹嘉措文集》《噶丹嘉措道歌集》《安多佛教史概述》《自传》等，其中因他的道歌集脍炙人口，故而被誉为安多诗人。

注：

①夏日仓活佛：青海黄南地区著名的活佛系统，其根本道场是隆务寺。噶丹嘉措被认为是西饶尼玛的转世。从他开始，夏日仓活佛系统才被确定下来，他为一世夏日仓，至今已转八世。

东科尔·多居嘉措

——青海东科尔寺创建者

东科尔·多居嘉措是青海湟源东科尔寺第四世活佛，汉族。传说中，该师的转世是十分奇特的。《安多政教史》载：三世东科尔活佛杰瓦嘉措（1588 ~ 1639 年）是西康巴康达桑地区东科寺的活佛，曾在安多一些地区传教，也在凉州四大寺院等处讲过经；土兔年，他 51 岁时在凉州圆寂。门徒们将其遗体送往康巴东科尔寺时，在苏曲河畔恰好遇到正在将一个 17 岁的汉族青年的尸体送往墓地的队伍。这时杰瓦嘉措的灵魂未经过投胎转世,即像飞鸟似的转趋于这个青年的身体中。这在佛教中称夺舍法。于是，这个青年死而复活，喊道：“我是东科哇。”他从棺中走出来，不认识送他的乡亲，而却认识河对岸的几位喇嘛，众皆感到迷惘。

经确认后，门徒们将这位复活的青年与三世东科尔活佛的遗体一同继续送往康巴东科尔寺。在途中，这位被确认为三世东科尔转世的青年，从却藏·南嘉班觉尊者（1578 ~ 1651 年）出家为僧，取名嘉样嘉措，并从该师聆听了许多灌顶、教诫和诀要。这就是第四世东科尔活佛。

火狗年（1646 年，清顺治三年），26 岁的四世东科尔嘉样嘉措前往西藏拜师学法，在后藏札什伦布寺，由四世班禅罗桑却吉坚赞给他授了比丘戒，起法号为多居嘉措。在哲蚌寺，多居嘉措朝拜了五世达赖喇嘛，并受到第司索南群佩和固始汗的极大崇敬和器重。多居嘉措曾向五世达赖喇嘛呈述了他要在安多的多卡尔（即今青海省湟源县）地区修建寺院的想法，并请达赖赐一地址。得到五世达赖所赐的文书后，多居嘉措立即启程，经青海湖边抵达多卡尔地方，约于土鼠年（1648 年）至金兔年（1651 年）在这里建成一座寺院，寺名藏语称“东科噶丹曲科岭”，意为“东科尔具善法轮洲”，简称东科尔寺。自此多卡尔地名以寺名变成了东科尔。该寺为了和康区的东科尔寺相区别，又称西宁东科尔寺。寺内修建了大经堂及怙主殿。固始汗给多居嘉措划分了多卡尔、多查子、库苦库图、道达耶、哈拉库图、日月山、塔尔湾库图、拉萨札子（皆为今湟源辖区）等地作为东科尔寺的谿卡。

在未修建东科尔寺之前，有甘肃天祝地区的信徒，邀请多居嘉措去那里建寺，他接受了请求。当时，天祝一带有三个部落都希望在自己活动的地域内修建寺院，多居嘉措要他们好好商量选择一处风水较佳的地方，最后就选定了却典堂这块地方。却典堂意为“塔儿滩”。相传，14 世纪 60 年代，噶举派黑帽系四世活佛噶玛·若白多杰赴京途经凉州时，行至浩门河（今青海省门源回族自治县境内），制伏了河里的一条常出来伤害人畜的孽龙。为了显示降伏的象征，便在河岸一带修建了 108 座镇龙塔，因而便有了却典堂之名。多居嘉措于火猪年（1647 年，清顺治四年）在却典堂建成一座寺院，藏语称为“扎西达杰林”，后来普遍称“却典堂寺”。这就是今天甘肃省天祝藏族自治县的天堂寺。多居嘉措亲自为寺院制定集会诵经的章程和寺规。又一说是该寺由丹玛慈臣嘉措建成后献给多居嘉措续建。

水龙年（1652 年，清顺治九年），多居嘉措在青海噶尔塘库措摩地方拜会了去北京的五世达赖喇嘛。木蛇年（1665 年），他奉召赴北京朝觐康熙皇帝，被康熙帝赐予“文殊室利禅师”之号。自此，多居嘉措任职京师，为驻京八大呼图克图之一。多居嘉措受封后，途经五台山返回东科尔寺，后又被康区的噶居·释迦嘉措等迎请到阿坝毛尔盖寺，在毛尔盖寺内修建了弥勒佛大殿、怙主殿、大经堂、僧舍等，供奉了许多佛像、佛塔和《甘珠尔》《丹珠尔》大藏经。之后，他和释迦嘉措到华热（今青海省乐都北山、互助松多和甘肃省天祝藏族自治县，过去统称为华热）地区，确认了药水泉和胜乐湖。据说多居嘉措曾将一处毒水命名为甘露后，该处便成为能医治白胆疾病的药水滩，并出现了功效不同的多眼泉水。

多居嘉措大师一生建寺传法，广做利益众生之事，于藏历第十一饶迥之水猪年（1683年，清康熙二十二年）圆寂。东科尔活佛至今已转十四世。

赞波巴·端珠嘉措

——广惠寺创建者

赞波巴·端珠嘉措，于藏历第十饶迥之水牛年（1613年，明万历四十一年）出生于卫地嘎哇东（即今之西藏拉萨市堆隆德庆县境内的嘎哇东）地方，附近有嘎哇东寺，为噶当派寺院。他幼年时被父母送进嘎哇东寺出家为僧，在此寺从师学习藏文化基础知识，并在这里受沙弥戒，取法名端珠嘉措。青少年时，他离开嘎哇东寺，入哲蚌寺扎西果芒（郭莽）扎仓学经，初为大成就师丹麻·慈诚嘉措的近待门徒，后事师贡汝·桑杰扎西学习显密经论，而后又入塔波扎仓进行深造，苦心修学，最终获得成就，成为佛学界学者。

在拉萨祈愿法会上创立辩经制度的第二年，端珠嘉措去参加辩经，以渊博的学识和犀利的辩经才能获得然绛巴学位，并赢得了僧众的赞誉。有一次，五世达赖喇嘛在哲蚌寺立宗辩论时，端珠嘉措毫不顾及，提出尖锐的论题，使达赖喇嘛的政务助手第司·索南群佩闻之颇为恼火，但达赖喇嘛却说："然绛巴端珠嘉措很好地擦拭了佛教。"意思是说通过辩论对佛教教义中的一些疑难给予了澄清。由于五世达赖喇嘛十分喜欢他这种直爽的性格，所以他未受到惩罚。后第司·索南群佩派端珠嘉措到布达拉宫誊写《甘珠尔》大藏经，他借此机会阅读了大量经典著作，充实了自己的智库。

据《安多政教史》载，当时，安多华热地区的仙米寺、天堂寺、土尔钦寺等寺院都派代表前往卫藏，敦请高僧前去安多传教，于是五世达赖喇嘛派端珠嘉措到安多地区弘扬教法。端珠嘉措接受了达赖喇嘛的佛旨，同前来邀请的代表一道前往安多，于水马年（1642年，明崇祯十五年）抵达雪域东部宗喀地区。首先应塔尔寺之请，他出任该寺第七任大法台，从1642年至1648年，任法台7年。任职期间，由喀尔喀蒙古额尔德尼洪台吉做施主，将大金瓦殿内的菩提大塔改建为神变塔型。1648年后，他应郭隆寺（佑宁寺）活佛僧众之请，赴互助郭隆寺担任第十任法台两年。他任法台时，于水牛年（1649 年），资助门源地方的仙米尼丹贡巴、多龙贡巴、哇萨贡巴等部落新建珠固寺。曾有仙米昂索去迎请德巴活佛去仙米寺传授佛法。德巴活佛说："我是去不了你们寺院的，还是去请然绛巴端珠嘉措吧！"于是，端珠嘉措被迎请到仙米寺讲经传法，并担任了该寺法台。端珠嘉措的脾气有点暴躁，管理寺僧极严，有时还会严厉训斥僧人，僧人们有点接受不了，仙米寺有一位老僧曾指责他出口严厉，十分辛辣，好似紫皮蒜一样辛辣。于是人们便称他为赞波上师。藏语"赞波"有"严厉、厉害""暴躁"等含义。在《郭莽寺志》中另有一说："当他选择寺址时，这里正好驻有一牧户，端珠嘉措不客气地告知牧户，请迁居他处，这里他要建寺！"牧人见势道："这位喇嘛真赞波啊！"意思是"霸道""蛮横"，端珠嘉措听到后，不但没有生气，反而心生喜悦，遂道："真是缘起良好，以后将有赞波寺美名远扬！"便对那位牧民施以补偿，求征地皮，选定建寺基地。其实"赞波巴"是僧人们给他所起的外号，这个外号冠在法名之前，就成了赞波巴·端珠嘉措，以后这个外号还真的成了寺院之名，叫赞波寺。

门源珠固寺建成后，端珠嘉措任该寺第一任法台，所以一度珠固寺被称为郭莽寺之母寺。卸任郭隆寺法台之后，他就来到赛科地方讲经传法。他发现赛科一地神奇殊胜，是一处佛教地相文中所说十善俱足之地；再察看赛科四周的山脉、谷地和平川，周围有诺吾日山、扎西塘、彭措隆洼、元丹隆洼，认为山名、谷名、川名皆为吉祥之名。于是，他遂择地奠基建寺。在奠基之时，西藏僧人圣·桑冈巴大师的弟子诺吾扎西和彭措元丹二人前来安多赛科奉献白法螺等礼品作为布施。两位僧人的法名恰好与赛科周围山名、地名相吻合，这也是一个缘起的巧合。为了慎重起见，他又专门请了元朔山道士吴善行用道教的风水观做察看，并进行了禳解。据说这位道士用过的木鱼和铜锣后来成为郭莽寺的供器。藏历金虎年（1650 年，清顺治七年），他择吉日奠基寺址，并在青海蒙古厄鲁特部首领赛钦洪台吉和额尔德尼岱青两位蒙古王公贵族的，大力支持、资助下，开始修建佛寺。修建寺院所需木材取自东峡及寺附近森林。端珠嘉措同时安排了僧源区，招收僧徒，募捐牲畜，于次年即 1651 年建成赞波囊欠（府邸）和小经堂一座，并招收寺僧 30 余人。寺院初建后，端珠嘉措以西藏哲蚌寺郭莽扎仓取寺名为郭莽寺。当地信徒信民以赛科地名取寺名为赛科寺。两个寺名同用。水兔年（1723 年），郭莽寺因涉罗卜藏丹津事件而被焚毁，后经土观和章嘉活佛的请求，于火羊年（1727 年），二世敏珠尔活佛从北京回来后重建郭莽寺，土鸡年（1729 年），基本恢复了显宗、密宗、时轮、医明四大扎仓。金猪年（1731 年），由清政府御赐重建寺院的金帑，雍正皇帝亲自御赐寺名广惠寺。所以这座寺院在历史上有郭莽寺、赛科寺和广惠寺、赞波寺四个寺名。现今该寺所在地称衙门庄[①]，同时，蒙古部落首领提议将水龙年（1412 年）修建在今西宁人民街的转经寺（又名藏经寺）归广惠寺管辖，成为其属寺，现已无存。

水龙年（1652 年，清顺治九年），五世达赖喇嘛应顺治皇帝之召请前往北京觐见，翌年在返藏途中，应邀从郭隆寺（佑宁寺）赴郭莽寺，端珠嘉措设荤素宴款待，献绸缎、茶叶、马匹等礼物，并赠送大慈法王释迦益西时期的一套《甘珠尔》朱砂印本。五世达赖喇嘛为寺院僧众讲授《大宝积经》前面的三四叶，作为传经仪式，之后四次为 30 多名僧人讲授"六臂护法灌顶密法"，并对寺院、佛殿、佛像做了加持，还指点了经堂的经架等陈设位置，再三嘱咐寺院里一定要供奉吉祥天母、猛相邬摩天女语战神等三尊护法神圣像，惟有如此，寺院方会兴旺发达。端珠嘉措设供特地为五世达赖喇嘛念诵了《雅玛惹杂》长寿经，祈愿他健康长寿。此时，五世达赖喇嘛正式认定赞波巴·端珠嘉措为郭莽寺的活佛，并为寺院取藏语寺名，意为"具喜圣教洲"。

赞波巴·端珠嘉措主持郭莽寺达 16 年之久，当郭莽寺初具规模时，于木蛇年（1665 年，清康熙四年）在郭莽寺的赞波寝宫中圆寂，年仅 52 岁。据说遗体火化时，他的额头上显出一幅完整的大威德金刚身像。

赞波巴·端珠嘉措著有因明学著作《集类学证言库》，其他未见记载。此书在塔尔寺有木刻本，作为塔尔寺、郭莽寺、郭隆寺等寺院僧人学习因明学的初级教材。赞波巴圆寂后即转生为第一世嘉定活佛。

注：

①衙门庄：明天启元年（1621 年），蒙古卜儿孩幼子达赖黄台吉率军队曾攻打西宁，卜儿孩之孙麦力干率部万人住牧于今门源、大通县北境及黄城滩一带，清初曾筑宫于大通河上游。达赖黄台吉去世后，麦力干自称黄台吉，据说在大通赛科地方修建衙门一处，故称衙门庄，沿用至今。

一世敏珠尔和二世敏珠尔活佛

——广惠寺敏珠尔呼图克图

一世敏珠尔程列隆智，是多麦地区南部曲科林的赞普纳（今青海省海晏县群科滩）地方人，蒙古族，生于藏历第十饶迥之水狗年（1622 年，明天启二年）。父亲名叫涅希嘉格，母亲名叫玛萨曲姆。

程列隆智自幼从山华活佛剃度出家，之后入藏，在哲蚌寺果芒经院拜噶日瓦・阿旺班觉为师学习佛学经典；在达仓拉哇上部地方从达曲南嘉哇学习修辞、语法、声明及因明论和集类学；之后复到果芒经院攻读《般若》《中观》《俱舍》《律藏》等经论，经立宗答辩，获得林塞格西学位；又从拉萨到后藏，从阿里的仲巴・格鲁达杰聆习“菩提道次第论面授法”“大威德十三尊生起次第和圆满次第”“止观”等显密经论，并进行苦修而获得寂止的证悟；从扎钦巴・洛哲嘉措、噶居巴・金巴嘉措、一世章嘉活佛、塔秀・曲郡嘉措格西、白利格西、洛桑扎西、达温巴・丹增嘉措等学者学习“五部大论”；还从帕旺喀巴・班觉达杰学习护法经及各种仪轨。

程列隆智从 31 岁至 43 岁（1652 ~ 1664 年）任哲蚌寺果芒经院堪布，历时 12 年整。在任堪布期间，据说于他的法座缝隙间生出了菩提花，僧众十分惊奇，皆认为这是他已具备了菩提心的征兆。他 44 岁时，五世达赖喇嘛应墨尔根洪台吉请求，赐给他“敏珠尔诺门汗”名号，自此“敏珠尔”成为该活佛世系的佛号，并被迎至青海郭莽寺。是年该寺创建者、寺主赞波巴・端珠嘉措（1613 ~ 1665 年）圆寂，程列隆智便主持寺务。当时该寺仅有 30 多名帐房僧[①]，后经集资兴建了显宗学院，并招集僧众讲经说法。经程列隆智主持扩建寺院，初具规模，僧人发展到 700 余名，自以后郭莽寺的转世活佛就是敏珠尔，且历辈均为寺主。程列隆智于土马年（1678 年，清康熙十七年）奉旨去西藏拉萨建塔立像，刊印经卷，为僧众讲经授法。73 岁欲返回故乡时，他应一世嘉木样协白多杰之请求，留藏讲授“白伞盖二十五天女灌顶法”“白度母随许法”和“长寿法”等经法。有一次，他对一世嘉木样说：“您在西藏学法、修法时间已久，和我一起去安多地区弘扬佛法大有益处，您看如何？”嘉木样因早有立誓之言，执意不肯前去，程列隆智只好在 74 岁高龄时，一人回到安多地区弘扬佛法。土兔年（1699 年），程列隆智在郭莽寺圆寂，他为第一世敏珠尔活佛。

敏珠尔·程列隆智圆寂后的第二年，即金龙年（1700年，清康熙三十九年）十二月十五日，其转世灵童在青海化隆查甫夏琼寺附近之冲察贡阿地方出生，父亲叫才桑贤，母亲叫央茂吉，其祖属为热氏，为藏族。父母为他起名阿旺格敦。一世嘉木样活佛以卜算、梦示，认定阿旺格敦为前世敏珠尔的转世灵童。阿旺格敦六七岁时到夏琼寺学习文字和经法，从该寺堪布受居士戒；9岁时被迎至大通东峡的郭莽寺，举行坐床典礼，继任敏珠尔法座，为第二世敏珠尔活佛，由二世却藏丹贝坚赞任亲教师，受沙弥戒，法名洛桑丹增嘉措，从洛桑贝丹学习显宗经典；12岁时在郭莽寺从丹玛·阿旺丹增赤烈成就师学习灌顶教法。金鼠年(1720年),他筹资修缮了平措隆寺。水虎年(1722年)，他开始立宗答辩，是年到西藏求学。在后藏札什伦布寺学经期间，经院将他按大喇嘛对待，而他却以普通僧人身份求学。假期中，他在格培、觉摩隆等山寺闭户修学，衣不解带，废寝忘食，昼夜攻读。

水兔年（1723年，清雍正元年），由于青海罗卜藏丹津反清事件，年羹尧和岳钟琪的清兵将郭莽寺和郭隆寺等寺院全部焚毁，杀死僧人700余名，二世敏珠尔洛桑丹增嘉措的授戒师二世却藏丹贝坚赞也因涉嫌参与反清而被烧死。洛桑丹增嘉措听到这个消息后，悲痛不已。洛桑丹增嘉措27岁时，即火马年（1726年），雍正皇帝遣使给他送来金册金印，召请他进京。当时他已回到安多地区弘扬佛法，在接到圣旨后没有立即动身，而是把刊印《甘珠尔》大藏经、塑造释迦牟尼金身的任务完成并送往已毁的郭莽寺后，才赴京。在京城，他一一回答了诸上师和大臣们提出的问题，受到大臣们的称赞，得到雍正帝的礼遇，受封为“呼图克图”之职，成为驻京八大呼图克图②之一，并赐帑金。火羊年（1727年）四月初三，他自京启程，经内蒙古、宁夏、甘肃、西宁，返回郭莽寺。土鸡年（1729年）始，他用雍正皇帝御赐的金银修复被毁坏的寺院，并请求夏鲁巴创建了密宗、时轮、显宗和医明学院，将刊印的《甘珠尔》大藏经和从西藏带来的《丹珠尔》大藏经及释迦牟尼佛像供于寺内，新立寺规，任命各经院堪布及格贵僧官。金猪年（1731年）,他从京城带来雍正帝御赐重建郭莽寺的经费和“广惠寺”的匾额。从此，郭莽寺除在藏语中仍称此名外，汉语中多称广惠寺。

二世敏珠尔为了扩建寺院，从西藏各地和尼泊尔请来能工巧匠，对寺院进行修缮，新建欠巴扎仓（跳神舞院），任命达日格西洛哲饶觉为该院欠宏（负责人）。之后又在广惠寺、耶日寺、朱固寺各塑造一尊弥勒佛金身，自任朱固寺法台。木虎年（1734年，清雍正十二年），他接到圣旨进京，临行前将广惠寺托咐给夏鲁巴管理，于五月十七日自西宁起程，途中写了敬问圣安的信，派人专程送给雍正皇帝。二世敏珠尔到达北京后，即被留驻京师，赐华盖、朝车朝马，驻锡东黄寺，后被委任为蒙古多伦诺尔的掌印喇嘛，成为内蒙古地区的佛教领袖。火龙年（1736 年），他到达拉萨参加了祈愿大法会，向僧众施放芒加、布施，朝拜了拉萨大昭寺和小昭寺、三大寺、上下密院、后藏札什伦布寺等佛寺，然后返回内蒙古地区，随后经七海寺、萨贤东进京，行至多伦诺尔时病故，年仅 37 岁。

敏珠尔世系至今共转九世，第三世阿旺赤列嘉措、第四世绛边却吉丹增赤列、第五世噶桑图旦赤列嘉措、第六世格敦赤列达杰、第七世罗桑阿旺程列拉加（俗称多杰加）、第八世洛桑俄项赤列尼玛、第九世洛桑贝旦益西。

一世敏珠尔有《集类学正言库》和《噶丹津梁》等著作；四世敏珠尔著有《世界广论》一书，是介绍印度及我国藏区地理的名著，有英、俄、法等文节译本流传国外。

注：

①帐房僧：在牧区以帐篷做经堂和佛堂，称帐房寺，在此出家的僧人称帐房僧。

②驻京八大呼图克图：为青海地区的七位活佛和内蒙古地区的一位活佛，历世受清廷器重，封为驻京呼图克图，管理京师、安多、内蒙古的佛教事务。他们是章嘉呼图克图、土观呼图克图、阿嘉呼图克图、赛赤呼图克图、敏珠尔呼图克图、东科尔呼图克图、拉科呼图克图和察罕达尔汗呼图克图。

阿嘉·喜饶桑波

——塔尔寺寺主

阿嘉·喜饶桑波，意为“慧善”，系阿嘉活佛世系第二世。第一世是次成君尼，还不称阿嘉。从传统的推算法来说，该活佛世系已转二十一世，前十三世系追认活佛。但从次成君尼算起已转八世。真正有“阿嘉”这一称号（佛号）的还是从喜饶桑波开始的。

阿嘉·喜饶桑波于藏历第十一饶迥之水鸡年（1633 年，明崇祯六年）出生在塔尔寺寺属六部族西纳部族卡约五部的柳树庄（今青海省湟中县李家山乡柳树庄村）一户姓阿的藏族家中。因其姓氏而称之为阿家。被认定为次成君尼的转世灵童后，他少年时就被迎接到塔尔寺坐床。后因阿家一词太俗，遂改为“阿嘉”。人们对阿嘉另有一说，认为阿嘉在藏语中有“父亲”之意，所以推测阿嘉是宗喀巴大师的父亲隆本格转生的，因是佛父转世而被僧俗尊奉为塔尔寺的寺主，故在该寺众多活佛中佛位最高。但在藏汉文资料中查不到这种记载，只不过是口碑传说而已，现已约定俗成，很少有人再去追溯“阿嘉”的根源了。

喜饶桑波青少年时在塔尔寺的显宗学院学习显宗诸论，中年时到密宗学院学习密续法类。他是否曾到西藏或其他寺院深造过，因史实缺载而不详。他曾担任过塔尔寺密宗学院第五任堪布，主持治理密宗学院，为学僧讲授密宗法，从事各种密法佛事活动。金马年（1690年，清康熙二十九年），他被寺院选任为第十六任大法台，主持全寺政教事务工作，并常登法座为僧众讲经说法。任法台期间，他为寺院建设做出了较大贡献。

火兔年（1687年，清康熙二十六年），由阿嘉·喜饶桑波亲自规划，募化集资，将拉让吉祥新宫的汉式达赖、班禅寝宫和底层佛殿改建为具有四柱八梁三进院的藏式建筑，同年还修建了玉赤贡玛赤康。玉赤贡玛，按安多藏语发音应为“佑赤贡玛”，意为“前世达赖喇嘛坐过的讲经法座”或“达赖宝座室”，又称“真宝座”。水羊年（1583年），三世达赖喇嘛索南嘉措应塔尔寺五部族头人（昂索）之邀请来寺弘传佛法，当时除禅师仁钦宗哲坚赞修建的贡巴隆哇禅室、森康贡玛、弥勒佛殿和佛母香萨阿切修建的莲聚宝塔外，几乎无其他寺院建筑，三世达赖喇嘛选择了东山坡上林荫笼罩的一块宝地，做加持后，席地而坐，为僧众讲经说法。木猴年（1584年），僧人们在三世达赖喇嘛讲经时坐过的地方修了一座土台法座，从此这座土台便成了历代来塔尔寺的达赖喇嘛和班禅额尔德尼讲经传法的法台宝座。阿嘉·喜饶桑波为了保护这一土台法座古迹，以土台为中心，建起一座九开间坡顶式瓦殿，覆盖土法座。室内绘有绚丽多彩的壁画。土台法座用红土泥抹光，上铺几层黄缎软垫，法座前设有供桌，置有佛经、佛灯。周围筑以土墙（现已改为砖墙）围之，作为寺院夏秋两季僧人集中诵经、听经和辩经的地方，也是修密法时聚会发愿的地方，故又称为“夏日经院”。

土蛇年（1689年，清康熙二十八年），由喜饶桑波主持集资白银5000两，委任然绛巴·罗哲贝丹、老师索南勒巴、然绛巴·喜饶程列等人为工程具体负责人，将原36根大柱的旧经堂扩建成为80根方形大柱的二层平顶藏式经堂，建造回形回廊，殿前上部鞭麻墙上饰以十相自在文铜镜一对、圆形铜镜大小四个，使之光彩耀人，雄伟壮观，同时建成了经堂大厨房，铸造了僧人集体诵经时煮斋茶、斋饭的生铜大锅。经堂内添置了一些佛像、供器、唐卡、天棚宝盖、八幅各种绸缎制作的彩幡及法幢等，将经堂装饰一新。竣工后，阿嘉·喜饶桑波主持举行了隆重的开光典礼。

阿嘉·喜饶桑波于藏历第十二饶迥之火猪年（1707年，清康熙四十六年）在塔尔寺阿嘉活佛院入寂。其灵塔供奉于大金瓦殿内。

阿嘉活佛系统到第四世阿嘉·罗桑加央嘉措（1768~1816年）时，于木蛇年（1785年，清乾隆五十年）进京觐见乾隆皇帝，被册封为“驻京呼图克图”，成为驻京八大呼图克图之一。

嘉纳巴·阿旺洛哲嘉措
——清廷和谈使者

阿旺洛哲嘉措，意为“语王慧海”，为噶丹寺第四十四任赤钦，塔尔寺第一世赛赤活佛，蒙古语为“噶丹锡勒图”。他于藏历第十一饶迥之木猪年（1635年，明崇祯八年）出生在青海塔尔寺寺属六部族之一的米纳部族拉顶村（今青海省大通回族土族自治县景阳镇兰冲台村）一藏族农民家中。父亲名叫达却才让，有的资料中为窦徐才达；母亲名叫才毛加。据说他出生时家境十分贫穷，住在该村的一土窑中，这个土窑洞至今犹存。他的舅父措杰巴·绛巴嘉措是个僧人，家境较殷实，幼年时父母便送他到舅父处学习藏文及佛典，后随舅父到蒙古库伦地方云游学经。从库伦返回青海后，他在塔尔寺从赞波巴·端珠嘉措（郭莽寺的创建者）和藏哇·罗桑丹贝坚赞学习《慈氏五论》。17岁时，当五世达赖喇嘛阿旺罗桑嘉措应顺治皇帝之召前往京城途经青海湖东岸察汗托罗海时，他急忙赶到那里献上哈达及百种礼品，顶礼拜谒，并聆听其传法。

水龙年（1652年，清顺治九年），17岁的阿旺洛哲嘉措由家人护送，经11个月的长途跋涉抵达后藏札什伦布寺，拜见四世班禅大师，经请求，由四世班禅大师授近事戒，并在大师尊前聆听了许多随许法和教言。之后，他去前藏，先后在大小昭寺和拉萨三大寺中朝礼、做供养，在佛前发宏愿，又入哲蚌寺果芒扎仓拜师学显密经论。18岁时，四世班禅大师在哲蚌寺任堪布，由大师给他授沙弥戒，赐法名阿旺洛哲嘉措。受戒后，他继续在果芒扎仓广学经法。27岁，赴后藏，在札什伦布寺觐见四世班禅大师，又从大师受比丘戒，并在大师尊前聆听教诫。而后，他返回哲蚌寺，在果芒扎仓从堪布赤列平措主攻因明学，深入研习显宗五部经论，成为显宗方面的学者。在拉萨传召大法会期间，他参加巡回辩经，荣获拉然巴格西学位。显宗学达到较高造诣后，他又入拉萨下密院深造密乘法类，在几位密宗上师处闻习以《四续部》为主的许多密宗经论，并经答辩测试后取得了欧然巴（密宗博士）格西学位。期间，他曾任下密院格贵、堪布之职。之后，他又入噶丹寺夏孜扎仓（东院）从该院法主罗桑白玛、轨范师嘉木样·协白多杰及密宗院堪布罗桑端月等几位大德聆听各种灌顶法、修行仪轨、教言、诀窍等。31 岁，他又荣升为哲蚌寺果芒扎仓堪布。他曾先后历任德央扎仓、果芒扎仓堪布，并任噶丹寺绛孜（北院）扎仓法主。

水狗年（1682 年，清康熙二十一年），他 48 岁时登上了噶丹寺第四十四任赤钦之金座，成为格鲁派创始人宗喀巴大师法座的继承人、格鲁派的教主。因噶丹赤巴藏语称噶丹赛赤，意为“金座”，蒙古语称锡勒图，故从此尊称该师为赛赤或噶丹锡勒图呼图克图活佛，以后其历辈转世均称赛赤，并冠在法名之前，成为这个活佛世系的佛号。

阿旺洛哲嘉措任噶丹寺赤钦 4 年后，即火虎年（1686 年，清康熙二十五年），蒙古喀尔喀土谢图汗部与扎萨克图汗部为争夺属民发生战争。当时准噶尔部首领噶尔丹支持扎萨克图汗部反对土谢图汗部及第一世哲布尊丹巴活佛，使整个蒙古部落之间一时惶惶不安，形势十分严峻。清朝政府对此事态的发展也极为关注，为安定北疆，派遣理藩院尚书阿尔鼐为钦差大臣前往调解，但未能达成协议。当时藏传佛教在蒙古地区影响比较广泛，又鉴于五世达赖喇嘛不仅在藏区各教派领袖中有崇高的威望，而且在蒙古各部落首领中也具有相当高的声誉，其感召力极强，因此，清政府命五世达赖喇嘛派佛法高深的大德前往参加调解。而五世达赖喇嘛于水狗年（1682 年）已圆寂，由五世达赖喇嘛的弟子第巴桑结嘉措执掌西藏地方政教大权，遂由桑结嘉措选派德高望重的阿旺洛哲嘉措前去蒙古参加调解工作。阿旺洛哲嘉措深感责任重大，到达安多宗喀时，又相约他的弟子、青海佑宁寺第二世章嘉阿旺洛桑却丹一同赴蒙古。这次调解会一开始便发生了座次之争，一世哲布尊丹巴认为自己是喀尔喀蒙古地区格鲁派的最大活佛，他要求座位应与五世达赖喇嘛的代表一样对待。准噶尔部的噶尔丹代表则认为阿旺洛哲嘉措为五世达赖喇嘛的全权代表，且又是噶丹赤巴，其身份为格鲁派的教主，而哲布尊丹巴的要求，显然是对五世达赖喇嘛的代表的不尊重，所以愤愤不平，退出了会场。身负重任的阿旺洛哲嘉措却以大局为重，并未计较座次高低，同意了哲布尊丹巴的要求，竭力耐心说服噶尔丹代表，开始了和解谈判。阿旺洛哲嘉措在谈判过程中，充分表现了他的才干和宽阔的胸怀，讲述了团结为重，和解为贵的许多道理，终于使扎萨克图汗部与土谢图汗部达成了和解协议。

和谈成功后，阿旺洛哲嘉措奉旨赴厄鲁特、喀尔喀等地讲经传法，这些地区的蒙古众汗王、台吉、喇嘛等都尊奉阿旺洛哲嘉措为教主。康熙皇帝对这次和解谈判十分满意，认为洛哲嘉措在这次调解部落纠纷中发挥了重大作用，又在格鲁派中享有很高地位，为表其功，于火兔年（1687 年，清康熙二十六年）召他和章嘉·阿旺洛桑却丹入京，特赐封阿旺洛哲嘉措为“驻京呼图克图”名号，并命他在京城各寺弘传佛法，当时僧徒皈依者甚多，为京城之佛法事业做出了一定贡献。后来，他不愿留京传法，遂告假返回青海，清康熙帝命章嘉·阿旺洛桑却丹留京继续弘扬佛法。阿旺洛哲嘉措返回故乡后，与拉毛察罕诺门汗（白佛）及卫津台吉关系甚密，常有来往，并在塔尔寺集资修建了自己的嘎尔哇——赛赤活佛府邸。当他正准备返回西藏之时，不幸于藏历第十二饶迥之土龙年（1688 年）在故乡米纳热顶（兰冲台）村圆寂，享年 54 岁。今在塔尔寺大金瓦殿内有阿旺洛哲嘉措的灵塔。因他曾在内地弘传过教法，后来人们称他为嘉纳巴·阿旺洛哲嘉措，意为汉地僧人阿旺洛哲嘉措。

在广惠寺收藏有赛赤活佛的建寺令幛，令幛无年号，记载有第一世赛赤阿旺洛哲嘉措（时任西藏噶丹寺四十四任法台），令班固寺活佛毛合到门源建寺。令幛由黄平缎制作，挂里，140 厘米 ×72 厘米，藏文墨写草体 13 行。正文上部绘有三尊彩色像，中间一尊为宗喀巴大师，左边为达赖，右边为班禅。正文下部亦绘有三尊护法神像，左为贡保依怙主，中为吉祥天母，右为却吉丹加。

罗桑丹贝坚赞

—— 一世哲布尊丹巴

哲布尊丹巴·罗桑丹贝坚赞，于藏历第十一饶迥之木猪年（1635 年，明崇祯八年）诞生在喀尔喀部地方（今蒙古国乌兰巴托），幼名为札那巴札尔，其父为土谢图汗衮布多尔吉。木狗年（1634 年），在库伦讲经弘法的多罗那他去世后，当时喀尔喀各部的汗王，就认定札那巴札尔为多罗那他的转世，立为第一世哲布尊丹巴①。

札那巴札尔5岁时，在喀尔喀部受戒出家为僧，起法名为罗桑丹贝坚赞，在锡呼图察罕诺尔寺被部人奉立于法座。于是，喀尔喀各部的王公贵族和属民百姓，争着前来给他敬献礼物，并将他所住的蒙古包用黄布做围墙围之，以表示对喇嘛的尊敬。这些王公贵族，还从自己管辖的属民中，划出一部分帐幕，献给一世哲布尊丹巴。从此，哲布尊丹巴活佛系统就有了直属于自己的属民，并由这些属民来供养。

土牛年（1649年，清顺治六年），罗桑丹贝坚赞赴卫藏学习佛法。他最初到后藏日喀则拜见四世班禅罗桑却吉坚赞，献上礼物，次年在札什伦布寺从四世班禅受沙弥戒，然后去拉萨拜谒五世达赖喇嘛罗桑嘉措。这时正值格鲁派在蒙古和硕特部固始汗的帮助下，在卫藏取得优势之际。哲布尊丹巴当时尚属觉囊派，而该派的“他空见”教义则受到格鲁派的反对，五世达赖喇嘛曾指责“他空见”教义为卫藏佛教中的异端邪说。但五世达赖喇嘛对罗桑丹贝坚赞还是以礼相待，因为他考虑到哲布尊丹巴在漠北蒙古地区的影响，也顾及到支持他的喀尔喀部王公贵族们的反响。从此，罗桑丹贝坚赞在卫藏师从多人，学习佛学经典及各种教授，长达8年之久。当他要回喀尔喀部时，五世达赖喇嘛提出要他改宗格鲁派，不然哲布尊丹巴的活佛系统就得不到以五世达赖喇嘛为首的格鲁派的承认。罗桑丹贝坚赞权衡了觉囊派和格鲁派在卫藏的势力和地位后，终于接受了五世达赖喇嘛的意见。于是，五世达赖喇嘛便授给他“哲布尊丹巴呼图克图”的名号，还赠给他黄伞盖一顶。

火鸡年（1657年，清顺治十四年），罗桑丹贝坚赞从拉萨启程返回喀尔喀部，还带回卫藏格鲁派的高僧和油漆、彩画、建筑、工艺等方面的工匠600多人，并仿照西藏寺院的建筑形式，在库伦等地修建了以热卧格杰林寺为主的一些寺院，其中包括庆宁寺，这座寺院是清政府为喀尔喀大喇嘛哲布尊丹巴呼图克图建造的陵寝，也是清代蒙古喀尔喀部最大的藏传佛教寺院和佛教活动中心。清政府专门铭刻了庆宁寺碑记，碑文记述了一世哲布尊丹巴的主要政治业绩和建寺经过。从此，喀尔喀部大都改信格鲁派，萨迦、觉囊等教派在这里相继消失。后来一世哲布尊丹巴移驻于额尔德尼召寺（光显寺），接受喀尔喀部民众的供养。以后，一世哲布尊丹巴还扩建了额尔德尼召寺，使其成为一座拥有6部、92座塔的寺院，每部有喇嘛500余人。

火虎年（1686年，清康熙二十五年），奉旨协同理藩院尚书阿喇尼和西藏代表噶丹锡勒图呼图克图·阿旺洛哲嘉措调解蒙古喀尔喀土谢图汗部和扎萨克图汗部之间的纷争；土龙年（1688年），因准噶尔部首领噶尔丹在沙俄的支持下率三万兵侵入喀尔喀，额尔德尼召寺遭到严重破坏。哲布尊丹巴毅然决定“全部内迁，投诚大清皇帝”，拒绝投降沙俄，受到清廷妥善保护及内蒙古各界群众的热情接待。在率部内迁的途中，他向康熙帝上了一道奏折，说："向蒙圣上鸿恩，励以勤修功德，钦遵谕旨，诵经靡懈。不意厄鲁特来，焚毁庙宇，弃掷经典。我诸弟子众多，愿依大皇帝神圣太平之治，以副夙望，仰乞圣恩俯恤，赐以水草善地，且望重建前庙。"清政府将南迁的喀尔喀部，安置在察哈尔一带游牧，一场有可能发生的民族大分裂，从而得以避免。为表彰他的功绩，清政府于金羊年（1691 年）在多伦诺尔册封他为呼图克图大喇嘛，以后各世哲布尊丹巴均受清廷册封，并管理喀尔喀地区佛教事务，被列为喀尔喀百官有司首班。火鸡年（1696 年），至热河祝贺清康熙帝在多莫多（今蒙古国乌兰巴托东南）大败噶尔丹，凯旋回师。土狗年（1718 年），奉旨多次致书准噶尔部首领策妄阿拉布坦，劝其勿袭扰西藏。1722 年（康熙六十一年），以 87 岁高龄从漠北赴北京，吊唁康熙帝。

一世哲布尊丹巴一生在喀尔喀部弘扬佛法，创建佛寺，为佛教在蒙古地区的弘扬发展做出了贡献，后于藏历第十二饶迥之水兔年（1723 年，清雍正元年）在京城圆寂，享寿 88 岁。雍正帝亲至灵前悬帕奠茶，追赐"弘法大师"尊号，令世世永为"呼毕勒罕"，并专派大臣护送龛座返回漠北，供奉于专修的庆宁寺中。

注：

①哲布尊丹巴：系藏语，意为"尊胜"。蒙古语称"温都尔格根，"意为"高位光明者"，又称"帕克托格根"，意为"圣光明者"，全称哲布尊丹巴呼图克图。觉囊派僧人多罗那他去漠北传教，被蒙古汗尊为"哲布尊丹巴"，木狗年（1634 年）圆寂于漠北后转世，以后哲布尊丹巴便成为蒙古喀尔喀地区藏传佛教格鲁派最大的活佛世系。二世哲布尊丹巴罗桑丹贝仲美（1727~1757 年），喀尔喀蒙古人。三世哲布尊丹巴益西丹贝尼玛（1758~1773 年），四川理塘人。四世哲布尊丹巴罗桑图旦旺秋久美嘉措（1775~1813 年），后藏人。五世哲布尊丹巴罗桑次成晋美丹贝坚赞（1815~1842 年），前藏人。六世哲布尊丹巴慈诚嘉措（1842~1848 年），前藏人。七世哲布尊丹巴阿旺却吉旺秀赤列嘉措（1850~1869 年），拉萨人。八世哲布尊丹巴阿旺次臣丹贝尼玛（1870~1924 年），西藏山南人。金猪年（1911 年），第八世哲布尊丹巴曾宣布外蒙古"独立"，自称"大蒙古皇帝"，年号"共戴"。金鸡年（1921 年），外蒙古人民革命党建立政权，以八世哲布尊丹巴为立宪君主。木鼠年（1924 年），八世哲布尊丹巴逝世，转世之制遂绝。

章嘉·阿旺洛桑却丹

——清代国师二世章嘉

章嘉·阿旺洛桑却丹，为清代佑宁寺著名活佛、佛学家、国师，内蒙古地区佛教领袖。他于藏历第十一饶迥之水马年（1642年，明崇祯十五年）十一月初生于安多宗喀附近之达秀村。父亲名叫张益华，据说是一位山西客商，经商至达秀地方，与一藏族女子洛萨塔姆措结婚后生下了阿旺洛桑却丹。因此，他随父为汉族，随母为藏族。三四岁时，他还不会说话，父母以清净斋梵洁等多种方法调养，并让其持近事戒，渐能开言。不久，在塘让寺[①]担任法台的丹麻·崔臣嘉措（1587~1664年，今互助甘禅寺的创建者）受佑宁寺之托寻访章嘉·扎巴俄色[②]的转世，闻知他家中生有一个灵异儿童，便让其父带他到塘让寺，让他辨认前世扎巴俄色的身像、经典及法物、法器。孩子拣认准确无误。崔臣嘉措致书给居住在拉萨的上辈扎巴俄色之侄洛哲俄色，告知灵童寻访情况。洛哲俄色又将这一消息向四世班禅罗桑却吉坚赞做了汇报。四世班禅始认定其为扎巴俄色之转世，命暂住塘让寺。

阿旺洛桑却丹在塘让寺从崔臣嘉措和彭措桑布二师剃度出家，取名丹增勒协嘉措，始学文字拼音及朗诵。9岁时，他被迎至佑宁寺，在章嘉囊欠（活佛院）举行坐床典礼，正式成为二世章嘉活佛，为众施主和僧侣所尊敬。水龙年（1652年，清顺治九年），他11岁时，前往宗喀上部尕玛塘地方，拜见进京朝觐顺治皇帝的五世达赖喇嘛。五世达赖喇嘛任亲教师为他授了沙弥戒，赐法名阿旺洛桑却丹，遂与五世达赖喇嘛建立了师徒关系，并随同五世达赖喇嘛于八月十五日到达塔尔寺。阿旺洛桑却丹朝礼塔尔寺后，返回佑宁寺，拜师学经，先后学习《悟慧论》《穆泽玛》《丹白玛》《法行》《摄类学》等许多常诵经文和因明论释，为学习显密诸论打下了良好基础。

金牛年（1661 年，清顺治十八年），阿旺洛桑却丹已是 20 岁的青年了，为了弘扬先哲们的精神，遂赴西藏深造佛学及五明论。到拉萨后，他先去布达拉宫谒见五世达赖喇嘛，并聆听教诫，然后去哲蚌寺，在该寺果芒经院从轨范师阿旺洛哲嘉措（1635 ~ 1688 年，青海大通岗冲兰冲台人，后成为塔尔寺第一世赛赤呼图克图）学习以五部大论和大小五明论为主的不同学科达 8 年之久，基本掌握了五部论著的要义，并对《因明论》和《中观论》修学较深。26 岁，他在哲蚌寺举行的林塞辩经法会上经过答辩后获得了“林塞格西”学位。又修学 3 年后，他在拉萨祈愿大法会上参加辩经，虽未取得拉然巴格西学位，但也显示了他学习的优异和辩经才能。33 岁，他去后藏拜见年仅 10 岁的五世班禅罗桑益西，向噶丹寺夏孜法主洛桑白玛聆习宗喀巴大师与前世班禅大师文集中的经教。后来，他数次至札什伦布寺，师事四世班禅大师的弟子官却坚赞等学者修学显密诸论，成为精通者。他在西藏学法 22 年，42 岁时同从佑宁寺派来迎接他的僧人一起返回佑宁寺。

木狗年（1684 年，清康熙三十三年），蒙古喀尔喀地区的扎萨克图汗和土谢图汗为了争夺属民发生争斗，矛盾日益激化，清政府为安定北疆，派出使节前去调解，同时也利用五世达赖喇嘛在蒙古地区的影响，遣使入藏，要五世达赖喇嘛协助朝廷使臣前去调解。这时五世达赖喇嘛已圆寂，第巴桑结嘉措秘不发丧，第巴选派学识渊博、德高望重、担任噶丹寺第四十四任法台的阿旺洛哲嘉措以五世达赖喇嘛的名义去蒙古调解。阿旺洛哲嘉措深感责任重大，当他来到青海时，相约他的学生二世章嘉同去漠北。因二人即是师徒关系，又是同乡，阿旺洛桑却丹欣然同意，于是二人来到蒙古库伦，同清廷理藩院尚书阿喇尼等人，于 1686 年在库伦（今蒙古国乌兰巴托）的伯勒齐尔地方举行的会盟上，噶丹赤巴和二世章嘉以宽宏大量的胸怀，为双方做耐心细致的劝说调解工作，终于使两部和解，达成和平协议，圆满完成了历史使命。

火兔年（1687 年，清康熙二十六年），洛哲嘉措与二世章嘉一同进京向康熙皇帝汇报调解过程，康熙帝对他二人非常器重，将寝宫书桌上的 26 件珍宝古玩赏赐给他二人，还赐以大量绸缎等礼品，敕封噶丹赤巴为驻京呼图克图，命他二人在京城各寺弘传佛法，当时僧人皈依者很多，为京城的佛教事业做出了一定贡献，皇帝十分满意。后噶丹赤巴不愿继续留京传法，康熙帝见他执意返藏，遂留二世章嘉在京弘法，二世章嘉答应以后再来，他二人于火虎年（1688年）离京返回青海。章嘉·阿旺洛桑却丹回佑宁寺后担任第二十任法台，主持佑宁寺教务，为僧众讲经说法。任法台两年后，于水鸡年（1693年），康熙帝降旨，命他进京，他立即动身赴京，到京城时诸大德均出城迎接，康熙帝又给他赏赐了不少御物，并命其驻锡法渊寺[3]，授以扎萨克大喇嘛之职，管理京城及内蒙古地区的佛教事务。他在京师传经受戒广传密集、胜乐、大威德灌顶与随许法。不久，他被康熙帝尊为自己的讲经喇嘛，备受康熙帝优宠。木狗年（1694年）盛夏，二世章嘉奉旨到口外避暑，康熙帝赐给蒙古包、驼马以及其他必需用品。每年夏天他还避暑于皇家花园南苑。

水牛年（1697年，清康熙三十六年），西藏摄政第巴桑结嘉措在康熙帝的威逼下不得不公开五世达赖喇嘛圆寂后秘不发丧和六世达赖喇嘛已寻访认定的秘密，并择当年十月二十五日为吉日，在布达拉宫举行六世达赖喇嘛坐床仪式。因此，康熙帝派二世章嘉和使臣赴藏看视坐床。二世章嘉与使臣奉命带着朝廷颁赐的金册、金印，从蒙古、宁夏、甘肃经青海去西藏，在青海环湖地区，他以皇帝圣意，劝谕蒙古和硕特部诸台吉归顺朝廷。在他和额驸阿拉布坦的劝说下，青海蒙古各旗正式归附清王朝，诸台吉等一并在秋天入京朝见康熙帝。章嘉·阿旺洛桑却丹为中央政府统一青海立了一功。到达拉萨后，在布达拉宫六世达赖喇嘛坐床典礼上，他献上金册、金印和许多礼物，代表朝廷表示祝贺。在藏期间，他五次谒见五世班禅罗桑益西，献上御赐供具和金银，还向三大寺僧众放布施衬钱。康熙帝曾有旨，到西藏后不准私自会见第巴桑结嘉措，可他还是违旨拜见了桑结嘉措。这件事被理藩院获悉后上奏康熙帝，并建议将他处以绞刑。康熙帝下令革除其呼图克图名号，免除绞刑。次年，他经北路返回北京，途经内蒙古多伦诺尔[4]以及长城诸要塞时，组织蒙古各旗僧人学习佛法，并在各地创建寺院，在蒙古各部中产生了很大影响。金蛇年（1701年），由二世章嘉主持的多伦诺尔汇宗寺建成，各旗喇嘛称此寺为“宣扬格鲁派教法的大伽蓝”，这就是所说的善因寺。当时，库伦的哲布尊丹巴呼图克图已返回漠北弘传佛法，而西蒙古地区缺乏有影响、有感召力的佛教人物，二世章嘉的到来并建成汇宗大寺，正好填补了佛教徒们的这一信仰空缺。当时清政府规定，由蒙古各旗均派一名僧人住该寺学经。同时，康熙帝下旨任命二世章嘉为“多伦喇嘛庙总管内蒙古喇嘛事务之扎萨克喇嘛”，并规定每年夏天避暑于多伦诺尔，这就初步确定了他总管内蒙古佛教的地位。是年冬，他返京任职。

木鸡年（1705年，清康熙四十四年），康熙帝视察北部边疆地区时，到多伦诺尔巡幸各寺庙，查访各旗喇嘛来多伦诺尔修学佛法的情况。当时，内蒙古地区王公集合在多伦诺尔，迎接康熙帝，并奉献“九九八十一”件礼品。康熙帝极为高兴，认为此举同二世章嘉的努力是分不开的。因此，康熙帝决定让二世章嘉久住多伦诺尔汇宗寺，弘扬格鲁派教法。火狗年（1706年），二世章嘉进京，康熙帝正式册封他为“灌顶普善广慈大国师”，重新封为驻京呼图克图，赐给八十八两八钱八分的金印一枚，颁封文诏书，赏赐九龙黄褥、貂皮褥等物品。从此，历辈章嘉均受此封号，成为驻京呼图克图，而清代正式封为“大国师”的只有章嘉世系和色钦车臣法王金巴嘉措二人。。

金虎年（1710年，清康熙四十九年），章嘉国师请假回到故乡探亲，并到一些寺院中讲经说法。金兔年（1711年），雍亲王还拨专款整修法渊寺各佛殿，并购置了寺院周围基地，加之诺门汗之资助，扩大修建规模，于水龙年（1712年）建成一座寺庙，献给章嘉国师居住，并请康熙帝赐寺额为嵩祝寺，此后该寺成为历辈章嘉的驻锡寺院。

水蛇年（1713年，清康熙五十三年），康熙帝第二次巡幸多伦诺尔，章嘉国师随同前往。康熙帝看到多伦诺尔寺庙庄严宏丽，各旗来的僧人皆在佛寺中专心学法，虔诚地供佛焚香，一派兴盛的梵宇气象，高兴地对章嘉国师说：“斯庙即极庄严，各旗喇嘛来弘法，朕心甚慰。追溯来源，均尔一人之力”，随即宣布：“黄教之事，由藏向东，均归尔一人掌管”，并赏赐很多珍贵物品。于是，章嘉呼图克图正式成了内蒙古地区的宗教领袖。此后，在格鲁派佛教界将章嘉呼图克图与达赖喇嘛、班禅额尔德尼、哲布尊丹巴并称为“黄教四大活佛系统”。

据载，章嘉国师不仅与康熙帝关系密切，而且还与皇四子雍亲王（即后来的雍正帝）有着很深厚的交往情谊。雍亲王在藩邸常向章嘉国师请教佛法。他登上皇帝宝座后，曾编了一本《御制语录》，在后序中详细谈到他和章嘉国师的关系，其中说：“圣祖敕封灌顶普善广慈大国师章嘉呼图克图喇嘛，乃真再来人，实大善知识也。梵行精纯，圆通无碍，西藏蒙古中外诸土之所皈依，僧俗万众之所钦仰。藩邸清闲，时接茶话者十余载，得其善权方便，因知究竟。”接着在具体叙述了章嘉国师对他讲解佛法的情节后，他又说：“章嘉呼图克图喇嘛实为朕证明恩师也，其他禅侣辈，不过曾在朕藩邸往来。”从这里可以看出，雍正帝对章嘉国师的尊敬和信仰。

二世章嘉自水鸡年（1693年，清康熙三十二年）常驻京师后，主要在北京和内蒙古地区从事政教事务活动，因他先后数次来青海，代表朝廷向几大寺院赐赠礼物、佛像、寺匾等，并利用空闲时间去各寺讲经传法，广泛与一些佛教上层接触，故在青海地区也有较大影响，为加强中央政府与地方联系做出了一定贡献。

木马年（1714年，清康熙五十三年），二世章嘉奉康熙帝之命在多伦诺尔避暑，除坐夏外，仍在诵经修法。是年五月二十六日，二世章嘉在多伦诺尔汇宗寺圆寂，享年73岁。康熙帝闻报，派人将其灵塔于同年九月二十二日运到佑宁寺供奉。

二世章嘉阿旺洛桑却丹精通藏、蒙古、满等多种语言文字，学识渊博，尤精于佛学。其著作约7函，附刊于北京版《丹珠尔》之后，他自己亦有著作目录，系佑宁寺木刻版。他的代表作有《菩提道次第教授颂文·遍知坦道》《菩提道次第导释笔录》《密宗道次第广论讲义》《吉祥密集第一次第要义·日之光》《皈依导释与密集、胜乐、怖畏三尊二次第验修法》《多杰羌·阿旺洛桑却丹传》等。

二世章嘉的弟子遍布内蒙古、青海等地，其中著名弟子有：一世嘉木样协白多杰、二世土观阿旺却吉嘉措、咱雅班智达·罗桑赤列（1642 ~ 1715年）、托云呼图克图等。

注：

①塘让寺：又名："隆合寺""龙合寺"。藏语寺名为"塘让噶丹协智林"，意为"塘尔垣见喜讲修院"，简称塘让寺。在今青海省民和回族土族自治县川口镇西南24公里处的松山村。

②章嘉·扎巴俄色：即第一世章嘉活佛，生年不详，卒于金蛇年（1641年）。今青海互助土族自治县红崖子沟张家村人，由他开始的转世活佛世系称张家活佛，康熙帝以"张家"二字太俗，遂改为"章嘉"。

③法渊寺：在北京御花园西侧，明永乐皇帝为大慈法王释迦益西而修建的寺庙。

④多伦诺尔：蒙古语，湖泊名，多伦为"七"，诺尔为"湖"，有七个小湖。汉名"七星潭"，又称多伦泊。金羊年（1691年），康熙帝在此会见蒙古喀尔喀诸部首领，水兔年（1723年）设厅。康熙帝命二世章嘉阿旺洛桑却丹在此建成汇宗寺，汉名"善因寺"。

咱雅班智达·罗桑赤列

——蒙古库伦大班智达

咱雅班智达·罗桑赤列，是17世纪蒙古库伦地区佛学家，学富五明的班智达（大学者）、翻译大师，精通蒙藏两文，兼修显密经论。

罗桑赤列于藏历第十一饶迥之水马年（1642 年，明崇祯十五年）四月十五日早晨出生于蒙古库伦杭盖的呼齐图地方。父名桑塔尔，母名更曲。他与二世章嘉阿旺洛桑却丹同庚。4 岁时，父亲带他去拜见然坚巴·罗哲嘉措，该师给他授居士戒。5 至 10 岁，他以轨范师喜饶仁清为启蒙师，学习蒙古文的同时，也学习藏文，当蒙藏文有了一定基础后，始习大威德金刚法、白伞盖法及密集等佛法。他每天清晨坚持背诵，熟记心中。12 岁，他拜谒蒙古活佛洛桑丹贝坚赞，求闻长寿灌顶等少许甚深法，获得诺彦呼图克图名号，受政教二规之熏陶。火鸡年（1657 年），他与格敦索南前去拜见哲布尊丹巴活佛。哲布尊丹巴十分高兴地接待了他二人，并传授长寿灌顶、上师瑜伽等佛法，赏赐许多神物和经典。他从洛桑赤列嘉措等一些亲教师，学习藏族的大小五明学科，同时开始学习翻译，将藏文经典《摧破金刚洗礼仪轨》译为蒙古文，用蒙古语言文字传播佛教，初次新作《哲布尊丹巴祈请文》。

19 岁，即金鼠年（1660 年，清顺治十七年）秋，罗桑赤列离开故乡蒙古大草原，远赴佛教圣地西藏拉萨深造，在途经青海塔尔寺时，朝礼了各佛殿，并应邀参加了金牛年（1661）年正月祈愿大法会。在大经堂右排为他设首席坐位，他向塔尔寺僧众熬茶布施，受到塔尔寺法台、僧官和众僧的敬重。法会后他离开塔尔寺去甘肃甘南，朝礼了卓尼大寺；从甘南转赴昌都，九月抵达拉萨。在大小昭寺朝圣，他为两尊释迦牟尼佛像敬献哈达；又朝礼了色拉寺和哲蚌寺。在五世达赖喇嘛阿旺罗桑嘉措尊前，他披剃出家，受沙弥戒。在拉萨朝礼、学经二月余，后经堆隆，由北路至后藏札什伦布寺。十一月初八，他拜谒德高望重的四世班禅大师罗桑却吉坚赞（1570 ~ 1662 年），向大师求学经教。后在同乡同学的劝请下，他决定安下心来，入哲蚌寺经院闻经习法，并拜噶钦·南喀索朗托巴为师研习五部大论，又注重于《释量论》的学习，练习辩经。木龙年（1664 年）三月，他从札什伦布寺去布达拉宫，在日光殿内以五世达赖喇嘛为亲教师兼轨范师，杰·强巴仁钦任屏教师，在足数之善知识中受比丘戒，赐法名罗桑赤列，并从五世达赖喇嘛聆习《慈氏五论》的精要正法。37 岁，经他请求，由五世达赖喇嘛等再次给他授居士、沙弥、比丘戒，开始学习戒律学，严守比丘僧的戒条，成为名副其实的比丘僧；从朗朵夏茸学习《入行论》。之后，他复返札什伦布寺，不仅长期博闻广习显密经论，还利用时间学习医学、历算学等知识。后又去前藏，驻锡于帕旺喀静修山寺，一面从金刚持绛央扎巴学习乘密一切甚深法，一面修持密法。十几年来，罗桑赤列来往于卫藏之间，先后从五世达赖喇嘛、四世班禅、格敦端珠、噶钦·南喀索朗扎巴、轨范师绛央扎巴、噶丹赤巴·洛桑端月等许多善知识者、佛学泰斗研习显密诸论及大小五明学，成为佛学渊博的班智达。

土羊年（1679 年，清康熙十八年）五月十一日，他 38 岁时，从西藏启程，经北路于黑河休息 10 余日，渡金沙江，于八月十一日到达青海，前去塔尔寺朝圣。其时，有众多蒙古官员与喇嘛前来迎接，并一同前往北方蒙古地区，于十月十三日抵达家乡，与父母得以团聚，畅述衷肠。他在家只住了三日，始访当地各寺。各寺喇嘛与地方官员广献布施，隆重迎送，他也为寺僧讲经传法，熬茶布施。十二月初三，他到达自己的寺院——必勒罕努克寺。这座寺院当时规模虽不大，但寺内设有 4 个学院，大经堂坐落于帐幕之间。他在这里又去拜谒哲布尊丹巴等活佛和喇嘛，献上厚礼，布施僧众，赠送施主丰厚礼物。遵五世达赖喇嘛圣意，他在蒙古地区推行守饥苦行之俗。哲布尊丹巴赴日窝格杰林寺时，他作为随从同往。哲布尊丹巴厚赏黄金 10 两，骏马 30 匹。火虎年（1686 年），噶丹寺第四十四任赤巴阿旺洛哲嘉措和二世章嘉等奉康熙帝之命前往蒙古地区调解喀尔喀部土谢图汗部与扎萨克图汗部之间的部落纠纷。咱雅班智达到库仁毕齐谒见噶丹赤钦，并敬聆有关佛法，他十分欣赏噶丹赤钦的学识和才能。后咱雅班智达被法尊阿齐图迎请到青城（今内蒙古自治区呼和浩特市），为大批蒙古僧侣讲经传法，灌顶加持。金羊年（1691 年），前往北京朝觐康熙皇帝，皇帝封以扎萨克喇嘛名号。翌年，他与哲布尊丹巴活佛再次赴京朝觐皇帝，在皇宫为皇太后供奉的佛像、佛塔、佛经举行开光仪式。在御前与几位学者辩论经典，其辩才颇为皇帝称赞。从京城返回蒙古地区后，他在青城任寺院住持，讲经闻法。水猴年（1692 年）秋，噶丹寺第二十四任赤钦绛孜法王强巴嘉措之转世灵童从蒙古寻访认定后，他为该转世灵童剃度出家，授沙弥戒。咱雅班智达足迹遍履蒙古地区诸寺，讲经弘法，广收弟子。当时，他用蒙古语讲经，故前来闻法学经的僧俗较多。

木猪年（1695 年，清康熙三十四年）正月，咱雅班智达进皇宫欢度新春佳节，于番曲拉康佛堂讲经，后返回本寺。火鼠年（1696 年）新春，他在自己寺院举办正月祈愿大法会。是年，清廷发兵进剿博硕图部，康熙帝御驾亲征，抵达青城，他即刻前去朝见。康熙帝亲临他的府上，他向康熙帝献一尊度母佛像，又按蒙古族风俗进献乳酪（酸奶），康熙帝甚悦，连声称善，遂封他的侄子洛桑达吉为扎萨克。后来他集聚财物，大兴土木，扩建必勒罕努克寺，使寺院初具一定规模。他自己治理寺院，整饬寺规，讲经弘法，制作《甘珠尔》大藏经等佛典。金龙年（1700 年），父亲去世，他隆重举行追荐冥福法事。此后，他向青城然坚巴、甘珠尔哇、墨尔根噶居巴等主要弟子经常传授经法，同时还向鄂伦饶丹等亲王传授佛法，让他们信奉佛教，慈爱自己的属民百姓，使他们安居乐业，还向广大僧侣讲授《甘珠尔》佛典等。他前后多次面圣，康熙帝恩赐颇丰。他后来虽两次欲往西藏，终因年迈未能如愿。

咱雅班智达·罗桑赤列在蒙古广做有益于佛教和众生之事后，于藏历第十二饶迥之木羊年（1715 年，清康熙五十四年）正月二十日圆寂。他的著作有《大德洛桑程列受深广正法之闻法录·明鉴》《三十五种意义修辞法例句·梵子悦歌》《文字经之略》等 4 函，以及散记约 2 函，共 6 函之多，此外尚有许多译著。

嘉木样·华秀·阿旺宗哲

——拉卜楞寺创建者

第一世嘉木样协巴阿旺宗哲，又称嘉木样协白多杰，意为“妙音含笑金刚”，是甘肃甘南拉卜楞寺的第一世活佛，拉卜楞寺的创建者，名扬西藏、安多、康区、蒙古等地的大学者、佛学家。他于藏历第十一饶迥之土鼠年（1648 年，清顺治五年）正月初八出生在安多藏区甘加的当让勒查东（今甘肃省甘南藏族自治州夏河县甘加乡）地方一户藏族人家中。其家族为华秀族，祖父喇嘛加有三个儿子，三子华本加为阿旺宗哲之父，是一位慓悍而敬信佛教之士；母亲名塔毛贤，心性善良且贤淑，亦信奉佛教，乡邻有口皆碑。

阿旺宗哲有兄弟四人，他为长兄。据说，他一出世就不同于其他小孩般哭泣或昏睡，而是睁眼危坐，面带笑容，使合家大小惊叹不已。5 岁时，他由父亲带到青海湖畔拜见了前往北京的五世达赖喇嘛罗桑嘉措。他一见面便目不转睛地望着五世达赖喇嘛，显示出十分喜悦的神色。孩提时，他虽跟其他孩子一块玩耍，但玩得与其他孩子不一样，不是垒寺庙、建佛堂，就是做祭供，甚至双手合十，学修法姿态，给童友学讲经、摸顶等。尤其他用一块优质石料雕塑了一尊释迦牟尼佛像，引起人们的许多猜测，皆认为非同寻常。7 岁，他从伯父索南龙珠学习藏文，当会念写时，始学口诵经文，因勤奋好学，聪颖过人，他进步很快。他又善于作画，所绘之画栩栩如生。13 岁，他从曲却·益西嘉措剃度出家，皈依佛门，并受了沙弥戒，法名罗桑坚参，从此开始了僧侣生涯。为了求得佛法真谛，他夜间衣不解带，发奋攻读显密经典，兼修密法、医药、天文历算，并立志赴藏深造。

土猴年（1668年，清康熙七年），阿旺宗哲20岁入藏学法，临行立誓“学法不成，决不还乡，请地方神灵明察”。到达拉萨后，他先去各大寺朝圣祈祷。相传，在朝礼时，文殊菩萨像含笑接受了他敬献的哈达，故其名有“嘉木样协白多杰”（意为妙音含笑金刚）之称。然后他入哲蚌寺果芒扎仓学经，从该扎仓堪布洛哲嘉措大师学习5年，攻读了《因明入门论》《金刚鬘疏释》《律藏》《般若》《中观》《注疏集要》等经论，深钻细研，慎思明辨，五部论典均得其究，而且成绩优异，在该经院渐露头角。25岁，去西藏著名的辩经寺院桑普寺参加夏季法会，5天之中，立宗“五部大论”，拉萨三大寺11个经院的知名格西竞相问难，他不慌不忙，引经据典，对答如流，众僧无不敬佩，这次他取得了“噶居巴”学位，从此声誉日隆。27岁时，经请求，五世达赖喇嘛任亲教师兼轨范师，给他授了比丘戒，赐比丘法名阿旺宗哲，意为“语精进”。同年，他于果芒经院毕业。之后，他又从洛哲嘉措、噶居巴·金巴嘉措、嘉赛麦日干活佛、帕旺喀巴·嘉央扎巴、密宗轨范师次成参坚、鲁本·却吉嘉措诸上师学习密集、大威德、文殊法类之随许法、文殊言教修法指导、大威德近修法等显密经论及修行仪规。因他融会贯通显密教义理论，成绩卓著，故被众僧称为“华秀阿旺格西”。

29岁，阿旺宗哲征得果芒经院堪布的同意，转入拉萨下密宗经院苦修密宗。起初，他学习密续简注、生圆次第等简要密法，在精通百部大论密院格贵的指导下，学习绘制“密集坛城彩粉画线”“大威德金刚修供彩粉坛城”等技艺，然后才逐步转入各种密典的修习。他从密院多杰羌上师学习“生圆二次第”“智金刚集学论”“胜乐”“密集”“大威德”“那若六法”“金刚鬘灌顶法”“文殊法类教导”“时轮广疏”之教言等密论。学密法4年后，在该院举办的盛大辩经法会上，有来自卫藏、安多、康区等许多著名寺院的众多格西，学者们从显、密两个方面结集问难，阿旺宗哲威仪安详，广征博引，答辩精辟，点滴不漏，圆满获胜，取得了“欧然巴格西”学位。这时他的佛学造诣已达到了较高境界，受到了西藏政教上层人士的赞赏。

金鸡年（1681年，清康熙二十年），33岁的阿旺宗哲决定离开学法多年的哲蚌寺和下密院，前往格培林山寺静修学法。临行前，西藏摄政第巴·桑结嘉措慕名特邀他出任阿里地区托林寺法台或噶丹寺赤巴，接着又要求他在噶丹寺夏孜学院、绛孜学院或觉摩隆三寺中任选一处住持，但他自谦才疏学浅，学业尚未完成，不堪负此重任，婉言谢绝。因为他时刻牢记着自己的誓言，要想学有成就，还须下一番苦功夫。从33

岁到53岁，他在格培林静修圣地潜修整整20年，师事昌哇巴·彭措勒觉、格隆加央扎巴、智钦·益希桑布、霍尔敏珠尔法王等学习稀有甚深密法多种，并进行实修，获得了较高功效。后从赛多杰羌上师和洛哲嘉措密宗大师聆习胜乐、密集、大威德十三尊、独勇灌顶、生起次第和圆满次第、时轮圆满次第、八支解、六支解，噶举派的那若六法、拙火定，恩萨巴传出的幻轮、纳塘百法、胜乐铃、密集圣规等诸多密法。尤其向八十高龄的色密法师求学由宗喀巴大师传出，绛白嘉措继承的单传噶丹耳传密法后，他在根本上师的指导下，长期实修苦修，终于获得了殊胜成就。从此，他的“嘉木样协白多杰”的密宗法号在佛学界越传越响亮，而比丘法名阿旺宗哲却被人们淡忘了，而他在格培林山寺历时20个春秋，精进不懈，在闻、思、修三个方面达到颇高境界，在讲、辩、著三个方面达到熟能生巧，运用自如，成为学富五明、淹贯三藏、修有成就的著名格西、佛学家。

嘉木样协白多杰不但学识渊博，且精明能干，德才兼备，在政教方面表现出的才干，引起了西藏地方政教界的极大关注。金龙年（1700年，清康熙三十九年），哲蚌寺果芒经院众僧向西藏地方政府再三呈请，六世达赖喇嘛仓央嘉措降下佛旨，嘉木样方出任果芒经院堪布一职。任职期间，他作风清纯，治学严谨，秉性慈善，亲授五部大论精义；对经院学规、学风等进行整饬、改进、完善，教育僧众严守宗喀巴教规，依律学经修法，规定修行次第上要按一定程序进行修习，注重德才双修，号召僧伽要做一个闻、思、修兼备的僧人。他任职期间培养的学者高僧龙象辈出，盛极一时，遍布甘、青、藏，其中有继承第二佛陀教法的赤钦4人、引导众生走善行之道的大喇嘛10人、担任法座住持的善知识者5人，也有卫藏政坛上的实力人物。他还集资修缮寺院、佛殿多处，深得僧众敬仰。在此期间，他著有《五部宗教哲学辩论注释》一书，以后格鲁派各寺学经、讲经、辩经，都以此书为主，奉为教本。这段时间，他与和硕特蒙古的拉藏汗交往较密，还担任过拉藏汗的经师。

嘉木样协白多杰在西藏讲经说法、担任堪布之时，西藏地方政教局势也处于多事之秋，由于形势的变化和政教工作的需要，他也不得不在藏王拉藏汗、达赖、班禅、第巴之间以堪布的身份斡旋。水羊年（1703年，清康熙四十二年），拉藏汗继任藏王后，与西藏地方政府的摄政第巴·桑结嘉措为权力之争而发生了尖锐矛盾，以至发展到兵戎相见的地步。双方在拉萨正月传召大法会上发生冲突，嘉木样为避免流血事件的发生，挺身而出，进行调解说合，制止了双方的第一次武装冲突。木鸡年（1705年），双方冲突再次升级，三大寺执事（包括嘉木样）邀请五世班禅前来拉萨，共同进行调解。

拉藏汗表面上慌称返回青海，事实上却率兵抵达西藏北部那曲重振旗鼓。据说拉藏汗临行之际与嘉木样彼此话别，嘉木样嘱托："你无论去向何处，要维护宗喀巴大师的教法！"还给他赠了最好的一匹乘骑。为此事，第巴及三大寺的许多僧人认为他倾向拉藏汗，采取威胁、恫吓、排挤等手段，几次向他施加压力。时隔不久，拉藏汗果然借机率兵重来拉萨，西藏面临巨大的劫难。嘉木样又受西藏地方政府的委令，先后两次奉劝拉藏汗罢兵，但均未奏效，流血事件终于发生了。拉藏汗处死了第巴·桑结嘉措，掌握了西藏地方政教大权。继之，拉藏汗又废黜了桑结嘉措认定拥立的六世达赖喇嘛仓央嘉措，另立蒙古族出身的伊喜嘉措为六世达赖喇嘛。此事又引起拉萨三大寺的强烈反对。嘉木样又以堪布的身份劝说哲蚌寺僧人以宁息事态的发展。总之，在几次事件中，他以自己的声望和堪布身份，从中劝说调解，为缓和矛盾起了一定的作用。后来他发现拉藏汗掌握实权后，排除异己，独揽军政大权，且骄奢淫逸，嗜酒度日，使西藏仍处于动荡不安的局势中。嘉木样协白多杰作为一个有学问的虔诚佛教徒，希望西藏有一个安定祥和、各族团结、吉祥幸福的和平环境，当他目睹了惊险的政治风云，为权力之争相互残杀，人民生灵涂炭，就连六世达赖喇嘛这样的佛教领袖人物也成为政治舞台上的牺牲品时，他心灰意冷，决然放弃了以前终生在西藏圣地弘传佛法的愿望，受青海河南蒙古亲王的再三迎请，于土牛年（1709 年）六月离开拉萨，返回安多，于九月底抵达河南蒙旗亲王府。亲王举行了隆重的欢迎仪式，敬献金质曼陀罗、金鞍鞯一套，牛、马、羊、绸缎以及珍宝用具多种，作为供养。

藏历土牛年（1709 年，清康熙四十八年），正逢宗喀巴大师在拉萨创建噶丹寺 300 周年纪念日，乃为良辰吉日，嘉木样协白多杰借此机会，供、施二主在甘南夏河为建寺选址，寺址选择在扎西曲吉祥圣地上。这里依山傍水，扎西曲之南林木葱郁，桑科之桑曲（大夏河）从前面绕流而过，据地相文专家观察，具有天呈八辐金轮、地显八瓣莲花之瑞祥。嘉木样遂遣弟子做了吉祥长净仪式，为建寺做了一切准备工作，作为建寺之开始。翌年，嘉木样亲率弟子到扎西曲滩，举行了隆重的建寺奠基仪式，僧俗参加者达万余人。青海河南亲王首先献出可容纳 800 人的方形毛毡帐篷一顶，暂代经堂，聚集僧徒 300 人，分设班级，分别开讲。

金兔年（1711 年，清康熙五十年）三月，河南亲王任工程监工，分派卡加六族运输木料，其他部落出差役，正式动工修建寺院。水龙年（1712 年）建成 80 根柱的大经堂。在亲王的资助下，于水蛇年（1713 年）至木马年（1714 年）两年中建成了大经堂护法殿和嘉木样活佛的拉章（行宫）。火猴年（1716 年）建成下密宗学院。这时寺院初具规模，并为新建佛寺举行了隆重的开光仪式。这就是现在的拉卜楞寺。拉卜楞寺藏语全称“噶丹协智达杰扎西曲林”，意为“具嘉讲修兴旺吉祥右旋寺”，简称扎西曲寺。拉卜楞是由藏语“拉章”（行宫）的谐音转化而来。现在都习惯称拉卜楞寺，后来成为格鲁派著名六大寺院之一。嘉木样活佛成为该寺寺主、第一任大法台。金鼠年（1720 年）六月，康熙帝册封嘉木样协白多杰为“扶法禅师班智达额尔德尼诺门汗”名号，颁赐金册、金印，并准许穿黄马褂。从此，其政治声誉和宗教地位日益提高，后来二世嘉木样被清政府封为呼图克图后，成为甘肃甘南地区佛位最高的大活佛。

嘉木样·华秀·阿旺宗哲于藏历第十二饶迥之金牛年（1721 年，清康熙六十年）二月初五在拉卜楞寺自己的行宫中入寂，享年 74 岁。河南亲王夫妇和拉卜楞寺僧众集献白银 1000 两，修造银制肉身灵塔，饰以宝珠，供奉于大经堂灵塔殿内，以示敬仰。

嘉木样活佛至 20 世纪 50 年代时共转六世，嘉木样协白多杰（1648 ~ 1721 年）为第一世，二世官却晋美旺布（1728 ~ 1791 年），三世罗桑图旦晋美嘉措（1792 ~ 1855 年），四世格桑图丹旺秀（1856 ~ 1916 年），五世丹贝坚赞（汉名黄正光，1916 ~ 1947 年），六世洛桑晋美·图旦却吉尼玛（1948 ~ ）。

一世嘉木样大师一生著作约有 140 多种，15 部。其中主要有《因明疏》《因明探讨《俱舍论疏》《般若大疏》《律经注释》《怖畏金刚解》《宗派纲目》《宗派纲目详释》《五部宗教哲学辩论注释》《生起次第自在成就法》《圆满次第四种瑜伽文殊解》《大威德教法史》《佛历表》《尺度经》等。

阿旺罗桑丹贝坚赞

——察罕诺门汗（白佛）

察罕诺门汗是蒙古语，藏语为夏茸尕布，汉语意为“白佛”。这个活佛系统在青海地区的佛教界是比较有名的，佛位较高，其属寺众多。其世系传承按传统的追认法计算，已转十六世，从在西藏达孜县拉莫仁钦岗出生的措尼嘉措算起，已转九世，前七世系追认活佛。以措尼嘉措的出生地拉莫仁钦岗作为这个活佛系统的佛号，一世拉莫措尼嘉措，曾受三世达赖喇嘛之命赴青海传教，后于贵德木干扎仓寺圆寂。二世拉莫洛哲嘉措（1610~1659 年），雍正皇帝曾赐给他扎萨克印。该师于土猪年（1659 年，清顺治十六年）圆寂后，此后开始寻访该师的转世灵童。

阿旺罗桑丹贝坚赞，于藏历第十一饶迥之金鼠年（1660 年，清顺治十七年）出生在今青海省贵德县境内的神山森保拉山下的桑央曲察地方。父名娘吾嘉，母名鲁萨吾觉。金牛年（1661 年），他被五世达赖喇嘛罗桑嘉措和拉莫德钦寺两位护法师认定为洛哲嘉措的转世灵童，并从丹希仓受戒出家。

12 岁时，阿旺罗桑丹贝坚赞随师智干仓・扎巴嘉措到西藏拉萨求学，在布达拉宫拜见五世达赖喇嘛，受沙弥戒，后入哲蚌寺果芒经院拜洛哲嘉措为师学经，次年因病返回故乡。20 岁时，他又去拉萨，再次入哲蚌寺果芒经院学习显密经论。金猴年（1680 年，清康熙十九年），他和智干仓・扎巴嘉措、阿嘉昂索巴丹嘉措、华热曲隆贝觉桑波一起从五世达赖喇嘛受近圆戒。不久，与智干仓・扎巴嘉措返回安多后，他又到大通东峡的广惠寺，从敏珠尔・程列隆珠闻习经典，另外还从赤钦贝丹扎巴、嘉木样协白多杰、智干仓・洛哲嘉措等 50 多名博学善知者为师，聆习显宗和密宗经典。据说，他在讲、辩、著和闻、思、修诸方面皆优于历辈察罕诺门汗，在建立佛像、佛经、佛塔方面出力最多。水狗年（1682 年），以岱青昂索为施主，征收贵南茫拉川、沙沟及同德县境内巴曲河流域以东，化隆巴燕以西广大地区的僧税，在今尖扎县能科乡西一华里处兴建了拉莫德钦曲科林，意为"拉莫大乐法轮洲"，简称拉莫德钦寺或德钦寺，并将二世拉莫洛哲嘉措修建的古尔衮南杰林寺改为一个修行院，将显宗学院迁到德钦寺。康熙皇帝赐寺名为格措林寺，即"善汇寺"。智干仓・扎巴嘉措任该寺首任堪布。

土兔年（1699 年，清康熙三十八年），他第三次赴藏，在布达拉宫拜见于火牛年（1697 年）刚坐床的六世达赖喇嘛仓央嘉措和莅临拉萨的五世班禅大师，并朝礼了大小昭寺的释迦牟尼佛像和一些格鲁派寺院，做了大量供施。之后，他返回拉莫德钦寺。木鸡年（1705 年），阿旺罗桑丹贝坚赞前往京城朝觐康熙皇帝，皇帝御赐"察罕诺门汗"名号，赐给金印和诏书，并封为扎萨克喇嘛，从而提高了拉莫活佛的社会地位和佛位。历辈拉莫活佛承袭其职，统管今青海贵南、同德西部、贵德南部、尖扎、泽库、化隆西部、海晏、刚察等地区。

火猴年（1716 年，清康熙五十五年）十月二十五日，在塔尔寺大金瓦殿的菩提大银塔前，由众僧之顶饰察罕诺门汗阿旺罗桑丹贝坚赞任亲教师，大修行者瑜珈自在师却藏・洛桑丹贝坚赞和下密院的欧然巴山丹坚赞二人为侍从，为驻锡于该寺年届 9 岁的七世达赖喇嘛噶桑嘉措剃度出家，授近事戒，赐名阿旺却吉扎巴图旦坚赞贝桑布。

据传，削发时，内有叶显狮子吼佛像的菩提树的大银塔法轮上发出五色光，直射佛殿南墙，形成一虹光圈，湟水河发出三次法螺声，在场活佛、喇嘛十分惊奇。受戒毕，噶桑嘉措向两位授戒经师献衣饰用具、黄金、白银等，供养颇丰。自此，两位启蒙授戒师轮流为七世达赖喇嘛讲授宗喀巴大师的正教法言以及密宗的灌顶、随许、导引、教诫等法，使他以听讲佛法为根本，来弘扬佛陀圣教，故恩德宏大。自此，察罕诺门汗与七世达赖喇嘛建立了密切的关系。据说，七世达赖喇嘛驻锡塔尔寺期间，阿旺罗桑丹贝坚赞曾邀请他到贵南茫拉上下秀龙的拉莫察罕诺门汗的蒙古包府邸内，传授他《噶当师弟问道录》（又称神变书）密籍及灌顶、教诫、经咒等密法。由于这一恩德，七世达赖喇嘛给他赐予"阿其图诺门汗"名号。

火鸡年（1717 年，清康熙五十六年），居昂部落与丹郡部落发生矛盾，引起民众仇杀，阿旺罗桑丹贝坚以察罕诺门活佛的身份与来此讲经说法的拉卜楞寺嘉木样协白多杰活佛出面调解，平息矛盾纠纷，订立了和解书，受到牧民的赞誉。清雍正年间罗卜藏丹津反清事件之后，清廷在青海设蒙古二十九旗，阿旺罗桑丹贝坚按照西宁办事大臣的请求，将所辖僧俗部众按照蒙古之制编成四个"达参"（佐领），成为汗旗一等台吉大喇嘛。

阿旺罗桑丹贝坚赞在拉莫德钦寺大兴讲、辩、著，闻、思、修之良好修学风气，从该寺先后出了两位夏玛尔班智达、几世修学高深的塔秀活佛和赛赤呼图克图。他还曾给湟源东科尔寺的阿旺索南嘉措、赤钦洛桑丹白尼玛、智干仓·阿旺洛桑丹增嘉措等名僧授戒。

阿旺罗桑丹贝坚赞曾五次赴卫藏求学，他严守清规戒律，勤学苦修，学识渊博，僧德高尚。最后一次在拉萨祈愿大法会上，他向与会僧人每人布施黄金、白银各一两，绸缎半匹，被誉为"拉莫大施"。返回故里时，他迎请了用檀香木雕刻的观音菩萨、度母、弥勒佛、宗喀巴大师、阿底峡尊者等珍贵佛像 300 多尊，供奉在拉莫德钦寺。

拉莫察罕诺门汗·阿旺罗桑丹贝坚赞于藏历第十二饶迥之土猴年（1728 年，清雍正六年）四月初八，在拉莫德钦寺圆寂，享年 69 岁。其遗体火化后，奉安于由巴图尔洪台吉做施主、用纯金制作的灵塔内。

罗桑南嘉

——遁世修行成就自在瑜伽士

夏哲智白旺秀·罗桑南嘉，意为“遁世成就自在师善胜”，于藏历第十一饶迥之金狗年（1670年，清康熙九年）出生在后藏札什伦布寺以南吉隆萨康玛夏尔地方。父名贡波才加，母名色毛勒。他出生时生相惹人喜欢，皮肤白里透红，浓眉大眼，唇红如莲瓣，齿白似海螺。据说他幼年时就已显露出家僧人的风度。在友人的劝请下，他少年时就被父母送到札什伦布寺，拜见了年仅8岁的五世班禅罗桑益西。因罗桑益西尚未受具足戒，不能任亲教师为他授戒，所以由闻思经院的大成就师罗桑贤巴为他剃度出家，授沙弥戒，赐法号罗桑南嘉。他在闻思经院以罗桑贤巴和加央曲培为师，始学文字拼读及法行、正理论启蒙等戒律和开发智力的经文；后转入学习摄类略论、因明注释等经典，由经师讲解，他自己熟读、理解后，才开始学习《因明七论》《中观论》《现观庄严论》《俱舍论》《律经四部》等属五部大论范围内的显宗经论。他为了弄懂每一部经论的意义，在常常向僧友请教的同时，还求教于经师，直到融会贯通为止。上师暗暗赞许他这种执着的学习精神。他每学完一部经论，尤其是摄类学和因明论，都自己先练习讲解，等熟练后，就与同僧立宗辩论，以提高自己的理解能力和辩经才能。有一次在僧伽法会上，他以摄类学立宗，与一位来自阿里的学者辩论，旁有该经院引经师和其他学者听他二人辩论，因他平时勤奋好学，功底深厚，二人辩得难解难分，十分精彩，博得了听众的鼓掌喝采。

罗桑南嘉学习经论有一个良好的习惯，就是善于广参博引。他学习修持广中略三种般若经论时，以弥勒著的《庄严论》为依据，与轨范师森格桑波所著的《庄严论注释》相对照；学习龙树的中观论时，与论师月称著的《入中论》和五世达赖喇嘛为该书做的注释本对照修学；学习“四种律典”时，与论师功德光著的《戒律论》和一世达赖喇嘛格敦朱巴著的《戒律论疏释·宝鬘》以及德勒尼玛著的《律经要义》等相互引证，提取精华部分，解决疑点难点，钩沉稀有理论，然后综合研究，总结出同一经论的不同版本及作者的不同观点，以加深对经论的理解，提高经论修养。这种修学方法虽很辛苦，但对他来说提高很快。之后，他在五世班禅尊前又聆听了《宗喀巴传》、巴沃论师著的《释迦本生广论》、《俱舍本论》、《律经本论》、《释量论疏》、《入中论》、《纳塘百法》、《朵马施供》、《菩提道次略论》、《文殊法类》等经典教诫；又先后从加央曲培、纳塘寺的洛桑成来、至尊贤巴贡波等师学习菩提道次甚深教导法、菩提道次第直观教授秘诀、恩萨巴耳传密法、中观正见等许多经论，经研习后全部掌握，并触类旁通。另外，他又师事格西洛桑才昂、成就自在师却吉嘉措、都增多旦嘉措、洛桑柔卓、出世师赤列曲佩等闻习修心七义论、恩萨巴文集、十一面观音灌顶法、修心善说论等益于修持的经教密法。

土虎年（1698 年，清康熙三十七年）正月，罗桑南嘉来到绛钦静修地请求恩师夏茸活佛准许他参加禁食斋（佛教徒断绝饮食以修苦行）的佛事活动。经恩师允许后，他于正月初七开始禁食斋，初八举行长净守戒仪式，并从师聆听了禁食斋实践仪轨等要法。从此，他每年举行一次禁食斋的苦修活动。解禁食斋后，他一面继续从师学习佛法，主要学习密宗方面的经典，如宗喀巴大师的《密宗道次第广论》、《五次第灯论》、《那若六法》、息结派玛吉拉珍的“断我执”教言、生起次第和圆满次第等，一面开始进行密法修持活动。火狗年（1706 年）七月十三日，他 37 岁时，由至尊罗桑益西任亲教师，补足比丘僧数，给他授比丘戒，成为比丘僧之列的一员，严守比丘僧的一切戒律；又从大师聆习胜乐、密集、怖畏、时轮、不动金刚大灌顶、无量寿佛九尊灌顶及多种修行法教诫等许多密宗法及灌顶法；从洛桑柔卓学习上乐大灌顶法、大威德集咒、黑文殊随许法、白伞盖灌顶、法王内外密三种随许法等，并对《密宗道次第广论》做了更深入的研习。后为了学到尚未接触过的密法，他从持金刚师隆智嘉措和持律师贡却二师学习妙音天女修行法、怖畏金刚生圆二次第教言、胜乐铃五神灌顶、生起次第悉地海、护法神酬补仪轨法、大手印教导、采精法、佛陀经典、噶当派青册等深广密法，成为密宗法渊博的密宗大师。

而后，罗桑南嘉与僧友觉敦结伴来前藏拉萨朝圣，先后朝礼了大昭寺、小昭寺、布达拉宫，并敬献许多供养；又到帕旺喀和扎西曲朗两处修习圣地广结法缘。这时普觉活佛闻知后前来求结法缘，请求罗桑南嘉讲传经法，他满足了普觉活佛的要求。他从拉萨依次经过喀尔多、叶尔巴、日沃格丹等修行地抵达热振寺，对该寺做了盛大供养，认为热振寺是噶当派的发祥地，是仲敦巴等大师加持过的圣地，也是宗喀巴大师驻锡、修习、写作《菩提道次第广论》的吉祥地，遂在该寺扎僧格雪（狮子修行洞）中闭关修炼。后因此处来往人多，不太宁静，他遂与色巴·罗桑诺尔布结伴前往杂日神山朝礼修行，从工布一路化缘抵达杂日。杂日地方有用唱道歌的方式进行朝圣巡礼的习俗，他到这里后想主要修炼息结派的“断我执”，就以“能断”为内容编道歌边唱边朝圣。他的道歌优美动听，故感化了许多朝圣修炼之人。随之，他找一处僻静地方专注于修炼，经过一段时间的修习后，又起身赴前藏沃喀和琼结地方修炼，并在沃喀献上曼札后进行祈祷，尤其在宗西寺的弥勒佛像前发盛大宏愿。在这个地方，他全神贯注地修习菩提道次第、大手印深法、方便智慧行等。这一段时期，他如同瑜伽自在师米拉日巴一样，独自一人在深山峡谷的岩洞中、茂密森林中、雪山之间云游修行。在琼结日沃德钦寺，他从该寺法王阿旺班觉聆习《嘛呢全集》教言、大悲观音的随许法、黑财神随许法、秋译师传出的白亥母随许法等密法,还从该寺法会上化缘而得到足够一月的糌粑。此时，他患足疾，并越来越严重，经该寺一名藏医治疗而痊愈。从琼结转赴卫藏之间的扎玛喀若静修地时，他又在此处一山洞中修习。因这里人生地疏，无人供食于他，他只好凭借持风息而修,如此身体逐渐消瘦下去,而内部所修功力却越来越强。虽然困难重重，然而他有足够的信心战胜困难，修炼的毅力毫未动摇。他从这里又先后到达那曲当（在今西藏自治区谢通门县境内）、欧曲却宗、定日、扎玛尔琼隆、库秀完宗、吉普尼玛宗等静修山寺修习。

水兔年（1723 年，清雍正元年）十二月初，53 岁的罗桑南嘉从西藏去尼泊尔朝圣。在这里，他朝礼了两座驰名中外的大佛塔后，到达摩勒金、聂香古尔达等静修地巡礼修习；从这里去夏绒喀雪和帕巴香耿两处修行地巡礼；从帕巴香耿去吉仲的半途中遇到强盗，将他随身物品抢走是小事，但重要的是将他佩戴在身上的银制佛盒和披单也不预而取，因这两件东西是慈母留给他的纪念物品，故不易忘怀。在吉仲修习时，一个名叫喇嘛拉宗的僧人来请他到江康寺，为寺僧讲授了《胜乐教诫》《噶丹大手印法》《修心七义论》《菩提道次第广论和略论教言》《密宗道次第广论之教言》等密法。在江康寺讲修 5 个多月后，他抵达具有加持力的梅朵党金圣地，这里有萨迦派高僧仁达哇住修过的岩洞，在此洞中，他先后闭关修习长达 3 年，获得了几种殊胜证悟，后到喀卓桑普（空行密修洞）修持四座瑜伽法，成为瑜伽苦行僧。当罗桑南嘉到处云游修行时，当时西藏摄政王颇罗鼐慕其名而遣人来请他去拉萨讲经传法，他一听是政界权贵派人来请，遂婉言谢绝。

金狗年（1730 年，清雍正八年），年已 61 岁的罗桑南嘉，再次去拜见他的授戒上师至尊罗桑益西贝桑布，师徒晚年相会的激动心情难以用语言表达。他聆听了上师语重心长的甘露之言，之后赴札什伦布寺谒见五世班禅大师，向大师敬献曼陀罗，又应札什伦布寺僧众之请求，为僧众讲授了《释量论疏》《入中论》及修心等经论。后来所到之处为僧俗讲经传法，广作善事。火蛇年（1737 年），他仍然坚持闭关修持，为他人讲传五世班禅大师的文集教戒等经法。据载，土马年（1738 年）和土羊年（1739 年）两年，他基本上在闭关修持中度过。

罗桑南嘉于藏历第十二饶迴之金鸡年（1741 年，清乾隆六年）三月初十黎明时分示现圆寂，享寿 72 岁。

他的主要弟子有译师拉宗洛桑郡乃、密宗博士益西格丹二人。

其著作有能断经注释、道歌、偈颂、圣地颂等。别人为他撰有《遁世成就自在师罗桑南嘉传·悉地之穗》。

他是菩提道上师传承中的第 50 位。

尖扎·阿旺却丹

——七世达赖喇嘛经师

尖扎·阿旺却丹，是西藏噶丹寺第五十四任赤巴，是七世达赖喇嘛噶桑嘉措的密宗经师。他于藏历第十一饶迴之火蛇年（1677 年，清康熙十六年）出生在青海尖扎噶莫浦地方。父亲名恰多扎西，是位囊索（寺院中的行政僧官）；母亲名保却吉。阿旺却丹小时候就聪明过人，记忆力颇强。别人念诵《三昧耶王经》和《大解脱经》时，他听受几遍即会朗诵，并能领会其经义。11 岁，他到夏琼寺，从当时担任该寺堪布的叔父阿旺次臣出家为僧，并受沙弥戒，法名阿旺却丹，并由叔父为他教习文字拼读和语法，不久即滚瓜烂熟，又学习“法行”、“二胜六庄严”短篇经文及“加行正理论启蒙”等经文，亦无难而会。

阿旺却丹 15 岁时，征得父母和叔父的同意，与人结伴赴藏修学。到拉萨后，他进入色拉寺杰巴扎仓学经，并拜该扎仓喇嘛坚参东珠为经师，开始学习《释量论》，接着聆习四世班禅大师关于般若经论的注释，以及印藏佛学家关于般若的许多经典论著，掌握了般若经论的基本要义。他 19 岁时学完了般若经，20 岁到桑普寺立般若论为宗巡回辩论。之后，他转入中观论的班级学习色拉寺杰尊·却吉坚赞著的中观论所有教程，后深入学习印度龙树师徒的中观论和宗喀巴师徒的中观论，经一段时间的刻苦研习通达了中观论学说。22 岁至 24 岁之间的 3 年中，他学完了“戒律论”和“俱舍论”，一举成为通晓显宗学的学者。25 岁，他在拉萨正月传召大法会上立宗辩经，取得了噶玉巴学位。

阿旺却丹为了效仿宗喀巴大师修学之宗风，到色拉寺山后的静修院拜大成就师珠康巴·格勒嘉措（1641 ~ 1713 年）为师，系统地聆习了《菩提道次第论》的广中略三论教言。珠康巴上师看到阿旺却丹聪明好学，理解能力颇强，一学即悟，将来会成为一位精通佛学、修学有素、对佛教做出贡献的人才，故对他精心培养。他对上师也十分恭敬，一听到杰珠康巴的名讳，即双手合十，勤奋侍奉供养。他为了受具足圆满戒而携带行装盘缠，辞别珠康巴上师去后藏札什伦布寺。入寺见到五世班禅罗桑益西大师尊颜时，他十分恭敬地献上哈达礼品，请求授戒。五世班禅也很高兴地同其他几位堪布一起为阿旺却丹授了比丘戒。受戒后，他拜别五世班禅大师，离开札什伦布寺，复往前藏，进入拉萨下密院，从下密院法王格敦彭措上师始学密续中“密集注释之秘诀导引”“母续之精要时轮疏释秘诀”“大威德金刚续秘诀面授法”等密宗经论，经研修后皆默记于心。27 岁那年的夏令安居期间，他请求密教师要到希拉康禅室静修密法，上师允许后他依法修习，同时向密教师处求学了“恩萨耳传密法”（又称“噶丹耳传”）、色密院传承密法、下密院过手传石秘诀等三种密法，又从在藏学法的一世嘉木样协白多杰大师学习了“菩提道导引”和“生圆二次第教导”以及灌顶法和随许法，还从一些格西求学了灌顶、教言、秘诀等密法。这时阿旺却丹的修密水平也达到较高的造诣。

阿旺却丹正在下密院修学密法之时，父母要他回乡省亲。他只好遵父母之命，回安多故乡看望父母及亲属，并送给父母八座善逝小佛塔做供养，给日嘎昂的妹妹也送八座如来小佛塔，让她顶礼供养。家人皆大喜欢。他还先后到夏琼寺、塔尔寺、佑宁寺和广惠寺朝圣巡礼，与寺僧立宗辩经。他在青海许多寺院中讲经、辩经、学经达 4 年之久，然后重返西藏。33 岁，他又从已出任噶丹寺第五十任赤钦的格敦彭措聆习“密集、胜乐、大威德”三法的生圆次第教导和宗喀巴文集教言等显密要法。34 岁时，西藏地方政府任命他为阿里地区托林寺法台。他奉命去托林寺担任住持时，看到当年大译师仁钦桑布主持托林寺时塑造的各种佛像，建造的佛塔、佛经及修学显密经论而建立制定的良好宗风，皆呈现出陈旧颓败之象，便想方设法，广积资金，动工将托林寺佛殿、佛像、佛塔修葺一新，又恢复讲、辩、著，闻、思、修的良好宗风，使托林寺重现昔日的兴盛景象。他任托林寺法台的 7 年间，为阿里三区的佛教事业做出了巨大贡献。在卸任托林寺法台，返回前藏时，他途经冈底斯山，朝礼神山。这里有噶举派的先哲们修炼时留下的手印石、脚印石随处可见。他在这里住修多日，嗱诵宗喀巴大师的显密正法，修持耳传密法，也在石上留下了清晰的脚印。经芒域吉隆地区时，他朝拜礼供了玛德桑布（即满愿观音，旃檀回音观音之一，是古代一著名佛像名）圣像。在吉隆普扎喀日绰山寺，他从四川理塘然绛巴洛桑曲科聆听了几种经法，又朝礼了华库的白玛曲顶寺后，再次来到札什伦布寺拜见了五世班禅大师，敬献以30匹良马为主的许多礼物。他在大师尊前聆习了《菩提道灯论》等多种经论之后，返回前藏，又从赤钦格敦彭措学习"胜乐本续"和"隐义普明"两论之本疏教言等。后来僧众、活佛诚聘阿旺却丹为下密院堪布，从而登上了密宗堪布的法座。这说明他的密宗造诣达到了很高的境界。在下密院，他以密院的创建者喜饶僧格为榜样，为学僧讲授"父续密集""母续总摄论""生圆指导"等密宗经论，从不间断。从火猪年（1707年，清康熙四十六年）至火猴年（1716年）任密宗堪布10年之久，很好地治理了下密院，培养了密宗方面的僧才，尤其将日趋颓废的讲授胜乐的传规重新恢复起来，深受经院活佛和僧人的称赞。

阿旺却丹52岁时，应请担任了七世达赖喇嘛噶桑嘉措学习密宗的经师。当时七世达赖喇嘛已移居到四川理塘噶达的惠远庙，他受命前去任教。他每天给七世达赖喇嘛讲授一部宗喀巴大师汇编的《集续四合大疏》和《续部注释》经论，按实际需要，还附带讲授秘诀、教言及灌顶法。冬季在讲授修习仪轨、修持方法的同时，他主要进行密法修持的实践。当七世达赖喇嘛入定修持后，他也进行修持。木虎年（1734年，清雍正十二年），章嘉国师到惠远庙看望七世达赖喇嘛时，他们已迁到新建的泰宁寺。在这里章嘉国师又向七世达赖喇嘛和阿旺却丹学习显密经论，尤其从经师阿旺却丹学习《集续四合大疏》和《五次第灯论》及竹巴噶举所传八种修法要诀等，受益颇深，因而赏给他"广衍教阿齐图诺门汗"名号。木兔年（1735年），阿旺却丹陪同七世达赖喇嘛从四川理塘返回拉萨，住进布达拉宫，继续传授甚深密法。

土羊年（1739年，清乾隆四年），七世达赖喇嘛已掌握了西藏地方的政教大权，他直接任命阿旺却丹为噶丹寺第五十四任赤钦。阿旺却丹63岁时荣耀地登上了噶丹寺的金座。从土羊年（1739年）至木牛年（1745年），任赤钦7年，他主持噶丹寺政教事务，为僧众讲经说法的同时，还利用时间去布达拉宫为七世达赖喇嘛传授"弥扎百法""大圆满法""那若六法""温萨耳传密法"等，任密宗经师长达24年，成为七世达赖喇嘛在密法方面的根本上师。

阿旺却丹曾先后到色拉山后静修地以及冈底斯山、甘波乃囊、达索扎嘎尔、佑扎岗日、日沃噶丹、帕旺喀等静修地闭关修持，在修习噶丹耳传密法、密集不动金刚、胜乐铃、大威德十三尊等密法时皆出现了不可思议的证悟。他70岁高龄时仍在不断学法、传法、修法。此时七世达赖喇嘛将原噶当派的祖寺热振寺贡献给他的经师，作为经师驻锡、学法、修法、传法的道场。后来此活佛成为热振呼图克图系统。

土龙年（1748年，清乾隆十三年），72岁时，在多哇·阿旺顿珠和德康·罗桑饶丹等的劝请下，阿旺却丹为了实现自己的宿愿，出资白银一万余银，为自己的母寺夏琼寺金塔殿顶铺设铜瓦镏金。他派侄子阿旺克珠嘉措代表他将银两送到夏琼寺，让寺院主持修建，还将在托林寺任堪布时七世达赖喇嘛赐予的饰有珍宝的金银宝座靠背也献给夏琼寺。这件宝物至今仍供在金塔殿中。

阿旺却丹于藏历第十三饶迥之金羊年（1751年，清乾隆十六年）八月初八上午，足结金刚跏趺坐，双手结等持印，正襟危坐而在热振寺入寂，享寿75岁。其灵塔安放在该寺佛殿中。章嘉国师曾为他作传，色拉寺麦扎仓堪布扎巴塔耶也为他写了一本略传。

土观·阿旺却吉嘉措

——清代驻京呼图克图

土观·阿旺却吉嘉措，意为“语王法海”，青海佑宁寺五大活佛之一，为土观第二世活佛，清代驻京八大呼图克图之一，亦称内呼图克图。

阿旺却吉嘉措于藏历第十一饶迥之金猴年（1680年，清康熙十九年），出生在今青海省互助土族自治县东山乡岔尔沟村新城沟自然村一户王姓土族人家中。

火虎年（1686年，清康熙二十五年），西藏噶丹寺第四十四任赤钦阿旺洛哲嘉措奉清政府之命，赴漠北调解蒙古喀尔喀部的土谢图汗与扎萨克图汗之间的纠纷途经青海时，阿旺却吉嘉措由母亲带领前往拜谒，受到阿旺洛哲嘉措的特别关照，并与他行碰头礼，又祈祷说：“愿你健康长寿！”此后，有传言说他4岁时能回忆起自己前生情况和前世土观的一些事迹。佑宁寺闻知有关他的种种传说后，前去岔尔沟认定他为该寺第一世土观洛桑拉丹的转世，择吉日，迎入寺内土观囊坐床，并以章嘉·阿旺洛桑却丹（1642 ~ 1714年）为师，出家受戒，法名阿旺却吉嘉措，受到章嘉活佛的教育和护持，学经于佑宁寺经院。相传，他在经院学习各种经典，读诵《般若波罗蜜多心经》

时，听到天空中传来念诵《般若波罗蜜多心经》的宏亮声音，因而他对空行见获得定解。自那以后，他每天唪诵《般若波罗蜜多心经》一遍。有一次，他看见天空中布满了藏文“阿”字，心中对见地的理解更加坚定，如尝到甘蔗那样香甜。他练习辩经时，开始时辩析理路不甚流畅，一夜，梦见一位仪表堂堂之人手执两把宝剑，一把剑柄上镂刻镶嵌，另一把未嵌柄，持剑者对他说：“我的这把嵌柄宝剑赏赐给你，你要妥善保存，等你学习深广教法时，再将这一把送给你。”次日练习辩经时，他的辩析理路即畅通无碍。此后，章嘉活佛给他传授了喜金刚灌顶法和大威德十三尊灌顶法。他还不断修习“生圆两次第密法”。年稍长，赴西藏深造，入哲蚌寺果芒扎仓，拜第一世嘉木样活佛阿旺宗哲（1648 ~ 1722 年）为师，系统学习显密经论，并曾师事当时的名僧第九世嘉赛活佛晋美益希扎巴、洛色林堪布罗桑金巴等，受多种密法灌顶，学习多种修法秘诀。此外，他还向亚卓贝上师学习藏文修辞学，向洛噶瓦学习医药医疗知识，后至日喀则札什伦布寺拜谒五世班禅大师洛桑益西，由五世班禅大师给他授比丘戒，并吩咐他说：“你回去后要为弘传佛法建立功业！”阿旺却吉嘉措在卫藏一心专注于密续之验修，从不考虑自己的名声，其学识犹如瓶内之灯光，从不外露。

土观·阿旺却吉嘉措博通显密，学识精湛，颇得嘉赛活佛赏识。嘉赛以佑宁寺寺主身份要求土观返回青海，并给佑宁寺僧众写了一封亲笔信，举荐土观担任法台，主管全寺政教事务。木猴年（1704 年，清康熙四十三年），年仅 24 岁的阿旺却吉嘉措就任佑宁寺第二十四任法台。当时佑宁寺部分年高资深的格西表露出不悦之色。他任法台 8 年，多有建树，曾整顿全寺学风，卓有成效。他自己也以身作则，常登法座讲授《菩提道次第广论》等佛学名著，钩玄提要，深入浅出，折服众僧。在他任职期间，佑宁寺寺规严明，学风蔚然，是最兴旺的时期之一。同时，他还注重寺院建设，曾依佛陀本生故事为主要内容绘制大经堂壁画，画面规模宏大，技艺细腻，独具特色，并用金粉涂饰所供诸佛菩萨身像，将所收布施全用于此项开支，耗资颇巨。壁画完工后，他请章嘉、嘉木样、却藏等活佛举行盛大开光仪式。金虎年（1710 年），由他和章嘉、嘉木样活佛共同努力，建成佑宁寺密宗学院，从而使该寺发展成今青海湟北地区最大的显密双修的格鲁派寺院。后二世章嘉呼图克图圆寂，遗体迎入佑宁寺，阿旺却吉嘉措广行供施，举荐法事活动。俟后，他到距今互助松多藏族村 4 公里的华严寺（俗称花园寺），在该寺一处极简易的经房中静修，迅速得到证悟，亲见了大威德金刚、三十五佛、十六尊者的圣容，并命该寺住持将三十五佛绘制或塑造在佛殿的墙壁上，然后返回佑宁寺。

土观与章嘉同属佑宁寺大活佛，又是哲蚌寺果芒扎仓的学僧，一直互为师徒，关系至密，加之土观·阿旺却吉嘉措佛学造诣高深，名望卓著，木羊年（1715年，清康熙五十四年），土观应康熙帝之召入京，朝觐后，帝甚喜，按照对待大呼图克图之例规，给他御赐薪俸和赏赐，封给“呼图克图净修禅师”名号，并赐印册，成为驻京呼图克图，还让他暂住东黄寺。金鼠年（1720年），清廷正式册封从四川理塘移居塔尔寺的七世达赖喇嘛噶桑嘉措。四月二十二日，七世达赖喇嘛从塔尔寺启程入藏，并由康熙第十四子抚远大将军允禵、平逆将军延信、公策旺诺尔布、额附阿宝、亲王罗卜藏丹津等青海十二王公共同率兵万余人护送。康熙帝于京城派遣土观·阿旺却吉嘉措为信使，以甘珠尔瓦大喇嘛罗桑慈诚为副使，一道来青海，护送七世达赖喇嘛，并向五世班禅大师洛桑益西颁送圣旨。土观一行在青海玉树通天河畔赶上七世达赖喇嘛及护送队伍，一同进藏。九月十五日，七世达赖喇嘛一行抵达拉萨，于布达拉宫举行坐床典礼。不久，五世班禅自札什伦布寺来会，土观向五世班禅大师呈献圣旨。此时入侵西藏的准噶尔军队已被清军赶回新疆一带，一度处于动荡的西藏局势渐趋平静。土观此次进藏，居留两年余，曾朝拜前后藏各大寺院，为拉萨三大寺的僧众熬茶布施，向七世达赖喇嘛、五世班禅大师等高僧大德敬献礼品，参加拉萨正月祈愿大法会，并讲经于各大寺，曾在哲蚌寺为千余人做大威德金刚四部灌顶。后来，他出任噶丹寺五十四任赤巴，七世达赖喇嘛的经师阿旺却丹（1677 ~ 1751年）和拉穆本洛南桑巴、密院堪布喜饶嘉措等名僧，均向土观授学多种密法。

水兔年（1723年，清雍正元年），土观从西藏回到北京，康熙帝驾崩，雍正帝即位，土观受到雍正帝崇信，敕封为掌印扎萨克喇嘛，奉命驻锡旃檀觉卧寺（即雍和宫）。雍正帝向土观详细询问了西藏情况，他向雍正帝奏报了数条“有利于西藏地方政教的重要建议”。不久，青海蒙古和硕特部罗卜藏丹津因失去西藏权力和地位而起兵反清，雍正帝派年羹尧和岳钟琪率大军征剿，青海的佑宁寺、广惠寺、东科尔寺、湟中丹麻寺等佛寺受株连被毁，连贵德等地的一些寺院也毁于战火。许多寺僧被杀，却藏·丹白坚赞、丹玛智钦等受嫌疑而遇难。一些逃脱的寺僧避居山谷，或改着俗装，就连年幼的三世章嘉若白多杰在管家等人的保护下，逃到浩门河畔的密林中避难。此时，雍正帝突然想起康熙帝与章嘉活佛的关系，即刻降旨道：“务必把朕的金刚大师章嘉大国师的转世灵童安全地护送到北京，不得有丝毫伤害！”年、岳二将设法从浩门河畔的深山里找到章嘉灵童后护送到京城。土观与之相见后喜不可言，一面教章嘉活佛学习藏文及经典，同时还教他学习宫廷中的各种礼仪。土观对罗卜藏丹津事件中被毁佛寺一事十分痛心，数年后，与三世章嘉积极活动于清廷上下，多次很策略地向皇帝进言，终于获准重建佑宁寺和广惠寺。雍正帝还从御库中拨给修建经堂僧舍的经费和寺僧每年需用的生活费，佑宁寺和广惠寺就是在这次重修后的钦赐寺名。青海佛教界一直认为，这是土观活佛的无量功德。据三世土观洛桑却吉尼玛撰写的《土观·阿旺却吉嘉措传》记载，当年一世嘉木样在佑宁寺创建密宗经院时，土观·阿旺却吉嘉措曾预言："日后还需要你恢复这个经院。"后果应预言所说。事件后重修佑宁寺的过程中，嘉木样活佛经二世土观多次祈请，重建了密宗学院。土观活佛赐赠大威德立体坛城和密法灌顶所需资具，进一步完善密修规制，使其学修制度很快得到恢复。

土观·阿旺却吉嘉措驻京期间与雍正帝关系极为密切，二人推心置腹，有时甚至同居一室。金狗年（1730年，清雍正八年）八月，京城地震，雍正帝恐惧心慌，一直与土观同居一室，甚至他在寝宫内还挂有土观绘制的自身像，并云："有汝在侧，朕觉安稳。"夏日炎热，雍正帝让他移居御花园避暑，随时请教佛法，膳食由御膳房供给，寝具及衣物皆由雍正帝御赐。雍正帝极其眷顾，任其畅游在湖池、苑园、亭榭之间。同时，土观·阿旺却吉嘉措是章嘉·若白多杰在京时的主要经师，他向章嘉传授各种经教、灌顶法、教导和随许法，为章嘉成名起过重要作用。章嘉曾多次赞颂土观经法高深，讲解不同一般，对于"慈氏五论""中观理聚六论""菩萨行论"和《律经》等尤为通晓；他学识广博，却毫无骄慢之心，从不夸夸其谈；人格高尚，从不附炎趋势，唯利是图，皇帝对他如此尊崇，而他却从不炫耀；矢志拯救众生脱离苦海，常为国泰民安诵经祈祷；在学法修法方面，他最注重修证，每日必习皈依发心，上师瑜伽相应法，念诵大威德金刚十三尊修习法根本真言五千遍，静猛合修羯磨真言和《般若波罗蜜多心经》各千遍，抛施各种食子；他精通四部灌顶、红色大威德、那若空行、金刚手甘露滴、文殊五字、无量光佛等多种本尊修证法；每月初十，必行供养和坛场会供仪轨；其衣、食、住、行皆依照续典瑜伽威仪；他好善乐施，从不悭吝钱财，布施所得常用以赈济穷人，或用于制作佛像、佛塔、佛经的费用。木虎年（1734年）四月，雍正帝授予他"净修禅师"名号，并赐印信及汉、满、藏三种文字合璧的敕书一道。敕书中称赞他"秉性和善，梵行精纯，通晓佛典，教证圆满"，为清廷"效力多年，任劳任怨"，"弘扬佛法，不遗余力"，还提出"望汝感念朕恩，尽力弘法，不懈不怠，以善巧方便教化信奉小乘之三界众生，使之进入大乘，让俗人尽皆信奉佛法。遵照历辈先帝及朕之心愿，使佛法更加弘扬广大"。据说这是清王朝中黄教喇嘛受封禅师并赐印信的最先一例。在此前后，雍正帝曾赐他九龙黄座褥、绣龙靠背、绣龙黄垫，并将自己佩戴的八宝御带、自己穿过的元狐氅等珍贵物品赐给他。据说仅这条八宝御带，缀饰四颗红莲宝石和百余粒豌豆大的金刚宝石，价值可抵银万两，另多次赠给金银、珠宝、绸缎、稀世珍玩等，礼遇殊渥。

由于土观·阿旺却吉嘉措与清廷的特殊关系，他在处理雪域藏区民族宗教问题方面的许多建议被清廷采纳实行，为18世纪西藏的和平安定做出了杰出贡献。另外，在他的请奏下，雍正帝敕封拉卜楞寺嘉木样活佛为“掌教经法额尔德尼诺门汗”，敕封青海佑宁寺却藏活佛为“咯锦都图萨拉克齐诺门汗”，均颁赐敕书和印信。土观·阿旺却吉嘉措驻京期间，与蒙藏僧俗上层广结法缘，联系密切。蒙古地区的呼和浩特席力格图呼图克图、乃济托因呼图克图、咱雅班智达、希哇活佛、旺钦诺门汗、丁科班智达、格勒曲杰、央恰喇嘛等著名活佛上师，有的是他的亲传弟子，有的是受过他的教诲。当时内蒙古四十九旗、察哈尔八旗、喀尔喀八部的王、贝勒、贝子、公等几乎无一不是他的施主，其中喀喇沁郡王伊达木扎布与他关系最为密切，另与鄂尔多斯的杭锦贝勒、阿拉善和青海诸蒙古王公亦有广泛联系，其影响深远。

雍正末年，土观告假回青海，但未能成行。火龙年（1736年，清乾隆元年），土观获准返回青海。乾隆帝赏赐丰厚，赐给骡子80头驮运行装经籍。回佑宁寺后，他出资铸造了一人身量的宗喀巴大师等身像、大威德十三尊铜像，耗资白银千两，还制作精致坛城一座，用优质锦缎制作跳乾用的舞衣40件。

土观·阿旺却吉嘉措于藏历十二饶迥之火龙年（1736年，清乾隆元年）二月初五在佑宁寺后山的静修地圆寂，享年57岁。喀喇沁郡王伊达木扎布献千余两白银制成舍利灵塔，在静修地空行寝宫中供奉。土观·阿旺却吉嘉措著有《俱舍中所说世间之建立》、《丹珠尔目录》、《诗镜意义修饰词三十五种例说》、题记、愿文等，计为一函。

普觉·阿旺强巴

——拉萨三大寺讲经师

普觉·阿旺强巴，意为“语自在仁慈”，为今西藏昌都地区一苦修高僧、知识渊博的佛学家、拉萨三大寺的讲经师，曾受命担任过八世达赖喇嘛的经师。

普觉·阿旺强巴是西藏昌都人，其家族据载是吐蕃赞普赤松德赞之大臣朗·康巴果恰之后嗣乃东协俄扎那氏，即随从萨迦法王八思巴抵康区时的侍者，于当地有贾喀阿努、萨岗第巴、益达第巴、乃多第巴等后裔。乃多第巴之后代为扎玛阿努、贡丹、鲁贡杰、拉旺等。其中拉旺有二子，长子阿努帕巴、次子拉本。长子阿努帕巴是普觉·阿旺强巴之生父，他有勇有谋，对西藏做了许多有益之事。普觉的母亲扎西措，贤慧、勤劳而善良。阿努帕巴和扎西措有子女七人，普觉排行第五。他于藏历第十一饶迥之水狗年（1682 年，清康熙二十一年）出生。他孩提时的名字叫德却松，为噶举派喇嘛扎西彭措所赐。

德却松 7 岁时，由伯父图朵旺秀曲郡嘉教习拼读识字，发奋不已，所学娴熟。此时，他间或为俗人家举行唪诵经忏法事。木狗年（1694 年，清康熙三十三年），伯父才旺扎喜带他到昌都寺，从昌都寺大活佛帕巴拉·嘉哇嘉措弃世俗而出家为僧，披上袈裟，受沙弥戒，法名阿旺强巴。他离乡去出家时，父亲十分严肃地说："我们是塘喀人的后代。在历史上，我们家族在昌都落户后没有出过人才，你如果学无成就，那就别来见我！"他将父亲之言铭刻在心，在昌都寺学习佛经、法乐及跳神舞等学科时，十分刻苦认真，不久即能熟练地掌握了念经音韵和法乐的吹打弹奏，以及跳神的各种舞姿。在举行定期供献抛撒朵马（施食）时，他亦能演奏法乐，起舞跳乾。14 岁时，他看到然绛巴·桑丹等人拍掌辩经的热烈场面，他们精通所辩内容，双方对答如流。他从心底里十分敬佩这些辩经师的学识和辩才，于是暗暗下决心向他们学习，要通读显密诸论，不仅要流利地读诵经卷，而且要深悟其中经义。15 岁，他前往拉萨圣地。在辞别帕巴拉上师时，上师教诫道："昔日，有个名叫拉托金巴的僧人，其本质很好，只因耐不得寺院的清苦，乃北上为俗家诵经，法缘未能圆满，你切莫步其后尘，应当严谨虚心，专心求学，贯彻始终，俟后归来，做一楷模。"他牢记上师教诫，携 7 位友伴同往拉萨圣地，投入色拉寺杰扎仓，拜大学者阿旺嘉措和善知识洛桑坚赞为经师，开始攻读摄类学、般若、中观、律经、俱舍等显宗经论。通过辩经考试，他取得了噶居巴学位。据说噶居巴学位是凭他坚强的毅力，克服重重困难而取得的。在色拉寺学经期间，他的生活来源匮乏，不要说喝酥油茶，就连糌粑也接济不上。他常常忍饥挨饿，食不果腹，僧衣褴褛，但清贫的生活困境丝毫没有动摇他学经、辩经的意志，依然专心致志攻读经论，勤奋闻思正法。对他的清贫生活，一些僧友和上师给予同情和资助，如藏巴·曲扎看到他饮食粗淡，袈裟褴褛，于心不忍，虽自己家境不甚富裕，但也常邀请他到自己家，不断供给食物；比较富有的洛巴然坚巴·洛桑金巴给予他资助；贾且比丘仁增自己穿着旧僧裙，而将一条僧裙赠送给他穿用。在中观班辩经时，见他双膝裸露，学者桑旦伦珠将他请到自己家，以茶食热情招待，并馈赠裙裤于他。他的学经求法生涯就是这样度过的。

六世达赖喇嘛仓央嘉措莅临色拉寺时，正值阿旺强巴与色美格西嘉绒温琼在前排起座辩经。阿旺强巴的学识和辩经才能博得众僧称赞,有的僧人扬着僧帽大声为他喝采。仓央嘉措看了精彩的辩经后，对阿旺强巴的善辩才能也很赏识。21 岁，他参加阖寺林塞学位辩经时，僧众的助威声此起彼伏。

木猴年（1704 年，清康熙四十三年），23 岁的阿旺强巴赴后藏，到札什伦布寺拜见五世班禅罗桑益西，并由五世班禅大师任亲教师和轨范师，大学者经师索朗扎巴为屏教师，于足数之比丘僧众中受具足戒（比丘戒），还从五世班禅大师闻习了一些经法。他受比丘戒后复去拉萨，勤于闻思，又从珠康巴・格勒嘉措上师聆习菩提道次第、修心七义论、噶丹大手印法等显密经典,成为显密融通的学者。25 岁时,适逢火狗年（1706 年）正月神变祈愿大法会，他遵上师珠康巴之命，参加大召法会辩经活动，经几天的辩论，终于取得了好名次，获得了拉然巴格西学位。当时僧侣们敬佩他能言善辩，侃侃而论的学识才能，并争相效尤。祈愿大法会结束后，他向上师珠康巴请假，到拉萨北郊色拉寺后山上的普布觉小寺静修。其间，在然坚巴・洛桑金巴的资助下，他盖起了一间不违律经经典之简陋茅屋。自此，他常住普觉日绰修行，故僧人们称他为普觉喇嘛，并在他的法名前冠上了普觉二字，全称为普觉・阿旺强巴。经修持，他得到了证解，成为修证士后，又从珠康巴上师闻习了要学而尚未学到的佛法。31 岁时，珠康巴上师圆寂，他怀着十分沉痛的心情为上师进行了隆重的举荐法事仪式。

木马年（1714 年，清康熙五十三年），由于普觉修证士在学业和修习两方面皆取得较大成就，为弘传佛法，他从 33 岁始广转法轮。初时，闻法僧俗只有 40 多人，后逐渐增加，前来听讲的弟子达上千人。48 岁时，昌都寺派人来邀请他担任帕巴拉转世灵童的经师。土鸡年（1729 年）十月，他抵达昌都强巴林寺，任帕巴拉小活佛的经师，悉心教经培育。在昌都寺任教近一年后，他于金狗年（1730 年）十月经北路又前往拉萨，先后在拉萨上下密院、后藏札什伦布、纳塘、聂塘等寺讲经弘法，还充任一些地方头人和喇嘛的上师，宣讲显密经论。60 岁左右，他用弟子和头人们的布施，兑换成金银，用金银为普布觉小寺制作了佛像、佛塔、佛经，供奉在该寺佛堂内。这座寺虽小，但历史悠久，最初由采巴噶举创始人采巴・祥・尊哲扎巴在形状似金刚橛的山崖上修建了普布觉寺，寺名由似金刚橛的山崖而来。后来由珠康巴・格勒嘉措（1641~1713 年）来到该寺后，在原有的一些小白塔的基础上扩建了此寺。普觉・阿旺强巴应拉萨噶丹、哲蚌、色拉三大寺之邀，轮回讲经，深受众僧的欢迎，成为三大寺主讲经师。金蛇年（1761 年），他 80 岁高龄时，乾隆皇帝闻其名而任命为八世达赖喇嘛绛白嘉措的经师。

当时除八世达赖喇嘛外，他门下弟子中有互授正法之章嘉·若白多杰、班禅·贝丹益西、雪·东约克珠等，还有贾策·德莫活佛、嘉木样协白多杰、嘉色活佛等弟子无数。普觉如众星捧月，成为许多活佛和喇嘛的经师。他没有辜负父亲和启蒙上师帕巴拉、经师珠康巴等人的期望，成为了当时佛教界的知名人士，也成为昌都地区的著名高僧。

当普觉主持用金汁缮写的《甘珠尔》大藏经大部分已完成之时，于藏历第十三饶迥之水马年（1762 年，清乾隆二十七年）八月初二子夜，由于患泌尿症而医治无效，在普觉寺自己的茅屋中示现圆寂，享寿 81 岁。

普觉的著作有《大宝史事善篇释·善巧正道》《达仓译师答辩书·金刚微尘》《道歌篇》《佛像、佛塔、佛经制作志》《文殊教言断证》《寺规次第》《四大寺及上下密院创建史·白莲鬘证士修心论》《致颇罗鼐索南多吉之教诫》等三十余种，辑为三卷。

色钦曲杰·金巴嘉措

——远东车臣法王

金巴嘉措是清太宗皇太极的应供喇嘛，为今青海民和“巴周丹巴达杰林”（俗称巴周寺或弘善寺）的移建者。按巴周活佛传承系统计，他为第六世。前五世系追认活佛，从巴周寺的形成算起，他应为第一世。据《安多政教史》载，金巴嘉措是西藏聂塘寺附近人氏，其生卒年已失载无考，但与五世达赖喇嘛是同时代人。金龙年（1640 年，明崇祯十三年）前，他在五世达赖喇嘛处供职，还是札什伦布寺的著名活佛。金巴嘉措的一生与时代的变迁联系在一起。当时，他所处的时代背景是明王朝江山摇摇欲坠，以皇太极为首的清王朝在东北和蒙古地区兴起。而在西藏，噶玛噶举派执掌政教大权，并与康区的白利土司结成联盟，立誓要摧毁拉萨三大寺，消灭格鲁派。四世班禅和五世达赖喇嘛的处境十分困难，欲借助蒙古厄鲁特部固始汗的兵力击败噶玛政权和白利土司，以巩固格鲁派地位。当时固始汗也雄心勃勃，欲向外扩展势力。格鲁派上层遣人来求援助，固始汗意识到机会难得，遂答应了求援，并以扶植格鲁派为名兵发西藏，击败了噶玛政权和白利土司，占领了西藏，建立了以五世达赖喇嘛为法王的噶丹颇章政权。不久，固始汗登上了统治全藏的政治舞台。

五世达赖喇嘛、四世班禅和固始汗都以政治家的敏锐眼光觉察到形势的发展变化，为了及早与清王朝建立关系，经商议决定派以固始汗之侄鄂齐尔图的儿子伊拉固克散呼图克图和色钦曲杰·金巴嘉措为首的使团去东北盛京（今之沈阳），一面与皇太极通好，一面弘传佛法。水马年（1642 年，明崇祯十五年，清崇德七年）十月，使团抵达盛京，受到隆重接待。皇太极率领亲王、贝勒、大臣等出怀远门迎接，还亲自对天行“三跪九拜之礼”。入城后，皇太极于崇政殿设两座与御座之右，让伊拉固克散和色钦法王就坐。当使团献上五世达赖喇嘛书信及黄绸缎、氆氇等贡物时，太宗起立接受，又命古式安布宣读五世达赖喇嘛及土伯部藏巴汗的来书，乃赐茶，并设盛宴款待。使团在盛京居留了 8 个月，除了皇太极多次赐宴于崇政殿外，还命八旗诸王、贝勒各具宴请，每五日一宴。期间，色钦法王·金巴嘉措被皇太极尊为应供喇嘛，经常给君臣和皇室家眷讲经说法，且与未来的皇帝顺治接触较多，并对他预言说：“汝如能尊崇供养宗喀巴之圣教，做其施主，将于某年某月某日，您可成为转轮王（意即可得天下）。”使团离盛京临行时，皇太极赐给大批金、银器具，绸缎，朝衣等，给西藏的五世达赖喇嘛、四世班禅、噶玛噶举派活佛等和固始汗、藏巴汗都写了书信，赠送了礼物，诚心建立了友好关系。

水羊年（1643 年，明崇祯十六年，清崇德八年）八月，皇太极崩逝。木猴年（1644 年）三月十九日，李自成起义军进入北京，明朝灭亡，清军乘吴三桂献山海关之机攻入北京，藏历五月初一，顺治登上皇帝的金龙宝座。时势的发展正如色钦曲杰·金巴嘉措的预言一样，于是顺治皇帝极为崇信格鲁派教法，下诏书派人迎请金巴嘉措到北京，尊为受供喇嘛，让他在京师弘传佛法，参与政教事务。顺治帝在皇宫紫金殿中供一佛塔，塔内装有金巴嘉措献的一幅《吉祥天女》唐卡。为保大清江山永固，金巴嘉措奉旨于金兔年（1651 年）在万岁山广寒殿的废墟上建起了一座藏式风格的白塔。白塔高 35.9 米，下部砖石须弥座上为三层圆台，中部塔身为覆钵形，也叫十三天，顶部覆铜制镏金宝盖，上有仰月、宝珠。塔身南面是红底黄字组成的藏文图案，即十相自在文。塔前建白塔寺，又名永安寺，塔旁有《白塔山总记》碑，因在岛上建了藏式白塔，万岁山也就改名白塔山了。金巴嘉措在白塔寺中塑造吉祥天母及其侍从像三尊。这是北京城中藏式建筑风格的佛塔之一。据《白塔记事》载，白塔于土鸡年（1669 年）和火羊年（1727 年）两次因地震而塌毁重修。1976 年唐山地震时，塔刹被震坏，又一次大修，重修后，塔四周置汉白玉石栏围绕，塔前建有普因殿。据《藏族历史年鉴》载，火马年（1785 年），一件绸制天降神物自空而降落于塔顶刹杆之顶的日月宝鉴上。行人睹此景后皆惊叹不已。这座白塔就是今天北京市北海公园之白塔。这座白塔不仅成为藏传佛教与清廷关系史上的一座丰碑,而且成为现代北京的一座标志性的藏式建筑。藏历金兔年(1651年),顺治帝敕令金巴嘉措在明朝东苑的崇之宫旧迹上建造一座藏传佛教寺院,并敕赐寺名“普胜寺”,作为金巴嘉措在北京的驻锡寺。水龙年(1652年),金巴嘉措又奉旨为五世达赖喇嘛来京居住而在北京安定门外兴建了一座西黄寺,寺内塑造了佛像、佛塔。为五世达赖喇嘛来京,他鞍前马后地做接待工作,在顺治皇帝和格鲁派的关系中金巴嘉措起了不容忽视的作用。

色钦法王乘护送五世达赖喇嘛返藏之机,于水蛇年(1653年,清顺治十年)二月,前往安多,将青海民和境内的巴周寺(弘善寺)进行了移建,形成一定规模的格鲁派寺院,之后复返京师供职。他曾任锡勒图库伦喇嘛旗的第三任旗长,该旗的蒙古族和其他民族的属民皆称他为王爷,他同时兼任该旗扎萨克达喇嘛。早在藏历土虎年(1638年),实胜寺在沈阳落成,显示清统一蒙古地区的胜利。色钦法王曾驻锡于实胜寺,该寺为清军入关前盛京(沈阳)最大的佛教寺院,当地俗称皇寺或黄寺。据《盛京通志》《沈阳县志》记载,皇太极时期,听从大喇嘛(指色钦法王)的建议,于盛京城四门外各建一寺,每一寺前各建白塔一座。东门外建有永华寺,俗称东塔;西门外建有延寿寺,俗称西塔;南门外建有广慈寺,俗称南塔;北门外建有法轮寺,俗称北塔。各寺中还建有钟鼓楼、碑亭。设大喇嘛一人,喇嘛十七人,并刻有“敕建护国寺塔记”。据说这四座寺庙是为后金(清朝)夺取全国政权而从佛教方面做舆论准备的。从努尔哈赤到皇太极,在盛京一带共建有影响的喇嘛寺院七座,将格鲁派教法在东北一带弘传开来,而东北一带的喇嘛和信徒群众也称色钦法王为“东北车臣法王”,在东北一带有着广泛的影响。清顺治帝格外器重他,封他为灌顶国师。在巴周寺白氏家族中收藏的一方黄色软缎上,我们可以看到钦赐的敕书为“钦赐灌顶普慧弘善大国师”,左为“龙飞大清”,落款“顺治元初”。顺治帝还敕建巴周寺(今青海省民和回族土族自治县境内的弘善寺),钦赐“弘善寺”匾额,赐印册、法冠、朝衣、佛珠等。木羊年(1655年),色钦法王金巴嘉措提出辞职,经顺治帝准奏后,留居锡勒图库伦旗,在此期间,他监造了吉祥天母神庙。这是库伦喇嘛旗的一座护法神庙,他将五世达赖喇嘛赐给的一幅吉祥天母画像供奉在护法神庙中。

火鸡年(1657年,清顺治十四年)二月二十日,色钦法王在锡勒图库伦喇嘛旗圆寂,遗体火化后塔葬。按色钦法王生前遗愿,在吉祥天母庙院内西南角建造一座灵塔,称色钦诺门汗塔。其中,一部分骨灰被青海民和巴周弘善寺的喇嘛迎回该寺后,制作了一座高一米左右的纯银灵塔，奉安在弘善寺。

该活佛系统到清康熙年间，多活动在东北一带，官封远东自在王僧职，加封呼图克图，敕赐“慈云殿”匾、七星宝剑、印绶、法衣盔甲（用珊瑚、翡翠、玛瑙等镶成）、九龙鲨鱼皮马鞍等珍贵物品。现仅存印绶三枚、佛珠两串。

墨尔根喇嘛·阿旺罗哲

——具有性空神通的大喇嘛

墨尔根喇嘛·阿旺罗哲，其生卒年不详，约17世纪人，出生在蒙古准噶尔乌格隆地方。少年时，他拜饶绛巴呼图克图为师，学习蒙藏文字及常用口诵经文。随着年龄的增长，他对求学佛法的欲望也更高，后离别蒙古漠北大沙漠，背负行李，前往西藏求学佛法。抵达拉萨后，他投哲蚌寺果芒扎仓拜师学经，攻读佛典。当学到《般若经广论》时，他认为自己的佛学水平已相当高深了，遂产生了骄慢之心，放松了学习，但经几次挫折后，才逐渐意识到自己的骄慢是由无知和愚昧之因所致。为了调伏自己的身心，他来到格培日绰山寺附近的一间旧房子里，独自修习上师瑜伽他空见地法。据说有一天，他正在生火烧茶之时，想起性空见地的意义，突然明显地领悟了性空。此时，对他来说，房屋、墙壁和自己的身体什么也看不见，四周皆空，他自己也害怕起来，疑惑地站起来想出去，眼前却什么也没有，但能毫无阻碍地走来走去。这时在近处山坡上的一位放牧老人，开始看见屋顶冒炊烟，随即看见一个身穿袈裟的僧人不受屋墙的阻碍，随意进出。老牧人疑惑不解，想到：“要是房子没有门才穿墙而过，房和门俱在，如何屋墙无阻？实是可笑而又稀奇。”于是他抱着好奇心去看个究竟。老牧人带着牛奶走近房前，大声喊道：“我是来送牛奶的。”听到这一声喊叫，墨尔根喇嘛忽然又能看见东西了，他打开门请老人进屋，老牧人进屋环视四壁皆无异常。墨尔根将牛奶倒入茶中煮沸后让老人喝，老人喝茶致礼，因为他亲眼见到了证得性空的比丘僧，高兴地返回山坡放牧。老牧人对附近的静修僧们讲述了这位比丘僧无阻无碍地穿越屋墙的奇事，附近的静修僧们才知道墨尔根喇嘛是一位已获得性空见地证悟的比丘僧。

墨尔根喇嘛在这里修习了一段时间后重返哲蚌寺，并在经师敏珠尔法王尊前请求道："我产生了这样的征兆，可能是坠入了断边。如果真坠入了断边，那我永远也不能脱离地狱。请师明示。"敏珠尔法王说："我还没有得到空性证悟，所以也说不出什么。据说后藏色地方的色密宗经院的金刚持上师是一位获得性空见地证悟的喇嘛，你可到他那里去求教，或许能解决你的疑问，乘骑和盘缠由我供给。"于是，敏珠尔法王赐给他马匹和路费，让他前去。墨尔根喇嘛来到色密宗经院时，金刚持上师正在给广大学密僧人讲经说法，他将发生在自己身上的事情向上师呈述了一遍，金刚持上师只微微一笑，又从身边拿起一册经书递给他说："我正在讲经，你先喝茶，细读此书，等我讲完经你可来问我"，又对索本（司膳士）说："用茶好好招待这位客人！"墨尔根喇嘛见金刚持上师让他读的虽是一本普通经典，但还是认真地看了一遍，心中的疑团顿然云消雾散，心境明朗了，也安然了。金刚持上师看到墨尔根喇嘛的疑团已解，为他获得如此殊胜证悟而感到十分高兴，对他说："现在除了这卷经书外，我再也没有多余的话可说了。"之后，金刚持上师对墨尔根喇嘛亲传了许多经教和甚深密法，并加以护持，使他成为雪域普遍传颂的"色密院师徒五尊"之一。

甘南拉卜楞寺嘉木样协白多杰曾闻墨尔根喇嘛之名而向他聆习过佛法。墨尔根喇嘛还把自己住修过的那间简陋禅室赐给嘉木样活佛。当嘉木样再次翻修禅房时，因门是墨尔根喇嘛亲手制作的蒙古包式的小门，因"这是一个有象征意义的门"，故保留原样而未动。嘉木样协白多杰在那间禅房中住了很长时间，潜心修习体验，认为这是上师住修过的极有加持力的地方，因而在这里著述了中观、释量论疏等方面的著作，并给那间禅房取名为"空行幕室"。

墨尔根喇嘛在他年富力强之时，为了让更多的蒙古族僧俗学习藏传佛教的教法及经文，他将宗喀巴大师《菩提道次第广论》等几部经典名著译成蒙古文，让人带到蒙古准噶尔地方刻印发行，为在蒙古弘传佛法做了一大贡献。他自己在西藏学法、修法、弘法直到晚年，僧侣们常看到他手持佛珠捻动计数，问他道："你是否在计算念诵经卷的数字？"他说："我计算那么多经卷干什么，我是在计算皈依三宝的次数。"可见他一直到生命终点时仍在皈依三宝，是一位虔诚的佛教信徒、具性空证悟的比丘僧。

卓尼·阿旺程列嘉措

——卓尼崇梵净觉禅师

卓尼·阿旺程列嘉措是甘肃甘南卓尼地区杨土司家族第10代土司罗桑东珠（汉名杨威）之次子，于藏历第十二饶迥之土龙年（1688年，清康熙二十七年）出生。他少时从持律师阿旺索南出家为僧，拜汉族黎先生为师，学习汉文写读及著述。在上师的精心培育下，他进步很快，几年间就掌握了汉文文章的写作技巧。他所撰写的文章含义深奥奇妙，文辞优美，其微言大义决非一般文人所能表述言传，据说当时许多号称汉文博学之士也难以理解其义。汉文程度达到相当水平后，他又拜年藏巴为师学习藏文，一年之中，对许多常诵的经文背得滚瓜烂熟，并理解经义。同时，他又从比丘僧贡却嘉措学习藏文书法，既擅长楷书，又精于行书，字体优美，出神入化，是书法艺苑中不可多得的艺术作品。火猴年（1716年），他随承袭土司的兄长杨汝松赴京觐见康熙帝，康熙帝见其通晓汉藏语言文字，知晓佛法，道性高尚，遂封他为“崇梵净觉禅师”，敕赐“禅定寺”匾额。从此卓尼寺[1]又称禅定寺。在《安多政教史》和《雪域历代名人词典》中也记载有他“朝觐康熙皇帝时，敕封为大国师，赐僧帽、匾额、金印等”。随着阿旺程列嘉措声誉的提高，卓尼寺的名声也传遍雪域。阿旺程列嘉措知书达礼，通晓僧俗之规和礼仪，因此佛教上层人士和官员，乃至属民百姓都十分敬重他。他从京城返回时，为寺院迎请了许多佛像、佛塔、佛经等圣物。

汉藏文和佛学水平已达到相当程度的阿旺程列嘉措认为有许多必须学的显密经论尚未学到手，于是从古尔雅·阿旺坚赞学习了宗喀巴大师的《菩提道次第广论》和《密宗道次第广论》等许多经法，从这位师长的弟子裕固哇·洛桑雅佩学习文法《三十颂》和《音势论》，从本寺大学者卓尼·扎巴协智学习五明论中的《诗镜论》《声律学》及佛学方面的灌顶、诀要等法；从恰格轨范师闻习四世班禅大师文集的教言，从当时任卓尼寺法台的嘉样格勒和达仓轨范师、拉科轨范师等求学了许多关于真言咒语的疑难部分及广博深奥的密法。经长期研习、修持，他对内外诸明无不精通，成为一位博学之士。

为了卓尼寺的兴盛，让僧人有一个讲经、学经、辩经的道场，木马年（1714年，清康熙五十三年），阿旺程列嘉措为寺院献白银1500两，修建了一座显宗学院的经堂；土鸡年（1729年），兴建了密宗学院，又以1000多两白银兴建了一座释迦牟尼佛殿，用2000两白银购置了《甘珠尔》大藏经供奉于释迦牟尼佛殿；后用500两白银创建了胜乐殿；约在乾隆初年建萨里哇扎仓（天文学院）和崇巴扎仓（法舞学院）；后从西藏拉萨迎请了一套卫地版《甘珠尔》大藏经和一套北京版《甘珠尔》大藏经，从而使卓尼寺发展成为一座正规的格鲁派大寺，寺僧最多时达3000余人。火羊年（1727年），慈母谢世，为了超荐，他向甘青各寺及卫藏许多寺院施舍了许多布施，以1000两白银修葺弥勒佛殿；在鲁琼、纳合多、贡索等寺修建了神佛殿和经堂。当察多寺和恰格寺兴建经堂时，他也做了资助。为了培育僧才，他在卓尼、贡索、纳合多、鲁琼、图仓、岷州、林洒尔等寺巡回讲经传法，建立学习法会，并让密宗师扎巴尊哲讲授生起次第和圆满次第密修法。他在贡索寺于藏历四月十五日、纳合多寺于藏历六月初四，每年定期向僧众供养布施，形成定例。他还用数千两白银购买冬纳土官的豁卡庄园，作为卓尼寺密宗学院的供祀费用基地；据说还用8000两白银为寺院各佛殿、经堂、学院添置了佛像、佛塔、佛经以及法器、供器等无数。该师在晚年日常念诵《上师瑜伽颂》《供养上师颂》《祈愿颂四圆满》《菩提道次第指引》等，密宗方面常诵胜乐、大威德、密集三本尊生起次第，另外还唪诵《药师经》《现观庄严论》《入中论》《佛说文殊师利一百八号梵赞》《普贤行愿品》《长寿经》等百法施食，从不间断。

卓尼·阿旺程列嘉措于藏历第十二饶迥之土马年（1738年，清乾隆三年）在卓尼寺圆寂。扎巴协智主持了其遗体的火化仪式，并建造灵塔，将骨灰和尸骨中生出的舍利子一起装入灵骨塔，奉安在卓尼寺。

注：

①卓尼寺：卓尼寺是甘肃省卓尼县境内一座格鲁派大寺，地处卓尼县城北平台上。原为一座宁玛派小寺，后由八思巴弟子希日益西改建成萨迦派寺院，明天顺三年（1459年），卓尼第二代土司之弟仁钦隆布将其改宗为格鲁派寺院，由卓尼土司管理，成为政教合一的寺院。该寺卓尼版《丹珠尔总目录》较为有名。

赛赤·洛桑丹白尼玛

——改建雍和宫[1]为佛寺的慧悟禅师

赛赤·洛桑丹白尼玛，意为“善慧佛日”，青海蒙古右翼所辖黄河南岸央桑地方（约在今青海省尖扎县和贵德县之间）人，蒙古族。他为尖扎拉莫察罕诺门汗三世阿旺洛桑丹白坚赞（1660~1728年）之兄卫津台吉之子。他既是拉莫德钦寺系统的主要活佛，又因后来有功于塔尔寺的建设，在塔尔寺建有自己的府邸，成为该寺的活佛。清雍正至乾隆期间，他曾担任北京、承德、内蒙古的掌印喇嘛，为青海藏传佛教界颇有名气的蒙古族学者，兼通藏、蒙古、汉三种语言文字，为藏、蒙古、汉民族间文化交流做出过一定贡献。

火兔年（1687年，清康熙二十六年），西藏噶丹寺第四十四任总法台阿旺洛哲嘉措（青海湟中米纳部族藏族，今属青海省大通回族土族自治县兰冲台人）和二世章嘉国师在受清廷之命调解蒙古地区发生的纠纷后，从京城返回青海故乡。在青期间，阿旺洛哲嘉措与拉莫察罕诺门汗（白佛）及卫津台吉关系密切，互有往来。土龙年（1688年）准备返回西藏之际，不幸在故乡米纳圆寂。土蛇年（1689年）洛桑丹白尼玛出生后，在金马年（1690年）举行超度固始汗第六子、青海万户长达赖洪台吉的法会上，由二世章嘉阿旺洛桑却丹（1642 ~ 1714年）和三世拉莫察罕诺门汗经请示五世班禅洛桑益西大师及降乃均护法神后，正式认定他为阿旺洛哲嘉措的转世。因阿旺洛哲嘉措在噶丹寺有格鲁派教主的“金座”，藏语称为“赛赤”，故以后称这个活佛的转世系统为“赛赤活佛”。阿旺洛哲嘉措为第一世赛赤，洛桑丹白尼玛为第二世赛赤。水鸡年（1693年），灵童被迎入拉莫德钦寺坐床，从察汗罕诺门汗剃度出家，取法号嘉样嘉措，拜亲教师罗桑扎西为经师，开始学习藏文和佛学知识。他起初学习《摄类学》，从金蛇年（1701年）起学习般若、中观、释量、俱舍等格鲁派格西必修的五部大论。他勤奋学习，悉心钻研，历时九年，精通了五部大论。金虎年（1710年），拉卜楞寺第一世嘉木样协白多杰大师来拉毛德钦寺时，他在嘉木样尊前立宗辩论，并以口若悬河的辩才、强记博闻的才思，深受大师的青睐和赞赏。大师还传给一些他希求的经法。据说金兔年（1711年）二世章嘉国师从北京来佑宁寺时，他前去拜谒，并在佑宁寺立宗辩经。因他一时以聪明机智自矜，追求名利和权势，故而在约一年的时间里学习、辩经没有长进。章嘉国师阿旺洛桑却丹曾怀疑他是否真是阿旺洛嘉哲措的转世化身。后经经师开导督促，察罕诺门汗又赐给了前世活佛的书籍、佛像、佛塔等代表身、语、意的佛宝及全部法器，并给他传授了灌顶法，他才茅塞顿开，心中豁然开朗，继续发奋学习。后来，他又先后赴广惠寺、塔尔寺、夏琼寺、隆务寺、叶什郡寺、拉卜楞寺等广参名师闻习经法，不断与高僧大德立宗辩论，学业飞进。木羊年(1715年)二月初一，年仅8岁的七世达赖喇嘛噶桑嘉措奉康熙皇帝之命，在几位康区头人的护送下从四川理塘启程前往青海塔尔寺，途经青海湖附近的察汗托洛果地方时，二世赛赤洛桑丹白尼玛和拉莫德钦寺的法台罗桑扎西等僧俗头人共200人迎接佛驾，并敬献厚礼拜见年幼的七世达赖喇嘛，将其护送至塔尔寺。

水虎年（1722年，清康熙六十一年），洛桑丹白尼玛进藏朝圣，在拉萨布达拉宫拜谒七世达赖喇嘛噶桑嘉措和五世班禅洛桑益西，向噶丹、哲蚌、色拉三大寺广放布施，又去后藏札什伦布寺从五世班禅大师受比丘戒，法号洛桑丹白尼玛。回到拉萨后，他从七世达赖喇嘛经师、噶丹寺第五十四任大法台阿旺却丹学习较高深的经论。水兔年（1723年），他在拉萨神变祈愿大法会上巡回讲经，尤其与罗桑智美等著名论师辩论获胜后，声誉大振，被僧俗称为博学多识的大学者。他在当年返回拉莫德钦寺，并从火马年（1726年）到木虎年（1734年）任该寺法台，治理寺院政教事务。木虎年（1734年）七月，他受雍正皇帝召请到北京，九月抵达北京后觐见雍正皇帝和三世章嘉国师。雍正帝就《中观论》中的一些疑难提出来请教，他逐一做了解答。雍正帝赐给他“慧悟禅师”名号和印敕，敕文为：“黄教创自西天竺国，推至东土，以开悟众生，此中思及断传，如有敬谨诵经守教者，朕实嘉念。噶勒丹锡图（意噶丹寺金座）呼图克图，世世著名大喇嘛，行高品重，博学经典，精通佛法，今特封尔为慧悟禅师。尔尤宜专心修守，勤思深造，广衍上传，谨诏佛寺，作为驻京师之仓。”木兔年（1735年），久住京师的三世土观洛桑却吉尼玛因要辞朝返乡，经提议，洛桑丹白尼玛被皇帝敕封为北京、承德、蒙古地区的掌印喇嘛，执掌这些地方的教务。清乾隆元年至五年，洛桑丹白尼玛夏秋季节住蒙古七海寺（即多伦诺尔寺）弘传佛法，冬春住在皇宫里，给第十七王子等人讲授经典。火蛇年（1737年），三世章嘉国师还从洛桑丹白尼玛闻习了“密集不动金刚三十二尊”、“金刚鬘灌顶次第”、《智慧大鹏的修行法》、《热译师全集》、《洛扎全集》、《噶当六论》等许多法类和著作。约于金猴年（1740年），乾隆帝下诏说：“如今佛教盛行于蒙古。遵照圣祖康熙皇帝之命已将《甘珠尔》译成蒙文刊行，然而蒙译全本《丹珠尔》前所未见，章嘉呼图克图懂此事，将诠释佛语之所有论疏译成蒙语。”章嘉遵旨先将《丹珠尔》大藏经中的词条辑录出来，译成藏蒙对照翻译名义词典

《正字学·智者之源》一书，作为翻译工具书，然后从金鸡年（1741年）十月十五日开始，由章嘉国师和赛赤活佛洛桑丹白尼玛担任译主，另有几位通晓经籍的高级佛学家以及许多通晓蒙藏两种语言文字的翻译家开译，至水狗年（1742年）十一月十五日，全部译完。七世达赖喇嘛在《赛赤活佛传》中特别满意地说："自从金鸡年（1741年）起翻译《丹珠尔》为蒙古文，译成后又修改译稿，担任主校对师，对此利益众生之功德，竭尽了全力。"章嘉国师将译稿呈上皇帝御览，皇帝大喜，倍加赞赏，以资奖励。蒙译《丹珠尔》大藏经在御府付梓刊行，流布蒙古各地。一次，赛赤活佛审阅了章嘉·若白多杰（即章嘉国师）撰写的《宗派建立论》一书的初稿后说："真是一本包含所有美妙善言的佳作，你无论如何要完成"，并赠送了银制曼札等礼物，以示鼓励。木鼠年（1744年），奉乾隆皇帝之命，赛赤活佛协助章嘉国师将雍和宫改建为藏传佛教寺庙。雍和宫外筑一道宽厚的围墙，内部建有大经堂，右有佛堂，左为依怙殿，还有授戒殿、白伞盖佛殿、药师殿、印度佛堂、噶丹佛殿、法轮殿、天王殿、门楼、鼓楼、钟楼，以及高耸的牌坊，建筑宏大壮丽，后又创建了显宗经院、密宗经院、医明学院、时轮经院等四大经院，各经院有经堂、净厨、上师府邸、僧舍等大小房屋一应俱全，并从蒙古、东北和汉藏地区招收了五百余名年轻僧人分别在各经院学习，遂成为京师"三宝"俱全的一座藏传佛教寺院。火虎年（1746年），在雍和宫首次创办了正月祈愿大法会，开了在大法会上立宗辩经考取格西学位的宗风。

赛赤·洛桑丹白尼玛完成了在京城的弘法事业后回到青海拉莫德钦寺，于藏历第十三饶迥之水马年（1762年，清乾隆二十七年）圆寂。其著述有四函，主要有《般若论》《律部羯磨仪轨疏圣教明灯》《普贤行愿经疏·解脱津梁》《弥勒行愿经疏解脱道明灯》《玛吉拉仲觉派典籍广论》《百法注释》等。这些著作是藏传佛教的优秀文化遗产。

注：

①雍和宫：始建于清康熙三十二年（1694年），原为康熙帝第四子胤禛（即雍正帝）即位前的王府，雍正三年（1725年）改称现名。雍正十三年（1735年）因停放胤禛灵柩，将宫内永佑殿、法轮殿等主要建筑改易黄瓦。乾隆九年（1744年）改为喇嘛庙，雍和宫是北京最大的藏传佛教寺院，藏语为"噶丹兴秋林"。在清代，雍和宫直属清中央政府管辖，选派宗室王公管理，额定僧员504名。

松巴·益西班觉

——清代安多额尔德尼班智达

松巴·益西班觉，是青海佑宁寺五大囊①活佛之一，清代蜚声蒙、藏各地的著名佛学家、班智达。

过去，在学术界对松巴·益西班觉的祖属和出生地有不同的说法。根据《松巴自传》载，其祖上为厄鲁特蒙古四部之一的巴图尔台吉，其父名多吉扎西，心地善良，曾学藏文，会读口诵经文，喜行善事；母亲名准噶尔萨·扎西措，性格温和，说话和气，乐于助人，善理世俗事务。他的舅父出身于准噶尔部贵族。松巴·益西班觉于藏历第十二饶迥之木猴年（1704年，清康熙四十二年）八月十五日凌晨出生在青海湖西南面靠近黄河沿岸的托勒地方，以前厄鲁特蒙古右翼曾在此驻扎过，是呈种种吉祥征兆的地方。以此推断，其出生地当在今青海省海南藏族自治州贵德县的托勒地方。

松巴·益西班觉兄弟姐妹7人，5男2女，他排行第四。3岁时，他常以喇嘛诵经和讲经的姿势玩耍。有一次，他问父母道："你们听说过有座郭隆的寺院吗？"父母说："没听说过。"又问："听说过有位森巴的活佛吗？"父母说："哦，几年前有位名叫森巴的活佛和几位喇嘛从西藏来，路过这里，他们的行李经卷全驮在一匹马上，人困马乏，我家给他们送了一峰骆驼，让他们驮运行李。他们向宗喀方面去了。"孩子一听就说："我就是森巴。""森巴"其实指的是"松巴"。父母为之惊讶。父亲常给他教学藏文，并教他念诵班禅仁波且祈祷文的开首几句，又请却霍格隆喇嘛为启蒙师，教习他文字念诵。

此时，拉卜楞寺一世嘉木样活佛受二世章嘉活佛之托，正在派人四处寻访前世松巴罗桑丹白坚赞的转世，当听说托勒地方有位自称森巴的小孩，便派人将孩子带到自己住的帐篷中来，问:“你叫什么名字？”答:“叫森巴。”问:“从哪儿来？”答:“从中原来。”问:“是乘马还是步行。”答：“都不是，是凭中阴（圆寂后既未去极乐净土，又未投胎转世叫中阴）而来。”嘉木样活佛又指着前世松巴的弟子格西阿旺程列说:“你认识他吗？”答：“认识，他叫程列。”站在近旁的阿旺程列一听，激动得热泪盈眶。孩子还将摆放在他面前新旧混放在一起的佛珠中准确无误地拣出前世松巴使用过的旧佛珠和佛像，在场的人们无不称奇。嘉木样活佛说：“尽管将‘松巴’读为‘森巴’，但是，他为松巴活佛之灵童，则是毫无疑问。”言毕，嘉木样活佛将自己的黄缎坎肩披在孩子身上，让他皈依佛门。三世松巴灵童就这样认定了。嘉木样活佛让孩子的父亲带他到塔秀寺去，暂托付给塔秀·曲郡嘉措活佛培养。于是父亲便带他到贵南塔秀寺交给了塔秀活佛。

金虎年（1710 年，清康熙四十九年），由塔秀活佛为他剃度出家，授居士戒，赐法名罗桑曲郡，始学经文读诵，严持佛门戒律。后塔秀活佛因年事已高，便托一位头人的女儿与他一起去沙喀地方喝药水，路经塔尔寺，拜见了二世却藏活佛，并朝礼了各殿堂，之后他便返回家乡。水龙年（1712 年），郭隆寺活佛、僧众闻知三世松巴已被一世嘉木样认定的消息后，派寺僧前往迎接，迎至郭隆寺在松巴囊欠（拉章）中举行坐床典礼。这时，在京供职的二世章嘉活佛寄来训诫、锦缎袈裟、通人冠等礼品，表示祝贺。有天晚上，年幼的三世松巴梦见郭隆寺前面的山顶升起一朵白云，云端站着身披彩虹的释迦牟尼佛，缓缓降落在寺后方的度母山顶。他赶到该地时，不见白云和佛祖，只见一尊旧佛像。他醒后认为此是消除灾难之兆，便每天口诵《忏悔经》五十遍，绕寺院磕长头三圈。是年，由二世却藏活佛为其授沙弥戒，之后从却藏活佛聆习《菩提道导引》，从二世土观活佛受金刚及大威德灌顶法，从华热曲杰·阿旺扎西听受“金刚鬘灌顶法”，从洛哲嘉措、阿旺旦增等师学习因明学、集摄论等。火猴年（1716 年），他专门赴塔尔寺拜谒在该寺的七世达赖喇嘛噶桑嘉措，在拉科呼图克图喜饶群觉座前聆听了几种密续法和修密仪轨。土狗年（1718 年）至土猪年（1719 年），他在赴藏前从师学习工巧明学，初步学会了绘制各种佛像唐卡的技艺，为学好工巧明奠定了基础。

水兔年（1723 年，清雍正元年）六月，在嘉色活佛之兄昂加科和贡西活佛等人的陪同下，年已 19 岁的三世松巴从佑宁寺启程赴藏深造。途经青海湖畔时，罗卜藏丹津听到松巴去西藏学经，即派兵护送松巴一行至索罗莫地方。他经黑河后，沿途朝拜了直贡替寺、噶丹却当寺、多杰扎寺等。十月，他抵达札什伦布寺，带上礼品晋见五世班禅大师，与大师进行了亲切交谈；次日，沿寺外佛道磕长头，在各佛殿佛像前敬献哈达；又经请求，在班禅寝宫中由五世班禅罗桑益西任亲教师兼轨范师，密院堪布任屏教师，在其他堪布和比丘僧中受比丘戒，由五世班禅赐法名益西班觉。受戒后，他离开札什伦布寺前往拉萨，先在大小昭寺献哈达并朝拜了释迦牟尼和不动金刚佛像，后去布达拉宫朝礼供养，随之进入拉萨西郊哲蚌寺果芒扎仓学经，从该寺堪布阿旺南喀、莫嘉然绛巴加样嘉措等师学习显密经论，背诵果芒扎仓教程中的一切新旧经文。不久，他担任了该扎仓的曲则僧职。任职期间，他先后师事噶丹寺法台阿旺却丹、名僧南喀桑布、扎德格西阿旺却丹及其弟子莫兰隆智、果芒论师丹曲、工布·丹却仁钦、下密院论师夏玛尔·喜饶嘉措、扎巴龙珠、措希·尼玛嘉措、阿里活佛、米图·索南坚赞等十几位上师，系统地学习显密诸论以及医学、工巧明、历算、声韵、文法、绘画等五明论学科。正在专心致志修学之时，他听到因涉罗卜藏丹津反清事件，清兵将郭隆寺、郭莽寺及周围 18 个汉族和土族村寨一起焚毁，许多未参与反清事件的僧俗惨遭杀害的消息后，忧郁成疾，经上师多次开导调养，才逐渐康复。他修习 7 天宗喀巴大师所传耳传密法和瑜伽方面的经论时，梦见宗喀巴大师端坐白色花环中间，身上散发出光亮，从此悟得广大智慧，学业飞进。

木蛇年（1725 年，清雍正三年），松巴·益西班觉朝礼了拉萨地区的许多寺院和名胜古迹，拜访了这些佛寺的活佛、喇嘛，对拉萨三大寺做了盛大供养，还从下密院堪布夏琼巴诺门汗、玛哈班智达等名师聆习印度论师、西藏萨迦派、宗喀巴师徒、五世达赖喇嘛、四世班禅等大师的原著及注释本后，受益颇深。经立宗辩论后，他获得了噶居然绛巴学位。从此，他开始跻身于佛学学者之列。火马年（1726 年）正月，在拉萨祈愿大法会和会供法会上，他与精通五部大论的桑杰多吉、阿旺洛桑等格西立五部大论为宗进行辩论并获得胜利。自此，他成为通晓五部论典的雄辩家。在西藏的 3 年间，每逢传召大法会，他都立宗辩论，且越辩经验越丰富，辩经才能越加精深，后来取得了好名次。显宗学水平达到较高造诣后，他欲入下密院学习密宗法，然而此时经济来源一度中断，一天仅靠糌粑糊度日，故入密院的愿望未能实现。但他仍继续修学、深造显宗诸论，毫不松懈。下密院轨范师夏玛尔·喜饶嘉措，是青海环湖夏玛尔地方蒙古族学者，获悉松巴求学密法的愿望未能实现后，主动为松巴传授“怖畏金刚二次第导释”“胜乐”“时轮”“密集”“生圆次第”、“巴日百法”等密宗经论。夏玛尔便成为他学习密法的根本上师。同时，他从色拉寺扎德格西仁钦东珠、青海民和佐毛喀的然绛巴孟兰龙珠二师学习《扎德文法》，向塔尔寺的索南坚赞学习《三十颂》和《音势论》，从咱扎巴隆珠学习梵文、兰扎、乌尔都等文字以及佛塔尺度经、藏文楷书、行书等工艺方面的知识，从第巴桑结嘉措的亲传弟子觉摩隆哇·拉旺第巴和措希·尼玛嘉措学习《白琉璃》《蓝琉璃》及五星算等医学、历算、星算方面的知识。

火羊年（1727 年，清雍正五年），西藏噶伦阿尔布巴串通阿颇多杰嘉布、扎西嘉布、阿博洛桑等人谋杀掌握实权的噶伦康济鼐（？～ 1727 年）及其亲属和随从，挑起前后藏军事冲突。益西班觉察觉这次冲突是权贵之间权力之争引起的事件，他便耐心地从宗教、世俗、戒律、前后藏团结诸方面进行劝导他的属下僧人，尤其劝导前藏僧人勿盲目参加阿尔布巴的前藏军队。事件平息后，他受到摄政颇罗鼐的称赞，被委任为锡金吉蔡寺堪布（法台），赠给他堪布袈裟及用具。于是，他奉命赴任，一年后返藏。

土猴年（1728 年，清雍正六年），益西班觉游学西藏圣地，从拉萨依次朝礼了桑耶、桑日喀玛尔、山南沃喀宗西、曲朗、曲科甲、帕竹等圣地和寺院；后来到珞隅境内的上乐金刚道场——杂日神山，每天诵胜乐金刚佛语和经文，转山巡礼；7 日后转赴下康区康定地方，朝礼了这里的许多寺庙；还曾赴四川普贤菩萨的道场峨嵋山朝圣，然后复从康区返回西藏。土鸡年（1729 年），他开始著述立说，撰写了《道情歌·迦陵频迦妙音》和《菩提道次偈颂》等。此时，五世班禅大师为了尽快重建安多几座在罗卜藏丹津事件中被毁的大寺，写奏折遣班觉嘉措使者赴京上呈，正好章嘉和土观二位呼图克图也为此事上书皇帝。三月，皇帝连下两道圣旨，同意重建被毁的几座佛寺，并从皇库赐银。金猪年（1731 年），雍正帝为郭隆寺和郭莽寺御赐寺名为佑宁寺和广慧寺。是年，雍正帝派扎萨克喇嘛金巴嘉措为使者赴藏，途经青海时，有松巴堪钦的弟弟彭措丹达、侄子罗桑曲加、松巴·彭措桑布与之结伴，一同赶赴西藏，迎接益西班觉回佑宁寺。他以学业未成为由，决定暂不回乡，将 50 多部经卷及衣物、用具、面具让来人驮运回去献给寺院。他又抓紧时间研习了宗喀巴大师所传噶丹耳传密法等经论。次年，家乡又派人来催他返乡，经征得摄政颇罗鼐同意后，于金猪年（1731 年）三月离开拉萨返乡。临行前，他的根本上师南喀桑布和夏玛尔·喜饶嘉措二人前来送行，师徒情深意厚，依依不舍，含泪而别。他经北路于农历八月初八回到佑宁寺，并驻锡于自己的行宫。寺院也为他的到来举行了欢迎仪式和宴会。

松巴·益西班觉回到青海佑宁寺后，将全部精力投于政教事业和为民众谋利益的事业中。他一生学法弘法，著书立说，建塔修寺，修桥降雨，治病救人救畜，建树颇多，深受广大僧俗称颂。水鼠年（1732 年，清雍正十年），他到日绰山寺住修，为这里聚集的 200 多名僧人讲传一些班智达的教言、秘诀、宗喀巴师徒关于菩提道次的偈句以及他的上师所传的教法等。后来他到塔尔寺朝圣，在各佛殿敬献哈达、点灯，磕头顶礼，并为寺僧放布施。从该寺名僧拉科·喜饶群觉学习“萨迦金册八法”和“长寿五姐妹随许法”“克珠杰散篇文集”，从密宗经院堪布祁嘉格西洛桑更噶学习“密集圆满次第”和“噶当六论”，从参卓堪钦学习“时轮灌顶法”等显密经论。松巴堪钦一生先后从 39 位上师学习佛法和五明论，声名渐著，最后成为蜚声蒙、藏等地区的佛学界泰斗、佛学家和史学家。

松巴堪钦从水鼠年（1732 年，清雍正十年）始，广转法轮，普施佛法甘露。他在佑宁寺先后做过几次规模较大的讲经灌顶佛事活动。水狗年（1742 年）七月，三世土观灵童洛桑却吉尼玛迎入佑宁寺后，与其会面，由他任授戒师为洛桑却吉尼玛披剃出家，授皈依戒和居士戒。火虎年（1746 年），他任佑宁寺第三十二任法台后，为寺院 2000 多名僧人讲经，传授弥扎百法灌顶，开启密宗大乘金刚之门。火兔年（1747 年）正月祈愿大法会上，他为僧众讲授《佛三十四本生传》第一章，然后召集部分堪布、僧官讲授因明学、声明论、诗学、历算、医方明等经论。水鸡年（1753 年），他为全寺僧众讲授上述学科。土兔年（1759 年）五月初九，他在佑宁寺大经堂设彩粉坛场，为周围寺院堪布、格西、持律严谨的僧人、修炼有素的瑜伽士、各日绰山寺僧官、因明学者、囊索及达官贵族约一万多人进行了密法灌顶仪式，众人享受到密法大乘金刚的喜宴。松巴堪钦应佑宁寺活佛之坚请，曾三次出任该寺法台。火虎年（1746 年）任佑宁寺第三十二任法台后，他制定寺规，继承优良传规，办事公道，不偏不倚，以身作则，经常为僧众讲授显密经论及大小五明学科知识；火鼠年（1756 年）再任该寺第三十五任法台；金牛年（1781 年）晚年时又任该寺第四十二任法台；他先后任法台 12 年，深受寺僧敬重。

松巴堪钦除在本寺和几座日绰山寺讲经外，还常应互助天门寺、花园寺、白扎乩寺等，大通的广惠寺、石城寺、噶丹仁钦林、祁家寺、逊布寺、张家寺，湟中塔尔寺，湟源扎藏寺、东科尔寺，乐都瞿昙寺、药草台寺、羊官寺、龙沟寺，民和莲花台寺、喀德卡哇寺、弘化寺，门源朱固寺、仙米寺，尖扎拉莫德钦寺、阿琼南宗寺，海晏白佛寺、夏玛尔寺等湟水两岸和黄河、环湖一带寺院之邀请前去讲经传法、朝礼佛寺圣地，为僧俗摸顶赐福。应寺院诚请，他还先后担任过扎西却林寺、周陇寺、德瓦寺、噶丹仁钦林寺、羊官寺、祁家寺、龙沟寺等寺院的法台，另外受甘肃天祝、肃南、嘉峪关、张掖、甘固等地的天堂寺、马蹄寺、达那寺（马耳寺）、达果寺（马头寺）、达隆寺、凉州白塔寺和内蒙古阿拉善寺、鄂尔多斯的几所寺院、察汗尔达延齐寺、多伦诺尔汇宗寺等寺院的邀请，前去讲经传法、摸顶赐福、施法降雨、为人畜治病，广做利益佛教和众生之事。在甘肃甘固，他朝礼了著名的洛加洞圣地和胜乐阴阳合身像，他搜集整理了关于洛加洞圣地和胜乐阴阳合身像的历史资料和传奇故事，后收入自传中。土牛年（1769 年）四月，他赴甘肃永靖县，朝礼了黄河边上的炳灵寺石窟（藏语为“强巴本林”，意为十万尊弥勒佛身像。石窟中有许多元代以来藏传佛教的强巴佛像和壁画）。

松巴堪钦曾三次赴京朝觐皇帝和拜访章嘉·若白多杰国师。第一次是火蛇年（1737 年，清乾隆二年）正月二十三日，乾隆帝闻悉其学识渊博，下旨召他进京。他三月十五日奉旨赴京，四月二十八日在皇宫朝觐皇帝，献上哈达、佛像和藏香，受到皇帝的礼遇；后赴章嘉府邸拜见章嘉国师，二人谈吐投机，章嘉设宴为他洗尘。在京期间，他协同章嘉国师校勘汉地印刷的藏文经典，又朝礼了京师的许多寺院和佛塔，还曾和皇帝就宁玛派教法交换过意见，他很谦虚地说：“对宁玛派教法知之甚少。”皇帝赐给他“扎萨克大喇嘛”名号，但其地位与扎萨克喇嘛一样，还任命他为蒙古多伦诺尔汇宗寺法台。五月初，他去多伦诺尔汇宗寺上任，向僧俗大众和蒙古王公、贝勒、贝子、扎萨克讲经传法。土马年（1738 年）正月初一，他专门去朝礼雍和宫，为高大的弥勒佛檀香木雕像敬献哈达和供养。是年十一月上旬，他向皇帝请假，返回佑宁寺。水狗年（1742 年），皇帝又下旨召他进京。七月二十九日，他离开佑宁寺第二次赴京，九月二十三日抵达京城，十月初五觐见皇帝，向文殊大皇帝献礼致安。皇帝甚悦，回赠哈达礼物，并赐宴招待。为使国泰民安，江山永固，乾隆帝让他和京城的几位大喇嘛做佛事仪式，进行祈祷。水猪年（1743 年），他以水土不服为由，请假还乡。木猪年（1755 年），他听到章嘉国师患眼疾，久治不愈，决定第三次进京看望章嘉国师，于是年十二月抵京，用藏药治好了章嘉国师的眼病。二师每天谈论经文，研究佛教文化和藏族历算、医方明学。他于火鼠年（1756 年）离京返青途经阿拉善时，应拉尊达查诺门汗等人之请，担任了阿拉善寺法台。

章嘉国师曾几次赴青海、西藏，皆受到松巴堪钦的远迎和热情款待。土蛇年（1749 年，清乾隆十四年）夏，章嘉国师来佑宁寺时，被松巴邀请到他的囊欠，设素宴招待。章嘉国师很欣赏松巴堪钦的渊博学识，遂给他授予“额尔德尼班智达”（意为“宝贝学者”）称号。水羊年（1763 年），松巴欢迎拉卜楞寺二世嘉木样活佛来佑宁寺任法台的同时，又在湟水之滨扎下帐幕迎接从康区返回喀尔喀的哲布尊丹巴呼图克图。是年十一月，他又迎接从京城返回青海故乡的章嘉国师。松巴专程赴浩门河下游（约今青海省民和回族土族自治县至甘肃省红古区海石湾处）远程迎接。

松巴·益西班觉曾几次经宁夏、蒙古地区去五台山朝圣。金马年（1750年，清乾隆十五年）四月，他从索喀地方启程赴五台山，在五台山朝礼了各寺佛殿，做盛大供养，祈祷以后再来朝礼，八月返回佑宁寺。火猪年（1767年）五月，他二次赴五台山朝圣。当时，章嘉国师正在五台山修习金刚瑜伽法，他朝礼毕各佛殿后，去石门寺拜访章嘉国师。章嘉国师要松巴回寺后修持密宗法,并以自己的法名“若白多杰”（意为“游戏金刚”）赐给松巴堪钦作为他的修密法号。朝圣毕，松巴辞别国师，经蒙古地区许多寺院讲经授戒后，从天祝天堂寺返回佑宁寺。

松巴堪钦的医学造诣颇深。他曾著有几部关于医学方面的论著，多次为许多病患者治病，且能药到病除。他到乐都药草台寺传法时，该寺的尕让夏茸活佛、寺僧及周围一些农牧民都患有天花病，危及生命，他就地采集药材，开出专治天花病的特效药方，让患者熬药服用，不久即得到治愈。他对牲畜疫病也有研究。火鸡年（1777年，清乾隆四十二年）应鄂尔多斯等蒙古首领之请到那里传法时，发现当地牲畜染上严重口蹄疫传染病，经他几次试验后，炮制出治这种病的药方，控制了口蹄疫的蔓延。他还用佛教仪式和其他方法，诵经祈祷，龙泉放药，施法降雨。在当时科学十分落后，人们对自然灾害显得无能为力的情况下，凡遭旱灾的地区，都来请他降雨，据说他在青海，甘肃天祝、甘固、肃北、肃南，蒙古地区都用这种方法降雨，解除了旱情，保护了稼禾和草场。

修路架桥，又是松巴的一大功德。在清代，大通宝库峡察汗河，藏文称穆曲，水大浪急，常发生人畜被河水冲走之事。松巴和他的侄子及弟子，首先在这一带开辟小路，于水马年（1762年，清乾隆二十七年）在察汗河上半段架设了一座石礅木桥，又于金虎年（1770年），在此河下半段出资白银一千多两，供人畜行走。这件事在这一带农民中至今传颂。

松巴堪钦对佑宁寺的建设也做出了较大贡献。金猴年（1740年，清乾隆五年）五月，他在佑宁寺下方建成一座大佛塔，同年，由他出资，维修了郭隆日绰和大通夏柯的德吉协智林寺经堂及佑宁寺噶丹孜护法神殿；金鸡年（1741年），出资购进朱砂抄本《甘珠尔》大藏经一套，献给扎西却林寺；水猪年（1743年），任施主为宝雪图寺建神殿，木鼠年（1744年）神殿建成后，又出资塑造宗喀巴师徒三尊药泥金身；在佑宁寺日绰神殿前又建了一座静修院。土蛇年（1749年）夏,大通夏柯诺门齐的噶丹德钦林（诺木齐寺）大经堂建成，他出资油漆彩绘大经堂，在门廊绘制壁画。木狗年（1754年），他和侄子二人出资，为佑宁寺僧众制作佛龛，并绘画油漆。他在佑宁寺大护法神殿左右两侧又建成两座小护法神殿。火狗年（1766年），他很好地装潢了佑宁寺大经堂，绘制壁画。总之，他将广大施主，尤其蒙古族施主给他的供养和布施，几乎都用在寺院建设和公益事业方面，自己留存甚少。此后，经历代堪布修建、修葺，被夷为平地的佑宁寺又重新恢复起来，重现佛光。

松巴堪钦在学法、弘法的同时，亦十分注重修行。他曾先后在贤巴林寺、代同的索卡尔山寺、乐都北山的隆噶尔山丹林寺和自己的日绰山寺分期修持显密正法，专心修习智慧禅定，出现了证悟，并出现了许多奇异现象。

松巴堪钦是一位精通大小五明论，阅历丰富，博学多识的著名班智达，一生著述有9函，67卷册，较著名的有《如意宝树史》（又称《松巴佛教史》）、《青海史·奇妙梵曲》、《世界广论》、《噶丹新历算》、《医学四续难题》、《药物识别略述》、《药物异名》、《医书母子三部》、《藏文正字学》、《诗学藻词》、《修辞》、《法行宝》、《法行集要》、《中观、般若、俱舍之钥》、《四续护摩仪轨》、《智慧库钥匙》、《密宗要义》、《祈雨法类》、《自传》、《佛像、佛经、佛塔尺度经注疏·美丽花鬘》，其中历算有七种：《黑白算心要略篇·普显明镜》70叶、《历算论明心镜附篇·噶丹新历》97叶、《噶丹新历数值写法·醒梦歌声》26叶、《蒙古厄鲁特旗地区流传羊胛骨占卜术》4叶、《藏传五行占值曜、寿算、合时、五曜等十三筹码表·读者见笑》11叶等。

松巴·益西班觉于藏历第十三饶迥之土猴年（1788年，清乾隆五十三年）二月初十（农历正月二十六日）早晨，在大通夏柯日绰协智林山寺中双足呈跏趺坐，口诵经咒而示现圆寂，享寿虚85岁。遗体在当地火化，火化后出现了一些舍利骨。三月初八，灵骨、骨灰及舍利子被全部迎回佑宁寺。佑宁寺僧人首先用柏木制作了一个小型菩提灵塔，彩绘镀金，将灵骨、骨灰、舍利装入灵塔内，供奉在佑宁寺并由寺院做了三期追荐法事仪式，仪式上宣读了由三世土观洛桑却吉尼玛活佛撰写的祈祷文。后来为了纪念这位佛学界泰斗，佑宁寺专门制作了一座旃檀木的天降塔，塔外部为银制裹壳，上嵌宝石，再将柏木菩提塔奉安于天降银塔中，供于寺内。

注：

①囊或囊欠：青海佑宁寺将活佛府邸（行宫）习惯称囊欠，即拉章或拉让的另一种称法。佑宁寺有五大囊（五大活佛行宫）和九小囊之说。

堪钦·格敦嘉措
——清代安多高僧

堪钦·格敦嘉措，意为“僧海”，于藏历第十一饶迥之土羊年（1679年，清康熙十八年）出生在多麦热贡（今青海省黄南藏族自治州同仁县）地方。父亲名才塔加，母亲名拉毛加。他被认定为前世桑丹嘉措的转世。

10岁时，格敦嘉措被迎至隆务寺坐床，从隆务·欧珠出家受戒，取名格敦端智，始学《摄类》等经典，还先后同隆务寺活佛程列嘉措一起讨论过《释量论》的磋朗辩论。在按色拉寺杰尊巴教程进行《般若》辩论时，他对三世法台贡汝·坚赞桑布的教程产生了信解，便进一步摘抄、精读、研究，后拜曲玛贡钦·罗桑嘉措、耶香嘉木样札巴、德钦·罗柔扎西、群佩嘉措等师习经，并受胜乐、密集、大威德三本尊及普明大日如来灌顶。24岁时，他被迎请到拉毛德钦寺，听习诸部经论，并讲经说法。他立宗辩论时，经院僧众云集，辩论极为热烈。之后他到却藏寺、郭隆寺（佑宁寺）诸寺院巡回辩经。

格敦嘉措25岁时随同德塘堪布等来到西藏，在哲蚌寺果芒经院会见了一世嘉木样协白多杰（即俄旺宗哲），从该师学习了《中观》《般若》《律藏》《俱舍》诸经典，并从其受了沙弥戒和比丘戒，被赐法名格敦嘉措，继之精心研习诸部经论。藏王拉藏汗从南方不丹来到色拉寺时，格敦嘉措正与桑洛弥通在色拉寺立宗辩论，拉藏汗也向他提出了许多问题，他均做了满意的回答。36岁时，他在拉萨祈愿大法会成千上万的僧侣中，宣讲和辩论五部大论，博得诸学者之赞誉，获得拉然巴格西学位。40岁时，在神变祈愿法会后，他为了正名，在拉萨会集100多名格西，互相辩论，取得了好名次。以后他又担任了后藏华科曲堆寺的堪布，又任孜钦曲德寺住持。主持两寺期间，他修葺寺院，改革规约，立讲经闻法之新风，广施法雨，期间迎请喇嘛嘉样巴到寺，从其聆受“金刚鬘灌顶”，还从工布·丹巴坚赞、果芒巴·丹却巴等师聆听《甘珠尔》大藏经的教敕，学习《集续四合大疏》等经典。

53岁时，格敦嘉措应藏王颇罗鼐之命回到拉萨；55岁时，他因隆务寺派人去拉萨迎请，于当年从拉萨启程，途经青海海南大河坝、曲什安、巴多等许多地方，返回隆务寺，任住持长达7年。他曾给德钦寺、扎西曲寺等一些寺院的住持讲授了《菩提道次第广论》的注解和教敕。这时，二世嘉木样大师闻其盛誉美名，于火虎年（1746年，清乾隆十一年）

迎请为经师，由其给二世嘉木样授密集、大威德灌顶，讲授《噶丹嘉措全集》。二世嘉木样赴藏学经返回后，二师彼此学习，取长补短。格敦嘉措为禳解二世嘉木样37岁时的关煞魔障，专门著了《通晓诸明处》一书；为使二世嘉木样更好地学习《金刚鬘经》，又撰写了启迪经籍《集类学》一函。此时，他年事已高，又担任隆务寺住持5年，主持讲闻辩论，修塔塑像，功德圆满。

格敦嘉措于藏历第十二饶迥之木鸡年（1765年，清乾隆三十年）圆寂，享寿87岁。其著作有《堪钦·格敦嘉措传记》《格敦嘉措全集》《集类学》等4部。

雍增班智达·益西坚赞

——八世达赖喇嘛的经师

雍增班智达·益西坚赞，亦称嘎钦·益西坚赞，意为“智慧幢”，雍增意为经师，班智达意为大学者。他于藏历第十二饶迥之水蛇年（1713年，清康熙五十二年）七月二十七日出生在后藏吉隆贝库地方。其远祖系吐蕃赞普阿里王系，迨至赤·贡桑尼达，有二子，一子居达那库，后该系有名萨库朗巴之人，为西藏地方政府的仲扎（西藏地方政府上层僧俗官员），是拉藏汗时期的武将，智勇双全。萨库朗巴有二子，长子名藏久，次子名沧巴嘎波（意为“白梵天”）。沧巴嘎波因对菩提心很有修养且对百姓乐善好施，故名；他就是益西坚赞的父亲。母亲名泽仁华佐，深谙礼仪，虔诚广施。益西坚赞出生后，父母曾请一位道行高妙之瑜伽修行者，为孩子取名邬坚才培。

7岁时，山丹林寺（即闻思洲）的法王才旦坚赞任日库寺住持，父母带益西坚赞前去该寺从才旦坚赞披剃出家，又赐名为邬坚却培。此时，他的恩慈姑母才旺说："让孩子学《弟子问道语录》之前，先要学习文字。"于是由姑母教他藏文拼读，不久他就学得滚瓜烂熟。8岁时，他从仲仁巴学习法行，正式进入札什伦布寺；10岁参加考试，并在六世班禅洛桑贝丹益西尊前受沙弥戒，法名益西坚赞。他在札什伦布寺又从才旦坚赞、持金刚扎涅纳室等师闻习《密续四部》的灌顶和随许法、极明法行、供养上师、大手印本释等密宗经论；依噶钦格西益希妥美学习摄类学略论，又学习达那巴·格敦洛桑的释量论教言等。18岁，他从智白旺秀·罗桑南嘉聆习《释量论疏》《入中论》《修心》《菩提道次第》等经论。智白旺秀后来成为他的主要上师之一。19岁，他到前藏，在普布觉山寺（色拉寺后山一小寺名）从根本上师阿旺强巴贝桑波学习《菩提道次第广论》、《菩提捷径》、"行空启门法"、"断行法"、"三地灯论"、"食子百法"、"修心七义论"等教授，牢记中观、般若、俱舍、律经等注疏。他又在一土窑洞中独自修习延年之法达一年，之后返回后藏札什伦布寺，向上师提出到一静修地修持。才旦坚赞上师为了让他安心修持，给他准备了修持时所需要的一切生活用品。每年七月二十七日，札什伦布寺都会举行一次名叫鲜花灌顶的佛事活动，即寺院僧人都手捧一束鲜花去拜见六世班禅大师，请求皈依和加持，六世班禅大师用双手一一为僧人做加持。益西坚赞22岁时也参加了授鲜花仪式。

木兔年（1735年，清雍正十三年）八月二十五日，益西坚赞到芒域吉贝那绰山寺去拜见智白旺秀·罗桑南嘉，但没有见到上师。他为该山寺僧人讲授了六世班禅大师所撰散篇经文。八月二十七日，上师已给他准备好授戒僧装，由智白旺秀任亲教师兼轨范师，宗噶培杰林寺的温则（领诵师）洛桑索南任屏教师，多闻持律师任报时师，在10名足数比丘僧中授比丘戒。授戒后，上师指示他在对面山上修一静修室，静修茅棚搭成后，上师前来给他传授大手印法和静猛合修秘诀等要法。上师要他先修怖畏金刚本尊法，后修本尊瑜伽法，又修持菩提道次第，主要修持四世班禅大师著的《菩提道教授》和恩萨寺耳传密法。火蛇年（1737年），益西坚赞再赴前藏，在普布觉山寺拜见了阿旺强巴上师，在这里一面从师习经，一面修持。他虽出身名门，但在远离家乡的山寺学经修持，常常缺衣少食，犹如乞丐，只得将寺院经堂的会供物品积攒起来糊口，过着如米拉日巴吃荨麻的艰苦生活，而他对学法修法更加严谨，毫不松懈。后来，他从普布觉山寺来到哲蚌寺格培经院，向夏巴却吉·南喀桑布求学佛法。此师准备坛城，让他进入坛城授四灌顶法，并给他传授了吉祥密集诀要和宗喀巴的“五次第明灯论”等密宗经论，然后又让他到一处静修地去修习密法。他来到热卡扎山寺，正遇到阿嘉索南桑布给弟子们讲授宗喀巴大师文集。当他呈述自己的来意后，上师十分喜悦，又为他准备坛城，授四灌顶法。之后他返回故乡吉隆地方，为成就上师罗桑南嘉圆寂举行了追荐法事。25岁时，他到杂日圣地巡礼。总之，益西坚赞从23岁至41岁，主要在一些幽静山寺中修行，间或从师闻法。

木猪年（1755年，清乾隆二十年），益西坚赞42岁时遵七世达赖喇嘛、阿嘉·索南桑布、阿旺强巴等师之命，到嘛呢拉卡初建道场，收徒20余名，开始讲经弘法。他将信徒和信民献给的贡物和布施，全部用于供佛、建寺和解决比丘僧的衣食。他讲经有方，传法有道，其声誉也越来越大，投其门下学经的弟子剧增。44岁时，他兴建了佛殿，扩建了经堂，新修了一部分僧舍，委派白才格隆塑造一人高的释迦牟尼、弥勒佛和文殊菩萨等圣像，以及塑立了宗喀巴师徒三尊像，将他的上师智白旺秀·罗桑南嘉、绛钦却吉的身像也塑供在佛堂中，此外将雪巴白才哇·贡保多吉旺增进献的一尊用红旃檀木精雕细刻的六臂智慧怙主作为护法神像供养，还设立了大威德金刚坛城等。完工后，嘛呢拉卡寺初具规模，还举行了隆重的开光仪式。他登上该寺住持的法座，开始主讲《释量论》《菩提道次第广论》等经论，在弟子们的心田中播下了菩提心的种子。后来，他又将附近具有加持力的扎喀图钦林（扎喀大乘寺）接管过来，经修缮后作为弘传格鲁派教法的道场。此时，六世班禅大师将嘛呢拉卡寺改名为扎西山丹林寺（吉祥闻思洲）。

章嘉·若白多杰从京城来到札什伦布寺时，闻知益西坚赞在雪域的盛名后，派人去请他。他应请来到札什伦布寺，拜见了章嘉国师。在章嘉国师的诚心请求下，为他讲授了噶丹大手印法及其一些秘诀，并以所讲授的精要内容为主撰写了三卷著作，即《噶丹大手印教授耳传·善道明灯》《大乘修心教言讲义·甘露精要》及《显密道疑难解答》，后又在弟子们的要求下，撰写了《耳传略义·启开宝藏之钥》一书。

土虎年（1758年，清乾隆二十三年），益西坚赞45岁时到西藏西南部定日和杂日圣地巡礼。他在定日朗科寺朝礼了息结派大师帕丹巴桑杰的身像，撰写了《帕丹巴桑杰颂文》。巡礼杂日圣山后，他在这里修行了一段时间。期间，他应涅昂雪巴白才之请到涅昂佩杰林寺为僧众讲经，并到上师智白旺秀兴建修行过的温乃噶丹普布切寺朝圣，又应雪巴白才之请复去扎喀大乘寺，在他的主持下为该寺佛殿、经堂、殿门抱厦等处绘制许多精美的佛、菩萨、护法、罗汉等壁画。当画到噶丹派师承画像时，因画师对此不大熟悉，益西坚赞便撰写了《噶丹教法师承画像·明鉴》一部工巧明书。塑像、绘画完工后，进行了开光仪式。此时天降花雨，尤其经堂东面的以释迦尊为主的菩提道师徒传承的塑像上渗出许多甘露，活佛和僧人们大为惊奇，以手蘸甘露品尝，发现味甘如蜜。益西坚赞为了在这些寺院中更好地学经弘法，欲将《甘珠尔》和《丹珠尔》大藏经刻印出来，便集资白银一千零七两三钱，交给白才格隆到纳塘寺组织刻印。他先后在噶地空行密窟、岗库莫之古尔、千万空行母大殿、石柯子岩洞等念修禅定盛行的静修地修持，还曾赴萨迦班智达亲见文殊处邦香五神窟、仁达哇修行地梅朵当贝、米拉日巴修行地热玛香曲宗、扎噶达波乌玛宗等修行圣地专心修习。

金龙年（1760 年，清乾隆二十五年）秋，益西坚赞又到札什伦布寺拜谒了六世班禅大师和喇嘛强巴，从六世班禅大师聆听了“无量寿佛九尊之灌顶”，从强巴上师聆听了“喜金刚”“毗卢遮那现证”“不动金刚佛”等的灌顶法，还认定了七世达赖喇嘛的转世灵童。之后，他从札什伦布寺出发，先后云游了纳塘、岗坚曲培、绰普、噶丹彭措林、拉孜噶丹沃孟林、吉隆扎西山丹林、强珍等寺，所到之处均礼供佛寺、讲经说法。他为扎西山丹林寺迎请了 101 函的《甘珠尔》大藏经一套，225 函的《丹珠尔》大藏经一套。水羊年（1763 年），他为正月祈愿大法会制作了一些佛衣，绘制了狮子吼佛像等卷轴画和唐卡，敬献给大昭寺。是年，益西坚赞应宗噶培杰林、室曲桑、定日协噶尔等佛寺之请去讲经传法，并为寺院建立了讲、修和祭供例规。夏天，他复去札什伦布寺，拜见六世班禅大师。大师在夏季法会上讲宗喀巴文集教言、《入中观论》、《俱舍论》、《现观庄严论》、《释量论》等显宗经典，他一一做了笔记。他从札什伦布寺经夏鲁寺，前往拉萨，朝礼了大小昭寺及噶丹、哲蚌、色拉三大寺，并应哲蚌和色拉寺之请，为僧众讲经说法。火猪年（1767 年）的传召大法会期间，他为上下密院的 300 多名格西和学密僧讲授密宗经论，然后返回札什伦布寺。当年，廓尔喀征服尼泊尔，尼泊尔的百姓和佛寺均遭到兵燹。战后，益西坚赞决定赴尼泊尔朝圣。经长途跋涉，他来到尼泊尔，对受毁严重的两大著名佛塔进行洗礼，做广大施供，敬献优质哈达，并在那里学经、讲经，还举办了几次佛事活动，其目的是让佛教在尼泊尔尽快复兴。关于此事，尼泊尔的僧俗有口皆碑。益西坚赞朝礼尼泊而后返回故里居噶地空行密窟中修行。后来他应邀到各寺讲经传法，培育佛教弟子，为许多出家僧人授近事戒、沙弥戒和比丘戒。他到后藏恩萨寺为僧众讲说噶丹耳传法后，僧人们说，该师如宗喀巴大师再世；在前藏应噶丹寺绛孜扎仓堪布曲旺嘉措之请，到该扎仓为 2000 多名僧人讲授“修心七义论”“修心要义”等经论，并常为该寺一尊镀金大佛像敬献供养，据说这尊大佛像曾出现佛光，寺院上空布满彩虹等奇异之象，该寺僧众也说，益西坚赞好似第二佛陀再世。火猴年（1776年），他到墨日彭措林寺，为该寺大小活佛及拉萨三大寺、上下密院的喇嘛、格西、退任赤钦等2000余人讲授《般若八千颂》;从卫地往后藏沿途在温萨却吉颇章、达康赛、纳塘、岗坚曲培、乃曲德、彭措林、拉孜曲德、协噶尔、吉贝那绰扎西山丹林等寺弘扬格鲁派教法，讲授以五部大论为主的许多显密经论。他先后修缮了扎西山丹林、噶丹普波齐、曲顶次丹林和尼泊尔塘乃哈热等寺的佛殿、佛像、佛塔等。

水虎年（1782年，清乾隆四十七年），益西坚赞被西藏地方政府委任为八世达赖喇嘛强白嘉措的经师。他不慕高位，极力推辞道："卑僧自幼出家遁世，虽在静修山寺修学几十年，但出身微贱，才疏学浅，寡闻少见，不宜任此重任。”但由于西藏地方政府的诚心坚请，他推辞不过，只得答应担任经师，遂有雍增益西坚赞之称。他出任八世达赖喇嘛经师之事，被乾隆皇帝闻知后龙颜大悦，下旨说：兹驻藏大臣奏明八世达赖喇嘛当有讲经上师，朕闻之甚喜。汝乃习法得道之大喇嘛，有勤学精进之美名。昔章嘉呼图克图已有奏禀。朕即嘱意，兹加赏赐，命为八世达赖喇嘛之经师，此乃班智达名位，特颁此名位之贺谕，并赐宝珠一串、绸缎十五匹、长哈达三十条等。汝噶钦·益西坚赞收此赏后，自当深悟朕意，善为八世达赖喇嘛之经师，精进勿懈，此谕。

益西坚赞受班智达之名位，任八世达赖喇嘛经师后，到本寺各佛殿做盛大施供，顶礼各佛殿佛神像，并妥善安排寺院讲、辩、著，闻、思、修诸事务后，从后藏起程赴拉萨，沿途逢寺讲经弘法，并于六月十一日抵达拉萨，进入布达拉宫，驻锡于安乐寝宫中。十三日吉辰，布达拉宫活佛、大喇嘛及僧众请他坐上经师的法座，开始讲经说法。自此，他按格鲁派学法传规，先教习诸显宗经论，后讲授密宗经论。为使八世达赖喇嘛成为显密兼通、佛学知识渊博的大学者，他呕心沥血，任教十二载，其间他常应一些寺院之请，前去为僧人授戒，为寺院新造佛殿、经堂、佛像、佛塔做开光仪式，并讲经不止，说法不息。据载，他一生有闻法弟子十余万，真可谓是桃李遍天下。他还曾为七世班禅灵童坐床应邀到札什伦布寺，为年幼的七世班禅传授经法和教规。

雍增班智达·益西坚赞一生广为弘扬佛教事业，为佛教和众生之事贡献卓著，所载甚多，难以译述。他于藏历第十三饶迥之水牛年（1793年，清乾隆五十八年）圆寂，享寿80岁。

益西坚赞主要弟子为八世达赖喇嘛强白嘉措、七世班禅丹白尼玛、普觉活佛等，在该师尊前出家受戒的弟子达万余人。

益西坚赞主要著作有《菩提道次第师承史·佛教庄严最胜摩尼鬘》（上、下册）、《一百五十赞注疏·阐明妙道之灯》、《一切智布敦·仁钦朱文集目录》等18函。

章嘉·若白多杰

——清代国师三世章嘉

章嘉·若白多杰，意为“喜金刚”或“游戏金刚”，为该师密宗法号。该师沙弥名号为阿旺却吉扎巴丹白坚赞，比丘法号为释迦格隆益西丹白仲美，简称益西丹白仲美。他于藏历第十二饶迥之火鸡年（1717年，清康熙五十六年）正月初十诞生在甘肃凉州（今甘肃省武威地区）西莲花寺附近一个牧民家庭。其家族原系青海湟水流域祁土司的属民，为土族，因其父亲祁家仓巴·古如丹增举家迁往凉州放牧，后落籍于当地藏族部落，故其族属又有藏族之说。

二世章嘉于木马年（1714年，清康熙五十三年）圆寂后，二世却藏洛桑丹白坚赞（1652 ~ 1723年）预示二世章嘉在佑宁寺西北方向转世。佑宁寺高僧便到甘肃天祝、凉州一带寻访，后来终于从凉州西莲花寺附近找到灵童，经佑宁寺与一世嘉木样协白多杰初步认定后，报告了在京供职的二世土观活佛，同时向西藏五世班禅罗桑益西报告了章嘉灵童的情况。根据报告所述，五世班禅将其认定为二世章嘉的转世灵童。在京的土观活佛上奏清廷时，受到理藩院的阻挠，他想方设法，力排种种阻挠，方获得康熙帝的批准。佑宁寺于金鼠年（1720 年）迎灵童至该寺章嘉活佛院举行了坐床典礼。二世却藏洛桑丹白坚赞为章嘉灵童剃度出家。7 岁时，他从二世却藏受沙弥戒，法名阿旺却吉扎巴丹贝坚赞，由前世弟子阿旺洛桑却增教习文字拼写。

水虎年（1722 年，清康熙六十一年），康熙帝驾崩，雍正帝即位，青海和硕特亲王罗卜藏丹津乘机发动反清叛乱，佑宁寺、广惠寺等寺院的一些喇嘛参与叛乱，青海局势十分紧张。水兔年（1723 年），清朝政府派抚远大将军年羹尧、奋威将军岳钟琪率军进行镇压，佑宁寺、广惠寺等寺院被付之一炬，僧俗被杀千余人，将寺院附近的十八个村庄也被焚毁，其他许多寺院亦受株连。战乱之前，三世章嘉活佛被本寺僧人带到今浩门河（原藏语名为“居拉曲”）上游密林中的一处岩洞中避难。这时，雍正帝突然想起三世章嘉活佛在兵乱中的安危，即刻下旨，命年、岳二将军速迎请三世章嘉进京，不得有分毫伤害。年、岳二人接到圣旨后，立即派人寻找，几经周折，终从浩门河上游找回三世章嘉活佛，带到西宁。在西宁期间，三世章嘉活佛出了天花，年羹尧请名医治疗。三世章嘉病愈后，年羹尧与地方官员设宴祝贺，奉其为上宾。当年，遵雍正帝之命，清军将三世章嘉护送至北京。

年仅 8 岁的三世章嘉活佛到京后，驻锡于旃檀寺（雍和宫），雍正帝让二世土观阿旺却吉嘉措负责照料他的生活，并教给他朝廷的各种礼仪。雍正帝接见他不久后，让他移居嵩祝寺，并准他按前世所得封赏乘黄色车轿，地铺黄毯，坐九龙褥。清廷派官员护送，僧官前面敬香引道，僧众前后打着梵幡唐卡随行，气氛庄严而隆重。雍正帝不仅让三世章嘉师事二世土观学习佛学显密经论，还命他与皇四子弘历（即后来的乾隆帝）等皇子一起读书学习。几年之后，三世章嘉不仅在佛学方面很有造诣，而且通晓了藏、蒙古、汉、满几种语言文字，还与比他大 6 岁的乾隆帝结下了深厚的同窗之谊，为他今后的佛教地位奠定了基础。乾隆帝在学习汉、蒙、满文字的同时，也跟土观活佛学习藏语、藏文。

后来三世章嘉若白多杰在嵩祝寺登上了前世章嘉的法座，并由二世土观呼图克图主持，举行了坐床典礼，正式继承了章嘉世系的法座。从此，三世章嘉拜噶钦·喜饶达杰为师，学习显密诸论，钻研佛法精要。在 10 余年间，他专心致志，坚持不懈地广闻佛法，系统地学习了印度“二胜六庄严”论师所著的主要经典，以及宗喀巴大师在显密方面的主要论著，修习了密宗许多本尊的深广教法，认真领会贯通密宗的精髓，严格遵循修习次第，恪守戒律毫不懈怠，经修证生起圆满二次第见解，尤其研习宗喀巴所著中观学派的“缘起性空论”后，他深有感触地说：“自佛教传入雪域后，历代佛学家对龙树、佛护、月称的中观论进行过研究，但仅做了些表面文字的注释工作。而将《中观论》融会贯通，变成自己的佛学思想体系的只有宗喀巴一人。”由此说明若白多杰对中观论学说的研究也达到较高的程度。三世章嘉还著述了《入中论注疏·首次发心》一书来阐明自己的观点。

金猪年（1731 年，清雍正九年），清政府扩建内蒙古汇宗寺。完工后，雍正帝让三世章嘉若白多杰主持此寺，并为之撰写了碑文。碑文中写道：“章嘉呼图克图呼毕勒罕（即转世灵童）主持兹寺，集会喇嘛，讲习经典，广行妙法，蒙古汗王、贝勒、贝子、公、台吉等，俱同檀越住持，前身后身，敬信无二……”字里行间，表露出对三世章嘉活佛的推崇和信任。水虎年（1734 年），三世章嘉若白多杰刚满 18 岁，雍正帝依前世章嘉活佛之例，正式封三世章嘉若白多杰为“灌顶普惠广慈大国师”，并颁赐金册、金印，金印重约 80 两。是年（1734 年）八月，三世章嘉若白多杰奉雍正帝之命，随同第十七皇子果毅亲王允礼前往康区泰宁（今四川省甘孜藏族自治州道孚县）惠远庙，迎请因避准噶尔乱事而移居那里的七世达赖喇嘛返回拉萨。八月下旬，三世章嘉活佛与果毅亲王一行从北京启程，朝廷拨银二万两，珍贵器皿不计其数。同年十一月二十三日，三世章嘉活佛一行到达乾宁泰宁寺（此时七世达赖已从惠远庙移居到泰宁寺），会见七世达赖喇嘛，敬献御赐礼物，宣读金册诏书。之后，三世章嘉活佛从七世达赖喇嘛聆听了“胜乐”密法。这是七世达赖喇嘛第一次为广大僧众传授“大灌顶”法，也可以说是三世章嘉活佛打开了七世达赖喇嘛事业之门的良好缘起。第二天，七世达赖喇嘛又讲授了“密集灌顶”法，对每一个细节都认真讲说，使听众悉见无量佛法，通彻玄微，也使三世章嘉活佛大开眼界，耳目一新。在泰宁寺，经三世章嘉活佛的请求，七世达赖喇嘛在长达 29 天中给他连续讲授了《二大乘师的道规》、五世达赖喇嘛著的《文殊室利教诲经笔记》等密宗经论。三世章嘉亲自担任七世达赖喇嘛讲经的复诵师，使七世达赖喇嘛感到十分高兴。之后，七世达赖喇嘛又传授了《大勇知母修定法》《六光明白度母随许法》及其修习方法，使三世章嘉活佛在修习密宗法方面又进了一大步。三世章嘉活佛奋笔写下了《鼓励自他学法之金玉良言》一文，以颂七世达赖喇嘛传法的恩德。同时，七世达赖喇嘛的密宗经师、噶丹寺第五十四任大法台阿旺却丹（1677 ~ 1751 年，今青海省尖扎县人）来到三世章嘉活佛的住所，三世章嘉从该师聆听了“菩提道次第坦途教授——发心供奉”、“金刚怖畏教授”、“密集生起次第——成就海教授”、“五次第灯论讲义”、“集续四合大疏”（后一部）等密宗教授，与阿旺却丹结下了法缘。

木兔年（1735 年，清雍正十三年）三月，七世达赖喇嘛在副都统福寿和三世章嘉若白多杰等人的护送下，经康区南部之雅江和理塘等地至拉萨布达拉宫。三世章嘉活佛沿途不断地向七世达赖喇嘛和阿旺却丹经师求学佛法。在拉萨期间，三世章嘉活佛继续从七世达赖喇嘛和阿旺却丹学习了许多显密经教，对三世佛[①]悟证的唯一大道、般若经的深奥意义、阿底峡的思想精华、宗喀巴的无比美妙佳言善论，都达到了通达明了的境地，且心瓶满溢，具有了与众不同的独到见解。据说，三世章嘉活佛与上师阿旺却丹一道去噶丹寺朝礼，朝拜了宗喀巴大师灵塔殿及其他佛殿，在大灵塔陈设了大量供品和会供食子。上师阿旺却丹为三世章嘉传授了“续部疏释及灌顶”，三世章嘉活佛也为经师献了金质曼札和大量会供物品，祈愿尊师健康长寿。上世阿旺却丹高兴地接受，并唪诵了胜乐和密集赞颂。自此，两位安多著名佛学家在拉萨结下了深厚的师生友谊。

木兔年（1735 年，清雍正十三年）十月初八，三世章嘉活佛一行抵达后藏札什伦布寺。初九，他拜见五世班禅罗桑益西大师。五世班禅大师高兴地为他举行了盛大的接见仪式和宴会，并向他询问了许多京城之事。十月十三日，五世班禅大师为三世章嘉活佛又授了近事戒和沙弥戒。十五日，年已七旬的五世班禅大师被请到僧会上，登上狮子宝座，而三世章嘉活佛手擎一具曼札，祈愿五世班禅大师为了佛教特别是宗喀巴大师的教法，莲足永驻劫海，常转法轮。五世班禅大师高兴地接受了这一祝愿。三世章嘉活佛还向五世班禅大师敬献了金质曼札、佛经、佛像、佛塔、金银一千两、一套身边常用器物等大量珍贵礼品，并为每个寺僧发银三两做斋茶布施。十七日吉辰，三世章嘉活佛身披无量光袈裟，由五世班禅大师任亲教师，在四大经师等 10 位足数比丘之中，受具足圆满戒（比丘戒），被赐比丘法号“释迦格隆益西丹白仲美贝桑布”（简称益西丹白仲美），随后五世班禅大师亲自向三世章嘉活佛传授了“威猛药义兄妹护法之随许法”及单独密传了甚深密法。

三世章嘉活佛正在札什伦布寺向五世班禅闻习佛法之时，雍正帝驾崩的消息传至西藏，他便离藏返京，朝见了刚登基的乾隆皇帝。乾隆帝对三世章嘉活佛圆满完成奉旨护送七世达赖喇嘛安全返藏而十分满意，于火龙年（1736 年，清乾隆元年）十二月二十一日下令由三世章嘉呼图克图掌管京师喇嘛教事务，并赐给“管理京师寺庙喇嘛扎萨克达喇嘛”印一颗。之后，乾隆帝对三世章嘉活佛屡加封赏，倍加尊崇，水猪年（1743 年）又赐给御用金龙黄伞一把。

三世章嘉若白多杰由于通晓藏、蒙古、满、汉几种语言文字，且佛学知识广博精深，又擅长佛经翻译，译文通畅流利，所以他一生曾为皇室两次翻译编纂大藏经，另译了许多蒙古族和满族僧人常用的显密经典。他还为使藏传佛教在东北地区和蒙古地区广泛传衍而做了别人无法代替的大量工作。土马年（1738年，清乾隆三年），乾隆帝下诏说："如今佛教盛兴于蒙古，先前遵照圣祖之命已将《甘珠尔》译成蒙古文刊行，然而蒙译全本《丹珠尔》前所未见，章嘉呼图克图宜主此事，将所有诠释佛语的经论翻译成蒙古文。"于是三世章嘉活佛同在京的噶勒丹锡呼图克图（即二世赛赤洛桑丹白尼玛，青海蒙古族学者）商议后，为了翻译词汇的统一，首先由三世章嘉活佛依《丹珠尔》大藏经的内容编成了蒙藏对照分类词汇《正字学·智者之源》一书，然后以他和赛赤呼图克图为主译，其他一些精通佛典的高僧大德和通晓蒙藏两种文字翻译的译师参加，于金鸡年（1741年）四月十五日开始了蒙译《丹珠尔》大藏经这一浩大工程。次年（1742年）十一月十五日，《丹珠尔》大藏经全部译完，三世章嘉活佛将之进呈乾隆帝审阅。乾隆帝大喜，即命内府刻印，散布蒙古及东北各地。乾隆帝对翻译人员赐予重金和物品作为酬谢。七世达赖喇嘛也从西藏致函表示祝贺。

另一项译经工程是将《甘珠尔》大藏经的主要部分以及藏、汉文论著、注释译为满文，由三世章嘉活佛约于金兔年（1771年，清乾隆三十六年）开始，组织译师进行翻译。每译完一卷，三世章嘉活佛均详加对照校审，并逐卷进呈乾隆帝审阅。经过多年的辛勤劳动，三世章嘉活佛终于完成了这项艰巨而光荣的任务，为广大满族僧人学习佛法提供了方便。

当时清朝处于盛世时期，除组织人力、物力翻译大藏经及其他一些重要典籍外，还编纂一些大型辞书。三世章嘉活佛亦参与了这些工作，如协助庄亲王修定《钦定同文韵统》，两册六卷；编纂《御制满汉蒙古西番合璧大藏全咒》（《四体合璧清文鉴》），此书编成后共85册，分装9函；将汉藏两文全部摘录出来，编成《汉藏清文鉴》辞书；为使乾隆帝和臣民识别佛像而编绘《诸佛菩萨圣像赞》、《喇嘛神像集》（收藏传佛教先圣及诸天等像300幅）；厘订《造像度量经》等，为佛教文化在民族间的交流做出了贡献。

木鼠年（1744年，清乾隆九年），乾隆帝在向三世章嘉活佛询问了雪域传播佛法的途径及方法后，提出在京师也建一座与雪域一样的闻思修、讲辩著的道场，二人商议决定将雍和宫改建成喇嘛庙，改建经费由皇库拨发，工程由三世章嘉活佛和噶勒丹锡呼图克图（赛赤·洛桑丹白尼玛）二人主持，修建了大经堂、依怙金刚殿、授戒殿、白伞盖佛殿、药师殿、三世佛殿、法轮殿、天王殿、噶丹佛殿、门楼、鼓楼、钟楼以及牌楼等，净厨、上师府邸、僧舍等一应俱全，并按照藏传佛教的学制教程设立了显宗、密宗、医宗、时轮四大经院，还从内蒙古九旗、外蒙古七部以及东北、新疆部分蒙旗中招集了500名青少年学僧,分设班级,聘请教师进行授课。乾隆帝御赐寺名为“噶丹兴秋林”，意为“噶丹威严宫”，但仍习惯地称原名雍和宫，为京城一座佛、法、僧俱全的藏传佛教寺院。火虎年（1746年），雍和宫也创立了正月祈愿大法会。

金羊年（1751年，清乾隆十六年），乾隆帝的母亲六十大寿，改北京西郊的瓮山为万寿山，山前建大报恩延寿寺，山后建藏传佛教寺院。三世章嘉呼图克图负责后山寺院部分工程，并招收内蒙古各旗僧人到这里修学佛法。全部工程完成后，即成为有名的皇家园林，这就是今天颐和园的前身——清漪园。另外，由三世章嘉主持在北京香山为满族修了一座喇嘛庙——宝相寺;乾隆三十一年（1766年），乾隆命三世章嘉主持，在热河修建了普乐寺；乾隆三十九年（1774年），又在热河兴建了殊象寺。

在清代，广建寺庙，御赐寺名、匾额，册封国师、呼图克图、禅师、诺门汗、扎萨克达喇嘛等僧职是清政府采取的怀柔政策，而乾隆帝的“修一庙胜用十万兵”一句话更道出了清政府这样做的最终政治目的。当时在清廷先后供职的二世、三世章嘉、土观，二世赛赤等活佛，依皇帝圣意，他们在兴建佛寺、弘传藏传佛教等方面做了大量工作。如三世章嘉不但建成京师的噶丹兴秋林寺（即雍和宫的藏语寺名），还协助皇帝监修妙应寺、普渡寺及供满族僧人出家之正觉寺、梵番寺、功德寺、西陵之永福寺、东陵之隆福寺等九大寺，由其订立管理制度，还同乾隆帝一道举行开光仪式。此外，河北承德地区的外八庙[2]，也凝结着三世章嘉活佛的心血。另外，在罗卜藏丹津反清事件中被清军焚毁的郭隆寺和郭莽寺，重建后由雍正帝御赐郭隆寺为佑宁寺、郭莽寺为广惠寺，由乾隆帝为塔尔寺御赐梵教法幢和“梵宗寺”寺名以及金银灯、曼札、供器等,都是三世章嘉先后返回故里时带来的。三世章嘉还到许多寺院代表清政府赐物安抚，讲经弘法，实在是功德无量。

金羊年（1751年，清乾隆十六年），乾隆帝为三世章嘉活佛颁发“振兴黄教大慈大国师”印，并赐镶嵌有珍珠的帽子一顶及其他物品多件，同时下谕说：“尔可依照前世，主持黄教。”

三世章嘉活佛在乾隆处理朝廷与地方及蒙藏关系中起了很好的参谋作用，做了不少有益工作，而且富有成效。金马年（1750年，清乾隆十五年）十月，颇罗鼐的次子珠尔墨特那木札勒任西藏摄政时，与驻藏大臣发生了尖锐的矛盾，珠尔墨特那木札勒联络准噶尔部作乱，乾隆帝降下密诏：“此人不可留，应剪除。”于是驻藏大臣傅清和帮办大臣拉卜敦将珠尔墨特那木札勒诱杀，而傅清和拉卜敦亦被对方所杀，驻藏大臣的公署也被焚毁。乾隆帝平乱之后，在制定《酌定西藏善后章程十三条》时，决定在西藏建立汉式官制，设置总署，派一名提督领兵一万驻防，同时在西藏各地设置道、府、州、县，一切事务由汉官处理，废除郡王制。三世章嘉活佛认为这种做法不适宜于西藏地方，因此犯颜直谏。在他的恳劝下，乾隆帝收回了成命，将西藏权力交给了七世达赖喇嘛，成立噶厦政府，由噶伦三俗一僧执政的组织机构，受达赖喇嘛和驻藏大臣的领导，废除郡王摄政制度，并将此写进《酌定西藏善后章程十三条》中，从此成为制度。这对后来西藏地方的稳定与中央对西藏的管理等起了很重要的作用。

七世达赖喇嘛圆寂后，为寻访、认定转世灵童，前后藏各寺皆降护法神谕示，各寺护法神谕示的转世方向有差异，一时争执不决。此时三世章嘉奉旨进藏主持认定转世灵童，他请六世班禅认定后藏托布嘉地方出生的强白嘉措为八世达赖喇嘛。但同时前藏也按神谕认定了一个灵童，对后藏的灵童拒不承认。此事惹得乾隆帝很恼火，命令驻藏大臣将前藏灵童寻访负责人押送京师治罪。三世章嘉敏感地意识到这件事涉及到佛教灵童寻访认定的程序、仪轨及制度，情况比较复杂，处理不好会引起前后藏的矛盾，便想了一个在转世灵童中常用的万全之策，建议乾隆帝下旨，将前藏认定的灵童送到后藏札什伦布寺做六世班禅的侍从喇嘛，这样的话前藏之人也会心甘情愿。乾隆帝认为有理，便采纳其建议，于是一场风波便平息了。如此事例，举不胜举。

乾隆帝忙于国事，日理万机，但还挤时间向三世章嘉活佛求学佛法。三世章嘉活佛按阿旺却丹经师的教导，首先给皇帝传授“自我皈依教导”，皇帝很快就通晓了其中要谛。而后他又教授藏文楷书、草书的写法及正字学，皇帝皆无难而会。以后按皇帝的圣意，他由浅入深地讲授了《菩提道次第论》《密乘教诫》《道次指导偈颂》等经典。为了让皇帝理解经义，三世章嘉活佛逐字逐句地讲解导释，过了不久，皇帝即对修道次第有了与众不同的理解。后来深入到较深中观学说时，皇帝要求三世章嘉活佛编一本较简易的中观修学本，三世章嘉便著成了《甚深中观修习明炬》一书。从此，乾隆帝如饥似渴地学习中观论，无论国事多么繁忙，从不间断。之后，三世章嘉活佛又给皇帝呈献了《供奉上师指导》《无量光佛修法》《药师佛供奉仪轨集要》《佛菩萨赞颂》《祈祷文》等作为修学课本。后来，皇帝说：“现在朕欲学习密法，请给我传授入乘法灌顶，还要把你的本尊神胜乐灌顶传给我！”皇帝将灌顶时用的一切器具准备好后，由三世章嘉开始传授“胜乐铃五神”灌顶法。灌顶时，皇帝让上师坐在高位法座上，自己却跪在低位座垫上，聚精会神地如律听受教法。灌顶结束后，皇帝给三世章嘉活佛奉献了一具镶满奇珍异宝、重约一百两的金质曼札及大量礼物。因为在佛教中，要学密法的人必须首先要做密宗灌顶，否则是不能学密法的。据说皇帝修学密法，尤其闭关修持后，也出现了一些特异功能，自此皇帝将三世章嘉奉为自己的金刚上师。

土虎年（1758年，清乾隆二十三年），三世哲布尊丹巴益西丹贝尼玛出生于四川理塘。水马年（1762年），奉乾隆帝命，呼毕勒罕（转世灵童）从理塘被迎至多伦诺尔，从三世章嘉国师剃度出家，授予居士戒，之后迎往库伦坐床。水羊年（1763年），三世土观洛桑却吉尼玛奉旨进京朝礼乾隆帝，师从三世章嘉国师学习显密经论的同时，并协助国师处理京城的一些政教事务。三世土观对三世章嘉国师了解比较深，掌握了许多第一手资料，后来编著了《章嘉国师若白多杰传》。

金鼠年（1780年，清乾隆四十五年）七月，六世班禅应乾隆帝召请进京，三世章嘉国师奉命到岱海远迎。迎至热河后，六世班禅朝见乾隆帝，并在乾隆帝的70大寿庆祝活动上，与乾隆帝谈论佛法和藏事。当时，三世章嘉国师一直陪同在侧，并担任六世班禅与乾隆帝之间的翻译，后又陪同入京参观游览。乾隆帝在太和殿宴请六世班禅时，特许六世班禅乘轿至殿前第三层台阶，三世章嘉国师可乘至第二层台阶，由此可见三世章嘉国师的尊贵地位。十月，六世班禅大师在京师圆寂后，三世章嘉国师举行盛大追荐法事，处理六世班禅后事，并祈祷六世班禅大师早日转世。

三世章嘉国师在往返于京城至青海途中，曾几次赴五台山朝圣修习，且常驻于他的属寺镇海寺。火猪年（1767年，清乾隆三十二年）夏，他到五台山朝礼，并闭关静坐，历时数日，修习甚深金刚瑜伽法，然后回到北京。金牛年（1781年），乾隆帝与三世章嘉国师同赴五台山，在菩萨顶举行祈愿法会时，乾隆帝让三世章嘉与他同坐一个座垫，并说："与三世章嘉呼图克图同坐在朕之座位上，朕便觉安乐。"由于乾隆帝以及他所代表的清王朝对三世章嘉国师极其尊崇，京师百姓也很信仰三世章嘉国师，一听到三世章嘉国师的黄幔车出入紫禁城东华门时，信民将手帕铺在车轮前，希望车轮压过，以赐吉祥；要是三世章嘉国师到蒙古地区讲经说法，前来请求摸顶的信民更是人山人海。这说明他在人们心目中的崇高威望。

藏历第十三饶迥之火马年（1786年，清乾隆五十一年）四月初二午后，三世章嘉若白多杰在五台山圆寂，享年70岁。乾隆帝获悉三世章嘉国师圆寂的噩耗后，悲恸欲绝，派人送去用50两黄金做成的曼札、内库哈达百条、线香百束等，并拨银1500两做超荐法事的费用送往西藏，还在京师用7000两纯金制作一座金塔，上嵌无数宝珠，六月二十四日派大臣送往五台山，将遗体安放到塔瓶内，并按三世章嘉国师生前指定，在镇海寺永乐院中挖到深处石岩层后，又在石岩中深凿了一个石窟，将金塔置于石窟内深葬，上面建造了一座大石塔，内装三世章嘉国师的一些遗物。这就是有名的镇海寺石塔。

三世章嘉若白多杰一生除编纂辞典、翻译大藏经外，自己的著述也颇丰，约计有170多种，主要有《教派建立论·佛教须弥妙庄严》、《正字学·智者之源》、《七世达赖噶桑嘉措传·如意宝穗》、《噶丹赤钦·阿旺却丹传》、《甚深中观修习明炬》、《入中论注疏·首次发心》、《密集圆满次第指导》、《旃檀觉卧史》、《圣地清凉山志》（亦名《五台山圣迹志》）等，其中《教派建立论》一书是他的代表作。

注：

①三世佛：指过去、现在、未来三世之佛。过去佛指迦叶诸佛，寺院塑像中一般特指燃灯佛；现在佛为释伽牟尼佛；未来佛为弥勒佛。

②外八庙：也叫外八寺，今河北省承德避暑山庄（热河行宫）的东面和北面环布的藏传佛教寺院的总称，从清康熙五十二年（1713年）到乾隆四十五年（1780年）陆续兴建，现存七座，即溥仁寺（1713年建）、普宁寺（1755年建）、安远庙（1764年建）、普陀宗乘庙（1771年建）、殊象寺（1780年建）、须弥福寿寺（1780年建）。原有罗汉堂，已毁。因承德在长城以外，故称外八庙，山庄内还有内八庙。外八庙中的普宁寺仿西藏桑耶寺修建；普陀宗乘庙仿拉萨布达拉宫修建，故又有布达拉寺之名；须弥福寿庙仿后藏札什伦布寺修建；安远庙仿新疆伊黎固尔扎庙修建，建筑形式及塑像、壁画都融汇了藏、蒙古、汉等民族的艺术风格。清代乾隆以后的诸帝，常于夏季在此处驻跸，届时接待蒙古族和藏族的佛教领袖人物。

嘉木样·官却晋美旺布

——二世嘉木样呼图克图

二世嘉木样官却晋美旺布于藏历第十二饶迥之土猴年（1728年，清雍正六年）三月初八生于安多昂拉赛康尖巴昂（今青海省尖扎县昂拉乡尖巴昂村）地方一头人家中。父亲名阿旺南嘉，是尖扎地区头人；母亲名索南吉。父亲兄弟8人，大伯父阿旺索南嘉措是青海湟源东科尔寺第五世活佛。

5岁时，官却晋美旺布从道·诺日嘉措上师受居士戒，6岁从格西却加·东珠嘉措剃度出家。之后向僧舅格隆·罗哲嘉措学习藏文，7岁送到湟源东科尔寺，与伯父索南嘉措住在一起，继续学习藏文文法、正字学等，伯父给他取名郭拉，并授了沙弥戒。从此，他就开始练习写作，曾写了《二胜六庄严》《文殊法师赞》等几篇赞颂经文，为以后的著述打下了基础。

水猪年（1743年，清乾隆八年）七月十二日，主持拉卜楞寺嘉木样活佛转世事宜的德哇仓·罗桑东珠等认定官却晋美旺布为嘉木样一世之转世灵童，将其迎至拉卜楞寺举行坐床典礼，成为二世嘉木样。随后二世嘉木样拜江若·阿旺丹增为师，学习因明、般若、戒律等经论。土蛇年（1749年），他闻知在京供职的三世章嘉国师回佑宁寺，便带侍从抵佑宁寺拜见三世章嘉活佛，在三世章嘉座前聆听经法，从国师受比丘戒，赐法名“官却晋美旺布益西宗哲扎巴”，简称“晋美旺布”；后从隆务寺麦日甘却杰等师学习有关显密经论的同时，还学习了诗学、文法、修辞、音韵、声明、工艺（工巧明）等五明论文化学科。在显密经论和五明论文化知识方面有了一定基础后，在经师和伯父索南嘉措的鼓励下，他决定赴藏求学深造。

水猴年（1752年，清乾隆十七年）六月，官却晋美旺布到西藏后，进入哲蚌寺果芒经院等处师事桑杰多吉大师和鲁本格西·洛桑达杰、喜饶僧格等学习《中观论》《俱舍论》《现观庄严论》《戒律论》《释量论》等经典及天文历算学知识，还从七世达赖喇嘛噶桑嘉措和六世班禅罗桑贝丹益西二位上师学习有关注疏论和大威德二次第等经典，并从萨迦等地的学者闻习了不少显密教诫。他在藏学经8年，由于不顾饥渴寒暑，专心致志，勤奋苦学，于是通达五论、四续要旨精髓，尤以时轮金刚修法，遍求卫藏各处所有各教派传承，皆融会贯通。他在桑普寺辩经后获得“噶居格西”学位，32岁完成学业，于土兔年（1759年）五月二十三日，启程东返。临行之际，西藏地方政府给他颁赐印信，赐封“具善明教班智达诺门汗”称号，并赐赠服饰、伞盖、乐器、乘骑等堪布的全副用具及氆氇。这说明包括七世达赖喇嘛在内的西藏地方政府对嘉木样活佛转世系统的实际认可及对二世嘉木样的高度信赖，提高了他在藏、蒙僧众中的威望。九月十五日，僧众数千人列仪仗队迎至拉卜楞寺。次年（1760年），晋美旺布荣任拉卜楞寺第十一任大法台后，开始对本寺的修习体制、修习仪轨等进行修改、完善。同时，由他主持在距夏河县105公里的阿木去乎德毛塘兴建了“噶丹曲科林”，意为“具喜法轮洲”，俗称阿木去乎寺，内设3个学院，并制定寺规。木鸡年（1765年），因佑宁寺三世土观洛桑却吉尼玛活佛应乾隆帝之召，要去京城供职，佑宁寺缺少得力法台，故佑宁寺再三坚请二世嘉木样官却晋美旺布担任佑宁寺第三十七任法台。自此，二世嘉木样主持该寺，讲经弘法 2 年后，又应塔尔寺之请，担任了塔尔寺第三十任法台。他为塔尔寺撰写了《显宗学院清规·白莲鬘》寺规，交给格贵僧官执掌，以此治理寺院，约束僧人，还新建学习菩提道次的"噶仁巴"班级，形成春季后期、夏令安居法会上考核摄类学的定例。他在大护法神殿迎请事业明王护法神，又在塔尔寺修建了自己驻锡的行宫——嘉木样嘎尔哇。他在塔尔寺任法台 3 年，期间他广泛参考该寺的一些资料及前任法台（四任法台）所撰寺志，撰写了《塔尔寺志·珍珠鬘》一书，其史料详实可信，是一部研究塔尔寺历史不可多得的珍贵史料。

二世嘉木样成名后，在几座大寺中担任法台的同时，还应蒙古许多地方的王公贵族和寺院之敦请到各地寺院讲经弘法，摸顶授戒。土鼠年（1768 年，清乾隆三十三年），内蒙古乌都斯王派丹卓华贡赞波诺门汗等人来青海塔尔寺，献银 900 两，邀请他去内蒙古东部四十九旗讲经。土牛年（1769 年）四月，二世嘉木样从青海赴内蒙古，途经五台山时朝礼了五台山藏传佛教各寺庙，之后先后到呼和浩特、杜伯特、多伦诺尔、热河、土默特等地为僧俗摸顶赐福，授戒传法，满足心愿，后又应请到阿鲁科尔沁、扎鲁特左右旗、蒙古尔津等地，为当地王公、贝子、僧俗大众讲经、摸顶，前来接受摸顶的群众达十万余人。在察汗达因齐活佛的请求下，他撰写了《七十真义论滴要》赠给他们。二世嘉木样从这里又返回多伦诺尔，在汇宗寺向三世章嘉活佛献银 1000 两，与在这里来受戒的哲布尊丹巴一起聆听三世章嘉活佛讲授的密集、胜乐、大威德灌顶等密法，并献会供。二世嘉木样与哲布尊丹巴互赠礼品，结为法友。而后，二世嘉木样又应请赴苏尼特左右旗、鄂尔多斯、阿拉善等地广转法轮，弘传格鲁派教法。他在蒙古四十九旗讲经传法，在蒙古上层人士和广大僧俗中产生了深远影响。后来蒙古许多寺院的活佛、喇嘛到拉卜楞寺求学深造者逐年增多。拉卜楞寺的一些格西也常受邀前往内蒙古讲经弘法者亦屡见不鲜。土牛年（1769 年），二世嘉木样还从五台山赴京觐见乾隆帝，只因种种原因未能单独叩见乾隆帝而返回了拉卜楞寺。

水龙年（1772 年，清乾隆三十七年），乾隆帝派特使到拉卜楞寺敕封二世嘉木样为"扶法禅师班智达额尔德尼诺门汗呼图克图"名号，颁赐金册印鉴。自此，大大提高了嘉木样活佛世系的社会地位和政治声誉，跻身于呼图克图之行列。

二世嘉木样返回拉卜楞寺后的 10 余年中，在寺内修建了时轮经院和医药经院以及佛殿、活佛府邸等 40 余座。因僧人逐年增多，他又将原 80 根大柱的经堂扩建成 140 根明柱可容纳 3000 僧众同时诵经的大经堂。火鸡年（1777 年，清乾隆四十二年），扩建大经堂的工程即将竣工时，乾隆帝为表示祝贺而派西宁办事大臣送来御笔亲题的汉、藏、蒙古、满四种文字的“慧觉寺”匾额一块。经院和经堂建成后，他又制定了规章制度，以此为规范，确立以显、密二宗之修学为主，以医学、历算、诗词、音韵、书法、声明、工巧明、雕版印刷等为辅的修学制度，建立了各经院考试制度，设立了“多仁巴”学位制度，每年规定考取两名。除此之外，正月十四之跳神、七月初八之米拉日巴劝法会以及阎曼荼罗镇祟法等法事活动亦随之确立，形成定例。同时，他还在辖区内主持修建了七八座属寺，修葺了几十座寺院，其中化隆甘都的东麻昂寺，在原有几座小型建筑的基础上修建了大经堂和昂欠，形成寺院规模。所谓“拉卜楞寺属下108寺”，就是在这一时期由二世嘉木样主持、组织扩建和新建起来的。各寺下属的藏族部落，随其寺主都归拉卜楞寺院管辖，使拉卜楞寺的势力由原来的大夏河流域扩展到甘、青、川等地，成为诸寺之母，从而成为甘肃境内藏传佛教寺院中最大的政教合一的寺院。

土猪年（1779年，清乾隆四十四年），六世班禅应乾隆帝召请赴京途经青海时，二世嘉木样远赴青海湖畔迎接佛驾。二人见面后，六世班禅大师很高兴，二世嘉木样也随佛驾到塔尔寺，因二人相谈投机，有时谈经说法到深夜。六世班禅大师送给他一柄特别珍贵的双刃剑，以示一种缘起。在塔尔寺，二世嘉木样按照六世班禅大师的吩咐，命自己的强佐（大管家）和索本（司膳师）为大师的300余名随行人员接种了牛痘，从而使他们到内地后没有染上天花病，但大师自己却没有接种牛痘。为此，六世班禅大师致书二世嘉木样，开首说：“以精通佛法作为庄严，三学的妙相全部具足，各种学识成笑金刚，致书于嘉木样活佛身前。”信中还赠给二世嘉木样“智慧阿齐图玛哈室利班智达”的称号，并赠送内库哈达、黄金1两、马蹄银10锭等许多礼品。金鼠年（1780年）十一月初二，六世班禅在北京黄寺因患天花医治无效而圆寂。这一噩耗传到拉卜楞寺，二世嘉木样悲痛欲绝，在拉卜楞寺举行了规模较大的祈祷法会。水虎年（1782年），他派员携带诸多供品礼物远赴后藏札什伦布寺，为僧众发放布施，诵经祈祷六世班禅大师灵童早日转世。

水兔年（1783年，清乾隆四十八年），二世嘉木样再次赴藏，噶厦政府设灶迎接。他首先朝礼大小昭寺和拉萨三大寺，做了盛大供养，为僧众放布施，煮斋僧茶，之后赴布达拉宫谒见八世达赖喇嘛，敬献礼品。他与八世达赖喇嘛共同参加哲蚌寺果芒经院举办的宴会。他先后在前藏许多寺院一面讲传显密经论，一面搜集经典资料，后赴札什伦布寺，拜见年仅4岁的七世班禅罗桑丹贝尼玛。因七世班禅坐床不久，二世嘉木样献礼以表祝贺。七世班禅给二世嘉木样惠赐了先辈六世班禅的服饰一套、全集著作和生前收藏的《甘珠尔》大藏经、数十尊佛像、唐卡，还有伞盖、用具等。二世嘉木样感激万分，撰写了《六世班禅传》，以示感谢。次年正月祈愿法会上，他又向八世达赖喇嘛敬献银制曼札、银制八瑞相、八瑞物、银 100 锭、马 200 匹、茶 60 包及锦缎多匹。在藏期间，二世嘉木样广泛交结西藏上层人士，建立施供法缘，受到西藏地方政府和驻藏大臣的热情款待，同时广泛收集珍贵经典，对一些稀有经卷进行了抄写，共搜集佛经万余部。他在藏历时 2 年，供养白银达 7 万多两，耗资巨大。火马年（1786 年），二世嘉木样携带佛经返回故里时，八世达赖喇嘛赏赐伞盖、马旗等堪布用具，噶厦政府遣员送行。年底，他回到拉卜楞寺，将佛经全部献给寺院，故拉卜楞寺以藏书十万卷而著称于世。

二世嘉木样返寺后，又主持修建了“禧寿寺”（弥勒佛殿），塑造高大的弥勒佛金身，修饰大经堂，做了柱套顶幂、柱面幡、绵缎法幢，布置天花吊顶、藻井等许多装饰品，还为其伯父、已逝的东科尔活佛索南嘉措铸银像一尊，在他的故乡昂拉赛康修建了一座弥勒佛殿，塑造了弥勒佛像。

土鸡年（1789 年，清乾隆五十四年）五月，二世嘉木样又应青海夏琼寺僧众之请，于六月初一抵达该寺。寺院为他举行了隆重的欢迎仪式，将他推上了夏琼寺第四十三任法台的狮座。他开始为僧众讲授《菩提道次第广论》经典，此后多次宣讲了有关文殊法类的随许法。他撰写了《吉祥金刚怖畏幻轮念诵仪轨 · 甘露水滴》一书，被定为该寺聚诵之一。他在夏琼寺大兴讲、辩、著之风，在护理寺院三年后，因身为拉卜楞寺寺主，佛事繁忙，便委任卸任堪布东尤夏茸代理堪布事务。

藏历第十三饶迥之金猪年（1791 年，清乾隆五十六年）十月二十七日，二世嘉木样返回拉卜楞寺，途经化隆甘都东麻昂寺时示现圆寂，享年 64 岁。他临终时嘱托土观大师及襄佐达尔罕德王善慧二人代理拉卜楞寺政教事务。遗灵由阿莽班智达和弟子迎请回寺，修建真实法体灵塔，供于灵塔殿内，以示尊崇。据载，东麻昂寺也制作了一座灵塔，将二世嘉木样的部分灵骨装入塔内，供奉在本寺中。

二世嘉木样继承一世嘉木样的事业，终生跋涉，弘扬佛法，足迹遍履前后藏、安多、康巴、内蒙古东部诸地，声誉甚高，弟子众多，其中得意门生有 30 多位，包括堪钦·格敦嘉措、隆多智旺、阿里活佛、三世土观却吉尼玛等知名高僧。

二世嘉木样著作共有 76 卷（册），主要有《一世嘉木样传》、《章嘉·若白多杰传》、《六世班禅罗桑贝丹益西传》（上、下卷）、《根邦钦布 · 俄昂罗桑传》、《小哲雅仓活佛格桑图旦旺秀传略》、《塔尔寺志·珍珠鬘》、《噶丹教法史拾遗》、《卓尼〈丹珠尔〉目录》、《入中论之探讨》、《宗派论述宝鬘》、《般若八品之探讨摄要》、《翻译善逝教义论疏部全集目录如意宝珠》等。这些著作皆有拉卜楞寺木刻版，收藏于拉卜楞寺藏经楼。其中《塔尔寺志·珍珠鬘》与五世赛朵著的续志《塔尔寺志·悦耳精英》合为一函，由塔尔寺印经院刻版后收藏于该寺院,《翻译善逝教义论疏部全集目录知意宝珠》于 1773 年成书。

隆多喇嘛·阿旺罗桑

——清代多康居山静修高僧

隆多喇嘛·阿旺罗桑，是清代多康地方的一位居山避世、修行得道的高僧。他于藏历第十二饶迥之土猪年（1719 年，清康熙五十八年）生于西藏昌都地区之普多地方。父名欧强昂本，母名江萨本吉，夫妇二人生有 8 个子女，阿旺罗桑排行第五。

四五岁时，阿旺罗桑由父亲首先教学藏文拼读和简略法要；7 岁时，入昌都强巴林寺为僧，正规学习藏文及释迦教法；12 岁时，拉萨三大寺讲经师普觉喇嘛·阿旺强巴从拉萨来到昌都，因他也是昌都人，从此师受居士戒和沙弥戒，并修习密宗仪轨等，后在曲卫寺从曲卫喇嘛格敦扎西在一年内修学几部经论。之后，阿旺罗桑遵曲卫喇嘛之命赴四川理塘拜都地方，进入理塘寺，三年中学习了摄类学和中略几种“般若论”，同时兼学法行、仪轨、大威德等教法。是年大旱，苗禾干枯，饥馑迫使他与母亲逃荒他乡，学业中断。三年后，他返乡，17 岁时又遵曲卫喇嘛之命，前往四川拜都地方，进入理塘寺，学习摄类学（因明）和内明学，历时三载。24 岁时，他按曲卫喇嘛之言，同康区的几位商客一起从康区赴卫藏求学深造。他首先来到拉萨，进入色拉寺杰巴扎仓修学，后住于洛巴康村。在这里，他拜格西尊哲为师，专心致志地研修摄类集和大小“般若经论”。到拉萨，他朝拜了二世达赖喇嘛所倡建的几所寺院，产生了极大的敬信之心。30 岁时，他在普觉·阿旺强巴上师处受比丘大戒。在拉萨近 10 年中，阿旺罗桑先后依止普觉·阿旺强巴、六世班禅罗桑贝丹益西、七世达赖喇嘛噶桑嘉措、三世章嘉若白多杰等 13 位上师闻习《菩提道次第论》、“吉祥集密之灌顶法”等显密经论多种，对显密经论有了较高的造诣。33 岁时，他到桑普等寺巡回辩经，取得了好名次；39 岁时，进入上密宗学院深造密宗法，在堪钦·阿旺却扎等上师处修学“胜乐论鲁伊巴之灌顶法”、“金刚鬘之请问法”（又叫四十五部大灌顶法）和“弥札之白文殊灌顶法”，尤其精研了宗喀巴大师编著的“吉祥集密之释续”、《集续四合大疏之导释》等经论，对密宗有了较深的造诣。后来，他走出上密宗经院，由第巴·端智坚赞做施主，常住聂塘普隆多的藏巴·嘉热益西多杰的静修地修持显密正法，获得了成就。自此，僧俗皆俗称他为“隆多喇嘛”，意为在隆多修有成就的喇嘛。45岁以后，他多坚持静修，利用闭关解制间休时间，一面继续修学佛法，一面为一些具缘弟子讲经传法。期间，他又从师修学了“吉祥大威德之生圆二次第法”、“怙主药王随许法”、教诫、《贤愚经》、《百科小法入饰经》、《中观六聚经》、《五次第论》、《克珠杰论著及全集》、《宗喀巴大师全集》、《达赖喇嘛之教诫集》、《格敦嘉措全集》4函等著作，成为显密兼通的佛学家。

在隆多喇嘛的一生中，他曾住修聂塘莫觉3年、隆多静修地9年、聂塘仁钦山会8年，21年中以一位居山修行者的身份进行修持，过着避世于山寺的僧人生活。他虽然如此避世修行，但还是培养了许多佛门弟子。

隆多喇嘛著作有对大小五明诸类的注释共31帙，连同目录计32种之多。他的重要著作有《天文历算品仪轨》、《时轮经史事及术语名目》印本19叶、《工巧明、医方明、历算等所出术语名目》印本22叶、《密宗持明论藏中四续异名词》、《般若论中七十义导名词》、《大小乘论藏中异名词》、《噶当派及格鲁派上师文集目录概要》、《声明、诗歌、戏剧、藻饰词、新旧音韵词等普通学科中的异名词》、《喇嘛自传·道歌》、《佛教名人录》、《佛教施主名人录》、《因明学名义集》、《梦的探析》等名著。这些名著流传于国内外。贡德林寺的达察活佛罗桑益西丹贝公保著有《隆多喇嘛仁波切传》，由拉萨印经院刻版，共178叶。

藏历第十三饶迥之木虎年（1794年，清乾隆六十年），隆多喇嘛圆寂，享年75岁，遗体奉安于山寺的灵塔中。

阿柔格西·坚赞沃赛

——避世修行金刚大师

一切智阿柔格西·额尔德尼墨日根·坚赞沃赛，又名强巴格勒坚赞，俗称阿柔格西钦莫，父亲是安多果洛阿柔地方牧民。

关于“阿柔”地名的来源，相传当地有一个放牧牛羊的孩子，有一天赶着牛羊去山坡上放牧，山坡上有一凸起兀立的大岩石，孩子突然看见岩石面上出现了一个藏文“阿”字，过了一会儿“阿”字不见了。晚上，孩子收牧回到帐篷中，高兴地对父母亲说：“今天我在山坡岩石上看见了一个阿字。”父母按孩子的说法告诉了草原上的牧民，就这样一传十，十传百地传了开来。久而久之，这个地方就被称“阿柔”，其中“阿”是藏文字母“ཨ”，“柔”是藏文 རིག，“看”的意思。“阿柔”是“看见了阿字”的意思。阿柔地名根据传说就这样形成了。此外，又有阿柔部落头人的儿子看见了出现在石崖上的阿字后流传开来之说。

在三世达赖喇嘛索南嘉措的传记中有：“玛钦博拉（阿尼玛卿山）山系之传承扎巴宏保（头人）桑杰家族前来迎接他时，在阿柔尕布滩献来了成千上万的牛羊牲畜，并出现了彩虹形成的帐幕和天降雨花的景象。”这说明阿柔尕布是一块殊胜吉祥之地。以前在阿柔附近名叫曲若雅安的地方，住着一户人家，地方神祇生了一个儿子，名叫阿柔完德，十分富有，也十分英勇顽强。阿柔完德九个儿子，传衍为阿柔九个部落。在阿尼玛卿山麓附近有一方叫阿柔切哇的地方，住着一户也是阿柔祖系的牧民，于藏历第十二饶迥之火马年（1726 年，清雍正四年）生下了强巴格勒坚赞，父亲名玛切帕巴加，母亲名阿吉桑姆觉吉。孩子长得十分可爱，自幼就性情温和，举止文雅，具有慧性，童年时就懂得孝敬父母，帮助父母放牧牛羊。后来，他亲近嘉利活佛罗桑达杰，学习藏文拼读及一些短篇经文。13 岁时，由宁玛派夏嘎巴大师为他剃度出家，授沙弥戒。

强巴格勒坚赞 17 岁时，被保送到前藏拉萨色拉大乘寺杰巴扎仓学经。13 年间，他苦心孤诣，认真修学了中观、般若、俱舍、律经、因明等显宗经论，通晓了《般若广疏心要饰》《俱舍论注释·解脱道明论》等几部经典。在拉萨正月祈愿大法会上，他以然坚巴立宗辩论，辩才无碍，获得了然坚巴格西学位，赢得了众善知识者的称颂。之后到普布觉山寺中，他师事拉萨三大寺讲经师、普布觉寺普觉·阿旺强巴活佛学习经论的同时，在山寺中住修了 6 年，下功夫研习宗喀巴大师的《菩提道次第广论》和《密宗道次第广论》显密二论，成为通达者。他还常诵口诵经文，为七世达赖喇嘛的经师阿旺却丹讲授《甘珠尔》教言，并以嘉色多杰羌大师的觉圆之意教授教理、教诫密法，弘扬佛法。此时，这位证士（指阿柔格西）之堪布六世班禅罗桑贝丹益西为三世章嘉若白多杰传授时轮灌顶时，他闻知后即刻去加入灌顶行列，享受了身、语、意全面灌顶。这以后，他遵循六世班禅大师的指示，返回安多阿柔地方，一面在故乡果洛阿柔一带为广大牧民群众和僧侣弘传佛法，一面寻找建寺的理想地址。后来，他发现阿尼琼贡是一处建寺弘法的吉祥地址，所建寺院即为拉加寺。阿尼琼贡是山神的名字，其中“阿尼”是藏语中的爷爷，“琼贡”意为“大鹏鸟”，合称阿尼琼贡，传说这座山的山神是格萨尔王城的守护神。拉加是藏语地名，关于拉加寺的寺址、寺名、创建者之名早在《佛祖问道录》一书中做了预言：藏语“拉加”中的“拉”字有出离微尘之意；“加”字是有智慧之河流流经前面之意；“四面高耸四无量”，是指拉加背依红岩山高耸壁立；“举起空行之胜幢”，“放射十善正法之光辉”，其中“胜幢”藏语为“坚赞”，“光辉”同光芒，藏语为“沃赛”，合起来就是“坚赞沃赛”，为寺院创建者阿柔格西钦莫的法号，皆借用暗语示意。阿柔格西发现拉加扎西郡乃与噶当经籍中所预示圣地相符，遂选择了这块依山傍水的风水宝地，在他 43 岁那年，藏历土牛年（1769 年，清乾隆三十四年）奠基建寺，寺建成后，按照噶当经籍的教言，取寺名为“噶丹扎西郡乃”（拉加寺），随之以书札向班禅大师做了呈报，将扎西郡乃寺奉献给了六世班禅大师，得到了大师的称赞，赐阿柔格西为“墨日根堪布”的名号。他按大师建立因理讲修院的指示，创建了显宗经院，采用色拉寺杰巴扎仓的寺规和教程。这就是至今兴而未衰的拉加寺讲经院。经院中设立班级，按班级分别讲授各种经论，如释疏心要、善说心要、般若广释、菩提道广略论等经论。寺院一切规章完善后，日供斋僧茶会从不间断；每年六月法会和十五日法会照例举行，不论是那个法会，都要发放芒加（斋僧茶）和布施。寺院辩经之规，也按色拉寺杰巴扎仓之规进行。同时，寺院还照例举行正月神变法会，十月二十五日之五供节（燃灯节）、善行祈愿法会等。阿柔格西常到牧业点去募化，将募化到的酥油、茶叶、青稞、酥糕等驮回寺院，全部分给住寺僧人，并用募化到的钱做成帔肩、僧裙、僧帽等物品，按寺僧所需发给僧人，得到了众僧的拥戴。他在寺内提倡将零用小铜钱串在细绳子上储存起来，据说仅用储存起来的小铜钱就救济了 500 多名乞丐。

水鼠年（1792 年，清乾隆五十七年），阿柔格西钦莫将拉加寺交付于同乡二世香萨班智达罗桑达杰嘉措主持管理，他自己则以避世修行者之身份，云游安多日绰山寺、修行静地。他大多住修于东科尔（今湟源）拉隆哇的崖洞和丹噶尔城内的金佛寺（现此寺无存）。夏季大部分时间修行于崖洞，冬天严寒季节住修于丹噶尔城内，专修显密甚深教法。土蛇年（1749 年），在尖扎昂拉新寺，阿旺格敦达哇智华和二世嘉木样晋美旺布一起，聆听五世东科尔索南嘉措传授的金刚鬘灌顶等密法。当时拉卜楞寺的几位格西和隆务寺、德钦寺的十几位格西聚集在一起，进行讲经辩经，阿柔格西正好也传法到此，应邀参加了辩经，受到了众格西的称赞，并为众格西讲授《宗喀巴全集》和《文殊室利亲教》等一些经论，众格西也被他的辩经和讲经才能所折服。

阿柔格西钦莫曾先后任四世章嘉活佛、广惠寺四世敏珠尔活佛、白佛寺四世察罕诺门汗活佛、东科尔七世活佛等大德的经师，为多麦为主的各地藏族、蒙古族、土族大小喇嘛、僧官及塔尔寺、却藏寺、东科尔寺等大小寺院的活佛、僧众讲说教法、随许法、秘诀教言等佛法。他在自己修建的寺院中只住了一个冬天，期间，他还到化隆金源地方的丹斗寺住修，并修建了释迦牟尼佛殿和参康（静修禅室）。土马年（1798 年，清嘉庆三年）传法到塔尔寺，为僧众讲授了几天《菩提道次第广论》，颇受僧众欢迎，之后又到湟中拦隆口千户营后面的一座山湾里，搭茅棚住修，这里形成了一座日绰山寺，亦取名拉加寺。后来这山湾也成了拉加湾，流传至今。这座山寺现在建有佛堂、经堂、僧舍，据说多为尼姑。水猪年（1801 年，清嘉庆六年），他云游到循化道帏古雷寺讲经传法，还为从尖扎南宗寺到这里的四世夏嘎巴活佛授了比丘戒。

阿柔格西钦莫树立起宗喀巴大师显密乘教法的法幢，其教政功德十分广大，对佛教和众生做出了极大贡献。阿柔格西钦莫的盛名满誉藏区，人们说这位大师犹如印度龙树大师再世，大德之高尚风范永远留在广大僧俗的心中。他于第十三饶迥之水猪年（1803 年，清嘉庆八年）农历九月初二圆寂，享年虚 78 岁。临终前，他嘱咐弟子将他的遗体葬于断岩上面的岩洞里，但弟子们没有按他所说去做，用药泥涂抹遗体，塑造了尊者身像，将遗体和塑像奉安于他修行过的崖洞中，还将部分遗骨、遗物奉安于拉加寺一灵塔中。

阿柔格西的著作有《菩提道次第广论笔录》《噶丹扎西郡乃寺规》《近事明见密集》《玛年赫波琼贡山神祭文》等。

土观·洛桑却吉尼玛

——三世土观呼图克图

土观·洛桑却吉尼玛，意为“善慧法日”，是清代乾隆年间甘、青、蒙古等地区的著名史学家、文学家和佛学家。他于藏历第十二饶迥之火蛇年（1737 年，清乾隆二年）十一月初七生在颇若特凉州地区的彭措沟（今甘肃省武威地区天祝藏族自治县松林乡）为扎德藏族。父名扎德华加杰，母名哇日萨曲措吉。

水狗年（1742 年，清乾隆七年），6 岁的洛桑却吉尼玛被认定为前世土观[①]罗桑却吉嘉措之转世，并被迎至佑宁寺坐床。他从德古·格鲁嘉措、玛藏小论师洛桑却增等学文习字，攻读经典。火兔年（1747 年），他在松巴·益西班觉总法台处受戒出家，后入经院学法，因聪颖过人，学习成绩出类拔萃。

19 岁，洛桑却吉尼玛赴卫藏，朝见了七世达赖喇嘛噶桑嘉措。四月法会期间，他至哲蚌寺果芒经院拜会二世嘉木样活佛，并从其学法，在贤巴活佛处学习《文殊口谕》及《菩提道次精要》等深奥教诫，多次聆听“胜乐”“密集”和“大威德生圆二次第”的讲解。火牛年(1757 年,清乾隆二十二年),洛桑却吉尼玛受具足戒,是年 21 岁。而后，他与前来卫藏的三世章嘉若白多杰相识，拜师学法，聆听许多教诫，并从六世班禅罗桑贝丹益西、达浦·协白多杰、央贡欧然巴、智拉堪钦益西丹仲及巴日·阿旺端智等师勤学广闻。他在卫藏先后事师 40 余位修学显密，博通诸论。土兔年（1759 年），他被西藏噶厦任命为夏鲁寺堪布，又在萨迦达钦·贡噶洛哲处学习多种深广经义。这期间，他为众格西讲授《菩提道次第疏释》等。西藏地方政府噶丹颇章授给他“额尔德尼诺门汗”僧职，并赐大小印章、袈裟、法螺、旗牌等。25 岁时，他返回安多，依松巴·益西班觉之命，任佑宁寺第三十六任法台，继承先规，倾心尽力，经营寺刹，使寺院讲学风气日盛，功果颇大。水羊年（1763年），他接到清乾隆帝诏谕赴京。行前，他欲立新法台，派密宗上师洛桑格勒、洛噶尔昂索、土观之管家等人前往拉卜楞寺，迎请二世嘉木样大师出任法台，大师道："不管是否任法台，还是要去见活佛一面，因为他将要远行。"二世嘉木样大师抵佑宁寺后，因众人再三恳求，推托不过，便择吉日良辰继任法台。

土观·洛桑却吉尼玛于水羊年（1763年，清乾隆二十八年）进京，觐见了乾隆帝和章嘉·若白多杰大师，并同章嘉大师一起学习佛法，帮助其管理在京喇嘛事务，任掌印喇嘛、御前常侍禅师等职。在京期间，洛桑却吉尼玛曾参与了章嘉大师主持的《四体清文鉴》、《丹珠尔》大藏经满文版的编纂和翻译工作，成绩卓著，因而深受清廷及僧侣界的敬重。土鼠年（1768年），他乞请皇帝恩准，返回故里，不久即再次进京。水蛇年（1773年），他返回佑宁寺，又应邀出任了夏琼寺第四十二任法台，其间出资重新油漆佑宁寺大经堂，铸造一尊高达一人身量的释迦牟尼铜像，绘制释迦牟尼十二宏化卷轴画，迎请德格版《丹珠尔》大藏经一套等，耗资5万两白银修建一座藏经殿。土鼠年（1789年），他赴任塔尔寺第三十五任法台之职，在塔尔寺建了土观府邸（嘎尔哇），五年后即水牛年（1793年）卸任，后又任佑宁寺第四十四任法台。木兔年（1795年），他依二世土观的遗嘱，在前世坐禅修持过的禅室墙壁上，嵌装了千尊阿閦佛的塑像，佛像间隙又镶嵌观音菩萨普度六道众生的传说画和约8岁儿童身量的三十五佛的香泥塑像，新建了华严寺的大经堂、供堂和护法殿等，依怙殿里塑供了一尊一人高的吉祥怙主神像和四尊明妃像，同时建造了甘珠尔经堂等许多净房。他亲自主持举行了开光仪式，取名"德庆曲林"。自此，华严寺成了佑宁寺属寺。晚年，他隐居佑宁寺，潜心著述。

土观·洛桑却吉尼玛于藏历第十三饶迥之水狗年（1802年，清嘉庆七年）圆寂，享年66岁。土观·洛桑却吉尼玛通晓汉、蒙、藏几种文字，著述颇丰，主要著作有《三世章嘉·若白多杰传》、《土观宗教流派镜史》、《佑宁寺志》、《喇钦·贡巴饶赛传略》、《噶丹派美饰诗集·珍珠束》、《二世土观阿旺曲吉嘉措传记》、历算《智者珍藏篇》272叶、《教法史·入佛教之海巨舟》、《绘画和佛像建造卷帙·稀有游艺》等共15函，木刻版5746叶（一叶为两面），均颇有价值和影响。其中，《土观宗教流派镜史》一书内容详实，不失为研究藏传佛教的重要参考典籍，颇受中外学者的重视。

注：

①土观：为青海佑宁寺主要活佛系统之一。一世土观罗桑拉丹，出生于今青海省

湟中县李土司家，故称“土官”，后改“土观”；二世土观阿旺却吉嘉措（1680~1736 年），土族；四世土观洛桑图且却吉坚赞（1803~1826 年）；五世土观赛臣丹贝尼玛（1827~1838 年）；六世土观洛桑旺秀协智嘉措（1839~1894 年）；七世土观格桑丹曲尼玛（1895~1959 年）；八世土观嘉央洛桑丹贝尼玛（1980~）

藏班智达·丹巴嘉措

——石藏寺创建者

藏班智达·丹巴嘉措，意为“藏地学者——佛海”，是青海藏传佛教界一位有名气的拉然巴格西（学者），今青海省海南藏族自治州同德县境内石藏寺的创建者。他长期在色拉寺学经而获得拉然巴格西学位，为格鲁派高僧藏格的转世，故其转世系统亦称“藏班智达”或“藏活佛”。他于藏历火蛇年（1737 年，清乾隆二年）在阿柔部落（今青海省果洛藏族自治州）出生。父亲名阿米曲加，母亲名噶热。

丹巴嘉措在青少年时期到今青海黄南地区的隆务寺从堪钦格敦嘉措等师学习佛教文化，学遍三藏，贯通五部大论。约 20 岁左右，他跋山涉水，前往西藏色拉寺杰巴扎仓深造。在这里，他博览佛典，对显密经典采用精其选、解其言、知其意、明其理的学习方法，将所涉及学科门门通达，记忆深刻。一次法会上，丹巴嘉措与阿里地区来色拉寺的格西托麦（此名意为辩才无碍）就《释量论》学科立宗辩论。全寺活佛、僧人都为丹巴嘉措担心，捏着一把汗，因为他的对手托麦以精通五部大论而著称，西藏色拉、噶丹、哲蚌三大寺的格西们在教学和辩经中遇到疑难问题总是向托麦请教。可谁也未料到辩经一开始，丹巴嘉措的问答时而含蓄高深，时而尖刻明朗，辩论结果，托麦心服口服地认输。恰巧六世班禅罗桑贝丹益西大师莅临色拉寺观看两位雄辩家辩经的精彩情景，看见托麦被辩败后，饶有趣味地笑道："哦，今天安多夏仲可把格西托麦给难住了。"六世班禅大师问巴拉寺杰巴扎仓住持强巴摩兰木道："这位安多夏仲取得拉然巴格西学位几年了？"强巴说:"他是刚来不久的新手。"班禅大师十分惊奇地说："呀，像他这样有才华的人，就是在学习《集类学》第一品的学级也可以称得上拉然巴格西。"当时，拉卜楞寺二世嘉木样活佛也在哲蚌寺果芒扎仓学习，丹巴嘉措前去跟二世嘉木样学习了许多经教。二师谈吐投机,交往甚密。丹巴嘉措进入色拉寺的第五年，即水马年（1762 年，清乾隆二十七年）正月祈愿大法会上，经过答辩，取得了拉然巴格西学位。之后,他返回安多。因他曾在隆务寺学经时与堪钦·格敦嘉措建立了师生关系，据说他二人每年都要会一次面，交流学习体会。有一次，堪钦·格敦嘉措正准备去甘南朝礼拉卜楞寺，听说丹巴嘉措到了，他即刻推迟行期。两人会晤时，在长毡条上展开经卷，相互磋商研习，堪钦虽然为师，但在相互探讨中也受益匪浅，解决了一些疑难问题。

丹巴嘉措返回故乡后，为了弘传佛教，决定兴建一座寺庙。他将寺址选在今青海省海南藏族自治州同德县河北乡石麻地方果什布河中段西台地上，这里依山傍水，寺院背靠夏卜吉群青山，前照龙斯达喀山峰，寺前清溪潺潺，松柏苍郁，夏日草木榛榛，鸟啼鹰舞,风景十分壮阔秀丽。他在青海和硕特蒙古前旗河南亲王旺丹多尔吉帕兰木(察汗丹津之孙）的大力支持下,并得到阿柔部落在人力物力上的资助,于木鸡年（1765 年，清乾隆三十年）开始和其弟尕科尔四世罗桑丹增嘉措共同修建"藏噶尔端珠惹卜丹林"（简称石藏寺），为这一带的牧民信教群众开辟了宗教活动场所，也为牧区开设了一所寺院教育学府。此寺历经十几个春秋的建设才初具规模,还请二世嘉木样做了开光仪式。寺院建成后，从西藏迎来了在卫藏铸造的青铜释迦牟尼像，经堂内添置了宗喀巴师徒及历代班禅文集等许多经典著作，还印刷了一些拉卜楞版的《集类学》经典，分发给寺僧学习，并购置了许多寺院常用的供器。

土猪年（1779 年，清乾隆四十四年），六世班禅应邀赴京给乾隆皇帝贺七十大寿，途经青海，于是年十月至次年三月驻锡塔尔寺。期间，甘青各大寺院活佛、学者纷纷前来拜见。丹巴嘉措也从石藏寺赶来拜谒，给班禅大师一行献上以乌金碧玉镶嵌的曼札为主的大量布施，请求班禅大师赐给石藏寺寺规。据说在六世班禅的传记里，有给石藏寺撰写寺规的记载。丹巴嘉措在塔尔寺的法会上辩经，又取得好名次，六世班禅大师赞誉他是精通五明论的大班智达，另有文中记为六世班禅大师赐给他“大班智达”的称号，还让他赶快回果洛去教化那里的芸芸众生。“大班智达”的称号，无论是继承了前世藏格活佛的也好，还是六世班禅大师赐给的也好，总之对丹巴嘉措来说，一点也不过誉，是名副其实的。六世班禅大师还同意接受石藏寺为后藏札什伦布寺的子寺，成为石藏寺的名誉寺主。从此，石藏寺声名大振，僧人从三百余猛增到千人以上，建筑规模不断扩大，设有密宗、显宗、时轮三个学院，并发展了今青海黄南藏族自治州河南蒙古族自治县的拉卡寺、同仁县的瓜什则寺和四川的达龙寺三座属寺，其影响波及青海黄南、果洛、海南和四川的部分地区。因寺院的主要经济来源依靠阿柔部落，故阿柔成为寺院的香火地。历史上石藏寺僧人也多来自阿柔部落，一世、三世、四世藏班智达皆为阿柔部落人。

藏班智达·丹巴嘉措在寺内既是寺主，又是教师，以身作则，重视闻思修、讲辩著。他的著述据称有五大函，其著述中不仅有对五部大论的详述、注释，还广泛涉及到语言、诗学和历算。据说在蒙古喀尔喀的寺庙里藏有他的传记和多种论著的印版，在石藏寺有《本生大疏宝库》《因明大疏法称庄严论》《辩红白五种汇编》《五部大论教程》等著作，这些著作在阐释佛教经论方面为佛教文化的发展做出一定贡献。

丹巴嘉措圆满完成了弘扬佛法、创建佛寺的事业后，于藏历金鼠年（1780 年，清乾隆四十五年）在石藏寺圆寂，享年 44 岁。其骨灰、舍利子装入用 3500 两白银制成、镶有宝石的灵塔中，奉安在石藏寺。

朱倭·罗桑扎西

——康区朱倭[①]名僧

朱倭·罗桑扎西，于土羊年（1739 年，清乾隆四年）出生于今四川省甘孜州炉霍县朱倭地方。据说，罗桑扎西自幼聪明伶俐，刚会说话，即语言清晰，记忆力颇强，父母十分宠爱他。年稍长，他喜欢寺庙，更喜欢活佛、喇嘛，有时向父母提出要到寺院去当僧人。父母舍不得他离开身边，故委婉推托，直到 8 岁时央求不过，只好将他送到达杰寺当完德（小僧人）。

在达杰寺，他从该寺上师剃度出家，受居士戒和沙弥戒，赐法名罗桑扎西。每天，他同小僧友一块儿学习写字的、朗诵短篇经文。诵经时，他的声音格外宏亮、悠扬；练习写字时，别的小僧友心不在焉，胡写乱划，而他却十分认真，一笔一划，字体端正，美观大方，受到经师的赞扬。从 8 岁至 19 岁，他一直在达杰寺学习一般显密经论和藏族共同文化学科。每学一卷经文或一部文化知识学科，他必先熟读之，并深究其义，直到全部学懂掌握为止，所学功底扎实，其学识水平达到了一定造诣。

罗桑扎西于土虎年（1758 年，清乾隆二十三年），赴藏继续求学深造，并经人引荐，进入色拉寺杰巴扎仓学经。他从修学兼优的强巴蒙朗上师学习摄类学略论、般若、律论、中观、俱舍、量释、善言精要教言等有关五部大论的经典，通过闻思和讲辩而达到精熟程度。在拉萨正月传召大法会上立宗辩论，由于他强记博学，功底深厚，加之辩才犀利，思路敏捷，声音宏亮，经多次轮番辩论，终于获得了拉然巴格西学位，没有辜负父母和经师的期望，也实现了自己梦寐以求的宿愿。后来，他从在拉萨的朱倭·洛桑典哲上师再次受沙弥戒后缔结法缘。因为是同乡，朱倭·洛桑典哲对他的学业和成就十分关心，鼓励他发奋修学，勇攀佛学高峰。这时罗桑扎西才 24 岁。寺僧对这位年轻的拉然巴格西刮目相看，且十分敬慕。但罗桑扎西却不以此为荣，反而更加虚心求学。25 岁，他拜谒六世班禅罗桑贝丹益西时敬献哈达及见面礼，请求授比丘戒。班禅大师闻知他这么年轻就获得了如此高的学位而感到高兴，给他授比丘戒的同时，传授了《菩提道次第论》《方便道》《菩提道略论要义》以及密集、胜乐、大威德三本尊的灌顶、教言等法，使他受益匪浅。另外，他又先后拜扎日·阿旺东珠、隆多喇嘛·阿旺罗桑、罗桑年扎等为师，系统地聆习了拉萨下密院传规的“八大指导”、《集续四合大疏》、《五次第灯论》、《生起悉地成就海》、《修持之法海》、《隐义遍明》、《贡钦十三法》等密宗经论。33 岁，他考入下续部密院，依密院堪布阿旺华旦为师，聆习密宗诸论及密法修持实践仪轨，成为精通密宗的修学师。由于他诵经声音宏亮，37 岁时被任命为下密院领诵师，常带领密院学僧唪诵密典，47 岁时登上了下密院堪布的法座，主持密院的讲经、学法等教务工作，49 岁被推选为噶丹寺绛孜（北院）扎仓法主，主持该扎仓僧人的闻思修、讲辩著及佛教事务工作。他任绛孜扎仓堪布之际，与西藏毗邻的廓尔喀进犯西藏，西藏政教受到一定的损失。廓尔喀军被清兵和西藏军民驱逐出境后，罗桑扎西以寺院的代表和西藏地方政府的代表一同来到廓尔喀巴也拜国②国王的宫殿中，进行谈判，达成福田与施主关系协议。圆满完成任务后，他赴京到雍和宫朝礼，又从北京前往康区讲经传法，先后到康定阿却寺、巴却寺、理塘图钦绛巴岭寺等佛寺中为广大僧众讲传了许多显密经法，深受僧众和活佛的欢迎。木虎年（1794 年），经推选，他出任了噶丹寺第六十四任赤钦，成为噶丹寺的教法之主。他任赤钦长达 7 年（1794~1800 年），使寺院讲辩著、闻思修的学风日益兴盛，还集资为噶丹寺的佛殿、经院增塑佛像、佛塔，印制经典，利用部分资金维修了噶丹寺阳巴金密宗殿，在佛殿上下层铺设铜瓦镏金屋顶，为佛寺增添了光辉。

朱倭・罗桑扎西于金鸡年（1810 年，清嘉庆六年）在噶丹寺赤托康（赤钦寝宫）中示现圆寂，享年 62 岁。

注：

①朱倭：今四川省甘孜藏族自治州炉霍县一地名。

②巴也拜国：古代尼泊尔境内一小国名。

杂日喇嘛・阿旺东珠

——土默特蒙古族高僧

杂日喇嘛・阿旺东珠，是一位出生在蒙古地区土默特部莽诺特地方的名僧、坚持苦心修持的金刚瑜伽僧、蒙藏翻译师，在蒙古地区弘传佛法的佛学家。

杂日喇嘛的生父名达赉，生母名俄尔果玛勒。他于藏历第十三饶迥之土龙年（1748 年，清乾隆十三年）伴随着奇异之兆而降生人间，刚 6 岁就被送到黑勒甘台寺学习文字写读，并背诵一些仪轨经文，不久全部娴熟。8 岁时，他拜固实室利扎西为师，出家受戒，赐法名洛桑东珠，并闻习"供养上师""大威德金刚""普明大日如来"等密法的修供仪轨及念诵法，均熟记于心。

杂日喇嘛的童年有许多神奇色彩的传说，凡见过他的人都觉得这孩子十分聪颖，比如，给他报出 50、70 等一些数字，然后马上问他总数是多少，刚问完，他就不加思索地立即说出得数。他的上师固实室利扎西家常有从各地来的僧人和施主，有人问他："你说说，今天会有什么样的客人来？"他即能说出客人的名字和乘骑的数字，客人一来，正好和他说的丝毫不差，使人们大为惊奇，百思不解。期间，上师传给他光明行法及蒙译《菩提道次第讲授》。由此他对菩提道次第产生信解。

14 岁时，杂日喇嘛与几个同伴到乌珠沁哈纳噶苏木的仁钦曲珠林寺出家求学，在这里学法 3 年，一开始在显宗经院学习摄类学略论，仅修学一年，即对人类生死无常的道理有了深刻的领悟。17 岁时，他赴藏拜师求学，在哲蚌寺果芒扎仓从堪布桑杰沃赛、阿旺格勒二师学习历算、七十修心论、般若等经论，皆经熟义晓。学法期间，他因生活困顿，僧衣褴褛，常受别人的嘲笑讽刺，然而他从不计较这些，不与他人结交，也不考虑自己的名誉，只全神贯注于闻思修行。这样久而久之，人们逐渐改变了对他的看法，都说他是一位瑜伽修禅师，因此遂称他为瑜伽士。以后他拜藏巴喇嘛益希班觉为师，闻习"白妙音天女随许法""密集""大威德金刚灌顶法"等一些教法，经研习后，犹如开矿后获得珍贵矿藏一样全部溶化成结晶而变成自己的东西。由此他逐步深入其他学科领域，尽情采撷，对般苦、中观、现观庄严、释量、俱舍等经论无一不学。当他的经法有了相当基础后，欲到一处僻静之处静修体验自己已学到的教法，他的想法被同窗僧友看穿后，劝他说："你现在学得很好，年龄又小，还应再学一段时间，不要急于去实修！"他听了僧友的劝告，继续发奋学经，但过了几个月，他突然患上了眼疾，多方治疗，总不见效，于是前去请求班禅大师卜卦预示，得到的回答是："要立即到静修地修持皈依法，就无大碍。"这个预示正合他的心意，于是于土牛年（1769 年，清乾隆三十四年）四月前往珞隅杂日圣地去修行。在杂日，他有缘和这里住修的聂塘拉索·阿旺东珠相逢，他向该师诉说了自己的病情并祈请护佑，聂塘拉索高兴地为其传授了皈依教诫。他修持几天后，眼疾退去，双眼又变得明亮起来，为此，他对班禅大师和聂塘拉索生起特别敬信。经他请求，聂塘拉索等人给他授了具圆戒，赐比丘法号阿旺东珠。他很好地修习戒律，成为殊胜的持律师。他学法修法都很诚心，曾念诵经文、磕长头顶礼、献曼札各十万次以积福荫德。后来，他自学《菩提道次第论》的广本和略本、《般若八千颂》、《贤劫经》、《中观六论》等经典及宗喀巴大师、班禅·罗桑却吉坚赞、章嘉·阿旺洛桑却丹、七世达赖喇嘛噶桑嘉措等师的文集、全集，对《菩提道次第广论》和《密宗道次第广论》《五次第五明灯论》《集续四合大疏》等显密经典中的疑难部分随时向聂塘拉索上师请教。在一段时间内，他专修《菩提道次论》和聂塘拉索传授的"安乐道教诫"，生起殊胜的理解。之后他从果芒退任堪钦格敦德庆聆习大威德十三尊金刚和独勇大威德金刚的灌顶法，从官萨格西年札听受密集、胜乐鲁希巴、十一面观音灌顶等密法，并进行 6 个月实修，产生了奇特的征兆和景象。据说，他修持聂塘拉索传授的"那若空行母四部灌顶法"时，有天清晨被亮光照醒，出门看见一个女乞丐在讨要糌粑，仔细一看，认出她就是自己所修的空行母。当他从聂塘拉索上师处聆习“巴日四百法”“依怙十三随许法”“法王内外密三部随许法”等密法后，依二部怙主，不断施供朵马，结果在他的僧舍里长出一朵菩提花。上师聂塘拉索说：“若不证得菩提心，怎会长出菩提花”，又说：“这位瑜伽师已完成了生起次第的修习。”随后他又从咱雅喇嘛学习“那若脐轮火法”，仅修 3 日，肚脐间燃起一股乐暖之火，冬天只穿一件单衣即可御寒。他将显密经论注疏奉为教诫修持，修证如上弦月日益增盛，故他的成就果位也越来越高。正如土观·洛桑却吉尼玛所说：“吸取广大经教的精华，按照祖师佛陀的圣意，赴静修地如律修炼，祈愿两次第自然圆满。”阿旺东珠已具有了所说的这种功德。因他在杂日圣地长期跟聂塘拉索上师学法修法，成为获得殊胜证悟的大德，因此人们称他为杂日喇嘛。

杂日喇嘛学法修法的功业圆满之际，他的叔父多次捎信给他，要他返回家乡弘法。他一时拿不定主意，请示尼玛唐活佛道：“是去蒙古弘法好，还是留在西藏讲经好？”尼玛唐活佛说：“对获得禅定的瑜伽士，不论住在那里弘法都无差别，不过回到蒙古比留居西藏更有益于佛教和众生，将会有许多具缘弟子集聚在你的身边。”杂日喇嘛遵尼玛唐活佛之言，从西藏启程返回蒙古，途经西宁时有位名叫华丹扎巴的蒙古族比丘僧愿做他的侍从，于是他们一同回到蒙古。在巴彦乌兰后山有一个名叫乌兰哈日的地方，这里山峰雄奇，风景秀丽，山后有一条叫多莫托的山沟，树木葱茏，花草遍沟，比丘华丹扎巴在这里择地建了一座山间小寺，于木马年（1774 年，清乾隆三十九年）迎请杂日喇嘛驻锡于小寺，受到聚集在这里的僧俗信民的崇奉和真心服侍。杂日喇嘛为僧俗信民传授了上师瑜伽噶丹百法的教诫及穆泽玛的持诵，弘传宗喀巴大师的教法和教义，开启了利益众生的弘法之门。以后，他招收了 62 名弟子，为使蒙古族弟子学懂佛法，他将听受章嘉活佛所讲“道次第教诫”做的笔记译成蒙古文进行讲解，同时宣讲皈依法、噶丹百法、穆泽玛等经文。由于他严守戒律，讲经通俗易懂，循循善诱，深受僧俗民众的欢迎，因而声誉传遍蒙古草原，具智慧的求法者如黄鸭汇聚于莲池一般在他身边越聚越多。其中《蒙古佛教源流》一书的作者央坚格卫柔白多杰也曾拜他为师，在他的小寺住了 5 年，聆习了“菩提道次第教诫”“密宗道次第教诫”以及灌顶、随许等法，后来他著的佛教史中对杂日喇嘛的记述比较详实。

水兔年（1783 年，清乾隆四十八年），杂日喇嘛到至尊文殊菩萨的道场五台山朝圣，正好章嘉国师若白多杰也在五台山。他拜见章嘉国师，提出教法经典中遇到的疑难求教，章嘉国师高兴地一一解答。他从章嘉国师聆习了“不动金刚大灌顶”“白色文殊和黑色文殊的随许法”等。他还住在五台山善财洞修习本尊达 6 个月，期间结识了土观·洛桑却吉尼玛，并与土观活佛讲论了许多教法。土观活佛又将上师瑜伽学证单传教诫、安乐道甚深教诫、金刚菩萨咒语的随许法及自己六部著作的教法甘露毫不保留地倾注于杂日喇嘛的心瓶中。这次相会，他从章嘉和土观二师处受益颇多。

杂日喇嘛从木马年（1774 年，清乾隆三十九年）至火蛇年（1797 年，清嘉庆二年）的 24 年中，在蒙古地区广弘佛法，教化人心，前来听经学法的土默特和蒙古尔津等旗的守戒僧人和具缘众生络绎不绝。杂日喇嘛在传授广略《菩提道次论》和《文殊菩萨教诫》时，每天只讲一叶或半叶经卷，且一字不漏地逐句讲释，在这里开例前所未有的严格讲授方法，并根据不同对象，采取因人而宜的传授方法，使听经学法者皆有所获，满意而归。为了能使更多的蒙古族信民听懂所讲经法，他利用时间将《比丘学处入门》《律经广论》《毗奈耶因缘经》《菩提道次第论》《四部医典》等经卷译成蒙古文，广布佛法甘露，在信民和具缘弟子的心田中播下解脱和遍知见解的种子。当听到有人赞颂他是印度那若巴大师的转世，也有人说他是奈曼瑜伽杂日喇嘛再世，于是有许多人想上奏清廷，由朝廷认定是转世活佛等情况时，他毫不动心，不希图活佛的地位和名誉。他依然严守戒行，专心修习密道，表里如一地抉择因果取舍，远离世俗繁杂事务，严格要求弟子一切言行依律而行。经杂日喇嘛 20 多年的不懈努力，在土默特蒙古地区树立起显密佛法的梵幢，佛教在这里广为传衍。

杂日喇嘛·阿旺东珠于藏历第十三饶迴之火蛇年（1797 年，清嘉庆二年）六月十五日示现圆寂，享年 50 岁。

波薄·香曲却佩

——四川理塘格鲁派高僧

波薄·香曲却佩，意为波薄地方的“法盛”，是今四川省甘孜藏族自治州理塘县人。父亲名康巴扎西，系波氏家族；母亲名玛毛措，是贤慧的牧家妇女。他于藏历第十三饶迴之火鼠年（1756 年，清乾隆二十一年）出生。幼年时，他相貌俊美，聪明伶俐，惹人喜爱，刚会说话，即能言会道，用词惊人。12 岁时被送到山培岭寺，由喇嘛东那巴为他剃度出家，赐法名香曲却佩。

出家后的8年中，香曲却佩遵照父母之命，冬天三个月在山培岭寺从师学习佛教经典，夏季放牧牛羊，学经、牧羊两不误。14岁时，在山培岭寺由贡却曲培、格西仁青桑布二人给他授居士戒和沙弥戒，正式成为寺院僧侣中的一员。21岁时，他前往西藏拉萨噶丹南杰岭寺（噶丹寺），从师学通了"摄类学"和"释量论"等佛教哲学经论，并在桑普寺立"摄类学"和"释量论"为宗，经过一番激烈的辩论，获得胜利，取得了噶居巴学位。23岁，在专门立"释量论疏"为宗的辩经法会上，他以扎实的哲学功底，能言善辩的口才，成为年轻雄辩家。24岁，由六世班禅罗桑贝丹益西和僧钦·罗桑班觉任亲教师和轨范师，给他授予比丘大戒，他从二师聆听了一些口传经法。之后，他拜雍增·益西坚赞、隆多喇嘛·阿旺罗桑、赤钦阿旺次诚、阿里法王罗桑金巴等驰名雪域的几位大格西、佛学家为师，潜心学习研究甚深密法及灌顶、教授等经法，为进一步学习密乘法打下了坚实的基础。33岁时，他担任了噶丹寺林塞格西学位的主考僧官。37岁时，在拉萨正月神变祈愿大法会上，他与来自各方的喇嘛、格西辩论，最后取得了"然贤巴"格西学位。

传召大法会之后，香曲却佩进入上密宗学院，在学习密乘四续部次第要义，尤其是续部的密集二次第论疑难部分时，主要参照印度龙树师徒和宗喀巴师徒关于密集中的"善说秘诀"释难后融会贯通，并以密法立宗辩经后获得了密宗"欧然巴"格西学位。

香曲却佩为了进一步深析经义，淹通三藏，显密双融，又先后从夏钦·阿旺扎西、赤钦·格敦慈诚、夏尔巴·罗桑旦巴、贡汝·洛桑东珠、堪布洛桑图杰等师，悉心听受，钻研《密集四合大疏》《菩提灯论》《乐道》《文殊教言》和密集、胜乐、大威德极密教言、灌顶、教授等深广密法。

44岁时，香曲却佩担任了上密院领诵师，不久又担任了密宗学院的堪布职务，为学密僧人讲授各种密乘法。两年后，他卸任堪布之职，到邦隆山寺静修地专门修持密宗法达8年之久，在密宗的修学方面达到了较高的造诣。他54岁时坐上了噶丹寺夏孜[①]（东院）的法座，成为夏孜法主，主持夏孜的讲经传法、佛事活动等工作。同时，他又被尊奉为九世达赖喇嘛隆多嘉措的经师，精心培养九世达赖喇嘛。火鼠年（1816年，清嘉庆二十一年），香曲却佩荣升为噶丹寺的赤巴，登上了宝座，成为噶丹寺第六十九任赤巴（法台）、大教主，从火鼠年（1816年）至水马年（1822年）担任噶丹寺赤巴7年。这期间，他竭尽全力治理寺院，为寺院塑造佛像、佛塔，刻印经典。在全寺法会上为僧众讲经说法，受到僧众的敬仰。卸任赤巴后，他到曲桑山寺继续讲经弘法，为格鲁派培养僧才，还在曲桑寺中塑了宗喀巴师徒三尊身像，供奉在佛堂内。

藏历第十四饶迥之土狗年（1838 年，清道光十八年），波薄·香曲却佩示现圆寂，享寿 83 岁。后来寺僧敬称他为夏孜却吉·香曲却佩大师。

注：

①夏孜：意为东院，噶丹寺一大显宗扎仓（学院）。噶丹寺历任赤巴中从夏孜扎仓的法主中荣升为赤巴者占所有赤巴的近二分之一。

合作赛赤·洛桑坚赞僧格

——甘肃甘南合作寺额尔德尼班智达

合作赛赤·洛桑坚赞僧格，“合作赛赤”，意为合作寺①法台，“洛桑坚赞僧格”，意为“善慧法幢狮子”，简称“善幢狮”，为合作寺第二世赛赤活佛、学贯五明论的大班智达、精通显宗经论的佛学家。

洛桑坚赞僧格是今甘肃省甘南藏族自治州大夏河（夏河县）贝日春托地方人，于藏历第十三饶迥之火牛年（1757 年，清乾隆二十二年）出生，父名吉波贤，母名吉毛贤，为当地普通牧民。据说他幼年时，对前世活佛的梵行记忆犹新，由此 7 岁时被认定为前世赛赤萨木察·坚赞僧格的转世，并被迎请到拉莫噶丹协珠林寺坐床。由阿坝·曲郡嘉措为他举行剃度出家仪式，洛桑傥桑充任启蒙老师，教习藏文基础知识，之后经请求，由拉莫宁的轨范师克珠嘉措给他授沙弥戒，起法名洛桑坚赞僧格，并传授大威德十三本尊法灌顶等许多密宗经法。自此，他开始遨游于知识之海洋。经院为他安排了经教侍读，听学《集类学》，附带学习天文历算、藏语文法《三十颂》、《音势论》、《声明学》及《诗学》等五明论的部分学科。由于他刻苦努力，勤奋好学，且学一门攻克一门，故门门皆达到通晓，博得经师赞许。木猪年（1779 年），六世班禅罗桑贝丹益西赴京为乾隆皇帝祝寿，途经蒙古地方曲目梅隆喀时，洛桑坚赞僧格闻悉后便早早在那里恭迎。在拜谒大师时，他请求授比丘戒，于是六世班禅大师任亲教师兼轨范师，在足数比丘僧面前授予比丘大戒，并为他传授了《圣道三要》的疏解秘密教敕。受戒后，他返回合作寺，集资白银一万多两，兴建了大经堂。

水虎年（1782 年，清乾隆四十七年），洛桑坚赞僧格赴西藏朝圣、深造，朝礼了大小昭寺后，在布达拉宫拜谒了八世达赖喇嘛强白嘉措。他与在拉萨的察多诺门汗相识后心投意合，由察多诺门汗在各方面给予引导扶持，引荐入哲蚌寺果芒扎仓学经深造。他每天坚持以读 13 叶长条经卷的速度背熟了《般若论》第一品、第三品、第四品，《了义不了义辨析广释》，《金刚鬘疏》，《善缘开眼大纲》等经论；在向果芒扎仓的轨范师霍尔格桑乃珠和赤班智达·索南扎西请求讲授经论和解决经论中的疑难问题时，二师均满足了他的要求，使他受益匪浅。在水兔年（1783 年）的正月祈愿大法会上，他与其他几人一共请求八世达赖喇嘛参加了大法会。之后的二三十年间，他一直来往于卫藏之间，拜师学经求法，曾先后从雪域佛学界泰斗雍增益西坚赞、隆多喇嘛、帕邦喀巴嘉措塔耶、尼塘·阿旺东珠、夏孜堪布洛桑金巴等师学习藏族共同文化和内明学（佛学）大量经典著作。学习研究中，他采用由浅入深、由简到繁的方法，达到举一反三，触类旁通的境界，跻身于雪域学者之行列。水猴年（1812 年），在他返回安多故乡之际，西藏地方政府赐予他“阐扬噶丹圣教额尔德尼班智达”名号，并予以相应的褒扬，是年他返回合作寺。

洛桑坚赞僧格为本寺僧众讲经传法的同时，应请去拉卜楞寺为众僧讲授宗喀巴大师著的《菩提道次第广论》的教敕和注释、大威德十三本尊法灌顶，受到各阶层宗教、地方人士的赞颂，被奉为顶饰，之后又应施主之请，先后两次去内地、蒙古等地，并曾在蒙古曲目噶布地方修建了一座寺院。他再一次前往拉萨时，已是 60 多岁的人了，因对所学仍不满足，故向嘉赛活佛求学了一些极其稀有的经教，之后方返回安多，并曾出任隆务寺的法台。他第二次去内地、蒙古地区讲经弘法时，为许多不同阶层的人士传授各种不同的灌顶，信徒信民为此而献给他几万两白银的布施。他用这些布施，在合作寺修建了大金瓦殿、释迦牟尼佛殿、印经院、千佛阁等建筑，在各佛殿内塑了许多佛像，为合作寺的扩建做出了巨大贡献。

洛桑坚赞僧格在驻寺期间，完善寺规，严肃戒律，还经常配合其他活佛、堪布讲传经法。另外，他利用空余时间，走出山门弘传佛法，曾到青海黄南的隆务寺、互助的却藏寺、果洛的拉加寺，以及甘肃甘南的拉莫宁（拉莫阳山寺）和拉莫赛（阴山寺）等大小寺院为僧众讲经说法，传授灌顶、教言、教法等。回到本寺后，他不顾年高体弱，仍讲经不断、修持不止，大兴讲、辩、著的优良学风。这位班智达为弘扬佛教文化和雪域大众文化而奋斗了一生，培育了大量佛学人才，尤其为甘南地区的佛教和民族文化的发展做出了不可磨灭的贡献。

合作赛赤·洛桑坚赞僧格于藏历第十四饶迥之土鸡年（1849 年，清道光二十九年）

八月二十二日，在佐格（四川若尔盖）尼玛隆谷口的夏雪朗宁寺圆寂，享寿93岁。遗体被迎回合作寺火化安葬。

该师著作有《教派建立・定鬘》《菩提道次要义概说》《梵藏双语对照小词汇》《同音多义词名目》《三十颂解读・明光》《自传・白昼之光》《殿堂志》以及书目、历算、诗词道歌、寺规等177篇，汇成文集共8函，有合作寺印经院木刻版。

注：

①合作寺：藏语称“格丹曲林”，意为“具善法洲”，又名黑措寺，于水牛年（1673年）由贝・喜饶却丹创建，位于今甘肃省甘南藏族自治州合作镇东约1公里处。火兔年（1747年），一世赛赤萨木察・坚赞僧格在寺内建立法相讲闻之规，自此寺院政教大权由赛赤活佛掌管。经历世赛赤活佛经营，合作寺成为甘南地区规模较大寺院之一。

香萨班智达・罗桑达杰嘉措

——拉加寺版《甘珠尔》校勘者

香萨班智达・罗桑达杰嘉措，意为“善慧盛海”，笔名央坚杰贝罗哲，意为“妙音喜金刚智慧”，为青海拉加寺版《甘珠尔》藏文大藏经的编辑校勘及主持者，藏族，拉然巴格西，青海果洛玛沁地区拉加寺寺主，第二世香萨活佛。他也是果洛阿柔地方人，

于藏历第十三饶迥之土兔年（1759 年，清乾隆二十四年）出生，父亲名贡秀协多加布，母亲名阿柔萨彩旺吉。“香萨”为宗喀巴大师之母香萨阿切之略称。据藏文史料载，香萨活佛世系按传统追认活佛算为十八世，其中香萨阿切的转世为第九世。香萨·罗桑达杰嘉措是十四世香萨贡钦（大修证士）之转世灵童。因香萨活佛的法号是从第九世香萨阿切开始的，故后世称该系统转世活佛为香萨活佛。

罗桑达杰嘉措 8 岁时从藏巴罗桑却佩活佛出家为僧，学习藏文基础知识；10 岁那年被送到果洛拉加寺的创建者阿柔格西强巴坚赞沃色处拜师学经，阿柔格西认定他为前世香萨大禅师的转世。13 岁时举行坐床典礼，暂被安置在拉加寺经院学习佛法。他开始对《因理论》和《慧悟论》的理解、记忆能力相当低下，当上师让他修习“红妙音天女法”后，慧门大开，学业大有长进。17 岁时，阿柔格西为培养他成为一名真才实学的佛学家,将他送到西藏学习深造。他先抵达后藏札什伦布寺拜六世班禅大师为师，广学佛法，并从六世班禅大师受了比丘戒，大师赐给他学号“央坚杰贝罗哲”。这个学号就是他以后著书论说的笔名。回到拉萨后，他进入色拉寺杰巴扎仓，师事夏扎埃珠活佛学习显密教法长达 13 年之久，其间曾聆听了六世班禅大师给八世达赖喇嘛强白嘉措讲授的教法，同时慕名在雍增益西坚赞和昌都的名僧隆多喇嘛二师处潜心学习佛教经论。因经常在二师的指导下学习辩经，他的辩论水平如芝麻开花节节高，后来参加了拉萨祈愿大法会上的辩经会考，经过几天紧张而热烈的辩论后，荣获第一名“拉然巴”格西学位。在佛学显宗方面取得了这顶桂冠后，为不辜负阿柔格西的期望，他又考进了西藏下密院攻读密宗经典，四年间学通了密宗教法，立“怛特罗”为宗，讲经辩论后，又获得了“欧然巴”格西（密宗博士）学位，被下密院任命为本院格贵喇嘛（即掌堂师，又称铁棒喇嘛）。

二世香萨活佛罗桑达杰嘉措在西藏期间，六世班禅大师曾授予他“额尔德尼墨尔根堪布”名号。这个活佛系统从二世开始，以后几世皆很有名，在清光绪年间，清廷曾授予“香萨班智达”名号，又封“外呼图克图”职衔；国民政府曾封“普济禅师”名号。据《安多政教史》载，香萨·罗桑达杰嘉措于藏历水鼠年（1792 年，清乾隆五十七年）遵阿柔格西之命返回青海拉加寺，但据他在西藏学经、讲学、任格贵喇嘛共长达 18 年时间计算，应于木虎年（1794 年）才返回故里。返寺后，六世班禅大师的长住塔尔寺经师罗桑格登和阿柔格西将拉加寺授权于他，并委任他为拉加寺总法台，主持寺院教务。阿柔格西自他去拉加寺后便到处游学修行，不再管理寺务。香萨班智达为了振兴闻思修、讲辩著事业，亲自主持讲经辩经，先后给本寺和外来僧人传授密宗金刚鬘灌顶15次、弥多罗灌顶4次、时轮灌顶近10次，附带传授胜乐、密集等灌顶多次；讲授宗喀巴大师的《菩提道次第广论》和密集《集续四合大疏》等显密经教。火虎年（1806年）以来，他还建立了胜乐、密集、大威德、时轮、喜金刚、大轮、十六明点、毗卢遮那现证菩提、金刚界、普明大日如来、白伞盖、无量寿等十二曼荼罗，进行彩粉坛场和曼荼罗仪轨修供仪轨。自此，该寺于每年三月初八至十四日举行供养，从未间断过。他前后主持拉加寺教务长达24年，期间，他募化集资创建了密宗、时轮、医药三个经院，采用西藏色拉寺杰巴扎仓教程，开创祈愿大法会、五供祈愿法会和普贤菩萨行愿祈愿法会。在这三个法会上建有一定的供给例茶制度。为严肃寺院清规，严明僧纪，他还撰写了一部《拉加寺寺规》。水鸡年（1813年），他被选任为塔尔寺第四十四任总法台，在任期间负责重新修建了土蛇年（1809年）失火被焚的大拉让四柱大殿，塑了十六罗汉主尊及侍从二十三尊药泥佛像，在寺中设立历代法台座和修建香萨嘎尔哇（即香萨活佛在塔尔寺的行宫）。临卸任前，他嘱托自己的佛学弟子、即将出任第四十五任大法台的却西·阿旺协智丹贝尼玛兴建塔尔寺时轮学院。火鼠年(1816年）卸任后，他又先后出任了黄南隆务寺和尖扎拉莫德钦寺法台，在治理寺院、护理教法、培育佛学人才等方面做了有益的工作。

香萨班智达的主要功绩还在于他充分利用拉加寺和各施主雄厚的人力、物力和财力创建了一所建筑规模宏大的印经院。印经院初为两层藏式楼，后又经三世香萨活佛增修扩建，形成具有三百余间房子的印经院。藏传佛教寺院的印经院相当于印刷厂。印经院建成后，他聘请了十几位通晓显密经论的格西，出资白银一万多两，首先用纯金汁缮写了一套《甘珠尔》大藏经，共三百多卷；又从四川德格印经院迎请了《甘珠尔》《丹珠尔》藏文大藏经各一套，八十尺长的缎制弥勒像（展大佛之佛像）和许多佛经、佛塔等。他依德格版《甘珠尔》大藏经为蓝本，参照西藏纳塘、理塘、拉萨等著名版本，相互对照，亲自编辑，仔细校勘，从火鼠年（1816年，清嘉庆二十一年）开刻，又自任校对，至金龙年（1820年）始竣，还将其中一些属于萨迦派特色的画像分别改成具有格鲁派特色的画像，共刊刻《甘珠尔》大藏经一百零五函，计正文一百函、乾隆帝新译《熵火顶髻三摩地》一函、总目录一函及各种藏文经典。该寺三个学院也雕刻了一部分印经版在各自学院中印刷发行，刻版有五万余块。香萨班智达所刻《甘珠尔》大藏经呈贝叶状，因校勘严谨、刻工精细、字体猷劲，被称为校勘可靠的《甘珠尔》大藏经，是青海地区编辑刊刻出版的第一部大型藏文图书。他的这一系列积极有效的措施及所取得的成就，为青海藏区文化发展起了一定的推动作用。至今，在青海还没有出现过第二种不同版本的大藏经，佛教界僧人引以为荣。香萨班智达除总纂刻《甘珠尔》大藏经外，还编著有《辩了不了义论释》一函、《般若八千颂亲教》一函，辑《因理论》一函、《达柔》一函，这些著作在藏区颇有影响。

香萨班智达于藏历第十四饶迥之木猴年（1824 年，清道光四年）圆寂，享年 66 岁。

贡唐·官却丹白仲美

——拉卜楞寺著名高僧

贡唐·官却丹白仲美，于藏历第十三饶迥之水马年（1762 年，清乾隆二十七年）生于安多甘南佐格（今四川省阿坝藏族羌族自治州若尔盖县）地方，父名吉波显，母名波觉。传说丹白仲美诞生不久，就正襟危坐，并连叫了三声妈妈，人们都议论此儿非同寻常。

丹白仲美幼年玩耍时，不是学念经，就是叩首顶礼，或是学灌顶，诵吉祥词，举止不俗。5 岁到佐格扎西却林寺拜见嘉贡却（即二世嘉木样）大师时，他坐到宝座上抱着法衣不放。大师见此举动，喜之不尽，说他无疑是上辈活佛赤钦格敦彭措的转世。他 7 岁被迎到拉卜楞寺，有僧伽仪仗队做盛大欢迎仪式，是年从二世嘉木样出家受沙弥戒，赐法名官却丹白仲美，依多然巴格西洛桑仁钦为启蒙师，学习藏文读写。12 岁，即水蛇年（1773 年，清乾隆三十八年）二月初三坐床，他从嘉木样·晋美旺布闻习菩提道次第教授、密集、胜乐、怖畏三法及时轮灌顶、护法、随许法等。16岁开始学习五明，学业日趋精深，奠定了扎实的学识根基。17岁准备去西藏学法，临行前嘉木样·晋美旺布大师再三嘱咐他应如何奋志学法，何时返回安多等。离别之日，拉卜楞寺和周围寺院的僧众备了厚礼前来送行，二世嘉木样活佛送了一程又一程，直送到名叫塔哇则代地方才依依惜别。是年八月，丹白仲美抵达拉萨，入哲蚌寺果芒经院，拜霍尔大师格桑欧智为师，给八世达赖喇嘛献马100匹、奉银350两，给拉萨三大寺供奉大量布施，在后藏给六世班禅大师献马20匹、白银200两，作为会供之用，又从六世班禅大师闻习五部大论。在西藏学习佛法期间，他每年给三大寺奉献钱物，共计白银万余两。

21岁时，丹白仲美在八世达赖喇嘛强白嘉措尊前受比丘戒，此后广学《中观论》《般若论》《俱舍论》《律经》《弥札百法》《金刚鬘》《修法之海》《瓦日百法》《根本宗派论》《三十颂》等诸法，达到每门无不通晓的地步，22岁时获得了拉然巴格西学位。一次在三大寺聚有5000多名学识较高的僧伽法会上，丹白仲美讲经说法，人人交口称誉。当时央增活佛已是举世无双的大学者，他的弟子虽多如繁星，但将丹白仲美列入众弟子之首。25岁时，丹白仲美闻习竟成，学者之声誉满卫藏，人们泛称他为贡唐·嘉贝样，意为“文殊室利”。

火马年（1786年，清乾隆五十一年），贡唐·丹白仲美遵嘉木样上师之命，返回拉卜楞寺，在寺院大经堂新置价值800两白银的金胜幢一副，后来到离拉卜楞寺不远的一座山寺去修行，又到查科达察寺修法。金猪年（1791年），他在查科达察寺修行时，突然传来二世嘉木样大师在甘都（今青海省化隆回族自治县甘都镇东麻昂寺）圆寂的噩耗，他立即步行赶到那里，在灵前敬献丰盛供品，表示哀悼，并护灵归寺。31岁时，他升任拉卜楞寺第二十一任大法台，后来几年中他将《律本事》注疏和印、藏的许多“律经注疏”编排在一起，开研究律经之宗风。火龙年（1796年），由佑宁寺僧众坚请，他前往佑宁寺兼任第四十七任法台，期间赴安多许多格鲁派寺院从事讲经、辩经、著述活动，给远近前来请求出家受戒的人满其意愿。1803年，由贡唐活佛主持，在拉卜楞寺贡唐仓院内创建了高大雄伟的“贡唐铜塔”，所以又称此塔为“贡唐大塔”。这座塔质地讲究，构造精巧，外形壮观，为高三层的铜制镏金塔，上有旋梯可达顶部，为亚洲三大铜塔之一。据说上面原有塔殿，过去拉卜楞寺的几万部藏文经典均珍藏于此塔中，后被毁。直到1992年由第六世贡唐仓丹贝旺旭集资重建，于1993年农历六月圆满竣工，并举行隆重开光仪式。木鼠年（1804年），他为年幼的三世嘉木样授沙弥戒，同年清廷嘉庆帝赐封他为“呼图克图”。土兔年（1819 年），他为三世嘉木样传授密宗灌顶。藏历第十四饶迥之水羊年（1823 年），贡唐·官却丹白仲美圆寂于拉卜楞寺密续下院，终年 61 岁。

丹白仲美的著作，据拉卜楞寺总书目所载共有 12 函，除显密方面的论述外，还有声明、工巧明、诗学、医学、历算等,《贡唐·丹白仲美全集》和《黄教兴盛祈祷词》《白莲传》颇负盛名，尤其《水喻格言》《木喻格言》和《世故老人之劝世箴言》闻名中外，是脍炙人口之作，有拉卜楞寺印经院木刻版。

嘉堪布·札巴坚赞

——拉卜楞寺第二十三任大法台

嘉堪布·札巴坚赞，于藏历第十三饶迥水马年（1762 年，清乾隆二十七年）生于甘肃南部之博拉村。父亲名玉木加，母亲名拉毛措。

据传，札巴坚赞一出生，左手有清晰的白螺图纹，左脚有明显的法轮图纹，7 天后就会叫阿妈，7 岁时从比丘次臣嘉措学习拼音读诵，11 岁入拉卜楞寺经院跟上师学经，做上师的仆人，16 岁时从索南智华上师受沙弥戒，学习《集类学》《慧悟论》《因理论》等经教。这时，二世嘉木样晋美旺布认定他为果芒喇嘛·桑吉多杰的转世。自此，他依拉西噶文巴和卡加达杰为师，系统地闻习经典。21 岁时，由二世嘉木样大师给他授比丘戒，取法名札巴坚赞。他从二世嘉木样学习诗学，先从第二品开始，后学直叙修辞法。他于水兔年（1783 年，清乾隆四十八年）六月六日赴前藏，九月抵达拉萨朝礼大昭寺及诸寺院，在布达拉宫晋见了八世达赖喇嘛强白嘉措，旋入哲蚌寺果芒扎仓，拜霍尔·格桑欧智和贡塘·嘉贝样活佛为师，学法数年，其间曾赴札什伦布寺晋见七世班禅大师。返回前藏后，他继续在哲蚌寺果芒扎仓修学经论。当时，二世嘉木样委任他为曲柯嘉寺住持，经西藏地方政府照准而赴任，不久他再次返回果芒扎仓，学毕五部经论。接着，他在果芒扎仓法会中立五部大论为宗与僧人辩论，特别是在这年正月祈愿大法会上，在三大寺的以善知识为主的僧众 2 万多人中，发正法之宏论，力排诸谬而夺魁，得赐最高学位“拉然巴”格西，并循例得到西藏地方政府之褒奖。27 岁时，二世嘉木样晋美旺布特派卓尼然绛巴·洛桑次臣赴藏迎请。金狗年（1790 年），他经北路于八月抵拉卜楞寺，受到寺院仪仗队迎接，向二世嘉木样敬献氆氇 100 匹、僧冠 50 顶、特尔玛哔叽、红芸香等礼品，在大经堂向僧众放了布施，向寺院献了卫地的卷轴画。在秋季法会上，他以五部大论立宗辩论，对《庄严论疏要》《金鬘论疏》等经典中的论点，以辩析理路果断而明确地答辩，成为该寺辩经的大自在者。

此时，二世嘉木样委任札巴坚赞为拉卜楞寺第二十三任堪布。他从此收徒传法，专心撰著，新建佛像佛塔，斋僧放衬，广做佛事。30 岁，嘉木样·晋美旺布将其随身的金铜佛像、钵盂、滤水器、羯磨仪轨书籍赐给他，同时向僧众说："我不在时，所有公务事，不要等我，可请示堪布决定。"从此拉卜楞寺的一切教务、政务事宜统由其负责。同年 10 月，他在赴甘加募化途中闻悉二世嘉木样圆寂，火速赶回拉卜楞寺拜谒上师遗体，主持操办了一切善后事宜。33 岁时，拉卜楞寺开工新建囊欠，他赴青海各地募化约两年，次年，弥勒佛殿落成，并为之开光。40 岁时，他升任拉卜楞寺第二十三任大法台，3 年后卸任。在迎请三世嘉木样转世活佛坐床后，他赴扎西格培寺幽静之地闭关修行长达五六年。他曾先后三次任查干白相寺堪布，广修佛像佛塔，经常巡回朝礼，从不间断。

札巴坚赞一生利益佛教事业，在甘肃地区佛教界颇有影响，晚年专注于实修，约于第十四饶迥之火猴年（1836 年，清道光十六年）圆寂，享年 74 岁。

札巴坚赞的著作有《能仁王佛十二事业略说·珍珠》《二胜六庄严之史事·天之如意宝树》《经庄严论笺注》《入菩萨行疏》《圣道三要》《律海》《贡唐活佛正见道歌》等的疏释，约 94 种，合为 6 函，尽由拉卜楞寺印经院刻版印刷。

阿莽班智达·贡却坚赞

——二世阿莽仓活佛

阿莽班智达·贡却坚赞，意为“至宝幢”，于藏历第十三饶迥之木猴年（1764年，清乾隆二十九年）出生在甘肃桑央地方（今甘肃省甘南藏族自治州）。父亲名旺周加，母亲名德萨拉茂加，为察尔察家族。

阿莽班智达出生不久，由拉卜楞寺二世嘉木样晋美旺布认定为一世阿莽罗桑端智的转世。6岁时，他从二世嘉木样活佛剃度出家，接着在桑央的吉毛贡哇克地方举行了规模盛大的庆贺典礼，被迎入拉卜楞寺阿莽仓坐床，取法名贡却坚赞，由密宗经院格西山木丹僧格任经师，负责教授藏文基础知识和供佛念经的法行，同时教读《现观庄严论》《入中论》《酬补仪轨》等经论。这时，经师主要教授唪诵这些经典的音律的缓吟、急诵和腔调，教练鼗鼓、杵铃的休止法、摇法及鼓谱等的传统实践方法，贡却坚赞皆心领神会，得心应手。

木马年（1774年，清乾隆三十九年）十月二十五日五供节时，贡却坚赞正式进入经院学习，拜多让巴·楚臣僧格为师，学习《集类学》、《悟慧论》、《因理论》、《因理论本义》、《宗印宝鬘》、《十二僧伽辩析大会》、《了不了义辨析大疏》、贡如的《缘起颂》、《识色善说宝瓶》、《宗印大全》等，对许多章节背诵烂熟，每晚复习全部《集类学》。学习《集类学》中本时，二世嘉木样按照拉萨热多巴经院之制，新设《集类学》的磋朗会辩（大法会会辩），贡却坚赞第一个起立讲辩。二世嘉木样不时选择适当的对象，让其和贡却坚赞立宗辩论，以观察他回答的方式、经教的应用、判断的能力等等，并几次做了教导。

在经院学习期间，贡却坚赞的生活非常困苦。在寒冷之僧舍，他没有座垫，便坐在冰凉的光地上苦读，身上除披着一件披风外，无一件其他衣服可加。他的饮食更加粗简，用山茶叶煎茶解渴，将布施给的干食煮成面糊充饥。但他对学习和修行仍勤奋不已，无丝毫懈怠之意。19 岁时，他从二世嘉木样受了比丘戒，并从上师应试了教程通论和专论、《中观教理明灯》、《宗印大全》、《律经根本律》等，使上师极为满意。二世嘉木样高兴地说："你会为佛法做出成绩。"木蛇年（1785 年，清乾隆五十年）于祈愿神变大法会上，他参加然贤巴学位的巡回辩经。土猴年（1788 年），为了新建金瓦殿，他前去青海、内蒙古等地区募化布施。

贡却坚赞的学习不断进步，从《中观》旧级转到《新论》级，以后又进入《俱舍论》学级，学习《俱舍论》本论；又在学习《俱舍论疏释》《释量论明照解脱道》的基础上，反复细读精研《俱舍论》，对其词义和文意皆通晓；以后从洛桑雅培和藏巴然贤巴·丹巴达杰二师学习了历算学，从墨尔根曲杰、华热格西·晋美丹曲等师学习了《声明学》图解。土鸡年（1789 年，清乾隆五十四年）冬季学期中，他进入噶然巴学级，学习律典。

贡却坚赞自进入经院后，二世嘉木样每次讲经说法时，他都前去聆听，还认真做了记录。当二世嘉木样等上师书写经文时，他主动去做侍从，圆满完成所交给的任务，受到上师的赞扬。他还拜察哈尔·甘珠尔钦波大师为师，学习了《甘珠尔》大藏经教敕。金猪年（1791 年，清乾隆五十六年）冬，二世嘉木样圆寂后，贡却坚赞负责前去青海甘都当麻昂寺迎请遗体。他取得了多让巴学位后，为了在水牛年（1793 年）的春季学期法会上立宗辩论，又仔细地攻读了一年来自印度和藏区的许多大论。水牛年（1793 年）的祈愿神变大法会上，按照青海河南蒙古亲王的授意，他出任拉卜楞寺密宗经院堪布之职。

贡却坚赞担任密院堪布后，并没有放松对佛法的学习。他拜对密法有较高造诣的喇嘛学习各种密宗典籍。通过学习，他深有体会地说："正如尊者（指一世嘉木样）在《疏释科判》中所说的先学习《五次第论》，然后转入密宗，必须把胜乐、密集、大威德三大本尊的仪轨精熟于心中。掌握了这些之后，研究胜乐仪轨时，才能了解光净的要义，研究密集仪轨时，才能洞晓光明幻化之身，才能自然而然地引入。"他改进密院旧的学习方法，制定新的学习制度，每年秋天都严格地考察和校正喇嘛们在跳神、画规施线、音调三方面的技能，并规定：凡没有应试《疏释正源》者，不准进入《大疏》级；没有应试《虚空称密集金刚生起次第》者，不得进入《小疏》级。他创立了夏季建立立体坛场的传统，开创了每年建立堪以胜任的胜乐、密集、大威德三本尊、怙主法王羯磨的宗风。密宗院新建内殿时，他提供经费白银300余两，塑造高逾人身的胜乐、密集、大威德三本尊像，在经堂殿脊装上一对金胜幢和宝瓶，后来还绘了护法神怙主和法王像。贡却坚赞以政教二规主持护理密宗经院4年，传授密集、大威德灌顶，讲传达布喇嘛的生起、圆满次第。

火蛇年（1797年，清嘉庆二年），为了确定二世嘉木样转世的呼毕勒罕（化身或灵童），贡却坚赞和东科尔噶居二师于三月十三日起程前往西藏，七月抵达拉萨。一世嘉木样大师在卫地有许多弟子，在他们的大力协助下，确定灵童的工作进行得很顺利。在拉萨期间，贡却坚赞拜访了八世达赖喇嘛和七世班禅二位大师，结了法缘，并做"恳求殊胜化身嘉木样永世"的祈祷，还朝拜了拉萨大小昭寺的释迦牟尼像、噶丹寺宗喀巴大师的大灵塔和叶尔瓦岩寺、札什伦布寺等许多圣迹。他还拜朱倭赤钦·罗桑扎西和哇日格西·恰达及札什伦布寺的两位经师为师，聆听了许多极为稀少难得的传承和经法。他曾说："在安多、卫藏，拜请过30位大善知识，聆听了他们讲授的广泛经法，所记的笔记足有一函厚，应该说是我可以趋入解脱之门的依据。"当他离开西藏时，许多知名喇嘛劝他留下来弘扬佛法，而他却说："丢开了寺院和怙主一切知，追求一点地位干什么呢？这才是白费时光。"

土马年（1798年，清嘉庆三年）三月十三日，贡却坚赞离藏返回安多，九月初一回到拉卜愣寺，拜见殊胜化身三世嘉木样。土羊年（1799年）正月间，贡唐·嘉贝样（1762 ~ 1823年）住在甘肃河州，他前去拜见，担任了嘉贝样编写二世嘉木样传记的秘书和侍从。当年秋天，在青海佑宁寺，他从土观·却吉尼玛上师聆听了《六臂护法手册》等的教授，并给俄汗噶居等讲经传法。贡却坚赞从金猴年（1800年）开始撰写《拉卜楞寺志·天神之鼓》，后经上级委派担任新建的佐格若尔盖新寺拉卜杰林的金刚法师，并在该寺讲授胜乐、密集的灌顶，讲传《疏释》教授和教敕、《宗喀巴全集》的教敕等经法，不懈地督促寺僧学习，因而在任职的4年中，为学好大密教法打下了基础。

木鼠年（1804年，清嘉庆九年），41岁的贡却坚赞被委任为拉卜楞寺第二十四任法台。上任后，他整饬纪律，严格管理制度，使一度松弛的一些规章制度又得以恢复。他常常亲临经院的各个学级，宣讲考试教程，并按各级程度讲授不同的经法。他所讲的内容，僧侣们都比较容易理解，有时讲到神奇之处，僧侣们常常急于想听下文，无论是什么疑难问题，也没有解答不清楚的。他对考试抓得很严，凡教程考试不合格者则令其学习"明处"；《中观》学级以下考试不合格者，令其降级辩论。他对考试内容也定得十分具体，对密宗经院以外的其他三个经院进行唪诵、腔调、韵律、坛城的施线、粉彩的画规、工艺制作等的考试，密宗经院考试《疏释正源》《生圆次第》的文词义理内容，时轮经院考试“明处”，医药经院考试《四部医典》，对诵经僧人考试唪诵和音律，并反复予以校正。这些措施的实施使寺院显密经法的讲、闻、辩事业大有发展。

另外，贡却坚赞在拉卜楞寺还主持新立了密宗殿，在时轮学院艾温法轮洲新设了时轮护摩法会，修建了医药经院经堂，在寺中新建了寝宫、佛塔、佛像，设置了《甘珠尔》大藏经为主的经籍1000多函，为三世嘉木样先后8次用大量白银做供养。贡却坚赞在其他寺院中又广施僧众，在佐格（若尔盖）二寺和德摩塘寺新置了许多佛像、佛塔、佛经等，为阿木却乎寺捐助了许多法事经费和雕刻经版的资金，为丹培林寺修建了弥勒佛殿并塑了弥勒佛像，新建了塘萨噶尔寺，寺内修建了经堂和僧舍等。他将积存的资财毫无剩余地用到弘扬佛教方面。

木鼠年（1804年，清嘉庆九年），贡却坚赞主持西仓德钦林寺，火虎年（1806年）又主持如多玛丹培林洲，同时主持三座寺院的寺务。土蛇年（1809年），他卸去拉卜楞寺法台职务后，又立即被委任为贡隆拉杰林寺堪布，主持该寺10余年。木狗年（1814年）起，他先后主持阿木却乎寺9年，主持丹培林寺25年。在此期间，他分别在各寺建立了显密经法的讲、闻、辩制度，整顿寺纪、清规，为这些寺院打下了讲修的坚实基础。该师功德无量，成为僧俗大众崇敬的活佛、大学者，被奉为“语自在圣”，普遍尊称他为玛哈班智达。

阿莽班智达·贡却坚赞一生专注研习经典，讲闻辩论，撰述论著等。他的著作将近12函，在阿木却乎寺藏有木刻印版。其中《蒙藏汉历史概论》《拉卜楞寺志》《密宗四续部总义简述》《贡唐·贡却丹白仲美传》是他的代表作。其中，《蒙藏汉历史概论》一书是研究川西北、甘青民族历史及关系史的一部重要著作，《拉卜楞寺志》详尽记载该寺的建筑、历代法台、各扎仓的历史。

阿莽班智达·贡却坚赞于藏历第十四饶迥之水牛年（1853年，清咸丰三年）六月初，如意所欲地将色身庄严摄收示寂，享寿90岁。

欧曲·达摩巴札

——晚清后藏贤哲

欧曲·达摩巴札，于藏历第十三饶迥之水龙年（1772年，清乾隆三十七年）九月九日生于后藏也如之绒堆穹莫地方。父名扎喜班觉，母名喀卓华吉。由于当地识文断字者稀少，加之家中生活艰难，11岁的他即一面放牧，一面跟随其舅父拉普学习藏文字母，后凡遇识字者皆从其学习。

达摩巴札在放牧之时，常在石片和平地上用指头练习字母的书写法，虽多次磨破手指仍始终坚持，不久便熟练地掌握了藏文楷书和行书。他家中除兄长丹正旺杰外，弟弟皆年幼，只有年甫十一二岁的他能侍奉双亲和放牧牛羊。那时，藏族的文化教育都在寺院中进行，他进不了寺院，故常滞留家中，但凭自学，他的拼读写诵均极娴熟。13岁时，扎西格培林寺僧众劝其父母让达摩巴札出家为僧，父母也考虑到如此下去，耽误了孩子的学习，遂答应让他入寺。木蛇年（1785年，清乾隆五十年），14岁时，他被父亲带到扎西格培林寺，由师尊洛桑坚赞为他剃度出家，取名洛桑泽仁。当日，他脱掉小皮袄，换上鹅黄色袈裟，还参加午殿诵经，此时的他高兴得不知说什么好，更暗暗下定决心，将各种经法和知识学到手，以报答父母之恩。他的传法上师学识虽不高，但戒行纯净，心性正直，有利人之心，这些对达摩巴札极有影响。后来，他又从邻居引经师喜饶闻习仪轨类经论。15岁时，他从大堪布阿旺多杰依次受居士戒和沙弥戒，从此谨守一切戒条。16岁即火羊年（1787年）秋，师父给他砖茶半甑、酥油2斤、糌粑15升、盐少许及三种陶土器皿及小垫子一块，让他单独居住。当时他衣食简陋，但所得斋衬，仍多用于购买书籍，因而生活极其困顿。18岁时，兄长丹正旺杰去世，为了慰藉双亲，他回家念诵回向发愿等经文。金狗年（1790年）正月，年仅42岁的母亲及姨母二人因患痢疾同时谢世，留下还不能独立生活的弟妹多人，由老父亲照料。这时达摩巴札极度忧伤，想到一僻静处修行，在禀告上师后，上师言道："欧曲日绰（欧曲静房寺）远近适中，且系具有加持之地，你可住下。"金猪年（1791年），他20岁时前往欧曲日绰，是年十月在师尊耶益华智座前受比丘戒。21岁时，他从洛桑曲吉为师，闻习显密正法，对显密经教有了一些认识，且上师的若干撰著由他笔录成册。从上师学法约两年，上师圆寂，他料理丧事等善后事宜。此后10年时间中，他多次到札什伦布寺从仲则·洛桑次臣、古格经师洛桑丹增、大成就师格桑曲吉等大学者多人广学教法。因杰仲·洛桑格敦上师擅长声明、诗学、文法、语言学、修辞学、词藻、韵律学等学科，他便集中精力先从大小五明论入手，学一门精通一门，三年间成为通晓大小五明论的学者，贤哲之名遍播藏区。此后几年间，他转入修学显密经论，尤博通密宗。30岁时，其父去世。32岁时，根本上师圆寂。他的前半生家事烦多，不能专心修学，从35岁起专注于实修，41岁起不用仆役，除托付一僧人取水外，将其他侍从全部打发回寺院，至80岁时，除几次到珠宗寺讲经说法外，大部分时间都在欧曲日绰山寺修行，获得了较高的成就。他因长期在欧曲山寺静修，故后人以欧曲地名尊称他为欧曲大师，并在其法名前冠上欧曲二字。

欧曲·达摩巴札于第十四胜生之金猪年（1851年，清咸丰元年）四月八日于欧曲日绰圆寂，享年80岁。其著名弟子有堪钦·阿旺念扎、日普活佛洛色丹琼、德钦活佛洛桑慈诚、贤侄央坚智白多杰等多人。其著述大多系内明学类，特别是密宗类著作，如《大威德十三尊念修经文·智者意集》《证道者无量寿佛灌顶法》《禁食斋仪轨教导略义》《金刚萨埵修习纯正甘露瓶》《缘起赞精要》《本尊修习次第统编》等，五明论著述有《最胜善巧司徒语教》、《藻饰词论·大海点滴》、《诗论·海藏》、书牍轨范、《五曜星度按太阳速算法》4叶、《果象占算略篇》12叶、传记咒文念诵法等180多种，集为10函。

阿旺洛桑丹贝坚赞

——江隆班智达

阿旺洛桑丹贝坚赞，于藏历第十三饶迴之金虎年（1770年，清乾隆三十五年）二月初一生于东蒙古四十九旗之一的索尼左翼部落。父名台吉端智，母名德瓦金。

木羊年（1775年，清乾隆四十年），阿旺洛桑丹贝坚赞6岁时，章嘉·若白多杰与堪钦诺门汗将其认定为江隆·洛桑班觉伦智之转世，江隆土司洛桑泽仁特地来到北京上奏乾隆帝，乾隆帝当即批准。是年七月，由阿旺班觉、土司洛桑泽仁、索本·阿旺尊珠等僧俗大众近50名前来迎请，他即从索尼启程，来到上辈喇嘛之住锡地江隆寺，住在活佛之拉章，同月十一日上午从堪钦诺门汗·阿旺次臣出家为僧，受沙弥戒，取法名阿旺洛桑丹贝坚赞。不久，他拜格西阿旺班觉为经师，学习拼读及念诵仪轨。7 岁时，即火猴年（1776 年）六月，在江隆寺祈愿法会之年供法会上，阿旺洛桑丹贝坚赞登上前辈之法座。11 岁时，六世班禅大师赴京，途经蒙古地区时，他前往晋谒，为求闻正法，向大师奉献大批礼物。金牛年（1781 年）一月十八日，经师阿旺班觉逝世，他遂拜十论师阿旺金巴为师，开始聆习显密经论。水兔年（1783 年）七月十六日，他 14 岁时赴五台山，拜谒章嘉・若白多杰，求闻“大威德十三尊灌顶诸法”，从此立誓不进荤食。16 岁时，随经师及洛桑土司等一行多人至北京，约居一月，谒见了章嘉・若白多杰。17 岁时，患痘疹，不久即愈。是年三世章嘉圆寂，乾隆帝决定由诺门汗阿旺次臣至寺以代之。此时，丹贝坚赞偕同经师阿旺金巴，拜见了诺门汗，随其闻法甚多。19 岁时，赤钦・毕哩克图诺门汗令其主持江隆寺院政教一切事务，遂为寺主。

21 岁时，阿旺洛桑丹贝坚赞去拉萨辩经，随行者 20 余人，经西宁塔尔寺等地，于六月初七抵拉萨，住于噶丹康村。九月十三日，他在布达拉宫谒见八世达赖喇嘛强白嘉措，呈献大批礼品，后入色拉寺密宗经院学法。22 岁时，即金猪年（1791 年，清乾隆五十六年）正月十七日，在八世达赖喇嘛强白嘉措尊前受比丘戒。是年七月二十日，廓尔喀兵犯后藏札什伦布寺，七世班禅大师无法安居，故避居于布达拉宫，他即前去晋谒并呈献礼物。他在藏学法约 5 年，临归故里时，八世达赖喇嘛赐以“阐明甘丹圣教班智达”的封号，并赏赐黄宝盖、印信、通人冠及整套服装，谕示弘扬正法，普度众生。返回江隆寺后不久，他建造弥勒佛像及经堂，于火蛇年（1797 年，清乾隆五十六年）六月初一竣工。

火蛇年（1797 年，清嘉庆二年）十月，乾隆帝命阿旺洛桑丹贝坚赞来京做佛事，遂于翌年正月抵京，佛事毕，于四月去五台山朝圣，九月始返。34 岁时，他经塔尔寺去拉卜楞寺，拜见三世嘉木样活佛，并向贡塘・丹白仲美问法。是年十一月，又去京为皇帝做佛事，木牛年（1805 年）二月返回。由于他常为皇帝做祈福禳灾之佛事，入觐达数十次之多，深受僧俗崇敬。

阿旺洛桑丹贝坚赞平生广修法事，灌顶传经、授戒、诵经祝福，并将所募化资财，全部用于修葺或新建寺院、佛像、经塔以及礼敬三宝、向乞求者施舍等。他于藏历第十四饶迥之木蛇年（1845 年，清道光二十四年）五月十九日下午圆寂，享年 76 岁。

其著作有修法、启请文、各种仪轨、规约、五台山详志、教诲等 159 篇和 6 部零散著作。

赛康巴·罗桑丹增嘉措

——安多密宗成就师

赛康巴·罗桑丹增嘉措，意为“善持佛海”，是安多地区一位显密兼通的著名佛学家，也是一位知名藏族学者。他于藏历第十三饶迥之金鼠年（1780年，清乾隆四十五年）四月初八出生在阿柔曲多部落（今青海省果洛藏族自治州境内）一户藏族牧民家中。父名诺日，母名扎德吉，给他起俗名官却杰。

童年时的官却杰，在阿柯喇嘛身边学习藏文，后在喇尧土官处学习《普明大日如来颂》。7岁时，他由噶果尔活佛剃度出家，受沙弥戒，起法号罗桑丹增嘉措，并被果洛拉加寺创建者阿柔格西钦莫认定为夏琼寺著名活佛德哇吉雪巴的转世，从阿柔格西受了大威德灌顶，聆听了《菩提道次第广论》。后来二世香萨活佛将他送到丹玛格西门下苦读佛经，闻习《入行论》。13岁，入拉加寺，拜二世香萨班智达、玛切贝丹活佛为师学习广、中、略《般若经》《中观论》，以及宗喀巴和一些佛学大师的显密经论，备通书奥，20岁时从二世香萨班智达受比丘大戒，正式成为格敦巴僧人。从此开始，赛康巴云游四海学法、修禅、讲经。先后到过塔尔寺、丹斗寺、米纳宗、拉卜楞寺、夏琼寺、天堂寺，以及凉州四大寺院等甘青许多寺院朝礼，所到之处给僧俗大众讲经传法，所传授经论多属佛典精华和宗喀巴大师文集以及一些著名佛学家的教言。讲经善于讲辩结合和现身说法，如在佑宁寺和夏琼寺密宗学院讲授密集时，登上为学密、修密、灌顶而特地制作的粉彩坛城（俗称密坛）授密集灌顶法，讲传后又与一些修密造诣较高的格西互谈体会，取长补短，达到融会贯通。

赛康巴大师在游学讲经的同时，注重以密宗修行次第进行修炼密宗法。曾到青海湖的海心山修炼，修习三年后出现了许多证悟；又在青海尖扎的赛康寺泥封禅堂门坐禅数年，念专意笃地修气、修脉、修明点，获得了无余依空乐三摩地证悟，僧俗皆称他为密宗修行传承权威。他的“赛康巴”名号也由此而来。更为神奇的是，据说他在夏琼寺阿拉巴杂（文殊五字咒言）禅堂闭关静修时，此殿的一座金塔上渗滴出蜂蜜似的甘露，寺院喇嘛和僧人目睹此事大为惊奇。后来，十三世达赖喇嘛莅临此寺时还专门察看并礼拜过这座金塔。

1816年，赛康巴大师在隆务寺为寺僧授时轮大灌顶，同时讲授了《菩提道次第广论》。在贵德地方一座名叫森保日山的幽静岩洞中长时间住修，密法修习功能大增。后经西宁去甘肃，与凉州四大寺院结下了不解之法缘。相传在凉州传法期间，有一幻化之人赠给他一尊释迦牟尼佛像，带回后供奉在夏琼寺大金塔殿内灵塔之右面。在凉州上房寺中闭关专修大威德金刚观想法，以修持大威德法而著称；在天祝天堂寺讲授《胜乐道》和时轮金刚灌顶法；又向丹玛·慈臣嘉措请求传授四世班禅大师的全集。他曾到甘肃甘固洛加洞朝礼胜乐金身，奉献三喻护摩16万遍。在佑宁寺密宗经院，于彩粉坛城上授密宗灌顶，并传授《正义精要》解释和教敕。他后来朝礼五台山，并在菩萨顶为喇嘛和僧人讲经说法。在五台山住修之时，内蒙古呼和浩特一些寺僧闻其名而前来邀请，应请赴内蒙古各地弘法讲经，传播和交流佛教文化。他因人施教，深入浅出，易懂易记，其间还给一些有机缘的僧人授沙弥戒和比丘戒，深受蒙古王公及广大僧众的敬信，影响颇大。他又从内蒙古经五台山去北京朝礼了白塔寺和雍和宫，在雍和宫的一尊用一根高26米、直径达8米的白旃檀木雕刻的弥勒大佛前做了盛大礼供。继而，又西上途经阿拉善地区，在阿拉善广宗寺三次为僧众讲经布道。返回青海后，他在黄南隆务寺法相经院开设了《释量论》（因明学）课程，为学僧学习、讲辩因明学创造了良好条件。在夏琼寺讲经修习时，发现寺院灵塔殿的一些主要佛像、佛塔（药泥塑造）破损严重，就专门派一些日绰巴僧人做掷火等祈祷禳灾法事，将塔像修复一新，重新装藏，并举行了三天的开光安神典礼，得到了寺院活佛和僧众的称赞。后来，又给该寺馈赠了一尊五尺高的旃檀木雕刻的宗喀巴大师像，塑造了一尊一人高的文殊菩萨像等。

赛康巴大师在塑造、修复佛像、佛经、佛塔及讲经弘法方面不但为佛教事业做出了有益贡献，在修建、改建寺院，保护、修复岩雕佛画等方面也留下了不可磨灭的功绩，被载入佛教史册。约于清嘉庆末年道光初年，在循化道帏旦麻地方有一座千余年天成石塔，已破旧不堪，他从塔基深处掘出一小塔，发现塔瓶内装有一钵饮光佛舍利，十分珍贵。他就将此塔仍放原处，后来以此塔为基础，建成一座普通石塔，名叫道帏天成塔，在塔周围建嘛呢经轮，并修一座小塔寺，寺僧为尼姑，所以称为旦麻尼姑寺，属宁玛派寺院。在贵德罗汉堂地方有一座大师修禅打坐的参康（即闭关静修的禅堂），后改建成一座小寺。贵德色尔加寺，原为一所静房，一位来自西藏的格西色尔加拉然巴长期住修，后来赛康巴迁移寺址，修建佛堂，建立长净、住夏、解制等一整套佛事活动制度，正式形成寺院。木蛇年（1845年，清道光二十五年），塔尔寺护法殿中的主像事业明王塑像因故遭到损坏，赛康巴派自己的塑匠去塔尔寺用各种加持物和合药泥塑造了“事业明王”大护法神像，由他亲手装藏，奉安在护法殿作为主尊神像，密宗经院负责做了开光仪式。

赛康巴大师他修复青海尖扎地区洛多杰扎寺（亦称金刚岩寺）岩雕佛像和塑像的事迹至今在尖扎一带的僧俗中广为传颂。洛多杰扎寺位于今青海省尖扎县西约四公里处叫洛科合地方的洛多杰扎山崖下。据史载，唐会昌年间，吐蕃末代赞普朗达玛大肆灭佛，从西藏曲卧日山避难来安多的“三贤哲”（俗称“三圣”）及刺杀朗达玛后逃到青海的拉隆贝吉多杰等高僧曾在此山岩洞中居住修行，后世佛教徒遂视之为佛教圣地之一。清代，一世章嘉扎巴俄色之弟子哲乃亥贡钦·程列彭措曾请石匠在原小山洞的基础上凿开岩壁建成一座岩洞佛堂，塑立佛像。传说在此岩石上有一些自然形成的佛像，又在岩壁上人工雕刻了许多佛像，形成岩壁雕刻佛画。该师在其中住修了二十年后，由阿哇寺住持阿巴曲杰曼兰扎西等人为佛堂广置佛像、佛经及佛塔。后因清兵扫荡寺院而被毁坏，濒于坍塌剥脱。赛康巴看到这种颓败惨景，甚为惋惜，便带头出资请工匠精心修复，基本上恢复了原貌。这些岩雕壁画虽几经沧桑，至今犹存，为佛教文化艺术遗产的一个组成部分。此外，赛康巴十分重视“佛、法、僧三宝”，培养僧才之余，还给拉加寺添置了许多佛像、佛经和法器。

火羊年（1847年，清道光二十七年），赛康巴大师偕同他的著名亲传弟子四世塔秀活佛赴卫藏朝拜游学。二人从北道首先抵达热振寺，朝礼了阿底峡尊者、文殊菩萨、仲敦巴大师等佛像；然后去拉萨朝礼了大昭寺，礼供拉萨噶丹、哲蚌、色拉三大寺，觐见了十一世达赖喇嘛克珠嘉措；之后赴日喀则札什伦布寺朝圣，拜谒了七世班禅丹白尼玛大师，敬献了礼品。七世班禅大师回赐给他二人佛像、佛经等纪念物品，又与大师进行了较长时间的会谈。七世班禅大师给他师徒二人做了长寿灌顶。返回拉萨时，正值正月神变祈愿大法会开始，他二人又为大法会放芒加（斋僧茶），以示供养。法会后，塔秀活佛一行返回故乡安多，赛康巴大师继续在西藏游学讲经。约于土猴年（1848年）年底，赛康巴大师在西藏邦隆寺圆寂，享年68岁。土鸡年（1849年）秋末，塔秀活佛派人将其遗体迎回青海，供在拉加寺。塔秀活佛还用纯金汁绘了五幅赛康巴大师卷轴画像，分别赐给拉加寺、拉莫德钦寺、夏琼寺供奉。

赛康巴大师弟子众多，著名的有塔秀·格敦曲郡嘉措、塔尔寺第五十三任大法台嘉雅堪钦·罗桑钦饶丹贝尼玛、赛多·罗桑楚臣嘉措等。在他的一生中，从现有的一些藏文史料没有发现他出任某一寺院的法台或堪布等僧职的记载，但他毕生致力于闻思修、讲辩著事业。他的全部著作收在《杰·赛康巴全集》中，据说以前有拉加寺刻版。另有黄塔杰·坚钦巴著《赛康巴传》(上册),其弟古坚活佛著有偈颂体《赛康巴传》(下册)。

琼诺·洛桑龙珠

——十一世达赖喇嘛的经师

琼诺·洛桑龙珠,意为"善天成"。洛桑龙珠是拉然巴格西,噶丹寺第七十四任大法台,曾任十一世达剌喇嘛克珠嘉措的经师。

琼诺·洛桑龙珠于藏历第十三饶迥之水虎年(1782年,清乾隆四十七年)出生在四川嘉绒察科却孜(今四川省阿坝藏族羌族自治州)地方。父亲名叫嘎图,系琼氏家族;母亲名叫鲁曼。他的乳名为嘎图本。8岁时,喇嘛洛哲任他的启蒙老师,教他学习藏文拼写及《三十颂》和正字法等语法。由于他学习十分刻苦认真,学业进步很快,在较短时间内就掌握了藏文拼写及全部语法知识,并能流利念诵一些喀端(即口诵短篇经文)。

洛桑龙珠起初学习本教教法,之后改学宁玛派教法,在宁玛派的仓乃寺闻思宁玛派教法的各种经典,最后才正式转学格鲁派教法及显密经典。13岁时,因一个名叫朵乌东主的本教徒在部落头人中间进行挑拨离间,头人偏信了他的谎言,对洛桑龙珠的父母加上一些莫须有的罪名进行惩罚,所以一段时间内,他衣食无着,不得不成为他人的奴仆,干一些超过他体力的苦差事和活计。16岁时,其父母获得自由。父亲带他外出云游朝礼佛寺圣迹,先后经过朱倭(今四川省甘孜藏族自治州炉霍县境一地名)、昌都、波隅(今西藏自治区波密县境内一地方古名)、工布、达布、布尔达、鲁长达孜等地,抵达山南雅鲁藏布江岸的桑耶寺,并在各佛殿朝圣敬献哈达,绕桑耶寺一周磕长头。17岁时,到达拉萨圣地,在大小昭寺朝圣,又到拉萨北郊的色拉寺下闻思院学经。在这里由退任堪布洛桑图杰任授戒师,给他先授居士戒,为他剃度出家,后又授沙弥戒,取法名洛桑旦增。先后从贡唐寺法台扎巴克珠和嘉绒·索巴龙珠学习"摄类学""中观""般若""俱舍论""戒律论""释量论疏"等显宗经论,每学一门,皆能达到精熟的程度。因家境贫寒,父母无力继续供他深造,只好都出家皈依佛门,到俗人家唪诵佛经,以收取的布施财物作为他学经之费用。21岁时，由八世达赖喇嘛强白嘉措任亲教师授予比丘戒，并从八世达赖喇嘛聆听了许多口授教法及秘诀。33岁，在拉萨举行祈愿大法会期间，洛桑龙珠在近万人的僧伽大会上立宗辩经。经过十几天的答辩，荣获了第三名拉然巴格西学位，这是显宗方面最高的学位。为了达到显密兼通，又进入吉祥下密宗学院，博览密宗诸论，实践各种密宗仪轨，如胜乐、喜金刚、密集、大威德等法的仪轨，经立宗答辩，取得了欧然巴格西（密宗博士）学位。41岁时，担任了下密院格贵（掌堂师）喇嘛，管理下密院僧人的清规戒律。当策门林寺的颇章（宫殿）落成后，应邀前去做了隆重的开光仪式。45岁，洛桑龙珠被推选为下密院领经师，为僧众集体诵经而带头举腔领诵，49岁时登上了下密院堪布的法座，这是下密院的最高僧职。他以身作则，讲经说法，倡导密法修持，使下密院的学经风气更加浓郁，深受僧众的赞誉和爱戴。任密院堪布7年后，56岁他登上了噶丹寺绛孜①（北院）法主②之法座，在北院大兴讲学显宗经论的学风。水兔年（1843年，清道光二十三年），年届62岁的洛桑龙珠荣耀地坐上了噶丹赛赤的宝座，继承了格鲁派教法之主。他几乎奋斗了一辈子，博通显密经论，修持密法获得了大成就后，遇有空缺，才得到了这个人人欣慕、个个追求的显要头衔。因此，僧众在他的法号前加上绛孜，全称为绛孜·洛桑龙珠。从水兔年（1843年）至火马年（1846年）担任了整4年赤巴（法台）期间，他精心治理寺院，塑造佛像、佛塔，添置佛经，为格鲁派祖庭——噶丹寺做了不少有益的工作。火马年（1846年）卸任后，又受命担任了十一世达赖喇嘛克珠嘉措的经师。当时，深感责任重大，为了当好经师，将显密经论用通俗易懂的语言进行教授浇灌，使克珠嘉措的学业不断长进。

当正在为克珠嘉措的学经而呕心沥血之时，洛桑龙珠于藏历第十四饶迥之火羊年（1847年，清道光二十七年）在噶丹寺圆寂，享年66岁。

注：

①绛孜：为噶丹寺的绛孜扎仓，即北院扎仓，为噶丹寺两大扎仓之一。土牛年（1409年），噶丹寺建成后就设立了北院扎仓。该寺历任法台中的相当一部分是从绛孜扎仓荣升的，故法台法名前皆冠有绛孜二字。

②绛孜法主：即绛孜却吉。格鲁派僧侣先要在三大寺学完显宗学业，取得拉然巴格西学位；然后入下密院学经，做一名佐然巴；再升为格贵喇嘛（掌堂经），俗称法棒喇嘛；之后升为下密院温则（领经师）；任满3年后可升为堪布；任堪布3年后卸任，

成为堪司(即退任堪布);然后下密院的堪司按年资升补为绛孜却吉。任绛孜却吉数年后,如遇赤巴位子空缺,才有可能升为噶丹寺赤巴。

二、三世却西活佛合传

——蒙古地区佛法弘传者

却西活佛系塔尔寺活佛之一,已转至五世,第一世却西活佛阿旺丹巴是湟中却西(今维新新庄)地方人,第二世却西活佛是湟中曲汝卡地方人,第三世却西活佛出生于湟中群加地方,第四世却西活佛出生于贵德县尕让地方,第五世是转世认定不久的小活佛,出生地不详。下面主要将二、三世活佛的生平做简要介绍:

二世却西活佛阿旺协珠丹贝尼玛,于第十三饶迥之火羊年(1787,清乾隆五十二年)四月四日出生于宗喀曲汝卡(今青海省湟中县共和镇红崖沟)地方。其父亲是一位持咒密师,名才旺嘉;母亲名吉柔。他乳名扎西才旦,4岁时被认定为却西·阿旺丹巴的转世灵童,依加央旺杰为启蒙师,始教学藏文拼读和书写。5岁时,二世嘉木样晋美旺布前往塔尔寺,顺路来到曲汝卡,和小灵童相见,并结法缘。6岁时,三世土观却吉尼玛受邀来曲汝卡,为其授居士戒,并剃度为僧,赐名洛桑协珠尼玛。是年八月二十五日,被迎到塔尔寺却西嘎尔哇,举行坐床典礼。9岁时,在米纳·次成丹白尼玛活佛座前正式出家受沙弥戒,依上世却西的法名,取法号阿旺协珠丹贝尼玛,之后由米纳和土观活佛为其进行了怖畏金刚灌顶仪式。三世却藏活佛莅临塔尔寺后,又为二世却西活佛授予独勇怖畏金刚灌顶,训勉他应品行端正,勤于闻思。二世却西活佛14岁进入塔尔寺显宗经院开始正式学经。金鸡年(1801年),15岁时,因查多赤钦诺门汗活佛从甘南卓尼经塔尔寺去拉萨,故跟随诺门汗活佛一同前往。途中,谒见从内地回西藏之第六十五任噶丹赤钦格敦慈臣,彼等甚喜,同往拉萨。二世却西活佛九月二日抵达噶丹寺,十一日吉日入色拉寺协杰扎仓学经。在这里,师事至尊扎巴克珠为亲教师,专心聆习五部大论。18岁时,他的侄子次臣达杰和昂索二人到达拉萨,禀明襄佐逝世的消息,主仆诸人均极哀伤,同时向色拉、哲蚌、噶丹三大寺和大小昭寺礼供布施,广种福田。火兔年(1807年)十一月十日上午,在大昭寺北回廊顶部之聚辉宫中,由七世班禅丹贝尼玛为21岁的却西授比丘大戒。从金鸡年九月至土龙年四月，在这6年7个月中，二世却西活佛从七世班禅大师和经师洛桑丹增等贤哲求学甚深正法，广闻五部大论，并先后多次在各康村及林塞辩经场立宗辩论。因他强记博学，辩才无碍，在学者云集的辩场上，不慌不忙，善于应对，受到学者们的称赞。当他临返多麦塔尔寺时，西藏地方政府赐其“佛教日光墨尔根额尔德尼堪布”之名号，赠送全套堪布服饰，以及敕令、印信、骑牌、豹皮鞭等大量显贵之物，大加褒奖。摄政王达察活佛亦赐与具加持之释迦佛像等大宗礼品。22岁时，他带着殊胜荣誉返回多麦宗喀塔尔寺，临行前，却藏活佛等扎仓及康村的喇嘛、执事僧官皆前来送行。

23岁至26岁之间，二世却西活佛在精通密续经论的关嘉活佛处潜心修学密续部经典。26岁，出任塔尔寺密宗经院三十八任堪布。任堪布期间，对讲经闻法、规章制约、仪轨、实修诸方面严加整饬与管理，一有空闲即研习密宗经典，对其他学科亦悉心钻研。30岁以后，对塔尔寺做出了许多贡献。30岁时，经推选，他担任了塔尔寺第四十五任大法台，任期3年。任内于火鼠年（1816年，清嘉庆二十一年），在阿嘉·洛桑加央嘉措的支持下，从各地募化白银万余两，对大金瓦殿做了维修，除在金顶上镏金外，将大殿中下层三面墙改砌成碧琉璃砖墙，一层屋檐上铺设琉璃釉瓦。为使殿内不受潮湿，他在墙根基地四周砌上四层长方形条石。1817年，按上师香萨班智达·罗桑达杰嘉措的授意，主持创建了时轮经院，由他本人出资白银3900两，修建了该扎仓的经堂。

金蛇年（1821年，清道光元年）六月，二世却西活佛35岁那年，从塔尔寺启程经蒙古地区到达北京，驻锡于阿嘉在雍和宫的行宫中，朝礼雍和宫各佛殿及用旃檀木雕塑的弥勒殊胜佛像，又参观了皇宫、林园。在欢度1822年新春佳节时，向四世章嘉活佛恭贺新年，并与之亲切交谈，还作为章嘉活佛的随员，游览了御花园，并在京住留两月余。此年正月十九日，从北京启程至内蒙古，在蒙古霍雪地区的各寺中讲经传法，并为寺僧灌顶、授沙弥戒、剃度蒙古族僧人。在这里从事佛事活动8年。43岁，从蒙古启程，一路讲经弘法，至1830年抵达塔尔寺。在寺期间，迎请甘珠哇·贡却贝到寺，求学《甘珠尔》之经教传承。62岁时，因却藏活佛之坚请，任夏琼寺法台，举行了隆重的登法座之仪式。任法台近3年后，于64岁辞去法台，委任格桑俄吾为法台后，于当年五月一日返回塔尔寺。八月，三世嘉木样罗桑图丹晋美嘉措来塔尔寺，与他得以相会，并互传佛法。不久，嘉木样活佛回拉卜楞寺，他送行至扎西塘告别。

65岁，二世却西活佛应土观·却吉尼玛活佛迎请去佑宁寺，为寺院活佛和僧人进行密宗灌顶；72 岁，又应阿巴噶旗王公之坚请，最后一次去蒙古。他前后七次去蒙古讲经传法、授戒、灌顶，遍履蒙古诸寺。因此，在蒙古弘扬正法 35 年，将其后半生贡献给了蒙古信士大众。74 岁，和硕亲王从百灵庙迎请他至穆尔格。在穆尔格寺僧众的请求下，在大经堂为僧众摩顶，次日准备传授时轮大灌顶之时，于七月初八日在该寺圆寂。

二世却西活佛圆寂后，于第十四饶迴之金鸡年（1861 年，清咸丰十一年）六月初四日，三世却西出生在湟中的香郡措哇（申中部落）群加地方。父亲名阿羌加，母亲名噶朵，他名仁青端珠。3 岁时被认定为二世却西活佛的转世灵童，被迎至家乡附近的山旦吉祥林（为却西活佛的静修山寺）受戒出家，从格西罗桑却觉和库峨·罗桑彭措二师闻习佛法和藏文写读。火兔年（1876 年）五月二十四日，按四世阿嘉活佛的安排，被迎至塔尔寺在自己的嘎尔哇坐床，由多杰羌噶钦·香曲仁清做亲教师，却西经师阿旺嘉华丹白尼玛、赛多经师涅家拉然巴·阿旺却扎等师任规范师，受了居士戒和沙弥戒，法名香曲丹白仲美，拜欧仁巴·丹巴达杰为师学习经论。1868 年，由于回民起义事件，三世却西活佛避居于家乡的山旦吉祥林寺。事件平息后，他到贵南的拉莫德钦寺学经，从塔秀活佛闻习“十三尊大威德金刚”等法，后同经师等一行返回塔尔寺，在智旺多杰羌等师处聆听了一些佛教经典和教义。此时，内蒙古阿巴嘎王公派人前来迎请。三世却西从塔尔寺起程，经互助威远堡、却藏寺、甘肃天堂寺等进入沙漠，在沙漠里缺水的情况下，苦苦跋涉了 13 天才走出了沙漠，渡过了难关。一路上有达尔罕贝勒旗的王爷和达杰却林寺的迎接，并送来了衣物、乘骑、寝幕、帐篷、乘轿等。他顺路朝礼了达杰却林寺，为全寺僧众讲经传法、放布施，煮芒加。从该寺起程后，经过了许多地方，皆有迎送。来到名叫山乎都的地方时，阿巴嘎王公和侍从 200 多人前来迎接，并安住于前辈却西活佛修建的却西府邸。金羊年（1871 年），三世却西活佛去察汗尔拜见六世土观雪珠旺秀(1839~1894 年)。六世土观活佛给他传授了《马首金刚密修随赐法》《护法明王五尊和骑狮护法神法》《文殊真实名称经》《白绿度母经》等一些经教注释。以后，除在本寺院驻锡外，也常到一些王公部落及寺院讲经说法。三世却西在白若寺附近的山坡上曾遇见一位满面胡须、身穿破旧皮袄的放牧老人。放牧老人向活佛顶礼后，从怀中取出一块有天然形成的白色“阿”字的黑石说：“这是我的祖先从五台山获得的，我奉献给您，请妥为保存！祈于今冬一定前往五台山朝拜巡礼为善。”老人说完就走了。当同三世却西活佛一块来这里的僧人回来时，活佛给他们讲了刚才出现的奇事，于是僧人们分头去找那位放牧老人，但老人已无踪无影。后遵照老牧人之言，三世却西活佛于是年十月启程前往五台山圣地朝礼施供，并在扎萨克喇嘛座前听受了一些经文诵授，还和格干仓上师一起静修数日，饱览了五台山风光，领受了佛教圣地的福泽，后返回住地。次年，三世却西活佛决定去西藏经受洗礼，于十二月经山西太原到潼关，向当地官员呈明去西藏的原委，换取路条，渡过关卡，来到西安。在西安古城，朝礼慈恩寺中的释迦牟尼佛像，该寺方丈张大师设素宴款待，并邀请他观看了正月元宵夜的花灯。后起程经汉中、成都、康定、到达理塘，朝礼了理塘图旦贤巴林（大佛慈洲寺）、巴塘寺庙及著名的毗卢遮那大佛石像，然后从理塘进入前藏。

水鸡年（1873年，清同治十二年）七月，三世却西活佛在拉萨罗布林卡拜见了十二世达赖喇嘛程列嘉措，敬献上品白、黄两种哈达，以及曼札、佛像、玉雕观音像、望远镜、各种优质绸缎、白银150两、青黧色良驹一匹、纯白色骑骡一匹等物品，共一百余件，并获得达赖回赠茶叶、果品、护身金刚结等物。在拉萨三大寺内做广大礼供和朝拜，还在加察弥潘贡玻活佛处受了沙弥戒，在“香曲丹白仲美”的法号前又加了“罗桑”二字，从该师学法多种。之后，又去后藏札什伦布寺，拜谒了八世班禅丹白旺秀，向寺院做广大礼供，在波嘎活佛处聆听《日隐传规二十一度母法》《药师重迭随赐法》《察宗长寿灌顶法》等经论。回到前藏后，从师多人，广学佛法。木狗年（1874年）正月拉萨祈愿大法会上，年仅14岁的三世却西活佛在法会上立宗论教，离席答辩，表现不凡，达赖喇嘛授予他“毕力克图诺木齐堪布”的名号，并赐给印信和堪布袈裟一套。当年，辞别达赖喇嘛，由藏北热振寺经那曲、曲麻莱、都兰、海南、贵德返回塔尔寺。他在塔尔寺广泛拜师学经，以后又去内蒙古。土兔年（1879年），从内蒙古七海寺赴北京，朝礼了雍和宫、东黄寺、西黄寺、无量寿宫、度母佛殿、前门街关老爷庙等，观光了北京名胜，之后返回内蒙古。

在内蒙古许多寺庙中，三世却西活佛一边讲经传法，一边求师学经。金龙年（1880年，清光绪六年）六月，从内蒙古返回青海塔尔寺。以后几年中，巡回在塔尔寺周围的却藏寺、德钦寺、夏琼寺、佑宁寺、山木旦林等寺院习经、讲经、修行。

水羊年（1883年，清光绪九年），三世却西活佛任塔尔寺时轮经院第二十九任堪布；木猴年（1884年），23岁时任塔尔寺密宗经院第六十五任堪布；土鼠年（1888年），27岁时出任塔尔寺第七十一任大法台；金虎年（1890年）卸任法台后曾多次去卫藏、内蒙古传法讲经，广做有利众生之事。

三世却西活佛于藏历第十六胜生之水鸡年（1933年）圆寂，享年73岁。其灵骨奉安于一座银制灵塔中，置于却西活佛院的佛堂中。

二世却西活佛的著作有各种仪轨、启请文、规章、煨桑祭文、诗赞等共63种，集为2函。其中自传上下两册，上册94叶，下册92叶，共集186叶。

三世却西著作有受法录、问答、寺规、医学等共5函。

直贡巴·官却丹巴饶杰

——安多知名史学家

直贡巴·官却丹巴饶杰，于藏历第十三饶迥之金鸡年（1801年，清嘉庆六年）出生于今甘肃省甘南藏族自治州合作市丹增村。5岁时，被三世嘉木样罗桑图丹久美嘉措活佛认定为直贡巴·罗桑喜饶的转世灵童，迎请坐床。是年，他从阿莽班智达贡却坚赞出家为僧，取法名官却丹巴饶杰，从9岁起先后在阿木却乎噶丹曲科林寺和拉卜楞寺研习显密经论和藏族传统十明学科，还曾两次赴卫藏深造，后遍履安多南北诸大丛林，讲辩经论。先后拜达浦的益喜嘉措等30多位学者为师，又系统地闻习了各种秘诀、密宗灌顶法、天文、历算、声明、诗学以及音乐、金刚舞、词藻诸多学科，成为通达者。之后他以阿莽班智达·贡却坚赞为根本上师，修学五部大论。他以学识渊博、有学有证、戒行严谨、德行贤妙而成为一位有名学者，并注重研究藏传佛教和藏族历史及地方史地，成为安多一名藏族历史学家。直贡巴·官却丹巴饶杰曾历任夏河多噶尔却曲夏寺、拉卜楞寺时轮经院、密宗经院及拉卜楞寺、阿木却乎寺、泽仓寺、杂义寺等寺院堪布之职。

直贡巴·官却丹巴饶杰的根本上师阿莽班智达曾对他说："现在熟悉安多情况的善知识者很少，需要你编写一本正确论述整个安多地区佛教发展的历史著作！"在上师的指导下，加之精通五明论的华丹特俄活佛和华热欧科·阿旺勒协尼玛活佛再三鼓励和督促，官却丹巴饶杰义不容辞地挑起了这副重担。开始广泛寻找参考资料，学习和听受遗教、佛教源流、史鉴、历史、纪事、族谱、传记、佛历年鉴、本生传、世系谱、法嗣纪、圣地志、寺庙志、故事记、传奇、地名录、目录等方面的著作530多种，精心选择整理有关资料。他知道单凭这些资料还不够，必须走出山门实地考察。之后，带着纸笔亲赴玛曲、碌曲、桑曲、格曲、白龙江、隆务河、宗曲、浩门河等许多地方进行调查考证，征集了大量第一手资料。于水蛇年（1833年，清道光十三年）开始动笔发奋写作，先后共花了32年时间，于木牛年（1865年）大功告成，著成几十万字的巨著《安多政教史》。该书分上、中、下三部，藏文木刻版共900叶（两面为一叶），是一部记述安多藏区佛教发展历史的专著，对安多许多地区主要寺院的历史、地理、佛教各派的著名人物、山水、政治、经济、文化等，皆做了记述，有详有略，是研究安多藏区佛教历史的重要文献。书中列有史传典籍目录500多条，十分珍贵。除此以外，他还有其他著作9卷（册）。

直贡巴·官却丹巴饶杰于火虎年（1868年，清同治五年）往生净土，享年65岁。

央坚智白多杰

——晚清后藏知名学者

央坚智白多杰，又名洛桑曲培，是欧曲·达摩巴札之侄。诞生于后藏也如之扎西格培林寺附近德哇，旧时名叫“协”的地方。据说莲花生大师曾来过此地，见此处地脉呈祥，满意地点着头笑了三次，因而后来改称为“协”即（今之谢通门），意为“笑”。其父名扎西，母名才让斯却。

央坚智白多杰出生于藏历第十四饶迥之土蛇年（1809年，清嘉庆十四年）十月初五日。5岁开始，从伯父达摩巴札学习藏文字母，学习6年后，于拼读、默诵均极娴熟；10岁时，于上师寝室附近甲玛[①]扎浦，从妥吉喇嘛冈旺年智学习默记历算学之粉板字[②]及诗学修饰所需之各种藻饰词，其衣食均仰赖伯父提供。11岁时，扎西格培林寺派僧侣差，他应差为僧，从堪钦·官却曲培上师剃度出家，取法名洛桑曲培。12岁时，在其尊前受居士戒及沙弥戒，数年间学毕米拉日巴传及其道歌、尸语故事、量度法和立体坛城等。17岁时家遭不幸，父亲外出经商遭匪徒抢劫并被杀害，遗下母亲和妹妹。在母亲和妹妹十分孤独寂苦的情况下，洛桑曲培仍奋志佛业，曾赴东部南木切至北部达果之间的牧区，为寺院募化乳品达3个月之久，此后任寺院磋薪涅巴[③]数年。自19岁起，随侍上师达摩巴札，开始正式学习声明、历算、诗学、文法及显密经论。34岁时，在上师跟前就诗学及声明学应试，成绩优良，上师极为高兴，连声称赞，授以哈达，赐文学笔名央坚智白多杰，意为“妙音成就金刚”，是年四月十五日，在上师达摩巴札尊前受比丘戒，然后广学比丘学处导释等戒律甚深教导，师尊所领悟之深广教法，均承受无遗。他精通大小五明，上师之若干撰著由他笔录。

43 岁时，上师仙逝，央坚智白多杰跟随上师学习十明学科和内明学达二十四载，对其谢世忧伤万分，遂建造了殡殓亭及银质灵塔，精心办理一切善后事宜。从此他作为上师的继承人，扩建寺院，新造佛像、佛塔，镌刻并校刊上师的著述。61 岁时，经萨迦及札什伦布寺赴拉萨，礼供前藏各大寺院及圣迹，并向三大寺之高僧及噶伦霞扎等高级官员讲授正法之甘露前后约一年，之后返回扎西格培林寺。通过讲经、修法，他培育了不少有学识的弟子，将格鲁派教法之胜幢高高擎起，颇得了藏区诸贤者大德之拥戴。

央坚智白多杰于藏历第十五饶迥火猪年（1887 年，清光绪十三年）十一月六日圆寂。其著名弟子有阿旺次臣、果芒拉然巴·格敦嘉措、喇嘛益喜曲培、敏珠尔诺门汗、昌都帕巴拉、曲桑呼图克图、洛桑久美等多人。其著作多为密宗论著，此外有诗学类《贤者意趣庄严》、同义词类《智者项饰》、天文历算类《历算周期明显篇》、量度类《弹线法新编嘉言》等，尤以藏文文法类著述《嘉言树五论》《释难明镜》为众人所熟知，且为学习藏文者大多能背诵之作，文法学家也多以其为准绳。著作共有 80 多卷（册），堪称规范本。

注：

①甲玛：地名，今墨竹工卡县境“甲玛赤康”为万户府遗地。

②粉板字：在小黑板上所写数字和文字。

③磋薪涅巴：在寺院专管柴薪之事的管家。

塔秀·格敦曲郡嘉措

——瑜伽修证士

塔秀·格敦曲郡嘉措，是近代青海佛学界一位著名学佛家、藏族学者，系青海贵南塔秀寺和拉毛德钦寺第四世活佛。他于藏历第十四饶迥之金马年（1810 年，清嘉庆十五年）出生在青海海南共和地区的切吉勒喀城（今青海省海南藏族自治州共和县切吉乡）一牧民家中。其祖姓原系西藏四大姓氏之一的董氏，到塔热、都拉、完德三兄弟时称塔秀部落的塔秀族。其父名多杰饶丹，母名卓玛本太。

塔秀·格敦曲郡嘉措 5 岁时，由格西阿旺索巴任启蒙师教习藏文，很快学会了藏文草书、行书书写法和拼读，对一些短篇经文能过目成诵。6 岁时，一日之间读完了格敦嘉措著的《宗派论》一书，三日间阅完了印度论师世亲著的《俱舍本论》一书，并能说出其大意。7 岁，从持戒师格敦雅培剃度出家，受沙弥戒，披上了梵行赭黄色小袈裟，法名格敦曲郡嘉措。因他是塔秀寺活佛，故在法名前冠上塔秀二字，全称为塔秀·格敦曲郡嘉措。他 13 岁入德钦格措林寺法相院，从启蒙师学习《现观庄严论》《入中论》和宗喀巴师徒的文集，另外选学一些印藏高僧大德的名著。他对一些重要的必修课，熟读烂记，将“上下对法”汇集一起分析研究，提出疑难，请教上师。他在修持方面不持门户之见，汲取其他教派的一些行之有效的闻思修方法，深入学习五部大论的精要部分，逐步达到融会贯通，同时还从通晓大小五明论的格西丹巴达杰学习历算五要素、月蚀、五曜等历算学图表，从语言学家尼摩然坚巴学习《妙音声明论疏》、诗学、修辞以及藏医药等学科。19 岁时，塔秀·格敦曲郡嘉措已成为广学博闻之士，20 岁在阿旺丹增上师尊前受比丘戒。金虎年（1830 年，清道光十年），由拉毛德钦寺寺主罗哲嘉措亲自主持，让他登上了玛古鲁南杰林（古鲁寺）的法座。水蛇年（1833 年），应拉毛德钦寺之坚请，他登上该寺无畏雄狮法座，就任法台，担负起政教事务的重任。在任期间，他以身作则，严守寺规，坚持诵经、讲经、修法例规，且在每年的大型法会上广放布施，讲经布道。他讲经传法时广征博引，语言清晰动听，常用浅显易懂之理阐明深奥的佛教哲理，前来听经的僧人逐年增多。他一面讲经传法，一面拜能宣讲百部大论的拉然巴格西绛巴彭德、洛桑丹贝坚赞为师，聆习八世达赖喇嘛的经师益西坚赞的全集教言、《教言心要广论》及《般若八千颂》教言、邬摩天女随许法等。在担任法台的几年中，由于他的言传身教及佛法功德，这一带人无疾安宁，畜无疫兴旺，五谷丰登，呈现出一片吉祥、幸福、繁荣的景象。

塔秀活佛曾三次赴甘南拉卜楞寺深造，先后从几位著名格西攻读显密诸论；该寺阿库·喜饶嘉措成为他研习大乘密宗法的根本上师。他从师闻习了显密经教中的稀有教法，尤其学通了多种密宗经论。临离拉卜楞寺时，阿库·喜饶嘉措将自己著的《吉祥密集一次第教导不动怙主教言》和《具圆满修行五次第教授笔记》两部密典惠赐于他。在拉卜楞寺学法期间，塔秀活佛对该寺表演的米拉日巴成就师用正法慑服感化猎人贡波多杰的法舞十分感兴趣，返回拉毛德钦寺后，即选派僧人专门去学习，并出资制作了这套法舞专用的面具、舞衣及道具。后来，这个宗教舞蹈在拉毛德钦及属寺中相继公演，劝化人心，戒杀生，弃恶扬善，提倡僧人苦修佛法、寻求解脱之道。之后，他又从赛康巴・罗桑丹增嘉措学习"大威德金刚独勇法之四灌顶"；赛康巴赐给他一幅密宗金刚佛画像，让他去独修密法。塔秀活佛到桑卓密宗静修地闭关修习"四座瑜伽法"，又先后到大成就师加持过的尖扎赛康寺、化隆夏琼寺、湟中塔尔寺、周嘉多杰宗等佛教圣地修持，并系统地学习圣龙树和无著二师的大乘教法，以及宗喀巴大师的《菩提道次第心要实践》和《五次第明灯论》等密宗经论。当时在衣食不周的情况下，他以米拉日巴为榜样不分昼夜苦心修炼，出现了许多奇异之兆和证悟，如闭关结束后，到贵德地方一座名叫拉钦生波日的山上为举行护摩仪式而采集鲜花时，只见满山遍野长出从来没有过的马先蒿花，这里的百姓视为一大奇迹；去赛康寺后山顶的日绰静修地专门实修《菩提道次第论》时，有时心中默修《菩提道次第广论》时，不知不觉口中朗诵出悦耳动听的法音，美妙的法声不仅吸引了空中的神、星曜、水中的龙，甚至连山岩、森林、草地、河溪旁觅食行走的野兽、飞禽及幼小昆虫也被吸引住，似乎是因晓得法音的含义而停下来静听。

木蛇年（1845 年，清道光二十五年）三月，塔秀活佛受赛康巴大师之命，与青海海南千卜录寺赤干仓和日绰巴活佛等人到贵南茫拉川尕赛寺参加盛大法会。在法会期间，他每日给各地云集而来顶礼的僧俗群众摸顶赐福，受到广大信徒的敬奉，也得到了丰厚的供养。土猴年（1848 年），他与上师赛康巴一起赴藏游学，从北道先到达热振寺，朝礼了阿底峡尊者和文殊金刚等佛像，然后去拉萨在大小昭寺朝礼了释迦牟尼、不动金刚、观音菩萨等佛像，觐见了十一世达赖喇嘛克珠嘉措，礼供了噶丹、哲蚌、色拉三大寺，为拉萨祈愿大法会煮斋茶、捐献钱物，以示供养，之后到后藏札什伦布寺朝圣，拜见了七世班禅丹白尼玛大师，敬献佛像、佛塔、佛经及其他礼品。七世班禅大师为他二人做了玛吉拉珍所传长寿灌顶，得到了佛语甘露。临别时，七世班禅大师回赠给他二人佛像等纪念物品。师徒二人复返拉萨，驻锡于德吉林寺。塔秀活佛从德吉林寺起身返回安多，赛康巴上师仍留居西藏未回。土猴年（1848 年），赛康巴在西藏邦隆寺圆寂。土鸡年（1849 年）秋末，塔秀活佛派人将上师遗体迎回青海拉加寺，由他主持建造了一座大灵塔，将赛康巴遗体奉安于灵塔中，供奉在拉加寺。

塔秀活佛返回故乡后，到许多寺院游学讲经，利用施主和信民献给他的布施供养，礼供寺院，为僧伽煮斋茶、放布施，舍施贫苦农牧民、乞丐，使其满意，然后利用阿库尊·喜饶嘉措赐赠的密典、赛康巴赐的密宗金刚像、班禅大师赐的密集加持佛像等修密法所需的诵修和观想圣物，经过长时间修行，终于修成一位双运修行持金刚大师，在密宗修习方面达到了较高的境界，在弘传佛法和培育佛学僧才方面做出了较大贡献。他应黄河南北许多寺院之请，前去讲经传法，经常为前来请求受戒的活佛和僧人授沙弥戒和比丘戒，传授戒律，每天还为来自四面八方的上千名信徒信民唪诵穆泽玛言教和摸顶赐福。金马年（1870 年，清同治九年），他为朝礼赛康巴上师灵塔而去果洛拉加寺，途中为前来磕头听经的僧俗群众普施正法甘露。他在灵塔殿前燃供十万盏酥油灯和长明灯，礼供各佛殿，给寺院 800 余名僧人每人舍施 1 两白银的布施，为同德石藏寺带去 400 余两白银作为僧人的布施。返回贡巴寺后，他为来自夏琼寺和岗察寺的活佛和格西传授密宗要法。土兔年（1879 年），他为七世夏茸尕布剃度授戒，赐法名格敦丹增诺尔布，后给隆务寺六世夏日仓·罗桑噶丹旦贝坚赞（1859 ~ 1915 年）传授了许多该师所渴求的经法，结成师徒关系。木猴年（1884 年），75 岁高龄的塔秀活佛还为内蒙古呼和浩特的呼图克图剃度出家，赐法名格敦丹巴琼培。他一生弟子众多，主要弟子有三世香萨班智达、洛桑图旦嘉措、六世夏日仓活佛、加鲁呼图克图、呼和浩特呼图克图、七世夏茸尕布、赛朵诺门汗、夏玛班智达、智干仓等。

塔秀·格敦曲郡嘉措在后半生为佛寺的建设付出了极大的心血，前后为麦隆寺、拉毛德钦寺、贵德关庄寺、贡巴寺、德吉寺、周嘎尔寺、绒扎多杰宗、色加寺、拉加寺、拉日山丹林等佛寺中兴建了 20 座经堂，为加毛、石家、贺尔加、乜纳、觉绒等寺兴建了佛殿和扎仓，为许多寺院添置殿内外装潢所需要的佛像卷轴画、唐卡、法幢、柱面幡、悬幡、檐帷、经典、佛衣、佛冠、供器、法器、佛像、佛塔等大量物品。另外，他给寺院和活佛、僧人舍施大量白银和铜币，为贵德及黄河南北诸寺献铜币 11400 多串，给各地日绰静修寺和苦行僧捐献白银 1000 多两、红土布 1200 多卷，给黄南地区僧人布施白银 700 两，仅给拉毛德钦寺奉献白银 380 两、铜币 850 串、红布 750 卷、茯茶 23 包、马 50 匹等。塔秀活佛到晚年时，除生活费用外，财产所剩无几。僧俗大众称颂他是一位救苦救难、普渡众生、毫不利己、专门利人的高僧大德。

塔秀·格敦曲郡嘉措著作有《罗桑丹贝坚赞传》《瑜伽睹史天众教授》《修心偈颂》等，汇编为一函。

该师于藏历第十五饶迥之土鼠年（1888 年，清光绪十四年）摄色身于法界而示寂。

丹玛堪钦·江永罗桑嘉措

——具有远见卓识的活佛

丹玛堪钦·江永罗桑嘉措，又译作丹玛堪钦·嘉央罗桑嘉措，为今青海省玉树藏族自治州称多县境内一座格鲁派大寺——拉布寺的第十三代活佛，其生卒年无考，约为20世纪30年代人。该活佛世系法名前皆冠有“丹玛”二字，表示他们是丹玛地方的活佛。元代以前，玉树称多地方被统称为丹玛，那为何后来又称为称多呢？这还得从八思巴大师说起。有一次，八思巴从元大都起身返藏，当他来到玉树丹玛地方，这里的藏族信徒信民要求他讲经传法，于是八思巴便讲经几天，前来听经者达几万人，成为一次讲经传法的盛会。后来人们为了纪念这次盛大法会，将万人集会听经，称为赤都，其中“赤”藏语为“万”，“都”意为“会集”。后因康巴方言之故，将“赤都”泛称“称多”，丹玛地名也就变成了“称多”。但丹玛这个历史地名永远留在人们的记忆中，丹玛活佛就是一例。

丹玛堪钦世系是玉树称多地区拉布寺的活佛，俗称拉布仓。该活佛世系共转十五世，其中第一世丹玛堪钦云丹贝是宗喀巴大师的弟子，拉布寺的创建者，于木马年（1414年，明永乐十二年），跟随释迦益西赴京朝觐永乐皇帝，受到朝廷的优遇。返藏后，他遵宗喀巴大师的指示来到玉树称多地方建寺，见拉士同雪琼沟口山清水秀，风景宜人，便选定寺址，在当地拉布族头人尼玛本的支持资助下，于1419年在一座萨迦派小寺的基础上建成了拉布寺，后经几代活佛的扩建、增建，成为称多县最大的格鲁派寺院。该世系活佛多学识渊博，在玉树及康北地区领有许多属寺，建立地区政教合一制的管理，《清史稿》称其为“拉卜库克住牧喇嘛”。

丹玛堪钦·江永罗桑嘉措是第十二世拉布仓吉热多杰的转世，约于19世纪80年代被认定，经西宁办事大臣批准坐床，为十三世拉布仓。后由前世活佛的经师等为他授沙弥戒而正式出家为僧。他先后从几位上师修学藏文基础知识和一般经文的背诵，随着年龄的增长，开始修学显宗诸论，尤其刻苦学习大小五明论，到20多岁时，十明学科基本掌握，五部大论中的《因明论》《戒律论》和《般若论》等皆熟记于心，之后专攻《中观论》和《俱舍论》，又旁及密续四部，最后成为显密均有一定造诣的学者。

十三世拉布仓自少年时就爱好藏族工艺学和密宗中的彩绘坛城的绘制、弹线、音调嗱诵、结手印等，另外还喜学寺院建筑，经常留心观察佛殿的木结构和墙体砌筑以及彩绘等，久而久之积累了不少有关工艺和建筑方面的基本知识。到20世纪50年代以前，他在青海玉树地区成为一位思想开放，喜学先进科学，为汉藏文化交流、民族团结与祖国统一、民族教育的发展做出贡献的新一代高原喇嘛。

民国初年，十三世拉布仓赴北京等地朝圣参观，一路上看到农田水利设施、城市规划建设等，开阔了眼界，增长了见识，对照高原牧民居住、当地农业生产落后的状况，感触极深，思绪万千。在参观回来的路上，他开始琢磨如何改建寺院，改善高原牧区故乡面貌的计划。回寺后，他首先改造寺院围墙，修缮佛殿经堂，治理寺院环境，使寺院面貌大有改观。然后他动员当地农牧民，为改变本地区面貌制定了几项措施：一、首先整治河道，截弯取直，开垦河道占有的荒地；二、改建、迁移民居，使破落四散的民宅在统一规划下，成为较整齐的、相对集中的民居，开发被迁移民居遗址和未使用的闲散滩地，增加耕地面积；三、修建水渠，引水灌田，变旱地为水地，彻底改变不施肥、不浇水等粗放落后的耕种方式。当时，他的这些举措面临着种种困难和阻力，但他坚定信心，排除困难，克服宗教迷信等阻力，经过近20年的努力奋斗，终于将拉布沟建成玉树小块农业区，农田单位面积产量翻番，从而提高了农牧民的生活水平。他的另一举措是破除旧俗陈规，开展商业经营，将原有的小规模寺院经济，扩大为从事大型贸易的吉索商号四处，从康定、西宁、拉萨专门进行茶叶、百货、皮毛等批发贩卖，在康北、拉萨及玉树长江北岸各地建立营业网点，壮大了拉布寺的寺院经济，增加了寺院收入，并在此基础上较大规模地扩建了寺院。

金狗年（1910年，清宣统二年），中央与西藏地方关系出现了不正常现象，汉藏关系受到了影响。扰攘近10年后，川藏又兵戎相见，英帝国主义直接操纵西藏的一些分裂主义分子，大肆实践其侵略阴谋，既制造西拉姆会议草案，又以“内、外藏”“界务争执”迫胁北京政府，严重影响民族团结。1919年，在全国舆论的督促下，北洋政府认识到首先必须恢复同西藏的直接联系，指令甘肃省督派朱绣、李仲莲、古浪仓和拉布仓为专员，轻骑简从，由青海赴西藏，与十三世达赖喇嘛联络感情。其中拉布仓之所以被遴选，主要因为他是玉树及康区有一定地位的格鲁派活佛，历世拥护中央，又学识渊博、思想进步，在拉萨三大寺尤其在色拉寺深造时，与该寺高僧缔结法缘，享有较高声誉。七月底，这个使团从青海湟源起程，经拉布寺、结古，于十月底抵青藏交接处沙买拉山口，达赖喇嘛派其管理纳克书三十九族事务的堪琼章那于此支应乌拉迎接。使团专员到达拉萨后，于二月十四日，在罗布林卡与达赖会见。达赖即席陈述汉藏友好、民族团结的重要性。之后使团专员到处活动，得到了西藏各界一些重要人物的支持。几经周折，双方终于1920年农历二月二十九日达成四条协议，名曰《汉藏友好·白莲盛开协议》，在噶厦扩大会议上正式签字，达赖加盖了金印。四月初，达赖喇嘛设宴饯行。使团一行终于圆满完成了北洋政府交给的使命，返回兰州复命。

拉布仓在百忙中还十分重视寺院的闻思修、讲辩著学风和规章制度建议，一有空隙，他就亲自询问抓管，毫不放松。他清楚地认识到寺院教育搞得好坏，直接关系到能否培养出合格僧才的大问题。因此，他设置辩经苑地，让学僧边学经边辩论，以提高他们的学识水平。

拉布仓活佛对玉树地区的另一贡献是绿化环境，植树造林。他利用寺院经商的吉索牛队，从西宁、湟源等地购买杨树栽子（即树苗），运回拉布栽植。起初因路途遥远，加之缺乏经验，一连数年所栽树苗枯死，无法成活，后来总结经验，改变驮运方法，投入较大资金，购买毛毡毛袋，包裹树苗根部，白天驮在牛背上，夜间宿营时将树苗根部浸泡水中，如此运回去试栽，成活率较高。几经栽培，拉布地区春夏见绿，逐渐到处杨树成荫，郁郁葱葱，使高原的荒漠山野改变面貌，成为前所未有的林苑。1943年，有人在拉布寺向其盛赞该地风光不像高原时，他无不自豪地说："这是顶着多少人当面责难、背后咒骂糟蹋寺院钱财，背着骂名才取得的成果啊！"那一年，他又将数千株树苗，运送至玉树重镇结古栽植，使绿化高原的范围逐渐扩大。

拉布仓往返于内地朝圣巡礼时，深刻意识到汉藏文化交流的重要性，并与西宁道黎丹志同道合，成为挚友。他帮助黎丹学习藏语藏文，组织西宁藏文研究社，发展民族教育，并对西宁蒙藏师范学校课本的编审、西宁藏文研究社的教学做出了一定的贡献，特别是对《藏汉大辞典》的编纂，提供大量藏文图书，搜集了许多资料，诠释了许多词条，直至最后审定，出力良多。

20世纪20年代初，他还以在玉树地区的地位与影响，建议西宁当局在玉树结古设立民族学校，并选派聪明好学的藏族学生到西宁深造。

拉布仓作为地区的高僧，多次在玉树及康北一带讲经弘法，调解部落间纠纷等，在群众中有口皆碑。他为国家统一、民族团结而奔走，为汉藏文化交流、为民族教育的发展以及植树造林、改变生态环境等所做的贡献，永远铭刻在人们的心目中。

赛朵·罗桑慈臣嘉措

——六世赛朵活佛[1]

赛朵·罗桑慈臣嘉措，意为“善慧教海”，于藏历第十饶迥之木蛇年（1845 年，清道光二十五年）十月十五日生于宗曲（湟水河）西北面的阿尔恰地方，父亲名旦正，母亲名才多。

火羊年（1847 年，清道光二十七年），罗桑慈臣嘉措 3 岁时，从赛康巴活佛罗桑丹增嘉措受优婆塞戒，并传授了《喜足天众》《万德之基篇》《道之三要》等经教诵授，后入赛朵寺（即清代的普崖寺，在今青海省湟中县上五庄水峡口）供养。5 岁时，他拜大瑜伽噶桑扎巴为师，学习藏文字母和皈依诵辞等。7 岁时，他去却藏寺，由四世却藏活佛罗桑图丹达杰（1797 ~ 1858 年）授沙弥戒，剃度出家，赐法名为罗桑慈臣曲扎。8 岁由塔尔寺时轮经院引经师为主的 8 位喇嘛和赛朵嘎尔哇的喇嘛同 3000 多名僧人一起，前去赛朵寺迎请，于水牛年（1853 年）十一月十五日被迎到塔尔寺赛朵嘎尔哇，举行了隆重的坐床典礼。从 9 岁起，他拜拉然巴阿旺却札贝桑波为经师，终生跟他学法。13 岁入塔尔寺显宗经院学经，从阿旺却札学习了“曼拉吉巴”注疏、“教派小释”、“般若第一品”等，另外还学习了有关声明、诗词、拼写等方面的知识。16 岁在塔尔寺春季法会上，辩论殊胜，得到了前辈贤哲们的承认和赞许。于是，他渐渐出人头地，有了一定声望。19 岁那年的春季法会刚开始，他就被任命为果芒班级第一个复诵师。他 20 岁时，由香萨多杰强·罗桑丹白旺秀次成彭措任亲教师和轨范师，阿旺却札任屏教师，会集僧伽 10 人，受比丘戒。21 岁入塔尔寺密宗经院学习密宗，对“密集胜乐两法”“自入护摩”“开光广轨”“密集续第十二品”等教法，皆学到了熟记熟背的程度。次年起，他被推举为密宗经院第五十六任堪布。此后，从珠旺多杰强、香萨多杰强、西纳堪布格桑达吉嘉措等高僧大德多人，学习显宗、密宗、修法、随许、密集、大威德、医学、历算、秘诀等经典教授和各种灌顶教法。24 岁时，他游学贵德却典格寺（后改称白马寺）、贡巴扎仓（即今之贡巴寺）、玛沁拉加寺、果洛藏郭寺等寺院，拜访了许多名人大德，做承事供养，广学经论。25 岁时应青海蒙古库尔雷克贝子之请，往千卜录寺、汪什代海、茶卡、都兰寺等地，到达“库鲁”白石霍尔休（今青海省德令哈市），为其前代活佛的弟子格业洛巴嘉措为首的许多僧俗大众传授灌顶、随许法等，满足僧俗众愿。后返回塔尔寺，于27岁就任第六十三任总法台。任法台期间，他为僧众传法讲经，整顿寺规，其间寺院曾遭受兵燹，为调停和恢复寺院而奔忙。37岁任夏琼寺第七十九任法台。39岁时，他赴蒙古、五台山、北京朝礼圣地，弘法传经，后返回塔尔寺继续做盛大供养，给母寺赛朵寺献白银4000多两。后来，他还给上至阿里，下至多康各地的大活佛、堪钦、学者、赤钦等名流近6000人，大讲佛法，广传教律，赢得了僧侣们的高度评价，影响遍及藏蒙各地。

赛朵·罗桑慈臣嘉措68岁时，水鼠年（1912年）十一月十二日下午塔尔寺154根大柱的全寺大经堂失火被焚毁。寺院公推他为重建大经堂的工程总指挥。从水牛年(1913年）正月十六日开始，一面到处募化，由僧俗大众捐资，一面动工兴建，因资金和木料等问题，历时三载，直到木兔年（1915年）六月才全部竣工，建成170根大柱的双层藏式经堂，共耗资黄金22两6分，白银16890余两，铜钱21380串，尚不包括所赠献的木料、铜制法幢、宝瓶等。寺院为了纪念他的功德，将他的身像绘制成间堂壁画，镶嵌于大经堂二层西墙正中，还塑了尺余高的铜制镏金身像，供奉在大经堂“热萨”的佛堂和赛朵嘎尔哇的佛堂中。

赛朵·罗桑慈臣嘉措晚年主要从事著述，其著作有《密宗释论》、《塔尔寺志》(1903年成书)、《藏文文法三十颂和音势论注疏》(简称《赛朵文法》)、《逻辑学入门》、《赞嘉贝样三十五颂》、《具足承传甘露泉流汇集·经师教诲闻法录》、《噶丹新历数略说·取舍光明藏》66叶、《噶丹新历取舍光明藏》印本108叶、《噶丹历论释难》152叶、《摩诃支那传规六十年总积日及二十四节气“算余”表》23叶、《噶当派诸大德所传摩诃支那布筹算法广略合编》印本43叶、关煞等《布筹算法·如意宝树篇》之果象解说57叶等，还有梵文读法、其他注释等外11函、内3函，著述甚富。

六世赛朵活佛罗桑慈臣嘉措于藏历第十五饶迥之木兔年(1915年)圆寂，享年71岁。

注：

①赛朵活佛：“赛朵”，藏语意为“金顶”。一世赛朵旺程列嘉措，是明万历年间兰州属地的一位土族高僧，他曾跟随三世达赖喇嘛去内蒙古土默特部，在内蒙古各地化缘。三世达赖喇嘛圆寂于去北京的途中后，一世赛朵又从土默特部随四世达赖喇嘛进西藏，将化缘所得的银钱献给拉萨小昭寺，作为屋顶铺金瓦之用。金顶建成后，四世达赖喇嘛赠给他“赛朵诺门伊增”的名号，赛朵活佛世系由此而来。赛朵活佛世系至今已传了八世。

夏玛尔班智达·格敦丹增嘉措

——化隆支扎上寺创建者

夏玛尔班智达，法号格敦丹增嘉措，意为“僧持佛海”，青海海晏夏玛尔地区人，蒙古族，是近代青海蒙藏史上著名的日绰巴学者和佛学家，化隆支扎上寺的创建者和寺主，曾任过十三世达赖喇嘛的经师。

格敦丹增嘉措于藏历第十七饶迥之水鼠年（1852年，清咸丰二年）伴随着种种吉兆而降生于人世，父名班穆，母名玛吉。他虽生于高原牧区，但肤色白嫩，头圆额广，耳宽长而下垂，明眸皓齿，聪明伶俐。3岁那年，罗哲巴桑去西藏向九世班禅大师请示问卜，据西藏一些喇嘛的预言和卜算，确认他为前世活佛阿旺丹增嘉措的转世。木兔年（1855年），4岁的格敦丹增嘉措登上了前世活佛的法座，之后被送到海晏地区的麻雪寺拜著名的然贤巴罗桑丹增为启蒙师，始学蒙藏文字，不久即掌握了字母的读写及拼音。8岁时，由塔秀·格敦曲郡嘉措（1810 ~ 1888年）剃度出家，一次受居士和沙弥戒，赐法号格敦丹增贝桑布，初次尝到了佛教戒律的甘露。受戒后，他从夏玛尔日绰巴旦增坚赞为师闻习、背诵《文殊名称经》《密集、胜乐、怖畏金刚仪轨》短篇经文，开始了学经的生涯。9岁时，听说果洛拉加寺知名三世香萨活佛来阿柔大寺讲经，他专程赶去和五百僧人一起聆听《大威德十三尊法》。水狗年（1862年）吉日，他被送到尖扎拉毛德钦寺，因该活佛系统在德钦寺有府邸，到寺后便驻锡于自己行宫，被尊为第四世夏玛尔活佛。“夏玛尔”为藏语，意为“红帽”，这里不是指西藏噶玛噶举派红帽系活佛。因格敦丹增贝桑布出生地方的蒙古族大多头戴顶上饰有红缨穗的帽子，故人们将此地称为“夏玛尔”，这个以物取的地名又成为该活佛系统的别称或代称。14岁时，他入德钦寺法相学院从罗桑尼玛学习摄类学教授，边学习，边辩论，进步较快，一二年间便熟练地掌握了包括摄类学在内的因明疏释论理学基本常识，开始立宗与其他学僧辩经，显露出他卓越的辩经才能。火虎年（1866年），他到黄南隆务寺聆听阿绕·罗桑隆柔嘉措活佛讲的一些显密经论及有关灌顶、随许仪轨法。他在这里学经时间较长，阿绕活佛成了他的根本上师，师生建立了深厚的感情，离别时上师赠给一尊由印度响铜铸造的释迦牟尼佛像，并叮嘱努力学习经典，严守戒律，注重闻思修。回到拉毛德钦寺后，他从通晓百部大论的格西钦莫喜热嘉措和擅长因明论的次臣贝旦二师广学经典的导释疑难和《现观庄严论》《七十真实论》等。这时他虽年纪尚幼，且生活十分清贫，照顾他生活的兄长因事常外出不归，他只以冷茶、糌粑度日，也没有一件像样的袈裟僧衣，参加法会或辩经时，还要借果莽活佛家的衣服，但对学习和静修却很勤奋，从不嬉玩荒废，为各门学科打下了良好的基础。

从土蛇年（1869 年，清同治八年）开始，为了开阔眼界，扩大知识面，格敦丹增嘉措走出德钦寺，游学安多各寺，先后游历夏琼、隆务、扎西曲、拉卜楞、拉加等寺院，从几十位学识高深的格西学习显密经论、历代著名学者文集、书札、医药、声明、诗辞、工艺等学科，并做了大量学习笔记，成为一位年轻学者。此时，他对更深更广的知识追求愈加强烈，金羊年（1871 年）三月前去甘南拉卜楞寺求学，由释迦僧格和杰·喜饶嘉措任亲教师兼轨范师，卓尼多然巴格敦巴桑任屏教师，在足数的比丘僧面前重授近事戒和沙弥戒，正式授比丘戒，赐法号格敦丹增嘉措；受戒后古温洛哲贝桑格西要他撰写一份“经忏祈祷文”，他知道祈祷的内容后，略思片刻，提笔疾书一篇短小精悍的“经忏祈祷”文；又从土观经师聆习了一些宗喀巴大师的有关显密文集。当年深秋，他返回隆务寺闭关静修“菩提道圆满实践”。水猴年（1872 年）二月初，他给来尼泽寺为僧众传授长寿灌顶法的阿绕活佛献上长寿瓶，并接受了长寿灌顶。相传，一天晚上他做了一梦，梦见自己拜见了班智达语自在名称大师，大师给他传授了十万零四百五十五首密乘法要诀，他醒后依然能背诵出来。云冬益西达杰格西来亲授他藏密气功基础学“修身百脉轮之实践”，他将要点一一做了笔录。从金龙年（1880 年）起，他一面学习尚未学到的知识，一面开始出师讲经传法，首次赴循化文都寺讲《菩提道次第广论》时，出现了天降瑞雨的吉祥征兆；寺僧对他肃然起敬而做了供养。之后，他到青海东科尔、却藏、扎西曲、刚察新寺、拉莫德钦、麻雪等寺院讲授《菩提道次第中略论》、秘籍、教证、随许以及诗歌修辞指导等知识。此时他深感诗论修养的功底甚差，遂钻研印度论师佑巴坚的《诗镜》一书，以提高诗论水平。他对知识的涉猎范围很广，不仅攻读佛学经典，在诗歌、天文历算、工艺美术、医药等方面也有较高的造诣，成为当时学识渊博的一名大学者。他经常深入寺庙、牧区为僧人和牧民用学到的医术看病，解除了患者的痛苦，博得了广大僧俗的欢迎。22 岁以后，他云游了甘南拉卜楞寺、卓尼大寺，青海黄河以南诸寺、海南果洛一带的拉加寺、瓜泽寺、拉莫德钦寺，青海环湖的千卜录寺、厄日寺、达如玉寺、赛拉寺，黄河以北的塔尔寺、东科尔寺、瞿昙寺、仙米寺、朱固寺，甘肃天祝的天堂寺、凉州四大寺，以及湟水河北岸的佑宁寺、却藏寺等，所到之处云集而来的僧俗大众受到他的佛教正法甘露的滋润。

他前后给甘青各大寺院一百八十多名活佛喇嘛讲授重要经论，讲经时由浅入深，引经据典，举一反三，谈吐清晰，句句注入听讲者之心田，还给虔心来叩拜他的僧俗摸顶赐福，使其满意而归。此外，他精心培养了一批佛教界的学者将佛教法幢遍竖于安多各地。

藏历火马年（1906 年，清光绪三十二年）九月十三日，十三世达赖喇嘛图旦嘉措来到青海塔尔寺，格敦丹增嘉措即刻带领 300 多名修行者前往塔尔寺拜见。二十一日，由塔尔寺三世却西活佛引荐，他在十三世达赖喇嘛寝宫谒见了图旦喜措的尊颜，献上礼佛的优质哈达和佛像、佛经、佛塔等，恭敬地说："佛主驾临安多，慈悲关怀芸芸众生，我等感恩不尽。"十三世达赖喇嘛笑容可掬，似当年宗喀巴大师和洛扎·南喀坚赞的会晤一样喜悦之情不可言状。十三世达赖喇嘛见格敦丹增嘉措的举止言谈不凡，又听说他学识广博，即交给却西一条哈达和礼物转送给格敦丹增嘉措，并要求格敦丹增嘉措传授他未曾学习过的经典。这样格敦丹增嘉措就成了十三世达赖喇嘛的经师。在塔尔寺期间，认真为十三世达赖喇嘛传授了《菩提道次第论》《具吉祥下密八大解》《具吉祥大威德十三尊生圆二次第》等许多显密经典和灌顶，十三世达赖喇嘛受益匪浅。十三世达赖喇嘛给他赐予"班智达"称号、盖有大方印之封文及幡伞、马旗和堪布袈裟一套等，并赞颂他的功德，他的夏玛尔班智达的称号由此而来。

夏玛尔班智达在学经传法之余，到几所寺庙和山间幽静之处念专意笃地修炼四座瑜伽功和金刚乘戒律等藏密功法，修习不久便出现了雪花和花蕊样的花雨，有时气感大增的同时出现如地震般的响声等奇异征兆。当修到无上密法之境界出现空乐禅定时，他亲眼看见修习之神和本尊神。藏传佛教中对修密宗法达到较高程度的修炼者都有这种说法，每一个修密者都有自己修炼的对象，即本尊神。据说后来他苦修到了未卜先知的神通境界，他既不吹嘘，亦不乱传授，而是利用这种特有的功能为百姓祛病造福。

夏玛尔班智达一生为佛教和僧俗做了大量有益的工作。他为根本上师的圆寂做了盛大经忏法事，和 270 名日绰巴僧人一起点 5 万盏酥油灯祭供，给僧人发放布施。火牛年（1877 年，清光绪三年），在夏琼寺举行日绰巴僧人大法会时，他在该寺的大金塔殿献酥油供灯 5 万盏。水兔年（1903 年），他在化隆境内初建了一座仅次于夏琼寺的大寺——支扎上寺，并修建了讲修经院，成了该寺的寺主。支扎上寺是在青海境内的一座专门学习、研究佛学的学府，寺内提倡注重经典的学习、辩论、研究而不授任何学位。寺院中先后出了许多著名的藏族、蒙古族学者。

夏玛尔还专门制作了僧会上用的大铜锅、坐垫、燃香等物品，花费了一大笔开支，计白银13300多两，给青海黄南、贵德的日绰巴僧人前后放衬钱多次，计银4090两，给夏琼寺密宗和时轮经院放布施15次，大金塔殿重镀金顶时献银3817两，给德钦寺先后献钱、布、茶、丝绸哈达、常用茶基金、祭物等物计银7036两，给塔尔寺大法会、大经堂、三大扎仓布施衬钱八次，拉卜楞寺二次，隆务、文都、却藏、广惠等寺以及青海湖一带的寺院煮芒加（斋僧茶）、发放衬钱共用去白银11848两，还维修了四川阿坝地区的一尊大佛、古尔寺的释迦佛殿、米纳的佛塔等，重建了几座兵燹时被毁坏的佛堂，修复嘛呢经轮、一些村庄的嘛呢康，为绘制佛像、禁食斋活动、刻印经典、铸造佛像、建立佛塔等用银15334两，长达25年中共献佛灯230多万盏，耗费酥油计银13800多两。曾给约200多名乞讨者进行舍施，还赐给患有重病的行乞者布匹、皮衣、生活用具、食物等共用白银1100多两，以及夏玛尔圆寂后做佛事、修灵塔等总共耗银116600多两。这笔帐是他的管家代他记的，这是他为弘扬教法和利益僧俗而做出的巨大贡献。

夏玛尔在农牧业和社会方面做出的贡献不计其数，如寺院与寺院、寺院内部、村与村、部落之间发生矛盾和草山纠纷时，他常以活佛的身份和声誉进行公正调解，使纷争平息。为此，农牧民给他一生供养了一万多头（只）牛羊。他将这些牛羊有的送给贫苦农牧民喂养，有的以佛教不杀生的信念放生。

夏玛尔班智达还是一位辩经高手。他20岁后开始讲经，所到之处即兴辩经，同龄人中能辩过他的人甚少，而他从不恃才讥讽、嘲笑别人，对辩论对手总是开导启发，循循善诱。他的本意不是以自己取胜为目的，而是以辩经达到取长补短，共同提高，继而弘传佛法。华热·洛桑饶赛活佛曾深有感触地说："夏玛尔活佛依他天赋之才加上苦学而获得知识和辩才，一般人是几辈子也难以达到的。"大格西益喜嘉措也曾说："我们在内蒙古和安多地区未曾遇到像他这样学识高深的格西喇嘛。"

夏玛尔班智达作为一名佛学界学者，他的著述也十分可观，在佛学方面有《大胜观疑难备忘录》《修心八颂》《采花甘露笔录概述·苦行饰》《灵童早日转世祈祷文》等；在寺志方面有《噶桑佛殿志》《佛像、经塔建立志》《寺规》等；在文学方面有《散篇文集》《诗辞学例句善说甘露》《诗论释难》《修辞学》等，其中金兔年（1891年，清光绪十七年）著有根本上师《阿绕多杰羌罗桑隆柔嘉措传》，木蛇年（1905年）著《香萨三世罗桑丹白旺秀次诚彭措传》，还著有四川若尔盖郎木寺《荀什德活佛传》，这几部传记记事详实，语言朴实，不失为研究近代安多藏族名人颇有价值的资料。据载，夏玛尔班智达的《菩提道次第教授》一书，是自己学习修行佛教正法的一部实践经验之作，有言简意赅、繁略得当、易懂易记等特点，是寺院学僧们的佛学教科书。

夏玛尔班智达·格敦丹增嘉措于藏历第十五饶迴之水鼠年（1912 年）七月初十黎明时分圆满佛教众生之事业，以雄狮卧姿而示现圆寂。十三日下午火化遗体时出现彩虹、香气四溢等异事。十五日启泥封炉捡收遗骨时，发现遗体已化为灰烬，而双目、舌、心脏却完好无损，还有许多舍利子。僧众做一灵塔，将遗骨装入塔中送到拉毛德钦寺安放。塔尔寺却西活佛用金铜混合制作了一座尊胜灵塔，将夏玛尔班智达的牙齿、几块遗骨、十三撮头发，以及夏玛尔用过的供神水小铜碗、念珠、曼札、眼镜、衣物等遗物和四粒舍利子一起装入尊胜塔中安放于塔尔寺大经堂右面一排，受香火供养。

帕旺喀巴·强巴旦增程列

——拉萨近代名僧

帕旺喀巴·强巴旦增程列，出身于法王八思巴之近侍贡噶本与巴热哇·坚赞桑布等贤哲辈出之家族，家族名恰白哇，系西藏地方政府官员，其领地在后藏也如香地区，为中等家庭。父亲名雪仲·才丹南杰，是原西藏地方政府时期摄政、司伦、噶伦的随从俗官。母亲名贡却卓玛，是一位对佛教极为虔诚的信民，常以财物舍施穷苦人。强巴旦增程列于藏历第十五饶迴之土虎年（1878 年，清光绪四年）六月十三日出生在拉萨大昭寺西之玉妥夏地方，幼时取名阿旺热丹。夏巴法王·洛桑达吉认定他为帕旺喀·堪布丹增桑布之转世。因前世有“将饶益色麦嘉绒地区佛教”的预言，7 岁时被嘉绒康村所认可，并被送到前世的拉章（活佛府邸）学经。因前世丹增桑布的府邸十分贫穷，强巴旦增程列母亲决心供养他，送他进寺院。他的家庭虽属中等，但年幼的强巴旦增程列却甘愿清贫，身穿破旧袈裟，刻苦学习文学经卷，因为未能得到活佛的名位，寺院仅以一个普通僧人对待他，他也毫不介意。8 岁，他于经师普觉·绛巴嘉措尊前受沙弥戒，法名强巴旦增程列嘉措。慈母为他的活佛名位尽心竭力，虽财力有限，然而尽力设法，为寺院做定规布施，方使他跻身于扎仓一级活佛之列。

帕旺喀巴所在的拉章经济困难，无力聘请固定经师，康村先后给他物色几名高级书写僧，但他们都不愿意任经师。后有名副其实的格西阿特聂扎担任他的经师，开始给他讲授戒律学，后教授摄类学。帕旺喀巴仅学一年就熟练地掌握了“摄类略论”，12岁就摄类初级理论与寺僧起座对辩。他年纪虽小，勇气十足，但在扎仓僧众中，侃侃而谈，语无怯意，对答如流，声调纯正流畅，在座对辩僧人大多为此而折服。他因经济拮据，在学初级理路时期的费用，全赖母亲勉强应付，日常衣食靠寺院发给的少许衬钱来维持，每次从市场上仅买一二章喀钱（当时西藏钱币）的糌粑，取拉萨各寺千供朵马上所贴酥油花或法会熬茶工取出的浮油，拌合食用。因此，在他未取得学位之前，闻经习法是极其勤奋而刻苦的，常常以清贫激励自己奋发上进。14岁那年，为他举行般若结业庆典；15岁学完中观论，经答辩测试后成绩优良。自此，除寺院规定的必修经卷外，他还广泛涉猎其他学科，学经兴趣日浓，对各种经典的修养，与日俱增。早在青少年时，他就有用嵌字回文诗撰写的《宗喀巴祈请文颂》与《索巴圣地颂》（为莲花生大师修行地）、《礼赞莲花生大师偈句七首》等著作问世。

15岁帕旺喀巴到香地噶丹曲柯寺，为500僧众传授“喜足天众”篇之经教传承，还向2000多僧俗大众讲传“珠吉传规之长寿灌顶法”。16岁为参加高级佛教哲学理论起座对辩，每日坚持熟记长条经书5叶，当正式答辩时，舌战对方，成绩出众。18岁准备参加阖寺林塞学位答辩，冬季取得林塞格西学位。在寺学经期间，除未参加《释量论》和《俱舍论》之辩论外，般若、中观及律藏等显宗经论的学业全部完成。19岁，作为一名普通僧人，考进下密宗经院（有的史料中记为后藏色密院）从师学习研究密宗诸论先后达30年。期间，他于普觉经师绛巴嘉措尊前受比丘戒。之后，他利用时间常隐居深山静修地修持显宗教法。据说，他一生从扎日多杰羌·洛桑图旦南加、哲蚌寺果芒扎仓堪布·丹巴曲佩等50位贤哲上师，先后学习格鲁、宁玛、噶举、萨迦、息结等教派的不同经教传承近500卷、随许法近千种、50种导释、112种大灌顶诸法之秘秘诀要，成为广学博闻的格西。他曾多次遁世闭关念修本尊，从古日活佛闻习历算学，后从根本上师绛白伦珠嘉措专攻菩提道次经论，为此研习了《菩提道次第广中略论》《菩提道次第·熔金释》、《菩提道第·文殊语教》讲释、《菩提道次第·坦途论》、《菩提道次第·捷径论》之直观教导等菩提道次第为主的一切甚深经法，并成为塔波·绛白伦珠嘉措的唯一亲传弟子。上师授给他显密经论菩提道次第教法主称号，上师还谦逊地说道：“子强于父，孙强于子，曾孙强于孙，重孙强于曾孙。”一言以蔽之，即一代胜过一代。上师再三道：“今法逢其主，吾无遗憾矣。”

从此，帕旺喀巴结束了他的学经修法生涯，开始到卫藏、达波、工布、山南、康区、多麦各地广转法轮，讲授显密诸论及大小五明，满足徒众的渴求。以卫藏四大寺为主的藏区格鲁派各寺的许多堪布、活佛、格西、僧侣都曾向他求学佛法，僧俗门徒遍及各地，甚至在门隅、尼泊尔、不丹、内地、蒙古等地亦有不少弟子。因其前世常住色拉西山腰的帕旺喀山寺修行，得名帕旺喀巴，故历辈活佛法名前皆冠有帕旺喀巴之尊号。帕旺喀巴·强巴旦增程列惟以讲经修行、发菩提心弘扬佛法为宗旨，从不追求个人名誉地位，毕生安于扎仓活佛的地位。以他的智慧、悲心和知识才能，他足可取得较高的地位，大凡所逢机遇皆主动放弃，如十三世达赖喇嘛圆寂后，政府委任他摄政王之高位，他不愿出任此职；西康刘文辉慕其名致函邀请，亦未去康区任职；也不愿意担任十四世达赖喇嘛的经师；未接受摄政王热振活佛赠予的西藏首席大喇嘛的尊号。他终其一生以学经、弘法、修法为己任，晚年还赴根本上师的寺院塔波协珠林，继承上师弘法意志，讲传“菩提道次第论”。讲经毕，他返回本活佛院时途经根本上师之老施主塔波·德波恰苏的宅院中小住，不幸患病，于藏历第十六饶迥之金蛇年（1941 年）六月初一晨示寂。

该师著作有《甘珠尔目录》《菩提道略义》等，汇集成册共 11 函。

格当经师·罗桑华丹

——格当寺经师班智达

格当经师班智达·罗桑华丹，是青海近代一位著名藏族文学家、诗人、佛学名师。他于藏历第十五饶迥之金蛇年（1881 年，清光绪七年）初冬，一个朝霞洒满热贡山川的早晨出生在今青海省黄南藏族自治州同仁县保安乡全都村。他出生不久，一位陌生僧人牵着一匹枣红马，像熟人一样走进他家，向其父道喜说：“你家生了个纯洁而高尚的贵子，要注意清洁，熏洗干净，勿让晦气所染。”僧人说完向婴孩顶礼后乘马而去。刚满月时，父亲见他长得如洁白莲花，遂起名白玛扎西，意为吉祥莲花。当白玛扎西刚学会说话时，不止一次地向父母说，他要去当完德（小僧人）。要是有人说不让他去当完德，他就趴在地上伤心地哭泣。父亲说：“你要是成为一个读书识字的人，便答应你到寺院去学习。”他就高兴得跳起来。7 岁时，他便嗜书如命，一见到书籍总爱不释手。金虎年（1890 年），他 9 岁时，被送进青海黄南地区的格当噶丹曲培林（简称格当寺）学经，实现了童年美好的愿望。

进入格当寺后，白玛扎西由该寺朗加拉然巴格西·洛桑曲扎剃度出家，并授居士戒和沙弥戒，赐法名罗桑华丹，开始了他的僧侣生涯，还从授戒师洛桑曲扎始学藏文。他从小就有专心致志刻苦学习的决心和毅力，勿需老师督促便能自觉勤奋地练习写读、背诵、口诵经文。火猴年（1896年，清光绪二十二年）五月，夏玛尔班智达和许多学者来黄南格当寺讲经传法，他即拜夏玛尔班智达为师，聆听了《菩提道次第中略论》，接受了轨范师晋美山丹所传“大威德金刚独勇法灌顶”，为以后修习密法奠定了基础。火鸡年（1897年）至土猪年（1899年），他在隆务寺向辩经高手香曲更邦洛桑学习密宗一般知识和佛教哲学的辩论方法，并结合实践进行研习。19岁从堪布罗桑扎巴受比丘戒，继承了夏玛尔班智达的衣钵。21岁始学藏汉历算，主要研习第巴桑结嘉措著的《白琉璃》中黑白星算、时轮及五星运算实践等历算学，皆达到了熟练掌握应用的程度。他最爱好的是藏族文学和诗歌，曾邀请擅长诗论的坚赞活佛（满族）到格当寺，以他为师聆习五世达赖喇嘛所著《诗镜论注释·妙音欢歌》和印度佑巴坚论师著的《诗镜》本论。为了学好诗辞学，他还学习了词藻学和《三十颂》《音势论》《正字法》《宝箧经》《语灯论》等语法修辞学，利用时间广泛阅读了一些名人传记、道情歌集、佛教史及文学风格较浓的《贤愚经》等文学名著，同时参阅了《入行论》《菩提道次第略论》等佛教文化经典，借以提高文学修养。为使自己的诗学造诣更上一层楼，他又礼请了安多东南部十分有名的学者贤巴钦波·措雄杰维巴桑布到格当寺，从师潜心研习印度阿努菩提著的《妙音声明论》注释和《声律学·宝生论》原本及注释本。经过刻苦学习写作，撰写了词藻华丽、内容别具一格的佳作。他的佛教文化色彩较浓的《长短正见歌》、文学气味浓郁的《散文集》、信札与诗歌融为一体的《格当罗桑文集》等作品不仅在青海、甘肃很有名，在西藏、四川康区也极有影响，深受藏族学者的赞誉，人们尊称他为“弥潘措雄协白朗措”，译意为“不败海生笑音韶华”，是声律学和诗论文学知识达到高的境界而所赐学名。

罗桑华丹在文学上取得成就后，继续遨游佛教文化的海洋，努力登上显密诸论的彼岸。他在安多各地游学时，主要攻读五部大论及称为“二胜六庄严”的印度八大论师的名著，达到门门通晓。他尤精于佛教因明论和戒律学，擅长辩论，一次在化隆支扎寺的春季学期辩经会上，以《七十真实论》立宗与一些学者辩论，舌战群僧，论惊四座，一时声誉大振。在密宗方面，他学习了密集、时轮、胜乐、大威德、大手印、马头明王、黑白文殊菩萨、绿度母主仆三尊及其他无上瑜伽密宗法门，经过反复研习和实践出现了不可思议的修炼功能。

罗桑华丹于火马年（1906 年，清光绪三十二年）前往塔尔寺谒见十三世达赖喇嘛，并聆听其传法。木猪年（1935 年），他作为七世夏日仓活佛的侍从喇嘛，到塔尔寺拜见九世班禅大师，在大师尊前听受了师承法缘的讲授。他遵夏日仓之命，迎请九世班禅去青海黄南，一直陪同大师朝礼热贡地区各寺。大师观看了隆务寺僧人立宗辩经的精采场面后，赞不绝口，尤其对罗桑华丹的辩才和学识大加赞赏。从 32 岁开始，他一面继续在隆务寺师事嘉样图旦嘉措活佛学习尚未学到的其他稀有教法，一面到各寺礼佛、讲经，或闭关静修。据说他曾在丹斗寺修行洞修习大威德十三尊法和念修火供时亲见本尊神容。34 岁，他去尕萨寺给一些寺僧传授沙弥戒和比丘戒，给新入寺的人授居士戒。35 岁，他受四川阿坝若尔盖达仓拉摩寺（又名郎木寺）秘书洛桑达杰之请去该寺，担任该寺寺主第九世格尔登噶桑罗哲更嘎隆朵嘉措活佛（1902 ~ 1917 年）的经师。36 岁，他又应甘南拉卜楞寺之请，去该寺任第五世嘉木样丹贝坚赞活佛的经师。是年八月，罗桑华丹赴尕楞寺为修复晋美活佛的灵塔做开光仪式。41 岁，他去民和喀的卡哇寺礼供宗喀巴自画像 7 天，并给随从僧人讲述宗喀巴大师的历史，之后又应邀去四川若尔盖达仓拉摩寺，任第十世格尔登阿旺罗桑丹巴泽仁（1919 ~ 1939 年）活佛的经师，传授《因理论》等佛教哲学知识。传法后，他巡礼若尔盖达扎寺、喀巴仓、阿坝寺、格丹勒协朗等寺院，给活佛和僧众讲授显密经论。44 岁，他到果洛玛沁地区最大的格鲁派寺院拉加寺朝礼，然后转赴拉莫德钦寺礼供上师夏玛尔班智达的灵骨塔。以后几年间，他经常在青海黄河南北、甘肃甘南、四川阿坝等地的各大寺院讲授显密经论及藏族传统文化。约于水猪年（1923 年），他担任了隆务寺第七世夏日仓罗桑程列隆朵嘉措（1916~1978 年）的经师，之后又成为晋美丹曲嘉措的根本上师。罗桑华丹因给四川、甘肃、青海的几大活佛任经师而闻名于世，故人们称他为“云增班智达·罗桑华丹”，“云增”为藏语的经师，“班智达”为博通大小五明论的学者，合称“精通五明论的经师”。他善于用传统的大小五明论浇灌弟子心田，据说他的弟子有 1000 多位，其中有活佛、喇嘛、日绰巴静修僧、宁玛派活佛、密咒师，还有本教信徒，也有慕名从西宁等地前来求学深造的许多汉族、蒙古族弟子。著名的有七世夏日仓罗桑程列隆朵喜措、十世格尔登阿旺罗桑丹巴泽仁、晋美丹曲嘉措、才丹夏茸等，青海知名汉族藏学专家吴均也是其弟子。

罗桑华丹 21 岁时就被隆务寺任用为佛殿管家，后又被委任为隆务寺总管家。当时他虽掌管寺院财务大权，但从不享受挥霍，除自己应得的份子外，多余的连一碗牛奶也不享用，也不随意接受他人的财物，善于理财，精打细算，将寺务治理得井然有序，深受寺院活佛和僧众的称颂。

罗桑华丹著作涉及到佛学显密二宗和历算、医药、文学、礼札、道歌等内容。除上述文学作品外，他在佛学方面有《中论广疏之注释》《中论加行疏释》《大手印广论》《密宗要义注释》《汉历实践实用表》《神水轮之论》等，还协助西宁藏文研究社和道帏格西·喜饶嘉措、拉布仓、古浪仓一起编纂《汉藏大辞典》。

罗桑华丹于藏历第十六饶迥之木猴年（1944 年）圆寂，其舍利灵骨装入灵塔，奉安在宗噶寺。

钦饶诺布

——近代著名医学大师

钦饶诺布是近代蜚声雪域的一代名医，他以医药济世救人，发展藏区医药事业，创办医疗机构，扩大医疗范围，广泛培育各类医学、历算人才，编著各种医学、历算专著，丰富了藏医学宝库。他还是一位修学《时轮经》、密宗经论，精通藏族大小五明论的著名学者。

钦饶诺布于藏历第十五饶迥之水羊年（1883 年，清光绪九年）出生于山南乃东泽当夏萨附近，泽当今为乃东县所在地。其父亲是泽当地区通晓历算学的章果来，亦名阿沃切；母亲是一位具有现证功德的贤淑妇女，名叫央金。少年时的钦饶诺布进入泽当寺阿曲扎仓出家为僧。开始修学藏语文和短篇经文，此时即表现出具有深邃的智慧和善良慈悲之心。14 岁时，由寺院遴选，他被保送到拉萨药王山卓潘岭医算学院修学。这座学院是于 1696 年在西藏执政王第巴·桑结嘉措的支持下，在拉萨甲波日山上建立的第一所官办高等医算学校。从此，甲波日山被称为药王山。后来在十三世达赖喇嘛的指令下，在原药王山医算学校的基础上，增设历算专科，建立医算学院，下设藏语文、医学、历算研究机构，同时兼学显宗经论。这所学院是藏族近代史上集教学、科研、医疗为一体的比较正规的理科高等学校。当钦饶诺布被选送到该校时，医算学院还未建立。他在该校中首先依医算学老师阿旺却丹开始学习医学经典，不分昼夜地勤奋攻读医学名著《四部医典》，背诵医典中的药物、配方口诀。当时他的生活压力较大，食不果腹，衣仅遮体，因所穿僧衣褴褛，上面打满了补丁，同学校其他学僧则趣称他所穿的僧衣为百纳僧衣。而他对褛衣粗食毫不在乎，以顽强的毅力全神贯注地修学医学历算。没过多久，学校进行了一次测试，他在较短时间内，以最快的速度答完了试题，获得了优良成绩。十三世达赖喇嘛十分关注该校的教学和学习情况，他为了使藏区的医算兴盛不衰，带领强巴图昂和夏布丹曲、贝丹三位私人医师开展讲闻活动，继而挑选泽当阿曲扎仓的钦饶诺布、丹巴延佩以及卫多扎贝寺的医师慈诚年札三人，从哲康总管为师，聆习《医学四续》《蓝琉璃注释》等许多医典的讲授、秘诀和医药实践。之后，钦饶诺布又前后从大智者措协多吉坚赞、绛贝若白罗哲、锡金喇嘛邬金丹增嘉措、果洛喇嘛绛边若白罗哲、因明学者绛贝诺布活佛、哲蚌寺康赛仁波切帕旺喀德钦宁布、拉宗仁波切、隆塔曲仓罗桑丹曲等师修学医学名著、历算学（黑白历算）、语法三十颂、语言学、《医学四续》、金刚时轮学、诗歌修辞学、宇陀医学精要、《白琉璃》及仓央嘉措的生辰吉时、《合婚五行算》《丧葬卜算》《韵律算》等经论。经研修后，钦饶诺布成为举世闻名的大学者，仅讲说声明学方面，他被赐名"央坚杰白朗措"，意为"妙音喜悦青春者"。但是，钦饶诺布的这些荣誉也是来之不易的，据其简传记载，他从师修学时，常常中午只买两个干烧饼，蹲在石碑旁充饥、歇息，尤其为了做好考试，他在拉萨吉达食堂吃便饭时，总是边吃饭边看书，可以说经书不离手，验方不离口。

金狗年（1910 年，清宣统二年），医算学校派钦饶诺布去哲蚌寺医药经院任曼金巴（医药学经师）。他住在该寺的泽当康村，虽已成为经师，但生活仍十分俭朴。水猪年（1912 年），他被任命为药王山医算学校校长。以前著名医药学家第巴·桑结嘉措曾总结、发明、创造出 80 种汤药验方，后来 50 种验方失传，但钦饶诺布在研修医药的过程过中，重新补遗了所失传的汤药验方。他为了学僧易学易懂，绘制了许多医学、历算方面绘画挂图，当作壁画挂在学校经堂的墙壁上，作为一种实用教材而让学僧学习、研究，其中主要挂图有草药标本、矿物质药物标本、人体标本、人体主要穴位标本、《根本医典和论说经典中植株图》《辨病示意树图》《放血及火灸治疗图解》等，另有其他学科的示意图，如地理学方面的地球仪图、时轮金刚学方面的妙高山图、文学方面的回文诗图等。他还刻印了藏医学的经典著作。一些常用经典，因为长年使用，业已破旧损坏，有的修补整齐，有的须重新刻印，其中包括《医学四续》《蓝琉璃》《秘诀医典补遗》等。重新刻印抄写的藏医药经典，被称药王山版本。

火龙年（1916 年），十三世达赖喇嘛指令，在甲波日山上正式修建了医算学院，并任命钦饶诺布为该院副院长，同时兼任孜章列参巴参议。他对医算学院和年潘岭学校的学僧要求极为严格，还亲自任课，为学僧传授医学经典、治疗技巧、药物配制法及文化方面的语言文法、诗学；佛教方面的《菩提道灯论》等，以及印度兰札字、梵文、尼泊尔的乌尔都文。他还利用时间讲授国外的针灸疗法和手术技巧等许多医算文化知识。他为了培育人才，主要从卫藏，另外还从多麦、不丹、锡金、拉达克、库努等地招收不同民族、不同语言的学生，学习医学、历算和一些公共文化课。

后来，钦饶诺布还撰述了医药历算方面的实用教材，所撰著作主要有：《体腔区位图·月宝》《根本续植株·医学海藏》《药草标本集要·奇妙之金穗》《接生法·利众月宝金鉴》《续部章节·母虎威猛》《医学四续补释·晶宝明镜》《验方汇集及补遗中病名偈句·宝鬘》《后续总义经意·启门钥匙》《后续切脉查尿补遗》《剖刺脉道结论·童子语饰》《儿科疾病治疗验方》《生药标本·如意瓶》《甘露草药标本广记·耆婆·心宝》《药方功能汇集》《药物配制·甘露宝瓶》《药物性味配制纲目》等，这些医著丰富了藏医经典的宝库。

土马年（1918 年），十三世达赖特地将钦饶诺布安排到自己身边，成为一名医官。热振呼图克图执政时，钦饶诺布任热振寺副法台。金牛年（1961 年），他被任命为药王山医算学院院长，翌年被选为全国政协委员会委员。

水虎年（1962 年）藏历十月二十八日，钦饶诺布在拉萨示现圆寂，享年虚 80 岁。

钦饶诺布一生培养的弟子据说有一千余人，其中比较有名的百余人。

道帏格西·喜饶嘉措

——“爱国高僧，法界栋梁”

道帏格西·喜饶嘉措大师是藏传佛教近代史上一位著名高僧大德。他独具慧眼，善辨真假丑美；爱国护教，维护国家统一，民族团结；毕生致力于佛教事业，追求佛法真谛，以渊博的藏学知识和佛学上的重大成就，不仅在中国佛教界，而且在世界佛教界都产生过重大影响。他对弘传民族文化和宗教文化，沟通汉藏文化，增进国内外文化交流等方面做出了不可磨灭的贡献。

道帏格西·喜饶嘉措，于藏历第十五饶迥之木猴年（1884年，清光绪十年）四月初八出生在青海循化道帏紫金川（俗称道帏沟）贺庄一户普通藏族农民家中，父亲名拉隆杰，母亲名拉隆吉。他是家中独子，幼名多杰。其父母深知不识文断字的苦衷，决意培养他成为藏族中有文化的人，于是将年仅5岁的小多杰送到古雷寺道帏扎仓学经。起初，小多杰在洛赛老僧跟前学习藏文和口诵经文；7岁，在本寺西藏哲蚌寺拉然巴格西诺尔布座前剃度出家，皈依佛门，并受沙弥戒，法名喜饶嘉措（慧海）；9岁时，聪慧颖悟已异于常人，任何经典只要念诵二三遍，虽不能全部理解深奥意义，但能牢记心中，而且日常所诵经文，一一娴熟，所有仪轨、戒条皆依律遵循；后从拉然巴格西托美及张沙活佛学习写、读、诵的同时，开始聆听初级因明学和律经基本知识。因喜饶嘉措慧门开启，学习精进勤奋，对一般经文过目成诵，熟读如流，赢得道帏地区僧众的赞誉。就在他入古雷寺学经的第二年，父亲不幸谢世，母亲孤身一人，家庭生活十分困苦，因而他在 11 岁时，于学习之余不得不按当地习俗，到俗家唪诵经忏，以求得些许布施，维持生计。

道帏扎仓有一位名叫龙智的绘塑艺师，在自己僧院内修建了一座花园，园地虽小，因布置有方，颇有花草树木之胜景，常请寺内僧人来此，聚会赋诗。一次，15 岁的喜饶嘉措也受请参加这一游乐盛会。他触目生情，便用藏文赋诗一组，其中有“博大妙智贯经文，洞彻精义无遗留，顶礼格勒图旦嘉措尊，请赐无碍之辩才！药树葱笼园林中，稀奇庄严无量宫，画师龙氏之寮舍，福泽眼中甘露融”等句，立意新颖，格律贴体，众人争相传阅，无不称奇。他的几位启蒙经师阅后，十分高兴，认为好好培养他，日后必成大器，便决心在经济上予以资助，送他到讲、辩、著之风浓郁的拉卜楞寺继续修学佛法。

土狗年（1899 年，清光绪二十五年）秋，年满 15 周岁的喜饶嘉措身负简单行李，赴拉卜楞寺深造。按修学程序，他先进入显宗经院，一面潜心学经，一面为寺院做小工挣取微薄报酬，维持生活。他虽衣着褴褛，食宿粗简，但在学习上勤奋精进，其契而不舍的精神，受到经院僧人的称赞。同乡几位僧人也深受感动，不时地予以周济，鼓励他克服困难，积极钻研。在该寺，他先后师事贡塘·罗哲仓、铁吾·贡却仓、四世嘉木样、果莽·慈诚嘉措等十几位哲士系统学习赛仓·阿旺扎西的《摄类学疏释》《悟慧论辩析》《因理论辩析》《慈氏现观庄严论》《现观庄严论明义疏释》《入中论》《中论大疏》《戒律根本论》《律经海之心要》等。他从词义到经义，由浅入深，由博返约，博约相济，皆贯通于心。在讲辩时，喜饶嘉措思路敏捷，论点明确，引经据典，逻辑性很强，取得了好名次。一般僧人需要学习 12 个春秋的全部课程，他仅用了 5 年时间全部学完，并能洞达其意，领其要略，其出众的才学引得寺内活佛、格西及僧众的赞叹。

在拉卜楞寺学经期间，喜饶嘉措曾回故里道帏看望母亲，期间适逢张沙活佛在张沙寺内建造佛塔，张沙活佛欣赏喜饶嘉措的才华，请他题写了塔心中轴上的经文，并为之撰写一篇词句优美的吉祥祷文，使佛塔开光典礼圆满完成。张沙活佛欣喜之余，深情地授记道：“不久将来，您将成为贫瘠的道帏土地上长出的一株檀香树，黑暗中的一盏明灯！”年近 20 岁时，喜饶嘉措由经师贡塘·罗哲仓主持授予比丘戒，成为名副其实的比丘僧。由于他才华出众，文笔流畅，深得四世嘉木样活佛的器重，被聘为拉卜楞寺首席秘书。他的经师贡塘·罗哲仓则认为，让他当秘书是埋没人才，建议嘉木样活佛应让他去西藏广参名师，学穷“五部大论”，贯练“大小十明”，为弘扬民族宗教文化发挥更大作用。嘉木样寺主采纳了贡塘·罗哲仓的建议，同意并鼓励喜饶嘉措去西藏继续修学深造，早日成才。

木蛇年（1905年，清光绪三十一年），21岁的喜饶嘉措身背行装经卷，从拉卜楞寺启程，越过高山草地，涉过黄河、长江，远赴西藏求学。经过4个月的艰苦行程，他到达拉萨圣地，进入拉萨三大寺之一的哲蚌寺果芒扎仓鲁本康村学经，先后从通晓显密诸论的大格西却智噶布、十三世达赖喇嘛的经师洛桑益西丹贝坚赞等10位名师潜心研习中观、戒律、因明、俱舍、现观庄严论、密续四部等佛学必修论著及其许多释论。在听讲、通读的基础上，他尽情采撷诸论之精华，常参加白天或夜场辩经，立宗辩论，并以犀利精确的思路、纯洁而美妙的语言、和善而亲切的讲辩风度，使众多学者无不心服。当时他远离故乡，生活来源没有保障，饥寒时常折磨着他，然而这些丝毫没有动摇他的学习意志，一面以顽强的毅力发奋学习，一面利用课余时间到拉萨近郊化缘，或给人家念经，借以维持生活。据说两次偶然的机遇，改变了他的窘况。一次，他到一户名叫巴拉西嘎的人家化缘时，这家主人请他念诵《甘珠尔》大藏经，他念到《律藏》部分时，发现其中一页经文正反两面印错，上下文衔接不上，便将此事告诉了这家主人，主人不以为然。后来，这位主人从尼昂寺借来《甘珠尔》的《律藏》，请人对照，果不出他所言，确系印错了。这家主人十分惊奇，对他的经法赞不绝口，从此他的声名在拉萨传颂开来。很多僧侣闻知后将他视为高僧，虔诚地顶礼膜拜，而请他念经、供养他衣食的人也越来越多。他用人们给他的丰厚供养，除留一点作为自己的生活费用和购置书籍外，大部分用于接济其他贫苦僧人和经院佛殿的供灯等方面。又有一次，他被一位庄园大户请去做祈禳法事。他念诵《贤劫经》，主人发现他正襟危坐，诵经韵调宏亮，发音准确，便请他复诵一遍，并问他的原籍。他说自己是安多人氏时，主人赞叹说："见到您如此非凡的风采和才华，不由想起当年宗喀巴大师从安多来西藏的情景。"主人请喜饶嘉措写一组教诫诗，他当即写完，主人见文情并茂，不由大惊，连连声称"失礼"，赶忙请到楼上设座款待，并与他结成供施关系。自此，喜饶大师不再为生活问题而发愁了，有更充足的时间钻研佛学经论，还将五部大论记得烂熟。一次，果芒经院堪布为试探他的学识及智力，当着他的面提及《因明论》的某一章节标题时，他便不加思索地脱口背出全文，且语音宏亮清晰。堪布即任命他为果芒经院的复诵师。喜饶大师学经的速度也十分惊人，任复诵师时只有20多岁，他一日能诵记长条经卷7叶（两页为一叶），且从不间断。此时他已通晓五部大论，还旁及医学、历算、文学诗论、密乘等五明论学科。十三世达赖喇嘛的经师洛桑益西丹贝坚赞是一位满腹经论的学者，嘉饶嘉措从该师学通了"声明论"和修辞学，这位上师很欣赏他的才华，赐给他"坚华杰贝罗哲”（意为文殊喜悦智慧）名号，以此作为他的文学笔名。

火龙年（1916年）正月祈愿大法会期间，拉萨三大寺考取格西学位，辩经地点在哲蚌和色拉二寺中轮流进行。这年喜饶嘉措32岁。按传统，辩场设在色拉寺，而主管辩经的雄来巴（主持辩经僧官）遵照西藏地方政府的意见，将辩场特设在哲蚌寺果芒经院，旨在好让名扬拉萨的喜饶嘉措与三大寺众格西辩经。从正月初二开始，在近万名僧众和几百名格西参加的辩经会上，由喜饶嘉措立宗辩论，对辩者为色拉寺有名的辩经高手大格西等，这场辩经活动持续了十几天，到正月十三日祈愿法会进入高潮，十三世达赖喇嘛也兴致勃勃地亲临辩场观看辩经。因为这一天辩经活动接近尾声，也可以说是决赛的一天。上午立《因明大疏》辩论，中午立《中观论》和《般若论》辩论，下午立《俱舍论》和《律经》辩论，对辩者（问难者）从难度最大最细微的哲理到文字词句的方面无不发难，观众凝神倾听，都为喜饶嘉措捏着一把汗。然而久经辩场、擅长佛教哲学辩论的喜饶嘉措却不慌不忙，从容自若，对答如流，终以超人的智力、雄辩的才能、广博的学识而获得全胜。正月二十日，在罗布林卡召开西藏地方政府官员及僧俗头人参加的会议上，由哲蚌寺仲译钦莫（有堪布名位的大僧官）宣布辩经评比结果，哲蚌寺果芒扎仓鲁本康村的喜饶嘉措名列榜首，正式授予西藏显宗学最高的“拉然巴”格西学位头衔。自此，他的声誉如鲜花自空中撒布，遍及各方，成为西藏众多格西中光彩耀人的新星，并跻身于上层僧侣之列。

火龙年（1916年）拉萨祈愿大法会结束后，喜饶嘉措认为在显宗学方面已取得了一定成绩，并获得了最高格西学位，而对密宗学尚不深不透，须在密宗方面还须下一番工夫，成为显密兼通的僧人。他从拉萨到噶丹寺请求总法台夏孜·年扎嘉措给他传授“密宗金刚鬘灌顶”，灌顶后准备到下密院修学密法时，十三世达赖喇嘛派人来请他到罗布林卡夏宫。十三世达赖喇嘛劝他暂不去下密院，不要回安多，在罗布林卡做几件利于佛教和百姓的神圣事业。第一件事就是让他担任总校勘，将布敦·仁钦朱大师（1290 ~ 1364年）的全集校勘刻印出来。喜饶嘉措立即领悟到，布敦大师是西藏各教派公认的一代名师，他的著作虽未曾正式校勘刻印过，但对西藏佛教和藏族文化的发展产生过较大影响，现在由自己负责校勘刻印，确实是件神圣的弘法事业，于是愉快地接受了这个任务。从火龙年（1916年）四月开始，他组织人力物力在罗布林卡开展工作，经过认真校订，精刻细印，历时6年，26函（又有29函之说）经典巨著校勘刻印工程始竣。《布敦全集》木刻本的问世，受到了西藏各界僧俗的赞誉。时隔不久，十三世达赖喇嘛又对喜饶嘉措说：“《甘珠尔》大藏经的版本有好多种，但校勘、刊印方式有不一致的地方，有些版本老化，字迹模糊，有的印版残损，出现了一些缺遗。布达拉宫中还没有一部完整的《甘珠尔》大藏经印本，我想校勘刻印一部完整的《甘珠尔》大藏经版。现在西藏格西众多，有些格西精通经典，但对于著述不甚精妙；有的对著述虽有才华，但对经典则不精通。看来完成此项巨大工程非你莫属。由我任施主，你任校勘审定补遗工作。”喜饶嘉措义不容辞地担负起这一重任。《甘珠尔》大藏经亦称《佛说部》，由梵译藏的释迦佛祖所讲三藏四续经典汇编成的一部大型佛教丛书，全书有 104 或 108 函几种，所以这项工程长达 8 年方圆满完成。喜饶大师任主校，查珠·阿旺罗桑（当代知名藏族学者东嘎洛桑赤列的上师）做副手，用几种版本对照校订，补遗了几处残缺，改正了几处错误，并以总校勘者的身份重新编写了原稿目录。《甘珠尔》大藏经印刷后，喜饶大师将第一版呈献给了十三世达赖喇嘛，第二版即由十三世达赖喇嘛赐赠给了他。这个版本被称为布达拉宫版或拉萨版。他还就一些经典中的疑难，深奥经义，藏传佛教各教派的见、修、行方面的观点异同，象雄文藏译问题以及罗布林卡门楣上书写的梵文、兰札、藏文对照体等方面的诸多问题提出来，请教喜饶嘉措，喜饶大师均做了满意的回答，十三世达赖喇嘛从心底里钦佩这位格西的渊博学识。之后，喜饶大师还花了一年时间重新将西藏著名学者第巴·桑结嘉措著的《声律学》一书进行了校刊刻印工作，15 年的校勘刻印经典工作使喜饶嘉措得益非浅，佛学造诣更加高深。

在罗布林卡期间，喜饶大师为了维护宗喀巴在五部论典方面所阐述的精辟理论，针对一些学者撰写的反驳文章，撰写了《不朽金刚霹雳矢》《阐明疑义宝鉴》《粉碎谬论十万犀利匕首》《驳斥（正理狂啸）之劫火》等文章进行辩驳，还写了弘扬格鲁派教义的许多文章和著作，如《功德本体论释》《龙树奥义略探》《政教各种宗印记·闻者有益》《济咙呼图克图阿旺图旦格桑丹贝仲美传》《颂尊圣的香池》等。

在罗布林卡完成了校勘刻印经典、著述论说的工作后，喜饶大师到三大寺轮回讲经说法，培育佛门弟子，其中为哲蚌寺果芒、洛赛林两经院的活佛、学僧等授《正义心要》《宗印大全》者达 80 余人，为噶丹寺的绛孜（北院）、夏孜（东院）两个学院学僧授《般若》《中观》两学科者达 100 人。为哲蚌寺学僧授《菩提道次第论》和五大论者，则前后相继接踵。著名学者如果芒经院堪布群培杰布、格西央巴次成、《白史》作者格敦群培、贡巴萨·图丹吉扎、更朗·洛桑坚参等皆出其门。西藏各世家也派一些俗家弟子在喜饶大师处求学《声明》《诗鉴论》《三十颂》《音势论》等文法修辞学，给程度较高者每月授二卷《甘珠尔》大藏经，并进行研究性辅导。这些学生为以后西藏的政治、经济、文化的繁荣做了大量工作。他们中著名的有阿沛·阿旺晋美（1950 ~ 1959 年任噶伦）、噶伦索康·阿旺格勒、江洛坚索南雅布、德格赛·索南旺堆、察绒等。

水鸡年（1933 年），十三世达赖喇嘛圆寂，由热振呼图克图强白益西坚赞代理摄政，当时西藏内部爱国与亲英两派势力的斗争很激烈，喜饶嘉措是一向主张祖国统一的，因而受到亲英派的攻击和排挤，甚至从他校勘的大藏经中挑毛病进行诬蔑。热振摄政从内部清除了亲英分子，对喜饶大师的政治中伤也自行收场了。

木狗年（1934 年），以当时任国民党中央监察委员、青海省政府秘书长、“青海藏文研究社”社长的黎丹为首的“西藏巡礼团”一行 10 人抵达拉萨，通过西藏噶厦政府，拜喜饶嘉措为师。黎丹与喜饶大师神交多年，同杨质夫居于哲蚌寺，由大师亲自辅导、讲授宗喀巴的《菩提道次第广论》等。其他成员分别加入学院班级进修藏文，学习讲辩。大师还应黎丹请求，审阅、修改了黎丹等编著的《藏汉大辞典》。黎丹一行在西藏从大师修学一年。火鼠年（1936 年），黎丹经过一番活动，正式以国民党中央政府的名义礼聘喜饶嘉措为中央大学、北平大学、清华大学、中山大学、武汉大学等五所大学的西藏文化讲座讲师。是年年底，由黎丹、杨质夫、格西格桑嘉措等陪同喜饶大师离开西藏，转道印度、锡兰、香港，到达上海。次年春到南京，喜饶大师受到了国民政府主席林森等人以及各方人士的热烈欢迎，蒋介石也接见了他。

喜饶嘉措大师在五所高等学院讲授西藏文化、历史和佛学理论等知识时，由杨质夫担任翻译，他每讲一课，均受到广大师生的热忱欢迎和良好评价，从而使五所大学的各族师生和国内各界人士对西藏的政教制度、社会经济、文化历史和风土人情等有了比较正确的了解和认识。同时，喜饶嘉措大师从广大师生那里也学到了不少知识，增长了不少才干，对国内各地的情况有了进一步了解。正如他在西藏回答亲英分子时说的一句话：“你们说我是亲汉分子，近而言之，我认为汉民族的文化比我们少数民族进步，我倾向汉民族，向汉民族学习，这有什么不好呢……”这对汉藏文化交流，争取民族平等起了不容忽视的作用。

火牛年（1937 年）夏，喜饶嘉措大师到上海、北平等地游览讲学之时，芦沟桥事变发生，抗战兴起。不久他返回青海故乡，驻锡古雷寺并担任了该寺住持。道帏群众引以为豪，尊称他为“道帏格西”。旋即他又返回南京。他在南京时除了讲学之外，终日在甘青宁会馆研习佛学经典，撰写了不少著作和文章。在日寇狂轰滥炸南京城时，会馆被毁，这些著作草稿和从西藏搜集、整理的大量藏文资料全被焚毁，使他十分痛心。后随国民政府西迁重庆。土兔年（1939 年）五月，他在重庆组织人力编印了《为宣传抗战告蒙藏同胞书》及传单，七月受国民政府教育部和蒙藏委员会的委托，赴甘青各大寺院进行讲经视察，散发告同胞书及传单，宣传抗战，以维系蒙藏群众。在西宁，他写了《白法螺妙音》等文章，号召佛门僧徒团结起来，保种保教，抗日救国，在当时蒙藏群众中影响较大。喜饶嘉措于火牛年（1937年）在南京时参加了国民党，抗日战争开始后，连任国民参政会参政员。土兔年（1939年）九月，他以参政员的身份参加了第四届国民参政会议。金龙年（1940年）（一说为1942年），国民政府明令给喜饶嘉措颁以“辅教宣济禅师”名号，其文曰：“喜饶喜措格西内典精通，修持坚苦，早岁传经说法，僧侣皈依。抗战以后，受命前往青海地方视察宣传，启导边民，咸知趋南，行胜卓锡，劳瘁弗辞，护国精诚，深堪嘉尚，著颁给辅教宣济禅师名号，以示优崇。”20世纪30年代末40年代初，随着国内抗战形势的日趋紧张，西藏当局的亲英分子的气焰也很嚣张，在英美帝国主义的操纵下，于水马年（1942年）公然成立“外交局”，宣布脱离国民政府。鉴于这种形势，国民政府在水羊年（1943年）夏天，特地派喜饶嘉措一行入藏工作，名义上是负责进藏办理国民党学务筹备工作，实际目的是利用大师的声望和地位号召、影响西藏人士内向。这次内定他为国民党西藏省党部筹委会主任委员，他的学生杨质夫为书记长，杨妻冯云仙等人为委员。喜饶嘉措一行十余人先从重庆到西宁，再由西宁进藏，这年年底到玉树结古，次年春抵达黑河，遭到藏军拦阻，虽经多方交涉，但西藏当局只同意喜饶嘉措一人进藏朝圣，不准带其他人员。显然，这个条件是不能接受的，因而喜饶嘉措一行毅然经西康返回重庆。

1948年，国民政府改组，在蒙藏事务委员会增设蒙藏籍副委员长各一名，喜饶嘉措即被任命为藏籍副委员会长。喜饶大师曾就国民党的边疆政策提出了许多批评意见。他指出：“西藏问题之所以不能得到圆满解决，主要原因是中央不了解西藏内情，而自以为非常了解，便铸成今日的这种局面。”他又说：“至于我自己，对于从政做官，实在没有兴趣，对于副委员会长一职，亦表示辞谢。”但他发愿竭尽个人的心力，来促进西藏与中央的团结一致，并加强西北人民与中央的联系，说明他对祖国统一萦怀不忘，爱国之心溢于言表。不久，他便回到了家乡。

青海解放时，由于喜饶嘉措和他的弟子们对中国共产党、中国人民解放军还不太了解，在弟子们的劝说下，避居于青海海南兴海地区的赛宗寺。在这里他一面修习密法，一面为该寺寺主阿柔仓讲授《金鬘论》《菩提道灯论》《圣道三要》等经典，并撰写《阿柔·隆多丹贝坚赞传》。为了争取他出来工作，青海省军政委员会专门派人去跟他联系，解释、宣传中国共产党、中国人民解放军的宗旨。最后，他表示愿意出来工作，随之就被中央人民政府任命为青海省第一届人民政府副主席、文教委员会主任，之后又担任西北军政委员会委员、西北民族事务委员会副主任，并先后当选为第一、二届全国人民代表大会代表，第二、三届全国政协常委和第四届全国政协委员。

青海解放初期，少数民族地区由于长期受反动宣传的影响和散匪潜特的捣乱、破坏，部分地区有些动荡不安。喜饶嘉措不顾年迈体弱，多次跋涉于广大农牧业地区，向各族人民特别是藏族群众宣传党和政府的政策，并率领西北慰问团青海分团赴黄南地区传达党和政府对少数民族的关怀，了解群众的生产和生活情况，教育群众正确认识中国共产党。这对安定人心、巩固社会治安、恢复和发展生产、搞好政权建设、都产生了很好的影响。

金兔年（1951 年），青海昂拉（尖扎）藏族千户项谦在特务和土匪的唆使下，发动叛乱。西北局和青海省委采取了争取团结，在有利于民族团结的原则方针下，于金兔年（1951 年）八月至水龙年（1952 年）四月之间，派喜饶嘉措等人先后四次亲自前往昂拉诚恳规劝，说服项谦，但项谦十分顽固，不接受劝导、告诫，直到人民解放军消灭土匪特务之后，项谦才归向人民，受到了毛主席的接见。

金兔年（1951 年）初，喜饶嘉措到北京开会期间，受到毛泽东主席、周恩来总理、朱德总司令等党和国家领导人的亲切接见，毛泽东主席还特意送给他一辆小轿车和几台收音机。喜饶大师感谢之余，用藏文赋诗颂扬毛泽东主席道："千光之主太空显笑容，扭转乾坤创造新世界，为瞻山王金色妙高峰，日日奔波何辞辛劳哉，凶恶罗刹毒唇张而裂，蹂躏众生安乐吮鲜血，您以威猛巨风之浪涛，一转瞬间送至阎罗界。嗟嗟而今赡部环球上，解放神旗飘扬呈神威，荡尽制造分裂彼鸥枭，全民放喉同声歌朝晖。"他赋诗赞颂朱德总司令说："不朽金刚激发之火花，神勇绝伦威武摧敌方，声华奕奕犹如苍龙吟，而今响彻赡部大地上。"此外，他还颂扬刘少奇深谋远虑，胸怀大千世界；颂扬周恩来总理智慧超群，仪表非凡，雄辩见著，堪称良师。

喜饶嘉措参加新中国建设后，一直拥护中国共产党和平解放西藏，多次写信和发表广播讲话，向十四世达赖喇嘛和西藏地方政府上层人士以及在西藏地方政府任职的他的弟子，宣传党的民族平等团结的主张和宗教信仰自由政策，呼吁十四世达赖喇嘛和西藏地方政府官员认清形势，接受和平解放，走爱国的光明道路，为和平解放西藏协议的签订做出了积极贡献。他还曾两次调解青海湖北部刚察与达如玉两部落、循化夕厂和刚察两部落多年来为争夺草场牧养权而发生的械斗，使双方终于达成协议，让牧民过上安定的生活。在抗美援朝时，他积极献机救国，除自己捐献巨款作为购买"佛教号"飞机之外，还到一些寺院和牧区积极宣传抗美援朝、保家卫国的道理，组织为前线捐钱献物等活动。

水龙年（1952 年），原西康和西藏波密地区的极少数人抛出一篇所谓《白玛冈道场神书摄义》的文章，以天书的形式进行散布谣言，说："从天空降下神书，世界即将毁灭，人民要遭受大灾大难。"这篇"神书"蛊惑人心，煽动性很大，使人们一时惶惶不安。喜饶嘉措对此谎言谬论极为愤慨，发表了著名的《驳假预言・扫除愚昧黑暗・智慧太阳之光》《先行书信——甘露珠》等文章，对此做了淋漓尽致的揭露和批判，不久即刹住了这股妖风。他为稳定民心、安定社会秩序起了一般人无法代替的作用。刘少奇主席曾当面称赞他："喜老，你的文章写得好。"毛泽东主席也曾给他写信，予以鼓励。

水蛇年（1953 年），在中国佛教协会第一次大会上，喜饶嘉措当选为副会长，之后他移居北京北新桥外的吉龙仓，致力于新中国的佛教事业。木羊年（1955 年）8 月在全国佛协第二次理事（扩大）会议上，当选为会长。火猴年（1965 年）9 月，中国佛学院成立，他出任首届院长。在他主持政协和佛学院工作的 10 余年间，付出了自己的心血。他教育、团结各族佛教徒参加社会主义建设事业，号召佛教徒为创造人间极乐世界而奋斗。

喜饶嘉措大师还是一位友好使者，多次率领中国佛教代表团出国访问。木羊年（1955 年），他应缅甸总理吴努的邀请，率领中国佛教代表团对缅甸进行友好访问，受到缅甸总理吴努等许多官员的热烈欢迎。访问团参观瞻仰缅甸仰光大金塔、寺院等六处佛教圣地。一次大师应请给一万多僧伽讲授佛经，由于翻译不能流利准确地表达原义，大师直接用梵语宣讲，听众大为惊异，遂对大师肃然起敬。次年 11 月，大师率领中国佛教代表团赴尼泊尔，参加第四届世界佛教徒大会，会后又转赴印度参加释迦牟尼涅槃二千五百周年纪念活动。同时，大师又参加了联合国教育、科学、文化组织联合举办的"佛教对艺术、文学、哲学的贡献"讨论会。土狗年（1958 年），应柬埔寨西哈努克亲王的邀请，喜饶大师又率领佛教代表团赴柬埔寨王国参加第六届世界佛教大会。是年秋末，应苏联和瑞典两国政府的邀请，中央人民政府委派喜饶大师赴苏联参加为期 8 天的世界佛教协调理事会，接着参加了在瑞典举行的世界和平理事会第一次大会，之后还曾护送佛牙赴缅甸、斯里兰卡等国巡回朝礼。在这些外交活动中，他才思敏捷，学识渊博，赢得了有关国家和各界人士的尊重和好评，出色地完成了友好访问任务。

火鸡年（1957 年），喜饶嘉措大师在古雷寺修建了"圣言宝库论藏殿"（藏经殿），殿内收藏供奉有拉萨版《甘珠尔》大藏经、德格版《丹珠尔》大藏经，国内外一些重要人物馈赠的各种佛像、佛经、佛塔、绘画，他自己出资制作的代表"身、语、意"

的佛像、佛经、佛塔及一些高僧大德的文集、传记，以及历史、天文历算、藏医药、语言、文字、文学、工艺等方面的大量著作。因而此殿得名“圣言宝库论藏殿”，一点也不过誉。

对于土猪年（1959 年）西藏发生叛乱，十四世达赖喇嘛出走印度的事件，喜饶嘉措坚持正确的立场，抱着诚恳的态度，希望十四世达赖喇嘛以佛教和国家大局为重，回归祖国，和政府一道搞好西藏的事，搞好藏族人民的事，搞好佛教事业，为祖国统一、民族团结做出贡献。他的爱国行为受到了毛泽东、习仲勋等领导人的赞扬。国务院为了表彰他，特地赠送一口重 2000 公斤的明代隆庆大铜钟，后来还派车运送到青海。后来，青海省人民委员会还拨专款在古雷寺修建了一座钟楼。

土猪年（1959 年），党和政府安排喜饶嘉措到全国各地佛教圣地朝礼游览。他先后到过五台山、九华山、普陀山、峨嵋山、天台山、庐山、黄山以及南京、扬州、宁波等地。当他看到祖国的大好河山呈现出一派繁荣景象时，喜不自禁，写下了《五台山圣迹颂·具信甘露》《社会主义新中国佛教》等文章。

金鼠年（1960 年）初，喜饶大师以 77 岁高龄随同周恩来总理率领的中国访问缅甸友好代表团再次到缅甸访问，回国后陪同十世班禅大师到东北视察。第二年秋天又到西北地区视察，先后到甘肃的合作寺、拉卜楞寺，青海的塔尔寺巡礼讲经，极受信徒欢迎。此时，他写了《西北藏区佛教寺院旅行散记》；为六世嘉木样撰写《右旋白螺之声启白》一文，祝愿他平安长寿。水虎年（1962 年）7 月，他再次专程从北京回到循化县古雷寺主持钟楼落成典礼。这口钟成了具有历史意义的文物瑰宝，被称为“震撼瞻部之音”，亦称“世界之音”。木龙年（1964 年）6 月，81 岁的喜饶大师在北京西山重建佛牙舍利塔的开光典礼上献了辞，这是他最后一次的公开活动。大师在北京期间，经常在法渊寺、雍和宫、北海等处为致力于佛教事业的比丘、比丘尼以及男女居士们曾按各自要求，讲授《皈依经》《圣道精要》《宗印》等，为中央民族学院藏族教师讲授《三十颂》《音势论》等藏文语法。

喜饶大师胸怀坦荡，直言不讳，不隐瞒自己的观点，是中国共产党可敬可佩的一位诤友。他对党和政府的各项工作十分关心，多次提出在少数民族地区进行社会改革，一定要重视民族地区的特点，即少数民族历史环境、生产生活、语言文字、风俗习惯、宗教信仰等差别的问题。因此，毛泽东主席和周恩来总理都曾表扬他为“藏族学者”、“爱国老人”。而对自己的出色工作和进步，总归结于党。他常说：“党对我的恩情和三宝给我的恩情一样大，正是共产党的教育和培养，才使我的思想认识不断提高。党和人民政府信任并器重我，为了报答党的恩德，我要将一切献于众生的事业。”

喜饶大师的著作颇多，除南京被焚毁的资料、著作外，早在木马年（1954 年），由青海新生印刷厂铅印出版过《喜饶嘉措佛学论文集》（长条本）。水狗年（1982 年）至木鼠年（1984 年），青海民族出版社又广泛搜集其失散的许多论著手稿、抄本、木刻本等汇编成《喜饶嘉措文集》共 3 卷（册），出版发行，并多次获奖。

20 世纪 60 年代，由于“左”的错误路线的影响，喜饶嘉措大师这样一位爱国爱教者，也受到了一些不公正的对待，于藏历土猴年（1968 年）11 月 1 日，在西宁逝世，享年 85 岁。

“文化大革命”结束后，喜饶嘉措的冤案得到平反。土羊年（1979 年）10 月 6 日，中共青海省委、青海省政府在西宁为喜饶嘉措举行追悼会，中共中央、国务院、中央统战部、国家民委以及阿沛·阿旺晋美、杨静仁、十世班禅、包尔汉、赵朴初等有关单位和领导人为他送了花圈。次年，习仲勋、刘澜涛、杨静仁、汪锋、阿沛·阿旺晋美、扎喜旺徐联名在《人民日报》上发表题为《爱国老人喜饶嘉措》的长篇纪念文章，高度评价赞扬了大师的一生。后来由国家民委、宗教局、中国佛协、青海政协、统战部等单位捐资在循化道帏古雷寺近旁建成喜饶嘉措纪念馆一座。十世班禅大师参加纪念馆开光典礼，赐馆名“遍知大格西喜饶嘉措纪念馆”，并为馆题词说：“至尊喜饶嘉措大师，一生为沟通和交流汉藏文化，著书立说，功垂汉藏，爱国爱教，为广大僧众树立了良好榜样。新中国成立以来，为祖国统一，为各族人民的团结和友爱做出了卓越贡献。现在当我们在缅怀喜饶大师的同时，要学习他刻苦博学的意志，爱国爱教的宏愿和为各族人民的幸福而贡献终身的佛家精神。”拉卜楞寺贡塘仓大师也参加了开光典礼。他赋诗赞曰：“具足圆道大智慧，用讲、辩、著之神翼，在彼显、密海空界，成就世界一庄严。”后来省政协组织知情人士编写了《喜饶嘉措大师》一书，其中有大师的亲传弟子曲焕先生撰写的大师的生平事略。赵朴初先生撰写了《爱国高僧，法界栋梁》纪念文章，其中高度评价了大师的功德：“喜饶嘉措大师不愧是一代高僧，法界栋梁。他不仅对藏传佛教深有影响，而且饮誉全国及国际佛教界。他虽然西逝了，但他的智慧、慈悲和善行，将伴随古雷寺洪亮的钟声，飞越昆仑，响彻环宇，永远萦绕在亿万众生的心间。”

晋美丹曲嘉措

——近代热贡佛学家

晋美丹曲嘉措于藏历土狗年（1898 年，清光绪二十四年）出生于安多热贡色郡瓜什则(今同仁县瓜什则乡)地方。父亲名格敦索南,母亲名卓玛吉。1903 年,经夏日仓·罗桑噶丹旦贝坚赞、夏玛尔班智达、普觉活佛和香萨三世活佛等核实，确认他为晋美山木旦的转世，并举行了坐床典礼。

坐床后，晋美丹曲嘉措由金纳哇·官却彭措任经师，开始学习佛学知识。1904 年，他到化隆支扎上寺拜夏玛尔班智达为师，剃度出家为僧，受沙弥戒，法号为晋美丹曲嘉措，并从该师系统修学显密经论。1906 年，上师传授给他《大威德金刚十三尊修法》和密宗加持灌顶法，起密宗法号为仁钦多杰，晋美丹曲嘉措始学密宗有关修行法、教言、随许法等，且均能悟解。晋美丹曲嘉措在青年时期，先后从十几位活佛、学者学习佛教显密经典和藏族传统文化，如五部大论、天文历算、文学诗论、工艺美术、医药卫生、语言韵律，无一不学，无一不会。

夏玛尔班智达圆寂后,晋美丹曲嘉措以云增班智达·罗桑华丹为根本上师,学习《因明论幻钥》，并师事隆务寺久美仓和达隆活佛修学了声律学，掌握了梵文。在上师的熏陶下，他也擅长声明学和诗论，喜弹三弦琴。由于学识水平达到了较高造诣，他被僧俗称誉为“米潘央坚格维多杰”，意为“不朽妙音喜金刚”，成为整个藏区和内蒙古等地佛教界公认的学者，还受到十三世达赖喇嘛的赞扬。他边学习，边实践，在学习历算后，曾编纂了一部《历算书》。他还精通藏医学，常为人诊脉治病。

从 1916 年起，晋美丹曲嘉措开始到各寺讲经弘法，几年间足迹遍履黄河南北大小诸寺，听经的活佛、喇嘛、僧人和信徒多达数万人。

1916年藏历四月十一日,晋美丹曲嘉措在隆务大寺受比丘戒;1927年藏历九月一日,被选任为隆务寺大法台，主持政教事务。此后，他频繁进行佛事活动，曾设立隆务寺彩粉坛场，为具有根器的具缘弟子进行密宗灌顶，之后又多次前往果洛、循化、化隆、民和等地寺院讲经传法，接见各地大小活佛、西藏地方政府驻西宁官员，到黄南、尖扎的大小昂索、千百户以及塔尔寺、上下支扎寺、尖扎昂拉、华热（包括互助、大通、乐都北山、甘肃天祝、门源部分地方）等地的僧俗群众摸顶传法，开示解脱之道。

晋美丹曲嘉措讲经传法几十年，每到一寺，总要得到许多供养财物，他从不贪图这些财物，总是将得到的供养献给寺院，用于寺院的修建、维修，或布施给贫僧、穷人、乞丐，自己一直过着一般活佛的清淡生活。

晋美丹曲嘉措在讲经弘法之余，曾给近一千僧尼授沙弥戒、一千六百多人授比丘戒，其中活佛喇嘛有六十多人，受出家戒的僧人包括文都、夏琼、热贡、阿坝等地的一些格西在内约几千人，培养了一批佛学界的知识分子，为藏族文化和佛教文化的繁荣发展做出了贡献。他的众多弟子中才旦夏茸（1910~1985 年）、七世夏日仓活佛（1916~1978 年）、四川若尔盖达仓拉摩寺第十世活佛最为出名。他还为若尔盖达仓拉摩寺从阿坝察科地方找到并认定了察科活佛的转世灵童；1937 年和 1940 年，为寻访十四世达赖喇嘛和十世班禅额尔德尼的转世灵童做了大量工作；1942 年，认定了民和本康滩王家夏茸和马家夏茸两位活佛的转世灵童。根本上师罗桑华丹患病时，他尽心服侍，献黄金、白银、绸缎、黄色水晶石佛珠、黄白哈达等物品，念诵平安长寿经；上师圆寂后，他负责修造灵塔，广做佛事。

晋美丹曲嘉措辩才无碍，被人们称为安多的雄辩家。1940 年，他在阿坝一带几座大寺与一些拉然巴格西辩论，竟无敌手。他继承上师的辩经理论，曾和著名的拉然巴格西鲁本堪钦喜饶嘉措大师辩经，二人各述己见，互不认输，被后人作为美谈。他总结辩经经验，汇编成一部《无畏因理论·笑音》的辩经教科书，被认为是学僧学习辩经的指导教材。

晋美丹曲嘉措的著作颇丰，约有近二十余函，上百种。其中传记类有《满族坚赞传》《晋美山木旦传》《噶丹嘉措本生传》《藏东丹增群佩传》《九世苟什德·噶桑洛哲传》《香巴拉二十五代法胤传》等；佛学典籍有《辩了不了义论备忘录》《菩提道次第广论要义》《五次第明灯释难要义》《因明七论续释广论》《时轮经内外别三者之总纲》《因明论总义》等；史志有《达仓拉摩经堂志》《白家佛塔志》《尕楞寺佛母殿志》等，还有一些医学和历算方面的著作。

晋美月曲嘉措于火狗年（1946 年）九月七日示现圆寂。法体经药物处理后，存放于灵塔中。

章嘉·罗桑华丹旦白仲美

——第七世章嘉呼图克图①

七世章嘉国师的法名全称为章嘉·罗桑华丹旦白仲美却央益西多杰，其中罗桑华丹旦白仲美是法名，却央益西多杰是密宗名号。他是佑宁寺五大囊活佛系统章嘉七世活佛，后成为内蒙古佛教界领袖人物，中国藏传佛教格鲁派四大名僧之一。

章嘉·罗桑华丹旦白仲美于藏历第十五饶迴之金兔年（1891年，清光绪十七年）生，是青海互助却藏热洛塘（今青海省互助土族自治县南门峡乡却藏滩）人，藏族。六世章嘉罗桑丹增坚赞（1875～1888年）于火狗年（1886年）奉诏进京，年仅11岁，驻锡嵩祝寺，受光绪帝和慈禧太后赏赐甚多，接着巡视五台山和内蒙古各地，土鼠年（1888年）在内蒙古多伦诺尔善因寺逝世，年仅13岁。清朝理藩院即批示佑宁寺以及内蒙古善因寺、汇宗寺喇嘛寻访其转世灵童，后来终于在互助却藏滩找到了灵童。经理藩院在北京雍和宫掣签，他被认定为七世章嘉活佛，并以隆重的佛教仪式被迎入佑宁寺。在章嘉囊欠府邸举行坐床典礼，登上了历辈章嘉的法座，始出家受戒，取法名罗桑华丹旦白仲美。

土猪年（1899年，清光绪二十五年），8岁的章嘉·罗桑华丹旦白仲美奉旨进京，驻锡嵩祝寺修学佛经。光绪帝在内廷召见他，赏赐黄舆，颁赐金印，翌年任命他为扎萨克达喇嘛，命其长驻北京，继承前世所有封号，享受各项特殊礼遇，让他管理京师和内蒙古喇嘛事务。此时，他还是一个8岁的孩子，不可能担负此重任，便由他的管家和经师等人代替管理。他的主要任务还是从师学习显密经论和各种仪轨。金牛年（1901年），他赴五台山驻锡于镇海寺，朝礼各佛寺和圣迹，同年夏天去多伦诺尔、察哈尔等地巡礼宗教事务工作。直到木龙年（1904年）九月，七世章嘉从蒙古草原回到北京，仍住于嵩祝寺，并被光绪帝召见。不久，驻京呼图克图六世敏珠尔俄科活佛（1883～1904年）于多伦诺尔广宗寺去世，其所任京城扎萨克喇嘛一职空缺，理藩院奏请简放遗缺，光绪帝经慎思后命七世章嘉任此职，并按前世惯例，为其颁赐"灌顶普善广慈大国师"印绶和敕书。木蛇年（1905年），清廷给他赏赐貂皮坐褥和九龙伞，并让他管理内蒙古的汇宗、善因二寺，北京的嵩祝、法渊、智珠、法海四寺，西宁的佑宁、广济二寺以及五台山镇海、普乐等寺院，住于嵩祝寺学法。金猪年（1911年），章嘉活佛离京去五台山朝圣，住于镇海寺，从师广学显密诸论。是年夏天，他奉末代皇帝溥仪之命去多伦诺尔接掌扎萨克达喇嘛印务。

水鼠年（1912年）元旦，孙中山在南京就任临时大总统，中华民国宣告成立。2月中旬，清帝退位，孙中山辞去大总统职务，由袁世凯出任临时大总统，仍以北京为民国首都，各省纷纷通电赞成共和。民国成立伊始，一些蒙古王公贵族对辛亥革命感到恐惧，表示反对共和。在沙俄的唆使下，八世哲布尊丹巴宣布外蒙古"独立"，成立"外蒙自治政府"；内蒙古也有不少人策划"独立"活动，一时政治气氛十分紧张。就在这种局势下，七世章嘉于水鼠年（1912年）8月16日从内蒙古赶到北京，发表声明、表示赞成共和，并出面劝导内蒙古地区的蒙古王公贵族放弃"独立"主张，拥护中华民国，共谋五族幸福。由于他在内蒙古广大佛教徒和信民中具有崇高威望，因而他的劝导起了重要作用，不久内蒙古王公贵族和各寺喇嘛大多也表示拥护民国。在这次反分裂斗争中，章嘉呼图克图发挥了民国政府中其他人所无法起到的作用，维护了国家的统一和民族团结。袁世凯为了酬答章嘉之功，于水鼠年（1912年）10月19日颁布命令，加封章嘉"宏济光明大国师"名号。同月30日，又批示道："章嘉呼图克图，道行高深，此次翊赞共和，厥功尤伟，"加年俸银一万元。11月12日，袁世凯再次颁令晋封章嘉活佛的父亲为辅国公，母亲为公夫人，授予其弟三等嘉禾章，授经师"莫尔根堪布"僧职。

火龙年（1916年）秋天，五台、繁峙、代县三县人民实在忍受不了寺院的沉重赋税，纷纷派代表上书北洋政府，要求改变旧的征敛制度，停止向五台山菩萨顶的供奉，减轻人民的负担。北洋政府书请章嘉国师出面协调斡旋，处理此事。七世章嘉从广大劳苦大众的利益出发，做通了内蒙古宗教上层人士的工作，废除了旧制，免去了多年来压在三县人民身上的经济负担。火龙年（1916年），大总统徐世昌又一次颁令，“西宁郭隆寺（佑宁寺）章嘉呼图克图”，在原有“灌顶普善广慈宏济光明大国师”名号之上，加封“昭因阐化”四字名号，封为“灌顶普善广慈宏济光明昭因阐化综持黄教大国师”“大总统府高等顾问”，颁发金册，随后还专门从陆军部为章嘉拨一支警卫队，随身保护。北洋政府还赠送他一方“导教黄教”匾额。

这时，八世哲布尊丹巴乘辛亥革命之机，与沙俄相勾结，宣布外蒙古“独立”，自称“日光皇帝”。中国政府照会沙俄驻华公使，表示强烈抗议。后几经交涉，外蒙古在木兔年（1915年）夏天撤消“独立”，改称“自治”，八世哲布尊丹巴接受北洋政府的册封。可是在金鸡年（1921年）七月，八世哲布尊丹巴一反常态，再次宣布外蒙古“独立”，实行君主立宪制。章嘉国师曾多次致函八世哲布尊丹巴，从宗教和政治两方面规劝他取消“独立”，承认外蒙古是中国领土的一部分。八世哲布尊丹巴于木鼠年（1924年）三月去世，外蒙古当局废除其转世制度，直接改称蒙古人民共和国。章嘉呼图克图便自然成了整个蒙古地区的宗教领袖，也深受蒙古佛教人士和广大信民的崇奉，因此，北洋政府对他更加敬重。火兔年（1927年）4月，国民政府在南京成立，章嘉呼图克图派代表前往祝贺。国民政府表示承认章嘉过去的一切荣典和待遇，并任命他为国民政府蒙藏委员会委员。土蛇年（1929年），国民政府批准章嘉在南京、北平、太原、张家口、西安、重庆等地分别设立“大国师章嘉呼图克图办事处”，办理各项事务。

七世章嘉呼图克图“素具国家至上，民族至上之信念”，在抗日战争时期，为了全民族的抗战，出力甚多。金羊年（1931年）9月18日，日本帝国主义在东北发动了震惊中外的“九一八事变”，东北全土在日寇的铁蹄之下惨遭蹂躏。日本还想进一步利用内蒙古王公贵族，吞并内蒙古地区。内蒙古贵族、锡林郭勒盟代理盟长、苏尼特右旗扎萨克郡王德穆楚克栋鲁普（简称德王）与日寇勾结，此后，在日本侵略者的庇护下，妄图策划“蒙古自治”，进行分裂内蒙古的活动。章嘉闻知此事后，多次规劝德王以及各盟旗王公贵族，以国家为重，大局为重，团结一致，共同抗战。次年4月7日，国民政府在洛阳广寒宫召开“国难会议”，邀请章嘉参加。章嘉从五台山起程，经太原，于4月8日乘火车到达洛阳。当时国民政府行政院长汪精卫和褚民谊等率领各界代表和宗教团体人士到车站热烈欢迎，并备一辆用黄绸缎罩顶的汽车供他专用。当时洛阳全市悬灯挂彩，从车站到驻地，组织群众夹道欢迎，场面特别隆重。在会上，他被与会代表一致推选为名誉主席，并用蒙古语发表了演说，陈述了拥护国民政府，取消蒙古“自治”，精诚团结，一致抗日，保国卫民的道理，赢得与会者的热烈掌声和赞许。

水猴年（1932年）4月，经国民政府行政院提议，国民政府会议批准，任命章嘉呼图克图为“蒙旗宣化使”，其任务主要是：对内外蒙古进行宣传感化工作，要他们放弃“独立”或“自治”的主张，服从中央政府。同年12月26日晨，章嘉在国民政府大礼堂举行的就职典礼上正式宣誓就职，由国民政府主席林森授予印信和任命状。章嘉在南京期间，同国民政府行政院研究了蒙旗宣化工作的方针、任务和步骤，然后返回北平，在其驻地嵩祝寺成立了蒙旗宣化使公署，内设总务、宣传两个处，开展宣化工作。

当日本侵略者侵占东北三省之后，内蒙古东部盟、旗也随之沦陷，德王不听劝告，仍在搞所谓内蒙古“高度自治”活动，到处煽动其他盟、旗扎萨克参加内蒙古“自治”。章嘉呼图克图同宣化处的人员携带蒙古、汉文字印刷的宣化品，从北平到五台山，又从五台山到内蒙古各盟、旗进行巡察，散发宣化品，并进行讲经和演讲活动；所到之处，听讲者人山人海，云集各坛。章嘉的宣化工作，对内蒙古西部地区各蒙旗王公、喇嘛、各族民众反对日本侵略、抵制德王搞内蒙古“自治”的活动都起到了积极作用。水鸡年（1933年）元月，章嘉一行又回到了五台山，继续准备宣化资料。当德王搞内蒙古“独立”的活动处处受阻时，他为了做章嘉的思想工作，于是年春天，陪同他的母亲，带领40余名随从人员从察哈尔到五台山朝圣拜佛。他们一行先到镇海寺等各寺朝礼施供后，到普乐院拜见章嘉国师。当时，章嘉国师正在佛殿内身披袈裟，手持念珠，闭目打坐。德王双手合掌，行跪拜礼，呈献布施礼单（内注明所献金、银、现金及牛、马、羊数目）。章嘉出于礼节，为他和他的母亲等人摸顶祝福，并在普乐院寝宫中设席招待德王。在席间，德王谈了一些蒙古地区的形势和日本人的行动意图，并谈到内蒙古要实行“自治”，建立自己的政权、军队等，以试探章嘉对他的看法。而章嘉对所舍施的大量布施毫不动心，当即态度明朗地表示：“内蒙古地区形势复杂，事关重大，一切事情报中央政府从长计议，切莫造次，万勿擅作主张。”这次会晤，德王满怀希望而来，大所失望而去，从此两人关系疏远，再也没有任何联系。其实，章嘉的行动，早就受到日本侵略者的监视，他们也企图重利拉拢章嘉，利用章嘉在蒙古民众中的崇高威望进行分裂内蒙古的活动，但章嘉面对威逼利诱，态度坚决，在大是大非面前毫不含糊，让日寇也无可奈何。

正当章嘉国师在内蒙古进行宣化工作之际，水鸡年（1933年）底，突然获悉十三世达赖喇嘛圆寂，他即刻致电西藏噶厦政府云：“惊闻达赖大师圆寂，震悼殊深。值此边务纠纷，西陲多事之秋，遥念佛辉，弥增关切，敬希善摄藏政，以固边围，而纾中央西顾之忧。”同时，他又给在内地及内蒙古一带活动的九世班禅发电进言道：“西藏系边藩要地，主持端须重望，我师佛教首擘，政治领袖，关众藏务，自在荩筹硕画，中藏之幸，国家之幸，其惟我师图之。”他也致电国民政府：“窃以西藏问题，久悬未决，值此藏务主持乏人之际，亟宜派素孚藏民信仰大员，主持一切冀安边围。”从上述几封电文中不难看出，章嘉国师不仅对蒙古地区的安危殚精竭虑，而且对西藏地区局势也十分关注和忧虑。章嘉在北平办完有关十三世达赖喇嘛圆寂后的事务后，于木狗年（1934年）3月3日，从北平赴内蒙古宣化，他先后到包头、伊盟、杭锦旗、呼和浩特等地区一面讲经传法，一面宣化劝导。当他到察、锡盟宣化时，看到德王要投靠日本，推行内蒙古“独立”的局势已定，对他们再宣抚也毫无作用，便于4月27日返回北平，八九月间派人到南京向国民政府汇报在内蒙古宣化的经过。

章嘉国师自任蒙旗宣化使后，常驻北平、南京两地，期间还曾朝礼普陀山、九华山、峨嵋山以及江、浙等地佛教名胜，所到之处礼供神佛，深受僧众欢迎。木猪年（1935年），他在国民党第五次代表大会上被选为中央监察委员会委员。火牛年（1937年），被任命为国民政府委员。“七七事变”后，日寇逼近河北、山西，当时章嘉国师在五台山习法修禅，日寇对他多方诱逼，而他却毅然离开山西，先去南京，后到重庆，将蒙旗宣化使公署迁至成都，继续进行爱国宗教活动。

抗日战争胜利后，国民党政府为了表彰章嘉国师，晋封他为“护国净觉辅教大师”，授金印、金册，并评价他：“八年抗战期间，大师站在佛教立场，翊赞抗建大计，号召蒙藏同胞，贡献良多。”所以，国民党政府在封他为“护国大师”的同时，还授予他胜利勋章多枚。实行宪政以后，章嘉还曾历任总统府资政、国大代表、国民党中央评议委员等职。

火猪年（1947年），在南京召开中国佛教会首届会员代表大会，章嘉当选为理事长。

全国解放前夕，章嘉国师申请回青海故乡探视，但是蒋介石没有同意，并将他挟持到了台湾。

土狗年（1958年）3月4日，七世章嘉国师在台北台大医院附设医院圆寂，享年66岁。

注：

①本文基本按《内蒙古喇嘛教纪例》中乌云高娃编写的“诸世章嘉呼图克图”编写而成。

法尊法师

——藏传佛教汉族佛学家

法尊法师，俗姓温，字妙贵，是中国近代名僧。他毕生致力于藏传佛教研究和汉藏翻译工作，将格鲁派创始人宗喀巴大师的佛学思想及理论以译文的方式介绍给广大佛学人士，为汉藏佛学文化的交流起到了巨大作用，成就斐然。

法尊法师于藏历第十五饶迥之水虎年（1902 年，清光绪二十八年）出生在河北省深县一个贫苦家庭中，童年只上了三年小学，能识文断字。17 岁，他因家中生活困难，不得不辍学，到保定府一个鞋匠铺当学徒。学徒干的是苦力活，生活接济不上，加之他体弱多病，不堪忍受，便立志脱离世俗凡尘，于金猴年（1920 年）春，前往五台山玉皇庙拜礼瑞普为师，削发为僧，得法名为法尊。自此，他从师听习经文，对佛经产生了浓厚的兴趣。同年秋，大勇法师、玄义法师驻锡玉皇庙，法尊请求二师为其开示，学到了《梵网经》等经典，也对名相有了初步了解。金鸡年（1921 年），他赴北京法源寺，从道阶法师受具足戒。水狗年（1922 年）冬，他入武昌佛学院学经，研读了《俱舍颂》《因明论》《佛教史》《三论》《解深密经》《唯识论》《密宗纲要》等佛学经典，对大小乘（显密）佛学有了一个比较全面的了解。木鼠年（1924 年）夏，法尊于武昌佛学院毕业后，赴北京参加藏文学院学习藏语文。木牛年（1925 年），他随藏语系佛学院全体学员去西藏。在进藏途中，他为学好藏语文和藏传佛教，下苦功将《四体合璧》和日本出版的《四体合璧翻译名义集》两书中的汉藏对照名词术语摘抄出来，合为四册抄本。沿途他还拜师学习藏语文。抵达康区后，法尊曾约僧友一同上跑马山慈愿法师处，学习藏文语法《三十颂》《正字学》《异名论》《一名多义论》等基础常识，后又学习《刍学处》《菩萨戒注疏》《菩提道次第略论》等经典，这为学好藏传佛教打下了良好基础。火兔年（1927 年）春，入藏学僧因故滞留于康区甘孜札噶寺长达 3 年之久。在札噶寺，他研习了《因明学入门》《现观庄严论》《辩了不了义论》等重要佛典，并摘要翻译了宗喀巴大师的《缘起颂》《宗喀巴传》和《阿底峡尊者传》，这几篇译文均在《海潮音》佛学刊物上分期发表。金马年（1930 年）冬，法尊一行进入西藏，抵达拉萨圣地。在藏期间，他从师学习《菩提道次第广论》《密宗道建立》《五次第论》《入中论》等显密经论，并译出了《菩提道次第广论》一书。法尊法师在康藏学经译经长达 8 年之久，此时他的藏语文和藏传佛教的学识水平已达到了较高程度。

水鸡年（1933 年），法尊一行离开西藏，经印度、缅甸、槟榔屿、新加坡、香港返回内地。他先后在上海、南京、北京小住。木狗年（1934 年）秋，他到四川重庆汉藏教理院任教兼管院务，并利用时间翻译了《刍学处》（比丘学处）、《菩萨戒品律》等藏文经典。木猪年（1935 年）夏，为迎请安东格西来内地弘法，法尊再度进藏。留藏期间，他一面学习藏文经典及教法，一面仍从事翻译工作，译出《辨了义不了义论》。此时他的译著《菩提道次第广论》和《密宗道次略论》由武昌出版发行。他又从绛孜法王（噶丹寺绛孜扎仓堪布）学习佛法。火鼠年（1936 年）秋，他携带藏文大藏经和宗喀巴大师的一些著作返回四川，继续在重庆汉藏教理院任教和进行译经工作，先译《现观庄严论》，后译《密宗道次第次广论》，由北京菩提学会印刷发行。抗战期间，他除在教理院讲学外，还编撰了《藏文文法》《藏文读本》，译出了《入中论》。他曾受西藏佛学大师之托，组织人力将《大毗婆沙论》200 卷译成藏文，自己也参与了译经工作。为汉藏教理院教学之需要，他编著了一部《西藏政教史》，还为当时的教育部门编辑《藏文课本》8 册、《常识课本》6 册。土牛年（1949 年）底，四川解放后，他经汉口、石家庄返回阔别多年的故乡。金虎年（1950 年），他来到北京，参加菩提学会，在翻译组工作，同时被国家民委召请担任汉藏翻译。此后的四五年间，为了在藏区宣传党的方针政策，法尊将《论人民民主专政》《新民主主义论》《社会发展史》等译成藏文，又将《藏文辞典》译成汉文，并译了《五次第论》《七宝藏论》等佛教典籍。

水蛇年（1953 年），法尊大师被选为中国佛教协会常务理事。火猴年（1956 年），中国佛教学院成立，他又出任佛教学院副院长，并亲自主讲佛教经论等主要课程。20 世纪 60 年代，他曾受到迫害，下放农村接受劳动改造。土马年（1978 年），他抱病翻译了《菩提灯论》、《释量论》4 卷本、《释量论略解》9 卷本，两年后完成。金猴年（1980 年），法尊法师得到平反，并被中国佛学院聘请为该院院长。1980 年 12 月 14 日下午，他在北京广济寺圆寂，终年 79 岁。

法尊法师一生译著的经典著作甚多。1939 年，他曾将藏译本《方便心论》《如实论》《因明正理门论》《因明入正理论》《观所缘缘论》《因明大疏》等因明论著译成汉文本，还著有《宗喀巴小传》，为汉藏翻译事业做出了卓越的贡献。

才旦夏茸·晋美柔白罗哲

——甘青当代著名佛学家

才旦夏茸·晋美柔白罗哲，今青海省民和回族土自治县才旦寺第六世才旦夏茸活佛，因寺名而通称“才旦夏茸”，法名为晋美柔白罗哲，亦名阿旺央丹柔白多觉（相当于笔名），是当代著名佛学家和藏学家。

才旦夏茸的祖籍系甘肃临夏人，又有甘州人之说，汉族，俗姓杨，先祖杨光林约于清道光年间徙居青海循化，后世屡与当地藏族联姻，因随藏俗，信奉藏传佛教，其家族中代有出家为僧者，且皆精通汉藏双语。生父汉名杨宰，藏名罗桑扎西，生母名拉毛太。大师为第五代，于金狗年（1910 年农历四月二十二日，清宣统二年）出生在今青海省循化撒拉族自治县积石镇。

大师幼名罗桑群佩，3 岁时，由化隆支扎寺创建者夏玛尔班智达·格敦丹增嘉措认定为第五世才旦夏茸晋美图旦嘉措的转世，6 岁于才旦寺所属的土哇寺坐床，7 岁由赛智寺第五世嘛呢活佛格敦丹增坚赞剃度出家，授沙弥戒，赐名格敦雪珠嘉措，后依被誉为第二米拉日巴的叔父阿旺群增为启蒙师，学习藏文写读及书法。10 岁左右，他在丹斗寺从师学习因明、藏文诗学、历算学等；14 岁起在循化尕楞寺拜晋美丹曲嘉措为根本上师，系统修学大小五明各学科，兼修显密诸论，贯通经、史，尤擅长藏文古体诗作、藏文文法、书法、天文历算等，成为出类拔萃的佛学界和藏学界青年学者，被赐名晋美柔白罗哲。这期间，他游学于青海化隆、循化、民和、同仁，四川察科、阿坝、若尔盖、白龙江一带藏区各寺，遍访名师虚心求学。他苦学因明学、格鲁派经典法要，精研中观、般若、俱舍诸论，佛学造诣不断升华。此后一直随根本上师在化隆丹斗寺传道授业，和才旦堪布一起掌管民和才旦寺和所属 5 寺。20 世纪 40 年代，晋美柔白罗哲已盛名遐迩，甘青藏区公认他和西卜沙格西罗哲嘉措是继承安多高僧格当班智达洛桑华丹和晋美三旦学说的两大高徒。

20 世纪 40 年代末，他在化隆土哇寺筹建了一所印经院，撰写了印经院规章。印经院陆续刻印了晋美三旦、格当·格桑华丹、晋美丹曲嘉措等名师的著作，这被称为土哇寺版，发行甘南、四川阿坝、西藏及青海各地区。他还同才旦堪布一起出资扩建修缮了丹斗寺大经堂、行宫等，并绘制佛像，奉立佛塔。

青海解放后，才旦夏茸应聘为青海省人民政府翻译委员会副主任，从事大量的汉译藏方面的文字翻译工作，培养了一大批汉藏翻译人才。木马年（1954年）夏，他赴北京参加党和国家的政策、法令、宪法、毛泽东著作哲学部分的翻译及审定工作，其间受到毛泽东主席、周恩来总理的接见，还参加了庆祝中华人民共和国成立5周年的国庆大典。次年，他又与其他几位学者一同来到北京，担任会议文件的翻译工作，收集汉文名词术语，在汉译藏中，对藏文中的新名词术语进行了创译和审定，整理出版了简明词典《藏汉词汇》，填补了当时国内藏汉翻译新词术语工具书的空白，开新中国汉藏翻译事业的先河。同时，他又积极协助创办《青海藏文报》和推进藏文出版事业。火猴年（1956年）冬，他作为青海省宗教界人士，参加由国家统一组织的参观团，先后去北京、天津、长春、上海、南京、杭州等地参观学习，写下了许多赞颂祖国大好河山的诗篇。火鸡年（1957年）始，他与藏族学者桑热嘉措等人合作，共同完成大型藏族史诗《格萨尔王传》的整理工作。嗣后，他任教于青海民族学院，以渊博的学识和精湛的藏文水平，为培养大学藏文师资贡献良多。土马年（1978年）起，他被聘为西北民族学院藏文教授，专事古藏文硕士研究生的培养，自编教材，亲自任教，悉心指导，使不少人成为后来国内藏学、佛学研究的骨干。十世班禅大师于1983年6月21日（藏历水猪年）在《光明日报》上撰文，对才旦夏茸高度评价说："我国藏族中，在藏学方面有这么高深造诣的人不多。他的著作是多方面的，在培养人才方面也做出了贡献，我非常尊重他。他热爱共产党，热爱祖国，维护民族团结和祖国统一。"

才旦夏茸于1985年5月13日（藏历火牛年）在甘肃拉卜楞寺讲经时逝世，享年76岁，其舍利子供奉在丹斗寺灵塔中。大师一生为佛教和民族文化的发展而求学精进，深入研究，笔耕不辍，在佛教哲学、藏文古体诗作、藏文语法修辞、历算、藏族史、藏传佛教、文史考古、寺院志、藏梵字帖书法等多学科领域中皆有丰厚成果，著述等身。青海民族出版社曾出版其文集四卷，其中第一卷为其经师晋美丹曲嘉措传和本人自传；第二卷和第三卷主要对宗喀巴大师《菩提道次第广论》的释论；第四卷中附对宗喀巴《密宗道次第广论》的诠释外，另有喇钦·贡巴饶赛和宗喀巴大师等的传记和教诫、诗作汇集、《丹斗寺志》等。此外，尚有作为单行本出版传世的专著近10种，主要有《诗学总论》《藏文文法》《夏琼寺志》《藏族历史年鉴》《藏汉对照词典》及各种藏梵文字帖等。

才旦夏茸生前曾向西北民族学院捐资一万元，设立"才旦夏茸奖学金"，奖励学习优秀的各族学生。他曾任第六届全国政协委员、中国佛教协会理事、甘肃省佛教协会副会长、甘肃省第五届政协委员等职。

图旦绛白益西丹巴坚赞

——第五世热振活佛

热振呼图克图图旦绛白益西丹巴坚赞，为热振寺第五世活佛，是西藏近代史上对政教事业做出过巨大贡献的爱国者。

图旦绛白益西丹巴坚赞于藏历第十五饶迥之水鼠年（1912 年），在西藏东南之塔波下如地方（今西藏自治区加查县境内）诞生。据说，五世热振诞生之日，正逢天降大雪。两日后天晴，邻居发现他家屋顶的积雪上面有两只乌鸦用嘴划来划去，他们近前一看，有形似藏文“热振”二字，十分醒目；又有人说雪化后留下藏文“热”字未化；还有人说热振诞生时，有杵铃自动作响的现象；还有童年时，有一次他去放牧，当跳过一条小河时，河边的一块石头上留下了如踩进了烂泥里一样的足迹。有关他出世和童年时代的种种神奇传说很多，这些像风一般传到了加查宗宗本的耳里，宗本立即将这一消息报告了十三世达赖喇嘛。十三世达赖喇嘛闻知后，即通知热振寺，要他们做好对这个不寻常孩子的保护工作。宗本就将他迎到宗本署衙供养。时隔不久，热振寺迎请活佛的一行人马抵达加查宗，宗本和热振寺僧众经过打卦问卜，确定他为第四世热振活佛的转世。热振寺僧众迎请灵童回寺，举行坐床仪式，剃度出家，取法名图旦绛白益西丹巴坚赞。

按照惯例，五世热振进入色拉大乘寺，拜阿旺端智和贤巴嘉措二师为经师，开始了他的诵经学法生涯。在这里，他学习了由阿底峡大师传承下来，经宗喀巴大师发展的新旧噶当法类，然后系统地学习了五部大论，成为通达者。学毕五部大论后，由十三世达赖喇嘛亲自主持立宗答辩，五世热振以渊博的学识、敏捷的思路、流利的对答，取得了“拉然巴”格西学位。五世热振活佛20岁时，回到热振寺任寺主，开始尽心竭力为弘扬佛法和人民大众的利益而奋斗。他心地宽厚，慈悲众生，常和普通百姓交朋友，了解民情。他有时出现在田间地头，和农民同耕作；有时出现在河边码头，和船工促膝谈心。关于热振活佛热爱民众的事迹，在农村、牧区到处传颂。

十三世达赖喇嘛对五世热振的风范极为赞赏，他曾亲临热振寺看望五世热振，并深为关切地将自己常用的一本书赠给五世热振说：“这是一本鉴别善恶的重要书籍，你好好学习。”五世热振一次去柏树林中，亲自选定了一棵柏树，准备做十三世达赖喇嘛以后的灵塔用。据说用这棵柏树所造的殊胜灵塔——善如意大金塔，至今还保存完好。

水鸡年(1933年)十月三十日，十三世达赖喇嘛突然圆寂。经当时的“西藏国民大会”讨论，按十三世达赖喇嘛生前意愿，呈请国民党政府批准，五世热振活佛图旦绛白益西丹巴坚赞被册封为摄政王，掌管西藏政教事务，并赐封其为“辅国宏化禅师”。热振活佛任摄政王以后，西藏地方迎来了暂时的稳定。

热振活佛与国民党政府的关系也较密切，在寻访十三世达赖喇嘛转世灵童一事上，曾多次向国民党政府呈报情况，以求得帮助和批准。蒙藏委员会委员长黄慕松参加致祭十三世达赖喇嘛的仪式后，就寻访十三世达赖喇嘛转世灵童的问题，曾电谕热振活佛、司伦、噶厦，饬其在认定灵童一事上，须按乾隆五十七年规定的金瓶掣签制度进行认定。

土虎年（1938年）冬，五世热振活佛向国民党政府报告：“寻得灵童三名，并请派员入藏掣定。”国民党政府接到报告后，派蒙藏委员会委员长吴忠信入藏主持转世灵童之掣签和坐床仪式。吴忠信率职员仆役19人取道印度入藏。到达拉萨前，灵童情况有所变化，原访得之三名灵童只剩下青海灵童一人。吴忠信到达拉萨后，热振活佛便与吴忠信磋商，热振活佛主张认定青海灵童，免予金瓶掣签。于是吴忠信和热振活佛先后给国民党政府上书：“青海灵童灵异卓著，全藏僧俗公认为第十三世达赖喇嘛之化身，经民众大会决议，不再举行掣签，拟请中央按十三世达赖喇嘛之先例，准予免除掣签手续。”金龙年（1940年）二月初五，国民党政府正式发布命令：“青海灵童拉穆东珠慧性湛深，灵异特著，系十三世达赖喇嘛之转世，应即免予掣签，特准继任第十四世达赖喇嘛，此令。”是年二月二十二日，十四世达赖喇嘛在布达拉宫举行坐床典礼。在此之前，这年正月初七，吴忠信代表中央政府授予热振活佛“摄政经师热振阿齐图慧云呼图克图”一枚金印，热振活佛为表达谢意，特从热振拉章内提取贵重物品馈送吴忠信一行。

热振活佛在执掌西藏地方政教事务后，热爱祖国，维护统一，打击亲英势力，精心治理西藏地方政教，深得民心。国民党召开五届六中全会，热振活佛被选为国民党中央候补委员，引起了英帝国主义和亲英势力的不满，对热振活佛进行造谣诽谤，迫使热振活佛交权下台。他们利用宗教方式，指示乃穷降神，说热振活佛将有三年“厄运”，需暂时辞职，回寺闭关静修，方可禳解此灾等。热振活佛为了缓和当时的矛盾，决定暂时辞去摄政王之职三年，由他的师傅达札代理。当时达札已 73 岁，而且品级地位很低，约定三年期满向热振交还摄政权。

热振活佛向当时的国民党政府呈报了辞去摄政王的请求，经国民党政府批准，于藏历金龙年（1940 年）十二月正式辞去摄政之职。金蛇年（1941 年）正月初一，达札·阿旺协饶图多旦巴杰增正式代理热振执政。达札在摄政期间，由于其品级、地位太低，受到了各方面的鄙视和不满。他为了提高身价，于火狗年（1946 年）6 月的“国民大会”上，破例自行挂上了“杰布呼图克图”的头衔，自封摄政王。

原约三年期限已到，达札应“奉还政权”，但因达札代理摄政后，就被亲英分子利用和支配，迟迟不交政权，因此热振和达札之间的矛盾日益激化。热振活佛曾给国民党政府写信要求给予军火、财物等方面的援助，国民党政府指示驻拉萨办事处，暗地里支持热振组织力量，夺回摄政之职。当时西藏社会上要求热振活佛再次出任摄政的呼声甚高，这引起了以达札为首的亲英势力的恐惧，于是他们精心策划了一个“炸弹事件”，给热振活佛加上莫须有的罪名，将他逮捕。热振活佛被捕的消息传到色拉寺后，引起了该寺僧人的愤怒，于第二天占领了色拉寺乌考山头和山腰，对准扎谿兵营开火。于是噶厦调动了 3000 名地方兵与色拉寺六七百武装僧人交战，双方对峙数日，色拉寺僧人终因弹尽及受炮击而失败，色拉寺也被攻陷。

当时国民党政府蒙藏委员会得知热振活佛被捕、拉萨骚乱后，致电西藏地方政府：“色拉寺为佛教圣地，不容摧毁，立即和平解决，并将详情具报。”此后，西藏地方政府电复国民党政府：“因前任摄政热振，企图谋害现任摄政达札呼图克图，故将热振及关系重要的数人拘禁，色拉寺无知僧众，附和热振反对政府，经西藏僧侣民众大会一致同意，严加惩处，并无摧毁寺庙之事，所有中央在藏官员及旅藏汉商均当切实保护。”这些均为不实之词。国民党政府又电西藏地方政府：“对热振活佛，务必保护其安全。”但以达札为首的亲英分子惧怕爱国力量，加之除掉热振的心切，于是无视劝告，于火猪年（1947 年）五月初七，将热振活佛秘密毒死在布达拉宫霞钦角的索达巴·细巴拉的一间牢房里，其他与热振有联系的爱国人士亦受株连。

热振活佛被害的噩耗传到热振寺后，引起热振寺僧众的悲愤，500 名僧人武装起来，将驻扎在热振寺拉章内的 25 名地方兵杀死 24 名，1 名逃走。噶厦调集地方兵 1000 余人包围了热振寺，激战 7 天 7 夜，终因寺僧兵力与地方政府悬殊，才向地方政府投降。只有以热振活佛生前的亲随曲本·益西楚臣为首的 4 人（3 名仆人）突围而出，逃往青海西宁，并向当时的西康省主席刘文辉报告了“热振事件”的原因和情况，请求援助。但刘文辉受了西藏地方政府的贿赂，对此事无动于衷。（热振曲本·益西楚臣后跟随中国人民解放军进藏）。

热振活佛被害之后，达札等亲英派为了掩人耳目，在暗害热振活佛的同时，又在拉萨朗孜夏摆设了一个所谓“热振事件展览”，其中展出的大部分实物、档案都是伪造的，里面掺杂了许多不实之词。

热振活佛虽然被亲英分子所杀害，但他亲近祖国、维护团结、反对英帝国主义以及治理西藏的功德却载入史册，他永远活在藏族人民心中。

居巴堪苏·坚白赤列[1]

——西藏现代著名佛学家

居巴堪苏·坚白赤列，居巴堪苏意为“卸任密院堪布”，法名为坚白赤列，意为“妙吉祥事业”，又称措康活佛。他于藏历第十五饶迥之水牛年（1913 年）出生在今西藏自治区昌都市芒康县锡仲区，系邦达家族差民。父母以务农为生。兄弟 4 人，他为次子，只有一个妹妹。

坚白赤列 3 岁时被芒康斯乌寺认定为该寺东仓活佛的转世，迎入寺内供养。8 岁时正式坐床，登上前辈活佛的法座，继承法嗣。他开始从阿西阿乃喇嘛学习礼仪、文字、日常课诵和经典。因自幼智力过人，故所读经文即能过目成诵，13 岁时就能熟炼地朗诵《释量论》《现观庄严论》《入中论》《俱舍论》《戒律本论》等五部论典。火虎年（1926 年），他在邦达家族的资助下，赴拉萨哲蚌寺罗赛林扎仓学经，又被认定为该扎仓的措康活佛，先后从德玛和东佩两位精通显密论典的格西学习“因明学”、《现观庄严论》、“大般若经十万颂”、“般若八千颂要义”、《入中论》、《中观论》等经论，并研究中观论学说中的“应成”和“自续”两种见解的有关论述。20 岁时，由德玛上师任亲教师，东佩上师任轨范师，在足数比丘僧中授比丘戒。针对比丘僧所遵循的 250 条戒律，他主动学习《戒律本论》《四分律》等戒律论，成为守持戒律如爱护自己眼睛一样的比丘僧。后又从二师系统学习了《俱舍论》及一世达赖喇嘛对俱舍论的疏释，宗喀巴大师的代表作“菩提道次第广、中、略论”。由于勤奋苦学，他在青年时期就对显宗诸论以及注释皆能口诵心悟，得其精要，还擅长于辩论。金蛇年（1941 年）正月，27 岁的坚白赤列在各教派学者云集于拉萨的万人传召大法会上立宗与众格西辩经，经 21 天的辩论，对辩者个个理尽词穷而认输，于是誉冠全藏，获得了“拉然巴”格西学位，进入了佛学界知识分子的行列。

坚白赤列在显宗经论的学业取得较大成就后，到拉萨上密宗经院修学密宗法，拜密宗造诣高深的康萨喇嘛为根本上师，研习《密宗道次第论》《密续四部》《密集金刚》《胜乐金刚》《大威德金刚》及种种灌顶法、随许法、修持仪轨、修习方法、生起次第及圆满次第、噶丹耳传密法等，密法的精要部分皆领悟于心。在学习密宗的同时，他著成了《因明精要》及《疏释》等论著，刻版印刷，流传于世。31 岁，在上密院经考核和答辩后，他取得了“欧然巴”（密宗博士）格西学位，不久便公推为上密院格贵喇嘛（掌堂师，汉语中俗称法棒喇嘛）。

木马年（1954 年），坚白赤列又被推选为哲蚌寺居巴扎仓（密宗学院）堪布，通称“居巴堪布”。火猴年（1956 年）二月，任居巴堪布期间，又被选为中国佛教徒参加印度“菩提伽耶咨询委员会”代表，前往印度参加释迦牟尼涅槃 2500 周年纪念活动。在印度参观访问中，面对印度佛教圣地一片废墟和残缺不堪的寺庙、佛像及佛塔时，他深感失望和忧虑，并为印度佛教的没落感到悲伤，同时对比国内各种宗教和教派并存共举、一律平等，以及都受到党和人民政府的尊重、保护而又感到欣慰。回国后，他在北京与中国佛教协会会长喜饶嘉措会晤时甚投其缘，后来成为喜饶大师在佛学研究上的得力助手。他接受了喜饶大师的建议，参加了民族参观团，到祖国各地参观学习，通过各方面的参观，开阔了眼界，增长了见识，深深感到祖国的伟大、富强，共产党和毛主席的英明、正确，也感到西藏及其他藏区的落后、群众的贫苦，认识到其主要原因是旧社会的制度不好，西藏只有走民主改革的道路才能根除落后与贫穷的状态，人民才能当家作主，过上幸福的生活。故此，他后来一直坚决拥护西藏的民主改革政策，拥护社会主义制度。

火猴年（1956年）10月，中国佛教协会西藏分会成立时，坚白赤列被选为秘书长，主持日常工作，并以其身份和影响力在僧俗群众中宣传党的宗教信仰自由政策，宣传民主改革的重要意义和好处。火鸡年（1957年），他卸任哲蚌寺居巴扎仓堪布职务，同年被选为中国佛教协会常务理事，参加全国佛教事务的管理工作。土猪年（1959年）西藏发生武装叛乱时，坚白赤列立场坚定，反对叛乱，并在哲蚌寺劝说受蒙蔽的僧侣辨明是非，认清方向，赶快站到党和人民一边，劝说准备外逃的僧人回寺，在平叛工作中起了一定作用。民主改革时，他任西藏自治区筹备委员会委员，积极参加了西藏民主改革。金鼠年（1960年），任中国佛教协会西藏分会第二届理事会副会长。金牛年（1961年），任西藏国庆观礼团副团长，带队前往北京观礼后，又到祖国各地进行参观学习。

水虎年（1962年），坚白赤列积极筹办西藏佛教经典研究班，亲自编写教材，细心认真地备课，给学僧讲授经论，为佛教培养了一批人才。木蛇年（1965年），他被选为中国政治协商会议西藏委员会副主席，积极参与政治协商工作。土羊年（1979年）以来，党的宗教政策逐渐落实，坚白赤列先后被选为中国佛教协会副会长、西藏自治区政协副主席、西藏佛教协会会长等职。在主持西藏佛协工作时，他对佛协的教务、学习都亲自过问并进行指导。坚白赤列虽身兼多职，但对培养西藏佛学界人才，提高活佛、僧侣的显密佛教文化素质和政治素质这个核心工作常抓不懈。水猪年(1983年)筹办"西藏佛学院"时他兼任院长，为光复佛教事业，尽心竭力，在筹建校址，维修残旧校舍，招考学僧，研究制定教学计划，编写教材及授课等方面做了大量的既艰苦又具体的工作。水猪年（1983年）底，他不顾病魔缠身，为了佛教事业，长途跋涉，前往北京出席全国佛教协会第四届二次理事会议，对赵朴初会长提出的"人间佛教"和"人间极乐世界"的理论非常赞同。返藏后，他及时、认真地传达会议精神，并组织学习讨论。他对佛经印刷流通工作也非常重视。在他的提倡请求下，西藏自治区政府无偿地将区档案馆的《甘珠尔》大藏经印版移交给佛协，并资助50万元，筹办了"拉萨印经院"，几年来印刷1000多套《甘珠尔》大藏经，供应区内外藏传佛教寺院。他十分关心留居国外的藏族同胞，希望他们早日回到祖国各民族大家庭中来，为争取国外藏胞的回归，做了大量工作。

1984年12月，西藏佛协第四届二次理事扩大会议前夕，坚白赤列突然病情恶化，于12月12日中午，安祥地结跏趺坐，在他所修持的主要本尊“大威德金刚”坛城前舍报西逝，享年72岁。

居巴堪苏·坚白赤列圆寂后，西藏自治区召开了隆重的追悼大会。时任西藏自治区党委书记的杨岭多吉对坚白赤列的生平做了高度评价，他指出：“坚白赤列是一位真诚同党长期合作共事，积极为党为西藏人民工作的爱国主义者。”

注：

①此文节选自《佛教文化》176页，《西藏民族宗教》1992年春季号。

嘉木样·丹贝坚赞

——五世嘉木样活佛

五世嘉木样，法名丹贝坚赞，汉名黄正光，藏历第十五饶迥之火龙年（1916年）三月十二日出生于今四川省甘孜藏族自治州理塘县的营官坝彩玛村。父名贡保端智（汉名黄位中），母名姑汝拉措。

据《拉卜楞寺概况》载：金猴年（1920年）二月十一日，经九世班禅大师卜算，由拉卜楞寺摄政贡唐仓活佛寻找，丹贝坚赞被认定为四世嘉木样的转世灵童。拉卜楞寺派德哇仓活佛率领随员前往迎请，同年九月二十二日抵达拉卜楞寺，随即举行了坐床典礼。典礼期间，僧众举行立宗辩经，班禅大师遣使献白法螺，河南蒙旗亲王供献曼荼罗及白银、服饰等，本寺各活佛、各经院和所属各寺院、部落亦依次奉献供养，宁海镇守使、河州镇守使和西军帮统等军政界人物也都派代表送礼祝贺。次年农历二月初八日，丹贝坚赞在持律大德嘉央钦饶加措大师尊前受居士戒，拜智华嘉措为师，开始学习藏文，接着在喇课仓·晋美程列嘉措大师座前受沙弥戒。

五世嘉木样初入拉卜楞寺时，拉卜楞地方政教方面极为混乱，经寺院上层人士决定，在嘉木样活佛尚未成年之前，政教事务由其父和兄长代为掌管。此时，宁海镇守使干预拉卜楞寺院的政教事务，引起僧俗群众的强烈反抗。木鼠年（1924 年）五月，五世嘉木样活佛和亲属离开拉卜楞寺，到兰州朝拜九世班禅大师。在朝见期间，他谒见了军政界首脑人物和知名人士，要求伸张正义，敦促宁海军撤离拉卜楞地方，但未获结果，嘉木样活佛及亲属于年底回到甘南。

木牛年（1925 年）春，黄位中以“佛父”身份，一方面联络各部落头人，发动和组织藏兵与宁海军抗衡，另一方面组成九人代表团赴兰州，呈递请愿书。国民军总司令兼甘肃军务督办冯玉祥令第七方面军总指挥兼甘肃省省长刘郁芬查办，刘玉芬委总指挥部政治处党务特派员宣侠父（中共甘肃特别支部负责人之一）负责处理。宣侠父亲赴甘南草地调查，听取了拉卜楞地区活佛、僧人和广大民众的意见，提出了解决的办法，并帮助起草了《甘边藏民泣诉国人书》。火兔年（1927 年）春，宣侠父调走，贾宗周（中共甘肃省特别支部成员）继续负责处理纠纷，后订立了《解决拉卜楞案件的条件》，随之宁海军撤离了拉卜楞寺。不久，到外地避难的五世嘉木样活佛返回拉卜楞寺，受到广大僧俗的热烈欢迎。土蛇年（1929 年），五世嘉木样活佛开始修建续部上经院（上密宗经院）。与此同时，他负责修建了菩提法苑和来周村嘉木样花园，新建和扩建寺院 15 处，建立议仓机构等，其中菩提法苑，意为僧人辩经场所，在寺院的西边萨哈尔村的南边，后面为嘉木样活佛的别墅；嘉木样花园，在寺院西来周村旁，园内遍植各种名贵花草，各种盆景，杨柳成荫，溪水绕流，并设亭台和林息场所，清静幽雅，是一个游憩的佳境。

水鸡年（1933 年），国民党政府颁赐五世嘉木样“辅国阐化禅师嘉木样呼图克图”册印。后在寺院东边，建了一座牌坊，上面悬有“输财卫国”匾额一块，以示纪念。火鼠年（1936 年）夏，九世班禅大师应邀抵拉卜楞寺，从这年闰五月十六日起，在该寺举行第九次时轮金刚大法会，全寺大小活佛和僧俗 7 万余人参加法会，先后聆听班禅大师授时轮金刚灌顶大法。五世嘉木样向班禅大师敬献曼札、白法螺、白银以及全副服饰用具，以谢师恩。班禅大师在寺驻锡一个半月，期间给五世嘉木样授了比丘戒。

火牛年（1937 年）五月五日，五世嘉木样赴西藏学法，闰十月九日到拉萨近郊时，西藏地方政府和各寺院代表率僧众设帐郊迎。五世嘉木样抵拉萨朝拜布达拉宫时，在达赖宝座前献黄金、白银、绸缎、茶和马等布施。五世嘉木样自入藏学经到学成离藏的 3 年中，先后布施西藏各大寺院僧众和寺院附近的村民 6 万余人，以及供灯、斋饭等，用去大量黄金、白银、银圆、绸缎、茶马等物。

金龙年（1940 年）初，五世嘉木样启程东返，六月十三日抵达拉卜楞寺，给新建续部上经院经堂奉献经典、佛像及法器等，并从拉萨续部学院请来二位经师，专司教授密宗音韵及五彩坛城堆制法，无论巨细，均按拉萨续部经院（下密院）之规执行。

在抗日战争时期，五世嘉木样随同其长兄黄正清，积极宣传抗战形势，揭露日寇暴行，动员边疆民众支援国家抗战，盼望抗战早日胜利，国家得到安宁一统。1938 年，日寇妄图迅速占领中国，狂轰滥炸，沿海一带相继失守，南京沦陷，全国人民同仇敌忾之时，五世嘉木样和兄长黄正清，组织拉卜楞寺所属 108 寺僧民，慰劳抗战前线将士；代表团由其弟阿旺嘉措率领。阿旺嘉措（黄正基）带领 20 余人，制作了 8 面锦旗，携带大批慰劳品，羊皮一万张，先到重庆，向蒋介石致敬，然后分赴各个战区，向抗战忠勇将士慰劳，同时向各战区长官敬献锦旗。当时由于交通不便，加之战火四起，代表团等辗转奔波近一年，阿旺嘉措因劳累过度，身染重病，医治无效而逝世，年仅 28 岁。

五世嘉木样还积极规划教区革新事宜，对于有益于国计民生之善事，不顾寺院保守派之非议，特加协助。他亲自带领随员，历经艰难，跋山涉水，前往欧拉、果洛及四川西乔科、黑水等广大教区，宣传抗战爱国之大事。他曾先后到广大牧区，募捐集资，并于 1940 年，在全国发动抗战捐献的热潮中，命兄长黄正清组成拉卜楞致敬团，团长由黄正清担任，率弟阿莽仓活佛及前任拉卜楞总法台那格仓活佛、黄洋、康万青等僧俗代表 45 人，前往重庆致敬，捐献购置 30 架飞机的巨款 90 万银圆，以支援抗战。这是一次了不起的捐献。蒋介石亲自接见了代表团，对他们的爱国热情十分称赞，并举行了招待会。国民党政府委任五世嘉木样为蒙藏委员会委员，并赠“输财卫国”匾额一方，同时对五世嘉木样颁发了褒扬令。

五世嘉木样和他的胞兄黄正清在社会实践活动中清楚地认识到广大藏族人民只懂得念经拜佛，而不懂得科学技术知识，不了解国家大事和社会变化，也就无法拯救藏民族苦难的悲惨命运。要了解国情，了解社会，没有一定的文化是不行的，所以兄弟二人筹备，于 1928 年秋首次创立了第一所拉卜楞藏民小学，由黄正清担任校长，最初入校学生 48 名，多为藏族，也有汉族、回族。1942 年，该校学生已达 102 名，其中藏族学生 45 名、汉族学生 29 名、回族学生 26 名，蒙古族学生 2 名。至 1944 年，拉卜楞藏区相继成立了 13 所小学，学生总数达 496 名，教职员工 30 名。1940 年，黄正清又倡导创办了拉卜楞女子小学，燕京大学教授李安宅和夫人于式玉也给予了大力支持，由黄正清夫人才仁娜姆担任校长。此校仅办了 3 年，因种种原因而与藏民学校合并。

1941 年，五世嘉木样又创办了“边闻通讯社”，该社以提高民族意识，灌输抗战知识，传达解释国策，介绍边情，加强汉、藏文化交流为目的，设总务、编辑、印刷三个股，发行刊名为《边闻周刊》,汉藏两种版本。他还倡导演藏戏,如演《文成公主进藏》等剧。

1943 年，五世嘉木样特地向国民党政府提出，要求在拉卜楞寺设立青年喇嘛职业学校。国民党政府教育部遂于 1944 年批准呈请。1945 年初，拉卜楞青年喇嘛职业学校正式成立，其宗旨是使青年喇嘛接受现代教育，以推进建功大业。五世嘉木样活佛亲自担任校长，主持教学业务，开展工作。学校课程设有国文、数学、藏文、史地、化学、物理、美术、音乐、体育、医药卫生、实用技艺、英语等。由此可见五世嘉木样创办各类学校、培育各类人才的良苦用心，这些举措对当时甘南藏区文化教育起了积极的推动作用，对青海热贡一带藏族的文化教育亦有深刻的影响。一些藏族青少年赴拉卜楞学校求学，到甘青解放时，这些学生大多成了国家有用的人才。

火猪年（1947 年）四月十四日，五世嘉木样因感风寒，继染痘疹，医治无效，遂于菩提法苑圆寂，年仅 32 岁。法体于四月二十二日火化。拉卜楞寺修造灵骨塔，塔四周及上下嵌饰珊瑚、琥珀等珠宝万余粒，极为精致。对于五世嘉木样的圆寂，国民党政府颁赐褒扬令：“辅国阐化禅师嘉木样呼图克图，修持精密，慧性澄圆，宣化翊民，边陲信仰。抗战期间，拥护中央，忠诚尤为显著。兹闻逝世，悼惜良深，应予明令褒扬，并加赠名号为辅国阐化正觉禅师，用示优异，此令！”俟后，还由嘉夏茸·格桑贡却嘉措编写《辅国阐化正觉禅师嘉木样呼图克图纪念集》一部，以示纪念。

贡唐仓·丹贝旺旭

——济世慈善喜舍大师

贡唐仓·丹贝旺旭，于藏历第十五胜饶迥之火虎年（1926年）正月十三日，伴随着几种吉兆出生于四川省阿坝州若尔盖县热合冬巴乡他的舅父家中。因其父母是牧民，家庭比较贫寒，而舅父是当时一位地方土官，家境富裕，所以母亲为了不让他受苦，就长期将他寄养在舅父家中，由舅父舅母抚养。传说，他出生的那天是正月十三日黎明时分，舅父家的一名女仆出门挤奶，发现从天上掉下一个亮点，正好落在门前一个叫纳高的山顶上，顿时山沟通明，随后这个亮点变得越来越小，最后落到其舅家门外的祭神台上，并冒出许多耀眼的火花。随着挤奶仆人的叫喊声，家人都出来观看这一奇迹，亮点又一次从火花中升起，然后落入家中正屋的天窗上，快到屋里时，亮点熄灭了，孩子也诞生了。他出生后，白白胖胖，十分惹人喜爱，在父母请求下，由热合冬巴寺的法台给他取名班钦杰波。他的舅父没有孩子，舅父母像自己亲生的孩子一样疼爱他、养育他。到4岁时，他很贪玩，从各方面表现不出他是一个转世活佛的迹象。那年夏天一个炎热的下午，他家来了几个陌生的喇嘛，要见见这个孩子。他的舅父因是个土官，脾气很倔，不但没有很好地接待几位喇嘛，还说他家没有孩子，将喇嘛打发走了。这几个喇嘛准备返回甘南州的玛曲县时，他们遇到了一位白发苍苍的老人，身边还带着一个四五岁的孩子，他们即刻下马，向老人询问那个小孩的情况，那老人道：

“你们是寻访活佛灵童转世的吧！你们去热合冬巴土官家找嘛，他们家有一个很聪明的小孩。”说完领着小孩走了。老人走后，这几个喇嘛才发现，在这荒无人烟的地方，怎么会碰到年岁这么大的老人？再想细问时，人已无影无踪。于是这几个喇嘛又返回热合冬巴土官家，这时天色已晚，那位土官见他们又来了，以十分不悦的口气说：“我家就是没有小孩。”话音刚落，从门外就跑来了一个满身带泥的小孩，喇嘛拿出一包葡萄干递给那个小孩，小孩立刻高兴地接过来，坐在管家的旁边津津有味地吃起来，喇嘛问土官道：“这不是你家的孩子吗？请不要生气，给我们讲讲他的情况。”土官无奈，只好把孩子的情况简单地做了介绍，最后还申明一句：“情况是说了，可孩子不是我们家的，是下面一家人家的孩子寄养在我家的。”那几个喇嘛听了土官的介绍后，骑马回去了。后来经过几次考查、筛选，最终还是将班钦杰波认定为第五世贡唐仓加央丹白尼玛的转世灵童。拉卜楞寺的活佛僧众以隆重的仪仗队将班钦杰波迎至贡唐仓的囊欠（府邸）中，并择吉日举行盛大坐床典礼。班钦杰波正式坐上了历辈贡唐仓活佛的法座。

班钦杰波 6 岁时受沙弥戒，取法名丹贝旺旭，始学藏文拼读、文法，之后学习短篇经文、诗歌等；9 岁半进入拉卜楞寺的法相学院从师学习显宗经论。因他聪明好学，具有较高的领悟能力，他对许多课程皆无难而全部掌握。19 岁时受比丘戒，并结业于显宗学院，经考试辩经，取得了本寺高级格西学位。之后，他进入该寺的上下续部经院从师修学密宗经，经多年的学习、实践、修持，密宗经论的水平达到较高的程度，并学会了密乘的结手印法、弹线法、绘制彩粉坛城、时轮金刚、胜乐金刚、密集金刚、大威德金刚坛城灌顶等教法，成为一位显密融通的活佛、大学者。21 岁后，他一面继续修学，一面开始佛事活动和政教工作。1945 年，贡唐仓·丹贝旺旭遵照老师安却活佛的遗嘱，回到阿坝州禅定寺修持。1946 年在青海河南地区开始广转法轮，为僧俗讲说《时轮经》。当时这一地方普遍种植、贩卖大烟，经济收入不少，但是大部分老百姓染上了抽大烟的恶习，国民党政府曾派兵干涉过，可是几次禁烟成效甚微。贡唐仓听到此事，十分疼心。他通过讲经说法，使这里的土官们懂得大烟的危害性，从此他们禁种大烟和贩卖大烟。对此，当时的国民党政府行政院院长和在内蒙古做“蒙旗宣化”的七世章嘉活佛等写信感谢他。1947 年，又派代表邀请他担任政界职务，他衷恳地回绝了这一邀请，说：“我是一名宗教界人士，普渡众生，救世济人，教人们弃恶从善是我的天职，政治工作我不懂，也无法做起。”

解放后，党和政府又多次邀请他参加会议，规定了优厚的工资待遇，贡唐仓都一一推辞了。1957年他回到甘肃。1958年，甘肃、青海、四川藏区发生叛乱，无辜的贡唐仓也被牵连了进去，受到了不公正的对待。党的十一届三中全会后，贡唐仓得以平反，被安排在甘肃省政协工作，但他始终没有忘记家乡的父老乡亲，家乡有什么困难和问题总要求他帮助解决，他在力所能及的情况下，想办法积极帮助解决。早在20世纪50年代，他就在家乡创办了贡唐和平奶粉厂，就是现在的红原奶粉厂（后更名为红原牦牛乳业有限公司）。一次，记者采访他时，他风趣地说："五十年代我的家乡很穷，乡亲们一有困难就找我，可我也是个'有限公司'，不可能无止境地援助他们。"当时贡唐仓正好赴北京参观学习，他发现北京的奶粉十分短缺，马上想到家乡养牛多，牛奶丰富，可利用这个优势来解决人们的生活困难问题。从北京返回甘肃后，他在家乡召集有关人员商讨建奶粉厂一事，从各方凑了一些资金，创办了奶粉厂。当时贡唐仓活佛还担任该厂的名誉厂长。

贡唐仓大师还在家乡兴办教育，培养人才。早在1952年，他开始在家乡办小学，招收周围牧民的子女，并亲自培养出几名兢兢业业从事教育工作的教师。面对基层边远地区办学的困难，他又慷慨解囊，率先捐资，担任基层学校的名誉校长，直接指导学校教学工作。他说："对于藏族人民来说，经济要发展，生活要改善，关健是教育。我的钱是群众给的，用到群众的教育事业上是完全应该的。"

贡唐仓大师平时还十分注意自身的修学，每天早上天不亮就起身到自家的佛堂点灯、煨桑、诵经，从不间断。白天除佛事活动和政务工作外，他挤时间精修一些显密大论。为了满足广大信教群众的愿望，他每年都要到农牧区讲经传法，小场合的讲经无数，大场合的讲经据说就有八九次。1991年，他进行了两次关于时轮经的讲授，一次是1991年6月，在青海省的黄南州河南蒙古族自治县贡波措地方，据官方统计前来听经的僧俗群众就有15万人次；第二次是1991年9月，在四川若尔盖县的哲蚌寺讲经，听经的约有20万人次。贡唐仓大师经常结合所讲经的内容，给民众讲党的民族政策、宗教政策，以及善恶因缘故事等，通俗易懂。在晚年时，他为了与国外交流佛教文化，应美国宗教团体的邀请，先后两次赴美讲经，颇受美国宗教界的称誉。1993年，由贡唐仓活佛集资主持重建了贡唐大佛塔，是年农历六月初六，为重建的贡唐大塔举行了隆重的开光典礼。

到1993年，贡唐仓活佛已68岁高龄了，他还身患几种疾病，但他却不在乎，并说："只要我不躺在床上起不来，就应该尽力做一份工作。"这时，他除了到青海、甘肃、四川的草原上讲经外，还参加甘肃省文史资料的编写工作，准备参与《甘肃经济史》和《甘肃民族史》的编纂工作。

1995年农历三月，十世班禅大师的经师嘉雅·洛桑丹白坚赞的转世灵童，在塔尔寺举行隆重坐床仪式的庆典上，贡唐仓和六世嘉木样活佛应邀前来献礼祝贺。

贡唐仓·丹贝旺旭大师于藏历第十七饶迴之铁龙年（2000年）3月1日凌晨在拉卜楞寺贡唐仓拉章的卧室中圆寂，享年75岁。2000年3月6日，全国政协常委、佛教协会副会长、甘肃省政协副主席、甘肃拉卜楞寺第六世贡唐仓丹贝旺旭活佛的追悼会在夏河县举行，甘肃党、政、军负责同志，宗教界人士和僧俗群众参加了追悼仪式。

东嘎·洛桑赤列
——当代中国著名藏学家

东嘎·洛桑赤列为第八世东嘎活佛，于藏历第十六饶迴之火兔年（1927年）生于西藏山南工布林芝地区林芝县觉摩地方。生父名次旺，生母名扎西措。他诞生时出现了几种奇异吉兆，取幼名达娃，意为“月亮”。未过多久，由遍主多杰羌帕旺喀巴德庆宁波上师为他赐名为洛桑嘎丹赤列嘉措。金羊年（1931年），年届5岁时，由十三世达赖喇嘛图旦嘉措以宗教方式认定他为第七世东嘎活佛的转世灵童。他在父母的护持下，开始修学藏文拼读及简易经文。木猪年（1935年），在诞生地的东嘎寺中举行隆重的坐床典礼，正式成为东嘎尔第八世活佛。“东嘎”是地名，意为白海螺，又是寺名。他的法名简化后称洛桑赤列，将地名东嘎作为佛号冠在法名前，就成了东嘎·洛桑赤列。

从此东嘎·洛桑赤列开始正式从师学经。由色麦工布康村的持律师阿旺云丹任领诵师，讲授“五部大论”本论和注疏共200多叶。火鼠年（1936年），年仅9岁的洛桑赤列从工布林芝初次到达圣地拉萨，进入色麦扎仓，以阿旺云丹为经师，从色协藏巴康村的大格西阿旺格敦上师，在10年的时间里攻读“五部大论”。由于他刻苦研修，“五部大论”全部融会贯通。在寺院中练习辩经，他辩理有条有理，常常辩败其对手，遂在寺中崭露头角。火狗年（1946年），他受经师之嘱托，踊跃参加拉萨正月祈愿大法会上的辩经考试，经过几天的激烈辩论，最后终于获得了最高的“拉然巴”格西学位。这时他刚刚19周岁，年纪轻轻的他获得如此高的学位，使得参加考辩的人们对他开始刮目相看。接着，他入拉萨上密宗经院，从密宗上师发奋修学密宗事行续部四年，金虎年（1950年）获得“欧仁巴”格西（密宗博士）第二名。木马年（1954年），他被任命为拉萨上密宗经院的格贵喇嘛，执行密院法规。从木羊年（1955年）开始，他先后师事朗仁波切（朗活佛）、赤相仁波切、噶丹赛赤仁波切龙智宗哲等上师十多位，与他们谛结法缘，专门修学藏族的传统文化大小五明论，以大学者察智·阿旺罗桑（1880~1957年）为根本上师，修学藏语语法“三十颂”及诗论学全部，对从事写作和创作诗歌奠定了良好的基础，又从乃摩寺的大智者乃摩·益喜群佩学习历算学，一举成为知名学者。

西藏和平解放后的火猴年（1956年），东嘎·洛桑赤列走出寺院，参加革命工作，曾担任工布林芝专区达工分区佛协副主任。土猪年（1959年），任中国西藏佛教协会分会理事。金鼠年（1960年），因工作需要，他被调往北京中央民族学院，担任民族语文系教授，6年间为两个藏文研究班教授藏语文法、诗词、历史、佛学等内容。在教学过程中，他为了更好地授课，编著了诗论教科书《诗学入门·修辞开启智门》。木蛇年（1964年），他从北京返回西藏，经过日喀则和江孜，从事教育工作几个月。木兔年（1975年），遵照上级的指示，他前往四川成都藏汉大辞典编纂组从事《藏汉大辞典》的编写工作，几个月后，于火蛇年（1977年）又回到西藏自治区，从事协助文物馆、档案馆、西藏革命展览馆和西藏政协等单位进行编目、文史资料编纂工作。从土马年（1978年）至木牛年（1985年），东嘎·洛桑赤列又应邀到北京中央民族学院任教，还编写大学藏文教材，附带编写参考资料，得到了院领导和广大师生的高度评价。金猴年（1980年），他被中央民族学院聘为副教授，1985年被中央民族学院聘为教授。是年，他被西藏自治区人民政府聘为自治区社会科学院名誉院长。水牛年（1985 年），他从北京回到西藏，在西藏大学任教。土龙年（1987 年），他被任命为中国藏学研究中心副总干事，在从事教学的同时，开始藏学研究，还被国家人事部聘任为国家级专家。金羊年（1990 年），他又被授予甘肃省藏学研究会名誉会长，并带领研究室研究人员，先后到甘肃、青海、四川藏区等地调研长达三个月，调研成果斐然。同时，他实地调查各地民族教育教学问题。作为一名出类拔萃的藏学专家，东嘎·洛桑赤列先后多次到德国、挪威、意大利、奥地利、法兰西等国进行讲学和参加国际藏学研究会议，会上介绍中国藏学研究的进展情况，并发表藏学专题论文，为促进国外藏学研究和国内藏学研究工作做出了不可磨灭的贡献。

火鼠年（1996 年），东嘎·洛桑赤列从西藏大学退休。这位不可多得的奇才，于火牛年（1997 年 7 月 22 日，藏历五月十五日）早晨 11 点在美国洛杉矶圆寂，享年 70 岁。

东嘎·洛桑赤列一生先后担任中国佛教协会西藏分会常务理事，中国佛教协会理事，西藏自治区藏学研究会导师，国际藏学研究会理事，全国政协第六届、第七届、第八届委员，西藏自治区政协第四届常务委员，中国全国历史研究会、中国世界佛教研究会、中国少数民族古藏文研究会等的会员。该师是世界公认和尊奉的著名藏学专家，被列入世界名人录大全，曾先后任中央民族大学和西藏民族大学副教授、教授长达 30 余年，为振兴西藏教育和文化事业做出了卓越贡献。

作为现代藏学的杰出学者，东嘎·洛桑赤列的一生是为学术的一生，其著作等身，其中最为重要的是编著了藏族百科全书式的《藏学大辞典》。当初为了适应不断发展的藏学研究事业的需要，为了给国内外从事藏语文教学、藏文化研究和藏文古籍以及藏族著名人物的实际工作者提供一部较为全面、权威、详备的藏文大辞典，中国藏学研究中心成立伊始，就将这部《藏学大辞典》的编写工作列入重点课题，并在人员、经费和工作条件等方面给予保障，因此，东嘎·洛桑赤列从 20 世纪 60 年代开始，便陆续搜集资料，就是在任教过程中还不断摘录词条，直到 1988 年中国藏学研究中心将《藏学大辞典》列入重点科研计划后，才得以专心写作。经过数年的辛勤劳动及各方面人士的关心支持，他终于完成了这部共 1.4 万余条词目 280 余万字的巨典的编写工作，但遗憾的是他还没有看到编校严谨、装帧精美的《藏学大辞典》出版就与世长辞了。

这部《藏学大辞典》主要收录了以下几个方面的藏学词汇：关于藏族历史人物与

历史事件；关于历代中央王朝与西藏地方政府之间的关系；关于藏族古代法律；关于原西藏地方政府机构及专用公文；关于藏区名胜古迹和重点寺庙；关于藏族民俗与宗教；关于藏学基础知识等方面的词条。这部辞典编选词汇丰富，内容解释详实，分类科学合理，便于检索使用，是一部藏学百科性质的辞书，也是初步涉足于藏学领域者的宝典，更是藏学研究学者和专家的珍贵参考资料。

东嘎·洛桑赤列除著有《藏学大辞典》这部巨著外，还著有《红史注释》(译成汉文和英文出版发行)、《诗学入门》、《教派释论》、《藏族目录学》、《藏族教育发展广论》、《关于出版藏文古籍论》、《藏族文史常识荟萃》、《论西藏政教合一制度》等专著。

藏传佛教主要寺院简表

寺院名称	寺　址	创建年代	创建人及派别
昌珠寺 ཁྲ་འབྲུག་དགོན་པ།	西藏自治区山南地区乃东县境内	公元7世纪40年代	松赞干布倡建 前弘期寺院
大昭寺 ལྷ་ལྡན་གཙུག་ལག་ཁང་།	西藏自治区拉萨市	公元7世纪40年代	尼泊尔公主倡建 前弘期寺院
小昭寺 ར་མོ་ཆེ་གཙུག་ལག་ཁང་།	西藏自治区拉萨市	公元7世纪	文成公主倡建 前弘期寺院
桑耶寺 བསམ་ཡས་དགོན་པ།	西藏自治区山南地区扎囊县境内	公元775年始建，787年竣工，历时12年。	寂护、莲花生 与赤松德赞 共同倡建 宁玛派
杰拉康 རྒྱལ་ལྷ་ཁང་།	西藏自治区林周县(热振寺附近)	水鼠年(1012年)	尚那囊·多杰旺秀 后弘期寺院
坚贡寺 ཉེ་མ་རྒྱན་གོང་གི་གཙུག··· ལག་ཁང་།	西藏自治区日喀则地区江孜县下部		洛敦·多杰旺秀 后弘期寺院
唐波且寺 ཐང་པོ་ཆེ་དགོན་པ།	西藏自治区山南地区乃东县昌珠寺以东		珠梅·次臣郡乃 后弘期寺院
托林寺 མཐོ་སྡིང་དགོན་པ།	西藏自治区阿里地区达札县	公元10世纪晚期	古格意希沃 噶当派最早寺院 后改为格鲁派 寺院

寺院名称	寺　址	创建年代	创建人及派别
热振寺 ར་སྒྲེང་དགོན་པ།	西藏自治区拉萨市林周县北部	火猴年(1056年)又有1057年之说	仲敦巴 (1005～1064年) 噶当派
切喀寺 འཆད་ཁ་དགོན་པ།	西藏自治区拉萨市墨竹工卡县境内	公元10世纪中叶	切喀巴·益西多杰 (1101～1175年) 噶当派
纳塘寺 སྣར་ཐང་དགོན་པ།	西藏自治区日喀则市西南	水鸡年(1153年)	杜敦·罗哲扎巴 (1106～1166年) 噶当派
聂塘度母殿 སྙེ་ཐང་སྒྲོལ་མ་ལྷ་ཁང་།	西藏自治区拉萨市西南	公元11世纪	仲敦巴等建 噶当派
夏域寺 བྱ་ཡུལ་དགོན་པ།	西藏自治区山南地区隆子县东	水蛇年(1113年)始建,13年后完工。	夏域哇·循努沃 (1075～1138年) 噶当派
桑普寺 གསང་ཕུ་ནེའུ་ཐོག་དགོན་པ།	西藏自治区拉萨市堆龙德庆县境内	水牛年(1073年)始建	俄·勒白喜饶初建 俄·洛丹喜饶扩建 噶当派
朗塘寺 གླང་ཐང་དགོན་པ།	西藏自治区拉萨市林周县境内	水鸡年(1093年)	朗日唐巴 (1054～1123年) 噶当派
嘎陀寺 ཀཿཐོག་དགོན་པ།	四川省甘孜藏族自治州白玉县河波乡境内	土兔年(1159年)到金龙年(1160年)	嘎·丹巴德西 (1122～1192年) 宁玛派

寺院名称	寺　址	创建年代	创建人及派别
多杰扎寺 ཐུབ་བསྟན་རྡོ་རྗེ་བྲག······ དགོན་པ།	西藏自治区山南地区贡噶县境内	公元16世纪晚期	扎西道杰 宁玛派
敏珠林寺 སྨིན་གྲོལ་གླིང་དགོན་པ།	西藏自治区山南地区扎囊县境内	火龙年(1676年)	德达林巴·仁增居美多杰 (1646～1714年) 宁玛派
白玉寺 དཔལ་ཡུལ་རྣམ་རྒྱལ་བྱང་ ཆུབ་གླིང་།	四川省甘孜藏族自治州白玉县境内	木蛇年(1665年)	仁增耿桑喜饶 (1636～1699年) 宁玛派
佐(朱)钦寺 རྫོགས་ཆེན་དགོན་པ།	四川省甘孜藏族自治州德格县	木鼠年(1689年)	白玛仁增 (1625～1697年) 宁玛派
乌巴隆寺 འུག་པ་ལུང་དགོན་པ།	西藏自治区日喀则地区南木林县境内	金龙年(1040年)	大索尔·释迦郡乃 (1002～1062年) 宁玛派
卓普寺 སྒྲོ་ཕུག་ལྷ་ཁང་།	西藏自治区日喀则地区南木林县卓普地方	金鼠年(1120年)	大索尔初建 卓普巴·释迦僧格扩建 (1074～1134年) 宁玛派
安琼南宗寺 ཨན་ཆུང་གནམ་རྫོང་······ དགོན་པ།	青海省黄南藏族自治州尖扎县	原为古老的宁玛派寺院，清康熙年间(约1685年)。	班玛仁增主持修建 宁玛派
噶玛丹萨寺 ཀརྨ་གདན་ས་དགོན།	西藏自治区昌都地区类乌齐县噶玛地方	火兔年(1147年)	噶玛巴·德松钦巴 (1110～1193年) 噶玛噶举派

寺院名称	寺　址	创建年代	创建人及派别
达拉岗布寺(干波寺) དྭགས་ལྷ་སྒམ་པོ་དགོན།	西藏自治区山南地区加查县和林芝地区朗县之间	金牛年(1121年)	达波拉杰 (1079～1153年) 达波噶举派
丹萨替寺 གདན་ས་མཐིལ་དགོན་པ།	西藏自治区山南地区东帕摩竹地方	土虎年(1158年)	帕摩竹巴·多杰嘉波 (1110～1170年) 帕竹噶举派
采巴寺 ཚལ་གྱི་དགོན་པ།	西藏自治区拉萨市采贡唐地方	木羊年(1175年)	采巴·祥·尊哲扎巴 (1123～1194年) 采巴噶举派
巴戎寺 འབབ་རོམ་དགོན་པ།	西藏自治区那曲地区桑雄地方	水鸡年(1153年)	巴戎·达玛旺秀 (12世纪人) 巴戎噶举派
枳贡替寺 འབྲི་གུང་ཐིལ་དགོན།	西藏自治区拉萨市墨竹工卡县境内	土猪年(1179年)	米娘贡仁初建 枳贡巴·仁钦贝扩建 (1143～1217年) 枳贡噶举派
绰普寺 ཁྲོ་ཕུ་དགོན་པ།	西藏自治区日喀则地区日喀则市境内	1171年初建，1212年正式建成。	贾察仁钦贡 绰普噶举派
修赛寺 སྙི་ཕུ་ཤུག་གསེབ་དགོན····པ།	西藏自治区拉萨市曲水县境内	金牛年(1181年)	杰贡·次臣僧格 (1144～1204年) 修赛噶举派
楚普寺 མཚུར་ཕུ་དགོན་པ།	西藏自治区拉萨市堆龙德庆县境内	土鸡年(1189年)	德松钦巴 (1110～1193年) 噶玛噶举派

寺院名称	寺　　址	创建年代	创建人及派别
达隆寺 སྟག་ལུང་དགོན་པ།	西藏自治区拉萨市林周县境内	金鼠年(1180年)	达隆塘巴·扎西贝 (1142～1210年) 达隆噶举派
贡塘寺 གུང་ཐང་དགོན་པ།	西藏自治区拉萨市采贡塘地方	火羊年(1187年)	采巴·祥·尊哲 扎巴 采巴噶举派
类乌齐寺 རི་བོ་ཆེ་དགོན་པ།	西藏自治区昌都地区类乌齐县	火鼠年(1276年)	桑杰温 (1251～1296年) 达隆噶举派
竹寺(雷音寺) འབྲུག་དགོན།	西藏自治区拉萨市西南郎木地方	水牛年(1193年)	藏巴嘉热 (1161～1211年) 竹巴噶举派
嘎波却隆寺 དཀར་པོ་ཆོས་ལུང་དགོན་པ།	西藏自治区山南地区乃东县境内	金牛年(1241年)	洛热巴·旺秀尊哲 (1187～1250年) 下竹巴噶举派
雅桑寺 གཡའ་བཟང་དགོན་པ།	西藏自治区山南地区乃东县西南	火虎年(1206年)	却吉门兰 (1169～1233年) 雅桑噶举派
八邦寺 དཔལ་སྤུངས་དགོན་པ།	四川省甘孜藏族自治州德格县境内	火牛年(1727年)	司徒·却吉郡乃 (1700～1770年) 噶玛噶举派
贡钦寺(更庆寺) སྡེ་དགེ་དགོན་ཆེན།	四川省甘孜藏族自治州德格县	土龙年(1448年)	唐东杰布 (1361～1485年) 系萨迦派寺院

寺院名称	寺　　址	创建年代	创建人及派别
桑顶寺 ཡར་འབྲོག་བསམ་སྡིངས་·· དགོན།	西藏自治区浪卡子县境内，羊卓雍湖之西南	公元10世纪左右，清代已改宗为格鲁派	有女僧次仁措建和琼波南觉建两说原系噶举派
纳普寺 སྣ་ཕུ་དགོན་པ།	西藏自治区山南地区	公元12世纪后叶	岭热·白玛多杰 (1128～1188年) 竹巴噶举派
泽当寺 རྩེས་ཐང་དགོན་པ།	西藏自治区山南地区乃东县东	金兔年(1351年)	司徒·绛曲坚赞 (1302～1364年) 帕竹噶举派
乃囊寺 གནས་ནང་དགོན་པ།	西藏自治区堆龙德庆县楚普寺以东	水鸡年(1333年)	札巴僧格 (1283～1349年) 噶玛噶举红帽系
羊八井寺 ཡངས་པ་ཅན་དགོན།	西藏自治区拉萨市当雄县境内	金狗年(1490年)	却扎益西巴桑 (1453～1524年) 噶玛噶举红帽系 后改为格鲁派寺院
萨迦寺 ས་སྐྱ་དགོན་པ།	西藏自治区日喀则地区萨迦县	水牛年(1073年)，又有1079年建之说，1268年兴建南寺。	昆·贡却嘉波 (1034～1102年) 萨迦派
埃旺曲丹寺又名俄尔寺 ངོར་ཨེ་ཝཾ་ཆོས་ལྡན········· དགོན།	西藏自治区日喀则地区俄尔地方	土鸡年(1429年)	俄尔钦·贡噶桑波 (1383～1456年) 萨迦派
尕藏班觉寺 སྐལ་བཟང་དཔལ་འབྱོར་·· གླིང་།	青海省玉树藏族自治州称多县	火兔年(1267年)	嘎·阿宁胆巴 萨迦派

寺院名称	寺　　址	创建年代	创建人及派别
吉祥那烂陀寺 དཔལ་ན་ལེནྡྲའི་དགོན་པ།	西藏自治区拉萨市林周县境内	火龙年（1436年），又有1435年之说。	绒敦·释迦坚赞 （1367～1449年） 萨迦派
锡金吉蔡寺 འབྲས་ཡུལ་སྐྱིད་ཚལ……… དགོན་པ།	西藏自治区日喀则地区仁布县境内	土蛇年（1449年）	贤钦然绛巴·桑杰佩 （1411～1485年） 萨迦派
多吉丹寺 （贡噶却德多杰丹寺） རྡོ་རྗེ་གདན་དགོན་པ།	西藏自治区山南地区贡噶县东	木猴年（1464年）	同弥贡噶南嘉 萨迦派
昂仁寺 ངམ་རིང་ཆོས་སྡེ།	西藏自治区日喀则地区昂仁县境内	金虎年（1290年）	由释迦僧格初建后由觉囊·乔列南杰扩建成萨迦寺院
却吉寺 ཆོས་ཀྱི་དགོན་པ།	四川省阿坝藏族羌族自治州若尔盖县境内	15世纪末，又有土羊年（1499年）建的记载。	却吉桑波 15世纪人 萨迦派
定日寺 དིང་རི་དགོན་པ།	西藏自治区日喀则地区定日县境内	火牛年（1097年）	阿里古格王倡建 息结派
觉摩囊寺 ཇོ་ནང་དགོན་པ།	西藏自治区日喀则地区拉孜县东北处	水蛇年（1293年）	耿邦·图杰宗哲 （1243～1313年） 觉囊派
达丹旦曲林寺 རྟག་བརྟན་དམ་ཆོས……… གླིང་།	西藏自治区日喀则地区拉孜县境内	木兔年（1615年）	多罗那他 （1575～1634年） 后改为格鲁派寺院名噶丹彭措林

寺院名称	寺　　址	创建年代	创建人及派别
白居寺 རྒྱལ་རྩེ་དཔལ་འཁོར་ཆོས་ སྡེ།	西藏自治区 日喀则地区 江孜县境内	1390年由贡嘎巴创建	土狗年(1418年) 江孜法王和 一世班禅克珠杰 兴建白居塔
壤塘寺 ཛམ་ཐང་བསམ་གྲུབ་ནོར་ བུ་གླིང་།	四川省阿坝 藏族羌族自 治州壤塘县 境内	木蛇年(1425年)	仲・噶玉哇・仁钦贝 (1350～1435年) 觉囊派
阿什姜贾贡巴寺 ཡར་ཐང་ཨ་སྐྱོང་རྒྱ……… དགོན་པ།	青海省果洛 藏族自治州 班玛县江日 堂乡	17世纪晚期该寺最初由赤列南杰创建，系宁玛派寺院，后由阿旺丹增南杰改宗为觉囊派寺院。	阿旺丹增南杰 (1691～1738年)
夏鲁寺 ཞྭ་ལུ་གསེར་ཁང་།	西藏自治区 日喀则地区 夏鲁地方	火兔年(1027年)初建，1320年扩建成现在规模。	杰尊・喜饶郡乃约10世纪末人后由布敦大师扩建夏鲁派
珀东埃寺 བོད་དོང་ཨེའི་དགོན་པ།	西藏自治区 日喀则地区	土牛年(1049年)	米多罗钦布建 后属珀东学派寺院
噶(甘)丹寺 དགའ་ལྡན་རྣམ་རྒྱལ……… གླིང་།	西藏自治区 拉萨市达孜 县境内	土牛年(1409年)	宗喀巴创建 (1357～1419年) 格鲁派
哲蚌寺 དཔལ་ལྡན་འབྲས་སྤུངས་‥ དགོན་པ།	西藏自治区 拉萨市西郊	火猴年(1416年)	绛央却杰 (1379～1449年) 格鲁派
色拉寺 སེ་ར་ཐེག་ཆེན་གླིང་།	西藏自治区 拉萨市北郊	土猪年(1419年)	贤钦却杰 (大慈法王) (1352～1435年) 格鲁派

寺院名称	寺　址	创建年代	创建人及派别
札什伦布寺 བཀྲ་ཤིས་ལྷུན་པོ་དགོན···· པ།	西藏自治区日喀则市	火兔年(1447年)	格敦朱 (一世达赖喇嘛) 格鲁派
昌都强巴林寺 ཆབ་མདོ་བྱམས་པ་གླིང་།	西藏自治区昌都地区	火蛇年(1437年)	绛散喜饶桑布 (1395～1457年) 格鲁派
夏琼寺 དཔལ་ལྡན་བྱ་ཁྱུང་ཐེག···· ཆེན་ཡོན་ཏན་དར་རྒྱས···· གླིང་།	青海省化隆回族自治县查普乡	土牛年(1349年)	法王端智仁钦 (1309～1385年) 格鲁派
隆务寺 རོང་བོ་དགོན་ཆེན་བདེ···· ཆེན་ཆོས་འཁོར་གླིང་།	青海省黄南藏族自治州同仁县	火羊年(1367年)初建一小寺,木蛇年(1605年)后改建为格鲁派大寺。	香散更噶桑波 建后由 三丹仁钦改建为 萨迦派寺院
瞿昙寺 གྲོ་ཚང་ལྷ་ཁང་ཀོ་ཏམ་སྡེ·· དགེ་རྒྱས་བདེ་ཆེན་གླིང་།	青海省乐都县瞿昙乡	火猴年(1392年)	三罗喇嘛桑杰扎西建,原为噶举派寺院后改宗为格鲁派。
塔尔寺 སྐུ་འབུམ་བྱམས་པ་གླིང་།	青海省湟中县鲁沙尔镇南隅	金猴年(1560年)到火牛年(1577年)	贡巴哇・仁钦宗哲坚 赞初建 格鲁派
佑宁寺 དགོན་ལུང་བྱམས་པ········ གླིང་།	青海省互助土族自治县五十乡境内	木龙年(1604年)	嘉赛・端月却吉嘉措 格鲁派
广惠寺 གསེར་ཁོག་དགའ་ལྡན····· དམ་ཆོས་གླིང་།	青海省大通回族土族自治县东峡乡	土牛年(1649年)	赞布东珠嘉措 格鲁派

寺院名称	寺　　址	创建年代	创建人及派别
却藏寺 ཆུ་བཟང་དགོན་པ་དགའ་ལྡན་མི་འགྱུར་གླིང་།	青海省互助土族自治县南门峡乡	土牛年(1649年)	却藏·南杰班觉 (1578～1651年) 格鲁派
东科尔寺 སྟོང་འཁོར་དགོན་ཐུབ……བསྟན་བཤད་སྒྲུབ་གླིང་།	青海省湟源县日月乡	火狗年(1646年)	多居嘉措 (1621～1688年) 格鲁派
拉加寺 ར་རྒྱ་དགོན་བཀྲ་ཤིས……འབྱུང་གནས།	青海省果洛藏族自治州玛沁县军功乡	土牛年(1769年)	阿柔格西坚赞 俄赛尔 (1726～1803年) 格鲁派
德钦寺 ལ་མོ་བདེ་ཆེན་དགོན།	青海省黄南藏族自治州尖扎县	金猴年(1680年)	罗桑丹白坚赞 (1660～1728年) 格鲁派
拉卜楞寺 བླ་བྲང་བཀྲ་ཤིས་འཁྱིལ……དགོན་པ།	甘肃省甘南藏族自治州夏河县	土牛年(1709年)至金虎年(1710年)	嘉木样·华秀·俄旺宗哲 (1648～1721年) 格鲁派
卓尼寺 ཅོ་ནེ་དགའ་ལྡན་བཤད……སྒྲུབ་གླིང་།	甘肃省甘南藏族自治州卓尼县	木羊年(1295年)初建，土兔年(1459年)改建。	萨迦格西·希日益改建为萨迦寺 由仁钦龙布改为 格鲁派
合作寺 གཙོས་དགོན་དགེ་ལྡན……ཆོས་གླིང་།	甘肃省甘南藏族自治州合作市	水牛年(1673年)	贝·喜饶却丹 格鲁派
天堂寺 མཆོད་རྟེན་ཐང་བཀྲ་ཤིས་དར་རྒྱས་གླིང་།	甘肃省天祝藏族自治县境内	土兔年(1639年)	丹麻·崔臣嘉措 在旧寺遗址上重建 后交多居嘉措扩建 格鲁派

寺院名称	寺　　址	创建年代	创建人及派别
达仓拉摩格尔登寺 སྟག་ཚང་ལྷ་མོ་ཀིརྟི········· དགོན་པ།	四川省阿坝藏族羌族自治州若尔盖县境内	水蛇年(1413年)	绒钦·格敦坚赞 (1374～1450年) 格鲁派
理塘寺(俗称长青春科尔寺) ལི་ཐང་བྱམས་ཆེན་ཆོས···· འཁོར་གླིང་།	四川省甘孜藏族自治州理塘县	金龙年(1580年)	按三世达赖喇嘛的佛旨将邦根寺(苯教寺院)改建为格鲁派寺院
甘孜寺 དཀར་མཛེས་དགོན།	四川省甘孜藏族自治州甘孜县城(康北)	公元1655年左右	阿旺彭措 格鲁派
甘孜达杰寺 དཀར་མཛེས་དར་རྒྱས····· དགོན།	四川省甘孜藏族自治州卡公地方	木羊年(1655年)	阿旺彭措 格鲁派
噶丹松赞林寺 又名中甸归化寺	云南省迪庆藏族自治州中甸县	土羊年(1679年)	五世达赖喇嘛 倡建 格鲁派
席力图召寺 ཞི་ཏུ་ཐུབ་དགོན་ཆེན།	内蒙古自治区呼和浩特市	原为明代的一座小庙,清代初年扩建成格鲁派寺院。	四世达赖喇嘛进藏后 由希图噶布鸠 主持扩建 格鲁派
呼和浩特大召(蒙语俗称伊克召)	内蒙古自治区呼和浩特市	土兔年(1579年)	俺答汗倡建 东科尔·云丹嘉措 (? ～1587年)修建 格鲁派
广宗寺(俗称南寺)1760年清廷赐名广宗寺	内蒙古自治区阿拉善左旗	火鼠年(1756年)始建	阿旺多尔济 格鲁派

主要参考文献

一、藏文文献

《རྒྱ་གར་གྱི་ཆོས་འབྱུང》 ཏཱ་ར་ནཱ་ཐས་མཛད།

《དེབ་ཐེར་སྔོན་པོ》 འགོས་གཞོན་ནུ་དཔལ་གྱིས་མཛད།

《དེབ་ཐེར་དམར་པོ》 ཚལ་པ་ཀུན་དགའ་རྡོ་རྗེས་མཛད།

《དེབ་ཐེར་དམར་པོ་གསར་བ》 པཎ་ཆེན་བསོད་ནམས་གྲགས་པས་མཛད།

《ཐུའུ་བཀྭན་གྲུབ་མཐའ》 ཐུའུ་བཀྭན་བློ་བཟང་ཆོས་ཀྱི་ཉི་མས་མཛད།

《མཁས་པའི་དགའ་སྟོན》 དཔའ་བོ་གཙུག་ལག་ཕྲེང་བས་མཛད།

《ཧོར་ཆོས་འབྱུང》 འཇིགས་མེད་རིགས་པའི་རྡོ་རྗེས་བརྩམས།

《བཀའ་གདམས་གསར་རྙིང་གི་ཆོས་འབྱུང》 པཎ་ཆེན་བསོད་གྲགས་ཀྱིས་མཛད།

《བུ་སྟོན་ཆོས་འབྱུང》 བུ་སྟོན་རིན་ཆེན་གྲུབ་ཀྱིས་མཛད།

《གུ་བཀྲའི་ཆོས་འབྱུང》 གུ་རུ་བཀྲ་ཤིས་ཀྱིས་མཛད།

《མདོ་སྨད་ཆོས་འབྱུང》 བྲག་དགོན་པ་བསྟན་པ་རབ་རྒྱས་ཀྱིས་མཛད།

《བཀའ་ཐང་སྡེ་ལྔ》 གུ་རུ་ཨུ་རྒྱན་གླིང་པས་ཡར་ཀླུངས་ཤེར་གྱི་བྲག་ཕུག་ནས་བཏོན་པ།
རྡོ་རྗེ་རྒྱལ་པོས་བསྒྲིགས་པ།

《ཆོས་འབྱུང་མེ་ཏོག་སྙིང་པོ་སྦྲང་རྩིའི་བཅུད》 ཉང་ཉི་མ་འོད་ཟེར་གྱིས་མཛད།

《ས་སྐྱའི་གདན་རབས་རིན་ཆེན་བང་མཛོད》 ས་སྐྱ་བསོད་ནམས་རྒྱལ་མཚན་གྱིས་བརྩམས།

《སུམ་པ་ཆོས་འབྱུང》 སུམ་པ་ཡེ་ཤེས་དཔལ་འབྱོར་གྱིས་བརྩམས།

《ལམ་རིམ་བླ་མ་བརྒྱུད་པའི་རྣམ་ཐར》ཡོངས་འཛིན་ཡེ་ཤེས་རྒྱལ་མཚན་གྱིས་མཛད།

《བདུད་འཇོམས་ཆོས་འབྱུང》བདུད་འཇོམས་ཡེ་ཤེས་རྡོ་རྗེས་མཛད།

《དེབ་ཐེར་དཀར་པོ》དགེ་འདུན་ཆོས་འཕེལ་གྱིས་བརྩམས།

《གངས་ཅན་མཁས་དབང་རིམ་བྱོན་གྱི་རྣམ་ཐར་མདོར་བསྡུས》ར་སོ་ཡེ་ཤེས་རྡོ་རྗེ་སོགས་ཀྱིས་བརྩམས།

《གངས་ཅན་མཁས་གྲུབ་རིམ་བྱོན་མིང་མཛོད》ཀོ་ཞུལ་གྲགས་པ་འབྱུང་གནས་དང་བློ་བཟང་མཁས་གྲུབ་གཉིས་ཀྱིས་བརྩམས།

《ཀུན་ཆེན་ཀློང་ཆེན་རབ་འབྱམས་པའི་རྣམ་ཐར》སླག་བླ་ཆོས་འགྲུབ་དང་ཆོས་གྲགས་བཟང་པོས………བརྩམས།

《འཇམ་མགོན་ཆོས་ཀྱི་རྒྱལ་པོ་ཙོང་ཁ་པ་ཆེན་པོའི་རྣམ་ཐར》འབྲུག་རྒྱལ་དབང་ཆོས་རྗེས་མཛད།

《རྗེ་བཙུན་བླ་མ་ཙོང་ཁ་པ་ཆེན་པོའི་ངོ་མཚར་རྨད་དུ་བྱུང་བའི་རྣམ་ཐར་དད་པའི་འཇུག་ངོགས》མཁས་གྲུབ་རྗེས་མཛད།

《རྗེ་བཙུན་ཏི་ལོ་བའི་རྣམ་མགུར་དང་དཔལ་ནཱ་རོ་བའི་རྣམ་ཐར་བསྡུས་པ》རིན་ཆེན་རྣམ་རྒྱལ་དང་གུ……ཙ་རྫོ་རྩེ་གཉིས་བརྩམས།

《ཐང་རྒྱལ་རྣམ་ཐར》འགྱུར་མེད་བདེ་ཆེན་གྱིས་མཛད།

《རབ་བརྟན་ཀུན་བཟང་འཕགས་ཀྱི་རྣམ་ཐར》པོ་དོང་པ་ཎ་ཆེན་འཇིགས་མེད་གྲགས་པས་མཛད།

《མགོ་ལོག་ཐང་ག》མདོ་མཁྱེན་བརྩེ་རིག་འཛིན་ཧཱུཾ་ཀར་རྡོ་རྗེས་བྲིས། ཀྲུང་གོའི་རིག་ཚན་དཔེ་དེབ་ཀུན་བཏུས་ཆེན་མོའི་དཔེ་སྐྲུན་ཁང་ནས།

《མཉམ་མེད་སྒམ་པོ་བའི་རྣམ་ཐར》བསོད་ནམས་ལྷུན་གྲུབ་ཀྱིས་མཛད།

《ཆོས་རྗེ་ཡོ་རས་པའི་རྣམ་ཐར》རྒོད་ཚང་རས་པས་མཛད།

《རྣལ་འབྱོར་གྱི་དབང་ཕྱུག་ཆེན་པོ་མི་ལ་རས་པའི་རྣམ་མགུར》རས་པའི་རྒྱན་གྱིས་མཛད།

《རྗེ་བཙུན་རས་ཆུང་བའི་རྣམ་ཐར》རྒོད་ཚང་རས་པས་མཛད།

《ཞབས་དཀར་པའི་རྣམ་ཐར》(སྟོད་ཆ་དང་སྨད་ཆ)ཞབས་དཀར་པས་མཛད།

《སུམ་པ་ཡེ་ཤེས་དཔལ་འབྱོར་གྱི་རང་རྣམ》སུམ་པས་མཛད།

《བླ་ཆེན་དགོངས་པ་རབ་གསལ་གྱི་རྣམ་ཐར་མདོ་ཙམ་བརྗོད་པ》 ཐུའུ་བཀྭན་ཆོས་ཀྱི་ཉི་མས་མཛད།

《ཀུན་མཁྱེན་འཇམ་དབྱངས་བཞད་པའི་རྣམ་ཐར》 འཇམ་དབྱངས་དཀོན་མཆོག་འཇིགས་མེད་དབང···
པོས་མཛད།

《གུང་ཐང་བསྟན་པའི་སྒྲོན་མེའི་རྣམ་ཐར》 དཔལ་མང་པཎྜི་ཏས་མཛད།

《ཚངས་དབྱངས་རྒྱ་མཚོའི་གསང་རྣམ》 ལྷ་བཙུན་ངག་དབང་རྡོ་རྗེས་མཛད།

《ཡབ་རྗེ་སྐལ་ལྡན་རྒྱ་མཚོའི་རྣམ་ཐར》 མི་ཕམ་དབྱངས་ཅན་དགེ་པའི་རྡོ་རྗེས་བརྩམས།

《གངས་ལྗོངས་གསོ་རིག་བསྟན་པའི་ཉིན་བྱེད་རིམ་བྱོན་གྱི་རྣམ་ཐར་ཕྱོགས་བསྒྲིགས》 བྱམས་པ་ཕྲིན་ལས་
ཀྱིས་བརྩམས།

《དགུ་རོང་སྤྲུ་ཕྲེང་སྔ་ཕྱིའི་རྣམ་ཐར》 བསྟན་འཛིན་གྱིས་རྩོམ་སྒྲིག་བྱས།

《གསེར་ཁང་པ་རིན་པོ་ཆེའི་རྣམ་ཐར》 བློ་བཟང་བསྟན་པའི་རྒྱལ་མཚན་གྱིས་མཛད།

《ཐར་ཤུལ་དགེ་འདུན་ཆོས་སྐྱོང་རྒྱ་མཚོའི་རྣམ་ཐར》 བློ་བཟང་བསྟན་པ་རྒྱ་མཚོ་སོགས་ཀྱིས་བརྩམས།

《ལྷ་མོ་ཚ་ཀན་ནོ་མོན་ཧན་ཧོ་ཐོག་ཐུའི་རྣམ་ཐར》 ནང་ཁུལ་གྱི་དཔྱད་གཞི།

《ར་ལོ་ཙཱ་བའི་རྣམ་ཐར》 ར་ཡེ་ཤེས་སེང་གེས་མཛད།

《གོང་ས་ཏཱ་ལའི་བླ་མ་སྐུ་ཕྲེང་རིམ་བྱོན་གྱི་ཆོས་སྲིད་མཛད་རྣམ》 འཇིགས་མེད་བསམ་གྲུབ་ཀྱིས་བརྩམས།

《སྒྲ་བསྒྱུར་མར་པ་ལོ་ཙཱ་བའི་རྣམ་ཐར་མཐོང་བ་དོན་ལྡན》 བརྡེ་ཚུལ་ཁྲིམས་རིན་ཆེན་གྱིས་མཛད།

《གྲྭ་ས་ཆེན་པོ་བཞི་དང་རྒྱུད་པ་སྟོད་སྨད་ཆགས་ཚུལ་པད་དཀར་ཕྲེང་བ》 ཕུར་ཅོག་ངག་དབང་བྱམས···
པས་མཛད།

《ཞ་ལུ་དགོན་གྱི་ལོ་རྒྱུས་མདོར་བསྡུས》 སྐལ་བཟང་དང་རྒྱལ་པོས་མཛད།

《ཨོ་རྒྱན་སྨིན་གྲོལ་གླིང་གི་དཀར་ཆག》 བསྟན་པའི་སྒྲོན་མེས་བརྩམས།

《འཇམ་དབྱངས་མཁྱེན་བརྩེ་སྐུ་ཕྲེང་གོང་འོག་གི་རྣམ་ཐར》 བློ་གྲོས་ཕུན་ཚོགས་ཀྱིས་བསྒྲིགས།

《མདོ་རྒྱུད་རིན་པོ་ཆེའི་མཛོད》（པོད་ལྔ）ཀློང་ཆེན་ཆོས་དབྱིངས་སྟོབས་ལྡན་རྡོ་རྗེས་མཛད།

《བཀྲ་ཤིས་ལྷུན་པོ་དཔལ་གྱི་སྡེ་ཆེན་ཕྱོགས་ཐམས་ཅད་ལས་རྣམ་པར་རྒྱལ་པའི་གླིང་གི་སྔོན་བྱུང་གསལ··

《ཆོས་སྡེ་ཆེན་པོ་སེ་ར་ཐེག་ཆེན་གླིང་གི་གནས་བཤད་གསེར་གྱི་སྒྲོན་མེ》བློ་བཟང་ཀུན་མཁྱེན་གྱིས·········བརྩམས།

《བོད་ཀྱི་རིག་གནས་དང་ལོ་རྒྱུས་ཀྱི་རེའུ་མིག་ངོ་མཚར་ཀུན་སྣང》དུང་དཀར་བློ་བཟང་འཕྲིན་ལས་དང་··དར་མདོ་བཀྲ་ཤིས་དབང་འདུས་གཉིས་ཀྱིས་བསྒྲིགས།

《ཡང་ཧྲུས་སྡེ་བཞི་སོགས་ཀྱི་དཀར་ཆག་ཕྱོགས་བསྒྲིགས》དོར་ཞིས་ཞུ་དག་བྱས།

《སྐུ་འབུམ་བྱམས་པ་གླིང་གི་གདན་རབས》གསེར་ཏོག་བློ་བཟང་ཚུལ་ཁྲིམས་རྒྱ་མཚོས་མཛད།

《བླ་བྲང་བཀྲ་ཤིས་འཁྱིལ་གྱི་གདན་རབས་ལྷའི་རྔ་ཆེན》དཔལ་མང་པ་ཎྜི་ཏས་མཛད།

《ཆོས་སྡེ་ཆེན་པོ་དགོན་ལུང་བྱམས་པ་གླིང་གི་དཀར་ཆག》ཐུའུ་བཀྭན་ཆོས་ཀྱི་ཉི་མས་མཛད།

《བྱ་ཁྱུང་གདན་རབས་ཡིད་འཕྲོག་གཏམ་གྱི་ཉིང་ཁུ》ཚེ་ཏན་ཞབས་དྲུང་གིས་བརྩམས།

《བསྟན་རྩིས་ཀུན་ལས་བཏུས་པ》ཚེ་ཏན་ཞབས་དྲུང་གིས་བརྩམས།

《བསྟན་རྩིས་གསལ་བའི་ཉིན་བྱེད》མང་ཐོས་ཀླུ་སྒྲུབ་རྒྱ་མཚོས་མཛད།

二、汉文文献

[1] 多罗那他 . 印度佛教史 [M]. 张建木，译，北京 : 中国佛教协会印 .

[2]（意）杜齐 . 西藏中世纪史 [M]. 李有义，邓锐龄，译，北京 : 中国社科院编（内部资料）,1980.

[3]《西藏研究丛刊》汇编 . 清实录藏族史料 (全十册) [M]，拉萨 ：西藏人民出版社 ,1982.

[4]《西藏研究》编辑部整理 . 西藏宗教源流考 . 番僧源流考 [M]. 拉萨 ：西藏人民出版社 ,1982.

[5] 王辅仁编著 . 西藏佛教史略 [M]. 西宁 ：青海人民出版社 ,1982.

[6] 五世达赖喇嘛 . 西藏王臣记 [M]. 郭和卿，译，北京 : 民族出版社 ,1983.

[7]《西藏研究》编辑部编 . 清代藏事辑要 (一) 和续编 [M]. 拉萨 ：西藏人民出版社 ,1983.

[8] 马汉珩，马大正编 . 厄鲁特蒙古史论集 [M]. 西宁 ：青海人民出版社 ,1984.

[9] 萨迦 · 索南坚赞 . 西藏王统记 [M]. 陈庆英，仁庆扎西，译注，沈阳 ：辽宁人民出版社 ,1985.

[10] 达仓宗巴·班觉桑布 . 汉藏史集 [M]. 陈庆英，译，拉萨:西藏人民出版社 ,1986.

[11] 赛朵·罗桑慈诚嘉措 . 塔尔寺志 [M]. 郭和卿，译，西宁:青海人民出版社 ,1986.

[12] 布敦 · 仁钦朱佛教史大宝藏论 [M]. 郭和卿，译，北京 : 民族出版社 ,1986.

[13]（英）渥德尔 . 印度佛教史 [M]. 王世安，译，北京 : 商务印书馆 ,1987.

[14] 牙含章编著 . 班禅额尔德尼传 [M]. 拉萨 ：西藏人民出版社 ,1987.

[15] 苗滋庶，李耕，等，编 . 拉卜楞寺概况 [M]. 兰州 ：甘肃民族出版社 ,1987.

[16] 钦则旺波 . 卫藏道场圣迹志 [M]. 刘立千，译，拉萨 ：西藏人民出版社 ,1987.

[17] 中国藏学研究中心编译室编 . 档案翻译工作参考资料 [Z]. 内部资料 ,1988.

[18] 土观・却吉尼玛 . 章嘉国师若必多吉传 [M]. 陈庆英，马连龙，译，北京 : 民族出版社 ,1988.

[19] 法王周加巷 . 至尊宗喀巴大师传 [M]. 郭和卿, 译, 西宁 : 青海人民出版社 ,1988.

[20] 张羽新 . 清政府与喇嘛教 [M]. 拉萨 ：西藏人民出版社 ,1988.

[21] 智观巴·贡却乎丹巴绕吉 . 安多政教史 [M]. 吴均，毛继祖，马世林，译，兰州：甘肃民族出版社 ,1989.

[22] 大司徒・绛曲坚赞 . 朗氏家族史 [M]. 赞拉・阿旺，等，译，拉萨 ：西藏人民出版社 ,1989.

[23] 陈庆英 . 元代玉树藏族名僧胆巴国师 [J]. 青海方志 ,1989（4）.

[24]（日）矢崎正见 . 西藏佛教史考 [M]. 石硕，张建世，译，拉萨 ：西藏人民出版社 ,1990.

[25] 土观・却吉尼玛 . 佑宁寺志 [M]. 尕藏译 . 星全成，尕藏，注，西宁 ：青海人民出版社 ,1990.

[26] 内蒙古政协文史和学习委员会编 . 内蒙古喇嘛教纪例 [M]. 呼和浩特 :1997.

[27] 四川省阿坝藏族羌族自治州《史略》编委会编 . 藏传佛教史略 [M]. 成都 ：四川民族出版社 , 1990.

[28]（印度）英德・L. 马利克 . 西藏的历代达赖喇嘛 [M]. 尹建新，等，译，北京 : 中国藏学出版社 ,1991.

[29] 贡嘎罗追 . 萨迦世系续编 [M]. 王玉平，译，拉萨 ：西藏人民出版社 ,1992.

[30] 青海省政协文史资料委员会编 . 喜饶嘉措大师 [J]. 青海文史资料辑 , 西宁 : 1994（23）.

[31] 杨贵明，景朝德，编著 . 塔尔寺维修志·明鉴 [M]. 广州 : 广东人民出版社 ,1996.

[32] 丹曲 . 拉卜楞史话 [M]. 北京 : 民族出版社 ,1998.

[33] 多识・洛桑图旦琼排译 . 密宗大师热罗多吉扎奇异一生 [M]. 兰州 ：甘肃民族出版社 ,1999.

[34] 王云峰 . 活佛的一日——记贡唐仓·丹贝旺旭大活佛 [J]. 中国宗教 ,2000（3）.

[35] 桑杰坚赞 . 米拉日巴传 [M]. 刘立千，译，北京 ：民族出版社 .2000.

[36] 措如・次朗 . 藏传佛教噶举派史略 [M]. 王世镇，译，北京 : 宗教文化出版社 ,2002.

[37] 多罗那他著 . 后藏志 [M]. 佘万治，译，拉萨 : 西藏人民出版社 ,2002.

[38] 蒲文成 . 觉囊派通论 [M]. 西宁 : 青海民族出版社 ,2003.

[39] 噶玛降村编著 . 藏族万年大事记 [M]. 北京 : 民族出版社 ,2005.

[40] 尼玛多杰编著 . 藏族文明历史六千年 [M]. 西宁 : 青海人民出版社，2006.

后　记

藏传佛教高僧不仅在藏传佛教的传播和弘扬过程中发挥了巨大的历史作用，还对藏、土、蒙古等民族劳动人民创造的优秀文化的继承、发扬和传播也起了桥梁作用。在历代高僧他们的著述中除了佛学思想，还蕴藏着大量的语言、文学、诗歌、艺术（音乐、戏剧、雕塑、建筑）、哲学、历史、天文历算、医药、农牧业生产等知识。尚有一些高僧在世俗事务中以其独特的身份、地位及其在僧俗中的影响，在调解部落、地界、草山和民事纠纷中起到过不可忽视的作用。他们抑恶扬善、扶危济困，赢得了僧俗群众的尊敬。其中还有部分高僧，如萨迦派的萨班等，他们为祖国统一、民族团结、人民安定等做出过重大贡献。为便于人们初步了解这些高僧的历史概貌，作者历经多年收集藏汉文资料编译了本书。

本书所收宗教名人，就区域和民族而言，绝非凭主观而定，而是依据现有资料决定的。结果出现了地区、民族、教派诸比例不均衡的现象。因资料来源不同，对所载人物出生年代、出生地，甚至事迹也有差异。为力求准确，笔者查阅了大量资料并加以核对，但终因资料限制和知识水平所限，有些问题还难以定论，便采用了按两种或两种以上说法基本相吻合者为准，对少数说法不一致的，也做了些交代。书中已约定俗成的人名沿用未变，少部分名讳依安多语音翻译。为了防止名讳混淆，冠在名讳前面的习惯称谓基本保留，并在目录中体现所收高僧藏文名讳，正文中不再标出。

由于本书是一本专门介绍藏传佛教历史名人生平史略的书，在辑译和编写过程中，笔者慎重地对藏文典籍中那些纯宗教化叙述的内容材料进行了取舍，特别是涉及西藏密宗中的一些具体内容，基本上采取了舍弃的态度。尽管如此，书稿仍免不了沾带宗教色彩，这也是自然的。因此，我们要用历史唯物主义和辩证唯物主义的观点去认识和剖析它，去其糟粕，吸收其可贵的东西。

本书是在青海人民出版社 2007 年 4 月出版的版本基础上进一步扩充、修订的，在这漫长的修订过程中，作者对藏汉文资料的搜集、翻译、整理、修改、补充工作从未间断。遗憾的是由于手头资料稀缺，加之内蒙古、川西北、云南迪庆、西藏阿里、波密等地路途遥远，无法前往征集资料，因而对这些地区的大德的收录较少。如对云南迪庆藏族自治州境内最大格鲁派寺院松赞林、丽江市境内纳西族地区的指云禅寺（系噶玛噶举派）等寺知之甚少，相对而言所收人物也寥寥无几。笔者于 2018 年 9 月去云南丽江和迪庆旅游时，因时间仓促，只拍了几张寺院建筑照片外，纳西族名僧资料一无所获，只能抱憾。

这次修订再版之际，省民委开哇主任对此极为关心，在出版资金方面给予适当资助，古籍办主任马小琴为了此书的顺利出版，给予了良多的支持。青海人民出版社文字编辑对书稿精心修改润饰，美术编辑倾注了心血，设计了令人满意的封面；由于本书是一部编译作品，在编译过程中参考了大量已发表的成果和出版的相关著作，在此一并致以真诚的感谢。本书稿虽经反复修改润泽，舛误和挂一漏万的现象在所难免，诚望各派活佛名僧、专家学者和广大读者不吝赐正。

藏历十七胜生之土狗年，（公元 2018 年，戊戌年）中秋，

编者写于宗喀西宁